국가고시 · 변호사시험 대비

형사법 실전연습

최근 대법원 판례 분석

하 태 영

法 文 社

서 문

Q1. 이 책은?

단순한 해설집이 아니다. 매년 출제되는 형사법 판례 200개를 정밀하게 분석한 작은 판례 요약집이다. 선택형을 넘어 사례형을 준비하는 책이다. 그만큼 정성을 다해 만들었다.

사실관계・죄명・쟁점・판결요지를 전부 소개했다. 시간을 엄청나게 단축할 수 있을 것이다. 결국 수험기간은 시간과 경쟁이다. 시간을 많이 투자하면 이긴다. 그만큼 뇌에 많이 노출되기 때문이다. '이긴다'는 말은 극기(克己)이며 '할 수 있다'는 의미이다.

이 책은 시간을 아껴 시간을 다용도로 사용하려는 학생들을 위해 특별히 제작한 것이다. 마지막에는 볼드체만 읽으면 된다. 수험생이 혼자 이 많은 내용을 짧은 시간에 정리할 수 없다. 그 어려움을 알기에 이 책을 집필했다.

Q2. 해설이 길지 않는가?

해설이 길다는 비판이 있다. 그러나 하나의 판례는 그렇게 가벼운 것이 아니다. 요약 암기보다 이해가 필요하다. 그렇다면 사실관계・쟁점・판결요지・판결정문을 읽어야 한다. 요약은 볼드로 된 글자만 읽으면 된다. 암기는 그림이 그려지면 된다. 그러면 사례형 문제에서 정확히 쟁점을 찾을 수 있다. 로스쿨은 교육을 통한 변호사 양성이다. 최소한 이 정도는 강의에서 설명해야 한다. 그래서 독특하게 판결문을 많이 소개하였다. 출제 판례들은 대부분 중요한 판결이다. 자주 반복하여 출제된다. 공부가 되면 해설은 요약된다. 동일 판례를 해당 사례에서 다시 설명했다. 중요한 판례를 반복하는 의미가 담겨 있다.

Q3. 이 책을 어떻게 공부하는가?

『형사법 종합연습』 변시기출문제분석 제3판에서 기출문제 분량이 많다는 점을 느꼈다. 그래서 형사법 사례연습・형사법 실전연습으로 분리했다. 『형사법 종합연습』_변호사시험 기출문제 분석은 선택형 대비이고, 『형사법 사례연습』_변호사시험 기출문제 분석은 사례형 대비이다. 『형사법 실전연습』_최근 대법원 판례 분석은 변호사시험 최종 점검용이다.

형사법 사례문제를 쓰기 전에 선택형 종합문제를 공부하는게 맞다고 생각했다. 그것도 정밀하게 공부해야 한다. 이 훈련이 되면 사례문제를 쉽게 작성할 수 있다.

그래서 먼저 형법·형사소송법 종합문제 100제를 공부하길 바란다. 문제를 푸는 것이 아니고 판례를 공부하는 시간이다. 여기에 500개 기본판례가 담겨 있다. 최소한 이 정도는 알고서 사례형 시험을 준비해야 한다.

지문 해설에서 판례를 자세히 소개했다. 판시사항은 쟁점이다. 판결요지는 법리와 사안해결이다. 최소한 알아야 하는 내용이다. 판례를 더 깊이 이해하려면 판결문 전문을 정독해야 한다. 학교 강의를 경청해야 한다. 수험생은 이 판례가 출제될 경우 선택형은 어떻게, 사례형은 어떻게 출제될지 생각해야 한다. 그러면 용도에 맞게 더 핵심을 찾을 수 있다. 이 과정에서 내용이 정리가 된다. 이후 암송하거나 직접 써 보아야 한다. 최소한 각 과목당 10,000장은 써 보아야 한다. 100장 연습으로 합격할 수 없다. 증국번은 아들에게 "하루 1만 자를 써야 한다"고 조언했다.

법전협의회 모의고사 전까지 이 책을 섭렵하고 기출문제 사례문제를 전부 정리하기 바란다. 그리고 6월·8월·10월 모의고사에서 답안 결점을 보완하길 바란다. 학교 강의를 수강하면서 출제위원급 교수가 강조하는 법이론을 심화하길 바란다. 최근 판례와 쟁점 판례는 입에서 또 손에서 줄줄 나와야 한다. 이러한 과정이 없이 변호사 자격증을 받을 수 없다. 시간을 역순으로 생각하면 더 줄이고 명확해야 한다. 변호사는 말과 글로 승부를 내는 직업이다.

Q4. 변호사시험 최근 경향은?

골목으로 걸어가면 떨어지는 시험이다. 선택형은 지문이 길다. 판례를 정확히 숙지해야 한다. 쟁점 파악과 암송이 안 되면 현장에서 실수한다. 그러므로 3월부터 5월까지 매일 500개 판례를 최소 두 시간 소리내어 읽어야 한다. 6월부터는 매일 형사법만 최소 네 시간이상 네 장씩 써야 한다. 사례형 문제 두 장, 기록형 두 장이다. 글을 읽고 써다 보면 내용이 요약되고 표현이 정밀해진다. 눈으로 본 것으로 시험을 통과할 수 없다. 이것이 최근 출제 경향이다. 아는 것과 표현은 다르다.

사례형은 쟁점이 너무 많다. 두 시간에 완벽하게 작성할 수가 없다. 수험에 몰입된 '자폐상태'가 아니면 고득점을 할 수가 없다. 이제 그런 시험이 되었다. 의뢰인이 찾아와서 말할 때 빨리 알아들으라는 훈련 같다. 문장을 보면 사실관계가 그림으로 그려지고, 쟁점 · 학설 · 판례가 바로 떠올라야 한다. 현장에서 법전을 보고 사색할 수가 없다. 직선으로 120분을 달려야 한다. 이것이 최근 사례형 기출문제 경향이다.

최대한 요약한다. 간결하고 명확하게 답안을 작성한다. 범죄체계도와 판결요지가 기초자료이다. 내 경험으로 6월 모의고사에서 어느 정도 결정이 난다. 전혀 기초가 잡혀 있지 않으면 용기를 잃는다. 8월 모의고사에서 확실히 무너진다. 판례 몇 개 공부하여 시험장에 왔다고 후회한다.

독일 국가시험은 제2차시험에서 각 과목당 지정 도서를 참고하여 답안을 작성한다. 주로 세 종류의 주석서(콤멘타르 · Kommentar)에서 수험생이 지정한다. 우리나라 변호사시험이 여기까지 발전하려면 체계적 연구가 아니면 불가능하다. 우리는 암기형 시험이고 독일은 논문형 시험이기 때문이다. 독일 법조인들이 어떻게 양성되는지 깊이 연구할 필요가 있다.

어쨌든 이 문제는 향후 법조인양성과 관련이 있다. 현재 수험생은 문답삼이(問答三易)를 명심해야 한다. 이해 · 독서 · 답안작성이다. 매일 암송하고 글을 쓰는 방법밖에 없다.

무엇을 써야 할지 정확히 알아야 하고, 어떻게 써야 할지 항상 고민해야 하고, 어떻게 이해될지 늘 염려해야 한다. 글을 쓰는 일은 정말 쉬운 일이 아니다. 그러나 명문이고 명필이면 반드시 합격한다.

이 책이 한 줄기 빛이 되길 기원한다.

2025년 9월 1일

동아대학교 법학전문대학원
仁德 하태영

수험생에게 보내는 가을 편지

1. 많은 학생들의 요청이 있었다. 『잘 정선된 마지막 점검용 '원 펀치' 책이 필요하다.』 수험생들의 희망을 받아들여 2025년 7월과 8월에 집중하여 작업을 하였다. 2026년 제15회 변호사시험 형사법 과목 최종 정리용으로 이 책을 세상에 내놓는다. 철저하게 **2026년 형사법 시험 실전대비용**이다. 선택형 · 사례형 · 기록형 시험을 모두 염두에 두고, 변호사시험 기출문제와 2023년 · 2024년 · 2025년 대법원 판례를 분석하여, 최종 예상문제를 만들었다. 2026년에 출제가 가능한 영역이 어디인지 깊이 고민하였다. 출제가 될 만한 쟁점들을 정성을 다해 다시 선별하였다. 제1부(형법) · 제2부(형사소송법) · 제3부(실전연습문제 133선)가 수험생들에게 도움이 되기를 기원한다. 결국 정확한 이해와 반복이라고 본다.

2. 2026년 1월 전국 시험장은 낯선 환경에 실시되고, 엄청난 추위가 예상된다. 아무리 많은 준비를 해도 다가오면 불안한 것이 변호사시험이다. 변호사시험 승패는 자신감에서 결정된다. 3년 동안 갈고 닦은 실력을 다 발휘할 수 있기를 기원한다.

- 첫날 공법시험 후, 다음 날 형사법 시험이 실시된다. 형사법 시험은 공법시험 결과에 영향을 많이 받는다. 긴장과 체력 소진으로 힘든 밤을 맞이하게 된다.
- 저녁 18:00 이후 다음날 09:00까지 전체 15시간이 남아 있다. 체력과 심리 상태가 중요하기 때문에 숙면해야 한다.
- 8시간 정도 형사법 정리시간이 있다. 이 시간에 여행용 가방에 담은 많은 교과서 · 문제집 · 판례집을 정리할 수 없다. 그날 저녁 그렇게 시도해서도 안 된다. 시간을 분배하여 효율적으로 이용해야 한다. 많이 본다고, 기억에 남는 것이 아니다. 잠깐 환기했다고 모두 쓸 수 있는 것도 아니다.
- 출제가 가능한 핵심 내용과 판례들을 정리하고, 답안지에 인용 가능한 분량을 요약하여 정리한 것을 마지막까지 반복하는 것이 최선이다.

  그래서 이 책을 만들었다. 수험장에서 볼 형사법 마지막 종합정리서다. 이것만 기억하고, 시험에서 100% 발휘해도 합격점을 받을 것이다. 공부(工夫)는 '복잡한 날' 사용하기 위해 준비하는 과정이다. 현장에서 쉽게 읽기 위해 활자를 키우고, 줄도 치고, 중요도도 표시하였다. 심리적으로 도움이 될 것이다.

3. 제1회부터 제14회까지 변호사시험 선택형 14×40＝560문제를 전부 분석하였다. 한 문제당 지문이 5개이다. 약 2,800개 판례다(중복문제 포함). 거의 모든 영역이 이미 변호사시험에 출제되었다고 본다. 사실 이 내용도 이미 상당한 분량이다. 출제된 지문의 완벽한 이해만으로 수험준비는 충분하다고 생각한다. 여기에 2025년 실시된 6월・8월・10월 법전협의회 모의고사 3회분을 보완하면, 2026년 수험준비는 완성된다고 본다. 매년 실시된 법전협의회 기출문제는 이미 해당 년도 변호사시험 문제에 충분히 반영되었다. 굳이 마지막 순간까지 반복할 필요가 없다고 생각한다. 양보다 질이다. 문제 수를 과감히 줄이는 것이 공부의 지혜다.

4. 이 책은 **2026년 변호사시험 출제예상영역에서 53개를 선정**하였다. 출제예상분야에 맞추어 대법원 판례를 문제로 만들었다. 형법문제 경우 하나의 지문마다 범죄체계도에 맞추어 해설을 하였다. 공부가 된 학생들은 지문을 읽으면, 쉽게 이해가 될 것이다. 기존 문제집에서 볼 수 없는 해설방법을 취했다. 제1부(형법)・제2부(형사소송법)・제3부(실전연습문제 133선)로 나누었다. 해설은 사실관계(공소사실)・범죄명(구성요건)・판시사항(쟁점)・판결요지(사안해결)를 중심으로 압축하였다. 실전에서 도움이 되기 때문이다. 『객관식이 바로 주관식이다.』 이러한 생각으로 설명을 압축했다. 실전에서 도움이 되었으면 한다.

5. 변호사시험 선택형 기출문제를 보자.

- 선택형 형법총론 10문항은 주어진 쟁점에서 법리를 묻는 것이다. 범죄체계도를 숙지하고 있으면, 쉽게 해결할 수 있을 것이다.
- 선택형 형법각론 10문항도 구성요건요소에 쟁점을 주고, 법리를 묻는 문제들이다. 범죄체계도를 숙지하고 있으면, 쉽게 해결할 수 있을 것이다. 이런 훈련을 속에서 판결문 요지를 읽으면 실력이 향상된다.
- 대법원 판결문장을 익히는 것은 쟁점과 논증 훈련을 하는 것이다.
- 시험에 실패하는 이유는 범죄체계도 이해하지 못하고, 판결문만 외우기 때문이다. 이 경우 합격에 한계가 있을 것이다.
- 선택형 공부와 사례형 공부가 융합되어 확장되지 못하여, 성장속도가 느리다. 사례를 해독하지 못하고, 쟁점을 찾지 못하는 상태가 계속되는 것이다.
- 선택형 형사소송법 8문항도 형사소송법 일반론과 수사구조론에서 법리를 묻는 것이다. 형사소송법 조문이 잘 정리되어야 한다.
- 선택형 형사소송법 8문항은 증거법에서 법리를 묻는 것이다. 여기가 합격의 분기점이다. 복잡한 증거법 조문을 체계적으로 정리하고, 최근 판례들을 숙

지하면 큰 문제가 없다. 판결문은 법조문의 의미와 한계를 분명히 밝힌 정문이기 때문이다.

- 선택형에서 형법과 형사소송법이 융합된 종합문제는 5문항이다. 판례 사례가 제시되어 있고, 형법과 형사소송법 쟁점에 대해 법리를 한두 곳씩 묻는 것이다. 앞선 35문항을 종합한 5문제라고 생각하면 된다. 이것도 형법과 형사소송법이 잘 정리되어 있다면, 그렇게 어려운 문제가 아니다.
- 2026년 제15회 변호사시험 선택형 40문제 200개 지문은 90% 이상 알고 있는 지문이다. 길을 알고 가는 사람이 결국 최종목적지에 정확히 도착하는 것이다. 자신감을 갖기 바란다.

6. 대법원 판결문은 [판결요지]에서 핵심문장을 더 줄이고, 답안지에 쓰기 좋을 만큼 짧게 인용하였다. 쟁점 10개 이상을 답안지 두 장에 모두 자세히 쓸 수 없기 때문이다. 강조하고 싶은 것은 선택형과 사례형은 분리된 영역이 아니고, 결국 한 덩어리 문제들이라는 점이다. 하나의 판례가 일부는 선택형으로, 또 일부는 사례형으로 그리고 나머지는 기록형으로 출제가 되는 것이다. 이 점을 이 책을 통해 명확하게 이해할 수 있을 것이다.

실전예상문제 133은 모두 최근 판례로 만들었다. 여기서 일부는 선택형 지문으로 발전되었고, 또 일부는 사례 문제로 변형되었다. **사례 문제는 Q&A 방식으로 모두 101개**를 만들었다. 최근 3년 동안의 형사법 쟁점들이 모두 들어가 있다. **사례형 답안 작성시 볼드체로 된 부분은 반드시 인용하길 바란다. 4시간만에 정독이 가능할 것이다.**

변호사시험 출제위원들은 우리가 공부했던 대법원 판례들을 참고한다. 판례에서 선택형 · 사례형 · 기록형으로 문제가 출제된다. 물론 기출 선택형이 내년 변호사시험에 사례형으로 출제될 수 있다. 그래서 대법원 판례를 선택형과 사례형 공통으로 통합하여 준비하는 것이 좋다. 실전예상문제에서 확인할 수 있을 것이다.

7. 변호사시험문제는 각종 모의고사보다 더 엄격하게, 더 깊이, 여러 공정을 거쳐, 출제된다. 보통 한 문제는 이런 절차를 거친다. ① 문제은행출제(개인교수), ② 문제은행입고(법무부), ③ 문제선정과 문제수정(출제위원), ④ 문제검토(검토위원), ⑤ 모의수험(변호사), ⑥ 문제출제(2026년 제15회 형사법 문제)과정을 거치고, ⑦ 문장수정 · 오탈자 수정 · 마지막 전체 낭독 후 인쇄되는 것이다. 그래서 심혈을 기울인 정선된 문제들이 출제되는 것이다. 거의 오류가 없다.

8. 가을이다. 2026년 1월 첫 주까지 아직 100일이 남았다. 충분한 시간이다.

마지막 남은 기간 동안 집중해서 정리할 수 있다. 따뜻한 조언을 하나 한다면, 『합격하겠다』는 강한 의지가 제일 중요하다. 그 후 철저한 준비다. 비록 3개월 전용 '원 펀치' 책이지만, 체계적으로 활용한다면, 틀림없이 많은 도움이 될 것이다. 판례공보에 실린 중요한 판례들은 모두 정리되어 있기 때문이다.

9. 이 책은 활자 크기를 시험 문제처럼 HY신명조체 11포인트로 키웠다. 이 책을 잘 활용하시길 바란다. 이 책이 형사법 기초를 다지는데 기여하고, 합격과 불합격의 경계선에서 결정적 역할을 했으면 한다. **최근 판례 공부가 부족하여 '불의타'를 맞는 일이 없었으면** 한다.

10. 법무부 당국자와 출제위원에게 드리는 말씀이다. 2026년 제15회 변호사시험이 평이하게 출제되기를 바란다. **법조실무에서 전혀 인용되지도 않는 오래된 이론(理論) 문제들이 출제되어서는 안 된다.** 이것이 합격의 승패를 좌우한다면, 대한민국 변호사시험은 『비극(悲劇)』이 될 것이다. 옛날 사법시험 시대의 뼈저린 경험들을 반복해서는 안 된다. 0.4%를 위한 시험과 75%를 위한 시험이 같을 수 없다.

법학교육에 기반을 둔 시험문제가 출제되어야 법학전문대학원과 로스쿨 학생들이 올바른 삶을 산다. **중요한 영역 · 중요한 판례 · 전형적인 문제유형이다.** 변호사시험이 우수한 인재들의 창의력을 짓밟는 시험으로 전락해서는 안 된다.

로스쿨 출범 정신을 꼭 기억해야 한다. 법학교육을 통한 법조인 양성이다.

2025년 9월 1일

동아대학교 법학전문대학원

仁德 하태영

감사의 글

제14회 변호사시험 합격자 이○○입니다.

저는 교수님께서 저술하신 《형사법종합연습》으로 공부하여 고득점으로 합격할 수 있었습니다.

《형사법종합연습》은 다음과 같은 점에서 추천해 드립니다.

1. 1~2학년 단계에서 이론을 익히는 데 기출문제만큼 좋은 방법이 없는 바, 위 저서는 전 개년 기출문제를 망라하여 내용적 부족함이 없으므로, 1~2학년 정리해둔 위 책을 3학년에 다시 반복하고 최신판례만 더하여 정리하면 형사법 객사기 이론에서는 빈틈이 없습니다.

2. 전 개년 기출문제를 망라하면서도 중복쟁점선지를 모두 제거, 압축하여 타 5개년 정도만 수록한 타 객관식 문제집과 장수가 비슷함. 따라서 별도 시간을 내지 않고 매 형사법 수업 후 수업 진도별로 풀어보는 것만으로 충분히 완독할 수 있습니다.

3. 객관식 선지가 사례형 및 기록형으로도 출제되는 경향에 비추어, 해설에서 정오판단 논리가 되는 판례요지를 모두 수록하고, 저자의 해설을 제공하므로, 사례형 대비에도 문제가 없습니다.

2025년 5월 15일

제자 이○○ 올림

제14회 변호사시험 합격자 구○○입니다.

저는 3학년 1학기 때 하태영 교수님의 강의를 수강하면서 교수님의《형사법종합연습》을 접하게 되었습니다. 개인적으로 다른 직업을 병행하면서 공부를 해야 했기에 절대적인 공부시간이 너무도 부족하였습니다. 그렇기에 방대한 범위의 변호사시험에 대비하기 위해서는 효율적인 공부방법이 요구되었습니다. 그런 저에게 교수님의《형사법종합연습》은 적정한 양과 해설로 부담을 덜어주기에 적합하였습니다.

《형사법종합연습》은 기출을 중심으로 해설된 책으로 각 선지를 자세히 분석하고 판례를 공부하여 객관식뿐만 아니라 사례와 기록에 대비할 수 있는 체계를 갖추고 있습니다. 다른 기출 해설서보다 다양한 관점에서 접근을 하여 판례에 대한 이해도가 높아지며, 비슷한 판례를 비교 파악할 수 있도록 구성되어 있어 머릿속에 오랫동안 기억될 수 있도록 되어 있습니다. 교수님께서 특별히 강조하신 판례 평석은 핵심적인 부분을 짧게 암기하기 쉽도록 되어 있어 그것만으로도 충분히 사례에 대비할 수 있었습니다.

돌이켜 보면 로스쿨을 입학하고 1학년을 거치면서 가장 막막했던 과목이 형사법이었습니다. 형사법에서 중간만 하자는 목표로 임해왔는데, 2학년 때 학교에서 이루어진 형사소송법 강의를 착실히 이행하고, 3학년 1학기에 하태영 교수님의 강의와 저서를 통해 마무리하면서 형사법에 대해 어느 정도 자신감을 가질 수 있었습니다.

교수님 강의와 책 덕택에 실제 변시 시험에서는 형사법 사례 1, 2문에서 130점을 획득하여 과분한 점수를 얻을 수 있었습니다. 종강 이후에도 지속적인 피드백과 최신 판례 해설을 공유해주시어 큰 도움이 되었습니다. 교수님의 열정과 사랑에 머리 숙여 감사드립니다.

감사합니다. 교수님.

2025년 5월 15일
제자 구○○ 올림

존경하는 하태영 교수님!! 안녕하십니까!!

저는 동아대 법전원 12기 이○○입니다.

교수님의 따뜻한 격려와 응원, 열정 가득하신 가르침 덕분에 이번 12회 변호사 시험에서 합격하였습니다. 교수님 정말 감사합니다.

저는 형사소송법에서 전문법칙 등 증거법에 대하여 두려움을 가지고 있었습니다. 그런데 2학년 2학기 때 교수님의 형사소송법 수업을 수강하면서 형사절차의 전반적인 체계와 증거법에 대한 이해도를 확실히 높일 수 있었습니다. 특히 교수님의 교재들을 적극 활용하여 변시 기출문제의 전 지문을 학습할 수 있었고, 이를 통해 형사소송법에 대해 자신감을 가지게 되었습니다.

그리고 3학년 1학기 때에는 교수님의 형사법종합연습 수업을 통해 형법총론과 형법각론, 형사소송법 전체를 점검할 수 있었습니다. 이 수업은 수강생들의 사례답안 작성과 교수님의 첨삭까지 이루어져 사례형까지도 대비할 수 있었습니다. 정말 좋은 수업이었습니다.

3학년 여름방학에는 교수님께서 형사법 최신판례 특강까지 해주셔서 정말 감사했습니다.

그리고 형사소송법과 형사법종합연습 수업을 통해 이미 수회독을 마친 교수님의 교재들을 변시 직전 빠른 속도로 1회독을 할 수 있었습니다.

그래서 실제 변시에서도 형사법 선택형을 36개 득점할 수 있었습니다.

교수님의 수업과 가르침을 통해 형사법에 대해서 자신감을 가질 수 있었고, 이를 토대로 이번 변시에서 합격할 수 있었습니다. 그리고 교수님의 따뜻한 격려와 응원 역시 정말 많은 힘이 되었습니다.

교수님 앞으로도 좋은 책들 많이 출간해 주시고, 항상 건강하시기를 기원합니다.

교수님 정말 고맙습니다.

2023년 4월 20일

제자 이○○ 올림

하태영 교수님 안녕하세요!!

저는 동아대 법전원 9기 박○○입니다.

우선 교수님 응원과 훌륭하신 가르침 덕분에 이번 변호사시험에 합격하였음을 전해드리려 연락드립니다.

교수님의 형법총론 · 형법각론 · 의료형법 수업을 통해서 형사법 전반적인 체계를 처음부터 제대로 세울 수 있어서 이렇게 좋은 결과로 반영되지 않았나 생각해봅니다. 그리고 개인적으로 꼭 감사 말씀을 드리고 싶은 것이 두 가지가 있는데

첫째, 교수님이 주신 기출문제집을 꼼꼼히 정독하고 시험 전날 빠른 속도로 1회독을 한 덕분에 시험을 잘 치를 수 있었습니다.

둘째, 올해 형사법 사례형 1문이 형법총론을 아우르는 난해한 문제라 공범들간 관계를 체계적으로 서술하기 까다로웠습니다.

시험 도중에 갑자기 머리가 하얘지고 아무 생각이 안나 시간만 흐르는데 갑자

기 교수님께서 수업시간에 독일에서는 모든 시험문제에서 등장인물 죄책을 구성요건, 위법성, 책임 항목으로 검토한다는 말씀이 떠올랐습니다. 그래서 저도 무작정 이 방법을 그대로 따라 서술했더니 의외로 자연스러운 답안형태가 나왔습니다.

시험을 마치고 나오면서 복기를 해보니 길이 안 보이면 원래 정석대로 가는 게 옳구나라고 느껴져 교수님께 감사말씀을 미리 드리고 싶었습니다. 하지만 결과 발표 전에 했다가 혹시 불합격이 되면 오히려 누를 끼쳐드리는 것 같아 이제까지 기다렸습니다.

정말로 다시 한번 너무나 감사드립니다.

저는 이제 서울에서 연수받을 법률사무소를 알아보고 있습니다. 교수님께 직접 인사를 드리러 학교를 다시가고 싶은데 코로나 바이러스 때문에 대면 수업이 이루어지지 않아 학교가 비어있다는 얘기를 들었습니다.

수업이 정상화 되면 꼭 찾아뵙도록 하겠습니다. 그럼 교수님도 건강하게 지내시길 기원하며 이만 줄이겠습니다.

2020년 4월 29일
제자 박○○ 올림

존경하는 하태영 교수님 안녕하십니까, 법전원 9기 졸업생 고○○입니다.

3학년 2학기 때 교수님의 수업을 들으며 형사법 시험 대비를 한 결과 제9회 변호사 시험에서 객관식 35개 득점, 형사례 1문 50.18점, 형사례 2문 53.97의 우수한 성적을 거둘 수 있었습니다.

정말 감사드립니다. 특히 시험 준비 막판 12월에는 교수님의 최신 판례교재로 2019년도 판례를 정리했는데 따로 최신판례 학원 강의를 듣지 않았어도 든든했습니다. 걱정되지 않았습니다.

교수님 앞으로도 건강 꼭 챙기셔서 학생들에게 좋은 가르침 이어주시길 부탁드립니다.

저와 같이 성공적인 사례가 많이 나올 것이라 믿습니다. 정말 감사드립니다.

2020년 4월 27일
제자 고○○ 변호사 올림

차 례

제 1 부

형 법

1. 형법 총론

2. 형법 각론

제 2 부

형사소송법

1. 형사소송법 수사

2. 형사소송법 증거

제 3 부

실전연습문제 133선

제 1 부

형 법

1. 형법 총론
2. 형법 각론

2025 · 2024 · 2023 대법원 판례와 형법 예상문제 · 답안작성 방법

1. 2025년 · 2024년 · 2023년 판례를 정리하라.
   가. 전원합의체 판결은 반드시 숙지하라.
   나. 파기환송된 판결은 반드시 숙지하라.

2. 최근 대법원 판례는 선택형 · 사례형 · 기록형 시험에 반드시 출제가 된다.
   가. 사실관계
   나. 쟁점
   다. 판결요지

3. 사례형 긴 지문에 당황하지 마라.
   가. 단문으로 끊어 읽어라.
   나. 쟁점을 뽑고 간결하게 써라.

4. 형법 총론과 형법 각론이 연결되어 있다.
   가. 범죄성립요건에서 쟁점을 뽑아라.
   나. 체계적으로 핵심만 설명하라.
   다. 주어+목적어+동사 문장이다. 3문장으로 압축하라.

5. **사례형 답안은 목차를 체계화시킨다. 법조문과 판례를 반드시 설명하라.**
   가. 해당 법조문과 쟁점 설명
   나. 학설 ①, ②, ③
   다. 판례는 『______________________________』라고 판시한 바 있다.
   라. 죄책: ____________________죄가 성립한다. 양죄는 _____경합관계에 있다.
   마. 갑의 전체 죄수는 ______________________________________이다.

6. 사례형 경우 선택형 지문처럼 압축하라.
   가. ①, ②, ③ 부호를 붙여 서술하라.
   나. 서술 분량은 선택형 지문 정도면 충분하다.
   다. 시간을 안배하라.
   라. 답안지를 완전히 채워라.

7. 합격답안과 불합격답안은 완전히 다르다.
   가. 쟁점과 내용 설명이 없는 답안은 합격하기 어렵다.
   나. 결론만 몇 문장으로 쓴 답안은 합격하기 어렵다.
   다. 행위자+행위+구성요건해당성+판례+죄책 순이다.

8. 최근 형법 판례를 중요도에 따라 50개 선정하였다.
   가. 매일 반복하기 바란다.
   나. 지문을 휴대폰에 녹음하여 매일 10분씩 듣기 바란다.
   다. 걸어 다니면서 매일 소리 내어 설명하기 바란다.
   라. 목차를 잡아 짧게라도 매일 10분씩 꾸준히 쓰기 바란다.

1 형법 총론

문 1. 죄형법정주의에 관한 설명 중 옳은 것은? (다툼이 있는 경우 판례에 의함)

출제예상내용
- 소급효금지(형법 제1조)
- 법률주의(형법 제1조)
- 명확성원칙(형법 제1조)
- 유추금지(형법 제1조)
- 유리한 신법적용(형법 제2조)
- 외국에서 받은 형집행과 산입 2017년 전원합의체 판결(형법 제7조)
- 항공기 탑승구 복귀 사건(땅콩회항사건) 2017년 전원합의체 판결(항로)

사례문제 1 항공기 탑승구 복귀 사건(땅콩회항사건)

사례문제 2 외국에서의 미결구금에 대해 형법 제7조 적용을 구하는 사건

사례문제 3 양벌규정과 법인처벌근거

중요

01 [선택형] 형법 제48조 추징의 대상인지가 문제된 사건 –'취득' ★★★★★

형법해석에 관한 설명 중 옳은 것은? (다툼이 있는 경우 판례에 의함)

① 형벌법규의 해석은 엄격하여야 하고 명문규정의 의미를 피고인에게 불리한 방향으로 지나치게 확장해석하거나 유추해석하는 것은 죄형법정주의의 원칙에 어긋나는 것으로서 허용되지 아니한다.

중요 ② 형법 제48조가 규정하는 몰수·추징의 대상은 범인이 범죄행위로 인하여 취득한 물건을 뜻한다. 여기서 '취득'이란 해당 범죄행위로 인하여 결과적으로 이를 취득한 때를 말한다고 제한적으로 해석함이 타당하다.

③ 형법 제48조 소정의 몰수·추징 대상이 해당하려면 위 돈이 피고인들과 사업장폐기물배출업체 사이에 피고인들의 범죄행위를 전제로 수수되었다는 점이 인정되어야 한다.

해설 및 정답 ①~③ 대법원 2021. 7. 21. 선고 2020도10970 판결 [폐기물관리법

위반] (차) 파기환송 **정답** ○

[판시사항] 형법 제48조 소정의 "취득"의 의미

[판결해설] 원심은 피고인들이 사업장폐기물배출업체로부터 인수받은 폐기물을 폐기물관리법에 따라 허가 또는 승인을 받거나 신고한 폐기물처리시설이 아닌 곳에 매립하였다는 점을 유죄로 인정하면서 사업장폐기물배출업체로부터 받은 돈을 형법 제48조 소정의 몰수·추징의 대상으로 보았음.

[판결해설] 그러나 **형법 제48조 소정의 몰수·추징 대상이 해당하려면 위 돈이 피고인들과 사업장폐기물배출업체 사이에 피고인들의 범죄행위를 전제로 수수되었다는 점이 인정되어야 하는데,** 이에 대한 심리가 미진하였다는 이유로 원심을 파기하였음.

중요

02 [선택형] 죄형법정주의 ★★★★★

대통령비서실 산하 민정수석비서관실의 공직기강비서관 내지 공직기강비서관실 소속 행정관으로 근무하던 피고인들이 공직기강비서관실에서 작성한 문건을 다른 사람에게 전달함으로써 대통령기록물을 무단유출하였다는 이유로 기소된 사안이다. 이에 관한 설명 중 옳은 것은? (다툼이 있는 경우 판례에 의함)

① 대통령기록물법 제30조 제2항 제1호, 제14조에 의해 유출이 금지되는 대통령기록물에 원본 문서나 전자파일 이외에 그 사본이나 추가 출력물까지 포함된다고 해석하는 것은 죄형법정주의 원칙상 허용되지 아니한다.

해설 및 정답 대법원 2021. 1. 14. 선고 2016도7104 판결 [대통령기록물관리에관한법률위반 · 공무상비밀누설 · 무고 · 공용서류은닉 · 특정범죄가중처벌등에관한법률위반(뇌물)] 〈보고절차에 사용한 원본 문서가 아니라 컴퓨터에 저장된 문서파일을 이용하여 별도로 출력하거나 사본한 문건을 유출한 행위에 대하여 대통령기록물 관리에 관한 법률위반으로 공소제기된 사건〉 **정답** ○

[판시사항] [1] 대통령기록물 관리에 관한 법률 제30조 제2항 제1호, 제14조에 의해 유출이 금지되는 대통령기록물에 원본 문서나 전자파일 이외에 그 사본이나 추가 출력물까지 포함된다고 해석하는 것이 죄형법정주의 원칙상 허용되는지 여부(소극) [2] 보고절차에 사용한 원본 문서와 별도로 추가 출력하거나 사본한 문서를 유출한 행위를 대통령기록물 관리에 관한 법률 제30조 제2항 제1호, 제14조에 의해 처벌할 수 있는지(소극)

[판결해설] 해당 문건들은 보고절차에 사용한 원본 문서와 공직기강비서관실 소속 행정관인 피고인이 자신의 컴퓨터에 저장된 문서파일을 이용하여 **별도로 출력하거나 사본한 것들로서 「대통령기록물 관리에 관한 법률」 제30조 제2항 제1호,**

제14조에 의해 유출이 금지되는 대통령기록물에 해당하지 않는다고 판단하여 상고기각한 사안임.

03 [선택형 · 사례형] 개정 법률조항과 위헌 결정 효력

개정 법률조항과 위헌 결정 효력에 대한 설명으로 옳은 것은? (다툼이 있는 경우 판례에 의함)

① 어느 법률조항 개정이 자구만 형식적으로 변경된 데 불과하여 **개정 전후 법률조항들 자체의 의미 내용에 아무런 변동이 없고**, 개정 법률조항이 해당 법률의 다른 조항이나 관련 다른 법률과 체계적 해석에서도 **개정 전 법률조항과 다른 의미로 해석될 여지가 없어 양자의 동일성이 그대로 유지되고 있는 경우에는 '개정 전 법률조항'에 대한 위헌결정 효력은 그 주문에 개정 법률조항이 표시되어 있지 아니하더라도 '개정 법률조항'에 대하여도 미친다.**

중요 ② '개정 법률조항'에 대한 위헌결정이 있는 경우에는, 비록 그 법률조항의 개정이 자구만 형식적으로 변경된 것에 불과하여 **개정 전후 법률조항들 사이에 실질적 동일성이 인정된다 하더라도, '개정 법률조항'에 대한 위헌결정의 효력이 '개정 전 법률조항'에까지 그대로 미친다고 할 수는 없다.**

해설 및 정답 대법원 2020. 2. 21. 자 2015모2204 결정 [재심기각결정에대한재항고]

정답 ○

[결정요지] [1] 동일한 내용의 형벌법규라 하더라도 그 법률조항이 규율하는 시간적 범위가 상당한 기간에 걸쳐 있는 경우에는 시대적 · 사회적 상황의 변화와 사회 일반의 법의식의 변천에 따라 위헌성에 대한 평가가 달라질 수 있다. 따라서 **헌법재판소가 특정 시점에 위헌으로 선언한 형벌조항이라 하더라도 그것이 원래부터 위헌적이었다고 단언할 수 없다.**

[2] 헌법재판소법 제47조 제3항은 본문에서 '형벌에 관한 법률조항은 위헌결정으로 소급하여 그 효력을 상실한다'고 규정하면서도, 단서에서 '해당 법률조항에 대하여 **종전에 합헌으로 결정한 사건이 있는 경우에는 그 결정이 있는 날의 다음 날로 소급하여 효력을 상실한다**'고 규정하고 있다.

04 [선택형] 항공기 탑승구 복귀 사건(땅콩회항사건)

회사 부사장인 피고인이 탑승한 자사 여객기의 일등석 서비스에 불만을 품고 담당 승무원을 기내에서 내쫓기 위해, 기장을 위압하여 푸시백(계류장에서 유도로까지 차량이 항공기를 밀어 옮기는 과정)을 중단하고 탑승구로 되돌아가게 한 사건이다. 검사는 피고인의 행위를 항공기 항로 변경죄(항공보안법 제42조)로 기소하였다. 법률해석에 관한 설명으로 옳은 것은? (다툼이 있는 경우 판례에 의함)

① 죄형법정주의는 국가형벌권의 자의적인 행사로부터 개인의 자유와 권리를 보호하기 위하여 범죄와 형벌을 법률로 정할 것을 요구한다. 그러한 취지에 비추어 보면 **형벌법규의 해석은 엄격**하여야 하고, 문언의 가능한 의미를 벗어나 **피고인에게 불리한 방향으로 해석하는 것**은? 죄형법정주의의 내용인 **확장해석금지**에 따라 허용되지 아니한다.

② **지상의 항공기가 이동할 때 '운항중'이 된다는 이유만으로 그때 다니는 지상의 길까지 '항로'로 해석하는 것은 문언의 가능한 의미를 벗어난다.**

중요 ③ '항로'의 사전적 정의는 하늘길(空路)이고 그 뜻에서 벗어난 용례를 찾을 수 없으며, 법 제정 당시 지상 이동 경로의 변경도 본죄로 처벌할 의사였음을 입법자료에서 확인할 수 없다. 그러므로 **지상의 길은 '항로'로 보기 어렵다.**

해설 및 정답 ①~③ 대법원 2017. 12. 21. 선고 2015도8335 전원합의체 판결 [항공보안법 위반 등] (사) 상고기각 〈항공기 탑승구 복귀 사건〉 **정답** ○

다수의견에 따라 이 공소사실을 무죄로 판단한 원심을 수긍한 사례이다.

사례문제 1 항공기 탑승구 복귀 사건(땅콩회항사건)

대법원 2017. 12. 21. 선고 2015도8335 전원합의체 판결

[항공보안법위반 · 강요 · 업무방해 · 위계공무집행방해 · 증거인멸(인정된 죄명: 증거인멸교사) · 증거은닉(인정된 죄명: 증거은닉교사) · 공무상비밀누설] 〈항공기 탑승구 복귀 사건〉

Q. 항공보안법 제42조에서 정한 '항로'의 의미

Q. 승객이 탑승한 후 항공기의 모든 문이 닫힌 때부터 내리기 위하여 문을 열 때까지 항공기가 지상에서 이동하는 경로가 위 '항로'에 포함되는지 여부(소극)

Q. 갑 항공사 부사장인 피고인이 외국 공항에서 국내로 출발 예정인 자사 여객기에 탑승하였다가, 담당 승무원의 객실서비스 방식에 화가 나 폭언하면서 승무원을 비행기에서 내리도록 하기 위해, 기장으로 하여금 계류장의 탑승교에서 분리되어 푸시백 중이던 비행기를 다시 탑승구 쪽으로 돌아가게 함으로써 위력으로 운항 중인 항공기의 항로를 변경하게 하였다고 하여 항공보안법 위반으로 기소된 사안에서, 피고인이 푸시백 중이던 비행기를 탑승구로 돌아가게 한 행위가 항공기의 항로를 변경하게 한 것에 해당하지 않는다고 한 사례.

판결요지

[1] **[다수의견]**

가. 항공보안법 제42조는 "위계 또는 위력으로써[행위] **운항 중인 항공기의**[행위객체] **항로를 변경하게 하여**[행위1] **정상 운항을 방해한**[행위2] **사람은**[행위주체] **1년 이상 10년 이하의 징역에 처한다.**"라고 규정하고 있다. 제2조 제1호는 '운항 중'을 '승객이 탑승한 후 항공기 모든 문이 닫힌 때로부터 내리기 위하여 문을 열 때까지'로 정의하였다. 그러나 항공보안법에 '항로'가 무엇인지에 관하여 정의한 규정은 없다.

나. 본죄의 객체는 '운항 중'의 항공기이다. 그러나 위계 또는 위력으로 변경할 대상인 '항로'는 별개의 구성요건요소로서 그 자체로 죄형법정주의 원칙에 부합하게 해석해야 할 대상이 된다. 항로가 공중의 개념을 내포한 말이고, 입법자가 그 말뜻을 사전적 정의보다 넓은 의미로 사용하였다고 볼 자료가 없다. **지상의 항공기가 이동할 때 '운항 중'이 된다는 이유만으로 그때 다니는 지상의 길까지 '항로'로 해석하는 것은 문언의 가능한 의미를 벗어난다.**

다. 지상에서 이동하는 항공기의 경로를 함부로 변경하는 것은 다른 항공기나 시설물과 충돌할 수 있어 위험성이 큰 행위임이 분명하다. 그러나 처벌의 필요성만으로 죄형법정주의 원칙을 후퇴시켜서는 안 된다. **그런 행위는 기장에 대한 업무방해죄로 처벌할 수 있을 뿐만 아니라, 많은 경우 폭행·협박 또는 위계를 수반할 것이므로 10년 이하의 징역으로 처벌 가능한 직무집행방해죄(항공보안법 제43조) 등에 해당할 수 있어 처벌의 공백이 생기는 것도 아니다.**

[2] **피고인이 푸시백 중이던 비행기를 탑승구로 돌아가게 한 행위가 항공기의 항로를 변경하게 한 것에 해당하지 않는다는 이유로, 같은 취지에서 피고인에게 무**

죄를 선고한 원심판단이 정당하다고 한 사례.

05 [선택형] 필리핀 살인 사건(형법 제7조 미결구금일수 불산입)

피고인이 필리핀에서 살인죄를 범하였다가 무죄 취지의 재판을 받고 석방된 후 국내에서 다시 기소되어 제1심에서 징역 10년을 선고받게 되자 자신이 필리핀에서 미결 상태로 구금된 5년여의 기간에 대하여도 '외국에서 집행된 형의 산입' 규정인 형법 제7조가 적용되어야 한다고 주장하며 항소한 사안이다. 다음 설명 중 옳은 것은? (다툼이 있는 경우 판례에 의함)

① **'외국에서 형의 전부 또는 일부가 집행된 사람'이란 문언과 취지에 비추어 '외국 법원의 유죄판결에 의하여 자유형이나 벌금형 등 형의 전부 또는 일부가 실제로 집행된 사람'을 말한다**고 해석하여야 한다.

중요 ② 형사사건으로 외국 법원에 기소되었다가 무죄판결을 받은 사람은, 설령 그가 무죄판결을 받기까지 상당 기간 미결구금되었더라도 이를 유죄판결에 의하여 형이 실제로 집행된 것으로 볼 수는 없다. **그러므로 '외국에서 형의 전부 또는 일부가 집행된 사람'에 해당한다고 볼 수 없고, 그 미결구금 기간은 형법 제7조에 의한 산입의 대상이 될 수 없다.**

해설 및 정답 ①~② 대법원 2017. 8. 24. 선고 2017도5977 전원합의체 판결 [살인]

정답 ○

사례문제 2 외국에서의 미결구금에 대해 형법 제7조 적용을 구하는 사건

대법원 2017. 8. 24. 선고 2017도5977 전원합의체 판결

[살인] 〈외국에서의 미결구금에 대해 형법 제7조의 적용을 구하는 사건〉

Q. '외국에서 집행된 형의 산입' 규정인 형법 제7조의 취지

Q. 형법 제7조에서 정한 '외국에서 형의 전부 또는 일부가 집행된 사람'의 의미 및 형사사건으로 외국 법원에 기소되었다가 무죄판결을 받기까지 상당 기간 미결구금된 사람이 이에 해당하는지 여부(소극)와 그 미결구금 기간이 형법 제7조에 의한 산입의 대상이 되는지 여부(소극)

Q. 외국에서 미결구금되었다가 무죄판결을 받은 사람의 미결구금일수를 형법 제7조의

유추적용에 의하여 그가 국내에서 같은 행위로 인하여 선고받는 형에 산입할 수 있는지 여부(소극)

Q. 피고인이 외국에서 살인죄를 범하였다가 무죄 취지의 재판을 받고 석방된 후 국내에서 다시 기소되어 제1심에서 징역 10년을 선고받게 되자 자신이 외국에서 미결 상태로 구금된 5년여의 기간에 대하여도 '외국에서 집행된 형의 산입' 규정인 형법 제7조가 적용되어야 한다고 주장하며 항소한 사안에서, 피고인의 주장을 배척한 원심판단에 형법 제7조의 적용 대상 등에 관한 법리오해의 위법이 없다고 한 사례.

판결요지

[1] **[다수의견]**

가. 형법 제7조에서 '외국에서 형의 전부 또는 일부가 집행된 사람'이란 문언과 취지에 비추어 '외국 법원의 유죄판결에 의하여 자유형이나 벌금형 등 형의 전부 또는 일부가 실제로 집행된 사람'을 말한다고 해석하여야 한다.

나. 따라서 **형사사건으로 외국 법원에 기소되었다가 무죄판결을 받은 사람은, 설령 그가 무죄판결을 받기까지 상당 기간 미결구금되었더라도 이를 유죄판결에 의하여 형이 실제로 집행된 것으로 볼 수는 없다.** 그러므로 '외국에서 형의 전부 또는 일부가 집행된 사람'에 해당한다고 볼 수 없다. 그 미결구금 기간은 형법 제7조에 의한 산입의 대상이 될 수 없다.

다. 결국 미결구금이 자유 박탈이라는 효과 면에서 형의 집행과 일부 유사하다는 점만을 근거로, 외국에서 형이 집행된 것이 아니라 단지 미결구금되었다가 무죄판결을 받은 사람의 미결구금일수를 형법 제7조의 유추적용에 의하여 그가 국내에서 같은 행위로 인하여 선고받는 형에 산입하여야 한다는 것은 허용되기 어렵다.

[2] 피고인의 주장을 배척한 원심판단에 형법 제7조의 적용 대상 등에 관한 법리오해의 위법이 없다고 한 사례.

06　[선택형] 자동차 이력 및 판매자 정보 '단순누락' 사건(유추금지)

죄형법정주의에 관한 설명으로 옳은 것은? (다툼이 있는 경우 판례에 의함)

① 자동차관리법 제80조 제7호의2의 '허위 제공'의 의미를 '단순 누락'의 경우도

포함하는 것으로 해석하는 것은 형벌법규의 의미를 피고인에게 불리한 방향으로 지나치게 확장하거나 유추하여 해석하는 것으로 죄형법정주의 원칙에 어긋나서 허용되지 않는다.

해설 및 정답 대법원 2017. 11. 14. 선고 2017도13421 판결 **정답** ○

07 [선택형] 군사기밀 반출 사건(탐지 · 수집 불인정)

국방부 합동참모본부 소속 영관급 장교인 피고인이 자신의 업무를 수행하면서 참고자료로 필요한 관련 군사기밀을 업무 편의를 위해 프린터로 출력하여 사용하거나 대출하여 복사하고 원본을 반납하거나 회의에서 제공받은 다음 업무 참고용으로 계속 사용하기 위해 그 출력물 또는 사본 등을 파기하지 않고 사무실에 보관하다가 보안감사를 대비해 자신의 아파트로 반출한 사건이다. 형법해석(군사기밀보호법)에 관한 설명으로 옳은 것은? (다툼이 있는 경우 판례에 의함)

① 피고인이 해당 군사기밀의 취급 자격을 갖추고 업무상 군사기밀을 취급하던 중 보안업무규정 등에서 정한 군사기밀에 대한 보호조치를 이행하지 않거나 이미 알고 있거나 점유하고 있는 **군사기밀의 보관 상태를 변경**한 것만으로는 군사기밀 보호법 제11조에 규정한 '적법한 절차에 의하지 아니한 방법으로 군사기밀을 **탐지, 수집'한 것에 해당하지 않는다.**

해설 및 정답 대법원 2018. 6. 15. 선고 2013도5539 판결 [군사기밀보호법위반 · 업무상과실군기누설] 〈군사기밀 보호법 제11조에서 정한 군사기밀 탐지 · 수집에 관한 죄의 요건 및 성립 범위에 관한 사건〉 **정답** ○

08 [선택형] 멸균장갑 재포장 사건

피고인 갑 주식회사의 실질적인 대표자이자 사용인인 피고인 을이 제조업신고를 하지 아니하고 다른 제조업자로부터 공급받은 멸균장갑 등 의약외품의 포장을 개봉하여 새로 포장한 후 피고인 갑 회사에서 새로 제작한 것처럼 명칭, 유효기한 등을 임의로 기재하여 제조 · 판매하였다고 하여 약사법 위반으로 기소된 사안이다. 형법해석(약사법)에 관한 설명으로 옳은 것은? (다툼이 있는 경우 판례에 의함)

① 피고인들의 **재포장행위는 의약외품 제조행위에 해당한다.**

해설 및 정답 대법원 2018. 6. 15. 선고 2016도20406 판결 [약사법위반] 〈미신고 의약외품 제조사건〉 **정답** ○

09 [선택형] 개인정보를 제공받은 사건

법률해석(개인정보보호법)에 관한 설명으로 옳은 것은? (다툼이 있는 경우 판례에 의함)

① 개인정보를 처리하거나 처리하였던 자가 업무상 알게 된 개인정보를 누설하거나 권한 없이 다른 사람이 이용하도록 제공한 것이라는 사정을 알면서도 **영리 또는 부정한 목적으로 개인정보를 제공받은 자라면,** 개인정보를 처리하거나 처리하였던 자로부터 **직접 개인정보를 제공받지 아니하더라도 개인정보 보호법 제71조 제5호의 '개인정보를 제공받은 자'에 해당한다.**

해설 및 정답 대법원 2018. 1. 24. 선고 2015도16508 판결 **정답** ○

10 [선택형] 저작물 복제 사건 〈'발행'의 의미가 문제된 사례〉

2006. 12. 28. 법률 제8101호로 전부 개정된 저작권법은 "발행은 저작물 또는 음반을 공중의 수요를 충족시키기 위하여 복제 · 배포하는 것을 말한다."(제2조 제24호)라고 정하였으며, 현행 저작권법도 이와 같다. 여기에서 '복제 · 배포'의 의미가 '복제하여 배포하는 행위'를 뜻하는지 아니면 '복제하거나 배포하는 행위'를 뜻하는지 문제 된다. '발행'에 대한 해석으로 옳은 것은? (다툼이 있는 경우 판례에 의함)

① 저작물을 '복제하여 배포하는 행위'가 있어야 저작물의 발행이라고 볼 수 있고, 저작물을 복제한 것만으로는 저작물의 발행이라고 볼 수 없다.

중요 ② 문제된 서적이 인쇄되어 출판사 창고에 입고된 직후 검찰로부터 압수당하여 시중에 출고되기 전 상태에 있었던 경우 배포행위가 있었다고 보기 어렵다. 저작물이 발행된 것으로 보기 어렵다. 저작권법 제137조 제1항 제1호에서 정한 저작물의 '공표'행위가 있었다고 보기 어렵다.

해설 및 정답 ①~② 대법원 2018. 1. 24. 선고 2017도18230 판결 [저작권법위반 · 업무방해 · 위계공무집행방해] 〈저작권법 제2조 제24호에서 정한 '발행'의 의미가 문제된 사례〉

정답 ○

11 [선택형] 정치자금 수수 사건

피고인 甲, 乙, 丙이 공모하여, 피고인 甲의 시장 선거 당선을 목적으로 丁 포럼을 설립하여 피고인 甲의 인지도 제고 및 이미지 향상을 위한 활동을 한 후 이에 소요되는 비용을 마련하고자 불특정 다수의 사람들로부터 丁 포럼의 특별회비 등 명목으로 돈을 기부받아 정치자금을 수수하였다고 하여 정치자금법 위반으로 기소된 사안이다. 이에 관한 설명으로 옳은 것은? (다툼이 있는 경우 판례에 의함)

① 구 정치자금법(2016. 3. 3. 법률 제14074호로 개정되기 전의 것) 제45조 제1항의 정치자금을 기부한 자와 기부받은 자는 이른바 **대향범(對向犯)인 필요적 공범관계에 있다. 이러한 공범관계는 행위자들이 서로 대향적 행위를 하는 것을 전제로 하는데, 각자의 행위가 범죄구성요건에 해당하면 그에 따른 처벌을 받을 뿐이고 반드시 협력자 전부에게 범죄가 성립해야 하는 것은 아니다.** 정치자금을 기부하는 자의 범죄가 성립하지 않더라도 정치자금을 기부받는 자가 정치자금법이 정하지 않은 방법으로 정치자금을 제공받는다는 의사를 가지고 받으면 정치자금부정수수죄가 성립한다.

해설 및 정답 대법원 2017. 11. 14. 선고 2017도3449 판결 [공직선거법위반 · 정치자금법위반]

정답 ○

12 [선택형 · 사례형] 의료기기 사건

양벌규정에 관한 설명으로 옳은 것은? (다툼이 있는 경우 판례에 의함)

중요 ① 저주파 자극기와 유사한 원리를 사용하여 운동효과를 증대시키는 것으로 광고된 이 사건 기구가 의료기기법상 의료기기에 해당한다.

② 법인이 설립되기 이전에 자연인이 한 행위에 대하여 양벌규정을 적용하여 법

인을 처벌할 수 없다.

해설 및 정답 ①~② 대법원 2018. 8. 1. 선고 2015도10388 판결 **정답** ○

사례문제 3 양벌규정과 법인처벌근거

대법원 2018. 8. 1. 선고 2015도10388 판결

[의료기기법위반] (아) 파기환송(일부) 〈저주파 자극기와 유사한 원리를 사용하여 운동효과를 증대시키는 것으로 광고된 이 사건 기구가 의료기기법상 의료기기인지 여부가 문제된 사건〉

Q. 어떤 기구 등이 의료기기법상 의료기기에 해당하는지 여부에 관한 판단기준

Q. 법인이 설립되기 이전에 자연인이 한 행위에 대하여 양벌규정을 적용하여 법인을 처벌할 수 있는지 여부(소극)

판결요지

가. 일반적으로 자연인이 법인의 기관으로서 범죄행위를 한 경우에도 행위자인 자연인이 그 범죄행위에 대한 형사책임을 지는 것이다. 다만 법률이 그 목적을 달성하기 위하여 특별히 규정하고 있는 경우에만 그 행위자를 벌하는 외에 법률효과가 귀속되는 법인에 대하여도 벌금형을 과할 수 있는 것이다(대법원 1994. 2. 8. 선고 93도1483 판결 참조).

나. 법인이 설립되기 이전에 어떤 자연인이 한 행위의 효과가 설립 후의 법인에게 당연히 귀속된다고 보기 어렵다. 뿐만 아니라 양벌규정에 의하여 사용자인 법인을 처벌하는 것은 형벌의 자기책임원칙에 비추어 위반행위가 발생한 그 업무와 관련하여 사용자인 법인이 상당한 주의 또는 관리감독 의무를 게을리한 선임감독상의 과실을 이유로 하는 것이다(대법원 1987. 11. 10. 선고 87도1213 판결, 대법원 2011. 7. 14. 선고 2009도4975 판결 등 참조).

다. 법인이 설립되기 이전의 행위에 대하여는 법인에게 어떠한 선임감독상의 과실이 있다고 할 수 없다. 그러므로 특별한 근거규정이 없는 한 법인이 설립되기 이전에 자연인이 한 행위에 대하여 양벌규정을 적용하여 법인을 처벌할 수는 없다고 봄이 타당하다.

13 [선택형] 법인의 감독과실

법인의 감독과실에 대한 설명 중 옳은 것은? (다툼이 있는 경우 판례에 의함)

① 형사재판에서 공소가 제기된 범죄의 구성요건을 이루는 사실에 대한 증명책임은 검사에게 있다. 그러므로 행위자에게 '부정한 이익을 얻거나 그 대상기관에 손해를 가할 목적'과 '외국에서 사용하거나 사용되게 할 목적'이 있었다는 점은 검사가 증명하여야 한다.

중요 ② 산업기술의 유출방지 및 보호에 관한 법률 제38조의 양벌규정은 법인이 사용인 등에 의하여 위반행위가 발생한 그 업무와 관련하여 상당한 주의 또는 관리감독 의무를 게을리한 때에 한하여 적용된다. 이러한 양벌규정에 따라 법인은 위반행위가 발생한 그 업무와 관련하여 법인이 상당한 주의 또는 관리·감독 의무를 게을리한 과실로 인하여 처벌된다.

해설 및 정답 ①~② 대법원 2018. 7. 12. 선고 2015도464 판결 [산업기술의유출방지및보호에관한법률위반 · 업무상배임] **정답** ○

14 [선택형] 청탁금지법상 공직자에 대한 금품등 제공 사건

부정청탁 및 금품 등 수수의 금지에 관한 법률에 관한 설명 중 옳은 것은? (다툼이 있는 경우 판례에 의함)

① 부정청탁 및 금품 등 수수의 금지에 관한 법률 제8조 제3항 제1호에서 정한 '상급 공직자등'이란 금품 등 제공의 상대방보다 높은 직급이나 계급의 사람으로서 금품등 제공 상대방과 직무상 상하관계에 있고 그 상하관계에 기초하여 사회통념상 위로·격려·포상 등을 할 수 있는 지위에 있는 사람을 말한다. 금품등 제공자와 그 상대방이 직무상 명령·복종이나 지휘·감독관계에 있어야만 이에 해당하는 것은 아니다.

해설 및 정답 대법원 2018. 10. 25. 선고 2018도7041 판결 [부정청탁및금품등수수의금지에관한법률위반] 〈청탁금지법상 공직자에 대한 금품등 제공 사건〉 **정답** ○

문 2. 고의와 구성요건 착오에 관한 설명 중 옳은 것은? (다툼이 있는 경우 판례에 의함)

출제예상내용
- 미필적 고의(형법 제13조)
- 방법의 착오(형법 제13조)
- 인과과정의 착오(형법 제13조·제17조)
- 법정적 부합설(형법 제15조 제1항)
- 정범 착오와 교사자 고의(형법 제13조·제31조)

01 [선택형] 미필적 고의의 요건과 판단 방법 사건

미필적 고의에 관한 설명 중 옳은 것은? (다툼이 있는 경우 판례에 의함)

중요 ① 고의의 일종인 미필적 고의는 중대한 과실과는 달리 **범죄사실의 발생 가능성에 대한 인식**이 있고 나아가 **범죄사실이 발생할 위험을 용인**하는 **내심의 의사**가 있어야 한다.

② **행위자가 범죄사실이 발생할 가능성을 용인하고 있었는지는** 행위자의 진술에 의존하지 않고 **외부에 나타난 행위의 형태와 행위의 상황 등 구체적인 사정을 기초로 일반인이라면 범죄사실이 발생할 가능성을 어떻게 평가할 것인지를 고려하면서 행위자의 입장에서 그 심리상태를 추인하여야 한다.**

해설 및 정답 ①~② 대법원 2017. 1. 12. 선고 2016도15470 판결 **정답** ○

중요

02 [선택형] 형수 · 조카 타격 사건(방법의 착오)

피고인이 먼저 피해자 1을 향하여 살의를 갖고 소나무 몽둥이(증 제1호, 길이 85센티미터 직경 9센티미터)를 양손에 집어 들고 힘껏 후려친 가격으로 피를 흘리며 마당에 고꾸라진 동녀와 동녀의 등에 업힌 피해자 2의 머리 부분을 위 몽둥이로 내리쳐 피해자 2를 현장에서 두개골절 및 뇌좌상으로 사망케 하였다. 사실의 착오(방법의 착오 · 타격의 착오)에 관한 설명 중 옳은 것은? (다툼이 있는 경우 판례에 의함)

중요 ① 타격의 착오가 있는 경우라 할지라도 행위자의 살인의 범의성립에 방해가 되지 아니한다.

해설 및 정답 대법원 1984. 1. 24. 선고 83도2813 판결 [살인] **정답** ○

판례는 구체적 부합설(동일한 법익)에서 타격의 착오(방법의 착오) 경우 고의를 인정한다. 법정적 부합설이다.

중요

03 [선택형] 실행착수 전 공모관계 이탈 사건(파라다이스파 사건)

실행에 착수 전 공모관계의 이탈에 관한 설명 중 옳은 것은? (다툼이 있는 경우 판례에 의함)

중요 ① 피고인에게도 그 범행에 가담하려는 의사가 있어 공모 관계가 인정된다 하더라도 다른 조직원들이 각 이 사건 **범행에 이르기 전에 그 공모 관계에서 이탈한 경우**, 피고인은 위 공모 관계에서 이탈한 이후의 행위에 대하여는 **공동정범으로의 책임을 지지 않는다.**

해설 및 정답 대법원 1996. 1. 26. 선고 94도2654 판결 **정답** ○

[판시사항] 공모공동정범에서의 공모 관계가 없거나 공모 관계에서 이탈하였다고 본 사례.

[판결요지] 피고인에게 범행에 가담하려는 의사가 있었다고 보기 어렵고, 가사 공모 관계가 인정된다 하더라도 다른 조직원들이 범행에 이르기 전에 그 공모관계에서 이탈한 것으로 본 사례.

중요

04 [선택형] 실행착수 후 공모관계 이탈 사건 〈뚱뚱이 사건〉

다른 3명의 공모자들과 강도 모의를 하면서 삽을 들고 사람을 때리는 시늉을 하는 등 그 모의를 주도한 피고인이 함께 범행 대상을 물색하다가 다른 공모자들이 강도의 대상을 지목하고 뒤쫓아 가자 단지 "어?"라고만 하고 비대한 체격 때문에 뒤따라가지 못한 채 범행현장에서 200m 정도 떨어진 곳에 앉아 있었으나 위 공모자들이 피해자를 쫓아가 강도상해의 범행을 한 사안이다. 실행에 착수 후 공모관계의 이탈에 관한 설명 중 옳은 것은? (다툼이 있는 경우 판례에 의함)

중요 ① 공모공동정범에 있어서 공모자 중의 1인이 **다른 공모자가 실행행위에 이르기**

전에 그 공모관계에서 이탈한 때에는 그 이후의 다른 공모자의 행위에 관하여는 **공동정범으로서의 책임은 지지 않는다.**

중요 ② 공모관계에서의 이탈은 공모자가 공모에 의하여 담당한 기능적 행위지배를 해소하는 것이 필요하다. 그러므로 **공모자가 공모에 주도적으로 참여하여 다른 공모자의 실행에 영향을 미친 때에는 범행을 저지하기 위하여 적극적으로 노력하는 등 실행에 미친 영향력을 제거하지 아니하는 한 공모관계에서 이탈하였다고 할 수 없다.**

중요 ③ 다른 3명의 공모자들과 강도 모의를 주도한 피고인이, 다른 공모자들이 피해자를 뒤쫓아 가자 단지 "어?"라고만 하고 더 이상 만류하지 아니하여 공모자들이 강도상해의 범행을 한 경우, 피고인에게 공동가공의 의사와 공동의사에 기한 기능적 행위지배를 통한 범죄의 실행사실이 인정되므로 강도상해죄의 공모관계에 있다. **다른 공모자가 강도상해죄의 실행에 착수하기까지 범행을 만류하는 등으로 그 공모관계에서 이탈하였다고 볼 수 없다. 강도상해죄의 공동정범으로서의 죄책을 진다.**

해설 및 정답 ①~③ 대법원 2008. 4. 10. 선고 2008도1274 판결 **정답** ○

[판결요지] 피고인에게 공동가공의 의사와 공동의사에 기한 기능적 행위지배를 통한 범죄의 실행사실이 인정되므로 강도상해죄의 공모관계에 있다. **다른 공모자가 강도상해죄의 실행에 착수하기까지 범행을 만류하는 등으로 그 공모관계에서 이탈하였다고 볼 수 없다. 그러므로 강도상해죄의 공동정범으로서의 죄책을 진다고 한 사례.**

중요

05 [선택형] 개괄적 고의와 인과과정의 착오 〈배우자 희롱사건〉 ★★★★★

甲은 자기 부인을 희롱하는 이웃 남자를 살해할 의사로 머리를 돌로 내리쳐(제1행위) 피해자가 뇌진탕 등으로 인하여 정신을 잃고 축 늘어지자 그가 죽은 것으로 오인하고 증거를 인멸할 목적으로 피해자를 개울가로 끌고 가 땅에 파묻었는데(제2행위) 후에 실제로는 질식으로 인한 사망으로 밝혀졌다. 이에 관한 설명 중 옳지 않은 것은?

중요 ① 위 사례의 전 과정을 개괄적으로 보면 피해자의 살해라는 처음에 예견된 사실이 결국은 실현된 것으로서 甲은 살인기수의 죄책을 면할 수 없다는 것이 판례의 입장이다.

해설 및 정답 대법원 1988. 6. 28. 선고 88도650 판결 [살인 · 사체유기] 개괄적 고의 〈배우자 희롱사건〉 **정답** ○

[판례해설] 대상판결에서 피고인에게 살인미수죄와 과실치사죄(사체은닉죄의 불능미수)의 경합범을 인정할 수도 있다(③ 미수범설과 과실범설 실체적 경합관계). **대상판결은 단일의 살인기수죄를 인정하고 있다(④ 개괄적 고의설). 이 판결은 '전과정을 개괄적으로 보면'이라고 하고 있다. 이는 구타행위와 파묻는 행위를 두 개의 행위로 보지 않고 전체적으로 하나의 살인행위로 본 것이라고 할 수 있다. 만약 대상판결이 개괄적 고의를 인정한 것이라고 한다면, 두 개의 행위가 존재하되 제1행위(구타행위)시에 있던 살인의 고의가 제2행위(파묻는 행위)에도 효력을 미친다는 입장이라고 할 수 있다.** 다수설은 이 경우 모두 인과과정의 착오로서 행위자가 인식한 인과과정과 실제 발생한 인과과정에 차이가 있지만, 이 차이가 본질적이거나 중요하지 않으므로 살인기수죄를 인정할 수 있다고 한다(① 인과과정의 착오설).

☞ 2013년 제2회 변호사시험 기출문제 1 · 2016년 제5회 변호사시험 기출문제 3 · 2017년 제6회 변호사시험 기출문제 3

06 [선택형] 정범 착오와 교사자 착오

구성요건착오에 관한 설명 중 옳은 것은? (다툼이 있는 경우 판례에 의함)

중요 ① **甲은 乙에게 A를 살해하라고 교사하였다.** 그러나 乙이[행위주체] **B를 A로 착각하여 B를**[행위객체] **살해**한 경우, 甲에게 객체의 착오를 인정하는 견해에 따르면 甲에게는 B에 대한 살인죄의 교사범이 성립한다.

해설 및 정답 2017년 제6회 변호사시험 기출문제 3 **정답** ○

정범에게 객체착오가 있는 경우, **교사자에게 객체착오를 인정하여 범죄사실에 대한 고의기수를 인정한다. 교사범으로 처벌된다(객체착오설).** 한편 교사자에게 타격착오를 인정하여 범죄사실에 대한 고의기수를 인정한다. 교사범으로 처벌된다(타격착오설－법정적부합설). 결론은 두 학설 모두 교사자에게 교사고의를 인정한다.

중요 ② **甲은 乙에게 A에 대한 강도를 교사하였다.** 그러나 **乙이 강간을 한 경우**, 甲에게는 ~~강간죄의 교사범이 아니라 강도죄의 교사범이 성립한다.~~ **강도예비 · 음모죄가 성립한다.**

해설 및 정답 2017년 제6회 변호사시험 기출문제 3 **정답** ×

전혀 다른 질적 초과 경우, 교사자에게 고의를 인정할 수 없다. 강도예비 · 음모죄가 성립한다. 형법 제31조 제2항이 적용된다.

문 3. 과실범에 관한 설명 중 옳은 것은? (다툼이 있는 경우 판례에 의함)

출제예상내용
- 주의의무위반: 객관적 정상의 주의의무
- 의료과오사건에서 의사의 과실을 인정하기 위한 요건
- 의사의 과실이 있는지 판단하는 기준
- 신뢰의 원칙(형법 제14조)
- 업무상과실치상죄에서 말하는 '업무'의 의미와 범위(형법 제268조)

사례문제 4 과실인정요건과 과실판단기준

사례문제 5 업무상과실치상죄에서 '업무'의 의미와 범위

01 [선택형 · 사례형] 의사의 과실 존부와 의료법상 사망한 자 비밀보호 사건

업무상과실치사 · 업무상비밀누설 · 의료법위반에 관한 설명으로 옳은 것은? (다툼이 있는 경우 판례에 의함)

중요 ① 의료과오사건에서 의사의 과실을 인정하려면 결과 발생을 예견할 수 있고 또 회피할 수 있었는데도 예견하거나 회피하지 못한 점을 인정할 수 있어야 한다. 의사의 과실이 있는지는 같은 업무 또는 분야에 종사하는 **평균적인 의사가 보통 갖추어야 할 통상의 주의의무**를 기준으로 판단하여야 하고, 사고 당시의 일반적인 의학 수준, 의료환경과 조건, 의료행위의 특수성 등을 고려하여야 한다.

② 의사에게 진단상 과실이 있는지를 판단할 때는 의사가 비록 완전무결하게 임상진단을 할 수는 없을지라도 적어도 **임상의학 분야에서 실천되고 있는 진단 수준의 범위에서 전문직업인으로서 요구되는 의료상의 윤리, 의학지식과 경험에 기초하여 신중히 환자를 진찰하고 정확히 진단함으로써 위험한 결과 발생을 예견하고 이를 회피하는 데에 필요한 최선의 주의의무를 다하였는지를 따져 보아야 한다.**

③ 의료법 제19조에서 누설을 금지하고 있는 '다른 사람의 비밀'은 당사자의 동의 없이는 원칙적으로 공개되어서는 안 되는 비밀영역으로 보호되어야 한다.

이러한 보호의 필요성은 환자가 나중에 사망하더라도 소멸하지 않는다. 구 의료법 제21조 제1항은 환자가 사망하였는지를 묻지 않고 환자가 아닌 다른 사람에게 환자에 관한 기록을 열람하게 하거나 사본을 내주는 등 내용을 확인할 수 있게 해서는 안 된다고 정하고 있다. 이 점을 보더라도 환자가 사망했다고 해서 보호 범위에서 제외된다고 볼 수 없다.

해설 및 정답 ①~③ 대법원 2018. 5. 11. 선고 2018도2844 판결 **정답** ○

사례문제 4 과실인정요건과 과실판단기준

대법원 2018. 5. 11. 선고 2018도2844 판결
[업무상과실치사·업무상비밀누설·의료법위반]

Q. 의료과오사건에서 의사의 과실을 인정하기 위한 요건 및 의사의 과실이 있는지 판단하는 기준

Q. 의사가 진찰·치료 등의 의료행위를 할 때 요구되는 주의의무의 내용 및 의사에게 진단상 과실이 있는지 판단하는 기준

Q. 형벌법규의 해석 방법

Q. 의료인의 비밀누설 금지의무를 규정한 구 의료법 제19조에서 정한 '다른 사람'에 생존하는 개인 이외에 이미 사망한 사람도 포함되는지 여부(적극)

판결요지

가. 의료과오사건에서 의사의 과실을 인정하려면 결과 발생을 예견할 수 있고 또 회피할 수 있었는데도 예견하거나 회피하지 못한 점을 인정할 수 있어야 한다. 의사의 과실이 있는지는 같은 업무 또는 분야에 종사하는 평균적인 의사가 보통 갖추어야 할 통상의 주의의무를 기준으로 판단하여야 하고, 사고 당시의 일반적인 의학 수준, 의료환경과 조건, 의료행위의 특수성 등을 고려하여야 한다.

나. 의사에게 진단상 과실이 있는지를 판단할 때는 의사가 비록 완전무결하게 임상진단을 할 수는 없을지라도 적어도 임상의학 분야에서 실천되고 있는 진단 수준의 범위에서 전문직업인으로서 요구되는 의료상의 윤리, 의학지식과 경험에 기초하여 신중히 환자를 진찰하고 정확히 진단함으로써 위험한 결과 발생

을 예견하고 이를 회피하는 데에 필요한 최선의 주의의무를 다하였는지를 따져 보아야 한다. 나아가 의사는 환자에게 적절한 치료를 하거나 그러한 조치를 하기 어려운 사정이 있다면 신속히 전문적인 치료를 할 수 있는 다른 병원으로 전원시키는 등의 조치를 하여야 한다.

다. **구 의료법 제19조에서 정한 '다른 사람'에는 생존하는 개인 이외에 이미 사망한 사람도 포함된다고 보아야 한다.**

02 [선택형 · 사례형] 임대건물 아크릴 벽면 낙하 사건

3층 건물의 소유자로서 건물 각 층을 임대한 피고인이,[행위주체] 건물 2층으로 올라가는 계단참의 전면 벽이 아크릴 소재의 창문 형태로 되어 있고 별도의 고정장치가 없는데도 안전바를 설치하는 등 낙하사고 방지를 위한 관리의무를 소홀히 함으로써,[부작위 과실행위] 건물 2층에서 나오던 甲이 신발을 신으려고 아크릴 벽면에 기대는 과정에서 벽면이 떨어지고 개방된 결과 약 4m 아래 1층으로 추락하여 상해를 입었다고 하여 업무상과실치상으로 기소된 사안이다. 이에 관한 설명으로 옳은 것은? (다툼이 있는 경우 판례에 의함)

① 업무상과실치상죄의 '업무'란 사람의 사회생활면에서 하나의 지위로서 계속적으로 종사하는 사무를 말한다. 여기에는 수행하는 직무 자체가 위험성을 갖기 때문에 안전배려를 의무의 내용으로 하는 경우는 물론 사람의 생명·신체의 위험을 방지하는 것을 의무의 내용으로 하는 업무도 포함된다.

중요 ② 건물 소유자가 안전배려나 안전관리 사무에 계속적으로 종사하거나 그러한 **계속적 사무를 담당하는 지위를 가지지 않은 채 단지 건물을 비정기적으로 수리하거나 건물의 일부분을 임대하였다는 사정만으로는 건물 소유자의 위와 같은 행위가 업무상과실치상죄의 '업무'에 해당한다고 보기 어렵다.**

③ **피고인이 건물에 대한 수선 등의 관리를 비정기적으로 하였으나 그 이상의 안전배려나 안전관리 사무에 계속적으로 종사하였다고 인정하기 어렵다.** 이 사안 경우 업무상과실치상의 공소사실은 무죄이다. 그러나 축소사실인 과실치상죄는 성립한다.

해설 및 정답 ①~③ 대법원 2017. 12. 5. 선고 2016도16738 판결 **정답** ○

사례문제 5 업무상과실치상죄에서 '업무'의 의미와 범위

대법원 2017. 12. 5. 선고 2016도16738 판결
[업무상과실치상(인정된 죄명: 과실치상)]

Q. 업무상과실치상죄에서 말하는 '업무'의 의미와 범위

Q. 건물 소유자가 안전배려나 안전관리 사무에 계속적으로 종사하거나 그러한 계속적 사무를 담당하는 지위를 가지지 않은 채 단지 건물을 비정기적으로 수리하거나 건물의 일부분을 임대한 행위가 업무상과실치상죄의 '업무'에 해당하는지 여부(소극)

Q. 3층 건물의 소유자로서 건물 각 층을 임대한 피고인이, 건물 2층으로 올라가는 계단참의 전면 벽이 아크릴 소재의 창문 형태로 되어 있고 별도의 고정장치가 없는데도 안전바를 설치하는 등 낙하사고 방지를 위한 관리의무를 소홀히 함으로써, 건물 2층에서 나오던 甲이 신발을 신으려고 아크릴 벽면에 기대는 과정에서 벽면이 떨어지고 개방된 결과 1층으로 추락하여 상해를 입었다고 하여 업무상과실치상으로 기소된 사안이다. 업무상과실치상의 공소사실을 이유에서 무죄로 판단하고 축소사실인 과실치상 부분을 유죄로 인정한 원심판결이 정당하다고 한 사례.

판결요지

가. 업무상과실치상죄의 '업무'란 사람의 사회생활면에서 하나의 지위로서 계속적으로 종사하는 사무를 말한다. 여기에는 수행하는 직무 자체가 위험성을 갖기 때문에 안전배려를 의무의 내용으로 하는 경우와 사람의 생명・신체의 위험을 방지하는 것을 의무의 내용으로 하는 업무를 포함한다.

나. **건물 소유자가 계속적 사무를 담당하는 지위 없이 단지 건물을 비정기적으로 수리하거나 건물의 일부분을 임대하였다는 사정만으로는 건물 소유자의 행위가 업무상과실치상죄의 '업무'에 해당한다고 보기 어렵다.**

중요

03 [선택형] 도급인 구체적 관리감독의무

도급인이 수급인에게 공사의 시공이나 개별 작업에 관하여 구체적으로 지시・감독하였더라도, 법령에 의하여 도급인에게 구체적인 관리・감독의무가 부여되어 있지 않다면, 도급인에게는 수급인의 업무와 관련하여 사고방지에 필요한 안전조치를 해야 할 주의의무가 있다. (다툼이 있는 경우 판례에 의함)

해설 및 정답 대법원 2009. 5. 28. 선고 2008도7030 판결 [업무상과실치사・산업안전보건법위반] ☞ 2017년 제6회 변호사시험 기출문제 6 **정답** ○

문 4. 인과관계에 관한 설명 중 옳은 것은? (다툼이 있는 경우 판례에 의함)

출제예상내용
- 상당인과관계(형법 제17조)
- 객관적 귀속(규범보호·예견가능·무대지배·위험증대)(형법 제17조)
- 객관적 예견가능성(형법 제17조)
- 객관적 지배가능성: 무대지배론(형법 제17조)

01 [선택형] 국민주택기금 대출 사건

갑 주식회사의 실질적 운영자이자 을 주식회사의 대표이사인 피고인 병 및 피고인 정 등이 공모하여,[행위주체] 갑 회사가 시행하고 을 회사가 시공하는 아파트 중 임대아파트 부분의 신축과 관련하여 무 은행에 임대주택건설자금 대출을 신청하면서 아파트 부지의 매매가격을 부풀린 매매계약서 등을 제출하는 방법으로 무 은행을 기망하여[행위] 국민주택기금 대출금을 편취하였다는[취득] 내용으로 기소된 사안이다. 인과관계에 관한 설명으로 옳은 것은? (다툼이 있는 경우 판례에 의함)

① 피고인들이 아파트 부지의 매매가격을 부풀린 매매계약서 등을 제출한 행위와 무 은행의 대출 사이에 인과관계가 존재한다고 보기 어렵다.

해설 및 정답 대법원 2016. 7. 14. 선고 2015도20233 판결 [위조사문서행사·특정경제범죄가중처벌등에관한법률위반(사기)(피고인1에 대하여 일부 인정된 죄명:사기)·업무상횡령·특정경제범죄가중처벌등에관한법률위반(배임)·건설산업기본법위반·부동산실권리자명의등기에관한법률위반·특정경제범죄가중처벌등에관한법률위반(횡령)·사문서위조·정치자금법위반] **정답** ○

객관적 지배가능성(무대지배론)은 무 은행의 결정이다. 따라서 인과관계가 성립하지 않는다. 형법 제17조 인과관계와 객관적 귀속을 논할 때, **객관적 귀속의 요건 중 ① 규범보호, ② 객관적 예견가능성, ③ 객관적 지배가능성, ④ 위험증대를 모두 충족해야 성립한다. 이 사안의 경우 객관적 지배가능성(무대지배론)을 충족하지 않는다.** 대법원 판례의 입장에서 보면, 상당인과관계가 없다.

[판시사항] **피고인들이 아파트 부지의 매매가격을 부풀린 매매계약서 등을 제출한 행위와 무 은행의 대출 사이에 인과관계가 존재한다고 보기 어렵다**고 한 사례.

[판결요지] 무 은행은 '호당 대출금액'과 임대아파트 세대수를 기준 삼아 전체 대출금액을 정하였고, '호당 대출금액'은 '호당 주택가격', 즉 '호당 부지가격'과 '호당 건물가격'을 기초로 산정된다. '호당 건물가격'은 무 은행이 정한 표준건축비

단가를 적용하여 산정된다. 아파트 부지의 가치와는 무관하고 허위 매매계약서 등에 의하여 영향을 받을 수 있는 부분은 '호당 부지가격'뿐이다. **'호당 부지가격'은 무 은행이 정한 '사정가격'에 의하여 정해진다.** 무 은행은 별도의 감정평가법인이 정한 감정평가액을 기초로 '사정가격'을 결정하였다. 감정평가액이 피고인들의 행위로 부당하게 높게 산정되었다는 점에 대한 증명이 부족하다. 무 은행이 담보가치 평가를 그르쳐 적정 담보가치를 반영하지 못한 '사정가격'을 결정하였다고 단정하기 어렵다. **피고인들이 아파트 부지의 매매가격을 부풀린 매매계약서 등을 제출한 행위와 무 은행의 대출 사이에 인과관계가 존재한다고 보기 어렵다고 한 사례.**

02 [선택형] 요양원 치매 노인 사례 사망 사건

요양원 운영자 피고인 갑과 요양보호사 피고인 을이, 요양원에 입소한 치매 노인 병이 음식물을 제대로 삼키지 못한 채 사레가 들린 듯 기침을 하는 장면을 목격하고도 식사 현장을 떠나는 등 적정한 조치를 취하지 않아[부작위 주의의무 위반행위] '이물질에 의한 기도폐색'으로 사망에 이르게 하였다고 하여 업무상과실치사로 기소된 사안이다. 인과관계에 관한 설명으로 옳은 것은? (다툼이 있는 경우 판례에 의함)

① 병은 폭력성 치매 증상으로 노인전문병원에서 입원치료를 받은 후 혼자 거동을 하거나 식사를 할 수 없고 의사소통도 불가능한 상태에 이르러 요양원에 입소하였고, **사고 발생 약 두 달 전부터 폐렴 증상으로 통원치료를 받을 당시 작성된 진료기록지에 '사레가 자주 들린다고 함, 혼자서는 식사 못한다고 함'이라는 기재가 있는 점, 요양원에 입소한 치매 노인의 경우 식사를 할 때 유사한 돌발 상황이 자주 발생한다는 것은 요양원 종사자들에게 널리 알려진 사실로서 피고인들은 이를 충분히 예견할 수 있었던 점** 등 제반 사정을 종합하면, 피고인들이 업무상 주의의무를 위반하여 그 결과 병이 사망에 이르렀다.

해설 및 정답 의정부지법 2015. 10. 14. 선고 2014노2767 판결 [업무상과실치사] 확정

정답 ○

형법 제17조 인과관계와 객관적 귀속을 논할 때, 객관적 귀속의 요건 중 ① 규범보호, ② 객관적 예견가능성, ③ 객관적 지배가능성, ④ 위험증대를 모두 충족해야 성립한다. **이 사안의 경우 네 가지 요건을 모두 충족한다. 부작위에 의한 주의의무 위반행위는 환자사망을 야기할 수 있다. 결과발생이 예견가능하고, 주의**

의무위반행위가 결과발생과정에서 무대를 지배했다고 보인다. 대법원 판례의 입장에서 보면, 상당인과관계가 있다.

03　[선택형] 간경변증 환자 수술 사건

피고인이 고령의 간경변증 환자인 피해자 공소외 1에게 화상 치료를 위한 가피절제술과 피부이식수술(이하 통틀어 '이 사건 수술'이라고 한다)을 실시하기 전에 출혈과 혈액량 감소로 신부전이 발생하여 생명이 위험할 수 있다는 점에 대해 피해자와 피해자의 보호자에게 설명을 하지 아니한 채 수술을 실시한 과실로 인하여 피해자로 하여금 신부전으로 사망에 이르게 한 사안이다. 인과관계에 관한 설명으로 옳은 것은? (다툼이 있는 경우 판례에 의함)

중요 ① 의사가 설명의무를 위반한 채 의료행위를 하였다가 환자에게 상해 또는 사망의 결과가 발생한 경우 의사에게 업무상 과실로 인한 형사책임을 지우기 위해서는 의사의 설명의무 위반과 환자의 상해 또는 사망 사이에 상당인과관계가 존재하여야 한다.

해설 및 정답 대법원 2015. 6. 24. 선고 2014도11315 판결 [업무상과실치사]

정답 ○

[판시사항] [1] 의사가 설명의무를 위반한 채 의료행위를 하였다가 환자에게 상해 또는 사망의 결과가 발생한 경우, 의사에게 업무상 과실로 인한 형사책임을 지우기 위한 요건 [2] 의료과오사건에서 의사의 과실을 인정하기 위한 요건 및 과실 유무를 판단하는 방법 / 의사에게 진료방법을 선택할 폭넓은 재량권이 있는지 여부(적극) 및 진료방법 선택에 관한 과실 유무를 판단하는 기준

[판결요지] 의사가 설명의무를 위반한 채 의료행위를 하였다가 환자에게 상해 또는 사망의 결과가 발생한 경우 의사에게 업무상 과실로 인한 형사책임을 지우기 위해서는 의사의 설명의무 위반과 환자의 상해 또는 사망 사이에 상당인과관계가 존재하여야 한다(대법원 2011. 4. 14. 선고 2010도10104 판결 등 참조).

[판결해설] 형법 제17조 인과관계와 객관적 귀속을 논할 때, 객관적 귀속의 요건 중 ① 규범보호, ② 객관적 예견가능성, ③ 객관적 지배가능성, ④ 위험증대를 모두 충족해야 성립한다. **이 사안의 경우 네 가지 요건을 모두 충족한다. 부작위에 의한 주의의무 위반행위는 환자에게 상해를 야기할 수 있다. 의사가 설명의무를 이행했다면, 결과발생을 방지할 수 있었을 것이다. 그러므로 의사의 주의의무 위반행위가 결과발생을 이끌었고, 객관적 예견가능성이 있으며, 무대를 지배했다고 보인다.** 대법원 판례의 관점에서 보면, 상당인과관계가 있다.

중요

04 [선택형] 고속도로 차로 끼어든 사건

피고인이[행위주체] 고속도로 2차로를 따라 자동차를 운전하다가 1차로를 진행하던 갑의 차량 앞에 급하게 끼어든 후 곧바로 정차하여,[행위] 갑의 차량 및 이를 뒤따르던 차량 두 대는 연이어 급제동하여 정차하였으나, 그 뒤를 따라오던 을의 차량이 앞의 차량들을 연쇄적으로 추돌케 하여 을을 사망에 이르게 하고 나머지 차량 운전자 등 피해자들에게 상해를 입힌[결과발생] 사안이다. 인과관계에 관한 설명으로 옳은 것은? (다툼이 있는 경우 판례에 의함)

① 형법 제188조에 규정된 교통방해에 의한 치사상죄는 결과적 가중범이다. 그러므로 위 죄가 성립하려면 교통방해 행위와 사상(死傷)의 결과 사이에 상당인과관계가 있어야 한다. 행위 시에 결과의 발생을 예견할 수 있어야 한다.

중요 ② 교통방해 행위가 피해자의 사상이라는 결과를 발생하게 한 유일하거나 직접적인 원인이 된 경우만이 아니라, **그 행위와 결과 사이에 피해자나 제3자의 과실 등 다른 사실이 개재된 때에도 그와 같은 사실이 통상 예견될 수 있는 것이라면 상당인과관계를 인정할 수 있다.**

③ 편도 2차로의 고속도로 1차로 한가운데에 정차한 피고인은 현장의 교통상황이나 일반인의 운전 습관·행태 등에 비추어 고속도로를 주행하는 다른 차량 운전자들이 제한속도 준수나 안전거리 확보 등의 주의의무를 완전하게 다하지 않을 수도 있다는 점을 알았거나 충분히 알 수 있었다. 그러므로 피고인의 정차 행위와 사상의 결과 발생 사이에 상당인과관계가 있다. **사상의 결과 발생에 대한 예견가능성도 인정된다.** 피고인에게 일반교통방해치사상죄가 성립한다.

해설 및 정답 ①~③ 대법원 2014. 7. 24. 선고 2014도6206 판결 [일반교통방해치사 · 일반교통방해치상 · 폭력행위등처벌에관한법률위반(집단 · 흉기등협박) · 도로교통법위반]

정답 ○

[판시사항] [1] 교통방해치사상죄의 성립 요건 및 교통방해 행위와 사상의 결과 사이에 상당인과관계를 인정할 수 있는 경우 [2] 피고인에게 일반교통방해치사상죄를 인정한 원심판단이 정당하다고 한 사례.

[판결요지] 형법 제188조에 규정된 교통방해에 의한 치사상죄는 결과적 가중범이므로, 위 죄가 성립하려면 교통방해 행위와 사상(사상)의 결과 사이에 상당인과관계가 있어야 하고 행위 시에 결과의 발생을 예견할 수 있어야 한다. 그리고 교통방해 행위가 피해자의 사상이라는 결과를 발생하게 한 유일하거나 직접적인 원인

이 된 경우만이 아니라, 그 행위와 결과 사이에 피해자나 제3자의 과실 등 다른 사실이 개재된 때에도 그와 같은 사실이 통상 예견될 수 있는 것이라면 상당인과관계를 인정할 수 있다.

[판결해설] 형법 제17조 인과관계와 객관적 귀속을 논할 때, 객관적 귀속의 요건 중 ① **규범보호, ② 객관적 예견가능성, ③ 객관적 지배가능성, ④ 위험증대를 모두 충족해야 성립한다. 이 사안의 경우 네 가지 요건을 모두 충족한다. 갑자기 끼어든 피고인의 주의의무위반행위가 대형사고를 야기할 수 있으며, 다른 행위와 비교하여 무대를 지배했다고 보인다.** 대법원 판례의 관점에서 보면, 상당인과관계가 있다. **형법 제17조(인과관계와 객관적 귀속)·제15조 제2항(결과적 가중범)·형법 제19조(독립행위경합)를 통합하여 정리하여도 좋을 것이다. 이 기준으로 사례를 해결해도 어려움이 없을 것이다.**

현행	통합안
형법 제17조(인과관계) 어떤 행위라도 죄의 요소되는 위험발생에 연결되지 아니한 때에는 그 결과로 인하여 벌하지 아니한다.	**제17조(인과관계와 객관적 귀속)** ① 어떤 행위가 범죄성립요소인 위험발생·결과발생에 연결되지 않으면 기수범으로 처벌되지 않는다. 여기서 연결이란 결과귀속을 말하며, 결과귀속은 규범보호범위에 있고, 위험이 증대되고, **객관적으로 예견가능해야 하며, 객관적으로 지배가능 해야 한다.** ② 결과가중범에서 결과발생으로 법정형이 중한 죄를 적용할 할 때 **행위자가 결과발생을 예견할 수 있는 경우** 중한 죄로 처벌된다.
형법 제19조(독립행위의 경합) 동시 또는 이시의 독립행위가 경합한 경우에 그 결과발생의 원인된 행위가 판명되지 아니한 때에는 각 행위를 미수범으로 처벌한다.	**형법 제19조(독립행위경합)** [1]**여러 행위자가 각각 형법 제13조 고의로 독립적 범죄행위를 범하고,** [2]**그 행위들이 동시 또는 이시에 이루어져 서로 경합하는 경우,** [3]결과발생에서 원인된 행위를 확정할 수 없는 때, 형법 제17조 인과관계와 객관적 귀속은 인정되지 않는다. 다만 이 경우 법률에 **미수범 처벌 규정이 있으면 각 행위를 미수범으로 처벌된다.**

문 5. 부작위에 관한 설명 중 옳은 것은? (다툼이 있는 경우 판례에 의함)

출제예상내용
- 보증인지위(형법 제18조)
- 동가치(형법 제18조)
- 부작위와 인과관계(형법 제18조·제17조)
- 부작위 공동정범(형법 제18조·제30조)
- 부작위 방조범과 인과관계(형법 제18조·제32조·제17조)

사례문제 6 부작위범 성립요건

사례문제 7 부작위범 공동정범

01 [선택형] 공사업자 건축자재 방치 사건(부작위 업무방해죄 부정)

피고인은 갑과 토지 지상에 창고를 신축하는 데 필요한 형틀공사 계약을 체결한 후 그 공사를 완료하였다. 그런데 갑이 공사대금을 주지 않는다는 이유로 위 토지에 쌓아 둔 건축자재를 치우지 않고 공사현장을 막는 방법으로 위력으로써 갑의 창고 신축 공사 업무를 방해하였다. 이에 관한 설명으로 옳은 것은? (다툼이 있는 경우 판례에 의함)

① 업무방해죄와 같이 작위를 내용으로 하는 범죄를 부작위에 의하여 범하는 **부진정 부작위범이 성립하기 위해서는 부작위를 실행행위로서의 작위와 동일시할 수 있어야 한다.**

중요 ② 비록 공사대금을 받을 목적으로 건축자재를 치우지 않았더라도, 피고인이 자신의 공사를 위하여 쌓아 두었던 건축자재를 공사 완료 후에 **단순히 치우지 않은 행위가**부작위 위력으로써 갑의 추가 공사 업무를 방해하는 업무방해죄의 실행행위로서 갑의 업무에 대하여 하는 적극적인 방해행위와 동등한 형법적 가치를 가진다고 볼 수 없다. 그러므로 **부작위에 의한 업무방해죄가 성립하지 않는다.**

해설 및 정답 ①~② 대법원 2017. 12. 22. 선고 2017도13211 판결 [업무방해]

정답 ○

[판시사항] [1] 부작위에 의한 업무방해죄가 성립하기 위한 요건 [2] 공소사실을

유죄로 인정한 원심판결에 부작위에 의한 업무방해죄의 성립에 관한 법리오해의 잘못이 있다고 한 사례.

02 [선택형] 법원 입찰 보증금 사건(부작위 업무상 횡령 방조 사건)

부작위에 관한 설명으로 옳은 것은? (다툼이 있는 경우 판례에 의함)

① **업무상횡령죄의 불법영득의사**라 함은 타인의 재물을 보관하는 자가 자기 또는 제3자의 이익을 꾀할 목적으로 **업무상의 임무에 위배하여 보관하는 타인의 재물을 자기의 소유인 경우와 같이 처분하는 의사를 의미하고,** 반드시 자기 스스로 영득하여야만 하는 것은 아니다.

중요 ② **종범은 정범의 실행행위 중에 이를 방조하는 경우뿐만 아니라, 실행 착수 전에 장래의 실행행위를 예상하고 이를 용이하게 하는 행위를 하여 방조한 경우에도 정범이 실행행위를 한 경우에 성립한다.**

중요 ③ **형법상 방조는** 작위에 의하여 정범의 실행을 용이하게 하는 경우는 물론, 직무상의 의무가 있는 자가 정범의 범죄행위를 인식하면서도 그것을 방지하여야 할 제반 조치를 취하지 아니하는 **부작위로 인하여 정범의 실행행위를 용이하게 하는 경우에도 성립된다.**

중요 ④ 형법상 부작위범이 인정되기 위해서는 형법이 금지하고 있는 법익침해의 결과 발생을 방지할 법적인 작위의무를 지고 있는 자가 그 의무를 이행함으로써 결과 발생을 쉽게 방지할 수 있었음에도 불구하고 그 결과의 발생을 용인하고 이를 방관한 채 그 의무를 이행하지 아니한 경우에, 그 부작위가 작위에 의한 법익침해와 동등한 형법적 가치가 있는 것이어서 그 범죄의 실행행위로 평가될 만한 것이라면, 작위에 의한 실행행위와 동일하게 부작위범으로 처벌할 수 있다.

중요 ⑤ 부작위범에서 **작위의무는 법적인 의무**이어야 하므로 단순한 도덕상 또는 종교상의 의무는 포함되지 않으나 작위의무가 법적인 의무인 한 **성문법이건 불문법이건 상관이 없고 또 공법이건 사법이건 불문하므로, 법령, 법률행위, 선행행위로 인한 경우는 물론이고 기타 신의성실의 원칙이나 사회상규 혹은 조리상 작위의무가 기대되는 경우에도 법적인 작위의무는 있다.**

중요 ⑥ **법원의 입찰사건에 관한 제반 업무를 주된 업무로 하는 공무원이**행위주체(보증인지위/법령) 자신이 맡고 있는 입찰사건의 **입찰보증금이**행위객체 계속적으로 횡령되고 있는 사실을 알았다면, 담당 공무원으로서는 이를 제지하고 즉시 상관에게 보고하는 등의 방법으로 그러한 사무원의 횡령행위를 방지해야 할 **법적인 작위의무를 지는 것이**행위주체(보증인지위/법령) 당연하다. 비록 그의 묵인 행위가 배당불능이라는 최악의 사태를 막기 위한 동기에서 비롯된 것이라고 하더라도 자신의 **작위의무를 이행함으로써 결과 발생을 쉽게 방지할 수 있는**일반적 가능성·개별적 가능성 공무원이 그 사무원의 **새로운 횡령범행을 방조**행위 용인한 것을 작위에 의한 법익 침해와 동등한 형법적 가치가 있는 것이 아니라고 볼 수는 없다. 그 담당 공무원은 업무상횡령의 종범이 성립한다.

해설 및 정답 ①~⑤ 대법원 1996. 9. 6. 선고 95도2551 판결 **정답** ○

사례문제 6 부작위범 성립요건

대법원 1996. 9. 6. 선고 95도2551 판결
[특정경제범죄가중처벌등에관한법률위반(횡령)·업무상횡령(업무상횡령방조)·뇌물수수]

Q. 업무상횡령죄의 불법영득의 의사의 내용

Q. 정범의 실행행위 착수 이전의 방조행위를 종범으로 처벌하기 위한 요건

Q. 정범의 실행행위를 방지할 의무 있는 자가 그 방지조치를 하지 아니함으로써 실행행위를 용이하게 한 경우, 부작위에 의한 종범의 성부(적극)

Q. 형법상 부작위범이 성립되기 위한 작위의무의 내용과 그 태양

Q. 입찰업무 담당 공무원이 입찰보증금이 횡령되고 있는 사실을 알고도 이를 방지할 조치를 취하지 아니함으로써 새로운 횡령범행이 계속된 경우 죄책은?

판결요지

가. 업무상횡령죄의 불법영득의사라 함은 타인의 재물을 보관하는 자가 자기 또는 제3자의 이익을 꾀할 목적으로 업무상의 임무에 위배하여 보관하는 타인의 재물을 자기의 소유인 경우와 같이 처분하는 의사를 의미하고, 반드시 자기 스스로 영득하여야만 하는 것은 아니다.

나. **종범은 정범의 실행행위 중에 이를 방조하는 경우뿐만 아니라, 실행 착수 전에 장래의 실행행위를 예상하고 이를 용이하게 하는 행위를 하여 방조한 경우에도 정범이 실행행위를 한 경우에 성립한다.**

다. **형법상 방조는** 작위에 의하여 정범의 실행을 용이하게 하는 경우는 물론, 직무상의 의무가 있는 자가 정범의 범죄행위를 인식하면서도 그것을 방지하여야 할 제반 조치를 취하지 아니하는 **부작위로 인하여 정범의 실행행위를 용이하게 하는 경우에도 성립된다.**

라. **형법상 부작위범이 인정되기 위해서는** 형법이 금지하고 있는 법익침해의 결과 발생을 방지할 법적인 작위의무를 지고 있는 자가 그 의무를 이행함으로써 결과 발생을 쉽게 방지할 수 있었음에도 불구하고 그 결과의 발생을 용인하고 이를 방관한 채 그 의무를 이행하지 아니한 경우에, 그 부작위가 작위에 의한 법익침해와 동등한 형법적 가치가 있는 것이어서 그 범죄의 실행행위로 평가될 만한 것이라면, 작위에 의한 실행행위와 동일하게 부작위범으로 처벌할 수 있다. 여기서 **작위의무는 법적인 의무이어야 하므로 단순한 도덕상 또는 종교상의 의무는 포함되지 않으나 작위의무가 법적인 의무인 한 성문법이건 불문법이건 상관이 없고 또 공법이건 사법이건 불문하므로, 법령, 법률행위, 선행행위로 인한 경우는 물론이고 기타 신의성실의 원칙이나 사회상규 혹은 조리상 작위의무가 기대되는 경우에도 법적인 작위의무는 있다.**

마. **법원의 입찰사건에 관한 제반 업무를 주된 업무로 하는 공무원이** 자신이 맡고 있는 입찰사건의 입찰보증금이 계속적으로 횡령되고 있는 사실을 알았다면, **담당 공무원으로서는 이를 제지하고 즉시 상관에게 보고하는 등의 방법으로 그러한 사무원의 횡령행위를 방지해야 할 법적인 작위의무를 지는 것**이 당연하고, 비록 그의 묵인 행위가 배당불능이라는 최악의 사태를 막기 위한 동기에서 비롯된 것이라고 하더라도 자신의 작위의무를 이행함으로써 **결과 발생을 쉽게 방지할 수 있는 공무원이** 그 사무원의 새로운 횡령**범행을 방조 용인한 것을 작위에 의한 법익 침해와 동등한 형법적 가치가 있는 것이 아니라고 볼 수는 없다**는 이유로, **그 담당 공무원을 업무상횡령의 종범으로 처벌한 사례** (형법 제356조, 제18조, 제32조).

03 [선택형 · 사례형] 세월호 사건

부작위에 관한 설명으로 옳은 것은? (다툼이 있는 경우 판례에 의함)

중요 ① **부작위에서 작위의무는 법령, 법률행위, 선행행위로 인한 경우는 물론, 신의성실의 원칙이나 사회상규 혹은 조리상 작위의무가 기대되는 경우에도 인정된다.**

② 부진정 부작위범의 고의는 반드시 구성요건적 결과발생에 대한 목적이나 계획적인 범행 의도가 있어야 하는 것은 아니고 법익침해의 결과발생을 방지할 법적 작위의무를 가지고 있는 사람이 의무를 이행함으로써 결과발생을 쉽게 방지할 수 있었음을 예견하고도 결과발생을 용인하고 이를 방관한 채 의무를 이행하지 아니한다는 인식을 하면 족하다. 이러한 작위의무자의 예견 또는 인식 등은 확정적인 경우는 물론 불확정적인 경우이더라도 **미필적 고의로 인정될 수 있다.**

중요 ③ 선박침몰 등과 같은 조난사고로 승객이나 다른 승무원들이 스스로 생명에 대한 위협에 대처할 수 없는 급박한 상황이 발생한 경우에는 선박의 운항을 지배하고 있는 선장이나 갑판 또는 선내에서 구체적인 구조행위를 지배하고 있는 선원들은 적극적인 구호활동을 통해 보호능력이 없는 승객이나 다른 승무원의 **사망 결과를 방지하여야 할 작위의무가 있다.**

중요 ④ 법익침해의 태양과 정도 등에 따라 요구되는 개별적·구체적인 구호의무를 이행함으로써 사망의 결과를 쉽게 방지할 수 있음에도 그에 이르는 사태의 핵심적 경과를 그대로 방관하여 사망의 결과를 초래하였다면, 부작위는 작위에 의한 살인행위와 동등한 형법적 가치를 가지고, 작위의무를 이행하였다면 결과가 발생하지 않았을 것이라는 관계가 인정될 경우에는 작위를 하지 않은 **부작위와 사망의 결과 사이에 인과관계가 있다.**

해설 및 정답 ①~④ 대법원 2015. 11. 12. 선고 2015도6809 전원합의체 판결

정답 ○

사례문제 7 부작위범 공동정범

대법원 2015. 11. 12. 선고 2015도6809 전원합의체 판결
[세월호 판결]

Q. 특정한 행위를 하지 아니하는 부작위가 형법적으로 부작위로서의 의미를 갖는 경우?

Q. 부진정 부작위범에서 부작위로 인한 법익침해가 범죄의 실행행위로 평가될 수 있는 경우 및 여기서의 작위의무는 신의성실의 원칙이나 사회상규 혹은 조리상 작위의무가 기대되는 경우에도 인정되는지 여부?

Q. 부진정 부작위범의 고의의 내용 및 이때 작위의무자에게 고의가 있었는지 판단하는 기준은?

Q. 조난사고로 승객이나 다른 승무원들이 스스로 생명에 대한 위협에 대처할 수 없는 급박한 상황에서 선장이나 선원들의 부작위가 작위에 의한 살인행위와 동등한 형법적 가치를 가지는 경우는?

Q. 부작위와 사망의 결과 사이에 인과관계가 인정되는 경우는?

Q. 항해 중이던 선박의 선장 피고인 갑, 1등 항해사 피고인 을, 2등 항해사 피고인 병이 배가 기울어져 멈춘 후 침몰하고 있는 상황에서 피해자인 승객 등이 안내방송 등을 믿고 대피하지 않은 채 선내에 대기하고 있음에도 아무런 구조조치를 취하지 않고 퇴선함으로써, 배에 남아있던 피해자들을 익사하게 한 경우 형사책임은?

판결요지

[1] 가. **범죄는** 보통 적극적인 행위~~에 의하여~~로 실행되지만 때로~~는~~ 결과의 발생을 방지하지 ~~아니한~~않은 **부작위~~에 의하여도~~로 실현될 수 있다.** 형법 제18조는 "위험의 발생을 방지할 의무가 있거나 또는 자기의 행위로 ~~인하여~~ 위험발생의 원인을 야기한 자가 그 위험발생을 방지하지 아니한 때~~에는~~ 그 발생된 결과~~에 의하여~~로 처벌한다."라고 하여 부작위범의 **성립 요건**을 별도로 규정하고 있다.

나. 자연적 의미에서의 부작위는 거동성이 있는 작위와 본질적으로 구별되는 무(無)에 지나지 ~~아니하지만,~~않는다. 그러나 위 규정에서 말하는 부작위는 법적 기대라는 규범적 가치판단 요소~~에 의하여~~ 때문에 사회적 중요성을 가지는 사람의 행태가 되어 법적 의미에서 작위와 함께 행위의 기본 형태를 이루게 ~~되므로,~~된다. **특정한 행위를 하지 ~~아니하는~~않는 부작위가 형법~~적으로~~에서 부작위~~로서~~의 의미를 가지기 위해서~~는,~~ 보호법익의 주체에게 해당 구성요건적 결과발생의 위험이 있는 상황에서 행위자가 구성요건의 실현을 회피하기 위하여 요구되는 행위를 현실적·물리적으로 행할 수 있었음에도 하지 아니하였다고 평가될 수 있어야 한다.**

다. 나아가 살인죄와 같이 일반적으로 작위를 내용으로 하는 범죄를 부작위~~에 의하여~~로 범하는 이른바 부진정 부작위범의 경우~~에는~~ 보호법익의 주체가 법익에 대한 침해위협에 대처할 보호능력이 없고, 부작위행위자에게 침해위협으로부터 법익을 보호해 주어야 할 법적 작위의무가 있을~~ 뿐 아니라,~~ 다. 또한 부작위행위자가 그러한 보호~~적~~ 지위에서 법익침해를 일으키는 사태를 지배하고 있~~어~~다. 작위의무~~의~~ 이행으로 결과발생을 쉽게 방지할 수 있어야 부작위로 ~~인한~~ 법익침해가 작위~~에 의한~~로 발생한 법익침해와 동등한 형법~~적~~ 가치가 있는 것으로~~서~~ 범죄~~의~~ 실행행위로 평가될 수 있다. 다만 여기서~~의~~ **작위의무는 법령, 법률행위, 선행행위로 인한 경우는 물론, 신의성실의 원칙이나 사회상규 혹은 조리상 작위의무가 기대되는 경우에도 인정된다.**

라. 또한 부진정 부작위범**의** 고의는 반드시 구성요건~~적~~ 결과발생에 대한 목적이나 계획적인 범행 의도가 있~~어야 하는~~는 ~~것은~~ 아니~~고~~다. 법익침해~~의~~ 결과발생을 방지할 법적 작위의무를 ~~가지고 있는~~가진 사람이 의무를 이행함으로써 결과발생을 쉽게 방지할 수 있었음을 **예견하고도 결과발생을 용인하고 이를 방관한 채 의무를 이행하지 아니한다는 인식을 하면 족하며,**하다. **이러한 작위의무자의 예견 또는 인식 등은 확정적인 경우는 물론 불확정적인 경우이더라도 미필적 고의로 인정될 수 있다.** 이때 작위의무자~~에게 이러한~~ 고의~~가 있었는지~~는 작위의무자~~의~~ 진술에만 의존할 것이 아니~~라,~~다. **작위의무의 발생근거, 법익침해의 태양과 위험성, 작위의무자의 법익침해에 대한 사태지배의 정도, 요구되는 작위의무의 내용과 이행의 용이성, 부작위에 이르게 된 동기와 경위, 부작위의 형태와 결과발생 사이의 상관관계 등을 종합적으로 고려하여 작위의무자의 심리상태를 추인하여야** 한다.

[2] 가. 선장~~의~~ 권한이나 의무, 해원~~의~~ 상명하복체계 등에 관한 해사안전법 제45조, 구 선원법(2015. 1. 6. 법률 제13000호로 개정되기 전의 것) 제6조, 제10조, 제11조, 제22조, 제23조 제2항, 제3항은 모두 선박**의** 안전과 선원 관리에 관한 포괄적이고 절대적인 권한을 가진 선장을 수장으로 하는 효율적**인** 지휘명령체계를 갖추어 항해 중인 선박~~의~~ 위험을 신속하고 안전하게 극복할 수 있도록 하기 위한 것이~~므로,~~이다. 그러므로 선장은 승객 등 선박공동체~~의~~ 안전에 대한 총책임자로서 선박공동체가 위험에 직면할 경우 그 사실을 당국에 신고하거나 구조세력~~의~~ 도움을 요청하는 등~~의~~ 기본적인 조치~~뿐만 아니라~~와 위기상황~~의~~ 태양, 구조세력**의** 지원 가능성과 규모, 시기 등을 종합적으로 고려하여 실현가능한 **구체적인 구조계획을 신속히 수립하~~고~~**하여야 한다. **선장~~의~~**은 **포괄적이고 절대적인 권한을 적절히 행사하여**

선박공동체 전원의 안전이 종국적으로 확보될 때까지 적극적 · 지속적으로 구조조치를 취할 법률상 의무가 있다.

나. 또한 선장이나 승무원은 수난구호법 제18조 제1항 단서~~에 의하여~~[에 근거하여] 조난된 사람에 대한 구조조치의무를 부담**하고,**[한다.] **선박의 해상여객운송사업자와 승객 사이의 여객운송계약에 따라 승객의 안전에 대하여 계약상 보호의무를 부담하므로,**[한다. 따라서] **모든 승무원은 선박 위험 시 서로 협력하여 조난된 승객이나 다른 승무원을 적극적으로 구조할 의무가 있다.**

다. 따라서 선박침몰 등과 같은 조난사고로 승객이나 다른 승무원들이 스스로 생명에 대한 위협에 대처할 수 없는 급박한 상황이 발생한 경우~~에는~~ **선박의 운항을 지배하고 있는 선장이나 갑판 또는 선내에서 구체적인 구조행위를 지배하고 있는 선원들은 적극적인 구호활동을 통해 보호능력이 없는 승객이나 다른 승무원의 사망 결과를 방지하여야 할 작위의무가 있으므로,**[있다.] **법익침해의 태양과 정도 등에 따라 요구되는 개별적 · 구체적인 구호의무를 이행함으로써 사망의 결과를 쉽게 방지할 수 있음에도 그에 이르는 사태의 핵심적 경과를 그대로 방관하여 사망의 결과를 초래하였다면,** 부작위는 작위~~에 의한~~[로 범한] 살인행위와 동등한 형법~~적~~ 가치를 가지고, **작위의무를 이행하였다면 결과가 발생하지 않았을 것이라는 관계가 인정될 경우에는 작위를 하지 않은 부작위와 사망의 결과 사이에 인과관계가 있다.**

[3] 피고인 을, 병이 간부 선원들로서 선장을 보좌하여 승객 등을 구조하여야 할 지위에 있음에도 구조조치를 취하지 아니한 채 사태를 방관하여 결과적으로 선내 대기 중이던 승객 등이 탈출에 실패하여 사망에 이르게 한 잘못은 있다. 그러나 그러한 **부작위를 작위~~에 의한~~**[로 범한] **살인의 실행행위와 동일하게 평가하기 어렵~~고,~~**[다.] **또한 살인의 미필적 고의로 피고인 갑의 부작위에 의한 살인행위에 공모 가담하였다고 단정하기도 ~~어려우므로,~~**[어렵다. 따라서] **피고인 을, 병에 ~~대해~~**[게] **부작위에 의한 살인의 고의를 인정하기 어렵다**고 한 원심의 조치는 정당하다고 한 사례.

●● 부작위 살인죄 인정 '세월호 판결' 해설

가. 2014년 4월 16일 발생한 세월호 참사는 304명의 사망 · 실종자를 우리 사회에 남겨 주었다. 충격과 슬픔은 이루 말할 수 없다.

나. 세월호 이○○ 선장은 당시 승객 구조를 외면하고 혼자 해경경비정을 탔다.

그에게 주어진 부작위 살인혐의가 2015년 11월 12일 대법원에서 최종 확정되었다. **대한민국 사법사상 선박 침몰 등 대형 인명사고에서 부작위 살인죄가 처음으로 확정된 것**이다. 이번 대법원 전원합의체판결은 부작위범에서 선례가 되는 의미 있는 판결이라고 생각한다.

다. 피고인 이○○ 세월호 선장은 세월호 사고 당시 배에서 탈출하라는 퇴선방송이나 지시를 하지 않고 혼자 탈출해 승객 등 300여명을 숨지게 한 혐의로 구속 기소되었다. 이 선장과 1·2등 항해사, 기관장 4명에게 살인혐의를 적용했다.

라. 제1심(광주지방법원)은 이 선장에게 살인고의가 인정되지 않는다며 유기치사죄 등만 유죄로 판단해 징역 36년을 선고했다. 그러나 항소심(광주고등법원)은 이 선장에게 살인혐의를 인정해 형량을 무기징역으로 높였다. 다만 "살인혐의가 적용됐던 다른 승무원들은 선장지휘를 받는 처지인 점 등을 감안할 때 살인고의가 인정되지 않는다"며 형량도 징역 15～30년에서 7～12년으로 줄였다.

마. **2015년 11월 12일 대법원 전원합의체(주심 김소영 대법관)는 살인 등 혐의로 기소된 이 선장 등 세월호 승무원 15명 상고심(2015도6809)에서 대법관 전원일치로 이 선장에게 무기징역을 선고한 원심을 확정했다. 또한 1등 항해사 강모(43)씨와 2등 항해사 김모(48)씨, 기관장 박모(55)씨에게 살인 대신 유기치사 등 혐의를 적용한 원심 판단을 유지해 징역 7～12년을 확정했다.** 대법원은 나머지 승무원 11명 상고도 전부 기각하고 징역 1년 6개월～5년을 확정했다.

바. **대법원 전원합의체는 판결문에서『적절한 시점에서 퇴선명령만으로도 상당수 피해자 탈출과 생존이 가능했다(① 일반적 구조행위 가능성과 개별적 구조행위 가능성). 승객들이 익사할 수밖에 없다는 것을 충분히 예견했음에도 승객들을 내버려 둔 채 먼저 퇴선 한 것(② 부작위)은 선장 역할(보증인지위/법령/계약)을 의식적이고 전면적으로 포기한 것(③ 고의)으로 이는 작위에 의한 살인의 실행행위와 동등한 법적 가치가 있다(④ 동가치). 이○○ 선장은 승객들에게 퇴선명령을 내리지 않고 선내 대기명령을 내린 상태에서 자신은 해경 경비정으로 탈출해 결국 승객들이 자신 힘으로 탈출하는 것을 불가능케 한 결과를 초래했다(⑤ 인과관계와 객관적 귀속). 이는 승객들을 적극적으로 물에 빠뜨려 익사시킨 것과 다를 바 없다(⑥ 부작위에 의한 살인죄).』고 밝혔다. 장문문체가 아쉽지만, 중요한 쟁점은 모두 언급되었다고 본다.**

사. 대법원이 이○○ 선장 공소사실 중 2등 항해사를 제외한 나머지 피고인들 부분에 대하여 부작위 살인 및 살인미수죄를 인정한 것과 부작위범·살인죄 미필고의·인과관계법리를 체계적으로 논증한 것은 의미가 있다.

아. 이번 대법원 판결은 향후 부작위범 연구에 상당한 기여를 할 것으로 보인다. 부작위범에서 행위가능성, 동가치, 보증인지위, 인과관계, 고의, 공모 등이 명확하게 논증되었기 때문이다. 부작위범 범죄체계에 따른 논리구성은 설득력이 있다.

04 [선택형] 백화점 가짜상품 판매방치 사건

부작위에 관한 설명으로 옳은 것은? (다툼이 있는 경우 판례에 의함)

중요 ① **백화점에서 바이어를 보조하여 특정매장에 관한 상품관리 및 고객들의 불만 사항 확인 등의 업무를 담당하는 직원은**행위주체 자신이 관리하는 특정매장의 점포에 가짜 상표가 새겨진 상품이 진열·판매되고 있는 사실을 발견하였다면 고객들이 이를 구매하도록 방치하여서는 아니되고 점주나 그 종업원에게 즉시 그 시정을 요구하고 바이어 등 상급자에게 보고하여 이를 **시정하도록 할 근로계약상·조리상의 의무가**보증인의무 있다고 할 것이다.

중요 ② 그럼에도 불구하고 이러한 사실을 알고서도 점주 등에게 시정조치를 요구하거나 상급자에게 이를 보고하지 아니함으로써 점주로 하여금 가짜 상표가 새겨진 상품들을 고객들에게 계속 **판매하도록 방치한 것은**부작위 작위에 의하여 점주의 상표법위반 및 부정경쟁방지법위반 행위의 실행을 용이하게 하는 경우와 동등한 형법적 가치가 있는 것으로 볼 수 있다.

중요 ③ 그러므로 백화점 직원인 피고인은 부작위에 의하여 공동피고인인 점주의 상표법위반 및 부정경쟁방지법위반 행위를 방조하였다고 인정할 수 있다.

해설 및 정답 대법원 1997. 3. 14. 선고 96도1639 판결 [상표법위반 · 부정경쟁방지법위반]

정답 ○

05 [선택형] 공중위생영업의 신고의무 태만 사건(부작위 공동정범)

부작위에 관한 설명으로 옳은 것은? (다툼이 있는 경우 판례에 의함)

① 공중위생관리법(2008. 2. 29. 법률 제8852호로 개정되어 2008. 6. 15. 시행되기 전의 것) 제3조 제1항 전단은 “공중위생영업을 하고자 하는 자는 공중위생영업의 종류별로 보건복지부령이 정하는 시설 및 설비를 갖추고 시장·군수·구청장에게 신고하여야 한다”고 규정하고, 같은 법 제20조 제1항 제1호는 ‘제3조 제1항 전단의 규정에 의한 신고를 하지 아니한 자’를 처벌한다고 규정하고 있다. 그 규정 형식 및 취지에 비추어 신고의무 위반으로 인한 **공중**

위생관리법 위반죄는 구성요건이 부작위에 의하여서만 실현될 수 있는 진정부작위범에 해당한다.

중요 ② **부작위범 사이의 공동정범은 다수의 부작위범에게 공통된 의무가 부여되어 있고 그 의무를 공통으로 이행할 수 있을 때에만 성립한다.**

중요 ③ 공중위생영업의 신고의무는 '공중위생영업을 하고자 하는 자'에게 부여되어 있다. 여기서 **'영업을 하는 자'란 영업으로 인한 권리의무의 귀속주체가 되는 자를 의미한다. 그러므로 영업자의 직원이나 보조자의 경우에는 영업을 하는 자에 포함되지 않는다.**

해설 및 정답 ①~③ 대법원 2008. 3. 27. 선고 2008도89 판결 [공중위생관리법위반]

정답 ○

[판시사항] [1] **신고의무 위반으로 인한 공중위생관리법 위반죄가 진정부작위범인지 여부(적극)** [2] **부작위범 사이의 공동정범의 성립요건** [3] 공중위생영업의 신고의무자인 '영업을 하는 자'의 의미

[판결요지] 부작위범 사이의 공동정범은 다수의 부작위범에게 공통된 의무가 부여되어 있고 그 의무를 공통으로 이행할 수 있을 때에만 성립한다.

06 ★★★★★

부작위범에 관한 설명 중 옳은 것(○)과 옳지 않은 것(×)을 올바르게 조합한 것은? (다툼이 있는 경우 판례에 의함)

파워특강

- 부진정부작위범 성립요건(이분설: 보증인지위－구성요건착오, 보증인의무－법률착오). 일반적·개별적 가능성. 동가치성(＝보증인지위. 형사처벌 가능성 제한. 행위주체 범위 축소). 보호자 요청에 의한 의사의 치료중단(＝작위에 의한 살인방조죄 성립)

① 부진정부작위범에서의 보증인지위와 보증의무를 구별하는 입장에 의하면, 보증의무가 존재하지 아니하는 것으로 착오한 경우는 법률의 착오로 취급된다.

해설 및 정답 2021년 제10회 변호사시험 기출문제 14 **정답** ○

☞ 2019년 제8회 변호사시험 기출문제 14

문 6. 결과적 가중범에 관한 설명 중 옳은 것은? (다툼이 있는 경우 판례에 의함)

출제예상내용
- 예견가능성(형법 제15조 제2항·제30조)
- 결과적 가중범 공동정범(형법 제15조 제2항·제30조)

01 [선택형] 상해치사죄 공동정범 판단 사건

피고인이 냄비뚜껑을 피해자의 이마에 던지고 소주병이 깨질 때까지 피해자의 머리 부위를 수차례 가격하였다. 계속하여 흉기인 과도와 식칼을 이용하여 피해자의 머리 부위를 반복하여 때리거나 피해자를 협박하였다. 공동피고인이 식칼로 피해자의 발등 동맥을 절단하는 것을 보고서도 이를 제지하지 아니하였다. 당시 피해자가 입은 상해의 부위가 전신에 걸쳐 광범위했고 상해 정도 또한 심히 중했다. 결과적 가중범에 관한 설명으로 옳은 것은? (다툼이 있는 경우 판례에 의함)

중요 ① **결과적 가중범인 상해치사죄의 공동정범은 폭행 기타의 신체침해 행위를 공동으로 할 의사가 있으면 성립되고** 결과를 공동으로 할 의사는 필요 없다.

중요 ② 여러 사람이 상해의 범의로 범행 중 한 사람이 중한 상해를 가하여 피해자가 사망에 이르게 된 경우 나머지 사람들은 **사망의 결과를 예견할 수 없는 때가 아닌 한 상해치사의 죄책을 면할 수 없다.**

③ 공동피고인이 피해자에게 식칼로 상해를 가하는 과정에서 잘못하면 피해자를 사망에 이르게 할 수도 있다는 것을 피고인도 충분히 예견할 수 있었다.

해설 및 정답 ①~③ 대법원 2013. 4. 26. 선고 2013도1222 판결 [상해치사·폭력행위등처벌에관한법률위반(집단·흉기등상해)] **정답** ○

[판시사항] 결과적 가중범인 상해치사죄의 공동정범 성립에 결과를 공동으로 할 의사가 필요한지 여부(소극) 및 수인이 상해의 범의로 범행 중 한 사람이 중한 상해를 가하여 피해자가 사망에 이르게 된 경우, 나머지 사람들도 상해치사의 죄책을 지는지 여부(원칙적 적극)

대법원 2000. 5. 12. 선고 2000도745 판결 등 참조.

02 [선택형 · 사례형] 상해치사죄 인과관계 판단 사건

피고인이 갑의 뺨을 1회 때리고 오른손으로 목을 쳐 갑으로 하여금 뒤로 넘어지면서 머리를 땅바닥에 부딪치게 하여 상해를 가하고 그로 인해 사망에 이르게 하였다는 내용으로 기소된 사안이다. 결과적 가중범에 관한 설명으로 옳은 것은? (다툼이 있는 경우 판례에 의함)

① 피고인의 이 사건 범행이 피해자를 사망하게 한 직접적인 원인이 된 것은 아니지만 그 범행으로 인하여 피해자에게 두개골 골절, 외상성 지주막하 출혈, 외상성 경막하 출혈 등의 상해가 발생하였다. 이를 **치료하는 과정에서 피해자의 직접사인이 된 합병증인 폐렴, 패혈증이 유발된 이상, 비록 그 직접사인의 유발에 피해자의 기왕의 간경화 등 질환이 영향을 미쳤다고 하더라도, 피고인의 이 사건 범행과 피해자의 사망과의 사이에 인과관계의 존재를 부정할 수는 없다.**

중요 ② 사람을 아스팔트 도로 바닥에 넘어뜨려 **머리를 강하게 부딪치게 하는 경우** 두개골 골절, 뇌출혈 등으로 인하여 사망에 이르게 할 수 있는데, 피고인이 피해자의 뺨을 1회 때리고 오른손으로 피해자의 목을 쳐 피해자로 하여금 그대로 뒤로 넘어지면서 머리를 땅바닥에 부딪치게 하여 피해자에게 두개골 골절, 외상성 지주막하 출혈, 외상성 경막하 출혈 등의 상해를 가하였다면 **사망의 결과에 대한 예견가능성이 있었다고 볼 여지가 충분하다.**

해설 및 정답 ①~② 대법원 2012. 3. 15. 선고 2011도17648 판결 [상해치사(인정된 죄명: 상해)]

정답 ○

[판시사항] 갑이 두부 손상을 입은 후 병원에서 입원치료를 받다가 합병증으로 사망에 이르게 되어 피고인의 범행과 갑의 사망 사이에 인과관계를 부정할 수 없다. 사망 예견가능성이 있었는데도, 이와 달리 보아 상해치사의 공소사실을 무죄로 판단한 원심판결에 법리오해의 위법이 있다고 한 사례.

03 [선택형] 결과적 가중범과 교사 · 착오 · 죄수

결과적 가중범에 관한 설명 중 옳은 것은? (다툼이 있는 경우 판례에 의함)

중요 ① 부진정결과적 가중범에 있어서, 중한 결과에 대한 고의범의 법정형이 결과적 가중범의 법정형보다 중한 경우에는 양자가 상상적 경합관계에 있다. 그렇지 않은 경우에는 결과적 가중범이 고의범에 대하여 특별관계에 있으므로 결과적 가중범만 성립한다.

해설 및 정답 2016년 제5회 변호사시험 기출문제 12 **정답** ○

대법원 2008. 11. 27. 선고 2008도7311 판결 [특수공무집행방해치상]

[판결요지] 고의로 중한 결과를 발생하게 한 경우에 가중 처벌하는 **부진정결과적 가중범에서, 고의로 중한 결과를 발생하게 한 행위가 별도의 구성요건에 해당하고 그 고의범에 대하여 결과적가중범에 정한 형보다 더 무겁게 처벌하는 규정이 있는 경우에는 그 고의범과 결과적가중범이 상상적 경합관계에 있다. 그러나 고의범에 대하여 더 무겁게 처벌하는 규정이 없는 경우에는 결과적가중범이 고의범에 대하여 특별관계에 있으므로 결과적가중범만 성립한다.** 법조경합의 관계에 있는 고의범은 별도로 죄를 구성하지 않는다.

중요 ② 교사자가 피교사자에 대하여 상해를 교사하였다. 그런데 피교사자가 이를 넘어 살인을 실행한 경우, **교사자에게 피해자의 사망이라는 결과에 대하여 과실 내지 예견가능성이 있는 때에는** 상해치사죄의 교사범으로서의 죄책을 진다.

해설 및 정답 2016년 제5회 변호사시험 기출문제 12 **정답** ○

대법원 1997. 6. 24. 선고 97도1075 판결 [상해치사교사(인정된 죄명: 상해교사)]

[판결요지] 교사자가 피교사자에 대하여 상해를 교사하였는데 피교사자가 이를 넘어 살인을 실행한 경우, 일반적으로 교사자는 상해죄에 대한 교사범이 되는 것이다. 다만 이 경우 **교사자에게 피해자의 사망이라는 결과에 대하여 과실 내지 예견가능성이 있는 때에는 상해치사죄의 교사범으로서의 죄책을 지울 수 있다.**

☞ 2014년 제3회 변호사시험 기출문제 1

중요 ③ 甲은 호텔에 함께 투숙한 A에게 **상해를 가했다.** A가 정신을 잃자 사망한 것으로 오인하고 자살한 것처럼 위장하기 위하여 **베란다 아래로 A를 떨어뜨려** 두개골 골절로 사망케 하였다 – 甲의 행위는 포괄하여 단일의 상해치사죄로 처벌된다.

해설 및 정답 2013년 제2회 변호사시험 기출문제 1

대법원 1994. 11. 4. 선고 94도2361 판결 [살인, 폭력행위 등 처벌에 관한 법률위반(인정된 죄명: 상해치사), 업무방해] **정답** ○

[판결요지] 피고인이 피해자에게 상해를 가함으로써, 피해자가 정신을 잃고 빈사 상태에 빠지자, 피해자가 사망한 것으로 오인하고, **피고인의 행위를 은폐하고 피해자가 자살한 것처럼 가장하기 위하여 피해자를 베란다로 옮긴 후 베란다 밑 약 13m 아래의 바닥으로 떨어뜨려 현장에서 사망에 이르게 하였다면, 피고인의 행위는 포괄하여 단일의 상해치사죄에 해당한다고 한 사례.**

중요 ⑤ **甲은**[행위주체] 승용차를 운전하던 중 음주단속을 피하기 위해 승용차로 **단속경찰관을**[행위객체] **들이받아**[행위] 경찰관의 공무집행을 방해하고 **경찰관에게 상해를 입혔는데,** 甲은 공무집행방해의 고의는 물론 상해의 고의도 가지고 있었다. 甲은 특수공무집행방해치상죄로 처벌된다.

해설 및 정답 2013년 제2회 변호사시험 기출문제 13 **정답** ○

대법원 2008. 11. 27. 선고 2008도7311 판결 [특수공무집행방해치상]

[판결요지] 직무를 집행하는 공무원에 대하여 위험한 물건을 휴대하여 고의로 상해를 가한 경우에는 특수공무집행방해치상죄만 성립한다. 폭력행위 등 처벌에 관한 법률 위반(집단·흉기 등 상해)죄를 구성하지 않는다.

중요 ⑥ 「성폭력범죄의 처벌 등에 관한 특례법」이 규정하고 있는 특수강간치상죄와 관련하여 **특수강간이 미수인 상태에서 그 기회에 과실로 상해의 중한 결과가 발생한 경우** ~~결과적 가중범의 미수가 인정될 수 없기 때문에 특수강간미수와 과실치상죄의 상상적 경합으로 처리되어야 한다.~~ **특수강간치상죄가 성립한다.**

해설 및 정답 2014년 제3회 변호사시험 기출문제 1 **정답** ×

결과적 가중범에서 기본범죄는 고의범이다. 특수강간미수와 치상이 발생한 경우 특수강간치상죄가 성립한다. 특수강간치상죄의 미수는 기본범죄미수와 결과미발생의 경우 성립한다.

대법원 2008. 4. 24. 선고 2007도10058 판결 참조.

중요 ⑦ 결과적 가중범의 공동정범이 성립하기 위해서는 기본범죄를 공모할 것을 ~~요하지는 않으나,~~ 요한다. ~~중한 결과를 공동으로 할 의사는 필요하므로 중한 결과를 공동으로 할 의사가 없는 자는 기본범죄의 죄책만 진다.~~ 중한 결과를 공동으로 할 의사는 필요 없다. 중한 결과를 예견할 수 없었던 자는 기본범죄의 죄책만 진다.

해설 및 정답 **정답** ×

대법원 2000. 5. 12. 선고 2000도745 판결 [살인(인정된 죄명: 상해치사)]

문 7. 위법성조각사유에 관한 설명 중 옳은 것은? (다툼이 있는 경우 판례에 의함)

출제예상내용
- 정당방위(형법 제21조)
- 긴급피난(형법 제22조)
- 사회상규(형법 제20조)

사례문제 8 양심적 병역거부와 병역법 제88조 제1항 '정당한 사유'

사례문제 9 형법 제20조 사회상규 판단방법

중요

01 [선택형] 단체채팅방 상관 모욕 사건 ★★★★★

피고인이 해군 부사관 동기생의 단체채팅방에서, 피고인의 직속상관인 피해자가 목욕탕 청소담당 교육생들에게 과실 지적을 많이 한다는 이유로, "도라이 ㅋㅋㅋ 습기가 그렇게 많은데"라고 게시함으로써 공연히 상관인 피해자를 모욕하였다는 이유로 상관모욕죄로 기소된 사건이다. 이에 관한 설명 중 옳은 것은? (다툼이 있는 경우 판례에 의함)

① 모욕죄의 형사처벌은 표현의 자유를 제한하고 있다. 그러므로 어떠한 글이 모욕적 표현을 포함하는 판단이나 의견을 담고 있을 경우에도 그 시대의 건전한 사회통념에 비추어 살펴보아 그 표현이 사회상규에 위배되지 않는 행위로 볼 수 있는 때에는 형법 제20조의 정당행위에 해당하여 위법성이 조각된다.

해설 및 정답 대법원 2021. 8. 19. 선고 2020도14576 판결 [상관모욕] (카) 파기환송

정답 ○

[판시사항] 피고인이 동기생들만 참여대상으로 하는 단체채팅방에서 상관인 피해자를 지칭하여 '도라이'라는 글을 게시한 행위를 상관모욕죄로 처벌할 수 있는지 (소극)

[판결요지] '도라이'는 상관인 피해자를 비난한 것으로 모욕적인 언사라고 볼 수 있다. 그러나 피고인의 위 표현은 동기 교육생들끼리 고충을 토로하고 의견을 교환하는 사이버공간에서 피해자에 대하여 일부 부적절한 표현을 사용하게 된 것에 불과하므로 이로 인하여 군의 조직질서와 정당한 지휘체계가 문란하게 되었다고 보이지 않는다. 그러므로 이러한 행위는 사회상규에 위배되지 않는다.

중요

02 [선택형] 성충동 약물치료 명령의 집행에서 준수사항 위반 사건 ★★★★★

피고인이 성충동약물치료법에 따른 1년간의 치료명령을 선고받아 확정되었는데, 그 집행에 불응하여 성충동약물치료법위반죄로 징역 1년 6월을 복역한 후 그 무렵 재개된 치료명령의 집행에 다시 불응하였다는 이유로 기소된 사안이다. 이에 관한 설명 중 옳은 것은? (다툼이 있는 경우 판례에 의함)

① 피고인이 치료명령 집행시도 당시 집행의 필요성에 대한 법원의 판단을 받을 필요가 있었고 피고인도 이를 원한다는 의사표시를 하였음에도 불구하고, 성충동약물치료법 제8조의2 제2항 면제신청 기간의 제한 등으로 인하여 집행의 필요성에 대한 법원의 판단을 받을 수 있는 기회를 얻지 못하였으므로, 피고인의 준수사항 위반행위에는 정당한 사유가 있다.

해설 및 정답 대법원 2021. 8. 19. 선고 2020도16111 판결 [성폭력범죄자의성충동약물치료에관한법률위반] (다) 파기환송 **정답** ○

[**판결요지**] 치료명령의 집행시점에 법원이 **치료대상자의 면제신청에 따라 집행의 필요성에 대한 판단을 할 때에는 치료대상자의 심리상태가 어떠한지를 고려할 필요가 있고,** 치료대상자가 약물치료 지시에 불응하여 형사처벌을 받았음에도 치료를 거부하고 있는 경우에는 그와 같은 상황에도 불구하고 약물치료를 강제할 필요성과 실효성이 있는지에 대한 판단을 할 필요가 있다.

중요

03 [선택형] 형법 제20조 사회상규에 위배되지 아니하는 행위 ★★★★★

사용자가 쟁의행위 기간 중 당해 사업과 관계없는 자를 쟁의행위로 중단된 업무의 수행을 위하여 채용 또는 대체하는 경우, 쟁의행위에 참가한 근로자들이 위법한 대체근로를 저지하기 위하여 상당한 정도의 실력을 행사하였다. 이에 관한 설명 중 옳은 것은? (다툼이 있는 경우 판례에 의함)

① 사용자는 쟁의행위 기간 중 그 쟁의행위로 중단된 업무의 수행을 위하여 당해 사업과 관계없는 자를 채용 또는 대체할 수 없다(노동조합 및 노동관계조정법 제43조 제1항). 사용자가 당해 사업과 관계없는 자를 쟁의행위로 중단된 업무의 수행을 위하여 채용 또는 대체하는 경우, 쟁의행위에 참가한 근로자들이 위법한 대체근로를 저지하기 위하여 상당한 정도의 실력을 행사하는

것은 쟁의행위가 실효를 거둘 수 있도록 하기 위하여 마련된 위 규정의 취지에 비추어 정당행위로서 위법성이 조각된다.

해설 및 정답 대법원 2020. 9. 3. 선고 2015도1927 판결 [업무방해 · 퇴거불응]

정답 ○

[판시사항] [1] 수급인 소속 근로자의 쟁의행위가 도급인의 사업장에서 일어나 도급인의 형법상 보호되는 법익을 침해한 경우, 사용자인 수급인에 대한 관계에서 쟁의행위의 정당성을 갖추었다는 사정만으로 사용자가 아닌 도급인에 대한 관계에서까지 법령에 의한 정당한 행위로서 법익 침해의 위법성이 조각되는지 여부(소극) [2] 사용자인 수급인에 대한 정당성을 갖춘 쟁의행위가 도급인의 사업장에서 이루어져 형법상 보호되는 도급인의 법익을 침해하였더라도 형법 제20조의 '사회상규에 위배되지 아니하는 행위'로서 위법성이 조각되는 경우 및 이러한 경우에 해당하는지 판단하는 기준 [3] 정당행위로서 위법성이 조각되는지 여부(적극) 및 위법한 대체근로를 저지하기 위한 실력 행사가 사회통념에 비추어 용인될 수 있는 행위로서 정당행위에 해당하는지 판단하는 방법

중요

04 [선택형] 병역법 제88조 제1항의 정당한 사유: 절박하고 구체적인 양심

여호와의 증인에서 침례를 받지 아니한 피고인이 그 신도라고 주장하면서 지방병무청장 명의의 현역병 입영통지서를 받고도 종교적 양심을 이유로 입영일부터 3일이 지나도록 입영하지 않고 병역을 거부하여 병역법 위반으로 기소된 사안이다. 이에 대한 설명으로 옳은 것은? (다툼이 있는 경우 판례에 의함)

중요 ① 정당한 사유가 없다는 사실은 범죄구성요건이므로 검사가 증명하여야 한다.

중요 ② 병역거부자가 제시하여야 할 소명자료는 적어도 검사가 그에 기초하여 정당한 사유가 없다는 것을 증명하는 것이 가능할 정도로 구체성을 갖추어야 한다.

해설 및 정답 ①~② 대법원 2020. 7. 9. 선고 2019도17322 판결 [병역법위반](차) 파기환송 〈피고인이 스스로 여호와의 증인의 신도라면서 양심적 병역거부를 주장하고 있지만, 피고인의 병역거부가 실제로도 절박하고 구체적인 양심에 따른 것으로서 병역법 제88조 제1항의 정당한 사유에 해당하는지에 대하여 여전히 의문이 남는다면서, 이와 달리 침례를 받지 아니한 피고인에게 무죄를 선고한 원심판결을 심리미진 등을 이유로 파기환송한 사건〉

정답 ○

05 [선택형] 양심적 병역거부와 병역법 제88조 제1항의 정당한 사유

여호와의 증인 신도인 피고인이 지방병무청장 명의의 현역병입영통지서를 받고도 입영일부터 3일이 지나도록 종교적 양심을 이유로 입영하지 않고 병역을 거부하여 병역법 위반으로 기소된 사안이다. 이에 대한 설명으로 옳은 것은? (다툼이 있는 경우 판례에 의함)

중요 ① 병역법 제88조 제1항은 국방의 의무를 실현하기 위하여 현역입영 또는 소집통지서를 받고도 정당한 사유 없이 이에 응하지 않은 사람을 처벌함으로써 입영기피를 억제하고 병력구성을 확보하기 위한 규정이다. 위 조항에 따르면 **정당한 사유가 있는 경우에는 피고인을 벌할 수 없는데, 여기에서 정당한 사유는 구성요건해당성을 조각하는 사유이다.**

② 입영하지 않은 병역의무자가 처한 **구체적이고 개별적인 사정이 그로 하여금 병역의 이행을 감당하지 못하도록 한다면 병역법 제88조 제1항의 '정당한 사유'에 해당할 수 있다.**

③ 현재 대체복무제가 마련되어 있지 않다거나 향후 대체복무제가 도입될 가능성이 있더라도, **병역법 제88조 제1항을 위반하였다는 이유로 기소되어 재판을 받고 있는 피고인에게 병역법 제88조 제1항이 정하는 정당한 사유가 인정된다면 처벌할 수 없다.**

④ 양심적 병역거부를 주장하는 피고인은 자신의 병역거부가 그에 따라 행동하지 않고서는 인격적 존재가치가 파멸되고 말 것이라는 절박하고 구체적인 양심에 따른 것이며 그 양심이 깊고 확고하며 진실한 것이라는 사실의 존재를 수긍할 만한 소명자료를 제시하고, **검사는 제시된 자료의 신빙성을 탄핵하는 방법으로 진정한 양심의 부존재를 증명할 수 있다.**

해설 및 정답 ①~④ 대법원 2018. 11. 1. 선고 2016도10912 판결 **정답** ○

사례문제 8 양심적 병역거부와 병역법 제88조 제1항 '정당한 사유'

대법원 2018. 11. 1. 선고 2016도10912 전원합의체 판결
[병역법위반] 〈양심적 병역거부와 병역법 제88조 제1항의 정당한 사유〉

Q. 병역법 제88조 제1항에서 정한 '정당한 사유'의 법적 성격(=구성요건해당성 조각사유) 및 정당한 사유가 있는지 판단할 때 고려하여야 할 사항

Q. 이른바 양심적 병역거부가 병역법 제88조 제1항에서 정한 '정당한 사유'에 해당하는지 여부(한정 적극)

Q. 양심적 병역거부를 위 조항의 정당한 사유로 인정할 것인지가 대체복무제의 존부와 논리필연적인 관계에 있는지 여부(소극)

Q. 정당한 사유로 인정할 수 있는 양심적 병역거부에서 말하는 '진정한 양심'의 의미와 증명 방법 및 정당한 사유의 부존재에 대한 증명책임 소재(=검사)

Q. 여호와의 증인 신도인 피고인이 지방병무청장 명의의 현역병입영통지서를 받고도 입영일부터 3일이 지나도록 종교적 양심을 이유로 입영하지 않고 병역을 거부하여 병역법 위반으로 기소된 사안에서, 제반 사정에 비추어 피고인의 입영거부 행위는 진정한 양심에 따른 것으로서 구 병역법 제88조 제1항에서 정한 '정당한 사유'에 해당할 여지가 있는데도, 피고인이 주장하는 양심이 위 조항의 정당한 사유에 해당하는지 심리하지 아니한 채 양심적 병역거부가 정당한 사유에 해당하지 않는다고 보아 유죄를 인정한 원심판결에 법리오해의 잘못이 있다고 한 사례.

판결요지

[1] [다수의견]

가. **입영하지 않은 병역의무자가 처한 구체적이고 개별적인 사정이 그로 하여금 병역의 이행을 감당하지 못하도록 한다면 병역법 제88조 제1항의 '정당한 사유'에 해당할 수 있다고 보아야 한다. 진정한 양심에 따른 병역거부라면, 병역법 제88조 제1항의 '정당한 사유'에 해당한다. 현재 대체복무제가 마련되어 있지 않다거나 향후 대체복무제가 도입될 가능성이 있더라도, 병역법 제88조 제1항을 위반으로 기소되어 재판을 받고 있는 피고인에게 병역법 제88조 제1항이 정하는 정당한 사유가 인정된다면 처벌할 수 없다고 보아야 한다.**

나. 종교적 신념에 따른 양심적 병역거부 주장에 대해서는 종교의 구체적 교리가 어떠한지, 그 **교리가 양심적 병역거부를 명하고 있는지, 실제로 신도들이 양심을 이유로 병역을 거부**하고 있는지, 그 종교가 피고인을 정식 신도로 인정하고 있는지, 피고인이 교리 일반을 숙지하고 철저히 따르고 있는지, 피고인이 주장하는 양심적 병역거부가 오로지 또는 주로 그 교리에 따른 것인지, 피고

인이 종교를 신봉하게 된 동기와 경위, 만일 피고인이 개종을 한 것이라면 그 경위와 이유, 피고인의 신앙기간과 실제 종교적 활동이 주요한 판단요소가 될 것이다. **피고인이 주장하는 양심과 동일한 양심을 가진 사람들이 양심적 병역거부를 이유로 실형으로 복역하는 사례가 반복되었다는 사정은 적극적인 고려요소가 될 수 있다. 진실한 양심은 그 사람의 삶 전체를 통하여 형성되고, 또한 어떤 형태로든 그 사람의 실제 삶으로 표출**되었을 것이기 때문이다.

다. **정당한 사유가 없다는 사실은 범죄구성요건이므로 검사가 증명하여야 한다. 검사는 제시된 자료의 신빙성을 탄핵하는 방법으로 진정한 양심의 부존재를 증명할 수 있다. 이때 병역거부자 소명자료는 적어도 검사가 정당한 사유가 없다는 것을 증명하는 것이 가능할 정도로 구체성을 갖추어야 한다.**

[2] **양심적 병역거부가 정당한 사유에 해당하지 않는다고 보아 유죄를 인정한 원심판결에 양심적 병역거부와 정당한 사유의 해석에 관한 법리를 오해한 잘못이 있다**고 한 사례.

06 [선택형] 남성 성기 블로그 게시 사건

법학전문대학원 교수가 발기된 남성 성기 사진에 학술적, 사상적 주장을 덧붙인 결합 표현물을 자신의 블로그에 게시하였다. 검사는 음란물유포죄로 기소하였다. 이에 관한 설명으로 옳은 것은? (다툼이 있는 경우 판례에 의함)

① 발기된 남성 성기 사진은 음란물에 해당한다.

중요 ② 결합 표현물인 이 사건 게시물을 통한 이 사건 사진들의 게시는 목적의 정당성, 그 수단이나 방법의 상당성, 보호법익과 침해법익 간의 법익균형성이 인정된다. 그러므로 법질서 전체의 정신이나 그 배후에 놓여 있는 사회윤리 내지 사회통념에 비추어 용인될 수 있는 행위에 해당한다.

③ **남성 성기 사진은 음란물에 해당하지만 결합 표현물을 통한 게시에 있어 목적의 정당성, 그 수단이나 방법의 상당성, 보호법익과 침해법익 간의 법익균형성이 인정되어 정당행위에 해당한다.**

해설 및 정답 ①~③ 대법원 2017. 10. 26. 선고 2012도13352 판결 **정답** ○

사례문제 9 형법 제20조 사회상규 판단방법

대법원 2017. 10. 26. 선고 2012도13352 판결

[정보통신망이용촉진및정보보호등에관한법률위반] (음란물유포) (마) 상고기각 〈표현의 자유와 관련된 정당행위의 새로운 판단기준을 제시한 사건〉

Q. 음란의 개념

Q. 음란물에 문학적·예술적·사상적·과학적·의학적·교육적 표현 등이 결합된 결합 표현물의 경우 음란 표현의 해악이 이와 결합된 위와 같은 표현들에 의해 해소될 수 있는 특별한 사정이 있다면 음란물의 게시가 정당행위로 될 수 있는지(적극)

Q. 이 사건 사진들이 음란물에 해당하는지(적극)

Q. 이 사건 결합 표현물을 통한 음란물 게시가 정당행위의 요건을 갖추고 있는지(적극)

판결요지

가. **'음란'이라 함은 사회통념상 일반 보통인의 성욕을 자극하여 성적 흥분을 유발하고 정상적인 성적 수치심을 해하여 성적 도의관념에 반하는 것**을 말한다. 이러한 점을 고려할 때, 특정 표현물을 형사처벌의 대상이 될 음란 표현물이라고 하기 위하여는 **과도하고도 노골적인 방법에 의하여 성적 부위나 행위를 적나라하게 표현·묘사함으로써, 존중·보호되어야 할 인격체로서의 인간의 존엄과 가치를 훼손·왜곡한다고 볼 정도로 평가될 수 있어야 한다.** 나아가 이를 판단할 때에는 표현물 제작자의 주관적 의도가 아니라 **사회 평균인의 입장에서 그 전체적인 내용을 관찰하여 건전한 사회통념에 따라 객관적이고 규범적으로 평가하여야 한다.**

나. **결합 표현물에 의한 표현행위는 공중도덕이나 사회윤리를 훼손하는 것이 아니어서, 법질서 전체의 정신이나 그 배후에 놓여 있는 사회윤리 내지 사회통념에 비추어 용인될 수 있는 행위로서, 형법 제20조에 정하여진 '사회상규에 위배되지 아니하는 행위'에 해당된다.**

다. **이 사건 사진들은 오로지 남성의 발기된 성기와 음모만을 뚜렷하게 강조하여 여러 맥락 속에서 직접적으로 보여줌으로써 성적인 각성과 흥분이 존재한다는 암시나 공개장소에서 발기된 성기의 노출이라는 성적 일탈의 의미를 나타내고 있다. 과도하고도 노골적인 방법에 의하여 성적 부위를 적나라하게 표현함으로써 인간의 존엄과 가치를 왜곡하는 음란물에 해당한다.**

라. **결합 표현물인 이 사건 게시물을 통한 이 사건 사진들의 게시는 목적의 정당**

성, 그 수단이나 방법의 상당성, 보호법익과 침해법익 간의 법익균형성이 인정되므로, 법질서 전체의 정신이나 그 배후에 놓여 있는 사회윤리 내지 사회통념에 비추어 용인될 수 있는 행위에 해당한다.

마. **남성 성기 사진은 음란물에 해당하지만 결합 표현물을 통한 게시에 있어 목적의 정당성, 그 수단이나 방법의 상당성, 보호법익과 침해법익 간의 법익균형성이 인정되어 정당행위에 해당한다.** 검사의 상고를 기각함으로써, 표현의 자유와 관련된 정당행위의 새로운 판단기준을 제시한 사례.

07 [선택형] 부동산인도집행 사건

집행관이 집행채권자 甲 조합 소유 아파트에서 유치권을 주장하는 피고인을 상대로 부동산인도집행을 실시하자, 피고인이 이에 불만을 갖고 아파트 출입문과 잠금 장치를 훼손하며 강제로 개방하고 아파트에 들어갔다고 하여 재물손괴 및 건조물침입으로 기소된 사안이다. 이에 관한 설명으로 옳은 것은? (다툼이 있는 경우 판례에 의함)

① 피고인이 아파트에 들어갈 당시에는 이미 甲 조합이 집행관으로부터 아파트를 인도받은 후 출입문의 잠금 장치를 교체하는 등으로 그 점유가 확립된 상태여서 점유권 침해의 현장성 내지 추적가능성이 있다고 보기 어려워 점유를 실력에 의하여 탈환한 피고인의 행위가 민법상 자력구제에 해당하지 않는다.

해설 및 정답 대법원 2017. 9. 7. 선고 2017도9999 판결 [재물손괴 · 건조물침입]
〈점유를 실력에 의하여 탈환한 행위가 민법상 자력구제에 해당하는지 문제된 사건〉

정답 ○

08 [선택형] 기부행위 사건

다음에 관한 설명으로 옳은 것은? (다툼이 있는 경우 판례에 의함)

① **기부행위가 지극히 정상적인 생활형태의 하나로서 자연스럽게 형성된 사회질서의 범위 안에 있는 경우** 일종의 의례적이거나 직무상의 행위 또는 **통상적인 정당활동으로서 사회상규에 위배되지 않아 위법성이 조각될 수 있다.**

해설 및 정답 ① 대법원 2018. 5. 11. 선고 2018도4075 판결 [공직선거법위반 · 정치자금법위반] 〈국회의원에 대한 공직선거법 위반 사건〉 **정답** ○

09 [선택형] 직장 동료 사내 메신저 대화내용 열람 · 복사 사건

다음 설명 중 옳은 것은? (다툼이 있는 경우 판례에 의함)

① **정보통신망으로 처리·전송이 완료된 다음 사용자의 개인용 컴퓨터(PC)에 저장·보관되어 있더라도, 그 처리·전송과 저장·보관이 서로 밀접하게 연계됨으로써 정보통신망과 관련된 컴퓨터 프로그램을 활용해서만 열람·검색이 가능한 경우 등 정보통신체제 내에서 저장·보관 중인 것으로 볼 수 있는 비밀도 여기서 말하는 '타인의 비밀'에 포함된다.**

② 사용자가 식별부호를 입력하여 정보통신망에 접속된 상태에 있는 것을 기화로 정당한 접근권한 없는 사람이 사용자 몰래 정보통신망의 장치나 기능을 이용하는 등의 방법으로 타인의 비밀을 취득·누설하는 행위도 포함된다.

중요 ③ **정당행위로 인정되려면 첫째 행위의 동기나 목적의 정당성, 둘째 행위의 수단이나 방법의 상당성, 셋째 보호법익과 침해법익의 법익균형성, 넷째 긴급성, 다섯째 그 행위 이외의 다른 수단이나 방법이 없다는 보충성의 요건을 모두 갖추어야 한다.**

④ 정당방위가 성립하려면 침해행위로 침해되는 법익의 종류, 정도, 침해의 방법, 침해행위의 완급과 방위행위에 의하여 침해될 법익의 종류, 정도 등 일체의 구체적 사정들을 참작하여 **방위행위가 사회적으로 상당한 것이어야 한다.**

해설 및 정답 ①~④ 대법원 2018. 12. 27. 선고 2017도15226 판결 [정보통신망이용촉진및정보보호등에관한법률위반(정보통신망침해등)] 〈컴퓨터에 저장되어 있던 직장 동료의 사내 메신저 대화내용을 몰래 열람 · 복사한 행위가 정보통신망에 의해 처리 · 보관 · 전송되는 타인 비밀의 침해 · 누설 행위에 해당하는지 여부에 관한 사건〉 ★★★★★ **정답** ○

[판시사항] [1] 위법성조각사유로서 정당행위나 정당방위에 해당하는지 판단하는 방법 [2] 정당행위로 인정되기 위한 요건 [3] 정당방위가 성립하려면 방위행위가 사회적으로 상당한 것이어야 하는지 여부(적극)

문 8. 책임에 관한 설명 중 옳은 것은? (다툼이 있는 경우 판례에 의함)

출제예상내용
- 책임조각사유(형법 제9조·제10조)
- 법률의 착오(형법 제16조)
- 위법성조각사유전제사실착오(법효과 제한적 책임설-과실책임)
- 원인에 있어서 자유로운 행위(형법 제10조 제3항)
- 기대가능성(형법 제12조)

중요

01 [선택형] 피고인 심신미약 여부가 문제된 사건 ★★★★★

과거 지적장애 3급의 진단을 받은 피고인이 피해자를 살해하였다고 기소된 사안이다. 이에 관한 설명 중 옳은 것은? (다툼이 있는 경우 판례에 의함)

① 피고인에게 이 사건 범행 당시 '경도 지적장애'가 있었다고 하더라도 그로 말미암아 사물에 대한 변별능력과 그에 따른 행위통제능력이 결여되거나 감소되었다고 볼 수 없으므로, 피고인이 심신장애의 상태였다고 볼 수 없다.

해설 및 정답 대법원 2021. 9. 9. 선고 2021도8657 판결 [살인 등] (바) 상고기각

정답 ○

[판시사항] 지적장애 3급 진단을 받은 피고인에 대해 심신미약이 인정되는지 여부
[판결해설] 피고인에 대한 원심의 정신감정결과, 범행의 경위, 수단, 범행 전후의 피고인의 행동 등판시와 같은 이유를 들어 피고인이 심신미약 상태가 아니라고 판단한 사례.

중요

02 [선택형] 교회 목사의 여성 교인 상대 상습 간음 · 추행 사건 ★★★★★

교회 목사인 피고인이 여성 교인들을 상대로 상습으로 간음, 추행행위 등을 하였다고 기소된 사건이다. 이에 관한 설명 중 옳은 것은? (다툼이 있는 경우 판례에 의함)

① 피고인의 설교 내용, 피해자들의 성장 과정과 생활 형태 등을 종합하여 피해자들의 당시 심리적 항거불능 상태를 판단한다.

해설 및 정답 대법원 2021. 8. 26. 선고 2021도7497 판결 [상습준강간] (바) 상고기각

정답 ○

중요

03 [선택형] 과잉방위 해당 여부가 문제되는 사건 ★★★★★

피고인이 피해자와 싸움 중 피해자를 가격하여 중상해를 입힌 사안이다. 이에 관한 설명 중 옳은 것은? (다툼이 있는 경우 판례에 의함)

① 가해자의 행위가 피해자의 부당한 공격을 방위하기 위한 것이라기보다는 서로 공격할 의사로 싸우다가 먼저 공격을 받고 이에 대항하여 가해를 한 경우 가해행위는 방어행위인 동시에 공격행위의 성격을 가지므로 과잉방위행위라고 볼 수 없다.

해설 및 정답 대법원 2021. 6. 10. 선고 2021도4278 판결 [중상해] (바) 상고기각

정답 ○

[판결요지] 피고인의 행위가 과잉방위에 해당한다는 주장을 배척하고 중상해 공소사실을 유죄로 판단한 원심을 수긍한 사례.

중요

04 [선택형] 재건축조합 조합장의 열람 · 복사 의무 ★★★★★

재건축조합의 '감사'인 조합원이 이 사건 의무조항에 근거하여 '조합원의 전화번호'와 '신축건물 배정 동호수 결과'에 대한 열람 · 복사를 요청하였다. 그러나 조합장인 피고인이 이에 응하지 아니하여 유죄판결을 선고받은 사안이다. 법률의 착오에 관한 설명 중 옳은 것은? (다툼이 있는 경우 판례에 의함)

① 형법 제16조에서 자기의 행위가 법령에 의하여 죄가 되지 아니하는 것으로 오인한 행위는 그 오인에 정당한 이유가 있는 때에 한하여 벌하지 아니한다고 규정하고 있다. 이것은 단순한 법률의 부지의 경우를 말하는 것이 아니다. 일반적으로 범죄가 되는 경우이지만 자기의 특수한 경우에는 법령에 의하여 허용된 행위로서 죄가 되지 아니한다고 그릇 인식하고 그와 같이 그릇 인식함에 정당한 이유가 있는 경우에는 벌하지 아니한다는 취지이다.

해설 및 정답 대법원 2021. 2. 10. 선고 2019도18700 판결 [도시주거환경정비법위반]

정답 ○

[판결요지] 정비사업조합의 '조합원'이자 '감사'인 사람이 정비사업 관련 자료의 열람·복사를 요청한 경우에도 특별한 사정이 없는 한 조합임원은 의무조항에 따라 열람·복사를 허용할 의무를 부담하고, 이를 위반하여 열람·복사를 허용하지 않는 경우에는 도시정비법 제138조 제1항 제7호에 따라 형사처벌의 대상이 된다고 보아야 한다.

05 [선택형] 미성년자 음주운전과 법정대리인 채혈 동의 사건

미성년자 음주운전과 법정대리인 채혈동의에 관한 설명으로 옳은 것은? (다툼이 있는 경우 판례에 의함)

① 형사소송법상 소송능력이란 소송당사자가 유효하게 소송행위를 할 수 있는 능력, 즉 피고인 또는 피의자가 자기의 소송상의 지위와 이해관계를 이해하고 이에 따라 방어행위를 할 수 있는 의사능력을 의미한다.

② **피의자에게 의사능력이 있으면 직접 소송행위를 하는 것이 원칙이다.** 피의자에게 의사능력이 없는 경우, 형법 제9조 내지 제11조 적용을 받지 아니하는 범죄사건에 한하여, 예외적으로 법정대리인이 소송행위를 대리할 수 있다.

중요 ③ 음주운전과 관련한 도로교통법 위반죄의 범죄수사를 위하여 **미성년자인 피의자의 혈액채취가 필요한 경우, 피의자에게 의사능력이 있다면, 피의자 본인만이 혈액채취에 관한 유효한 동의를 할 수 있다.**

④ 피의자에게 의사능력이 없는 경우, 명문의 규정이 없는 이상 법정대리인이 피의자를 대리하여 동의할 수는 없다.

해설 및 정답 ①~④ 대법원 2014. 11. 13. 선고 2013도1228 판결 [도로교통법위반·도로교통법위반(음주운전)] 〈미성년자의 음주운전과 법정대리인의 채혈 동의 사건〉

정답 ○

06 [선택형] 해외정보관 공무수행 사건

국정원 소속 해외정보관으로서 공무를 수행하는 과정에서 영사 명의로 확인서를 작성하는 경우에 그 사실 여부를 직접 확인하는 등으로 공문서에 대한 공공의 신용을 담보하여야 할 의무가 있는 피고인 3이, 위 확인서 등이 관련 사건의 항소심 재판부에 증거로 제출하기 위한 목적임을 잘 알고 있었다. 그 작성 과정에서 공증담당 영사인 공소외 4가 공증 자체에 난색을 표시하는 등 스스로 일련의 절차가 다소 비정상적이라는 생각을 한 적이 있었다. 그럼에도 피고인 2 등으로부터 '첨부된 확인서 견본을 참조하여 영사 확인서를 작성하여 보고하라'는 취지의 전문 지시를 받자 별다른 사실 여부 확인 절차도 없이 위 2013. 9. 27. 자 확인서 등과 2013. 12. 17. 자 확인서를 작성하였다. 형법 제16조 법률착오에 관한 설명으로 옳은 것은? (다툼이 있는 경우 판례에 의함)

중요 ① 형법 제16조에서 정당한 이유는 행위자에게 자기 **행위의 위법의 가능성에 대해 심사숙고하거나 조회할 수 있는 계기**가 있어 자신의 지적 능력을 다하여 이를 **회피하기 위한 진지한 노력**을 다하였더라면, 스스로의 행위에 대하여 **위법성을 인식할 수 있는 가능성**이 있었음에도 이를 다하지 못한 결과, **자기 행위의 위법성을 인식하지 못한 것**인지 여부에 따라 판단하여야 할 것이다. 위법성 인식에 필요한 노력 정도는 구체적인 행위정황과 행위자 개인의 인식능력 그리고 행위자가 속한 사회집단에 따라 달리 평가되어야 한다.

해설 및 정답 대법원 2015. 10. 29. 선고 2015도9010 판결 [모해증거위조 · 모해위조증거사용 · 허위공문서작성 · 허위작성공문서행사 · 사문서위조 · 행사] **정답** ○

07 [선택형] 교비회계 사건

사립학교인 갑 외국인학교 경영자인 피고인이 갑 학교의 교비회계에 속하는 수입을 수회에 걸쳐 을 외국인학교에 대여하였다고 하여 사립학교법 위반으로 기소된 사안이다. 형법 제16조 법률의 착오에 관한 설명으로 옳은 것은? (다툼이 있는 경우 판례에 의함)

중요 ① 피고인은 위와 같은 대여행위가 적법한지에 관하여 **관할 도교육청의 담당공무원에게 정확한 정보를 제공하고 회신을 받거나 법률전문가에게 자문을 구하는 등의 조치를 취하지 않았다.** 피고인이 외국인으로서 국어에 능숙하지 못하였다거나 갑 학교 설립·운영협약의 당사자에 불과한 관할청의 소속 공무원들이 참석한 갑 학교 학교운영위원회에서 을 학교에 대한 자금 대여 안건을 보고하였다는 것만으로는 **피고인이 자신의 지적 능력을 다하여 행위의 위법가능성을 회피하기 위한 진지한 노력을 다하였다고 볼 수 없다.** 그러므로 피고인이 위와 같은 대여행위가 법률상 허용되는 것으로서 죄가 되지 않는다고 그릇 인식하고 있었더라도 그와 같이 그릇된 인식에 **정당한 이유가 없다.**

해설 및 정답 대법원 2017. 3. 15. 선고 2014도12773 판결 **정답** ○

08 [선택형] 공무원 불법 명령 사건

형법 제12조 강요된 행위에 관한 설명으로 옳은 것은? (다툼이 있는 경우 판례에 의함)

① 공무원이 그 직무를 수행함에 있어 상관은 하관에 대하여 범죄행위 등 위법한 행위를 하도록 명령할 직권이 없는 것이다. 또한 하관은 소속 상관의 적법한 명령에 복종할 의무는 있으나 명백히 위법 내지 불법한 명령인 때에는 이는 벌써 직무상의 지시명령이라 할 수 없으므로 이에 따라야 할 의무는 없다.

해설 및 정답 대법원 2015. 10. 29. 선고 2015도9010 판결 **정답** ○

대법원 2013. 11. 28. 선고 2011도5329 판결 참조.

관련법조항 •• 형법 제12조(강요된 범죄행위와 형사책임무능력)

행위자가 다음 각 호 어느 상황에서 강요를 받아 부득이 범죄행위를 한 경우, 그 행위자는 적법행위 기대가능성이 없기 때문에 처벌되지 않는다.

1. 행위자가 **저항할 수 없는 강제폭력·심리폭력을 받은 상태에서** 강요된 범죄행위를 한 경우
2. 행위자가 **자기·친족·사실상 동거인이 생명·신체 위해를 방어할 방법이 없는 상태에서** 협박을 받아 강요된 범죄행위를 한 경우

문 9. 정범과 공범에 관한 설명 중 옳은 것은? (다툼이 있는 경우 판례에 의함)

출제예상내용
- 공동정범(형법 제30조)
- 간접정범(형법 제34조 제1항)
- 교사범(형법 제31조)
- 방조범(형법 제32조)
- 정범착오와 교사자 고의(법정적 부합설)
- 공모관계이탈(형법 제13조, 공모 -)
- 정범과 공범 신분(형법 제33조 본문과 단서)

사례문제 10 공중송신권 침해 게시물로 연결되는 링크를 저작권 침해물 링크 사이트에서 공중의 구성원에게 제공하는 행위가 공중송신권 침해 방조인지 여부가 문제되는 사건

사례문제 11 공모공동정범에서 공모관계 성립요건

중요

01 [선택형] '다시보기' 링크사이트와 공중송신권 침해 방조 사건 ★★★★★

피고인은 자신이 개설하여 운영하는 이른바 '다시보기 링크사이트'인 이 사건 사이트 게시판에, 성명불상의 정범들이 저작재산권자의 이용허락 없이 해외 동영상 공유사이트에 업로드한 영상저작물에 연결되는 링크를 2015. 7. 25.부터 2015. 11. 24.까지 총 450회에 걸쳐 게시하였다(이 사건 링크 행위). 이에 검사가 피고인을 저작권법 위반 방조죄(정범들의 공중송신권 침해행위를 방조)로 기소한 사안이다. 이에 관한 설명 중 옳은 것은? (다툼이 있는 경우 판례에 의함)

① 정범이 침해 게시물을 서버에서 삭제하는 등으로 게시를 철회하지 않으면 이를 공중의 구성원이 개별적으로 선택한 시간과 장소에서 접근할 수 있도록 이용에 제공하는 가벌적인 위법행위가 계속 반복되고 있어 공중송신권 침해의 범죄행위가 종료되지 않았으므로, 그러한 정범의 범죄행위는 방조의 대상이 될 수 있다.

중요 ② 방조범은 정범의 실행을 방조한다는 이른바 방조의 고의와 정범의 행위가 구성요건에 해당하는 행위인 점에 대한 정범의 고의가 있어야 한다.

중요 ③ 방조범은 정범에 종속하여 성립하는 범죄이므로 방조행위와 정범의 범죄 실현 사이에는 인과관계가 필요하다. 방조범이 성립하려면 방조행위가 정범의 범죄 실현과 밀접한 관련이 있고 정범으로 하여금 구체적 위험을 실현시키거나 범죄 결과를 발생시킬 기회를 높이는 등으로 정범의 범죄 실현에 현실적인 기여를 하였다고 평가할 수 있어야 한다.

④ 정범의 범죄 실현과 밀접한 관련이 없는 행위를 도와준 데 지나지 않는 경우에는 방조범이 성립하지 않는다.

⑤ 저작권 침해물 링크 사이트에서 침해 게시물에 연결되는 링크를 제공하는 경우 등과 같이, 링크 행위자가 정범이 공중송신권을 침해한다는 사실을 충분히 인식하면서 그러한 침해 게시물 등에 연결되는 링크를 인터넷 사이트에 영리적·계속적으로 게시하는 등으로 공중의 구성원이 개별적으로 선택한 시간과 장소에서 침해 게시물에 쉽게 접근할 수 있도록 하는 정도의 링크 행위를 한 경우에는 침해 게시물을 공중의 이용에 제공하는 정범의 범죄를 용이하게 하므로 공중송신권 침해의 방조범이 성립한다.

⑥ 검사는 링크를 한 행위자가 링크 대상인 게시물이 공중송신권을 침해하는 게시물 등으로서 불법성이 있다는 것을 명확하게 인식할 수 있는 정도에 이르렀다는 점을 엄격하게 증명하여야 한다.

해설 및 정답 ①~⑥ **대법원 2021. 9. 9. 선고 2017도 19025 전원합의체 판결**

정답 ○

사례문제 10 저작재산권자의 이용 허락 없이 전송되는 공중송신권 침해 게시물로 연결되는 링크를 이른바 '다시보기' 링크사이트 등에서 공중의 구성원에게 제공하는 행위가 공중송신권 침해의 방조가 되는지 여부가 문제되는 사건 ★★★★★

대법원 대법원 2021. 9. 9. 선고 2017도19025 전원합의체 판결 (가) 파기환송
[저작권법위반방조]

Q. 공중송신권 침해 게시물로 연결되는 링크를 저작권 침해물 링크 사이트에서 공중의 구성원에게 제공하는 행위가 공중송신권 침해의 방조가 되는지 여부(적극)

판결요지

[1] **[다수의견]**

가. 정범이 침해 게시물을 인터넷 웹사이트 서버 등에 업로드하여 공중의 구성원이 개별적으로 선택한 시간과 장소에서 접근할 수 있도록 이용에 제공하면, 공중에게 침해 게시물을 실제로 송신하지 않더라도 공중송신권 침해는 기수에 이른다. 그런데 **정범이 침해 게시물을 서버에서 삭제하는 등으로 게시를 철회하지 않으면 이를 공중의 구성원이 개별적으로 선택한 시간과 장소에서 접근할 수 있도록 이용에 제공하는 가벌적인 위법행위가 계속 반복되고 있어 공중송신권 침해의 범죄행위가 종료되지 않았으므로, 그러한 정범의 범죄행위는 방조의 대상이 될 수 있다.**

나. 형법 제32조 제1항은 "타인의 범죄를 방조한 자는 종범으로 처벌한다."라고 정하고 있다. 방조란 정범의 구체적인 범행준비나 범행사실을 알고 그 실행행위를 가능·촉진·용이하게 하는 지원행위 또는 정범의 범죄행위가 종료하기 전에 정범에 의한 법익침해를 강화·증대시키는 행위로서, 정범의 범죄 실현과 밀접한 관련이 있는 행위를 말한다(대법원 1965. 8. 17. 선고 65도388 판결, 대법원 1995. 9. 29. 선고 95도456 판결, 대법원 2006. 4. 28. 선고 2003도4128 판결, 대법원 2012. 8. 30. 선고 2012도6027 판결 등 참조). **방조범은 정범의 실행을 방조한다는 이른바 방조의 고의와 정범의 행위가 구성요건에 해당하는 행위인 점에 대한 정범의 고의가 있어야 한다**(대법원 2005. 4. 29. 선고 2003도6056 판결 등 참조).

다. **방조범은 정범에 종속하여 성립하는 범죄이므로 방조행위와 정범의 범죄 실현 사이에는 인과관계가 필요하다. 방조범이 성립하려면 방조행위가 정범의 범죄 실현과 밀접한 관련이 있고 정범으로 하여금 구체적 위험을 실현시키거나 범죄 결과를 발생시킬 기회를 높이는 등으로 정범의 범죄 실현에 현실적인 기여를 하였다고 평가할 수 있어야 한다.** 정범의 범죄 실현과 밀접한 관련이 없는 행위를 도와준 데 지나지 않는 경우에는 방조범이 성립하지 않는다.

라. 최근 저작재산권자의 이용허락 없이 전송되는 이른바 '다시보기' 사이트 등의 링크 사이트(이하 '저작권 침해물 링크 사이트'라 한다)나 모바일 어플리케이션이 급속히 확산되었다. 비록 링크 자체는 연결 통로의 역할을 하는 것으로서 중립적 기술이라고 할지라도 **링크가 제공되는 환경, 링크의 게시 목적과 방법 등의 여러 사정을 고려하면 전송의 방법으로 저작재산권을 침해하는 정범의 범죄 실현에 조력하는 행위가 될 수 있다.**

마. **저작권 침해물 링크 사이트에서 침해 게시물에 연결되는 링크를 제공하는 경우 등과 같이, 링크 행위자가 정범이 공중송신권을 침해한다는 사실을 충분히 인식하면서 그러한 침해 게시물 등에 연결되는 링크를 인터넷 사이트에 영리적·계속적으로 게시하는 등으로 공중의 구성원이 개별적으로 선택한 시간과 장소에서 침해 게시물에 쉽게 접근할 수 있도록 하는 정도의 링크 행위를 한 경우에는 침해 게시물을 공중의 이용에 제공하는 정범의 범죄를 용이하게 하므로 공중송신권 침해의 방조범이 성립한다.**

바. 방조행위가 정범의 실행행위를 용이하게 하는 직·간접적인 모든 행위라는 이유만으로 링크를 통한 공중송신권 침해의 방조범 성립을 쉽게 인정할 경우 자칫 시민들이 인터넷 공간에서 링크 설정을 통해 자유롭게 정보를 교환하고 공유하는 일상적인 인터넷 이용 행위를 위축시킬 수 있다.

사. 링크의 자유에 대한 제한은 엄격하게 인정할 필요가 있고, 링크 대상인 게시물이 저작재산권자로부터 이용허락을 받은 것이거나 저작물의 공정한 이용의 대상이 될 여지가 있으며, 빠른 속도로 다양한 정보의 연결과 공유가 이루어지는 인터넷 공간의 특성상 링크 대상이 공중송신권 침해 등으로 위법한 게시물인 경우와 그렇지 않은 경우의 구별이 언제나 명확한 것도 아니다. 불법성에 대한 피고인의 인식은 적어도 공중송신권 침해 게시물임을 명확하게 인식할 수 있는 정도가 되어야 한다. **검사는 링크를 한 행위자가 링크 대상인 게시물이 공중송신권을 침해하는 게시물 등으로서 불법성이 있다는 것을 명확하게 인식할 수 있는 정도에 이르렀다는 점을 엄격하게 증명하여야 한다.**

아. 침해 게시물 등에 연결되는 링크를 하였을 때 정범의 공중송신권 침해에 대한 방조행위가 성립하려면, 링크 행위가 정범의 범죄 실현과 밀접한 관련이 있고 공중송신권 침해의 기회를 현실적으로 증대시켜 정범의 범죄 실현에 현실적인 기여를 하였다고 평가할 수 있어야 한다. 위에서 보았듯이 저작권 침해물 링크 사이트에서 정범의 침해 게시물 등에 연결되는 링크를 영리적·계속적으로 게시하는 경우 등과 같이 공중의 구성원이 개별적으로 선택한 시간과 장소에서 그 공중송신권 침해 게시물에 쉽게 접근할 수 있도록 링크를 제공하는 행위가 이에 해당한다. 반면 위와 같은 정도에 이르지 않은 링크 행위는 정범의 공중송신권 침해와 밀접한 관련이 있고 그 법익침해를 강화·증대하는 등의 현실적인 기여를 하였다고 보기 어려운 이상 공중송신권 침해의 방조행위라고 쉽사리 단정해서는 안 된다.

자. 이와 달리 **저작권자의 공중송신권을 침해하는 웹페이지 등으로 링크를 하는 행위**

만으로는 어떠한 경우에도 공중송신권 침해의 방조행위에 해당하지 않는다는 취지로 판단한 종전 판례인 대법원 2015. 3. 12. 선고 2012도13748 판결 등은 이 판결의 견해에 배치되는 범위에서 이를 변경하기로 한다.

중요

02 [선택형] 표지 갈이 저작권법위반 사건 ★★★★★

실제 저작자가 저작권법 제137조 제1항 제1호 위반죄의 주체가 될 수 있는지가 문제된 사안이다. 이에 관한 설명 중 옳은 것은? (다툼이 있는 경우 판례에 의함)

① 실제 저작권자가 자신이 집필한 교재의 개정판에 저작자 아닌 자를 저작자로 표시하는 것을 허락하여 저작자 아닌 자를 저작자로 표시하여 저작물을 공표하는 범행에 가담하였다면 저작권법 제137조 제1항 제1호 위반죄의 공범으로 처벌할 수 있다.

해설 및 정답 대법원 2021. 7. 15. 선고 2018도144 판결 [저작권법위반] (가) 상고기각

정답 ○

[판시사항] 실제 저작자가 저작자 아닌 자를 저작자로 표시하여 저작물을 공표하는 범행에 가담한 경우 저작권법 제137조 제1항 제1호 위반죄의 공범으로 처벌할 수 있는지 여부(적극)

[판결요지] 저작권법 제137조 제1항 제1호는 **저작자 아닌 자를 저작자로 표시하여 저작물을 공표한 이상 위 규정에 따른 범죄는 성립하고,** 사회통념에 비추어 사회 일반의 신뢰가 손상되지 않는다고 인정되는 특별한 사정이 있는 경우가 아닌 한 **그러한 공표에 저작자 아닌 자와 실제 저작자의 동의가 있었다고 하더라도 달리 볼 것은 아니다. 또한 실제 저작자가 저작자 아닌 자를 저작자로 표시하여 저작물을 공표하는 범행에 가담하였다면 저작권법 제137조 제1항 제1호 위반죄의 공범으로 처벌할 수 있다.**

중요

03 [선택형] 진정부작위범에서 공동정범 ★★★★★

정신건강의학과 전문의로서 정신병원 소속 봉직의인 피고인들이 병원장과 공모하여 구 정신보건법 제24조에서 정한 보호의무자에 의한 입원 시 보호의무자 확인 서류를 수수하지 않았다고 하여 구 정신보건법 제57조 제2호, 제24조 제1항 위반죄로 기소된 사안이다. 이에 관한 설명 중 옳은 것은? (다툼이 있는 경우 판례에 의함)

① 진정부작위범인 위 수수 의무 위반으로 인한 구 정신보건법 위반죄의 공동정범은 그 의무가 수인에게 공통으로 부여되어 있는데도 수인이 공모하여 전원이 그 의무를 이행하지 않았을 때 성립할 수 있다.

해설 및 정답 대법원 2021. 5. 7. 선고 2018도12973 판결 [정신보건법위반] (가) 상고기각

정답 ○

[판결해설] 원심(=1심)은 이 사건 병원 소속 정신건강의학과 전문의에 불과한 피고인들이 보호의무자 확인 서류 등 수수 의무자가 아니고 병원장과 공모하였다고 볼 수 없다고 보아 무죄로 판단함. 대법원은, 구 정신보건법 제57조 제2호, 제24조 제1항 위반죄는 진정부작위범에 해당하고, 위 구 정신보건법 위반죄의 공동정범은 보호의무자 확인 서류 등 수수 의무가 수인에게 공통으로 부여되어 있는데도 수인이 공모하여 전원이 그 의무를 이행하지 않았을 때 성립할 수 있으며, 정신의료기관에 근무하고 있을 뿐인 정신건강의학과 전문의는 위 수수 의무를 부담하지 않으므로, 위 구 정신보건법 위반죄의 공동정범이 성립하지 않는다고 보아 원심을 수긍하였음.

04 [선택형 · 사례형 · 기록형] 국가정보원 직원 선거운용 사건

국가정보원의 원장 피고인 甲, 3차장 피고인 乙, 심리전단장 피고인 丙이 심리전단 산하 사이버팀 직원들과 공모하여 인터넷 게시글과 댓글 작성, 찬반클릭, 트윗과 리트윗 행위 등의 사이버 활동을 함으로써 국가정보원 직원의 직위를 이용하여 정치활동에 관여함과 동시에 제18대 대통령선거와 관련하여 공무원의 지위를 이용한 선거운동을 하였다고 하여 구 국가정보원법(2014. 1. 14. 법률 제12266호로 개정되기 전의 것, 이하 같다) 위반 및 구 공직선거법(2014. 2. 13. 법률 제12393호로 개정되기 전의 것, 이하 같다) 위반으로 기소된 사안이다. 공동정범에 관한 설명으로 옳은 것은? (다툼이 있는 경우 판례에 의함)

중요 ① **형법 제30조의 공동정범은 공동가공의 의사와 그 공동의사에 의한 기능적 행위지배를 통한 범죄 실행이라는 주관적·객관적 요건을 충족함으로써 성립**하므로, 공모자 중 구성요건행위를 직접 분담하여 실행하지 않은 사람도 위 요건의 충족 여부에 따라 이른바 공모공동정범으로서의 죄책을 질 수 있다.

중요 ② 구성요건행위를 직접 분담하여 실행하지 않은 공모자가 **공모공동정범**으로 인정되기 위해서는 전체 범죄에서 그가 차지하는 지위·역할, 범죄 경과에 대한

지배나 장악력 등을 종합하여 그가 단순한 공모자에 그치는 것이 아니라 범죄에 대한 본질적 기여를 통한 **기능적 행위지배가 존재한다고 인정되어야 한다.**

③ 공모공동정범의 경우 범죄의 수단과 모습, 가담하는 인원과 그 성향, 범행 시간과 장소의 특성, 범행과정에서 타인과의 접촉 가능성과 예상되는 반응 등 여러 상황에 비추어, 공모자들이 공모한 범행을 수행하거나 목적을 달성하고자 나아가는 도중에 부수적인 다른 범죄가 파생되리라고 예상하거나 충분히 예상할 수 있는데도 그러한 가능성을 외면한 채 이를 방지하기에 충분한 합리적인 조치를 취하지 않고 공모한 범행에 나아갔다가 결국 예상되던 범행들이 발생하였다면, **비록 그 파생적인 범행 하나하나에 대하여 개별적인 의사의 연락이 없었더라도 당초의 공모자들 사이에 그 범행 전부에 대하여 암묵적인 공모는 물론 그에 대한 기능적 행위지배가 존재한다고 보아야 한다.**

중요 ④ 2인 이상이 범죄에 공동 가공하는 공범관계에서 공모는 법률상 어떤 정형을 요구하는 것이 아니고 2인 이상이 공모하여 범죄에 공동 가공하여 **범죄를 실현하려는 의사의 결합만 있으면 충분하다.** 비록 **전체의 모의과정이 없더라도 여러 사람 사이에 순차적으로 또는 암묵적으로 의사의 결합이 이루어지면 공모관계가 성립한다.** 이러한 공모관계를 인정하기 위해서는 엄격한 증명이 요구되지만, 피고인이 범죄의 주관적 요소인 공모관계를 부인하는 경우에는 사물의 성질상 이와 상당한 관련성이 있는 간접사실 또는 정황사실을 증명하는 방법으로 이를 증명할 수밖에 없다. 이때 무엇이 상당한 관련성이 있는 간접사실에 해당할 것인지는 정상적인 경험칙에 바탕을 두고 치밀한 관찰력이나 분석력으로 사실의 연결 상태를 합리적으로 판단하는 방법으로 하여야 한다.

해설 및 정답 ①~④ 대법원 2018. 4. 19. 선고 2017도14322 전원합의체 판결

정답 ○

사례문제 11 공모공동정범에서 공모관계 성립요건

대법원 2018. 4. 19. 선고 2017도14322 전원합의체 판결
[공직선거법위반·국가정보원법위반]

Q. 구성요건행위를 직접 분담하여 실행하지 않은 공모자가 공모공동정범으로 인정되기

위한 요건

Q. 공모공동정범의 공모자들에게 공모한 범행 외에 부수적으로 파생된 범죄에 대하여도 암묵적 공모와 기능적 행위지배가 존재한다고 볼 수 있는 경우

Q. 공동정범에서 공모관계의 성립요건과 공모관계를 인정하기 위한 증명 정도(=엄격한 증명) 및 피고인이 공모관계를 부인하는 경우, 그 증명 방법

Q. 국가정보원의 원장 피고인 甲, 3차장 피고인 乙, 심리전단장 피고인 丙이 심리전단 산하 사이버팀 직원들과 공모하여 인터넷 게시글과 댓글 작성, 찬반클릭, 트윗과 리트윗 행위 등의 사이버 활동을 함으로써 국가정보원 직원의 직위를 이용하여 정치활동에 관여함과 동시에 제18대 대통령선거와 관련하여 공무원의 지위를 이용한 선거운동을 하였다고 하여 구 국가정보원법 위반 및 구 공직선거법 위반으로 기소된 사안에서, 사이버팀 직원들이 한 사이버 활동 중 일부에 대하여 피고인들에게 구 국가정보원법 위반죄와 구 공직선거법 위반죄를 인정한 원심판단이 정당하다고 한 사례.

판결요지

가. 형법 제30조의 공동정범은 공동가공의 의사와 그 공동의사에 의한 기능적 행위지배를 통한 범죄 실행이라는 주관적·객관적 요건을 충족함으로써 성립하므로, 공모자 중 구성요건행위를 직접 분담하여 실행하지 않은 사람도 위 요건의 충족 여부에 따라 이른바 공모공동정범으로서의 죄책을 질 수 있다.

나. **구성요건행위를 직접 분담하여 실행하지 않은 공모자가 공모공동정범으로 인정되기 위해서는 전체 범죄에서 그가 차지하는 지위·역할, 범죄 경과에 대한 지배나 장악력 등을 종합**하여 그가 단순한 공모자에 그치는 것이 아니라 범죄에 대한 본질적 기여를 통한 기능적 행위지배가 존재한다고 인정되어야 한다.

다. 공모공동정범의 경우 범죄의 수단과 모습, 가담하는 인원과 그 성향, 범행 시간과 장소의 특성, 범행과정에서 타인과의 접촉 가능성과 예상되는 반응 등 여러 상황에 비추어, 공모자들이 공모한 범행을 수행하거나 목적을 달성하고자 나아가는 도중에 부수적인 다른 범죄가 파생되리라고 예상하거나 충분히 예상할 수 있는데도 그러한 가능성을 외면한 채 이를 방지하기에 충분한 합리적인 조치를 취하지 않고 공모한 범행에 나아갔다가 결국 그와 같이 예상되던 범행들이 발생하였다면, **비록 그 파생적인 범행 하나하나에 대하여 개별적인 의사의 연락이 없었더라도 당초의 공모자들 사이에 그 범행 전부에 대하여 암묵적인 공모는 물론 그에 대한 기능적 행위지배가 존재한다고 보아야 한다.**

라. 2인 이상이 범죄에 공동 가공하는 공범관계에서 공모는 법률상 어떤 정형을 요구하는 것이 아니고 2인 이상이 공모하여 범죄에 공동 가공하여 범죄를 실

현하려는 의사의 결합만 있으면 충분하다. 비록 전체의 모의과정이 없더라도 여러 사람 사이에 순차적으로 또는 암묵적으로 의사의 결합이 이루어지면 공모관계가 성립한다. 이러한 공모관계를 인정하기 위해서는 엄격한 증명이 요구되지만, 피고인이 범죄의 주관적 요소인 공모관계를 부인하는 경우에는 사물의 성질상 이와 상당한 관련성이 있는 간접사실 또는 정황사실을 증명하는 방법으로 이를 증명할 수밖에 없다. 이때 무엇이 상당한 관련성이 있는 간접사실에 해당할 것인지는 정상적인 경험칙에 바탕을 두고 치밀한 관찰력이나 분석력으로 사실의 연결 상태를 합리적으로 판단하는 방법으로 하여야 한다.

마. [**다수의견**] 사이버팀 직원들이 한 사이버 활동 중 일부는 구 국가정보원법상 국가정보원 직원의 직위를 이용한 정치활동 관여 행위 및 구 공직선거법상 공무원의 지위를 이용한 선거운동에 해당하며, 이러한 활동을 구 국가정보원법에 따른 직무범위 내의 정당한 행위로 볼 수 없고, 피고인들이 실행행위자인 사이버팀 직원들과 순차 공모하여 범행에 대한 기능적 행위지배를 함으로써 범행에 가담하였다는 등의 이유로, 피고인들에게 구 국가정보원법 위반죄와 구 공직선거법 위반죄를 인정한 원심판단이 정당하다고 한 사례.

바. [**판결해설**] 피고인들이 실행행위자인 사이버팀 직원들과 순차로 공모하여 범행에 가담한 사실을 인정할 수 있다고 보아 피고인들에 대해 공직선거법 위반죄에 대해 일부 유죄를 인정한 원심 판단을 수긍하고 이 부분 피고인들의 상고를 기각하는 한편, 피고인들과 검사의 나머지 상고도 모두 기각한 사례.

05 [선택형] 치과의사와 치과위생사 공모 무면허 의료행위 사건

치과의사 피고인 甲과 치과위생사 피고인 乙이 공모하여, 환자의 충치에 대한 복합레진 충전 치료 과정에서 의료인 아닌 피고인 乙이 의료행위인 에칭과 본딩 시술을 함으로써 의료법을 위반하였다는 내용으로 기소된 사안이다. 이에 관한 설명으로 옳은 것은? (다툼이 있는 경우 판례에 의함)

중요 ① 충치예방을 위해 시술되는 치면열구전색술(이른바 '실런트') 과정에서 이루어지는 에칭과 본딩 시술과 달리, 충치치료 과정에서 이루어지는 에칭과 본딩 시술은 의료기사 등에 관한 법률 및 같은 법 시행령이 허용하고 있는 **치과위생사의 업무 범위와 한계를 벗어나는 의료행위로서 의료인인 치과의사만이 할 수 있고, 비록 피고인 乙이 피고인 甲의 지도나 감독 아래 이러한 시술을**

하였더라도 무면허 의료행위에 해당한다.

② 의료법 제27조 제1항은 의료인에게만 의료행위를 허용하고, 의료인이라고 하더라도 면허된 의료행위만 할 수 있도록 하여, 무면허 의료행위를 엄격히 금지하고 있다. 여기서 **'의료행위'란 의학적 전문지식을 기초로 하는 경험과 기능으로 진찰, 검안, 처방, 투약 또는 외과적 시술을 시행하여 하는 질병의 예방 또는 치료행위 및 그 밖에 의료인이 행하지 아니하면 보건위생상 위해가 생길 우려가 있는 행위를 의미한다.** '의료인이 행하지 아니하면 보건위생상 위해가 생길 우려'는 추상적 위험으로도 충분하다. 구체적으로 환자에게 위험이 발생하지 아니하였다고 해서 보건위생상의 위해가 없다고 할 수는 없다.

중요 ③ 의료기사라 할지라도 의료기사법 및 같은 법 시행령이 정하고 있는 업무의 범위와 한계를 벗어나는 의료행위를 하였다면 무면허 의료행위에 해당하고, 의사나 치과의사의 지시나 지도에 따라 이루어졌더라도 마찬가지이다.

해설 및 정답 ①~③ 대법원 2018. 6. 19. 선고 2017도19422 판결 [의료법위반]

정답 ○

중요

06 [선택형 종합문제] 공동정범 · 방조범 · 공소장변경 · 심신장애 ★★★★★

다음 설명 중 옳은 것은? (다툼이 있는 경우 판례에 의함)

① 형법 제30조의 공동정범은 2인 이상이 공동하여 죄를 범하는 것으로서, 공동정범이 성립하기 위하여는 주관적 요건인 공동가공의 의사와 객관적 요건인 공동의사에 의한 기능적 행위지배를 통한 범죄의 실행사실이 필요하다.

② 공동가공의 의사는 타인의 범행을 인식하면서도 이를 제지하지 아니하고 용인하는 것만으로는 부족하고, 공동의 의사로 특정한 범죄행위를 하기 위하여 일체가 되어 서로 다른 사람의 행위를 이용하여 자기의 의사를 실행에 옮기는 것을 내용으로 하여야 한다.

③ 공모공동정범의 성립 여부는 **범죄 실행의 전 과정을 통하여 각자의 지위와 역할, 공범에 대한 권유내용 등을 구체적으로 검토**하고 이를 종합하여 위와 같은 상호이용의 관계가 **합리적인 의심을 할 여지가 없을 정도로 증명되어야**

한다. 그와 같은 증명이 없다면 설령 피고인에게 유죄의 의심이 간다고 하더라도 피고인의 이익으로 판단할 수밖에 없다.

④ 특정 범죄자에 대한 보호관찰 및 전자장치 부착 등에 관한 법률 제5조 제3항 및 제21조의2 제3호에 규정된 **살인범죄의 재범의 위험성 유무는** 피부착명령청구자 또는 피보호관찰명령청구자의 직업과 환경, 당해 범행 이전의 행적, 범행의 동기, 수단, 범행 후의 정황, 개전의 정 등 여러 사정을 종합적으로 평가하여 객관적으로 판단하여야 한다. 이러한 판단은 장래에 대한 가정적 판단이므로 **판결 시를 기준으로 하여야 한다.**

중요 ⑤ 형법상 방조행위는 정범이 범행을 한다는 정을 알면서 그 실행행위를 용이하게 하는 직접·간접의 모든 행위를 가리키는 것으로서 유형적, 물질적인 방조뿐만 아니라 **정범에게 범행의 결의를 강화하도록 하는 것과 같은 무형적, 정신적 방조행위까지도 이에 해당한다.**

중요 ⑥ 종범은 정범의 실행행위 중에 이를 방조하는 경우뿐만 아니라, **실행 착수 전에 장래의 실행행위를 예상하고 이를 용이하게 하는 행위를 하여 방조한 경우에도 성립한다.**

중요 ⑦ 형법상 방조행위는 정범이 범행을 한다는 정을 알면서 그 실행행위를 용이하게 하는 직접·간접의 행위를 말한다. 그러므로 **방조범은 정범의 실행을 방조한다는 이른바 방조의 고의와 정범의 행위가 구성요건에 해당하는 행위인 점에 대한 정범의 고의가 있어야 한다.**

⑧ 이와 같은 **고의는 내심적 사실이므로 피고인이 이를 부정하는 경우에는 사물의 성질상 고의와 상당한 관련성이 있는 간접사실을 증명하는 방법에 의하여 증명할 수밖에 없다.** 이때 무엇이 상당한 관련성이 있는 간접사실에 해당할 것인가는 정상적인 경험칙에 바탕을 두고 치밀한 관찰력이나 분석력에 의하여 사실의 연결상태를 합리적으로 판단하여야 한다.

⑨ **방조범에서 요구되는 정범의 고의는 정범에 의하여 실현되는 범죄의 구체적 내용을 인식할 것을 요하는 것은 아니고 미필적 인식이나 예견으로 족하다.**

⑩ 법원은 공소사실의 동일성이 인정되는 범위 내에서 **공소가 제기된 범죄사실보다 가벼운 범죄사실이 인정되는 경우,** 심리의 경과 등에 비추어 볼 때 **피고**

인의 방어에 실질적인 불이익을 주는 것이 아니라면 공소장변경 없이 직권으로 가벼운 범죄사실을 인정할 수 있으므로, 공동정범으로 기소된 범죄사실을 방조사실로 인정할 수 있다.

중요 ⑪ 형법 제10조에 규정된 심신장애는 **생물학적 요소로서 정신병 또는 비정상적 정신상태**와 같은 **정신적 장애가 있는 외에 심리학적 요소**로서 정신적 장애로 말미암아 사물에 대한 변별능력과 그에 따른 행위통제능력이 결여되거나 감소되었음을 요한다. **정신적 장애가 있는 자라고 하여도 범행 당시 정상적인 사물변별능력이나 행위통제능력이 있었다면 심신장애로 볼 수 없다.**

중요 ⑫ 심신장애의 유무는 법원이 형벌제도의 목적 등에 비추어 판단하여야 할 법률문제로서 그 판단에 전문감정인의 정신감정결과가 중요한 참고자료가 된다. 그러나 법원이 반드시 그 의견에 구속되는 것은 아니고, 그러한 감정결과뿐만 아니라 범행의 경위, 수단, 범행 전후의 피고인의 행동 등 기록에 나타난 여러 자료 등을 종합하여 독자적으로 심신장애의 유무를 판단하여야 한다.

⑬ 자폐성 스펙트럼 장애의 일종인 아스퍼거 증후군을 갖고 있었다고 하더라도, 그것이 범행 당시 사물변별능력이나 의사결정능력에 영향을 미쳤다고 볼 수 없다.

해설 및 정답 ①~⑬ 대법원 2018. 9. 13. 선고 2018도7658, 2018전도54, 55, 2018보도6, 2018모2593 판결 [살인방조(변경된 죄명: 살인) · 사체유기 · 특정범죄가중처벌등에관한법률위반(영리약취 · 유인등)] ★★★★★ **정답** ○

☞ 중요한 판례이니 정독하세요!

[판시사항] [1] **공동정범의 성립요건 / 공모공동정범의 성립 여부에 대한 증명 정도** [2] 특정 범죄자에 대한 보호관찰 및 전자장치 부착 등에 관한 법률 제5조 제3항 및 제21조의2 제3호에 규정된 '살인범죄를 다시 범할 위험성'의 의미 / **살인범죄의 재범의 위험성 유무를 판단하는 기준 및 판단의 기준 시점(=판결 시)** [3] **형법상 '방조행위'의 의미 및 방조의 시기** / 방조범 성립에 필요한 고의의 의미와 내용 및 그 증명 방법 [4] 법원이 공소장변경 없이 직권으로 **공동정범으로 기소된 범죄사실을 방조사실로 인정할 수 있는지 여부(한정 적극)** [5] 형법 제10조에 규정된 심신장애의 요건 및 심신장애의 유무를 판단하는 방법

문 10. 미수범에 관한 설명 중 옳은 것은? (다툼이 있는 경우 판례에 의함)

출제예상내용
- 예비죄·음모죄(형법 제28조)
- 중지미수(형법 제26조)
- 불능미수(형법 제27조)
- 장애미수(형법 제25조)

사례문제 12 준강간죄 불능미수성립(2018도16002 전원합의체 판결)

사례문제 13 체포죄의 기수 시기와 실행의 착수 시기(주관적 객관설)

중요

01 [선택형 · 사례형] 준강간죄의 불능미수 성립을 인정할 수 있는지 여부에 관한 사건 ★★★★★

피고인은 2017. 4. 17. 22:30경 자신의 집에서 피고인의 처, 피해자와 함께 술을 마시다가 다음 날 01:00경 피고인의 처가 먼저 잠이 들고 02:00경 피해자도 안방으로 들어가자 피해자를 따라 들어간 뒤, 누워 있는 피해자의 옆에서 피해자의 가슴을 만지고 팬티 속으로 손을 넣어 음부를 만지다가, 몸을 비틀고 소리를 내어 상황을 벗어나려는 피해자의 입을 막고 바지와 팬티를 벗긴 후 피해자의 항거불능 상태를 이용하여 1회 간음하여 강간하였다. 피고인은 다음과 같이 주장한다. 1) 준강간의 고의가 없었다. 2) 피해자가 실제로는 심신상실 또는 항거불능의 상태에 있지 않아 성적 자기결정권의 침해가 없는 성관계를 하였으므로 준강간의 결과 발생 가능성이나 법익침해의 위험성이 없어 준강간죄의 불능미수가 성립하지 않는다. 준강간죄에 관한 설명으로 옳은 것은? (다툼이 있는 경우 판례에 의함)

① **심신상실 또는 항거불능의 상태에 있는 사람에 대하여 그 사람의 그러한 상태를 이용하여 간음행위를 하면 구성요건이 충족되어 준강간죄가 기수에 이른다.**

중요 ② 피고인이 피해자가 심신상실 또는 항거불능의 상태에 있다고 인식하고 그러한 상태를 이용하여 간음할 의사를 가지고 간음하였으나, **실행의 착수 당시부터 피해자가 실제로는 심신상실 또는 항거불능의 상태에 있지 않았다면, 실행의 수단 또는 대상의 착오로 준강간죄의 기수에 이를 가능성이 처음부터 없**

다고 볼 수 있다. 이 경우 피고인이 행위 당시에 인식한 사정을 놓고 일반인이 객관적으로 판단하여 보았을 때 정신적·신체적 사정으로 인하여 성적인 자기방어를 할 수 없는 사람의 성적 자기결정권을 침해하여 **준강간의 결과가 발생할 위험성이 있었다면 불능미수가 성립한다.**

중요 ③ 피고인이 행위 당시에 인식한 사정을 놓고 일반인이 객관적으로 판단하여 보았을 때 **준강간의 결과가 발생할 위험성이 있었으므로 준강간죄의 불능미수가 성립한다.**

해설 및 정답 ①~③ 대법원 2019. 3. 28. 선고 2018도16002 전원합의체 판결 ★★★★★

정답 ○

사례문제 12 준강간죄 불능미수성립

대법원 2019. 3. 28. 선고 2018도16002 전원합의체 판결
[강간(인정된 죄명: 준강간미수, 변경된 죄명: 준강간)] 〈준강간죄의 불능미수 성립을 인정할 수 있는지 여부에 관한 사건〉

Q. 준강간죄에서 '고의'의 내용

Q. 피고인이 피해자가 심신상실 또는 항거불능의 상태에 있다고 인식하고 그러한 상태를 이용하여 간음할 의사로 피해자를 간음하였으나 피해자가 실제로는 심신상실 또는 항거불능의 상태에 있지 않은 경우, 준강간죄의 불능미수가 성립하는지 여부(적극)

판결요지

가. 형법 제297조는 "폭행 또는 협박으로 사람을 강간한 자는 3년 이상의 유기징역에 처한다."라고 규정하고, 제299조는 "사람의 심신상실 또는 항거불능의 상태를 이용하여 간음 또는 추행을 한 자는 제297조, 제297조의2 및 제298조의 예에 의한다."라고 규정하고 있다. 형법은 폭행 또는 협박의 방법이 아닌 심신상실 또는 항거불능의 상태를 이용하여 간음한 행위를 강간죄에 준하여 처벌하고 있으므로, **준강간의 고의는 피해자가 심신상실 또는 항거불능의 상태에 있다는 것과 그러한 상태를 이용하여 간음한다는 구성요건적 결과 발생의 가능성을 인식하고 그러한 위험을 용인하는 내심의 의사를 말한다.**

나. **[다수의견]** 형법 제300조는 준강간죄의 미수범을 처벌한다. 또한 형법 제27조

는 "실행의 수단 또는 대상의 착오로 인하여 결과의 발생이 불가능하더라도 위험성이 있는 때에는 처벌한다. 단, 형을 감경 또는 면제할 수 있다."라고 규정하여 불능미수범을 처벌하고 있다.

따라서 피고인이 피해자가 심신상실 또는 항거불능의 상태에 있다고 인식하고 그러한 상태를 이용하여 간음할 의사로 피해자를 간음하였으나 피해자가 실제로는 심신상실 또는 항거불능의 상태에 있지 않은 경우에는, 실행의 수단 또는 대상의 착오로 인하여 준강간죄에서 규정하고 있는 구성요건적 결과의 발생이 처음부터 불가능하였고 실제로 그러한 결과가 발생하였다고 할 수 없다. 피고인이 준강간의 실행에 착수하였으나 범죄가 기수에 이르지 못하였으므로 준강간죄의 미수범이 성립한다. **피고인이 행위 당시에 인식한 사정을 놓고 일반인이 객관적으로 판단하여 보았을 때 준강간의 결과가 발생할 위험성이 있었으므로 준강간죄의 불능미수가 성립한다.**

다. 구체적인 이유는 다음과 같다.

① 형법 제27조에서 규정하고 있는 불능미수는 행위자에게 범죄의사가 있고 실행의 착수라고 볼 수 있는 행위가 있지만 실행의 수단이나 대상의 착오로 처음부터 구성요건이 충족될 가능성이 없는 경우이다. 다만 결과적으로 구성요건의 충족은 불가능하지만, 그 행위의 위험성이 있으면 불능미수로 처벌한다. **불능미수는 행위자가 실제로 존재하지 않는 사실을 존재한다고 오인하였다는 측면에서 존재하는 사실을 인식하지 못한 사실의 착오와 다르다.**

② 형법은 제25조 제1항에서 "범죄의 실행에 착수하여 행위를 종료하지 못하였거나 결과가 발생하지 아니한 때에는 미수범으로 처벌한다."라고 하여 장애미수를 규정하고, 제26조에서 "범인이 자의로 실행에 착수한 행위를 중지하거나 그 행위로 인한 결과의 발생을 방지한 때에는 형을 감경 또는 면제한다."라고 하여 중지미수를 규정하고 있다. **장애미수 또는 중지미수는 범죄의 실행에 착수할 당시 실행행위를 놓고 판단하였을 때 행위자가 의도한 범죄의 기수가 성립할 가능성이 있었으므로 처음부터 기수가 될 가능성이 객관적으로 배제되는 불능미수와 구별된다.**

③ 형법 제27조에서 정한 '실행의 수단 또는 대상의 착오'는 행위자가 시도한 행위방법 또는 행위객체로는 결과의 발생이 처음부터 불가능하다는 것을 의미한다. 그리고 '결과 발생의 불가능'은 실행의 수단 또는 대상의 원시적 불가능성으로 인하여 범죄가 기수에 이를 수 없는 것을 의미한다고 보아야 한다.

한편 **불능범과 구별되는 불능미수의 성립요건인 '위험성'은 피고인이 행위 당**

시에 인식한 사정을 놓고 일반인이 객관적으로 판단하여 결과 발생의 가능성이 있는지 여부를 따져야 한다.

④ 형법 제299조에서 정한 준강간죄는 사람의 심신상실 또는 항거불능의 상태를 이용하여 간음함으로써 성립하는 범죄로서, 정신적·신체적 사정으로 인하여 성적인 자기방어를 할 수 없는 사람의 성적 자기결정권을 보호법익으로 한다. 심신상실 또는 항거불능의 상태는 피해자인 사람에게 존재하여야 하므로 **준강간죄에서 행위의 대상은 '심신상실 또는 항거불능의 상태에 있는 사람'이다.** 그리고 **구성요건에 해당하는 행위는** 그러한 '심신상실 또는 항거불능의 **상태를 이용하여 간음'**하는 **것이다. 심신상실 또는 항거불능의 상태에 있는 사람에 대하여 그 사람의 그러한 상태를 이용하여 간음행위를 하면 구성요건이 충족되어 준강간죄가 기수에 이른다.**

피고인이 피해자가 심신상실 또는 항거불능의 상태에 있다고 인식하고 그러한 상태를 이용하여 간음할 의사를 가지고 간음하였으나, **실행의 착수 당시부터 피해자가 실제로는 심신상실 또는 항거불능의 상태에 있지 않았다면, 실행의 수단 또는 대상의 착오로 준강간죄의 기수에 이를 가능성이 처음부터 없다**고 볼 수 있다. 이 경우 **피고인이 행위 당시에 인식한 사정을 놓고 일반인이 객관적으로 판단하여 보았을 때 정신적·신체적 사정으로 인하여 성적인 자기방어를 할 수 없는 사람의 성적 자기결정권을 침해하여 준강간의 결과가 발생할 위험성이 있었다면 불능미수가 성립한다.**

02 [선택형] 특수강간상해죄 미수사건

미수범과 예비범에 관한 설명으로 옳은 것은? (다툼이 있는 경우 판례에 의함)

중요 ① 특수강간이 미수에 그쳤다 하더라도 그로 인하여 피해자가 상해를 입었으면 특수강간치상죄가 성립한다. 특수강간의 죄를 범한 자가 피해자에 대하여 상해의 고의를 가지고 피해자에게 상해를 입히려다가 미수에 그친 경우에는 특수강간상해죄의 미수범으로 처벌된다.

해설 및 정답 2018년 제7회 변호사시험 기출문제 13 **정답** ○

대법원 2008. 4. 24. 선고 2007도10058 판결

[공소사실] 위험한 물건인 전자충격기를 사용하여 강간을 시도하다가 미수에 그

치고, 피해자에게 약 2주간의 치료를 요하는 안면부 좌상 등의 상해를 입힌 사안이다. 성폭력범죄의 처벌 및 피해자보호등에 관한 법률에 의한 특수강간치상죄가 성립한다고 본 사례.

[판결요지] 성폭력범죄의 처벌 및 피해자보호 등에 관한 법률 제9조 제1항에 의하면 같은 법 제6조 제1항에서 규정하는 특수강간의 죄를 범한 자뿐만 아니라, 특수강간이 미수에 그쳤다고 하더라도 그로 인하여 피해자가 상해를 입었으면 **특수강간치상죄가 성립하는 것이다. 같은 법 제12조에서 규정한 위 제9조 제1항에 대한 미수범 처벌규정은 제9조 제1항에서 특수강간치상죄와 함께 규정된 특수강간상해죄의 미수에 그친 경우, 즉 특수강간의 죄를 범하거나 미수에 그친 자가 피해자에 대하여 상해의 고의를 가지고 피해자에게 상해를 입히려다가 미수에 그친 경우 등에 적용된다.**

중요 ② 절도를 준비하면서 뜻하지 않게 절도 범행이 발각될 경우에 대비하여 체포를 면탈할 목적으로 칼을 휴대하고 있었더라도 강도예비죄가 성립하지 않는다.

해설 및 정답 2017년 제6회 변호사시험 기출문제 11 **정답** ○

대법원 2006. 9. 14. 선고 2004도6432 판결 [강도예비]

[판결요지] 강도예비·음모죄가 성립하기 위해서는 예비·음모 행위자에게 미필적으로라도 '강도'를 할 목적이 있음이 인정되어야 한다. 그에 이르지 않고 단순히 '준강도'할 목적이 있음에 그치는 경우에는 강도예비·음모죄로 처벌할 수 없다.

중요 ③ **甲이** A에게 위조한 주식인수계약서와 통장사본을 보여주면서 50억 원의 투자를 받았다고 **거짓말하며 자금 대여를 요청한 후**[기망행위] A와 함께 50억 원의 입금 여부를 확인하기 위해 은행에 가던 중 **범행이 발각될 것이 두려워 은행 입구에서 차용을 포기하고 돌아간 행위는**[장애미수] 사기죄의 중지미수에 해당하지 않는다.[자의에 의한 중지미수로 볼 수 없다.]

해설 및 정답 2016년 제5회 변호사시험 기출문제 20 **정답** ○

대법원 2011. 11. 10. 선고 2011도10539 판결

[공소사실] 피고인이 갑에게 위조한 예금통장 사본 등을 보여주면서 외국회사에서 투자금을 받았다고 거짓말하며 자금 대여를 요청하였으나, 갑과 함께 그 입금 여부를 확인하기 위해 은행에 가던 중 은행 입구에서 차용을 포기하고 돌아가 사기미수로 기소된 사안이다.

[판결요지] 피고인이 범행이 발각될 것이 두려워 범행을 중지한 것으로서 일반 사회통념상 범죄를 완수함에 장애가 되는 사정에 해당한다.

중요 ④ 甲과 乙이 공동으로 A를 살해하려고 칼로 찔렀다. 그러나 A가 상처만 입고 죽지 않았다. 그러자 乙은 그대로 가버리고 甲만이 A를 살리려고 노력하여 A가 사망하지 않은 경우 甲에게만 중지미수에 의한 형의 감면이 인정된다.

해설 및 정답 2016년 제5회 변호사시험 기출문제 20 **정답** ○

다수참가형태 경우 중지미수효과는 자의로 중지한 사람에게만 미친다. 그 외 사람들은 장애미수가 된다.

중요 ⑤ 공동정범 중 1인이 자의로 범행을 중지하였다 하더라도 다른 공범자들의 실행행위를 중지시키지 아니하거나 결과발생을 방지하지 아니한 이상 중지범을 인정할 수 없다.

해설 및 정답 2015년 제4회 변호사시험 기출문제 2 **정답** ○

대법원 2005. 2. 25. 선고 2004도8259 판결

[판결요지] 다른 공범의 범행을 중지하게 하지 아니한 이상 **자기만의 범의를 철회, 포기하여도 중지미수로는 인정될 수 없는 것이다**(대법원 1969. 2. 25. 선고 68도1676 판결 참조). 기록에 의하면, 피고인은 원심 **공동피고인과 합동하여 피해자를 텐트 안으로 끌고 간 후 원심 공동피고인, 피고인의 순으로 성관계를 하기로 하고 피고인은 위 텐트 밖으로 나와 주변에서 망을 보고 원심 공동피고인은 피해자의 옷을 모두 벗기고 피해자의 반항을 억압한 후 피해자를 1회 간음하여 강간하고, 이어 피고인이 위 텐트 안으로 들어가 피해자를 강간하려 하였으나 피해자가 반항을 하며 강간을 하지 말아 달라고 사정을 하여 강간을 하지 않았다는 것이므로, 앞서 본 법리에 비추어 보면 위 ○○○이 피고인과의 공모하에 강간행위에 나아간 이상 비록 피고인이 강간행위에 나아가지 않았다 하더라도 중지미수에 해당하지는 않는다.**

☞ 2016년 제5회 변호사시험 기출문제 20 · 2014년 제3회 변호사시험 기출문제 14

중요 ⑥ 甲이 A의 사망에 대한 미필적 고의를 가지고 A가 주거로 사용하는 건조물을 소훼하였으나 이를 후회하고 진지한 노력으로 A를 구조함으로써 A가 사망하지 않은 경우에는 현주건조물방화치사죄의 ~~중지미수범~~으로 처벌된다.

해설 및 정답 2019년 제8회 변호사시험 기출문제 5 **정답** ×

부진정결과적 가중범에서 중한 결과에 고의가 있었으나 중한 결과가 발생하지 않은 경우 이론상 결과적 가중범의 미수가 성립할 수 있다. 그러나 형법은 부진정결과적 가중범인 현주건조물방화치상죄의 미수범을 처벌하는 규정을 두고 있지 않다. 따라서 이 경우 **현주건조물방화죄와 살인중지미수죄의 상상적 경합의 죄책을 진다.**

중요 ⑦ 대금을 결제하기 위하여, **절취한 타인의 신용카드를 제시하고 신용카드회사의 승인까지 받았으나 매출전표에 서명한 사실이 없고 도난카드임이 밝혀져 최종적으로 매출취소로 거래가 종결되었다면** ~~「여신전문금융업법」상 신용카드부정사용죄의 미수범으로 처벌된다.~~ 무죄이다.

해설 및 정답 2018년 제7회 변호사시험 기출문제 13 **정답** ×

여신전문금융업법상 신용카드부정사용죄 미수범은 불가벌이다.

중요 ⑧ 일반적으로 공범이 자신의 행위를 중지한 것만으로는 중지미수가 성립하지 않지만, 다른 공범 또는 정범의 행위를 중단시키거나 결과발생을 저지하기 위한 진지한 노력이 있었을 경우에는 **비록 결과가 발생하였다 할지라도** 그 공범에게는 예외적으로 중지미수가 성립될 ~~수 있다.~~ 없다.

해설 및 정답 2016년 제5회 변호사시험 기출문제 20 **정답** ×

대법원 2005. 2. 25. 선고 2004도8259 판결

☞ 2014년 제3회 변호사시험 기출문제 14 · 2015년 제4회 변호사시험 기출문제 2

관련법조항 ●● 형법 제25조(장애미수범) · 제26조(중지미수범) · 제27조(불능범 · 불능미수범)

형법 제25조는 장애미수범을 규정하고 있다. 주요내용을 보면, ① 행위자가 범죄실행에 착수하여 다음 각 호 어느 하나에 해당하는 경우 장애미수범으로 처벌된다. 1. 행위를 종료하지 못한 경우, 2. 행위를 종료하였지만 결과가 발생하지 않은 경우 ② 장애미수범은 기수범보다 선고형을 감경할 수 있다.

형법 제26조는 중지미수범을 규정하고 있다. 주요내용을 보면, ① **행위자가 범죄실행에 착수하여** 다음 각 호에 해당하는 경우 중지미수범으로 처벌된다. **1. 행위를 자유로운 의사로 중지한 경우, 2. 결과를 자유로운 의사로 방지한 경우** ② 중지미수범은 기수범보다 선고형을 감경 · 면제된다.

형법 제27조는 불능범 · 불능미수범을 규정하고 있다. 주요내용을 보면, ① 행위자가 실행에 착수하였지만 대상착오 · 실행수단착오로 결과발생이 불가능한 경우 범죄불성립으로 처벌되지 않는다(불능범). ② 제1항 경우 결과발생 가능성이 있으면 불능미수범으로 처벌된다(불능미수범). 사법기관은 결과발생 가능성을 행위자 범행당시 의사와 사후 전문가로서 과학적 일반인 입장을 종합하여 판단한다(구체적 위험설). ③ 제2항 불능미수범 경우 기수범보다 선고형을 감경 · 면제할 수 있다.

03 [선택형 · 사례형] 강간미수와 체포미수 사건

미수범에 관한 설명으로 옳은 것은? (다툼이 있는 경우 판례에 의함)

① 강간죄가 성립하기 위한 가해자의 폭행·협박이 있었는지 여부는 폭행·협박의 내용과 정도는 물론 유형력을 행사하게 된 경위, 피해자와의 관계, 행위 당시와 그 후의 정황 등 모든 사정을 종합하여 **피해자가 당시 처하였던 구체적인 상황을 기준으로 판단하여야 한다.**

② 사후적으로 보아 피해자가 범행 현장을 벗어날 수 있었다거나 피해자가 사력을 다하여 반항하지 않았다는 사정만으로 가해자의 폭행·협박이 피해자의 항거를 현저히 곤란하게 할 정도에 이르지 않았다고 섣불리 단정하여서는 안 된다.

③ 형법 제276조 제1항의 체포죄에서 말하는 '체포'는 사람의 신체에 대하여 직접적이고 현실적인 구속을 가하여 신체활동의 자유를 박탈하는 행위를 의미하는 것으로서 수단과 방법을 불문한다.

④ 체포죄는 계속범으로서 체포의 행위에 확실히 사람의 신체의 자유를 구속한다고 인정할 수 있을 정도의 시간적 계속이 있어야 한다.

중요 ⑤ **체포의 고의로써 타인의 신체적 활동의 자유를 현실적으로 침해하는 행위를 개시한 때 체포죄의 실행에 착수하였다**고 볼 것이다.

해설 및 정답 ①~⑤ 대법원 2018. 2. 28. 선고 2017도21249 판결 [강간미수 · 체포미수]

정답 ○

사례문제 13 체포죄의 기수 시기와 실행의 착수 시기(주관적 객관설)

대법원 2018. 2. 28. 선고 2017도21249 판결
[강간미수·체포미수]

Q. 강간죄가 성립하기 위한 가해자의 폭행 · 협박이 있었는지 판단하는 방법

Q. 체포죄에서 말하는 '체포'의 의미

Q. 체포죄가 계속범인지 여부(적극) 및 체포죄의 기수 시기와 실행의 착수 시기

판결요지

가. 강간죄가 성립하기 위한 가해자의 폭행·협박이 있었는지 여부는 폭행·협박의 내용과 정도는 물론 유형력을 행사하게 된 경위, 피해자와의 관계, 행위 당시와 그 후의 정황 등 모든 사정을 종합하여 **피해자가 당시 처하였던 구체적인 상황을 기준**으로 판단하여야 한다.

나. 사후적으로 보아 피해자가 범행 현장을 벗어날 수 있었다거나 피해자가 사력을 다하여 반항하지 않았다는 사정만으로 가해자의 폭행·협박이 피해자의 항거를 현저히 곤란하게 할 정도에 이르지 않았다고 섣불리 단정하여서는 안 된다.

다. 형법 제276조 제1항의 체포죄에서 말하는 '체포'는 사람의 신체에 대하여 직접적이고 현실적인 구속을 가하여 신체활동의 자유를 박탈하는 행위를 의미하는 것으로서 수단과 방법을 불문한다.

라. **체포죄는 계속범**으로서 체포의 행위에 확실히 사람의 신체의 자유를 구속한다고 인정할 수 있을 정도의 시간적 계속이 있어야 하나, **체포의 고의로써 타인의 신체적 활동의 자유를 현실적으로 침해하는 행위를 개시한 때 체포죄의 실행에 착수하였다고 볼 것이다.**

중요

04 [선택형·사례형·기록형] 특수절도죄와 야간주거침입절도죄 실행착수시기

甲과 乙은[행위주체/특수절도] 2009. 4. 22. 13:00경 A가 거주하는 ○○아파트 C동 202호에 이르러 그 곳에 들어가 금품을 절취하기 위하여[고의] 육각렌치로 출입문 시정장치를 손괴하던 중[행위] A에게 발각되어 도주하다가 경찰에게 체포되었다. 특수절도죄의 성립여부에 관한 설명 중 옳은 것은? (다툼이 있는 경우에는 판례에 의함)

중요 ① 만약 甲과 乙이 방 안까지 들어갔다가 절취할 금품을 **찾지 못하여** 거실로 돌아 나오다 A에게 발각되어 도주한 경우라면 특수절도죄의 미수범이 성립한다.

해설 및 정답 2013년 제2회 변호사시험 기출문제 9 **정답** ○

대법원 2003. 6. 24. 선고 2003도1985, 2003감도26 판결 [강도상해(인정된 죄명: 주거침입, 상해)·보호감호]

주간과 야간을 구분해야 한다. 실행의 착수시기가 다르기 때문이다. **주간의 경우 2인 이상 특수절도죄는 물색이라는 실행의 착수가 있어야 한다. 야간의 경우 2인 이상이 주거에 침입한 이상 특수절도죄의 실행의 착수가 성립한다.** 이 사례는 특수절도죄와 야간주거침입절도죄의 실행의 착수를 묻는 문제이다.

문 11. 죄수론에 관한 설명 중 옳은 것은? (다툼이 있는 경우 판례에 의함)

출제예상내용
- 법조경합(특별·보충·흡수·택일)
- 포괄일죄(연속범·접속범·결합범·상습범·영업범)
- 실체적 경합(형법 제37조·제38조·제39조)
- 상상적 경합(형법 제40조)
- 현주건조물방화치사죄와 강도살인죄 상상적 경합

사례문제 14 상표법위반죄의 죄수 관계가 문제되는 사건

사례문제 15 폭행죄의 '상습성'의 의미와 상습성 유무를 판단하는 방법

사례문제 16 형법 제37조 경합범 범위

사례문제 17 법정형에 하한이 설정된 후단 경합범에 관한 감경을 할 때에 형기의 2분의 1 미만으로도 감경할 수 있는지 여부에 관한 사건

중요

01 [선택형] 상표법위반죄의 죄수 관계가 문제되는 사건 ★★★★★

피고인 갑 주식회사의 대표이사인 피고인 을이 병 주식회사의 등록상표 '코크린', 'Coclean 코크린'과 '코코크린', 'kokoCLEAN'을 그 지정상품과 동일한 상품에 부착하여 인터넷 쇼핑몰 등에서 판매함으로써 병 회사의 상표권을 침해하였다는 공소사실이 원심에서 유죄로 인정된 사안이다. 이에 관한 설명 중 옳은 것은? (다툼이 있는 경우 판례에 의함)

① 공소사실 중 제1 등록상표의 침해로 인한 상표법 위반죄와 제2 등록상표의 침해로 인한 상표법 위반죄는 각각 포괄일죄의 관계에 있다.

② 피고인 을은 하나의 유사상표 사용행위로 제1 등록상표와 제2 등록상표를 동시에 침해하였으므로 이들 포괄일죄 상호 간에는 상상적 경합범 관계가 성립한다.

해설 및 정답 ①~② 대법원 2020. 11. 12. 선고 2019도11688 판결 [상표법위반]

정답 ○

중요

사례문제 14 상표법위반죄의 죄수 관계가 문제되는 사건 ★★★★★

대법원 2020. 11. 12. 선고 2019도11688 판결 (가) 상고기각
[상표법위반]

Q. 수 개의 등록상표에 대하여 상표권 침해행위가 계속하여 이루어진 경우의 죄수(罪數)(=등록상표마다 포괄하여 일죄)

Q. 하나의 유사상표 사용행위로 수 개의 등록상표를 동시에 침해한 경우, 각각의 상표법 위반죄의 죄수관계(=상상적 경합범)

Q. 피고인 갑 주식회사의 대표이사인 피고인 을이 병 주식회사의 등록상표 '코크린', 'Coclean 코크린'과 유사한 상표인 '코코크린', 'kokoCLEAN'을 그 지정상품과 동일한 상품에 사용함으로써 병 회사의 상표권을 침해하였다는 공소사실이 원심에서 유죄로 인정된 사안에서, 공소사실 중 각 등록상표의 침해로 인한 각 상표법 위반죄는 각각 포괄일죄의 관계에 있고, 피고인 을은 하나의 유사상표 사용행위로 각 등록상표를 동시에 침해하였으므로 이들 포괄일죄 상호 간에는 상상적 경합범 관계가 성립한다고 한 사례.

Q. 하나의 유사상표 사용행위로 수개의 등록상표를 동시에 침해한 경우의 죄수 관계

판결요지

[1] 수 개의 등록상표에 대하여 상표법 제230조의 상표권 침해행위가 계속하여 이루어진 경우에는 등록상표마다 포괄하여 1개의 범죄가 성립한다. 그러나 하나의 유사상표 사용행위로 수 개의 등록상표를 동시에 침해하였다면 각각의 상표법 위반죄는 상상적 경합의 관계에 있다.

[2] 피고인 갑 주식회사의 대표이사인 피고인 을이 병 주식회사의 등록상표 '코크린', 'Coclean 코크린'과 '코코크린', 'kokoCLEAN'을 그 지정상품과 동일한 상품에 부착하여 인터넷 쇼핑몰 등에서 판매함으로써 병 회사의 상표권을 침해하였다는 공소사실이 원심에서 유죄로 인정된 사안에서, 공소사실 중 제1 등록상표의 침해로 인한 상표법 위반죄와 제2 등록상표의 침해로 인한 상표법 위반죄는 각각 포괄일죄의 관계에 있고, 피고인 을은 하나의 유사상표 사용행위로 제1 등록상표와 제2 등록상표를 동시에 침해하였으므로 이들 포괄일죄 상호 간에는 상상적 경합범 관계가 성립한다고 한 사례.

[3] **[판결해설]**

가. 이 사건 **공소사실 중 이 사건 제1 등록상표의 침해로 인한 상표법 위반죄와**

이 사건 제2 등록상표의 침해로 인한 상표법 위반죄는 각각 포괄일죄의 관계에 있고, 피고인은 하나의 유사상표 사용행위로 이 사건 제1 등록상표와 이 사건 제2 등록상표를 동시에 침해하였으므로, 이들 포괄일죄 상호간에는 형법 제40조의 상상적 경합범 관계에 있음.

나. 따라서 원심이 각 등록상표에 대한 침해행위를 포괄하여 하나의 죄가 성립하는 것으로 본 것은 잘못임.

다. 그러나 형법 제40조에 따라 각 상표법 위반죄 중 가장 중한 죄에 정한 형으로 처벌을 한다고 하더라도, 원심이 정한 처단형과 결과적으로 처단형의 범위에 아무런 차이가 없으므로, 원심의 이러한 죄수 평가의 잘못이 판결 결과에 영향을 미쳤다고 보기 어려워 상고를 기각한 사례.

02 [선택형] 법조경합 · 포괄일죄 · 실체적 경합 개념

죄수에 관한 설명 중 옳은 것은? (다툼이 있는 경우 판례에 의함)

중요 ① 법조경합은 1개의 행위가 외관상 수 개의 죄의 구성요건에 해당하는 것처럼 보이나 실질적으로 1죄만을 구성하는 경우를 말한다. **실질적으로 1죄인가 또는 수죄인가는 구성요건적 평가와 보호법익의 측면에서 고찰하여 판단한다.**

해설 및 정답 대법원 2020. 7. 9. 선고 2019도17405 판결 **정답** ○

중요 ② 포괄일죄의 관계에 있는 범행 일부에 대하여 판결이 확정된 경우 **사실심 판결선고 시를 기준으로 한다. 그 이전에 이루어진 범행**에 대하여는 확정판결의 기판력이 미쳐 **면소의 판결을 선고한다.**

중요 ③ 동일 죄명에 해당하는 여러 개의 행위 혹은 **연속된 행위를 단일하고 계속된 범의하에 일정 기간 계속하여 행하고 피해법익도 동일한 경우**에는 이들 각 행위를 통틀어 **포괄일죄로 처단하여야 한다.**

중요 ④ **범의의 단일성과 계속성이 인정되지 아니하거나 범행방법 및 장소가 동일하지 않은 경우에는 각 범행은 실체적 경합범에 해당한다.**

중요 ⑤ **임대차계약의 방법으로 장소제공의 성매매알선행위를 수회 한 경우 실체적 경합범에 해당한다.**

해설 및 정답 ②~⑤ 대법원 2020. 5. 14. 선고 2020도1355 판결 [성매매알선등 행위의 처벌에 관한 법률 위반(성매매알선등)] **정답** ○

03 [선택형] 특가법 제5조4 제5항 '세 번 이상 징역형을 받은 사람'의 의미

특정범죄 가중처벌 등에 관한 법률 제5조의4 제5항 제1호 처벌조항 중 '세 번 이상 징역형을 받은 사람'에 대한 설명으로 옳은 것은? (다툼이 있는 경우 판례에 의함)

중요 ① 특정범죄 가중처벌 등에 관한 법률 제5조의4 제5항 제1호 처벌조항 중 '세 번 이상 징역형을 받은 사람'은 그 문언대로 **형법 제329조 등의 죄로 세 번 이상 징역형을 받은 사실이 인정되는 사람으로 해석하면 충분하다. 전범(前犯) 중 일부가 나머지 전범과 사이에 후단 경합범의 관계에 있다**고 하여 이를 처벌조항에 규정된 **처벌받은 형의 수를 산정할 때 제외할 것은 아니다.**

해설 및 정답 대법원 2020. 3. 12. 선고 2019도17381 판결 [특수절도(변경된 죄명: 특수절도방조) · 특정범죄가중처벌등에관한법률위반(절도)(인정된 죄명: 절도) **정답** ○

[판시사항] [1] 특정범죄 가중처벌 등에 관한 법률 제5조의4 제5항 제1호의 입법취지 [2] **특정범죄 가중처벌 등에 관한 법률 제5조의4 제5항 제1호 중 '세 번 이상 징역형을 받은 사람'의 의미(=형법 제329조 등의 죄로 세 번 이상 징역형을 받은 사실이 인정되는 사람) 및 전범 중 일부가 나머지 전범과 사이에 형법 제37조 후단 경합범의 관계에 있는 경우, 이를 위 조항에 규정된 처벌받은 형의 수를 산정할 때 제외하여야 하는지 여부(소극)**

대법원 2020. 2. 27. 선고 2019도18891 판결 [특정범죄가중처벌등에관한법률위반(절도)]

[판시사항] **반복적인 절도 범행 등에 대한 누범가중** 처벌규정인 **특정범죄 가중처벌 등에 관한 법률 제5조의4 제5항의 취지** / 같은 항 제1호 중 **'이들 죄를 범하여 누범으로 처벌하는 경우' 부분에서 '이들 죄'의 의미(=형법 제329조 내지 제331조의 죄 또는 그 미수죄)**

[판결요지] 특정범죄 가중처벌 등에 관한 법률 제5조의4 제5항의 규정 취지는 같은 항 각호에서 정한 죄 가운데 동일한 호에서 정한 죄를 3회 이상 반복 범행하고, 다시 그 반복 범행한 죄와 동일한 호에서 정한 죄를 범하여 누범에 해당하는 경우에는 동일한 호에서 정한 법정형으로 처벌한다는 뜻으로 보아야 한다. 그러므로 **특정범죄가중법 제5조의4 제5항 제1호 중 '이들 죄를 범하여 누범으로 처벌하는 경우' 부분에서 '이들 죄'란, 앞의 범행과 동일한 범죄일 필요는 없으나, 특정범죄가중법 제5조의4 제5항 각호에 열거된 모든 죄가 아니라 앞의 범죄와**

동종의 범죄, 즉 형법 제329조 내지 제331조의 죄 또는 그 미수죄를 의미한다.

04 [선택형] 상습범과 재심 사건 · 재심 판결에 관한 기판력의 범위

상습범에 관한 설명으로 옳은 것은? (다툼이 있는 경우 판례에 의함)

중요 ① 상습범으로 유죄의 확정판결을 받은 사람이 그 후 동일한 습벽에 의해 범행을 저질렀다. 그런데 유죄의 확정판결에 대하여 재심이 개시된 경우, **동일한 습벽에 의한 후행범죄가 선행범죄에 대한 재심판결 선고 전에 저지른 범죄라 하더라도 재심판결의 기판력은 후행범죄에 미치지 않는다.**

해설 및 정답 대법원 2019. 10. 31. 선고 2016도7281 판결 [특정범죄가중처벌등에관한법률위반(절도) · 여신전문금융업법위반] 〈재심판결에 관한 기판력의 범위, 재심판결을 확정판결로 하여 후단 경합범이 성립할 수 있는지 문제된 사건〉 **정답** ○

[판시사항] [1] 상습범으로 유죄의 확정판결을 받은 사람이 **그 후 동일한 습벽에 의해** 후행범죄를 저질렀는데 유죄의 확정판결에 대하여 재심이 개시된 경우, **동일한 습벽에 의한 후행범죄가 재심대상판결에 대한 재심판결 선고 전에 범하여졌다면 재심판결의 기판력이 후행범죄에 미치는지 여부(소극)** [2] 유죄의 확정판결을 받은 사람이 그 후 별개의 후행범죄를 저질렀는데 유죄의 확정판결에 대하여 재심이 개시된 경우, **후행범죄가 재심대상판결에 대한 재심판결 확정 전에 범하여졌다면 아직 판결을 받지 아니한 후행범죄와 재심판결이 확정된 선행범죄 사이에 형법 제37조 후단에서 정한 경합범 관계가 성립하는지 여부(소극).**
☞ **대법원 2019. 6. 20. 선고 2018도20698 전원합의체 판결** 참조.

05 [선택형 · 사례형] 경합범 처벌과 판결선고

경합범 판결에 관한 설명으로 옳은 것은? (다툼이 있는 경우 판례에 의함)

① 형법 제37조 전단에서 정한 경합범관계에 있고, 원심이 이를 병합심리하여 하나의 판결로 처단하는 때에는 **형법 제38조 제1항에서 정한 경합범 처벌례에 따라 경합범 가중한 처단형의 범위 내에서 피고인을 단일한 선고형으로 처단하여야 한다.**

해설 및 정답 대법원 2019. 12. 12. 선고 2019도12560 판결 [의료법위반]

정답 ○

[판결요지] 두 개의 공소사실들이 형법 제37조 전단에서 정한 경합범관계에 있는 경우 그 사실들에 대하여 병합심리를 하고 하나의 판결로 처단하는 이상 형법 제38조 제1항에서 정한 예에 따라 경합 가중한 형기 범위 내에서 피고인을 단일한 선고형으로 처단하여야 한다. 그리고 같은 피고인에 대한 별개의 사건이 각각 항소된 것을 형법 제37조 전단의 경합범관계에 있다고 보고 병합심리하여 두 사건의 각 항소를 기각하는 주문을 내어 판결하였다면, 단일한 선고형으로 처단하여야 하는 형법 제37조 전단의 경합범관계에서 두 개의 판결이 있는 결과가 되어 위법하다. 그러므로 형법 제37조 전단에서 정한 경합범관계에 있고, 원심이 이를 병합심리하여 하나의 판결로 처단하는 때에는 형법 제38조 제1항에서 정한 경합범 처벌례에 따라 경합범 가중한 처단형의 범위 내에서 피고인을 단일한 선고형으로 처단하여야 한다.

06 [선택형] 상습존속폭행 사건 ★★★★★

피고인이 상습으로 甲을 폭행하고, 어머니 乙을 존속폭행하였다는 내용으로 기소된 사안이다. 이에 관한 설명으로 옳은 것은? (다툼이 있는 경우 판례에 의함)

중요 ① 상습존속폭행죄로 처벌되는 경우에는 형법 제260조 제3항이 적용되지 않으므로, 피해자의 명시한 의사에 반하여도 공소를 제기할 수 있다.

중요 ② 피고인이 상습으로 甲을 폭행하고, 어머니 乙을 존속폭행한 경우, 피고인에게 폭행 범행을 반복하여 저지르는 습벽이 있고 이러한 습벽에 의하여 단순폭행, 존속폭행 범행을 저지른 사실이 인정된다면, 단순폭행, 존속폭행의 각 죄별로 상습성을 판단할 것이 아니라 포괄하여 그중 법정형이 가장 중한 상습존속폭행죄만 성립한다.

해설 및 정답 ①~② 대법원 2018. 4. 24. 선고 2017도10956 판결 **정답** ○

[판례해설] 폭행의 습벽이 있는 피고인이 계부를 여러 차례 때리고 친모를 1회 때린 행위에 대하여 검사가 포괄하여 상습존속폭행으로 기소한 사건이다. 원심은 피고인에게 폭행의 습벽이 있다고 보아 계부에 대한 부분은 상습폭행을 인정하면서도 존속을 폭행한 습벽은 없다는 이유로 친모에 대한 부분은 단순존속폭행만을 인정하고 제1심 판결 선고 전 처벌불원 의사표시가 있었다는 이유로 주문에서 공소기각을 선고하였다. 그러나 폭행죄와 존속폭행죄의 상습범 처벌 규정인 형법 제264조의 '상습'의 의미를 위 규정에 열거된 상해 또는 폭행행위를 반복적으로 저지르는 습벽이라고 판단하여 파기환송한 사례.

사례문제 15 폭행죄의 '상습성'의 의미와 상습성 유무를 판단하는 방법

대법원 2018. 4. 24. 선고 2017도10956 판결
[상습폭행 · 폭력행위등처벌에관한법률위반(상습폭행)(인정된 죄명: 상습폭행 · 존속폭행)]

Q. 폭행죄의 '상습성'의 의미 및 상습성 유무를 판단하는 방법

Q. 단순폭행, 존속폭행의 범행이 동일한 폭행 습벽의 발현에 의한 것으로 인정되는 경우, 그 죄수(=상습존속폭행죄의 포괄일죄)

Q. 상습존속폭행죄로 처벌되는 경우, 피해자의 명시한 의사에 반하여 공소를 제기할 수 있는지 여부(적극)

Q. 피고인이 상습으로 甲을 폭행하고, 어머니 乙을 존속폭행하였다는 내용으로 기소된 사안에서, 피고인에게 폭행 범행을 반복하여 저지르는 습벽이 있고 이러한 습벽에 의하여 단순폭행, 존속폭행 범행을 저지른 사실이 인정된다면 단순폭행, 존속폭행의 각 죄별로 상습성을 판단할 것이 아니라 포괄하여 그중 법정형이 가장 중한 상습존속폭행죄만 성립할 여지가 있는데도, 이와 달리 보아 일부 공소사실에 대하여 공소기각을 선고한 원심판결에 형법 제264조, 폭행죄의 상습성, 죄수 등에 관한 법리오해의 잘못이 있다고 한 사례

판결요지

가. 폭행죄의 상습성은 폭행 범행을 반복하여 저지르는 습벽을 말하는 것이다. 동종 전과의 유무와 그 사건 범행의 횟수, 기간, 동기 및 수단과 방법 등을 종합적으로 고려하여 상습성 유무를 결정하여야 한다. 단순폭행, 존속폭행의 범행이 동일한 폭행 습벽의 발현에 의한 것으로 인정되는 경우, 그중 법정형이 더 중한 상습존속폭행죄에 나머지 행위를 포괄하여 하나의 죄만이 성립한다고 봄이 타당하다. 그리고 상습존속폭행죄로 처벌되는 경우에는 형법 제260조 제3항이 적용되지 않으므로, 피해자의 명시한 의사에 반하여도 공소를 제기할 수 있다.

나. 피고인에게 폭행 범행을 반복하여 저지르는 습벽이 있고 이러한 습벽에 의하여 단순폭행, 존속폭행 범행을 저지른 사실이 인정된다면 단순폭행, 존속폭행의 각 죄별로 상습성을 판단할 것이 아니라 포괄하여 그중 법정형이 가장 중한 상습존속폭행죄만 성립할 여지가 있다.

07 [선택형] 상습협박 · 상습폭행 사건

상습범에 관한 설명으로 옳은 것은? (다툼이 있는 경우 판례에 의함)

중요 ① 상해죄 및 폭행죄의 상습범에 관한 형법 제264조는 "상습으로 제257조, 제258조, 제258조의2, 제260조 또는 제261조의 죄를 범한 때에는 그 죄에 정한 형의 2분의 1까지 가중한다."라고 규정하고 있다. **형법 제264조에서 말하는 '상습'이란 위 규정에 열거된 상해 내지 폭행행위의 습벽을 말하는 것이다. 그러므로 위 규정에 열거되지 아니한 다른 유형의 범죄까지 고려하여 상습성의 유무를 결정하여서는 아니 된다.**

해설 및 정답 대법원 2018. 4. 24. 선고 2017도21663 판결 [상습협박 · 상습폭행]

정답 ○

08 [선택형] 포괄일죄와 실체적 경합

죄수에 관한 설명으로 옳은 것은? (다툼이 있는 경우 판례에 의함)

① **비의료인이 주도적인 입장에서 한 의료기관 개설행위는 특별한 사정이 없는 한 포괄하여 일죄에 해당한다.** 여기서의 개설행위가 개설신고를 마친 때에 종료된다고 볼 수는 없다. **비의료인이 위와 같은 주도적인 처리 관계에서 이탈하였을 때 비로소 종료된다고 보아야 한다.**

중요 ② **동일 죄명에 해당하는 수 개의 행위를 단일하고 계속된 범의 아래 일정 기간 계속하여 행하고 그 피해법익도 동일한 경우에는 이들 각 행위를 통틀어 포괄일죄로 처단하여야 할 것이다. 그러나 범의의 단일성과 계속성이 인정되지 아니하거나 범행방법이 동일하지 않은 경우에는 각 범행은 실체적 경합범에 해당한다.**

중요 ③ 비의료인이 의료기관을 개설하여 **운영하는 도중 개설자 명의를 다른 의료인 등으로 변경한 경우에는 개설자 명의별로 별개의 범죄가 성립하고 각 죄는 실체적 경합범의 관계에 있다.**

해설 및 정답 ①~③ 대법원 2018. 11. 29. 선고 2018도10779 판결 [사기 · 의료법위반 · 의료법위반방조] **정답** ○

[판결요지] **동일 죄명에 해당하는 수 개의 행위를 단일하고 계속된 범의 아래 일정 기간 계속하여 행하고 그 피해법익도 동일한 경우에는 이들 각 행위를 통틀어 포괄일죄로 처단하여야 할 것이다. 그러나 범의의 단일성과 계속성이 인정되지 아니하거나 범행방법이 동일하지 않은 경우에는 각 범행은 실체적 경합범에 해당한다.** 의료기관의 개설자 명의는 의료기관을 특정하고 동일성을 식별하는 데에 중요한 표지가 되는 것이다. 그러므로 **비의료인이 의료기관을 개설하여 운영하는 도중 개설자 명의를 다른 의료인 등으로 변경한 경우에는 그 범의가 단일하다거나 범행방법이 종전과 동일하다고 보기 어렵다. 따라서 개설자 명의별로 별개의 범죄가 성립하고 각 죄는 실체적 경합범의 관계에 있다고 보아야 한다.**

09 [선택형] 죄수 판단 사건

죄수에 관한 설명으로 옳은 것은? (다툼이 있는 경우 판례에 의함)

① 판결이 확정되지 아니한 수 개의 죄를 동시에 판결할 때에는 형법 제38조가 정하는 처벌례에 따라 처벌하여야 한다. 그러므로 **경합범으로 공소제기된 수 개의 죄에 대하여 형법 제38조의 적용을 배제하고 위 처벌례와 달리 따로 형을 선고하려면 예외를 인정한 명문의 규정이 있어야 한다.**

해설 및 정답 대법원 2018. 5. 15. 선고 2018도4448 판결 **정답** ○

[판결요지] **판결이 확정되지 아니한 수 개의 죄를 동시에 판결할 때에는 형법 제38조가 정하는 처벌례에 따라 처벌하여야 하므로, 경합범으로 공소제기된 수 개의 죄에 대하여 형법 제38조의 적용을 배제하고 위 처벌례와 달리 따로 형을 선고하려면 예외를 인정한 명문의 규정이 있어야 한다.**

10 [선택형 · 사례형] 경합범 판단 사건

피고인을 금고 이상의 형에 처한 판결이 확정된 후, 확정판결 전의 사기범행에 대해 징역 2년을, 확정판결 후의 산지관리법위반 등 범행에 대해 징역 6월에 집행유예 2년을 선고한 제1심 판결에 대하여 피고인만이 확정판결 전 범행인 사기 부분에 한하여 항소한 사안이다. 이에 관한 설명으로 옳은 것은? (다툼이 있는 경우 판례에 의함)

① 형법 제37조 전단의 경합범으로 동시에 기소된 수 개의 공소사실에 대하여 일부 유죄, 일부 무죄를 선고하거나 수 개의 공소사실이 금고 이상의 형에 처한 확정판결 전후의 것이어서 **형법 제37조 후단, 제39조 제1항에 의하여 각기 따로 유·무죄를 선고하거나 형을 정하는 등으로 판결주문이 수 개일 때에는 그 1개의 주문에 포함된 부분을 다른 부분과 분리하여 일부상소를 할 수 있다. 이때 당사자 쌍방이 상소하지 아니한 부분은 분리 확정된다.**

중요 ② 확정판결 전의 공소사실과 확정판결 후의 공소사실에 대하여 따로 유죄를 선고하여 두 개의 형을 정한 **제1심 판결에 대하여 피고인만이 확정판결 전의 유죄판결 부분에 대하여 항소한 경우,** 피고인과 검사가 항소하지 아니한 확정판결 후의 유죄판결 부분은 항소기간이 지남으로써 확정되어 **항소심에 계속된 사건은 확정판결 전의 유죄판결 부분뿐이고, 그에 따라 항소심이 심리·판단하여야 할 범위는 확정판결 전의 유죄판결 부분에 한정된다.**

해설 및 정답 ①~② 대법원 2018. 3. 29. 선고 2016도18553 판결 **정답** ○

사례문제 16 형법 제37조 경합범 범위

대법원 2018. 3. 29. 선고 2016도18553 판결
[사기·산지관리법위반·공무상표시무효·부동산실권리자명의등기에관한법률위반]

Q. 확정판결 전의 공소사실과 확정판결 후의 공소사실에 대하여 따로 유죄를 선고하여 두 개의 형을 정한 제1심판결에 대하여 피고인만이 확정판결 전의 유죄판결 부분에 대하여 항소한 경우, 항소심이 심리·판단하여야 할 범위(=확정판결 전의 유죄판결 부분)

Q. 피고인을 금고 이상의 형에 처한 판결이 확정된 후, 확정판결 전의 사기범행에 대해 징역 2년을, 확정판결 후의 산지관리법위반 등 범행에 대해 징역 6월에 집행유예 2년을 선고한 제1심판결에 대하여 피고인만이 확정판결 전 범행인 사기 부분에 한하여 항소한 사안에서, 이미 유죄로 확정된 산지관리법위반죄 등 부분까지 다시 심리하여 판결로 산지관리법위반죄 등에 대한 피고인의 항소를 기각한 원심판결 부분에 잘못이 있어 이 부분을 파기하되, 이 부분은 원심에 환송할 수 없고, 상고심이 이를 파기하는 것으로 충분하다고 한 사례

판결요지

가. 형법 제37조 전단의 경합범으로 동시에 기소된 수 개의 공소사실에 대하여 일부 유죄, 일부 무죄를 선고하거나 수 개의 공소사실이 금고 이상의 형에 처한 확정판결 전후의 것이어서 형법 제37조 후단, 제39조 제1항에 의하여 각기 따로 유・무죄를 선고하거나 형을 정하는 등으로 판결주문이 수 개일 때에는 그 1개의 주문에 포함된 부분을 다른 부분과 분리하여 일부상소를 할 수 있다. 이때 당사자 쌍방이 상소하지 아니한 부분은 분리 확정된다.

나. 그러므로 확정판결 전의 공소사실과 확정판결 후의 공소사실에 대하여 따로 유죄를 선고하여 두 개의 형을 정한 제1심 판결에 대하여 피고인만이 확정판결 전의 유죄판결 부분에 대하여 항소한 경우, 피고인과 검사가 항소하지 아니한 확정판결 후의 유죄판결 부분은 항소기간이 지남으로써 확정되어 항소심에 계속된 사건은 확정판결 전의 유죄판결 부분뿐이고, 그에 따라 항소심이 심리・판단하여야 할 범위는 확정판결 전의 유죄판결 부분에 한정된다.

다. **확정판결 후 범행인 산지관리법위반죄 등 부분은 항소기간이 지남으로써 확정되고 사기 부분만이 원심에 계속되게 되었으므로, 원심으로서는 사기 부분만을 심리·판단하였어야 한다. 설령 변호인이 항소이유서에 이미 확정된 산지관리법위반죄 등 부분에 대한 항소이유를 기재하였더라도 그 부분은 원심의 심리·판단의 대상이 될 수 없다.**

10 [선택형] 형법 제37조 후단 경합범에 대한 감경과 작량감경 ★★★★★

甲이 마약류 관리에 관한 법률 위반(향정)죄의 범죄사실로 징역 4년을 선고받아 그 판결이 확정되었다. 그런데 위 판결확정 전에 향정신성의약품을 1회 판매하고 1회 판매하려다 미수에 그쳤다는 내용의 마약류 관리에 관한 법률 위반(향정) 공소사실로 기소되었다. 이에 대한 설명으로 옳은 것은? (다툼이 있는 경우 판례에 의함)

중요 ① 법정형인 무기 또는 5년 이상의 징역 중에서 유기징역을 선택하고 형법 제37조 후단 경합범에 대한 감경과 작량감경을 하는 경우 형법 제56조 제4호, 제5호, 제6호 및 제55조 제1항 제3호에 따른 처단형인 징역 1년 3개월부터 11년 3개월까지의 범위 내에서 형을 정하여야 한다.

해설 및 정답 대법원 2019. 4. 18. 선고 2017도14609 전원합의체 판결 **정답** ○

사례문제 17 법정형에 하한이 설정된 후단 경합범에 관한 감경을 할 때에 형기의 2분의 1 미만으로도 감경할 수 있는지 여부에 관한 사건

대법원 2019. 4. 18. 선고 2017도14609 전원합의체 판결
[마약류관리에관한법률위반(향정)]

Q. 법정형에 하한이 설정된 형법 제37조 후단 경합범에 대하여 형법 제39조 제1항 후문에 따라 형을 감경할 때에는 형법 제55조 제1항이 적용되지 아니하여 유기징역의 경우 그 형기의 2분의 1 미만으로도 감경할 수 있는지 여부(소극)

Q. 피고인이 마약류 관리에 관한 법률 위반(향정)죄의 범죄사실로 징역 4년을 선고받아 그 판결이 확정되었는데, 위 판결확정 전에 향정신성의약품을 1회 판매하고 1회 판매하려다 미수에 그쳤다는 내용의 마약류 관리에 관한 법률 위반(향정) 공소사실로 기소된 사안에서, 법정형인 무기 또는 5년 이상의 징역 중에서 유기징역을 선택하고 형법 제37조 후단 경합범에 대한 감경과 작량감경을 한 원심으로서는 형법 제56조 제4호, 제5호, 제6호 및 제55조 제1항 제3호에 따른 처단형인 징역 1년 3개월부터 11년 3개월까지의 범위 내에서 형을 정했어야 하는데도, 이와 달리 형법 제37조 후단 경합범에 대하여 형법 제39조 제1항에서 정한 감경을 할 때에는 형법 제55조 제1항이 적용되지 않는다는 전제에서 위와 같은 법률상 처단형의 하한을 벗어난 징역 6개월을 선고한 원심의 판단에 법리오해의 잘못이 있다고 한 사례.

판결요지

[1] **[다수의견]**

형법 제37조 후단 경합범(이하 '후단 경합범'이라 한다)에 대하여 형법 제39조 제1항에 의하여 형을 감경할 때에도 법률상 감경에 관한 형법 제55조 제1항이 적용되어 유기징역을 감경할 때에는 그 형기의 2분의 1 미만으로는 감경할 수 없다. 그 이유는 다음과 같다.

① 처단형은 선고형의 최종적인 기준이 된다. 그러므로 그 범위는 법률에 따라서 엄격하게 정하여야 한다. 별도의 명시적인 규정이 없는 이상 형법 제56조에서 열거하고 있는 가중·감경할 사유에 해당하지 않는 다른 성질의 감경 사유를 인정할 수는 없다.

형의 감경에는 법률상 감경과 재판상 감경인 작량감경이 있다. 작량감경 외에 법률의 여러 조항에서 정하고 있는 감경은 모두 법률상 감경이라는 하나의 틀 안에 놓여 있다. 따라서 **형법 제39조 제1항 후문에서 정한 감경도 당연히 법률상 감경에 해당한다. 형법 제39조 제1항 후문의 "그 형을 감경 또는 면제할 수 있다."라는 규정 형식도 다른 법률상의 감경 사유들과 다르지 않다.** 이와 달리 형법 제39조 제1항이 새로운 감경을 설정하였다고 하려면 그에 대하여 일반적인 법률상의 감경과 다른, 감경의 폭이나 방식이 제시되어야 하고 감경의 순서 또한 따로 정했어야 할 것인데 이에 대하여는 아무런 정함이 없다. 감경의 폭이나 방식, 순서에 관해 달리 정하고 있지 않은 이상 후단 경합범에 대하여도 법률상 감경 방식에 관한 총칙규정인 형법 제55조, 제56조가 적용된다고 보는 것이 지극히 자연스럽다.

② **후단 경합범에 따른 감경을 새로운 유형의 감경이 아니라 일반 법률상 감경의 하나로 보고, 후단 경합범에 대한 감경에 있어 형법 제55조 제1항에 따라야 한다고 보는 것은 문언적·체계적 해석에 합치될 뿐 아니라 입법자의 의사와 입법연혁 등을 고려한 목적론적 해석에도 부합한다.**

나. 법정형인 무기 또는 5년 이상의 징역 중에서 유기징역을 선택하고 형법 제37조 후단 경합범에 대한 감경과 작량감경을 한 원심으로서는 형법 제56조가 정한 가중·감경의 순서에 따라 형법 제39조 제1항에 따른 감경(제56조 제4호), 경합범 가중(같은 조 제5호), 작량감경(같은 조 제6호)의 순서로 가중·감경을 하되, 그 감경은 형법 제55조 제1항 제3호에 따라 '그 형기의 2분의 1'로 하여야 한다. 그러므로 **그 처단형인 징역 1년 3개월부터 11년 3개월까지의 범위 내에서 피고인에 대한 형을 정했어야 한다.**

파워특강 죄수론 변시기출문제 분석

- 사기죄와 배임죄 실체적 경합(＝배임행위가 본인 이외의 제3자에 대한 사기죄를 구성하는 경우)
- 주거침입죄와 상습절도죄 실체적 경합(＝상습적인 절도범행 수단으로 주간에 주거침입하고 절취한 경우)
- 사후적 경합범(＝경합범 중 판결을 받지 아니한 죄가 있는 경우와 동시에 판결할 경우 형평을 고려하여 형을 선고⇒임의적 감면. 형법 제37조 후단 경합범에서 판결이 확정된 죄란 수개 독립된 죄에 대하여 확정판결이 있었던 사실 그 자체 의미⇒일반사면으로 형 선고 효력 상실여부 불문. 판결 확정 전후의 죄는 경합범이 아님⇒포괄일죄 중간에 다른 종류 범죄에 대하여 금고 이상 확정판결이 있는 경우 사후경합범이 아님. 중간에 벌금형 확정판결이 있는 경우⇒동시적 경합범)
- 강도살인죄와 현주건조물방화치사죄 상상적 경합(＝재물 강취 후 살해목적으로 현주건조물에 방화하여 사망에 이르게 한 경우)

문 12. 형벌에 관한 설명 중 옳은 것은? (다툼이 있는 경우 판례에 의함)

출제예상내용
- 형의 양정(형법 제38조, 제35조, 제34조 제2항)
- 집행유예(형법 제62조)
- 선고유예(형법 제59조)
- 몰수(형법 제48조·형법 제49조)

사례문제 18 임의적 감경 사건

사례문제 19 사회봉사명령 특별준수사항 범위

중요

01 [선택형] 합의된 손해배상액에 관한 배상명령이 문제되는 사건 ★★★★★

배상명령에 관한 설명 중 옳은 것은? (다툼이 있는 경우 판례에 의함)

① 피고인이 사기 피해자와 합의하여 합의서가 제출된 후 실제 피해변제를 하지 않은 경우 합의금 상당액의 배상명령을 선고한 것은 정당하다.

해설 및 정답 대법원 2021. 7. 8. 선고 2021도4944 판결 [사기 등] (바) 상고기각

정답 ○

[판시사항] 피고인이 사기 피해자와 합의하여 합의서가 제출된 후 실제 피해변제를 하지 않은 경우 배상명령의 가부(적극)

[판결요지] 제1심 또는 제2심의 형사공판 절차에서 사기죄 등에 관하여 유죄판결을 선고할 경우, 법원은 직권 또는 피해자 등의 신청에 의하여 피고사건의 범죄행위로 인하여 발생한 직접적인 물적 피해, 치료비 손해 및 위자료의 배상을 명할 수 있고, 피고인과 피해자 사이에 합의된 손해배상액에 관하여도 배상을 명할 수 있다(「소송촉진 등에 관한 특례법」 제25조 제1항, 제2항 참조).

피고인이 2020. 11. 27. 원심 배상신청인에게 '임대차보증금반환채권을 양도하고 추가 금원을 지급하는 방법으로 2021. 2.말까지 합계 27,500,000원을 지급하기로 약정'하였고, 이에 원심 배상신청인이 같은 날 피고인에 대한 합의서를 제출한 사실, 피고인이 원심 제1회 공판기일에서 '제1심 판결 선고 이후 피해자에 대해 추가로 변제한 내역은 없다'고 진술한 사실을 인정한 후, 피고인은 원심 배상신청인에게 합의금 27,500,000원을 지급하라는 배상명령을 선고하였다. 피고인에게 합의된 손해배상액 27,500,000원에 대한 배상명령을 선고한 것은 정당하다.

중요

02 [선택형] 재판서 경정의 적법 여부가 문제되는 사건 ★★★★★

항소심이 제1심 판결의 잘못된 판단을 적법하게 바로잡는 조치를 취하지 않고 피고인의 항소를 기각한 사건이다. 이에 관한 설명 중 옳은 것은? (다툼이 있는 경우 판례에 의함)

① 누범 해당 범죄가 일부임을 간과하고 전부에 대해 누범가중을 한 제1심 판결에 대해 원심이 이를 파기하지 않고 이유에서만 경정을 한 후 피고인의 항소를 기각한 것에는 경정의 허용범위와 방식에 관한 법리오해 등 위법이 있다.

해설 및 정답 대법원 2021. 4. 29. 선고 2021도26 판결 [사기] (바) 파기환송

정답 ○

[판시사항] 누범 해당 범죄가 일부임을 간과하고 전부에 대해 누범가중을 한 제1심 판결에 대해 원심이 이를 파기하지 않고 이유에서만 경정을 한 조치가 적법한지 여부(소극)

[판결요지] 범행 중 제1심 판시 제1죄 및 제2의 가. 죄, 나. 죄만이 누범에 해당하는 것으로 판단하였음에도 제1심 판결의 이유 중 법령의 적용 부분을 정정하여 누범에 해당하는 범행의 범위를 변경하는 것으로 경정하는 것은 이미 선고된 제1심 판결의 내용을 실질적으로 변경하는 것으로서 경정의 범위를 벗어날뿐더러 판결 이유에서 직권으로 경정결정을 하였다고 하더라도 주문에 이를 기재하지 아니한 이상 경정결정으로서 효력도 생기지 않는다.

중요

03 [선택형] 마약류 관리법에 근거한 추징액 산정 방법 ★★★★★

피고인이 필로폰을 무상으로 교부받아 수수한 후 그중 일부는 투약, 일부는 매도, 일부는 무상으로 교부하고, 소지하던 필로폰이 압수되고 일부가 미회수된 사안이다. 이에 관한 설명 중 옳은 것은? (다툼이 있는 경우 판례에 의함)

① 「마약류 관리에 관한 법률」 제67조에 따른 추징에서 추징할 메스암페타민의 가액은 매매알선 범행에 대하여는 실제 거래된 가격을, 교부범행에 대하여는 소매가격을, 투약범행에 대하여는 1회 투약분 가격을 기준으로 삼아 산정하는 것이 타당하다.

해설 및 정답 대법원 2021. 4. 29. 선고 2021도1946 판결 [마약류관리에관한법률위반(향정)] (바) 상고기각

정답 ○

[판시사항] 피고인이 필로폰을 무상으로 교부받아 수수한 후 그 중 일부를 투약, 매도, 무상 교부 한 사안에서 원심의 추징액 산정이 타당한지 여부

중요

04 [선택형] 마약거래방지법 방조범에 대한 추징방법과 추징액 ★★★★★

황○○ 등은 업(業)으로 합계 327,308,700원 상당의 필로폰을 판매하였다. 그런데 피고인이 황○○ 등에게 유상으로 합계 7,200만 원 상당의 필로폰을 공급하는 방법으로 그 범행을 용이하게 하였다고 하여 마약류 불법거래 방지에 관한 특례법 위반 방조로 기소된 사안이다. 이에 관한 설명 중 옳은 것은? (다툼이 있는 경우 판례에 의함)

① 정범으로부터 대가를 받고 판매할 마약을 공급하는 방법으로 위 범행을 용이하게 한 방조범은 정범의 위 범죄행위로 인한 수익을 정범과 공동으로 취득하였다고 평가할 수 없다면 위 몰수·추징 규정에 의하여 정범과 같이 추징할 수는 없고, 그 방조범으로부터는 방조행위로 얻은 재산 등에 한하여 몰수, 추징할 수 있다고 보아야 한다.

해설 및 정답 대법원 2021. 4. 29. 선고 2020도16369 판결 [마약류불법거래방지에관한특례법위반 (인정된 죄명: 마약류불법거래방지에관한특례법위반방조)·마약류관리에관한법률위반(향정)] **정답** ○

[판시사항] 마약류 불법거래 방지에 관한 특례법 제6조 위반죄의 정범에게 유상으로 필로폰을 공급한 방조범에 대한 추징 방법

[판결요지] 마약류 불법거래 방지에 관한 특례법(이하 '마약거래방지법'이라고 한다) 제6조를 위반하여 마약류를 수출입·제조·매매하는 행위 등을 업으로 하는 범죄행위의 정범이 그 범죄행위로 얻은 수익은 마약거래방지법 제13조부터 제16조까지의 규정에 따라 몰수·추징의 대상이 된다.

[판결해설] 제1심과 원심은 정범의 판매수익 327,308,700원에서 정범으로부터 몰수된 11,640,000원을 공제한 나머지 315,668,700원을 추징함.

[판결해설] 대법원은 피고인이 정범인 황○○ 등이 필로폰 매매를 업으로 하고자 한다는 사실을 알면서 단지 이를 방조하기 위하여 황○○에게 필로폰 합계 약 400g을 1g당 180,000원에 공급하였을 뿐이고, 황○○ 등과 공동으로 위 필로폰 매매로 인한 불법수익을 얻은 자에 해당한다고 보기 어려우므로 **피고인으로부터는 자신의 방조행위로 얻은 재산인 필로폰 공급대금 7,200만 원을 추징하여야 한다**고 보아 파기자판하였음.

중요

05 [선택형] 전자장치 부착명령 요건 '재범 위험성'이 문제되는 사건 ★★★★★

피고인이 3회에 걸쳐 피해아동 갑(여, 12세)을 간음함과 동시에 갑에게 음란한 행위를 시키거나 이를 매개하는 행위 또는 성적 학대행위를 하였다는 미성년자의제강간 및 아동복지법 위반 공소사실이 원심에서 각 유죄로 인정되고, 동시에 15년간 위치추적 전자장치 부착명령이 선고된 사안이다. 이에 관한 설명 중 옳은 것은? (다툼이 있는 경우 판례에 의함)

① 피고인의 전과가 이 사건과 동일한 범죄는 아니지만, 피고인의 유사 범죄전력과 집행유예와 보호관찰 기간 중 이 사건 재범, 피고인이 보이는 성폭력범죄 경향성과 이 사건 범행의 경향성 발현 등을 종합하여 재범의 위험성을 인정하고, 15년의 전자장치 부착 명령을 선고하는 것은 정당하다.

해설 및 정답 대법원 2021. 2. 25. 선고 2020도17070, 2020전도171 판결 [미성년자의제강간 · 아동복지법위반(아동에대한음행강요 · 매개 · 성희롱) · 부착명령] **정답** ○

[판시사항] '재범의 위험성'을 인정하여 전자장치 부착명령

[판결해설] 전자장치 부착명령 요건으로서 재범의 위험성을 판단함에 있어, **피고인의 전과가 이 사건과 동일한 범죄는 아니지만, 피고인의 유사 범죄전력과 집행유예와 보호관찰 기간 중 이 사건 재범, 피고인이 보이는 성폭력범죄 경향성과 이 사건 범행의 경향성 발현 등을 종합하여 재범의 위험성을 인정하고, 15년의 전자장치 부착을 명한 원심을 수긍한 사례.**

중요

06 [선택형] 임의적 감경 사건 ★★★★★

피고인이 위험한 물건으로 피해자를 상해하려다 미수에 그쳤다는 공소사실에 대하여 제1심은 특수상해미수죄를 인정하여 형법 제25조 제2항, 제55조 제1항 제3호에 따라 감경한 뒤 경합범가중을 거쳐 처단형을 정하였다. 이에 관한 설명 중 옳은 것은? (다툼이 있는 경우 판례에 의함)

① 임의적 감경의 경우에는 감경사유의 존재가 인정되더라도 법관이 형법 제55조 제1항에 따른 법률상 감경을 할 수도 있고 하지 않을 수도 있다. 나아가 임의적 감경사유의 존재가 인정되고 법관이 그에 따라 징역형에 대해 법률상 감경을 하는 이상 형법 제55조 제1항 제3호에 따라 상한과 하한을 모두 2분의 1로 감경한다.

② 유기징역형에 대한 법률상 감경을 하면서 형법 제55조 제1항 제3호에서 정한 것과 같이 장기와 단기를 모두 2분의 1로 감경하는 것이 아닌 장기 또는 단기 중 어느 하나만을 2분의 1로 감경하는 방식이나 2분의 1보다 넓은 범위의 감경을 하는 방식은 죄형법정주의 원칙상 허용될 수 없다.

해설 및 정답 ①~② 대법원 2021. 1. 21. 선고 2018도5475 전원합의체 판결

정답 ○

사례문제 18 임의적 감경 사건 ★★★★★

대법원 2021. 1. 21. 선고 2018도5475 전원합의체 판결 (나) 상고기각
[특수상해미수·폭행]

Q. '임의적 감경'의 의미

Q. 임의적 감경사유의 존재가 인정되고 법관이 그에 따라 징역형에 대해 법률상 감경을 하는 경우, 형법 제55조 제1항 제3호에 따라 상한과 하한을 모두 2분의 1로 감경하여야 하는지 여부(적극)

Q. 이러한 현재 판례와 실무의 해석이 여전히 타당한지 여부(적극)

판결요지

[1] **[다수의견]**

가. 필요적 감경의 경우에는 감경사유의 존재가 인정되면 반드시 형법 제55조 제1항에 따른 법률상 감경을 하여야 함에 반해, 임의적 감경의 경우에는 감경사유의 존재가 인정되더라도 법관이 형법 제55조 제1항에 따른 법률상 감경을 할 수도 있고 하지 않을 수도 있다. 나아가 **임의적 감경사유의 존재가 인정되고 법관이 그에 따라 징역형에 대해 법률상 감경을 하는 이상 형법 제55조 제1항 제3호에 따라 상한과 하한을 모두 2분의 1로 감경한다.** 이러한 현재 판례와 실무의 해석은 여전히 타당하다. 구체적인 이유는 다음과 같다.

나. ① 형법은 필요적 감경의 경우에는 문언상 형을 '감경한다.'라고 표현하고, 임의적 감경의 경우에는 작량감경과 마찬가지로 문언상 형을 '감경할 수 있다.'라고 표현하고 있다. '할 수 있다.'는 말은 어떠한 명제에 대한 가능성이나 일반적인 능력을 나타내는 말로서 '하지 않을 수도 있다.'는 의미를 포함한다. '할 수 있다.'는 문언의 의미에 비추어 보면 입법자는 임의적 감경의 경우 정

황 등에 따라 형을 감경하거나 감경하지 않을 수 있도록 한 것이고 그 권한 내지 재량을 법관에게 부여한 것이다. 이러한 해석은 문언상 자연스러울 뿐만 아니라 일상의 언어 사용에 가까운 것으로 누구나 쉽게 이해할 수 있다. 법문과 입법자의 의사에 부합하는 이상, 죄형법정주의 원칙상 허용되지 않는 유추해석에 해당하지도 않는다.

다. 한편 형법 제55조 제1항은 형벌의 종류에 따라 법률상 감경의 방법을 규정하고 있는데, 형법 제55조 제1항 제3호는 "유기징역 또는 유기금고를 감경할 때에는 그 형기의 2분의 1로 한다."라고 규정하고 있다. 이와 같이 유기징역형을 감경할 경우에는 '단기'나 '장기'의 어느 하나만 2분의 1로 감경하는 것이 아니라 '형기' 즉 법정형의 장기와 단기를 모두 2분의 1로 감경함을 의미한다는 것은 법문상 명확하다. 처단형은 선고형의 최종적인 기준이 되므로 그 범위는 법률에 따라서 엄격하게 정하여야 하고, 별도의 명시적인 규정이 없는 이상 형법 제56조에서 열거하고 있는 가중·감경할 사유에 해당하지 않는 다른 성질의 감경사유를 인정할 수는 없다. 따라서 **유기징역형에 대한 법률상 감경을 하면서 형법 제55조 제1항 제3호에서 정한 것과 같이 장기와 단기를 모두 2분의 1로 감경하는 것이 아닌 장기 또는 단기 중 어느 하나만을 2분의 1로 감경하는 방식이나 2분의 1보다 넓은 범위의 감경을 하는 방식 등은 죄형법정주의 원칙상 허용될 수 없다.**

라. ② 법률상 감경사유는 구성요건해당성, 위법성, 책임 등 범죄의 성립요건과 관련이 있거나 불법의 정도나 보호법익의 침해 정도 등과 관련 있는 사유들이 대부분이다. 입법자는 범죄의 성립 및 처벌과 관련된 중요한 사항들을 법률상 감경의 요건으로 정한 뒤 해당 요건이 범죄의 성립 또는 처벌 범위의 결정에 일반적으로 미치는 영향이나 중요성을 종합적으로 고려하여 필요적 감경, 임의적 감경으로 구별하여 규정하였다.

위와 같이 필요적 감경사유와 임의적 감경사유가 구별되어 규정되어 있는 취지를 고려하면 그 법률효과도 명확히 구별되어야 한다.

[2] **[판결해설]**

가. 피고인이 위험한 물건으로 피해자를 상해하려다 미수에 그쳤다는 공소사실에 대하여 제1심은 특수상해미수죄를 인정하여 형법 제25조 제2항, 제55조 제1항 제3호에 따라 감경한 뒤 경합범가중을 거쳐 처단형을 정하였고, 원심은 이러한 제1심을 그대로 유지하였음. 피고인이 상고하였으나, 대법원은 위와 같은 원심의 판단에 잘못이 없다고 보아 상고를 기각함.

나. 이러한 다수의견에 대하여, 임의적 감경의 처단형은 형을 감경한 범위와 감경하지 않은 범위를 모두 합한 범위로 봄이 타당하고, 이는 결국 법정형의 하한만 2분의 1로 감경한 것으로 '당연확정' 된다는 대법관 이기택의 별개의견과 별개의견에 대한 대법관 이기택의 보충의견이 있음.

중요

07 [선택형] 사회봉사명령 특별준수사항 범위 ★★★★★

피고인이 개발제한구역 내에서 사업체를 운영하면서 영리를 목적으로 건축물의 건축 및 용도변경, 공작물의 설치, 토지형질 변경 등 총 7건의 개발제한행위를 하였다는 이유로 기소된 사안이다. 제1심과 원심은 징역형의 집행유예를 선고하면서, 사회봉사를 명하였고, 그 안내서면에 특별준수사항으로 "2017년 말까지 이 사건 개발제한행위위반에 따른 건축물 등을 모두 원상복구할 것"을 포함하였다. 사회봉사명령에 관한 설명 중 옳은 것은? (다툼이 있는 경우 판례에 의함)

① 법원이 형의 집행을 유예하는 경우 명할 수 있는 사회봉사는 다른 법률에 특별한 규정이 없는 한 500시간 내에서 시간 단위로 부과될 수 있는 일 또는 근로활동을 의미한다.

② 사회봉사명령·수강명령 대상자에 대한 특별준수사항은 보호관찰 대상자에 대한 것과 같을 수 없고, 따라서 보호관찰 대상자에 대한 특별준수사항을 사회봉사명령·수강명령 대상자에게 그대로 적용하는 것은 적합하지 않다.

③ 보호관찰법 제32조 제3항이 보호관찰 대상자에게 과할 수 있는 특별준수사항으로 정한 "범죄행위로 인한 손해를 회복하기 위하여 노력할 것(제4호)" 등 같은 항 제1호부터 제9호까지의 사항은 보호관찰 대상자에 한해 부과할 수 있을 뿐, 사회봉사명령·수강명령 대상자에 대해서는 부과할 수 없다.

해설 및 정답 ①~③ 대법원 2020. 11. 5. 선고 2017도18291 판결 **정답** ○

사례문제 19 사회봉사명령 특별준수사항 범위 ★★★★★

대법원 2020. 11. 5. 선고 2017도18291 판결 (나) 파기환송
[개발제한구역의지정및관리에관한특별조치법위반]

Q. 법원이 형의 집행을 유예하는 경우 명할 수 있는 '사회봉사'의 의미(=시간 단위로 부과될 수 있는 일 또는 근로활동)

Q. 보호관찰 등에 관한 법률 제32조 제3항에서 보호관찰 대상자에게 과할 수 있는 특별준수사항으로 정한 '범죄행위로 인한 손해를 회복하기 위하여 노력할 것(제4호)' 등 같은 항 제1호부터 제9호까지의 사항은 보호관찰 대상자에 한하여 부과할 수 있는지 여부(적극)

Q. 사회봉사명령·수강명령 대상자에 대해서도 이를 부과할 수 있는지 여부(소극)

Q. 사회봉사명령의 특별준수사항으로 "2017년 말까지 이 사건 개발제한행위 위반에 따른 건축물 등을 모두 원상복구할 것"을 부과할 수 있는지 여부(소극)

판결요지

[1] **법원이 형의 집행을 유예하는 경우 명할 수 있는 사회봉사는 다른 법률에 특별한 규정이 없는 한 500시간 내에서 시간 단위로 부과될 수 있는 일 또는 근로활동을 의미하는 것**으로 해석된다.

[2] 보호관찰, 사회봉사명령·수강명령은 당해 대상자의 교화·개선 및 범죄예방을 위하여 필요하고도 상당한 한도 내에서 이루어져야 하고, 당해 대상자의 연령·경력·심신상태·가정환경·교우관계 기타 모든 사정을 충분히 고려하여 가장 적합한 방법으로 실시되어야 한다. 그러므로 **사회봉사명령·수강명령 대상자에 대한 특별준수사항은 보호관찰 대상자에 대한 것과 같을 수 없고, 따라서 보호관찰 대상자에 대한 특별준수사항을 사회봉사명령·수강명령 대상자에게 그대로 적용하는 것은 적합하지 않다.**

[3] **보호관찰법 제32조 제3항이 보호관찰 대상자에게 과할 수 있는 특별준수사항으로 정한 "범죄행위로 인한 손해를 회복하기 위하여 노력할 것(제4호)" 등 같은 항 제1호부터 제9호까지의 사항은 보호관찰 대상자에 한해 부과할 수 있을 뿐, 사회봉사명령·수강명령 대상자에 대해서는 부과할 수 없다.**

[4] **[판결해설]**

가. 피고인이 개발제한구역 내에서 사업체를 운영하면서 영리를 목적으로 건축물의 건축 및 용도변경, 공작물의 설치, 토지형질 변경 등 총 7건의 개발제한행

위를 하였다는 이유로 기소된 사안.

나. 제1심과 원심은 징역형의 집행유예를 선고하면서, 사회봉사를 명하였고, 그 안내서면에 특별준수사항으로 "2017년 말까지 이 사건 개발제한행위위반에 따른 건축물 등을 모두 원상복구할 것"을 포함시킴.

다. 대법원은 사회봉사명령의 특별준수사항으로 위와 같은 내용을 부과할 수 없다고 보아 파기환송함. 나아가 대법원은 보호관찰의 특별준수사항으로도 위와 같은 내용을 부과할 수 없음을 밝힘.

중요

08 [선택형] 법무사 등록증을 빌려준 행위와 빌린 행위 · 몰수 · 추징 ★★★★★

법무사가 등록증을 다른 사람에게 빌려주거나 법무사의 등록증을 빌린 행위이다. 이에 관한 설명 중 옳은 것은? (다툼이 있는 경우 판례에 의함)

① 법무사가 등록증을 다른 사람에게 빌려주거나 법무사의 등록증을 빌린 행위가 개정된 법무사법 시행 이전부터 계속되어 온 경우에는 개정된 법무사법이 시행된 이후의 행위로 취득한 금품 그 밖의 이익만이 개정된 법무사법 제72조 제2항에 따른 몰수나 추징의 대상이 된다.

해설 및 정답 대법원 2020. 10. 15. 선고 2020도7307 판결 [사기 · 법무사법위반]

정답 ○

[판결요지] **개정된 법무사법 제72조 제2항, 부칙 제2조, 헌법 제13조 제1항 전단과 형법 제1조 제1항에서 정한 형벌법규의 소급효 금지 원칙에 비추어 보면, 법무사가 등록증을 다른 사람에게 빌려주거나 법무사의 등록증을 빌린 행위가 개정된 법무사법 시행 이전부터 계속되어 온 경우에는 개정된 법무사법이 시행된 이후의 행위로 취득한 금품 그 밖의 이익만이 개정된 법무사법 제72조 제2항에 따른 몰수나 추징의 대상이 된다고 보아야 한다.**

[판시사항] [1] 법무사법 제21조 제2항에서 정한 '법무사 등록증을 빌려준다'는 것의 의미 [2] 법무사 사무소 직원이 법무사 사무소의 업무 전체가 아니라 일정 부분의 업무에 한하여 실질적으로 법무사의 지휘·감독을 받지 않고 자신의 책임과 계산으로 해당 사무를 법무사 명의로 취급·처리하였고, 법무사는 나머지 업무에 관하여 정상적인 활동을 하고 있는 경우, 직원과 법무사에게 법무사법 제72조 제1항 위반죄가 성립하는지 여부(적극)

중요

09 [선택형] 범죄수익몰수 ★★★★★

검사는 피고인들의 행위를 성매매처벌법 제2조 제1항 제2호 (가)목에 해당하는 행위로 기소하였다. 그러나 피고인들의 행위가 성매매처벌법 제2조 제1항 제2호 (다)목의 행위로도 인정되는 이상 이 부분 공소사실은 범죄수익은닉규제법에 따른 몰수의 대상이 되는 성매매처벌법 제2조 제1항 제2호 (다)목의 행위와 관련성이 인정된다. 이에 관한 설명 중 옳은 것은? (다툼이 있는 경우 판례에 의함)

① 임대차보증금반환채권은 범죄수익은닉규제법 제2조 제2호 (나)목 1)에서 범죄수익으로 정한 '성매매에 제공되는 사실을 알면서 자금을 제공하는 행위에 관계된 자금 또는 재산'으로 범죄수익은닉규제법 제8조 제1항 제1호에 따라 범죄수익으로 몰수될 수 있다.

해설 및 정답 대법원 2020. 10. 15. 선고 2020도960 판결 [성매매알선등행위의처벌에관한법률위반(성매매알선등)·출입국관리법위반] **정답** ○

[판시사항] 몰수나 추징의 요건이 공소가 제기된 공소사실과 관련성이 있는 경우, 형법 제49조 단서에 따라 몰수나 추징만을 선고할 수 있는지 여부(적극) 및 범죄수익은닉의 규제 및 처벌 등에 관한 법률 제8조 제1항에 따라 범죄수익을 몰수할 경우에도 마찬가지인지 여부(적극)

[판결요지] [1] 성매매알선 등 행위를 규정한 성매매처벌법 제2조 제1항 제2호 중 (다)목의 "성매매에 제공되는 사실을 알면서 자금, 토지 또는 건물을 제공하는 행위"에는 그 행위자가 "성매매를 알선, 권유, 유인 또는 강요하는 행위"[성매매처벌법 제2조 제1항 제2호 (가)목] 또는 "성매매의 장소를 제공하는 행위"[성매매처벌법 제2조 제1항 제2호 (나)목]를 하는 타인에게 자금, 토지 또는 건물을 제공하는 행위뿐만 아니라 스스로 (가)목이나 (나)목의 행위를 하는 경우도 포함된다.

[2] 한편 우리 법제상 공소의 제기 없이 별도로 몰수나 추징만을 선고할 수 있는 제도가 마련되어 있지 않지만 몰수나 추징의 요건이 공소가 제기된 공소사실과 관련성이 있는 경우에는 형법 제49조 단서에 따라 몰수나 추징이 가능하고, 범죄수익은닉규제법 제8조 제1항에 따라 범죄수익을 몰수할 경우에도 같다.

[3] 성매매알선 행위자인 피고인들이 자신의 성매매알선 영업에 필요한 장소인 오피스텔 각 호실을 임차하기 위해 보증금을 임대인에게 지급한 행위는 성매매처벌법 제2조 제1항 제2호 (다)목의 '성매매에 제공되는 사실을 알면서 자금을 제공하는 행위'에 해당한다.

10 [선택형] 누범가중

2016. 1. 6. 법률 제13717호로 개정·시행된 특정범죄 가중처벌 등에 관한 법률 제5조의4 제5항은 "형법 제329조부터 제331조까지, 제333조부터 제336조까지 및 제340조·제362조의 죄 또는 그 미수죄로 세 번 이상 징역형을 받은 사람이 다시 이들 죄를 범하여 누범으로 처벌하는 경우에는 다음 각 호의 구분에 따라 가중처벌한다."라고 규정하면서, 같은 항 제1호(이하 '처벌규정'이라고 한다)는 '형법 제329조부터 제331조까지의 죄(미수범을 포함한다)를 범한 경우에는 2년 이상 20년 이하의 징역에 처한다'고 규정하고 있다. 처벌 규정은 입법 취지가 반복적으로 범행을 저지르는 절도 사범에 관한 법정형을 강화하기 위한 데 있고, 조문의 체계가 일정한 구성요건을 규정하는 형식으로 되어 있으며, 적용요건이나 효과도 형법 제35조와 달리 규정되어 있다. 누범에 대한 설명으로 옳은 것은? (다툼이 있는 경우 판례에 의함)

중요 ① 특정범죄 가중처벌 등에 관한 법률 제5조의4 제5항은 형법 제35조(누범) 규정과는 별개로 '형법 제329조부터 제331조까지의 죄(미수범 포함)를 범하여 세 번 이상 징역형을 받은 사람이 그 누범 기간 중에 다시 해당 범죄를 저지른 경우에 형법보다 무거운 법정형으로 처벌한다'는 내용의 새로운 구성요건을 창설한 것으로 해석해야 한다. 따라서 처벌 규정에 정한 형에 다시 형법 제35조의 누범가중한 형기범위 내에서 처단형을 정하여야 한다.

해설 및 정답 대법원 2020. 5. 14. 선고 2019도18947 판결 **정답** ○

[판시사항] 2016. 1. 6. 법률 제13717호로 개정·시행된 특정범죄 가중처벌 등에 관한 법률 제5조의4 제5항 제1호가 형법 제35조(누범)와는 별개로 새로운 구성요건을 창설한 것인지 여부(적극) 및 위 처벌 규정에 정한 형에 다시 형법 제35조의 누범가중한 형기범위 내에서 처단형을 정하여야 하는지 여부(적극)

11 [선택형] 음란물유포 인터넷사이트 비트코인 사건

피고인이 음란물유포 인터넷사이트를 운영하면서 정보통신망 이용촉진 및 정보보호 등에 관한 법률 위반(음란물유포)죄와 도박개장방조죄에 의하여 비트코인(Bitcoin)을 취득한 사안이다. 몰수에 관한 설명으로 옳은 것은? (다툼이 있는 경우 판례에 의함)

① 범죄수익은닉의 규제 및 처벌 등에 관한 법률(이하 '범죄수익은닉규제법'이라 한다) [별표] 제1호 (사)목에서는 형법 제247조의 죄를, [별표] 제24호에서는 정보통신망법 제74조 제1항 제2호의 죄를 중대범죄로 규정하고 있어 **피고인의 정보통신망법 위반(음란물유포)죄와 도박개장방조죄는 범죄수익은닉규제법에 정한 중대범죄에 해당한다.**

② 비트코인은 재산적 가치가 있는 무형의 재산이다. **몰수의 대상인 비트코인이 특정되어 있다면, 피고인이 취득한 비트코인을 몰수할 수 있다.**

해설 및 정답 ①~② 대법원 2018. 5. 30. 선고 2018도3619 판결 **정답** ○

12 [선택형] 노역장유치기간

1억 원 이상의 벌금형을 선고하는 경우 노역장유치기간의 하한을 정한 형법(2014. 5. 14. 법률 제12575호로 개정되어 같은 날 시행된 것, 이하 같다) 제70조 제2항(이하 '노역장유치조항'이라 한다)의 시행 전에 행해진 피고인의 범죄행위에 대하여, 원심이 피고인을 징역 5년 6개월과 벌금 13억 1,250만 원에 처하면서 형법 제70조 제1항, 제2항을 적용하여 '벌금을 납입하지 않는 경우 250만 원을 1일로 환산한 기간 노역장에 유치한다'는 내용의 판결을 선고하였다. 그런데 원심판결 선고 후 헌법재판소가 형법 제70조 제2항을 시행일 이후 최초로 공소 제기되는 경우부터 적용하도록 한 형법 부칙(2014. 5. 14.) 제2조 제1항이 헌법상 형벌불소급원칙에 위반되어 위헌이라고 판단한 사안이다. 이에 관한 설명으로 옳은 것은? (다툼이 있는 경우 판례에 의함)

① 헌법재판소의 위헌결정 선고로 위 부칙조항은 **헌법재판소법 제47조 제3항 본문에 따라 효력을 상실하였으므로, 노역장유치조항을 적용하여 노역장유치기간을 정한 원심판결은 유지될 수 없다.**

해설 및 정답 대법원 2018. 2. 13. 선고 2017도17809 판결 **정답** ○

13 [선택형] 상소심에서 선고유예 판단 사건

선고유예에 관한 설명으로 옳은 것은? (다툼이 있는 경우 판례에 의함)

① 형법 제51조의 사항과 개전의 정상이 현저한지에 관한 사항은 형의 양정에

관한 법원의 재량사항에 속한다.

② **상고심으로서는** 형사소송법 제383조 제4호에 의하여 사형·무기 또는 10년 이상의 징역·금고가 선고된 사건에서 **형의 양정의 당부에 관한 상고이유를 심판하는 경우가 아닌 이상, 선고유예에 관하여 형법 제51조의 사항과 개전의 정상이 현저한지에 대한 원심판단의 당부를 심판할 수 없다.**

해설 및 정답 ①~② 대법원 2016. 12. 27. 선고 2015도14375 판결 **정답** ○

14 [선택형] 성폭력범죄에서 선고유예 사건

선고유예에 관한 설명으로 옳은 것은? (다툼이 있는 경우 판례에 의함)

① 신상정보 등록대상자의 신상정보 제출의무는 법원이 별도로 부과하는 것이 아니라 등록대상 성범죄로 유죄판결이 확정되면 성폭력 특례법에 따라 당연히 발생하는 것이고, 유죄판결에서 선고유예 판결이 제외된다고 볼 수 없다.

중요 ② **등록대상 성범죄에 대하여 선고유예 판결이 있는 경우에도 선고유예 판결이 확정됨으로써 곧바로 등록대상자로 되어 신상정보를 제출할 의무를 지게 된다.** 다만 **선고유예 판결 확정 후 2년이 경과하여 면소된 것으로 간주되면 등록대상자로서 신상정보를 제출할 의무를 면한다**고 해석된다.

③ **등록대상자의 신상정보 제출의무는 법원이 별도로 부과하는 것이 아니다.** 그러므로 유죄판결을 선고하는 법원이 하는 신상정보 제출의무 등의 고지는 등록대상자에게 신상정보 제출의무가 있음을 알려 주는 것에 의미가 있을 뿐이다.

④ 법원이 유죄판결을 선고하면서 고지를 누락하거나 고지한 신상정보 제출의무의 대상이나 내용 등에 잘못이 있더라도, 그 법원은 적법한 내용으로 수정하여 다시 신상정보 제출의무를 고지할 수 있다.

⑤ 상급심 법원도 그 사유로 판결을 파기할 필요 없이 적법한 내용의 신상정보 제출의무 등을 새로 고지함으로써 잘못을 바로잡을 수 있다.

⑥ 제1심 또는 원심의 신상정보 제출의무 고지와 관련하여 그 대상, 내용 및 절차 등에 관한 잘못을 다투는 취지의 상고이유는 판결에 영향을 미치지 않는

사항에 관한 것으로서 적법한 상고이유가 되지 못한다.

해설 및 정답 ①~⑥ 대법원 2015. 1. 29. 선고 2014도9933 판결 [준강제추행]

정답 ○

15 [선택형 · 사례형] 집행유예 취소인용 결정에 대한 재항고 사건

재항고인이 집행유예의 취소 청구를 인용한 제1심 결정에 대하여 즉시항고를 하고, 즉시항고장에 항고이유를 적지 않았는데, 원심이 제1심 법원으로부터 소송기록을 송부 받은 당일에 항고를 기각하는 결정을 하면서, 항고를 제기한 재항고인에게 소송기록과 증거물을 송부 받았다는 통지를 하지 않은 사안이다. 이에 관한 설명으로 옳은 것은? (다툼이 있는 경우 판례에 의함)

① 원심은 재항고인에게 항고에 관하여 이유서를 제출하거나 의견을 진술하고 유리한 증거를 제출할 기회를 부여하였다고 할 수 없다. 그러므로 원심결정에 형사소송법 제411조에 관한 법리를 오해한 잘못이 있다.

② 형사소송법 제411조에 의하면, 항고법원은 제1심 법원으로부터 소송기록과 증거물을 받은 날부터 5일 이내에 당사자에게 그 사유를 통지하여야 한다. 그 취지는 당사자에게 항고에 관하여 이유서를 제출하거나 의견을 진술하고 유리한 증거를 제출할 기회를 부여하려는 데 있다.

해설 및 정답 ①~② 대법원 2018. 6. 22. 자 2018모1698 결정 [집행유예취소인용결정에대한재항고]

정답 ○

[판시사항] [1] 항고법원이 제1심법원으로부터 소송기록과 증거물을 받은 날부터 5일 이내에 당사자에게 그 사유를 통지하도록 규정한 형사소송법 제411조의 취지 [2] 재항고인이 집행유예의 취소 청구를 인용한 제1심결정에 대하여 즉시항고를 하고, 즉시항고장에 항고이유를 적지 않았는데, 원심이 제1심법원으로부터 소송기록을 송부받은 당일에 항고를 기각하는 결정을 하면서, 항고를 제기한 재항고인에게 소송기록과 증거물을 송부받았다는 통지를 하지 않은 사안에서, 원심결정에 형사소송법 제411조에 관한 법리를 오해한 잘못이 있다고 한 사례.

2 형법 각론

문 13. 도로교통법 · 교통사고처리특례법 · 특가법(도주차량운전죄 · 위험운전치상죄)에 관한 설명 중 옳은 것은? (다툼이 있는 경우 판례에 의함)

출제예상내용

- 특가법 제5조3 도주차량운전죄: ① 교통으로 형법 제268조 업무상과실치상죄 · 중과실치상죄, ② 도로교통법 제54조 제1항 미조치: 즉시정차의무, 구호의무, 인적사항제공의무, ③ 도주
- 특가법 제5조11 위험운전치사상죄: 음주로 정상적인 운전이 곤란한 상태
- 교특법 제3조 중앙선침범 · 횡단보도
- 도로교통법 제43조, 제152조, 제154조 무면허운전죄, 제44조 제2항, 제148조2 제1항 제2호 음주측정불응죄, 제54조 제1항, 제148조 사고후미조치죄, 제54조 제2항, 제154조 사고후미신고죄

사례문제 20 신호등의 '황색의 등화'와 신호 위반이 문제된 사건

사례문제 21 '경찰공무원의 측정에 응하지 아니한 경우'의 의미와 판단 기준

사례문제 22 아파트단지 지하주차장에서 무면허운전

사례문제 23 교통사고 죄수판단

중요

01 [선택형] 도로교통법에서 '운전' 의미 ★★★★★

자동차가 애초부터 고장이나 결함 등의 원인으로 객관적으로 발진할 수 없었던 상태에 있었다. 이에 관한 설명 중 옳은 것은? (다툼이 있는 경우 판례에 의함)

① 구 도로교통법(2017. 3. 21. 법률 제14617호로 개정되기 전의 것) 제2조 제26호에 따르면, '운전'이란 도로에서 차를 '그 본래의 사용방법'에 따라 사용하는 것을 말한다. 이때 자동차를 '그 본래의 사용방법'에 따라 사용하였다고 하기 위하여는 단지 엔진을 시동시켰다는 것만으로는 부족하고 이른바 발진조작의 완료를 요한다.

② 자동차 엔진을 시동시키고 기어를 조작하며 제동장치를 해제하는 등 일련의 조치를 취하면 위와 같은 발진조작을 완료하였다고 할 것이지만, 애초부터 자동차가 고장이나 결함 등의 원인으로 객관적으로 발진할 수 없었던 상태에

있었던 경우라면 그와 같이 볼 수는 없다.

해설 및 정답 대법원 2021. 1. 14. 선고 2017도10815 판결 [도로교통법위반(음주운전)] **정답** ○

[판시사항] [1] 구 도로교통법상 '운전'의 의미 [2] 자동차의 운전에 해당하기 위하여는 엔진을 시동시켰다는 것 외에 발진조작의 완료를 요하는지 여부(적극) [3] 위와 같은 발진조작을 완료하였는지 판단하는 기준

중요

02 [선택형] 도로교통법 제2조 제26호 '운전' 의미 ★★★★★

피고인이 STOP＆GO 기능이 있는 차량에서 내림으로써 그 기능이 해제되어 시동이 완전히 꺼졌으나 이후 이를 인식하지 못한 상태에서 시동을 걸지 못하고 제동장치를 조작하다 차량이 후진하면서 추돌 사고를 야기하여 특정범죄 가중처벌 등에 관한 법률 위반(위험운전치상)으로 기소된 사안이다. 이에 관한 설명 중 옳은 것은? (다툼이 있는 경우 판례에 의함)

① 피고인이 차량을 운전하려는 의도로 제동장치를 조작하여 차량이 뒤로 진행하게 되었다고 해도, 시동이 켜지지 않은 상태였던 이상 자동차를 본래의 사용방법에 따라 사용했다고 보기 어려우므로 무죄이다.

해설 및 정답 대법원 2020. 12. 30. 선고 2020도9994 판결 [특정범죄가중처벌등에관한법률위반(위험운전치상)] (가) 상고기각 〈피고인이 자동차의 시동을 걸지 못한 상태에서 차량을 운전하려는 의도로 제동장치를 조작하여 차량이 뒤로 진행하게 된 경우 자동차를 '운전'했다고 볼 수 있는지 여부가 문제된 사건〉 **정답** ○

[판시사항] [1] 도로교통법 제2조 제26호에서 규정하는 '운전'의 의미 [2] 도로교통법 제2조 제26호에서 정한 '운전'에 해당하기 위해서는 시동을 걸고 발진 조작을 해야 함 [3] 피고인이 시동을 걸지 못하고 제동장치를 조작하다 차량이 후진하면서 추돌 사고를 야기하여 특정범죄 가중처벌 등에 관한 법률 위반(위험운전치상)으로 기소된 사안에서, 차량의 시동이 켜지지 않은 상태였던 경우 자동차를 본래의 사용방법에 따라 사용했다고 볼 수 없다고 한 사례.

03 [선택형] 횡단보도 보행자 보호의무를 위반하여 운전한 사건 ★★★★★

횡단보도운전에 관한 설명 중 옳은 것은? (다툼이 있는 경우 판례에 의함)

① 횡단보도에 차가 먼저 진입하였는지 여부와 관계없이 차를 일시정지하는 등의 조치를 취함으로써 보행자의 통행이 방해되지 않도록 할 의무가 있다. 만일 이를 위반하여 형법 제268조의 죄를 범한 때에는 교통사고처리 특례법 제3조 제2항 단서 제6호의 '횡단보도에서의 보행자 보호의무를 위반하여 운전한 경우'에 해당하여 보험 또는 공제 가입 여부나 처벌에 관한 피해자 의사를 묻지 않고 같은 법 제3조 제1항에 의한 처벌의 대상이 된다.

해설 및 정답 대법원 2020. 12. 24. 선고 2020도8675 판결 [교통사고처리특례법위반(치상)]

정답 ○

[판결요지] **모든 차의 운전자는 보행자보다 먼저 횡단보행자용 신호기가 설치되지 않은 횡단보도에 진입한 경우에도, 보행자의 횡단을 방해하지 않거나 통행에 위험을 초래하지 않을 상황이 아니고서는, 차를 일시정지하는 등으로 보행자의 통행이 방해되지 않도록 할 의무가 있다.**

04 [선택형] 도로교통법 제54조 제1항 · 제148조 · 제156조 제10호 의미

도로교통법에 대한 설명으로 옳은 것은? (다툼이 있는 경우 판례에 의함)

① 도로교통법 제54조 제1항은 '차의 운전 등 교통으로 인하여 사람을 사상하거나 물건을 손괴한 경우에는 그 차의 운전자나 그 밖의 승무원은 즉시 정차하여 다음 각호의 조치를 하여야 한다'고 하면서 "사상자를 구호하는 등 필요한 조치"를 제1호로 하고, "피해자에게 인적 사항(성명·전화번호·주소를 말한다. 이하 제148조·제156조 제10호에서 같다) 제공"을 제2호로 하고 있다.

② 도로교통법 제148조는 '제54조 제1항에 따른 교통사고 발생 시의 조치를 하지 아니한 사람(주·정차된 차만 손괴한 것이 분명한 경우에 제54조 제1항 제2호에 따라 피해자에게 인적 사항을 제공하지 아니한 사람은 제외한다)'을 처벌하는 조항이다.

③ 도로교통법 제156조 제10호는 '주·정차된 차만 손괴한 것이 분명한 경우에 제54조 제1항 제2호에 따라 피해자에게 인적 사항을 제공하지 아니한 사람'을 처벌하는 조항이다.

중요 ④ 주·정차된 차만 손괴한 것이 분명한 경우에 도로교통법 제54조 제1항 제2호

에 따라 피해자에게 인적 사항을 제공하지 않은 사람은 도로교통법 제148조의 적용 범위에서 제외되고 도로교통법 제156조 제10호만 적용되지만, 그 밖에 도로교통법 제54조 제1항에 따른 교통사고 발생 시의 조치를 하지 않은 사람은 여전히 도로교통법 제148조가 적용된다고 보아야 한다.

해설 및 정답 ①~④ 대법원 2019. 10. 31. 선고 2019도10878 판결 [도로교통법위반(사고후미조치)(인정된 죄명: 도로교통법위반)·도로교통법위반(음주측정거부)] 대법원 2019. 4. 11. 선고 2019도1503 판결 참조. ★★★★★ **정답** ○

05 **[선택형] 도로교통법과 형벌불소급의 원칙**

개정된 도로교통법 제148조의2 제1항의 '도로교통법 제44조 제1항 또는 제2항을 2회 이상 위반한 사람'에 개정 도로교통법 시행 전 전과를 포함하여 해석하더라도 형벌불소급의 원칙에 위반되지 아니하고, 개정 도로교통법 부칙 제2조가 개정 도로교통법 시행 이후의 전과만 포함되는 것이라고 해석할 수 없다고 보아, 개정된 도로교통법 시행 전 음주운전 전과가 있는 피고인이 음주측정을 거부한 사안이다. 이에 대한 설명으로 옳은 것은? (다툼이 있는 경우 판례에 의함)

① '도로교통법 제44조 제1항 또는 제2항을 2회 이상 위반한 사람'에 위와 같이 개정된 도로교통법이 시행된 2019. 6. 25. 이전에 구 도로교통법 제44조 제1항 또는 제2항을 위반한 전과가 포함된다. 이와 같이 해석하더라도 형벌불소급의 원칙이나 일사부재리의 원칙에 위배되지 않는다.

해설 및 정답 대법원 2020. 8. 24. 선고 2020도7154 판결 [도로교통법위반(음주측정거부)] (가) 상고기각 〈개정된 도로교통법 시행 이전 전과를 포함하는 것이 형벌불소급의 원칙에 위반되는지 여부〉 **정답** ○

[판결요지] **'도로교통법 제44조 제1항 또는 제2항을 2회 이상 위반한 사람'에 위와 같이 개정된 도로교통법이 시행된 2019. 6. 25. 이전에 구 도로교통법 제44조 제1항 또는 제2항을 위반한 전과가 포함된다**고 보아야 한다. **이와 같이 해석하더라도 형벌불소급의 원칙이나 일사부재리의 원칙에 위배되지 않는다. 이처럼 제148조의2 제1항에 관한 위반행위의 횟수를 산정하는 기산점을 두지 않았다고 하더라도 그 위반행위에 개정 도로교통법 시행 이후의 음주운전 또는 음주측정 불응 전과만이 포함되는 것이라고 해석할 수 없다.**

[판결해설] 개정된 도로교통법 제148조의2 제1항의 '도로교통법 제44조 제1항 또

는 제2항을 2회 이상 위반한 사람'에 개정 도로교통법 시행 전 전과를 포함하여 해석하더라도 형벌불소급의 원칙에 위반되지 아니하고, 개정 도로교통법 부칙 제2조가 개정 도로교통법 시행 이후의 전과만 포함되는 것이라고 해석할 수 없다고 보아, 개정된 도로교통법 시행 전 음주운전 전과가 있는 피고인이 음주측정을 거부한 사안에서, **도로교통법 제148조의2 제1항 위반을 유죄로 인정한 데에 법리를 오해한 잘못이 없다고 보아 상고기각한 사례.**

06 [선택형] 신호등의 '황색의 등화'와 신호 위반이 문제된 사건 ★★★★★

자동차 운전자인 피고인이 정지선과 횡단보도가 없는 사거리 교차로의 신호등이 황색 등화로 바뀐 상태에서 교차로에 진입하였다가 갑이 운전하는 견인차량을 들이받은 과실로 갑에게 상해를 입게 함과 동시에 갑의 차량을 손괴하였다고 하여 교통사고처리 특례법 위반(치상) 및 도로교통법 위반으로 기소된 사안이다. 이에 관한 설명으로 옳은 것은? (다툼이 있는 경우 판례에 의함)

① 차량이 교차로에 진입하기 전에 황색의 등화로 바뀐 경우에는 차량은 정지선이나 '교차로의 직전'에 정지하여야 하며, 차량의 운전자가 정지할 것인지 또는 진행할 것인지 여부를 선택할 수 없다.

② 교차로 진입 전 정지선과 횡단보도가 설치되어 있지 않았더라도 피고인이 황색 등화를 보고서도 교차로 직전에 정지하지 않았다면 신호를 위반한 것이다.

해설 및 정답 ①~② 대법원 2018. 12. 27. 선고 2018도14262 판결 [교통사고처리 특례법위반(치상) · 도로교통법위반]

정답 ○

사례문제 20 신호등의 '황색의 등화'와 신호 위반이 문제된 사건

대법원 2018. 12. 27. 선고 2018도14262 판결

[교통사고처리특례법위반(치상) · 도로교통법위반]

Q. 도로교통법상 차량이 교차로에 진입하기 전에 '황색의 등화'로 바뀐 경우, 차량은 정지선이나 '교차로의 직전'에 정지하여야 하는지 여부(적극)

Q. 자동차 운전자인 피고인이 정지선과 횡단보도가 없는 사거리 교차로의 신호등이 황색 등화로 바뀐 상태에서 교차로에 진입하였다가 갑이 운전하는 견인차량을 들이받은 과실로 갑에게 상해를 입게 함과 동시에 갑의 차량을 손괴하였다고 하여 교통사고처리 특례법 위반(치상) 및 도로교통법 위반으로 기소된 사안에서, 교차로 진입

전 정지선과 횡단보도가 설치되어 있지 않았더라도 피고인이 황색 등화를 보고서도 교차로 직전에 정지하지 않았다면 신호를 위반한 것이라고 한 사례.

판결요지

가. 도로교통법 시행규칙 제6조 제2항 [별표 2]는 '황색의 등화'의 뜻을 '1. 차마는 정지선이 있거나 횡단보도가 있을 때에는 그 직전이나 교차로의 직전에 정지하여야 하며, 이미 교차로에 차마의 일부라도 진입한 경우에는 신속히 교차로 밖으로 진행하여야 한다'라고 규정하고 있다. 위 규정에 의하면 **차량이 교차로에 진입하기 전에 황색의 등화로 바뀐 경우에는 차량은 정지선이나 '교차로의 직전'에 정지하여야 하며, 차량의 운전자가 정지할 것인지 또는 진행할 것인지 여부를 선택할 수 없다.**

나. 자동차 운전자인 피고인이 정지선과 횡단보도가 없는 사거리 교차로의 신호등이 황색 등화로 바뀐 상태에서 교차로에 진입하였다가 갑이 운전하는 견인차량을 들이받은 과실로 갑에게 상해를 입게 함과 동시에 갑의 차량을 손괴하였다고 하여 교통사고처리 특례법 위반(치상) 및 도로교통법 위반으로 기소된 사안이다.

다. 피고인이 교차로를 직진 주행하여 교차로에 진입했다가 피고인 진행방향 오른쪽에서 왼쪽으로 주행하던 갑의 견인차량을 들이받은 점, 피고인은 당시 그곳 전방에 있는 교차로 신호가 황색으로 바뀌었음을 인식하였음에도 정지하지 않은 채 교차로 내에 진입한 점, 당시 교차로의 도로 정비 작업이 마무리되지 않아 정지선과 횡단보도가 설치되지 않았던 점 등을 종합하면, **교차로 진입 전 정지선과 횡단보도가 설치되어 있지 않았더라도 피고인이 황색 등화를 보고서도 교차로 직전에 정지하지 않았다면 신호를 위반한 것이라는 이유로, 이와 달리 보아 공소사실을 모두 무죄로 판단한 원심판결에 도로교통법 시행규칙 제6조 제2항 [별표 2]의 '황색의 등화'에 관한 법리를 오해한 잘못이 있다고 한 사례.**

07 [선택형] 음주측정거부 사건

도로교통법에 관한 설명으로 옳은 것은? (다툼이 있는 경우 판례에 의함)

① 음주감지기에 의한 시험을 거부한 행위도 음주측정기에 의한 측정에 응할 의사가 없음을 객관적으로 명백하게 나타낸 것으로 볼 수 있다.

해설 및 정답 대법원 2017. 6. 8. 선고 2016도16121 판결 **정답** ○

사례문제 21 '경찰공무원의 측정에 응하지 아니한 경우'의 의미와 판단 기준

대법원 2017. 6. 8. 선고 2016도16121 판결

[도로교통법위반(음주측정거부)·도로교통법위반(무면허운전)]

Q. 경찰공무원이 운전자의 음주 여부나 주취 정도를 확인하기 위하여 음주측정기에 의한 측정의 사전절차로서 음주감지기에 의한 시험을 요구할 수 있는지 여부(적극)

Q. 구 도로교통법 제148조의2 제1항 제2호에서 말하는 '경찰공무원의 측정에 응하지 아니한 경우'의 의미와 판단 기준

Q. 음주감지기에 의한 시험을 거부한 행위를 음주측정기에 의한 측정에 응할 의사가 없음을 객관적으로 명백하게 나타낸 것으로 볼 수 있는 경우

판결요지

가. **경찰공무원은 운전자의 음주 여부나 주취 정도를 확인하기 위하여 운전자에게 음주측정기를 면전에 제시하면서 호흡을 불어넣을 것을 요구하는 것 이외에도 그 사전절차로서 음주측정기에 의한 측정과 밀접한 관련이 있는 검사 방법인 음주감지기에 의한 시험도 요구할 수 있다.**

나. 운전자의 측정불응의사가 객관적으로 명백하였는지는 음주측정을 요구받을 **당시의 운전자의 언행이나 태도 등을 비롯하여 경찰공무원이 음주측정을 요구하게 된 경위, 측정 요구의 방법과 정도, 주취운전자 적발보고서 등 측정불응에 따른 관련 서류의 작성 여부, 운전자가 음주측정을 거부한 사유와 태양 및 거부시간 등 전체적 경과를 종합적으로 고려하여 신중하게 판단하여야 한다.**

다. 경찰공무원이 운전자에게 음주 여부를 확인하기 위하여 음주측정기에 의한 측정의 전 단계에 실시되는 음주감지기에 의한 시험을 요구하는 경우 **그 시험 결과에 따라 음주측정기에 의한 측정이 예정되어 있고, 운전자가 그러한 사정을 인식하였음에도 음주감지기에 의한 시험에 불응함으로써 음주측정을 거부하겠다는 의사를 표명한 것으로 볼 수 있다면, 음주감지기에 의한 시험을 거부한 행위도 음주측정기에 의한 측정에 응할 의사가 없음을 객관적으로 명백**

하게 나타낸 것으로 볼 수 있다.

비교판례 **교통사고와 죄수판단**

대법원 1993. 5. 11. 선고 93도49 판결
[특정범죄가중처벌에등에관한법률위반(도주차량), 도로교통법위반]

Q. 차의 운전자가 업무상 과실로 사람을 상해에 이르게 함과 동시에 물건을 손괴하고 도주한 경우 특정범죄가중처벌등에관한법률위반죄 및 도로교통법 제106조 소정의 죄의 관계(=상상적 경합범)

Q. 위 2개의 죄와 같은 법 제113조 제1호 소정의 제44조 위반죄의 죄수관계(=실체적 경합범)

판결요지

가. 차의 운전자가 업무상 주의의무를 게을리하여 사람을 상해에 이르게 함과 아울러 물건을 손괴하고도 피해자를 구호하는 등 도로교통법 제50조 제1항의 규정에 의한 조치를 취하지 아니한 채 도주한 때에는, 같은 법 제113조 제1호 소정의 제44조 위반죄와 같은 법 제106조 소정의 죄 및 특정범죄가중처벌등에관한법률위반죄가 모두 성립한다.

나. 이 경우 **특정범죄가중처벌등에관한법률위반죄와 물건손괴 후 필요한 조치를 취하지 아니함으로 인한 도로교통법 제106조 소정의 죄는 1개의 행위가 수개의 죄에 해당하는 상상적 경합범의 관계에 있다.**

다. 위의 2개의 죄와 같은 **법 제113조 제1호 소정의 제44조 위반죄는 주체나 행위 등 구성요건이 다른 별개의 범죄이므로 실체적 경합범의 관계에 있다.**

참조조문

특정범죄가중처벌등에관한법률 제5조의3 제1항, 도로교통법 제106조, 제113조 제1호, 제44조, 형법 제37조, 제40조.

파워특강 교통사고 적용법조

☞ 위 조문들은 아주 중요한 조문들이다.
→ 도로교통법 · 교통사고처리특례법 · 특정범죄가중처벌 등에 관한 법률 정리
→ 도로교통과 교통사고 죄수 정리

08 [선택형 · 사례형 · 기록형] 아파트단지 지하주차장에서 무면허운전 사건

피고인이 자동차운전면허를 받지 않고 2017. 5. 14. 07:00경 아파트 단지 내 지하주차장 약 50m 구간에서 승용차를 운전한 사안이다. 이에 관한 설명으로 옳은 것은? (다툼이 있는 경우 판례에 의함)

① 도로교통법 제152조, 제43조를 위반한 무면허운전이 성립하기 위해서는 **운전면허를 받지 않고** 자동차등을 운전한 곳이 **도로교통법 제2조 제1호에서 정한 도로**, 즉 **'도로법에 따른 도로', '유료도로법에 따른 도로', '농어촌도로 정비법에 따른 농어촌도로', '그 밖에 현실적으로 불특정 다수의 사람 또는 차마가 통행할 수 있도록 공개된 장소**로서 안전하고 원활한 교통을 확보할 필요가 있는 장소' 중 하나에 해당해야 한다.

② 운전면허 없이 자동차등을 운전한 곳이 일반교통경찰권이 미치는 공공성이 있는 장소가 아니라 **특정인이나 그와 관련된 용건이 있는 사람만 사용할 수 있고 자체적으로 관리되는 곳이라면 도로교통법에서 정한 '도로에서 운전'한 것이 아니므로 무면허운전으로 처벌할 수 없다.**

③ 아파트 단지 내 지하주차장은 아파트 단지와 주차장의 규모와 형태, **아파트 단지나 주차장에 차단 시설이 설치되어 있는지 여부, 경비원 등에 의한 출입 통제 여부, 아파트 단지 주민이 아닌 외부인이 주차장을 이용할 수 있는지 여부** 등에 따라서 도로교통법 제2조 제1호에서 정한 **도로에 해당하는지가 달라질 수 있다.**

④ **운전면허 없이 자동차등을 운전한 곳이 위와 같이 일반교통경찰권이 미치는 공공성이 있는 장소가 아니라 특정인이나 그와 관련된 용건이 있는 사람만 사용할 수 있고 자체적으로 관리되는 곳이라면 도로교통법에서 정한 '도로에서 운전'한 것이 아니므로 무면허운전으로 처벌할 수 없다.**

해설 및 정답 ①~④ 대법원 2017. 12. 28. 선고 2017도17762 판결 **정답** ○

사례문제 22 아파트단지 지하주차장에서 무면허운전

대법원 2017. 12. 28. 선고 2017도17762 판결

[폭력행위등처벌에관한법률위반(공동상해) 등 (가) 파기환송] 〈운전면허 없이 아파트 단지 내 지하주차장에서 차량을 운전한 행위가 무면허운전에 해당하는지가 문제된 사례〉

Q. 도로교통법상 도로에서 운전한 경우에만 무면허운전에 해당하는지(적극)

Q. 아파트 단지 내 지하주차장이 도로교통법상 도로에 해당하는지 판단하는 기준

판결요지

[1] **도로가 아닌 곳에서 운전면허 없이 운전한 경우에는 무면허운전에 해당하지 않는다. 도로에서 운전하지 않았는데도 무면허운전으로 처벌하는 것은 유추해석이나 확장해석에 해당하여 죄형법정주의에 비추어 허용되지 않는다.** 따라서 **운전면허 없이 자동차등을 운전한 곳이 위와 같이 일반교통경찰권이 미치는 공공성이 있는 장소가 아니라 특정인이나 그와 관련된 용건이 있는 사람만 사용할 수 있고 자체적으로 관리되는 곳이라면 도로교통법에서 정한 '도로에서 운전'한 것이 아니므로 무면허운전으로 처벌할 수 없다.**

[2] **아파트 단지 내 지하주차장은 아파트 단지와 주차장의 규모와 형태, 아파트 단지나 주차장에 차단 시설이 설치되어 있는지 여부, 경비원 등에 의한 출입 통제 여부, 아파트 단지 주민이 아닌 외부인이 주차장을 이용할 수 있는지 여부 등에 따라서 도로교통법 제2조 제1호에서 정한 도로에 해당하는지가 달라질 수 있다.**

중요

09 [선택형] 무쏘 차량 사건(교통사고 죄수판단)

피고인이 자동차 운전면허 없이 혈중알콜농도 0.201%의 술에 취하여 정상적인 운전이 곤란한 상태에서 (차량 번호 생략) 무쏘 차량을 운전하였다. 운전 중 전방에 신호대기로 정차하고 있던 포터 화물차량의 뒷부분을 들이받아 위 포터 화물차량이 밀리면서 그 앞에 정차하고 있던 포터II 화물차량을 들이받았다. 피해자에게 상해를 입게 함과 동시에 위 각 화물차량을 손괴하였다. 다음에 관한 설명으로 옳은 것은? (다툼이 있는 경우 판례에 의함)

① 도로교통법 위반(음주운전)죄와 도로교통법 위반(무면허운전)죄 상호간만 상

상적 경합관계에 있다.

중요 ② **음주 또는 약물의 영향으로 정상적인 운전이 곤란한 상태**에서 자동차를 운전하여 사람을 상해에 이르게 함과 동시에 다른 사람의 재물을 손괴한 때에는 **특정범죄가중처벌 등에 관한 법률 위반(위험운전치사상)죄** 외에 **업무상과실 재물손괴로 인한 도로교통법 위반죄가 성립하고, 위 두 죄는 1개의 운전행위로 인한 것으로서 상상적 경합관계에 있다.**

해설 및 정답 ①～② 대법원 2010. 1. 14. 선고 2009도10845 판결 **정답** ○

사례문제 23 교통사고 죄수판단

대법원 2010. 1. 14. 선고 2009도10845 판결

[특정범죄가중처벌등에관한법률위반(위험운전치사상)·도로교통법위반(음주운전)·도로교통법위반·도로교통법위반(무면허운전)]

Q. 특정범죄가중처벌 등에 관한 법률상 '위험운전치사상죄'와 도로교통법상 '업무상과실 재물손괴죄'의 죄수관계(=상상적 경합)

Q. 자동차 운전면허 없이 술에 취하여 정상적인 운전이 곤란한 상태에서 차량을 운전하던 중 전방에 신호대기로 정차해 있던 화물차의 뒷부분을 들이받아 그 화물차가 밀리면서 그 앞에 정차해 있던 다른 화물차를 들이받도록 함으로써, 피해자에게 상해를 입게 함과 동시에 위 각 화물차를 손괴하였다는 공소사실에 대하여, 특정범죄가중처벌 등에 관한 법률 위반(위험운전치사상)죄와 각 업무상과실 재물손괴로 인한 도로교통법 위반죄는 실체적 경합관계라고 본 원심판결에 죄수관계에 관한 법리를 오해한 위법이 있다고 한 사례

판결요지

[1] **음주 또는 약물의 영향으로 정상적인 운전이 곤란한 상태에서 자동차를 운전하여 사람을 상해에 이르게 함과 동시에 다른 사람의 재물을 손괴한 때에는 특정범죄가중처벌 등에 관한 법률 위반(위험운전치사상)죄 외에 업무상과실 재물손괴로 인한 도로교통법 위반죄가 성립하고, 위 두 죄는 1개의 운전행위로 인한 것으로서 상상적 경합관계에 있다.**

[2] **유죄로 인정되는 각 범죄 중 도로교통법 위반(음주운전)죄와 도로교통법 위반(무면허운전)죄 상호간만 상상적 경합관계**에 있다.

참조조문

[1] 형법 제40조, 특정범죄가중처벌 등에 관한 법률 제5조의11, 도로교통법 제151조 [2] 형법 제37조, 제40조, 특정범죄가중처벌 등에 관한 법률 제5조의11, 도로교통법 제148조의2, 제151조, 제152조 제1호.

10 [선택형 · 사례형] 특가법 도주차량운전죄 무고 사건

피고인이 교통사고를 야기하고 도주한 것이 사실이다. 그럼에도 갑 등이 '피고인이 교통사고를 일으키고 도망하였다'는 내용으로 피고인을 뺑소니범으로 경찰에 허위로 고소하였으니 갑 등을 무고죄로 처벌해 달라는 내용의 고소장을 작성하여 경찰서에 제출함으로써 갑 등으로 하여금 특정범죄 가중처벌 등에 관한 법률(이하 '특정범죄가중법'이라고 한다) 위반(무고)으로 형사처분을 받게 할 목적으로 무고하였다고 하여 특정범죄가중법 위반(무고)으로 기소된 사안이다. 이에 관한 설명으로 옳은 것은? (다툼이 있는 경우 판례에 의함)

① 특정범죄가중법 제14조의 '이 법에 규정된 죄'에 특정범죄가중법 제14조 자체를 위반한 죄는 포함되지 않는다.

해설 및 정답 대법원 2018. 4. 12. 선고 2017도20241 판결 [상해 등] (나) 파기환송 〈특정범죄가중처벌등에관한법률위반(무고)죄에 대한 무고 사건〉 **정답** ○

[판결요지] 특정범죄가중법 제14조는 "이 법에 규정된 죄에 대하여 형법 제156조에 규정된 죄를 범한 사람은 3년 이상의 유기징역에 처한다."라고 규정하고 있다. 이는 특정범죄가중법 제2조 이하에서 특정범죄를 중하게 처벌하는 데 상응하여, 그에 대한 무고행위 또한 가중하여 처벌함으로써 위 법이 정한 특정범죄에 대한 무고행위를 억제하고, 이를 통해 보다 적정하고 효과적으로 입법 목적을 구현하고자 하는 규정이다. 이와 같은 특정범죄가중법의 입법 목적, 특정범죄가중법 제14조의 조문 위치와 문언의 체계 및 입법 취지에 더하여, 형벌법규의 해석은 엄격하여야 하고, 명문의 형벌법규의 의미를 피고인에게 불리한 방향으로 지나치게 확장해석하거나 유추해석하는 것은 죄형법정주의의 원칙에 어긋나는 것으로서 허용되지 아니하는 점 등을 종합하여 보면, 특정범죄가중법 제14조의 '이 법에 규정된 죄'에 특정범죄가중법 제14조 자체를 위반한 죄는 포함되지 않는다고 해석함이 타당하다.

문 14. 폭행죄 · 상해죄 · 살인죄 · 유기죄 · 주거침입죄 · 업무방해죄에 관한 설명 중 옳은 것은? (다툼이 있는 경우 판례에 의함)

출제예상내용
- 형법 제258조2 특수상해죄
- 폭처법 적용범위(=위험한 물건의 휴대의 의미)
- 살인죄
- 강도살인죄
- 주거침입죄(=침입의 의미)

사례문제 24 배우자 있는 사람과 혼외 성관계 목적으로 다른 배우자가 부재중인 주거에 출입하여 주거침입죄로 기소된 사건

사례문제 25 가정불화로 처와 일시 별거 중인 남편이 그의 부모와 함께 주거지에 들어가려고 하는데 처로부터 집을 돌보아 달라는 부탁을 받은 처제가 출입을 못하게 하자, 출입문에 설치된 잠금장치를 손괴하고 주거지에 출입하여 폭력행위 등 처벌에 관한 법률위반(공동주거침입)죄 등으로 기소된 사건

사례문제 26 폭처법 제7조 위험한 물건의 '휴대'의 의미

중요

01 [선택형 · 사례형] 성관계 목적으로 다른 사람 주거에 출입한 사건 ★★★★★

피고인이 피해자의 처와 혼외 성관계를 가질 목적으로 피해자가 부재중에 피해자의 처의 승낙을 받아 피해자와 그 처가 공동으로 거주하는 주거에 출입한 사안이다. 이에 관한 설명 중 옳은 것은? (다툼이 있는 경우 판례에 의함)

① 외부인이 공동거주자의 일부가 부재중에 주거 내에 현재하는 거주자의 현실적인 승낙을 받아 통상적인 출입방법에 따라 공동주거에 들어간 경우라면 그것이 부재중인 다른 거주자의 추정적 의사에 반하는 경우에도 주거침입죄가 성립하지 않는다.

해설 및 정답 대법원 2021. 9. 9. 선고 2020도12630 전원합의체 판결 **정답** ○

중요

사례문제 24 배우자 있는 사람과 혼외 성관계 목적으로 다른 배우자가 부재중인 주거에 출입하여 주거침입죄로 기소된 사건 ★★★★★

대법원 2021. 9. 9. 선고 2020도12630 전원합의체 판결 (다) 상고기각
[주거침입]

Q. 공동주거에 있어 그 주거에서 거주하는 사람 이외의 자(이하 '외부인'이라 한다)가 주거 내에 현재하는 공동거주자의 현실적인 승낙을 받아 통상적인 출입방법에 따라 공동주거에 들어갔으나 그것이 부재중인 다른 거주자의 추정적 의사에 반하는 경우 주거침입죄가 성립하는지 여부(소극)

판결요지

[1] **[다수의견]**

가. 주거침입죄의 보호법익은 사적 생활관계에 있어서 사실상 누리고 있는 주거의 평온, 즉 '사실상 주거의 평온'이다.

나. 주거침입죄의 구성요건적 행위인 침입은 주거침입죄의 보호법익과의 관계에서 해석하여야 한다. 따라서 침입이란 '거주자가 주거에서 누리는 사실상의 평온상태를 해치는 행위태양으로 주거에 들어가는 것'을 의미한다. 침입에 해당하는지 여부는 출입 당시 객관적·외형적으로 드러난 행위태양을 기준으로 판단함이 원칙이다. 단순히 주거에 들어가는 행위 자체가 거주자의 의사에 반한다는 거주자의 주관적 사정만으로 바로 침입에 해당한다고 볼 수는 없다.

다. **외부인이 공동거주자의 일부가 부재중에 주거 내에 현재하는 거주자의 현실적인 승낙을 받아 통상적인 출입방법에 따라 공동주거에 들어간 경우라면 그것이 부재중인 다른 거주자의 추정적 의사에 반하는 경우에도 주거침입죄가 성립하지 않는다**고 보아야 한다.

[2] **[판결해설]**

가. 원심은, 피고인이 피해자의 처로부터 승낙을 받아 피해자와 피해자의 처가 공동으로 거주하는 주거에 들어갔으므로 사실상 평온상태를 해할 수 있는 행위태양으로 위 주거에 들어간 것이 아니어서 침입한 것으로 볼 수 없고, 피고인의 출입이 부재중인 다른 거주자인 피해자의 추정적 의사에 반하더라도 주거침입죄의 성립에 영향을 미치지 않는다는 이유로 주거침입죄의 성립을 인정한 제1심을 직권으로 파기하고 무죄로 판단함.

나. 이에 대하여 다수의견은 위 판시 요지와 같이 판단하면서, 이와 달리 공동거

주자 중 한 사람의 승낙에 따라 주거에 출입한 것이 다른 거주자의 의사에 반한다는 사정만으로 다른 거주자의 사실상 주거의 평온을 해치는 결과가 된다는 전제에서, 공동거주자 중 주거 내에 현재하는 거주자의 현실적인 승낙을 받아 통상적인 출입방법에 따라 주거에 출입하였는데도 부재중인 다른 거주자의 추정적 의사에 반한다는 사정만으로 주거침입죄가 성립한다는 취지로 판단한 대법원 1984. 6. 26. 선고 83도685 판결을 이 판결의 견해에 배치되는 범위 내에서 모두 변경함.

다. 이 사건의 경우 **피고인이 피해자의 부재중에 피해자의 처로부터 현실적인 승낙을 받아 통상적인 출입방법에 따라 주거에 들어갔으므로 주거의 사실상 평온상태를 해치는 행위태양으로 주거에 들어간 것이 아니어서 주거에 침입한 것으로 볼 수 없고, 설령 피고인의 출입이 부재중인 피해자의 추정적 의사에 반하더라도 주거침입죄의 성립에 영향을 미치지 않는다**고 보아 피고인에 대한 주거침입죄의 성립을 부정한 원심판결이 정당하다고 판단하여 상고를 기각하였음.

[3] **[별개의견·반대의견·보충의견]**

이러한 다수의견에 대하여 대법관 김재형, 대법관 안철상의 각 별개의견, 대법관 이기택, 대법관 이동원의 반대의견이 있고, 다수의견에 대한 대법관 박정화, 대법관 노태악의 보충의견, 반대의견에 대한 대법관 이기택의 보충의견이 있음.

중요

02　[선택형] 폭처법 위반(공동주거침입)죄로 기소된 사건 ★★★★★

가정불화로 처와 일시 별거 중인 남편이 그의 부모와 함께 주거지에 들어가려고 하는데 처로부터 집을 돌보아 달라는 부탁을 받은 처제가 출입을 못하게 하자, 출입문에 설치된 잠금장치를 손괴하고 주거지에 출입한 사건이다. 이에 관한 설명 중 옳은 것은? (다툼이 있는 경우 판례에 의함)

① 공동거주자 중 한 사람이 법률적인 근거 기타 정당한 이유 없이 다른 공동거주자가 공동생활의 장소에 출입하는 것을 금지한 경우, 다른 공동거주자가 이에 대항하여 공동생활의 장소에 들어갔더라도 이는 사전 양해된 공동주거의 취지 및 특성에 맞추어 공동생활의 장소를 이용하기 위한 방편에 불과할 뿐, 그의 출입을 금지한 공동거주자의 사실상 주거의 평온이라는 법익을 침해하

는 행위라고는 볼 수 없으므로 주거침입죄는 성립하지 않는다.

해설 및 정답 대법원 2021. 9. 9. 선고 2020도6085 전원합의체 판결 **정답** ○

중요

사례문제 25 가정불화로 처와 일시 별거 중인 남편이 그의 부모와 함께 주거지에 들어가려고 하는데 처로부터 집을 돌보아 달라는 부탁을 받은 처제가 출입을 못하게 하자, 출입문에 설치된 잠금장치를 손괴하고 주거지에 출입하여 폭력행위 등 처벌에 관한 법률위반(공동주거침입)죄 등으로 기소된 사안 ★★★★★

대법원 2021. 9. 9. 선고 2020도6085 전원합의체 판결 (바) 일부 파기환송
[폭력행위 등 처벌에 관한 법률위반(공동주거침입) 등]

Q. 공동거주자 중 한 사람이 그의 출입을 금지한 다른 공동거주자의 사실상 평온상태를 해치는 행위태양으로 공동주거에 들어간 경우 그것이 공동주거의 보편적인 이용형태에 해당한다고 평가할 수 있는 경우에도 주거침입죄가 성립하는지 여부(소극)

Q. 공동거주자 중 한 사람이 그의 공동주거 출입을 금지한 다른 공동거주자에 대항하여 물리력의 행사를 통해 공동주거에 출입함에 있어 이러한 공동거주자의 행위에 외부인이 가담하여 함께 그들의 출입을 금지하는 다른 공동거주자의 사실상 평온상태를 해치는 행위태양으로 공동주거에 들어간 경우 그것이 외부인의 출입을 승낙한 공동거주자의 통상적인 공동주거 이용행위이거나 이에 수반되는 행위에 해당한다면 그 외부인에 대하여 주거침입죄가 성립하는지 여부(소극)

판결요지

[1] **[다수의견]**

가. 공동거주자 각자는 특별한 사정이 없는 한 공동주거관계의 취지 및 특성에 맞추어 공동주거 중 공동생활의 장소로 설정한 부분에 출입하여 공동의 공간을 이용할 수 있는 것과 같은 이유로, 다른 공동거주자가 이에 출입하여 이용하는 것을 용인할 수인의무도 있다. 이처럼 공동거주자 각자가 공동생활의 장소에서 누리는 사실상 주거의 평온이라는 법익은 공동거주자 상호간의 관계로 인하여 일정 부분 제약될 수밖에 없고, 공동거주자는 이러한 사정에 대한 상호 용인 하에 공동주거관계를 형성하기로 하였다고 보아야 한다. 따라서 공동거주자 상호간에는 특별한 사정이 없는 한 다른 공동거주자가 공동생활의 장소에 자유로이 출입하고 이를 이용하는 것을 금지할 수 없다.

나. **공동거주자 중 한 사람이 법률적인 근거 기타 정당한 이유 없이 다른 공동거

주자가 공동생활의 장소에 출입하는 것을 금지한 경우, 다른 공동거주자가 이에 대항하여 공동생활의 장소에 들어갔더라도 이는 사전 양해된 공동주거의 취지 및 특성에 맞추어 공동생활의 장소를 이용하기 위한 방편에 불과할 뿐, 그의 출입을 금지한 공동거주자의 사실상 주거의 평온이라는 법익을 침해하는 행위라고는 볼 수 없으므로 주거침입죄는 성립하지 않는다. 설령 그 공동거주자가 공동생활의 장소에 출입하기 위하여 다소간의 물리력을 행사하여 그 출입을 금지한 공동거주자의 사실상 평온상태를 해쳤더라도 주거침입죄는 성립하지 않는다.

다. 외부인이 공동거주자 중 한 사람의 승낙에 따라서 공동생활의 장소에 함께 출입한 것이 다른 공동거주자의 주거의 평온을 침해하는 행위가 된다고 볼 수 있는지 여부도 이러한 측면에서 살펴볼 필요가 있다. 공동거주자 중 한 사람의 승낙에 따른 외부인의 공동생활 장소의 출입 및 이용행위가 외부인의 출입을 승낙한 공동거주자의 통상적인 공동생활 장소의 출입 및 이용행위의 일환이자 이에 수반되는 행위로 평가할 수 있는 경우에는 이러한 외부인의 행위는 전체적으로 그 공동거주자의 행위와 동일하게 평가할 수 있다.

라. 공동거주자 중 한 사람이 법률적인 근거 기타 정당한 이유 없이 다른 공동거주자가 공동생활의 장소에 출입하는 것을 금지하고, 이에 대항하여 다른 공동거주자가 공동생활의 장소에 들어가는 과정에서 그의 출입을 금지한 공동거주자의 사실상 평온상태를 해쳤더라도, 그 공동거주자의 승낙을 받아 공동생활의 장소에 함께 들어간 외부인의 출입 및 이용행위가 전체적으로 그의 출입을 승낙한 공동거주자의 통상적인 공동생활 장소의 출입 및 이용행위의 일환이자 이에 수반되는 행위로 평가할 수 있는 경우에는 그 외부인에 대하여도 역시 주거침입죄가 성립하지 않는다.

[2] **[판결해설]**

가. **공동거주자 중 한 사람이 법률적인 근거 기타 정당한 이유 없이 다른 공동거주자가 공동생활의 장소에 출입하는 것을 금지한 경우, 다른 공동거주자가 이에 대항하여 공동생활의 장소에 들어갔더라도 주거침입죄가 성립하지 않고, 그 과정에서 출입을 위한 방편으로 다소간의 물리력을 행사하였더라도 주거침입죄가 성립하지 않는다**고 본 최초의 판단임.

나. 위와 같은 상황에서 공동거주자의 승낙을 받아 공동생활의 장소에 함께 들어간 외부인의 출입 및 이용행위가 전체적으로 그의 출입을 승낙한 공동거주자의 통상적인 공동생활 장소의 출입 및 이용행위의 일환이자 이에 수반되는 행

위로 평가할 수 있는 경우에는 그 외부인에 대하여도 역시 주거침입죄가 성립하지 않는다고 본 최초의 판단임.

다. 대법원의 다수의견은 피고인들에 대하여 모두 폭력행위 등 처벌에 관한 법률위반(공동주거침입)죄가 성립하지 않는다고 판단하였음 ⇒ 부모인 피고인 2, 3에 대하여 유죄로 인정한 원심판결을 파기 · 환송함.

라. 여러 사람이 함께 거주하는 공동주거관계의 취지와 특성, 이에 따르는 거주자 개개인이 누리는 주거의 평온이라는 법익의 제약과 이에 대한 상호 용인 의사 등을 제반 사정을 고려하여 공동거주자 내부관계에서 나아가 공동거주자로부터 승낙을 받은 외부인에 대한 관계에서 주거침입죄가 성립하는지 여부에 관하여 최초로 판단기준을 제시하였다는 점에서 의의가 있음.

마. 이러한 다수의견에 대하여 대법관 이기택의 별개의견, 대법관 조재연, 대법관 민유숙, 대법관 이동원의 반대의견이 있고, 다수의견에 대한 대법관 김선수, 대법관 천대엽의 보충의견, 반대의견에 대한 대법관 민유숙의 보충의견이 있음.

중요

03 [선택형] 세차업자가 아파트 지하주차장에 들어간 사건 – 건조물침입 ★★★★★

세차업자인 피고인이 '피고인의 이 사건 아파트 지하주차장 출입을 금지'하는 입주자대표회의의 결정과 법원의 출입금지가처분 결정에 반하여 일부 입주자 등과 체결한 세차용역계약의 이행을 위하여 이 사건 아파트 지하주차장에 들어가 건조물침입죄로 기소된 사건이다. 이에 관한 설명 중 옳은 것은? (다툼이 있는 경우 판례에 의함)

① 입주자대표회의가 입주자 등이 아닌 자(이하 '외부인'이라 한다)의 단지 안 주차장에 대한 출입을 금지하는 결정을 하고 그 사실을 외부인에게 통보하였음에도 외부인이 입주자대표회의의 결정에 반하여 그 주차장에 들어갔다면, 출입 당시 관리자로부터 구체적인 제지를 받지 않았다고 하더라도 그 주차장의 관리권자인 입주자대표회의의 의사에 반하여 들어간 것이므로 건조물침입죄가 성립한다.

② 설령 외부인이 일부 입주자 등의 승낙을 받고 단지 안의 주차장에 들어갔다고 하더라도 개별 입주자 등은 그 주차장에 대한 본질적인 권리가 침해되지 않는 한 입주자대표회의의 단지 안의 주차장 관리에 관한 결정에 따를 의무

가 있으므로 건조물침입죄의 성립에 영향이 없다.

해설 및 정답 ①~② 대법원 2021. 1. 14. 선고 2017도21323 판결 [건조물침입]

(마) 상고기각 **정답** ○

[판시사항] [1] 건조물침입죄의 보호법익과 성립요건 [2] 건조물의 거주자나 관리자와의 관계 등으로 평소 건조물에 출입이 허용된 사람이 거주자나 관리자의 명시적 또는 추정적 의사에 반하여 건조물에 들어간 경우, 건조물침입죄가 성립하는지 여부(적극) [3] 공동주택의 입주자대표회의가 입주자 등이 아닌 자(외부인)의 단지 안 주차장에 대한 출입을 금지하는 결정을 하고 그 사실을 외부인에게 통보하였음에도 외부인이 입주자대표회의의 결정에 반하여 그 주차장에 들어간 경우, 출입 당시 관리자로부터 구체적인 제지를 받지 않았더라도 건조물침입죄가 성립하는지 여부(적극) [4] 이때 외부인이 일부 입주자 등의 승낙을 받고 단지 안의 주차장에 들어간 경우, 건조물침입죄가 성립하는지 여부(한정 적극) 및 판단기준 [5] 공동주택인 아파트의 '단지 안 주차장'에 대한 입주자등이 아닌 외부인의 출입에 관한 '출입을 승낙'한 일부 입주자등의 의사와 '출입을 금지'한 아파트 입주자대표회의의 의사가 상충(相衝)하는 경우 건조물침입죄가 성립하는지 여부(적극)

[판결요지] 건조물침입죄는 건조물의 사실상 평온을 보호법익으로 하고 있다. 그러므로 건조물 관리자의 의사에 반하여 건조물에 침입함으로써 성립한다. 건조물의 거주자나 관리자와의 관계 등으로 평소 건조물에 출입이 허용된 사람이라 하더라도 건조물에 들어간 행위가 거주자나 관리자의 명시적 또는 추정적 의사에 반함에도 불구하고 감행된 것이라면 건조물침입죄가 성립한다.

[판결해설] 이 사건 아파트 입주자대표회의가 입주자등이 아닌 피고인의 아파트 지하주차장에 대한 출입을 금지하는 결정을 하고, 법원으로부터 출입금지가처분 결정을 받아 그 사실이 피고인에게 통지되었음에도 피고인이 입주자대표회의의 결정에 반하여 그 주차장에 들어갔다면, **출입 당시 관리자로부터 구체적인 제지를 받지 않았더라도 그 주차장의 관리관자인 입주자대표회의의 의사에 반하여 들어간 것이므로 건조물침입죄가 성립하고, 설령 피고인이 일부 입주자등의 승낙을 받고 이 사건 아파트의 지하주차장에 들어갔더라도 개별 입주자등이 그 주차장에 대하여 가지는 본질적인 권리가 침해되었다고 볼 수 없으므로 건조물침입죄의 성립에 영향이 없다**고 판단하여 상고기각한 사안임.

중요

04 [선택형] 업무방해죄의 성립 여부가 문제되는 사건 ★★★★★

업무방해죄에 관한 설명 중 옳은 것은? (다툼이 있는 경우 판례에 의함)

① 장애인복지협회의 지부장으로서 협회에 대한 회계자료열람권을 가진 피고인이 협회 사무실에서 회계서류 등의 열람을 요구하는 과정에서 협회 직원들을 불러 모아 상당한 시간 동안 이야기를 하거나 피고인의 요구를 거부하는 직원에게 다소 언성을 높여 책임을 지게 될 수 있다고 이야기한 사정 등만으로는 피고인의 행위가 업무방해 행위에 해당하지 않는다.

해설 및 정답 대법원 2021. 7. 8. 선고 2021도3805 판결 [업무방해] (바) 상고기각

정답 ○

[판시사항] 회계자료열람권을 가진 피고인이 회계서류 등의 열람을 요구하는 과정에서 다소 언성을 높이는 등 행위를 한 것이 업무방해죄에 해당하는지 여부(소극)

[판결요지] **업무방해죄의 수단인 위력은** 사람의 자유의사를 제압·혼란하게 할 만한 일체의 억압적 방법을 말하고 이는 제3자를 통하여 간접적으로 행사하는 것도 포함될 수 있다. 그러나 제3자로 하여금 상대방에게 어떤 조치를 취하게 하는 등으로 상대방의 업무에 곤란을 야기하거나 그러한 위험이 초래되게 하였더라도, **행위자가 그 제3자의 의사결정에 관여할 수 있는 권한을 가지고 있거나 그에 대하여 업무상의 지시를 할 수 있는 지위에 있는 경우에는 특별한 사정이 없는 한 업무방해죄를 구성하지 아니한다.**

중요

05 [선택형] 업무방해죄의 성립에서 업무방해 결과 발생 여부 ★★★★★

피고인 갑, 을이 공모하여, 피고인 갑은 병 고등학교의 학생 정이 약 10개월 동안 총 84시간의 봉사활동을 한 것처럼 허위로 기재된 봉사활동확인서를 발급받아 피고인 을에게 교부하고, 피고인 을은 이를 정의 담임교사를 통하여 병 학교에 제출하여 정으로 하여금 2010년도 학교장 명의의 봉사상을 수상하도록 하는 방법으로 위계로써 학교장의 봉사상 심사 및 선정 업무를 방해하였다는 내용으로 기소된 사안이다. 이에 관한 설명 중 옳은 것은? (다툼이 있는 경우 판례에 의함)

① 신청인이 업무담당자에게 허위의 주장을 하면서 이에 부합하는 허위의 소명자료를 첨부하여 제출한 경우 그 수리 여부를 결정하는 업무담당자가 관계 규정이 정한 바에 따라 그 요건의 존부에 관하여 나름대로 **충분히 심사를 하였으나 신청사유 및 소명자료가 허위임을 발견하지 못하여 신청을 수리하게 될 정도에 이르렀다면** 이는 업무담당자의 불충분한 심사가 아니라 신청인의 위계행위에 의하여 업무방해의 위험성이 발생된 것이어서 이에 대하여 위계

에 의한 업무방해죄가 성립된다.

해설 및 정답 대법원 2020. 9. 24. 선고 2017도19283 판결 [업무방해] **정답** ○

[판시사항] [1] 업무방해죄의 성립에 업무방해의 결과가 실제로 발생함을 요하는지 여부(소극) [2] 신청을 받아 자격요건 등을 심사하여 수용 여부를 결정하는 업무의 담당자에게 신청인이 허위의 주장을 하면서 이에 부합하는 허위의 소명자료를 첨부하여 제출한 행위가 위계에 의한 업무방해죄를 구성하는 경우 [3] **피고인들에게 무죄를 선고한 원심판단에 업무방해죄의 성립에 관한 법리오해의 위법이 있다고 한 사례.**

[판결요지] [1] 업무방해죄의 성립에 있어서는 업무방해의 결과가 실제로 발생함을 요하지 않고 업무방해의 결과를 초래할 위험이 발생하면 족하다.

[2] 업무담당자가 사실을 충분히 확인하지 않은 채 신청인이 제출한 허위의 신청사유나 허위의 소명자료를 가볍게 믿고 이를 수용하였다면 이는 업무담당자의 불충분한 심사에 기인한 것으로서 신청인의 위계가 업무방해의 위험성을 발생시켰다고 할 수 없어 위계에 의한 업무방해죄를 구성하지 않는다.

06 [선택형] 쟁의행위 중 상해 사건

甲 노동조합 소속 지회의 지회장 등인 피고인들이, 파업기간 중에 위 지회에 가입한 업체인 乙 회사에 채용되어 丙 회사의 공장에서 대체근로 중이던 丁을 발견하고 뒤쫓아 가 붙잡으려는 과정에서 丁에게 상해를 입게 하여 폭력행위 등 처벌에 관한 법률 위반(공동상해) 등으로 기소된 사안이다. 이에 대한 설명으로 옳은 것은? (다툼이 있는 경우 판례에 의함)

중요 ① 쟁의행위 기간 중 그 쟁의행위로 중단된 업무의 수행을 위하여 **당해 사업과 관계없는 자를 채용 또는 대체하는 사용자에게** 채용 또는 대체되는 자의 행위에 대하여는 일반적인 **형법 총칙상의 공범 규정을 적용하여 공동정범, 교사범 또는 방조범으로 처벌할 수 없다.**

해설 및 정답 대법원 2020. 6. 11. 선고 2016도3048 판결 [폭력행위등 처벌에 관한 법률 위반(공동상해)·집회 및 시위에 관한 법률 위반] (사) 파기환송 〈피고인들이 쟁의행위 기간 중 중단된 업무의 수행을 위하여 채용된 피해자를 현행범으로 체포하는 과정에서 피해자가 넘어져 상해를 입은 사건〉 **정답** ○

[판결해설] 여수 산단 소재 중장비 임대업체 소속 근로자들로 조직된 노동조합의 조합원들이 파업기간 중에 위 업체에 채용되어 기중기 운전 작업을 대체 수행하고 있는 피해자를 발견하고 피해자를 붙잡으려고 하다가 피해자가 바닥에 넘어져

어금니 탈구 등 상해를 입은 사안이다. 피해자는 쟁의행위로 중단된 업무를 수행하기 위하여 **채용된 근로자에 불과하다.** 그러므로 대향범 관계에 있는 행위 중 '사용자'만 처벌하는 노동조합법 제91조, 제43조 제1항 위반죄의 **단독정범이 될 수 없다. 형법 총칙상 공범 규정을 적용하여 공동정범 또는 방조범으로 처벌할 수도 없다.** 그러므로 피해자는 노동조합법 제91조, 제43조 제1항 위반에 따른 **현행범인이 아니다.** 피고인들이 피해자를 체포하려던 당시 상황을 기초로 보더라도 현행범인 체포의 요건을 갖추고 있었다고 할 수 없다. 이와 달리 판단한 원심을 파기한 사례.

07 [선택형 · 사례형] 위험한 물건 소지 사건

폭력행위 등 처벌에 관한 법률(이하 '폭력행위처벌법'이라 한다)에 관한 설명으로 옳은 것은? (다툼이 있는 경우 판례에 의함)

① 폭력행위 등 처벌에 관한 법률(이하 '폭력행위처벌법'이라 한다) 제7조에서 말하는 위험한 물건의 **'휴대'란 범죄현장에서 사용할 의도 아래 위험한 물건을 몸 또는 몸 가까이에 소지하는 것을 말한다.**

② 정당한 이유 없이 폭력행위처벌법에 규정된 범죄에 공용될 우려가 있는 흉기를 휴대하고 있었다면 다른 구체적인 범죄행위가 없더라도 그 휴대행위 자체에 의하여 폭력행위처벌법위반(우범자)죄의 구성요건을 충족하는 것이다. 그러나 **흉기나 그 밖의 위험한 물건을 소지하고 있다는 사실만으로 폭력행위처벌법에 규정된 범죄에 공용될 우려가 있는 것으로 추정된다고 볼 수는 없다.**

③ 형사재판에서 공소가 제기된 범죄의 구성요건을 이루는 사실에 대한 증명책임은 검사에게 있다. **피고인이 폭력행위처벌법에 규정된 범죄에 공용될 우려가 있는 흉기나 그 밖의 위험한 물건을 휴대하였다는 점은 검사가 증명하여야 한다.**

해설 및 정답 ①~③ 대법원 2017. 9. 21. 선고 2017도7687 판결 [폭력행위등처벌에관한법률위반(우범자)]

정답 ○

사례문제 26 폭처법 제7조 위험한 물건의 '휴대'의 의미

대법원 2017. 9. 21. 선고 2017도7687 판결
[폭력행위등처벌에관한법률위반(우범자)]

Q. 폭력행위 등 처벌에 관한 법률 제7조에서 말하는 '이 법에 규정된 범죄'가 '폭력행위 등 처벌에 관한 법률에 규정된 범죄'만을 의미하는지 여부(적극)

Q. 폭력행위 등 처벌에 관한 법률 제7조에서 말하는 위험한 물건의 '휴대'의 의미

Q. 정당한 이유 없이 같은 법에 규정된 범죄에 공용될 우려가 있는 흉기를 휴대하고 있었다는 사실만으로 같은 법 위반(우범자)죄의 구성요건을 충족하는지 여부(적극)

Q. 흉기나 그 밖의 위험한 물건을 소지하고 있다는 사실만으로 같은 법에 규정된 범죄에 공용될 우려가 있는 것으로 추정되는지 여부(소극)

Q. 피고인이 같은 법에 규정된 범죄에 공용될 우려가 있는 흉기나 그 밖의 위험한 물건을 휴대하였다는 점에 대한 증명책임 소재(=검사)

판결요지

가. 폭력행위처벌법 제7조에서 말하는 위험한 물건의 '휴대'란 범죄현장에서 사용할 의도 아래 위험한 물건을 몸 또는 몸 가까이에 소지하는 것을 말한다. 정당한 이유 없이 폭력행위처벌법에 규정된 범죄에 공용될 우려가 있는 흉기를 휴대하고 있었다면 다른 구체적인 범죄행위가 없더라도 그 휴대행위 자체로 폭력행위처벌법위반(우범자)죄의 구성요건을 충족하는 것이다.

나. **형사재판에서 공소가 제기된 범죄의 구성요건을 이루는 사실에 대한 증명책임은 검사에게 있다. 따라서 피고인이 폭력행위처벌법에 규정된 범죄에 공용될 우려가 있는 흉기나 그 밖의 위험한 물건을 휴대하였다는 점은 검사가 증명하여야 한다.**

08 [선택형] 특수폭행치상죄 사건

피고인이 승용차를 운전하여 가던 중 피해자가 타고 가던 자동차 앞으로 승용차의 진로를 변경한 후 급하게 정차하여 충돌을 피하려는 피해자의 자전거를 땅바닥에 넘어지게 함으로써, 위험한 물건인 자동차를 이용하여 피해자를 폭행하여 약 2주간의 치료를 요하는 상해를 입게 하였다. 이에 관한 설명으로 옳은 것은? (다툼이 있는 경우 판례에 의함)

중요 ① **특수폭행치상의 경우 공소장 기재 적용법조에 구속되지 않고 형법 제257조 제1항의 예에 의하여 처벌하는 것으로 해석해야 한다.** 특수폭행치상의 경우 형법 제258조의2의 신설에도 불구하고 종전과 같이 형법 제257조 제1항의 예에 의하여 처벌하는 것으로 해석함이 타당하다.

해설 및 정답 대법원 2018. 7. 24. 선고 2018도3443 판결 **정답** ○

09 [선택형] 폭처법 제7조 우범자 사건(소형 접이식 칼 소지 사건)

형벌해석(폭처법)에 관한 설명으로 옳은 것은? (다툼이 있는 경우 판례에 의함)

① 폭력행위처벌법 제7조는 "정당한 이유 없이 이 법에 규정된 범죄에 공용될 우려가 있는 흉기나 그 밖의 **위험한 물건을 휴대하거나 제공 또는 알선한 사람은** 3년 이하의 징역 또는 300만 원 이하의 벌금에 처한다."라고 정하고 있다. **폭력행위처벌법위반(우범자)죄는 대상범죄인 '이 법에 규정된 범죄'의 예비죄로서의 성격을 지니고 있다.**

② 폭력행위처벌법 제7조에서 말하는 **'이 법에 규정된 범죄'**는 **'폭력행위처벌법에 규정된 범죄'만을 말한다.**

해설 및 정답 ①~② 대법원 2018. 1. 24. 선고 2017도15914 판결 **정답** ○

10 [선택형] 유기치사죄 성립요건 판단 사건

유기죄에 관한 설명으로 옳은 것은? (다툼이 있는 경우 판례에 의함)

① 유기치사죄가 성립하기 위해서는 먼저 유기죄가 성립하여야 한다. 그러므로 행위자가 유기죄에 관한 형법 제271조 제1항이 정하고 있는 것처럼 "노유, 질병 **기타 사정으로 인하여 부조를 요하는 자를 보호할 법률상 또는 계약상 의무 있는 자**"에 해당하여야 한다. 여기에서 말하는 **법률상 보호의무에는 민법 제826조 제1항에 근거한 부부간의 부양의무도 포함된다.**

해설 및 정답 대법원 2018. 5. 11. 선고 2018도4018 판결 **정답** ○

문 15. 명예훼손죄 · 모욕죄에 관한 설명 중 옳은 것은? (다툼이 있는 경우 판례에 의함)

출제예상내용
- 명예훼손죄 구성요건 중 '공연성' 의미
- 명예훼손죄 성립에 필요한 '사실의 적시'의 의미
- 사실에 대한 착오
- 형법 제307조 제1항, 형법 제310조
- 형법 제309조 출판물에 의한 명예훼손죄
- 형법 제311조 모욕죄
- 정통법 제74조 제1항 제3호 '상대방에게 도달'의 의미

사례문제 27 전파가능성 사건

사례문제 28 형법 제307조 제1항 '사실'의 의미

중요

01 [선택형] 징계절차 회부 안내문을 회사 게시판에 게시한 사건 ★★★★★

업무 담당자가 피해자에 대한 징계절차 회부 안내문을 회사 게시판에 게시한 사건이다. 이에 관한 설명 중 옳은 것은? (다툼이 있는 경우 판례에 의함)

① 회사 징계절차가 공적인 측면이 있다고 해도 징계절차에 회부된 단계부터 그 과정 전체가 낱낱이 공개되어야 하는 것은 아니다. 징계혐의 사실은 징계절차를 거친 다음 일응 확정되는 것이다. 그러므로 징계절차에 회부되었을 뿐인 단계에서 그 사실을 공개함으로써 피해자의 명예를 훼손하는 경우, 이를 사회적으로 상당한 행위라고 보기는 어렵다. 그 단계에서의 공개로 공익이 달성될 수 있을지도 의문이다.

해설 및 정답 대법원 2021. 8. 26. 선고 2021도6416 판결 [명예훼손] (차) 파기환송

정답 ○

[판시사항] 형법 제310조의 위법성조각사유에 해당하기 위한 요건인 '오로지 공공의 이익에 관한 때'의 의미와 그 판단 기준

[판결요지] 공연히 사실을 적시하여 사람의 명예를 훼손하는 행위가 진실한 사실로서 오로지 공공의 이익에 관한 때에는 형법 제310조에 따라 처벌할 수 없다.

여기서 '오로지 공공의 이익에 관한 때'라 함은 적시된 사실이 객관적으로 볼 때 공공의 이익에 관한 것으로서 행위자도 주관적으로 공공의 이익을 위하여 그 사실을 적시한 것이어야 한다. 여기의 공공의 이익에 관한 것에는 널리 국가·사회 기타 일반 다수인의 이익에 관한 것뿐만 아니라 특정한 사회집단이나 그 구성원 전체의 관심과 이익에 관한 것도 포함한다.

[판결해설] 원심은, 징계회부를 한 후 곧바로 징계혐의사실과 징계회부사실을 회사 게시판에 게시한 피고인의 행위가 '회사 내부의 원활하고 능률적인 운영 도모'라는 공공의 이익에 관한 것이라고 판단하여 피고인에게 무죄를 선고함. 대법원은 **원심의 판단에 공공의 이익에 관한 법리오해가 있다**고 보아 파기환송함.

중요

02 [선택형] 형법 제20조 '사회상규에 위배되지 않는 행위' ★★★★★

자동차 정보 관련 인터넷 신문사 소속 기자 甲이 작성한 기사가 인터넷 포털 사이트의 자동차 뉴스 '핫이슈' 난에 게재되자, 피고인이 "이런걸 기레기라고 하죠?"라는 댓글을 게시함으로써 공연히 甲을 모욕하였다는 내용으로 기소된 사안이다. 이에 관한 설명 중 옳은 것은? (다툼이 있는 경우 판례에 의함)

① 어떤 글이 모욕적 표현을 담고 있는 경우에도 그 글이 객관적으로 타당성이 있는 사실을 전제로 하여 그 사실관계나 이를 둘러싼 문제에 관한 자신의 판단과 피해자의 태도 등이 합당한가 하는 데 대한 자신의 의견을 밝히고, 자신의 판단과 의견이 타당함을 강조하는 과정에서 부분적으로 모욕적인 표현이 사용된 것에 불과하다면 사회상규에 위배되지 않는 행위로서 형법 제20조에 의하여 위법성이 조각될 수 있다.

② '기레기'는 모욕적 표현에 해당하나, 위 댓글의 내용, 작성 시기와 위치, 위 댓글 전후로 게시된 다른 댓글의 내용과 흐름 등을 종합하면, 위 댓글을 작성한 행위는 사회상규에 위배되지 않는 행위로서 형법 제20조에 의하여 위법성이 조각된다.

해설 및 정답 ①~② 대법원 2021. 5. 15. 선고 2017도17643 판결 [모욕] **정답** ○

[판시사항] [1] 모욕죄에서 말하는 '모욕'의 의미 [2] 어떤 글이 모욕적 표현을 담고 있더라도 사회상규에 위배되지 않는 행위로서 위법성이 조각될 수 있는 경우 [3] 특정 사안에 대한 의견을 공유하는 인터넷 게시판 등의 공간에서 작성된 단문의 글에 모욕적 표현이 포함되어 있더라도 그 글을 작성한 행위가 사회상규에 위배되지 않는 행위로서 위법성이 조각되는 경우

[판결요지] [1] 모욕죄에서 말하는 모욕이란 사실을 적시하지 아니하고 사람의 사회적 평가를 저하시킬 만한 추상적 판단이나 경멸적 감정을 표현하는 것을 의미한다. [2] **다만 어떤 글이 모욕적 표현을 담고 있는 경우에도 그 글이 객관적으로 타당성이 있는 사실을 전제로 하여 그 사실관계나 이를 둘러싼 문제에 관한 자신의 판단과 피해자의 태도 등이 합당한가 하는 데 대한 자신의 의견을 밝히고, 자신의 판단과 의견이 타당함을 강조하는 과정에서 부분적으로 모욕적인 표현이 사용된 것에 불과하다면 사회상규에 위배되지 않는 행위로서 형법 제20조에 의하여 위법성이 조각될 수 있다.**

중요

03 [선택형] 발언이 불특정 다수인에게 전파될 가능성이 있었는지 여부 ★★★★★

피고인이 근무하는 교육청 소속 남녀장학사들인 피해자와 ○○○ 사이에 불미스러운 소문이 돈다는 사실을 자신은 물론 ○○○와도 친분이 있는 △△△에게 말하였다. 그런데 △△△이 다시 □□□에게 피고인으로부터 들은 소문의 내용을 전달한 사건이다. 이에 관한 설명 중 옳은 것은? (다툼이 있는 경우 판례에 의함)

① 피고인이 발언한 경위와 동기, 피고인 및 ○○○와 △△△의 관계와 교육청 내 지위 등을 고려할 때, 피고인의 사실적시에 공연성이 있었다고 인정하기 어려울 뿐만 아니라, 명예훼손의 고의, 전파가능성에 대한 인식과 그 위험을 용인하는 내심의 의사가 있었다고 보기 어렵다.

해설 및 정답 대법원 2021. 4. 29. 선고 2021도1677 판결 [명예훼손] (가) 상고기각

정답 ○

[판시사항] 발언자와 상대방 및 피해자와 상대방이 특수한 관계에 있는 경우 공연성 판단기준

[판결요지] [1] 공연성은 명예훼손죄의 구성요건이다. 특정 소수에 대한 사실적시의 경우 공연성이 부정되는 유력한 사정이 될 수 있다. 그러므로 전파될 가능성에 관해서는 검사의 엄격한 증명이 필요하다.

[2] 발언 상대방이 발언자나 피해자의 배우자, 친척, 친구 등 사적으로 친밀한 관계에 있는 경우 또는 직무상 비밀유지의무 또는 이를 처리해야 할 공무원이나 이와 유사한 지위에 있는 경우에는 그러한 관계나 신분으로 비밀의 보장이 상당히 높은 정도로 기대되는 경우로서 공연성이 부정된다.

[3] **발언자와 상대방 및 피해자와 상대방이 특수한 관계에 있는 경우 또는 상대방이 직무상 특수한 지위나 신분을 가지고 있는 경우에 공연성을 인정하기 위해서는 그러한 관계나 신분에도 불구하고 불특정 또는 다수인에게 전파될 수 있다**

고 볼 만한 특별한 사정이 존재하여야 한다(대법원 2020. 11. 19. 선고 2020도5813 전원합의체 판결 참조).

중요

04 [선택형] 명예훼손죄에서 공연성과 전파가능성이 문제되는 사건 ★★★★★

도급인인 피고인이 수급인인 피해자의 소개로 공사현장에서 일한 상대방에게 '지급할 노임 일부를 피해자가 수령한 후 유용하였다'는 문자메시지를 보내 명예훼손죄로 기소된 사안이다. 이에 관한 설명 중 옳은 것은? (다툼이 있는 경우 판례에 의함)

① 명예훼손죄의 구성요건으로서 공연성은 '불특정 또는 다수인이 인식할 수 있는 상태'를 의미하고, 개별적으로 소수의 사람에게 사실을 적시하였더라도 그 상대방이 불특정 또는 다수인에게 적시된 사실을 전파할 가능성이 있는 때에도 공연성이 인정된다.

② 공연성의 존부는 발언자와 상대방 또는 피해자 사이의 관계나 지위, 대화를 하게 된 경위와 상황, 사실적시의 내용, 적시의 방법과 장소 등 행위 당시의 객관적 제반 사정에 관하여 심리한 다음, 그로부터 상대방이 불특정 또는 다수인에게 전파할 가능성이 있는지 여부를 검토하여 종합적으로 판단하여야 한다.

해설 및 정답 ①~② 대법원 2021. 4. 8. 선고 2020도18437 판결 [명예훼손] (바) 상고기각

정답 ○

[판시사항] 피고인이 제3자에게 '피해자가 노임 일부를 유용했다'는 문자메시지를 보낸 사안에서 전파가능성의 인식을 부정한 원심이 타당한지 여부(소극)

[판결요지] 전파가능성 및 그에 대한 피고인의 인식을 섣불리 부정할 수 없다.

중요

05 [선택형] 의견표명 과정에서 의혹 제기와 허위사실 적시 명예훼손죄 ★★★★★

피고인이 세월호 참사 국민대책회의 공동위원장이자 '4월 16일의 약속 국민연대' 상임운영위원으로서 언론사 기자와 시민 등을 상대로 기자회견을 하던 중 '세월호 참사 당일 7시간 동안 대통령 갑이 마약이나 보톡스를 했다는 의혹이 사실인지 청와대를 압수·수색해서 확인했으면 좋겠다.'는 취지로 발언함으로써 허위사실을 적시하여 갑의 명예를 훼손하였다는 내용으로 기소된 사안이다. 이에 관한 설명 중 옳은 것은? (다툼이 있는 경우 판례에 의함)

① 위 발언은 '갑이 마약을 하거나 보톡스 주사를 맞고 있어 직무수행을 하지 않았다.'는 구체적인 사실을 적시하였다고 단정하기 어렵고, 피고인이 공적 인물과 관련된 공적 관심사항에 대한 의혹 제기 방식으로 표현행위를 한 것으로서 대통령인 갑 개인에 대한 악의적이거나 심히 경솔한 공격으로서 현저히 상당성을 잃은 것으로 평가할 수 없어 명예훼손죄로 처벌할 수 없다.

해설 및 정답 대법원 2021. 3. 25. 선고 2016도14995 판결[특수공무집행방해치상 · 특수공무집행방해 · 일반교통방해 · 집회및시위에관한법률위반 · 명예훼손] (가) 파기 환송 **정답** ○

[판결요지] 위 발언은 피고인과 4 · 16 연대 사무실에 대한 압수 · 수색의 부당성과 甲의 행적을 밝힐 필요성에 관한 의견을 표명하는 과정에서 세간에 널리 퍼져 있는 의혹을 제시한 것으로 '甲이 마약을 하거나 보톡스 주사를 맞고 있어 직무수행을 하지 않았다.'는 구체적인 사실을 적시하였다고 단정하기 어렵고, 피고인이 공적 인물과 관련된 공적 관심사항에 대한 의혹 제기 방식으로 표현행위를 한 것으로서 **대통령인 甲 개인에 대한 악의적이거나 심히 경솔한 공격으로서 현저히 상당성을 잃은 것으로 평가할 수 없어 명예훼손죄로 처벌할 수 없다**는 이유로, 이와 달리 본 **원심판단에 형법 제307조 제2항에서 정한 명예훼손죄의 사실 적시, 전면적 공적 인물에 대한 명예훼손죄의 위법성 판단에 관한 법리오해의 잘못이 있다**고 한 사례.

중요

06 [선택형] 상관모욕죄로 기소된 사건 ★★★★★

피고인이 소속된 분대의 분대장이었으나 피고인과 같은 병(兵)이었던 피해자 상병의 면전에서 피해자를 모욕하였다는 이유로 상관모욕죄로 기소된 사안이다. 이에 관한 설명 중 옳은 것은? (다툼이 있는 경우 판례에 의함)

① '명령복종 관계'는 구체적이고 현실적인 관계일 필요까지는 없으나 법령에 의거하여 설정된 상 · 하의 지휘계통 관계를 말한다. 한편 명령복종의 관계에 있는지를 따져 명령권을 가지면 상관이고 이러한 경우 계급이나 서열은 문제가 되지 아니한다. 군의 직무상 하급자가 명령권을 가질 수도 있기 때문이다.

② 부대지휘 및 관리, 병영생활에 있어 분대장과 분대원은 명령복종 관계로서 분대장은 분대원에 대해 명령권을 가진 사람 즉 상관에 해당하고, 이는 분대장과 분대원이 모두 병(兵)이라 하더라도 달리 볼 수 없다.

해설 및 정답 ①~② 대법원 2021. 3. 11. 선고 2018도12270 판결 [상관모욕] (카) 파기환송(일부) **정답** ○

[판시사항] [1] 군형법 제64조 제1항에서 규정한 상관모욕죄의 보호법익 [2] 군형법 제2조 제1호에서 정한 '명령복종 관계'의 의미 및 상관인지 판단하는 기준 [3] 부대지휘 및 관리, 병영생활에서 분대장이 분대원의 상관에 해당하는지 여부(적극) [4] 분대장과 분대원이 모두 병(兵)인 경우 달리 보아야 하는지 여부(소극) [5] 병사인 분대장이 상관모욕죄의 상관에 해당하는지(적극)

[판결해설] 병사인 분대장은 상관모욕죄의 상관으로 볼 수 없다고 잘못 판단하고 그 전제 하에 공소사실 기재 행위가 상관모욕죄에서 말하는 모욕에 해당하는지에 관하여 심리·판단하지 아니한 채 무죄를 선고한 원심을 파기환송한 사례.

중요

07 [선택형] 명예훼손에서 공공의 이익과 비방할 목적이 문제되는 사건 ★★★★★

대안학교 영어 교과를 담당하는 피고인이 교장인 피해자가 정신과를 다닌다는 내용의 발언을 하거나 피해자가 학교 재산을 횡령하였다는 내용의 글을 게시하여 명예를 훼손하였다. 이에 관한 설명 중 옳은 것은? (다툼이 있는 경우 판례에 의함)

① 피고인의 행위가 영어 교육 프로그램 도입과 관련하여 피해자와 대립하면서 학교 운영의 정상화나 학생의 학습권 보장 등의 목적이 아니라 **본인의 이익을 추구할 목적으로 피해자를 비난하는 내용의 공소사실 기재 행위를 하였다고 보아 공공의 이익 등이 인정될 수 없다.**

해설 및 정답 대법원 2021. 1. 14. 선고 2020도8780 판결 [명예훼손·정보통신망이용촉진및정보보호등에관한법률위반(명예훼손)] (바) 상고기각 **정답** ○

[판시사항] 본인의 이익을 추구할 목적으로 갑을 비난하는 내용의 위와 같은 행위를 하였다고 보아, 같은 취지에서 공소사실을 유죄로 인정한 원심판단을 수긍한 사례.

[판결요지] **형법 제310조가 정한 '공공의 이익', 「정보통신망 이용촉진 및 정보보호 등에 관한 법률」 제70조 제1항이 정한 '비방할 목적'에 관한 법리를 오해하거나 판단누락의 잘못 등이 없다.**

중요

08 [선택형] 명예훼손죄에서 공연성이 문제되는 사건 ★★★★★

(1) 피고인들이 피해자가 자율규정을 위반하여 징계하였으니 골프장 출입을 금지시켜 달라는 내용의 요청서를 작성하여 골프장 운영 회사 담당자를 통하여 위 회사에 제출하였다. (2) 피고인들이 허위사실을 적시한 서명자료를 만들어 동료 여러 명에게 읽고 서명하게 하였다. 이에 관한 설명 중 옳은 것은? (다툼이 있는 경우 판례에 의함)

① (1) 사례의 경우 피고인들이 피해자에 대한 출입금지처분을 요청하기 위하여 그 담당자에게 요청서를 제출한 것이어서 담당자를 통하여 불특정 또는 다수인에게 전파될 가능성이 있다고 보이지 않는다.

② (2) 사례의 경우 피고인들의 행위는 불특정 또는 다수인이 인식할 수 있는 상태에 해당하고, 설령 그 내용이 동료들 사이에 만연한 소문이었다고 하더라도 공연성이 인정된다.

해설 및 정답 ①～② 대법원 2020. 12. 30. 선고 2015도15619 판결 [명예훼손] (바) 상고기각 **정답** ○

[판시사항] [1] 골프장 경기도우미들이 자율규정을 위반한 경기도우미를 징계하였으니 처리하여 달라는 취지가 기재된 요청서를 절차에 따라 골프장 운영 회사의 담당자에게 전달한 사안에서 공연성 인정 여부(소극) [2] 피고인들이 허위사실을 적시한 서명자료를 만들어 다수의 동료들에게 읽고 서명하게 한 사안, 특히 그 내용을 동료들이 알고 있는 경우 공연성 인정 여부(적극)

[판결요지] [1] 명예훼손죄의 구성요건으로서 공연성은 '불특정 또는 다수인이 인식할 수 있는 상태'를 의미하고, 개별적으로 소수의 사람에게 사실을 적시하였더라도 그 상대방이 불특정 또는 다수인에게 적시된 사실을 전파할 가능성이 있는 때에도 공연성이 인정된다.

[2] 개별적인 소수에 대한 발언을 불특정 또는 다수인에게 전파될 가능성을 이유로 공연성을 인정하기 위해서는 막연히 전파될 가능성이 있다는 것만으로 부족하고, 고도의 가능성 내지 개연성이 필요하며, 검사의 엄격한 증명을 요한다.

[3] 특히 발언 상대방이 직무상 비밀유지의무 또는 이를 처리해야 할 공무원이나 이와 유사한 지위에 있는 경우에는 그러한 관계나 신분으로 인하여 비밀의 보장이 상당히 높은 정도로 기대되는 경우로서 공연성이 부정되고, 공연성을 인정하기 위해서는 그러한 관계나 신분에도 불구하고 불특정 또는 다수인에게 전파될 수 있다고 볼 만한 특별한 사정이 존재하여야 한다(대법원 2020. 11. 19. 선고 2020도5813 전원합의체 판결 참조).

[4] 명예훼손죄는 추상적 위험범으로 불특정 또는 다수인이 적시된 사실을 실제 인식하지 못하였다고 하더라도 인식할 수 있는 상태에 놓인 것으로도 명예가 훼손된 것으로 보아야 한다(위 대법원 2020도5813 전원합의체 판결 참조). **발언 상대방이 이미 알고 있는 사실을 적시하였더라도 공연성 즉 전파될 가능성이 없다고 볼 수 없다**(대법원 1993. 3. 23. 선고 92도455 판결 등 참조).

중요

09 [선택형] 명예훼손죄에서 전파가능성을 제한하는 법리 ★★★★★

피고인이 자신의 사무실에서 친구 갑에게 피해자에 대한 허위사실을 적시하여 피해자의 명예를 훼손하였다. 이에 관한 설명 중 옳은 것은? (다툼이 있는 경우 판례에 의함)

① 피고인이 사무실에서 이 사건 발언을 할 당시 갑만 있었는데, 이는 공연성이 부정될 유력한 사정이므로, 피고인의 발언이 전파될 가능성에 대해서는 검사의 엄격한 증명이 필요하다.

② 피고인과 갑의 친밀 관계를 고려하면 비밀보장이 상당히 높은 정도로 기대되기 때문에 공연성을 인정하려면 그러한 관계에도 불구하고 불특정 또는 다수인에게 전파될 수 있다고 볼 만한 특별한 사정이 있어야 한다.

③ 피고인이 갑 앞에서 한 발언 경위와 내용 등을 보면 위 발언이 불특정 또는 다수인에게 전파될 가능성이 있다고 보기 어렵거나 피고인에게 전파가능성에 대한 위험을 용인하는 내심의 의사가 있었다고 보기 어렵다.

해설 및 정답 ①~③ 대법원 2020. 12. 30. 선고 2015도12933 판결 [명예훼손]

정답 ○

[판결요지] [1] 공연성은 명예훼손죄의 구성요건으로서, 특정 소수에 대한 사실적시의 경우 공연성이 부정되는 유력한 사정이 있다고 볼 수 있으므로, 전파가능성에 관해서는 검사의 엄격한 증명이 필요하다.
[2] 발언 상대방이 발언자나 피해자의 배우자, 친척, 친구 등 사적으로 친밀한 관계에 있는 경우 또는 직무상 비밀유지의무 또는 이를 처리해야 할 공무원이나 이와 유사한 지위에 있는 경우에는 그러한 관계나 신분으로 비밀의 보장이 상당히 높은 정도로 기대되는 경우로서 공연성이 부정된다. 위와 같이 발언자와 상대방, 그리고 피해자와 상대방이 특수한 관계에 있는 경우 또는 상대방이 직무상 특수한 지위나 신분을 가지고 있는 경우에 공연성을 인정하려면 그러한 관계나 신분에도 불구하고 불특정 또는 다수인에게 전파될 수 있다고 볼 만한 특별한 사정이

존재하여야 한다(대법원 2020. 11. 19. 선고 2020도5813 전원합의체 판결 참조).
[판결해설] 원심은 위와 같은 피고인의 발언에 공연성이 인정된다는 이유로 유죄로 판단하였음. 반면 대법원은, 대법원 2020. 11. 19. 선고 2020도5813 전원합의체 판결의 전파가능성 제한 법리에 따라 위 발언의 상대방, 경위 등에 비추어 보면 피고인의 발언이 전파될 가능성이 있다고 보기 어렵거나 그에 관한 법리를 오해하여 심리를 다하지 아니한 잘못이 있다는 이유로 원심을 파기한 사안임.

중요

10 [선택형] 비방할 목적이 있는지 여부는 별개의 구성요건인가 ★★★★★

피고인이 한국블록체인법학회 카카오톡 그룹채팅방에 '피해자가 로스차일드그룹의 CEO가 아님에도 이를 사칭하여 투자금을 편취하려 한다'는 내용의 문자를 보내, 피해자를 비방할 목적으로 정보통신망을 통하여 허위사실을 드러내어 피해자의 명예를 훼손했다는 범죄사실로 기소된 사안이다. 이에 관한 설명 중 옳은 것은? (다툼이 있는 경우 판례에 의함)

① 정보통신망 이용촉진 및 정보보호 등에 관한 법률 제70조 제2항에 따른 범죄가 성립하려면 피고인이 공공연하게 드러낸 사실이 거짓이고 그 사실이 거짓임을 인식하여야 할 뿐만 아니라 사람을 비방할 목적이 있어야 한다. 비방할 목적이 있는지 여부는 피고인이 드러낸 사실이 거짓인지 여부와 별개의 구성요건으로서, 드러낸 사실이 거짓이라고 해서 비방할 목적이 당연히 인정되는 것은 아니다. 그리고 이 규정에서 정한 모든 구성요건에 대한 증명책임은 검사에게 있다.

해설 및 정답 대법원 2020. 12. 10. 선고 2020도11471 판결 [정보통신망이용촉진및정보보호등에관한법률위반(명예훼손)] (가) 상고기각 〈피고인이 드러낸 사실이 거짓인지 여부와 비방할 목적이 있는지 여부는 별개의 구성요건이며 검사에게 증명책임이 있다는 점을 명확히 한 정보통신망법위반(명예훼손) 사건〉 **정답** ○

[판결요지] '비방할 목적'은 공공의 이익을 위한 것과는 행위자의 주관적 의도라는 방향에서 상반되므로, 드러낸 사실이 공공의 이익에 관한 것인 경우에는 특별한 사정이 없는 한 비방할 목적은 부정된다. 여기에서 '드러낸 사실이 공공의 이익에 관한 것인 경우'란 드러낸 사실이 객관적으로 볼 때 공공의 이익에 관한 것으로서 행위자도 주관적으로 공공의 이익을 위하여 그 사실을 드러낸 것이어야 한다. 행위자의 주요한 동기와 목적이 공공의 이익을 위한 것이라면 부수적으로 다른 사익적 목적이나 동기가 포함되어 있더라도 비방할 목적이 있다고 보기는 어렵다.

[판결해설] 대법원은 '드러낸 사실이 거짓인 경우에는 비방의 목적이 추정되며 거짓임을 인식하지 못한 것에 대한 상당한 이유가 있어야 한다'는 취지의 검사 상고이유를 배척하고, **피고인이 드러낸 사실이 거짓인지 여부와 비방할 목적이 있는지 여부는 별개의 구성요건이며 이 규정에서 정한 모든 구성요건에 대한 증명책임은 검사에게 있다는 점을 명확히 하였고, 피고인이 드러낸 사실이 거짓임을 인식했거나 피해자를 비방할 목적이 있다는 점에 대해 범죄의 증명이 없다**고 보아 제1심을 파기한 원심을 수긍하였음.

중요

11 [선택형] 전파가능성 사건 ★★★★★

피고인이 갑의 집 뒷길에서 피고인의 남편 을 및 갑의 친척인 병이 듣는 가운데 갑에게 '저것이 징역 살다온 전과자다' 등으로 큰 소리로 말함으로써 공연히 사실을 적시하여 갑의 명예를 훼손하였다는 내용으로 기소된 사안이다. 이에 관한 설명 중 옳은 것은? (다툼이 있는 경우 판례에 의함)

① 피고인은 갑과의 싸움 과정에서 단지 갑을 모욕 내지 비방하기 위하여 공개된 장소에서 큰 소리로 말하여 다른 마을 사람들이 들을 수 있을 정도였던 것으로 불특정 또는 다수인이 인식할 수 있는 상태였다고 봄이 타당하므로 피고인의 위 발언은 공연성이 인정된다.

해설 및 정답 대법원 2020. 11. 19. 선고 2020도5813 전원합의체 판결 **정답** ○

사례문제 27 전파가능성 사건 ★★★★★

대법원 2020. 11. 19. 선고 2020도5813 전원합의체 판결 (가) 상고기각
[상해 · 명예훼손 · 폭행]

Q. 명예훼손죄의 구성요건인 '공연성'의 의미와 판단 기준

Q. 명예훼손죄의 공연성에 관하여 판례상 확립된 법리인 이른바 '전파가능성 이론'의 유지 여부(적극)

Q. 피고인이 갑의 집 뒷길에서 피고인의 남편 을 및 갑의 친척인 병이 듣는 가운데 갑에게 '저것이 징역 살다온 전과자다' 등으로 큰 소리로 말함으로써 공연히 사실을 적시하여 갑의 명예를 훼손하였다는 내용으로 기소된 사안에서, **병이 갑과 친척관계에 있다는 이유만으로 전파가능성이 부정된다고 볼 수 없고, 오히려 피고인은**

갑과의 싸움 과정에서 단지 갑을 모욕 내지 비방하기 위하여 공개된 장소에서 큰 소리로 말하여 다른 마을 사람들이 들을 수 있을 정도였던 것으로 불특정 또는 다수인이 인식할 수 있는 상태였다고 봄이 타당하므로, 피고인의 위 발언은 공연성이 인정된다고 한 사례.

판결요지

[1] **[다수의견]**

가. 명예훼손죄의 관련 규정들은 명예에 대한 침해가 '공연히' 또는 '공공연하게' 이루어질 것을 요구하는데, '공연히' 또는 '공공연하게'는 사전적으로 '세상에서 다 알 만큼 떳떳하게', '숨김이나 거리낌이 없이 그대로 드러나게'라는 뜻이다. 공연성을 행위 태양으로 요구하는 것은 사회에 유포되어 사회적으로 유해한 명예훼손 행위만을 처벌함으로써 개인의 표현의 자유가 지나치게 제한되지 않도록 하기 위함이다. 대법원 판례는 명예훼손죄의 구성요건으로서 공연성에 관하여 '불특정 또는 다수인이 인식할 수 있는 상태'를 의미한다고 밝혀 왔고, 이는 학계의 일반적인 견해이기도 하다.

나. 대법원은 명예훼손죄의 공연성에 관하여 개별적으로 소수의 사람에게 사실을 적시하였더라도 그 상대방이 불특정 또는 다수인에게 적시된 사실을 전파할 가능성이 있는 때에는 공연성이 인정된다고 일관되게 판시하여, 이른바 전파가능성 이론은 공연성에 관한 확립된 법리로 정착되었다. 이러한 법리는 정보통신망 이용촉진 및 정보보호 등에 관한 법률(이하 '정보통신망법'이라 한다) 상 정보통신망을 이용한 명예훼손이나 공직선거법상 후보자비방죄 등의 공연성 판단에도 동일하게 적용되어, 적시한 사실이 허위인지 여부나 특별법상 명예훼손 행위인지 여부에 관계없이 명예훼손 범죄의 공연성에 관한 대법원 판례의 기본적 법리로 적용되어 왔다.

다. 공연성에 관한 전파가능성 법리는 대법원이 오랜 시간에 걸쳐 발전시켜 온 것으로서 현재에도 여전히 법리적으로나 현실적인 측면에 비추어 타당하므로 유지되어야 한다. 대법원 판례와 재판 실무는 전파가능성 법리를 제한 없이 적용할 경우 공연성 요건이 무의미하게 되고 처벌이 확대되게 되어 표현의 자유가 위축될 우려가 있다는 점을 고려하여, 전파가능성의 구체적·객관적인 적용 기준을 세우고, 피고인의 범의를 엄격히 보거나 적시의 상대방과 피고인 또는 피해자의 관계에 따라 전파가능성을 부정하는 등 판단 기준을 사례별로 유형화하면서 전파가능성에 대한 인식이 필요함을 전제로 전파가능성 법리를 적용함으로써 공연성을 엄격하게 인정하여 왔다. 구체적으로 살펴보면 다음과 같다.

(가) 공연성은 명예훼손죄의 구성요건으로서, 특정 소수에 대한 사실적시의 경우 공연성이 부정되는 유력한 사정이 될 수 있으므로, 전파될 가능성에 관하여는 검사의 엄격한 증명이 필요하다. 나아가 대법원은 '특정의 개인이나 소수인에게 개인적 또는 사적으로 정보를 전달하는 것과 같은 행위는 공연하다고 할 수 없고, 다만 특정의 개인 또는 소수인이라고 하더라도 불특정 또는 다수인에게 전파 또는 유포될 개연성이 있는 경우라면 공연하다고 할 수 있다'고 판시하여 전파될 가능성에 대한 증명의 정도로 단순히 '가능성'이 아닌 '개연성'을 요구하였다.

(나) 공연성의 존부는 발언자와 상대방 또는 피해자 사이의 관계나 지위, 대화를 하게 된 경위와 상황, 사실적시의 내용, 적시의 방법과 장소 등 행위 당시의 객관적 제반 사정에 관하여 심리한 다음, 그로부터 상대방이 불특정 또는 다수인에게 전파할 가능성이 있는지 여부를 검토하여 종합적으로 판단하여야 한다. 발언 이후 실제 전파되었는지 여부는 전파가능성 유무를 판단하는 고려요소가 될 수 있으나, 발언 후 실제 전파 여부라는 우연한 사정은 공연성 인정 여부를 판단함에 있어 소극적 사정으로만 고려되어야 한다. 따라서 전파가능성 법리에 따르더라도 위와 같은 객관적 기준에 따라 전파가능성을 판단할 수 있고, 행위자도 발언 당시 공연성 여부를 충분히 예견할 수 있으며, 상대방의 전파의사만으로 전파가능성을 판단하거나 실제 전파되었다는 결과를 가지고 책임을 묻는 것이 아니다.

(다) **추상적 위험범으로서 명예훼손죄**는 개인의 명예에 대한 사회적 평가를 진위에 관계없이 보호함을 목적으로 하고, 적시된 사실이 특정인의 사회적 평가를 침해할 가능성이 있을 정도로 구체성을 띠어야 하나, 위와 같이 **침해할 위험이 발생한 것으로 족하고 침해의 결과를 요구하지 않으므로, 다수의 사람에게 사실을 적시한 경우뿐만 아니라 소수의 사람에게 발언하였다고 하더라도 그로 인해 불특정 또는 다수인이 인식할 수 있는 상태를 초래한 경우에도 공연히 발언한 것으로 해석할 수 있다.**

(라) 전파가능성 법리는 정보통신망 등 다양한 유형의 명예훼손 처벌규정에서의 공연성 개념에 부합한다고 볼 수 있다. 인터넷, 스마트폰과 같은 모바일 기술 등의 발달과 보편화로 SNS, 이메일, 포털사이트 등 정보통신망을 통해 대부분의 의사표현이나 의사전달이 이루어지고 있고, 그에 따라 정보통신망을

이용한 명예훼손도 급격히 증가해 가고 있다. 이러한 정보통신망과 정보유통 과정은 비대면성, 접근성, 익명성 및 연결성 등을 본질적 속성으로 하고 있어서, 정보의 무한 저장, 재생산 및 전달이 용이하여 정보통신망을 이용한 명예훼손은 '행위 상대방' 범위와 경계가 불분명해지고, 명예훼손 내용을 소수에게만 보냈음에도 행위 자체로 불특정 또는 다수인이 인식할 수 있는 상태를 형성하는 경우가 다수 발생하게 된다. 특히 정보통신망에 의한 명예훼손의 경우 행위자가 적시한 정보에 대한 통제가능성을 쉽게 상실하게 되고, 빠른 전파성으로 인하여 피해자의 명예훼손의 침해 정도와 범위가 광범위하게 되어 표현에 대한 반론과 토론을 통한 자정작용이 사실상 무의미한 경우도 적지 아니하다. 따라서 정보통신망을 이용한 명예훼손 행위에 대하여, 상대방이 직접 인식하여야 한다거나, 특정된 소수의 상대방으로는 공연성을 충족하지 못한다는 법리를 내세운다면 해결 기준으로 기능하기 어렵게 된다. 오히려 특정 소수에게 전달한 경우에도 그로부터 불특정 또는 다수인에 대한 전파가능성 여부를 가려 개인의 사회적 평가가 침해될 일반적 위험성이 발생하였는지를 검토하는 것이 실질적인 공연성 판단에 부합되고, 공연성의 범위를 제한하는 구체적인 기준이 될 수 있다. 이러한 공연성의 의미는 형법과 정보통신망법 등의 특별법에서 동일하게 적용되어야 한다.

(마) 독일 형법 제193조와 같은 입법례나 유엔인권위원회의 권고 및 표현의 자유와의 조화를 고려하면, 진실한 사실의 적시의 경우에는 형법 제310조의 '공공의 이익'도 보다 더 넓게 인정되어야 한다. 특히 공공의 이익관련성 개념이 시대에 따라 변화하고 공공의 관심사 역시 상황에 따라 쉴 새 없이 바뀌고 있다는 점을 고려하면, 공적인 인물, 제도 및 정책 등에 관한 것만을 공공의 이익관련성으로 한정할 것은 아니다.

따라서 사실적시의 내용이 사회 일반의 일부 이익에만 관련된 사항이라도 다른 일반인과의 공동생활에 관계된 사항이라면 공익성을 지닌다고 할 것이고, 이에 나아가 개인에 관한 사항이더라도 그것이 공공의 이익과 관련되어 있고 사회적인 관심을 획득한 경우라면 직접적으로 국가·사회 일반의 이익이나 특정한 사회집단에 관한 것이 아니라는 이유만으로 형법 제310조의 적용을 배제할 것은 아니다. 사인이라도 그가 관계하는 사회적 활동의 성질과 사회에 미칠 영향을 헤아려 공공의 이익에 관련되는지 판단하여야 한다.

[2] **[다수의견]**

가. **피고인은 갑과의 싸움 과정에서 단지 갑을 모욕 내지 비방하기 위하여 공개된**

장소에서 큰 소리로 말하여 다른 마을 사람들이 들을 수 있을 정도였던 것으로 불특정 또는 다수인이 인식할 수 있는 상태였다고 봄이 타당하므로 피고인의 위 발언은 공연성이 인정된다는 이유로, 같은 취지에서 공소사실을 유죄로 인정한 원심판단이 정당하다고 한 사례.

[3] **[판결해설]**

가. 피고인이 피해자 외 2명이 듣는 자리에서 피해자에게 공연히 사실을 적시하여 피해자의 명예를 훼손하였다는 공소사실에 대하여 원심은 전파가능성 법리를 인용하여 공연성을 긍정하였음. 이에 피고인은 공연성이 없다고 상고하였으나, 대법원은 전파가능성 법리에 관한 기존의 대법원 판례가 여전히 타당하고, 피고인의 발언 내용, 경위 및 장소와 피고인 또는 피해자와 상대방과의 관계 등을 고려할 때 피고인의 발언에 공연성이 인정되고 위와 같은 취지의 원심을 수긍하여 피고인의 상고를 기각함.

나. 이러한 다수의견에 대하여, 전파가능성 법리는 명예훼손죄의 가벌성 범위를 지나치게 확대하여 죄형법정주의에서 금지하는 유추해석에 해당하고, 수범자의 예견가능성을 침해하여 행위자에 대한 결과책임을 묻게 된다는 등의 이유로 전파가능성 법리를 적용하여 공연성을 긍정해 온 기존의 대법원 판례 전부 폐기되어야 한다는 대법관 김재형, 대법관 안철상, 대법관 김선수의 반대의견과 다수의견에 대한 대법관 박상옥, 대법관 민유숙의 보충의견이 있음.

12 [선택형 · 사례형] 판결서 배포 명예훼손 사건 · 형법 제310조 위법성 조각

택시협동조합의 조합원인 피고인이 조합 임시총회에 참석하는 조합원들에게 "이거 보아라, 박○○이 임○○ 사장이랑 같이 회삿돈을 다 해먹었다."라고 말하였다. 그러면서 조합의 발기인 중 1인인 피해자 박○○이 '조합의 재산 11억 4,908만 원을 횡령하였다'는 범죄사실로 유죄판결을 받은 사건의 판결서 사본을 배포하였다. 이것이 피해자 박○○에 대한 사실 적시에 의한 명예훼손과 조합 이사장인 피해자 임○○에 대한 허위사실 적시에 의한 명예훼손으로 각각 기소된 사안이다. 이에 대한 설명으로 옳은 것은? (다툼이 있는 경우 판례에 의함)

① 형법 제310조의 규정은 인격권으로서의 개인의 명예의 보호와 헌법 제21조에 의한 정당한 표현의 자유의 보장이라는 상충되는 두 법익의 조화를 꾀한 것이다. 그러므로 두 법익간의 조화와 균형을 고려한다면 **적시된 사실이 진실**

한 것이라는 증명이 없더라도 행위자가 진실한 것으로 믿었고 또 그렇게 믿을 만한 상당한 이유가 있는 경우에는 위법성이 없다고 보아야 한다.

② 형사재판에서 공소가 제기된 범죄의 구성요건을 이루는 사실은 그것이 주관적 요건이든 객관적 요건이든 그 증명책임이 검사에게 있다. 그러므로 허위사실 적시 명예훼손죄로 기소된 사건에서 사람의 사회적 평가를 떨어뜨리는 사실이 적시되었다는 점, 그 **적시된 사실이 객관적으로 진실에 부합하지 아니하여 허위**일 뿐만 아니라 **그 적시된 사실이 허위라는 것을 피고인이 인식하고서 이를 적시하였다는 점은 모두 검사가 증명하여야 한다.**

③ 증명책임을 다하였는지 여부를 결정할 때에는, 어느 사실이 적극적으로 존재한다는 것의 증명은 물론, **그 사실의 부존재의 증명이라도 특정 기간과 특정 장소에서의 특정 행위의 부존재에 관한 것이라면 적극적 당사자인 검사가 이를 합리적 의심의 여지가 없이 증명하여야 한다.**

해설 및 정답 ①~③ 대법원 2020. 8. 13. 선고 2019도13404 [상해 등] (자) 파기환송 〈판결서 배포 등에 의한 명예훼손 사건〉 **정답** ○

13 [선택형] '사실을 드러내어 다른 사람의 명예를 훼손한 것' 판단기준

학교폭력 피해학생의 모(母)인 피고인이 자신의 카카오톡 계정 프로필 상태메시지에 '학교폭력범은 접촉금지!!!'라는 글과 주먹 모양의 그림말 세 개를 게시한 것이 학교폭력 가해학생인 피해자에 대한 정보통신망이용촉진 및 정보보호 등에 관한 법률 위반(명예훼손)으로 기소된 사안이다. 이에 대한 설명으로 옳은 것은? (다툼이 있는 경우 판례에 의함)

① 피고인이 이 사건 상태메시지를 통해 피해자의 학교폭력 사건이나 그 사건으로 피해자가 받은 조치에 대해 기재함으로써 피해자의 사회적 가치나 평가를 저하시키기에 충분한 구체적인 사실을 드러냈다고 볼 수 없다.

해설 및 정답 대법원 2020. 5. 8. 선고 2019도12750 판결 [아동복지법위반 등] (가) 파기환송 〈카카오톡 계정 프로필 상태메시지 게시 명예훼손 사건〉 **정답** ○

14 [선택형] 출판물 명예훼손 사건

명예훼손죄에 관한 설명으로 옳은 것은? (다툼이 있는 경우 판례에 의함)

① 명예훼손죄가 성립하기 위해서는 사실의 적시가 있어야 하고, 적시된 사실은 이로써 특정인의 사회적 가치 내지 평가가 침해될 가능성이 있을 정도로 구체성을 띠어야 한다.

② 사실의 적시란 가치판단이나 평가를 내용으로 하는 의견표현에 대치되는 개념으로서 시간과 공간적으로 구체적인 과거 또는 현재의 사실관계에 관한 보고 내지 진술을 의미한다. 그 표현내용이 증거에 의한 입증이 가능한 것을 말한다.

③ 다른 사람의 말이나 글을 비평하면서 사용한 표현도 **평균적인 독자의 관점에서 문제 된 부분이 실제로는 비평자의 주관적 의견에 해당하고, 다만 비평자가 자신의 의견을 강조하기 위한 수단으로 그와 같은 표현을 사용한 것이라고 이해된다면 명예훼손죄에서 말하는 사실의 적시에 해당한다고 볼 수 없다. 이러한 법리는 어떠한 의견을 주장하기 위해 다른 사람의 견해나 그 근거를 비판하면서 사용한 표현의 경우에도 다를 바 없다.**

해설 및 정답 ①~③ 대법원 2017. 12. 5. 선고 2017도15628 판결 [출판물에의한명예훼손]; 대법원 2017. 5. 11. 선고 2016도19255 판결 [출판물에의한명예훼손]

정답 ○

15 [선택형 · 사례형] 마트운영자 명예훼손 사건 ★★★★★

마트의 운영자인 피고인이 마트에 아이스크림을 납품하는 업체 직원인 甲을 불러 '다른 업체에서는 마트에 입점하기 위하여 입점비를 준다고 하던데, 입점비를 얼마나 줬냐? 점장 乙이 여러 군데 업체에서 입점비를 돈으로 받아 해먹었고, 지금 뒷조사 중이다.'라고 말하여 공연히 허위 사실을 적시하여 乙의 명예를 훼손하였다는 내용으로 기소된 사안이다. 이에 관한 설명으로 옳은 것은? (다툼이 있는 경우 판례에 의함)

① 불미스러운 소문의 진위를 확인하고자 질문을 하는 과정에서 타인의 명예를

훼손하는 발언을 하였다. 이 경우 그 동기에 비추어 명예훼손의 고의를 인정하기 어렵다.

② **개별적으로 한 사람에 대하여 사실을 유포하였더라도** 그로부터 불특정 또는 다수인에게 전파될 가능성이 있다면 공연성의 요건을 충족한다. 하지만 이와 달리 **전파될 가능성이 없다면 특정한 한 사람에 대한 사실의 유포는 공연성이 없다.**

중요 ③ **전파가능성을 이유로 명예훼손죄의 공연성을 인정하는 경우에는 적어도 범죄구성요건의 주관적 요소로서 미필적 고의가 필요하다.** 그러므로 전파가능성에 대한 인식이 있음은 물론 나아가 그 위험을 용인하는 내심의 의사가 있어야 한다.

해설 및 정답 ①~③ 대법원 2018. 6. 15. 선고 2018도4200 판결 **정답** ○

16 [선택형] 형법 제307조 제1항 '사실'의 의미 판단 사건

명예훼손죄에 관한 설명으로 옳은 것은? (다툼이 있는 경우 판례에 의함)

① 형법 제307조 제1항, 제2항, 제310조의 체계와 문언 및 내용에 의하면, **제307조 제1항의 '사실'은 제2항의 '허위의 사실'과 반대되는 '진실한 사실'을 말하는 것이 아니라 가치판단이나 평가를 내용으로 하는 '의견'에 대치되는 개념이다.**

중요 ② **형법 제307조 제1항의 명예훼손죄는 적시된 사실이 진실한 사실인 경우이든 허위의 사실인 경우이든 모두 성립될 수 있다.**

중요 ③ **형법 제307조 제1항의 명예훼손죄는 적시된 사실이 허위의 사실이라고 하더라도 행위자에게 허위성에 대한 인식이 없는 경우에는 형법 제307조 제2항의 명예훼손죄가 아니라 형법 제307조 제1항의 명예훼손죄가 성립될 수 있다.**

해설 및 정답 ①~③ 대법원 2017. 4. 26. 선고 2016도18024 판결 [명예훼손]

정답 ○

사례문제 28 형법 제307조 제1항 '사실'의 의미

대법원 2017. 4. 26. 선고 2016도18024 판결
[명예훼손]

Q. 형법 제307조 제1항에서 말하는 '사실'의 의미

Q. 형법 제307조 제1항의 명예훼손죄는 적시된 사실이 진실한 사실인 경우이든 허위의 사실인 경우이든 모두 성립할 수 있는지 여부(적극)

Q. 적시된 사실이 허위의 사실이나 행위자에게 허위성에 대한 인식이 없는 경우, 제307조 제1항의 명예훼손죄가 성립하는지 여부(적극)

판결요지

가. 형법 제307조 제1항, 제2항, 제310조의 체계와 문언 및 내용에 의하면, 제307조 제1항의 '사실'은 제2항의 '허위의 사실'과 반대되는 '진실한 사실'을 말하는 것이 아니라 가치판단이나 평가를 내용으로 하는 '의견'에 대치되는 개념이다.

나. 따라서 제307조 제1항 명예훼손죄는 적시된 사실이 진실한 사실과 허위 사실 모두 성립될 수 있다. 특히 적시된 사실이 허위 사실이라고 하더라도 행위자에게 허위성에 대한 인식이 없는 경우에는 제307조 제2항의 명예훼손죄가 아니라 제307조 제1항의 명예훼손죄가 성립될 수 있다.

다. 제307조 제1항 법정형이 2년 이하 징역 등으로 되어 있는 반면 제307조 제2항 법정형은 5년 이하 징역 등으로 되어 있는 것은 적시된 사실이 객관적으로 허위일 뿐 아니라 행위자가 그 사실의 허위성에 대한 주관적 인식을 하면서 명예훼손행위를 하였다는 점에서 가벌성이 높다고 본 것이다.

중요

17 [선택형] 모욕죄에서 '모욕'의 의미 판단 사건

갑 주식회사 해고자 신분으로 노동조합 사무장직을 맡아 노조활동을 하는 피고인이 노사 관계자 140여 명이 있는 가운데 큰 소리로 피고인보다 15세 연장자로서 갑 회사 부사장인 을을 향해 "야 ○○아, ○○이 여기 있네, 니 이름이 ○○이잖아, ○○아 나오니까 좋지?" 등으로 여러 차례 을의 이름을 불러 을을 모욕하였다는 내용으로 기소된 사안이다. 모욕죄에 관한 설명으로 옳은 것은? (다툼이 있는 경우 판례에 의함)

① 형법 제311조의 모욕죄는 사람의 가치에 대한 사회적 평가를 의미하는 외부적 명예를 보호법익으로 하는 범죄로서, 모욕죄에서 말하는 모욕이란 사실을 적시하지 아니하고 사람의 사회적 평가를 저하시킬 만한 추상적 판단이나 경멸적 감정을 표현하는 것을 의미한다.

② **어떠한 표현이 상대방의 인격적 가치에 대한 사회적 평가를 저하시킬 만한 것이 아니라면 설령 그 표현이 다소 무례한 방법으로 표시되었다 하더라도 이를 두고 모욕죄의 구성요건에 해당한다고 볼 수 없다.**

③ 피고인의 위 발언은 상대방을 불쾌하게 할 수 있는 무례하고 예의에 벗어난 표현이기는 하지만 객관적으로 을의 인격적 가치에 대한 사회적 평가를 저하시킬 만한 모욕적 언사에 해당하지 않는다.

해설 및 정답 ①~③ 대법원 2018. 11. 29. 선고 2017도2661 판결 **정답** ○

18 [선택형] 공포심이나 불안감을 유발하는 문자메시지 사건

정보통신망 이용촉진 및 정보보호 등에 관한 법률 제74조 제1항 제3호, 제44조의7 제1항 제3호에서 처벌하는 '공포심이나 불안감을 유발하는 문언을 반복적으로 상대방에게 도달하게 하는 행위'에 관한 설명으로 옳은 것은? (다툼이 있는 경우 판례에 의함)

① 피고인이 상대방의 휴대전화로 공포심이나 불안감을 유발하는 문자메시지를 **전송함으로써 상대방이 별다른 제한 없이 문자메시지를 바로 접할 수 있는 상태에 이르렀다면, 그러한 행위는 공포심이나 불안감을 유발하는 문언을 상대방에게 도달하게 한다는 구성요건을 충족한다**고 보아야 한다. 상대방이 실제로 문자메시지를 확인하였는지 여부와는 상관없다.

해설 및 정답 대법원 2018. 11. 15. 선고 2018도14610 판결 [정보통신망이용촉진및정보보호등에관한법률위반 · 경범죄처벌법위반] **정답** ○

문 16. 성폭력범죄에 관한 설명 중 옳은 것은? (다툼이 있는 경우 판례에 의함)

출제예상내용
- 아동·청소년이용음란물 제작의 기수 시기
- 강제추행죄에서 '추행'의 의미(=기습추행+)
- 성폭력범죄의 처벌 등에 관한 특례법(카메라등이용촬영)

사례문제 29 심신미약자추행

사례문제 30 강제추행죄에서 '추행'의 의미와 강제추행죄의 간접정범

사례문제 31 성폭력처벌법 친고죄 고소기간 특례규정

중요

01 [선택형] 유사강간죄 실행착수 이후 타인 주거·방실에 침입한 사건 ★★★★★

피해자를 주점의 여자화장실로 끌고 가 여자화장실의 문을 잠근 후 강제로 입맞춤을 하고 유사강간하려고 하였으나 미수에 그친 사안이다. 이에 관한 설명 중 옳은 것은? (다툼이 있는 경우 판례에 의함)

① 강간죄는 사람을 강간하기 위하여 피해자의 항거를 불능하게 하거나 현저히 곤란하게 할 정도의 폭행 또는 협박을 개시한 때에 그 실행의 착수가 있다. 실제 간음행위가 시작되어야만 그 실행의 착수가 있는 것은 아니다. 유사강간죄의 경우도 법리가 같다.

중요 ② 피고인은 여자화장실에 들어가기 전에 이미 유사강간죄의 실행행위에 착수하였다. 그러므로 구 「성폭력범죄의 처벌 등에 관한 특례법」 위반(주거침입유사강간)죄를 범할 수 있는 지위 즉, '주거침입죄를 범한 자'에 해당되지 아니한다.

중요 ③ 강간죄(유사강간죄)를 범한 자가 그 피해자의 주거에 침입한 경우, 강간죄(유사강간죄)와 주거침입죄의 실체적 경합범이 된다.

해설 및 정답 ①~③ 대법원 2021. 8. 12. 선고 2020도17796 판결 [성폭력범죄의 처벌 등에 관한 특례법 위반(주거침입유사강간) 등] (자) 파기환송 **정답** ○

[판시사항] 주거침입의 시기와 「성폭력범죄의 처벌 등에 관한 특례법」 위반(주거침입유사강간)죄의 성립

[판결요지] [1] 주거침입강제추행죄 및 주거침입강간죄 등은 사람의 주거 등을

침입한 자가 피해자를 간음, 강제추행 등 성폭력을 행사한 경우에 성립하는 것이다. **주거침입죄를 범한 후에 사람을 강간하는 등의 행위를 하여야 하는 일종의 신분범이다. 그 실행의 착수시기는 주거침입 행위 후 강간죄 등의 실행행위에 나아간 때이다.**

[2] **그러나 선후가 바뀌어 강간죄 등을 범한 자가 그 피해자의 주거에 침입한 경우에는 이에 해당하지 않고 강간죄 등과 주거침입죄 등의 실체적 경합범이 된다.**

[3] 구「성폭력범죄의 처벌 등에 관한 특례법」위반(주거침입유사강간)죄는 먼저 주거침입죄를 범한 후 유사강간 행위에 나아갈 때 비로소 성립된다. 그런데 피고인은 여자화장실에 들어가기 전에 이미 유사강간죄의 실행행위를 착수하였다. 결국 피고인이 그 실행행위에 착수할 때에는 구「성폭력범죄의 처벌 등에 관한 특례법」위반(주거침입유사강간)죄를 범할 수 있는 지위 즉, '주거침입죄를 범한 자'에 해당되지 아니한다.

[판결해설] 피고인은 여자화장실에 들어가기 전에 이미 유사강간죄의 실행행위에 착수하였으므로 구「성폭력범죄의 처벌 등에 관한 특례법」위반(주거침입유사강간)죄를 범할 수 있는 지위 즉, '주거침입죄를 범한 자'에 해당되지 아니한다는 이유로 이 부분을 **유죄로 판단한 원심을 파기한 사례.**

중요

02 [선택형] 성폭법(카메라등이용촬영) 실행의 착수 시기 ★★★★★

편의점에서 카메라 기능이 설치된 휴대전화를 손에 쥔 채 치마를 입은 피해자들을 향해 쪼그려 앉아 피해자의 치마 안쪽을 비추는 등 행위를 하였다. 이에 관한 설명 중 옳은 것은? (다툼이 있는 경우 판례에 의함)

① 범인이 피해자를 촬영하기 위하여 육안 또는 캠코더의 줌 기능을 이용하여 피해자가 있는지 여부를 탐색하다가 피해자를 발견하지 못하고 촬영을 포기한 경우에는 촬영을 위한 준비행위에 불과하여 성폭력처벌법위반(카메라등이용촬영)죄의 실행에 착수한 것으로 볼 수 없다.

중요 ② 범인이 카메라 기능이 설치된 휴대전화를 피해자의 치마 밑으로 들이밀거나, 피해자가 용변을 보고 있는 화장실 칸 밑 공간 사이로 집어넣는 등 카메라 등 이용 촬영 범행에 밀접한 행위를 개시한 경우에는 성폭력처벌법위반(카메라등이용촬영)죄의 실행에 착수하였다고 볼 수 있다.

해설 및 정답 ①~② 대법원 2021. 8. 12. 선고 2021도7035 판결 [성폭력범죄의처벌등에관한특례법위반(카메라등이용촬영) 등] (바) 상고기각 **정답** ○

[판시사항] 「성폭력범죄의 처벌 등에 관한 특례법」 위반(카메라등이용촬영)죄의 실행의 착수가 인정되는지 여부

[판결요지] **범인이 카메라 기능이 설치된 휴대전화를 피해자의 치마 밑으로 들이밀거나, 피해자가 용변을 보고 있는 화장실 칸 밑 공간 사이로 집어넣는 등 카메라 등 이용 촬영 범행에 밀접한 행위를 개시한 경우에는 성폭력처벌법위반(카메라등이용촬영)죄의 실행에 착수하였다고 볼 수 있다**(대법원 2021. 3. 25. 선고 2021도749 판결 참조).

중요

03 [선택형] 성폭력범죄(카메라이용촬영)'촬영'과 실행의 착수 시기 ★★★★★

휴대전화를 든 피고인의 손이 피해자가 용변을 보고 있던 화장실 칸 너머로 넘어와 카메라 기능이 켜진 위 휴대전화의 화면에 피해자의 모습이 보인 사건이다. 이에 관한 설명 중 옳은 것은? (다툼이 있는 경우 판례에 의함)

① 피고인은 촬영대상을 피해자로 특정하고 휴대전화의 카메라 렌즈를 통하여 피해자에게 초점을 맞추는 등 휴대전화에 영상정보를 입력하기 위한 구체적이고 직접적인 행위를 개시함으로써 성폭력처벌법 위반(카메라등이용촬영)죄의 실행에 착수하였음이 인정된다.

해설 및 정답 대법원 2021. 3. 25. 선고 2021도749 판결 [성폭력범죄의처벌등에관한특례법위반(카메라등이용촬영)미수] **정답** ○

[판시사항] [1] 성폭력범죄의 처벌 등에 관한 특례법 위반(카메라등이용촬영)죄에서 규정한 '촬영'의 의미 [2] 성폭력범죄의 처벌 등에 관한 특례법 위반(카메라등이용촬영)죄에서 실행의 착수 시기

[판결요지] [1] '촬영'이란 카메라나 그 밖에 이와 유사한 기능을 갖춘 기계장치 속에 들어 있는 필름이나 저장장치에 피사체에 대한 영상정보를 입력하는 행위를 의미한다.

04 [선택형] 아동 · 청소년이용음란물 '제작'과 그 기수 시기 ★★★★★

피고인이 공범들과 공모하여 아동·청소년인 피해자들의 비공개 정보를 수집한 후 이를 빌미로 피해자들을 협박하여 피해자들로 하여금 스스로 자신을 대상으로 한 음란 사진 및 동영상을 촬영하게 한 사안이다. 이에 관한 설명 중 옳은 것은? (다툼이 있는 경우 판례에 의함)

① **피고인이 아동·청소년으로 하여금 스스로 자신을 대상으로 하는 음란물을 촬영하게 한 경우 피고인이 직접 촬영행위를 하지 않았더라도 그 영상을 만드는 것을 기획하고 촬영행위를 하게 하거나 만드는 과정에서 구체적인 지시를 하였다면, 특별한 사정이 없는 한 아동·청소년이용음란물 '제작'에 해당하고, 이러한 촬영을 마쳐 재생이 가능한 형태로 저장이 된 때에 제작은 기수에 이른다.**

② 공동가공의 의사는 타인의 범행을 인식하면서도 이를 제지하지 아니하고 용인하는 것만으로는 부족하나, 반드시 사전에 치밀한 범행계획의 공모에까지 이를 필요는 없으며 공범자 각자가 공범자들 사이에 구성요건을 이루거나 구성요건에 본질적으로 관련된 행위를 분담한다는 상호이해가 있으면 충분하다.

③ 공동가공의 의사를 인정하기 위하여는 엄격한 증명이 요구되지만, 피고인이 주관적 요소인 공동가공의 의사를 부인하는 경우에는, 사물의 성질상 범의와 상당한 관련성이 있는 간접사실 또는 정황사실을 증명하는 방법에 의하여 이를 입증할 수밖에 없다. 무엇이 상당한 관련성이 있는 간접사실에 해당할 것인가는 정상적인 경험칙에 바탕을 두고 치밀한 관찰력이나 분석력에 의하여 사실의 연결상태를 합리적으로 판단하는 방법에 의하여야 할 것이다.

해설 및 정답 대법원 2021. 3. 25. 선고 2020도18285 판결 [아동·청소년의성보호에관한법률위반(음란물제작·배포등)·아동·청소년의성보호에관한법률위반(강제추행)·아동복지법위반(아동에대한음행강요·매개·성희롱등)] **정답** ○

[판시사항] [1] 아동·청소년으로 하여금 스스로 자신을 대상으로 하는 음란물을 촬영하게 하고 직접 촬영행위를 하지 않았더라도 구 아동·청소년의 성보호에 관한 법률 제11조 제1항의 처벌 대상인 **아동·청소년이용음란물 '제작'에 해당하는 경우 및 그 기수 시기(=촬영을 마쳐 재생이 가능한 형태로 저장된 때)** [2] 구 아동·청소년의 성보호에 관한 법률 제11조 제1항의 처벌 대상인 '아동·청소년이용음란물 제작'에서 해당 영상을 직접 촬영할 것을 요하지 아니하는 취지 [3] 공동정범의 성립 요건 및 주관적 요건으로서 '공동가공의 의사'의 내용 [4] 피고인이 주관적 요소인 공동가공의 의사를 부인하는 경우, 그 증명 방법

[판결해설] 아동·청소년의성보호에관한법률위반(음란물제작·배포등)죄의 성립을 인정한 원심을 수긍한 사례.

중요

05 [선택형] 동성 사이의 강제추행 여부가 문제되는 사건 ★★★★★

강제추행죄에 관한 설명 중 옳은 것은? (다툼이 있는 경우 판례에 의함)

① 여성인 피고인이 직장에서 함께 근무하는 여성 피해자의 가슴을 움켜쥐거나 엉덩이를 만지는 행위는 강제추행죄가 성립한다.

해설 및 정답 대법원 2021. 7. 21. 선고 2021도6112 판결 [강제추행] (바) 상고기각

정답 ○

[판시사항] 여성인 피고인이 여성인 피해자에 대하여 신체접촉을 한 것이 강제추행에 해당하는지 여부가 문제된 사례.

[판결요지] 비록 피고인과 피해자가 모두 여성으로서 동성인 점을 고려하더라도, 피고인이 이 사건 한의원에서 피해자의 가슴을 움켜쥐거나 엉덩이를 만지고 피고인의 볼을 피해자의 볼에 가져다 대는 등의 행동을 한 것은 피해자로 하여금 성적 수치심을 느끼게 할 만한 행위라면, 강제추행죄가 성립한다.

중요

06 [선택형] 아동 · 청소년 성보호법위반(음란물제작 · 배포등)과 죄수 판단 ★★★★★

아동 · 청소년의 성보호에 관한 법률 위반죄에 관한 설명 중 옳은 것은? (다툼이 있는 경우 판례에 의함)

① 아동·청소년이용음란물을 제작한 자가 그 음란물을 소지하게 되는 경우 청소년성보호법 위반(음란물소지)죄는 청소년성보호법 위반(음란물제작·배포등)죄에 흡수된다.

② 아동·청소년이용음란물을 제작한 자가 제작에 수반된 소지행위를 벗어나 사회통념상 새로운 소지가 있었다고 평가할 수 있는 별도의 소지행위를 개시하였다면 이는 청소년성보호법 위반(음란물제작·배포등)죄와 별개의 청소년성보호법 위반(음란물소지)죄에 해당한다.

해설 및 정답 ①~② 대법원 2021. 7. 8. 선고 2021도2993 판결 [아동 · 청소년의성보호에관한법률위반(음란물제작 · 배포등) · 아동 · 청소년의성보호에관한법률위반(음란물소지)]

정답 ○

[판시사항] [1] 아동 · 청소년이용음란물을 제작한 자가 그 음란물을 소지하게 되는 경우, 아동 · 청소년의 성보호에 관한 법률 위반(음란물소지)죄는 같은 법 위

반(음란물제작・배포등)죄에 흡수되는지 여부(적극) [2] 아동・청소년이용음란물을 제작한 자가 제작에 수반된 소지행위를 벗어나 사회통념상 새로운 소지가 있었다고 평가할 수 있는 별도의 소지행위를 개시한 경우, 같은 법 위반(음란물제작・배포등)죄와 별개의 같은 법 위반(음란물소지)죄에 해당하는지 여부(적극) [3] 아동・청소년으로 하여금 아동・청소년이용음란물을 제작하게 한 후 이를 전송받아 보관한 경우, 아동・청소년이용음란물 제작죄 외에 아동・청소년이용음란물 소지죄가 별도로 성립하는지 여부(소극)

[판결요지] 피고인이 직접 피해자들에게 지시하여 제작함으로써 청소년성보호법 위반(음란물제작・배포등)죄로 처벌받는 사진 및 동영상 파일 162개에 대한 청소년성보호법 위반(음란물소지)죄 부분에 대하여 위와 같은 새로운 소지가 있었는지 살피지 아니한 채 청소년성보호법 위반(음란물소지)죄를 유죄로 인정하고 청소년성보호법 위반(음란물제작・배포등)죄와 실체적 경합범 관계에 있다고 본 제1심 판결을 유지한 원심판결에는 죄수관계에 관한 법리를 오해하여 판결에 영향을 미친 잘못이 있다는 이유로 원심판결을 파기한 사례.

중요

07 [선택형] 성폭력처벌법 제6조 '신체적인 장애가 있는 사람' ★★★★★

장애인인 피해여성(다리를 절고 오른쪽 눈이 사실상 보이지 않으며 지체장애 3급으로 등록되어 있음)을 강간, 강제추행 등의 범행을 저지른 것으로 기소한 사안이다. 이에 관한 설명 중 옳은 것은? (다툼이 있는 경우 판례에 의함)

① 성폭력처벌법 제6조에서 규정하는 '신체적인 장애가 있는 사람'이란 '신체적 기능이나 구조 등의 문제로 일상생활이나 사회생활에서 상당한 제약을 받는 사람'을 의미한다.

② 성폭력처벌법 제6조가 성립하려면 행위자도 범행 당시 피해자에게 이러한 신체적인 장애가 있음을 인식하여야 한다.

해설 및 정답 ①~② 대법원 2021. 2. 25. 선고 2016도4404, 2016전도49 판결 [성폭력범죄의처벌등에관한특례법위반(장애인강간)(인정된 죄명: 강간・강간미수)・성폭력범죄의처벌등에관한특례법위반(장애인위계등간음)・성폭력범죄의처벌등에관한특례법위반(장애인강제추행)(인정된 죄명: 강제추행)・부착명령] **정답** ○

[판시사항] [1] 성폭력범죄의 처벌 등에 관한 특례법 제6조에서 규정하는 '신체적인 장애가 있는 사람'의 의미 및 신체적인 장애를 판단하는 기준 [2] 위 규정에서 처벌하는 '신체적인 장애가 있는 사람에 대한 강간・강제추행 등의 죄'가 성립하려면 행위자가 범행 당시 피해자에게 이러한 신체적인 장애가 있음을 인식하여야

야 하는지 여부(적극)

[**판결해설**] 원심은 성폭력처벌법 제6조에서 규정하는 신체적 또는 정신적인 장애에 해당하려면 피해자의 성적 자기결정권 행사를 특별히 보호해야 할 필요가 있을 정도의 신체적 또는 정신적인 장애가 있어야 한다는 전제 하에 **피해자에게 그러한 장애가 있다거나 피고인이 범행 당시 피해자가 그와 같은 장애상태에 있었음을 인식하였다고 보기 어렵다고 판단하여 이 부분에 대해 무죄를 선고하고, 일반 강간, 강제추행 등만 유죄로 판단함.**

[**판결해설**] 대법원은 성폭력처벌법 제6조의 '신체적 장애가 있는 사람'이란 '신체적 기능이나 구조 등의 문제로 일상생활이나 사회생활에서 상당한 제약을 받는 사람'을 의미하는 것으로 보아야 한다고 판단하면서 그러한 **장애 여부를 판단함에 있어서는 해당 피해자의 상태가 충분히 고려되어야 하고 비장애인의 시각과 기준에서 피해자의 상태를 판단하여 장애가 없다고 쉽게 단정해서는 안 된다고 보아 원심을 파기하였음.**

중요

08 [선택형] 준강제추행죄에서 피해자 블랙아웃 상태가 문제되는 사건 ★★★★★

피해자와 일면식 없던 28세의 피고인이 술에 취한 18세의 피해자를 모텔에 데리고 가 추행을 한 사안이다. 이에 관한 설명 중 옳은 것은? (다툼이 있는 경우 판례에 의함)

① 형법 제299조는 '사람의 심신상실 또는 항거불능의 상태를 이용하여 추행을 한 자'를 처벌하도록 규정한다. 이러한 준강제추행죄는 정신적·신체적 사정으로 인하여 성적인 자기방어를 할 수 없는 사람의 성적 자기결정권을 보호해 주는 것을 보호법익으로 하며, 그 성적 자기결정권은 원치 않는 성적 관계를 거부할 권리라는 소극적 측면을 말한다.

② 피해자가 깊은 잠에 빠져 있거나 술·약물 등에 의해 일시적으로 의식을 잃은 상태 또는 완전히 의식을 잃지는 않았더라도 그와 같은 사유로 정상적인 판단능력과 대응·조절능력을 행사할 수 없는 상태에 있었다면 준강간죄 또는 준강제추행죄에서의 심신상실 또는 항거불능 상태에 해당한다.

해설 및 정답 ①~② 대법원 2021. 2. 4. 선고 2018도9781 판결 [준강제추행]

정답 ○

[**판결요지**] 준강간죄에서 '심신상실'이란 정신기능의 장애로 성적 행위에 대한 정상적인 판단능력이 없는 상태를 의미하고, **'항거불능'의 상태란 심신상실 이외의**

원인으로 심리적 또는 물리적으로 반항이 절대적으로 불가능하거나 현저히 곤란한 경우를 의미한다. 이는 준강제추행죄의 경우에도 마찬가지이다.

[판결해설] 대법원은 블랙아웃이 발생하여 피해자가 당시 상황을 기억하지 못한다는 이유만으로 바로 피해자가 동의를 하였을 가능성이 있다고 보아 이를 합리적 의심의 근거로 삼는 것은 타당하지 않다는 등의 이유를 들어 법리오해 및 심리미진 취지로 원심을 파기하였음.

중요

09 [선택형 · 사례형 · 기록형] 성폭력범(카메라등이용촬영) 사건 ★★★★★

버스 안에서 레깅스 바지를 입고 서 있던 피해자의 엉덩이 부위 등 하반신을 피해자 몰래 동영상 촬영한 사건이다. 이에 관한 설명 중 옳은 것은? (다툼이 있는 경우 판례에 의함)

① '성적 욕망 또는 수치심을 유발할 수 있는 신체'란 특정한 신체의 부분으로 일률적으로 결정되는 것이 아니고 촬영의 맥락과 촬영의 결과물을 고려하여 그와 같이 촬영을 하거나 촬영을 당하였을 때 '성적 욕망 또는 수치심을 유발할 수 있는 경우'를 의미한다.

② 피해자가 레깅스 바지를 입고 있었더라도 이 사건 동영상에 촬영된 피해자의 엉덩이 부위 등 하반신은 '성적 욕망 또는 수치심을 유발할 수 있는 타인의 신체'에 해당한다.

해설 및 정답 ①~② 대법원 2020. 12. 24. 선고 2019도16258 판결 [성폭력범죄의처벌등에관한특례법위반(카메라등이용촬영)] (타) 파기환송 **정답** ○

[판시사항] 버스 안에서 레깅스 바지를 입고 서 있던 피해자의 엉덩이 부위 하반신을 피해자 몰래 동영상 촬영한 행위가 성적 욕망 또는 수치심을 유발할 수 있는 피해자의 신체를 그 의사에 반하여 촬영한 행위에 해당하는지 여부(적극)

[판결요지] 촬영한 대상이 '성적 욕망 또는 수치심을 유발할 수 있는 다른 사람의 신체'에 해당하는지는 객관적으로 피해자와 같은 성별, 연령대의 일반적이고 평균적인 사람들의 관점에서 성적 욕망 또는 수치심을 유발할 수 있는 신체에 해당하는지를 고려함과 아울러, **피해자의 옷차림, 노출의 정도 등은 물론, 촬영자의 의도와 촬영에 이르게 된 경위, 촬영 장소와 촬영 각도 및 촬영 거리, 촬영된 원판의 이미지, 특정 신체 부위의 부각 여부 등을 종합적으로 고려하여 구체적·개별적·상대적으로 결정하여야 한다.**

중요

10 [선택형] 회식 장소에서 여성 직원에게 '헤드락'을 한 사건 ★★★★★

회사 대표인 피고인(남, 52세)이 직원인 피해자(여, 26세)를 포함하여 거래처 사람들과 함께 회식을 하던 중 피고인의 왼팔로 피해자의 머리를 감싸고 피고인의 가슴 쪽으로 끌어당기는 일명 '헤드락' 행위를 하고 손가락이 피해자의 두피에 닿도록 피해자의 머리카락을 잡고 흔드는 등 피해자를 강제로 추행하였다고 기소된 사안이다. 이에 관한 설명 중 옳은 것은? (다툼이 있는 경우 판례에 의함)

① 피고인의 행위는 강제추행죄의 추행에 해당하고, 추행의 고의도 인정된다.

해설 및 정답 대법원 2020. 12. 24. 선고 2020도7981 판결 [강제추행] (라) 파기환송

정답 ○

[판시사항] [1] '추행'의 의미 및 추행에 해당하는지 판단하는 기준 [2] 강제추행죄의 주관적 구성요건요소로서 고의 외에 성욕을 자극·흥분·만족시키려는 주관적 동기나 목적이 있어야 하는지 여부(소극)

[판결요지] **추행이라 함은 객관적으로 일반인에게 성적 수치심이나 혐오감을 일으키게 하고 선량한 성적 도덕관념에 반하는 행위로서 피해자의 성적 자유를 침해하는 것이라고 할 것이다.** 이에 해당하는지 여부는 피해자의 의사, 성별, 연령, 행위자와 피해자의 이전부터의 관계, 그 행위에 이르게 된 경위, 구체적 행위태양, 주위의 객관적 상황과 그 시대의 성적 도덕관념 등을 종합적으로 고려하여 신중히 결정되어야 한다. 그리고 **강제추행죄의 성립에 필요한 주관적 구성요건요소는 고의만으로 충분하고, 그 외에 성욕을 자극·흥분·만족시키려는 주관적 동기나 목적까지 있어야 하는 것은 아니다.**

[판결해설] ① 기습추행에서 공개된 장소라는 점이 추행 여부 판단의 중요한 고려요소가 될 수 없고, ② 그 접촉부위 및 방법에 비추어 객관적으로 일반인에게 성적 수치심을 일으키게 할 수 있는 행위이며, ③ 피고인의 행위 전후의 언동에 비추어 성적 의도를 가지고 한 행위로 보이고, ④ 피해자의 피해감정은 사회통념상 인정되는 성적 수치심에 해당하며, ⑤ 동석했던 사람이 피고인의 행위를 말린 것으로 보아 제3자에게도 선량한 성적 도덕관념에 반하는 행위로 인식되었다고 보이므로, **피고인의 행위는 강제추행죄의 추행에 해당하고, 추행의 고의도 인정된다**고 하여 이와 달리 본 원심판결을 파기환송 한 사례임.

중요

11 [선택형] 추행 해당 여부와 명예훼손죄에서 공연성이 문제되는 사건 ★★★★★

(1) 피고인이 ○○중대 간부연구실에 있는 소파에서, 군인인 피해자를 강제추행하기로 마음먹고 다리로 피해자의 양 다리를 겹쳐서 잡고, 피해자의 손목을 잡아 피고인 쪽으로 끌어당기고, 오른팔로 피해자의 목과 어깨를 감싸 안아 피해자를 강제로 추행하였다.

(2) 피고인이 음식점에서 창밖으로 지나가는 피해자를 보며 A에게 "내가 새벽에 운동을 하고 나오면 헬스장 근처에 있는 모텔에서 피해자가 남자 친구와 나오는 것을 몇 번 봤다. 나를 봤는데 얼마나 창피했겠냐."라고 말하여 공연히 사실을 적시하여 피해자의 명예를 훼손하였다. 이에 관한 설명 중 옳은 것은? (다툼이 있는 경우 판례에 의함)

① (1) 사례 경우 피고인의 행위는 피해자의 의사에 반하여 이루어진 것일 뿐만 아니라 피해자의 성적 자유를 침해하는 유형력의 행사에 해당하고, 일반인에게도 성적 수치심을 일으키게 할 수 있는 추행으로 볼 수 있다.

② (2) 사례 경우 피고인의 발언이 피해자의 사회적 가치 내지 평가를 저하시킬 만한 것이라고 인정할 여지가 충분하며, 피고인이 발언한 장소가 공개된 식당으로 발언 당시 김◯◯을 비롯한 손님들이 있었던 사정에 더하여 피고인과 A의 관계까지 비추어 보더라도 공연성이 인정된다.

해설 및 정답 ①~② 대법원 2020. 12. 10. 선고 2019도12282 판결 [군인등강제추행·협박·명예훼손] (바) 파기환송 **정답** ○

[판시사항] [1] '추행'의 의미 및 추행에 해당하는지 판단하는 기준 [2] 피해자의 성적 자기결정권이 침해되었는지를 판단할 때 고려하여야 할 사항 [3] 여성에 대한 추행에서 신체 부분에 따라 본질적인 차이가 있다고 볼 수 있는지 여부(소극) [4] 명예훼손죄의 구성요건인 '공연성'의 의미 및 개별적으로 소수의 사람에게 사실을 적시하였더라도 상대방이 불특정 또는 다수인에게 적시된 사실을 전파할 가능성이 있는 경우, 공연성이 인정되는지 여부(적극) [5] 명예훼손죄가 추상적 위험범인지 여부(적극) [6] 피고인이 피해자와만 있는 간부연구실에서 업무 대화 중 '피해자의 손목을 잡고 끌어당긴 행위', '피고인의 다리로 피해자의 다리에 접촉한 행위', '피고인의 팔로 피해자의 어깨에 접촉한 행위'를 한 사안에서 추행행위에 해당하지 않는다거나 추행의 고의를 인정할 수 없음을 이유로 무죄로 판단한 원심이 타당한지 여부(소극) [7] 공개된 식당에서 부대 동료에게 피해자에 대한 명예훼손적 발언을 한 경우 공연성 인정 여부(적극)

중요

12 [선택형] '4촌 이내 인척'으로서 친족관계 ★★★★★

성폭력처벌법 제5조 제4항이 규정한 4촌 이내의 인척으로서 친족관계에 관한 설명 중 옳은 것은? (다툼이 있는 경우 판례에 의함)

① 의붓아버지와 의붓딸의 관계는 성폭력처벌법 제5조 제4항이 규정한 4촌 이내의 인척으로서 친족관계에 해당한다.

해설 및 정답 대법원 2020. 11. 5. 선고 2020도10806 판결 [성폭력범죄의처벌등에관한특례법위반(친족관계에의한준강간)] **정답** ○

[**판시사항**] 의붓아버지와 의붓딸의 관계가 성폭력범죄의 처벌 등에 관한 특례법 제5조 제4항에서 규정한 '4촌 이내의 인척'으로서 친족관계에 해당하는지 여부(적극)

[**판결요지**] **의붓아버지와 의붓딸의 관계는 성폭력처벌법 제5조 제4항이 규정한 4촌 이내의 인척으로서 친족관계에 해당한다.**

중요

13 [선택형] 아동·청소년 성보호법 제11조 '영리 목적' 의미와 범위 ★★★★★

사설 인터넷 도박사이트를 운영하는 사람이, 먼저 소셜 네트워크 서비스 앱에 오픈채팅방을 개설하여 아동·청소년이용음란 동영상을 게시하고 1:1 대화를 통해 불특정 다수를 위 오픈채팅방 회원으로 가입시킨 다음, 그 오픈채팅방에서 자신이 운영하는 도박사이트를 홍보하면서 회원들이 가입 시 입력한 이름, 전화번호 등을 이용하여 전화를 걸어 위 도박사이트 가입을 승인해주는 등의 방법으로 가입을 유도하고 그 도박사이트를 이용하여 도박을 하게 한 사안이다. 이에 관한 설명 중 옳은 것은? (다툼이 있는 경우 판례에 의함)

① 영리를 목적으로 도박공간을 개설한 행위가 인정됨은 물론, 나아가 영리를 목적으로 아동·청소년이용음란물을 공연히 전시한 행위도 인정된다.

해설 및 정답 대법원 2020. 9. 24. 선고 2020도8978 판결 [아동·청소년의성보호에관한법률위반(음란물제작·배포등)·도박공간개설·정보통신망이용촉진및정보보호등에관한법률위반(음란물유포)] **정답** ○

[**판결요지**] 아동·청소년의 성보호에 관한 법률 제11조 제2항 '영리의 목적'이란 재산적 이득을 얻으려는 의사 또는 이윤을 추구하는 의사를 말하며, 이는 널리 경제적인 이익을 취득할 목적을 말하는 것으로서 반드시 아동·청소년이용음란물 배포 등 위반행위의 직접적인 대가가 아니라 위반행위를 통하여 간접적으로 얻게

될 이익을 위한 경우에도 영리의 목적이 인정된다.

14 [선택형] 위계에 의한 간음죄에서 위계의 의미

피고인이 자신을 고등학교 2학년으로 가장하여 14세의 피해자와 온라인으로 교제하던 중, 교제를 지속하고 스토킹하는 여자를 떼어내려면 자신의 선배와 성관계하여야 한다는 취지로 피해자에게 거짓말을 하고, 이에 응한 피해자를 그 선배로 가장하여 간음한 사안이다. 이에 대한 설명으로 옳은 것은? (다툼이 있는 경우 판례에 의함)

중요 ① 행위자가 간음 목적으로 피해자에게 오인, 착각, 부지를 일으키고 피해자의 그러한 심적 상태를 이용하여 간음 목적을 달성하였다면 위계와 간음행위 사이 인과관계를 인정할 수 있다. 위계에 의한 간음죄가 성립한다.

해설 및 정답 대법원 2020. 8. 27. 선고 2015도9436 전원합의체 판결 [아동·청소년의 성보호에 관한 법률 위반(위계등간음)] 〈위계에 의한 간음죄에서 위계의 의미〉

정답 ○

[판결요지] **행위자가 간음의 목적으로 피해자에게 오인, 착각, 부지를 일으키고 피해자의 그러한 심적 상태를 이용하여 간음의 목적을 달성하였다면 위계와 간음행위 사이의 인과관계를 인정할 수 있다. 따라서 위계에 의한 간음죄가 성립한다. 위계에 의한 간음죄에서 행위자가 간음의 목적으로 상대방에게 일으킨 오인, 착각, 부지는 간음행위 자체에 대한 오인, 착각, 부지를 말하는 것이지 간음행위와 불가분적 관련성이 인정되지 않는 다른 조건에 관한 오인, 착각, 부지를 가리키는 것은 아니라는 취지의 종전 판례**인 대법원 2001. 12. 24. 선고 2001도5074 판결, 대법원 2002. 7. 12. 선고 2002도2029 판결, 대법원 2007. 9. 21. 선고 2007도6190 판결, 대법원 2012. 9. 27. 선고 2012도9119 판결, 대법원 2014. 9. 4. 선고 2014도8423, 2014전도151 판결 등은 **이 판결과 배치되는 부분이 있다. 그러므로 그 범위에서 이를 변경하기로 한다.** 이러한 법정 의견에 대하여 대법관 민유숙, 대법관 노정희의 보충의견이 있다.

15 [선택형] 성폭력범죄의 처벌 등에 관한 특례법(업무상위력등에의한추행)

편의점 업주인 피고인이 아르바이트 구인 광고를 보고 연락한 甲을 채용을 빌미로 불러내 면접을 한 후 자신의 집으로 유인하여 甲의 성기를 만지고 甲에게 피고인의 성기를 만지게 하였다고 하여 성폭력범죄의 처벌 등에 관한 특례법 위반(업무상위력등에의한추행)으로 기소된 사안이다. 이에 대한 설명으로 옳은 것은? (다툼이 있는 경우 판례에 의함)

① '업무상 위력 등에 의한 추행'에 관한 처벌 규정인 성폭력범죄의 처벌 등에 관한 특례법 제10조 제1항에서 정한 '업무, 고용이나 그 밖의 관계로 인하여 자기의 보호, 감독을 받는 사람'에 직장 안에서 보호 또는 감독을 받거나 사실상 보호 또는 감독을 받는 상황에 있는 사람뿐만 아니라 **채용 절차에서 영향력의 범위 안에 있는 사람도 포함된다.**

중요 ② **'위력'이란** 피해자의 자유의사를 제압하기에 충분한 힘을 말한다. **유형적이든 무형적이든 묻지 않고 폭행·협박뿐만 아니라 사회적·경제적·정치적인 지위나 권세를 이용하는 것도 가능하다.** 현실적으로 피해자의 자유의사가 제압될 필요는 없다.

③ 위력으로써 추행하였는지는 **행사한 유형력의 내용과 정도, 행위자의 지위나 권세의 종류, 피해자의 연령, 행위자와 피해자의 관계, 그 행위에 이르게 된 경위, 구체적인 행위 모습, 범행 당시의 정황** 등 여러 사정을 종합적으로 고려하여 판단하여야 한다.

해설 및 정답 ①~③ 대법원 2020. 7. 9. 선고 2020도5646 판결 [성폭력범죄의 처벌 등에 관한 특례법 위반(업무상위력등에의한추행)] 〈채용 절차에서 구직자를 추행한 사건〉

정답 ○

16 [선택형 · 사례형] 지하철 전동차 추행 사건(성폭법 공중밀집장소 추행)

피고인이 지하철 내에서 甲(女)의 등 뒤에 밀착하여 무릎을 굽힌 후 성기를 甲의 엉덩이 부분에 붙이고 앞으로 내미는 등 甲을 추행하였다고 하여 구 성폭력범죄의 처벌 등에 관한 특례법 위반(공중밀집장소에서 추행)의 주위적 공소사실로 기소된 사안이다. 이에 대한 설명으로 옳은 것은? (다툼이 있는 경우 판례에 의함)

① 성폭력처벌법 위반(공중밀집장소에서 추행)죄가 기수에 이르기 위해서는 객관적으로 일반인에게 성적 수치심이나 혐오감을 일으키게 할 만한 행위로서 선량한 성적 도덕관념에 반하는 **행위를 행위자가 대상자를 상대로 실행하는 것으로 충분하다. 행위자의 행위로 대상자가 성적 수치심이나 혐오감을 반드시 실제로 느껴야 하는 것은 아니다.**

해설 및 정답 대법원 2020. 6. 25. 선고 2015도7102 판결 [성폭력범죄의 처벌 등에 관한 특례법 위반(공중밀집장소에서의 추행)(예비적 죄명: 강제추행미수)] 〈피고인이 공중밀집장소인 지하철 전동차 안에서 피해자를 추행한 사건〉 **정답** ○

17 [선택형] 노래방에서 허벅지 기습추행 사건

미용업체인 甲 주식회사를 운영하는 피고인이 甲 회사 가맹점에서 근무하는 乙(여, 27세)을 비롯한 직원들과 노래방에서 회식을 하던 중 乙을 자신 옆자리에 앉힌 후 갑자기 乙의 볼에 입을 맞추고, 이에 乙이 '하지 마세요'하였음에도 계속하여 오른손으로 乙의 오른쪽 허벅지를 쓰다듬어 강제로 추행하였다는 내용으로 기소된 사안이다. 이에 대한 설명으로 옳은 것은? (다툼이 있는 경우 판례에 의함)

① 강제추행죄는 상대방에 대하여 폭행 또는 협박을 가하여 항거를 곤란하게 한 뒤에 추행행위를 하는 경우뿐만 아니라 **폭행행위 자체가 추행행위라고 인정되는 이른바 기습추행의 경우도 포함된다.**

② 기습추행 경우 추행행위와 동시에 저질러지는 폭행행위는 반드시 상대방 의사를 억압할 정도의 것임을 요하지 않고 **상대방 의사에 반하는 유형력의 행사가 있으면 그 힘의 대소강약을 불문한다.**

③ **피해자의 옷 위로 엉덩이나 가슴을 쓰다듬는 행위, 피해자의 의사에 반하여 그 어깨를 주무르는 행위, 교사가 여중생의 얼굴에 자신의 얼굴을 들이밀면서 비비는 행위나 여중생의 귀를 쓸어 만지는 행위** 등에 대하여 피해자의 의사에 반하는 유형력의 행사가 이루어져 **기습추행에 해당한다.**

④ 추행은 객관적으로 일반인에게 성적 수치심이나 혐오감을 일으키게 하고 선량한 성적 도덕관념에 반하는 행위로서 피해자의 성적 자유를 침해하는 것이다.

해설 및 정답 ①~④ 대법원 2020. 3. 26. 선고 2019도15994 판결 [강제추행] 〈피고인이 직장 회식자리(노래방)에서 여성인 피해자를 옆에 앉힌 다음 피해자의 허벅지를 손으로 쓰다듬은 행위에 대하여 강제추행죄의 성립 여부가 문제된 사건〉

정답 ○

18 **[선택형] 정통법(명예훼손) '비방할 목적'의 의미**

사이버대학교 법학과 학생인 피고인이, 법학과 학생들만 회원으로 가입한 네이버밴드에 甲이 총학생회장 출마자격에 관하여 조언을 구한다는 글을 게시하자 이에 대한 댓글 형식으로 직전 연도 총학생회장 선거에 입후보하였다가 중도 사퇴한 乙의 실명을 거론하며 '○○○이라는 학우가 학생회비도 내지 않고 총학생회장 선거에 출마하려 했다가 상대방 후보를 비방하고 이래저래 학과를 분열시키고 개인적인 감정을 표한 사례가 있다.'고 언급한 다음 '그러한 부분은 지양했으면 한다.'는 의견을 덧붙임으로써 乙의 명예를 훼손하였다고 하여 정보통신망 이용촉진 및 정보보호 등에 관한 법률 위반(명예훼손)으로 기소된 사안이다. 이에 대한 설명으로 옳은 것은? (다툼이 있는 경우 판례에 의함)

① '비방할 목적'은 공공의 이익을 위한 것과 행위자의 주관적 의도라는 방향에서 상반된다. 적시한 사실이 공공의 이익에 관한 것인 경우에 특별한 사정이 없는 한 비방할 목적은 부정된다.

② '적시한 사실이 공공의 이익에 관한 것인 경우'란 적시한 사실이 객관적으로 볼 때 공공의 이익에 관한 것으로 행위자도 주관적으로 공공의 이익을 위하여 그 사실을 적시한 것이어야 한다.

③ 공공의 이익에 관한 것에는 널리 국가·사회 그 밖에 일반 다수인의 이익에 관한 것뿐만 아니라 특정한 사회집단이나 그 구성원 전체의 관심과 이익에 관한 것도 포함한다.

④ 행위자의 주요한 동기와 목적이 공공의 이익을 위한 것이라면 부수적으로 다른 사익적 목적이나 동기가 포함되어 있더라도 비방할 목적이 있다고 보기는 어렵다.

해설 및 정답 ①~④ 대법원 2020. 3. 2. 선고 2018도15868 판결 [정보통신망이용촉진 및 정보보호 등에 관한 법률 위반(명예훼손)] 〈사이버대학교 총학생회장 입후보자격 관련 댓글 게시 명예훼손 사건〉

정답 ○

19 [선택형] '악성프로그램'의 의미

피고인들이 자동 회원가입, 자동 방문 및 이웃신청 등의 기능을 이용하여 네이버 카페나 블로그 등에 자동적으로 게시 글과 댓글을 등록하고 쪽지와 초대장을 발송하는 등의 작업을 반복 수행하도록 설계된 다수의 프로그램들을 판매함으로써 정당한 사유 없이 정보통신시스템 등의 운용을 방해할 수 있는 악성프로그램을 유포하였다고 하여 구 정보통신망 이용촉진 및 정보보호 등에 관한 법률(2016. 3. 22. 법률 제14080호로 개정되기 전의 것, 이하 '구 정보통신망법'이라 한다) 위반으로 기소된 사안이다. 이에 대한 설명으로 옳은 것은? (다툼이 있는 경우 판례에 의함)

① 위 프로그램들이 같은 법 제48조 제2항의 '악성프로그램'에 해당한다고 단정하기 어렵다.

해설 및 정답 대법원 2019. 12. 12. 선고 2017도16520 판결 [정보통신망이용촉진및 정보보호 등에 관한 법률 위반(정보통신망침해등)] 〈구 정보통신망 이용촉진 및 정보보호 등에 관한 법률 제48조 제2항의 '악성프로그램'에 해당하는지 여부가 문제된 사건〉

정답 ○

20 [선택형] '아동 · 청소년으로 명백하게 인식될 수 있는 표현물'의 의미

만화 동영상은 교복과 유사한 형태의 복장을 입은 표현물이 등장하여 성교 행위나 유사 성교 행위를 하는 내용을 포함하고 있고, 등장하는 표현물 중 일부의 외모가 상당히 어려 보이게 묘사된 사실을 알 수 있다. 아동 · 청소년의 성보호에 관한 법률 제2조 제5호에서 말하는 '아동 · 청소년으로 명백하게 인식될 수 있는 표현물' 관한 설명으로 옳은 것은? (다툼이 있는 경우 판례에 의함)

① 만화 동영상에 등장하는 일부 표현물의 특정 신체부위가 다소 성숙하게 묘사되어 있다고 하더라도 창작자가 외모나 복장, 배경 및 상황 설정으로 이 사건 만화 동영상에 등장하는 표현물에 부여한 특징들을 통해서 창작자가 표현물에 설정한 나이가 19세 미만으로서 사회 평균인의 시각에서 객관적으로 보아 명백하게 청소년으로 인식될 수 있는 표현물에 해당한다고 볼 여지가 있다.

해설 및 정답 대법원 2019. 11. 28. 선고 2015도12742 판결 [아동 · 청소년의성보

호에관한법률위반(음란물제작 · 배포등)[인정된죄명: 정보통신망이용촉진및정보보호등에관한법률위반(음란물유포)]

정답 ○

21 **[선택형 · 사례형] 웹사이트에 음란물 영상의 토렌트 파일을 게시한 사건**

음란물 영상의 토렌트 파일에 대한 설명으로 옳은 것은? (다툼이 있는 경우 판례에 의함)

① 음란물 영상을 공유하기 위해 생성된 정보이자 토렌트를 통해 그 음란물 영상을 전송받는 데에 필요한 정보인 해당 **음란물 영상의 토렌트 파일은**, 정보통신망 이용촉진 및 정보보호 등에 관한 법률 제44조의7 제1항 제1호에서 정보통신망을 통한 유통을 금지한 **'음란한 영상을 배포하거나 공공연하게 전시하는 내용의 정보'에 해당한다.**

② 음란물 영상의 토렌트 파일을 웹사이트 등에 **게시하여 불특정 또는 다수인에게 무상으로 다운로드 받게 하는 행위 또는 그 토렌트 파일을 이용하여 별다른 제한 없이 해당 음란물 영상에 바로 접할 수 있는 상태를 실제로 조성한 행위는** 정보통신망법 제74조 제1항 제2호에서 처벌 대상으로 삼고 있는 '같은 법 제44조의7 제1항 제1호를 위반하여 음란한 영상을 배포하거나 공공연하게 전시'한 것과 실질적으로 동일한 결과를 가져온다. 그러므로 위와 같은 행위는 전체적으로 보아 **음란한 영상을 배포하거나 공공연하게 전시한다는 구성요건을 충족한다.**

해설 및 정답 ①~② 대법원 2019. 7. 25. 선고 2019도5283 판결 [정보통신망이용촉진 및 정보보호 등에 관한 법률 위반(음란물유포)] 〈피고인이 자신이 운영하는 웹사이트(토렌트 사이트)에 음란물 영상의 토렌트 파일을 게시하여 불특정 다수인에게 다운로드 받도록 한 사건〉

정답 ○

중요

22 **[선택형 · 사례형] 준강간죄의 불능미수 성립을 인정할 수 있는지 여부에 관한 사건 ★★★★★**

피고인은 2017. 4. 17. 22:30경 자신의 집에서 피고인의 처, 피해자와 함께 술을 마시다가 다음 날 01:00경 피고인의 처가 먼저 잠이 들고 02:00경 피해자도 안방으로 들어가자 피해자를 따라 들어간 뒤, 누워 있는 피해자의 옆에서 피해자의 가슴을 만지고 팬티 속으로 손을 넣어 음부를 만지다가, 몸을 비틀고 소리를 내어 상황을 벗어나려는 피해자의 입을 막고 바지와 팬티를 벗긴 후 피해자의 항거불능 상태를 이용하여 1회 간음하여 강간하였다. 피고인은 다음과 같이 주장한다. 1) 준강간의 고의가 없었다. 2) 피해자가 실제로는 심신상실 또는 항거불능의 상태에 있지 않아 성적 자기결정권의 침해가 없는 성관계를 하였으므로 준강간의 결과 발생 가능성이나 법익침해의 위험성이 없어 준강간죄의 불능미수가 성립하지 않는다. 준강간죄에 관한 설명으로 옳은 것은? (다툼이 있는 경우 판례에 의함)

① **심신상실 또는 항거불능의 상태에 있는 사람에 대하여 그 사람의 그러한 상태를 이용하여 간음행위를 하면 구성요건이 충족되어 준강간죄가 기수에 이른다.**

② 피고인이 피해자가 심신상실 또는 항거불능의 상태에 있다고 인식하고 그러한 상태를 이용하여 간음할 의사를 가지고 간음하였으나, **실행의 착수 당시부터 피해자가 실제로는 심신상실 또는 항거불능의 상태에 있지 않았다면, 실행의 수단 또는 대상의 착오로 준강간죄의 기수에 이를 가능성이 처음부터 없다고 볼 수 있다.** 이 경우 피고인이 행위 당시에 인식한 사정을 놓고 일반인이 객관적으로 판단하여 보았을 때 정신적·신체적 사정으로 인하여 성적인 자기방어를 할 수 없는 사람의 성적 자기결정권을 침해하여 **준강간의 결과가 발생할 위험성이 있었다면 불능미수가 성립한다.**

중요 ③ 피고인이 행위 당시에 인식한 사정을 놓고 일반인이 객관적으로 판단하여 보았을 때 **준강간의 결과가 발생할 위험성이 있었으므로 준강간죄의 불능미수가 성립한다.**

해설 및 정답 ①~③ 대법원 2019. 3. 28. 선고 2018도16002 전원합의체 판결 [강간(인정된 죄명: 준강간미수, 변경된 죄명: 준강간)] 〈준강간죄의 불능미수 성립을 인정할 수 있는지 여부에 관한 사건〉 ★★★★★ **정답** ○

☞ 문 10. 미수범 참조.

23 [선택형] 심신미약자추행

甲은 2018. 3. 11. 01:35경부터 같은 날 03:50경까지 사이에 ○○시 소재 '○○호텔' △△△호실에서 乙에게 필로폰을 제공하여, 약물로 인해 사물을 변별하거나 의사를 결정할 능력이 미약한 상태에 빠진 乙이 제대로 저항하거나 거부하지 못한다는 사정을 이용하여 乙을 추행하기로 마음먹고, 화장실에서 샤워를 하고 있던 乙에게 다가가 乙에게 자신의 성기를 입으로 빨게 하고, 乙의 항문에 성기를 넣기 위해 乙을 뒤로 돌아 엎드리게 한 다음, 乙의 항문에 손가락을 넣고, 샤워기 호스의 헤드를 분리하여 그 호스를 乙의 항문에 꽂아 넣은 후 물을 주입하였다. 이로써 甲은 약물로 인하여 사물을 변별하거나 의사를 결정할 능력이 미약한 심신미약자를 위력으로 추행하였다. 이에 대한 설명으로 옳은 것은? (다툼이 있는 경우 판례에 의함)

① 甲의 행위는 乙에 대하여 위력으로써 추행을 한 경우에 해당한다.

해설 및 정답 대법원 2019. 6. 13. 선고 2019도3341 판결 **정답** ○

사례문제 29 심신미약자추행

대법원 2019. 6. 13. 선고 2019도3341 판결
[심신미약자추행]

Q. 형법 제32장에 규정된 '강간과 추행의 죄'의 보호법익인 '성적 자유', '성적 자기결정권'의 의미

Q. 미성년자 등 추행죄에서 말하는 '미성년자', '심신미약자'의 의미

Q. 위 죄에서 말하는 '추행'의 의미 및 추행에 해당하는지 판단하는 기준

Q. 위 죄에서 말하는 '위력'의 의미 및 위력으로써 추행한 것인지 판단하는 기준

판결요지

가. '추행'이란 객관적으로 피해자와 같은 처지에 있는 일반적·평균적인 사람으로 하여금 성적 수치심이나 혐오감을 일으키게 하고 선량한 성적 도덕관념에 반하는 행위로서 구체적인 피해자를 대상으로 하여 피해자의 성적 자유를 침해하는 것을 의미한다.

나. '위력'이란 피해자의 성적 자유의사를 제압하기에 충분한 세력으로서 유형적이든

무형적이든 묻지 않으며, 폭행·협박뿐 아니라 행위자의 사회적·경제적·정치적 인 지위나 권세를 이용하는 것도 가능하다.

중요

24 [선택형] 카카오톡 메신저로 아동·청소년음란물을 촬영하게 한 사건

카카오톡 메신저로 아동·청소년에게 지시하여 스스로 자기의 신체를 대상으로 한 음란물을 촬영하도록 한 사안이다. 아동·청소년이용음란물에 관한 설명으로 옳은 것은? (다툼이 있는 경우 판례에 의함)

① **아동·청소년의 동의가 있다거나 개인적인 소지·보관을 1차적 목적으로 제작하더라도 청소년성보호법 제11조 제1항의 '아동·청소년이용음란물의 제작'에 해당한다.**

② **피고인이 직접 아동·청소년의 면전에서 촬영행위를 하지 않았더라도 아동·청소년이용음란물을 만드는 것을 기획하고 타인으로 하여금 촬영행위를 하게 하거나 만드는 과정에서 구체적인 지시를 하였다면,** 특별한 사정이 없는 한 **아동·청소년이용음란물 '제작'에 해당한다.**

③ **촬영을 마쳐 재생이 가능한 형태로 저장이 된 때에 제작은 기수**에 이르고 반드시 피고인이 그와 같이 제작된 아동·청소년이용음란물을 재생하거나 피고인의 기기로 재생할 수 있는 상태에 이르러야만 하는 것은 아니다.

④ 이러한 법리는 피고인이 아동·청소년으로 하여금 스스로 자신을 대상으로 하는 음란물을 촬영하게 한 경우에도 마찬가지이다.

⑤ 카카오톡 메신저로 아동·청소년에게 지시하여 스스로 자기의 신체를 대상으로 한 음란물을 촬영하도록 한 사안에서, **아동·청소년이 음란물의 촬영을 마쳐 자신의 휴대전화에 재생이 가능한 형태로 저장이 된 때에 아동·청소년이용음란물 제작 범행은 기수에 해당한다.**

해설 및 정답 ①~⑤ 대법원 2018. 9. 13. 선고 2018도9340 판결 [아동·청소년의성보호에관한법률위반(음란물제작·배포등) 등] [일부 인정된 죄명: 성폭력범죄의처벌등에관한특례법위반(통신매체이용음란)]·강요미수] (가) 상고기각 〈카카오톡 메신저로 지시하여 아동·청소년에게 스스로 음란물을 촬영하게 한 사건〉 **정답** ○

25 [선택형] 합의 촬영한 동영상 파일 일부 장면 찍어 전송한 사건

피고인이 갑과 성관계하면서 합의하에 촬영한 동영상 파일 중 일부 장면 등을 찍은 사진 3장을 지인 명의의 휴대전화 문자메시지 기능을 이용하여 갑의 처 을의 휴대전화로 발송함으로써, 촬영 당시 갑의 의사에 반하지 아니하였으나 사후에 그 의사에 반하여 '갑의 신체를 촬영한 촬영물'을 을에게 제공하였다고 하여 성폭력범죄의 처벌 등에 관한 특례법 위반(카메라등이용촬영)으로 기소된 사안이다. 성폭력범죄의 처벌 등에 관한 특례법 제14조 제2항 촬영물에 관한 설명으로 옳은 것은? (다툼이 있는 경우 판례에 의함)

① 피고인이 성관계 동영상 파일을 컴퓨터로 재생한 후 모니터에 나타난 영상을 휴대전화 카메라로 촬영한 촬영물은 **성폭력범죄의 처벌 등에 관한 특례법 제14조 제2항에서 규정한 촬영물에 해당하지 아니한다.**

해설 및 정답 대법원 2018. 8. 30. 선고 2017도3443 판결 [성폭력범죄의처벌등에관한특례법위반(카메라등이용촬영)]

정답 ○

26 [선택형] '성비하 · 성조롱' 문자메시지 반복 전송 사건

피고인이 연인관계에 있었던 피해자로부터 '피고인보다 성기가 큰 사람과 함께 살았다'라는 말을 듣자 화가 나 결별을 선언한 후, 피해자에게 피해자의 성기를 비하, 조롱하고 피해자가 성적인 매력이 없다는 취지의 문자메시지를 반복하여 보낸 사안이다. 성폭력범죄의 처벌 등에 관한 특례법 제13조에 관한 설명으로 옳은 것은? (다툼이 있는 경우 판례에 의함)

① **'성적 욕망'에는 성행위나 성관계를 직접적인 목적이나 전제로 하는 욕망뿐만 아니라, 상대방을 성적으로 비하하거나 조롱하는 등 상대방에게 성적 수치심을 줌으로써 자신의 심리적 만족을 얻고자 하는 욕망도 포함된다.** 또한 이러한 '성적 욕망'이 상대방에 대한 분노감과 결합되어 있다 하더라도 달리 볼 것은 아니다.

해설 및 정답 대법원 2018. 9. 13. 선고 2018도9775 판결 [협박, 성폭력범죄의 처벌 등에 관한 특례법 위반(통신매체이용음란)] (마) 파기환송 〈피고인이 성적 욕망을 유발하거나 만족시킬 목적으로 성적 수치심 또는 혐오감을 일으키는 문자메시지를 전송한 것인지 문제된 사건〉

정답 ○

27 [선택형] 스마트폰 동영상 전송 사건 · 강제추행죄 간접정범

강제추행죄에 관한 설명으로 옳은 것은? (다툼이 있는 경우 판례에 의함)

① 강제추행죄는 사람의 성적 자유 내지 성적 자기결정의 자유를 보호하기 위한 죄이다. 정범 자신이 직접 범죄를 실행하여야 성립하는 자수범이라고 볼 수 없다.

② 강제추행죄는 처벌되지 아니하는 타인을 도구로 삼아 피해자를 강제로 추행하는 간접정범의 형태로도 범할 수 있다.

③ 강제추행에 관한 간접정범의 의사를 실현하는 도구로서의 타인에는 피해자도 포함될 수 있다.

④ 피해자를 도구로 삼아 피해자의 신체를 이용하여 추행행위를 한 경우에도 강제추행죄의 간접정범에 해당할 수 있다.

해설 및 정답 ①~④ 대법원 2018. 2. 8. 선고 2016도17733 판결 **정답** ○

사례문제 30 강제추행죄에서 '추행'의 의미와 강제추행죄의 간접정범

대법원 2018. 2. 8. 선고 2016도17733 판결

[아동·청소년의성보호에관한법률위반(강제추행)(인정된 죄명: 강요)·성폭력범죄의처벌등에관한특례법위반(통신매체이용음란)·협박·강제추행(인정된 죄명: 강요)]

Q. 강제추행죄에서 '추행'의 의미 및 추행에 해당하는지 판단하는 기준

Q. 강제추행죄가 '자수범'에 해당하는지 여부(소극)

Q. 피해자를 도구로 삼아 피해자의 신체를 이용하여 추행행위를 한 경우, 강제추행죄의 간접정범에 해당하는지 여부(적극)

판결요지

가. **강제추행죄는** 사람의 성적 자유 내지 성적 자기결정의 자유를 보호하기 위한 죄로서 **정범 자신이 직접 범죄를 실행하여야 성립하는 자수범이라고 볼 수 없다.**

나. **강제추행죄는 처벌되지 아니하는 타인을 도구로 삼아 피해자를 강제로 추행하**

는 간접정범의 형태로도 범할 수 있다. 여기서 강제추행에 관한 간접정범의 의사를 실현하는 도구로서의 타인에는 피해자도 포함될 수 있다.

다. 피해자를 도구로 삼아 피해자의 신체를 이용하여 추행행위를 한 경우에도 강제추행죄의 간접정범에 해당할 수 있다.

28 [선택형] 성폭법 제14조 제1항 카메라등 이용 촬영 사건

성폭력범죄에 관한 설명으로 옳은 것은? (다툼이 있는 경우 판례에 의함)

① 성폭력범죄의 처벌 등에 관한 특례법 제14조 제1항에서 **촬영물을 반포·판매·임대 또는 공연히 전시·상영한 자는 반드시 촬영물을 촬영한 자와 동일인이어야 하는 것은 아니고, 행위의 대상이 되는 촬영물은 누가 촬영한 것인지를 묻지 아니한다.**

해설 및 정답 대법원 2016. 10. 13. 선고 2016도6172 판결 [성폭력범죄의처벌등에관한특례법위반 (카메라등이용촬영)] **정답** ○

29 [선택형] 신체 촬영 전송 사건

성폭력범죄에 관한 설명으로 옳은 것은? (다툼이 있는 경우 판례에 의함)

① 수치심을 유발할 수 있는 **피해자의 신체를 의사에 반하여 촬영한 후 이를 피해자 본인에게 전송하는 행위는 성폭력범죄의 처벌 등에 관한 특례법 제14조 제1항의 '제공'에 해당하지 않는다.**

해설 및 정답 대법원 2018. 8. 1. 선고 2018도1481 판결 [성폭력범죄의처벌등에관한특례법위반(카메라등이용촬영)] 〈수치심을 유발할 수 있는 피해자의 신체를 의사에 반하여 촬영한 후 이를 피해자 본인에게 전송한 사건〉 **정답** ○

30 [선택형] 성폭력처벌법 친고죄 고소기간 특례규정 판단 사건

성폭력범죄에 관한 설명으로 옳은 것은? (다툼이 있는 경우 판례에 의함)

① 피고인이 2012. 9. 하순경 피해자를 강제추행하였다고 기소된 사안에서, 그 범행이 개정 성폭력범죄처벌법 시행일 이전에 저질러진 것으로 그 고소기간은 이 사건 특례조항에 따라 피해자가 피고인이 범인을 알게 된 날로부터 1년이므로, 피해자가 2013. 8. 27. 제기한 고소는 2012. 9. 하순경으로부터 1년이 지나기 전에 제기되어 적법하다.

해설 및 정답 대법원 2018. 6. 28. 선고 2014도13504 판결 [강제추행] (마) 파기환송 〈성폭력범죄 중 친고죄의 고소기간 도과 여부에 관한 사건〉 **정답** ○

사례문제 31 성폭력처벌법 친고죄 고소기간 특례규정

대법원 2018. 6. 28. 선고 2014도13504 판결
[강제추행] (마) 파기환송 〈성폭력범죄 중 친고죄의 고소기간 도과 여부에 관한 사건〉

Q. 성폭력범죄 중 친고죄의 고소기간 특례규정(고소기간 1년)이 삭제되기 이전에 저지른 범행에 대하여 그 특례규정 삭제 후 고소가 이루어진 경우에 고소기간이 형사소송법 제230조 제1항에 따라 6월로 단축되는지 여부(소극)

판결요지

가. 피고인이 2012. 9. 하순경 피해자를 강제추행하였다고 기소된 사안이다.

나. 그 범행이 개정 성폭력범죄처벌법 시행일 이전에 저질러진 것으로 그 고소기간은 이 사건 특례조항에 따라 피해자가 피고인이 범인을 알게 된 날로부터 1년이므로, **피해자가 2013. 8. 27. 제기한 고소는 2012. 9. 하순경으로부터 1년이 지나기 전에 제기되어 적법한 것으로 판단하여,** 피해자의 고소가 형사소송법 제230조 제1항에 따른 고소기간 6개월을 경과한 이후에 제기되어 부적법한 것으로 본 원심판결을 파기한 사례.

31 [선택형] 수면제 투약 의식불명 사건

성폭력범죄에 관한 설명으로 옳은 것은? (다툼이 있는 경우 판례에 의함)

① 강간치상죄나 강제추행치상죄에 있어서의 상해는 피해자의 신체의 완전성을 훼손하거나 생리적 기능에 장애를 초래하는 것, 즉 피해자의 건강상태가 불량

하게 변경되고 생활기능에 장애가 초래되는 것을 말하는 것으로, 여기서의 생리적 기능에는 육체적 기능뿐만 아니라 정신적 기능도 포함된다.

② 수면제와 같은 약물을 투약하여 피해자를 일시적으로 수면 또는 의식불명 상태에 이르게 한 경우에도 약물로 인하여 피해자의 건강상태가 불량하게 변경되고 **생활기능에 장애가 초래되었다면 자연적으로 의식을 회복하거나 외부적으로 드러난 상처가 없더라도 이는 강간치상죄나 강제추행치상죄에서 말하는 상해에 해당한다.**

해설 및 정답 ①~② 대법원 2017. 6. 29. 선고 2017도3196 판결 [강간치상·강제추행치상] 〈수면제를 투약하여 피해자를 간음하거나 추행한 사건〉 **정답** ○

32 [선택형] 통신매체이용음란죄 사건(인터넷 링크 사건)

성폭력범죄에 관한 설명으로 옳은 것은? (다툼이 있는 경우 판례에 의함)

① 상대방에게 성적 수치심을 일으키는 그림 등이 담겨 있는 웹페이지 등에 대한 인터넷 링크(internet link)를 보내는 행위를 통해 그와 같은 그림 등이 상대방에 의하여 인식될 수 있는 상태에 놓이고 실질에 있어서 이를 직접 전달하는 것과 다를 바 없다고 평가되고, 이에 따라 상대방이 이러한 링크를 이용하여 별다른 제한 없이 성적 수치심을 일으키는 그림 등에 바로 접할 수 있는 상태가 실제로 조성되었다면, 그러한 행위는 전체로 보아 성적 수치심을 일으키는 그림 등을 상대방에게 도달하게 한다는 구성요건을 충족한다.

해설 및 정답 대법원 2017. 6. 8. 선고 2016도21389 판결 [성폭력범죄의처벌등에관한특례법위반(통신매체이용음란)] 〈성폭력범죄특례법 제13조에서 정한 '통신매체이용음란죄'의 판단방법과 '성적 수치심이나 혐오감을 일으키는 그림 등을 상대방에게 도달하게 한다'의 의미에 관한 사례〉 **정답** ○

② 불특정 다수의 휴대전화에 여성의 성기, 자위행위, 불특정 다수와의 성매매를 포함한 성행위 등을 저속하고 노골적으로 표현 또는 묘사하거나 이를 암시하는 문언이 기재된 문자메시지는 '음란한 문언'에 해당한다.

해설 및 정답 ①~② 대법원 2019. 1. 10. 선고 2016도8783 판결 〈음란한 문자메시지 전송 사건〉 **정답** ○

문 17. 특수절도죄 · 특수강도죄 · 강도상해죄 · 특수강도강간죄에 관한 설명 중 옳은 것은? (다툼이 있는 경우 판례에 의함)

출제예상내용
- 합동절도(현장설)
- 강도상해죄·강도치상죄
- 공범인 공동피고인
- 진술조서 증거능력
- 공범자 법정자백 증거능력

사례문제 32 준강도죄 또는 강도죄와 공무집행방해죄의 죄수

사례문제 33 준강도죄의 주체(=절도범인)

01 [선택형] 채무면탈 목적 강도죄에서 불법이득의사 판단 기준 사건 ★★★★★

피고인이 술을 마신 후 술값 지급과 관련한 시비 중 술집 주인과 종업원을 폭행하여 상해를 가한 사안이다. 이에 관한 설명 중 옳은 것은? (다툼이 있는 경우 판례에 의함)

중요 ① 피고인과 피해자의 관계, 채무의 종류와 액수, 폭행에 이르게 된 경위, 폭행의 정도와 방법, 폭행 이후의 정황 등 범행 전후의 객관적인 사정을 종합하여 불법이득의사가 있었는지를 판단할 수밖에 없다.

해설 및 정답 대법원 2021. 6. 30. 선고 2020도4539 판결 [강도상해] (가) 파기환송

정답 ○

[판시사항] 채권자를 폭행 · 협박하여 채무를 면탈함으로써 성립하는 강도죄에서 불법이득의사의 유무를 판단하는 방법(=채무면탈 목적 강도죄에서 불법이득의사 판단기준)

[판결요지] 강도상해죄가 성립하려면 먼저 강도죄의 성립이 인정되어야 한다. 강도죄가 성립하려면 불법영득 또는 불법이득의 의사가 있어야 한다. 채권자를 폭행 · 협박하여 채무를 면탈함으로써 성립하는 강도죄에서 불법이득의사는 단순 폭력범죄와 구별되는 중요한 구성요건 표지이다. 폭행 · 협박 당시 피고인에게 채무를 면탈하려는 불법이득의사가 있었는지는 신중하고 면밀하게 심리 · 판단되어야 한다. 불법이득의사는 마음속에 있는 의사이다.

[판결해설] 폭행에 이르게 된 경위, 폭행 이후의 정황, 채무의 종류와 액수 등 제

반사정에 비추어 피고인이 피해자들을 폭행할 당시 술값 채무를 면탈하려는 불법 이득의 의사를 인정하기 어렵다고 보아, 유죄로 인정한 원심을 파기환송한 사례.

중요 **02 [선택형 · 사례형 · 기록형] 합동범 · 준강도 · 강도상해 · 특수강도강간미수 사건**

강도상해죄에 관한 설명으로 옳은 것은? (다툼이 있는 경우 판례에 의함)

중요 ① **형사소송법 제310조의 피고인의 자백에는 공범인 공동피고인의 진술은 포함되지 않는다.** 이러한 **공동피고인의 진술에 대하여는 피고인의 반대신문권이 보장되어 있어 독립한 증거능력이 있다.**

중요 ② **합동범은 주관적 요건으로서 공모 외에 객관적 요건으로서 현장에서의 실행행위의 분담을 요한다.** 이 실행행위의 분담은 반드시 동시에 동일장소에서 실행행위를 특정하여 분담하는 것만을 뜻하는 것이 아니다. 시간적으로나 장소적으로 서로 협동관계에 있다고 볼 수 있으면 충분하다.

중요 ③ 형법 제334조 제1항 소정의 야간주거침입강도죄는 주거침입과 강도의 결합범으로서 시간적으로 주거침입행위가 선행되므로 **주거침입을 한 때에 본죄의 실행에 착수한 것으로 볼 것이다.** 형법 제334조 제2항 소정의 흉기휴대 합동강도죄에 있어서도 그 강도행위가 **야간에 주거에 침입하여 이루어지는 경우에는 주거침입을 한 때에 실행에 착수한 것으로 보는 것이 타당하다.**

중요 ④ **절도범인이 체포를 면탈할 목적으로 경찰관에게 폭행 협박을 가한 때에는 준강도죄와 공무집행방해죄를 구성하고 양죄는 상상적 경합관계에 있다.** 그러나 **강도범인이 체포를 면탈할 목적으로 경찰관에게 폭행을 가한 때에는 강도죄와 공무집행방해죄는 실체적 경합관계에 있고** 상상적 경합관계에 있는 것이 아니다.

중요 ⑤ 피고인 갑, 을, 병이 강도행위를 하던 중 피고인 갑, 을은 피해자를 강간하려고 작은 방으로 끌고 가 팬티를 강제로 벗기고 음부를 만지던 중 피해자가 **수술한 지 얼마 안 되어 배가 아프다면서 애원**하는 바람에 그 뜻을 이루지 못하였다. 그렇다면 **강도행위의 계속 중 이미 공포상태에 빠진 피해자를 강간하려고 한 이상 강간의 실행에 착수한 것이다.** 피고인들이 간음행위를 중단한 것은 피해자를 불쌍히 여겨서가 아니라 피해자의 신체조건상 강간하기에 지장이 있다고 본 데에 기인한 것이다. 그러므로 이는 일반의 경험상 강간행위를 수행함에 **장애가 되는 외부적 사정에 의하여 범행을 중지한 것에 지나지 않는 것으로서 중지범의 요건인 자의성을 결여하였다.**

해설 및 정답 ①~⑤ 대법원 1992. 7. 28. 선고 92도917 판결 [강도상해, 특수강도[인정된 죄명: 특정범죄가중처벌등에관한법률위반(강도)], 공무집행방해, 폭력행위등처벌에관한법률위반, 강도, 특정범죄가중처벌등에관한법률위반(강도, 특수강도강간)]

정답 ○

사례문제 32 준강도죄 또는 강도죄와 공무집행방해죄의 죄수 ★★★★★

대법원 1992. 7. 28. 선고 92도917 판결

[강도상해, 특수강도[인정된 죄명: 특정범죄가중처벌등에관한법률위반(강도)], 공무집행방해, 폭력행위등처벌에관한법률위반, 강도, 특정범죄가중처벌등에관한법률위반(강도, 특수강도강간)]

Q. 공범인 공동피고인의 진술의 증거능력

Q. 합동범의 객관적 요건인 실행행위의 분담의 의미

Q. 강도행위가 야간에 주거에 침입하여 이루어지는 특수강도죄의 실행의 착수시기

Q. 절도범인 또는 강도범인이 체포를 면탈할 목적으로 경찰관에게 폭행(협박)을 가한 경우 준강도죄 또는 강도죄와 공무집행방해죄의 죄수

Q. 강도강간미수가 중지범의 요건인 자의성을 결여하였다고 본 사례

판결요지

가. 형사소송법 제310조의 피고인의 자백에는 공범인 공동피고인의 진술은포함되지 않으며, 이러한 공동피고인의 진술에 대하여는 피고인의 반대신문권이 보장되어 있어 독립한 증거능력이 있다.

나. 합동범은 주관적 요건으로서 공모 외에 객관적 요건으로서 현장에서의 실행행위의 분담을 요하나 이 실행행위의 분담은 반드시 동시에 동일장소에서 **실행행위를 특정하여 분담**하는 것만을 뜻하는 것이 아니라 **시간적으로나 장소적으로 서로 협동관계**에 있다고 볼 수 있으면 충분하다.

다. 형법 제334조 제1항 소정의 야간주거침입강도죄는 주거침입과 강도의 결합범으로서 시간적으로 주거침입행위가 선행되므로 주거침입을 한 때에 본죄의 실

행에 착수한 것으로 볼 것인바, 같은 조 제2항 소정의 흉기휴대 합동강도죄에 있어서도 그 강도행위가 야간에 주거에 침입하여 이루어지는 경우에는 주거침입을 한 때에 실행에 착수한 것으로 보는 것이 타당하다.

라. 절도범인이 체포를 면탈할 목적으로 경찰관에게 폭행 협박을 가한 때에는 준강도죄와 공무집행방해죄를 구성하고 양죄는 상상적 경합관계에 있으나, 강도범인이 체포를 면탈할 목적으로 경찰관에게 폭행을 가한 때에는 강도죄와 공무집행방해죄는 실체적 경합관계에 있고 상상적 경합관계에 있는 것이 아니다.

마. 피고인 갑, 을, 병이 강도행위를 하던 중 피고인 갑, 을은 피해자를 강간하려고 작은 방으로 끌고가 팬티를 강제로 벗기고 음부를 만지던 중 **피해자가 수술한 지 얼마 안되어 배가 아프다면서 애원하는 바람에 그 뜻을 이루지 못하였다면**, 강도행위의 계속 중 이미 공포상태에 빠진 피해자를 강간하려고 한 이상 강간의 실행에 착수한 것이고, 피고인들이 간음행위를 중단한 것은 피해자를 불쌍히 여겨서가 아니라 피해자의 신체조건상 강간을 하기에 지장이 있다고 본 데에 기인한 것이므로, 이는 일반의 경험상 강간행위를 수행함에 **장애가 되는 외부적 사정에 의하여 범행을 중지한 것에 지나지 않는 것으로서 중지범의 요건인 자의성을 결여하였다.**

중요

03 [선택형 · 사례형 · 기록형] 특수강도에 의한 강도상해죄와 강도강간미수죄 사건

강도상해죄에 관한 설명으로 옳은 것은? (다툼이 있는 경우 판례에 의함)

① 강도범행 이후에도 피해자를 계속 끌고 다니거나 차량에 태우고 함께 이동하는 등으로 강도범행으로 인한 피해자의 심리적 저항불능 상태가 해소되지 않은 상태에서 강도범인의 상해행위가 있었다면 강취행위와 상해행위 사이에 다소의 시간적·공간적 간격이 있었다는 것만으로는 강도상해죄의 성립에 영향이 없다.

② 피고인이 강도의 범의 없이 공범들과 함께 피해자의 반항을 억압함에 충분한 정도로 피해자를 폭행하던 중 **공범들이 피해자를 계속하여 폭행하는 사이에 피해자의 재물을 취거한 경우에는 강도죄의 성립을 인정할 수 있다. 그 과정에서 피해자가 상해를 입었다면 강도상해죄가 성립한다.**

③ 강도상해죄에 있어서의 강도는 형법 제334조 제1항 특수강도도 포함된다.

④ 형법 제334조 제1항 특수강도죄는 '주거침입'이라는 요건을 포함하고 있다. 형법 제334조 제1항 특수강도죄가 성립할 경우 '주거침입죄'는 별도로 처벌할 수 없다. 형법 제334조 제1항 특수강도에 의한 강도상해가 성립할 경우에도 별도로 '주거침입죄'를 처벌할 수 없다.

해설 및 정답 ①~④ 대법원 2012. 12. 27. 선고 2012도12777 판결 [강도강간미수 · 강도상해 · 주거침입] **정답** ○

[판결요지] 형법 제337조의 강도상해죄는 강도범인이 강도의 기회에 상해행위를 함으로써 성립한다. 그러므로 강도범행의 실행 중이거나 실행 직후 또는 실행의 범의를 포기한 직후로서 사회통념상 범죄행위가 완료되지 아니하였다고 볼 수 있는 단계에서 상해가 행하여짐을 요건으로 한다. 그러나 반드시 강도범행의 수단으로 한 폭행에 의하여 상해를 입힐 것을 요하는 것은 아니고 상해행위가 강도가 기수에 이르기 전에 행하여져야만 하는 것은 아니다. **강도범행 이후에도 피해자를 계속 끌고 다니거나 차량에 태우고 함께 이동하는 등으로 강도범행으로 인한 피해자의 심리적 저항불능 상태가 해소되지 않은 상태에서 강도범인의 상해행위가 있었다면 강취행위와 상해행위 사이에 다소의 시간적·공간적 간격이 있었다는 것만으로는 강도상해죄의 성립에 영향이 없다.**

중요 ⑤ 피고인이 야간에 피해자의 주거에 침입하여 재물을 물색하던 중 피해자가 잠에서 깨어나자 피해자를 폭행하여 간음하고 재물을 강취할 것을 마음먹고, 주먹으로 **피해자의 얼굴 부위를 수회 때려** 피해자의 반항을 억압한 후 피해자의 바지와 팬티를 벗겨 **피해자를 간음하려 하였으나** 피해자의 집 밖에서 차량 소리가 들리는 바람에 **피해자를 간음하지 못하고, 현금 8,730원을 가지고 나온 범행**을 강도상해, 강도강간미수에 해당하는 이외에 그와 별도로 주거침입죄도 성립한다.

해설 및 정답 대법원 2012. 12. 27. 선고 2012도12777 판결 **정답** ×

[판시사항] **형법 제334조 제1항 특수강도에 의한 강도상해의 경우 별도로 '주거침입죄'가 성립하는지 여부(소극).** 주거침입죄·강도상해 및 강도강간미수 사이의 죄수에 관한 법리를 오해한 위법이 있다. 이 사안 경우 강도상해죄와 강도강간미수죄가 성립한다. 양죄는 실체적 경합관계에 있다.

중요

04 [선택형 · 사례형 · 기록형] 준강도죄 주체 판단 사건

피고인은 2013. 8. 3. 12:30 피해자 공소외인이 운영하는 술집에서 피해자로부터 술값 26만 원의 지급을 요구받자 피해자를 유인 · 폭행하여 술값의 지급을 면하기로 마음먹고, 피해자를 부근에 있는 래미안아파트 뒤편 골목으로 유인한 후, 양손으로 피해자의 어깨 부위를 붙잡아 밀치고 발로 다리를 걸어 바닥에 넘어뜨린 다음 피해자의 몸 위에 올라타 양손으로 피해자의 목을 조르거나 피해자의 입을 손으로 막고 주먹으로 얼굴을 때리려고 하는 등으로 반항하지 못하게 한 다음 그대로 도주함으로써, 술값 26만 원의 지급을 면하여 같은 금액 상당의 재산상 이익을 취득하고 피해자에게 약 2주간의 치료를 요하는 양측 팔꿈치의 찰과상 등의 상해를 가하였다. 준강도에 관한 설명으로 옳은 것은? (다툼이 있는 경우 판례에 의함)

중요 ① 형법 제335조는 '절도'가 재물의 탈환을 항거하거나 체포를 면탈하거나 죄적을 인멸할 목적으로 폭행 또는 협박을 가한 때에 준강도가 성립한다고 규정하고 있다. 준강도죄의 주체는 절도범인이고, 절도죄의 객체는 재물이다.

중요 ② **범죄사실에 절도의 실행에 착수하였다는 내용이 포함되어 있지 않다면, 준강도죄를 용할 수 없다.**

해설 및 정답 ①~② 대법원 2014. 5. 16. 선고 2014도2521 판결 **정답** ○

사례문제 33 준강도죄의 주체(=절도범인)

대법원 2014. 5. 16. 선고 2014도2521 판결
[강도상해(인정된 죄명: 준강도)]

Q. 준강도죄의 주체(=절도범인)

Q. 피고인이 술집 운영자 갑을 유인 · 폭행하고 도주함으로써 술값의 지급을 면하여 재산상 이익을 취득하고 상해를 가하였다고 하여 강도상해로 기소되었는데, 원심이 위 공소사실을 '피고인이 술값의 지급을 면하여 재산상 이익을 취득하고 갑을 폭행하였다'는 범죄사실로 인정하여 준강도죄를 적용한 사안에서, 원심이 인정한 범죄사실에는 절도의 실행에 착수하였다는 내용이 포함되어 있지 않음에도 준강도죄를 적용한 원심판결에 법리오해의 잘못이 있다고 한 사례

문 18. 사기죄에 관한 설명 중 옳은 것은? (다툼이 있는 경우 판례에 의함)

출제예상내용
- 사기죄에서 기망행위, 기망행위와 처분행위 사이의 인과관계와 편취의 고의
- 처분행위
- 처분의사
- 사기죄 처분의사, 2017년 사기죄 전원합의체 판결(형법 제347조)
- 공갈죄

사례문제 34 사기죄 처분행위와 처분의사

중요

01 [선택형] 학생연구비를 개인적인 용도 등으로 사용한 사건 ★★★★★

국가연구개발사업에서 연구책임자인 교수가 처음부터 소속 학생연구원들에 대한 개별지급의사 없이 공동관리계좌를 관리하면서 이를 숨기고 산학협력단에 연구비를 신청하여 이를 지급받은 사안이다. 이에 관한 설명 중 옳은 것은? (다툼이 있는 경우 판례에 의함)

① 사기죄의 요건으로서의 기망은 널리 재산상의 거래관계에서 서로 지켜야 할 신의와 성실의 의무를 저버리는 적극적 또는 소극적 행위를 말하는 것이다. 상대방을 착오에 빠지게 하여 행위자가 희망하는 재산적 처분행위를 하도록 하기 위한 판단의 기초 사실에 관한 것이어야 한다. **그중 소극적 행위로서의 부작위에 의한 기망은 일반거래의 경험칙상 상대방이 그 사실을 알았더라면 당해 법률행위를 하지 아니하였을 것이 명백한 경우에는 신의칙에 비추어 그 사실을 고지할 법률상 의무가 인정된다고 할 것이다.**

② 의과대학 교수로서 연구책임자인 대학교수가 대학교 산학협력단 등으로부터 지급받은 학생연구비 중 일부를 실질적으로 자신이 관리하는 공동관리계좌에 귀속시킨 후 개인적인 용도 등으로 사용한 경우 산학협력단에 대한 관계에서 부작위에 의한 기망행위 및 불법영득의사가 모두 인정되어 사기죄가 성립된다.

해설 및 정답 ①～② 대법원 2021. 9. 9. 선고 2021도8468 판결 [사기] (자) 상고기각

정답 ○

[판시사항] [1] 국가연구개발사업에서 연구책임자인 교수가 처음부터 소속 학생

연구원들에 대한 개별지급의사 없이 공동관리계좌를 관리하면서 이를 숨기고 산학협력단에 연구비를 신청하여 이를 지급받은 경우 산학협력단에 대한 관계에서 부작위에 의한 기망행위에 해당하는지 여부(적극) [2] 다만 연구책임자가 공동관리계좌 방식으로 학생연구비를 관리·운영하더라도, 원래 용도에 부합하게 학생연구원들의 공동비용 충당 등을 위하여 학생연구원들의 자발적인 의사에 근거하여 공동관리계좌를 조성하고 실제로 그와 같은 운영하였는지 여부 등 연구책임자에게 불법영득의사가 있었는지 여부를 살펴볼 필요가 있는지 여부(적극)

[판결요지] [1] 사기죄는 보호법익인 재산권이 침해되었을 때 성립하는 범죄이다. 그러므로 사기죄의 기망행위라고 하려면 불법영득의 의사 내지 편취의 범의를 가지고 상대방을 기망한 것이어야 한다(대법원 2019. 12. 27. 선고 2015도10570 판결 등 참조).

[2] **연구책임자가 처음부터 소속 학생연구원들에 대한 개별 지급의사 없이 공동관리계좌를 관리하면서 사실상 그 처분권을 가질 의도 하에 이를 숨기고 산학협력단에 연구비를 신청하여 이를 지급받았다면 이는 산학협력단에 대한 관계에 있어 기망에 의한 편취행위에 해당한다.**

[3] 다만 **연구책임자가 원래 용도에 부합하게 학생연구원들의 사실상 처분권 귀속 하에 학생연구원들의 공동비용 충당 등을 위하여 학생연구원들의 자발적인 의사에 근거하여 공동관리계좌를 조성하고 실제로 그와 같이 운용한 경우라면,** 비록 공동관리계좌의 조성 및 운영이 관련 법령이나 규정 등에 위반되더라도 그러한 사정만으로 불법영득의사가 추단되어 사기죄가 성립한다고 단정할 수 없다. 이 경우 **사기죄 성립 여부는 공동관리계좌 개설의 경위, 실질적 관리 및 처분권의 귀속, 연구비가 온전히 법률상 귀속자인 학생연구원들의 공동비용을 위하여 사용되었는지 여부 등을 종합적으로 고려하여 판단하여야 한다.**

중요

02 [선택형] 장기간 과다하게 통원치료를 받고 보험금을 청구한 사건 ★★★★★

장기간 과다하게 통원치료를 받은 후 보험금을 청구하는 것이 보험회사에 대한 사기죄에 해당하는지 여부가 쟁점이 된 사안이다. 이에 관한 설명 중 옳은 것은? (다툼이 있는 경우 판례에 의함)

① 장기간 과다하게 통원치료를 받은 후 실제 지급받을 수 있는 보험금보다 많은 보험금을 청구한 경우, 통원치료의 경우에도 수령한 보험금 전액에 대한 편취가 인정되어 사기죄가 성립한다.

해설 및 정답 대법원 2021. 8. 12. 선고 2020도13704 판결 [사기] (바) 상고기각

정답 ○

[판결요지] 장기간 과다하게 통원치료를 받은 후 실제 지급받을 수 있는 보험금보다 많은 보험금을 청구한 경우에 통원치료의 경우에도 수령한 보험금 전액에 대한 편취를 인정한 사례.

중요

03 [선택형] 국민건강보험공단에 직영 가산금 청구 사건 ★★★★★

병원 운영자인 피고인이 병원 식당의 '직영'을 전제로 국민건강보험공단에 직영 가산금을 청구한 사안이다. 이에 관한 설명 중 옳은 것은? (다툼이 있는 경우 판례에 의함)

① 병원의 식당 운영 방식을 순수한 직영이라고 할 수 없다. 따라서 병원이 식당을 직영함을 전제로 하는 직영 가산금을 청구할 수 없음에도 피고인이 직영 가산금을 청구하여 수령한 것이 사기죄에 해당한다.

해설 및 정답 대법원 2021. 6. 24. 선고 2021도2068 판결 [사기 등] (바) 상고기각

정답 ○

[판시사항] 병원 운영자인 피고인이 병원 식당의 '직영'을 전제로 직영 가산금을 청구한 것이 사기죄에 해당하는지 여부(적극)

중요

04 [선택형] 농지보전부담금을 면제받아 재산상 이익을 취득한 사건

중앙행정기관의 장, 지방자치단체의 장 등 법률에 따라 금전적 부담의 부과권한을 부여받은 자가 재화 또는 용역의 제공과 관계없이 특정 공익사업과 관련하여 권력작용으로 부담금을 부과하는 침해행정 영역에서 일반 국민이 담당 공무원을 기망하여 권력작용에 의한 재산권 제한을 면한 사안이다. 이에 대한 설명으로 옳은 것은? (다툼이 있는 경우 판례에 의함)

① 기망행위로 국가적 또는 공공적 법익을 침해하는 경우라도 동시에 형법상 사기죄 보호법익인 재산권을 침해하는 것과 동일하게 평가할 수 있는 때 **행정법규에서 사기죄의 특별관계에 해당하는 처벌규정을 별도로 두고 있지 않는 한 사기죄가 성립할 수 있다.**

중요 ② 침해행정 영역에서 일반 국민이 담당 공무원을 기망하여 권력작용에 의한 재산권 제한을 면하는 경우에는 **부과권자의 직접적인 권력작용을 사기죄의 보**

호법익인 재산권과 동일하게 평가할 수 없으므로 사기죄는 성립할 수 없다.

해설 및 정답 ①~② 대법원 2019. 12. 24. 선고 2019도2003 판결 [사기] 〈담당 공무원을 기망하여 납부의무가 있는 농지보전부담금을 면제받아 재산상 이익을 취득한 사기 사건〉 **정답** ○

05 [선택형 · 사례형] 사망한 자를 상대로 한 제소와 소송사기죄 성립 여부

사망한 자를 상대로 한 제소가 소송사기죄를 구성하는지에 대한 설명으로 옳은 것은? (다툼이 있는 경우 판례에 의함)

① 소송사기에 있어서 피기망자인 법원의 재판은 피해자의 처분행위에 갈음하는 내용과 효력이 있는 것이어야 한다. 그렇지 아니하는 경우에는 착오에 의한 재물의 교부행위가 있다고 할 수 없어서 사기죄는 성립되지 아니한다.

중요 ② 피고인의 제소가 사망한 자를 상대로 한 것이라면, **사망한 자에 대한 판결은 그 내용에 따른 효력이 생기지 아니하여 상속인에게 그 효력이 미치지 않는다. 사기죄가 성립하지 않는다.**

해설 및 정답 ①~② 대법원 2019. 10. 31. 선고 2019도12140 판결 **정답** ○

[판시사항] **사망한 자를 상대로 한 제소가 소송사기죄를 구성 여부(소극)**

06 [선택형 · 사례형] 그림 대작 사기 사건 · 조영남 그림 사건

피고인이 화가 甲에게 돈을 주고 자신의 기존 콜라주 작품을 회화로 그려오게 하거나, 자신이 추상적인 아이디어만 제공하고 이를 甲이 임의대로 회화로 표현하게 하는 등의 작업을 지시한 다음 甲으로부터 완성된 그림을 건네받아 경미한 작업만 추가하고 자신의 서명을 하였음에도, 위와 같은 방법으로 그림을 완성한다는 사실을 고지하지 아니하고 사실상 甲 등이 그린 그림을 마치 자신이 직접 그린 친작(親作)인 것처럼 전시하여 피해자들에게 그림(미술작품)을 판매하고 대금 상당의 돈을 편취하였다는 내용으로 기소된 사안이다. 이에 대한 설명으로 옳은 것은? (다툼이 있는 경우 판례에 의함)

① 사기죄의 요건으로서 **기망은** 널리 재산 거래관계에서 서로 지켜야 할 신의의

무와 성실의무를 저버리는 모든 **적극적 또는 소극적 행위**를 말한다.

② 소극적 행위로서 **부작위에 의한 기망은 법률상 고지의무 있는 자가** 일정한 사실에 관하여 상대방이 착오에 빠져 있음을 **알면서도 이를 고지하지 않는 것을 말한다.**

③ **법률상 고지의무는 법령, 계약, 관습, 조리로 인정되는 것이다.** 구체적인 사례에서 거래실정과 신의성실원칙에 따라 결정된다.

④ **법률상 고지의무 인정은 법률문제로서 상고심의 심판대상이 된다. 검사가** 그 근거가 되는 거래내용과 거래관행 등 거래실정에 관한 사실을 **주장·증명해야 한다.**

⑤ 피해자들이 미술작품을 **피고인의 친작으로 착오한 상태에서 구매한 것이라고 단정하기 어렵다면, 사기죄가 성립할 수 없다.**

해설 및 정답 ①~⑤ 대법원 2020. 6. 25. 선고 2018도13696 판결 **정답** ○

07 [선택형 · 사례형] 저축은행 사기 대출 사건 ★★★★★

피고인이 甲 저축은행에 대출을 신청하여 심사를 받을 당시 동시에 다른 저축은행에 대출을 신청한 상태였는데도 甲 저축은행으로부터 다른 금융회사에 동시에 진행 중인 대출이 있는지에 대하여 질문을 받자 '없다'고 답변하였고, 甲 저축은행으로부터 대출을 받은 지 약 6개월 후에 신용회복위원회에 대출 이후 증가한 채무를 포함하여 프리워크아웃을 신청한 사안이다. 사기죄에 관한 설명으로 옳은 것은? (다툼이 있는 경우 판례에 의함)

① **사기죄의 요건인 기망은** 널리 재산상의 거래관계에서 서로 지켜야 할 **신의와 성실의 의무를 저버리는 모든 적극적, 소극적 행위를 말한다.** 반드시 법률행위의 중요 부분에 관한 허위표시를 해야 하는 것은 아니고, **상대방을 착오에 빠뜨려 행위자가 희망하는 재산적 처분행위를 하도록 하기 위한 판단의 기초가 되는 사실에 관한 것이면 충분하다.**

② 거래의 상대방이 일정한 사정에 관한 고지를 받았더라면 거래를 하지 않았을 것이라는 관계가 인정되는 경우에는, **그 거래로 재물을 받는 자에게는 신의성실의 원칙상 사전에 상대방에게 그와 같은 사정을 고지할 의무가 있다.** 그런

데도 이를 고지하지 않은 것은 고지할 사실을 묵비함으로써 상대방을 기망한 것이 되어 사기죄를 구성한다.

③ 사기죄의 주관적 구성요건인 편취의 고의는 피고인이 자백하지 않는 한 범행 전후 피고인의 재력, 환경, 범행의 내용, 거래의 이행과정, 피해자와의 관계 등과 같은 객관적인 사정을 종합하여 판단하여야 한다.

④ **민사상 금전대차관계에서 채무불이행 사실을 가지고 바로 차용금 편취의 고의를 인정할 수는 없으나 피고인이 확실한 변제의 의사가 없거나 또는 차용시 약속한 변제기일 내에 변제할 능력이 없는데도 변제할 것처럼 가장하여 금원을 차용한 경우에는 편취의 고의를 인정할 수 있다.**

⑤ 피고인은 甲 저축은행에 대하여 다른 금융회사에 동시에 진행 중인 대출이 있는지를 허위로 고지하였고, **甲 저축은행이 제대로 된 고지를 받았더라면 대출을 해주지 않았을 것으로 판단되며**, 그 밖에 피고인의 재력, 채무액, 대출금의 사용처, 대출일부터 약 6개월 후 프리워크아웃을 신청한 점과 그 경위 등의 사정을 종합하면, **기망행위, 기망행위와 처분행위 사이의 인과관계와 편취의 고의가 인정된다.**

해설 및 정답 ①~⑤ 대법원 2018. 8. 1. 선고 2017도20682 판결 **정답** ○

08 [선택형 · 사례형 · 기록형] 허위 담보 가액 대출 사건★★★★★

甲은 2012. 5. 11. 제1심 공동피고인 乙로부터 이 사건 토지를 합계 16억 5,000만 원에 매수하였으면서도 2012. 6. 25. 매매대금을 26억 5,000만 원으로 부풀려 매매계약서를 작성한 후 그 무렵 이를 A은행에 제출하여 부동산담보대출을 신청하였다. A은행은 감정평가액과 매매계약서상 실제 매매대금 중 더 낮은 금액을 기준으로 대출가능금액을 정하는데 감정평가액이 2,233,539,000원으로 부풀린 매매대금보다 낮게 나오자 감정평가액을 기준으로 15억 9,000만 원을 대출하였다. 이에 관한 설명으로 옳지 않은 것은? (다툼이 있는 경우 판례에 의함)

① 담보로 제공할 목적물의 가액을 허위로 부풀려 금융기관으로부터 대출을 받은 경우 그 대출이 기망행위에 의하여 이루어진 이상 그로써 사기죄는 성립

한다.

② 이 경우 사기죄의 이득액에서 담보물의 실제 가액을 전제로 한 대출가능금액을 공제하여야 하는 것은 아니다.

③ 부풀린 금액이 정당한 매매대금임을 전제로 하여 대출금을 교부받은 이상 사기죄가 성립한다. 지급받은 대출금 전부가 사기죄의 이득액에 해당한다.

해설 및 정답 ①~③ 대법원 2019. 4. 3. 선고 2018도19772 판결 [특정경제범죄가중처벌등에관한법률위반(사기)] **정답** ○

중요

09 [선택형 · 사례형] 보험사기죄 기수시기 ★★★★★

피고인이, 갑에게 이미 당뇨병과 고혈압이 발병한 상태임을 숨기고 을 생명보험 주식회사와 피고인을 보험계약자로, 갑을 피보험자로 하는 2건의 보험계약을 체결한 다음, 고지의무 위반을 이유로 을 회사로부터 일방적 해약이나 보험금 지급거절을 당할 수 없는 이른바 면책기간 2년을 도과한 이후 갑의 보험사고 발생을 이유로 을 회사에 보험금을 청구하여 당뇨병과 고혈압 치료비 등의 명목으로 14회에 걸쳐 보험금을 수령하여 편취하였다는 내용으로 기소된 사안이다. 이에 관한 설명 중 옳지 않은 것은?

① 보험사고가 이미 발생하였음에도 이를 묵비한 채 보험계약을 체결하거나 보험사고 발생의 개연성이 농후함을 인식하면서도 보험계약을 체결하는 경우 또는 보험사고를 임의로 조작하려는 의도를 갖고 보험계약을 체결하는 경우와 같이 그 행위가 '보험사고의 우연성'과 같은 보험의 본질을 해할 정도에 이르러야 비로소 보험금 편취를 위한 고의의 기망행위를 인정할 수 있다.

중요 ② 피고인의 보험계약 체결행위와 보험금 청구행위는 을 회사를 착오에 빠뜨려 처분행위를 하게 만드는 일련의 기망행위에 해당하고 을 회사가 그에 따라 보험금을 지급하였을 때 사기죄는 기수에 이른다.

해설 및 정답 ①~② 대법원 2019. 4. 3. 선고 2014도2754 판결 **정답** ○

[판시사항] 보험계약자가 고지의무를 위반하여 보험회사와 보험계약을 체결한 경우, 보험금 편취를 위한 고의의 기망행위를 인정하기 위한 요건 및 이때 사기죄의 기수시기(=보험금을 지급받았을 때)

10 [선택형] 국민건강보험공단 요양급여 사건

사기죄에 관한 설명으로 옳은 것은? (다툼이 있는 경우 판례에 의함)

① 의료인으로서 자격과 면허를 보유한 사람이 의료법에 따라 의료기관을 개설하여 건강보험의 가입자 또는 피부양자에게 국민건강보험법에서 정한 요양급여를 실시하고 국민건강보험공단으로부터 요양급여비용을 지급받았다. 그런데 **그 의료기관이 다른 의료인의 명의로 개설·운영되어 의료법 제4조 제2항을 위반한 경우, 요양급여비용을 적법하게 지급받을 수 있는 자격 내지 요건이 흠결되지 않는 한 국민건강보험공단을 피해자로 하는 사기죄를 구성하지 않는다.**

해설 및 정답 대법원 2019. 5. 30. 선고 2019도1839 판결 **정답** ○

11 [선택형] 사기죄에서 처분행위 인정 기준

사기죄에 관한 설명 중 옳은 것은? (다툼이 있는 경우 판례에 의함)

① 피기망자의 의사에 기초한 어떤 행위를 통해 행위자 등이 재물 또는 재산상의 이익을 취득하였다고 평가할 수 있는 경우라면, 사기죄에서 말하는 처분행위가 인정된다.

② 외관상 재물의 교부에 해당하는 행위가 있었다고 하더라도, 재물이 범인의 사실상의 지배 아래에 들어가 그의 자유로운 처분이 가능한 상태에 놓이지 않고 여전히 피해자의 지배 아래에 있는 것으로 평가된다면, 그 재물에 대한 처분행위가 있었다고 볼 수 없다.

해설 및 정답 ①~② 대법원 2018. 8. 1. 선고 2018도7030 판결 **정답** ○

12 [선택형] '귀신 쫓는 기도비' 명목 금천 사취 사건

피고인이 피해자에게 불행을 고지하거나 길흉화복에 관한 어떠한 결과를 약속하고 '귀신을 쫓는 기도비' 명목으로 대가를 교부받은 사안이다. 이에 관한 설명으로 옳은 것은? (다툼이 있는 경우 판례에 의함)

① 전통적인 관습 또는 종교행위로서 허용될 수 있는 한계를 벗어났다면 사기죄에 해당한다.

해설 및 정답 대법원 2017. 11. 9. 선고 2016도12460 판결 [사기] **정답** ○

13 [선택형] 사기죄 객체 교부 받은 금원 전부 사건

사기죄에 관한 설명으로 옳은 것은? (다툼이 있는 경우 판례에 의함)

① 금원 편취를 내용으로 하는 사기죄에서는 기망으로 인한 금원 교부가 있으면 그 자체로써 피해자의 재산침해가 되어 바로 사기죄가 성립한다. 상당한 대가가 지급되었다거나 피해자의 전체 재산상에 손해가 없다 하여도 사기죄의 성립에는 영향이 없다.

중요 **② 사기죄에서 그 대가가 일부 지급되거나 담보가 제공된 경우에도 편취액은 피해자로부터 교부된 금원으로부터 그 대가 또는 담보 상당액을 공제한 차액이 아니라 교부받은 금원 전부라고 보아야 한다.**

해설 및 정답 ①~② 대법원 2017. 12. 22. 선고 2017도12649 판결 **정답** ○

[판시사항] 금원 편취를 내용으로 하는 사기죄에서 대가가 일부 지급되거나 담보가 제공된 경우의 편취액(=교부받은 금원 전부)

중요

14 [선택형 · 사례형 · 기록형] 근저당권설정계약서 서명 · 날인 사취와 인감증명서 교부 사기 사건 ★★★★★

피고인 등이 토지의 소유자이자 매도인인 피해자 갑 등에게 토지거래허가 등에 필요한 서류라고 속여 근저당권설정계약서 등에 서명 · 날인하게 하고 인감증명서를 교부받은 다음, 이를 이용하여 갑 등의 소유 토지에 피고인을 채무자로 한 근저당권을 을 등에게 설정하여 주고 돈을 차용하는 방법으로 재산상 이익을 취득하였다고 하여 특정경제범죄 가중처벌 등에 관한 법률 위반(사기) 및 사기로 기소된 사안이다. 사기죄에 관한 설명으로 옳은 것은? (다툼이 있는 경우 판례에 의함)

① 처분의사는 착오에 빠진 피기망자가 어떤 행위를 한다는 인식이 있으면 충분

하다. 그 행위가 가져오는 결과에 대한 인식까지 필요하다고 볼 것은 아니다.

② **착오 상태에서 재산상 손해를 초래하는 행위를 하기에 이르렀다면 피기망자의 처분행위와 그에 상응하는 처분의사가 있다.**

③ **처분행위라고 평가되는 어떤 행위를 피해자가 인식하고 한 것이라면 피해자의 처분의사가 있다고 할 수 있다.** 결국 피해자가 처분행위로 인한 결과까지 인식할 필요가 있는 것은 아니다.

④ 피기망자가 처분행위의 의미나 내용을 인식하지 못하였더라도, 피기망자의 작위 또는 부작위가 직접 재산상 손해를 초래하는 재산적 처분행위로 평가되고, 이러한 작위 또는 부작위를 피기망자가 인식하고 한 것이라면 처분행위에 상응하는 처분의사는 인정된다. 피기망자가 자신의 작위 또는 부작위에 따른 결과까지 인식하여야 처분의사를 인정할 수 있는 것은 아니다.

⑤ 서명사취 사안에서 피기망자가 처분문서의 내용을 제대로 인식하지 못하고 처분문서에 서명 또는 날인함으로써 내심의 의사와 처분문서를 통하여 객관적·외부적으로 인식되는 의사가 일치하지 않게 되었더라도, **피기망자의 행위에 의하여 행위자 등이 재물이나 재산상 이익을 취득하는 결과가 초래되었다고 할 수 있는 것은 그러한 재산의 이전을 내용으로 하는 처분문서가 피기망자에 의하여 작성되었다고 볼 수 있기 때문이다.**

중요 ⑥ 피기망자가 행위자의 기망행위로 인하여 착오에 빠진 결과 내심의 의사와 다른 효과를 발생시키는 내용의 처분문서에 서명 또는 날인함으로써 처분문서의 내용에 따른 재산상 손해가 초래되었다면 그와 같은 **처분문서에 서명 또는 날인을 한 피기망자의 행위는 사기죄에서 말하는 처분행위에 해당한다.**

중요 ⑦ 피기망자가 처분결과, 즉 문서의 구체적 내용과 법적 효과를 미처 인식하지 못하였더라도, **어떤 문서에 스스로 서명 또는 날인함으로써 처분문서에 서명 또는 날인하는 행위에 관한 인식이 있었던 이상 피기망자의 처분의사 역시 인정된다.**

⑧ 갑 등은 피고인 등의 기망행위로 착오에 빠진 결과 토지거래허가 등에 필요한 서류로 잘못 알고 처분문서인 **근저당권설정계약서 등에 서명 또는 날인함으로써 재산상 손해를 초래하는 행위를 하였으므로 갑 등의 행위는 사기죄에서 말하는 처분행위에 해당한다.**

중요 ⑨ 갑 등이 비록 자신들이 서명 또는 날인하는 문서의 정확한 내용과 문서의 작성행위가 어떤 결과를 초래하는지를 미처 인식하지 못하였더라도 **토지거래허가 등에 관한 서류로 알고 그와 다른 근저당권설정계약에 관한 내용이 기재되어 있는 문서에 스스로 서명 또는 날인함으로써 그 문서에 서명 또는 날인하는 행위에 관한 인식이 있었던 이상 처분의사도 인정된다.**

해설 및 정답 ①~⑨ 대법원 2017. 2. 16. 선고 2016도13362 판결 **정답** ○

사례문제 34 사기죄 처분행위와 처분의사

대법원 2017. 2. 16. 선고 2016도13362 전원합의체 판결

[특정경제범죄가중처벌등에관한법률위반(사기)(예비적죄명: 사기)·사기·사문서위조·위조사문서행사·공정증서원본불실기재·불실기재공정증서원본행사·횡령] 〈근저당권설정계약서 등에 대한 피해자의 서명·날인을 사취한 사건〉

Q. 피기망자가 처분행위의 의미나 내용을 인식하지 못하였으나 피기망자의 작위 또는 부작위가 직접 재산상 손해를 초래하는 재산적 처분행위로 평가되고, 이러한 작위 또는 부작위를 피기망자가 인식하고 한 경우, 사기죄의 처분행위에 상응하는 처분의사가 인정되는지 여부(적극)

Q. 피기망자가 행위자의 기망행위로 인하여 착오에 빠진 결과 내심의 의사와 다른 효과를 발생시키는 내용의 처분문서에 서명 또는 날인함으로써 처분문서의 내용에 따른 재산상 손해가 초래된 경우, 피기망자의 행위가 사기죄에서 말하는 처분행위에 해당하는지 여부(적극)

Q. 이때 피기망자가 처분결과, 즉 문서의 구체적 내용과 법적 효과를 미처 인식하지 못하였으나 처분문서에 서명 또는 날인하는 행위에 관한 인식이 있었던 경우, 피기망자의 처분의사가 인정되는지 여부(적극)

Q. 피고인 등이 토지의 소유자이자 매도인인 피해자 갑 등에게 토지거래허가에 필요한 서류라고 속여 근저당권설정계약서 등에 서명 · 날인하게 하고 인감증명서를 교부받은 다음, 이를 이용하여 갑 등의 소유 토지에 피고인을 채무자로 한 근저당권을 을 등에게 설정하여 주고 돈을 차용하는 방법으로 재산상 이익을 취득하였다고 하여 특정경제범죄 가중처벌 등에 관한 법률 위반(사기) 및 사기로 기소된 사안이다. 갑 등의 행위는 사기죄 처분행위에 해당하고 갑 등의 처분의사가 인정됨에도, 갑 등에게 그 소유 토지들에 근저당권 등을 설정하여 줄 의사가 없었다는 이유만으로 갑 등의 처분행위가 없다고 본 원심판결에 법리오해의 잘못이 있다고 한 사례

판결요지

가. 피기망자가 처분행위의 의미나 내용을 인식하지 못하였더라도, 피기망자의 작위 또는 부작위가 직접 재산상 손해를 초래하는 재산적 처분행위로 평가되고, 이러한 작위 또는 부작위를 피기망자가 인식하고 한 것이라면 처분행위에 상응하는 처분의사는 인정된다. 다시 말하면 **피기망자가 자신의 작위 또는 부작위에 따른 결과까지 인식하여야 처분의사를 인정할 수 있는 것은 아니다.**

나. **피기망자가 처분결과, 즉 문서의 구체적 내용과 법적 효과를 미처 인식하지 못하였더라도, 어떤 문서에 스스로 서명 또는 날인함으로써 처분문서에 서명 또는 날인하는 행위에 관한 인식이 있었던 이상 피기망자의 처분의사 역시 인정된다.**

15 [선택형 · 사례형] 현금카드 기능이 있는 신용카드사용 사건 ★★★★★

현금카드 기능이 있는 신용카드 사용범죄에 관한 설명 중 옳은 것은? (다툼이 있는 경우 판례에 의함)

중요 ① 강취한 타인의 신용카드를 사용하여 현금자동지급기에서 예금을 인출한 행위는 그 현금을 객체로 하는 절도죄가 성립한다.

중요 ② 타인의 명의를 모용하여 발급받은 신용카드를 사용하여 현금자동지급기에서 현금대출(현금서비스)을 받은 행위는 그 현금을 객체로 하는 절도죄가 성립한다.

③ 절취한 타인의 신용카드를 사용하여 현금자동지급기에서 현금대출(현금서비스)을 받은 행위는 그 현금을 객체로 하는 절도죄가 성립한다.

④ 물품을 구입하고 절취한 신용카드로 결제를 하면서 매출전표에 서명하여 이를 교부한 경우 신용카드부정사용죄로 처벌된다.

⑤ 갈취한 타인의 신용카드와 그 타인으로부터 알아낸 비밀번호를 이용하여 현금자동지급기에서 예금을 인출한 행위는 그 현금을 객체로 하는 공갈죄가 성립한다.

해설 및 정답 ①~⑤ 2015년 제4회 변호사시험 기출문제 6 **정답** ○

① 대법원 2007. 5. 10. 선고 2007도1375 판결, ② 대법원 2006. 7. 27. 선고 2006도3126 판결, ③ 대법원 2003. 5. 13. 선고 2003도1178 판결 [컴퓨터등사용

사기], ④ 대법원 1992. 6. 9. 선고 92도77 판결, ⑤ 대법원 2007. 5. 10. 선고 2007도1375 판결.

16　[선택형] 소송사기죄에서 '기망'행위 ★★★★★

갑 주식회사 대표이사인 피고인이, 2011. 11.경 갑 회사에 입사하였다가 2016. 3. 11. 퇴직한 근로자 을을 상대로 2011. 12.부터 2015. 4.까지 포괄일급에 포함하여 이미 지급한 퇴직적립금에 대하여 부당이득반환청구 소송을 제기하면서 2015. 5. 1. 자 근로계약서의 일급란 기재 금액을 변조하여 증거자료로 제출한 사안이다. 다음 설명 중 옳은 것은? (다툼이 있는 경우 판례에 의함)

① 소송사기가 성립하기 위하여는 제소 당시에 그 주장과 같은 채권이 존재하지 아니한다는 것만으로는 부족하고 그 주장의 채권이 존재하지 아니하는 사실을 잘 알면서도 허위의 주장과 증명으로써 법원을 기망한다는 인식을 하고 있어야만 하고, 단순히 사실을 잘못 인식하였다거나 법률적 평가를 잘못하여 존재하지 않는 권리를 존재한다고 믿고 제소한 행위는 사기죄를 구성하지 않는다.

② **피고인이 이미 지급한 퇴직적립금에 대하여 부당이득반환의 소를 제기한 것은 정당한 권리행사의 일환으로 이루어진 것으로서, 이러한 피고인의 주장이 허위의 주장이라거나 이로써 법원을 기망한 것이라고 볼 수 없다.**

③ 피고인이 위 소송을 제기하면서 위 **근로계약서의 일급란 기재 금액을 변조하여 제출하였더라도 그것만으로 피고인이 증거조작을 통하여 법원을 기망한 것이라거나 피고인에게 허위사실을 증명함으로써 법원을 기망한다는 인식이 있었다고 볼 수 없다.**

해설 및 정답 ①~③ 대법원 2018. 12. 28. 선고 2018도13305 판결　**정답** ○

문 19. 횡령죄에 관한 설명 중 옳은 것은? (다툼이 있는 경우 판례에 의함)

출제예상내용
- 불법원인급여
- 불법영득의사
- 중간생략등기형 명의신탁 횡령죄 주체(-)

사례문제 35 부동산 실권리자명의 등기에 관한 법률을 위반한 이른바 양자간 명의신탁에서 명의수탁자가 신탁부동산을 임의로 처분한 경우 횡령죄가 성립하는지 여부가 문제되는 사건(2021년 2월 18일 전원합의체 판결) ★

사례문제 36 대통령이 사기업과 국가정보원의 자금을 횡령하고, 직권을 남용하며, 뇌물을 수수한 사건

사례문제 37 대포통장 계좌명의인이 전기통신금융사기 피해금을 임의로 인출한 행위와 사기죄와 횡령죄 법리 판단 ★★★★★

사례문제 38 횡령죄에서 불법원인급여물

사례문제 39 횡령죄에서 불법영득의사

사례문제 40 횡령죄에서 중간생략등기형 명의신탁과 신탁부동산의 임의 처분

중요

01 [선택형] 원인무효인 등기명의인의 토지수용보상금 반환 거부 사건 ★★★★★
원인무효인 등기의 명의인이 이 사건 토지들에 관한 수용보상금의 반환을 거부한 사건이다. 이에 관한 설명 중 옳은 것은? (다툼이 있는 경우 판례에 의함)

① 타인 소유의 토지에 대한 보관자의 지위에 있지 않은 사람이 그 앞으로 원인무효의 소유권이전등기가 되어 있음을 이용하여 토지소유자에게 지급될 보상금을 수령하였더라도 보상금에 대한 점유 취득은 진정한 토지소유자의 위임에 따른 것이 아니다. 그러므로 보상금에 대하여 어떠한 보관관계가 성립하지 않는다.

해설 및 정답 대법원 2021. 6. 30. 선고 2018도18010 판결 [횡령] (가) 파기환송

정답 ○

[판시사항] 원인무효인 등기의 명의인이 타인의 재물을 보관하는 자에 해당하는

지 여부(소극)

[판결요지] 횡령죄가 성립하기 위해서는 우선 타인의 재물을 보관하는 자의 지위에 있어야 하고, 부동산에 대한 보관자 지위는 부동산에 대한 점유가 아니라 부동산을 제3자에게 유효하게 처분할 수 있는 권능의 유무를 기준으로 결정한다. 타인 소유의 토지에 관하여 허위의 보증서와 확인서를 발급받아 「부동산소유권이전등기 등에 관한 특별조치법」에 따른 소유권이전등기를 임의로 마친 사람은 그와 같은 원인무효 등기에 따라 토지에 대한 처분권능이 새로이 발생하는 것이 아니므로 토지에 대한 보관자의 지위에 있다고 할 수 없다.

[대상판결] 이 사건 토지들에 대한 각 소유권이전등기는 허위 보증서나 확인서에 의해 마쳐진 것으로서 원인무효의 등기에 해당하고 이에 기초한 피고인 명의의 각 소유권이전등기 역시 원인무효의 등기에 해당한다. 그러므로 **피고인은 이 사건 토지들을 유효하게 처분할 수 있는 권능이 없어 피해자들을 위해 토지들을 보관하는 자에 해당한다고 볼 수 없고 이 사건 토지들에 관한 수용보상금에 대하여도 보관자의 지위를 인정할 수 없다**는 이유로, 횡령죄 성립을 긍정한 원심을 파기환송한 사례.

중요

02 [선택형] 금전채권양도 이후 변제금을 임의로 소비한 사건 ★★★★★

피고인이 피해자에 대한 금전채무를 담보하기 위하여 자신이 운영하는 회사의 제3자에 대한 금전채권을 양도하였으나, 채권양도통지를 하지 않은 채 제3자로부터 양도채권 중 일부를 변제받아 임의로 사용하였다고 하여 특정경제범죄가중처벌등에관한법률위반(횡령)으로 기소된 사안이다. 이에 관한 설명 중 옳은 것은? (다툼이 있는 경우 판례에 의함)

① 채무자가 제3채무자에게 채권양도 통지를 하지 않은 채 자신이 사용할 의도로 제3채무자로부터 변제를 받아 변제금을 수령한 경우, 이는 단순한 민사상 채무불이행에 해당할 뿐, 채무자가 채권자와의 위탁신임관계에 의하여 채권자를 위해 위 변제금을 보관하는 지위에 있다고 볼 수 없고, 채무자가 이를 임의로 소비하더라도 횡령죄는 성립하지 않는다.

해설 및 정답 대법원 2021. 2. 25. 선고 2020도12927 판결 [특정경제범죄가중처벌등에관한법률위반(배임)(피고인 1에 대하여 예비적 죄명: 배임수재)・특정경제범죄가중처벌등에관한법률위반(횡령)・공갈미수・조세범처벌법위반] **정답** ○

[판시사항] [1] 채무자가 기존 금전채무를 담보하기 위하여 다른 금전채권을 채권자에게 양도한 후 제3채무자에게 채권양도 통지를 하지 않은 채 자신이 사용할

의도로 제3채무자로부터 변제를 받아 변제금을 수령한 경우, 채권자와 위탁신임 관계로 채권자를 위해 위 변제금을 보관하는 지위에 있는지 여부(소극) [2] 채무자가 이를 임의로 소비하면 횡령죄가 성립하는지 여부(소극)

[판결해설] 대법원은 채무자가 제3채무자에게 채권양도 통지를 하지 않은 채 자신이 사용할 의도로 제3채무자로부터 변제를 받아 변제금을 수령한 경우, 이는 단순한 민사상 채무불이행에 해당할 뿐, **채무자가 채권자와의 위탁신임관계에 의하여 채무자를 위해 위 변제금을 보관하는 지위에 있다고 볼 수 없고, 채무자가 이를 임의로 소비하더라도 횡령죄는 성립하지 않는다고 판단하여 상고기각한 사안임.**

중요

03 [선택형 · 사례형] 부동산실명법 위반 양자간 명의신탁과 횡령죄 ★★★★★

명의수탁자인 피고인이 명의신탁자인 피해자 소유의 신탁부동산을 임의로 처분하였다는 이유로 횡령죄로 기소된 사안이다. 이에 관한 설명 중 옳은 것은? (다툼이 있는 경우 판례에 의함)

① 부동산실명법을 위반하여 명의신탁자가 그 소유인 부동산의 등기명의를 명의수탁자에게 이전하는 이른바 양자간 명의신탁의 경우, 계약인 명의신탁약정과 그에 부수한 위임약정, 명의신탁약정을 전제로 한 명의신탁 부동산 및 그 처분대금 반환약정은 모두 무효이다.

② 부동산실명법을 위반한 양자간 명의신탁의 경우 명의수탁자가 신탁받은 부동산을 임의로 처분하여도 명의신탁자에 대한 관계에서 횡령죄가 성립하지 아니한다.

해설 및 정답 대법원 2021. 2. 18. 선고 2016도18761 전원합의체 판결 [사기 · 횡령]

정답 ○

사례문제 35 부동산 실권리자명의 등기에 관한 법률을 위반한 이른바 양자간 명의신탁에서 명의수탁자가 신탁부동산을 임의로 처분한 경우 횡령죄가 성립하는지 여부가 문제되는 사건 ★★★★★

대법원 2021. 2. 18. 선고 2016도18761 전원합의체 판결
[사기 · 횡령]

Q. 횡령죄에서 말하는 '보관'의 의미

Q. 횡령죄 성립에 필요한 법률상 또는 사실상의 위탁관계는 횡령죄로 보호할 만한 가치 있는 신임에 의한 것으로 한정되는지 여부(적극) 및 위탁관계가 있는지 판단하는 기준

Q. 부동산 실권리자명의 등기에 관한 법률을 위반하여 명의신탁자가 그 소유인 부동산의 등기명의를 명의수탁자에게 이전하는 이른바 양자간 명의신탁의 경우, 명의수탁자가 명의신탁자에 대한 관계에서 '타인의 재물을 보관하는 자'의 지위에 있는지 여부(소극) ★★★★★

Q. 이때 명의수탁자가 신탁받은 부동산을 임의로 처분하면 명의신탁자에 대한 관계에서 횡령죄가 성립하는지 여부(소극) ★★★★★

Q. 이러한 법리는, 부동산 명의신탁이 같은 법 시행 전에 이루어졌고 같은 법에서 정한 유예기간 내에 실명등기를 하지 아니함으로써 그 명의신탁약정 및 이에 따라 행하여진 등기에 의한 물권변동이 무효로 된 후에 처분행위가 이루어진 경우에도 마찬가지로 적용되는지 여부(적극)

판결요지

[1] 가. 형법 제355조 제1항이 정한 횡령죄에서 보관이란 위탁관계에 의하여 재물을 점유하는 것을 뜻한다. 그러므로 횡령죄가 성립하기 위하여는 재물의 보관자와 재물의 소유자(또는 기타의 본권자) 사이에 법률상 또는 사실상의 위탁관계가 존재하여야 한다. 이러한 위탁관계는 사용대차 · 임대차 · 위임 등의 계약에 의하여서뿐만 아니라 사무관리 · 관습 · 조리 · 신의칙 등에 의해서도 성립될 수 있다.

나. 그러나 횡령죄의 본질이 신임관계에 기초하여 위탁된 타인의 물건을 위법하게 영득하는 데 있음에 비추어 볼 때 **위탁관계는 횡령죄로 보호할 만한 가치 있는 신임에 의한 것으로 한정함이 타당하다.** 위탁관계가 있는지 여부는 재물의 보관자와 소유자 사이의 관계, 재물을 보관하게 된 경위에 비추어 볼 때 보관자에게 재물의 보관 상태를 그대로 유지하여야 할 의무를 부과하여 그 보관 상태를 형사법적으로 보호할 필요가 있는지 등을 고려하여 규범적으로 판단하여야 한다.

[2] 가. 부동산 실권리자명의 등기에 관한 법률(이하 '부동산실명법'이라 한다)은 부동산에 관한 소유권과 그 밖의 물권을 실체적 권리관계와 일치하도록 실권리자 명의로 등기하게 함으로써 부동산등기제도를 악용한 투기 · 탈세 · 탈법행위 등 반사회적 행위를 방지하고 부동산 거래의 정상화와 부동산 가격의 안정

을 도모하여 국민경제의 건전한 발전에 이바지함을 목적으로 하고 있다(제1조). 부동산실명법에 의하면, 누구든지 부동산에 관한 물권을 명의신탁약정에 따라 명의수탁자의 명의로 등기하여서는 아니 되고(제3조 제1항), 명의신탁약정과 그에 따른 등기로 이루어진 부동산에 관한 물권변동은 무효가 되며(제4조 제1항, 제2항 본문), 명의신탁약정에 따른 명의수탁자 명의의 등기를 금지하도록 규정한 부동산실명법 제3조 제1항을 위반한 경우 명의신탁자와 명의수탁자 쌍방은 형사처벌된다(제7조).

나. 이러한 부동산실명법의 명의신탁관계에 대한 규율 내용과 태도에 비추어 보면, **부동산실명법을 위반하여 명의신탁자가 그 소유인 부동산 등기명의를 명의수탁자에게 이전하는 이른바 양자간 명의신탁 경우, 계약인 명의신탁약정과 그에 부수한 위임약정, 명의신탁약정을 전제로 한 명의신탁 부동산과 그 처분대금 반환약정은 모두 무효이다.**

다. 나아가 명의신탁자와 명의수탁자 사이에 무효인 명의신탁약정에 기초하여 존재한다고 주장될 수 있는 사실상의 위탁관계는 부동산실명법에 반하여 범죄를 구성하는 불법적인 관계에 지나지 아니할 뿐 이를 형법상 보호할 만한 가치 있는 신임에 의한 것이라고 할 수 없다.

라. 명의수탁자가 명의신탁자에 대하여 소유권이전등기말소의무를 부담하게 되나, 위 소유권이전등기는 처음부터 원인무효여서 명의수탁자는 명의신탁자가 소유권에 기한 방해배제청구로 말소를 구하는 것에 대하여 상대방으로서 응할 처지에 있음에 불과하다. 명의수탁자가 제3자와 한 처분행위가 부동산실명법 제4조 제3항에 따라 유효하게 될 가능성이 있다고 하더라도 이는 거래 상대방인 제3자를 보호하기 위하여 명의신탁약정의 무효에 대한 예외를 설정한 취지일 뿐 명의신탁자와 명의수탁자 사이에 위 처분행위를 유효하게 만드는 어떠한 위탁관계가 존재함을 전제한 것이라고는 볼 수 없다. 따라서 **말소등기의무의 존재나 명의수탁자에 의한 유효한 처분가능성을 들어 명의수탁자가 명의신탁자에 대한 관계에서 '타인의 재물을 보관하는 자'의 지위에 있다고 볼 수도 없다.**

마. 그러므로 **부동산실명법을 위반한 양자간 명의신탁의 경우 명의수탁자가 신탁받은 부동산을 임의로 처분하여도 명의신탁자에 대한 관계에서 횡령죄가 성립하지 아니한다.**

바. 이러한 법리는 부동산 명의신탁이 부동산실명법 시행 전에 이루어졌고 같은 법이 정한 유예기간 이내에 실명등기를 하지 아니함으로써 그 명의신탁약정 및 이에 따라 행하여진 등기에 의한 물권변동이 무효로 된 후에 처분행위가

이루어진 경우에도 마찬가지로 적용된다.

사. 이와 달리 부동산실명법에 위반한 양자간 명의신탁을 한 경우, 명의수탁자가 명의신탁자에 대한 관계에서 '타인의 재물을 보관하는 자'의 지위에 있다고 보아 명의수탁자가 그 명의로 신탁된 부동산을 임의로 처분하면 명의신탁자에 대한 횡령죄가 성립한다고 판시한 대법원 1999. 10. 12. 선고 99도3170 판결, 대법원 2000. 2. 22. 선고 99도5227 판결, 대법원 2000. 4. 25. 선고 99도1906 판결, 대법원 2003. 12. 26. 선고 2003도4893 판결, 대법원 2009. 8. 20. 선고 2008도12009 판결, 대법원 2009. 11. 26. 선고 2009도5547 판결, 대법원 2011. 1. 27. 선고 2010도12944 판결 등은 이 판결에 배치되는 범위에서 이를 변경하기로 한다.

[3] **[판결해설]**

가. 명의수탁자인 피고인이 명의신탁자인 피해자 소유의 신탁부동산을 임의로 처분하였다는 이유로 횡령죄로 기소된 사안임.

나. 대법원은 부동산실명법에 위반한 이른바 양자간 명의신탁의 경우에도, 중간생략등기형 명의신탁에 관한 대법원 2016. 5. 19. 선고 2014도6992 전원합의체 판결의 법리가 마찬가지로 적용되어, 명의신탁자와 명의수탁자 사이에 무효인 명의신탁약정 등에 기초하여 존재한다고 주장될 수 있는 사실상의 위탁관계를 형법상 보호할 만한 가치 있는 신임에 의한 것이라고 할 수 없다. 그러므로 명의수탁자가 신탁부동산을 임의로 처분하여도 횡령죄가 성립하지 않는다. 이러한 이유로 이와 다른 취지의 종래 대법원 판례를 변경(전원일치 의견)하고, 횡령죄를 무죄로 판단한 원심판결에 횡령죄의 타인의 재물을 보관하는 자에 관한 법리를 오해한 위법이 없다며 상고를 기각한 사례.

중요

04 [선택형] 대통령이 국가정보원 자금 횡령 · 직권남용 · 뇌물수수 사건★★★★★

공소시효와 횡령죄에 관한 설명 중 옳은 것은? (다툼이 있는 경우 판례에 의함)

① 헌법 제84조는 "대통령은 내란 또는 외환의 죄를 범한 경우를 제외하고는 재직중 형사상의 소추를 받지 아니한다."라고 규정하여, 재직 중인 대통령에 대한 공소권행사의 헌법상 장애사유를 규정하고 있다. 위 규정은 비록 대통령으로 재직하는 기간 동안 내란 또는 외환의 죄를 제외한 범죄에 대하여 공소시효가 정지된다고 명시하여 규정하지는 않았으나 공소시효의 진행에 대한

소극적 요건을 규정한 것이므로, 공소시효의 정지에 관한 규정이라고 보아야 한다.

② 피고인이 국가정보원장 등과 공모하여 국가정보원장 특별사업비에 대한 국고손실 범행을 저질러 그에게 특정범죄 가중처벌 등에 관한 법률 위반(국고등손실)죄가 성립한다고 하더라도, 피고인은 회계관계직원 또는 국가정보원장 특별사업비의 업무상 보관자가 아니므로 형법 제355조 제1항의 횡령죄에 정한 형으로 처벌된다.

해설 및 정답 ①~② 대법원 2020. 10. 29. 선고 2020도3972 판결 **정답** ○

사례문제 36 대통령이 사기업과 국가정보원의 자금을 횡령하고, 직권을 남용하며, 뇌물을 수수한 사건 ★★★★★

대법원 2020. 10. 29. 선고 2020도3972 판결 (마) 상고기각

[특정범죄가중처벌등에관한법률위반(뇌물)(일부 인정된 죄명: 수뢰후부정처사)·특정범죄가중처벌등에관한법률위반(조세)·특정경제범죄가중처벌등에관한법률위반(횡령)·특정범죄가중처벌등에관한법률위반(국고등손실)·대통령기록물관리에관한법률위반·직권남용권리행사방해·정치자금법위반]

Q. 국민의 사생활 영역에 관계된 증거의 제출이 허용되는지 판단하는 방법

Q. 공소장일본주의에 위배되는지 판단하는 기준

Q. 재직 중인 대통령에 대한 공소권행사의 헌법상 장애사유를 규정한 헌법 제84조가 공소시효의 정지에 관한 규정인지 여부(적극)

Q. 법인세법상 채권의 익금산입 여부 및 익금산입 시기

Q. 직권남용권리행사방해에서 말하는 '직권남용'의 의미 및 어떠한 직무가 공무원의 일반적 직무권한에 속하는 사항이라고 인정하기 위한 요건

Q. 공무원이 자신의 직무권한에 속하는 사항에 관하여 실무 담당자로 하여금 직무집행을 보조하게 한 행위가 직권남용권리행사방해죄에서 말하는 '의무 없는 일을 하게 한 때'에 해당하는지 판단하는 기준

Q. 횡령으로 인한 특정범죄 가중처벌 등에 관한 법률 위반(국고등손실)죄가 회계관계직원이라는 지위에 따라 형법상 횡령죄 또는 업무상횡령죄에 대한 가중처벌을 규정한 것으로서 신분관계로 인한 형의 경중이 있는 경우인지 여부(적극)

Q. 횡령 범행으로 취득한 돈을 공범자끼리 수수한 행위가 공동정범들 사이의 범행에 의하여 취득한 돈을 공모에 따라 내부적으로 분배한 것에 지나지 않는 경우, 별도

로 그 돈의 수수행위에 관하여 뇌물죄가 성립하는지 여부(소극) 및 그와 같이 수수한 돈의 성격을 뇌물로 볼 것인지 횡령금의 분배로 볼 것인지 판단하는 기준

Q. 대통령으로 재직하는 기간 동안 내란 또는 외환의 죄를 제외한 범죄에 대하여 공소시효가 정지되는지 여부(적극)

판결요지

[1] 헌법 제84조는 "대통령은 내란 또는 외환의 죄를 범한 경우를 제외하고는 재직중 형사상의 소추를 받지 아니한다."라고 규정하여, 재직 중인 대통령에 대한 공소권행사의 헌법상 장애사유를 규정하고 있다. 위 규정은 비록 대통령으로 재직하는 기간 동안 내란 또는 외환의 죄를 제외한 범죄에 대하여 공소시효가 정지된다고 명시하여 규정하지는 않았으나 공소시효의 진행에 대한 소극적 요건을 규정한 것이므로, 공소시효의 정지에 관한 규정이라고 보아야 한다.

[2] 횡령으로 인한 특정범죄 가중처벌 등에 관한 법률 위반(국고등손실)죄는 회계관계직원이라는 지위에 따라 형법상 횡령죄 또는 업무상횡령죄에 대한 가중처벌을 규정한 것으로서 신분관계로 인한 형의 경중이 있는 것이다.

[3] **[판결해설]**

가. 이 사건에서 각 범죄의 공소시효가 피고인이 대통령으로 취임한 2008. 2. 25.경 정지되었다가 피고인의 퇴임일인 2013. 2. 24.경부터 다시 진행된다고 본 원심의 판단을 정당하다고 본 사안임.

나. 피고인이 국가정보원장 등과 공모하여 국가정보원장 특별사업비에 대한 국고손실 범행을 저질러 그에게 특정범죄 가중처벌 등에 관한 법률 위반(국고등손실)죄가 성립한다고 하더라도, 피고인은 회계관계직원 또는 국가정보원장 특별사업비의 업무상 보관자가 아니므로 형법 제355조 제1항의 횡령죄에 정한 형으로 처벌된다고 본 사안임.

05 [선택형 · 사례형 · 기록형] 보이스피싱 피해금 횡령 사건 ★★★★★

보이스피싱 조직원에게 자기 명의 계좌의 통장 등 접근매체를 양도하고, 그 계좌에 송금된 사기피해금을 임의로 인출한 사안이다. 이에 관한 설명으로 옳은 것은? (다툼이 있는 경우 판례에 의함)

중요 ① 계좌명의인은 피해자와 사이에 아무런 법률관계 없이 송금·이체된 사기피해금 상당의 돈을 피해자에게 반환하여야 한다. **피해자를 위하여 사기피해금을 보관하는 지위에 있다**고 보아야 한다. 만약 계좌명의인이 그 돈을 영득할 의사로 인출하면 **피해자에 대한 횡령죄가 성립한다.**

중요 ② **계좌명의인이 사기의 공범이라면** 자신이 가담한 범행의 결과 피해금을 보관하게 된 것일 뿐이어서 **피해자와 사이에 위탁관계가 없다.** 그가 송금·이체된 돈을 인출하더라도 이는 자신이 저지른 사기범행의 실행행위에 지나지 아니하여 새로운 법익을 침해한다고 볼 수 없다. **사기죄 외에 별도로 횡령죄를 구성하지 않는다.**

중요 ③ **계좌명의인의 인출행위는 전기통신금융사기의 범인에 대한 관계에서는 횡령죄가 되지 않는다. 계좌명의인이** 전기통신금융사기의 범인에게 예금계좌에 연결된 접근매체를 양도하였다 하더라도 **은행에 대하여 여전히 예금계약의 당사자로서 예금반환청구권**을 가지는 이상 **그 계좌에 송금·이체된 돈이 그 접근매체를 교부받은 사람에게 귀속되었다고 볼 수는 없다.** 접근매체를 교부받은 사람은 계좌명의인의 예금반환청구권을 자신이 사실상 행사할 수 있게 된 것일 뿐 예금 자체를 취득한 것이 아니다.

④ 전기통신금융사기 범행으로 **피해자의 돈이 사기이용계좌로 송금·이체되었다면 이로써 편취행위는 기수**에 이른다. 이는 사기범이 접근매체를 이용하여 **그 돈을 인출할 수 있는 상태에 이르렀다는 의미**일 뿐 사기범이 그 돈을 취득하였다는 것은 아니다.

⑤ **계좌명의인과 전기통신금융사기의 범인 사이의 관계는 횡령죄로 보호할 만한 가치가 있는 위탁관계가 아니다.** 사기범이 제3자 명의 사기이용계좌로 돈을 송금·이체하게 하는 행위는 그 자체로 범죄행위에 해당한다.

⑥ 사기범이 그 계좌를 이용하는 것도 전기통신금융사기 범행의 실행행위에 해당한다. 그러므로 **계좌명의인과 사기범 사이의 관계를 횡령죄로 보호하는 것은 그 범행으로 송금·이체된 돈을 사기범에게 귀속시키는 결과가 되어 옳지 않다.**

중요 ⑦ **보이스피싱 조직원에게 자기 명의 계좌의 통장 등 접근매체를 양도하고, 그**

계좌에 송금된 사기피해금을 임의로 인출한 사안에서, 그 계좌명의인에게 사기방조죄가 성립하지 않는 이상 사기피해자에 대한 횡령죄가 성립한다.

해설 및 정답 ①~⑦ 대법원 2018. 7. 19. 선고 2017도17494 전원합의체 판결 [사기방조 등]

정답 ○

사례문제 37 대포통장 계좌명의인이 전기통신금융사기 피해금을 임의로 인출한 행위와 사기죄와 횡령죄 법리 판단 ★★★★★

대법원 2018. 7. 19. 선고 2017도17494 전원합의체 판결

[사기방조 등] (카) 파기환송(일부) 〈사기이용계좌의 명의인이 전기통신금융사기(보이스피싱) 피해금을 횡령한 사건〉

Q. 제3자 명의 사기이용계좌(이른바 대포통장)의 계좌명의인이 전기통신금융사기 피해금을 임의로 인출한 행위가 사기피해자에 대한 횡령죄에 해당하는지 여부(한정적극)

Q. 계좌명의인으로부터 접근매체를 양수한 전기통신금융사기의 범인에 대한 횡령죄가 성립할 수 있는지(소극)

판결요지

가. 계좌명의인은 피해자와 사이에 아무런 법률관계 없이 송금·이체된 사기피해금 상당의 돈을 피해자에게 반환하여야 하므로(대법원 2014. 10. 15. 선고 2013다207286 판결 참조), 피해자를 위하여 사기피해금을 보관하는 지위에 있다고 보아야 하고, 만약 계좌명의인이 그 돈을 영득할 의사로 인출하면 피해자에 대한 횡령죄가 성립한다.

나. 이때 계좌명의인이 사기의 공범이라면 자신이 가담한 범행의 결과 피해금을 보관하게 된 것일 뿐이어서 피해자와 사이에 위탁관계가 없고, 그가 송금·이체된 돈을 인출하더라도 이는 자신이 저지른 사기범행의 실행행위에 지나지 아니하여 새로운 법익을 침해한다고 볼 수 없으므로 사기죄 외에 별도로 횡령죄를 구성하지 않는다(대법원 2017. 5. 31. 선고 2017도3045 판결 등 참조).

다. 계좌명의인의 인출행위는 전기통신금융사기의 범인에 대한 관계에서는 횡령죄가 되지 않는다. 계좌명의인이 전기통신금융사기의 범인에게 예금계좌에 연결된 접근매체를 양도하였다 하더라도 은행에 대하여 여전히 예금계약의 당사자로서 예금반환청구권을 가지는 이상 그 계좌에 송금·이체된 돈이 그 접근매체를 교부받은 사람에게 귀속되었다고 볼 수는 없다. 접근매체를 교부받은 사람은 계좌명의인의 예금반환청구권을 자신이 사실상 행사할 수 있게 된 것일 뿐 예금 자체를 취득한 것이 아니다.

라. 판례는 전기통신금융사기 범행으로 피해자의 돈이 사기이용계좌로 송금·이체되었다면 이로써 편취행위는 기수에 이른다고 보고 있는데(대법원 2010. 12. 9. 선고 2010도6256 판결, 대법원 위 2017도3045 판결 등 참조), 이는 사기범이 접근매체를 이용하여 그 돈을 인출할 수 있는 상태에 이르렀다는 의미일 뿐 사기범이 그 돈을 취득하였다는 것은 아니다.

마. 또한 계좌명의인과 전기통신금융사기의 범인 사이의 관계는 횡령죄로 보호할 만한 가치가 있는 위탁관계가 아니다. 사기범이 제3자 명의 사기이용계좌로 돈을 송금·이체하게 하는 행위는 그 자체로 범죄행위에 해당한다.

바. 사기범이 그 계좌를 이용하는 것도 전기통신금융사기 범행의 실행행위에 해당한다. 계좌명의인과 사기범 사이 관계를 횡령죄로 보호하는 것은 범행으로 송금·이체된 돈을 사기범에게 귀속하는 결과가 되어 옳지 않다.

06 [선택형 · 사례형 · 기록형] 보이스피싱 피해금 횡령 사건

피고인이 2016. 5. 26. 13:30경 성명불상자의 사기범행에 속은 피해자가 피고인 명의 신한은행 계좌(피고인이 성명불상자로부터 '통장을 빌려주면 3개월에 3,500,000원을 주겠다'는 제안을 받고 대여한 것이다)에 입금한 5,500,000원을 보관하던 중, 2016. 5. 26. 14:00경 현금인출기를 이용하여 위 계좌에서 8회에 걸쳐 4,791,000원을 인출하고, 그 무렵 편의점에서 9,000원 상당의 물품을 위 계좌에 연결된 체크카드로 결제함으로써 합계 4,800,000원을 횡령하였다. 다음 설명 중 옳은 것은? (다툼이 있는 경우 판례에 의함)

① 계좌명의인이 개설한 예금계좌가 전기통신금융사기 범행에 이용되어 그 계좌에 피해자가 사기피해금을 송금·이체한 경우 **계좌명의인은 피해자와 사이에 아무런 법률관계 없이 송금·이체된 사기피해금 상당의 돈을 피해자에게 반환하여야 한다.**

중요 ② **계좌명의인이 피해자를 위하여 사기피해금을 보관하는 지위에 있다고 보아야 한다. 만약 계좌명의인이 그 돈을 영득할 의사로 인출하면 피해자에 대한 횡령죄가 성립한다.**

중요 ③ 계좌명의인이 사기의 공범이라면 자신이 가담한 범행의 결과 피해금을 보관하게 된 것일 뿐이어서 피해자와 사이에 위탁관계가 없고, 그가 송금·이체된 돈을 인출하더라도 이는 자신이 저지른 사기범행의 실행행위에 지나지 아니하여 새로운 법익을 침해한다고 볼 수 없으므로 사기죄 외에 별도로 횡령죄를 구성하지 않는다.

④ 피고인이 사기범행에 이용되리라는 사정을 알지 못한 채 단순히 자신 명의 계좌의 접근매체를 양도하였을 뿐이어서 사기 공범에 해당하지 않는 경우, 성명불상자의 사기범행에 속은 피해자가 위 계좌로 송금하여 입금된 돈에 대하여 피고인과 위 피해자 사이에 신의칙상 보관관계가 성립한다고 할 것이다. 그러므로 피고인이 이를 임의로 인출한 행위는 횡령죄를 구성한다.

해설 및 정답 ①~④ 대법원 2018. 7. 26. 선고 2017도21715 판결 **정답** ○

07 [선택형 · 사례형 · 기록형] 보이스피싱 피해금 횡령 사건

피고인이 2016. 12. 1.경 성명불상자로부터 계좌를 빌려주면 한 달에 200만 원을 준다는 제안을 받고 성명불상자에게 피고인의 우리은행 계좌에 연결된 체크카드를 양도한 후, 보이스피싱 사기 범행에 속은 피해자가 위 계좌로 송금한 600만 원을 보관하던 중 임의로 500만 원을 피고인 명의 신협 계좌로 이체한 후 생활비 등 개인적인 용도로 사용하여 횡령하였다. 다음 설명 중 옳은 것은? (다툼이 있는 경우 판례에 의함)

① 피고인이 사기범행에 이용되리라는 사정을 알지 못한 채 단순히 자신 명의 계좌의 접근매체를 양도하였을 뿐이어서 사기의 공범에 해당하지 않는 경우에는 성명불상자의 사기범행에 속은 피해자가 위 계좌로 송금하여 입금된 돈을 피고인이 보관하고 있다고 할 수 있어 피고인이 이를 임의로 인출한 행위는 횡령죄를 구성한다.

해설 및 정답 대법원 2018. 8. 1. 선고 2018도5255 판결 [횡령] **정답** ○

08 [선택형 · 사례형 · 기록형] 자금세탁된 불법원인급여물 횡령 사건 ★★★

피고인이 갑으로부터 액면금 합계 19억 2,370만 원인 수표들(이하 '수표'라고 한다)을 현금으로 교환해 주면 대가를 주겠다는 제안을 받고 수표가 을 등이 불법 금융다단계 유사수신행위에 의한 사기범행을 통해 취득한 범죄수익이거나 이러한 범죄수익에서 유래한 재산(이하 합쳐서 '범죄수익 등'이라고 한다)이라는 사실을 잘 알면서도 교부받아 그 일부를 14억 원에서 15억 원가량의 현금으로 교환한 후 병, 정과 공모하여 아직 교환되지 못한 수표 및 교환된 현금을 임의로 사용하여 횡령하였다고 하여 특정경제범죄 가중처벌 등에 관한 법률 위반으로 기소된 사안이다. 횡령죄에 관한 설명으로 옳은 것은? (다툼이 있는 경우 판례에 의함)

중요 ① 피고인이 갑으로부터 범죄수익 등의 은닉범행 등을 위해 교부받은 수표는 불법의 원인으로 급여한 물건에 해당하여 소유권이 피고인에게 귀속된다. 따라서 피고인이 그중 교환하지 못한 수표와 이미 교환한 현금을 임의로 소비하였더라도 횡령죄가 성립하지 않는다.

해설 및 정답 대법원 2017. 4. 26. 선고 2016도18035 판결 **정답** ○

사례문제 38 횡령죄 객체에서 불법원인급여물

대법원 2017. 4. 26. 선고 2016도18035 판결

[특정경제범죄가중처벌등에관한법률위반(횡령) · 범죄수익은닉의규제및처벌등에관한법률위반] 〈자금세탁을 위해 교부받은 범죄수익 등인 수표를 횡령한 사건〉

Q. 민법 제746조가 '불법의 원인으로 인하여 재산을 급여한 때에는 그 이익의 반환을 청구하지 못한다'고 규정한 의미 및 민법 제746조에서 말하는 '불법'이 있다고 하기 위한 요건

Q. 피고인이 갑으로부터 수표를 현금으로 교환해 주면 대가를 주겠다는 제안을 받고 위 수표가 을 등이 사기범행을 통해 취득한 범죄수익 등이라는 사실을 잘 알면서도 교부받아 그 일부를 현금으로 교환한 후 병, 정과 공모하여 아직 교환되지 못한 수표 및 교환된 현금을 임의로 사용하여 횡령하였다고 하여 특정경제범죄 가중처벌 등에 관한 법률 위반으로 기소된 사안이다. 피고인이 갑으로부터 범죄수익 등의 은닉범행 등을 위해 교부받은 수표는 불법의 원인으로 급여한 물건에 해당한다. 소유권이 피고인에게 귀속되므로 횡령죄가 성립하지 않는다고 한 사례.

판결요지

가. 민법 제746조가 불법의 원인으로 인하여 재산을 급여한 때에는 그 이익의 반환을 청구하지 못한다고 규정한 뜻은, 그러한 급여를 한 사람은 원인행위가 법률상 무효임을 내세워 상대방에게 부당이득반환청구를 할 수 없음은 물론 급여한 물건의 소유권이 자기에게 있다고 하여 소유권에 기한 반환청구도 할 수 없다는 데 있다. 결국 그 물건의 소유권은 급여를 받은 상대방에게 귀속된다.

나. 한편 민법 제746조에서 말하는 '불법'이 있다고 하려면, 급여의 원인 된 행위가 내용이나 성격 또는 목적이나 연유 등으로 볼 때 선량한 풍속 기타 사회질서에 위반될 뿐 아니라 반사회성·반윤리성·반도덕성이 현저하거나, 급여가 강행법규를 위반하여 이루어졌지만 이를 반환하게 하는 것이 오히려 규범목적에 부합하지 아니하는 경우 등에 해당하여야 한다.

다. **피고인이 갑으로부터 범죄수익 등의 은닉범행 등을 위해 교부받은 수표는 불법의 원인으로 급여한 물건에 해당하여 소유권이 피고인에게 귀속되고, 따라서 피고인이 그중 교환하지 못한 수표와 이미 교환한 현금을 임의로 소비하였더라도 횡령죄가 성립하지 않는다.**

09 [선택형 · 사례형 · 기록형] 특별수선충당금을 변호사비용으로 사용한 사건

갑 아파트의 입주자대표회의 회장인 피고인이, 일반 관리비와 별도로 입주자대표회의 명의 계좌에 적립·관리되는 특별수선충당금을 아파트 구조진단 견적비 및 시공사인 을 주식회사에 대한 손해배상청구소송의 변호사 선임료로 사용함으로써 아파트 관리규약에 의하여 정하여진 용도 외에 사용하였다고 하여 업무상횡령으로 기소된 사안이다. 횡령죄에 관한 설명으로 옳은 것은? (다툼이 있는 경우 판례에 의함)

① 횡령죄에서 보관자가 자기 또는 제3자의 이익을 위한 것이 아니라 **소유자의 이익을 위하여 이를 처분한 경우에는 특별한 사정이 없는 한 불법영득의 의사를 인정할 수 없다.**

② 피고인이 특별수선충당금을 위와 같이 지출한 것이 **위탁의 취지에 반하여 자기 또는 제3자의 이익을 위하여 자기의 소유인 것처럼 처분하였다고 단정하기 어렵다. 그러므로 피고인의 불법영득의사를 인정하기 어렵다.**

해설 및 정답 ①~② 대법원 2017. 2. 15. 선고 2013도14777 판결 **정답** ○

사례문제 39 횡령죄에서 불법영득의사

대법원 2017. 2. 15. 선고 2013도14777 판결

[업무상횡령] 〈아파트 특별수선충당금을 구조진단 견적비 및 손해배상청구소송의 변호사 선임료로 사용하여 업무상횡령으로 기소된 사건〉

Q. 횡령죄에서 '불법영득의사'의 의미 및 타인의 재물을 보관하는 자가 소유자의 이익을 위하여 재물을 처분한 경우, 불법영득의사의 유무(원칙적 소극)

Q. 피고인이 불법영득의사를 부인하는 경우의 증명 방법 및 불법영득의사를 실현하는 행위로서 횡령행위가 있다는 사실의 증명책임 소재(=검사)와 증명 정도

판결요지

가. 횡령죄에서 불법영득의사는 타인의 재물을 보관하는 자가 위탁 취지에 반하여 자기 또는 제3자 이익을 위하여 권한 없이 재물을 자기 소유인 것처럼 사실상 또는 법률상 처분하는 의사를 의미한다. 그러므로 보관자가 자기 또는 제3자의 이익을 위한 것이 아니라 소유자 이익을 위하여 이를 처분한 경우 특별한 사정이 없는 한 불법영득의사를 인정할 수 없다.

나. **피고인이 특별수선충당금을 위와 같이 지출한 것이 위탁의 취지에 반하여 자기 또는 제3자의 이익을 위하여 자기의 소유인 것처럼 처분하였다고 단정하기 어려우므로, 피고인의 불법영득의사를 인정한 원심판결에 업무상횡령죄의 불법영득의사에 관한 법리오해의 잘못이 있다고 한 사례.**

10 [선택형 · 사례형 · 기록형] 신탁부동산 임의 처분 사건 ★★★★★

부동산을 매수한 명의신탁자가 자신의 명의로 소유권이전등기를 하지 아니하고 명의수탁자와 맺은 명의신탁약정에 따라 매도인에게서 바로 명의수탁자에게 중간생략의 소유권이전등기를 마친 경우이다. 횡령죄에 관한 설명으로 옳은 것은? (다툼이 있는 경우 판례에 의함)

중요 ① 중간생략등기형 명의신탁을 한 경우, 명의신탁자는 신탁부동산의 소유권을 가지지 아니하고, 명의신탁자와 명의수탁자 사이에 위탁신임관계를 인정할 수도 없다. 따라서 명의수탁자가 명의신탁자의 재물을 보관하는 자라고 할 수 없다. 그러므로 명의수탁자가 신탁받은 부동산을 임의로 처분하여도 명의신탁자

에 대한 관계에서 횡령죄가 성립하지 아니한다.

해설 및 정답 대법원 2016. 5. 19. 선고 2014도6992 전원합의체 판결 **정답** ○

사례문제 40 횡령죄에서 중간생략등기형 명의신탁과 신탁부동산의 임의 처분

대법원 2016. 5. 19. 선고 2014도6992 전원합의체 판결
[횡령] 〈중간생략등기형 명의신탁에서 신탁부동산의 임의 처분 사건〉

Q. 명의신탁자가 매수한 부동산에 관하여 부동산 실권리자명의 등기에 관한 법률을 위반하여 명의수탁자와 맺은 명의신탁약정에 따라 매도인에게서 바로 명의수탁자 명의로 소유권이전등기를 마친 이른바 중간생략등기형 명의신탁을 한 경우, 명의수탁자가 명의신탁자의 재물을 보관하는 자인지 여부(소극)

Q. 명의수탁자가 신탁받은 부동산을 임의로 처분하면 명의신탁자에 대한 관계에서 횡령죄가 성립하는지 여부(소극)

판결요지

명의신탁자가 매수한 부동산에 관하여 부동산실명법을 위반하여 명의수탁자와 맺은 명의신탁약정에 따라 매도인에게서 바로 명의수탁자 명의로 소유권이전등기를 마친 이른바 중간생략등기형 명의신탁을 한 경우, 명의신탁자는 신탁부동산의 소유권을 가지지 아니하고, 명의신탁자와 명의수탁자 사이에 위탁신임관계를 인정할 수도 없다. 따라서 명의수탁자가 명의신탁자의 재물을 보관하는 자라고 할 수 없다. 그러므로 명의수탁자가 신탁받은 부동산을 임의로 처분하여도 명의신탁자에 대한 관계에서 횡령죄가 성립하지 아니한다.

11 [선택형] 대통령이 국가정보원장들로부터 특별사업비를 교부받은 사건
횡령죄에 대한 설명으로 옳은 것은? (다툼이 있는 경우 판례에 의함)

① 횡령 범행으로 취득한 돈을 공범자끼리 수수한 행위가 공동정범들 사이의 범행에 의하여 취득한 돈을 공모에 따라 내부적으로 분배한 것에 지나지 않는다면, 별도로 그 돈의 수수행위에 관하여 뇌물죄가 성립하는 것은 아니다.

해설 및 정답 대법원 2019. 11. 28. 선고 2019도11766 판결 **정답** ○

문 20. 배임죄에 관한 설명 중 옳은 것은? (다툼이 있는 경우 판례에 의함)

출제예상내용

- 배임죄 행위주체(=타인의 사무를 처리하는 자·대행 사무 처리자)
- 배임의 실행행위자에 대한 공동정범
- 배임죄 실행의 착수
- 부동산 이중저당 배임죄 사건(=배임죄 불성립). 2020년 6월 배임죄 전원합의체 판결
- 동산을 양도담보로 제공한 채무자가 제3자에게 담보에 제공된 동산을 처분한 경우 배임죄 사건(=배임죄 불성립). 2020년 2월 배임죄 전원합의체 판결
- 동산담보권이 설정된 담보물을 임의 처분한 경우 배임죄 성립 여부(=배임죄 불성립). 2020년 8월 배임죄 판결
- 동산이중매매 배임죄 사건(=배임죄 불성립)
- 중도금 수령 이후 부동산이중매매 배임죄 사건(+). 2018년 5월 배임죄 전원합의체 판결
- 배임죄와 사기죄 실체적 경합

사례문제 41 배임죄와 금전채권채무

사례문제 42 저당권이 설정된 자동차를 임의처분한 경우와 자동차 이중양도의 경우 배임죄 성립 여부가 문제되는 사건

사례문제 43 배임죄와 동산담보권

사례문제 44 배임죄와 이중저당

사례문제 45 배임죄와 동산 양도담보 처분

사례문제 46 배임죄와 부동산 이중매매

사례문제 47 배임죄에서 '재산상의 손해'의 의미와 판단 기준(=경제적 관점)

사례문제 48 배임죄에서 부정한 청탁 대가

사례문제 49 업무상배임죄에서 '재산상의 손해'의 의미와 재산상 손해 판단 기준

파워특강 배임죄 최근 판례 분석 – 협력 사무는 타인의 사무가 아니다.

- 부동산 이중매매의 경우 배임죄가 성립한다. 그 외 배임죄가 성립하지 않는다.

중요

01 [선택형] 배임죄에서 '타인의 사무를 처리하는 자' ★★★★★

피고인이 피해자에게 금전을 차용하면서 그 담보 목적으로 전세보증금반환채권을 양도해 주기로 하는 채권양도담보계약을 체결하였음에도, 채권양도통지를 하기 전에 제3자에게 전세권근저당권을 설정하여 주어 피해자에게 채권양도액 상당의 재산상 이익을 취득하고 같은 금액 상당의 손해를 가하였다고 배임죄로 기소된 사안이다. 이에 관한 설명 중 옳은 것은? (다툼이 있는 경우 판례에 의함)

① 채무자가 채권양도담보계약에 따라 부담하는 '담보 목적 채권의 담보가치를 유지·보전할 의무'를 이행하는 것은 채무자 자신의 사무에 해당할 뿐이고, 채무자가 통상의 계약에서의 이익대립관계를 넘어서 채권자와의 신임관계에 기초하여 채권자의 사무를 맡아 처리한다고 볼 수 없으므로, 이 경우 채무자는 채권자에 대한 관계에서 '타인의 사무를 처리하는 자'에 해당한다고 할 수 없다.

해설 및 정답 대법원 2021. 7. 15. 선고 2020도3514 판결 [배임] (다) 파기환송

정답 ○

사례문제 41 배임죄와 금전채권채무 ★★★★★

대법원 2021. 7. 15. 선고 2020도3514 판결 (다) 파기환송
[배임]

Q. 전세보증금반환채권에 관하여 채권양도담보계약을 체결한 채무자가 양도담보의 관한 대항요건을 갖추어 주기 전에 제3자에게 전세권근저당권을 설정하여 준 경우 배임죄의 성립 여부(소극)

판결요지

가. 배임죄는 타인의 사무를 처리하는 자가 그 임무에 위배하는 행위로써 재산상의 이익을 취득하거나 제3자로 하여금 이를 취득하게 하여 사무의 주체인 타인에게 손해를 가할 때 성립하는 것이므로 그 범죄의 주체는 타인의 사무를 처리하는 지위에 있어야 한다.

나. 여기에서 '타인의 사무를 처리하는 자'라고 하려면, 타인의 재산관리에 관한

사무의 전부 또는 일부를 타인을 위하여 대행하는 경우와 같이 당사자 관계의 전형적·본질적 내용이 통상의 계약에서의 이익대립관계를 넘어서 그들 사이의 신임관계에 기초하여 타인의 재산을 보호 또는 관리하는 데에 있어야 한다. 이익대립관계에 있는 통상의 계약관계에서 채무자의 성실한 급부이행에 의해 상대방이 계약상 권리의 만족 내지 채권의 실현이라는 이익을 얻게 되는 관계에 있다거나, 계약을 이행함에 있어 상대방을 보호하거나 배려할 부수적인 의무가 있다는 것만으로는 채무자를 타인의 사무를 처리하는 자라고 할 수 없고, 위임 등과 같이 계약의 전형적·본질적인 급부의 내용이 상대방의 재산상 사무를 일정한 권한을 가지고 맡아 처리하는 경우에 해당하여야 한다(대법원 2020. 2. 20. 선고 2019도9756 전원합의체 판결, 대법원 2020. 6. 18. 선고 2019도14340 전원합의체 판결, 대법원 2020. 8. 27. 선고 2019도14770 전원합의체 판결 등 참조).

다. 금전채권채무 관계에서 채권자가 채무자의 급부이행에 대한 신뢰를 바탕으로 금전을 대여하고 채무자의 성실한 급부이행에 의해 채권의 만족이라는 이익을 얻게 된다 하더라도, 채권자가 채무자에 대한 신임을 기초로 그의 재산을 보호 또는 관리하는 임무를 부여하였다고 할 수 없고, 금전채무의 이행은 어디까지나 채무자가 자신의 급부의무의 이행으로서 행하는 것이므로 이를 두고 채권자의 사무를 맡아 처리하는 것으로 볼 수 없다. 따라서 금전채권채무의 경우 채무자는 채권자에 대한 관계에서 '타인의 사무를 처리하는 자'에 해당한다고 할 수 없다(대법원 2011. 4. 28. 선고 2011도3247 판결 등 참조).

라. 채무자가 기존 금전채무를 담보하기 위하여 다른 금전채권을 채권자에게 양도하는 경우에도 마찬가지이다. 채권양도담보계약에 따라 채무자가 부담하는 '담보 목적 채권의 담보가치를 유지·보전할 의무' 등은 담보목적을 달성하기 위한 것에 불과하며, 채권양도담보계약의 체결에도 불구하고 당사자 관계의 전형적·본질적 내용은 여전히 피담보채권인 금전채권의 실현에 있다(대법원 2020. 2. 20. 선고 2019도9756 전원합의체 판결 등 참조).

마. 따라서 채무자가 채권양도담보계약에 따라 부담하는 '담보 목적 채권의 담보가치를 유지·보전할 의무'를 이행하는 것은 채무자 자신의 사무에 해당할 뿐이고, 채무자가 통상의 계약에서의 이익대립관계를 넘어서 채권자와의 신임관계에 기초하여 채권자의 사무를 맡아 처리한다고 볼 수 없으므로, 이 경우 채무자는 채권자에 대한 관계에서 '타인의 사무를 처리하는 자'에 해당한다고 할 수 없다.

바. 원심은 위 공소사실에 대하여 유죄로 판단함. 그러나 **대법원은 피고인의 담보 가치 유지·보전에 관한 사무가 채권양도담보계약에 따른 채무의 한 내용임을 넘어 피해자의 담보 목적 달성을 위한 신임관계에 기초한 타인 사무에 해당한다고 볼 수 없고, 이에 피고인이 피해자에게 전세보증금반환채권의 양도담보에 관한 대항요건을 갖추어 주기 전에 제3자에게 전세권근저당권을 설정하여 주었더라도, 피고인이 피해자와 신임관계에 의하여 '타인의 사무를 처리하는 자'의 지위에 있다고 볼 수 없어 배임죄는 성립하지 않는다**고 판단하여, 원심을 파기환송한 사례.

중요

02 [선택형] 배임죄에서 '타인의 사무를 처리하는 자' ★★★★★

채무자가 기존 금전채무를 담보하기 위하여 다른 금전채권을 채권자에게 양도한 사안이다. 이에 관한 설명 중 옳은 것은? (다툼이 있는 경우 판례에 의함)

① 채무자가 채권양도담보계약에 따라 부담하는 '담보 목적 채권의 담보가치를 유지·보전할 의무'를 이행하는 것은 채무자 자신의 사무에 해당할 뿐이고, 채무자가 통상의 계약에서의 이익대립관계를 넘어서 채권자와의 신임관계에 기초하여 채권자의 사무를 맡아 처리한다고 볼 수 없으므로, 이 경우 채무자는 채권자에 대한 관계에서 '타인의 사무를 처리하는 자'에 해당한다고 할 수 없다.

해설 및 정답 대법원 2021. 7. 15. 선고 2015도5184 판결 [특정경제범죄가중처벌등에관한법률위반(배임)(인정된 죄명: 배임)] 〈금전채권채무 이행의무자 배임죄 불성립〉

정답 ○

[판시사항] 채무자가 채권양도담보계약에 따라 '담보 목적 채권의 담보가치를 유지 · 보전할 의무'를 부담하는 경우, 채권자에 대한 관계에서 '타인의 사무를 처리하는 자'에 해당하는지 여부(소극)

[판결요지] [1] 금전채권채무 관계에서 채권자가 채무자의 급부이행에 대한 신뢰를 바탕으로 금전을 대여하고 채무자의 성실한 급부이행에 의해 채권의 만족이라는 이익을 얻게 된다 하더라도, **채권자가 채무자에 대한 신임을 기초로 그의 재산을 보호 또는 관리하는 임무를 부여하였다고 할 수 없다. 금전채무의 이행은 어디까지나 채무자가 자신의 급부의무의 이행으로서 행하는 것이다. 그러므로 이를 두고 채권자의 사무를 맡아 처리하는 것으로 볼 수 없다.** 따라서 **금전채권채무의 경우 채무자는 채권자에 대한 관계에서 '타인의 사무를 처리하는 자'에 해당한다고 할 수 없다.**

[2] **채무자가 기존 금전채무를 담보하기 위하여 다른 금전채권을 채권자에게 양도하는 경우에도 마찬가지이다.** 채권양도담보계약에 따라 채무자가 부담하는 '담보 목적 채권의 담보가치를 유지·보전할 의무' 등은 담보 목적을 달성하기 위한 것에 불과하며, 채권양도담보계약의 체결에도 불구하고 당사자 관계의 전형적·본질적 내용은 여전히 피담보채권인 금전채권의 실현에 있다.

중요

03 [선택형] 배임죄에서 '타인의 사무를 처리하는 자' ★★★★★

피고인들이 대리인을 통해 피해자에게 아파트 수분양권을 매도하는 계약을 체결하였음에도 농협으로부터 대출을 받으면서 위 수분양권에 근거하여 취득하게 될 아파트를 담보로 제공하는 후취담보약정을 체결한 행위가 배임미수죄로 기소된 사안이다. 이에 관한 설명 중 옳은 것은? (다툼이 있는 경우 판례에 의함)

① 수분양권 매매계약에 따라 피해자에게 수분양권을 이전해 주어야 할 의무는 민사상 자신의 채무이고 이를 타인의 사무라고 할 수 없으므로, 피고인들이 '타인의 사무를 처리하는 자'의 지위에 있다고 볼 수 없다.

해설 및 정답 대법원 2021. 7. 8. 선고 2014도12104 판결 [배임미수] **정답** ○

[판시사항] [1] 아파트 수분양권 매도인이 매매계약에 따라 '매수인에게 수분양권을 이전할 의무'를 부담하는 경우, 매수인에 대한 관계에서 '타인의 사무를 처리하는 자'에 해당하는지 여부(소극) [2] 아파트 수분양권 매도인이 위와 같은 의무를 이행하지 아니하고 수분양권 또는 이에 근거하여 향후 소유권을 취득하게 될 목적물을 미리 제3자에게 처분한 경우, 형법상 배임죄가 성립하는지 여부(소극)

[판결요지] 수분양권 매매계약에 따른 당사자 관계의 전형적·본질적 내용이 신임관계에 기초하여 매수인의 재산을 보호 또는 관리하는 것으로 변경된다고 보기는 어렵다. 특별한 사정이 없는 한 수분양권 매도인이 수분양권 매매계약에 따라 **매수인에게 수분양권을 이전할 의무는 자신의 사무에 해당할 뿐이므로, 매수인에 대한 관계에서 '타인의 사무를 처리하는 자'라고 할 수 없다.** 그러므로 **수분양권 매도인이 위와 같은 의무를 이행하지 아니하고 수분양권 또는 이에 근거하여 향후 소유권을 취득하게 될 목적물을 미리 제3자에게 처분하였더라도 형법상 배임죄가 성립하는 것은 아니다.**

중요

04 [선택형] 배임죄에서 '타인의 사무를 처리하는 자' ★★★★★

피해자가 피고인 측으로부터 이 사건 화물차를 매수하는 내용의 매매계약과 피해자가 매수한 이 사건 화물차를 피고인 측 지입회사로 지입하는 내용의 지입계약이 결합된 약정이 체결된 사안이다. 이에 관한 설명 중 옳은 것은? (다툼이 있는 경우 판례에 의함)

① 지입회사 운영자인 피고인은 지입차주인 피해자와의 관계에서 '타인의 사무를 처리하는 자'의 지위에 있다. 그러므로 피고인이 피해자의 승낙 없이 이 사건 화물차에 관하여 임의로 이 사건 저당권을 설정해 줌으로써 피해자에게 재산상 손해를 가한 것은 배임죄를 구성한다.

해설 및 정답 대법원 2021. 6. 30. 선고 2015도19696 판결 [배임 등] (다) 상고기각

정답 ○

[판시사항] 지입계약관계에서 지입회사 운영자가 지입차량에 임의로 저당권을 설정한 경우 배임죄의 성립 여부(적극)

[판결요지] [1] 이른바 지입제는 자동차운송사업면허 등을 가진 운송사업자와 실질적으로 자동차를 소유하고 있는 차주간의 계약으로 외부적으로는 자동차를 운송사업자 명의로 등록하여 운송사업자에게 귀속시키고 내부적으로는 각 차주들이 독립된 관리 및 계산으로 영업을 하며 운송사업자에 대하여는 지입료를 지불하는 운송사업형태를 말한다.

[2] 지입차주가 자신이 실질적으로 소유하거나 처분권한을 가지는 자동차에 관하여 지입회사와 지입계약을 체결함으로써 지입회사에 자동차의 소유권등록 명의를 신탁하고 운송사업용 자동차로서 등록 및 그 유지 관련 사무의 대행을 위임한 경우에는, 특별한 사정이 없는 한 **지입회사 측이 지입차주의 실질적 재산인 지입차량에 관한 재산상 사무를 일정한 권한을 가지고 맡아 처리하는 것으로서 당사자 관계의 전형적·본질적 내용이 그들 사이의 신임관계에 기초하여 타인의 재산을 보호 또는 관리하는 데에 있으므로, 지입회사 운영자는 지입차주와의 관계에서 '타인의 사무를 처리하는 자'의 지위에 있다.**

[판결해설] 피해자가 이 사건 화물차의 매수대금을 모두 지급하고 피고인이 제공한 지입회사 명의로 신규 등록까지 이루어진 이상 **피해자는 자신이 실질적으로 소유하거나 처분권한을 가진 이 사건 화물차에 관하여 피고인 측에게 소유권등록 명의를 신탁하고 운송사업용 자동차로서 등록 및 그 유지 관련 사무의 대행을 위임하였다고 인정할 수 있다.**

중요

05 [선택형] 배임죄에서 '타인의 사무를 처리하는 자' ★★★★★

피해자들이 각자 매수대금을 전액 부담하여 이 사건 각 버스를 매수한 후 피고인과 사이에 이 사건 각 버스를 피고인이 운영하는 운송회사로 지입하고 피고인에게 지입료를 지급하기로 구두 약정한 사안이다. 그러나 피고인이 피해자들의 동의 없이 이 사건 각 버스에 관하여 임의로 이 사건 각 저당권을 설정함으로써 피해자들에게 재산상 손해를 가하였다. 이에 관한 설명 중 옳은 것은? (다툼이 있는 경우 판례에 의함)

① 특별한 사정이 없는 한 지입회사 측이 지입차주의 실질적 재산인 지입차량에 관한 재산상 사무를 일정한 권한을 가지고 맡아 처리하는 것이다. 당사자 관계의 전형적·본질적 내용이 통상의 계약에서의 이익대립관계를 넘어서 그들 사이의 신임관계에 기초하여 타인의 재산을 보호 또는 관리하는 데에 있다. 그러므로 지입회사 운영자는 지입차주와의 관계에서 '타인의 사무를 처리하는 자'의 지위에 있다.

해설 및 정답 대법원 2021. 6. 24. 선고 2018도14365 판결 [업무상배임] (마) 파기환송 **정답** ○

[**판시사항**] 지입계약관계에서 지입회사 운영자가 지입차량에 임의로 저당권을 설정한 경우 배임죄의 성립 여부(적극)

[**판결요지**] 지입차주가 자신이 실질적으로 소유하거나 처분권한을 가지는 자동차에 관하여 지입회사와 지입계약을 체결함으로써 지입회사에 그 자동차의 소유권등록 명의를 신탁하고 운송사업용 자동차로서 등록 및 그 유지 관련 사무의 대행을 위임한 경우에는, **특별한 사정이 없는 한 지입회사 측이 지입차주의 실질적 재산인 지입차량에 관한 재산상 사무를 일정한 권한을 가지고 맡아 처리하는 것으로서 당사자 관계의 전형적·본질적 내용이 통상의 계약에서의 이익대립관계를 넘어서 그들 사이의 신임관계에 기초하여 타인의 재산을 보호 또는 관리하는 데에 있다. 그러므로, 지입회사 운영자는 지입차주와의 관계에서 '타인의 사무를 처리하는 자'의 지위에 있다.**

[판결해설] **피해자들과 피고인 사이에 지입계약서가 작성되지 않았다고 하더라도 피해자들은 자신들이 실질적으로 소유한 이 사건 각 버스에 관하여 피고인의 지입회사에 소유권등록 명의를 신탁하고 운송사업용 자동차로서 등록 및 그 유지 관련 사무의 대행을 위임하는 내용의 지입계약을 체결하였다고 충분히 인정된다. 지입회사 운영자인 피고인은 지입차주인 피해자들과의 관계에서 '타인의 사무를 처리하는 자'의 지위에 있다. 그러므로 피고인이 피해자들의 동의 없이 이 사건**

각 버스에 관하여 임의로 이 사건 각 저당권을 설정함으로써 피해자들에게 재산상 손해를 가한 것은 배임죄를 구성한다.

중요

06 [선택형] 업무상배임죄에서 부작위에 의한 실행의 착수 인정 요건 ★★★★★

환지 방식에 의한 도시개발사업의 시행자인 피해자 조합을 위해 환지계획수립 등의 업무를 수행하던 피고인이 사업 실시계획의 변경에 따른 일부 환지예정지의 가치상승을 청산절차에 반영하려는 조치를 취하지 않은 채 대행회사 대표이사직을 사임하였다는 이유로 업무상배임미수로 기소된 사안이다. 이에 관한 설명 중 옳은 것은? (다툼이 있는 경우 판례에 의함)

① 업무상배임죄는 타인과의 신뢰관계에서 일정한 임무에 따라 사무를 처리할 **법적 의무가 있는 자가 그 상황에서 당연히 할 것이 법적으로 요구되는 행위를 하지 않는 부작위에 의해서도 성립할 수 있다.**

② **업무상배임죄에서 부작위를 실행의 착수**로 볼 수 있기 위해서는 **작위의무가 이행되지 않으면 사무처리의 임무를 부여한 사람이 재산권을 행사할 수 없으리라고 객관적으로 예견되는 등으로 구성요건적 결과 발생의 위험이 구체화한 상황에서 부작위가 이루어져야 한다.**

③ 행위자는 부작위 당시 자신에게 **주어진 임무를 위반한다는 점과 그 부작위로 인해 손해가 발생할 위험이 있다는 점을 인식**하였어야 한다.

해설 및 정답 ①~③ 대법원 2021. 5. 27. 선고 2020도15529 판결 [업무상배임미수]

정답 ○

[판시사항] [1] 업무상배임죄가 부작위에 의해서도 성립할 수 있는지 여부(적극) [2] 그러한 부작위를 실행의 착수로 인정하기 위한 요건 [3] 이때 행위자는 부작위 당시 자신에게 주어진 임무를 위반한다는 점과 그 부작위로 인해 손해가 발생할 위험이 있다는 점을 인식하여야 하는지 여부(적극)

[판결해설] 대법원은 위 **도시개발사업의 진행 경과 등 제반 사정을 위에서 본 법리에 비추어 살펴보면, 피해자 조합이 환지예정지의 가치상승을 청산절차에 반영하지 못할 위험이 구체화한 상황에서 피고인이 자신에게 부여된 작위의무를 위반하였다고 인정하기 어려워 피고인이 부작위로써 업무상배임죄의 실행에 착수하였다고 볼 수 없다**는 이유로, 이와 달리 **원심이 이 사건 공소사실을 유죄로 판단한 것에 부작위에 의한 업무상배임죄에서 실행의 착수 인정 요건에 관한 법리를 오해하여 판결에 영향을 미친 잘못이 있다고 보아 원심판결을 파기하였음.**

중요

07 [선택형] 재료 유출로 인한 업무상배임죄와 석명권 행사 ★★★★★

디스플레이용 OLED 재료를 개발, 생산하는 피해회사의 연구원으로 근무하는 피고인이 OLED 제작이나 관련 실험에 필요한 재료를 경쟁업체에 송부하여 업무상배임죄로 기소된 사안이다. 이에 관한 설명 중 옳은 것은? (다툼이 있는 경우 판례에 의함)

① 회사직원이 영업비밀을 경쟁업체에 유출하거나 스스로의 이익을 위하여 이용할 목적으로 무단으로 반출하였다면 그 반출 시에 업무상 배임죄의 기수가 되고, 영업비밀이 아니더라도 그 자료가 불특정 다수의 사람에게 공개되지 않았고 사용자가 상당한 시간, 노력 및 비용을 들여 제작한 영업상 주요한 자산인 경우에도, 그 자료의 반출행위는 업무상 배임죄를 구성한다.

② 영업비밀의 취득은 문서, 도면, 사진, 녹음테이프, 필름, 전산정보처리조직에 의하여 처리할 수 있는 형태로 작성된 파일 등 유체물의 점유를 취득하는 형태로 이루어질 수도 있다.

해설 및 정답 ①~② 대법원 2021. 5. 7. 선고 2020도17853 판결 [업무상배임 등] (바) 파기환송 **정답** ○

[판시사항] [1] 피해회사의 연구원인 피고인이 경쟁업체에 피해회사의 재료를 유출한 것을 이유로 업무상배임죄로 기소된 사안에서 재물인 재료 자체는 업무상배임죄의 객체가 아니라는 이유로 무죄로 판단한 원심의 당부 [2] 산업기술에 해당하는 파일의 유출로 산업기술보호법위반죄 및 업무상배임죄로 기소된 사안에서 산업기술이 아니라는 이유만을 들어 업무상배임죄를 무죄로 판단한 원심의 당부

[판결요지] [1] 공소사실의 취지가 명료하면 법원이 이에 대하여 석명권을 행사할 필요가 없으나, 공소사실의 기재가 오해를 불러일으키거나 명료하지 못한 경우에는 형사소송규칙 제141조에 의하여 검사에 대하여 석명권을 행사하여 그 취지를 명확하게 하여야 할 것이다(대법원 2015. 12. 23. 선고 2014도2727 판결 등 참조).

[2] 비록 「산업기술의 유출방지 및 보호에 관한 법률」(이하 '산업기술보호법'이라고 한다)에서 정한 산업기술에 해당되지 않는다고 하더라도 업무상배임죄의 객체인 영업비밀 내지 영업상 주요한 자산에는 해당될 수 있는바, 원심은 1)항 기재 파일이 피해회사의 영업비밀 내지 영업상 주요한 자산에 해당하는지 여부에 관하여 아무런 심리도 하지 아니한 채 위 파일들이 피해회사의 산업기술이 아니라는 이유만으로 피고인에 대한 이 부분 업무상배임의 공소사실을 이유에서 무죄로 판단하였다. 원심판결에는 업무상배임죄의 성립에 관한 법리를 오해하고 필요한 심

리를 다하지 아니하여 판결에 영향을 미친 잘못이 있다.

[판결해설] 원심은 경쟁업체에 재료를 넘긴 행위는 재산상 이익이 아닌, 재물(材料) 자체를 대상으로 하는 것이어서 업무상배임죄의 객체가 아니라는 이유로 업무상배임죄를 무죄로 판단함.

[판결해설] 대법원은, 피해회사와 경쟁업체의 사업 분야 및 관계, 피고인이 송부한 재료의 성격, 공소사실의 내용 및 검사가 항소이유서에서 주장한 내용 등에 비추어 보면, 공소사실의 취지가 **피고인이 재료를 송부함으로써 그 재료에 포함된 영업비밀 내지 영업상 주요한 자산을 유출한 것이라는 주장으로도 이해될 여지가 있는바, 검사에 대하여 석명권을 행사하여 그 취지를 분명히 한 다음 그에 관하여 심리ㆍ판단했어야 함에도,** 그러한 조치 없이 그 판시와 같은 이유를 들어 무죄로 판단한 원심판결에 필요한 석명권 행사나 심리를 다하지 않은 위법이 있다고 보아 파기환송한 사례.

[판결해설] 원심은 위 파일이 피해회사의 영업비밀 내지 영업상 주요한 자산에 해당하는지 여부에 관하여는 아무런 심리도 하지 아니한 채 산업기술이 아니라는 이유만으로 산업기술보호법위반죄는 물론 업무상배임죄까지 무죄로 판단하였는바, **업무상배임죄의 성립에 관한 법리오해, 심리미진을 이유로 원심판결을 파기환송한 사례.**

중요

08 [선택형] 배임죄에서 '타인의 사무를 처리하는 자' ★★★★★

채무자 등이 담보물을 제3자에게 처분하는 등으로 담보가치를 감소 또는 상실시켜 채권자의 담보권 실행이나 이를 통한 채권실현에 위험을 초래한 사건이다. 이에 관한 설명 중 옳은 것은? (다툼이 있는 경우 판례에 의함)

① 채무자 등을 배임죄의 주체인 '타인의 사무를 처리하는 자'에 해당한다고 할 수 없고, 그가 담보물을 제3자에게 처분하는 등으로 담보가치를 감소 또는 상실시켜 채권자의 담보권 실행이나 이를 통한 채권실현에 위험을 초래하더라도 배임죄가 성립하지 않는다.

해설 및 정답 대법원 2021. 1. 28. 선고 2014도8714 판결 [특정경제범죄가중처벌등에관한법률위반(배임)] **정답** ○

[판시사항] **채무자 등이 담보물을 제3자에게 처분하는 등으로 담보가치를 감소 또는 상실시켜 채권자의 담보권 실행이나 이를 통한 채권실현에 위험을 초래하면 배임죄가 성립하는지 여부(소극)**

[판결요지] 자기 또는 타인의 금전채무를 담보하기 위하여 주식을 채권자에게 양도담보로 제공한 채무자 또는 양도담보설정자(이하 '채무자 등'이라 한다)가 양도

담보설정계약에 따라 부담하는 의무, 즉 주식을 담보로 제공할 의무, 주식의 담보가치를 유지 · 보전하거나 주식을 감소 또는 멸실시키지 않을 소극적 의무 등은 모두 채무자 등이 양도담보설정계약에 따라 부담하게 된 자신의 의무일 뿐이므로, 채무자 등이 통상의 계약에서의 이익대립관계를 넘어서 채권자와의 신임관계에 기초하여 채권자의 사무를 맡아 처리하는 것으로 볼 수 없다.

중요

09 [선택형 · 사례형 · 기록형] 저당권이 설정된 자동차를 임의처분한 경우와 자동차 이중양도의 경우 배임죄 성립 여부가 문제되는 사건 〈배임죄 주체〉 ★★★★★

피고인은 피해자 메리츠캐피탈 주식회사에게 저당권을 설정해 준 버스를 임의처분하였고, 피해자 이○○에게 버스를 매도하기로 하여 중도금까지 지급받았음에도 버스에 공동근저당권을 설정하였다. 이에 관한 설명 중 옳은 것은? (다툼이 있는 경우 판례에 의함)

① 채무자가 급부의무를 이행하는 것은 채무자 자신의 사무에 해당할 뿐이고, 채무자가 통상의 계약에서의 이익대립관계를 넘어서 채권자와의 신임관계에 기초하여 채권자의 사무를 맡아 처리한다고 볼 수 없다. 그러므로 채무자를 채권자에 대한 관계에서 배임죄의 주체인 '타인의 사무를 처리하는 자'에 해당한다고 할 수 없다.

② 채무자가 담보물을 제3자에게 처분하는 등으로 담보가치를 감소 또는 상실시켜 채권자의 담보권 실행이나 이를 통한 채권실현에 위험을 초래하더라도 배임죄가 성립하지 아니한다.

③ 동산 매매계약에서의 매도인은 매수인에 대하여 그의 사무를 처리하는 지위에 있지 아니하므로, 매도인이 목적물을 타에 처분하였다 하더라도 형법상 배임죄가 성립하지 아니한다.

④ 권리이전에 등기·등록을 요하는 동산에 대한 매매계약에서도 법리가 동일하게 적용된다. 그러므로 자동차 등의 매도인은 매수인에 대하여 그의 사무를 처리하는 지위에 있지 아니하여, 매도인이 매수인에게 소유권이전등록을 하지 아니하고 타에 처분하였다고 하더라도 배임죄가 성립하지 아니한다.

해설 및 정답 ①~④ 대법원 2020. 10. 22. 선고 2020도6258 전원합의체 판결

정답 ○

사례문제 42 저당권이 설정된 자동차를 임의처분한 경우와 자동차 이중양도의 경우 배임죄 성립 여부가 문제되는 사건 〈배임죄 주체〉 ★★★★★

대법원 2020. 10. 22. 선고 2020도6258 전원합의체 판결 (타) 파기환송

[특정경제범죄가중처벌등에관한법률위반(사기) · 사기 · 사문서위조 · 위조사문서행사 · 도로교통법위반 · 횡령 · 업무상배임 · 배임 · 근로기준법위반 · 근로자퇴직급여보장법위반 · 권리행사방해 · 조세범처벌법위반]

Q. 저당권이 설정된 동산을 임의처분한 경우 및 권리이전에 등기 · 등록을 요하는 동산에 대한 이중양도의 경우 각 배임죄 성립 여부(소극)

Q. 금전채권채무 관계에서 채무자가 채권자에 대하여 '타인의 사무를 처리하는 자'에 해당하는지 여부(소극)

Q. 채무자가 금전채무를 담보하기 위하여 '자동차 등 특정동산 저당법' 등에 따라 그 소유의 동산에 관하여 채권자에게 저당권을 설정해 주기로 약정하거나 저당권을 설정한 경우, 채권자에 대한 관계에서 배임죄의 주체인 '타인의 사무를 처리하는 자'에 해당하는지 여부(소극)

Q. 이때 채무자가 담보물을 제3자에게 처분하는 등으로 담보가치를 감소 또는 상실시켜 채권자의 담보권 실행이나 이를 통한 채권실현에 위험을 초래하는 경우, 배임죄가 성립하는지 여부(소극)

Q. 위와 같은 법리는, 금전채무를 담보하기 위하여 '공장 및 광업재단 저당법'에 따라 저당권이 설정된 동산을 채무자가 제3자에게 임의로 처분한 사안에도 마찬가지로 적용되는지 여부(적극)

Q. 동산 매매계약에서 매도인이 매수인에 대하여 그의 사무를 처리하는 지위에 있는지 여부(소극)

Q. 이때 매도인이 목적물을 타에 처분한 경우, 형법상 배임죄가 성립하는지 여부(소극)

Q. 권리이전에 등기 · 등록을 요하는 동산에 대한 매매계약에서 자동차 등의 매도인이 매수인에 대하여 그의 사무를 처리하는 지위에 있는지 여부(소극)

Q. 이때 매도인이 매수인에게 소유권이전등록을 하지 아니하고 타에 처분한 경우, 배임죄가 성립하는지 여부(소극)

판결요지

[1] **금전채권채무 관계에서 채권자가 채무자의 급부이행에 대한 신뢰를 바탕으로 금전을 대여하고 채무자의 성실한 급부이행에 의해 채권의 만족이라는 이익을 얻게 된다. 그렇더라도 채권자가 채무자에 대한 신임을 기초로 그의 재산을 보호 또는 관리하는 임무를 부여하였다고 할 수 없다. 금전채무의 이행은 어**

디까지나 채무자가 자신의 급부의무의 이행으로서 행하는 것이다. 그러므로 이를 두고 채권자의 사무를 맡아 처리하는 것으로 볼 수 없다. 따라서 채무자를 채권자에 대한 관계에서 '타인의 사무를 처리하는 자'에 해당한다고 할 수 없다.

[2] 채무자가 금전채무를 담보하기 위하여 '자동차 등 특정동산 저당법' 등에 따라 그 소유의 동산에 관하여 채권자에게 저당권을 설정해 주기로 약정하거나 저당권을 설정한 경우에도 마찬가지이다. 채무자가 저당권설정계약에 따라 부담하는 의무, 즉 동산을 담보로 제공할 의무, 담보물의 담보가치를 유지·보전하거나 담보물을 손상, 감소 또는 멸실시키지 않을 소극적 의무, 담보권 실행 시 채권자나 그가 지정하는 자에게 담보물을 현실로 인도할 의무와 같이 채권자의 담보권 실행에 협조할 의무 등은 모두 저당권설정계약에 따라 부담하게 된 채무자 자신의 급부의무이다. 또한 저당권설정계약은 피담보채권의 발생을 위한 계약에 종된 계약으로, 피담보채무가 소멸하면 저당권설정계약상의 권리의무도 소멸하게 된다. 저당권설정계약에 따라 채무자가 부담하는 의무는 담보목적의 달성, 즉 채무불이행 시 담보권 실행을 통한 채권의 실현을 위한 것이므로 저당권설정계약의 체결이나 저당권 설정 전후를 불문하고 당사자 관계의 전형적·본질적 내용은 여전히 금전채권의 실현 내지 피담보채무의 변제에 있다.

[3] 따라서 **채무자가 위와 같은 급부의무를 이행하는 것은 채무자 자신의 사무에 해당할 뿐이고, 채무자가 통상의 계약에서의 이익대립관계를 넘어서 채권자와의 신임관계에 기초하여 채권자의 사무를 맡아 처리한다고 볼 수 없다. 그러므로 채무자를 채권자에 대한 관계에서 배임죄의 주체인 '타인의 사무를 처리하는 자'에 해당한다고 할 수 없다.** 그러므로 채무자가 담보물을 제3자에게 처분하는 등으로 담보가치를 감소 또는 상실시켜 채권자의 담보권 실행이나 이를 통한 채권실현에 위험을 초래하더라도 배임죄가 성립하지 아니한다.

[4] 위와 같은 법리는, 금전채무를 담보하기 위하여 '공장 및 광업재단 저당법'에 따라 저당권이 설정된 동산을 채무자가 제3자에게 임의로 처분한 사안에도 마찬가지로 적용된다.

[5] 매매와 같이 당사자 일방이 재산권을 상대방에게 이전할 것을 약정하고 상대방이 그 대금을 지급할 것을 약정함으로써 효력이 생기는 계약의 경우(민법 제563조), 쌍방이 그 계약의 내용에 좇은 이행을 하여야 할 채무는 특별한 사정이 없는 한 '자기의 사무'에 해당하는 것이 원칙이다. 동산 매매계약에서의

매도인은 매수인에 대하여 그의 사무를 처리하는 지위에 있지 아니하므로, 매도인이 목적물을 타에 처분하였다 하더라도 형법상 배임죄가 성립하지 아니한다.

[6] 위와 같은 법리는 권리이전에 등기·등록을 요하는 동산에 대한 매매계약에서도 동일하게 적용되므로, 자동차 등의 매도인은 매수인에 대하여 그의 사무를 처리하는 지위에 있지 아니하여, 매도인이 매수인에게 소유권이전등록을 하지 아니하고 타에 처분하였다고 하더라도 마찬가지로 배임죄가 성립하지 아니한다.

[7] **[판례해설]**

가. 피고인은 피해자 메리츠캐피탈 주식회사에게 저당권을 설정해 준 버스를 임의처분하였고, 피해자 이○○에게 버스를 매도하기로 하여 중도금까지 지급받았음에도 버스에 공동근저당권을 설정하였음.

나. 원심은 피고인이 피해자들에 대한 타인의 사무처리자임을 전제로 각 배임의 점에 대하여 유죄로 판단하였음.

다. 반면 대법원은 위와 같은 의무는 저당권설정계약 또는 매매계약에 따른 피고인의 사무일 뿐 타인의 사무라고 볼 수 없다는 이유로 원심을 파기한 사안임.

중요

10 [선택형 · 사례형 · 기록형] 차입매수 또는 LBO방식으로 기업 인수 ★★★★★

차입매수 또는 LBO(Leveraged Buy-Out) 방식에 의한 기업인수를 주도한 관련자들에게 배임죄가 성립하는지 판단하는 기준에 관한 설명 중 옳은 것은? (다툼이 있는 경우 판례에 의함)

① 차입매수 또는 LBO(Leveraged Buy-Out) 방식에 의한 기업인수자가 피인수회사에 아무런 반대급부를 제공하지 않고 피인수회사의 대표이사가 임의로 피인수회사의 재산을 담보로 제공하게 하였다면, 인수자 또는 제3자에게 담보가치에 상응한 재산상 이익을 취득하게 하고 피인수회사에 그 재산상 손해를 가하였다고 봄이 타당하다.

② 기업인수에 필요한 자금을 마련하기 위하여 인수자가 금융기관으로부터 대출을 받고 나중에 피인수회사의 자산을 담보로 제공하는 방식을 사용하는 경우, 인수자가 피인수회사에 아무런 반대급부를 제공하지 않고 피인수회사의 대표이사가 임의로 피인수회사의 재산을 담보로 제공하게 한 행위는 배임죄가 성

립한다.

해설 및 정답 ①~② 대법원 2020. 10. 15. 선고 2016도10654 판결 [특정경제범죄가중처벌등에관한법률위반(횡령)·특정경제범죄가중처벌등에관한법률위반(배임)·특정범죄가중처벌등에관한법률위반(조세)·업무상횡령(일부 변경 또는 인정된 죄명: 업무상배임)·업무상배임·배임수재·배임증재] **정답** ○

[판결요지] [1] 이른바 차입매수 또는 LBO(Leveraged Buy－Out의 약어이다)란 일의적인 법적 개념이 아니라 일반적으로 기업인수를 위한 자금의 상당 부분에 관하여 피인수회사의 자산을 담보로 제공하거나 그 상당 부분을 피인수회사의 자산으로 변제하기로 하여 차입한 자금으로 충당하는 방식의 기업인수 기법을 일괄하여 부르는 용어로, 거래현실에서 그 구체적인 태양은 매우 다양하다. 이러한 차입매수에 관하여는 이를 따로 규율하는 법률이 없는 이상 일률적으로 차입매수 방식에 의한 기업인수를 주도한 관련자들에게 배임죄가 성립한다거나 성립하지 아니한다고 단정할 수 없고, **배임죄의 성립 여부는 차입매수가 이루어지는 과정에서의 행위가 배임죄의 구성요건에 해당하는지에 따라 개별적으로 판단되어야 한다.**

[2] 기업인수에 필요한 자금을 마련하기 위하여 인수자가 금융기관으로부터 대출을 받고 나중에 피인수회사의 자산을 담보로 제공하는 방식을 사용하는 경우, 피인수회사로서는 주채무가 변제되지 아니할 경우에는 담보로 제공되는 자산을 잃게 되는 위험을 부담한다. 그러므로 위와 같이 인수자만을 위한 담보제공이 무제한 허용된다고 볼 수는 없고, 인수자가 피인수회사의 담보제공으로 인한 위험 부담에 상응하는 대가를 지급하는 등의 반대급부를 제공하는 경우에 한하여 허용될 수 있다. **만일 인수자가 피인수회사에 아무런 반대급부를 제공하지 않고 피인수회사의 대표이사가 임의로 피인수회사의 재산을 담보로 제공하게 하였다면, 인수자 또는 제3자에게 담보 가치에 상응한 재산상 이익을 취득하게 하고 피인수회사에 그 재산상 손해를 가하였다고 봄이 타당하다.**

중요

11 [선택형] 배임죄에서 '타인의 사무를 처리하는 자' ★★★★★

회사의 대표이사인 피고인은 피해자에게 금전채무에 대한 담보로 이 사건 회사 소유의 기계에 대하여 동산·채권 등의 담보에 관한 법률에 의한 동산담보권을 설정했음에도 제3자에게 위 기계를 매도하였다. 이에 관한 설명 중 옳은 것은? (다툼이 있는 경우 판례에 의함)

① 피고인의 피해자에 대한 담보물 보관의무는 동산담보설정계약에 따른 피고인의 사무일 뿐 타인의 사무라고 볼 수 없다.

② 채무자가 금전채무를 담보하기 위하여 그 소유의 동산을 채권자에게 동산·채권 등의 담보에 관한 법률에 따른 동산담보로 제공함으로써 채권자인 동산담보권자에 대하여 담보물의 담보가치를 유지·보전할 의무 또는 담보물을 타에 처분하거나 멸실, 훼손하는 등으로 담보권 실행에 지장을 초래하는 행위를 하지 않을 의무를 부담하게 된 경우, 배임죄의 주체인 '타인의 사무를 처리하는 자'에 해당하지 않는다.

해설 및 정답 ①~② 대법원 2020. 8. 27. 선고 2019도14770 전원합의체 판결

정답 ○

사례문제 43 배임죄와 동산담보권

대법원 2020. 8. 27. 선고 2019도14770 전원합의체 판결 ★★★★★
[특정경제범죄가중처벌등에관한법률위반(횡령)[일부 인정된 죄명: 특정경제범죄가중처벌등에관한법률위반(배임)]·특정경제범죄가중처벌등에관한법률위반(사기)·배임] 동산담보권 사건

Q. 배임죄의 주체인 '타인의 사무를 처리하는 자'의 의미

Q. 채무자가 금전채무를 담보하기 위하여 그 소유의 동산을 채권자에게 동산·채권 등의 담보에 관한 법률에 따른 동산담보로 제공함으로써 채권자인 동산담보권자에 대하여 담보물의 담보가치를 유지·보전할 의무 또는 담보물을 타에 처분하거나 멸실, 훼손하는 등으로 담보권 실행에 지장을 초래하는 행위를 하지 않을 의무를 부담하게 된 경우, 배임죄의 주체인 '타인의 사무를 처리하는 자'에 해당하는지 여부(소극)

Q. 이때 채무자가 담보물을 제3자에게 처분하는 등으로 담보가치를 감소 또는 상실시켜 채권자의 담보권 실행이나 이를 통한 채권실현에 위험을 초래한 경우, 배임죄가 성립하는지 여부(소극)

판결요지

[1] **[다수의견]**

가. 배임죄는 타인의 사무를 처리하는 자가 그 임무에 위배하는 행위로써 재산상의 이익을 취득하거나 제3자로 하여금 이를 취득하게 하여 사무의 주체인 타인에게 손해를 가할 때 성립하는 것이므로 그 범죄의 주체는 타인의 사무를 처리하는 지위에 있어야 한다.

나. 여기에서 '타인의 사무를 처리하는 자'라고 하려면, 타인의 재산관리에 관한

사무의 전부 또는 일부를 타인을 위하여 대행하는 경우와 같이 당사자 관계의 전형적 · 본질적 내용이 통상의 계약에서의 이익대립관계를 넘어서 그들 사이의 신임관계에 기초하여 타인의 재산을 보호 또는 관리하는 데에 있어야 한다. 이익대립관계에 있는 통상의 계약관계에서 채무자의 성실한 급부이행에 의해 상대방이 계약상 권리의 만족 내지 채권의 실현이라는 이익을 얻게 되는 관계에 있다거나, 계약을 이행함에 있어 상대방을 보호하거나 배려할 부수적인 의무가 있다는 것만으로는 채무자를 타인의 사무를 처리하는 자라고 할 수 없고, 위임 등과 같이 계약의 전형적·본질적인 급부의 내용이 상대방의 재산상 사무를 일정한 권한을 가지고 맡아 처리하는 경우에 해당하여야 한다.

다. 채무자가 금전채무를 담보하기 위하여 그 소유의 동산을 채권자에게 동산 · 채권 등의 담보에 관한 법률(이하 '동산채권담보법'이라 한다)에 따른 동산담보로 제공함으로써 채권자인 동산담보권자에 대하여 담보물의 담보가치를 유지 · 보전할 의무 또는 담보물을 타에 처분하거나 멸실, 훼손하는 등으로 담보권 실행에 지장을 초래하는 행위를 하지 않을 의무를 부담하게 되었더라도, 이를 들어 채무자가 통상의 계약에서의 이익대립관계를 넘어서 채권자와의 신임관계에 기초하여 채권자의 사무를 맡아 처리하는 것으로 볼 수 없다. 따라서 이러한 경우 채무자를 배임죄의 주체인 '타인의 사무를 처리하는 자'에 해당한다고 할 수 없고, 그가 담보물을 제3자에게 처분하는 등으로 담보가치를 감소 또는 상실시켜 채권자의 담보권 실행이나 이를 통한 채권실현에 위험을 초래하더라도 배임죄가 성립하지 아니한다.

[2] **[대법관 김재형의 반대의견]**

가. 동산 양도담보는 채권담보를 목적으로 동산소유권을 채권자에게 신탁적으로 이전하는 형태의 양도담보인 데 반하여, 동산담보권은 동산채권담보법에 따라 창설된 새로운 형태의 담보물권이다.

나. 담보권설정자의 동산담보권 침해 행위는 물권을 침해하는 행위로서 동산담보권 설정 전의 채무불이행과 동일한 차원에서 다루어서는 안 된다. 담보약정을 이행할 의무가 채무자 자신의 사무라고 해서 동산담보권 설정 이후의 사무까지 동일하게 평가할 수는 없다. 채권자가 동산담보권을 취득한 다음 담보권설정자가 부담하는 담보목적물을 유지 · 보전할 의무, 나아가 담보권 실행에 협조할 의무는 담보권설정계약 당시와는 그 성질과 내용을 달리한다. 이러한 의무는 계약 당시의 단순한 채권적 의무를 넘어 동산담보권자의 담보목적물에 대한 교환가치를 보전할 의무로서의 내용과 성격을 갖기 때문이다.

다. 동산담보권은 저당권과 마찬가지로 동산의 교환가치를 지배하는 물권이다. 동산에 대한 직접적인 사용·수익권이나 처분권은 여전히 담보권설정자에게 남아 있고 담보권자는 목적물이 가지는 교환가치만을 파악할 뿐이다. 담보권설정자는 동산을 사용·수익하거나 처분할 수 있어도 동산의 담보가치, 즉 교환가치를 침해해서는 안 된다. 담보권설정자가 담보물을 보관하거나 담보가치를 유지할 의무는 담보권자가 동산의 교환가치를 지배할 권리를 확보해 주는 것이기 때문에, 담보권설정자는 배임죄에서 말하는 '타인의 사무를 처리하는 자'에 해당한다고 보아야 한다.

라. 동산담보권이 침해된 경우와 같은 물권 침해 경우까지 배임죄 성립을 부정하고 권리행사방해죄로 처벌하도록 길을 터주는 것은 오히려 그 의도와는 달리 민사사건의 형사사건화 또는 형사처벌과잉을 초래할 수 있다.

마. 결론적으로, 담보권설정자가 동산에 관하여 동산담보권을 설정한 이후 담보권자에게 부담하는 담보물 보관의무와 담보가치 유지의무는 '타인의 사무'에 해당한다. 담보권설정자가 신임관계를 저버리고 동산을 제3자에게 처분함으로써 동산담보권을 침해하는 행위는 당사자 사이의 본질적·전형적 신임관계를 위반한 것으로서 배임죄에 해당한다.

[3] **[판결해설]**

가. 이 사건 회사의 대표이사인 피고인은 피해자에게 금전채무에 대한 담보로 이 사건 회사 소유의 기계에 대하여 동산·채권 등의 담보에 관한 법률에 의한 동산담보권을 설정했음에도 제3자에게 위 기계를 매도하였음. 원심은 피고인의 피해자에 대한 담보물 보관의무가 타인의 사무에 해당함을 전제로 배임의 점에 대하여 유죄로 판단하였음. 반면 대법원은 위와 같은 의무는 동산담보설정계약에 따른 피고인의 사무일 뿐 타인의 사무라고 볼 수 없다는 이유로 원심을 파기한 사안임.

나. 이러한 다수의견에 대하여 타인의 사무를 처리하는 자에 해당한다는 대법관 김재형의 반대의견과 다수의견에 대한 대법관 민유숙, 대법관 노태악의 보충의견이 있음.

중요

12 [선택형 · 사례형 · 기록형] 배임죄에서 '타인의 사무를 처리하는 자' ★★★

피고인이 갑에게 18억 원을 차용하면서 담보로 피고인 소유의 아파트에 갑 명의의 4순위 근저당권을 설정해 주기로 약정하였음에도 제3자에게 채권최고액을 12억 원으로 하는 4순위 근저당권을 설정하여 줌으로써 12억 원 상당의 재산상 이익을 취득하고 갑에게 같은 금액 상당의 손해를 가하였다고 하여 특정경제범죄 가중처벌 등에 관한 법률 위반(배임)으로 기소된 사안이다. 이에 대한 설명으로 옳은 것은? (다툼이 있는 경우 판례에 의함)

① **채무자가 금전채무를 담보하기 위한 저당권설정계약에 따라 채권자에게 그 소유의 부동산에 관하여 저당권을 설정할 의무를 부담하게 되었다고 하더라도,** 이를 들어 **채무자가 통상의 계약에서 이루어지는 이익대립관계를 넘어서 채권자와의 신임관계에 기초하여 채권자의 사무를 맡아 처리하는 것으로 볼 수 없다.**

② 채무자가 저당권설정계약에 따라 채권자에 대하여 부담하는 저당권을 설정할 의무는 계약에 따라 부담하게 된 채무자 자신의 의무이다. 채무자가 위와 같은 의무를 이행하는 것은 채무자 자신의 사무에 해당할 뿐이다. 그러므로 채무자를 채권자에 대한 관계에서 '타인의 사무를 처리하는 자'라고 할 수 없다. 따라서 **채무자가 제3자에게 먼저 담보물에 관한 저당권을 설정하거나 담보물을 양도하는 등으로 담보가치를 감소 또는 상실시켜 채권자의 채권실현에 위험을 초래하더라도 배임죄가 성립한다고 할 수 없다.**

중요 ③ **채무자가 금전채무에 대한 담보로 부동산에 관하여 양도담보설정계약을 체결하고 이에 따라 채권자에게 소유권이전등기를 해 줄 의무가 있음에도 제3자에게 그 부동산을 처분한 경우 배임죄가 성립하지 않는다.**

해설 및 정답 ①~③ 대법원 2020. 6. 18. 선고 2019도14340 전원합의체 판결 [특정경제범죄가중처벌등에관한법률위반(배임)] 〈부동산 이중저당 사건〉 ★★★★★

정답 ○

☞ 2026년 제15회 변호사시험에 출제가능성이 높다.

사례문제 44 배임죄와 부동산 이중저당

대법원 2020. 6. 18. 선고 2019도14340 전원합의체 판결
[특정경제범죄가중처벌등에관한법률위반(배임)] 〈부동산 이중저당 사건〉

Q. 채무자가 금전채무를 담보하기 위한 저당권설정계약에 따라 채권자에게 그 소유의 부동산에 관하여 저당권을 설정할 의무를 부담하게 된 경우, 채권자에 대한 관계에서 '타인의 사무를 처리하는 자'에 해당하는지 여부(소극)

Q. 이때 채무자가 제3자에게 먼저 담보물에 관한 저당권을 설정하거나 담보물을 양도하는 등으로 담보가치를 감소 또는 상실시켜 채권자의 채권실현에 위험을 초래하는 경우, 배임죄가 성립하는지 여부(소극)

Q. 위와 같은 법리는, 채무자가 금전채무에 대한 담보로 부동산에 관하여 양도담보설정계약을 체결하고 이에 따라 채권자에게 소유권이전등기를 해 줄 의무가 있음에도 제3자에게 그 부동산을 처분한 경우에도 적용되는지 여부(적극)

Q. 피고인이 갑으로부터 18억 원을 차용하면서 담보로 피고인 소유의 아파트에 갑 명의의 4순위 근저당권을 설정해 주기로 약정하였음에도 제3자에게 채권최고액을 12억 원으로 하는 4순위 근저당권을 설정하여 줌으로써 12억 원 상당의 재산상 이익을 취득하고 갑에게 같은 금액 상당의 손해를 가하였다고 하여 특정경제범죄 가중처벌 등에 관한 법률 위반(배임)으로 기소된 사안에서, 피고인이 갑에 대한 관계에서 '타인의 사무를 처리하는 자'에 해당하지 않는다고 한 사례.

공소사실

A씨는 2016년 6월 14일 B씨로부터 18억 원을 빌리면서 자신이 소유한 아파트에 4순위 근저당권을 설정해주기로 하였다. 그런데 A씨는 B씨에게 근저당권을 설정해주지 않았다. 2016년 12월 15일 이 아파트를 채권최고액 12억 원에 C사에 4순위 근저당권을 경료해 주었다. 이 일로 A씨는 12억원 상당 이득을 취하고, B씨에게 12억 원 상당 손해를 가하였다. 검사는 특정경제범죄가중처벌등에 관한 법률위반(배임)죄로 기소하였다.

재판진행

제1심 법원은 A씨 배임 혐의를 유죄로 판단하여 징역 1년 6개월을 선고하였다. 제2심 법원도 이 사건 공소사실에 대해 유죄로 판단하고, 징역 2년 6개월을 선고하였다. 제2심 법원이 인정한 공소사실이다: 피고인이 피해자로부터 18억 원을 차용하면서 이 사건 아파트에 4순위 근저당권을 설정해 주기로 약정하였음에도 제3자에게 채권최고액을 12억 원으로 하는 4순위 근저당권을 설정하여 주어 12억 원

상당의 재산상 이익을 취득하고 피해자에게 같은 금액 상당의 손해를 가하였다(서울고등법원 2019. 9. 26. 선고 2019노287 판결).

판결요지

대법원 전원합의체는 원심을 파기하고, 사건을 서울고법으로 돌려보냈다. 다수의견 7명 대법관, 소수의견 5명 대법관 의견으로 판결이 선고되었다.

[1] **[다수의견]**

가. 배임죄는 타인의 사무를 처리하는 자가 그 임무에 위배하는 행위로써 재산상의 이익을 취득하거나 제3자로 하여금 이를 취득하게 하여 사무의 주체인 타인에게 손해를 가할 때 성립하는 것이다. 그러므로 그 범죄의 주체는 타인의 사무를 처리하는 지위에 있어야 한다. 여기에서 '타인의 사무를 처리하는 자'라고 하려면, 타인의 재산관리에 관한 사무의 전부 또는 일부를 타인을 위하여 대행하는 경우와 같이 당사자 관계의 전형적・본질적 내용이 통상의 계약에서의 이익대립관계를 넘어서 그들 사이의 **신임관계에 기초하여 타인의 재산을 보호 또는 관리**하는 데에 있어야 한다(대법원 2011. 1. 20. 선고 2008도10479 전원합의체 판결, 대법원 2014. 8. 21. 선고 2014도3363 전원합의체 판결 등 참조).

나. **이익대립관계에 있는 통상의 계약관계에서 채무자의 성실한 급부이행에 의해 상대방이 계약상 권리의 만족 내지 채권의 실현이라는 이익을 얻게 되는 관계에 있다거나, 계약을 이행함에 있어 상대방을 보호하거나 배려할 부수적인 의무가 있다는 것만으로는 채무자를 타인의 사무를 처리하는 자라고 할 수 없다**(대법원 2015. 3. 26. 선고 2015도1301 판결 참조). **위임 등과 같이 계약의 전형적·본질적인 급부 내용이 상대방의 재산상 사무**를 일정한 권한을 가지고 맡아 처리하는 경우에 해당하여야 한다(대법원 2020. 2. 20. 선고 2019도9756 전원합의체 판결 참조).

[2] **[다수의견]**

가. 채무자가 금전채무를 담보하기 위한 저당권설정계약에 따라 채권자에게 그 소유의 부동산에 관하여 저당권을 설정할 의무를 부담하게 되었다고 하더라도, 채무자가 통상의 계약에서 이루어지는 이익대립관계를 넘어서 채권자와의 신임관계에 기초하여 채권자의 사무를 맡아 처리하는 것으로 볼 수 없다. 채무자가 저당권설정계약에 따라 채권자에 대하여 부담하는 저당권을 설정할 의무는 계약에 따라 부담하게 된 채무자 자신 의무이다.

나. 채무자가 위와 같은 의무를 이행하는 것은 채무자 자신의 사무에 해당할 뿐이

다. 그러므로 채무자를 채권자에 대한 관계에서 '타인의 사무를 처리하는 자'라고 할 수 없다. **채무자가 제3자에게 먼저 담보물에 관한 저당권을 설정하거나 담보물을 양도로 담보가치를 감소 또는 상실시켜 채권자의 채권실현에 위험을 초래하더라도 배임죄가 성립한다고 할 수 없다.** 위와 같은 법리는, **채무자가 금전채무에 대한 담보로 부동산에 관하여 양도담보 설정계약을 체결하고 이에 따라 채권자에게 소유권이전등기를 해 줄 의무가 있음에도 제3자에게 그 부동산을 처분한 경우에도 적용된다.**

[3] **[다수의견]**

가. 이와 달리 채무 담보를 위하여 채권자에게 부동산에 관하여 근저당권을 설정해 주기로 약정한 채무자가 채권자의 사무를 처리하는 자에 해당함을 전제로 채무자가 담보목적물을 처분한 경우 배임죄가 성립한다고 한 대법원 2008. 3. 27. 선고 2007도9328 판결, 대법원 2011. 11. 10. 선고 2011도11224 판결을 비롯한 같은 취지의 대법원 판결들은 이 판결의 견해에 배치되는 범위 내에서 모두 변경하기로 한다.

나. **한편 대법원 2018. 5. 17. 선고 2017도4027 전원합의체 판결은 부동산 이중매매의 경우 배임죄의 성립을 인정하였다.** 위 판결은 부동산이 국민의 경제생활에서 차지하는 비중이 크고, 부동산 매매대금은 통상 계약금, 중도금, 잔금으로 나뉘어 지급되는데, 매수인이 매도인에게 매매대금 중 상당한 부분을 차지하는 계약금과 **중도금까지 지급하고도 매도인의 이중매매를 방지할 충분한 수단이 마련되어 있지 않은 거래 현실의 특수성을 고려하여 부동산 이중매매의 경우 배임죄가 성립한다는 종래의 견해를 유지한 것이다.** 이러한 점에 비추어 보면, 위 전원합의체 판결의 취지는 이 판결의 다수의견에 반하지 아니함을 밝혀둔다.

다. 그러므로 나머지 상고이유에 대한 판단을 생략한 채, 원심판결을 파기하고 사건을 다시 심리·판단하게 하기 위하여 원심법원에 환송하기로 하여 주문과 같이 판결한다.

라. 이 판결에는 대법관 김재형, 대법관 민유숙, 대법관 김선수, 대법관 이동원의 반대의견이 있는 외에는 관여 법관의 의견이 일치하였고, 다수의견에 대한 대법관 권순일, 대법관 안철상, 대법관 노태악의 보충의견, 반대의견에 대한 대법관 김재형의 보충의견과 대법관 민유숙의 보충의견이 있다.

[4] **[대법관 김재형, 대법관 민유숙, 대법관 김선수, 대법관 이동원의 반대의견]**

가. 채무자가 채권자로부터 금원을 차용하는 등 채무를 부담하면서 채무 담보를

위하여 저당권설정계약을 체결한 경우, 위 약정의 내용에 좇아 채권자에게 저당권을 설정하여 줄 의무는 자기의 사무인 동시에 상대방의 재산보전에 협력할 의무에 해당하여 '타인의 사무'에 해당한다. **다수의견은 거래관계에서 발생하는 당사자 간의 신임관계를 보호하기 위하여 타인의 재산보전에 협력할 의무가 있는 경우에는 배임죄의 주체인 '타인의 사무를 처리하는 자'에 해당한다고 보아 온 대법원 판례와 논리적으로 일관되지 않고, 담보계약에 기초한 신임관계도 배임죄에 의하여 보호되어야 할 법익이 될 수 있다는 점을 도외시한 것으로 찬성할 수 없다.**

나. 부동산에 관한 저당권설정계약을 체결한 채무자가 그 신임관계를 저버리고 부동산을 제3자에게 처분함으로써 채권자로 하여금 부동산에 관한 저당권 취득을 불가능하게 하거나 현저히 곤란하게 하였다면, 이러한 행위는 저당권설정계약에서 비롯되는 본질적 · 전형적 신임관계를 위반한 것으로서 배임죄에 해당한다. 그리고 그렇게 보는 것이 부동산의 이중매매, 이중전세권설정, 면허권 등의 이중처분에 관하여 배임죄를 인정하여 온 판례의 확립된 태도와 논리적으로 부합한다.

중요

13 [선택형 · 사례형 · 기록형] 배임죄에서 '타인의 사무를 처리하는 자' ★★★

갑 주식회사를 운영하는 피고인이 을 은행으로부터 대출을 받으면서 대출금을 완납할 때까지 갑 회사 소유의 동산인 골재생산기기(크러셔)를 점유개정 방식으로 양도담보로 제공하기로 하는 계약을 체결하였다. 그럼에도 담보목적물인 동산을 병 등에게 매각함으로써 을 은행에 대출금 상당의 손해를 가하였다. 배임의 공소사실로 기소된 사안이다. 이에 대한 설명으로 옳은 것은? (다툼이 있는 경우 판례에 의함)

중요 ① 양도담보계약에서 갑 회사와 을 은행 간 당사자 관계의 전형적·본질적 내용은 대출금 채무의 변제와 이를 위한 담보에 있다. 갑 회사를 통상의 계약에서의 이익대립관계를 넘어서 을 은행과의 신임관계에 기초하여 을 은행의 사무를 맡아 처리하는 것으로 볼 수 없다. **갑 회사를 운영하는 피고인을 을 은행에 대한 관계에서 '타인의 사무를 처리하는 자'에 해당한다고 할 수 없다.**

해설 및 정답 대법원 2020. 2. 20. 선고 2019도9756 전원합의체 판결 **정답** ○

사례문제 45 배임죄와 동산 양도담보 처분 ★★★★★

대법원 2020. 2. 20. 선고 2019도9756 전원합의체 판결

[사기·배임] 〈동산을 양도담보로 제공한 채무자가 제3자에게 담보에 제공된 동산을 처분한 경우 배임죄가 성립하는지 여부가 문제 된 사건〉

Q. 배임죄의 주체인 '타인의 사무를 처리하는 자'의 의미

Q. 채무자가 금전채무를 담보하기 위하여 그 소유의 동산을 채권자에게 양도담보로 제공함으로써 채권자인 양도담보권자에 대하여 담보물의 담보가치를 유지·보전할 의무 내지 담보물을 타에 처분하거나 멸실, 훼손하는 등으로 담보권 실행에 지장을 초래하는 행위를 하지 않을 의무를 부담하게 된 경우, 배임죄의 주체인 '타인의 사무를 처리하는 자'에 해당하는지 여부(소극)

Q. 이때 채무자가 담보물을 제3자에게 처분하는 등으로 담보가치를 감소 또는 상실시켜 채권자의 담보권 실행이나 이를 통한 채권실현에 위험을 초래한 경우, 배임죄가 성립하는지 여부(소극)

Q. 위와 같은 법리는, 채무자가 동산에 관하여 양도담보설정계약을 체결하여 이를 채권자에게 양도할 의무가 있음에도 제3자에게 처분한 경우에도 적용되는지 여부(적극)

Q. 주식에 관하여 양도담보설정계약을 체결한 채무자가 제3자에게 해당 주식을 처분한 사안에도 마찬가지로 적용되는지 여부(적극)

Q. 갑 주식회사를 운영하는 피고인이 을 은행으로부터 대출을 받으면서 대출금을 완납할 때까지 갑 회사 소유의 동산을 점유개정 방식으로 양도담보로 제공하기로 하는 계약을 체결하였음에도 담보목적물인 동산을 병 등에게 매각함으로써 을 은행에 대출금 상당의 손해를 가하였다고 하여 배임의 공소사실로 기소된 사안에서, 위 양도담보계약에서 갑 회사와 을 은행 간 당사자 관계의 전형적·본질적 내용은 대출금 채무의 변제와 이를 위한 담보에 있고, 갑 회사를 통상의 계약에서의 이익대립관계를 넘어서 을 은행과의 신임관계에 기초하여 을 은행의 사무를 맡아 처리하는 것으로 볼 수 없는 이상 갑 회사를 운영하는 피고인을 을 은행에 대한 관계에서 '타인의 사무를 처리하는 자'에 해당한다고 할 수 없다는 이유로, 이와 달리 보아 공소사실을 유죄로 판단한 원심판결에 법리오해의 위법이 있다고 한 사례.

공소사실

공소외 1 주식회사(이하 '공소외 1 회사'라 한다)를 운영하는 피고인이 피해자 공소외 2 은행으로부터 1억 5,000만 원을 대출받으면서 위 대출금을 완납할 때까지 골재생산기기인 '크라샤4230'(이하 '이 사건 크러셔'라 한다)을 양도담보로 제공하기로 하는 계약(이하 '이 사건 양도담보계약'이라 한다)을 체결하였다. 피해자 공소외 2 은행이 담보의 목적을 달성할 수 있도록 위 크러셔를 성실히 보관·관

리하여야 할 의무가 있었다. 그럼에도 그러한 임무에 위배하여 위 크러셔를 다른 사람에게 매각함으로써 피해자 공소외 2 은행에 대출금 상당의 손해를 가하였다. 원심은 위 공소사실을 유죄로 판단한 제1심 판단을 그대로 유지하였다.

판결요지

[1] **[다수의견]**

가. 배임죄는 타인의 사무를 처리하는 자가 그 임무에 위배하는 행위로써 재산상의 이익을 취득하거나 제3자로 하여금 이를 취득하게 하여 사무의 주체인 타인에게 손해를 가할 때 성립하는 것이다. 그러므로 범죄의 주체는 타인의 사무를 처리하는 지위에 있어야 한다. 여기에서 '타인의 사무를 처리하는 자'라고 하려면, 타인의 재산관리에 관한 사무의 전부 또는 일부를 타인을 위하여 대행하는 경우와 같이 당사자 관계의 전형적·본질적 내용이 통상의 계약에서의 이익대립관계를 넘어서 그들 사이의 신임관계에 기초하여 타인의 재산을 보호 또는 관리하는 데에 있어야 한다. **이익대립관계에 있는 통상의 계약관계에서 채무자의 성실한 급부이행에 의해 상대방이 계약상 권리의 만족 내지 채권의 실현이라는 이익을 얻게 되는 관계에 있다거나, 계약을 이행함에 있어 상대방을 보호하거나 배려할 부수적인 의무가 있다는 것만으로는 채무자를 타인의 사무를 처리하는 자라고 할 수 없다. 위임 등과 같이 계약의 전형적·본질적인 급부의 내용이 상대방의 재산상 사무를 일정한 권한을 가지고 맡아 처리하는 경우에 해당하여야 한다.**

나. 채무자가 금전채무를 담보하기 위하여 그 소유의 동산을 채권자에게 양도담보로 제공함으로써 채권자인 양도담보권자에 대하여 담보물의 담보가치를 유지·보전할 의무 내지 담보물을 타에 처분하거나 멸실, 훼손하는 등으로 담보권 실행에 지장을 초래하는 행위를 하지 않을 의무를 부담하게 되었더라도, 이를 들어 채무자가 통상의 계약에서의 이익대립관계를 넘어서 채권자와의 신임관계에 기초하여 채권자의 사무를 맡아 처리하는 것으로 볼 수 없다. 따라서 채무자를 배임죄의 주체인 '타인의 사무를 처리하는 자'에 해당한다고 할 수 없다. 그가 담보물을 제3자에게 처분하는 등으로 담보가치를 감소 또는 상실시켜 채권자의 담보권 실행이나 이를 통한 채권실현에 위험을 초래하더라도 배임죄가 성립한다고 할 수 없다.

다. 위와 같은 법리는, 채무자가 동산에 관하여 양도담보설정계약을 체결하여 이를 채권자에게 양도할 의무가 있음에도 제3자에게 처분한 경우에도 적용되고,

주식에 관하여 양도담보설정계약을 체결한 채무자가 제3자에게 해당 주식을 처분한 사안에도 마찬가지로 적용된다.

[2] **[다수의견]**

가. 갑 주식회사를 운영하는 피고인이 을 은행으로부터 대출을 받으면서 대출금을 완납할 때까지 갑 회사 소유의 동산인 골재생산기기(크러셔)를 점유개정 방식으로 양도담보로 제공하기로 하는 계약을 체결하였음에도 담보목적물인 동산을 병 등에게 매각함으로써 을 은행에 대출금 상당의 손해를 가하였다고 하여 배임의 공소사실로 기소된 사안이다.

나. 위 양도담보계약은 피고인이 운영하는 갑 회사가 을 은행에 대한 대출금 채무를 담보하기 위하여 동산에 관하여 양도담보를 설정하고, 갑 회사의 채무불이행 시 양도담보권의 실행, 즉 동산을 처분하여 그 매각대금으로 채무의 변제에 충당하거나 채무의 변제에 갈음하여 을 은행이 담보목적물을 취득하기로 하는 내용의 전형적인 양도담보계약이다. 양도담보계약서 제2조, 제4조 등에는 '담보목적물은 설정자가 채권자의 대리인으로서 점유·사용·보전·관리한다', '설정자는 선량한 관리자로서의 주의의무를 다하여 점유·사용·보전·관리하여야 한다' 등과 같이 담보설정자(갑 회사)의 담보목적물의 보전·관리에 관한 내용이 포함되어 있다. 그러나 위와 같은 계약서의 기재 내용만으로 위 양도담보계약이 전형적인 양도담보계약이 아니라거나 양도담보계약과 별도로 을 은행이 갑 회사에 신임관계에 기초하여 담보목적물의 보관·관리에 관한 사무의 처리를 위탁하는 내용의 특약이 있다고 보기 어렵다.

다. 이 점 등을 종합하면, 위 **양도담보계약에서 갑 회사와 을 은행 간 당사자 관계의 전형적·본질적 내용은 대출금 채무의 변제와 이를 위한 담보에 있고, 갑 회사를 통상의 계약에서의 이익대립관계를 넘어서 을 은행과의 신임관계에 기초하여 을 은행의 사무를 맡아 처리하는 것으로 볼 수 없는 이상 갑 회사를 운영하는 피고인을 을 은행에 대한 관계에서 '타인의 사무를 처리하는 자'에 해당한다고 할 수 없다.** 이러한 이유로, 이와 달리 피고인이 타인의 사무를 처리하는 자의 지위에 있음을 전제로 공소사실을 유죄로 판단한 원심판결에 배임죄에서 '타인의 사무를 처리하는 자' 등에 관한 법리를 오해한 위법이 있다고 한 사례.

중요

14 [선택형 · 사례형 · 기록형] 동산담보권 사건 ★★★★★

회사의 대표이사인 피고인은 피해자에게 금전채무에 대한 담보로 이 사건 회사 소유의 기계에 대하여 동산 · 채권 등의 담보에 관한 법률에 의한 동산담보권을 설정했음에도 제3자에게 위 기계를 매도한 사안이다. 이에 대한 설명으로 옳은 것은? (다툼이 있는 경우 판례에 의함)

① 채무자가 금전채무를 담보하기 위하여 그 소유의 동산을 채권자에게 동산·채권 등의 담보에 관한 법률에 따른 동산담보로 제공함으로써 채권자인 동산담보권자에 대하여 담보물의 담보가치를 유지·보전할 의무 또는 담보물을 타에 처분하거나 멸실, 훼손하는 등으로 담보권 실행에 지장을 초래하는 행위를 하지 않을 의무를 부담하게 되었더라도, 이를 들어 **채무자가 통상의 계약에서의 이익대립관계를 넘어서 채권자와의 신임관계에 기초하여 채권자의 사무를 맡아 처리하는 것으로 볼 수 없다.**

중요 ② 이러한 경우 채무자를 배임죄의 주체인 '타인의 사무를 처리하는 자'에 해당한다고 할 수 없다. **그가 담보물을 제3자에게 처분하는 등으로 담보가치를 감소 또는 상실시켜 채권자의 담보권 실행이나 이를 통한 채권실현에 위험을 초래하더라도 배임죄가 성립하지 아니한다.**

해설 및 정답 ①~② 대법원 2020. 8. 27. 선고 2019도14770 판결 [특정경제범죄가중처벌 등에 관한 법률 위반(횡령) 등] (사) 파기환송 〈동산담보권 사건〉 ★★★★★

정답 ○

15 [선택형 · 사례형 · 기록형] 주권발행 전 주식의 이중양도 사건

피고인은 피해자에게 주권발행 전 주식을 양도한 후 확정일자 있는 증서에 의한 통지 또는 승낙을 갖추어 주어야 할 의무를 이행하지 아니한 채 제3자에게 위 주식을 양도하였다. 배임죄로 기소된 사안이다. 이에 대한 설명으로 옳은 것은? (다툼이 있는 경우 판례에 의함)

① **양도인이 양수인으로 하여금 회사 이외의 제3자에게 대항할 수 있도록 확정일자 있는 증서에 의한 양도통지 또는 승낙을 갖추어 주어야 할 채무를 부담**

한다 하더라도 이는 자기의 사무라고 보아야 한다. 이를 양수인과의 신임관계에 기초하여 양수인의 사무를 맡아 처리하는 것으로 볼 수 없다.

② **주권발행 전 주식에 대한 양도계약에서 양도인은 양수인에 대하여 그의 사무를 처리하는 지위에 있지 아니하여**, 양도인이 위와 같은 제3자에 대한 대항요건을 갖추어 주지 아니하고 이를 타에 처분하였다 하더라도 **형법상 배임죄가 성립하는 것은 아니다.**

해설 및 정답 ①~② 대법원 2020. 6. 4. 선고 2015도6057 판결 [배임] (라) 파기환송 〈주권발행 전 주식의 이중양도 사건〉 **정답** ○

16 [선택형 · 사례형] 우선수익권과 배임죄

피고인이 甲 새마을금고로부터 특정 토지 위에 건물을 신축하는 데 필요한 공사자금을 대출받으면서 이를 담보하기 위하여 乙 신탁회사를 수탁자, 甲 금고를 우선수익자, 피고인을 위탁자 겸 수익자로 한 담보신탁계약 및 자금관리대리사무계약을 체결하였고 계약 내용에 따라 건물이 준공된 후 乙 회사에 신탁등기를 이행하여 甲 금고의 우선수익권을 보장할 임무가 있음에도 이에 위배하여 丙 앞으로 건물의 소유권보존등기를 마쳐줌으로써 甲 금고에 재산상 손해를 가하였다고 하여 특정경제범죄 가중처벌 등에 관한 법률 위반(배임)으로 기소된 사안이다. 이에 대한 설명으로 옳은 것은? (다툼이 있는 경우 판례에 의함)

① 피고인이 통상의 계약에서의 이익대립관계를 넘어서 갑 금고와의 신임관계에 기초하여 갑 금고의 우선수익권을 보호 또는 관리하는 등 그의 사무를 처리하는 자의 지위에 있다고 보기 어려우므로 **배임죄에서의 '타인의 사무를 처리하는 자'에 해당하지 않는다.**

해설 및 정답 대법원 2020. 4. 29. 선고 2014도9907 판결 [특정경제범죄가중처벌 등에 관한 법률 위반(배임)] **정답** ○

[판시사항] [1] 배임죄의 주체인 '타인의 사무를 처리하는 자'의 의미

[판결요지] [1] 타인의 재산관리에 관한 사무의 전부 또는 일부를 타인을 위하여 대행하는 경우와 같이 당사자 관계의 전형적 · 본질적 내용이 통상의 계약에서의 이익대립관계를 넘어서 그들 사이의 신임관계에 기초하여 타인의 재산을 보호 또는 관리하는 데에 있어야 한다.

중요

17 [선택형 · 사례형 · 기록형] 부동산 매매계약 중도금과 배임죄 ★★★★★

부동산 매매계약에서 중도금이 지급되는 등 계약이 본격적으로 이행되는 단계에 이른 경우, 그러한 지위에 있는 매도인이 매수인에게 계약 내용에 따라 부동산의 소유권을 이전해 주기 전에 그 부동산을 제3자에게 처분하고 제3자 앞으로 그 처분에 따른 등기를 마쳐 준 사안이다. 이에 대한 설명으로 옳은 것은? (다툼이 있는 경우 판례에 의함)

① 부동산 매매계약에서 **계약금만 지급된 단계**에서는 어느 당사자나 계약금을 포기하거나 그 배액을 상환함으로써 자유롭게 계약의 구속력에서 벗어날 수 있다.

중요 ② **중도금이 지급되는 등 계약이 본격적으로 이행되는 단계**에 이른 때에는 계약이 취소되거나 해제되지 않는 한 **매도인은 매수인에게 부동산의 소유권을 이전해 줄 의무에서 벗어날 수 없다.**

중요 ③ 이러한 단계에 이른 때에 **매도인은 매수인에 대하여 매수인의 재산보전에 협력하여 재산적 이익을 보호·관리할 신임관계**에 있게 된다. 그때부터 매도인은 배임죄에서 말하는 '타인의 사무를 처리하는 자'에 해당한다고 보아야 한다.

④ 그러한 지위에 있는 매도인이 매수인에게 계약 내용에 따라 부동산의 소유권을 이전해 주기 전에 그 부동산을 제3자에게 처분하고 제3자 앞으로 그 처분에 따른 등기를 마쳐 준 행위는 **매수인의 부동산 취득 또는 보전에 지장을 초래하는 행위이다. 이는 매수인과의 신임관계를 저버리는 행위로서 배임죄가 성립한다.**

⑤ 매도인이 매수인에게 순위보전의 효력이 있는 가등기를 마쳐 주었더라도 이는 향후 매수인에게 손해를 회복할 수 있는 방안을 마련하여 준 것일 뿐 그 자체로 물권변동의 효력이 있는 것은 아니어서 매도인으로서는 소유권을 이전하여 줄 의무에서 벗어날 수 없다. 그러므로 그와 같은 **가등기로 인하여 매수인의 재산보전에 협력하여 재산적 이익을 보호·관리할 신임관계의 전형적·본질적 내용이 변경된다고 할 수 없다.**

해설 및 정답 ①~⑤ 대법원 2020. 5. 14. 선고 2019도16228 판결 [특정경제범죄가중처벌등에관한법률위반(배임)]

정답 ○

18　[선택형 · 사례형] 배임죄에서 '타인의 사무를 처리하는 자' ★★★★★

피고인이 갑과의 증여계약에 따라 목장용지 중 1/2 지분을 갑에게 증여하고 증여의 의사를 서면으로 표시하였는데 그 후 농업협동조합에서 4,000만 원을 대출받으면서 목장용지에 농업협동조합 앞으로 채권최고액 5,200만 원의 근저당권설정등기를 마침으로써 피담보채무액 중 1/2 지분에 해당하는 2,000만 원의 재산상 이익을 취득하고, 갑에게 같은 금액의 재산상 손해를 입혔다고 하여 배임으로 기소된 사안이다. 이에 관한 설명으로 옳은 것은? (다툼이 있는 경우 판례에 의함)

중요 ① 부동산 매매계약에서 중도금이 지급되는 등 계약이 본격적으로 이행되는 단계에 이른 때에는 계약이 취소되거나 해제되지 않는 한 매도인은 매수인에게 부동산의 소유권을 이전할 의무에서 벗어날 수 없다. 이러한 단계에 이른 때에 **매도인은 매수인에게 매수인의 재산보전에 협력하여 재산적 이익을 보호·관리할 신임관계에 있게 되고, 그때부터 배임죄에서 말하는 '타인의 사무를 처리하는 자'에 해당한다.**

② 매도인이 매수인에게 계약 내용에 따라 **부동산의 소유권을 이전해 주기 전에 부동산을 제3자에게 처분하여 등기를 하는 행위는 매수인의 부동산 취득이나 보전에 지장을 초래하는 행위로서 배임죄가 성립한다.**

③ **서면으로 부동산 증여의 의사를 표시한 증여자는 계약이 취소되거나 해제되지 않는 한 수증자에게 목적부동산의 소유권을 이전할 의무에서 벗어날 수 없다. 그러한 증여자는 '타인의 사무를 처리하는 자'에 해당한다. 그가 수증자에게 증여계약에 따라 부동산의 소유권을 이전하지 않고 부동산을 제3자에게 처분하여 등기를 하는 행위는 수증자와의 신임관계를 저버리는 행위로서 배임죄가 성립한다.**

해설 및 정답 ①~③ 대법원 2018. 12. 13. 선고 2016도19308 판결　**정답** ○

중요

19　[선택형 · 사례형 · 기록형] 부동산 이중매매 배임죄 사건 ★★★★★

부동산 매도인이 매수인으로부터 중도금을 받은 이후 제3자에게 매매목적물인 부동산을 제3자에게 양도한 사안이다. 이에 관한 설명으로 옳은 것은? (다툼이 있는 경우 판례에 의함)

중요 ① **부동산 매매계약에서 중도금이 지급되는 등 계약이 본격적으로 이행되는 단계에 이른 경우, 그때부터 매도인은 배임죄에서 말하는 '타인의 사무를 처리하는 자'에 해당한다.**

② **매도인이 매수인에게 계약 내용에 따라 부동산의 소유권을 이전해 주기 전에 그 부동산을 제3자에게 처분하고 제3자 앞으로 그 처분에 따른 등기를 마쳐 준 경우, 배임죄가 성립한다.**

③ 부동산 매매계약에서 계약금만 지급된 단계에서는 어느 당사자나 계약금을 포기하거나 그 배액을 상환함으로써 자유롭게 계약의 구속력에서 벗어날 수 있다. 그러나 **중도금이 지급되는 등 계약이 본격적으로 이행되는 단계에 이른 때에는 계약이 취소되거나 해제되지 않는 한 매도인은 매수인에게 부동산의 소유권을 이전해 줄 의무에서 벗어날 수 없다.** 따라서 이러한 단계에 이른 때에 매도인은 매수인에 대하여 **매수인의 재산보전에 협력하여 재산적 이익을 보호·관리할 신임관계에 있게 된다.** 그때부터 매도인은 배임죄에서 말하는 **'타인의 사무를 처리하는 자'에 해당한다**고 보아야 한다. 그러한 지위에 있는 매도인이 매수인에게 계약 내용에 따라 부동산의 소유권을 이전해 주기 전에 **그 부동산을 제3자에게 처분하고 제3자 앞으로 그 처분에 따른 등기를 마쳐 준 행위는 매수인의 부동산 취득 또는 보전에 지장을 초래하는 행위이다. 이는 매수인과의 신임관계를 저버리는 행위로서 배임죄가 성립한다.**

해설 및 정답 ①~③ 대법원 2018. 5. 17. 선고 2017도4027 전원합의체 판결

정답 ○

사례문제 46 배임죄와 부동산 이중매매

대법원 2018. 5. 17. 선고 2017도4027 전원합의체 판결 ★★★★★
[특정경제범죄가중처벌등에관한법률위반(배임)·특정경제범죄가중처벌등에관한법률위반(증재등)] 〈부동산 이중매매 배임죄 사건〉

Q. 부동산 매매계약에서 중도금이 지급되는 등 계약이 본격적으로 이행되는 단계에 이른 경우, 그때부터 매도인은 배임죄에서 말하는 '타인의 사무를 처리하는 자'에 해당하는지 여부(적극)

Q. 그러한 지위에 있는 매도인이 매수인에게 계약 내용에 따라 부동산의 소유권을 이전해 주기 전에 그 부동산을 제3자에게 처분하고 제3자 앞으로 그 처분에 따른 등기를 마쳐 준 경우, 배임죄가 성립하는지 여부(적극)

Q. 부동산 매도인인 피고인이 매수인 갑 등과 매매계약을 체결하고 갑 등으로부터 계약금과 중도금을 지급받은 후 매매목적물인 부동산을 제3자 을 등에게 이중으로 매도하고 소유권이전등기를 마쳐 주어 구 특정경제범죄 가중처벌 등에 관한 법률 위반(배임)으로 기소된 사안이다. 제반 사정을 종합하면 피고인의 행위는 갑 등과의 신임관계를 저버리는 임무위배행위로서 배임죄가 성립하고, 피고인에게 배임의 범의와 불법이득의사가 인정됨에도, 이와 달리 보아 공소사실을 무죄로 판단한 원심판결에 배임죄에서 '타인의 사무를 처리하는 자', 범의 등에 관한 법리오해의 위법이 있다고 한 사례

공소사실

피고인 甲은 2014. 8. 20. 피해자들에게 피고인, 공소외 1, 공소외 2, 공소외 3 공동 소유인 서울 금천구 (주소 생략)에 있는 '○○○○' 지하 1층 △△△호를 13억 8,000만 원에 매도하는 계약을 체결하였다. 피고인이 계약 당일 계약금 2억 원, 2014. 9. 20. 중도금 6억 원, 2014. 11. 30. 소유권이전등기에 필요한 서류와 상환으로 잔금 5억 8,000만 원을 지급받고 2014. 11. 30.까지 피해자들에게 이 사건 부동산을 인도한다는 내용이었다. 피고인은 피해자들로부터 계약 당일 2억 원, 2014. 9. 30. 중도금 6억 원을 지급받았다. 피고인은 2015. 4. 13. 공소외 4, 공소외 5에게 이 사건 부동산을 매매대금 15억 원에 매도하고 2015. 4. 17. 그 소유권이전등기를 마쳐 주었다.

판결요지

[1] [다수의견]

가. 부동산 매매계약에서 계약금만 지급된 단계에서는 어느 당사자나 계약금을 포기하거나 그 배액을 상환함으로써 자유롭게 계약의 구속력에서 벗어날 수 있다. 그러나 중도금이 지급되는 등 계약이 본격적으로 이행되는 단계에 이른 때에는 계약이 취소되거나 해제되지 않는 한 **매도인은 매수인에게 부동산의 소유권을 이전해 줄 의무에서 벗어날 수 없다.** 따라서 이러한 단계에 이른 때에 **매도인은 매수인에 대하여** 매수인의 재산보전에 협력하여 재산적 이익을 **보호 · 관리할 신임관계에 있게 된다.** 그때부터 매도인은 배임죄에서 말하는 **'타인의 사무를 처리하는 자'에 해당한다**고 보아야 한다. 그러한 지위에 있는

매도인이 매수인에게 계약 내용에 따라 부동산의 소유권을 이전해 주기 전에 그 부동산을 제3자에게 처분하고 제3자 앞으로 그 처분에 따른 등기를 마쳐 준 행위는 매수인의 부동산 취득 또는 보전에 지장을 초래하는 행위이다. 이는 **매수인과의 신임관계를 저버리는 행위로서 배임죄가 성립한다.**

나. **중도금이 지급된 단계부터는 매도인이 매수인의 재산보전에 협력하는 신임관계가 당사자 관계의 전형적 · 본질적 내용이 된다. 이러한 신임관계에 있는 매도인은 매수인의 소유권 취득 사무를 처리하는 자로서 배임죄에서 말하는 '타인의 사무를 처리하는 자'에 해당하게 된다.** 나아가 그러한 지위에 있는 **매도인이 매수인에게 소유권을 이전하기 전에 고의로 제3자에게 목적부동산을 처분하는 행위는** 매매계약상 혹은 신의칙상 당연히 하지 않아야 할 행위로서 배임죄에서 말하는 **임무위배행위로 평가할 수 있다.**

다. 대법원은 오래전부터 부동산 이중매매 사건에서, 매도인은 매수인 앞으로 소유권이전등기를 마칠 때까지 협력할 의무가 있고, 매도인이 중도금을 지급받은 이후 목적부동산을 제3자에게 이중으로 양도하면 배임죄가 성립한다고 일관되게 판결함으로써 그러한 판례를 확립하여 왔다. **따라서 기존의 판례는 유지되어야 한다.**

[2] **부동산 매도인이 매수인으로부터 중도금을 받은 이후 제3자에게 매매목적물인 부동산을 제3자에게 양도한 사안이다.**

[다수의견] 부동산 이중매도인에 대하여 배임죄 성립을 인정한 종래의 판례를 유지하고, 원심판결 중 이와 달리 타인의 사무를 처리하는 자의 지위를 부정하고 이 부분을 무죄로 판단한 부분을 파기한 사례.

[대법관 김창석, 대법관 김신, 대법관 조희대, 대법관 권순일, 대법관 박정화의 반대의견] 배임죄에서 '타인의 사무'라고 하려면 타인에게 귀속되는 사무로서 사무의 주체가 타인이어야 할 뿐만 아니라 사무 자체의 내용이나 신뢰관계의 본질적 내용이 타인의 재산적 이익을 보호 · 관리하는 것이어야 한다. 부동산 매매계약에서 쌍방이 그 계약에 따라 부담하는 채무는 각자의 '자기의 사무'일 뿐이어서 부동산 매도인을 '타인의 사무를 처리하는 자'로 볼 수 없다. 배임죄의 성립을 인정한 종래의 판례는 변경되어야 한다.

20 [선택형] 회사 이사가 계열회사에 회사자금을 대여한 사건

배임죄에 관한 설명으로 옳은 것은? (다툼이 있는 경우 판례에 의함)

① 배임죄는 타인의 사무를 처리하는 자가 그 임무에 위배하는 행위로써 재산상 이익을 취득하거나 제3자로 하여금 이를 취득하게 하여 본인에게 손해를 가함으로써 성립한다. 여기서 **그 '임무에 위배하는 행위'는 사무 내용, 성질 등 구체적 상황에 비추어 법률 규정, 계약 내용 혹은 신의칙상 당연히 할 것으로 기대되는 행위를 하지 않거나 당연히 하지 않아야 할 것으로 기대되는 행위를 함으로써 본인과 사이의 신임관계를 저버리는 일체의 행위를 포함한다.**

② 회사의 이사 등이 타인에게 회사자금을 대여함에 있어 타인이 이미 채무변제 능력을 상실하여 그에게 자금을 대여할 경우 회사에 손해가 발생하리라는 정을 충분히 알면서 이에 나아갔거나, 충분한 담보를 제공받는 등 상당하고도 합리적인 채권회수조치를 취하지 아니한 채 만연히 대여해 주었다면, 그와 같은 **자금대여는 타인에게 이익을 얻게 하고 회사에 손해를 가하는 행위로서 회사에 대하여 배임행위가 되고, 회사의 이사는 단순히 그것이 경영상의 판단이라는 이유만으로 배임죄의 죄책을 면할 수 없으며, 이러한 이치는 타인이 자금지원 회사의 계열회사라 하여 달라지지 않는다.**

③ **계열회사 사이의 지원행위가 합리적인 경영판단의 재량 범위 내에서 행하여진 것이라고 인정된다면 이러한 행위는 본인에게 손해를 가한다는 인식하의 의도적 행위라고 인정하기 어렵다.**

해설 및 정답 ①~③ 대법원 2017. 11. 9. 선고 2015도12633 판결 **정답** ○

21 [선택형 · 사례형] 조선업체 SPP그룹 계열회사 지원 사건

조선업 관련 계열사들로 이루어진 SPP그룹 사주 및 회계 · 재무책임자인 피고인들이 그룹 차원에서 전략적으로 육성하던 A 계열회사가 자금난에 빠지자 그에 대한 여러 방법의 지원행위를 한 것과 그 밖의 계열회사들 사이의 지원행위를 한 것에 대해 업무상배임죄로 공소가 제기된 사안이다. 이에 관한 설명으로 옳은 것은? (다툼이 있는 경우 판례에 의함)

① 이 판결이 제시한 위와 같은 기준을 충족하는 일부 지원행위에 대해서는 기업집단 내 계열회사들의 공동이익을 위한 지원행위로서 **합리적인 경영판단의 재량 범위 내에서 행하여진 것이므로 배임의 고의를 인정하기 어렵다.**

해설 및 정답 대법원 2017. 11. 9. 선고 2015도12633 판결 [특정경제범죄가중처벌등에관한법률위반(배임) 등] (라) 파기환송(일부) 〈조선업체 SPP그룹 사건〉 **정답** ○

22 [선택형 · 사례형] 배임죄에서 '재산상의 손해' 판단 사건

배임죄에 관한 설명으로 옳은 것은? (다툼이 있는 경우 판례에 의함)

① 배임죄에서 재산상의 손해에는 현실적인 손해가 발생한 경우뿐만 아니라 재산상 실해 발생의 위험을 초래한 경우도 포함된다. **재산상 손해의 유무에 대한 판단은 법률적 판단에 의하지 않고 경제적 관점에서 파악하여야 한다.**

② 재산상 손해가 발생하였다고 평가될 수 있는 재산상 실해 발생의 위험이란 본인에게 손해가 발생할 막연한 위험이 있는 것만으로는 부족하고 **경제적인 관점에서 보아 본인에게 손해가 발생한 것과 같은 정도로 구체적인 위험이 있는 경우를 의미한다. 따라서 재산상 실해 발생의 위험은 구체적·현실적인 위험이 야기된 정도에 이르러야 하고 단지 막연한 가능성이 있다는 정도로는 부족하다.**

③ 유치권자로부터 점유를 위탁받아 부동산을 점유하는 자가 부동산의 소유자로부터 인도소송을 당하여 재판상 자백을 한 경우, 그러한 **재판상 자백이 손해 발생의 구체적·현실적인 위험을 초래하기에 이르렀는지를 판단할 때에는 재판상 자백이 인도소송 및 유치권의 존속·성립에 어떠한 영향을 미치는지, 소유자가 재판상 자백에 의한 판결에 기초하여 유치권자 등을 상대로 인도집행을 할 수 있는지, 유치권자가 그 집행을 배제할 방법이 있는지 등 여러 사정을 종합하여 신중하게 판단하여야 한다.**

해설 및 정답 ①~③ 대법원 2017. 2. 3. 선고 2016도3674 판결 [업무상배임(인정된 죄명: 배임)] **정답** ○

사례문제 47 배임죄에서 '재산상의 손해'의 의미와 판단 기준(=경제적 관점)

대법원 2017. 2. 3. 선고 2016도3674 판결
[업무상배임(인정된 죄명: 배임)]

Q. 배임죄에서 '타인의 사무를 처리하는 자' 및 '임무위배행위'의 의미

Q. 배임죄에서 '재산상의 손해'의 의미와 판단 기준(=경제적 관점)

Q. 재산상 손해가 발생하였다고 평가될 수 있는 '재산상 실해 발생의 위험'의 의미

Q. 유치권자로부터 점유를 위탁받아 부동산을 점유하는 자가 부동산의 소유자로부터 인도소송을 당하여 재판상 자백을 한 경우, 재판상 자백이 손해 발생의 구체적·현실적인 위험을 초래하기에 이르렀는지 판단하는 기준

판결요지

배임죄에서 재산상의 손해에는 현실적인 손해가 발생한 경우뿐만 아니라 재산상 실해 발생의 위험을 초래한 경우도 포함된다. 재산상 손해의 유무 판단은 법률적 판단에 의하지 않고 경제적 관점에서 파악하여야 한다.

23 [선택형 · 사례형] 배임죄에서 부정한 청탁 대가 사건

배임죄에 관한 설명으로 옳은 것은? (다툼이 있는 경우 판례에 의함)

① 거래상대방의 대향적 행위의 존재를 필요로 하는 유형의 배임죄에서 거래상대방은 기본적으로 배임행위의 실행행위자와 별개의 이해관계를 가지고 반대편에서 독자적으로 거래에 임한다. 이 점을 고려하면, **업무상배임죄의 실행으로 이익을 얻게 되는 수익자는 배임죄의 공범이라고 볼 수 없는 것이 원칙이다.**

② 실행행위자의 행위가 피해자 본인에 대한 배임행위에 해당한다는 점을 인식한 상태에서 배임의 의도가 전혀 없었던 실행행위자에게 배임행위를 교사하거나 또는 **배임행위의 전 과정에 관여하는 등으로 배임행위에 적극 가담한 경우에 한하여 배임의 실행행위자에 대한 공동정범으로 인정할 수 있다.**

③ 배임수재죄 및 배임증재죄에서 공여 또는 취득하는 재물 또는 재산상 이익은 부정한 청탁에 대한 대가 또는 사례여야 한다. **거래상대방의 대향적 행위의**

존재를 필요로 하는 유형의 배임죄에서 거래상대방이 양수대금 등 거래에 따른 계약상 의무를 이행하고 배임행위의 실행행위자가 이를 이행받은 것을 두고 부정한 청탁에 대한 대가로 수수하였다고 쉽게 단정하여서는 아니 된다.

해설 및 정답 ①~③ 대법원 2016. 10. 13. 선고 2014도17211 판결 **정답** ○

사례문제 48 배임죄에서 부정한 청탁 대가

대법원 2016. 10. 13. 선고 2014도17211 판결
[업무상배임 · 배임수재 · 배임증재]

Q. 거래상대방의 대향적 행위의 존재를 필요로 하는 유형의 배임죄에서, 업무상배임죄의 실행으로 이익을 얻게 되는 수익자를 배임죄의 공범으로 볼 수 있는지 여부(원칙적 소극)

Q. 배임의 실행행위자에 대한 공동정범으로 인정할 수 있는 경우

Q. 배임수재죄 및 배임증재죄에서 공여 또는 취득하는 재물 또는 재산상 이익은 부정한 청탁에 대한 대가 또는 사례여야 하는지 여부(적극)

Q. 거래상대방의 대향적 행위의 존재를 필요로 하는 유형의 배임죄에서, 배임행위의 실행행위자가 거래에 따른 계약상 의무를 이행받은 것을 부정한 청탁에 대한 대가로 수수하였다고 단정할 수 있는지 여부(소극)

판결요지

가. 거래상대방의 대향적 행위의 존재를 필요로 하는 유형의 배임죄에서 거래상대방은 기본적으로 배임행위의 실행행위자와 별개의 이해관계를 가지고 반대편에서 독자적으로 거래에 임한다는 점을 고려하면, 업무상배임죄의 실행으로 이익을 얻게 되는 수익자는 배임죄의 공범이라고 볼 수 없는 것이 원칙이다.

나. 실행행위자의 행위가 피해자 본인에 대한 배임행위에 해당한다는 점을 인식한 상태에서 배임의 의도가 전혀 없었던 실행행위자에게 배임행위를 교사하거나 또는 배임행위의 전 과정에 관여하는 등으로 배임행위에 적극 가담한 경우에 한하여 배임의 실행행위자에 대한 공동정범으로 인정할 수 있다.

다. 배임수재죄 및 배임증재죄에서 공여 또는 취득하는 재물 또는 재산상 이익은 부정한 청탁에 대한 대가 또는 사례여야 한다. 따라서 거래상대방의 대향적 행위의 존재를 필요로 하는 유형의 배임죄에서 거래상대방이 양수대금 등 거래에

따른 계약상 의무를 이행하고 배임행위의 실행행위자가 이를 이행받은 것을 두고 부정한 청탁에 대한 대가로 수수하였다고 쉽게 단정하여서는 아니 된다.

24 [선택형] 배임수재죄 성립요건 사건

배임죄에 관한 설명으로 옳은 것은? (다툼이 있는 경우 판례에 의함)

① 타인의 사무를 처리하는 자가 증재자(贈財者)로부터 돈이 입금된 계좌의 예금통장이나 이를 인출할 수 있는 현금카드나 신용카드를 교부받아 이를 소지하면서 **언제든지 위 예금통장 등을 이용하여 예금된 돈을 인출할 수 있어 예금통장의 돈을 자신이 지배하고 입금된 돈에 대한 실질적인 사용권한과 처분권한을 가지고 있는 것으로 평가될 수 있다면, 예금된 돈을 취득한 것으로 보아야 한다.**

해설 및 정답 대법원 2017. 12. 5. 선고 2017도11564 판결 [배임수재] **정답** ○

중요 ② 배임행위가 본인 이외의[배임행위] 제3자에 대한 사기죄를[사기행위] 구성한다 하더라도 그로 인하여 본인에게 손해가 생긴 때에는 사기죄와 함께 배임죄가 성립하고, 두 죄는 ~~상상적 경합의~~[실체적 경합] 관계에 있다.

해설 및 정답 2018년 제7회 변호사시험 기출문제 19 **정답** ×

대법원 2010. 11. 11. 선고 2010도10690 판결 [업무상배임 · 사기] 실체적 경합

25 [선택형 · 사례형] 업무상배임죄에서 '재산상 손해' 판단 사건

배합사료 판매회사인 갑 회사의 영업사원인 피고인이[행위주체] 을에게 배합사료를 공급하면서 갑 회사의 내부 결재를 거치지 않고 장려금 등 명목으로 임의로 단가를 조정하거나 대금을 할인해 줌으로써[행위] 을에게 재산상 이익을 취득하게 하고 갑 회사에 손해를 가하였다고 하여[결과발생] 특정경제범죄 가중처벌 등에 관한 법률 위반(배임)으로 기소된 사안이다. 배임죄에 관한 설명으로 옳은 것은? (다툼이 있는 경우 판례에 의함)

중요 ① **업무상배임죄는 업무상 타인의 사무를 처리하는 자가**[행위주체] 임무에 위배하는

행위를 하고 그러한 임무위배행위로 인하여 **재산상의 이익을**[행위객체] **취득하거나 제3자로 하여금 이를 취득하게 하여**[행위] **본인에게 재산상의 손해를 가한 때**[결과발생·경제적 손해발생] 성립한다. 여기서 재산상의 손해에는 **현실적인 손해가 발생한 경우뿐만 아니라 재산상 실해 발생의 위험을 초래한 경우도 포함된다.** 재산상 손해의 유무에 대한 판단은 법률적 판단에 의하지 않고 **경제적 관점에서 파악하여야 한다.**

② 재산상 손해가 발생하였다고 평가될 수 있는 재산상 실해 발생의 위험이란 본인에게 손해가 발생할 막연한 위험이 있는 것만으로는 부족하다. **경제적인 관점에서 보아 본인에게 손해가 발생한 것과 같은 정도로 구체적인 위험이 있는 경우를 의미한다.** 따라서 재산상 실해 발생의 위험은 구체적·현실적인 위험이 야기된 정도에 이르러야 한다. **단지 막연한 가능성이 있다는 정도로는 부족하다.**

③ **업무상배임죄에서 타인의 사무를 처리하는 자의 임무위배행위는** 민사재판에서 법질서에 위배되는 **법률행위로서 무효로 판단될 가능성이 적지 않고, 그 결과 본인(타인)에게도 아무런 손해가 발생하지 않는 경우가 많다.** 이러한 경우에는 그 의무부담행위로 인하여 실제로 채무의 이행이 이루어졌는지 또는 본인이 민법상 사용자책임 등을 부담하게 되었는지 등과 같이 **현실적인 손해가 발생하거나 실해 발생의 위험이 생겼다고 볼 수 있는 사정이 있는지를 면밀히 심리·판단하여야 한다.**

해설 및 정답 ①~③ 대법원 2017. 10. 12. 선고 2017도6151 판결 **정답** ○

사례문제 49 업무상배임죄에서 '재산상의 손해'의 의미와 재산상 손해 판단 기준

대법원 2017. 10. 12. 선고 2017도6151 판결
[특정경제범죄가중처벌등에관한법률위반(배임)]

Q. 업무상배임죄에서 '재산상의 손해'의 의미와 재산상 손해의 유무에 대한 판단 기준(=경제적 관점)

Q. 재산상 손해가 발생하였다고 평가할 수 있는 '재산상 실해 발생의 위험'의 의미와 정도(=구체적·현실적인 위험이 야기된 정도)

Q. 업무상배임죄에서 타인의 사무를 처리하는 자의 임무위배행위가 민사재판에서 법질

서에 위배되는 법률행위로서 무효로 판단될 가능성이 있는 경우, 본인(타인)에게 재산상의 손해가 발생하였는지를 판단할 때 유의하여야 할 사항

Q. 배합사료 판매회사인 갑 회사의 영업사원인 피고인이 을에게 배합사료를 공급하면서 갑 회사의 내부 결재를 거치지 않고 장려금 등 명목으로 임의로 단가를 조정하거나 대금을 할인해 줌으로써 을에게 재산상 이익을 취득하게 하고 갑 회사에 손해를 가하였다고 하여 특정경제범죄 가중처벌 등에 관한 법률 위반(배임)으로 기소된 사안에서, 공소사실을 유죄로 판단한 원심판결에 배임죄의 재산상 손해 요건에 관한 법리를 오해하여 필요한 심리를 다하지 아니한 잘못이 있다고 한 사례

판결요지

가. 재산상 손해는 현실적인 손해가 발생한 경우뿐만 아니라 재산상 실해 발생 위험을 초래한 경우도 포함되고, 재산상 손해 유무에 대한 판단은 법률적 판단에 의하지 않고 경제적 관점에서 파악하여야 한다.

나. 그런데 재산상 손해가 발생하였다고 평가될 수 있는 재산상 실해 발생의 위험이란 본인에게 손해가 발생할 막연한 위험이 있는 것만으로는 부족하고 경제적인 관점에서 보아 본인에게 손해가 발생한 것과 같은 정도로 구체적인 위험이 있는 경우를 의미한다.

다. 따라서 재산상 실해 발생의 위험은 구체적・현실적인 위험이 야기된 정도에 이르러야 하고 단지 막연한 가능성이 있다는 정도로는 부족하다.

26 [선택형] 약속어음 발행사건 ★★★★★

배임죄에 관한 설명으로 옳은 것은? (다툼이 있는 경우 판례에 의함)

중요 ① **약속어음 발행이 무효일 뿐만 아니라 그 어음이 유통되지도 않았다면** 회사는 어음발행의 상대방에게 어음채무를 부담하지 않기 때문에 특별한 사정이 없는 한 회사에 현실적으로 손해가 발생하였다거나 실해 발생의 위험이 발생하였다고도 볼 수 없으므로, 이때에는 배임죄의 기수범이 아니라 **배임미수죄로 처벌하여야 한다.**

해설 및 정답 2019년 제8회 변호사시험 기출문제 20 **정답** ○

대법원 2017. 7. 20. 선고 2014도1104 전원합의체 판결 ★★★★★

문 21. 문서죄에 관한 설명 중 옳은 것은? (다툼이 있는 경우 판례에 의함)

출제예상내용

- 형법 제233조 허위진단서작성죄
- 형법 제230조 공문서부정행사죄
- 형법 제231조 사문서위조죄 · 형법 제234조 위조사문서행사죄
- 형법 제231조 사문서변조죄 · 형법 제234조 변조사문서행사죄
- 형법 제140조 제1항 공무상표시무효죄

사례문제 50 컬러복사기로 복사한 후 복사한 문서 사본을 원본인 것처럼 행사한 행위

중요

01 [선택형] 금융감독원장 명의의 문서에 대한 사문서위조와 동행사 ★★★★★

보이스피싱 현금 수거 및 전달책인 피고인이 성명불상자와 공모하여 금융감독원장 명의의 '금융감독원 대출정보내역'이라는 문서를 위조하여 피해자에게 교부하였다는 이유로 사문서위조 및 동행사죄로 기소된 사안이다. 이에 관한 설명 중 옳은 것은? (다툼이 있는 경우 판례에 의함)

중요 ① 금융위원회법 제29조, 제69조 제1항에서 정한 금융감독원 집행간부인 **금융감독원장 명의의 문서를 위조, 행사한 행위는** 사문서위조죄, 위조사문서행사죄에 해당하는 것이 아니라 **공문서위조죄, 위조공문서행사죄에 해당한다.**

해설 및 정답 대법원 2021. 3. 11. 선고 2020도14666 판결 [사기 · 사기미수 · 공문서위조 · 위조공문서행사 · 사문서위조 · 위조사문서행사] **정답** ○

[**판시사항**] 금융위원회의 설치 등에 관한 법률 제29조, 제69조 제1항에서 정한 금융감독원집행간부인 금융감독원장 명의의 문서가 공문서인지 여부(적극)

[**판결해설**] 제1심과 원심은 금융감독원장 명의의 위 문서를 사문서에 해당한다고 보아 사문서위조 및 동행사죄를 유죄로 인정하였음. 대법원은 금융위원회법 제69조에 대하여 같은 법 제37조에서 정한 업무에 종사하는 금융감독원장 등 금융감독원의 집행간부 및 실 · 국장급 부서의 장 등 금융위원회법 시행령에서 정한 직원에게 공무원과 동일한 책임을 부담시킴과 동시에 그들을 공무원과 동일하게 보호해 주기 위한 필요에서 모든 벌칙의 적용에 있어서 공무원으로 본다고 해석함이 타당하므로, 금융감독원장 명의의 문서를 공문서로 보아 원심을 파기환송하였음.

중요

02 [선택형] 등기사항전부증명서 열람일시 수정 후 복사와 공문서변조 ★★★★★

피고인이 인터넷을 통하여 열람·출력한 등기사항전부증명서 하단의 열람 일시 부분을 수정 테이프로 지우고 복사해 두었다가 이를 타인에게 교부하여 공문서변조 및 변조공문서행사로 기소된 사안이다. 이에 관한 설명 중 옳은 것은? (다툼이 있는 경우 판례에 의함)

① 등기사항전부증명서의 열람 일시는 등기부상 권리관계의 기준 일시를 나타내는 역할을 하는 것으로서 권리관계나 사실관계의 증명에서 중요한 부분에 해당한다.

② 피고인이 등기사항전부증명서의 열람 일시를 삭제하여 복사한 행위는 등기사항전부증명서가 나타내는 권리·사실관계와 다른 새로운 증명력을 가진 문서를 만든 것에 해당하고 그로 인하여 공공적 신용을 해할 위험성도 발생하였다는 볼 수 있어 공문서변조죄가 성립한다.

해설 및 정답 ①~② 대법원 2021. 2. 25. 선고 2018도19043 판결 [공문서변조·변조공문서행사]

정답 ○

[판결요지] [1] 공문서변조죄는 권한 없는 자가 공무소 또는 공무원이 이미 작성한 문서내용에 대하여 동일성을 해하지 않을 정도로 변경을 가하여 새로운 증명력을 작출케 함으로써 공공적 신용을 해할 위험성이 있을 때 성립한다.

[2] 일반인에게 공무원 또는 공무소의 권한 내에서 작성된 문서라고 믿을 수 있는 형식과 외관을 구비한 문서를 작성하면 공문서변조죄가 성립하는 것이다.

[판결해설] 피고인이 등기사항전부증명서의 열람일시를 삭제하여 복사한 행위는 변경 전 등기사항전부증명서가 나타내는 관리·사실관계와 다른 새로운 증명력을 가진 문서를 만든 것에 해당하고 그로 인하여 공공적 신용을 해할 위험성도 발생하였다는 이유로, 피고인의 위와 같은 행위로 인하여 **공공적 신용을 해할 정도의 새로운 증명력이 작출되었다고 볼 수 없다고 판단한 원심을 파기한 사례.**

중요

03 [선택형] 휴대용정보단말기(PDA) 서명란에 특정 부호를 기재한 사건 ★★★★★

피고인이 음주운전으로 단속되자 동생의 이름을 대며 조사를 받다가 휴대용정보단말기(PDA)에 표시된 음주운전단속결과통보 중 운전자의 서명란에 동생의 이름 대신 의미를 알 수 없는 부호(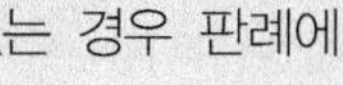

)를 기재한 사건이다. 이에 관한 설명 중 옳은 것은? (다툼이 있는 경우 판례에 의함)

중요 ① 휴대용정보단말기(PDA)의 음주운전단속결과통보 중 운전자 서명 란에 타인의 기명 없이 의미를 알 수 없는 부호를 기재한 경우에도 사서명위조 및 위조사서명행사죄가 성립한다.

해설 및 정답 대법원 2020. 12. 30. 선고 2020도14045 판결 [도로교통법위반(음주운전)·도로교통법위반(무면허운전)·공문서부정행사·사서명위조·위조사서명행사·사문서위조·위조사문서행사] (가) 상고기각 **정답** ○

[판결요지] 사서명(私署名) 등 위조죄가 성립하려면 서명 등이 일반인으로 하여금 특정인의 진정한 서명 등으로 오신하게 할 정도에 이르러야 하고, 일반인이 특정인의 진정한 서명 등으로 오신하기에 충분한 정도인지 여부는 서명 등의 형식과 외관, 작성 경위뿐만 아니라 서명 등이 기재된 문서에 서명 등을 할 필요성, 문서의 작성 경위, 종류, 내용 그리고 일반거래에서 문서가 가지는 기능 등도 함께 고려하여 판단하여야 한다.

중요

04 [선택형] 자신 인감증명서를 이용하여 공문서를 위조·행사한 사건 ★★★★★

피고인이 제주도 콘도 입주민들의 모임인 '한국녹지한라산소진 시설운영위원회' 직인을 행정기관에 등록한 것처럼 꾸미기 위하여 서귀포시 동홍동장이 발급한 개인 인감증명서에 위원회 직인 2개를 날인한 종이를 오려붙이는 방법으로 인감증명서를 위조하고, 이를 메신저 단체대화방에 게재하는 방법으로 행사하였다고 기소된 사안이다. 이에 관한 설명 중 옳은 것은? (다툼이 있는 경우 판례에 의함)

① 피고인이 만든 문서가 공문서로서의 외관과 형식을 갖추었다고 인정하기 어렵고, 공문서위조죄가 성립한다고 보기 어려운 이상 이를 사진촬영한 파일을 단체대화방에 게재한 행위가 위조공문서행사죄에 해당할 수도 없다.

해설 및 정답 대법원 2020. 12. 24. 선고 2019도8443 판결 [업무방해·상해·공문서위조·위조공문서행사] (카) 파기환송 **정답** ○

[판결요지] [1] 형법상 문서에 관한 죄에서 문서란 문자 또는 이에 대신할 수 있는 가독적 부호로 계속적으로 물체상에 기재된 의사 또는 관념의 표시인 원본 또는 이와 사회적 기능, 신용성 등을 동일시할 수 있는 기계적 방법에 의한 복사본으로서 그 내용이 법률상, 사회생활상 주요 사항에 관한 증거로 될 수 있는 것을 말한다.

[2] **컴퓨터 모니터 화면에 나타나는 이미지는 이미지 파일을 보기 위한 프로그램**

을 실행할 경우에 그때마다 전자적 반응을 일으켜 화면에 나타나는 것에 지나지 않아서 계속적으로 화면에 고정된 것으로는 볼 수 없으므로, 형법상 문서에 관한 죄에서의 '문서'에는 해당되지 않는다.

[3] 위조문서행사죄에서 행사란 위조된 문서를 진정한 문서인 것처럼 그 문서의 효용방법에 따라 이를 사용하는 것을 말하고, 위조된 문서를 진정한 문서인 것처럼 사용하는 한 행사의 방법에 제한이 없으므로 **위조된 문서를 스캐너 등을 통해 이미지화한 다음 이를 전송하여 컴퓨터 화면상에서 보게 하는 경우도 행사에 해당하지만, 이는 문서의 형태로 위조가 완성된 것을 전제로 하는 것이므로, 공문서로서의 형식과 외관을 갖춘 문서에 해당하지 않아 공문서위조죄가 성립하지 않는 경우에는 위조공문서행사죄도 성립할 수 없다.**

[판결해설] 원심은 공문서로서의 외관을 갖추었다고 하였으나, 대법원은, ① 피고인이 만든 종이 문서 자체를 ② 평균수준의 사리분별력을 갖춘 일반인이 보았을 때 진정한 문서로 오신할 만한지 여부를 판단해야 하는데, 피고인이 만든 문서가 그와 같은 외관과 형식을 갖추었다고 인정하기는 어렵고, 공문서위조죄가 성립한다고 보기 어려운 이상 이를 사진촬영 하여 메신저 단체대화방에 게재한 행위가 위조공문서행사죄에 해당한다고 할 수도 없으므로, **원심의 판단에는 공문서위조 판단의 기준에 관한 법리오해의 위법이 있다는 이유로 원심판결을 파기환송 한 사례임.**

중요

05 [선택형] 대통령기록물 무단파기 사건 ★★★★★

공용전자기록 등 손상죄에 관한 설명 중 옳은 것은? (다툼이 있는 경우 판례에 의함)

① 형법 제141조 제1항은 공무소에서 사용하는 서류 기타 물건 또는 전자기록 등 특수매체기록을 손상 또는 은닉하거나 기타 방법으로 그 효용을 해한 자를 처벌하도록 규정하고 있다. '공무소에서 사용하는 서류 기타 전자기록'에는 공문서로서의 효력이 생기기 이전의 서류라거나, 정식의 접수 및 결재 절차를 거치지 않은 문서, 결재 상신 과정에서 반려된 문서 등을 포함하는 것으로, 미완성의 문서라고 하더라도 본죄의 성립에는 영향이 없다.

해설 및 정답 대법원 2020. 12. 10. 선고 2015도19296 판결 [대통령기록물관리에관한법률위반 · 공용전자기록등손상] (마) 파기환송 **정답** ○

[판결해설] 문서관리카드에 의사결정과정에서 제기된 의견, 수정된 내용 및 지시사항, 의사결정내용이 기록·관리될 수 있도록 한 구 사무관리규정, 노무현 전 대통령이 첨부한 지시사항의 내용, 문서관리시스템을 통한 업무처리 절차 등에

비추어 노무현 전 대통령은 2007. 10. 21. 이 사건 회의록의 내용을 확인한 후 이 사건 문서관리카드에 서명을 생성함으로써 이 사건 회의록이 첨부된 이 사건 문서관리카드를 공문서로 성립시킨다는 의사를 표시하였고, 이에 따라 이 사건 **문서관리카드는 대통령기록물로 생산되었으며, 공무소에서 사용하는 전자기록에도 해당한다**고 판단하여 원심을 파기한 사안임.

06 [선택형] 형법 제232조의2 사전자기록 '위작'의 의미 ★★★★★

코미드라는 상호로 인터넷 가상화폐 거래소를 운영하는 주식회사 코미드의 대표이사 내지 사내이사인 피고인들이 가상화폐 거래시스템상 차명계정에 허위의 원화 포인트 및 가상화폐 포인트를 입력하고, 이를 위 거래시스템상 표시하게 한 사안이다. 이에 대한 설명으로 옳은 것은? (다툼이 있는 경우 판례에 의함)

① 시스템을 설치·운영하는 주체와의 관계에서 전자기록의 생성에 관여할 권한이 없는 사람이 전자기록을 작출하거나 전자기록의 생성에 필요한 단위정보의 입력을 하는 경우는 물론 시스템의 설치·운영 주체로부터 각자의 직무 범위에서 개개의 단위정보의 입력 권한을 부여받은 사람이[행위주체] **그 권한을 남용하여 허위의 정보를 입력함으로써 시스템 설치·운영 주체의 의사에 반하는 전자기록을 생성하는 경우도**[행위] 형법 제227조의2에서 말하는 전자기록의 '위작'에 포함된다.

② 위 법리는 형법 제232조의2의 사전자기록등위작죄에서 행위의 태양으로 규정한 '위작'에 대해서도 마찬가지로 적용된다.

해설 및 정답 ①~② 대법원 2020. 8. 27. 선고 2019도11294 전원합의체 [사기등] 〈형법 제232조의2에서 정한 사전자기록 '위작'의 의미〉 **정답** ○

[판시사항] 작성권한 있는 자가 그 권한을 남용하여 허위의 정보를 입력함으로써 시스템 설치·운영 주체의 의사에 반하는 전자기록을 생성한 행위가 형법 제232조의2에서 정한 사전자기록의 '위작'에 해당하는지 여부(적극)

[판결해설] 코미드라는 상호로 인터넷 가상화폐 거래소를 운영하는 주식회사 코미드의 대표이사 내지 사내이사인 피고인들이 가상화폐 거래시스템상 차명계정에 허위의 원화 포인트 및 가상화폐 포인트를 입력하고, 이를 위 거래시스템상 표시하게 한 것은 사전자기록등위작죄 및 위작사전자기록등행사죄에 해당한다고 보아, 이를 유죄로 판단한 원심판결을 수긍한 사례. 이러한 다수의견에 대하여 피고인들에 대한 사전자기록등위작 및 위작사전자기록등행사 부분에 관한 대법관 이기택,

대법관 김재형, 대법관 박정화, 대법관 안철상, 대법관 노태악의 반대의견이 있음.

07 [선택형 · 사례형] 공정증서원본 · 공전자기록 불실기재죄 '불실의 사실'

피고인이 甲 유한회사를 설립한 후 회사 명의로 통장을 개설하여 이른바 대포통장을 유통시킬 목적이었을 뿐 회사를 설립한 사실이 없는데도 허위의 회사설립등기 신청서를 법원 등기관에게 제출하여 등기관으로 하여금 상업등기 전산정보처리시스템의 법인등기부에 위 신청서의 기재 내용을 입력하고 이를 비치하게 하였다고 하여 공전자기록 등 불실기재와 불실기재 공전자기록 등 행사의 공소사실로 기소된 사안이다. 이에 대한 설명으로 옳은 것은? (다툼이 있는 경우 판례에 의함)

① 갑 회사 설립등기는 공전자기록 등 불실기재죄에서 말하는 불실의 사실에 해당하지 않는다.

해설 및 정답 대법원 2020. 3. 26. 선고 2019도7729 판결 [사기방조 · 공전자기록등불실기재 · 불실기재공전자기록등행사 · 업무방해 · 전자금융거래법위반] 〈범죄에 이용할 목적으로 유한회사 설립등기를 한 것으로 인한 공전자기록 등 불실기재죄와 그 행사죄가 문제되는 사건〉 **정답** ○

08 [선택형] 공정증서원본 · 공전자기록 불실기재죄 '불실의 사실'

피고인 등이 공모하여, 甲 주식회사를 설립한 후 회사 명의로 통장을 개설하여 이른바 대포통장을 유통시킬 목적이었을 뿐 자본금을 납입하거나 회사를 설립한 사실이 없는데도 허위의 회사설립등기 신청서를 법원 등기관에게 제출하여 등기관으로 하여금 상업등기 전산정보처리시스템의 법인등기부에 위 신청서의 기재 내용을 입력하고 이를 비치하게 하여 행사하였다고 하여 공전자기록 등 불실기재와 불실기재 공전자기록 등 행사의 공소사실로 기소된 사안이다. 이에 대한 설명으로 옳은 것은? (다툼이 있는 경우 판례에 의함)

① 甲 회사에 대한 회사설립등기는 공전자기록 등 불실기재죄에서 말하는 불실의 사실에 해당하지 않는다.

해설 및 정답 대법원 2020. 2. 27. 선고 2019도9293 판결 [공전자기록등불실기재 · 불실기재공전자기록등행사] **정답** ○

09 [선택형] 한국환경공단 '올바로시스템' 공무원 · 공무소 전자기록 판단 사건

형법 제227조의2(공전자기록위작 · 변작)에 대한 설명으로 옳은 것은? (다툼이 있는 경우 판례에 의함)

① **형법 제227조의2(공전자기록위작·변작)는 행위주체가** 공무원과 공무소가 아닌 경우, 형법 또는 특별법으로 공무원으로 의제되는 경우를 제외하고, 계약으로 **공무와 관련되는 업무를 일부 대행하는 경우가 있더라도 공무원 또는 공무소가 될 수 없다.**

② 한국환경공단이 환경부장관의 위탁을 받아 건설폐기물 인계·인수에 관한 내용 등의 전산처리를 위한 전자정보처리프로그램인 올바로시스템을 구축·운영하고 있더라도, 그 업무를 수행하는 **한국환경공단 임직원을 공전자기록의 작성권한자인 공무원으로 보거나 한국환경공단을 공무소로 볼 수는 없다.**

③ 한국환경공단법 등이 한국환경공단 임직원을 형법 제129조 내지 제132조의 적용에 있어 공무원으로 본다고 규정한다고 하여 그들 또는 그들이 직무를 행하는 **한국환경공단을 형법 제227조의2에 정한 공무원 또는 공무소에 해당한다고 보는 것은 형벌법규를 피고인에게 불리하게 확장해석하거나 유추해석하는 것이어서 죄형법정주의 원칙에 반한다.**

중요 ④ **한국환경공단 또는 그 임직원이 환경부장관으로부터 위탁받은 업무와 관련하여 직무상 작성한 문서를 공문서로 볼 수 없다.**

해설 및 정답 ①~④ 대법원 2020. 3. 12. 선고 2016도19170 판결 [사기 · 공전자기록등위작 · 위작공전자기록등행사] (라) 파기환송 〈한국환경공단이 설치 · 운영하는 폐기물정보처리시스템인 '올바로시스템'이 공무원 또는 공무소의 전자기록에 해당하지 않는다고 판단한 사건〉 **정답** ○

중요

10 [선택형] 타인 자동차운전면허증을 촬영한 이미지파일을 제시한 사건 ★★

공문서부정행사죄에 대한 설명으로 옳은 것은? (다툼이 있는 경우 판례에 의함)

① 경찰공무원이 자동차 운전자로부터 **운전면허증의 이미지파일 형태를 제시받**

는 경우에는 그 입수 경위 등을 추가로 조사·확인하지 않는 한 이러한 목적을 달성할 수 없을 뿐만 아니라, 그 이미지파일을 신용하여 **적법한 운전면허증의 제시가 있었던 것으로 취급할 수도 없다.**

② 도로교통법 제92조 제2항에서 제시의 객체로 규정한 **운전면허증은 적법한 운전면허의 존재를 추단 내지 증명할 수 있는 운전면허증 그 자체를 가리키는 것이지, 그 이미지파일 형태는 여기에 해당하지 않는다.**

중요 ③ **자동차 운전자가 경찰공무원에게 다른 사람의 운전면허증 자체가 아니라 이를 촬영한 이미지파일을 휴대전화 화면 등을 통하여 보여주는 행위는 운전면허증의 특정된 용법에 따른 행사라고 볼 수 없다. 이로 인해 경찰공무원이 그릇된 신용을 형성할 위험이 있다고 할 수 없다. 공문서부정행사죄를 구성하지 아니한다.**

해설 및 정답 ①~③ 대법원 2019. 12. 12. 선고 2018도2560 판결 [공문서부정행사·사문서위조·위조사문서행사·도로교통법위반(음주운전)·도로교통법위반(무면허운전)] 〈타인의 자동차운전면허증을 촬영한 이미지파일을 제시하여 공문서부정행사로 공소제기된 사건〉 ★★★★★ **정답** ○

11 [선택형] 이사회 의사록 변조 사건 ★★★★★

갑 학교법인 이사장인 피고인이 갑 법인의 이사회 회의록 중 '이사장의 이사회 내용 사전 유출로 인한 책임을 물어 회의록 서명을 거부합니다. 을'이라고 기재된 부분 및 그 옆에 있던 이사 을의 서명 부분을 지워 회의록을 변조하고, 이를 행사하였다는 내용으로 기소된 사안이다. 사문서변조죄에 관한 설명으로 옳은 것은? (다툼이 있는 경우 판례에 의함)

① 이사가 이사회 회의록에 서명 대신 서명거부사유를 기재하고 그에 대한 서명을 하면, 특별한 사정이 없는 한 그 내용은 이사회 회의록의 일부가 되고, 이사회 회의록의 작성권한자인 이사장이라 하더라도 임의로 이를 삭제한 경우에는 이사회 회의록 내용에 변경을 가하여 새로운 증명력을 가져오게 되므로 사문서변조에 해당한다.

해설 및 정답 대법원 2018. 9. 13. 선고 2016도20954 판결 [사문서변조 등] (자) 파기환송 〈이사회 의사록 변조 사건〉 **정답** ○

12 [선택형] 수감생활 관련 허위진단서 작성 사건

허위진단서작성죄에 관한 설명으로 옳은 것은? (다툼이 있는 경우 판례에 의함)

① 검사가 형집행정지 여부의 판단을 하는 과정에 제출된 **의사의 진단서에 환자(형집행 중인 자)의 수형생활 또는 수감생활이 가능하지 아니하다는 취지의 기재를 한 것에 대하여 진단서 별로 살펴보아 그러한 기재와 결합된 진단 결과 또는 향후 치료 의견이 허위인 제2 진단서는 위 부분도 허위 진단서 작성죄가 성립한다.**

② 형사소송법 제471조 제1항 제1호 형집행정지의 요건인 **'형의 집행으로 인하여 현저히 건강을 해할 염려가 있는 때'에 해당하는지에 대한 판단은 검사가 직권으로 하는 것이다. 그러한 판단 과정에 의사가 진단서 등으로 어떠한 의견을 제시하였다고 하더라도 검사는 그 의견에 구애받지 아니하며,** 검사의 책임 하에 규범적으로 그 형집행정지 여부의 판단이 이루어진다.

③ 의사가 환자의 수형(受刑)생활 또는 수감(收監)생활의 가능 여부에 관하여 기재한 의견이 환자의 건강상태에 기초한 향후 치료 소견의 일부로서 의료적 판단을 기재한 것으로 볼 수 있다면, 이는 **환자의 건강상태를 나타내고 있다는 점에서 허위 진단서 작성의 대상이 될 수 있다.**

④ 의사가 진단서에 단순히 환자의 수형생활 또는 수감생활의 가능 여부에 대한 의견만 기재한 것이 아니라, 그 판단의 근거로 그 환자에 대한 진단 결과 또는 향후 치료의견 등을 함께 제시하였고 그와 결합하여 수형생활 또는 수감생활의 가능 여부에 대하여 판단한 것이라면 그 **전체가 환자의 건강상태를 나타내고 있는 의료적 판단에 해당한다고 할 수 있다. 그러한 판단에 결합된 진단 결과 또는 향후 치료 의견이 허위라면 수형생활 또는 수감생활의 가능 여부에 대한 판단 부분도 허위라고 할 수 있다.**

해설 및 정답 ①~④ 대법원 2017. 11. 9. 선고 2014도15129 판결 [허위진단서작성 등] (자) 상고기각 〈허위진단서작성죄 등의 성립이 문제된 사건〉 **정답** ○

13 [선택형] 사문서변조죄 성립요건 판단 사건

사문서변조죄에 관한 설명으로 옳은 것은? (다툼이 있는 경우 판례에 의함)

① 사문서변조죄는 권한 없는 자가 이미 진정하게 성립된 타인 명의의 문서 내용에 대하여 동일성을 해하지 않을 정도로 변경을 가하여 새로운 증명력을 작출케 함으로써 공공적 신용을 해할 위험성이 있을 때 성립한다. **따라서 이미 진정하게 성립된 타인 명의의 문서가 존재하지 않는다면 사문서변조죄가 성립할 수 없다.**

해설 및 정답 대법원 2017. 12. 5. 선고 2014도14924 판결 [특정경제범죄가중처벌등에관한법률위반(사기)·자본시장과금융투자업에관한법률위반·사문서변조·변조사문서행사·증거변조·변조증거사용] **정답** ○

14 [선택형·사례형·기록형] 경유증표 컬러복사기 복사 사건

변호사인 피고인이 대량의 저작권법 위반 형사고소 사건을 수임하여 피고소인 30명을 각 형사고소하기 위하여 20건 또는 10건의 고소장을 개별적으로 수사관서에 제출하면서 각 하나의 고소위임장에만 소속 변호사회에서 발급받은 진정한 경유증표 원본을 첨부한 후 이를 일체로 하여 컬러복사기로 20장 또는 10장의 고소위임장을 각 복사한 다음 고소위임장과 일체로 복사한 경유증표를 고소장에 첨부하여 접수한 사안이다. 문서죄에 관한 설명으로 옳은 것은? (다툼이 있는 경우 판례에 의함)

중요 ① 문서위조 및 동행사죄의 보호법익은 문서에 대한 공공의 신용이다. 그러므로 **'문서가 원본인지 여부'가 중요한 거래에서 문서의 사본을 진정한 원본인 것처럼 행사할 목적으로 다른 조작을 가함이 없이 문서의 원본을 그대로 컬러복사기로 복사한 후 복사한 문서의 사본을 원본인 것처럼 행사한 행위는 사문서위조죄 및 동행사죄에 해당한다.**

② 사문서위조죄는 명의자가 진정으로 작성한 문서로 볼 수 있을 정도의 형식과 외관을 갖추어 일반인이 명의자의 진정한 사문서로 오신하기에 충분한 정도이면 성립한다.

③ 변호사회가 발급한 경유증표는 증표가 첨부된 변호사선임서 등이 변호사회를 경유하였고 소정의 경유회비를 납부하였음을 확인하는 문서이다. 그러므로 법원, 수사기관 또는 공공기관에 이를 제출할 때에는 원본을 제출하여야 한다. 사본으로 원본에 갈음할 수 없다.

④ 각 고소위임장에 함께 복사되어 있는 변호사회 명의의 경유증표는 원본이 첨부된 고소위임장을 그대로 컬러 복사한 것으로서 일반적으로 문서가 갖추어야 할 형식을 모두 구비하고 있고, 이를 주의 깊게 관찰하지 아니하면 그것이 원본이 아닌 복사본임을 알아차리기 어려울 정도이다. 그러므로 **일반인이 명의자의 진정한 사문서로 오신하기에 충분한 정도의 형식과 외관을 갖추었다. 피고인의 행위가 사문서위조죄 및 동행사죄에 해당한다.**

해설 및 정답 ①~④ 대법원 2016. 7. 14. 선고 2016도2081 판결 **정답** ○

사례문제 50 컬러복사기로 복사한 후 복사한 문서 사본을 원본인 것처럼 행사한 행위

대법원 2016. 7. 14. 선고 2016도2081 판결

[사문서부정행사(인정된 죄명: 사문서위조·위조사문서행사)] 〈경유증표를 컬러복사기로 복사한 것이 위조행위에 해당하는지 문제된 사건〉

Q. '문서가 원본인지 여부'가 중요한 거래에서 문서 사본을 진정한 원본인 것처럼 행사할 목적으로 다른 조작을 가함이 없이 문서 원본을 그대로 컬러복사기로 복사한 후 복사한 문서 사본을 원본인 것처럼 행사한 행위가 사문서위조죄 및 동행사죄에 해당하는지 여부(적극)

Q. 사문서위조죄가 성립하기 위한 위조의 정도

Q. 변호사인 피고인이 대량의 저작권법 위반 형사고소 사건을 수임하여 피고소인 30명을 각 형사고소하기 위하여 20건 또는 10건의 고소장을 개별적으로 수사관서에 제출하면서 각 하나의 고소위임장에만 소속 변호사회에서 발급받은 진정한 경유증표 원본을 첨부한 후 이를 일체로 하여 컬러복사기로 20장 또는 10장의 고소위임장을 각 복사한 다음 고소위임장과 일체로 복사한 경유증표를 고소장에 첨부하여 접수한 사안에서, 피고인의 행위가 사문서위조죄 및 동행사죄에 해당한다고 한 사례

판결요지

문서위조 및 동행사죄의 보호법익은 문서에 대한 공공의 신용이므로 '문서가 **원본인지 여부'가 중요한 거래에서 문서의 사본을 진정한 원본인 것처럼 행사할 목적으로 다른 조작을 가함이 없이 문서의 원본을 그대로 컬러복사기로 복사한 후 복사한 문서의 사본을 원본인 것처럼 행사한 행위는 사문서위조죄 및 동행사죄에 해당한다.** 또한 사문서위조죄는 명의자가 진정으로 작성한 문서로 볼 수 있을 정도의 형식과 외관을 갖추어 일반인이 명의자의 진정한 사문서로 오신하기에 충분한 정도이면 성립한다.

15 [선택형 · 사례형] 경력증명서 위조 사건 · 타인 운전면허증 제시 사건

문서에 관한 설명으로 옳은 것은? (다툼이 있는 경우 판례에 의함)

중요 ① **甲이 다른 서류에 찍혀 있던 乙의 직인을 칼로 오려내어 풀로 붙인 후 이를 복사하여 수상후보자추천서와 경력증명서 각 1통을 만들고 이를 수상자를 선정하는 협회에 발송한 경우**, 동 서류 2통을 주의 깊게 관찰하지 아니하면 그 외관에 비정상적인 부분이 있음을 알아차리기가 어렵다면, 甲에게 **사문서위조죄 및 위조사문서행사죄가 성립한다.**

해설 및 정답 2016년 제5회 변호사시험 기출문제 8 **정답** ○

대법원 2011. 2. 10. 선고 2010도8361 판결 [사문서위조 · 위조사문서행사]

중요 ② **신분을 확인하려는 경찰관에게** 자신의 인적 사항을 속이기 위하여 미리 소지하고 있던 **타인의 운전면허증을 제시하는 경우 공문서부정행사죄가 성립한다.**

해설 및 정답 2014년 제3회 변호사시험 기출문제 7 **정답** ○

대법원 2001. 4. 19. 선고 2000도1985 전원합의체 판결 [공문서부정행사]

[판시사항] [1] 제3자로부터 신분확인을 위하여 신분증명서의 제시를 요구받고 다른 사람의 운전면허증을 제시한 경우, 공문서부정행사죄에 해당하는지 여부(적극)

[참조조문] [1] 형법 제231조

문 22. 일반교통방해죄에 관한 설명 중 옳은 것은? (다툼이 있는 경우 판례에 의함)

출제예상내용
- 집회시위에서 일반교통방해죄
- 일반교통방해죄에서 육로(陸路)의 범위
- 일반교통방해죄 성격

사례문제 51 일반교통방해죄의 기수 시기와 종료 시기

사례문제 52 형법 제185조 일반교통방해죄에서 '육로'의 의미

중요

01 [선택형] 도로에서 집회 · 시위 참가자의 일반교통방해 사건 ★★★★★

2015. 3. 28. 자 공무원연금 개악저지투쟁 시위에 참석한 피고인(전국공무원노조 조합원)이 참가자들과 공동하여 사전 신고된 경로를 이탈한 채 약 30여 분 가량 여의대로 전차로를 행진하고 연좌하는 등의 방법으로 육로의 교통을 방해하였다는 이유로 일반교통방해죄 등으로 기소된 사안이다. 이에 관한 설명 중 옳은 것은? (다툼이 있는 경우 판례에 의함)

① 당초 신고된 범위를 현저히 일탈하거나 집시법 제12조에 의한 조건을 중대하게 위반하여 도로 교통을 방해함으로써 통행을 불가능하게 하거나 현저하게 곤란하게 하는 집회 및 시위에 참가하였다고 하여, 그러한 참가자 모두에게 당연히 일반교통방해죄가 성립하는 것은 아니다.

② 실제로 그 참가자가 위와 같이 신고된 범위의 현저한 일탈 또는 조건의 중대한 위반에 가담하여 교통방해를 유발하는 직접적인 행위를 하였거나, 그렇지 아니할 경우에는 그 참가자의 참가 경위나 관여 정도 등에 비추어 그 참가자에게 공모공동정범으로서의 죄책을 물을 수 있는 경우라야 일반교통방해죄가 성립한다.

해설 및 정답 ①~② 대법원 2021. 7. 15. 선고 2018도11349 판결 [일반교통방해] (다) 파기환송(일부) **정답** ○

[판시사항] [1] 「집회 및 시위에 관한 법률」에 따른 신고를 마치고 도로에서 집회나 시위를 하는 경우에도 예외적으로 일반교통방해죄가 성립할 수 있는지(적

극) [2] 이때 참가자에게 일반교통방해죄가 성립하기 위한 요건

[판결해설] 원심은 집회에 참여한 피고인의 채증사진과 시위 대열의 선두 쪽에 있었다는 피고인의 진술만으로 피고인이 집회의 다른 참가자들과 암묵적·순차적으로 공모하여 신고된 범위의 현저한 일탈 또는 조건의 중대한 위반에 가담하여 도로 교통을 방해하였다고 보아 일반교통방해죄를 유죄로 인정하였다.

[판결해설] 그러나 대법원은 집회가 경찰과의 물리적 충돌이 없는 상태에서 비교적 평화롭게 진행되었고, 여의대로는 왕복 10차로의 넓은 도로이며, 당시 5,000여 명의 집회 참가자들이 외치는 구호나 집회 주최 측의 방송 등으로 인하여 현장이 매우 소란스러웠을 것으로 보이므로 당시 피고인이 교통방해 상황이나 경찰 측의 경고방송의 내용을 정확히 파악하여 사전신고내용에 배치되는 행진을 하고 있다는 사정을 인식하였을 것이라는 점이 합리적 의심 없이 증명되었다고 보기도 어렵다는 등의 이유로 피고인이 집회에 단순 참가한 것으로 보일 뿐, 집회의 신고 범위를 현저히 일탈하거나 조건을 중대하게 위반하는 데에 가담하여 교통방해를 유발하는 직접적인 행위를 하였다거나 일반교통방해죄의 공모공동정범으로서의 죄책을 물을 수 있는 경우에 해당한다고 보기 어렵다고 보아, 원심을 파기환송(일부－일반교통방해 부분)한 사례.

중요

02 [선택형 · 사례형] '세월호 1주기 범국민행동' 추모제 사건

피고인이 집회 및 시위에 관한 법률에 따른 신고 없이 서울광장에서 개최된 '세월호 1주기 범국민행동' 추모제(이하 '甲 집회'라 한다)에 참석한 뒤 다른 집회 참가자들과 함께 질서유지선을 넘어 방송차량을 따라 도로 전 차로를 점거하면서 행진하고, 행진을 제지하는 경찰과 대치하면서 도로에서 머물다가 귀가한 사안이다. 일반교통방해죄에 관한 설명으로 옳은 것은? (다툼이 있는 경우 판례에 의함)

① **일반교통방해죄는 이른바 추상적 위험범**으로서 **교통이 불가능하거나 또는 현저히 곤란한 상태가 발생하면 바로 기수가 되고** 교통방해의 결과가 현실적으로 발생하여야 하는 것은 아니다.

② **일반교통방해죄에서 교통방해 행위는 계속범**의 성질을 가지는 것이어서 교통방해의 상태가 계속되는 한 위법상태는 계속 존재한다.

③ 교통방해를 유발한 집회에 참가한 경우 참가 당시 이미 다른 참가자들에 의해 교통의 흐름이 차단된 상태였더라도 **교통방해를 유발한 다른 참가자들과 암묵적·순차적으로 공모하여 교통방해의 위법상태를 지속시켰다고 평가할 수**

있다면 일반교통방해죄가 성립한다.

해설 및 정답 ①~③ 대법원 2018. 5. 11. 선고 2017도9146 판결 **정답** ○

사례문제 51 일반교통방해죄의 기수 시기와 종료 시기

대법원 2018. 5. 11. 선고 2017도9146 판결
[일반교통방해]

Q. 집회 및 시위에 관한 법률에 따른 신고 없이 이루어진 집회에 참석한 참가자들이 차로 위를 행진하는 등으로 도로 교통을 방해함으로써 통행을 불가능하게 하거나 현저하게 곤란하게 하는 경우, 일반교통방해죄가 성립하는지 여부(적극)

Q. 이때 참가자에게 일반교통방해죄가 성립하기 위한 요건

Q. 일반교통방해죄의 기수 시기와 종료 시기

Q. 교통방해를 유발한 집회에 참가하였으나 참가 당시 이미 다른 참가자들에 의해 교통의 흐름이 차단된 상태였던 경우, 참가자에게 일반교통방해죄가 성립하기 위한 요건

Q. 피고인이 집회 및 시위에 관한 법률에 따른 신고 없이 서울광장에서 개최된 '세월호 1주기 범국민행동' 추모제에 참석한 뒤 다른 집회 참가자들과 함께 질서유지선을 넘어 방송차량을 따라 도로 전 차로를 점거하면서 행진하고, 행진을 제지하는 경찰과 대치하면서 도로에서 머물다가 귀가한 사안에서, 제반 사정을 종합하면 피고인은 일반교통방해죄의 공모공동정범으로서 책임이 있다는 이유로, 이와 달리 본 원심판결에 법리오해 등의 잘못이 있다고 한 사례

판결요지

가. 일반교통방해죄는 이른바 추상적 위험범으로서 교통이 불가능하거나 또는 현저히 곤란한 상태가 발생하면 바로 기수가 되고 교통방해의 결과가 현실적으로 발생하여야 하는 것은 아니다.

나. 또한 **일반교통방해죄에서 교통방해 행위는 계속범의 성질을 가지는 것이어서 교통방해의 상태가 계속되는 한 위법상태는 계속 존재한다.**

다. 따라서 **교통방해를 유발한 집회에 참가한 경우 참가 당시 이미 다른 참가자들에 의해 교통의 흐름이 차단된 상태였더라도 교통방해를 유발한 다른 참가자들과 암묵적·순차적으로 공모하여 교통방해의 위법상태를 지속시켰다고 평가할 수 있다면 일반교통방해죄가 성립한다.**

03 [선택형] 집회시위와 공모공동정범 판단 사건

피고인이 2015. 11. 14. 개최된 민중총궐기 대회 집회에 참가하여 다른 참가자들과 공모하여 교통을 방해하였다는 이유로 기소된 사안이다. 일반교통방해죄에 관한 설명으로 옳은 것은? (다툼이 있는 경우 판례에 의함)

① 집회나 시위로 교통방해 행위를 수반할 경우에 특별한 사정이 없는 한 일반교통방해죄가 성립할 수 있다.

② 집회 및 시위에 관한 법률(이하 '집시법'이라 한다)에 따라 적법한 신고를 마친 집회 또는 시위라고 하더라도 당초에 신고한 범위를 **현저히 벗어나**거나 집시법 제12조에 따른 조건을 **중대하게 위반**하여 도로 교통을 방해함으로써 통행을 불가능하게 하거나 현저하게 곤란하게 하는 경우에는 형법 제185조의 일반교통방해죄가 성립한다.

중요 ③ 이때에도 참가자 모두에게 당연히 일반교통방해죄가 성립하는 것은 아니고, 실제로 **참가자가 위와 같이 신고 범위를 현저하게 벗어나거나 조건을 중대하게 위반하는 데 가담하여 교통방해를 유발하는 직접적인 행위를 하였거나, 참가자의 참가 경위나 관여 정도 등에 비추어 그 참가자에게 공모공동정범의 죄책을 물을 수 있는 경우라야 일반교통방해죄가 성립한다.**

④ 피고인이 교통의 흐름이 차단된 상태에서 시위대에 합류하였다는 이유만으로 교통방해의 추상적인 위험조차 발생시키지 않는다거나 사전에 공모가 없었다고 하여 공모공동정범이 성립하지 않는다.

해설 및 정답 ①~④ 대법원 2018. 1. 24. 선고 2017도11408 판결 **정답** ○

04 [선택형 · 사례형] '육로'의 의미 판단 사건

일반교통방해죄에 관한 설명으로 옳은 것은? (다툼이 있는 경우 판례에 의함)

① 공로에 출입할 수 있는 다른 도로가 있는 상태에서 토지 소유자로부터 일시적인 사용승낙을 받아 통행하거나 토지 소유자가 개인적으로 사용하면서 부수적으로 **타인의 통행을 묵인한 장소에 불과한 도로는 형법 제185조 교통방

해죄에서 말하는 육로에 해당하지 않는다.

해설 및 정답 대법원 2017. 4. 7. 선고 2016도12563 판결 **정답** ○

사례문제 52 형법 제185조 일반교통방해죄에서 '육로'의 의미

대법원 2017. 4. 7. 선고 2016도12563 판결
[일반교통방해][공2017상,1040]

Q. 형법 제185조의 일반교통방해죄에서 말하는 '육로'의 의미

Q. 공로에 출입할 수 있는 다른 도로가 있는 상태에서 토지 소유자로부터 일시적인 사용승낙을 받아 통행하거나 토지 소유자가 개인적으로 사용하면서 부수적으로 타인의 통행을 묵인한 장소에 불과한 도로가 육로에 해당하는지 여부(소극)

판결요지

가. 형법 제185조 일반교통방해죄는 일반 공중의 교통안전을 보호하는 범죄로서 육로 등을 손괴하거나 장애물로 막는 방법으로 교통을 방해하여 통행을 불가능하게 하거나 현저하게 곤란하게 하는 일체의 행위를 처벌함을 목적으로 한다.

나. '육로'란 일반 공중의 왕래에 제공된 장소, 즉 특정인에 한하지 않고 불특정 다수인 또는 차마가 자유롭게 통행할 수 있는 공공성을 지닌 장소를 말한다.

다. 통행로를 이용하는 사람이 적은 경우에도 위 규정에서 말하는 육로에 해당할 수 있다. 그러나 **공로에 출입할 수 있는 다른 도로가 있는 상태에서 토지 소유자로부터 일시적인 사용승낙을 받아 통행하거나 또는 토지 소유자가 개인적으로 사용하면서 부수적으로 타인의 통행을 묵인한 장소에 불과한 도로는 위 규정에서 말하는 육로에 해당하지 않는다.**

문 23. 뇌물죄에 관한 설명 중 옳은 것은? (다툼이 있는 경우 판례에 의함)

출제예상내용
- 뇌물의 개념
- 수수의 개념
- 형법 제130조 제3자뇌물제공죄
- 형법 제131조 수뢰후부정처사죄·알선수뢰죄
- 특가법 뇌물죄 가중처벌(뇌물가액): 제2조 제1호 1억원 이상, 제2호 5천만 원 이상, 제3호 3천만 원 이상
- 형법 제132조 알선수뢰죄

사례문제 53 뇌물수수죄의 성립요건인 직무관련성

사례문제 54 제3자뇌물수수죄와 직권남용권리행사방해죄 죄수관계(=상상적 경합범)

중요

01 [선택형] 뇌물공여자의 특정 방법과 금품 · 재산상 이익 수수 방법 ★★★★★

공무원인 피고인 갑은 피고인 을로부터 "선물을 할 사람이 있으면 새우젓을 보내 주겠다."라는 말을 듣고 이를 승낙한 뒤 새우젓을 보내고자 하는 329명의 명단을 피고인 을에게 보내 주고 피고인 을로 하여금 위 사람들에게 피고인 갑의 이름을 적어 마치 피고인 갑이 선물을 하는 것처럼 총 11,186,000원 상당의 새우젓을 택배로 발송하게 하고 그 대금을 지급하지 않는 방법으로 직무에 관하여 뇌물을 교부받고, 피고인 을은 피고인 갑에게 뇌물을 공여하였다는 내용으로 기소된 사안이다. 이에 관한 설명 중 옳은 것은? (다툼이 있는 경우 판례에 의함)

① 뇌물죄는 공여자의 출연에 의한 수뢰자의 영득의사의 실현으로서, 공여자의 특정은 직무행위와 관련이 있는 이익의 부담 주체라는 관점에서 파악하여야 할 것이므로, **금품이나 재산상 이익 등이 반드시 공여자와 수뢰자 사이에 직접 수수될 필요는 없다.**

중요 ② 피고인 을과 피고인 갑 사이에 새우젓 제공에 관한 의사의 합치가 존재하고 위와 같은 제공방법에 관하여 피고인 갑이 양해하였다고 보이므로, 피고인 을의 새우젓 출연에 의한 피고인 갑의 영득의사가 실현되어 **형법 제129조 제1항의 뇌물공여죄 및 뇌물수수죄가 성립하고, 공여자와 수뢰자 사이에 직접 금**

품이 수수되지 않았다는 사정만으로 이와 달리 볼 수 없다.

해설 및 정답 ①~② 대법원 2020. 9. 24. 선고 2017도12389 판결 [뇌물공여 · 뇌물수수] **정답** ○

[판시사항] [1] 뇌물죄에서 뇌물공여자의 특정 방법 및 금품이나 재산상 이익 등이 반드시 공여자와 수뢰자 사이에 직접 수수되어야 하는지 여부(소극) [2] 공무원인 피고인 갑은 피고인 을로부터 "선물을 할 사람이 있으면 새우젓을 보내 주겠다."라는 말을 듣고 이를 승낙한 뒤 새우젓을 보내고자 하는 사람들의 명단을 피고인 을에게 보내 주고 피고인 을로 하여금 위 사람들에게 피고인 갑의 이름을 적어 마치 피고인 갑이 선물을 하는 것처럼 새우젓을 택배로 발송하게 하고 그 대금을 지급하지 않는 방법으로 직무에 관하여 뇌물을 교부받고, 피고인 을은 피고인 갑에게 뇌물을 공여하였다는 내용으로 기소된 사안에서, 피고인 을의 새우젓 출연에 의한 피고인 갑의 영득의사가 실현되어 형법 제129조 제1항의 뇌물공여죄 및 뇌물수수죄가 성립하고, 공여자와 수뢰자 사이에 직접 금품이 수수되지 않았다는 사정만으로 이와 달리 볼 수 없다고 한 사례.

[판결요지] 뇌물죄는 공여자의 출연에 의한 수뢰자의 영득의사의 실현으로서, 공여자의 특정은 직무행위와 관련이 있는 이익의 부담 주체라는 관점에서 파악하여야 할 것이므로, 금품이나 재산상 이익 등이 반드시 공여자와 수뢰자 사이에 직접 수수될 필요는 없다.

중요

02 [선택형 · 사례형] 공무원의 직무 관련 금품 수수(뇌물) 사건

뇌물죄에 대한 설명으로 옳은 것은? (다툼이 있는 경우 판례에 의함)

① **뇌물죄는 공무원의 직무집행의 공정과 이에 대한 사회의 신뢰 및 직무행위의 불가매수성을 그 보호법익으로 하고 있고 직무에 관한 청탁이나 부정한 행위를 필요로 하는 것은 아니다.** 그러므로 **수수된 금품의 뇌물성을 인정하는 데 특별한 청탁이 있어야만 하는 것은 아니다.** 또한 금품이 직무에 관하여 수수된 것으로 족하고 개개의 직무행위와 대가적 관계가 있을 필요는 없다.

② 공무원의 직무와 관련하여 금품을 수수하였다면 비록 사교적 의례의 형식을 빌어 금품을 주고받았다 하더라도 그 수수한 금품은 뇌물이 된다.

③ 횡령 범행으로 취득한 돈을 공범자끼리 수수한 행위가 공동정범들 사이의 범행에 의하여 취득한 돈을 공모에 따라 내부적으로 분배한 것에 지나지 않는다면 별도로 그 돈의 수수행위에 관하여 뇌물죄가 성립하는 것은 아니다.

해설 및 정답 ①~③ 대법원 2019. 11. 28. 선고 2018도20832 판결 [특정범죄가중처벌등에관한법률위반(뇌물) [예비적 죄명: 특정범죄가중처벌등에관한법률위반(국고등손실)방조 · 장물취득] **정답** ○

중요 **03** [선택형] 공무원 · 비공무원 공모, 기업 대표 뇌물수수와 강요 사건(삼성)

뇌물죄에 관한 설명으로 옳은 것은? (다툼이 있는 경우 판례에 의함)

① 다른 사람의 진술, 즉 원진술의 내용인 사실이 요증사실인 경우에는 전문증거이다. 그러나 **원진술의 존재 자체가 요증사실인 경우에는 본래증거이지 전문증거가 아니다.**

② 어떠한 내용의 진술을 하였다는 사실 자체에 대한 정황증거로 사용될 것이라는 이유로 서류의 증거능력을 인정한 다음 그 사실을 다시 진술 내용이나 그 진실성을 증명하는 간접사실로 사용하는 경우에 그 서류는 전문증거에 해당한다. 서류가 그곳에 기재된 원진술의 내용인 사실을 증명하는 데 사용되어 원진술의 내용인 사실이 요증사실이 되기 때문이다. 이러한 경우 형사소송법 제311조부터 제316조까지 정한 요건을 충족하지 못한다면 증거능력이 없다.

③ **공무원이 아닌 사람('비공무원')이 공무원과 공동가공의 의사와 이를 기초로 한 기능적 행위지배를 통하여 공무원의 직무에 관하여 뇌물을 수수하는 범죄를 실행하였다면** 공무원이 직접 뇌물을 받은 것과 동일하게 평가할 수 있다. 그러므로 **공무원과 비공무원에게 형법 제129조 제1항에서 정한 뇌물수수죄의 공동정범이 성립한다.**

④ 공무원과 공동정범 관계에 있는 비공무원은 제3자뇌물수수죄에서 말하는 제3자가 될 수 없다. **공무원과 공동정범 관계에 있는 비공무원이 뇌물을 받은 경우에는 공무원과 함께 뇌물수수죄의 공동정범이 성립한다. 제3자뇌물수수죄는 성립하지 않는다.**

⑤ **뇌물수수죄의 공범들 사이에 직무와 관련하여 금품이나 이익을 수수하기로 하는 명시적 또는 암묵적 공모관계가 성립하고 공모 내용에 따라 공범 중 1인이 금품이나 이익을 주고받았다면,** 특별한 사정이 없는 한 이를 주고받은 때 그 **금품이나 이익 전부에 관하여 뇌물수수죄의 공동정범이 성립하고, 금품**

이나 이익의 규모나 정도 등에 대하여 사전에 서로 의사의 연락이 있거나 금품 등의 구체적 금액을 공범이 알아야 공동정범이 성립하는 것은 아니다.

⑥ 금품이나 이익 전부에 관하여 뇌물수수죄의 공동정범이 성립한 이후에 뇌물이 실제로 공동정범인 공무원 또는 비공무원 중 누구에게 귀속되었는지는 이미 성립한 뇌물수수죄에 영향을 미치지 않는다.

⑦ 공무원인 행위자가 상대방에게 어떠한 이익 제공을 요구한 경우 위와 같은 해악의 고지로 인정될 수 없다면 직권남용이나 뇌물 요구 등이 될 수는 있어도 협박을 요건으로 하는 강요죄가 성립하기는 어렵다.

⑧ 공여자가 공무원의 요구에 따라 비공무원에게 뇌물을 공여한 경우 공무원과 비공무원 사이의 관계가 형법 제129조 제1항 뇌물수수죄의 공동정범에 해당한다. 공여자가 이러한 사실을 인식하였다면 공여자에게 형법 제133조 제1항, 제129조 제1항에서 정한 뇌물공여죄의 고의가 인정된다.

⑨ 뇌물수수자가 법률상 소유권 취득의 요건을 갖추지는 않았더라도 뇌물로 제공된 물건에 대한 점유를 취득하고 뇌물공여자 또는 법률상 소유자로부터 반환을 요구받지 않는 관계에 이른 경우에는 그 물건에 대한 실질적인 사용·처분권한을 갖게 되어 그 물건 자체를 뇌물로 받은 것으로 보아야 한다.

해설 및 정답 ①~⑨ 대법원 2019. 8. 29. 선고 2018도13792 전원합의체 판결 [직권남용권리행사방해·강요(일부 인정된 죄명: 강요미수)·강요미수·사기미수·증거인멸교사·특정범죄가중처벌등에관한법률위반(뇌물)·특정범죄가중처벌등에관한법률위반(뇌물)(인정된 죄명: 뇌물수수)·특정범죄가중처벌등에관한법률위반(알선수재)] 〈공무원과 비공무원이 공모한, 기업 대표 등에 대한 뇌물 수수와 강요 등 사건〉 ★★★★★

정답 ○

중요

04 [선택형·사례형·기록형] 뇌물수수죄 직무관련성 판단 사건

뇌물죄에 관한 설명으로 옳은 것은? (다툼이 있는 경우 판례에 의함)

① 형법 제129조 제1항의 뇌물수수죄가 성립하려면 공무원이 그 직무에 관하여 뇌물을 수수하여야 한다. 따라서 공무원이 이익을 수수한 행위가 공무원의 직무와

관련이 없다면 뇌물수수죄는 성립하지 않는다. 공무원이 장래에 담당할 직무에 대한 대가로 이익을 수수한 경우에도 뇌물수수죄가 성립할 수 있다. 하지만 그 이익을 수수할 당시 장래에 담당할 직무에 속하는 사항이 그 수수한 이익과 관련된 것임을 확인할 수 없을 정도로 막연하고 추상적이거나, 장차 그 수수한 이익과 관련지을 만한 직무권한을 행사할지 자체를 알 수 없다면, 그 이익이 장래에 담당할 직무에 관하여 수수되었다거나 그 대가로 수수되었다고 단정하기 어렵다.

해설 및 정답 대법원 2017. 12. 22. 선고 2017도12346 판결 **정답** ○

사례문제 53 뇌물수수죄의 성립요건인 직무관련성

대법원 2017. 12. 22. 선고 2017도12346 판결

[특정범죄가중처벌등에관한법률위반(뇌물)·제3자뇌물수수·위계공무집행방해·금융실명거래및비밀보장에관한법률위반·뇌물공여]

Q. 뇌물죄에서 뇌물성을 인정하는 데 특별히 의무위반 행위나 청탁의 유무 등을 고려할 필요 또는 금품수수 시기와 직무집행 행위의 전후를 가릴 필요가 있는지 여부(소극)

Q. 뇌물죄에서 말하는 '직무'의 범위

Q. 뇌물수수죄의 성립요건인 직무관련성

Q. 공무원이 장래에 담당할 직무에 대한 대가로 이익을 수수한 경우, 뇌물수수죄가 성립할 수 있는지 여부(적극)

Q. 이때 수수한 이익과 장래에 담당할 직무와의 관련성 정도

Q. 형법 제132조에서 말하는 '다른 공무원의 직무에 속한 사항의 알선에 관하여 뇌물을 수수한다'는 의미

Q. 알선뇌물수수죄가 성립하기 위하여 뇌물을 수수할 당시 상대방에게 알선에 의하여 해결을 도모하여야 할 현안이 반드시 존재하여야 하는지 여부(소극) 및 '알선할 사항'의 특정 정도

Q. 금융실명거래 및 비밀보장에 관한 법률이 불법·탈법적 목적에 의한 타인 실명의 금융거래를 처벌하는 취지

Q. 금융실명거래 및 비밀보장에 관한 법률 제3조 제3항에서 규정한 탈법행위의 목적으로 타인의 실명으로 금융거래를 함으로써 같은 법 제6조 제1항 위반죄가 성립하는지 여부(적극)

Q. 타인의 의사와 관계없이 자유롭게 금융거래를 할 수 있는 경우에만 위 범죄가 성립하는지 여부(소극)

판결요지

[1] **형법 제129조 제1항의 뇌물수수죄가 성립하려면 공무원이 그 직무에 관하여 뇌물을 수수하여야 한다.** 따라서 공무원이 이익을 수수한 행위가 공무원의 직무와 관련이 없다면 뇌물수수죄는 성립하지 않는다.

[2] 상대방에게 뇌물을 수수하는 자에게 잘 보이면 어떤 도움을 받을 수 있다거나 손해를 입을 염려가 없다는 정도의 막연한 기대감을 갖게 하는 정도에 불과하고, 뇌물을 수수하는 자 역시 상대방이 그러한 기대감을 가질 것이라고 짐작하면서 수수하였다는 사정만으로는 알선뇌물수수죄가 성립하지 않는다.

중요

05 [선택형 · 사례형 · 기록형] 제3자뇌물수수죄와 직권남용권리행사죄 죄수

뇌물죄에 관한 설명으로 옳은 것은? (다툼이 있는 경우 판례에 의함)

① 제3자뇌물수수죄는 공무원 또는 중재인이 직무에 관하여 부정한 청탁을 받고 제3자에게 뇌물을 공여하게 하는 행위를 구성요건으로 한다. 그중 부정한 청탁은 명시적인 의사표시뿐만 아니라 묵시적인 의사표시로도 가능하다. 청탁의 대상인 직무행위의 내용도 구체적일 필요가 없다.

② 제3자뇌물수수죄에서 부정한 청탁의 내용은 구체적으로 기재되어 있지 않더라도 공무원 또는 중재인의 직무와 제3자에게 제공되는 이익 사이의 대가관계를 인정할 수 있을 정도로 특정되면 충분하다.

중요 ③ **제3자뇌물수수죄에서 제3자란 행위자와 공동정범 이외의 사람을 말하고, 교사자나 방조자도 포함될 수 있다.**

중요 ④ **공무원 또는 중재인이 부정한 청탁을 받고 제3자에게 뇌물을 제공하게 하고 제3자가 그러한 공무원 또는 중재인의 범죄행위를 알면서 방조한 경우에는 그에 대한 별도의 처벌규정이 없더라도 방조범에 관한 형법총칙의 규정이 적용되어 제3자뇌물수수방조죄가 인정될 수 있다.**

⑤ 범죄수익은닉의 규제 및 처벌 등에 관한 법률 제2조 제2호 '(가)목의 범죄수익'에는 중대범죄의 범죄행위에 의하여 새로 만들어지거나 그 범죄행위로 직접 취득한 재산 또는 범죄행위에 대한 직접적 대가로서 취득한 재산은 포함

되지만, **단순히 그 범죄행위와 관계된 재산이나 범죄수익을 보유하거나 처분하여 2차적으로 얻은 재산은 포함되지 않는다.**

중요 ⑥ 공무원이 직무관련자에게 제3자와 계약을 체결하도록 요구하여 계약 체결을 하게 한 행위가 제3자뇌물수수죄의 구성요건과 직권남용권리행사방해죄의 구성요건에 모두 해당하는 경우에는, **제3자뇌물수수죄와 직권남용권리행사방해죄가 각각 성립하되, 이는 사회 관념상 하나의 행위가 수 개의 죄에 해당하는 경우이므로 두 죄는 형법 제40조의 상상적 경합관계에 있다.**

중요 ⑦ **공무원 또는 중재인의 범죄행위를 알면서 방조한 경우 제3자뇌물수수방조죄가 성립한다.**

해설 및 정답 ①~⑦ 대법원 2017. 3. 15. 선고 2016도19659 판결 **정답** ○

사례문제 54 제3자뇌물수수죄와 직권남용권리행사방해죄 죄수관계(=상상적 경합범)

대법원 2017. 3. 15. 선고 2016도19659 판결

[뇌물수수(피고인1에 대하여 일부 인정된 죄명: 제3자뇌물수수, 피고인2에 대하여 인정된 죄명: 제3자뇌물수수방조)·제3자뇌물수수·직권남용권리행사방해·범죄수익은닉의규제및처벌등에관한법률위반(인정된 죄명: 범죄수익은닉의규제및처벌등에관한법률위반)·직무유기]

Q. 제3자뇌물수수죄에서 필요한 공소사실의 특정 정도

Q. 제3자뇌물수수죄에서 '제3자'의 의미

Q. 공무원 또는 중재인이 부정한 청탁을 받고 제3자에게 뇌물을 제공하게 하고 제3자가 그러한 공무원 또는 중재인의 범죄행위를 알면서 방조한 경우, 제3자뇌물수수방조죄가 성립하는지 여부(적극)

Q. 범죄수익은닉의 규제 및 처벌 등에 관한 법률 제2조 제2호 '(가)목의 범죄수익'의 범위

Q. 공무원이 직무관련자에게 제3자와 계약을 체결하도록 요구하여 계약 체결을 하게 한 행위가 제3자뇌물수수죄의 구성요건과 직권남용권리행사방해죄의 구성요건에 모두 해당하는 경우, 제3자뇌물수수죄와 직권남용권리행사방해죄가 각각 성립하는지 여부(적극) 및 두 죄의 죄수관계(=상상적 경합범)

판결요지

가. 제3자뇌물수수죄는 공무원 또는 중재인이 직무에 관하여 부정한 청탁을 받고 제3자에게 뇌물을 공여하게 하는 행위를 구성요건으로 한다. 그중 부정한 청탁은 명시적인 의사표시뿐만 아니라 묵시적인 의사표시로도 가능하다. 청탁의 대상인 직무행위의 내용도 구체적일 필요가 없다.

나. 이러한 점에 비추어 살펴보면, 제3자뇌물수수죄의 공소사실은 범죄의 일시, 장소를 비롯하여 구성요건사실이 다른 사실과 구별되어 **공소사실의 동일성 범위를 구분할 수 있고, 피고인 방어권 행사에 지장이 없는 정도로 기재되면 특정이 되었다고 보아야 하고, 그중 부정한 청탁의 내용은 구체적으로 기재되어 있지 않더라도 공무원 또는 중재인 직무와 제3자에게 제공되는 이익 사이 대가관계를 인정할 수 있을 정도로 특정되면 충분하다.**

다. 제3자뇌물수수죄에서 제3자란 행위자와 공동정범 이외의 사람을 말하고, 교사자나 방조자도 포함될 수 있다. 공무원 또는 중재인이 부정한 청탁을 받고 제3자에게 뇌물을 제공하게 하고 제3자가 그러한 **공무원 또는 중재인의 범죄행위를 알면서 방조한 경우에는 별도의 처벌규정이 없더라도 방조범에 관한 형법총칙 규정이 적용되어 제3자뇌물수수방조죄가 인정될 수 있다.**

라. 공무원이 직무관련자에게 제3자와 계약을 체결하도록 요구하여 계약 체결을 하게 한 행위가 제3자뇌물수수죄의 구성요건과 직권남용권리행사방해죄의 구성요건에 모두 해당하는 경우, **제3자뇌물수수죄와 직권남용권리행사방해죄가 각각 성립한다. 이는 사회 관념상 하나의 행위가 수 개의 죄에 해당하는 경우이므로 두 죄는 형법 제40조의 상상적 경합관계에 있다.**

관련법조항 ●● 형법 제130조(제삼자뇌물제공)

공무원 또는 중재인이 그 직무에 관하여 부정한 청탁을 받고 제3자에게 뇌물을 공여하게 하거나 공여를 요구 또는 약속한 때에는 5년 이하의 징역 또는 10년 이하의 자격정지에 처한다.

문 24. 공무집행방해죄에 관한 설명 중 옳은 것은? (다툼이 있는 경우 판례에 의함)

출제예상내용
- 형법 제136조 공무집행방해죄
- 형법 제137조 위계공무집행방해죄
- 형법 제144조 특수공무방해 · 특수공무집행치상죄
- 형법 제123조 직권남용권리행사방해죄
- 형법 제124조 직권남용죄체포죄
- 형법 제127조 공무상비밀누설죄

사례문제 55 공무집행방해죄에서 '직무를 집행하는'의 의미와 판단 방법

사례문제 56 직권남용체포죄와 직권남용권리행사방해죄

중요

01 [선택형] 온라인 여론조작 활동 지시와 직권남용권리행사방해죄 ★★★★★

직권남용권리행사방해죄에 관한 설명 중 옳은 것은? (다툼이 있는 경우 판례에 의함)

중요 ① 직권남용권리행사방해죄는 국가기능의 공정한 행사라는 국가적 법익을 보호하는 데 주된 목적이 있으므로, 공무원이 동일한 사안에 관한 일련의 직무집행 과정에서 단일하고 계속된 범의로 일정 기간 계속하여 저지른 직권남용행위에 대하여는 설령 그 상대방이 여러 명이더라도 포괄일죄가 성립할 수 있다.

② 직무집행의 기준과 절차가 법령에 구체적으로 명시되어 있고 실무 담당자에게도 직무집행의 기준을 적용하고 절차에 관여할 고유한 권한과 역할이 부여되어 있다면 실무 담당자에게 그러한 기준과 절차를 위반하여 직무집행을 보조하게 한 경우에는 '의무 없는 일을 하게 한 때'에 해당한다.

해설 및 정답 ①~② 대법원 2021. 9. 9. 선고 2021도2030 판결 [직권남용권리행사방해] (바) 파기환송(일부) **정답** ○

[판시사항] [1] 공무원이 동일한 사안에 관한 일련의 직무집행 과정에서 단일하고 계속된 범의로 일정 기간 계속하여 저지른 직권남용행위에 대하여는 그 상대

방이 여러 명이더라도 포괄일죄가 성립할 수 있는지 여부(적극) 및 이를 판단하는 기준 [2] 공무원이 자신의 직무권한에 속하는 사항에 관하여 실무 담당자로 하여금 직무집행을 보조하게 한 행위가 '의무 없는 일을 하게 한 때'에 해당하는 경우 및 이에 해당하는지 판단하는 기준

[판결요지] 대법원은 위 1.항 기재 법리를 기초로 원심판결 중 면소 부분에 대하여, **피고인의 관련 행위(온라인 여론조작 활동 지시 또는 불법 신원조회 활동 지시)는 동일한 사안에 관한 일련의 직무집행 과정에서 단일하고 계속된 범의로 일정 기간 계속하여 저지른 직권남용행위에 해당하므로 그 전체 범행에 대하여 포괄하여 하나의 직권남용죄가 성립한다**고 보아, 직권남용행위의 상대방별로 별개의 죄가 성립함을 전제로 일부 상대방에 대한 범행에 대하여 별도로 공소시효가 완성되었다고 판단한 원심판결에 직권남용죄의 죄수에 관한 법리를 오해한 잘못이 있다고 판단하였음.

[판결해설] 대법원은 위 2.항 기재 법리를 기초로 원심판결 중 피고인이 의무 없는 일을 하게 한 때에 해당하지 않는다는 이유로 무죄로 판단한 부분에 대하여, **피고인의 지시를 이행한 실무 담당자들의 행위(온라인 여론조작 활동, 인터넷상에서 발간되는 잡지의 제작 및 전송)를 두고 피고인의 직무집행을 보조하는 사실행위에 불과하다고 할 수 없고, 피고인이 실무 담당자들로 하여금 법령에 명시된 직무집행의 기준을 위반하여 직무집행을 보조하게 한 경우에 해당하므로, 피고인이 실무 담당자들로 하여금 법령상 의무 없는 일을 하게 한 때에 해당한다**고 보아, 이와 달리 판단한 원심판결에 직권남용죄에 관한 법리를 오해한 잘못이 있다고 판단하였음.

중요

02 [선택형] 적법한 공무집행 ★★★★★

경찰관들의 체포영장 집행에 관한 정당한 공무집행을 방해하였다는 이유로 공소제기된 사건이다. 이에 관한 설명 중 옳은 것은? (다툼이 있는 경우 판례에 의함)

① 건조물을 수색하기에 앞서 수색영장을 발부받기 어려운 긴급한 사정이 있었다고 볼 수 없음에도 수색영장 없이 경찰이 이 사건 건조물을 수색한 행위는 적법한 공무집행에 해당하지 아니한다.

해설 및 정답 대법원 2021. 5. 27. 선고 2018도13458 판결 [특수공무집행방해치상·특수공무집행방해] (카) 상고기각 **정답** ○

[판시사항] [1] 헌법재판소가 구 형사소송법 제216조 제1항 제1호 중 제200조의2에 관한 부분('구법 조항')에 대해 헌법불합치결정을 하면서 일정 시한까지 계속

적용을 명한 부분의 효력이 '수색영장 없이 타인의 주거 등을 수색하여 피의자를 체포할 긴급한 필요가 없는 경우'에까지 미치는지 여부(소극) [2] 입법자가 위 헌법불합치결정에 따라 구법 조항을 개정하면서 부칙에 '개정 조항'의 소급적용에 관한 경과조치를 두고 있지 않은 경우, 위 헌법불합치결정을 하게 된 당해 사건 및 위 헌법불합치결정 당시 구법 조항의 위헌 여부가 쟁점이 되어 법원에 계속 중인 사건에 대하여 위 헌법불합치결정의 소급효가 미치는지 여부(적극) [3] 이들 사건에 대하여는 위헌성이 제거된 개정 조항을 적용하여야 하는지 여부(적극)

중요

03 [선택형] 위계에 의한 공무집행방해죄에서 '위계'의 의미와 미수 ★★★★★

특정 정당 소속 지방의회의원인 피고인들 등이 지방의회 의장 선거를 앞두고 '갑을 의장으로 추대'하기로 서면합의하고 그 이행을 확보하기 위해 투표용지에 가상의 구획을 설정하고 각 의원별로 기표할 위치를 미리 정하기로 구두합의하는 방법으로 선거를 사실상 기명·공개투표로 치르기로 공모한 다음 그 정을 모르는 임시의장 을이 선거를 진행할 때 사전공모에 따라 투표하여 단독 출마한 갑이 의장에 당선되도록 하여 위계로써 을의 무기명투표 관리에 관한 직무집행을 방해하였다는 내용으로 기소된 사안이다. 이에 관한 설명 중 옳은 것은? (다툼이 있는 경우 판례에 의함)

① 위계에 의한 공무집행방해죄에서 위계란 행위자의 행위목적을 이루기 위하여 상대방에게 오인, 착각, 부지를 일으키게 하여 그 오인, 착각, 부지를 이용하는 것을 말하는 것으로 상대방이 이에 따라 그릇된 행위나 처분을 하여야만 이 죄가 성립하는 것이다.

② 만약 범죄행위가 구체적인 공무집행을 저지하거나 현실적으로 곤란하게 하는 데까지는 이르지 아니하고 미수에 그친 경우에는 위계에 의한 공무집행방해죄로 처벌할 수 없다.

해설 및 정답 ①~② 대법원 2021. 4. 29. 선고 2018도18582 판결 [위계공무집행방해]

정답 ○

[판시사항] [1] 위계에 의한 공무집행방해죄에서 '위계'의 의미 및 상대방이 위계에 따라 그릇된 행위나 처분을 하여야만 위 죄가 성립하는지 여부(적극) [2] 구체적인 공무집행을 저지하거나 현실적으로 곤란하게 하는 데까지는 이르지 아니하고 미수에 그친 경우, 위계에 의한 공무집행방해죄로 처벌할 수 있는지 여부(소극)

[판결해설] **피고인들이 '지방의회 임시의장의 무기명투표 관리에 관한 직무집행을 방해'하였다고 평가할 사정에 관한 검사의 증명이 없거나 부족하다**는 등의 이유로, 피고인들에게 유죄를 인정한 원심판결에 위계에 의한 공무집행방해죄의 성립에서 위계의 실행행위와 공무집행방해의 결과 및 그 고의에 관한 법리 등을 오해한 잘못이 있다고 한 사례.

중요

04 [선택형] 국가정보원 지휘부의 직권남용과 국가정보원법 위반 사건 ★★★★★

직권남용권리행사방해죄와 포괄일죄에 관한 설명 중 옳은 것은? (다툼이 있는 경우 판례에 의함)

① 직권남용으로 인한 국가정보원법 위반죄의 객체인 **'사람'은 행위자와 공범자 이외의 모든 타인을 말한다. 그러므로 행위자의 부하 공무원은 물론 기타 공무원도 거기에 포함될 수 있다.**

② **동일 죄명에 해당하는 수 개의 행위를 단일하고 계속된 범의로 일정 기간 계속하여 행하고 그 피해법익도 동일한 경우에는 이들 각 행위를 통틀어 포괄일죄로 처단하여야 하고, 그 경우 공소시효는 최종의 범죄행위가 종료한 때로부터 진행한다.**

해설 및 정답 대법원 2021. 3. 11. 선고 2020도12583 판결 [특정범죄가중처벌등에관한법률위반(국고등손실)[피고인 1, 피고인 3에 대한 예비적 죄명 및 피고인 2에 대한 일부 예비적 죄명: 특정경제범죄가중처벌등에관한법률위반(횡령), 피고인 2, 피고인 10에 대한 일부 예비적 죄명: 업무상횡령, 피고인 2에 대한 일부 예비적 죄명: 업무상배임, 피고인 2, 피고인 3에 대하여 일부 인정된 죄명: 업무상횡령]·위증·국가정보원법위반(피고인 9에 대하여 일부 변경된 죄명: 강요)·업무방해·노동조합및노동관계조정법위반·업무상횡령·뇌물공여·허위공문서작성·허위작성공문서행사·정보통신망이용촉진및정보보호등에관한법률위반(명예훼손)] **정답** ○

[판시사항] [1] 직권남용권리행사방해죄에서 말하는 '직권남용'의 의미 및 직권의 '남용'에 해당하는지 판단하는 기준 [2] 직권남용권리행사방해죄에서 말하는 '사람으로 하여금 의무 없는 일을 하게 한 때'의 의미 [3] 공무원이 자신의 직무권한에 속하는 사항에 관하여 실무 담당자로 하여금 직무집행을 보조하게 하는 행위가 '의무 없는 일을 하게 한 때'에 해당하는 경우 및 이에 해당하는지 판단하는 기준 [4] 국가정보원법에 직권남용권리행사방해죄에 관한 처벌 규정을 별도로 두고 있는 취지 [5] 직권남용으로 인한 국가정보원법 위반죄가 성립하는지 판단할 때 고려하여야 할 사항 [6] 직권남용으로 인한 국가정보원법 위반죄의 객체인 '사

람'의 의미 [7] **수 개의 범죄행위가 포괄일죄를 구성하는 경우 및 이때 공소시효의 기산점(=최종의 범죄행위가 종료한 때)** [8] 국가정보원 직원이 동일한 사안에 관한 일련의 직무집행 과정에서 단일하고 계속된 범의로 일정 기간 계속하여 저지른 직권남용행위에 대하여는 그 상대방이 수인이라도 포괄일죄가 성립할 수 있는지 여부(적극) 및 개별 사안에서 포괄일죄가 성립하는지 판단하는 기준

[판결요지] [1] 직권남용죄에서 말하는 '사람으로 하여금 의무 없는 일을 하게 한 때'란 공무원이 직권을 남용하여 다른 사람으로 하여금 법령상 의무 없는 일을 하게 한 때를 의미한다. 따라서 공무원이 자신의 직무권한에 속하는 사항에 관하여 실무 담당자로 하여금 그 직무집행을 보조하는 사실행위를 하도록 하더라도 이는 공무원 자신의 직무집행으로 귀결될 뿐이므로 원칙적으로 의무 없는 일을 하게 한 때에 해당한다고 할 수 없다.

[2] 직무집행의 기준과 절차가 법령에 구체적으로 명시되어 있고 실무 담당자에게도 직무집행의 기준을 적용하고 절차에 관여할 고유한 권한과 역할이 부여되어 있다면 실무 담당자로 하여금 그러한 기준과 절차를 위반하여 직무집행을 보조하게 한 경우에는 '의무 없는 일을 하게 한 때'에 해당한다.

[3] 형법상 직권남용권리행사방해죄는 국가기능의 공정한 행사라는 국가적 법익을 보호하는 데 주된 목적이 있고, 직권남용으로 인한 국가정보원법 위반죄도 마찬가지이다. 따라서 국가정보원 직원이 동일한 사안에 관한 일련의 직무집행 과정에서 단일하고 계속된 범의로 일정 기간 계속하여 저지른 직권남용행위에 대하여는 설령 그 상대방이 수인이라고 하더라도 포괄일죄가 성립할 수 있다고 봄이 타당하다.

[4] 각 직권남용 범행이 포괄일죄가 되느냐 경합범이 되느냐에 따라 공소시효의 완성 여부, 기판력이 미치는 범위 등이 달라질 수 있으므로, 개별 사안에서 포괄일죄의 성립 여부는 직무집행 대상의 동일 여부, 범행의 태양과 동기, 각 범행 사이의 시간적 간격, 범의의 단절이나 갱신 여부 등을 세밀하게 살펴 판단하여야 한다.

[판결해설] 원심은 국정원의 원장·차장·국장인 피고인 2, 7, 9에 대한 국정원 직원들을 상대로 한 직권남용으로 인한 국가정보원법 위반 부분에 대하여, ① 위 피고인들의 지시가 그들의 일반적 직무권한에 속하지 않는다거나 ② 공소사실 기재 피해자들을 직권남용의 피해자로 볼 수 없다거나 ③ 위 피고인들이 국정원 실무 담당자들로 하여금 의무 없는 일을 하게 한 때에 해당하지 않는다거나 ④ 공소시효가 완성되었다는 등의 이유를 들어, 그 전부를 무죄 또는 면소로 판단하였음.

[판결해설] 대법원은 직권남용으로 인한 국가정보원법 위반죄에 관한 위 법리 등을 기초로, 원심의 위와 같은 무죄 및 면소 판단에 직권남용으로 인한 국가정보원법 위반죄, 포괄일죄에 관한 법리를 오해하는 등의 잘못이 있다고 보아(직권남용행위의 공범으로 볼 여지가 있는 일부 국정원 직원을 상대로 한 직권남용 부분은 제외), 원심판결 중 위 무죄 및 면소 부분과 피고인 2, 7, 9에 대한 유죄 부분(이유무죄 부분 포함)을 모두 파기하였음.

중요

05 [선택형] 수뢰후부정처사죄의 포괄일죄 ★★★★★

공무원이 단일하고도 계속된 범의 하에 뇌물을 여러 차례 수수하면서 일련의 부정한 행위를 저지른 경우, 시간적으로 제일 마지막에 저질러진 부정한 행위 이후의 뇌물수수 행위도 위 부정한 행위 이전의 뇌물수수 행위와 마찬가지로 형법 제131조 제1항에 따른 수뢰후부정처사죄의 포괄일죄를 구성하는지 여부가 쟁점이 된 사건이다. 이에 관한 설명 중 옳은 것은? (다툼이 있는 경우 판례에 의함)

① 수뢰후부정처사죄를 정한 형법 제131조 제1항은 공무원 또는 중재인이 형법 제129조(수뢰, 사전수뢰) 및 제130조(제3자뇌물제공)의 죄를 범하여 부정한 행위를 하는 것을 구성요건으로 하고 있다. 여기에서 '형법 제129조 및 제130조의 죄를 범하여'란 반드시 뇌물수수 등의 행위가 완료된 이후에 부정한 행위가 이루어져야 함을 의미하는 것은 아니다. 결합범 또는 결과적 가중범 등에서의 기본행위와 마찬가지로 뇌물수수 등의 행위를 하는 중에 부정한 행위를 한 경우도 포함하는 것으로 보아야 한다.

② 단일하고도 계속된 범의 아래 일정 기간 반복하여 일련의 뇌물수수 행위와 부정한 행위가 행하여졌고 그 뇌물수수 행위와 부정한 행위 사이에 인과관계가 인정되며 피해법익도 동일하다면, 최후의 부정한 행위 이후에 저질러진 뇌물수수 행위도 최후의 부정한 행위 이전의 뇌물수수 행위 및 부정한 행위와 함께 수뢰후부정처사죄의 포괄일죄로 처벌함이 타당하다.

해설 및 정답 ①~② 대법원 2021. 2. 4. 선고 2020도12103 판결 [수뢰후부정처사(일부 인정된 죄명: 뇌물수수)·공무상비밀누설·증거인멸교사] **정답** ○

[판시사항] [1] 수뢰후부정처사죄를 정한 형법 제131조 제1항의 구성요건 중 '형법 제129조 및 제130조의 죄를 범하여'의 의미 [2] 형법 제131조 제1항의 법문 중 '형법 제129조 및 제130조의 죄를 범하여'란 부분의 의미, 일련의 뇌물수수 등 행위 중간에 부정한 행위 일부가 개재된 경우 수뢰후부정처사죄 등의 성립 여부 및 죄수관계 [3] 단일하고도 계속된 범의 아래 일정 기간 반복하여 일련의 뇌물수수 행위와 부정한 행위가 행하여졌고 뇌물수수 행위와 부정한 행위 사이에 인과관계가 인정되며 피해법익도 동일한 경우, 최후의 부정한 행위 이후에 저질러진 뇌물수수 행위도 최후의 부정한 행위 이전의 뇌물수수 행위 및 부정한 행위와 함께 수뢰후부정처사죄의 포괄일죄로 처벌하여야 하는지 여부(적극)

[판결해설] 원심은 수뢰후부정처사죄가 포괄일죄로 성립하는 경우라 할지라도 뇌물수수 행위가 부정한 행위보다 개별적으로도 반드시 선행하여야 한다는 전제 하에 원심 판시 범죄일람표 (1) 기재 순번 16, 17번의 뇌물수수 행위가 마지막 부정한 행위보다 시간적으로 나중에 저질러졌다는 이유만으로 위 뇌물수수 행위에 관한 수뢰후부정처사의 점을 무죄로 판단하였으나, 이러한 원심의 판단에는 **수뢰후부정처사죄의 구성요건 및 포괄일죄 등에 관한 법리를 오해한 잘못이 있다는 이유로 원심판결 전부를 파기환송한 사안임.**

중요

06 [선택형 · 사례형] 직권남용권리행사방해죄 ★★★★★

○○군 2015년 하반기 5급 공무원 승진임용과 관련하여, ○○군수인 피고인 오○○이 기장군청 총무과 인사실무 담당자인 피고인 박◇◇에게 승진후보자 명부상 후보자 49명 중 승진대상자 17명을 특정하여 주면서 인사위원회에 이를 추천하도록 지시하였고, 그에 따라 피고인 박◇◇가 인사위원회 부위원장 및 간사로 하여금 위 17명을 승진대상자로 추천한다고 호명하도록 하였으며, 인사위원회는 호명된 17명을 그대로 승진대상자로 의결하였다. 검사는 피고인들이 공모하여 ○○군수의 지휘 · 감독권을 남용하여 인사위원회 위원들로 하여금 법령에 정한 절차를 위반하여 ○○군수의 의사에 따라 사전에 선정된 자들을 승진자로 의결하게 함으로써 의무 없는 일을 하게 하였다는 이유로 직권남용권리행사방해죄로 기소하였다. 이에 관한 설명 중 옳은 것은? (다툼이 있는 경우 판례에 의함)

중요 ① 지방공무원법령상 임용권자(◯◯군수)는 인사위원회의 사전심의 결과에 구속되지 않으며 최종적으로 승진임용대상자를 결정할 권한은 임용권자에게 있다. 그러므로 **임용권자가 미리 승진후보자명부상 후보자들 중에서 승진대상자를 실질적으로 결정한 다음 그 내용을 인사위원회에 '승진대상자 추천'이라는 명목으로 제시하여 인사위원회로 하여금 자신이 특정한 후보자들을 승진대상자로 의결하도록 유도하는 행위는** 인사위원회 사전심의 제도의 도입취지에 부합하지 않으므로 바람직하지 않은 측면이 있지만, **그것만으로는 임용권자의 직권을 남용하거나 인사위원회 위원들에게 의무 없는 일을 하게 한 경우로는 볼 수 없다.**

해설 및 정답 대법원 2020. 12. 10. 선고 2019도17879 판결 [위계공무집행방해 · 직권남용권리행사방해 · 허위공문서작성 · 허위작성공문서행사] (자) 파기환송(일부) 〈5급

공무원 승진임용과 관련한 ○○군수와 인사실무 담당공무원의 행위가 직권남용권리행사방해죄에 해당하는지 여부가 다투어진 사건〉 **정답** ○

[판시사항] [1] 지방자치단체장이 승진후보자명부 방식에 의한 5급 공무원 승진임용 절차에서 미리 승진후보자명부상 후보자들 중에서 **승진대상자를 실질적으로 결정한 다음 그 내용을 인사위원회 간사, 서기 등을 통해 인사위원회 위원들에게 '승진대상자 추천'이라는 명목으로 제시하여 인사위원회로 하여금 자신이 특정한 후보자들을 승진대상자로 의결하도록 유도하는 행위가 직권남용권리행사방해죄의 구성요건인 '직권의 남용' 및 '의무 없는 일을 하게 한 경우'에 해당하는지 여부(소극)** [2] 지방공무원 승진임용과 관련하여 임용권자인 지방자치단체장 또는 인사담당 실무자가 단지 인사위원회에 특정 후보자를 승진대상자로 제시·추천하는 의사를 표시하여 특정한 내용의 의결을 유도한 행위가 직권남용권리행사방해죄에 해당하는지 여부

[판결해설] 원심은 직권남용권리행사방해 유죄로 판단하였음. 그러나 대법원은 피고인들의 상고를 받아들여 무죄 취지로 일부 파기환송을 하였음. 직권남용죄 성립범위에 관한 대법원 2020. 1. 30. 선고 2018도2236 전원합의체 판결의 후속판결임. 한편 ○○군 2015년 하반기 5급 공무원 승진임용과 관련하여, 검사는 허위공문서 작성·행사죄, 위계공무집행방해죄로도 기소하였으나, 1심 및 원심에서 무죄로 판단하였고, 대법원은 이 부분 원심 판단을 수긍하여 검사의 상고를 기각하였음.

07 [선택형·사례형·기록형] 경찰관 음주측정 요구와 정당한 직무집행

경찰관이 하차를 계속 거부하는 피고인에게 지구대로 가 차량에 설치된 블랙박스 영상을 재생하여 보는 방법으로 운전 여부를 확인하자고 하자 피고인은 명시적인 거부 의사표시 없이 차량에서 내리더니 곧바로 도주하였다. 경찰관이 피고인을 10m 정도 추격하여 피고인의 앞을 가로막는 방법으로 제지한 뒤 '그냥 가면 어떻게 하느냐'는 취지로 말했다. 그러자 피고인이 위 경찰관의 뺨을 때렸고, 계속하여 도주하고 폭행하려고 하였다. 그러자 경찰관이 피고인을 공무집행방해죄의 현행범으로 체포하였다. 이에 대한 설명으로 옳은 것은? (다툼이 있는 경우 판례에 의함)

① 음주운전 신고를 받고 출동한 **경찰관이 만취한 상태로 시동이 걸린 차량 운전석에 앉아있는 피고인을 발견하고 음주측정을 위해 하차를 요구**함으로써 도로교통법 제44조 제2항이 정한 음주측정에 관한 **직무에 착수하였다**고 할 것이다.

② 피고인이 차량을 운전하지 않았다고 다투자 경찰관이 지구대로 가서 **차량 블랙박스를 확인하자고 한 것은 음주측정에 관한 직무 중 '운전' 여부 확인을 위한 임의동행 요구에 해당한다.**

③ 피고인이 차량에서 내리자마자 도주한 것을 임의동행 요구에 대한 거부로 보더라도, **경찰관이 음주측정에 관한 직무를 계속하기 위하여 피고인을 추격하여 도주를 제지한 것은 도로교통법상 음주측정에 관한 일련의 직무집행 과정에서 이루어진 행위로써 정당한 직무집행에 해당한다.**

중요 ④ **경찰관이 피고인에게 음주측정을 요구한 것은 도로교통법 제44조 제2항에 근거한 적법한 직무집행이고, 정당한 이유 없이 위와 같은 음주측정 요구에 불응하면서 경찰관을 폭행하였다면 공무집행방해죄가 성립한다.**

해설 및 정답 ①~④ 대법원 2020. 8. 24. 선고 2020도7193 판결 [공무집행방해·상해] (바) 상고기각 〈경찰관의 이 사건 음주측정 요구가 정당한 직무집행인지 여부〉

정답 ○

08 [선택형] 공직선거법 제250조 제1항 허위사실공표죄

지방자치단체장 선거의 후보자인 피고인이, 사실은 시장(市長)으로 재직할 당시 수회에 걸쳐 관할 보건소장 등에게 자신의 친형 甲에 대하여 정신보건법에 따른 강제입원 절차를 진행하도록 지시하였다. 그럼에도 방송사 초청 공직선거 후보자 토론회에서 상대 후보자 乙이 위 강제입원 절차 관여 여부에 대하여 한 질문에 이를 부인하면서 甲을 정신병원에 입원시키려고 한 적이 없다는 취지로 발언(답변)을 함으로써 허위사실을 공표하였다고 하여 공직선거법 위반으로 기소된 사안이다. 이에 대한 설명으로 옳은 것은? (다툼이 있는 경우 판례에 의함)

① 피고인의 발언은 공직선거법 제250조 제1항에서 정한 허위사실의 공표에 해당하지 않는다.

해설 및 정답 대법원 2020. 7. 16. 선고 2019도13328 전원합의체 판결 [직권남용권리행사방해·공직선거법위반] 〈현직 경기도지사인 피고인 이재명에 대한 허위사실공표에 의한 공직선거법 위반 등 사건〉

정답 ○

09 [선택형] 대통령비서실 시민단체 자금지원 요구, 직권남용권리행사방해 사건

대통령비서실장 및 정무수석비서관실 소속 공무원들인 피고인들이, 2014~2016년도의 3년 동안 각 연도별로 전국경제인연합회에 특정 정치성향 시민단체들에 대한 자금지원을 요구하고, 전국경제인연합회 부회장 甲에게 해당 단체들에 자금지원을 하도록 하였다고 하여 직권남용권리행사방해 및 강요의 공소사실로 기소된 사안이다. 이에 대한 설명으로 옳은 것은? (다툼이 있는 경우 판례에 의함)

① 피고인들이 자금지원을 요구한 행위는 대통령비서실장과 정무수석비서관실의 일반적 직무권한에 속하는 사항으로서 **직권을 남용한 경우에 해당한다.**

② 甲은 직권남용 행위로 자금지원 결정이라는 의무 없는 일을 하였으므로 **직권남용권리행사방해죄가 성립한다.**

③ 피고인들의 자금지원 요구를 **강요죄의 성립요건인 협박, 즉 해악의 고지에 해당하지 않는다.**

해설 및 정답 ①~③ 대법원 2020. 2. 13. 선고 2019도5186 판결 [직권남용권리행사방해·국가공무원법위반·공직선거법위반·강요·위증·특정범죄가중처벌등에관한법률위반(뇌물)·특정범죄가중처벌등에관한법률위반(국고등손실)] **정답** ○

10 [선택형·사례형] 문화예술계 지원배제 관련 직권남용권리행사방해 사건

대통령비서실장인 피고인이 대통령의 뜻에 따라 정무수석비서관실과 교육문화수석비서관실 등 수석비서관실과 문화체육관광부에 문화예술진흥기금 등 정부의 지원을 신청한 개인·단체의 이념적 성향이나 정치적 견해 등을 이유로 한국문화예술위원회·영화진흥위원회·한국출판문화산업진흥원이 수행한 각종 사업에서 이른바 좌파 등에 대한 지원배제를 지시하였다는 직권남용권리행사방해의 공소사실로 기소되었는데, 특별검사가 검찰을 통하여 또는 직접 청와대로부터 넘겨받아 원심에 제출한 '청와대 문건'의 증거능력이 문제 된 사안이다. 이에 대한 설명으로 옳은 것은? (다툼이 있는 경우 판례에 의함)

① '청와대 문건'은 위법수집증거가 아니므로 증거능력이 있다.

② **피고인들의 지원배제 지시는 '직권남용'에 해당한다.**

③ **지원배제 지시로써 문화체육관광부 공무원이 한국문화예술위원회·영화진흥위원

회·한국출판문화산업진흥원 직원들에게 지원배제 방침이 관철될 때까지 사업진행 절차를 중단하는 행위, 지원배제 대상자에게 불리한 사정을 부각시켜 심의위원에게 전달하는 행위를 하게 한 것은 '의무 없는 일을 하게 한 때'에 해당한다.

④ 문화체육관광부 공무원에게 각종 명단을 송부하게 한 행위, 공모사업 진행 중 수시로 심의 진행 상황을 보고하게 한 행위 부분은 의무 없는 일에 해당하지 않는다.

해설 및 정답 ①~④ 대법원 2020. 1. 30. 선고 2018도2236 전원합의체 판결 [직권남용권리행사방해·강요·국회에서의증언·감정등에관한법률위반] 〈문화예술계 지원배제 등 관련 직권남용권리행사방해 사건〉 ★★★★★ **정답** ○

11 [선택형] 검사 전보인사 관련 직권남용권리행사방해 사건

법무부 검찰국장인 피고인이, 검찰국이 마련하는 인사안 결정과 관련한 업무권한을 남용하여 검사인사담당 검사 갑으로 하여금 2015년 하반기 검사인사에서 부치지청에 근무하고 있던 경력검사 을을 다른 부치지청으로 다시 전보시키는 내용의 인사안을 작성하게 함으로써 의무 없는 일을 하게 하였다고 하여 직권남용권리행사방해로 기소된 사안이다. 이에 대한 설명으로 옳은 것은? (다툼이 있는 경우 판례에 의함)

① 피고인이 갑에게 인사안을 작성하게 한 것은 피고인의 직무집행을 보조하는 갑에게 그가 지켜야 할 직무집행의 기준과 절차를 위반하여 법령상 의무 없는 일을 하게 한 때에 해당하지 않는다.

해설 및 정답 대법원 2020. 1. 9. 선고 2019도11698 판결 [직권남용권리행사방해] 〈검사 전보인사 관련 직권남용권리행사방해 사건〉 **정답** ○

12 [선택형] 기업 대표에 대한 뇌물수수와 강요 사건

전직 대통령인 피고인이 재임 중의 직무와 관련하여 뇌물을 수수하고 직권을 남용하여 강요행위를 하였다는 등의 특정범죄 가중처벌 등에 관한 법률 위반(뇌물) 및 직권남용권리행사방해, 강요 등의 공소사실로 기소된 사안이다. 이에 대한 설명으로 옳은 것은? (다툼이 있는 경우 판례에 의함)

① 공직선거법 제18조 제1항 제3호, 제3항에 따르면 형법 제38조에도 불구하고 피고인이 재임 중의 직무와 관련하여 형법 제129조 내지 제132조(특정범죄가중법 제2조에 의하여 가중처벌되는 경우를 포함한다)에 규정된 죄를 범한 경우에는 그에 속하는 죄와 다른 죄에 대하여 이를 분리 선고하여야 한다.

해설 및 정답 대법원 2019. 8. 29. 선고 2019도18891 전원합의체 판결 [특정범죄가중처벌등에관한법률위반(뇌물)·직권남용권리행사방해·강요(일부인정된죄명: 강요미수)·강요미수·공무상비밀누설] 〈공무원과 비공무원이 공모한, 기업 대표 등에 대한 뇌물수수와 강요 등 사건〉 **정답** ○

중요

13 [선택형] '국정농단' 사건 최서원, 안종범에 대한 재상고심 사건 ★★★★★

'국정농단' 사건으로서 피고인 최서원, 안종범에 대한 재상고심 사건이다. 이에 대한 설명으로 옳은 것은? (다툼이 있는 경우 판례에 의함)

중요 ① **몰수·추징은 수뢰자가 뇌물을 그대로 보관하다가 증뢰자에게 반환한 때에는 증뢰자로부터 할 것**이지 수뢰자로부터 할 것은 아니다.

중요 ② 몰수할 수 없는 때에 추징하여야 할 가액은 **범인이 그 물건을 보유하고 있다가 몰수의 선고를 받았더라면 잃었을 이득상당액을 의미한다**고 보아야 한다. 그러므로 다른 특별한 사정이 없는 한 **그 가액산정은 재판선고시의 가격을 기준으로 하여야 한다.**

③ **상고심에서 상고이유의 주장이 이유 없다고 판단되어 배척된 부분은 그 판결 선고와 동시에 확정력이 발생하여 그 부분에 대하여는 피고인은 더 이상 다툴 수 없다.** 또한 환송받은 법원으로서도 그와 배치되는 판단을 할 수 없다.

④ 환송 전 원심판결 중 일부분에 대하여 상고하지 않은 경우, **상고심에서 상고이유로 삼지 않은 부분은 그 부분에 대한 상고가 제기되지 아니하여 확정된 것과 마찬가지의 효력이 있다.**

해설 및 정답 ①~④ 대법원 2020. 6. 11. 선고 2020도2883 [직권남용권리행사방해 등] (다) 상고기각 〈이른바 '국정농단' 사건으로서 피고인 최서원, 안종범에 대한 재상고심 사건〉 ★★★★★ **정답** ○

중요

14 [선택형 · 사례형] 112 출동 경찰관 폭행 사건 ★★★★★

피고인이[행위주체] 甲과 주차문제로 언쟁을 벌이던 중, 112 신고를 받고 출동한 경찰관 乙이[행위객체] 甲을 때리려는 피고인을 제지하자 자신만 제지를 당한 데 화가 나서 손으로 乙의 가슴을 1회 밀치고,[행위] 계속하여 욕설을 하면서 피고인을 현행범으로 체포하며 순찰차 뒷좌석에 태우려고 하는 乙의 정강이 부분을 양발로 2회 걷어차는 등 폭행함으로써[행위] 경찰관의 112 신고처리에 관한 직무집행을 방해하였다는 내용으로 기소된 사안이다. 이에 관한 설명으로 옳은 것은? (다툼이 있는 경우 판례에 의함)

① 형법 제136조에서 정한 공무집행방해죄는 직무를 집행하는 공무원에 대하여 폭행 또는 협박한 경우에 성립하는 범죄로서 여기서의 폭행은 사람에 대한 유형력의 행사로 족하고 반드시 그 신체에 대한 것임을 요하지 아니하며, 또한 **추상적 위험범**으로서 구체적으로 직무집행의 방해라는 결과발생을 요하지도 아니한다.

② 공무집행방해죄에서 '직무를 집행하는'이란 공무원이 직무수행에 직접 필요한 행위를 현실적으로 행하고 있는 때만을 가리키는 것이 아니라 **공무원이 직무수행을 위하여 근무 중인 상태에 있는 때를 포괄**하고, 직무의 성질에 따라서는 직무수행의 과정을 개별적으로 분리하여 부분적으로 각각의 개시와 종료를 논하는 것이 부적절하고 여러 종류의 행위를 포괄하여 일련의 직무수행으로 파악함이 상당한 경우가 있다.

중요 ③ **피고인이 손으로 乙의 가슴을 밀칠 당시 乙은 112 신고처리에 관한 직무 내지 순찰근무를 수행하고 있었고, 이와 같이 공무를 집행하고 있는 乙의 가슴을 밀치는 행위는 공무원에 대한 유형력의 행사로서 공무집행방해죄에서 정한 폭행에 해당한다. 피고인이 체포될 당시 도망 또는 증거인멸의 염려가 없었다고 할 수 없어 체포의 필요성이 인정된다. 공소사실에 관한 증인들의 법정진술의 신빙성을 인정한 제1심의 판단을 뒤집을 만한 특별한 사정이 없다.**

해설 및 정답 ①~③ 대법원 2018. 3. 29. 선고 2017도21537 판결 **정답** ○

사례문제 55 공무집행방해죄에서 '직무를 집행하는'의 의미와 판단 방법

대법원 2018. 3. 29. 선고 2017도21537 판결
[공무집행방해]

Q. 공무집행방해죄에서 말하는 '폭행'의 의미

Q. 구체적으로 직무집행의 방해라는 결과발생을 요하는지 여부(소극)

Q. 공무집행방해죄에서 말하는 '직무를 집행하는'의 의미와 판단 방법

Q. 피고인이 甲과 주차문제로 언쟁을 벌이던 중, 112 신고를 받고 출동한 경찰관 乙이 甲을 때리려는 피고인을 제지하자 자신만 제지를 당한 데 화가 나서 손으로 乙의 가슴을 밀치고, 피고인을 현행범으로 체포하며 순찰차 뒷좌석에 태우려고 하는 乙의 정강이 부분을 양발로 걷어차는 등 폭행함으로써 경찰관의 112 신고처리에 관한 직무집행을 방해하였다는 내용으로 기소된 사안에서, 공소사실을 무죄라고 판단한 원심판결에 공무집행방해죄의 폭행이나 직무집행, 현행범 체포의 요건 등에 관한 법리오해 등의 잘못이 있다고 한 사례.

판결요지

가. 형법 제136조에서 정한 공무집행방해죄는 직무를 집행하는 공무원에 대하여 폭행 또는 협박한 경우에 성립하는 범죄로서 여기서의 폭행은 사람에 대한 유형력의 행사로 족하고 반드시 그 신체에 대한 것임을 요하지 아니하며, 또한 추상적 위험범으로서 구체적으로 직무집행의 방해라는 결과발생을 요하지도 아니한다.

나. 한편 공무집행방해죄에서 '직무를 집행하는'이란 공무원이 직무수행에 직접 필요한 행위를 현실적으로 행하고 있는 때만을 가리키는 것이 아니라 공무원이 직무수행을 위하여 근무 중인 상태에 있는 때를 포괄하고, 직무의 성질에 따라서는 직무수행의 과정을 개별적으로 분리하여 부분적으로 각각의 개시와 종료를 논하는 것이 부적절하고 여러 종류의 행위를 포괄하여 일련의 직무수행으로 파악함이 상당한 경우가 있다.

다. 피고인이 손으로 乙의 가슴을 밀칠 당시 乙은 112 신고처리에 관한 직무 내지 순찰근무를 수행하고 있었고, 이와 같이 공무를 집행하고 있는 乙의 가슴을 밀치는 행위는 공무원에 대한 유형력의 행사로서 공무집행방해죄에서 정한 폭행에 해당한다. 피고인이 체포될 당시 도망 또는 증거인멸의 염려가 없었다고 할 수 없어 체포의 필요성이 인정된다. 공소사실에 관한 증인들의 법정진

술의 신빙성을 인정한 제1심의 판단을 뒤집을 만한 특별한 사정이 없다.
라. 형법 · 수사 · 증거 등 쟁점이 모두 담겨 있어 출제가능성이 높다.

15 [선택형] 허위 증거 조작 제출 사건

다음에 관한 설명으로 옳은 것은? (다툼이 있는 경우 판례에 의함)

① **피의자가 적극적으로 허위의 증거를 조작하여 제출하고 그 증거 조작의 결과 수사기관이 그 진위에 관하여 충실한 수사를 하더라도 제출된 증거가 허위임을 발견하지 못할 정도에 이르렀다면, 이는 위계에 의하여 수사기관의 수사행위를 적극적으로 방해한 것으로서 위계공무집행방해죄가 성립된다.**

② 허위공문서작성죄의 객체가 되는 문서는 문서상 작성명의인이 명시된 경우뿐 아니라 **작성명의인이 명시되어 있지 않더라도 문서의 형식, 내용 등 문서 자체에 의하여 누가 작성하였는지를 추지할 수 있을 정도의 것이면 된다.**

③ 공무원이 자신의 직무권한에 속하는 사항에 관하여 실무 담당자로 하여금 그 직무집행을 보조하는 사실행위를 하도록 하더라도 이는 공무원 자신의 직무집행으로 귀결될 뿐이므로 원칙적으로 '의무 없는 일을 하게 한 때'에 해당한다고 할 수 없다.

④ **법령상의 근거는 반드시 명문의 근거만을 의미하는 것은 아니고, 명문이 없는 경우라도 법·제도를 종합적, 실질적으로 관찰해서 그것이 해당 공무원의 직무권한에 속한다고 해석되고 그것이 남용된 경우 상대방으로 하여금 의무 없는 일을 행하게 하거나 상대방의 권리를 방해하기에 충분한 것이라고 인정되는 경우에는 직권남용죄에서 말하는 일반적 권한에 포함된다.**

해설 및 정답 ①~④ 대법원 2019. 3. 14. 선고 2018도18646 판결 [위계공무집행방해 · 국가정보원법위반 · 위증교사 · 증인도피 · 허위공문서작성 · 허위작성공문서행사]

정답 ○

16 [선택형] 공무상비밀누설죄

경찰관인 피고인 2가 국회의원의 비서관인 공소외 13으로부터 제보를 받아 □□시장 공소외 14의 정치자금법위반 혐의에 관하여 수사하면서 형사사법정보시스템에서 출력한 수사지휘서를 공소외 13에게 교부하고 수사진행상황을 설명하였다. 공무상비밀누설죄에 관한 설명 중 옳은 것은? (다툼이 있는 경우 판례에 의함)

① 형법 제127조 공무상비밀누설죄에서 '법령에 의한 직무상 비밀'이란 반드시 법령에서 비밀로 규정되었거나 비밀로 분류 명시된 사항에 한정되지 않는다. 정치·군사·외교·경제·사회적 필요에 따라 비밀로 된 사항은 물론 정부나 공무소 또는 국민이 객관적, 일반적인 입장에서 외부에 알려지지 않는 것에 상당한 이익이 있는 사항도 포함한다. 그러나 실질적으로 그것을 비밀로서 보호할 가치가 있다고 인정할 수 있는 것이어야 한다.

② 수사지휘서의 기재 내용과 이에 관계된 수사상황은 해당 사건에 대한 종국적인 결정을 하기 전까지는 외부에 누설되어서는 안 될 수사기관 내부의 비밀에 해당한다.

해설 및 정답 ①～② 대법원 2018. 2. 13. 선고 2014도11441 판결 [특정범죄가중처벌등에관한법률위반(뇌물) · 특정경제범죄가중처벌등에관한법률위반(공갈) · 뇌물공여 · 부정처사후수뢰 · 뇌물수수 · 직권남용권리행사방해 · 자본시장과금융투자업에관한법률위반 · 공무상비밀누설]

정답 ○

17 [선택형 · 사례형] 변호사 접견교통권 방해 사건

노동조합 파업 현장에서 경찰을 지휘하던 지휘관이 체포된 근로자를 접견하게 해 달라고 요구하며 호송차량의 진행을 막은 변호사인 피해자를 공무집행방해죄의 현행범으로 체포한 사안이다. 다음 설명으로 옳은 것은? (다툼이 있는 경우 판례에 의함)

① 법원이 재정신청서를 송부받았음에도 송부받은 날부터 형사소송법 제262조 제1항에서 정한 기간 안에 피의자에게 그 사실을 통지하지 아니한 채 형사소송법 제262조 제2항 제2호에서 정한 공소제기결정을 하였더라도, 그에 따른

공소가 제기되어 본안사건의 절차가 개시된 후에는 다른 특별한 사정이 없는 한 본안사건에서 위와 같은 잘못을 다툴 수 없다.

② 피해자가 노동조합으로부터 근로자들이 연행될 경우 적절한 조치를 취해 줄 것을 부탁한다는 ~~내용의~~ 공문을 받았~~고~~다. 체포 현장에서 변호사 신분증을 제시하면서 변호인이 되려는 ~~자로서~~사람으로 접견을 요청하였다면, 형사소송법 제34조에서 정한 접견교통권이 인정~~되고,~~된다

③ 사법경찰관인 피고인이 체포 당시 상황을 고려하여 경험칙~~에 비추어~~에서 현저하게 합리성을 잃지 않은 채 판단하면 체포 요건이 충족되지 아니함을 충분히 알 수 ~~있었는데도,~~있었다. 자신의 재량 범위를 벗어난다는 사실을 인식하고 그와 같은 결과를 용인한 채 피해자를 체포하였~~으므로,~~다. 직권남용체포죄와 직권남용권리행사방해죄가 성립한다.

해설 및 정답 ①~③ 대법원 2017. 3. 9. 선고 2013도16162 판결 **정답** ○

사례문제 56 직권남용체포죄와 직권남용권리행사방해죄

대법원 2017. 3. 9. 선고 2013도16162 판결
[직권남용권리행사방해·직권남용체포]

Q. 법원이 재정신청서를 송부받은 날부터 형사소송법 제262조 제1항에서 정한 기간 안에 피의자에게 그 사실을 통지하지 아니한 채 공소제기결정을 한 경우, 본안사건에서 위와 같은 잘못을 다툴 수 있는지 여부(원칙적 소극)

Q. 변호인이 되려는 의사를 표시한 자가 객관적으로 변호인이 될 가능성이 있는 경우, 신체구속을 당한 피고인 또는 피의자와 접견하지 못하도록 제한할 수 있는지 여부(소극)

Q. 변호인 또는 변호인이 되려는 자의 접견교통권 행사의 한계 및 접견교통권이 한계를 일탈하여 허용될 수 없다고 판단할 때 고려할 사항

Q. 인신구속에 관한 직무를 집행하는 사법경찰관이 체포 당시 상황을 고려하여 경험칙에 비추어 현저하게 합리성을 잃지 않은 채 판단하면 체포 요건이 충족되지 아니함을 알 수 있었는데도, 자신의 재량 범위를 벗어난다는 사실을 인식하고 그와 같은 결과를 용인한 채 사람을 체포하여 권리행사를 방해한 경우, 직권남용체포죄와 직권남용권리행사방해죄가 성립하는지 여부(적극)

판결요지

가. 현행범인 체포의 요건을 갖추었는지에 관한 검사나 사법경찰관 등의 판단에는 상당한 재량의 여지가 있다. 그러나 체포 당시 상황으로 보아도 요건 충족 여부에 관한 검사나 사법경찰관 등의 판단이 경험칙에 비추어 현저히 합리성을 잃은 경우 그 체포는 위법하다. 그리고 범죄의 고의는 확정적 고의뿐만 아니라 결과 발생에 대한 인식이 있고 이를 용인하는 의사인 이른바 미필적 고의도 포함한다.

나. 피고인이 인신구속에 관한 직무를 집행하는 사법경찰관으로서 체포 당시 상황을 고려하여 현저하게 합리성을 잃지 않은 채 판단하면 체포 요건이 충족되지 아니함을 충분히 알 수 있었는데도, **자신의 재량 범위를 벗어난다는 사실을 인식하고 결과를 용인한 채 사람을 체포하여 권리행사를 방해하였다면, 직권남용체포죄와 직권남용권리행사방해죄가 성립한다.**

관련법조항 ●● 형법 제123조(직권남용)

제123조(직권남용) 공무원이 직권을 남용하여 사람으로 하여금 의무없는 일을 하게 하거나 사람의 권리행사를 방해한 때에는 5년 이하의 징역, 10년 이하의 자격정지 또는 1천만 원 이하의 벌금에 처한다. <개정 1995.12.29.>

제123조(직권남용) **다음 각 호 어느 해당하는 사람은** 5년 이하 징역형 · 10년 이하 자격정지형 · 1천만 원 이하 벌금형으로 처벌된다.

1. **직권을 남용하여 다른 사람에게 법률상 의무 없는 일을 하게 한 공무원**
2. **직권을 남용하여 다른 사람 권리행사를 방해한 공무원**

문 25. 범인도피죄에 관한 설명 중 옳은 것은? (다툼이 있는 경우 판례에 의함)

출제예상내용 ▪ 형법 제151조, 제30조 범인도피죄 공동정범(−)
▪ 형법 제151조, 제31조 범인도피죄 교사범(+)

사례문제 57 범인도피죄의 기수시기와 종료시기

중요 **01 [선택형] 콜라텍 사건 ★★★★★**

강제집행 대상인 콜라텍을 허위양수하는 방법으로 채무자와 공모하여 강제집행 면탈죄를 범한 양수인이 실제 양수한 것처럼 진술해 달라는 채무자의 요청에 따라 수사기관에서 참고인 또는 피의자 지위로 콜라텍을 실제 양수하였다고 진술하고 그에 관한 허위자료를 제출하였고 양수인과 채무자가 범인도피와 범인도피교사로 기소된 사안이다. 범인도피죄에 관한 설명으로 옳은 것은? (다툼이 있는 경우 판례에 의함)

① 형법 제151조가 정한 범인도피죄에서 '도피하게 하는 행위'란 은닉 이외의 방법으로 범인에 대한 수사, 재판, 형의 집행 등 형사사법의 작용을 곤란하게 하거나 불가능하게 하는 일체의 행위를 말한다.

② 범인도피죄는 타인을 도피하게 하는 경우에 성립할 수 있는데, 여기에서 타인에는 공범도 포함되나 범인 스스로 도피하는 행위는 처벌되지 않는다.

중요 ③ **공범 중 1인이** 그 범행에 관한 수사절차에서 참고인 또는 피의자로 조사받으면서 자기의 범행을 구성하는 사실관계에 관하여 허위로 진술하고 허위 자료를 제출하는 것은 자신의 범행에 대한 방어권 행사의 범위를 벗어난 것으로 볼 수 없다. 이러한 행위가 **다른 공범을 도피하게 한 결과가 된다고 하더라도 범인도피죄로 처벌할 수 없다. 이때 공범이 이러한 행위를 교사하였더라도 범죄가 될 수 없는 행위를 교사한 것에 불과하여 범인도피교사죄도 성립하지 않는다.**

중요 ④ **자기 범행을 구성하는 사실관계에 대한 허위진술과 허위자료 제출은 방어권 행사 범위를 벗어난 것으로 볼 수 없어 범인도피죄가 성립할 수 없고 그에 대한 교사죄도 성립하지 않는다.**

해설 및 정답 ①~④ 대법원 2018. 8. 1. 선고 2015도20396 판결 [범인도피] 등 (가) 상고기각 〈범인도피와 범인도피교사 등 사건〉 **정답** ○

02 [선택형 · 사례형] 범인도피죄와 직무유기죄 죄수 판단 사건

경찰공무원이 지명수배 중인 범인을 발견하고도 직무상 의무에 따른 적절한 조치를 취하지 아니하고 오히려 범인을 도피하게 하는 사안이다. 범인도피죄에 관한 설명으로 옳은 것은? (다툼이 있는 경우 판례에 의함)

① 직무위배의 위법상태는 범인도피행위 속에 포함되어 있다. **작위범인 범인도피죄만이 성립하고, 부작위범인 직무유기죄는 따로 성립하지 아니한다.**

② **범인도피죄는 범인을 도피하게 함으로써 기수에 이르지만, 범인도피행위가 계속되는 동안에는 범죄행위도 계속되고 행위가 끝날 때 비로소 범죄행위가 종료된다.**

③ 경찰공무원이 지명수배 중인 범인을 발견하고도 직무상 의무에 따른 적절한 조치를 취하지 아니하고 오히려 범인을 도피하게 하는 행위를 한 경우, 범인도피죄 외에 직무유기죄가 따로 성립하지 아니한다.

해설 및 정답 ①~③ 대법원 2017. 3. 15. 선고 2015도1456 판결 **정답** ○

사례문제 57 범인도피죄의 기수시기와 종료시기

대법원 2017. 3. 15. 선고 2015도1456 판결

[특정범죄가중처벌등에관한법률위반(알선수재) · 수뢰후부정처사 · 범인도피 · 직무유기 · 전자금융거래법위반][미간행]

Q. 경찰공무원이 지명수배 중인 범인을 발견하고도 직무상 의무에 따른 적절한 조치를 취하지 아니하고 오히려 범인을 도피하게 하는 행위를 한 경우,[작위행위] 범인도피죄 외에 직무유기죄가 따로 성립하는지 여부(소극)

Q. 범인도피죄의 기수시기와 종료시기

판결요지

가. 경찰공무원이 지명수배 중인 범인을 발견하고도 직무상 의무에 따른 적절한 조치를 취하지 아니하고 오히려 범인을 도피하게 하는 행위를 하였다면, 그 **직무위배의 위법상태는 범인도피행위 속에 포함되어 있다고 보아야 할 것이다.** 이와 같은 경우에는 **작위범인 범인도피죄만이 성립하고, 부작위범인 직무유기죄는 따로 성립하지 아니한다(대법원 1996. 5. 10. 선고 96도51 판결, 대법원 2006. 10. 19. 선고 2005도3909 전원합의체 판결 등 참조).**

나. 한편, **범인도피죄는 범인을 도피하게 함으로써 기수에 이른다. 범인도피행위가 계속되는 동안에는 범죄행위도 계속되고 행위가 끝날 때 비로소 범죄행위가 종료된다**(대법원 1995. 9. 5. 선고 95도577 판결, 대법원 2012. 8. 30. 선고 2012도6027 판결 등 참조).

03 [선택형] 범인도피교사 사건

甲의 죄책에 관한 설명 중 옳지 않은 것은? (다툼이 있는 경우 판례에 의함)

중요 ① 무면허로 운전하다가 교통사고를 낸 甲이 동거하고 있는 **동생 乙을 경찰서에 대신 출석시켜 자신을 위하여 허위의 자백을 하게 하여** 범인도피죄를 범하게 한 경우, 범인도피죄의 교사범이 ~~성립하지 않는다.~~ 성립한다.

해설 및 정답 2014년 제3회 변호사시험 기출문제 7 **정답** ×

대법원 2006. 12. 7. 선고 2005도3707 판결 [범인도피교사]

[판결요지] [1] 범인이 자신을 위하여 타인으로 하여금 허위의 자백을 하게 하여 범인도피죄를 범하게 하는 행위는 방어권의 남용으로 범인도피교사죄에 해당한다. 이 경우 그 타인이 형법 제151조 제2항에 의하여 처벌을 받지 아니하는 친족, 호주 또는 동거 가족에 해당한다 하여 달리 볼 것은 아니다.

[2] 무면허 운전으로 사고를 낸 사람이 동생을 경찰서에 대신 출두시켜 피의자로 조사받도록 한 행위는 범인도피교사죄를 구성한다.

☞ 범인도피죄 교사범(=범인이 자신을 위하여 타인(친족·동거 가족 포함)에게 허위 자백을 하게 하여 범인도피죄를 범하게 하는 경우 범인도피죄 교사범이 성립한다.)

문 26. 무고죄에 관한 설명 중 옳은 것은? (다툼이 있는 경우 판례에 의함)

출제예상내용
- 형법 제156조 무고 개념
- 본인 무고 (−)
- 피무고자 교사·방조
- 형법 제157조, 제153조에서 자백의 범위

사례문제 58 자기 자신을 무고하기로 제3자와 공모하고 무고행위에 가담한 경우

중요

01 [선택형] 형법 제157조 · 제153조에서 '자백' 범위 ★★★★★

(1) 피고인은 공소외인을 특수상해의 범죄사실로 고소하였는데, 위 고소 사건의 수사과정에서 피고인의 무고 혐의가 드러나 이 사건 공소가 제기되었다.
(2) 대전지방검찰청 검사는 위 고소 사건에서 공소외인에 대하여 불기소 처분을 했다. 피고인이 이에 불복하여 대전고등검찰청에 항고를 했으나 받아들여지지 않았다. 피고인은 대전고등법원에 재정신청을 했으나 받아들여지지 않았고, 2020. 3. 19. 대법원에 재항고를 하여 계속 중이다(대법원 2020모849).
(3) 피고인은 제1심에서 이 사건 공소사실을 부인하였지만 제1심의 유죄판결에 대하여 양형부당을 이유로 항소하면서 재항고가 진행 중인 2020. 6. 16. 원심 제1회 공판기일에서 양형부당의 항소 취지와 이 사건 공소사실을 모두 인정한다는 취지가 기재된 항소이유서를 진술하였다. 이에 관한 설명 중 옳은 것은? (다툼이 있는 경우 판례에 의함)

① 피고인이 원심에서 허위의 사실을 고소했음을 자백하였고, 당시 공소외인에 대해서는 불기소 처분이 내려져 재판절차가 개시되지 않았다. 따라서 원심으로서는 형법 제157조, 제153조에 따라 형의 필요적 감면조치를 하였어야 한다.

해설 및 정답 대법원 2021. 1. 14. 선고 2020도13077 판결 [무고] **정답** ○

[판시사항] [1] 무고죄를 범한 자의 재판확정 전 자백을 필요적 감경 또는 면제 사유로 정한 형법 제157조, 제153조에서 '자백'의 범위
[2] 형법 제153조에서 정한 '재판이 확정되기 전'에 피고인의 고소 사건 수사결과 피고인의 무고 혐의가 밝혀져 피고인에 대한 공소가 제기되고 피고소인에 대해서는 불기소결정이 내려져 재판절차가 개시되지 않은 경우가 포함되는지 여부

(적극)

[판결요지] [1] 형법 제157조, 제153조는 무고죄를 범한 자가 **신고한 사건을 다루는 기관에 대한 고백이나 그 사건을 다루는 재판부에 증인으로 다시 출석하여 전에 그가 한 신고가 허위의 사실이었음을 고백하는 것은 물론 무고 사건의 피고인 또는 피의자로서 법원이나 수사기관에서의 신문에 의한 고백 또한 자백의 개념에 포함된다.**

[2] 형법 제153조에서 정한 '재판이 확정되기 전'에는 피고인의 고소 사건 수사결과 **피고인의 무고 혐의가 밝혀져 피고인에 대한 공소가 제기되고 피고소인에 대해서는 불기소결정이 내려져 재판절차가 개시되지 않은 경우도 포함된다**(대법원 2018. 8. 1. 선고 2018도7293 판결 참조).

02 [선택형 · 사례형] 성폭행 고소와 무고죄 성립 사건

무고죄에 대한 설명으로 옳은 것은? (다툼이 있는 경우 판례에 의함)

중요 ① **무고죄**는 타인에게 형사처분 · 징계처분을 받게 할 목적으로 신고한 사실이 **객관적인 진실에 반하는 허위사실인 경우에 성립하는 범죄**이다.

② 신고한 사실이 객관적 진실에 반하는 허위사실이라는 요건은 적극적 증명이 있어야 한다. **신고사실의 진실성을 인정할 수 없다는 소극적 증명만으로 곧 그 신고사실이 객관적 진실에 반하는 허위의 사실이라 단정하여 무고죄의 성립을 인정할 수는 없다.**

③ 신고내용에 일부 객관적 진실에 반하는 내용이 포함되어 있더라도 그것이 범죄 성부에 영향을 미치는 중요한 부분이 아니고, 단지 신고사실의 정황을 과장하는 데 불과하다면, 무고죄는 성립하지 않는다.

해설 및 정답 ①~③ 대법원 2019. 7. 11. 선고 2018도2614 판결 [무고] 〈성폭행 고소에 관하여 무고죄가 성립하는지가 문제된 사건〉 **정답** ○

03 [선택형] 형법 제157조, 제153조에서 자백의 범위 판단 사건 ★★★

무고죄에 관한 설명으로 옳은 것은? (다툼이 있는 경우 판례에 의함)

① 형법 제157조, 제153조는 무고죄를 범한 자가 그 신고한 사건의 재판 또는

징계처분이 확정되기 전에 자백 또는 자수한 때에는 그 형을 감경 또는 면제한다고 하여 이러한 재판확정 전의 자백을 필요적 감경 또는 면제사유로 정하고 있다. 자백의 절차에 관해서는 아무런 법령상의 제한이 없다. 그러므로 그가 **신고한 사건을 다루는 기관에 대한 고백이나 그 사건을 다루는 재판부에 증인으로 다시 출석하여 전에 그가 한 신고가 허위의 사실이었음을 고백하는 것은 물론 무고 사건의 피고인 또는 피의자로서 법원이나 수사기관에서의 신문에 의한 고백 또한 자백의 개념에 포함된다.**

중요 ② 형법 제153조에서 정한 '**재판이 확정되기 전**'에는 피고인의 고소사건 수사 결과 피고인의 무고 혐의가 밝혀져 **피고인에 대한 공소가 제기되고 피고소인에 대해서는 불기소결정이 내려져 재판절차가 개시되지 않은 경우도 포함된다.**

해설 및 정답 ①~② 대법원 2018. 8. 1. 선고 2018도7293 판결 [무고] **정답** ○

중요

04 [선택형 · 사례형] 피무고자 공모 · 교사 · 방조 사건 ★★★★★

갑은 자기 자신을 무고하기로 제3자와 공모하고 이에 따라 무고행위에 가담하였다. 갑의 행위에 관한 설명으로 옳은 것은? (다툼이 있는 경우 판례에 의함)

① 형법 제30조에서 정한 공동정범은 공동으로 범죄를 저지르려는 의사에 따라 공범자들이 협력하여 범행을 분담함으로써 범죄의 구성요건을 실현한 경우에 각자가 범죄 전체에 대하여 정범으로서의 책임을 지는 것이다.

② 공동정범이 성립하기 위해서는 주관적 요건으로서 공동가공의 의사와 객관적 요건으로서 공동의사에 의한 기능적 행위지배를 통한 범죄의 실행사실이 필요하다. 이때 **공동가공의 의사는 공동의 의사로 특정한 범죄행위를 하기 위하여 일체가 되어 서로 다른 사람의 행위를 이용하여 자기의 의사를 실행에 옮기는 것을 내용으로 하는 것이어야 한다.**

중요 ③ **범죄의 실행에 가담한 사람이라고 할지라도 그가 공동의 의사에 따라 다른 공범자를 이용하여 실현하려는 행위가 자신에게는 범죄를 구성하지 않는다면, 특별한 사정이 없는 한 공동정범의 죄책을 진다고 할 수 없다.**

중요 ④ 형법 제156조 무고죄는 타인으로 하여금 형사처분 또는 징계처분을 받게 할 목적으로 허위의 사실을 신고하는 것을 구성요건으로 하는 범죄이다. **자기 자신으로 하여금 형사처분 또는 징계처분을 받게 할 목적으로 허위의 사실을 신고하는 행위, 즉 자기 자신을 무고하는 행위는 무고죄의 구성요건에 해당하지 않아 무고죄가 성립하지 않는다.**

중요 ⑤ 자기 자신을 무고하기로 제3자와 공모하고 이에 따라 무고행위에 가담하였더라도 이는 자기 자신에게는 무고죄의 구성요건에 해당하지 않아 범죄가 성립할 수 없는 행위를 실현하고자 한 것에 지나지 않아 무고죄의 공동정범으로 처벌할 수 없다.

해설 및 정답 ①~⑤ 대법원 2017. 4. 26. 선고 2013도12592 판결 **정답** ○

사례문제 58 자기 자신을 무고하기로 제3자와 공모하고 무고행위에 가담한 경우

대법원 2017. 4. 26. 선고 2013도12592 판결

Q. 공동정범이 성립하기 위한 요건

Q. 범죄의 실행에 가담한 사람이 공동의 의사에 따라 다른 공범자를 이용하여 실현하려는 행위가 자신에게는 범죄를 구성하지 않는 경우, 공동정범의 죄책을 지는지 여부(원칙적 소극)

Q. 자기 자신을 무고하기로 제3자와 공모하고 무고행위에 가담한 경우, 무고죄의 공동정범으로 처벌할 수 있는지 여부(소극)

관련법조항 •• **형법 제156조(무고)**

타인에게 형사처분·징계처분을 받게 할 목적으로 **공공기관·공무원에게 범죄를 구성하는 허위사실(객관적 사실에 반하는 중요한 사실)을** 신고한 사람은 10년 이하 징역형 1천500만 원 이하 벌금형으로 처벌된다. <개정 1995.12.29.>

판결요지

[1] 가. 형법 제30조에서 정한 공동정범이 성립하기 위해서는 **주관적 요건으로서 공동가공의 의사와 객관적 요건으로서 공동의사에 의한 기능적 행위지배를 통한 범죄의 실행사실이 필요하다.**

나. 이때 공동가공의 의사는 공동의 의사로 특정한 범죄행위를 하기 위하여

일체가 되어 서로 다른 사람의 행위를 이용하여 자기의 의사를 실행에 옮기는 것을 내용으로 하는 것이어야 한다.

[2] 가. 형법 제156조에서 정한 무고죄는 타인으로 하여금 형사처분 또는 징계처분을 받게 할 목적으로 허위의 사실을 신고하는 것을 구성요건으로 하는 범죄이다. 자기 자신으로 하여금 형사처분 또는 징계처분을 받게 할 목적으로 허위의 사실을 신고하는 행위, 즉 자기 자신을 무고하는 행위는 무고죄의 구성요건에 해당하지 않아 무고죄가 성립하지 않는다.

나. 따라서 **자기 자신을 무고하기로 제3자와 공모하고 이에 따라 무고행위에 가담하였더라도 이는 자기 자신에게는 무고죄의 구성요건에 해당하지 않아 범죄가 성립할 수 없는 행위를 실현하고자 한 것에 지나지 않아 무고죄의 공동정범으로 처벌할 수 없다.**

05 [선택형] 본인 무고 사건 · 본인 가담 숨기고 상대방 고소 사건

무고죄에 관한 설명 중 옳지 않은 것은? (다툼이 있는 경우 판례에 의함)

중요 ① 스스로 본인을 무고하는 자기무고는 무고죄의 구성요건에 해당하지 아니하여 무고죄가 성립하지 않는다.

② 피무고자의 교사·방조 하에 제3자가 피무고자에 대한 허위 사실을 신고한 경우 제3자의 행위는 무고죄 구성요건에 해당하여 무고죄를 구성한다. 제3자를 교사·방조한 피무고자도 교사·방조범으로서 죄책을 부담한다.

해설 및 정답 ①~② 2015년 제4회 변호사시험 기출문제 8 **정답** ○

대법원 2008. 10. 23. 선고 2008도4852 판결 [무고 · 위증 · 무고방조]

[판결요지] [1] **형법 제156조 무고죄는 국가형사사법권 또는 징계권의 적정한 행사를 주된 보호법익으로 하는 죄이다. 스스로 본인을 무고하는 자기무고는 무고죄의 구성요건에 해당하지 아니하여 무고죄를 구성하지 않는다.**

[2] 그러나 **피무고자의 교사·방조 하에 제3자가 피무고자에 대한 허위 사실을 신고한 경우 제3자의 행위는 무고죄 구성요건에 해당하여 무고죄를 구성한다. 제3자를 교사·방조한 피무고자도 교사·방조범으로서 죄책을 부담한다.**

제 2 부

형사소송법

1. 형사소송법 수사
2. 형사소송법 증거
3. 형사소송법 기초이론
4. 형사소송법 공판

2025·2024·2023 대법원 판례와 형사소송법 예상문제·답안작성방법

1. 2025년 · 2024년 · 2023년 판례를 정리하라.
   가. 전원합의체 판결은 반드시 숙지하라.
   나. 파기환송된 판결은 반드시 숙지하라.

2. 최근 대법원 판례는 선택형 · 사례형 · 기록형 시험에 반드시 출제가 된다.
   가. 사실관계
   나. 쟁점
   다. 판결요지

3. 사례형 긴 지문에 당황하지 마라.
   가. 단문으로 끊어 읽어라.
   나. 쟁점을 뽑고 간결하게 써라.

4. 수사와 증거는 연결되어 있다.
   가. 수사에서 쟁점을 뽑아라.
   나. 증거능력을 판단하라.
   다. 증명력을 판단하라.
   라. 체계적으로 핵심만 설명하라.
   다. 주어+목적어+동사 문장이다. 3문장으로 압축하라.

중요 5. **사례형 답안은 목차를 체계화시킨다. 법조문과 판례를 반드시 설명하라.**
   가. 사안쟁점: 해당 법조문과 쟁점 설명
   나. 학설 ①, ②, ③
   다. 판례는 『______________________________』라고 판시한 바 있다.
   라. 사안해결

6. 사례형 경우 선택형 지문처럼 압축하라.
   가. ①, ②, ③ 부호를 붙여 서술하라.
   나. 서술 분량은 선택형 지문 정도면 충분하다.
   다. 시간을 안배하라.
   라. 답안지를 완전히 채워라.

7. 합격답안과 불합격답안은 완전히 다르다.
   가. 쟁점과 내용 설명이 없는 답안은 합격하기 어렵다.
   나. 결론만 몇 문장으로 쓴 답안은 합격하기 어렵다.
   다. 쟁점+학설+판례+해결 순이다.

8. 최근 형사소송법 판례를 중요도에 따라 50개 선정하였다.
   가. 매일 반복하기 바란다.
   나. 지문을 휴대폰에 녹음하여 매일 10분씩 듣기 바란다.
   다. 걸어 다니면서 매일 소리 내어 설명하기 바란다.
   라. 목차를 잡아 짧게라도 10분씩 꾸준히 쓰기 바란다.

1 형사소송법 수사

문 27. 임의동행 · 체포 · 구속 · 구속적부심에 관한 설명 중 옳은 것은?
(다툼이 있는 경우 판례에 의함)

출제예상내용
- 긴급체포요건
- 긴급체포와 피의자신문조사에서 영상녹화
- 긴급체포자 압수수색(2km 떨어진 주거지 사건)
- 구속적부심사와 변호인
- 구속적부심사결정에 대한 항고 금지
- 임의동행요건
- 함정수사

사례문제 59 체포현장이 아닌 장소에서 긴급체포된 자가 소유·소지·보관하는 물건에 대한 압수·수색·검증

중요

01 [선택형] 함정수사의 위법성이 미치는 범위 판단

경찰관이 피고인 운영의 게임장에 대한 잠입수사 과정에서 게임물을 이용한 사행행위를 조장하고 있는 피고인을 적발하고, 피고인에게 게임 결과물 환전을 적극적으로 요구한 사안이다. 이에 관한 설명 중 옳은 것은? (다툼이 있는 경우 판례에 의함)

중요 ① 경찰관이 게임 결과물의 환전을 거절하는 피고인에게 적극적으로 환전을 요구하는 방식의 함정수사가 위법하다.

중요 ② 경찰관이 함정수사 과정에서 이미 이루어지고 있던 피고인의 다른 범행을 적발한 경우 함정수사에 기한 것으로 볼 수 없다. 이에 관한 공소제기가 법률의 규정에 위반하여 무효인 때에 해당하지 않는다.

해설 및 정답 ①~② 대법원 2021. 7. 19. 선고 2017도16810 판결 (사) 파기환송(일부) [게임산업진흥에 관한 법률 위반] **정답** ○

[판시사항] [1] 경찰관이 게임 결과물의 환전을 거절하는 피고인에게 적극적으로 환전을 요구하는 방식의 함정수사가 위법한지 여부(적극) [2] 경찰관이 함정수사 과정에서 이미 이루어지고 있던 피고인의 다른 범행을 적발한 경우 이에 관한 공소제기가 법률의 규정에 위반하여 무효인 때에 해당하는지 여부(소극)

[판결요지] [1] 본래 범의를 가지지 아니한 사람에 대하여 수사기관이 사술이나 계략 등을 써서 범의를 유발하게 하여 범죄인을 검거하는 함정수사는 위법하고, 이러한 함정수사에 기한 공소제기는 그 절차가 법률의 규정에 위반하여 무효인 때에 해당한다.
[2] 수사기관이 사술이나 계략 등을 써서 피고인의 범의를 유발한 것이 아니라 이미 이루어지고 있던 범행을 적발한 것에 불과하므로, 이에 관한 공소제기가 함정수사에 기한 것으로 볼 수 없다.
[판결해설] 게임 결과물 환전으로 인한 게임산업법위반 범행은 경찰관의 위법한 함정수사로 범의가 유발된 때에 해당한다. 그러므로 이에 관한 공소를 기각한 원심의 판단은 정당하다. 그러나 사행행위 조장으로 인한 게임산업법위반 범행은 수사기관이 이미 이루어지고 있던 범행을 적발한 것에 불과할 뿐 이에 관한 공소제기가 함정수사에 기한 것으로 볼 수 없다. 이 부분 공소를 기각한 원심 판단에 함정수사 법리를 오해하여 판결에 영향을 미친 잘못이 있다고 본 사례.

중요

02 [선택형] 정보저장매체 임의제출에 의한 압수절차의 적법성 ★★★★★

아동・청소년 이용 음란물 제작, 배포, 소지 등으로 기소된 피고인이, 자신의 동생이 피의자로 기재된 압수・수색영장에 의한 압수절차의 적법성 및 정보저장매체 임의제출에 의한 압수절차의 적법성을 다투는 사건이다. 이에 관한 설명 중 옳은 것은? (다툼이 있는 경우 판례에 의함)

중요 ① 영장에 기재된 문언에 반하여 피고인이 아닌 피고인의 동생을 피의자로 하여 발부된 이 사건 영장을 집행하면서 피고인 소유의 이 사건 휴대전화 등을 압수한 것은 위법하다.

중요 ② 피의자와 사이의 인적 관련성은 압수・수색영장에 기재된 대상자의 범죄를 의미하는 것이다. 그러나 그의 공동정범이나 교사범 등 공범이나 간접정범은 물론 필요적 공범 등에 대한 피고사건에 대해서도 인정될 수 있다.

중요 ③ 위법하게 압수된 휴대전화 등에서 취득한 증거가 아닌 피의자가 휴대전화를 임의제출하면서 휴대전화에 저장된 전자정보가 아닌 클라우드 등 제3자가 관리하는 원격지에 저장되어 있는 전자정보를 수사기관에 제출한다는 의사로 수사기관에게 클라우드 등에 접속하기 위한 아이디와 비밀번호를 임의로 제공하였다면 위 클라우드 등에 저장된 전자정보를 임의제출하는 것으로 볼 수 있다.

해설 및 정답 ①～③ 대법원 2021. 7. 19. 선고 2020도14654 판결 (사) 상고기각 [아동·청소년의 성보호에 관한 법률 위반(음란물제작·배포등) 등] **정답** ○

[판시사항] 피고인의 동생이 피의자로 기재된 압수·수색영장으로 피고인 소유의 정보저장매체를 압수한 영장 집행이 적법한지 여부(소극)

[판결요지] [1] 형사소송법 제215조 제1항은 "검사는 범죄수사에 필요한 때에는 피의자가 죄를 범하였다고 의심할 만한 정황이 있고 해당 사건과 관계가 있다고 인정할 수 있는 것에 한정하여 지방법원판사에게 청구하여 발부받은 영장에 의하여 압수, 수색 또는 검증을 할 수 있다."라고 정하고 있다. 피의자와 사이의 인적 관련성은 압수·수색영장에 기재된 대상자의 범죄를 의미하는 것이나, 그의 공동정범이나 교사범 등 공범이나 간접정범은 물론 필요적 공범 등에 대한 피고사건에 대해서도 인정될 수 있다(대법원 2017. 1. 25. 선고 2016도13489 판결, 대법원 2017. 12. 5. 선고 2017도13458 판결 등 참조).

[2] 헌법과 형사소송법이 구현하고자 하는 적법절차와 영장주의의 정신에 비추어 볼 때, 법관이 압수·수색영장을 발부하면서 '압수할 물건'을 특정하기 위하여 기재한 문언은 엄격하게 해석하여야 하고, 함부로 피압수자 등에게 불리한 내용으로 확장 또는 유추 해석하여서는 안 된다.

[3] 수사기관이 인터넷서비스이용자인 피의자를 상대로 피의자의 컴퓨터 등 정보처리장치 내에 저장되어 있는 이메일 등 전자정보를 압수·수색하는 것은 전자정보의 소유자 내지 소지자를 상대로 해당 전자정보를 압수·수색하는 대물적 강제처분으로 형사소송법의 해석상 허용된다. 압수·수색할 전자정보가 압수·수색영장에 기재된 수색장소에 있는 컴퓨터 등 정보처리장치 내에 있지 아니하고 그 정보처리장치와 정보통신망으로 연결되어 제3자가 관리하는 원격지의 서버 등 저장매체에 저장되어 있는 경우에도, 수사기관이 피의자의 이메일 계정에 대한 접근권한에 갈음하여 발부받은 영장에 따라 영장 기재 수색장소에 있는 컴퓨터 등 정보처리장치를 이용하여 적법하게 취득한 피의자의 이메일 계정 아이디와 비밀번호를 입력하는 등 피의자가 접근하는 통상적인 방법에 따라 그 원격지의 저장매체에 접속하고 그곳에 저장되어 있는 피의자의 이메일 관련 전자정보를 수색장소의 정보처리장치로 내려받거나 그 화면에 현출시키는 것 역시 피의자의 소유에 속하거나 소지하는 전자정보를 대상으로 이루어지는 것이므로 그 전자정보에 대한 압수·수색을 위와 달리 볼 필요가 없다(대법원 2017. 11. 29. 선고 2017도9747 판결 참조). 피의자가 휴대전화를 임의제출하면서 휴대전화에 저장된 전자정보가 아닌 클라우드 등 제3자가 관리하는 원격지에 저장되어 있는 전자정보를 수사기관에 제출한다는 의사로 수사기관에게 클라우드 등에 접속하기 위한 아이디와 비밀번호를 임의로 제공하였다면 위 클라우드 등에 저장된 전자정보를 임의제출하는 것으로 볼 수 있다.

[판결해설] 영장에 기재된 문언에 반하여 피고인이 아닌 피고인의 동생을 피의자로 하여 발부된 이 사건 영장을 집행하면서 피고인 소유의 이 사건 휴대전화 등을 압수한 것은 위법하다고 선언하면서도, 위법하게 압수된 휴대전화 등에서 취

득한 증거가 아닌 임의제출된 다른 휴대전화 및 그에 연결된 클라우드 등 제3자가 관리하는 원격지에 저장된 증거(아동・청소년음란물)를 유죄의 증거로 사용하였으므로 원심의 위와 같은 잘못은 판결 결과에 영향이 없다는 이유로 피고인의 상고를 기각한 사례.

중요

03 [선택형] 법인의 형사소송법상 당사자능력 ★★★★★

피고인 법인의 대표이사 등이 법인 존속 중 무등록 투자일임업을 함으로써 자본시장과 금융투자업에 관한 법률을 위반하였다. 피고인 법인에 대한 청산종결 등기가 마쳐진 이후 피고인 법인에 대한 공소가 제기된 사안이다. 이에 관한 설명 중 옳은 것은? (다툼이 있는 경우 판례에 의함)

중요 **① 법인 존속 중 위반행위가 있었던 경우에는 청산종결 등기가 마쳐진 이후 위반행위에 대한 수사가 개시되거나 또는 공소가 제기되더라도, 그에 따른 수사나 재판을 받는 일은 법인의 청산사무에 포함된다. 그러므로 그 사건이 종결될 때까지 법인의 청산사무는 종료되지 않고, 형사소송법상 당사자능력도 존속한다.**

해설 및 정답 대법원 2021. 6. 30. 선고 2018도14261 판결 [자본시장과금융투자업에 관한 법률 위반] **정답** ○

[판시사항] 법인의 해산 또는 청산종결 등기 이전에 있었던 업무나 재산에 관한 위반행위에 대하여 법인에 대한 청산종결 등기가 된 이후 수사가 개시되거나 공소가 제기된 경우, 법인에 형사소송법상 당사자능력이 존속하는지 여부(적극)

[판결요지] [1] 법인에 대한 청산종결 등기가 되었더라도 청산사무가 종결되지 않는 한 그 범위 내에서는 청산법인으로 존속한다.

[2] 법인의 해산 또는 청산종결 등기 이전에 업무나 재산에 관한 위반행위가 있는 경우에는 청산종결 등기가 된 이후 위반행위에 대한 수사가 개시되거나 공소가 제기되더라도 그에 따른 수사나 재판을 받는 일은 법인의 청산사무에 포함되므로, 그 사건이 종결될 때까지 법인의 청산사무는 종료되지 않고 형사소송법상 당사자능력도 그대로 존속한다.

[판결해설] 법인 존속 중 위반행위가 있었던 경우에는 청산종결 등기가 마쳐진 이후 위반행위에 대한 수사가 개시되거나 공소가 제기되더라도 그에 따른 수사나 재판을 받는 일은 법인의 청산사무에 포함된다. 그러므로 그 사건이 종결될 때까지 법인의 청산사무는 종료되지 않고, 형사소송법상 당사자능력도 존속한다는 전제에서 피고인 법인에 대하여 유죄를 인정한 원심의 판단에 형사소송법상 당사자

능력에 관한 법리를 오해하거나 형사소송법 제328조 제1항 제2호를 위반한 잘못이 없다고 한 사례.

중요

04 [선택형] 체포절차의 적법성 ★★★★★

경찰관은 긴급을 요하여 체포영장을 제시하지 않은 채 체포영장에 기한 체포절차에 착수하였다. 그러나 이에 피고인이 저항하면서 경찰관을 폭행하는 등 행위를 하여 특수공무집행방해의 현행범으로 체포한 후 체포영장을 별도로 제시하지 않은 사안이다. 이에 관한 설명 중 옳은 것은? (다툼이 있는 경우 판례에 의함)

① 경찰관이 체포영장에 기재된 범죄사실이 아닌 새로운 피의사실인 특수공무집행방해치상을 이유로 피고인을 현행범으로 체포하였고, 현행범 체포에 관한 제반 절차도 준수하였던 이상 피고인에 대한 체포 및 그 이후 절차에 위법이 없다.

② 피고인에 대한 체포가 체포영장과 관련 없는 새로운 피의사실로 별도의 현행범 체포 절차에 따라 진행된 이상, 집행 완료에 이르지 못한 체포영장을 사후에 피고인에게 제시할 필요는 없다. 따라서 피고인에 대한 체포절차가 적법하다.

해설 및 정답 ①~② 대법원 2021. 6. 24. 선고 2021도4648 판결 (바) 상고기각 [특수공무집행방해치상 등] **정답** ○

[판시사항] 긴급을 요하여 체포영장을 제시하지 않은 채 체포영장에 기한 체포절차에 착수하였으나, 이에 피고인이 저항하면서 경찰관을 폭행하는 등 행위를 하여 특수공무집행방해의 현행범으로 체포한 후 체포영장을 별도로 제시하지 않은 것이 적법한지 여부(적극)

[판결요지] [1] 원심은, ① 피고인에 대해 「성폭력범죄의 처벌 등에 관한 특례법」(이하 '성폭력처벌법'이라고 한다) 위반(비밀준수등) 범행으로 체포영장이 발부되어 있었던 사실, ② '피고인의 차량이 30분 정도 따라온다'는 내용의 112신고를 받고 현장에 출동한 경찰관들이 승용차에 타고 있던 피고인의 주민등록번호를 조회하여 피고인에 대한 체포영장이 발부된 것을 확인한 사실, ③ 경찰관들이 피고인에게 '성폭력처벌법위반으로 수배가 되어 있는바, 변호인을 선임할 수 있고 묵비권을 행사할 수 있으며, 체포적부심을 청구할 수 있고 변명의 기회가 있다'고 고지하며 하차를 요구한 사실을 인정한 후, 이 사건 당시 경찰관들이 체포영장을 소지할 여유 없이 우연히 그 상대방을 만난 경우로서 체포영장의 제시 없이 체포영장을 집행할 수 있는 '급속을 요하는 때'에 해당하므로, 경찰관들이 체포영장의

제시 없이 피고인을 체포하려고 시도한 행위는 적법한 공무집행이라고 판단하였다.
[2] 나아가 원심은, 위와 같이 경찰관들이 체포영장을 근거로 체포절차에 착수하였으나 피고인이 흥분하며 타고 있던 승용차를 출발시켜 경찰관들에게 상해를 입히는 범죄를 추가로 저지르자, 경찰관들이 위 승용차를 멈춘 후 저항하는 피고인을 별도 범죄인 특수공무집행방해치상의 현행범으로 체포한 사실을 인정한 후, 이와 같이 경찰관이 체포영장에 기재된 범죄사실이 아닌 새로운 피의사실인 특수공무집행방해치상을 이유로 피고인을 현행범으로 체포하였고, 현행범 체포에 관한 제반 절차도 준수하였던 이상 피고인에 대한 체포 및 그 이후 절차에 위법이 없다고 판단한 후, 이 사건 공소사실을 유죄로 판단한 제1심 판결을 그대로 유지하였다.
[3] 원심이 든 위 사정들과 함께 이 사건 당시 체포영장에 의한 체포절차가 착수된 단계에 불과하였고, 피고인에 대한 체포가 체포영장과 관련 없는 새로운 피의사실인 특수공무집행방해치상을 이유로 별도의 현행범 체포 절차에 따라 진행된 이상, 집행 완료에 이르지 못한 체포영장을 사후에 피고인에게 제시할 필요는 없는 점까지 더하여 보면, 피고인에 대한 체포절차가 적법하다는 원심의 판단이 타당하다.
[판결해설] 피고인에 대한 체포절차가 적법하다고 판단한 원심을 수긍한 사례.

중요

05 [선택형 · 사례형] 사법경찰리가 현행범인 체포된 피의자에 대하여 구속영장 발부일로부터 만 3일이 경과하여 구속영장 원본 제시에 의한 구속영장을 집행한 사건 ★★★★★

사법경찰리가 현행범인 체포된 피의자에 대하여 구속영장 발부일로부터 만 3일이 경과하여 구속영장 원본 제시에 의한 구속영장을 집행한 사안이다. 이에 관한 설명 중 옳은 것은? (다툼이 있는 경우 판례에 의함)

① 사법경찰리의 피고인에 대한 구속영장 집행은 지체 없이 이루어졌다고 볼 수 없다. 구속영장이 주말인 토요일에 발부되어 담당경찰서의 송치담당자가 월요일 일과시간 중 이를 받아왔고 피고인에 대한 사건 담당자가 외근 수사 중이어서 화요일에 구속영장 원본 제시에 의한 집행을 한 사정은 구속영장 집행 지연에 대한 정당한 사유에 해당하지 않는다. 따라서 구속영장의 집행이 정당한 사유 없이 지체된 기간 동안의 피고인에 대한 체포 내지 구금 상태는 위법하다.

해설 및 정답 대법원 2021. 4. 29. 선고 2020도16438 선고 [마약류관리에 관한 법률 위반(향정) 등] (카) 상고기각

정답 ○

[판시사항] 피의자에 대한 구속영장의 제시와 집행이 그 발부시로부터 정당한 사유 없이 지체되어 이루어진 경우, 구속영장의 유효기간 내에 집행되었더라도 구속영장을 지체 없이 집행하지 않은 기간 동안의 체포 내지 구금 상태가 위법한지 여부(적극)

[판결요지] [1] (영장에 의해) 체포한 피의자를 구속하고자 할 때에는 체포한 때부터 48시간 이내에 제201조의 규정에 의하여 구속영장을 청구하여야 하고, 그 기간 내에 구속영장을 청구하지 아니하는 때에는 피의자를 즉시 석방하여야 한다(제200조의2 제5항). 위 규정은 검사 또는 사법경찰관리가 현행범인을 체포하거나 현행범인을 인도받은 경우에 준용되고(제213조의2), 긴급체포한 피의자를 구속하고자 할 때에도 같은 취지의 규정을 두고 있다(제200조의4 제1항, 제2항).

[2] 위와 같이 체포된 피의자에 대하여 구속영장을 청구받은 판사는 지체 없이 피의자를 심문하여야 하는데, 특별한 사정이 없는 한 구속영장이 청구된 날의 다음 날까지 심문하여야 하고(제201조의2 제1항), 이 경우 판사는 즉시 피의자 및 변호인에게 심문기일과 장소를 통지하여야 하며, 검사는 체포되어 있는 피의자를 심문기일에 출석시켜야 한다(제201조의2 제3항).

[3] 구속영장청구를 받은 판사는 신속히 구속영장의 발부 여부를 결정하여야 하고, 상당하다고 인정할 때에는 구속영장을 발부한다(제201조 제3항, 제4항).

[4] 구속영장은 검사의 지휘에 의하여 사법경찰관리가 집행하고(제209조, 제81조 제1항 본문), 구속영장을 집행함에는 피의자에게 반드시 이를 제시하고 피의사실의 요지, 구속의 이유와 변호인을 선임할 수 있음을 말하고 변명할 기회를 주어야 하며(제209조, 제85조 제1항, 제200조의5), 피의자를 구속한 때에는 변호인 또는 변호인선임권자 중 피의자가 지정한 자에게 피의사건명, 구속일시·장소, 피의사실의 요지, 구속의 이유와 변호인을 선임할 수 있는 취지를 지체 없이 서면으로 통지하여야 한다(제209조, 제87조 제1항, 제2항).

[5] 위와 같은 헌법이 정한 적법절차와 영장주의 원칙, 형사소송법이 정한 체포된 피의자의 구금을 위한 구속영장의 청구, 발부, 집행절차에 관한 규정을 종합하면, 법관이 검사의 청구에 의하여 체포된 피의자의 구금을 위한 구속영장을 발부하면 검사와 사법경찰관리는 지체 없이 신속하게 구속영장을 집행하여야 한다. 피의자에 대한 구속영장의 제시와 집행이 그 발부 시로부터 정당한 사유 없이 시간이 지체되어 이루어졌다면, 구속영장이 그 유효기간 내에 집행되었다고 하더라도 위 기간 동안의 체포 내지 구금 상태는 위법하다.

[판결해설] 다만, 피고인에 대한 구속영장 집행이 위법하더라도 그로 인하여 피고인의 방어권, 변호권이 본질적으로 침해되어 원심판결의 정당성마저 인정하기 어렵다고 보여지는 정도에 이르지 않았다고 보아 피고인의 상고를 기각하였음.

06 [선택형] 임의동행의 적법성

피고인이 메트암페타민(일명 필로폰) 투약 혐의로 임의동행 형식으로 경찰서에 간 후 자신의 소변과 모발을 경찰관에게 제출하여 마약류 관리에 관한 법률 위반(향정)으로 기소된 사안이다. 이에 대한 설명으로 옳은 것은? (다툼이 있는 경우 판례에 의함)

① **임의동행은 경찰관 직무집행법 제3조 제2항에 따른 행정경찰 목적의 경찰활동으로 행하여지는 것이다.** 그 외에도 **형사소송법 제199조 제1항에 따라 범죄 수사를 위하여 수사관이 동행에 앞서 피의자에게 동행을 거부할 수 있음을 알려 주었거나** 동행한 피의자가 언제든지 자유로이 동행과정에서 이탈 또는 동행장소로부터 퇴거할 수 있었음이 인정되는 등 **오로지 피의자의 자발적인 의사에 의하여 이루어진 경우에도 가능하다.**

② 경찰관은 당시 피고인의 정신 상태, 신체에 있는 주사바늘 자국, 알콜솜 휴대, 전과 등을 근거로 피고인의 마약류 투약 혐의가 상당하다고 판단하여 경찰서로 임의동행을 요구하였다. **동행장소인 경찰서에서 피고인에게 마약류 투약 혐의를 밝힐 수 있는 소변과 모발의 임의제출을 요구하였다. 그러므로 피고인에 대한 임의동행은 마약류 투약 혐의에 대한 수사를 위한 것이어서 형사소송법 제199조 제1항에 따른 임의동행에 해당한다.**

해설 및 정답 ①~② 대법원 2020. 5. 14. 선고 2020도398 마약류관리에관한법률위반(향정) 〈이 사건 임의동행을 경찰관 직무집행법에 따른 것으로 판단한 원심의 당부〉

정답 ○

[판시사항] [1] 피고인에 대한 임의동행을 경찰관 직무집행법에 따른 것으로 판단한 원심이 타당한지 여부(소극)

[2] 피고인의 소변·모발 임의제출에 임의성이 없다고 판단한 원심이 타당한지 여부(적극)

[3] 경찰관 직무집행법 제3조 제2항에 따라 행정경찰 목적의 경찰활동으로 행하여지는 임의동행 외에 형사소송법 제199조 제1항에 따라 범죄 수사를 위하여 이루어진 임의동행의 적법성이 인정되는 경우

07 [선택형] 범칙금 납부기간 도과 전 공소제기한 사건

피고인이 음식을 제공받아 편취하였다는 사기 사건에 대하여 경찰서장이 통고처분을 하였다. 위 통고처분에서 정한 범칙금 납부기간이 도과 전 검사가 위 사기 사건에 대하여 공소를 제기한 사안이다. 이에 대한 설명으로 옳은 것은? (다툼이 있는 경우 판례에 의함)

① 경범죄 처벌법 제8조 제2항에 따른 납부기간에 범칙금을 납부하지 않은 사람에 대하여 경찰서장은 지체 없이 즉결심판을 청구하여야 한다(제9조 제1항 제2호). 즉결심판이 청구되더라도 그 선고 전까지 피고인이 통고받은 범칙금에 50/100을 더한 금액을 납부하고 그 증명서류를 제출하였을 경우에는 경찰서장은 즉결심판 청구를 취소하여야 한다(제9조 제2항). 이와 같이 통고받은 범칙금을 납부한 사람은 그 범칙행위에 대하여 다시 처벌받지 않는다(제8조 제3항, 제9조 제3항).

② 경범죄 처벌법상 범칙금제도는 범칙행위에 대하여 형사절차에 앞서 경찰서장의 통고처분에 따라 범칙금을 납부할 경우 이를 납부하는 사람에 대하여는 **기소를 하지 않는 처벌의 특례**를 마련해 둔 것이다. 법원의 재판절차와 제도적 취지와 법적 성질에서 차이가 있다.

③ 범칙자가 통고처분을 불이행하였더라도 기소독점주의의 예외를 인정한다. 경찰서장의 즉결심판 청구를 통하여 공판절차를 거치지 않고 사건을 **간이하고 신속·적정하게 처리함으로써 소송경제를 도모**한다.

④ **즉결심판 선고 전까지 범칙금을 납부하면 형사처벌을 면할 수 있도록 한다. 이를 통해 범칙자에 대하여 형사소추와 형사처벌을 면제받을 기회를 부여하고 있다.**

중요 ⑤ 경찰서장이 범칙행위에 대하여 통고처분을 한 이상, 범칙자의 위와 같은 절차적 지위를 보장하기 위하여 **통고처분에서 정한 범칙금 납부기간까지는 원칙적으로 경찰서장은 즉결심판을 청구할 수 없고, 검사도 동일한 범칙행위에 대하여 공소를 제기할 수 없다고 보아야 한다.**

중요 ⑥ 피고인이 대금 지급의사나 능력 없이 음식을 제공받아 이를 편취하였다는 제1심 2017고단387호 사기 사건에 대하여 경찰서장이 위 공소사실과 동일한 범칙행위에 대하여 통고처분을 하였다. **검사는 위 사기 사건에 대하여 범칙금 납부기간이 지나기 전에 공소를 제기하였다. 이러한 공소제기는 그 절차가 법률의 규정에 위반되어 무효인 때에 해당하여 공소를 기각하여야 한다.**

해설 및 정답 ①~⑥ 대법원 2020. 4. 29. 선고 2017도13409 판결 [야간건조물침입절도 · 병역법위반 · 사기 · 점유이탈물횡령 · 절도] 〈범칙금 납부기간 도과 전 공소 제기한 사건〉

정답 ○

[판결요지] [1] 경범죄 처벌법상 범칙금제도의 의의 [2] 경찰서장이 범칙행위에 대하여 통고처분을 하였는데 통고처분에서 정한 **범칙금 납부기간이 경과하지 아니한 경우, 원칙적으로 즉결심판을 청구할 수 없고, 검사도 동일한 범칙행위에 대하여 공소를 제기할 수 없는지 여부(적극)**

중요

08 [선택형 · 사례형] 체포현장이 아닌 장소 압수 · 수색 · 검증 사건

경찰관들이 저녁 8시경 공공장소(도로)에서 위장거래자와 만나서 마약류 거래를 하고 있는 피고인을 긴급체포하면서 현장에서 메트암페타민을 압수하고, 저녁 8시 4분경 체포 현장에서 약 2km 떨어진 피고인의 주거지에서 메트암페타민 약 4.82g을 추가로 찾아내어 이를 압수한 다음 법원으로부터 사후 압수수색영장을 발부받은 사안이다. 압수 · 수색에 관한 설명으로 옳은 것은? (다툼이 있는 경우 판례에 의함)

중요 ① **체포현장이 아닌 장소에서도 긴급체포된 자가 소유·소지 또는 보관하는 물건을 대상으로 할 수 있다.**

중요 ② 피고인에 대한 긴급체포 사유, 압수·수색의 시각과 경위, 사후 영장의 발부 내역 등에 비추어 피고인의 주거지에서 긴급 압수한 메트암페타민 4.82g은 긴급체포의 사유가 된 범죄사실 수사에 필요한 범위 내의 것으로서 **적법하게 압수되었다.**

중요 ③ **검사 또는 사법경찰관은 긴급체포된 자가 소유·소지 또는 보관하는 물건에 대하여는 긴급히 압수할 필요가 있는 경우에는 체포한 때부터 24시간 이내에 한하여 영장 없이 압수·수색 또는 검증을 할 수 있다. 압수한 물건을 계속 압수할 필요가 있는 경우에는 지체 없이 압수수색영장을 청구하여야 한다. 이 경우 압수수색영장의 청구는 체포한 때부터 48시간 이내에 하여야 한다.**

중요 ④ **형사소송법 제217조 제1항은** 수사기관이 피의자를 긴급체포한 상황에서 피의자가 체포되었다는 사실이 공범이나 관련자들에게 알려짐으로써 관련자들이 증거를 파괴하거나 은닉하는 것을 방지하고, 범죄사실과 관련된 증거물을 신속히 확보할 수 있도록 하기 위한 것이다. 이 규정에 따른 압수·수색 또는 검증은 체포현장에서의 압수·수색 또는 검증을 규정하고 있는 **형사소송법 제216조 제1항 제2호와 달리, 체포현장이 아닌 장소에서도 긴급체포된 자가 소유·소지 또는 보관하는 물건을 대상으로 할 수 있다.**

해설 및 정답 ①~④ 대법원 2017. 9. 12. 선고 2017도10309 판결 **정답** ○

사례문제 59 체포현장이 아닌 장소에서도 긴급체포된 자가 소유·소지 또는 보관하는 물건에 대한 압수·수색·검증

대법원 2017. 9. 12. 선고 2017도10309 판결

[마약류관리에관한법률위반(향정)] 〈체포현장이 아닌 장소에서도 긴급체포된 자가 소유·소지 또는 보관하는 물건에 대한 압수, 수색이 가능한지 문제된 사건〉

Q. 긴급체포된 자가 소유·소지 또는 보관하는 물건에 대한 긴급 압수·수색 또는 검증을 규정한 형사소송법 제217조 제1항의 취지

Q. 형사소송법 제217조 제1항에 따른 압수·수색 또는 검증은 체포현장이 아닌 장소에서도 긴급체포된 자가 소유·소지 또는 보관하는 물건을 대상으로 할 수 있는지 여부(적극)

판결요지

가. **형사소송법 제217조 제1항은** 수사기관이 피의자를 긴급체포한 상황에서 피의자가 체포되었다는 사실이 **공범이나 관련자들에게 알려짐으로써 관련자들이 증거를 파괴하거나 은닉하는 것을 방지**하고, **범죄사실과 관련된 증거물을 신속히 확보할 수 있도록 하기 위한 것**이다.

나. **압수·수색 또는 검증은 체포현장에서의 압수·수색 또는 검증을 규정하고 있는 형사소송법 제216조 제1항 제2호와 달리, 체포현장이 아닌 장소에서도 긴급체포된 자가 소유·소지·보관하는 물건을 대상으로 할 수 있다.**

문 28. 압수 · 수색 · 검증에 관한 설명 중 옳은 것은? (다툼이 있는 경우 판례에 의함)

출제예상내용
- 디지털 증거 압수수색
- 형사소송법 제217조 제1항 영장 없이 가능한 대인적 강제처분

사례문제 60 강제채뇨와 영장주의
사례문제 61 수사기관이 압수한 피고인 발송 이메일의 증거능력
사례문제 62 경찰관의 노래연습장 주류 판매 단속과 범행 현장에서 긴급압수수색
사례문제 63 원격지 저장매체에 적법하게 접속하여 압수·수색
사례문제 64 디지털매체에 대한 압수·수색
사례문제 65 형사소송법 제120조 제1항 '압수·수색영장의 집행에 필요한 처분'의 범위
사례문제 66 압수·수색영장의 '범죄 혐의사실과 관계있는 범죄'의 의미 및 범위

중요

01 [선택형] 마약 사범에 대한 영장에 의한 모발 · 소변의 압수의 적법 여부와 2차적 증거의 증거능력이 문제된 사건 ★★★★★

필로폰 투약의 혐의사실로 발부된 압수 · 수색영장에 따라 피고인의 소변, 모발을 압수하였고, 그에 대한 감정 결과 혐의사실과 다른 필로폰 투약 사실이 밝혀져 압수물에 의하여 밝혀진 필로폰 투약 사실로 공소가 제기된 사안이다. 이에 관한 설명 중 옳은 것은? (다툼이 있는 경우 판례에 의함)

① 형사소송법 제215조 제1항은 "검사는 범죄수사에 필요한 때에는 피의자가 죄를 범하였다고 의심할 만한 정황이 있고 해당 사건과 관계가 있다고 인정할 수 있는 것에 한정하여 지방법원판사에게 청구하여 발부받은 영장에 의하여 압수, 수색 또는 검증(이하 '압수·수색'이라 한다)을 할 수 있다."라고 규정한다.

② 여기서 '해당 사건과 관계가 있다고 인정할 수 있는 것'은 압수·수색영장의 범죄 혐의사실과 관련되고 이를 증명할 수 있는 최소한의 가치가 있는 것으로서 압수·수색영장의 범죄 혐의사실과 객관적 관련성이 인정되고 압수·수색

영장 대상자와 피의자 사이에 인적 관련성이 있는 경우를 의미한다.

③ **객관적 관련성은 압수·수색영장 범죄 혐의사실의 내용과 수사의 대상, 수사 경위 등을 종합하여 구체적·개별적 연관관계가 있는 경우에만 인정된다고 보아야 하고, 혐의사실과 단순히 동종 또는 유사 범행에 관한 것이라는 사유만으로 객관적 관련성이 있다고 할 것은 아니다.**

해설 및 정답 ①~③ 대법원 2021. 8. 26. 선고 2021도2205 판결 [마약류관리에관한법률위반(향정)] (바) 파기환송 **정답** ○

[판시사항] 형사소송법 제215조 제1항에 따라 압수할 수 있는 '해당 사건과 관계가 있다고 인정할 수 있는 것'의 의미와 판단 기준

[판결요지] [1] 형사소송법 제215조 제1항은 "검사는 범죄수사에 필요한 때에는 피의자가 죄를 범하였다고 의심할 만한 정황이 있고 해당 사건과 관계가 있다고 인정할 수 있는 것에 한정하여 지방법원판사에게 청구하여 발부받은 영장에 의하여 압수, 수색 또는 검증(이하 '압수·수색'이라 한다)을 할 수 있다."라고 규정한다. 여기서 '해당 사건과 관계가 있다고 인정할 수 있는 것'은 압수·수색영장의 범죄 혐의사실과 관련되고 이를 증명할 수 있는 최소한의 가치가 있는 것으로서 압수·수색영장의 범죄 혐의사실과 객관적 관련성이 인정되고 압수·수색영장 대상자와 피의자 사이에 인적 관련성이 있는 경우를 의미한다.

[2] 그중 혐의사실과의 객관적 관련성은 압수·수색영장에 기재된 혐의사실 자체 또는 그와 기본적 사실관계가 동일한 범행과 직접 관련되어 있는 경우는 물론 범행 동기와 경위, 범행 수단과 방법, 범행 시간과 장소 등을 증명하기 위한 간접증거나 정황증거 등으로 사용될 수 있는 경우에도 인정될 수 있다. 이러한 객관적 관련성은 압수·수색영장 범죄 혐의사실의 내용과 수사의 대상, 수사 경위 등을 종합하여 구체적·개별적 연관관계가 있는 경우에만 인정된다고 보아야 하고, 혐의사실과 단순히 동종 또는 유사 범행에 관한 것이라는 사유만으로 객관적 관련성이 있다고 할 것은 아니다(대법원 2017. 12. 5. 선고 2017도13458 판결, 대법원 2021. 7. 29. 선고 2021도3756 판결 등 참조).

[판결해설] 법원이 압수·수색영장을 발부하면서 '압수·수색을 필요로 하는 사유'로 "필로폰 사범의 특성상 피고인이 이전 소지하고 있던 필로폰을 투약하였을 가능성 또한 배제할 수 없어 피고인의 필로폰 투약 여부를 확인 가능한 소변과 모발을 확보하고자 한다."라고 기재하고, '압수할 물건'으로 피고인의 소변뿐만 아니라 모발을 함께 기재한 것은 영장 집행일 무렵의 필로폰 투약 범행뿐만 아니라 그 이전의 투약 여부까지 확인하기 위한 것으로 볼 수 있는 점 등을 고려하면, 압수·수색영장에 의하여 압수한 피고인의 소변 및 모발과 그에 대한 감정 결과 등은 압수·수색영장 기재 혐의사실의 정황증거 내지 간접증거로 사용될 수 있는 경우에 해당하여 객관적 관련성이 인정된다고 판단한 사례.

중요

02 [선택형] 마약 사범에 대한 영장에 의한 모발 · 소변의 압수의 적법 여부와 2차적 증거의 증거능력이 문제된 사건 ★★★★★

필로폰 교부의 혐의사실로 발부된 압수 · 수색영장에 따라 피고인의 소변, 모발을 압수하였고 그에 대한 감정 결과 필로폰 투약 사실이 밝혀져 필로폰 투약에 대한 공소가 제기된 사안이다. 이에 관한 설명 중 옳은 것은? (다툼이 있는 경우 판례에 의함)

① 압수한 피고인의 소변 및 모발은 압수영장의 혐의사실 증명을 위한 간접증거 내지 정황증거로 사용될 수 있다.

② 이 부분 공소사실이 이 사건 압수영장 발부 이후의 범행이라고 하더라도 영장 발부 당시 전혀 예상할 수 없었던 범행이라고 볼 수도 없다. 따라서 압수·수색영장에 따라 압수한 피고인의 소변 및 모발과 그에 대한 감정 결과 등은 위 압수·수색영장의 혐의사실과 객관적·인적 관련성을 모두 갖추어 투약의 공소사실의 증거로 사용할 수 있다.

해설 및 정답 ①~② 대법원 2021. 7. 19. 선고 2021도3756 판결 (카) 파기환송 [마약류관리에 관한 법률 위반(향정)] **정답** ○

[판시사항] [1] 영장 발부의 사유로 된 범죄 혐의사실과 무관한 별개의 증거를 압수한 경우, 이를 유죄 인정의 증거로 사용할 수 있는지 여부(원칙적 소극) [2] 압수 · 수색의 목적이 된 범죄나 이와 관련된 범죄의 경우, 그 압수 · 수색의 결과를 유죄의 증거로 사용할 수 있는지 여부(적극) [3] '압수 · 수색영장의 범죄 혐의사실과 관계있는 범죄'라는 것의 의미 [4] 이때 혐의사실과의 '객관적 관련성'이 인정되는 범위와 판단 기준 [5] 필로폰 교부의 혐의사실로 발부된 압수 · 수색영장에 따라 피고인의 소변, 모발을 압수하였고 그에 대한 감정 결과 필로폰 투약 사실이 밝혀져 필로폰 투약에 대한 공소가 제기된 사안에서, 압수 · 수색영장에 의하여 압수한 피고인의 소변 및 모발과 그에 대한 감정 결과 등은 위 압수 · 수색영장의 혐의사실과 객관적 · 인적 관련성을 모두 갖추어 투약의 공소사실의 증거로 사용할 수 있다고 본 사례.

[판결해설] ① 법원이 압수할 물건으로 피고인의 소변뿐만 아니라 모발을 함께 기재하여 압수영장을 발부한 것은 영장 집행일 무렵의 필로폰 투약 범행뿐만 아니라 그 이전의 투약 여부까지 확인하기 위한 것으로 볼 수 있다. 피고인이 혐의사실인 필로폰 교부 일시 무렵 내지 그 이후 반복적으로 필로폰을 투약한 사실이 증명되면 필로폰 교부 당시에도 필로폰을 소지하고 있었거나 적어도 필로폰을 구할 수 있었다는 사실의 증명에 도움이 된다고 볼 수 있다. 그러므로 압수한 피고

인의 소변 및 모발은 압수영장의 혐의사실 증명을 위한 간접증거 내지 정황증거로 사용될 수 있는 경우에 해당한다.

② 법원이 영장의 '압수 · 수색 · 검증을 필요로 하는 사유'로 "필로폰 사범의 특성상 피고인이 이전 소지하고 있던 필로폰을 투약하였을 가능성 또한 배제할 수 없어 필로폰 투약 여부를 확인 가능한 소변과 모발을 확보하고자 한다."라고 기재하고 있는 점 등에 비추어 볼 때 이 부분 공소사실이 이 사건 압수영장 발부 이후의 범행이라고 하더라도 영장 발부 당시 전혀 예상할 수 없었던 범행이라고 볼 수도 없다는 이유로, 압수 · 수색영장에 따라 압수한 피고인의 소변 및 모발과 그에 대한 감정 결과 등은 위 압수 · 수색영장의 혐의사실과 객관적 · 인적 관련성을 모두 갖추어 투약의 공소사실의 증거로 사용할 수 있다고 보아, 이와 달리 이 사건 압수영장의 혐의사실과 이 사건 공소사실 사이에 연관성이 없다는 이유로 이 사건 공소사실을 무죄로 판단한 원심을 파기환송한 사례.

중요

03 [선택형] 국선변호인에 대한 참여통지 누락이 압수 · 수색 절차의 위반 사유로 문제된 사건 ★★★★★

피고인이 수년간 피시방, 노래방 등의 화장실에 몰래카메라를 설치하여 타인의 신체를 촬영한 것이 「성폭력범죄의 처벌 등에 관한 특례법」 위반(카메라등이용촬영)으로 기소된 사안이다. 이에 관한 설명 중 옳은 것은? (다툼이 있는 경우 판례에 의함)

① 형사소송법 제219조, 제121조가 규정한 변호인의 참여권은 피압수자의 보호를 위하여 변호인에게 주어진 고유권이다. 따라서 설령 피압수자가 수사기관에 압수·수색영장의 집행에 참여하지 않는다는 의사를 명시하였다고 하더라도, 특별한 사정이 없는 한 그 변호인에게는 형사소송법 제219조, 제122조에 따라 미리 집행의 일시와 장소를 통지하는 등으로 압수·수색영장의 집행에 참여할 기회를 별도로 보장하여야 한다.

② 절차에 따르지 않은 증거 수집과 2차적 증거 수집 사이 인과관계의 희석이나 단절 여부를 중심으로 2차적 증거 수집과 관련된 모든 사정을 전체적 · 종합적으로 고려하여 예외적인 경우에는 유죄 인정의 증거로 사용할 수 있다.

해설 및 정답 ①~② 대법원 2020. 11. 26. 선고 2020도10729 판결 [성폭력범죄의처벌등에관한특례법위반(카메라등이용촬영)] (마) 파기환송 **정답** ○

[판시사항] [1] 저장매체에 대한 압수 · 수색 과정에서 전자정보가 담긴 저장매체,

하드카피나 이미징(imaging) 등 형태(복제본)를 수사기관 사무실 등으로 옮겨 복제 · 탐색 · 출력하는 경우, 피압수자나 변호인에게 참여 기회를 보장하고 혐의사실과 무관한 전자정보의 임의적인 복제 등을 막기 위한 적절한 조치를 취하여야 하는지 여부(적극) [2] 이러한 조치를 취하지 않은 경우, 압수 · 수색의 적법 여부(원칙적 소극) [3] 이는 수사기관이 저장매체 또는 복제본에서 혐의사실과 관련된 전자정보만을 복제 · 출력한 경우에도 마찬가지인지 여부(적극) [4] 형사소송법 제219조, 제121조에서 규정한 변호인의 참여권이 피압수자의 보호를 위하여 변호인에게 주어진 고유권인지 여부(적극)

[5] 피압수자가 수사기관에 압수 · 수색영장의 집행에 참여하지 않는다는 의사를 명시한 경우, 그 변호인에게는 미리 집행의 일시와 장소를 통지하는 등으로 압수 · 수색영장의 집행에 참여할 기회를 별도로 보장하여야 하는지 여부(원칙적 적극) [6] 위법수집증거 배제 원칙을 명시한 형사소송법 제308조의2의 취지 [7] 적법한 절차에 따르지 않고 수집한 증거 및 이를 기초로 하여 획득한 2차적 증거의 증거능력 유무(원칙적 소극) [8] 위법수집증거 및 이를 기초로 하여 획득한 2차적 증거의 증거능력을 예외적으로 인정할 수 있는 경우와 그 판단 기준

[판결요지] 피압수자 측이 위와 같은 절차나 과정에 참여하지 않는다는 의사를 명시적으로 표시하였거나 절차 위반행위가 이루어진 과정의 성질과 내용 등에 비추어 피압수자에게 절차 참여를 보장한 취지가 실질적으로 침해되었다고 볼 수 없을 정도에 해당한다는 등의 특별한 사정이 없는 이상 압수 · 수색이 적법하다고 할 수 없다. 이는 수사기관이 저장매체 또는 복제본에서 혐의사실과 관련된 전자정보만을 복제 · 출력한 경우에도 마찬가지이다.

[판결해설] 수사기관이 그 사무실에서 저장매체를 탐색 · 복제 · 출력하는 방법으로 압수 · 수색영장을 집행하기에 앞서 피고인의 국선변호인에게 그 집행의 일시와 장소를 통지하는 등으로 절차에 참여할 기회를 제공하지 않은 것은 적법절차 위반에 해당한다. 그러나 기록에 나타난 제반 사정에 비추어 위법수집증거의 증거능력을 예외적으로 인정할 수 있는 경우에 해당한다고 볼 여지가 충분하다. 이러한 이유로, 압수 · 수색을 통해 수집된 증거들을 유죄의 증거로 사용할 수 없다고 단정한 원심의 판단에 위법수집증거 배제 원칙의 예외에 관한 법리를 오해하여 필요한 심리를 다하지 아니한 위법이 있다고 보아 원심판결 중 무죄 부분을 파기한 사례.

중요

04 [선택형 · 사례형 · 기록형] 병원 응급실 강제채뇨 사건 ★★★★★

피고인이 메트암페타민을 투약했다는 제보를 바탕으로 영장전담판사로부터 피고인의 소변(30cc), 모발(80수), 마약류 불법사용 도구 등에 대한 압수 · 수색 · 검증영장을 발부받아 경찰관이 피고인의 주거지에서 사용 흔적이 있는 주사기 4개를 압수하고, 위 영장에 따라 약 3시간동안 소변과 모발을 제출하도

록 설득하였으나 피고인이 계속 거부하면서 자해하자 이를 제압하고 수갑과 포승을 채운 뒤 강제로 인근 ○○의료원 응급실로 데려가 응급구조사로 하여금 피고인의 신체에서 소변 30cc를 채취하도록 하여 이를 압수한 사안이다. 이에 관한 설명으로 옳은 것은? (다툼이 있는 경우 판례에 의함)

중요 ① 수사기관이 범죄 증거를 수집할 목적으로 피의자의 동의 없이 피의자의 소변을 채취하는 것은 법원으로부터 감정허가장을 받아 형사소송법 제221조의4 제1항, 제173조 제1항에서 정한 '감정에 필요한 처분'으로 할 수 있다. 피의자를 병원 등에 유치할 필요가 있는 경우에는 **형사소송법 제221조의3에 따라 법원으로부터 감정유치장을 받아야 한다.**

중요 ② 형사소송법 제219조, 제106조 제1항, 제109조에 따른 압수·수색의 방법으로도 할 수 있다. 이러한 압수·수색의 경우에도 수사기관은 원칙적으로 **형사소송법 제215조에 따라 판사로부터 압수·수색영장을 적법하게 발부받아 집행해야 한다.**

중요 ③ 압수·수색의 방법으로 소변을 채취하는 경우 압수대상물인 피의자의 소변을 확보하기 위한 수사기관의 노력에도 불구하고, **피의자가 인근 병원 응급실 등 소변 채취에 적합한 장소로 이동하는 것에 동의하지 않거나 저항하는 등 임의 동행을 기대할 수 없는 사정이 있는 때에는 수사기관으로서는 소변 채취에 적합한 장소로 피의자를 데려가기 위해서 필요 최소한의 유형력을 행사하는 것이 허용된다.** 이는 형사소송법 제219조, 제120조 제1항에서 정한 '압수·수색영장의 집행에 필요한 처분'에 해당한다고 보아야 한다. 그렇지 않으면 피의자의 신체와 건강을 해칠 위험이 적고 피의자의 굴욕감을 최소화하기 위하여 마련된 절차에 따른 강제 채뇨가 불가능하여 압수영장의 목적을 달성할 방법이 없기 때문이다.

중요 ④ 경찰관 직무집행법 제10조 제1항, 제10조의2 제1항 제2호, 제3호, 제2항 등에 따르면, **경찰관은 직무수행 중 자신이나 다른 사람의 생명·신체의 방어와 보호, 공무집행에 대한 항거 제지를 위하여 필요하다고 인정되는 상당한 이유가 있을 때에는 그 사태를 합리적으로 판단하여 필요한 한도에서 수갑, 포승, 경찰봉, 방패 등 경찰장구를 사용할 수 있다.**

⑤ 경찰관이 피고인을 ○○의료원 응급실로 데려가는 과정에서 공무집행에 항거하는 피고인을 제지하고 자해 위험을 막기 위해 수갑과 포승을 사용한 것은 경찰관 직무집행법에 따라 허용되는 경찰장구의 사용이라고 보아, 피고인의 소변에 대한 압수영장 집행은 적법하다.

해설 및 정답 ①~⑤ 대법원 2018. 7. 12. 선고 2018도6219 판결 [마약류관리에관한법률위반(향정)] (가) 상고기각 〈강제채뇨의 허용 여부와 영장주의, 압수·수색의 방법으로 소변을 채취하는 경우 수사기관이 소변 채취에 적합한 장소로 피의자를 데리고 가기 위해서 유형력을 행사하는 것이 허용되는지가 문제된 사건〉 **정답** ○

사례문제 60 강제채뇨와 영장주의 ★★★★★

대법원 2018. 7. 12. 선고 2018도6219 판결

[마약류관리에관한법률위반(향정)] (가) 상고기각 〈강제채뇨의 허용 여부와 영장주의, 압수·수색의 방법으로 소변을 채취하는 경우 수사기관이 소변 채취에 적합한 장소로 피의자를 데리고 가기 위해서 유형력을 행사하는 것이 허용되는지가 문제된 사건〉

Q. 강제채뇨의 의미와 수사기관이 범죄 증거 수집 목적으로 하는 강제채뇨의 허용 요건과 방법

Q. 강제채뇨와 영장주의

Q. 압수·수색의 방법으로 소변을 채취하는 경우 압수대상물인 피의자의 소변을 확보하기 위한 수사기관의 노력에도 불구하고, 피의자가 인근 병원 응급실 등 소변 채취에 적합한 장소로 이동하는 것에 동의하지 않거나 저항하는 등 임의 동행을 기대할 수 없는 사정이 있는 때 수사기관이 소변 채취에 적합한 장소로 피의자를 데려가기 위해서 필요 최소한의 유형력을 행사하는 것이 허용되는지 여부(적극)

Q. 경찰관이 직무수행 중 수갑, 포승 등 경찰장구의 사용이 허용된다고 판단한 사례

판결요지

가. 강제채뇨는 범죄 수사를 위해서 강제 채뇨가 부득이하다고 인정되는 경우에 최후의 수단으로 적법한 절차에 따라 허용된다고 보아야 한다. 이때 **의사, 간호사, 그 밖의 숙련된 의료인 등으로 하여금 소변 채취에 적합한 의료장비와 시설을 갖춘 곳에서 피의자의 신체와 건강을 해칠 위험이 적고 피의자의 굴욕감 등을 최소화하는 방법으로 소변을 채취하여야 한다.**

나. **수사기관이 범죄 증거를 수집할 목적으로 피의자의 동의 없이 피의자의 소변**

을 채취하는 것은 [1]법원으로부터 감정허가장을 받아 형사소송법 제221조의4 제1항, 제173조 제1항에서 정한 '감정에 필요한 처분'으로 할 수 있지만(피의자를 병원 등에 유치할 필요가 있는 경우에는 형사소송법 제221조의3에 따라 법원으로부터 감정유치장을 받아야 한다), [2]형사소송법 제219조, 제106조 제1항, 제109조에 따른 압수·수색의 방법으로도 할 수 있다. 이러한 압수·수색의 경우에도 수사기관은 원칙적으로 형사소송법 제215조에 따라 판사로부터 압수·수색영장을 적법하게 발부받아 집행해야 한다.

다. 압수・수색의 방법으로 소변을 채취하는 경우 압수대상물인 피의자의 소변을 확보하기 위한 수사기관의 노력에도 불구하고, 피의자가 인근 병원 응급실 등 소변 채취에 적합한 장소로 이동하는 것에 동의하지 않거나 저항하는 등 임의동행을 기대할 수 없는 사정이 있는 때에는 **수사기관으로서는 소변 채취에 적합한 장소로 피의자를 데려가기 위해서 필요 최소한의 유형력을 행사하는 것이 허용된다.** 이는 형사소송법 제219조, 제120조 제1항에서 정한 '압수・수색영장의 집행에 필요한 처분'에 해당한다고 보아야 한다.

라. 경찰관 직무집행법 제10조 제1항, 제10조의2 제1항 제2호, 제3호, 제2항 등에 따르면, **경찰관은 직무수행 중 자신이나 다른 사람의 생명·신체의 방어와 보호, 공무집행에 대한 항거 제지를 위하여 필요하다고 인정되는 상당한 이유가 있을 때에는 그 사태를 합리적으로 판단하여 필요한 한도에서 수갑, 포승, 경찰봉, 방패 등 경찰장구를 사용할 수 있다.**

[사례 해설] 답안작성방법

Ⅰ. 사안의 쟁점

강제채뇨의 허용 여부와 영장주의, 압수・수색의 방법으로 소변을 채취하는 경우 **수사기관이 소변 채취에 적합한 장소로 피의자를 데리고 가기 위해서 유형력을 행사하는 것이 허용되는지**가 쟁점이다.

Ⅱ. 강제채뇨의 허용 요건과 방법

1. 피고인에 대한 피의사실이 **중대하고 명백한 범죄혐의**가 있었고, 경찰관의 장시간에 걸친 설득에도 불구하고 **피고인이 임의 제출을 거부**하였다.
2. 판사가 적법하게 발부한 압수영장의 집행에 저항하자 경찰관이 다른 방법으로 수사목적을 달성하기 곤란하다고 판단하여 강제로 피고인을 소변 채취에 적합한 장소인 **인근 병원 응급실로 데려가 의사의 지시를 받은 응급구조사로 하여금 피고인의 신체에서 소변을 채취**하도록 하였다.

Ⅲ. 강제채뇨와 영장주의

그 과정에서 피고인에 대한 강제력 행사가 필요 최소한도를 벗어나지 않았으므로, **형사소송법 제219조, 제120조 제1항에서 정한 '압수영장의 집행에 필요한 처분'으로서 허용**된다.

Ⅳ. 사안의 해결

경찰관이 피고인을 ○○의료원 응급실로 데려가는 과정에서 공무집행에 항거하는 피고인을 제지하고 자해 위험을 막기 위해 **수갑과 포승을 사용한 것은 경찰관 직무집행법에 따라 허용되는 경찰장구의 사용이라고 보아야 한다.** 따라서 **피고인의 소변에 대한 압수영장 집행은 적법하다.**

05 [선택형 · 사례형] 네이버 주식회사 이메일 압수 · 수색 사건

압수 · 수색에 관한 설명으로 옳은 것은? (다툼이 있는 경우 판례에 의함)

① **압수·수색영장 원본을 제시하지 않고**, 압수목록도 교부하지 않은 채 압수한 **이메일은 증거능력이 없다.**

중요 ② 수사기관이 이메일에 대한 압수수색영장을 집행할 당시 피압수자인 네이버 주식회사에 팩스로 영장 사본을 송신했을 뿐 그 **원본을 제시하지 않았고, 압수조서와 압수물 목록을 작성하여 피압수·수색 당사자에게 교부하였다고 볼 수도 없다면, 이러한 방법으로 압수된 이메일은 헌법과 형사소송법 제219조, 제118조, 제129조가 정한 절차를 위반하여 수집한 증거이다.** 이러한 절차 위반은 헌법과 형사소송법이 보장하는 적법절차 원칙의 실질적인 내용을 침해하는 경우에 해당하고 위법수집증거의 증거능력을 인정할 수 있는 예외적인 경우에 해당한다고 볼 수도 없다.

해설 및 정답 ①~② 대법원 2017. 9. 7. 선고 2015도10648 판결 **정답** ○

사례문제 61 수사기관이 압수한 피고인 발송 이메일의 증거능력

대법원 2017. 9. 7. 선고 2015도10648 판결

[국가보안법위반(간첩)] 등 (라) 상고기각 〈수사기관이 압수한 피고인 발송 이메일의 증거능력이 다투어진 사건〉

Q. 수사기관이 이메일에 대한 압수수색영장을 집행할 당시 피압수자인 네이버 주식회사에 팩스로 영장 사본을 송신했을 뿐 그 원본을 제시하지 않았고, 압수조서와 압수물 목록을 작성하여 피압수・수색 당사자에게 교부하였다고 볼 수도 없다면, 이러한 방법으로 압수된 이메일은 헌법과 형사소송법 제219조, 제118조, 제129조가 정한 절차를 위반하여 수집한 증거이고, 이러한 절차 위반은 헌법과 형사소송법이 보장하는 적법절차 원칙의 실질적인 내용을 침해하는 경우에 해당하고 위법수집증거의 증거능력을 인정할 수 있는 예외적인 경우에 해당한다고 볼 수도 없다고 본 원심 판단을 수긍한 사례

판결요지

가. 수사기관의 압수・수색

법관이 발부한 압수수색영장에 의하여야 하는 것이 원칙이다. 그 영장에는 피의자의 성명, 압수할 물건, 수색할 장소・신체・물건과 압수수색의 사유 등이 특정되어야 한다(형사소송법 제215조, 제219조, 제114조 제1항, 형사소송규칙 제58조). **영장은 처분을 받는 자에게 반드시 제시되어야 한다(형사소송법 제219조, 제118조).**

나. 압수물을 압수한 경우

목록을 작성하여 소유자, 소지자 등에게 교부하여야 한다(형사소송법 제219조, 제129조). 이러한 형사소송법과 형사소송규칙의 절차 조항은 헌법에서 선언하고 있는 적법절차와 영장주의를 구현하기 위한 것으로서 그 규범력은 확고히 유지되어야 한다.

다. 사안 해결

그러므로 **형사소송법 등에서 정한 절차에 따르지 않고 수집된 증거는 기본적 인권 보장을 위해 마련된 적법한 절차에 따르지 않은 것으로서 원칙적으로 유죄 인정의 증거로 삼을 수 없다**(대법원 2007. 11. 15. 선고 2007도3061 전원합의체 판결 등 참조).

06 [선택형 · 사례형] 경찰관 노래연습장 긴급압수수색 사건

경찰관들이 노래연습장에서의 주류 판매에 대한 신고를 받고 현장에 출동하여 위반 사실을 확인하기 위해 노래연습장 내부를 수색하자, 영업주가 물리력을 행사해 저지한 행위를 공무집행방해죄로 기소한 사건이다. 압수 · 수색에 관한 설명으로 옳은 것은? (다툼이 있는 경우 판례에 의함)

① 경찰관의 노래연습장 주류 판매 단속과 범행 현장에서의 **긴급압수수색은 형사소송법 제216조 제1항 제2호, 제212조가 정하는 '체포현장에서의 압수·수색' 요건을 갖추지 못하였으므로, 영장 없는 압수·수색업무로서의 적법한 직무집행으로 볼 수 없다.**

② **경찰관들의 행위는 형사소송법 제216조 제3항이 정한 '긴급을 요하여 법원 판사의 영장을 받을 수 없는 때'의 요건을 갖추지 못하였고, 현행범 체포에 착수하지 아니한 상태여서 형사소송법 제216조 제1항 제2호, 제212조가 정하는 '체포현장에서의 압수·수색' 요건을 갖추지 못하였다.** 그러므로 영장 없는 압수·수색업무로서의 적법한 직무집행으로 볼 수 없다.

중요 ③ **범행 중 또는 범행직후의 범죄 장소에서 긴급을 요하여 법원 판사의 영장을 받을 수 없는 때에는 영장 없이 압수·수색 또는 검증을 할 수 있으나, 사후에 지체 없이 영장을 받아야 한다.** 형사소송법 제216조 제3항의 요건 중 어느 하나라도 갖추지 못한 경우에 그러한 압수·수색 또는 검증은 위법하며, 이에 대하여 사후에 법원으로부터 영장을 발부받았다고 하여 그 위법성이 치유되지 아니한다.

해설 및 정답 ①~③ 대법원 2017. 11. 29. 선고 2014도16080 판결 [음악산업진흥에관한법률위반 등] (자) 상고기각 〈경찰관의 노래연습장 주류 판매 단속과 범행 현장에서의 긴급압수수색〉 **정답** ○

범행 중 또는 범행직후의 범죄 장소에서 긴급을 요하여 법원 판사의 영장을 받을 수 없는 때에는 영장 없이 압수 · 수색 또는 검증을 할 수 있으나, 사후에 지체 없이 영장을 받아야 한다(형사소송법 제216조 제3항).

사례문제 62 경찰관의 노래연습장 주류 판매 단속과 범행 현장에서 긴급압수수색

대법원 2017. 11. 29. 선고 2014도16080 판결
[음악산업진흥에관한법률위반 등] (자) 상고기각 〈경찰관의 노래연습장 주류 판매 단속과 범행 현장에서 긴급압수수색〉

Q. 범행 중 또는 범행 직후의 범죄 장소에서 영장 없이 압수・수색 또는 검증을 할 수 있도록 규정한 형사소송법 제216조 제3항의 요건 중 어느 하나라도 갖추지 못한 경우, 압수・수색 또는 검증이 위법한지 여부(적극)

Q. 이에 대하여 사후에 법원으로부터 영장을 발부받음으로써 위법성이 치유되는지 여부(소극)

Q. 경찰관의 노래연습장 주류 판매 단속행위가 형사소송법 제216조 제3항의 '긴급을 요하여 법원판사의 영장을 받을 수 없는 때'에 해당하는지 여부

판결요지

가. 범행 중 또는 범행직후의 범죄 장소에서 긴급을 요하여 법원 판사의 영장을 받을 수 없는 때에는 영장 없이 압수・수색 또는 검증을 할 수 있으나, 사후에 지체 없이 영장을 받아야 한다(형사소송법 제216조 제3항).

나. **형사소송법 제216조 제3항의 요건 중 어느 하나라도 갖추지 못한 경우에 그러한 압수·수색 또는 검증은 위법하며, 이에 대하여 사후에 법원으로부터 영장을 발부받았다고 하여 그 위법성이 치유되지 아니한다**(대법원 2012. 2. 9. 선고 2009도14884 판결 등 참조).

07 [선택형・사례형] 원격지 외국계 이메일 압수・수색 사건

압수・수색에 관한 설명으로 옳은 것은? (다툼이 있는 경우 판례에 의함)

① 범죄 혐의사실과 관련된 부분만을 출력하거나 캡처, 저장하는 등의 방법으로 **선별 압수·수색한 것이 적법하다.**

중요 ② 수사기관이 압수·수색영장에 따라 피의자와 변호인에게 영장을 제시하여 참여의 기회를 부여하고, 압수·수색영장에 기재된 수색장소인 한국인터넷진흥원에 설치된 인터넷용 컴퓨터에서 한국인터넷진흥원 소속 직원인 전문가와 일반인 포렌식 전문가가 참여·입회한 가운데 외국계 이메일 홈페이지 로그인

입력창에 사전에 적법하게 취득한 아이디와 비밀번호를 입력하여 피의자가 이용하는 **외국계 이메일 계정에 접속한 후 위 컴퓨터 화면에 현출된 이메일 본문 및 첨부문서 중 범죄 혐의사실과 관련된 부분만을 출력하거나 캡처, 저장하는 등의 방법으로 선별 압수·수색한 것이 적법하다.**

해설 및 정답 ①~② 대법원 2017. 11. 29. 선고 2017도9747 판결 **정답** ○

사례문제 63 원격지 저장매체에 적법하게 접속하여 압수·수색

대법원 2017. 11. 29. 선고 2017도9747 판결

[국가보안법위반(찬양·고무등) 등] (자) 상고기각 〈외국계 이메일 압수·수색사건〉

Q. 수사기관이 피의자를 상대로 피의자가 이용하는 이메일 계정에서 내려 받아 피의자의 컴퓨터 등 정보처리장치 내에 저장되어 있는 이메일 등 전자정보를 압수·수색하는 것이 허용되는지 여부(적극)

Q. 압수·수색할 전자정보가 압수·수색영장에 기재된 수색장소에 있는 컴퓨터 등 정보처리장치와 정보통신망으로 연결되어 제3자가 관리하는 원격지의 서버 등 저장매체에 저장되어 있는 경우에도 마찬가지인지 여부(적극)

Q. 압수·수색영장에 기재된 수색장소에 있는 컴퓨터 등 정보처리장치를 이용하여 정보통신망으로 연결된 원격지의 저장매체에 접속하는 것이 수색장소에 관한 형사소송법의 규정에 위반하여 위법한 것인지 여부(소극)

Q. 수사기관이 피의자의 이메일 계정에 대한 접근권한에 갈음하여 발부받은 압수·수색영장에 따라 피의자가 접근하는 통상적인 방법으로 원격지의 저장매체에 적법하게 접속하여 수색장소의 정보처리장치로 내려 받거나 그 화면에 현출된 전자정보를 대상으로 범죄 혐의사실과 관련된 부분에 대하여 압수·수색하는 것이 허용되는지 여부(적극)

Q. 원격지의 저장매체가 국외에 있는 경우라도 마찬가지인지 여부(적극)

판결요지

가. **압수·수색은 대상물의 소유자 또는 소지자를 상대로 할 수 있고,** 이는 해당 소유자 또는 소지자가 피고인이나 피의자인 경우에도 마찬가지이다(형사소송법 제106조 제1항·제2항, 제107조 제1항, 제108조, 제109조 제1항, 제219조).

나. 또한 정보저장매체에 저장된 전자정보에 대한 압수·수색은 영장 발부의 사유로 된 범죄 혐의사실과 관련된 부분만을 출력하거나 복제하는 방법으로 하여

야 하고, 다만 범위를 정하여 출력 또는 복제하는 방법이 불가능하거나 압수의 목적을 달성하기에 현저히 곤란하다고 인정되는 때에는 정보저장매체 자체를 압수할 수 있다(형사소송법 제106조 제3항, 제219조 참조).

다. **수사기관이 인터넷서비스이용자인 피의자를 상대로 피의자의 컴퓨터 등 정보처리장치 내에 저장되어 있는 이메일 등 전자정보를 압수·수색하는 것은 전자정보의 소유자 내지 소지자를 상대로 해당 전자정보를 압수·수색하는 대물적 강제처분으로 형사소송법의 해석상 허용된다.**

라. **원격지의 저장매체에 접속하고 그곳에 저장되어 있는 피의자의 이메일 관련 전자정보를 수색장소의 정보처리장치로 내려 받거나 그 화면에 현출시키는 것 역시 피의자의 소유에 속하거나 소지하는 전자정보를 대상으로 이루어지는 것이므로 그 전자정보에 대한 압수·수색을 위와 달리 볼 필요가 없다.**

마. **수색행위는 정보통신망을 통해 원격지의 저장매체에서 수색장소에 있는 정보처리장치로 내려 받거나 현출된 전자정보에 대하여 위 정보처리장치를 이용하여 이루어지고,** 압수행위는 위 정보처리장치에 존재하는 전자정보를 대상으로 그 범위를 정하여 **이를 출력 또는 복제하는 방법으로 이루어지므로, 수색에서 압수에 이르는 일련의 과정이 모두 압수·수색영장에 기재된 장소에서 행해지기 때문이다.**

08 [선택형 · 사례형] 디지털매체에 대한 압수 · 수색 사건 ★★★★★

압수 · 수색영장에 관한 설명으로 옳은 것은? (다툼이 있는 경우 판례에 의함)

중요 ① 압수·수색영장은 현장에서 피압수자가 여러 명일 경우에는 그들 모두에게 **개별적으로 영장을 제시해야** 하는 것이 원칙이다.

중요 ② 수사기관이 압수·수색에 착수하면서 그 장소의 관리책임자에게 영장을 제시하였더라도, 물건을 소지하고 있는 다른 사람으로부터 이를 압수하고자 하는 때에는 **그 사람에게 따로 영장을 제시하여야** 한다.

중요 ③ 저장매체에 대한 압수·수색 과정에서 범위를 정하여 출력 또는 복제하는 방법이 불가능하거나 압수의 목적을 달성하기에 현저히 곤란한 예외적인 사정이 인정되어 전자정보가 담긴 저장매체 또는 하드카피나 이미징 등 형태(이하 '복제본'이라고 한다)를 수사기관 사무실 등으로 옮겨 복제·탐색·출력하는 경우에도, 그와 같은 일련의 과정에서 **피압수자나 변호인에게 참여의 기회를 보장하고** 혐의사실과 무관한 전자정보의 임의적인 복제 등을 막기 위한 적절한 조치를 취하는 등 영장주의 원칙과 적법절차를 준수하여야 한다.

중요 ④ 디지털매체에 대한 압수·수색 과정에서 범위를 정하여 출력 또는 복제하는 방법이 불가능하거나 압수의 목적을 달성하기에 현저히 곤란한 예외적인 사정이 인정되어 전자정보가 담긴 저장매체 또는 하드카피나 이미징 등 형태를 수사기관 사무실 등으로 옮겨 복제·탐색·출력하는 경우에도, **피압수자나 변호인에게 참여의 기회를 보장하고 혐의사실과 무관한 전자정보의 임의적인 복제 등을 막기 위한 적절한 조치를 취하지 않은 경우 증거능력 없다.**

해설 및 정답 ①~④ 대법원 2017. 9. 21. 선고 2015도12400 판결 **정답** ○

사례문제 64 디지털매체에 대한 압수 · 수색

대법원 2017. 9. 21. 선고 2015도12400 판결
[공직선거법위반 · 개인정보보호법위반]

Q. 형사소송법이 압수 · 수색영장을 집행하는 경우에 피압수자에게 반드시 압수 · 수색영장을 제시하도록 규정한 취지

Q. 압수 · 수색영장의 제시 범위 및 방법

Q. 전자정보가 담긴 저장매체 또는 복제본을 수사기관 사무실 등으로 옮겨 복제 · 탐색 · 출력하는 일련의 과정에서, 피압수자나 변호인에게 참여의 기회를 보장하고 혐의사실과 무관한 전자정보의 임의적인 복제 등을 막기 위한 적절한 조치를 취하지 않은 경우, 압수 · 수색의 적법 여부(원칙적 소극)

Q. 수사기관이 저장매체 또는 복제본에서 혐의사실과 관련된 전자정보만을 복제 · 출력하였더라도 마찬가지인지 여부(적극)

Q. 적법한 절차에 따르지 아니하고 수집한 증거를 예외적으로 유죄 인정의 증거로 사용할 수 있는 경우 및 그러한 특별한 사정이 존재한다는 점에 대한 증명책임 소재(=검사)

Q. 법원이 2차적 증거의 증거능력 인정 여부를 최종적으로 판단할 때 고려하여야 할 사항

판결요지

[1] 압수 · 수색영장을 집행하는 **수사기관은 피압수자에게 법관이 발부한 영장에 의한 압수 · 수색이라는 사실을 확인함과 동시에 형사소송법이 압수 · 수색영장에 필요적으로 기재하도록 정한 사항이나 그와 일체를 이루는 사항을 충분히 알 수 있도록 압수 · 수색영장을 제시하여야 한다. 압수 · 수색영장은 현장에서 피압수자가 여러 명일 경우에는 그들 모두에게 개별적으로 영장을 제시해야 하는 것이 원칙이다.** 수사기관이 압수 · 수색에 착수하면서 그 장소의 관리책임자에게 영장을 제시하였더라도, **물건을 소지하고 있는 다른 사람으로부터 이를 압수하고자 하는 때에는 그 사람에게 따로 영장을 제시하여야 한다.**

[2] 전자정보가 담긴 저장매체 또는 하드카피나 이미징 등 형태(이하 '복제본'이라고 한다)를 수사기관 사무실 등으로 옮겨 복제 · 탐색 · 출력하는 경우에도, 그와 같은 일련의 과정에서 **피압수자나 변호인에게 참여의 기회를 보장하고 혐의사실과 무관한 전자정보의 임의적인 복제 등을 막기 위한 적절한 조치를 취하는 등 영장주의 원칙과 적법절차를 준수하여야 한다.**

[3] 수사기관의 절차 위반행위가 적법절차의 실질적인 내용을 침해하는 경우에 해당하지 아니하고, 오히려 그 증거의 증거능력을 배제하는 것이 헌법과 형사소송법이 형사소송에 관한 절차 조항을 마련하여 **적법절차의 원칙과 실체적 진실 규명의 조화를 도모하고 이를 통하여 형사 사법 정의를 실현하려고 한 취지에 반하는 결과를 초래하는 것으로 평가되는 예외적인 경우라면 법원은 그 증거를 유죄 인정의 증거로 사용할 수 있다. 1차적 증거를 기초로 하여 다시 2차적 증거를 수집하는 과정에서 추가로 발생한 모든 사정들까지 구체적인 사안에 따라 주로 인과관계 희석 또는 단절 여부를 중심으로 전체적 · 종합적으로 고려하여야 한다.**

09 [선택형 · 사례형 · 기록형] '압수 · 수색영장 집행에 필요한 처분' 사건

압수 · 수색에 관한 설명으로 옳은 것은? (다툼이 있는 경우 판례에 의함)

① 정보저장매체에 저장된 전자정보에 대한 압수·수색은 영장 발부의 사유로 된 **범죄 혐의사실과 관련된 부분만을 출력하거나 복제**하는 방법으로 하여야 한다. 다만 범위를 정하여 출력 또는 복제하는 방법이 불가능하거나 압수의 목적을 달성하기에 현저히 곤란하다고 인정되는 때에는 정보저장매체 자체를

압수할 수 있다.

② 수사기관이 인터넷서비스이용자인 피의자를 상대로 피의자의 컴퓨터 등 정보처리장치 내에 저장되어 있는 이메일 등 전자정보를 압수·수색하는 것은 **전자정보의 소유자 내지 소지자를 상대**로 해당 전자정보를 압수·수색하는 대물적 강제처분으로 형사소송법의 해석상 허용된다.

③ 수사기관이 위와 같이 **원격지의 저장매체에 접속**하여 그 저장된 전자정보를 수색장소의 정보처리장치로 내려 받거나 그 화면에 현출시킨다 하더라도, 이는 **인터넷서비스제공자가 허용한 피의자의 전자정보에 대한 접근 및 처분권한과 일반적 접속 절차에 기초한 것**으로서, 특별한 사정이 없는 한 인터넷서비스제공자의 의사에 반하는 것이라고 단정할 수 없다.

중요 ④ 수색장소에 있는 정보처리장치를 이용하여 정보통신망으로 연결된 **원격지의 저장매체에 접속하는 것이 위와 같은 형사소송법의 규정에 위반하여 압수·수색영장에서 허용한 집행의 장소적 범위를 확대하는 것이라고 볼 수 없다.**

중요 ⑤ 피의자의 이메일 계정에 대한 접근권한에 갈음하여 발부받은 압수·수색영장에 따라 원격지의 저장매체에 적법하게 접속하여 내려 받거나 현출된 전자정보를 대상으로 하여 범죄 혐의사실과 관련된 부분에 대하여 압수·수색하는 것은, 압수·수색영장의 집행을 원활하고 적정하게 행하기 위하여 필요한 최소한도의 범위 내에서 이루어지며 그 수단과 목적에 비추어 사회통념상 타당하다고 인정되는 대물적 강제처분 행위로서 허용되며, 형사소송법 제120조 제1항에서 정한 압수·수색영장의 집행에 필요한 처분에 해당한다. 그리고 **이러한 법리는 원격지의 저장매체가 국외에 있는 경우라 하더라도 그 사정만으로 달리 볼 것은 아니다.**

해설 및 정답 ①~⑤ 대법원 2017. 11. 29. 선고 2017도9747 판결 **정답** ○

사례문제 65 형사소송법 제120조 제1항 '압수·수색영장 집행에 필요한 처분'의 범위

대법원 2017. 11. 29. 선고 2017도9747 판결

[국가보안법위반(찬양·고무등)·국가보안법위반(회합·통신등)·국가보안법위반(편의제공)·국가보안법위반(자진지원·금품수수)]

Q. 피의자의 이메일 계정에 대한 접근권한에 갈음하여 발부받은 압수·수색영장에 따라 원격지의 저장매체에 적법하게 접속하여 내려받거나 현출된 전자정보를 대상으로 하여 범죄 혐의사실과 관련된 부분에 대하여 압수·수색하는 것이 허용되는지 여부(적극)

Q. 형사소송법 제120조 제1항에서 정한 '압수·수색영장의 집행에 필요한 처분'에 해당하는지 여부(적극)

Q. 이러한 법리는 원격지의 저장매체가 국외에 있는 경우라도 마찬가지로 적용되는지 여부(적극)

판결요지

가. 범위를 정하여 출력 또는 복제하는 방법이 불가능하거나 압수의 목적을 달성하기에 현저히 곤란하다고 인정되는 때에는 정보저장매체 자체를 압수할 수 있다(형사소송법 제106조 제3항, 제219조 참조).

나. 수사기관이 인터넷서비스이용자인 피의자를 상대로 피의자의 컴퓨터 등 정보처리장치 내에 저장되어 있는 이메일 등 전자정보를 압수·수색하는 것은 전자정보의 소유자 내지 소지자를 상대로 해당 전자정보를 압수·수색하는 대물적 강제처분으로 형사소송법의 해석상 허용된다.

다. 요약하면, 피의자의 이메일 계정에 대한 접근권한에 갈음하여 발부받은 압수·수색영장에 따라 원격지의 저장매체에 적법하게 접속하여 내려 받거나 현출된 전자정보를 대상으로 하여 범죄 혐의사실과 관련된 부분에 대하여 압수·수색하는 것은, 압수·수색영장의 집행을 원활하고 적정하게 행하기 위하여 필요한 최소한도의 범위 내에서 이루어지며 그 수단과 목적에 비추어 사회통념상 타당하다고 인정되는 대물적 강제처분 행위로서 허용되며, 형사소송법 제120조 제1항에서 정한 압수·수색영장의 집행에 필요한 처분에 해당한다. 그리고 이러한 법리는 원격지의 저장매체가 국외에 있는 경우라 하더라도 그 사정만으로 달리 볼 것은 아니다.

10 [선택형 · 사례형] 압수된 디지털 증거물과 객관적 관련성 판단 ★★★★★

피고인이 2018. 5. 6.경 피해자 甲(女, 10세)에 대하여 저지른 간음유인미수 및 성폭력범죄의 처벌 등에 관한 특례법 위반(통신매체이용음란) 범행과 관련하여 수사기관이 피고인 소유의 휴대전화를 압수하였다. 그런데 위 휴대전화에 대한 디지털정보분석 결과 피고인이 2017. 12.경부터 2018. 4.경까지 사이에 저지른 피해자 乙(女, 12세), 丙(女, 10세), 丁(女, 9세)에 대한 간음유인 및 간음유인미수, 미성년자의제강간, 성폭력범죄의 처벌 등에 관한 특례법 위반(13세미만미성년자강간), 성폭력범죄의 처벌 등에 관한 특례법 위반(통신매체이용음란) 등 범행에 관한 추가 자료들이 획득되어 그 증거능력이 문제 된 사안이다. 이에 대한 설명으로 옳은 것은? (다툼이 있는 경우 판례에 의함)

중요 ① **압수·수색의 목적이 된 범죄나 이와 관련된 범죄의 경우에는 그 압수·수색의 결과를 유죄의 증거로 사용할 수 있다.**

중요 ② 압수·수색영장의 범죄 혐의사실과 관계있는 범죄란 **압수·수색영장에 기재한 혐의사실과 객관적 관련성이 있고 압수·수색영장 대상자와 피의자 사이에 인적 관련성이 있는 범죄를 말한다.**

③ 그중 **혐의사실과의 객관적 관련성**은 압수·수색영장에 기재된 혐의사실 자체 또는 그와 **기본적 사실관계가 동일한 범행과 직접 관련되어 있는 경우**는 물론 **범행 동기와 경위, 범행 수단과 방법, 범행 시간과 장소 등을 증명하기 위한 간접증거나 정황증거 등으로 사용될 수 있는 경우에도 인정**될 수 있다.

해설 및 정답 ①~③ 대법원 2020. 2. 13. 선고 2019도14341 · 2019전도130 판결 [성폭력범죄의 처벌 등에 관한 특례법 위반(13세미만미성년자강간) · 미성년자의제강간 · 간음유인(일부 인정된 죄명: 간음유인미수) · 성폭력범죄의 처벌 등에 관한 특례법 위반(통신매체이용음란) · 부착명령] 〈압수 · 수색영장에 기하여 허용되는 압수의 대상 및 그 범위와 더불어, 압수된 증거물을 영장 발부의 사유가 된 범죄 혐의사실 이외의 다른 범죄사실을 뒷받침하는 증거로 쓰기 위한 요건 중 '객관적 관련성'이 충족되었는지가 문제된 사건〉 ★★★★★ ☞ 실무에서 논란이 많은 사례. **정답** ○

11 [선택형] 판사의 날인이 누락된 압수 · 수색영장에 기초하여 수집한 증거

압수 · 수색에 관한 설명으로 옳은 것은? (다툼이 있는 경우 판례에 의함)

① **압수·수색영장에는 피의자 성명, 죄명, 압수할 물건, 수색할 장소, 신체, 물건, 발부 연월일, 유효기간과 그 기간을 경과하면 집행에 착수하지 못하며 영장을 반환하여야 한다**는 취지, 그 밖에 대법원규칙으로 정한 사항을 기재하고 **영장을 발부하는 법관이 서명날인하여야 한다**(형사소송법 제219조, 제114조 제1항 본문).

② **이 사건 영장은 법관의 서명날인란에 서명만 있고 날인이 없다. 그러므로 형사소송법이 정한 요건을 갖추지 못하여 적법하게 발부되었다고 볼 수 없다.**

③ 이 사건 영장에 따라 압수한 이 사건 파일 출력물과 이에 기초하여 획득한 2차적 증거인 검사 작성의 피고인 1에 대한 피의자신문조서, 경찰 작성의 공소외 2에 대한 피의자신문조서, 공소외 3 등의 각 법정진술은 유죄 인정의 증거로 사용할 수 있는 경우에 해당한다.

해설 및 정답 ①～③ 대법원 2019. 7. 11. 선고 2018도20504 판결 [부정경쟁방지및영업비밀보호에관한법률위반(영업비밀누설등)·업무상배임] 〈판사의 날인이 누락된 압수수색영장에 기초하여 수집한 증거가 위법수집증거에 해당하는지 여부에 관한 사건〉

정답 ○

12 **[선택형·사례형] 형소법 제219조, 제118조 적법한 압수·수색영장 제시**

수사기관이 재항고인의 휴대전화 등을 압수할 당시 재항고인에게 압수·수색영장을 제시하였다. 그런데 재항고인이 영장의 구체적인 확인을 요구하였다. 그러나 수사기관이 영장의 범죄사실 기재 부분을 보여주지 않았다. 그 후 재항고인의 변호인이 재항고인에 대한 조사에 참여하면서 영장을 확인한 사안이다. 이에 대한 설명으로 옳은 것은? (다툼이 있는 경우 판례에 의함)

① 수사기관이 위 압수처분 당시 재항고인으로부터 영장 내용의 구체적인 확인을 요구받았음에도 압수·수색영장의 내용을 보여주지 않았던 것으로 보이므로 **형사소송법 제219조, 제118조에 따른 적법한 압수·수색영장의 제시라고 인정하기 어렵다.**

해설 및 정답 대법원 2020. 4. 16. 자 2019모3526 결정 [준항고기각결정에대한재항고]

정답 ○

13 [선택형 · 사례형 · 기록형] '범죄혐의사실과 관계 있는 범죄' 사건

압수 · 수색에 관한 설명으로 옳은 것은? (다툼이 있는 경우 판례에 의함)

① 하나의 행위가 여러 범죄의 구성요건을 동시에 충족하는 경우 공소제기권자는 자의적으로 공소권을 행사하여 소추 재량을 현저히 벗어났다는 등의 특별한 사정이 없는 한 증명의 난이 등 여러 사정을 고려하여 **그중 일부 범죄에 관해서만 공소를 제기할 수도 있다.**

중요 ② **영장 발부의 사유로 된 범죄 혐의사실과 무관한 별개의 증거를 압수하였을 경우 이는 원칙적으로 유죄 인정의 증거로 사용할 수 없다. 그러나 압수·수색의 목적이 된 범죄나 이와 관련된 범죄의 경우에는 그 압수·수색의 결과를 유죄의 증거로 사용할 수 있다.**

중요 ③ **피의자와 사이의 인적 관련성은 압수·수색영장에 기재된 대상자의 공동정범이나 교사범 등 공범이나 간접정범은 물론 필요적 공범 등에 대한 피고사건에 대해서도 인정될 수 있다.**

해설 및 정답 ①~③ 대법원 2017. 12. 5. 선고 2017도13458 판결 **정답** ○

사례문제 66 압수·수색영장의 '범죄 혐의사실과 관계있는 범죄'의 의미 및 범위

대법원 2017. 12. 5. 선고 2017도13458 판결 [공직선거법위반]

Q. 1개의 행위가 공직선거법 제230조 제1항 제4호와 같은 항 제5호의 구성요건을 동시에 충족하는 경우, 두 죄의 죄수관계(=상상적 경합)

Q. 하나의 행위가 여러 범죄의 구성요건을 동시에 충족하는 경우, 공소제기권자가 그 중 일부 범죄에 관해서만 공소를 제기할 수 있는지 여부(원칙적 적극)

Q. 영장 발부의 사유로 된 범죄 혐의사실과 무관한 별개의 증거를 압수하였을 경우, 이를 유죄 인정의 증거로 사용할 수 있는지 여부(원칙적 소극)

Q. '압수 · 수색영장의 범죄 혐의사실과 관계있는 범죄'의 의미 및 범위

Q. 공직선거법 제230조 제1항 제4호, 제135조 제3항 위반죄의 처벌대상(=선거운동과 관련하여 금품 기타 이익의 제공 또는 그 제공의 의사를 표시하거나 그 제공을 약속하는 행위) 및 처벌대상이 같은 법이 정한 선거운동기간 중의 금품제공 등에 한

정되는지 여부(소극)

Q. 공직선거법 제135조 제3항에서 정한 '선거운동과 관련하여'의 의미

판결요지

가. **영장 발부의 사유로 된 범죄 혐의사실과 무관한 별개의 증거를 압수하였을 경우 이는 원칙적으로 유죄 인정의 증거로 사용할 수 없다. 그러나 압수·수색의 목적이 된 범죄나 이와 관련된 범죄의 경우에는 그 압수·수색의 결과를 유죄의 증거로 사용할 수 있다.**

나. **관련성은 압수·수색영장에 기재된 혐의사실의 내용과 수사의 대상, 수사 경위 등을 종합하여 구체적·개별적 연관관계가 있는 경우에만 인정되고, 혐의사실과 단순히 동종 또는 유사 범행이라는 사유만으로 관련성이 있다고 할 것은 아니다.** 그리고 **피의자와 사이의 인적 관련성은 압수·수색영장에 기재된 대상자의 공동정범이나 교사범 등 공범이나 간접정범은 물론 필요적 공범 등에 대한 피고사건에 대해서도 인정될 수 있다.**

14 [선택형] 압수영장 · 수색영장

대물적 강제수사에 관한 설명 중 옳은 것은? (다툼이 있는 경우 판례에 의함)

중요 ① 수사기관이 압수 · 수색에 착수하면서 그 장소의 관리책임자에게 영장을 제시하였다고 하더라도, **물건을 소지하고 있는 다른 사람으로부터 이를 압수하고자 하는 때에는 그 사람에게 따로 영장을 제시하여야 한다.**

중요 ② **압수 · 수색영장의 피처분자가 현장에 없거나 현장에서 그를 발견할 수 없는 등 영장제시가 현실적으로 불가능한 경우 영장을 제시하지 아니한 채 압수 · 수색을 하면 적법하다.**

해설 및 정답 ①~② 2017년 제6회 변호사시험 기출문제 34 **정답** ○

① 대법원 2009. 3. 12. 선고 2008도763 판결 [공직선거법위반] **압수·수색영장 개별제시 원칙**, ② 대법원 2015. 1. 22. 선고 2014도10978 전원합의체 판결 [내란음모·국가보안법위반(찬양·고무 등)·내란선동] <이석기 내란음모에 관한 사건> **압수·수색영장 제시의무 한계.**

문 29. 압수물에 관한 설명 중 옳은 것은? (다툼이 있는 경우 판례에 의함)

출제예상내용
- 압수물가환부인용결정
- 검사는 증거에 사용할 압수물에 대하여 가환부의 청구가 있는 경우 가환부에 응하여야 하는지 여부(원칙적 적극)
- 가환부를 거부할 수 있는 특별한 사정이 있는지 판단하는 기준

사례문제 67 압수물가환부결정에 대한 재항고

중요

01 [선택형 · 사례형] 압수물가환부결정에 대한 재항고 사건

피의자들이 밀수출하기 위해 허위의 수출신고 후 부산항에서 선적하려다 미수에 그친 수출물품인 자동차를 세관의 특별사법경찰관이 압수수색검증영장에 기해 부산신항만 소재 창고 회사의 컨테이너에서 압수하였는데, 렌트차량으로 이용되던 차량으로 소유자와 밀수출범죄 사이에 아무런 관련성도 발견되지 않았음에도, 검사가 소유자의 가환부 청구에 대해 거부처분을 하자, 소유자가 준항고를 제기한 사례이다. 압수물가환부인용결정에 관한 설명으로 옳은 것은? (다툼이 있는 경우 판례에 의함)

① 검사는 증거에 사용할 압수물에 대하여 가환부의 청구가 있는 경우 가환부를 거부할 수 있는 특별한 사정이 없는 한 가환부에 응하여야 한다.

중요 ② 범인이 직접 또는 간접으로 점유하던 밀수출 대상 물품을 압수한 경우에는 **그 물품이 제3자의 소유에 속하더라도 필요적 몰수의 대상이 된다.**

③ 피고인 이외의 제3자의 소유에 속하는 물건의 경우, 몰수를 선고한 판결의 효력은 원칙적으로 몰수의 원인이 된 사실에 관하여 유죄의 판결을 받은 피고인에 대한 관계에서 그 물건을 소지하지 못하게 하는 데 그치고, 그 사건에서 재판을 받지 아니한 제3자의 소유권에 어떤 영향을 미치는 것은 아니다.

해설 및 정답 ①~③ 대법원 2017. 9. 29. 자 2017모236 결정 [압수물가환부인용결정에대한재항고]

정답 ○

사례문제 67 압수물가환부결정에 대한 재항고

대법원 2017. 9. 29. 자 2017모236 결정
[압수물가환부인용결정에대한재항고]

Q. 검사는 증거에 사용할 압수물에 대하여 가환부의 청구가 있는 경우 가환부에 응하여야 하는지 여부(원칙적 적극)

Q. 가환부를 거부할 수 있는 특별한 사정이 있는지 판단하는 기준

Q. 관세법상 범인이 직접 또는 간접으로 점유하던 밀수출 대상 물품을 압수한 경우, 그 물품이 제3자의 소유에 속하더라도 필요적 몰수의 대상이 되는지 여부(적극)

Q. 피고인 이외의 제3자의 소유에 속하는 물건에 대하여 몰수를 선고한 판결의 효력이 그 사건에서 재판을 받지 아니한 제3자의 소유권에 영향을 미치는지 여부(소극)

Q. 피의자들이 밀수출하기 위해 허위의 수출신고 후 선적하려다 미수에 그친 수출물품으로서 갑 주식회사 소유의 렌트차량인 자동차를 세관의 특별사법경찰관이 압수수색검증영장에 기해 압수하였는데, 갑 회사와 밀수출범죄 사이에 아무런 관련성이 발견되지 않음에도 검사가 갑 회사의 압수물 가환부 청구를 거부하자 갑 회사가 준항고를 제기하여 원심에서 준항고가 인용된 사안이다. 검사에게 갑 회사의 가환부 청구를 거부할 수 있는 특별한 사정이 있는 경우라고 보기 어렵다는 이유로, 원심이 준항고를 받아들인 것은 결론적으로 정당하다고 한 사례

결정요지

가. **범인이 직접 또는 간접으로 점유하던 밀수출 대상 물품을 압수한 경우에는 그 물품이 제3자 소유에 속하더라도 필요적 몰수의 대상이 된다.**

나. 갑 회사와 밀수출범죄 사이에 아무런 관련성이 발견되지 않음에도 검사가 갑 회사의 압수물 가환부 청구를 거부하자 갑 회사가 준항고를 제기하여 원심에서 준항고가 인용된 사안이다.

문 30. 공소장에 관한 설명 중 옳은 것은? (다툼이 있는 경우 판례에 의함)

출제예상내용
- 검사가 서면인 공소장의 제출 없이 공소를 제기한 경우
- 전자적 형태의 문서가 저장된 저장매체 자체를 서면인 공소장에 첨부하여 제출한 경우, 공소제기의 효력 범위(=서면인 공소장에 기재된 부분)
- 공소권남용
- 공소장변경제도
- 디지털 전자문서 '서면' 아니다.

사례문제 68 전자적 형태의 문서가 저장된 저장매체 자체를 서면인 공소장에 첨부하여 제출한 경우, 공소제기의 효력 범위(=서면인 공소장에 기재된 부분)

사례문제 69 공소장 변경 없이 직권으로 간접정범 규정을 적용

사례문제 70 검사의 공소권 행사를 공소권의 남용으로 보아 공소제기의 효력을 부인할 수 있는 경우

사례문제 71 형사소송절차에서 공소사실·범죄사실 동일성 판단기준

중요

01 [선택형] 공소장변경의 한계와 공소사실의 동일성

공소장에 관한 설명 중 옳은 것은? (다툼이 있는 경우 판례에 의함)

① 공소사실의 동일성은 그 사실의 기초가 되는 사회적 사실관계가 기본적인 점에서 동일하면 그대로 유지되는 것이다. 그러나 이러한 기본적 사실관계의 동일성을 판단함에 있어서는 그 사실의 동일성이 갖는 법률적 기능을 염두에 두고 피고인의 행위와 그 사회적인 사실관계를 기본으로 하되 규범적 요소도 아울러 고려하여야 한다.

해설 및 정답 대법원 2021. 7. 21. 선고 2020도13812 판결 [관세법위반] (차) 파기환송 **정답** ○

[판시사항] 공소장변경의 한계 관련 공소사실 동일성 판단기준

[판결요지] [1] 형사소송법 제298조 제1항의 규정에 의하면, 검사는 법원의 허가를 얻어 공소장에 기재한 공소사실 또는 적용법조의 추가·철회 또는 변경을 할 수 있고, 법원은 공소사실의 동일성을 해하지 아니하는 한도에서 이를 허가하여야

한다고 되어 있다. 이 규정의 취지는 검사의 공소장변경허가신청이 공소사실의 동일성을 해하지 아니하는 한 법원은 이를 허가하여야 한다는 뜻으로 해석된다. [2] 공소사실의 동일성은 그 사실의 기초가 되는 사회적 사실관계가 기본적인 점에서 동일하면 그대로 유지되는 것이다. 그러나 이러한 기본적 사실관계의 동일성을 판단함에 있어서는 그 사실의 동일성이 갖는 법률적 기능을 염두에 두고 피고인의 행위와 그 사회적인 사실관계를 기본으로 하되 규범적 요소도 아울러 고려하여야 한다(대법원 1994. 3. 22. 선고 93도2080 전원합의체 판결, 대법원 2002. 3. 29. 선고 2002도587 판결, 2003. 7. 11. 선고 2002도2642 판결 등 참조).

[판결해설] 변경 전·후의 공소사실은 모두 「목재의 지속가능한 이용에 관한 법률」에 따라 미리 규격·품질 검사를 받아야 함에도 그와 같은 검사를 받지 않은 목탄 및 성형목탄을 국내로 수입하는 행위에 관한 것으로서, 행위의 주체, 범행의 일시 및 장소, 행위의 객체인 물품 및 수량, 검사의무의 근거가 되는 법률, 행위태양 등 공소사실의 기초되는 사실관계가 기본적인 점에서 동일하다고 볼 수 있다. 그러므로 검사의 공소장변경허가신청을 받아들여 변경된 공소사실에 대하여 심리·판단하였어야 함에도 그와 같이 하지 아니한 원심의 판단에 공소사실의 동일성에 관한 법리를 오해하여 판결에 영향을 미친 잘못이 있다고 본 사례.

중요

02 [선택형] 공소장변경허가신청서 부본의 송달·교부가 문제된 사건 ★★★★★

피고인이 강제추행죄로 기소되어 제1심에서 무죄가 선고되자 검사가 항소심에서 공연음란죄를 예비적으로 추가하는 공소장변경허가신청서를 제출하였다. 그런데 원심이 공소장변경허가신청서 부본을 피고인 또는 변호인에게 송달하거나 교부하지 않은 채 공판절차를 진행하여 제1심 판결을 파기하고 예비적 공소사실을 유죄로 판단한 사안이다. 이에 관한 설명 중 옳은 것은? (다툼이 있는 경우 판례에 의함)

① 공연음란죄는 강제추행죄와 비교하여 행위 양태, 보호법익, 죄질과 법정형 등에서 차이가 있어, 기존 공소사실과 예비적 공소사실은 심판대상과 피고인의 방어대상이 서로 달라 피고인의 방어권이나 변호인의 변호권을 본질적으로 침해한 것으로 볼 수 있다. 그러므로 원심판결에는 공소장변경절차에 관한 법령을 위반하여 판결에 영향을 미친 잘못이 있다.

중요 ② 검사의 서면에 의한 공소장변경허가신청이 있는데도 법원이 피고인 또는 변호인에게 공소장변경허가신청서 부본을 송달·교부하지 않은 채 공소장변경을 허가하고 공소장변경허가신청서에 기재된 공소사실에 관하여 유죄판결을 하

였다면, 공소장변경허가신청서 부본을 송달·교부하지 않은 법원의 잘못은 판결에 영향을 미친 법령 위반에 해당한다.

③ **다만 공소장변경 내용이 피고인의 방어권과 변호인의 변호권 행사에 지장이 없는 것이거나 피고인과 변호인이 공판기일에서 변경된 공소사실에 대하여 충분히 변론할 기회를 부여받는 등 피고인의 방어권이나 변호인의 변호권이 본질적으로 침해되지 않았다고 볼 만한 특별한 사정이 있다면 판결에 영향을 미친 법령 위반이라고 할 수 없다.**

해설 및 정답 ①~③ 대법원 2021. 6. 30. 선고 2019도7217 판결 [강제추행(인정된 죄명: 공연음란)] **정답** ○

[판시사항] [1] 형사소송규칙 제142조 제1항, 제5항의 규정 취지 [2] 검사의 서면에 의한 공소장변경허가신청이 있는데도 법원이 피고인 또는 변호인에게 공소장변경허가신청서 부본을 송달·교부하지 않은 채 공소장변경을 허가하고 공소장변경허가신청서에 기재된 공소사실에 관하여 유죄판결을 한 경우, 공소장변경허가신청서 부본을 송달·교부하지 않은 법원의 잘못이 판결에 영향을 미친 법령위반에 해당하는지 여부(원칙적 적극) [3] 피고인이 강제추행죄로 기소되어 제1심에서 무죄가 선고되자 검사가 항소심에서 공연음란죄를 예비적으로 추가하는 공소장변경허가신청서를 제출하였는데 원심이 공소장변경허가신청서 부본을 피고인 또는 변호인에게 송달하거나 교부하지 않은 채 공판절차를 진행하여 제1심 판결을 파기하고 예비적 공소사실을 유죄로 판단한 사안에서, 원심판결에는 공소장변경절차에 관한 법령을 위반하여 판결에 영향을 미친 잘못이 있다고 한 사례.

[판결요지] [1] 법원은 공소사실 또는 적용법조의 추가, 철회 또는 변경이 있을 때에는 그 사유를 신속히 피고인 또는 변호인에게 고지하여야 한다(형사소송법 제298조 제3항). 형사소송규칙 제142조 제1항은 '검사가 형사소송법 제298조 제1항에 따라 공소장에 기재한 공소사실 또는 적용법조의 추가, 철회 또는 변경을 하고자 하는 때에는 그 취지를 기재한 공소장변경허가신청서를 법원에 제출하여야 한다.'고 정하고, 제5항은 '법원은 제1항의 규정에도 불구하고 피고인이 재정하는 공판정에서는 피고인에게 이익이 되거나 피고인이 동의하는 경우 구술에 의한 공소장변경을 허가할 수 있다.'고 정하고 있다. 이와 같이 검사가 공소장변경신청을 하고자 할 때에는 서면으로 하는 것이 원칙이고, 예외적으로 피고인이 재정하는 공판정에서 피고인에게 이익이 되거나 피고인이 동의하는 경우에는 구술에 의한 공소장변경신청을 할 수 있다. 이는 심판의 대상을 명확히 한정하고 절차를 분명히 하여 피고인의 방어권 행사를 가능하게 하기 위한 것이다. 형사소송규칙 제142조 제2항, 제3항에 따르면, 검사가 서면으로 공소장변경신청을 하는 경우 피고인의 수에 상응한 부본을 첨부하여야 하고, 법원은 그 부본을 피고인 또는 변호인에게 즉시 송달하여야 한다. 위와 같은 공소장변경 절차에 관한 법규

의 내용과 취지에 비추어 보면, 검사의 서면에 의한 공소장변경허가신청이 있는데도 법원이 피고인 또는 변호인에게 공소장변경허가신청서 부본을 송달·교부하지 않은 채 공소장변경을 허가하고 공소장변경허가신청서에 기재된 공소사실에 관하여 유죄판결을 하였다면, 공소장변경허가신청서 부본을 송달·교부하지 않은 법원의 잘못은 판결에 영향을 미친 법령 위반에 해당한다. 다만 공소장변경 내용이 피고인의 방어권과 변호인의 변호권 행사에 지장이 없는 것이거나 피고인과 변호인이 공판기일에서 변경된 공소사실에 대하여 충분히 변론할 기회를 부여받는 등 피고인의 방어권이나 변호인의 변호권이 본질적으로 침해되지 않았다고 볼 만한 특별한 사정이 있다면 판결에 영향을 미친 법령 위반이라고 할 수 없다.

[2] 공연음란죄는 강제추행죄와 비교하여 행위 양태, 보호법익, 죄질과 법정형 등에서 차이가 있어, 기존 공소사실과 예비적 공소사실은 심판대상과 피고인의 방어대상이 서로 달라 피고인의 방어권이나 변호인의 변호권을 본질적으로 침해한 것으로 볼 수 있다. 그러므로 원심판결에는 공소장변경절차에 관한 법령을 위반하여 판결에 영향을 미친 잘못이 있다고 한 사례.

[판결해설] 대법원은, 기존 공소사실과 예비적 공소사실은 심판대상과 피고인의 방어대상이 서로 다른데도 원심이 검사의 공소장변경허가신청서 부본을 피고인 또는 변호인에게 송달하거나 교부하지 않은 채 공판절차를 진행하여 당일 변론을 종결한 다음 기존 공소사실에 대하여 무죄로 판단한 제1심 판결을 파기하고 예비적 공소사실을 유죄로 판단한 것은 피고인의 방어권이나 변호인의 변호권을 본질적으로 침해한 것으로 볼 수 있다는 이유로 원심판결을 파기환송함.

중요

03 [선택형] 원심이 공소장 변경 없이 직권으로 다른 범죄사실을 인정한 것이 적법한지 여부가 문제된 사건 ★★★★★

군인인 피고인이 군 관련 납품업자에게 토지를 고가에 매도하여 '실거래금액으로 신고한 540,000,000원과의 차액인 155,150,000원을 뇌물로 수수하였다'고 공소제기되었다. 이에 대하여 원심이 공소장 변경 없이 '농지취득자격증명을 필요로 하여 본등기를 경료할 수 없는 토지를 처분하여 현금화하는 재산상 이익을 취득하여 뇌물로 수수하였다'라는 범죄사실을 유죄로 인정한 사안이다. 이에 관한 설명 중 옳은 것은? (다툼이 있는 경우 판례에 의함)

① 원심이 직권으로 인정한 위 범죄사실은 공소사실에 포함된 내용이 아니다. 피고인의 방어권 행사에 실질적인 불이익을 초래한다. 따라서 원심의 조치는 위법하다.

해설 및 정답 대법원 2021. 6. 24. 선고 2021도3791 판결 (바) 파기환송[특정범죄가

중처벌등에 관한 법률 위반(뇌물)(인정된 죄명: 뇌물수수)] **정답** ○

[판시사항] 원심이 공소장 변경 없이 '토지의 고가 매도로 실거래금액으로 신고한 540,000,000원과의 차액인 155,150,000원을 수수하였다'는 공소사실을 '본등기를 경료할 수 없는 토지를 처분하여 현금화하는 재산상 이익을 취득하였다'는 것으로 인정한 것이 적법한지 여부(소극)

[판결요지] 법원이 공소장의 변경 없이 직권으로 공소장에 기재된 공소사실과 다른 범죄사실을 인정하기 위해서는 공소사실의 동일성이 인정되는 범위 내이어야 할뿐더러 피고인의 방어권 행사에 실질적인 불이익을 초래할 염려가 없어야 한다.

중요

04 [선택형] 경범죄처벌법상 통고처분이 이루어진 이후 동일한 범칙행위에 대하여 공소가 제기된 사건 ★★★★★

상습사기죄로 형사처벌을 받은 전력이 있는 피고인이 2020. 2. 23. 05:30 무렵 저지른 무전취식 범행(❶범행)에 대하여 경범죄 처벌법상 통고처분을 받은 이후, 같은 날 11:00 무렵 재차 무전취식 범행(❷범행)을 하여 현행범인 체포되었다. 조사 과정에서 위 통고처분 내역과 피고인의 범죄전력이 확인되자 경찰은 "통고처분을 취소하고 상습사기죄로 형사입건코자 한다."라는 내용의 수사보고서를 작성한 다음 범행 전부를 상습사기죄로 의율하여 검찰에 송치하였다. 검사가 같은 내용으로 공소제기를 하였다. 이에 대하여 제1심과 원심은 전부 유죄판결을 선고하였다. 이에 관한 설명 중 옳은 것은? (다툼이 있는 경우 판례에 의함)

① 경찰서장이 범칙행위에 대하여 통고처분을 한 이상, 범칙자의 위와 같은 절차적 지위를 보장하기 위하여 통고처분에서 정한 범칙금 납부기간까지는 원칙적으로 경찰서장은 즉결심판을 청구할 수 없고, 검사도 동일한 범칙행위에 대하여 공소를 제기할 수 없다.

② 범칙자가 범칙금 납부기간이 지나도록 범칙금을 납부하지 아니하였다면 경찰서장이 즉결심판을 청구하여야 하고, 검사는 동일한 범칙행위에 대하여 공소를 제기할 수 없다.

③ 특별한 사정이 없는 이상 경찰서장은 범칙행위에 대한 형사소추를 위하여 이미 한 통고처분을 임의로 취소할 수 없다. ❶범행 부분에 대한 공소제기는 그 절차가 법률의 규정에 위반하여 무효인 때에 해당한다.

해설 및 정답 ①~③ 대법원 2021. 4. 1. 선고 2020도15194 판결 [상습사기 등] (나) 파기환송

정답 ○

[판시사항] [1] 경범죄처벌법상 통고처분이 이루어진 경우 검사가 동일한 범칙행위에 대하여 공소를 제기할 수 있는지(소극) [2] 경찰서장이 형사소추를 위하여 이미 한 통고처분을 임의로 취소할 수 있는지(소극)

[판결요지] [1] 「경범죄 처벌법」상 범칙금제도는 범칙행위에 대하여 형사절차에 앞서 경찰서장의 통고처분에 따라 범칙금을 납부할 경우 이를 납부하는 사람에 대하여는 기소를 하지 않는 처벌의 특례를 마련해 둔 것으로 법원의 재판절차와는 제도적 취지와 법적 성질에서 차이가 있다.

[2] 또한 범칙자가 통고처분을 불이행하였더라도 기소독점주의의 예외를 인정하여 경찰서장의 즉결심판청구를 통하여 공판절차를 거치지 않고 사건을 간이하고 신속·적정하게 처리함으로써 소송경제를 도모하되, 즉결심판 선고 전까지 범칙금을 납부하면 형사처벌을 면할 수 있도록 함으로써 범칙자에 대하여 형사소추와 형사처벌을 면제받을 기회를 부여하고 있다.

[판결해설] 대법원은 경범죄처벌법상 통고처분이 이루어진 경우 검사가 동일한 범칙행위에 대하여 공소를 제기할 수 없고, 나아가 경찰서장이 형사소추를 위하여 이미 한 통고처분을 임의로 취소할 수도 없으므로, ❶범행 부분에 대한 공소제기는 그 절차가 법률의 규정에 위반하여 무효인 때에 해당한다는 이유로 원심을 파기하였음.

중요

05 [선택형] 공소시효가 완성되지 않은 아동학대범죄 ★★★★★

공소시효에 관한 설명 중 옳은 것은? (다툼이 있는 경우 판례에 의함)

① 아동학대처벌법은 제34조 제1항의 소급적용에 관하여 명시적인 경과규정을 두고 있지는 않다. 그러나 이 규정의 문언과 취지, 아동학대처벌법의 입법 목적, 공소시효를 정지하는 특례조항의 신설·소급에 관한 법리에 비추어 보면, 이 규정은 완성되지 않은 공소시효의 진행을 일정한 요건에서 장래를 향하여 정지시키는 것으로서, 그 시행일인 2014. 9. 29. 당시 범죄행위가 종료되었으나 아직 공소시효가 완성되지 않은 아동학대범죄에 대해서도 적용된다고 봄이 타당하다.

해설 및 정답 대법원 2021. 2. 25. 선고 2020도3694 판결 [상습폭행(인정된 죄명: 폭행)·아동복지법위반(상습아동학대)[인정된 죄명: 아동복지법위반(아동학대)]]

정답 ○

[판시사항] [1] 공소시효를 정지·연장·배제하는 특례조항을 신설하면서 소급적용에 관한 명시적인 경과규정을 두지 않은 경우, 그 조항을 소급하여 적용할 수 있는지 판단하는 방법 [2] 아동학대범죄의 공소시효 정지 규정인 아동학대범죄의 처벌 등에 관한 특례법 제34조의 취지 [3] 같은 법 제34조 제1항은 완성되지 않은 공소시효의 진행을 일정한 요건에서 장래를 향하여 정지시키는 것인지 여부(적극) [4] 그 시행일 당시 범죄행위가 종료되었으나 아직 공소시효가 완성되지 않은 아동학대범죄에 대해서도 적용되는지 여부(적극)

[판결요지] [1] 공소시효를 정지·연장·배제하는 특례조항을 신설하면서 소급적용에 관한 명시적인 경과규정을 두지 않은 경우 그 조항을 소급하여 적용할 수 있는지에 관해서는 보편타당한 일반원칙이 존재하지 않고, 적법절차원칙과 소급금지원칙을 천명한 헌법 제12조 제1항과 제13조 제1항의 정신을 바탕으로 하여 법적 안정성과 신뢰보호원칙을 포함한 법치주의 이념을 훼손하지 않는 범위에서 신중히 판단해야 한다.

[2] 한편 대법원 2015. 5. 28. 선고 2015도1362, 2015전도19 판결은 공소시효의 배제를 규정한 구 성폭력범죄의 처벌 등에 관한 특례법(2012. 12. 18. 법률 제11556호로 전부 개정되기 전의 것) 제20조 제3항에 대한 것으로, 공소시효의 적용을 영구적으로 배제하는 것이 아니고 공소시효의 진행을 장래에 향하여 정지시키는 데 불과한 아동학대처벌법 제34조 제1항의 위와 같은 해석·적용에 방해가 되지 않는다.

중요

06 [선택형] 공소사실의 동일성을 판단하는 기준 ★★★★★

공소장변경에 관한 설명 중 옳은 것은? (다툼이 있는 경우 판례에 의함)

① 실체적 경합범 관계에 있는 사기 공소사실과 범죄단체 공소사실은 범행일시, 행위태양, 공모관계 등 범죄사실의 내용이 다르고, 그 죄질에도 현저한 차이가 있어 위 두 공소사실은 동일성이 없다. 그러므로 공소장변경절차에 의하여 사기 공소사실에 위 범죄단체 공소사실을 추가하는 취지의 공소장변경은 허가될 수 없다.

해설 및 정답 대법원 2020. 12. 24. 선고 2020도10814 판결 [사기(일부 인정된 죄명: 사기미수)·전기통신금융사기피해방지및피해금환급에관한특별법위반·전기통신사업법위반·전자금융거래법위반·범죄단체조직·범죄단체활동·범죄단체가입]

정답 ○

[판시사항] [1] 공소장의 변경은 공소사실의 동일성이 인정되는 범위 내에서만 허용되는지 여부(적극) [2] 공소사실의 동일성이 인정되지 아니한 범죄사실을 공

소사실로 추가하는 취지의 공소장변경신청이 있는 경우, 법원은 그 변경신청을 기각하여야 하는지 여부(적극) [3] 공소사실의 동일성을 판단하는 기준

[판결요지] 공소장의 변경은 공소사실의 동일성이 인정되는 범위 내에서만 허용되고, 공소사실의 동일성이 인정되지 아니한 범죄사실을 공소사실로 추가하는 취지의 공소장변경신청이 있는 경우에는 법원은 그 변경신청을 기각하여야 한다(형사소송법 제298조 제1항). 공소사실의 동일성은 그 사실의 기초가 되는 사회적 사실관계가 기본적인 점에서 동일하면 그대로 유지된다고 할 것이고, 이러한 기본적 사실관계의 동일성을 판단함에 있어서는 그 사실의 동일성이 갖는 기능을 염두에 두고 피고인의 행위와 그 사회적인 사실관계를 기본으로 하되 규범적 요소도 아울러 고려하여야 한다(대법원 1994. 3. 22. 선고 93도2080 전원합의체 판결, 대법원 2013. 9. 12. 선고 2012도14097 판결 등 참조).

07 [선택형 · 사례형 · 기록형] 공소장 CD별지 사건

공소장에 관한 설명으로 옳은 것은? (다툼이 있는 경우 판례에 의함)

① 서면인 공소장의 제출은 공소제기라는 소송행위가 성립하기 위한 본질적 요소라고 보아야 한다.

② 서면인 공소장의 제출 없이 공소를 제기한 경우에는 이를 허용하는 특별한 규정이 없는 한 공소제기에 요구되는 소송법상의 정형을 갖추었다고 할 수 없어 소송행위로서의 공소제기가 성립되었다고 볼 수 없다.

중요 ③ 저장매체나 전자 형태 문서를 공소장 일부로서 '서면'으로 볼 수 없다.

④ 공소사실이 특정되지 아니한 부분이 있다면, 검사에게 석명을 구하여 특정을 요구하여야 하고, 그럼에도 검사가 이를 특정하지 않는다면 그 부분에 대해서는 공소를 기각할 수밖에 없다.

해설 및 정답 ①~④ 대법원 2016. 12. 15. 선고 2015도3682 판결 **정답** ○

사례문제 68 전자적 형태의 문서가 저장된 저장매체 자체를 서면인 공소장에 첨부하여 제출한 경우, 공소제기의 효력 범위(=서면인 공소장에 기재된 부분)

대법원 2016. 12. 15. 선고 2015도3682 판결

[저작권법위반(피고인1·피고인2에 대하여 일부 인정된 죄명: 저작권법위반방조·피고인3 주식회사에 대하여 인정된 죄명: 저작권법위반방조)] 〈공소장 CD별지 사건〉

Q. 검사가 서면인 공소장의 제출 없이 공소를 제기한 경우, 소송행위로서 공소제기가 성립되었는지 여부(원칙적 소극)

Q. 검사가 공소사실의 일부가 되는 범죄일람표를 컴퓨터 프로그램을 통하여 열어보거나 출력할 수 있는 전자적 형태의 문서로 작성한 후, 전자적 형태의 문서가 저장된 저장매체 자체를 서면인 공소장에 첨부하여 제출한 경우, 공소제기의 효력 범위(= 서면인 공소장에 기재된 부분)

Q. 이러한 법리는 검사가 공소장변경허가신청서에 의한 공소장변경허가를 구하면서 변경하려는 공소사실을 전자적 형태의 문서로 작성하여 문서가 저장된 저장매체를 첨부한 경우에도 마찬가지로 적용되는지 여부(적극)

Q. 검사가 위와 같은 방식으로 공소를 제기하거나 공소장변경허가신청서를 제출한 경우, 법원이 공소사실 특정 여부를 판단하는 방법

판결요지

가. 형사소송법 제57조 제1항은 "공무원이 작성하는 서류에는 법률에 다른 규정이 없는 때에는 작성 연월일과 소속 공무소를 기재하고 기명날인 또는 서명하여야 한다."라고 규정하고 있고, 검사가 작성하는 공소장은 '공무원이 작성하는 서류'에 속하므로 위 규정에 따라 **공소장에는 검사의 기명날인 또는 서명이 있어야 한다.**

나. 검사가 위와 같은 방식으로 공소를 제기하거나 공소장변경허가신청서를 제출한 경우, **법원은 저장매체에 저장된 전자적 형태의 문서 부분을 고려함이 없이 서면인 공소장이나 공소장변경신청서에 기재된 부분만을 가지고 공소사실 특정 여부를 판단하여야 한다.**

다. 만일 **공소사실이 특정되지 아니한 부분이 있다면, 검사에게 석명을 구하여 특정을 요구하여야 하고, 그럼에도 검사가 이를 특정하지 않는다면 그 부분에 대해서는 공소를 기각할 수밖에 없다.**

08 [선택형] 공소장변경

공소장변경에 관한 설명으로 옳은 것은? (다툼이 있는 경우 판례에 의함)

① 조세범 처벌법 제10조 제3항의 각 위반행위가 영리를 목적으로 단일하고 계속된 범의 아래 일정기간 계속하여 행해지고 그 행위들 사이에 시간적·장소적 연관성이 있으며 범행의 방법 간에도 동일성이 인정되는 등 하나의 특정범죄 가중처벌 등에 관한 법률 제8조의2 제1항 위반행위로 평가될 수 있고, 그 행위들에 해당하는 문서에 기재된 공급가액등을 모두 합산한 금액이 위 조항에 정한 금액에 해당하면, 그 행위들에 대하여 포괄하여 위 조항 위반의 1죄가 성립될 수 있다.

② 공소장변경 허가 여부를 결정할 때는 포괄일죄를 구성하는 개개 공소사실별로 종전 것과의 동일성 여부를 따지기보다는 변경된 공소사실이 전체적으로 포괄일죄의 범주 내에 있는지 여부, 즉 단일하고 계속된 범의하에 동종의 범행을 반복하여 행하고 그 피해법익도 동일한 경우에 해당한다고 볼 수 있는지 여부에 초점을 맞추어야 한다.

③ 검사의 공소장변경 신청이 공소사실의 동일성을 해하지 아니하는 한 법원은 이를 허가하여야 한다.

해설 및 정답 ①～③ 대법원 2018. 10. 25. 선고 2018도9810 판결 **정답** ○

09 [선택형] 단독범에서 공동정범으로 공소장변경 사건

공소장변경에 관한 설명으로 옳은 것은? (다툼이 있는 경우 판례에 의함)

① 피고인의 방어권 행사에 실질적인 불이익을 초래할 염려가 없는 경우에는 공소사실과 기본적 사실이 동일한 범위 내에서 법원이 공소장 변경절차를 거치지 않고 공소사실과 다르게 사실을 인정하더라도 불고불리의 원칙에 위배되지 않는다.

② 단독범으로 기소된 것을 다른 사람과 공모하여 동일한 내용의 범행을 한 것으로 인정하는 경우에 피고인에게 예기치 않은 타격을 주어 방어권 행사에

실질적 불이익을 줄 우려가 없다면 공소장 변경이 필요한 것은 아니다.

해설 및 정답 ①~② 대법원 2018. 7. 12. 선고 2018도5909 판결 [특정경제범죄 가중처벌 등에 관한 법률 위반(사기)] 〈여러 해 동안 이루어진 특정경제범죄 가중처벌 등에 관한 법률 위반(사기)죄의 단독범으로 기소된 피고인에 대해, 원심이 공소장 변경 없이 일부 기간 동안의 범행을 공동정범으로 인정한 판단을 수긍한 사건〉

정답 ○

10 [선택형 · 사례형] 공소장변경 없이 직권으로 간접정범을 인정한 사건

공소장변경에 관한 설명으로 옳은 것은? (다툼이 있는 경우 판례에 의함)

중요 ① 간접정범은 정범과 동일한 형 또는 그보다 감경된 형으로 처벌되는 점 등에 비추어 볼 때, **공소장 변경 없이 직권으로 간접정범 규정을 적용하였더라도 피고인의 방어권 행사에 실질적인 불이익을 초래하였다고 할 수는 없다.**

해설 및 정답 대법원 2017. 3. 16. 선고 2016도21075 판결 **정답** ○

사례문제 69 공소장 변경 없이 직권으로 간접정범 규정을 적용

대법원 2017. 3. 16. 선고 2016도21075 판결

[특정경제범죄가중처벌등에관한법률위반(사기) · 사기 · 폭력행위등처벌에관한법률위반(공동상해) · 폭력행위등처벌에관한법률위반(공동폭행) · 자동차관리법위반 · 자동차손해배상보장법위반 · 특정범죄가중처벌등에관한법률위반(도주차량) · 도로교통법위반(사고후미조치) · 도로교통법위반(음주측정거부) · 범인도피교사]

Q. 공소장 변경 없이 직권으로 간접정범 규정을 적용한 경우, 피고인의 방어권 행사에 실질적인 불이익을 초래한 것인지 여부(소극)

판결요지

간접정범은 정범과 동일한 형 또는 그보다 감경된 형으로 처벌되는 점 등에 비추어 볼 때, 공소장 변경 없이 직권으로 간접정범 규정을 적용하였더라도 피고인의 방어권 행사에 실질적인 불이익을 초래하였다고 할 수는 없다(대법원 2015. 4. 23. 선고 2014도13148 판결 참조).

11 [선택형] 불기소처분결정 후 다시 기소한 사건

공소장남용에 관한 설명으로 옳은 것은? (다툼이 있는 경우 판례에 의함)

① 검사는 범죄의 구성요건에 해당하여 형사적 제재를 함이 상당하다고 판단되는 경우에는 공소를 제기할 수 있다. 형법 제51조의 사항을 참작하여 공소를 제기하지 아니할 수 있는 재량이 있다(형사소송법 제246조, 제247조).

② 검사의 소추재량은 공익의 대표자인 검사로 하여금 객관적 입장에서 공소의 제기 및 유지 활동을 하게 하는 것이 형사소추의 적정성 및 합리성을 기할 수 있다고 보기 때문이다. 그러므로 스스로 내재적인 한계를 가지는 것이다.

③ **검사가 자의적으로 공소권을 행사하여 피고인에게 실질적인 불이익을 가함으로써 소추재량을 현저히 일탈하였다고 판단되는 경우에는 이를 공소권의 남용으로 보아 공소제기의 효력을 부인할 수 있다.**

④ **가정폭력처벌법 제37조 제1항 제1호의 불처분결정이 확정된 후에 검사가 동일한 범죄사실에 대하여 다시 공소를 제기하였다거나 법원이 이에 대하여 유죄판결을 선고하였더라도 이중처벌금지의 원칙 내지 일사부재리의 원칙에 위배된다고 할 수 없다.**

해설 및 정답 ①~④ 대법원 2017. 8. 23. 선고 2016도5423 판결 **정답** ○

사례문제 70 검사의 공소권 행사를 공소권의 남용으로 보아 공소제기의 효력을 부인할 수 있는 경우

대법원 2017. 8. 23. 선고 2016도5423 판결 [상해]

Q. 헌법 제13조 제1항에 규정된 이중처벌금지의 원칙 내지 일사부재리의 원칙의 의미

Q. 가정폭력범죄의 처벌 등에 관한 특례법 제37조 제1항 제1호의 불처분결정이 확정된 후에 검사가 동일한 범죄사실에 대하여 다시 공소를 제기하였거나 법원이 이에 대하여 유죄판결을 선고한 경우, 이중처벌금지의 원칙 내지 일사부재리의 원칙에 위배되는지 여부(소극)

Q. 기소편의주의에 따른 검사의 소추재량이 내재적 한계를 가지는지 여부(적극)

Q. 검사의 공소권 행사를 공소권 남용으로 보아 공소제기 효력을 부인할 수 있는 경우

판결요지

가. **가정폭력처벌법 제37조 제1항 제1호의 불처분결정이 확정된 후에 검사가 동일한 범죄사실에 대하여 다시 공소를 제기하였다거나 법원이 이에 대하여 유죄판결을 선고하였더라도 이중처벌금지의 원칙 내지 일사부재리의 원칙에 위배된다고 할 수 없다.**

마. **검사가 자의적으로 공소권을 행사하여 피고인에게 실질적인 불이익을 가함으로써 소추재량을 현저히 일탈하였다고 판단되는 경우에는 이를 공소권의 남용으로 보아 공소제기의 효력을 부인할 수 있다.**

12 [선택형 · 사례형 · 기록형] 이태원 살인 사건

피고인이 '1997. 4. 3. 21:50경 서울 용산구 이태원동에 있는 햄버거 가게 화장실에서 피해자 갑을 칼로 찔러 을과 공모하여 갑을 살해하였다'는 내용으로 기소되었다. 그런데 선행사건에서 '1997. 2. 초순부터 1997. 4. 3. 22:00 경까지 정당한 이유 없이 범죄에 공용될 우려가 있는 위험한 물건인 휴대용 칼을 소지하였고, 1997. 4. 3. 23:00경 을이 범행 후 햄버거 가게 화장실에 버린 칼을 집어 들고 나와 용산 미8군영 내 하수구에 버려 타인의 형사사건에 관한 증거를 인멸하였다'는 내용의 범죄사실로 유죄판결을 받아 확정된 사안이다. 이에 관한 설명으로 옳은 것은? (다툼이 있는 경우 판례에 의함)

① 형사소송절차에서 두 죄 사이에 공소사실이나 범죄사실의 동일성이 있는지는 기본적 사실관계가 동일한지에 따라 판단하여야 한다. 이는 순수한 사실관계의 동일성이라는 관점에서만 파악할 수 없다. **피고인의 행위와 자연적·사회적 사실관계 이외에 규범적 요소를 고려하여 기본적 사실관계가 실질적으로 동일한지에 따라 결정해야 한다.**

② **살인죄의 공소사실과 선행사건에서 유죄로 확정된 폭력행위 등 처벌에 관한 법률 위반(우범자)죄와 증거인멸죄(이하 '증거인멸죄 등'이라고 한다)는 범행의 일시, 장소와 행위 태양이 서로 다르고,** 살인죄는 폭력행위 등 처벌에 관한 법률 위반(우범자)죄나 증거인멸죄와는 보호법익이 서로 다르며 죄질에서도 현저한 차이가 있으므로, 살인죄의 공소사실과 증거인멸죄 등의 범죄사실 사이에 기본적 사실관계의 동일성이 없다.

중요 ③ 법관은 반드시 직접증거로만 범죄사실에 대한 증명이 있는지를 판단하는 것은 아니고, 직접증거와 간접증거를 종합적으로 고찰하여 논리와 경험의 법칙에 따라 범죄사실에 대한 증명이 있는 것으로 판단할 수 있다.

해설 및 정답 ①~③ 대법원 2017. 1. 25. 선고 2016도15526 판결 **정답** ○

사례문제 71 형사소송절차에서 공소사실·범죄사실 동일성 판단기준

대법원 2017. 1. 25. 선고 2016도15526 판결
[살인] 〈이른바 '이태원 살인사건'〉

Q. 형사소송절차에서 두 죄 사이에 공소사실이나 범죄사실의 동일성 판단 기준

Q. 형사재판에서 유죄를 인정하기 위한 증거의 증명력 정도 및 법관이 범죄사실에 대한 증명이 있는지 판단하는 방법

Q. 피고인이 '1997. 4. 3. 21:50경 서울 용산구 이태원동에 있는 햄버거 가게 화장실에서 피해자 갑을 칼로 찔러 을과 공모하여 갑을 살해하였다'는 내용으로 기소된 사안에서, 피고인과 을은 서로 상대방이 갑을 칼로 찔렀고 자신은 우연히 그 장면을 목격하였을 뿐이라고 주장하나, 제반 사정을 종합하면 피고인이 갑을 칼로 찔러 살해하였음이 합리적인 의심을 할 여지가 없을 정도로 증명되었다고 본 원심판단이 정당하다고 한 사례

판결요지

가. 형사소송절차에서 두 죄 사이에 공소사실이나 범죄사실의 동일성이 있는지는 기본적 사실관계가 동일한지에 따라 판단하여야 한다. 이는 순수한 사실관계의 동일성이라는 관점에서만 파악할 수 없다. **피고인의 행위와 자연적 · 사회적 사실관계 이외에 규범적 요소를 고려하여 기본적 사실관계가 실질적으로 동일한지에 따라 결정해야 한다.**

나. 형사재판에서 유죄의 인정은 법관으로 하여금 합리적인 의심을 할 여지가 없을 정도로 공소사실이 진실한 것이라는 확신을 갖도록 할 수 있는 증명력을 가진 증거에 의하여야 한다. **합리적 의심이란** 모든 의문이나 불신을 말하는 것이 아니라 **논리와 경험법칙에 기하여 증명이 필요한 사실과 양립할 수 없는 사실의 개연성에 대한 합리적인 의문**을 의미한다. 따라서 단순히 관념적인 의심이나 추상적인 가능성에 기초한 의심은 합리적 의심에 포함되지 않는다.

문 31. 증거보전절차에 관한 설명 중 옳은 것은? (다툼이 있는 경우 판례에 의함)

출제예상내용
- 증거보전 시기
- 증거보전 절차
- 증인신문청구 기각결정불복
- 필요적 공범도 증거보전으로 증인신문 가능
- 증인신문조서 증거능력

01 [선택형] 증거보전절차로 증인신문

피고인이 1985. 6. 26. 19:00경 치안본부 수사 2대 구내식당에서 원심공동피고인으로부터 직무에 관한 뇌물로 현금 4,500,000원을 교부받은 사실로 기소된 사안이다. 증거보전절차로 증인신문을 하는 경우 다음 설명 중 옳은 것은? (다툼이 있는 경우 판례에 의함)

중요 ① 공동피고인과 피고인이 뇌물을 주고받은 사이로 **필요적 공범관계에 있다고 하더라도 검사는 수사단계에서 피고인에 대한 증거를 미리 보전하기 위하여 필요한 경우에는 판사에게 공동피고인을 증인으로 신문할 것을 청구할 수 있다.**

중요 ② 판사가 형사소송법 제184조에 의한 증거보전절차로 증인신문을 하는 경우에는 동법 제221조의2에 의한 증인신문의 경우와는 달라 형사소송법 제163조에 따라 검사, 피의자 또는 변호인에게 증인신문의 시일과 장소를 미리 통지하여 **증인신문에 참여할 수 있는 기회를 주어야 한다. 그러나 참여의 기회를 주지 아니한 경우라도 피고인과 변호인이 증인신문조서를 증거로 할 수 있음에 동의하여 별다른 이의 없이 적법하게 증거조사를 거친 경우에는 위 증인신문조서는 증인신문절차가 위법하였는지의 여부에 관계없이 증거능력이 부여된다.**

해설 및 정답 ①~② 대법원 1988. 11. 8. 선고 86도1646 판결 [특정범죄가중처벌등에관한법률위반(뇌물)]

정답 ○

관련법조항 ●● 형사소송법 제184조(증거보전 청구와 증거보전 절차)

① **피의자·피고인·변호인·검사**가 미리 증거보전을 하지 않을 경우 그 증거를 사용하기 어려운 사정이 있는 때 **제1회 공판기일 전에 판사에게 압수·수색·검증·증인신문·감정을 청구할 수 있다.**

② 제1항 증거보전 청구를 받은 **판사는 그 처분에 관하여 법원·재판장과 동일한 권한이 있다.**

③ 제1항 증거보전 청구는 서면으로 사유를 소명한다.

④ 판사가 제1항 증거보전 청구를 기각하는 결정을 하면, **피의자·피고인·변호인·검사는 3일 이내 항고할 수 있다.** [신설 2007.6.1] [시행일 2008.1.1.]

형사소송법 제185조(서류와 증거물 열람·복사)

피의자·피고인·변호인·검사는 판사 허가를 받아 제184조 처분과 관련한 **서류와 증거물을 열람·복사할 수 있다.**

형사소송법 제221조2(증인신문 청구)

① 검사는 다음 각 호를 모두 충족하는 사람에 대하여 제1회 공판기일 전 판사에게 증인신문을 청구할 수 있다.

1. 범죄수사에서 사건해결에 중요한 단서가 되는 사실을 안다고 명백히 인정되는 사람
2. **제221조에 근거한** 출석·진술을 정당한 이유 없이 거부한 사람

② **삭제** [2007.6.1] [[시행일 2008.1.1]]

③ **검사는 제1항 증인신문을 청구할 경우 서면으로 사유를 소명한다.** [개정 2007.6.1] [[시행일 2008.1.1]]

④ **제1항 증인신문 청구를 받은 판사는 법원·재판장과 동일한 권한이 있다.** [개정 2007.6.1] [[시행일 2008.1.1]]

⑤ 판사가 제1항 증인신문 청구를 받아 **증인신문기일을 정한 때 피고인·피의자·변호인에게 반드시 증인신문을 통지하고 참여하도록 한다.** [개정 2007.6.1] [[시행일 2008.1.1]]

⑥ 판사는 제1항 증인신문 청구로 이루어진 증인신문을 한 종료한 때 검사에게 지체 없이 관련 서류를 송부하여야 한다. [[시행일 2008.1.1.]]

형사소송법 제311조(법원조서·법관조서)

법원은 다음 각 호 조서를 증거로 사용할 수 있다.

1. 공판준비·공판기일에서 피고인 진술내용을 적은 조서
2. 공판준비·공판기일에서 피고인 아닌 다른 사람 진술내용을 적은 조서
3. 법원·법관이 조사한 검증결과를 적은 검증조서
4. **법원·법관이 제184조·제221조2에 근거하여 작성한 증거보전조서·증인신문조서**

문 32. 재정신청에 관한 설명 중 옳은 것은? (다툼이 있는 경우 판례에 의함)

출제예상내용
- 법원이 재정신청 대상 사건이 아님에도 이를 간과한 채 공소제기결정을 한 경우
- 불기소처분(혐의없음 · 죄가 안됨 · 기소유예처분)
- 재정신청대상: 제한 없음. 기소유예처분에 대해서도 가능
- 재정신청방식: 10일 이내 지방검찰청 검사장 · 지청장에게 제출
- 재정신청효력과 재정신청취소효력: 신청은 전원 효력. 취소는 1인만 효력
- 재정신청결정 불복방법: 기각결정 대법원 형사소송법 제415조 즉시항고+

사례문제 72 재정신청 대상 사건이 아님에도 공소제기결정을 한 경우

01 [선택형 · 사례형] 재정신청 대상 사건이 아님에도 공소제기결정을 한 사건

장○○(52) 씨는 20대 총선을 3일 앞둔 2016년 4월 강원도청 기자실에서 당시 무소속후보였던 김○선 전 강원도지사가 평창동계올림픽 조직위원회 간부들에게 식사를 제공하는 등 향응을 제공했다는 내용의 기자회견을 하고 보도자료를 배포했다가 후보자 비방 혐의(공직선거법 위반)로 입건됐다. 이후 장○○씨는 검찰 조사를 받았지만 불기소 처분을 받았다. 그러나 서울고법이 장○○씨에 대한 영월군 선거관리위원회의 재정신청을 받아들이면서 결국 기소됐다. 다음 설명으로 옳은 것은? (다툼이 있는 경우 판례에 의함)

① 법원이 재정신청 대상 사건이 아님에도 이를 간과한 채 형사소송법 제262조 제2항 제2호에 따라 공소제기결정을 하였더라도, 그에 따른 **공소가 제기되어 본안사건의 절차가 개시된 후에는 다른 특별한 사정이 없는 한 본안사건에서 위와 같은 잘못을 다툴 수 없다.**

해설 및 정답 대법원 2017. 11. 14. 선고 2017도13465 판결 [공직선거법위반]

정답 ○

법원이 재정신청 대상 사건이 아님에도 이를 간과한 채 공소제기결정을 한 경우, 본안사건에서 위와 같은 잘못을 다툴 수 있는지 여부(원칙적 소극)

사례문제 72 재정신청 대상 사건이 아님에도 공소제기결정을 한 경우

대법원 2017. 11. 14. 선고 2017도13465 판결
[공직선거법위반]

Q. 법원이 재정신청 대상 사건이 아님에도 이를 간과한 채 공소제기결정을 한 경우, 본안사건에서 위와 같은 잘못을 다툴 수 있는지 여부(원칙적 소극)

판결요지

법원이 재정신청 대상 사건이 아님에도 이를 간과한 채 형사소송법 제262조 제2항 제2호에 따라 공소제기결정을 하였더라도, 그에 따른 공소가 제기되어 본안사건의 절차가 개시된 후에는 다른 특별한 사정이 없는 한 본안사건에서 위와 같은 잘못을 다툴 수 없다.

02 [선택형] 재정신청 기각결정과 재기소 제한범위

재정신청에 관한 설명 중 옳은 것은? (다툼이 있는 경우 판례에 의함)

① 고등법원의 재정신청 기각결정이 확정된 사건에 대하여는 다른 중요한 증거를 발견한 경우를 제외하고는 소추할 수 없는데, 이 경우 재정신청 기각결정이 확정된 사건이라 함은 재정신청사건을 담당하는 법원에서 공소제기의 가능성과 필요성 등에 관한 심리와 판단이 현실적으로 이루어져 재정신청 기각결정의 대상이 된 사건만을 의미한다.

해설 및 정답 2017년 제6회 변호사시험 기출문제 30 **정답** ○

대법원 2015. 9. 10. 선고 2012도14755 판결 [업무상횡령]

[판결요지] 형사소송법 제262조 제2항, 제4항과 형사소송법 제262조 제4항 후문의 입법 취지 등에 비추어 보면, **형사소송법 제262조 제4항 후문에서 말하는 '제2항 제1호의 결정이 확정된 사건'은 재정신청사건을 담당하는 법원에서 공소제기의 가능성과 필요성 등에 관한 심리와 판단이 현실적으로 이루어져 재정신청 기각결정의 대상이 된 사건만을 의미한다. 따라서 재정신청 기각결정의 대상이 되지 않은 사건은 형사소송법 제262조 제4항 후문에서 말하는 '제2항 제1호의 결정이 확정된 사건'이라고 할 수 없고, 재정신청 기각결정의 대상이 되지 않은 사건이 고소인의 고소내용에 포함되어 있었다 하더라도 이와 달리 볼 수 없다.**

2 형사소송법 증거

증거법 조문 체계 분석 [간결성 · 가독성 · 명확성]

■ 기출문제분석

2012-2025년 변호사시험(1-14회) 형사법 선택형 기출문제에서 증거편을 분석하였다. 전체 140문제가 출제되었다. **매년 약 10문항씩 전체 대비 25%가 출제**되고 있다. 사례형과 기록형을 합치면, 증거편은 형사법 과목 합격의 핵심 영역이다. 변호사시험 형사법 과목 승패를 좌우한다. 따라서 철저하게 준비해야 한다. 증거법 조문 숙지와 대법원 판례 정리다. **아래 조문을 매일 한 번씩 암송**하길 바란다. 도표 대신 문장으로 다듬었다.

제307조(증거재판주의)

① 사실인정은 **증거로 한다.**

② 범죄사실인정은 **합리적** 의심이 없을 정도로 증명되어야 한다. [전문개정 2007.6.1] [[시행일 2008.1.1.]]

[본조제목개정 2007.6.1] [[시행일 2008.1.1.]]

제308조(자유심증주의)

법관은 증거에 대한 **증명력을 자유롭게** 판단한다.

제308조2(위법수집증거배제)

법원은 **위법절차로 수집한 증거를 증거로 사용할 수 없다.**

[본조신설 2007.6.1] [시행일 2008.1.1.]

제309조(강제자백과 증거능력)

법관은 다음 각 호에 해당하는 경우 피의자 자백·피고인 **자백을 유죄증거로 사용할 수 없다.**

1. 고문
2. 폭행
3. 협박
4. 신체구속 부당한 장기화
5. 기망
6. 그 밖에 방법으로 이루어진 경우

제310조(피고인에게 불리한 자백과 증거능력)

법관은 피고인 자백이 재판에서 피고인에게 불리한 오직 하나뿐인 증거인 경우 이 자백을 유죄증거로 사용할 수 없으며, 반드시 **보강증거가 있어야 유죄증거**로 사용할 수 있다.

제310조2(전문증거와 증거능력 제한)

법원은 제311조·제312조·제313조·제314조·제315조·제316조를 제외하고 다음 각 호 서류·전문진술을 증거로 사용할 수 없다.

1. 공판준비·공판기일에서 진술을 대신한 진술을 적은 서류
2. 공판준비·공판기일 외에서 다른 사람 진술을 내용으로 하는 전문진술

제311조(법원조서·법관조서)

법원은 다음 각 호 조서를 증거로 사용할 수 있다.

1. 공판준비·공판기일에서 피고인 진술내용을 적은 조서
2. 공판준비·공판기일에서 피고인 아닌 다른 사람 진술내용을 적은 조서
3. 법원·법관이 조사한 검증결과를 적은 **검증조서**
4. 법원·법관이 제184조·제221조2에 근거하여 작성한 **증거보전조서·증인신문조서**

제312조(**검사작성 피의자신문조서·사법경찰관작성 피의자신문조서·검찰작성 참고인 진술조서·사법경찰관작성 참고인 진술조서·검찰수사과정에서 쓴 피의자진술서·경찰수사과정에서 쓴 피의자진술서·검찰수사과정에서 쓴 참고인진술서·경찰수사과정에서 쓴 참고인진술서·검사작성 검증조서와 압수조서·사법경찰관작성 검증조서와 압수조서**)

① 법원은 다음 각 호 요건을 모두 충족한 경우 검사가 작성한 피의자신문조서를 증거로 사용할 수 있다.

1. 적법한 절차와 방식에 따라 작성된 경우
2. 피고인 또는 변호인이 공판준비·공판기일에서 검사에게 피의자 신분으로 진술한 내용을 인정하는 진술을 한 경우
   〈개정 2020.2.4.〉 ★★★★★

② 삭제 〈2020.2.4.〉 ★★★★★

③ 법원은 다음 각 호 요건을 모두 충족한 경우 사법경찰관이 작성한 피의자신문조서를 증거로 사용할 수 있다.

1. **적법한 절차와 방식**으로 작성된 경우
2. 피고인·변호인이 공판준비·공판기일에서 사법경찰관에게 **진술한 내용을 인정**하는 진술을 한 경우

④ 법원은 다음 각 호 요건을 모두 충족한 경우 검사·사법경찰관이 작성한 피고인이 아닌 **제3자(참고인) 진술조서**를 증거로 사용할 수 있다.

1. **적법한 절차와 방식**으로 작성된 경우
2. 원진술자가 공판준비·공판기일에서 검사·사법경찰관 앞에서 진술한 **내용과 동일**하게 기재되어 있음을 **다시 진술**하거나 또는 **영상녹화물·그 밖에 객관적인 방법**으로 증명된 경우
3. 피고인·변호인이 공판준비·공판기일에서 진술조서에 기재된 내용에 대해 원진술자에게 **반대신문**을 할 수 있었던 경우

4. 참고인 진술조서에 기재된 진술이 **특별히 신빙**할 수 있는 상태에서 이루어진 것이 증명된 경우

⑤ 법원은 피고인이 되기 전 피의자가 수사과정에서 쓴 피의자진술서·참고인이 수사과정에서 쓴 진술서 경우 다음 각 호에 근거하여 증거로 사용할 수 있다.

1. 피의자가 검찰수사과정에서 쓴 진술서는 제1항·제2항을 준용한다.
2. 피의자가 경찰수사과정에서 쓴 진술서는 제3항을 준용한다.
3. **참고인이 검찰수사과정에서 쓴 진술서는 제4항**을 준용한다.
4. **참고인이 경찰수사과정에서 쓴 진술서는 제4항**을 준용한다.

⑥ 법원은 다음 각 호 요건을 모두 충족한 경우 검사·사법경찰관이 작성한 **검증조서**와 압수조서를 증거로 사용할 수 있다.

1. **적법한 절차와 방식**으로 작성된 경우
2. 검증조서와 압수조서를 작성한 사람이 공판준비·공판기일에서 **진술로 성립진정**을 증명한 경우

   [전문개정 2007.6.1] [시행일 2008.1.1]

   [본조제목개정 2007.6.1] [시행일 2008.1.1.]

제313조(검찰수사과정·사법경찰관수사과정 이외의 장소에서 작성된 피의자 진술서·제3자 진술서·피의자 진술기재서류·제3자 진술기재서류)

① 법원은 **제311조·제312조를 제외**하고 다음 각 호 요건을 모두 충족한 경우 피고인·피고인이 아닌 사람이 작성한 **진술서·진술기재서류**를 증거로 사용할 수 있다.

1. 작성자·진술자가 **자필로 작성**하였거나 또는 **서명·도장**이 있는 경우(진술내용이 포함된 문자·사진·영상 등의 정보로서 컴퓨터용디스크, 그 밖에 이와 비슷한 **정보저장매체에 저장**된 경우 포함)
2. 작성자가 공판준비·공판기일에서 **진술로 성립진정**을 증명한 경우
3. 다만 피고인이 된 **피의자 진술을 기재한 서류**는 공판준비·공판기일 진술에도 불구하고 다음 각 호 요건을 모두 충족할 경우 증거로 사용할 수 있다.
   가. 작성자가 공판준비·공판기일에서 진술로 **성립진정을 증명**한 경우
   나. 작성자 진술이 **특별히 신빙**할 수 있는 상태에서 이루어진 경우
   〈개정 2016.5.29.〉

② 제1항 본문에도 불구하고 진술서 작성자가 공판준비·공판기일에서 성립진정을 부인하는 경우 다음 각 호 요건 중 어느 하나 충족한 경우 증거로 할 수 있다.

1. 과학적 분석결과에 기초한 **디지털포렌식 자료로 객관적 방법**으로 성립진정이 증명된 경우
2. **감정** 등 객관적 방법으로 성립진정이 증명된 경우
3. 다만 피고인 아닌 사람이 작성한 진술서 경우 피고인·변호인이 공판준비 또는 공판기일에 기재 내용에 관하여 **작성자를 신문**을 할 수 있어야 한다. 〈개정 2016.5.29〉

③ 감정경과와 감정결과를 적은 서류는 제1항·제2항을 준용한다.

제314조(증거능력 예외)

법원은 **제312조·제313조 경우** 공판준비·공판기일에 진술을 해야 하는 사람이 다음 각 호 사유를 **모두 충족한 경우** 조서와 그 밖에 서류(피고인·피고인 아닌 사람이 작성하였거나 또는 진술한 내용이 포함된 문자·사진·영상 등 정보로서 컴퓨터용디스크·그 밖에 이와 비슷한 정보저장매체에 저장된 것을 포함한다)를 증거로 사용할 수 있다.

1. 사망·질병·외국거주·소재불명·이에 준하는 그 밖에 사유로 공판준비·공판기일에서 **진술이 불가능**한 경우
2. 진술·작성이 **특별히 신빙**할 수 있는 상태에서 이루어진 것이 증명된 경우
   [전문개정 2007.6.1] [시행일 2008.1.1.]
   [본조제목개정 2007.6.1] [시행일 2008.1.1.]

제315조(당연히 증거능력이 있는 서류)

법원은 다음 각 호 문서를 증거로 사용할 수 있다. [개정 2007.5.17 제8435호(가족관계의 등록 등에 관한 법률)] [시행일 2008.1.1]

1. 가족관계기록사항에 관한 증명서·공정증서등본·그 밖에 공무원·외국공무원이 직무상 증명할 수 있는 사항에 관하여 작성된 문서
2. 상업장부·항해일지·그 밖에 **업무상 필요하여 작성된 일반문서**
3. 그 밖에 **특별히 신용**할 만한 정황에서 작성된 문서

제316조(전문진술)

① 법원은 공판준비·공판기일에서 다음 각 호에 모두 해당하는 경우 **피고인이 아닌 사람**(피고인을 공소제기 전에 피의자로 조사하였거나 또는 그 조사에 참여하였던 사람을 포함한다. 이하 이 조에서 같다) **진술을 증거로 사용할 수 있다.**

1. **피고인 진술**을 내용으로 하는 경우
2. 피고인 진술이 **특별히 신빙**할 수 있는 상태에서 이루어진 것이 증명된 경우
   [개정 2007.6.1] [시행일 2008.1.1]

② 공판준비·공판기일에서 피고인 아닌 사람 진술이 피고인 아닌 **제3자 진술을 그 내용으로 하는 경우** 다음 각 호 사유를 모두 충족한 경우 그 진술을 증거로 사용할 수 있다.

1. 원진술자가 사망·질병·외국거주·소재불명·이에 준하는 그 밖에 사유로 공판준비·공판기일에서 원진술자 **진술이 불가능**한 경우
2. 그 진술이 **특별히 신빙**할 수 있는 상태에서 이루어진 것이 증명된 경우
   [개정 95·12·29, 2007.6.1] [시행일 2008.1.1.] [전문개정 61·9·1]

제317조(진술임의성)

① 법원은 피고인·피고인 아닌 사람이 **임의로 진술한 경우**만 진술증거로 사용할 수 있다.

② 법원은 **서류작성·서류내용이 임의로 진술한 것**이 증명된 경우 제1항 서류를 증거로

사용할 수 있다.

③ 법원은 검증조서 일부분에서 피고인 진술·피고인 아닌 사람 진술이 기재된 경우 그 일부분에 대해 제1항·제2항을 준용한다.

제318조(당사자 동의와 증거능력)

① 법원은 다음 각 호 사유가 모두 충족되는 경우 증거로 사용할 수 있다.

1. 검사·피고인이 **서류·물건·진술을 증거**로 사용하기로 **동의한 경우**
2. 법원이 제1호 서류·물건에 대해 **진정성을 인정**할 수 있을 경우

② 법원은 피고인 법정 출석 없이 증거조사를 실시할 수 있는 경우 피고인이 출석하지 않으면 제1항 증거에 동의한 것으로 본다. 다만 대리인·변호인이 법정에 출석한 경우 제1항 증거에 동의한 것으로 볼 수 없다.

제318조2(증명력을 다투기 위한 증거)

① 법원은 **제312조·제313조·제314조·제315조·제316조에 근거하여 증거로 할 수 없는 서류와 진술(적법절차위반은 제외한다)**은 공판준비·공판기일에서 피고인·피고인이 아닌 사람(공소제기 전 피고인을 피의자로 조사하였던 사람 또는 그 조사에 참여하였던 사람을 포함한다. 이하 이 조에서 같다) 진술 **증명력을 다툴 수 있는 증거로 사용할 수 있다. 다만 적법절차를 준수하지 않은 증거는 탄핵증거로 사용할 수 없다.**

② 법원은 제1항에도 불구하고 피고인·피고인이 아닌 사람 진술을 내용으로 하는 **영상녹화물**은 다음 각 호 요건을 모두 충족한 경우 재생하여 시청하게 할 수 있다.

1. 공판준비·공판기일에서 피고인·피고인이 아닌 사람이 진술과정에서 기억이 명백하지 않은 경우
2. **진술상황에서 기억을 환기할 필요성이 인정되는 경우**

[전문개정 2007.6.1] [시행일 2008.1.1]

[본조제목개정 2007.6.1] [시행일 2008.1.1.]

제318조3(간이공판절차에서 증거능력에 관한 특례)

법원은 제286조2 간이공판절차결정을 한 사건 증거인 경우 **제310조2·제312조·제313조·제314조·제316조에 근거한 증거에 대해서 제318조 제1항 당사자 동의가 있는 것으로 본다.** 다만 검사·피고인·변호인이 증거동의에 이의를 제기한 경우, 동의가 있는 것으로 보지 않는다.

문 33. 형사소송법 제307조 제2항 범죄사실 증명력에 관한 설명 중 옳은 것은? (다툼이 있는 경우 판례에 의함)

출제예상내용
- 형사소송에서 범죄사실에 관한 증명책임 소재(=검사)
- 피고인에게 유죄를 인정하기 위한 증명의 정도
- 상해진단서 증명력
- 간접사실 증명력

사례문제 73 피해자 진술의 신빙성 판단이 문제된 사건

사례문제 74 상해진단서 증명력

사례문제 75 살인죄 경우 직접증거 없이 간접증거만으로 유죄 인정 여부

중요

01 [선택형] 검사가 증인신문할 사람을 미리 수사기관에 소환하여 면담한 후 증인이 법정에서 피고인에게 불리한 내용의 진술을 하여, 증인의 법정진술의 신빙성 여부가 문제된 사건 ★★★★★

피고인이 2000. 10.경부터 2011. 5.경까지 갑에게 직무에 관하여 신용카드 사용대금, 상품권, 차명 휴대전화 사용대금, 주대, 금원 등 합계 51,600,345원 이상의 뇌물을 수수함과 동시에, 공무원의 지위를 이용하여 다른 공무원의 직무에 속한 사항의 알선에 관하여 같은 액수 상당의 뇌물을 수수하였다고 하여 「특정범죄 가중처벌 등에 관한 법률」 위반(뇌물)으로 기소된 사안이다. 제1심은 공소시효가 완성되지 않은 일부 상품권 및 일부 차명 휴대전화 사용대금에 대해서는 무죄, 나머지 공소시효가 완성된 부분에 대해서는 이유면소로 판단하였다. 원심은 갑의 ○○지검 사건 관련 법정진술 및 차명 휴대전화 관련 원심 법정진술의 신빙성을 인정하여 신용카드 사용대금, 차명 휴대전화 사용대금, 2009. 5. 19. 주대, 금원 부분에 대해서는 유죄로, 상품권, 2009. 2. 26. 및 2009. 3. 25. 주대 부분에 대해서는 이유무죄로 판단하였다. 검사가 공판기일에 증인으로 신청하여 신문할 사람을 특별한 사정 없이 미리 수사기관에 소환하여 면담하는 절차를 거친 후 증인이 법정에서 피고인에게 불리한 내용의 진술을 하였다. 이에 관한 설명 중 옳은 것은? (다툼이 있는 경우 판례에 의함)

① 갑이 제1심과 원심 법정에서 진술하기 전에 검찰에 소환되어 면담하는 과정에서 수사기관의 회유나 압박, 답변 유도나 암시 등의 영향을 받아 종전에 한

진술을 공소사실에 부합하는 진술로 변경하였을 가능성을 배제하기 어렵다. 그러므로 검사가 증인신문 전 면담 과정에서 회유나 압박 등으로 갑의 법정진술에 영향을 미치지 않았다는 점을 증인의 진술 등으로 증명하여야 한다. 그렇지 못하는 한 갑의 ○○지검 사건 관련 법정진술 및 차명 휴대전화 관련 원심 법정진술은 신빙성(信憑性)을 인정하기 어렵다.

해설 및 정답 대법원 2021. 6. 10. 선고 2020도15891 판결 [특정범죄가중처벌등에 관한 법률 위반(뇌물)] **정답** ○

[용어해설] 신빙성(信憑性): 믿어서 근거나 또는 증거로 삼을 수 있는 정도나 성질

[판시사항] [1] 검사가 공판기일에 증인으로 신청하여 신문할 사람을 특별한 사정 없이 미리 수사기관에 소환하여 면담하는 절차를 거친 후 증인이 법정에서 피고인에게 불리한 내용의 진술을 한 경우, 증인신문 전 면담 과정에서 증인에 대한 회유나 압박, 답변 유도나 암시 등으로 증인의 법정진술에 영향을 미치지 않았다는 점이 담보되어야 증인의 법정진술을 신빙할 수 있는지 여부(적극) [2] 이때 증인에 대한 회유나 압박 등이 없었다는 사정에 대한 증명책임 소재(=검사)와 증명 방법

[판결요지] [1] 검사가 증인신문 전 면담 과정에서 증인에 대한 회유나 압박, 답변 유도나 암시 등으로 증인의 법정진술에 영향을 미치지 않았다는 점이 담보되어야 증인의 법정진술을 신빙할 수 있다고 할 것이다.

[2] 검사가 증인신문 준비 등 필요에 따라 증인을 사전 면담할 수 있다고 하더라도 법원이나 피고인의 관여 없이 일방적으로 사전 면담하는 과정에서 증인이 훈련되거나 유도되어 법정에서 왜곡된 진술을 할 가능성도 배제할 수 없기 때문이다. 증인에 대한 회유나 압박 등이 없었다는 사정은 검사가 증인의 법정진술이나 면담 과정을 기록한 자료 등으로 사전면담 시점, 이유와 방법, 구체적 내용 등을 밝힘으로써 증명하여야 한다.

[판결해설] 대법원은 갑이 제1심과 원심 법정에서 진술하기 전에 검찰에 소환되어 면담하는 과정에서 수사기관의 회유나 압박, 답변 유도나 암시 등의 영향을 받아 종전에 한 진술을 공소사실에 부합하는 진술로 변경하였을 가능성을 배제하기 어려우므로, 검사가 증인신문 전 면담 과정에서 회유나 압박 등으로 갑의 법정진술에 영향을 미치지 않았다는 점을 증인의 진술 등으로 증명하지 못하는 한 갑의 수원지검 사건 관련 법정진술 및 차명 휴대전화 관련 원심 법정진술은 신빙성을 인정하기 어렵다고 보아 원심을 파기환송하였음.

중요

02 [선택형] 증인 진술의 신빙성 판단의 번복이 문제된 사건 ★★★★★

제1심이 피해자를 증인으로 신문한 후 그 진술의 신빙성이 없다는 전제에서 유사강간 부분을 무죄로 판단하였다. 그런데 원심이 추가 증거조사 없이 피해자 진술의 신빙성을 인정하여 제1심의 판단을 뒤집고 유사강간 부분을 유죄로 판단한 사안이다. 이에 관한 설명 중 옳은 것은? (다툼이 있는 경우 판례에 의함)

① 항소심은 제1심 증인이 한 진술의 신빙성 유무에 대한 제1심의 판단이 항소심의 판단과 다르다는 이유만으로 이에 대한 제1심의 판단을 함부로 뒤집어서는 안 된다.

② 제1심 증인이 한 진술의 신빙성 유무에 대한 제1심의 판단이 명백하게 잘못되었다고 볼 특별한 사정이 있거나 또는 제1심 증거조사 결과와 항소심 변론종결 시까지 추가로 이루어진 증거조사 결과를 종합하면, 제1심 증인이 한 진술의 신빙성 유무에 대한 제1심의 판단을 그대로 유지하는 것이 현저히 부당하다고 인정되는 예외적인 경우에는 제1심의 판단을 뒤집을 수 있다.

해설 및 정답 ①~② 대법원 2021. 6. 10. 선고 2021도2726 판결 [특수상해 등]

정답 ○

[판시사항] 증인 진술의 신빙성을 부정한 제1심의 판단을 항소심이 뒤집을 수 있는 경우

[판결해설] 제1심 증인인 피해자가 한 진술의 신빙성 유무에 대한 제1심의 판단이 명백하게 잘못되었다고 볼 특별한 사정이 있는 경우에 해당한다고 보아 제1심의 판단을 뒤집고 유사강간 공소사실을 유죄로 판단한 원심을 수긍한 사례.

중요

03 [선택형] 보험금을 지급받을 목적으로 교통사고로 위장하여 아내인 피해자를 살해하였다고 기소된 사건의 재상고심 사건 ★★★★★

보험금 약 95억 원을 지급받을 목적으로 임신 7개월의 아내(혼인 당시 캄보디아 국적이었으나 이후 대한민국 국적을 취득함)를 교통사고를 위장하여 살해한 사실 등으로 기소된 사건이다. 재상고심에 관한 설명 중 옳은 것은? (다툼이 있는 경우 판례에 의함)

① 환송판결이 파기이유로 지적한 사항들에 대하여 추가적인 증거조사와 심리과

정을 거친 다음 그 판시와 같은 이유로 이 사건 사고가 피고인의 살인의 범의에 의한 것임이 합리적 의심을 할 여지가 없을 정도로 증명되었다고 보기 어렵다면, 주위적 공소사실인 살인, 사기 부분에 대하여 이를 무죄로 판단할 수 있다.

해설 및 정답 대법원 2021. 3. 11. 선고 2020도11686 판결 [살인[인정된 죄명: 교통사고처리특례법위반(치사)] 등] (카) 상고기각 **정답** ○

[판시사항] 공소사실 기재 사고가 피고인의 살인의 범의에 의한 것임이 증명되었는지(소극)

[판결해설] 이 사건의 재상고심에서, 환송판결이 파기이유로 지적한 사항들에 대하여 추가적인 증거조사와 심리과정을 거친 다음 해당 교통사고가 피고인의 살인의 범의에 의한 것임이 합리적 의심을 할 여지가 없을 정도로 증명되었다고 보기 어렵다고 보아, 주위적 공소사실인 살인, 사기 부분에 대하여 이를 무죄로 판단한 원심을 수긍한 사안임.

중요

04 [선택형] 전동차 내 강제추행 사건 ★★★★★

피고인이 경의중앙선 전동차 안에서, 피해자(여, 28세)의 앞에 붙어 서서 손을 피해자의 치마 속에 집어넣어 스타킹 겉 부분까지 손가락이 닿은 채로 검지와 중지손가락을 이용하여 피해자의 성기 부분을 문지르고 더듬는 등 약 5분 동안 피해자를 강제로 추행하였다는 이유로 기소된 사안이다. 사람이 많은 전동차 내에서 피고인에게 큰 소리로 항의하고 피고인을 잡고 전동차 밖으로 끌어내린 뒤 경찰에 신고한 피해자의 태도에 비추어 적극적이고 용감한 성격인 피해자가 일정 시간 공소사실과 같은 정도의 피해에 대하여 이의를 제기하지 않고 참았다. 피해자 진술의 신빙성에 관한 설명 중 옳은 것은? (다툼이 있는 경우 판례에 의함)

① 피해자 등의 진술은 그 진술 내용의 주요한 부분이 일관된다. 경험칙에 비추어 비합리적이거나 진술 자체로 모순되는 부분이 없다. 또한 허위로 피고인에게 불리한 진술을 할 만한 동기나 이유가 분명하게 드러나지 않는다. 그 밖의 사소한 사항에 관한 진술에 다소 일관성이 없다는 등의 사정만으로 그 진술의 신빙성을 특별한 이유 없이 함부로 배척해서는 아니 된다.

② 피해자의 항의 태도만으로 피해자의 성격을 속단하여 피해자 진술의 신빙성을 배척한 판결은 개별적, 구체적인 사건에서 성범죄 피해자가 처하여 있는

특별한 사정을 충분히 고려하지 않은 채 피해자 진술의 증명력을 가볍게 배척하는 것으로 논리와 경험의 법칙에 따른 증거판단이라고 보기 어렵다.

해설 및 정답 ①~② 대법원 2021. 3. 11. 선고 2020도15259 판결 [강제추행]

정답 ○

[판시사항] [1] 형사재판에 있어서 자유심증주의의 한계 [2] 피해자가 사소한 사항에 관한 진술에 다소 일관성이 없는 경우, 피해자 진술의 신빙성을 판단함에 있어서 고려하여야 할 점 [2] 법원이 성폭행이나 성희롱 사건의 심리를 할 때 유의하여야 할 사항 및 성폭행 등의 피해자 진술의 증명력을 판단하는 방법 [4] 성폭행 피해자의 대처 양상에 따른 피해자 진술의 신빙성 판단

[판결요지] 증거의 증명력은 법관의 자유판단에 맡겨져 있다. 그러나 그 판단은 논리와 경험의 법칙에 합치하여야 한다. 형사재판에 있어서 유죄로 인정하기 위한 심증형성의 정도는 합리적인 의심을 할 여지가 없을 정도여야 한다. 그러나 이는 모든 가능한 의심을 배제할 정도에 이를 것까지 요구하는 것은 아니다. 증명력이 있는 것으로 인정되는 증거를 합리적인 근거가 없는 의심을 일으켜 이를 배척하는 것은 자유심증주의의 한계를 벗어나는 것으로 허용될 수 없다.

[판결해설] 원심은 피해자 진술의 신빙성을 배척함으로써, 공소사실을 유죄로 판단한 제1심 판결을 파기하고 무죄를 선고하였음. 이 사건 피해자의 진술이 그 진술 내용의 주요한 부분이 일관되며, 경험칙에 비추어 비합리적이거나 진술 자체로 모순되는 부분이 없고, 또한 허위로 피고인에게 불리한 진술을 할 만한 동기나 이유가 분명하게 드러나지 않는데다가, 추행행위를 인지하게 된 경위에 있어서 '처음에는 생리대 때문에 바로 느끼지 못하였다가 한 30초 정도 뒤에 느낌이 이상하여 한 걸음 이동하였는데, 피고인이 그때부터 노골적으로 따라 붙어서 이 사건 추행을 하였다.', '3~5초 정도 눈으로 정확히 범행 장면을 목격하고 난 뒤에 정신을 차리고 따졌다.'는 등으로 진술하고 있는 이 사건에 있어서, 피해자의 항의 태도만으로 피해자의 성격을 속단하여 피해자 진술의 신빙성을 배척한 원심판결은 개별적, 구체적인 사건에서 성범죄 피해자가 처하여 있는 특별한 사정을 충분히 고려하지 않은 채 피해자 진술의 증명력을 가볍게 배척하는 것으로 논리와 경험의 법칙에 따른 증거판단이라고 보기 어렵다는 등의 이유를 들어, 원심의 판단에 증거의 증명력에 관한 법리를 오해한 잘못이 있다고 보아 원심판결을 파기환송한 사례.

중요

05 [선택형] 성폭력범죄 피해자의 진술의 신빙성 판단 ★★★★★

편의점 브랜드 개발팀 직원인 피고인이 편의점주인 피해자를 편의점 안에서 강제추행하였다고 기소된 사안이다. 이에 관한 설명 중 옳은 것은? (다툼이 있는 경우 판례에 의함)

① 범행 후 피해자의 태도 중 '마땅히 그러한 반응을 보여야만 하는 피해자'로 보이지 않는 사정이 존재한다는 이유만으로 피해자 진술의 신빙성을 함부로 배척할 수 없다.

② 제1심이 증인신문을 거쳐 신빙성을 인정한 성폭력범죄 피해자의 진술에 대하여 원심이 추가 증거조사 없이 '피해자다움'이 나타나지 않는다는 등의 사정을 들어 신빙성을 배척하는 것이 타당하지 않다.

해설 및 정답 ①~② 대법원 2020. 10. 29. 선고 2019도4047 판결 [강제추행]

정답 ○

[판시사항] [1] 제1심 증인이 한 진술의 신빙성 유무에 대한 제1심의 판단을 항소심이 뒤집을 수 있는지 여부(원칙적 소극) [2] 항소심이 피해자 등의 제1심 증언의 신빙성을 받아들였던 제1심의 판단을 뒤집으면서 지적한 사정들이 주로 제1심에서 이미 지적된 사정들이고, 항소심에서 추가로 이루어진 증거조사 결과 밝혀진 사정은 범행 이후 문자메시지 발송 등의 사정에 불과한 경우, 제1심 증언의 신빙성 유무에 대한 제1심의 판단이 명백하게 잘못되었다고 볼 특별한 사정에 해당하는지 여부(소극) [3] 항소심이 제1심의 판단을 뒤집으면서 지적한 사정들이 제1심이 피해자 진술의 신빙성을 판단할 때 이미 고려했던 여러 정황들 중 일부에 불과한 것으로 보이는 경우에도 마찬가지인지 여부(적극) [4] 성폭행 등의 피해자 진술의 증명력을 판단하는 방법

[판결요지] 성폭행 피해자의 대처 양상은 피해자의 성정이나 가해자와의 관계 및 구체적인 상황에 따라 다르게 나타날 수밖에 없다. 따라서 개별적, 구체적인 사건에서 성폭행 등의 피해자가 처하여 있는 특별한 사정을 충분히 고려하지 않은 채 피해자 진술의 증명력을 가볍게 배척하는 것은 정의와 형평의 이념에 입각하여 논리와 경험의 법칙에 따른 증거판단이라고 볼 수 없다(대법원 2018. 10. 25. 선고 2018도7709 판결 참조). 범행 후 피해자의 태도 중 '마땅히 그러한 반응을 보여야만 하는 피해자'로 보이지 않는 사정이 존재한다는 이유만으로 피해자 진술의 신빙성을 함부로 배척할 수 없다(대법원 2020. 8. 20. 선고 2020도6965 판결, 대법원 2020. 9. 3. 선고 2020도8533 판결 참조).

[판결해설] 제1심은 피해자에 대한 증인신문을 거친 후 피해자의 피해 경위에 관한 진술이 구체적이고 일관되어 신빙성이 인정되고, CCTV 영상 촬영사진과도 부합한다는 등의 이유로 유죄로 판단하였다. 그런데 원심은 추가 증거조사 없이 주로 제1심에서 증거조사를 마친 증거들에 기초한 사정들을 들어 피해자 진술 신빙성 등을 배척하고 무죄로 판단함.

[판결해설] 대법원은, 원심이 든 사정 중 일부는 피해자에게 '피해자다움이' 나타나지 않음을 지적하는 것으로 위와 같은 법리에 비추어 타당하지 않고, 원심이 지적한 사정만으로는 피해자 진술의 신빙성 유무 및 이에 부합하는 CCTV 영상

의 증명력에 관한 제1심의 판단이 명백하게 잘못되었다거나 그대로 유지하는 것이 현저히 부당하다고 인정되는 예외적인 경우에 해당한다고 단정하기 어렵다고 판단하여 원심을 파기함.

06 [선택형 · 사례형 · 기록형] 친족 성범죄 진술에 대한 신빙성 판단

친족 성범죄에서 피해자 진술의 신빙성 판단에 관한 설명으로 옳은 것은? (다툼이 있는 경우 판례에 의함)

① 형사소송법 제307조 제1항, 제308조는 증거로 사실을 인정하되 증거의 증명력은 법관의 자유판단에 의하도록 규정하고 있다. 이는 법관이 증거능력 있는 증거 중 필요한 증거를 채택·사용하고 증거의 실질적인 가치를 평가하여 사실을 인정하는 것은 법관의 자유심증에 속한다는 것을 의미한다. 충분한 증명력이 있는 증거를 합리적인 근거 없이 배척하거나 반대로 객관적인 사실에 명백히 반하는 증거를 아무런 합리적인 근거 없이 채택·사용하는 등으로 논리와 경험의 법칙에 어긋나는 것이 아닌 이상, **법관은 자유심증으로 증거를 채택하여 사실을 인정할 수 있다.**

중요 ② 피해자가 자신 진술 이외에는 달리 물적 증거 또는 직접 목격자가 없음을 알면서도 보호자 형사처벌을 무릅쓰고 스스로 수치스러운 피해 사실을 밝히고 있고, 허위로 진술을 할 만한 동기나 이유가 분명하게 드러나지 않을 뿐만 아니라, **진술 내용이 사실적·구체적이고, 주요 부분이 일관되며, 경험칙에 비추어 비합리적이거나 진술 자체로 모순되는 부분이 없다면, 그 진술의 신빙성을 함부로 배척해서는 안 된다.**

해설 및 정답 ①~② 대법원 2020. 5. 14. 선고 2020도2433 판결 [성폭력범죄의처벌등에관한특례법위반(친족관계에의한강제추행) · 성폭력범죄의처벌등에관한특례법위반(13세미만미성년자강제추행) · 아동 · 청소년의성보호에관한법률위반(유사성행위) · 아동복지법위반(아동학대)] (자) 상고기각 〈친딸 강제추행 등 사안〉 **정답** ○

[판결해설] 대법원은 피해자가 법정에서 수사기관에서의 진술을 번복하였더라도, 진술 번복의 구체적인 경위 등에 비추어 법정에서의 진술은 믿기 어렵고 공소사실에 부합하는 수사기관에서의 진술을 믿을 수 있다고 보아 쟁점 공소사실을 유죄로 인정한 원심판결을 확정하고 피고인의 상고를 기각함(대법원 2015. 8. 20. 선고 2013도11650 전원합의체 판결 참조).

07 [선택형 · 사례형 · 기록형] 자백의 신빙성 판단

자백의 신빙성 판단에 관한 설명으로 옳은 것은? (다툼이 있는 경우 판례에 의함)

① **형사재판에서 심증형성은 반드시 직접증거에 의하여 형성되어야만 하는 것은 아니고 간접증거에 의할 수도 있는 것이다. 간접증거는 이를 개별적·고립적으로 평가하여서는 아니 되고 모든 관점에서 빠짐없이 상호 관련시켜 종합적으로 평가하고, 치밀하고 모순 없는 논증을 거쳐야 한다.**

② 합리적 의심이라 함은 모든 의문, 불신을 포함하는 것이 아니라 **논리와 경험칙에 기하여 요증사실과 양립할 수 없는 사실의 개연성에 대한 합리성 있는 의문을 의미하는 것이다.** 피고인에게 유리한 정황을 사실인정과 관련하여 파악한 이성적 추론에 그 근거를 두어야 하는 것이다. 단순히 관념적인 의심이나 추상적인 가능성에 기초한 의심은 합리적 의심에 포함된다고 할 수 없다.

해설 및 정답 ①~② 대법원 2019. 10. 31. 선고 2018도2642 판결 [마약류관리에 관한 법률 위반(향정)]

정답 ○

08 [선택형] 성폭력 피해자 진술의 신빙성 판단이 문제된 사건

피해자 진술의 신빙성 판단에 관한 설명으로 옳은 것은? (다툼이 있는 경우 판례에 의함)

① **개별적, 구체적인 사건에서 성폭행 등의 피해자가 처하여 있는 특별한 사정을 충분히 고려하지 않은 채 피해자 진술의 증명력을 가볍게 배척하는 것은 정의와 형평의 이념에 입각하여 논리와 경험의 법칙에 따른 증거판단이라고 볼 수 없다.**

② 강간죄에서 공소사실을 인정할 증거로 사실상 피해자의 진술이 유일한 경우, **피고인의 진술이** 경험칙상 합리성이 없고 그 자체로 모순되어 믿을 수 없다는 사정이 피해자 진술의 신빙성을 뒷받침하거나 직접증거인 피해자 진술과 결합하여 **공소사실을 뒷받침하는 간접정황이 될 수 있다.**

③ **강간죄에서 공소사실을 인정할 증거로 사실상 피해자의 진술이 유일한 경우에**

피고인의 진술이 경험칙상 합리성이 없고 그 자체로 모순되어 믿을 수 없다고 하여 그것이 공소사실을 인정하는 직접증거가 되는 것은 아니지만, 이러한 사정은 법관의 자유판단에 따라 피해자 진술의 신빙성을 뒷받침하거나 직접증거인 피해자 진술과 결합하여 공소사실을 뒷받침하는 간접정황이 될 수 있다.

해설 및 정답 ①~③ 대법원 2018. 10. 25. 선고 2018도7709 판결 [강간 · 특수상해 · 상해 · 특수협박 · 협박 · 폭행] **정답** ○

사례문제 73 피해자 진술의 신빙성 판단이 문제된 사건

대법원 2018. 10. 25. 선고 2018도7709 판결
[강간 · 특수상해 · 상해 · 특수협박 · 협박 · 폭행]

Q. 자유심증주의의 의미와 한계

Q. 형사재판에서 유죄로 인정하기 위한 심증형성의 정도 및 피해자 등의 진술의 신빙성이 인정되는 경우

Q. 법원이 성폭행이나 성희롱 사건의 심리를 할 때 유의하여야 할 사항 및 성폭행 등의 피해자 진술의 증명력을 판단하는 방법

Q. 강간죄가 성립하기 위한 가해자의 폭행 · 협박이 있었는지 판단하는 기준과 방법

Q. 강간죄에서 공소사실을 인정할 증거로 사실상 피해자의 진술이 유일한 경우, 피고인의 진술이 경험칙상 합리성이 없고 그 자체로 모순되어 믿을 수 없다는 사정이 피해자 진술의 신빙성을 뒷받침하거나 직접증거인 피해자 진술과 결합하여 공소사실을 뒷받침하는 간접정황이 될 수 있는지 여부(적극)

판결요지

가. 증거의 증명력은 법관의 자유판단에 맡겨져 있다. 그러나 그 판단은 논리와 경험칙에 합치하여야 한다. 형사재판에 있어서 유죄로 인정하기 위한 심증형성의 정도는 합리적인 의심을 할 여지가 없을 정도여야 한다. 그러나 이는 모든 가능한 의심을 배제할 정도에 이를 것까지 요구하는 것은 아니다. 증명력이 있는 것으로 인정되는 증거를 합리적인 근거가 없는 의심을 일으켜 이를 배척하는 것은 자유심증주의의 한계를 벗어나는 것으로 허용될 수 없다. **피해자 등의 진술은 그 진술 내용의 주요한 부분이 일관되며, 경험칙에 비추어 비합리적이거나 진술 자체로 모순되는 부분이 없고, 또한 허위로 피고인에게 불**

리한 진술을 할 만한 동기나 이유가 분명하게 드러나지 않는 이상, 그 진술의 신빙성을 특별한 이유 없이 함부로 배척해서는 아니 된다.

나. **강간죄에서 공소사실을 인정할 증거로 사실상 피해자의 진술이 유일한 경우에 피고인의 진술이 경험칙상 합리성이 없고 그 자체로 모순되어 믿을 수 없다고 하여 그것이 공소사실을 인정하는 직접증거가 되는 것은 아니지만, 이러한 사정은 법관의 자유판단에 따라 피해자 진술의 신빙성을 뒷받침하거나 직접증거인 피해자 진술과 결합하여 공소사실을 뒷받침하는 간접정황이 될 수 있다.**

09 [선택형] 증여세 포탈 증명력 판단 사건

피고인이 1978년경부터 甲 주식회사의 주식(이하 '주식'이라 한다)을 소유하면서 이를 乙, 丙 등의 명의로 관리하다가 2008. 7. 14. 아들인 丁, 戊에게 증여하였음에도 2004년 이후 허위의 소송을 제기하거나 국세청에 허위의 주주명부와 주권을 제출하는 등의 '사기 기타 부정한 행위'로써 늦어도 1991년, 1994년경에 이미 증여한 것처럼 가장하는 방법으로 증여세를 포탈하였다고 하여 특정범죄 가중처벌 등에 관한 법률 위반으로 기소된 사안이다. 이에 관한 설명으로 옳은 것은? (다툼이 있는 경우 판례에 의함)

① 형사소송에서는 범죄사실이 있다는 증거를 **검사가** 제시하여야 한다. 피고인의 변소가 불합리하여 거짓말 같다고 하여도 그것 때문에 피고인을 불리하게 할 수 없다. 범죄사실의 증명은 법관으로 하여금 합리적인 의심의 여지가 없을 정도로 **고도의 개연성**을 인정할 수 있는 심증을 갖게 하여야 한다. 이러한 정도의 심증을 형성하는 증거가 없다면 설령 피고인에게 유죄의 의심이 간다 하더라도 **피고인의 이익으로** 판단하여야 한다.

② 피고인이 위와 같은 취지로 기재된 주주명부와 주권을 세무조사 당시 담당공무원에게 제출한 행위, 차명주주들 명의의 확약서를 담당공무원에게 제출한 행위, 2004년 乙, 丙을 원고로 하고 피고인을 피고로 하여 주식반환청구소송을 제기한 행위가 조세포탈죄에서 말하는 사기 기타 부정한 행위에 해당한다는 점을 검사가 증명하였다고 볼 수 없다.

해설 및 정답 ①~② 대법원 2018. 6. 19. 선고 2015도3483 판결 [특정범죄가중처벌등에관한법률위반(조세)]

정답 ○

10 [선택형] 상해진단서 증명력 판단 사건

상해진단서 증명력에 관한 설명으로 옳은 것은? (다툼이 있는 경우 판례에 의함)

① 형사사건에서 **상해진단서**는 피해자의 진술과 함께 피고인의 범죄사실을 증명하는 **유력한 증거**가 될 수 있다.

② 상해 사실의 존재 및 인과관계 역시 합리적인 의심이 없는 정도의 증명에 이르러야 인정할 수 있다. 그러므로 상해진단서의 객관성과 신빙성을 의심할 만한 사정이 있는 때에는 증명력을 판단하는 데 매우 신중하여야 한다.

③ **상해진단서**가 주로 통증이 있다는 **피해자의 주관적인 호소** 등에 의존하여 의학적인 가능성만으로 발급된 때에는 **진단 일자 및 진단서 작성일자가 상해 발생 시점과 시간상으로 근접**하고 상해진단서 발급 경위에 특별히 신빙성을 의심할 만한 사정은 없는지, 상해진단서에 기재된 **상해 부위 및 정도가 피해자가 주장하는 상해의 원인 내지 경위와 일치**하는지, 피해자가 호소하는 불편이 기왕에 존재하던 신체 이상과 무관한 **새로운 원인**으로 생겼다고 단정할 수 있는지, 의사가 **상해진단서를 발급한 근거** 등을 두루 살피는 외에도 **피해자가 상해 사건 이후 진료를 받은 시점, 진료를 받게 된 동기와 경위, 그 이후의 진료 경과 등을 면밀히 살펴 논리와 경험법칙에 따라 증명력을 판단하여야** 한다.

해설 및 정답 ①~③ 대법원 2016. 11. 25. 선고 2016도15018 판결 **정답** ○

사례문제 74 상해진단서 증명력

대법원 2016. 11. 25. 선고 2016도15018 판결

[상해] 〈상해진단서의 증명력에 관한 사건〉

Q. 상해진단서의 증명력

Q. 상해진단서가 주로 통증이 있다는 피해자의 주관적인 호소 등에 의존하여 의학적인 가능성만으로 발급된 경우, 그 증명력을 판단하는 방법

판결요지

가. **형사사건에서 상해진단서는 피해자의 진술과 함께 피고인의 범죄사실을 증명하는 유력한 증거가 될 수 있다.**

나. 그러나 상해 사실의 존재 및 인과관계 역시 합리적인 의심이 없는 정도의 증명에 이르러야 인정할 수 있으므로, **상해진단서의 객관성과 신빙성(信憑性, 믿어서 근거나 증거로 삼을 수 있을 정도나 성질, 구체성)을 의심할 만한 사정이 있는 때에는 증명력을 판단하는 데 매우 신중하여야 한다.**

다. 특히 상해진단서가 주로 통증이 있다는 피해자의 주관적인 호소 등에 의존하여 의학적인 가능성만으로 발급된 때에는 진단 일자 및 진단서 작성일자가 상해 발생 시점과 시간상으로 근접하고 상해진단서 발급 경위에 특별히 신빙성을 의심할 만한 사정은 없는지, 상해진단서에 기재된 상해 부위 및 정도가 피해자가 주장하는 상해의 원인 내지 경위와 일치하는지, 피해자가 호소하는 불편이 기왕에 존재하던 신체 이상과 무관한 새로운 원인으로 생겼다고 단정할 수 있는지, 의사가 상해진단서를 발급한 근거를 두루 살피는 외에도 **피해자가 상해 사건 이후 진료를 받은 시점, 진료를 받게 된 동기와 경위, 그 이후 진료 경과를 면밀히 살펴 논리와 경험법칙에 따라 증명력을 판단하여야 한다.**

11 [선택형 · 사례형] 교통사고 가장 아내 살인 사건

살인사건에서 간접사실의 증명력에 관한 설명으로 옳은 것은? (다툼이 있는 경우 판례에 의함)

① **살인죄와 같이 법정형이 무거운 범죄의 경우에도 직접증거 없이 간접증거만으로도 유죄를 인정할 수 있다.** 그러나 그 경우에도 주요사실의 전제가 되는 간접사실의 인정은 합리적 의심을 허용하지 않을 정도의 증명이 있어야 한다. 그 하나하나의 **간접사실이 상호 모순, 저촉이 없어야 함은 물론 논리와 경험칙, 과학법칙에 의하여 뒷받침되어야 한다.**

② 간접사실로 보아 피고인이 범행한 것으로 보기에 충분할 만큼 압도적으로 우월한 증명이 있어야 하고, 피고인이 고의적으로 범행한 것이라고 보기에 의심스러운 사정이 병존하고 증거관계 및 경험법칙상 고의적 범행이 아닐 여지를 확실하게 배제할 수 없다면 유죄로 인정할 수 없다.

③ 피고인은 무죄로 추정된다는 것이 헌법상의 원칙이고, 그 추정의 번복은 직접 증거가 존재할 경우에 버금가는 정도가 되어야 한다.

해설 및 정답 ①~③ 대법원 2017. 5. 30. 선고 2017도1549 판결 **정답** ○

사례문제 75 살인죄 경우 직접증거 없이 간접증거만으로 유죄 인정 여부

대법원 2017. 5. 30. 선고 2017도1549 판결

[살인(예비적죄명: 교통사고처리특례법위반)·사기] 〈남편이 보험금을 노리고 교통사고를 내어 아내를 살해하였다고 기소된 사건〉

Q. 형사재판에서 범죄사실을 인정하기 위한 증거의 증명력 정도

Q. 살인죄와 같이 법정형이 무거운 범죄의 경우에도 직접증거 없이 간접증거만으로 유죄를 인정할 수 있는지 여부(적극)

Q. 이때 필요한 주요사실의 전제가 되는 간접사실의 증명 정도

Q. 거액의 보험금 수령이 예상된다는 금전적 이유만으로 살인 범행의 동기를 인정할 때 유의할 사항

Q. 금전적 이득이 살인의 범행 동기가 될 수 있는 경우

Q. 피고인이 피해자 갑과 혼인한 후 피보험자를 갑, 수익자를 피고인으로 하는 다수의 생명보험에 가입하였다가, 경제적 상황이 어려워지자 거액의 보험금을 지급받을 목적으로 자신의 승합차 조수석에 갑을 태우고 고속도로를 주행하던 중 갓길 우측에 정차되어 있던 화물차량의 후미 좌측 부분에 피고인 승합차의 전면 우측 부분을 고의로 추돌시키는 방법으로 교통사고를 위장하여 갑을 살해하였다는 내용으로 주위적으로 기소된 사안이다. 피고인이 고의로 갑을 살해하였다는 점이 합리적 의심을 배제할 정도로 증명되었다고 보아 유죄를 인정한 원심판결에 법리오해 등의 잘못이 있다고 한 사례

판결요지

[1] 가. 형사재판에서 범죄사실의 인정은 법관으로 하여금 합리적인 의심을 할 여지가 없을 정도의 확신을 가지게 하는 증명력을 가진 엄격한 증거에 의하여야 한다.

나. 검사의 증명이 그만한 확신을 가지게 하는 정도에 이르지 못한 경우에는 설령 피고인의 주장이나 변명이 모순되거나 석연치 않은 면이 있어 유죄의 의심이 가는 등의 사정이 있더라도 피고인의 이익으로 판단하여야 한다.

다. 한편 살인죄와 같이 법정형이 무거운 범죄의 경우에도 직접증거 없이 간접증거만으로도 유죄를 인정할 수 있으나, 그 경우에도 주요사실의 전제가 되는 간접사실의 인정은 합리적 의심을 허용하지 않을 정도의 증명이 있어야 하고, 그 하나하나의 간접사실이 상호 모순, 저촉이 없어야 함은 물론 논리와 경험칙, 과학법칙에 의하여 뒷받침되어야 한다.

라. **피고인은 무죄로 추정된다는 것이 헌법상의 원칙이고, 그 추정의 번복은 직접증거가 존재할 경우에 버금가는 정도가 되어야 한다.**

[2] 가. 졸음운전인지 고의사고인지 단언할 수 있는 객관적 증거가 없으므로, 충분히 가능성이 있는 여러 의문을 떨쳐내고 고의사고라고 확신할 수 있을 만큼 **간접증거나 정황증거가 충분하다거나 그러한 증거들만으로 살인의 공소사실을 인정할 수 있을 정도의 종합적 증명력을 가진다고 보기에는 더 세밀하게 심리하고 확인해야 할 부분이 많다.**

나. 피고인이 고의로 갑을 살해하였다는 점이 합리적 의심을 배제할 정도로 증명되었다고 보아 유죄를 인정한 원심판결에 형사재판에서 요구되는 증명의 정도에 관한 법리를 오해하여 필요한 심리를 다하지 아니하거나 논리와 경험의 법칙에 반하여 자유심증주의의 한계를 벗어난 잘못이 있다고 한 사례.

12 [선택형] 피고인 아닌 자의 진술과 형사소송법 제316조 증거능력

시골마을에 사는 할머니 甲은 경작지의 농수 문제로 시비가 붙어 인근에 사는 A 할머니를 둔기로 때려 살해하였다는 혐의로 검사 S에 의해 기소되었다. 甲의 주거지 근처에서 피가 묻은 둔기는 발견되었으나, A의 사체는 발견되지 않았다. 이에 관한 설명 중 옳지 않은 것은? (다툼이 있는 경우 판례에 의함)

중요 ① 만약 주민 B가 "甲이 나에게 '망할 놈의 할망구, 내가 A를 없애 버렸다'고 말한 적이 있다."라고 증언하였다면, 甲의 진술이 특히 신빙할 수 있는 상태 하에서 행하여졌음이 증명된 때에 한하여 B의 진술을 증거로 할 수 있다.

해설 및 정답 2019년 제8회 변호사시험 기출문제 37 **정답** ○

형사소송법 제316조 제1항이 적용된다. 피고인 아닌 자의 진술이 피고인의 진술을 내용으로 하기 때문이다. 특히 신빙할 수 있는 상태에서만 증거능력이 인정된다.

문 34. 형사소송법 제308조의2 증거능력(위법수집증거 · 통신비밀보호법)에 관한 설명 중 옳은 것은? (다툼이 있는 경우 판례에 의함)

출제예상내용
- 통신비밀보호법 '대화' 의미
- 불법감청과 증거능력
- 위법수집증거와 증거능력 판단(제1차 증거와 제2차 증거)

사례문제 76 타인 간의 '대화'에 해당하지 않는 사람의 목소리를 녹음하거나 청취하여 형사절차에서 증거로 사용할 수 있는지 판단하는 기준

사례문제 77 통신비밀보호법에 규정된 통신제한조치 중 '전기통신의 감청'의 의미와 집행 방식

사례문제 78 수사기관이 영장 발부의 사유로 된 범죄 혐의사실과 무관한 별개의 증거를 압수하였을 경우 증거능력

01 [선택형 · 사례형] 판사 날인이 누락된 압수수색영장 사건 ★★★★★

판사의 날인이 누락된 압수수색영장에 기초하여 수집한 증거가 위법수집증거에 해당하는지 여부에 관한 사건이다. 다음 설명 중 옳은 것은? (다툼이 있는 경우 판례에 의함)

중요 ① **영장은 법관의 서명날인란에 서명만 있고 날인이 없으므로, 형사소송법이 정한 요건을 갖추지 못하여 적법하게 발부되었다고 볼 수 없다.**

중요 ② 이 사건 영장에 따라 압수한 이 사건 파일 출력물과 이에 기초하여 획득한 2차적 증거인 검사 작성의 피고인 1에 대한 피의자신문조서, 경찰 작성의 공소외 2에 대한 피의자신문조서, 공소외 3 등의 각 법정진술은 유죄 인정의 증거로 사용할 수 있는 경우에 해당한다.

중요 ③ 이 사건 **영장이 형사소송법이 정한 요건을 갖추지 못하여 적법하게 발부되지 못하였다고 하더라도, 그 영장에 따라 수집한 이 사건 파일 출력물의 증거능력을 인정할 수 있다. 이에 기초하여 획득한 2차적 증거인 위 각 증거 역시 증거능력을 인정할 수 있다.**

해설 및 정답 ①~③ 대법원 2019. 7. 11. 선고 2018도20504 판결 [부정경쟁방지및

영업비밀보호에관한법률위반(영업비밀누설등)] 〈판사의 날인이 누락된 압수수색영장에 기초하여 수집한 증거가 위법수집증거에 해당하는지 여부에 관한 사건〉 **정답** ○

02 [선택형] 목적범과 증명책임 소재와 증명 방법

다음 설명으로 옳은 것은? (다툼이 있는 경우 판례에 의함)

① 국가보안법 제7조 제5항의 죄는 제1, 3, 4항에 규정된 이적행위를 할 목적으로 문서·도화 기타의 표현물을 제작·수입·복사·소지·운반·반포·판매 또는 취득하는 것으로서 이른바 목적범임이 명백하다. **목적범에서의 목적은 범죄 성립을 위한 초과주관적 위법요소로서 고의 외에 별도로 요구되는 것이다. 그러므로 행위자가 표현물의 이적성을 인식하고 제5항의 행위를 하였다고 하더라도 이적행위를 할 목적이 인정되지 아니하면 그 구성요건은 충족되지 아니한다.**

② 형사재판에서 공소가 제기된 범죄의 구성요건을 이루는 사실에 대한 증명책임은 검사에게 있다. 그러므로 **행위자에게 이적행위를 할 목적이 있었다는 점은 검사가 증명하여야 한다.** 행위자가 이적표현물임을 인식하고 제5항의 행위를 하였다는 사실만으로 그에게 이적행위를 할 목적이 있었다고 추정해서는 아니 된다.

③ **행위자에게 이적행위 목적이 있음을 증명할 직접증거가 없는 때**에는 표현물의 이적성의 징표가 되는 여러 사정들에 더하여 피고인의 경력과 지위, 피고인이 이적표현물과 관련하여 제5항의 행위를 하게 된 경위, **피고인의 이적단체 가입 여부 및 이적표현물과 피고인이 소속한 이적단체의 실질적인 목표 및 활동과의 연관성 등 간접사실을 종합적으로 고려하여 판단할 수 있다.**

해설 및 정답 ①~③ 대법원 2018. 8. 30. 선고 2014도14573 판결 [국가보안법위반(찬양 · 고무등) · 일반교통방해] **정답** ○

[판시사항] 국가보안법 제7조 제5항의 죄가 목적범인지 여부(적극) 및 행위자에게 '이적행위를 할 목적'이 있었다는 점에 대한 증명책임 소재(=검사)와 증명 방법

03 [선택형 · 사례형 · 기록형] 음향 · 비명소리 증거능력 판단 사건

통신비밀보호법에 관한 설명으로 옳은 것은? (다툼이 있는 경우 판례에 의함)

① 통신비밀보호법에서 보호하는 타인 간의 '대화'는 원칙적으로 현장에 있는 당사자들이 육성으로 말을 주고받는 의사소통행위를 가리킨다.

중요 ② **사람의 육성이 아닌 사물에서 발생하는 음향은 타인 간의 '대화'에 해당하지 않는다.**

③ 사람의 목소리라고 하더라도 상대방에게 의사를 전달하는 말이 아닌 단순한 **비명소리나 탄식 등은 타인과 의사소통을 하기 위한 것이 아니라면 특별한 사정이 없는 한 타인 간의 '대화'에 해당한다고 볼 수 없다.**

④ 대화에 속하지 않는 사람의 목소리를 녹음하거나 청취하는 행위가 개인의 사생활의 비밀과 자유 또는 인격권을 중대하게 침해하여 사회통념상 허용되는 한도를 벗어난 것이라면, 단지 형사소추에 필요한 증거라는 사정만을 들어 곧바로 형사소송에서 진실발견이라는 공익이 개인의 인격적 이익 등 보호이익보다 우월한 것으로 섣불리 단정해서는 안 된다.

⑤ 그러한 한도를 벗어난 것이 아니라면 위와 같은 목소리를 들었다는 진술을 형사절차에서 증거로 사용할 수 있다.

중요 ⑥ **사람의 육성이 아닌 사물에서 발생하는 음향은 타인 간의 '대화'에 해당하지 않는다.** 그러나 그러한 한도를 벗어난 것이 아니라면 위와 같은 목소리를 들었다는 진술을 형사절차에서 증거로 사용할 수 있다.

해설 및 정답 ①~⑥ 대법원 2017. 3. 15. 선고 2016도19843 판결 **정답** ○

사례문제 76 타인 간의 '대화'에 해당하지 않는 사람의 목소리를 녹음하거나 청취하여 형사절차에서 증거로 사용할 수 있는지 판단하는 기준

대법원 2017. 3. 15. 선고 2016도19843 판결

[상해·협박] 〈사물에서 발생하는 음향이나 비명소리가 통신비밀보호법에서 보호하는 타인 간의 '대화'에 해당하는지 문제된 사건〉

Q. 통신비밀보호법에서 보호하는 타인 간의 '대화'에 사물에서 발생하는 음향이 포함되는지 여부(소극)

Q. 사람의 목소리라고 하더라도 상대방에게 의사를 전달하는 말이 아닌 비명소리나 탄식 등이 타인 간의 '대화'에 해당하는지 여부(원칙적 소극)

Q. 타인 간의 '대화'에 해당하지 않는 사람의 목소리를 녹음하거나 청취하여 형사절차에서 증거로 사용할 수 있는지 판단하는 기준

판결요지

가. 통신비밀보호법 제1조, 제3조 제1항 본문, 제4조, 제14조 제1항, 제2항의 문언, 내용, 체계와 입법 취지 등에 비추어 보면, **통신비밀보호법에서 보호하는 타인 간의 '대화'는 원칙적으로 현장에 있는 당사자들이 육성으로 말을 주고받는 의사소통행위를 가리킨다.**

나. 따라서 **사람의 육성이 아닌 사물에서 발생하는 음향은 타인 간의 '대화'에 해당하지 않는다.**

다. 또한 **사람의 목소리라고 하더라도 상대방에게 의사를 전달하는 말이 아닌 단순한 비명소리나 탄식 등은 타인과 의사소통을 하기 위한 것이 아니라면 특별한 사정이 없는 한 타인 간의 '대화'에 해당한다고 볼 수 없다.**

04 [선택형 · 사례형] 전기통신감청 집행방식 사건

통신비밀보호법 감청에 관한 설명으로 옳은 것은? (다툼이 있는 경우 판례에 의함)

① 통신비밀보호법에 규정된 '통신제한조치'는 '우편물의 검열 또는 전기통신의 감청'을 말하는 것으로(제3조 제2항), '전기통신의 감청'은 '감청'의 개념 규정에 비추어 전기통신이 이루어지고 있는 상황에서 실시간으로 전기통신의 내용을 지득·채록하는 경우와 통신의 송·수신을 직접적으로 방해하는 경우를 의미하는 것이지, 이미 수신이 완료된 전기통신에 관하여 남아 있는 기록이나 내용을 열어보는 등의 행위는 포함하지 않는다.

② 허가된 통신제한조치의 종류가 전기통신의 '감청'인 경우, 수사기관 또는 수사기관으로부터 통신제한조치의 집행을 위탁받은 통신기관 등은 통신비밀보호법이 정한 감청의 방식으로 집행하여야 하고 그와 다른 방식으로 집행하여서

는 아니 된다.

③ 수사기관이 통신기관 등에 통신제한조치의 집행을 위탁하는 경우에는 집행에 필요한 설비를 제공하여야 한다.

해설 및 정답 ①~③ 대법원 2016. 10. 13. 선고 2016도8137 판결 **정답** ○

중요 ④ 수사기관으로부터 통신제한조치의 집행을 위탁받은 통신기관 등이 집행에 필요한 설비가 없을 때에는 수사기관에 설비의 제공을 요청하여야 한다. 그러한 요청 없이 통신제한조치허가서에 기재된 사항을 준수하지 아니한 채 통신제한조치를 집행하였다면, 그러한 집행으로 취득한 전기통신의 내용 등은 헌법과 통신비밀보호법이 국민의 기본권인 통신의 비밀을 보장하기 위해 마련한 적법한 절차를 따르지 아니하고 수집한 증거에 해당한다(형사소송법 제308조의2). 이는 유죄 인정의 증거로 할 수 없다.

해설 및 정답 ①~④ 대법원 2016. 10. 13. 선고 2016도8137 판결 **정답** ○

사례문제 77 통신비밀보호법에 규정된 통신제한조치 중 '전기통신의 감청'의 의미와 집행 방식

대법원 2016. 10. 13. 선고 2016도8137 판결

[국가보안법위반(이적단체의구성등)·국가보안법위반(잠입·탈출)·국가보안법위반(찬양·고무등)]

Q. 통신비밀보호법에 규정된 통신제한조치 중 '전기통신의 감청'의 의미

Q. 이미 수신이 완료된 전기통신에 관하여 남아 있는 기록이나 내용을 열어보는 등의 행위가 이에 포함되는지 여부(소극)

Q. 수사기관 또는 수사기관으로부터 집행을 위탁받은 통신기관 등이 통신제한조치를 집행할 때 준수하여야 할 사항 및 허가된 통신제한조치의 종류가 전기통신의 '감청'인 경우, 집행의 방식

Q. 수사기관으로부터 집행을 위탁받은 통신기관 등이 통신제한조치허가서에 기재된 사항을 준수하지 아니하고 통신제한조치를 집행하여 취득한 전기통신의 내용 등은 위법수집증거로서 증거능력이 부정되는지 여부(적극)

판결요지

가. 통신비밀보호법에 규정된 **'전기통신의 감청'은 '감청'의 개념 규정에 비추어** 전기통신이 이루어지고 있는 상황에서 실시간으로 전기통신의 내용을 지득·채록하는 경우와 통신의 송·수신을 직접적으로 방해하는 경우를 의미하는 것이지, **이미 수신이 완료된 전기통신에 관하여 남아 있는 기록이나 내용을 열어보는 등의 행위는 포함하지 않는다.**

나. 수사기관이 통신기관 등에 통신제한조치의 집행을 위탁하는 경우에는 집행에 필요한 설비를 제공하여야 한다(통신비밀보호법 시행령 제21조 제3항). 그러므로 **수사기관으로부터 통신제한조치의 집행을 위탁받은 통신기관 등이 집행에 필요한 설비가 없을 때에는 수사기관에 설비의 제공을 요청하여야 하고, 그러한 요청 없이 통신제한조치허가서에 기재된 사항을 준수하지 아니한 채 통신제한조치를 집행하였다면, 그러한 집행으로 취득한 전기통신의 내용 등은 헌법과 통신비밀보호법이 국민의 기본권인 통신의 비밀을 보장하기 위해 마련한 적법한 절차를 따르지 아니하고 수집한 증거에 해당하므로(형사소송법 제308조의2), 이는 유죄 인정의 증거로 할 수 없다.**

05 [선택형 · 사례형] 중국 특사단 명단 누설 사건

제18대 대통령 당선인 甲의 비서실 소속 공무원인 피고인이 당시 甲을 위하여 중국에 파견할 특사단 추천 의원을 정리한 문건을 乙에게 이메일 또는 인편 등으로 전달함으로써 법령에 의한 직무상 비밀을 누설하였다는 내용으로 기소된 사안이다. 이에 관한 설명으로 옳은 것은? (다툼이 있는 경우 판례에 의함)

① **중국에 파견할 특사단 추천 의원을 정리한 문건**이 사전에 외부로 누설될 경우 대통령 당선인의 인사 기능에 장애를 초래할 위험이 있다. 그러므로 종국적인 의사결정이 있기 전까지는 외부에 누설되어서는 아니 되는 비밀로서 보호할 가치가 있는 **직무상 비밀에 해당한다.**

② 영장 발부의 사유로 된 범죄 혐의사실과 관련된 증거가 아니라면 적법한 압수·수색이 아니다. 영장 발부의 사유로 된 범죄 혐의사실과 무관한 별개의 증거를 압수하였을 경우 원칙적으로 유죄 인정의 증거로 사용할 수 없다.

해설 및 정답 ①~② 대법원 2018. 4. 26. 선고 2018도2624 판결 **정답** ○

사례문제 78 수사기관이 영장 발부의 사유로 된 범죄 혐의사실과 무관한 별개의 증거를 압수하였을 경우 증거능력

대법원 2018. 4. 26. 선고 2018도2624 판결
[공무상비밀누설·국회에서의증언·감정등에관한법률위반]

Q. 수사기관이 영장 발부의 사유로 된 범죄 혐의사실과 무관한 별개의 증거를 압수하였을 경우, 이를 유죄 인정의 증거로 사용할 수 있는지 여부(원칙적 소극)

Q. 법원이 2차적 증거의 증거능력 인정 여부를 최종적으로 판단할 때 고려할 사항

판결요지

가. **수사기관은 범죄수사의 필요성이 있고 피의자가 죄를 범하였다고 의심할 만한 정황이 있는 경우에도 해당 사건과 관계가 있다고 인정할 수 있는 것에 한하여 영장을 발부받아 압수·수색을 할 수 있다. 영장 발부의 사유로 된 범죄 혐의사실과 관련된 증거가 아니라면 적법한 압수·수색이 아니다. 따라서 영장 발부의 사유로 된 범죄 혐의사실과 무관한 별개의 증거를 압수하였을 경우 이는 원칙적으로 유죄 인정의 증거로 사용할 수 없다.**

나. 법원이 2차적 증거의 증거능력 인정 여부를 최종적으로 판단할 때에는 1차적 증거를 기초로 하여 다시 2차적 증거를 수집하는 과정에서 추가로 발생한 모든 사정들까지 구체적인 사안에 따라 주로 인과관계 희석 또는 단절 여부를 중심으로 전체적·종합적으로 고려하여야 한다.

06 [선택형] 자유심증주의

「형사소송법」 제308조에 규정된 자유심증주의에 관한 설명 중 옳지 않은 것은? (다툼이 있는 경우 판례에 의함)

중요 ① 사실심 법원은 주장과 증거에 대하여 신중하고 충실한 심리를 하여야 하고, 그에 이르지 못하여 **필요한 심리를 다하지 아니하는 등으로 판결 결과에 영향을 미친 때에는 사실인정을 사실심 법원의 전권으로 인정한 전제가 충족되지 아니하므로 이는 당연히 상고심의 심판대상에 해당한다.**

해설 및 정답 2017년 제6회 변호사시험 기출문제 21 **정답** ○

대법원 2016. 10. 13. 선고 2015도17869 판결 [조세범처벌법위반]

문 35. 형사소송법 제310조 자백의 보강증거에 관한 설명 중 옳은 것은? (다툼이 있는 경우 판례에 의함)

출제예상내용
- 보강증거자격: 직접증거(+), 간접증거(+), 정황증거(+)
- 보강증거요부: 전과사실 자백(+)
- 보강증거범위: 상습범, 실체적 경합 개별적 보강증거(+)

사례문제 79 자백의 신빙성 유무를 판단하는 기준

01 [선택형 · 사례형] 자백의 신빙성 여부를 판단한 사건

자백에 관한 설명으로 옳은 것은? (다툼이 있는 경우 판례에 의함)

중요 ① **형사소송법은 증거재판주의와 자유심증주의를 기본원칙으로 한다. 범죄사실의 인정은 증거에 의하되 증거의 증명력은 법관의 자유판단에 의한다.**

② 비록 사실의 인정이 사실심의 전권이더라도 범죄사실이 인정되는지는 논리와 경험법칙에 따라야 하고, 충분한 증명력이 있는 증거를 합리적 이유 없이 배척하거나 반대로 객관적인 사실에 명백히 반하는 증거를 근거 없이 채택·사용하는 것은 자유심증주의의 한계를 벗어나는 것으로서 법률 위반에 해당한다.

③ 자유심증주의의 한계를 벗어나거나 필요한 심리를 다하지 아니하는 등으로 판결 결과에 영향을 미친 때에는, 사실인정을 사실심 법원의 전권으로 인정한 전제가 충족되지 아니하므로 당연히 상고심의 심판대상에 해당한다.

④ 자백의 신빙성 유무를 판단할 때에는 자백 진술의 내용 자체가 객관적으로 합리성이 있는지, 자백의 동기나 이유는 무엇이며, 자백에 이르게 된 경위는 어떠한지, 그리고 자백 외의 정황증거 중 자백과 저촉되거나 모순되는 것은 없는지 등 제반 사정을 고려하여 판단하여야 한다.

⑤ 피고인이 수사기관에서부터 공판기일에 이르기까지 일관되게 범행을 자백하다가 어느 공판기일부터 갑자기 자백을 번복한 경우에는, 자백 진술의 신빙성 유무를 살피는 외에도 자백을 번복하게 된 동기나 이유 및 경위 등과 함께 수사기관 이래의 진술 경과와 진술의 내용 등에 비추어 번복 진술이 납득할 만

한 것이고 이를 뒷받침할 증거가 있는지 등을 살펴보아야 한다.

해설 및 정답 ①~⑤ 대법원 2016. 10. 13. 선고 2015도17869 판결 **정답** ○

사례문제 79 자백의 신빙성 유무를 판단하는 기준

대법원 2016. 10. 13. 선고 2015도17869 판결
[조세범처벌법위반]

Q. 자유심증주의의 의미와 한계

Q. 사실심 법원이 자유심증주의의 한계를 벗어나거나 필요한 심리를 다하지 아니하는 등으로 판결 결과에 영향을 미친 경우, 상고심의 심판대상에 해당하는지 여부(적극)

Q. 자백의 신빙성 유무를 판단하는 기준

Q. 피고인이 수사기관에서부터 공판기일에 이르기까지 일관되게 범행을 자백하다가 어느 공판기일부터 갑자기 자백을 번복한 경우, 자백 진술의 신빙성 유무를 판단할 때 고려하여야 할 사항

02 [선택형 · 사례형] 자백의 보강증거

자백에 관한 설명으로 옳은 것은? (다툼이 있는 경우 판례에 의함)

① 횡령죄의 피고인이 제출한 항소이유서에 "피고인은 돈이 급해 지어서는 안될 죄를 지었습니다.", "진심으로 뉘우치고 있습니다."라고 기재되어 있더라도, 이어진 검사와 재판장 및 변호인의 각 신문에 대하여 범죄사실을 일관되게 부인한다면 범죄사실을 자백한 것이라고 볼 수 없다.

해설 및 정답 2019년 제8회 변호사시험 기출문제 28 **정답** ○

대법원 1999. 11. 12. 선고 99도3341 판결 [횡령]

자백에 대한 보강증거는 자백이 가공적인 것이 아닌 진실한 것임을 인정할 수 있는 정도로 충분하다. 간접증거와 정황증거는 보강증거가 될 수 있다. 자백과 보강증거가 어울려 전체로서 범죄사실을 인정할 수 있으면, 유죄의 증거로 충분하다.

문 36. 형사소송법 제312조 전문증거 증거능력에 관한 설명 중 옳은 것은? (다툼이 있는 경우 판례에 의함)

출제예상내용

- 전문증거(=타인 진술 · 서류 법원에 간접 보고) · 본래증거(원본증거)
- 검사작성 피의자신문조서(형사소송법 제312조 제1항)
- 검사 이외 수사기관(이하 '사법경찰관작성') 피의자신문조서(형사소송법 제312조 제3항)
- 검사작성 참고인 진술조서(형사소송법 제312조 제4항)
- 사법경찰관작성 참고인 진술조서(형사소송법 제312조 제4항)
- 검찰수사과정에서 쓴 피의자진술서(형사소송법 제312조 제5항⇒제1항)
- 경찰수사과정에서 쓴 피의자진술서(형사소송법 제312조 제5항⇒제3항)
- 검찰수사과정에서 쓴 참고인진술서(형사소송법 제312조 제5항⇒제4항)
- 경찰수사과정에서 쓴 참고인진술서(형사소송법 제312조 제5항⇒제4항)
- 검사작성 검증조서와 압수조서(형사소송법 제312조 제6항)
- 사법경찰관작성 검증조서와 압수조서(형사소송법 제312조 제6항)
- 전문진술이 기재된 조서(형사소송법 제312조 제4항, 제316조 제2항)
- 甲 피고인과 공범관계가 있는 다른 피고인 乙에 대한 피의자신문조서(=검사 작성 형사소송법 제312조 제1항 적용, 검사 이외 수사기관이 작성 형사소송법 제312조 제3항 적용, 피고인이 되지 않은 피의자 제312조 제4항 참고인 진술조서와 동일 적용)

사례문제 80 전문진술이나 전문진술을 기재한 조서의 증거능력

중요

01 [선택형] 망인인 종업원에 대한 경찰 피의자신문조서의 증거능력 ★★★★★

피고인이 경영하는 병원의 사무국장으로 근무하던 공소외인이 2011. 8. 23.부터 2012. 2. 21.까지 총 43회에 걸쳐 합계 23,490,000원을 환자 소개의 대가 등 명목으로 교부함으로써 영리를 목적으로 환자를 소개 · 알선 · 유인하는 행위를 저지른 것에 대하여, 검사는 피고인을 양벌규정인 의료법 제91조를 적용하여 기소하였다. 피고인은 제1심 제3회 공판기일에서 검사가 증거로 제출한 사법경찰관 작성의 공소외인에 대한 피의자신문조서를 증거로 함에 동의하지 않고 그 내용을 부인하였다. 그럼에도 제1심은 위 피의자신문조서는 형사

소송법 제312조 제3항이 적용되는 '검사 이외의 수사기관이 작성한 피의자신문조서'가 아니라 같은 조 제4항의 '사법경찰관이 피고인이 아닌 자의 진술을 기재한 조서'에 해당한다고 보았다. 공소외인이 이미 사망하였으므로 공판기일에 출석하여 진술을 할 수 없는 경우에 해당하고 그의 경찰에서의 진술은 특히 신빙할 수 있는 상태하에서 행하여졌음이 인정되므로 형사소송법 제314조에 의하여 증거능력을 인정할 수 있다고 판단하였다. 이에 따라 제1심은 피고인에 대한 공소사실을 유죄로 인정하였고 원심도 제1심 판결의 결론을 그대로 유지하였다. 이에 관한 설명 중 옳은 것은? (다툼이 있는 경우 판례에 의함)

① 형사소송법 제312조 제3항은 검사 이외의 수사기관이 작성한 해당 피고인에 대한 피의자신문조서를 유죄의 증거로 하는 경우뿐만 아니라 검사 이외의 수사기관이 작성한 해당 피고인과 공범관계에 있는 다른 피고인이나 피의자에 대한 피의자신문조서를 해당 피고인에 대한 유죄의 증거로 채택할 경우에도 적용된다.

중요 ② 해당 피고인과 공범관계가 있는 다른 피의자에 대하여 검사 이외의 수사기관이 작성한 피의자신문조서는 그 피의자의 법정진술에 의하여 성립의 진정이 인정되는 등 형사소송법 제312조 제4항의 요건을 갖춘 경우라도 해당 피고인이 공판기일에서 그 조서의 내용을 부인한 이상 이를 유죄 인정의 증거로 사용할 수 없다. 그 당연한 결과로 위 피의자신문조서에 대하여는 사망 등 사유로 인하여 법정에서 진술할 수 없는 때에 예외적으로 증거능력을 인정하는 규정인 형사소송법 제314조가 적용되지 아니한다.

중요 ③ 이러한 법리는 공동정범이나 교사범, 방조범 등 공범관계에 있는 자들 사이에서뿐만 아니라, 법인의 대표자나 법인 또는 개인의 대리인, 사용인, 그 밖의 종업원 등 행위자의 위반행위에 대하여 행위자가 아닌 법인 또는 개인이 양벌규정에 따라 기소된 경우, 이러한 법인 또는 개인과 행위자 사이의 관계에서도 마찬가지로 적용된다고 보아야 한다.

중요 ④ 피고인이 법정에서 사법경찰관 작성의 공소외인에 대한 피의자신문조서를 증거로 함에 동의하지 않았고 오히려 그 내용을 부인하고 있는 이상, 검사 이외의 수사기관이 양벌규정의 행위자인 공소외인에 대하여 작성한 피의자신문조서에 관해서는 형사소송법 제312조 제3항이 적용되어 그 증거능력이 없다.

따라서 이 경우에는 형사소송법 제314조를 적용하여 위 피의자신문조서의 증거능력을 인정할 수도 없다.

해설 및 정답 ①~④ 대법원 2020. 6. 11. 선고 2016도9367 판결 [의료법위반]

정답 ○

[사건개요] 양벌규정의 종업원과 사업주는 형사증거법상 공범 내지 이에 준하는 관계에 있다고 보아, 망인인 종업원에 대한 경찰 피의자신문조서는 형사소송법 제312조 제3항 소정의 '검사 이외의 수사기관이 작성한 피의자신문조서'에 해당하므로, 같은 법 제314조에 기초하여 위 경찰 피의자신문조서의 증거능력을 인정할 수 없다고 본 사건

[판시사항] [1] 피고인과 공범관계가 있는 다른 피의자에 대하여 검사 이외의 수사기관이 작성한 피의자신문조서의 증거능력이 인정되기 위한 요건 및 위 피의자신문조서에 형사소송법 제314조가 적용되는지 여부(소극) [2] 이러한 법리는 법인의 대표자나 법인 또는 개인의 대리인, 사용인, 그 밖의 종업원 등 행위자의 위반행위에 대하여 행위자가 아닌 법인 또는 개인이 양벌규정에 따라 기소된 경우, 이러한 법인 또는 개인과 행위자 사이의 관계에서도 마찬가지로 적용되는지 여부(적극)

[판결요지] [1] 대법원은 형사소송법 제312조 제3항의 규정이 검사 이외의 수사기관이 작성한 해당 피고인과 공범관계에 있는 다른 피고인이나 피의자에 대한 피의자신문조서에 대해서까지 적용된다는 입장을 확고하게 취하고 있다. 이는 하나의 범죄사실에 대하여 여러 명이 관여한 경우 서로 자신의 책임을 다른 사람에게 미루려는 것이 일반적인 인간심리이므로, 만일 위와 같은 경우에 형사소송법 제312조 제3항을 해당 피고인 외의 자들에 대해서까지 적용하지 않는다면 인권보장을 위해 마련된 위 규정의 취지를 제대로 살리지 못하여 부당하고 불합리한 결과에 이를 수 있기 때문이다.

[2] 나아가 대법원은 형사소송법 제312조 제3항이 형법 총칙의 공범 이외에도, 서로 대향된 행위의 존재를 필요로 할 뿐 각자의 구성요건을 실현하고 별도의 형벌 규정에 따라 처벌되는 강학상 필요적 공범 내지 대향범 관계에 있는 자들 사이에서도 적용된다는 판시를 하기도 하였다. 이는 필요적 공범 내지 대향범의 경우 형법 총칙의 공범관계와 마찬가지로 어느 한 피고인이 자기의 범죄에 대하여 한 진술이 나머지 대향적 관계에 있는 자가 저지른 범죄에도 내용상 불가분적으로 관련되어 있어 목격자, 피해자 등 제3자의 진술과는 본질적으로 다른 속성을 지니고 있음을 중시한 것으로 볼 수 있다.

[3] 무릇 양벌규정은 법인의 대표자나 법인 또는 개인의 대리인, 사용인, 그 밖의 종업원 등 행위자가 법규위반행위를 저지른 경우, 일정 요건하에 이를 행위자가 아닌 법인 또는 개인이 직접 법규위반행위를 저지른 것으로 평가하여 행위자와 같이 처벌하도록 규정한 것으로서, 이때의 법인 또는 개인의 처벌은 행위자의 처

벌에 종속되는 것이 아니라 법인 또는 개인의 직접책임 내지 자기책임에 기초하는 것이기는 하다. 그러나 양벌규정에 따라 처벌되는 행위자와 행위자가 아닌 법인 또는 개인 간의 관계는, 행위자가 저지른 법규위반행위가 사업주의 법규위반행위와 사실관계가 동일하거나 적어도 중요 부분을 공유한다는 점에서 내용상 불가분적 관련성을 지닌다고 보아야 한다. 따라서 형법 총칙의 공범관계 등과 마찬가지로 인권보장적인 요청에 따라 형사소송법 제312조 제3항이 이들 사이에서도 적용된다고 보는 것이 타당하다.

중요 **02 [선택형 · 사례형] 현행범 체포와 휴대전화기 수사기관에 임의제출 ★★★**

피고인이 지하철역 에스컬레이터에서 휴대전화기의 카메라를 이용하여 성명불상 여성 피해자의 치마 속을 몰래 촬영하다가 현행범으로 체포되어 성폭력범죄의 처벌 등에 관한 특례법 위반(카메라등이용촬영)으로 기소된 사안이다. 이에 대한 설명으로 옳은 것은? (다툼이 있는 경우 판례에 의함)

중요 ① 체포 당시 임의제출 방식으로 압수된 피고인 소유 휴대전화기에 대한 압수조서 중 '압수경위'란에 기재된 내용은 **피고인이 범행을 저지르는 현장을 직접 목격한 사람의 진술이 담긴 것으로서 형사소송법 제312조 제5항에서 정한 '피고인이 아닌 자가 수사과정에서 작성한 진술서'에 준하는 것으로 볼 수 있고,** 이에 따라 휴대전화기에 대한 임의제출절차가 적법하였는지에 영향을 받지 않는 **별개의 독립적인 증거에 해당한다.**

중요 ② **현행범 체포현장이나 범죄 현장에서도 소지자 등이 임의로 제출하는 물건은 형사소송법 제218조에 의하여 영장 없이 압수하는 것이 허용된다. 이 경우 검사나 사법경찰관은 별도로 사후에 영장을 받을 필요가 없다.**

해설 및 정답 ①~② 대법원 2019. 11. 14. 선고 2019도13290 판결 [성폭력범죄의 처벌 등에 관한 특례법위반(카메라등이용촬영)] 〈피고인이 휴대전화기의 카메라로 피해자를 몰래 촬영한 현장에서 현행범으로 체포되면서 위 휴대전화기를 수사기관에 임의제출한 사안에서, 피고인의 자백을 보강할 증거가 있는지 여부가 쟁점이 된 사건, 현행범 체포현장에서 임의제출물 압수가 가능한지 등이 문제된 사건〉 ★★★★★

정답 ○

중요

03 [선택형 · 사례형] 검사 이외의 수사기관이 작성한 피의자신문조서 ★★

피고인이 운영하는 병원의 사무국장으로 근무하던 공소외인이 저지른 행위에 대하여 피고인이 양벌규정인 의료법 제91조를 적용법조로 기소된 사안이다. 검사가 증거로 제출한 사법경찰관 작성의 공소외인에 대한 피의자신문조서에 관해서는 피고인이 증거동의를 한 바가 없고 오히려 그 내용을 부인하였다. 위 피의자신문조서에 대한 설명으로 옳은 것은? (다툼이 있는 경우 판례에 의함)

중요 ① 양벌규정의 종업원과 사업주는 형사증거법상 공범 내지 이에 준하는 관계에 있다. **망인인 종업원에 대한 경찰 피의자신문조서는 형사소송법 제312조 제3항 소정의 '검사 이외의 수사기관이 작성한 피의자신문조서'에 해당한다. 그러므로 형사소송법 제314조에 기초하여 위 경찰 피의자신문조서의 증거능력을 인정할 수 없다.**

② 형사소송법 제312조 제3항은 검사 이외의 수사기관이 작성한 해당 피고인에 대한 피의자신문조서를 유죄의 증거로 하는 경우와 검사 이외의 수사기관이 작성한 해당 피고인과 공범관계에 있는 다른 피고인이나 피의자에 대한 피의자신문조서를 해당 피고인에 대한 유죄의 증거로 채택할 경우에도 적용된다.

중요 ③ 해당 피고인과 공범관계가 있는 다른 피의자에 대하여 검사 이외의 수사기관이 작성한 피의자신문조서는 그 피의자의 법정진술에 의하여 성립의 진정이 인정되는 등 형사소송법 제312조 제4항의 요건을 갖춘 경우라도 해당 **피고인이 공판기일에서 그 조서의 내용을 부인한 이상 이를 유죄 인정의 증거로 사용할 수 없고, 그 당연한 결과로 위 피의자신문조서에 대하여 사망 등 사유로 인하여 법정에서 진술할 수 없는 때 예외적으로 증거능력을 인정하는 규정인 형사소송법 제314조가 적용되지 아니한다.**

④ 이러한 법리는 공동정범이나 교사범, 방조범 등 공범관계에 있는 자들 사이에서뿐만 아니라, 법인의 대표자나 법인 또는 개인의 대리인, 사용인, 그 밖의 종업원 등 행위자의 위반행위에 대하여 행위자가 아닌 법인 또는 개인이 양벌규정에 따라 기소된 경우, 이러한 법인 또는 개인과 행위자 사이의 관계에서도 적용된다.

해설 및 정답 ①~④ 대법원 2020. 6. 11. 선고 2016도9367 [의료법위반] 〈양벌규정의 종업원과 사업주는 형사증거법상 공범 내지 이에 준하는 관계에 있다고 보아, 망인인 종업원에 대한 경찰 피의자신문조서는 형사소송법 제312조 제3항 소정의 '검사 이외의 수사기관이 작성한 피의자신문조서'에 해당하므로, 같은 법 제314조에 기초하여 위 경찰 피의자신문조서의 증거능력을 인정할 수 없다고 본 사건〉

정답 ○

[판시사항] [1] **피고인과 공범관계가 있는 다른 피의자에 대하여 검사 이외의 수사기관이 작성한 피의자신문조서의 증거능력이 인정되기 위한 요건 및 위 피의자신문조서에 형사소송법 제314조가 적용되는지 여부(소극)** [2] 이러한 법리는 법인의 대표자나 법인 또는 개인의 대리인, 사용인, 그 밖의 종업원 등 행위자의 위반행위에 대하여 행위자가 아닌 법인 또는 개인이 양벌규정에 따라 기소된 경우, 이러한 법인 또는 개인과 행위자 사이의 관계에서도 적용되는지 여부(적극)

[판결해설] 피고인이 운영하는 병원의 사무국장으로 근무하던 공소외인이 저지른 행위에 대하여 피고인이 양벌규정인 의료법 제91조를 적용법조로 기소된 사안에서, 검사가 증거로 제출한 사법경찰관 작성의 공소외인에 대한 피의자신문조서에 관해서는 피고인이 증거동의를 한 바가 없고 오히려 그 내용을 부인하였음에도 불구하고, 원심은 위 피의자신문조서에 대하여는 형사소송법 제312조 제3항이 아니라 형사소송법 제312조 제4항 및 제314조가 적용된다고 보아 그 증거능력을 인정하여 피고인에게 유죄를 인정한 것을 파기한 사례임.

04 [선택형 · 사례형 · 기록형] 대구 여대생 성폭행 사망 사건

전문증거에 관한 설명으로 옳은 것은? (다툼이 있는 경우 판례에 의함)

① 형사소송법 제312조 제4항은 검사 또는 사법경찰관이 피고인이 아닌 자의 진술을 기재한 조서의 증거능력이 인정되려면 '적법한 절차와 방식에 따라 작성된 것'이어야 한다고 정하고 있다. 여기에서 적법한 절차와 방식에 따라 작성한다는 것은 형사소송법이 피고인 아닌 사람의 진술에 대한 조서 작성 과정에서 지켜야 한다고 정한 여러 절차를 준수하고 조서의 작성 방식에도 어긋나지 않아야 한다는 것을 의미한다.

② 전문진술은 형사소송법 제316조 제2항에 따라 원진술자가 사망, 질병, 외국거주, 소재불명, 그 밖에 이에 준하는 사유로 진술할 수 없고, 그 진술이 특히 신빙할 수 있는 상태 하에서 행하여졌음이 증명된 때에 한하여 예외적으로 증거능력이 있다.

중요 ③ 전문진술이 기재된 조서는 형사소송법 제312조 또는 제314조에 따라 증거능력이 인정될 수 있는 경우에 해당하여야 함은 물론 형사소송법 제316조 제2항에 따른 요건을 갖추어야 예외적으로 증거능력이 있다.

④ 형사소송법 제316조 제2항에서 말하는 '그 진술 또는 작성이 특히 신빙할 수 있는 상태 하에서 행하여졌음'이란 진술 내용이나 조서 또는 서류의 작성에 허위가 개입할 여지가 거의 없고, 진술 내용의 신빙성이나 임의성을 담보할 구체적이고 외부적인 정황이 있는 경우를 가리킨다.

중요 ⑤ **형사소송법 제312조 또는 제313조는 참고인이 진술하거나 작성한 진술조서나 진술서**에 대하여 **피고인 또는 변호인의 반대신문권이 보장되는 등 엄격한 요건이 충족될 경우에 한하여 증거능력을 인정하고 있다.**

⑥ 형사소송법 제314조는 참고인 소재불명 등의 경우에 직접심리주의 등 기본원칙에 대한 예외를 인정한 것에 대하여 다시 중대한 예외를 인정하여 원진술자 등에 대한 **반대신문의 기회조차 없이 증거능력을 부여할 수 있도록 한 것이다.**

⑦ 참고인의 진술 또는 작성이 '특히 신빙할 수 있는 상태 하에서 행하여졌음에 대한 증명'은 단지 그러할 개연성이 있다는 정도로는 부족하고 합리적인 의심의 여지를 배제할 정도에 이르러야 한다. 형사소송법 제314조 법리는 원진술자의 소재불명 등을 전제로 하고 있는 형사소송법 제316조 제2항의 경우에도 그대로 적용된다.

해설 및 정답 ①~⑦ 대법원 2017. 7. 18. 선고 2015도12981, 2015전도218 판결 [성폭력범죄의처벌및피해자보호등에관한법률위반(특수강도강간등)·부착명령] 〈이른바 대구 대학생 성폭행 사망사건〉 **정답** ○

사례문제 80 전문진술이나 전문진술을 기재한 조서의 증거능력

대법원 2017. 7. 18. 선고 2015도12981, 2015전도218 판결
[성폭력범죄의처벌및피해자보호등에관한법률위반(특수강도강간등)·부착명령] 〈이른바 대구 대학생 성폭행 사망사건〉

Q. 형사소송법 제312조 제4항에서 피고인이 아닌 자의 진술조서를 '적법한 절차와 방식에 따라 작성한다'는 것의 의미

Q. 전문진술이나 전문진술을 기재한 조서의 증거능력

Q. 형사소송법 제316조 제2항에서 말하는 '그 진술 또는 작성이 특히 신빙할 수 있는 상태 하에서 행하여졌음'의 의미

Q. 형사소송법 제314조에서 참고인의 진술 또는 작성이 '특히 신빙할 수 있는 상태 하에서 행하여졌음에 대한 증명'의 정도(=합리적인 의심의 여지를 배제할 정도)

Q. 이러한 법리가 원진술자의 소재불명 등을 전제로 하고 있는 형사소송법 제316조 제2항의 경우에도 그대로 적용되는지 여부(적극)

판결요지

[1] **형사소송법 제312조 제4항은 검사 또는 사법경찰관이 피고인이 아닌 자의 진술을 기재한 조서의 증거능력**이 인정되려면 **'적법한 절차와 방식에 따라 작성된 것'**이어야 한다고 정하고 있다. 여기에서 적법한 절차와 방식에 따라 작성한다는 것은 형사소송법이 피고인 아닌 사람의 진술에 대한 **조서 작성 과정에서 지켜야 한다고 정한 여러 절차를 준수하고 조서의 작성 방식에도 어긋나지 않아야 한다는 것**을 의미한다.

[2] 전문진술이나 전문진술을 기재한 조서는 형사소송법 제310조의2에 따라 원칙적으로 증거능력이 없다. 다만 전문진술은 형사소송법 제316조 제2항에 따라 원진술자가 사망, 질병, 외국거주, 소재불명, 그 밖에 이에 준하는 사유로 진술할 수 없고, 그 진술이 특히 신빙할 수 있는 상태 하에서 행하여졌음이 증명된 때에 한하여 예외적으로 증거능력이 있다. 그리고 **전문진술이 기재된 조서는 형사소송법 제312조 또는 제314조에 따라 증거능력이 인정될 수 있는 경우에 해당하고 형사소송법 제316조 제2항에 따른 요건을 갖추어야 예외적으로 증거능력이 있다.** 형사소송법 제316조 제2항에서 말하는 **'그 진술 또는 작성이 특히 신빙할 수 있는 상태 하에서 행하여졌음'이란 진술 내용이나 조서 또는 서류의 작성에 허위가 개입할 여지가 거의 없고, 진술 내용의 신빙성이나 임의성을 담보할 구체적이고 외부적인 정황이 있는 경우**를 가리킨다.

[3] **형사소송법 제312조 또는 제313조는 참고인이 진술하거나 작성한 진술조서나 진술서에 대하여 피고인 또는 변호인의 반대신문권이 보장되는 등 엄격한 요건이 충족될 경우에 한하여 증거능력을 인정하고 있다.** 형사소송법 제314조는 참고인 소재불명 등의 경우에 직접심리주의 등 기본원칙에 대한 예외를 인정한 것에 대하여 다시 중대한 예외를 인정하여 원진술자 등에 대한 반대신

문의 기회조차 없이 증거능력을 부여할 수 있도록 한 것이다. 따라서 **참고인의 진술 또는 작성이 '특히 신빙할 수 있는 상태 하에서 행하여졌음에 대한 증명'은** 단지 그러할 개연성이 있다는 정도로는 부족하고 **합리적인 의심의 여지를 배제할 정도에 이르러야 한다.** 나아가 이러한 법리는 원진술자의 소재불명 등을 전제로 하고 있는 **형사소송법 제316조 제2항의 경우에도 적용된다.**

중요

05 [선택형 · 사례형 · 기록형] 증언 후 검사 소환 진술 번복 사건

전문증거에 관한 설명으로 옳은 것은? (다툼이 있는 경우 판례에 의함)

중요 ① 공판준비 또는 공판기일에서 이미 증언을 마친 증인을 검사가 소환한 후 피고인에게 유리한 그 증언 내용을 추궁하여 이를 **일방적으로 번복시키는 방식으로 작성한 진술조서 또는 그 증인을 상대로 위증의 혐의를 조사한 내용을 담은 피의자신문조서는 피고인이 증거로 할 수 있음에 동의하지 아니하는 한 그 증거능력이 없다고 할 것이다.** 그러나 그 후 **원진술자인 종전 증인이 다시 법정에 출석하여 증언을 하였다면 그 증언 자체는 유죄의 증거로 할 수 있다.**

해설 및 정답 대법원 2017. 5. 31. 선고 2017도1660 판결 **정답** ○

06 [선택형 · 사례형 · 기록형] 조사관 증언 사건

전문증거에 관한 설명으로 옳은 것은? (다툼이 있는 경우 판례에 의함)

① 피의자의 진술을 비롯하여 검사의 신문 방식 및 피의자의 답변 태도 등 조사의 전 과정이 모두 담겨 있어 피고인이 된 피의자의 진술 내용 및 취지를 과학적·기계적으로 재현해 낼 수 있으므로 조서의 내용과 검사 앞에서의 진술 내용을 대조할 수 있는 수단으로서의 객관성이 보장되어 있다고 볼 수 있다.

② 피고인을 피의자로 조사하였거나 조사에 참여하였던 자들의 증언은 오로지 증언자의 주관적 기억 능력에 의존할 수밖에 없어 객관성이 보장되어 있다고 보기 어렵다.

중요 ③ 검사 작성의 피의자신문조서에 대한 실질적 진정성립을 증명할 수 있는 수단으로서 형사소송법 제312조 제2항에 규정된 '영상녹화물이나 그 밖의 객관적인 방법'이란 형사소송법 및 형사소송규칙에 규정된 방식과 절차에 따라 제작된 영상녹화물 또는 그러한 영상녹화물에 준할 정도로 피고인의 진술을 과학적·기계적·객관적으로 재현해 낼 수 있는 방법만을 의미한다. **그 외에 조사관 또는 조사 과정에 참여한 통역인 등의 증언은 이에 해당한다고 볼 수 없다.**

해설 및 정답 ①~③ 대법원 2016. 2. 18. 선고 2015도16586 판결 **정답** ○

[판시사항] 검사 작성 피의자신문조서에 대한 실질적 진정성립을 증명할 수 있는 수단으로서 형사소송법 제312조 제2항 '영상녹화물이나 그 밖의 객관적인 방법'의 의미 및 조사관 또는 조사 과정에 참여한 통역인 등의 증언이 이에 해당하는지 여부(소극) ☞ **형사소송법 제312조 제2항은 삭제되었다.**

파워특강 형사소송법 제312조 변시기출문제 쟁점 분석

- 공범인 공동피고인(특수절도 · 특수강도)에 대한 피의자신문조서 증거능력(=경찰·검찰 수사기관 형사소송법 제312조 제3항 적용, 내용부인 증거능력 부정)
- 공범 아닌 공동피고인(절도범·장물범)에 대한 피의자신문조서 증거능력(=검사 작성 형사소송법 제312조 제1항, 경찰 작성 제312조 제3항 적용)
- 공동피고인이 아닌 공범에 대한 피의자신문조서의 증거능력(=피고인 부동의 시 반드시 증인 출석하여 성립 진정 인정해야 증거능력 인정함)
- **기소 후 검사 작성 피의자신문조서에 대해 공판정에서 성립 진정 인정 이후, 증거조사에서 진술 취소(=중대한 하자 · 진술인 귀책사유 없는 경우 예외로 진술 취소 가능)**
- 경찰 수사과정에서 작성한 피의자 진술서 : 사법경찰관작성 피의자 신문조서와 동일(=형사소송법 제312조 제3항 적용)
- 사법경찰관 작성 참고인진술조서가 실질적으로 피의자신문조서와 동일한 경우(=진술거부권을 고지하지 않고 작성된 경우, 위법수집증거로 증거능력 부정, 내용부인 경우 형사소송법 제312조 제3항 증거능력 부정)
- **검사 작성 피의자신문조서(피고인이 된 피의자신문조서)(=형사소송법 제312조 제1항 적용). 피고인이 되지 않은 피의자에 대한 검사 작성 피의자신문조서(=참고인진술조서와 동일하게 제312조 제4항 적용)**

문 37. 형사소송법 제313조 전문증거 증거능력에 관한 설명 중 옳은 것은? (다툼이 있는 경우 판례에 의함)

출제예상내용
- 검사가 공소사실의 일부인 범죄일람표를 전자문서로 작성한 다음 저장매체 자체를 서면인 공소장에 첨부하여 제출한 경우
- 전자문서나 저장매체를 이용하여 공소를 제기한 경우
- 형사소송법 제313조 검찰수사과정·사법경찰관수사과정 이외의 장소에서 작성된 피의자 진술서·제3자 진술서·피의자 진술기재서류·제3자 진술기재서류 증거능력
- 형사소송법 제313조 검찰수사과정·사법경찰관수사과정 이외의 장소에서 작성된 디지털 문서 증거능력

사례문제 81 검사가 전자문서·저장매체로 공소를 제기한 경우, 법원이 취할 조치

중요

01 [선택형 · 사례형] 압수된 디지털 저장매체에서 출력된 문서의 증거능력

압수된 디지털 저장매체로부터 출력된 문서의 증거능력에 관한 설명으로 옳은 것은? (다툼이 있는 경우 판례에 의함)

중요 ① 그 기재 내용의 **진실성이 문제 되는 경우**에는 전문법칙이 적용된다. 그러므로 형사소송법 제313조 제1항에 따라 그 작성자 또는 진술자의 공판준비나 공판기일에서의 진술에 의하여 그 성립의 진정함이 증명된 때에 한하여 이를 증거로 사용할 수 있다.

② 「○○○의 약속 결의의 존재, △△대오의 실체 및 존재, △△대오 중 교육 부문 대오의 실체 및 존재, 그와 같은 교육 부문 대오로서 '6·15실천단', '6·15실천단 전국교육사업단', '6·15자주통일전국교사회'를 거쳐 변혁의 새시대를 열어가는 교육운동 전국준비위원회가 결성되었다」는 점을 증명하기 위하여 **검사가 제출한 문서들은 형사소송법 제313조 제1항의 요건을 갖추지 못하여 요증사실을 증명하는 증거로 사용할 수 없다.**

중요 ③ 위 각 문서들은 **형사소송법 제315조 제2호에서 규정하는 '상업장부, 항해일지 기타 업무상 필요로 작성한 통상문서'나 같은 조 제3호에서 규정하는 '기타 특히 신용할 만한 정황에 의하여 작성된 문서'에 해당하지 않는다.**

해설 및 정답 ①~③ 대법원 2020. 1. 9. 선고 2016도2195 판결 [국가보안법위반(이적단체의 구성등)·국가보안법위반(찬양·고무등)] **정답** ○

02 [선택형·사례형·기록형] 전자문서·저장매체로 공소제기한 사건

전문증거에 관한 설명으로 옳은 것은? (다툼이 있는 경우 판례에 의함)

① 형사소송법은 공소제기에 관하여 엄격한 방식에 의한 서면주의를 채택하고 있다. 공소를 제기하려면 공소장을 관할법원에 제출하여야 한다. 공소장에는 피고인의 성명 그 밖에 피고인을 특정할 수 있는 사항, 죄명, 공소사실, 적용 법조를 기재하여야 한다.

② **형사소송법 제254조 제1항, 제3항, 제266조, 제57조 제1항은 형사소송에서 법원의 심판 대상을 명확하게 하고 피고인의 방어권을 충분히 보장하기 위한 것이다. 그러므로 그 방식에 따르지 않은 공소제기는 공소제기의 절차가 법률의 규정을 위반하여 무효인 때에 해당하여 공소기각을 선고하여야 한다.**

③ 검사가 공소사실의 일부인 범죄일람표를 컴퓨터 프로그램을 통하여 열어보거나 출력할 수 있는 전자적 형태의 문서(이하 '전자문서'라 한다)로 작성한 다음 종이문서로 출력하지 않은 채 **저장매체 자체를 서면인 공소장에 첨부하여 제출한 경우에는, 서면에 기재된 부분에 한하여 적법하게 공소가 제기된 것으로 보아야 한다.**

④ **전자문서나 저장매체를 이용한 공소제기를 허용하는 법규정이 없는 상태에서 저장매체나 전자문서를 형사소송법상 공소장의 일부인 '서면'으로 볼 수 없다.**

중요 ⑤ **검사가 전자문서나 저장매체를 이용하여 공소를 제기한 경우, 법원은 저장매체에 저장된 전자문서 부분을 제외하고 서면인 공소장에 기재된 부분만으로 공소사실을 판단하여야 한다.** 만일 그 기재 내용만으로는 공소사실이 특정되지 않은 부분이 있다면 검사에게 특정을 요구하여야 한다. 그런데도 검사가 특정하지 않는다면 그 부분에 대해서는 공소를 기각할 수밖에 없다.

해설 및 정답 ①~⑤ 대법원 2017. 2. 15. 선고 2016도19027 판결 **정답** ○

사례문제 81 검사가 전자문서·저장매체로 공소를 제기한 경우, 법원이 취할 조치

대법원 2017. 2. 15. 선고 2016도19027 판결

[사기]

Q. 검사가 공소사실의 일부인 범죄일람표를 전자문서로 작성한 다음 저장매체 자체를 서면인 공소장에 첨부하여 제출한 경우, 공소제기의 효력 범위(=서면에 기재된 부분)

Q. 검사가 전자문서나 저장매체를 이용하여 공소를 제기한 경우, 법원이 취할 조치

판결요지

가. 형사소송법은 공소제기에 관하여 엄격한 방식에 의한 서면주의를 채택하고 있다. 즉, 공소를 제기하려면 공소장을 관할법원에 제출하여야 하고, 공소장에는 피고인의 성명 그 밖에 피고인을 특정할 수 있는 사항, 죄명, 공소사실, 적용법조를 기재하여야 한다(제254조 제1항, 제3항). 공소가 제기된 때에는 지체 없이 공소장 부본을 피고인 또는 변호인에게 송달하여야 한다(제266조). 또한 공무원이 작성하는 서류에는 법률에 다른 규정이 없는 때에는 작성 연월일과 소속공무소를 기재하고 기명날인 또는 서명을 하여야 한다(제57조 제1항). 공소장에는 검사의 기명날인 또는 서명이 있어야 한다. 이러한 규정은 형사소송에서 법원의 심판 대상을 명확하게 하고 피고인의 방어권을 충분히 보장하기 위한 것이다. 그러므로 그 방식에 따르지 않은 공소제기는 공소제기의 절차가 법률의 규정을 위반하여 무효인 때에 해당하여 공소기각을 선고하여야 한다(제327조 제2호).

나. 컴퓨터와 인터넷이 보편적으로 사용되고 정보통신기술이 급속히 발달하고 있는 상황에 대응하여, 형사소송절차에서 정보저장매체에 저장된 문자 등의 전자정보를 증거로 사용하는 법적 근거를 마련하고(형사소송법 제313조 제1항, 제314조), 그에 관한 증거조사방법이나 강제처분절차도 규정하는 등(형사소송법 제292조의3, 제106조 등)으로 전자정보의 활용을 법적으로 뒷받침하기 위한 조치가 증가하고 있다. 그러나 **공소제기에 관하여 전자문서나 전자매체를 이용할 수 있도록 한 입법적 조치는 마련되어 있지 않다.** 그러므로 검사가 공소사실의 일부인 범죄일람표를 컴퓨터 프로그램을 통하여 열어보거나 출력할 수 있는 전자적 형태의 문서로 작성한 다음 종이문서로 출력하지 않은 채 저장매체 자체를 서면인 공소장에 첨부하여 제출한 경우에는, **서면에 기재된 부분에 한하여 적법하게 공소가 제기된 것으로 보아야 한다.**

다. 전자문서나 저장매체를 이용한 공소제기를 허용하는 법규정이 없는 상태에서 저장매체나 전자문서를 형사소송법상 공소장의 일부인 '서면'으로 볼 수 없기 때문이다. 이는 공소사실에 포함시켜야 할 범행 내용이나 피해 목록이 방대하여 전자문서나 CD 등 저장매체를 이용한 공소제기를 허용해야 할 현실적인 필요가 있다거나 피고인과 변호인이 이의를 제기하지 않고 변론에 응하였다고 하여 달리 볼 수 없다. 또한 일반적인 거래관계에서 전자문서나 전자매체를 이용하는 것이 일상화되고 있더라도 그것만으로 전자문서나 전자매체를 이용한 공소제기가 허용된다고 보는 것은 형사소송법 규정의 문언이나 입법 취지에 맞지 않는다.

라. 검사가 전자문서나 저장매체를 이용하여 공소를 제기한 경우, 법원은 저장매체에 저장된 전자문서 부분을 제외하고 서면인 공소장에 기재된 부분만으로 공소사실을 판단하여야 한다. 만일 그 기재 내용만으로는 공소사실이 특정되지 않은 부분이 있다면 검사에게 특정을 요구하여야 하고, 검사가 특정하지 않는다면 그 부분에 대해서는 공소를 기각할 수밖에 없다.

03 [선택형] 전자정보 압수 · 수색 · 증거능력

전자정보의 압수 · 수색 및 증거능력에 관한 설명 중 옳은 것은? (다툼이 있는 경우 판례에 의함)

중요 ① 압수된 정보저장매체로부터 출력한 문건을 **진술증거**로 사용하는 경우, 그 기재 내용의 진실성에 관하여는 전문법칙이 적용되므로 **「형사소송법」 제313조 제1항에 따라 증거능력이 결정된다.**

해설 및 정답 2015년 제4회 변호사시험 기출문제 28 **정답** ○

대법원 2013. 2. 15. 선고 2010도3504 판결 [국가보안법위반(찬양 · 고무 등)]

[판결요지] 피고인 또는 피고인 아닌 사람이 작성한 진술서나 그 진술을 기재한 서류와 크게 다를 바 없다. 형사소송법 제313조 제1항에 의하여 작성자 또는 진술자의 진술에 의하여 성립의 진정함이 증명된 때에 한하여 이를 증거로 사용할 수 있다. 다만 정보저장매체에 기억된 문자정보의 내용의 진실성이 아닌 그와 같은 내용의 문자정보의 존재 자체가 직접 증거로 되는 경우에는 전문법칙이 적용되지 아니한다.

문 38. 형사소송법 제314조 전문증거 증거능력에 관한 설명 중 옳은 것은? (다툼이 있는 경우 판례에 의함)

출제예상내용 ■ 형사소송법 제314조에서 정한 '외국인거주'의 의미

사례문제 82 형사소송법 제314조 '외국거주'의 의미

중요

01 [선택형 · 사례형] 형소법 제314조 '그 밖에 사유로 진술할 수 없는 때'

형사소송법 제314조 '그 밖에 이에 준하는 사유로 인하여 진술할 수 없는 때'에 관한 설명으로 옳은 것은? (다툼이 있는 경우 판례에 의함)

중요 ① 수사기관에서 진술한 참고인이 법정에서 증언을 거부하여 피고인이 반대신문을 하지 못한 경우에는 정당하게 증언거부권을 행사한 것이 아니라도, **피고인이 증인의 증언거부 상황을 초래하였다는 등의 특별한 사정이 없는 한 형사소송법 제314조의 '그 밖에 이에 준하는 사유로 인하여 진술할 수 없는 때'에 해당하지 않는다**고 보아야 한다. 따라서 **증인이 정당하게 증언거부권을 행사하여 증언을 거부한 경우와 마찬가지로 수사기관에서 그 증인의 진술을 기재한 서류는 증거능력이 없다.**

② **다만 피고인이 증인의 증언거부 상황을 초래하였다는 등의 특별한 사정이 있는 경우에는 형사소송법 제314조의 적용을 배제할 이유가 없다.** 이러한 경우까지 형사소송법 제314조의 '그 밖에 이에 준하는 사유로 인하여 진술할 수 없는 때'에 해당하지 않는다고 보면 사건의 **실체에 대한 심증 형성은 법관의 면전에서 본래증거에 대한 반대신문이 보장된 증거조사를 통하여 이루어져야 한다는 실질적 직접심리주의와 전문법칙에 대하여 예외를 정한 형사소송법 제314조의 취지에 반하고 정의의 관념에도 맞지 않기 때문이다.**

해설 및 정답 ①~② 대법원 2019. 11. 21. 선고 2018도13945 전원합의체 판결 [마약류관리에관한법률위반(향정)] 〈증인이 정당한 이유 없이 증언을 거부한 경우, 그의 진술이 기재된 검찰 진술조서의 증거능력이 인정되는지 문제된 사건〉 ★★★

정답 ○

02 **[선택형 · 사례형 · 기록형] 형사소송법 제314조 '외국거주' 판단 사건**

전문증거에 관한 설명으로 옳은 것은? (다툼이 있는 경우 판례에 의함)

중요 ① 소환을 할 수 없는 경우라도 외국의 법원에 사법공조로 증인신문을 실시하도록 요청하는 등의 절차를 거쳐야 한다. 이러한 절차를 전혀 시도해 보지도 아니한 것은 가능하고 상당한 수단을 다하더라도 진술을 요하는 자를 법정에 출석하게 할 수 없는 사정이 있는 때에 해당한다고 보기 어렵다.

해설 및 정답 대법원 2016. 2. 18. 선고 2015도17115 판결 **정답** ○

사례문제 82 형사소송법 제314조 '외국거주'의 의미

대법원 2016. 2. 18. 선고 2015도17115 판결

[사기·주민등록법위반·위조사문서행사] 〈형사소송법 제314조에서 정한 '외국거주'의 의미〉

Q. 피고인 아닌 자의 진술을 기재한 서류가 진술자가 공판정에서 한 진술에 의하여 진정성립이 증명되지 않았음에도 형사소송법 제314조에 의하여 증거능력이 인정되기 위한 요건 중 '외국거주'의 의미

Q. 진술을 요하는 자가 외국에 거주하고 있어 공판정 출석을 거부하면서 출석할 수 없는 사정을 밝히고 있으나, 거주하는 외국의 주소나 연락처 등이 파악되고 해당 국가와 대한민국 간에 국제형사사법공조조약이 체결된 상태인 경우, 형사소송법 제314조 적용을 위하여 법원이 취해야 할 절차

판결요지

가. 진술을 요하는 자가 외국에 거주하고 있어 공판정 출석을 거부하면서 공판정에 출석할 수 없는 사정을 밝히고 있더라도 증언 자체를 거부하는 의사가 분명한 경우가 아닌 한 거주하는 외국의 주소나 연락처 등이 파악되고, 해당 국가와 대한민국 간에 국제형사사법공조조약이 체결된 상태라면 우선 사법공조의 절차로 증인을 소환할 수 있는지를 검토해 보아야 한다.

마. 소환을 할 수 없는 경우라도 외국의 법원에 사법공조로 증인신문을 실시하도록 요청하는 등의 절차를 거쳐야 한다. 이 사안은 진술을 요하는 자를 법정에 출석하게 할 수 없는 사정이 있는 때에 해당한다고 보기 어렵다.

문 39. 형사소송법 제315조 당연히 증거능력이 있는 서류에 관한 설명 중 옳은 것은? (다툼이 있는 경우 판례에 의함)

출제예상내용
- 형사소송법 제315조 제3호에서 정한 '기타 특히 신용할 만한 정황에 의하여 작성된 문서'의 의미
- 형사소송법 제315조 제2호에서 정한 '업무상 통상문서'에 해당하는지 판단하는 기준

사례문제 83 형사소송법 제315조 제3호 '기타 특히 신용할 만한 정황에 의하여 작성된 문서'의 의미

01 [선택형] 건강보험심사평가원 입원진료 당연 증거능력 부정

형사소송법 제315조에 관한 설명으로 옳은 것은? (다툼이 있는 경우 판례에 의함)

① 상업장부나 항해일지, 진료일지 또는 이와 유사한 금전출납부 등과 같이 범죄사실의 인정 여부와는 관계없이 자기에게 맡겨진 사무를 처리한 내역을 그때그때 계속적, 기계적으로 기재한 문서는 사무처리 내역을 증명하기 위하여 존재하는 문서로서 형사소송법 제315조 제2호에 의하여 당연히 증거능력이 인정된다.

② 상업장부나 항해일지, 진료일지 또는 이와 유사한 금전출납부 등과 같이 범죄사실의 인정 여부와는 관계없이 자기에게 맡겨진 사무를 처리한 내역을 그때그때 계속적, 기계적으로 기재한 문서는 업무의 기계적 반복성으로 인하여 허위가 개입될 여지가 적고, 또 문서의 성질에 비추어 **고도의 신용성이 인정되어 반대신문의 필요가 없거나 작성자를 소환해도 서면제출 이상의 의미가 없는 것들에 해당하기 때문에 당연히 증거능력이 인정된다.**

중요 ③ **형사소송법 제315조 제3호에서 규정한 '기타 특히 신용할 만한 정황에 의하여 작성된 문서'는 형사소송법 제315조 제1호와 제2호에서 열거된 공권적 증명문서 및 업무상 통상문서에 준하여 '굳이 반대신문의 기회 부여 여부가 문제되지 않을 정도로 고도의 신용성의 정황적 보장이 있는 문서'를 의미한다.**

④ 사무처리 내역을 계속적, 기계적으로 기재한 문서가 아니라 범죄사실의 인정

여부와 관련 있는 어떠한 의견을 제시하는 내용을 담고 있는 문서는 형사소송법 제315조 제3호에서 규정하는 당연히 증거능력이 있는 서류에 해당한다고 볼 수 없다.

중요 ⑤ 보험사기 사건에서 건강보험심사평가원이 수사기관의 의뢰에 따라 그 보내온 자료를 토대로 입원진료의 적정성에 대한 의견을 제시하는 내용의 **'건강보험심사평가원의 입원진료 적정성 여부 등 검토의뢰에 대한 회신'은 형사소송법 제315조 제3호의 '기타 특히 신용할 만한 정황에 의하여 작성된 문서'에 해당하지 않는다.**

해설 및 정답 ①~⑤ 대법원 2017. 12. 5. 선고 2017도12671 판결 **정답** ○

02 [선택형 · 사례형] '특신 정황 작성 문서'의 의미

형사소송법 제315조 '특히 신용할 만한 정황에 의하여 작성된 문서'에 관한 설명으로 옳은 것은? (다툼이 있는 경우 판례에 의함)

중요 ① 어떠한 문서가 형사소송법 제315조 제2호가 정하는 업무상 통상문서에 해당하는지를 구체적으로 판단함에 있어서는, 형사소송법 제315조 제2호 및 제3호의 입법 취지를 참작하여 당해 문서가 **정규적·규칙적으로 이루어지는 업무활동**으로부터 나온 것인지 여부, 당해 문서를 작성하는 것이 **일상적인 업무관행 또는 직무상 강제**되는 것인지 여부, 당해 문서에 기재된 정보가 취득된 즉시 또는 그 직후에 이루어져 **정확성이 보장**될 수 있는 것인지 여부, 당해 문서의 기록이 비교적 기계적으로 행하여지는 것이어서 기록 과정에 **기록자의 주관적 개입의 여지가 거의 없다**고 볼 수 있는지 여부, 당해 문서가 공시성이 있는 등으로 사후적으로 **내용의 정확성을 확인·검증할 기회가 있어 신용성이 담보**되어 있는지 여부 등을 종합적으로 고려하여야 한다.

해설 및 정답 대법원 2015. 7. 16. 선고 2015도2625 전원합의체 판결 **정답** ○

사례문제 83 형사소송법 제315조 제3호 '기타 특히 신용할 만한 정황에 의하여 작성된 문서'의 의미

대법원 2015. 7. 16. 선고 2015도2625 전원합의체 판결
[공직선거법위반·국가정보원법위반]

Q. 형사소송법 제315조 제3호에서 정한 '기타 특히 신용할 만한 정황에 의하여 작성된 문서'의 의미

Q. 문서가 형사소송법 제315조 제2호에서 정한 '업무상 통상문서'에 해당하는지 판단하는 기준

판결요지

가. 상업장부나 항해일지, 진료일지 또는 이와 유사한 금전출납부 등과 같이 범죄사실의 인정 여부와는 관계없이 **자기에게 맡겨진 사무를 처리한 내역을 그때그때 계속적, 기계적으로 기재한 문서는 사무처리 내역을 증명하기 위하여 존재하는 문서로서 형사소송법 제315조 제2호에 의하여 당연히 증거능력이 인정된다.**

나. 그리고 이러한 문서는 업무의 기계적 반복성으로 인하여 허위가 개입될 여지가 적고, 또 문서의 성질에 비추어 고도의 신용성이 인정되어 반대신문의 필요가 없거나 작성자를 소환해도 서면제출 이상의 의미가 없는 것들에 해당하기 때문에 당연히 증거능력이 인정된다는 것이 형사소송법 제315조의 입법취지이다.

다. 이 점과 아울러, 전문법칙과 관련된 형사소송법 규정들의 체계 및 규정 취지에 더하여 '기타'라는 문언에 의하여 형사소송법 제315조 제1호와 제2호의 문서들을 '특히 신용할 만한 정황에 의하여 작성된 문서'의 예시로 삼고 있는 형사소송법 제315조 제3호의 규정형식을 종합하여 보면, **형사소송법 제315조 제3호에서 규정한 '기타 특히 신용할 만한 정황에 의하여 작성된 문서'는 형사소송법 제315조 제1호와 제2호에서 열거된 공권적 증명문서 및 업무상 통상문서에 준하여 '굳이 반대신문의 기회 부여 여부가 문제 되지 않을 정도로 고도의 신용성의 정황적 보장이 있는 문서'를 의미한다.**

라. 나아가 어떠한 문서가 형사소송법 제315조 제2호가 정하는 업무상 통상문서에 해당하는지를 구체적으로 판단함에 있어서는, 형사소송법 제315조 제2호 및 제3호의 입법 취지를 참작하여 당해 문서가 **정규적·규칙적으로 이루어지**

는 **업무활동**으로부터 나온 것인지 여부, 당해 문서를 작성하는 것이 **일상적인 업무 관행 또는 직무상 강제되는 것**인지 여부, 당해 문서에 기재된 정보가 취득된 즉시 또는 그 직후에 이루어져 **정확성이 보장**될 수 있는 것인지 여부, 당해 문서의 기록이 비교적 기계적으로 행하여지는 것이어서 기록 과정에 기록자의 **주관적 개입의 여지가 거의 없다**고 볼 수 있는지 여부, 당해 문서가 공시성이 있는 등으로 사후적으로 내용의 정확성을 확인·검증할 기회가 있어 **신용성이 담보되어 있는지 여부** 등을 종합적으로 고려하여야 한다.

중요

03 [선택형] 공판조서 증거능력

다음 사례에 관한 설명 중 옳은 것은? (다툼이 있는 경우 판례에 의함)

> ㉡ 乙의 사기죄에 대한 항소심 공판에서 검사는 별개사건으로 기소되어 확정된 공범 丙에 대한 공판조서[형사소송법 제315조 제3항]와 乙과 A의 통화내용을 담은 녹음테이프[형사소송법 제313조 제1항]를 증거로 제출하였다.
>
> ㉣ 피고인의 변호인 戊는 피고인에 대한 고발장을 증거로 함에 부동의하였고, 같은 고발장을 첨부문서로 포함하고 있는 검찰주사보 작성의 수사보고서에 대하여는 증거 동의하였다.

① 사안 ㉡에서 丙에 대한 공판조서는 「형사소송법」 제311조가 아니라 제315조 제3호에 따라 당연히 증거능력이 인정된다.

② 사안 ㉡에서 녹음테이프에 대한 법관의 검증조서에 기재된 통화내용은 「형사소송법」 ~~제311조에 따라 당연히 증거능력이 인정된다.~~ 형사소송법 제313조에 제1항에 근거하여 증거능력을 판단한다.

③ 사안 ㉣에서 수사보고서에 대한 증거동의의 효력은 첨부문서인 고발장에도 당연히 미치므로, 고발장을 유죄의 증거로 삼을 수 ~~있다.~~ 없다.

해설 및 정답 2016년 제5회 변호사시험 기출문제 38 **정답** ①

① (○) 대법원 2005. 4. 28. 선고 2004도4428 판결 [특정범죄가중처벌등에관한법률위반(영리약취·유인등)·윤락행위등방지법위반], ② (×) 대법원 2001. 10. 9. 선고 2001도3106 판결 [간통], ③ (×) 대법원 2011. 7. 14. 선고 2011도3809 판결 [특정범죄가중처벌등에관한법률위반(뇌물)]

문 40. 형사소송법 제316조 전문진술의 증거능력에 관한 설명 중 옳은 것은? (다툼이 있는 경우 판례에 의함)

출제예상내용
- 기타 사유로 원진술자의 진술이 불가능한 이유
- 진술의 특신상태 증명

사례문제 84 형사소송법 제316조 제2항 '그 진술 또는 작성이 특히 신빙할 수 있는 상태 하에서 행하여졌음'의 의미

중요

01 [선택형 · 사례형] 전문증거의 증거능력이 문제된 사건 ★★★★★

"피해자로부터 '피고인이 추행했다'는 취지의 말을 들었다."는 증인의 법정진술에 관한 설명 중 옳은 것은? (다툼이 있는 경우 판례에 의함)

중요 ① 피해자가 양○○에게 '피고인이 추행했다'는 진술을 하였다. 이것 자체는 증거로 사용된다. 따라서 증거능력이 인정된다.

중요 ② 양○○의 위 진술이 피해자의 진술에 부합한다고 보아 양○○의 위 진술을 피해자의 진술 내용의 진실성을 증명하는 간접사실로 사용하였다. 그러므로 위 양○○의 진술은 전문증거에 해당한다. 형사소송법 제310조의2, 제316조 제2항의 요건을 갖추지 못하였다면, 증거능력이 없다.

해설 및 정답 대법원 2021. 2. 25. 선고 2020도17109 판결 [강제추행] **정답** ○

[판시사항] [1] 전문증거의 증거능력 [2] 다른 사람의 진술을 내용으로 하는 진술이 전문증거인지 본래증거인지 판단하는 기준 [3] 어떤 진술 내용의 진실성이 범죄사실에 대한 직접증거로 사용될 경우, 전문증거인지 여부(적극) [4] 어떠한 내용의 진술을 하였다는 사실 자체에 대한 정황증거로 사용될 것이라는 이유로 진술의 증거능력을 인정한 다음 그 사실을 다시 진술 내용이나 그 진실성을 증명하는 간접사실로 사용하는 경우, 그 진술은 전문증거에 해당하는지 여부(적극) [5] "피해자로부터 '피고인이 추행했다'는 취지의 말을 들었다."는 증인의 법정진술이 전문증거에 해당하지 않는다고 판단한 원심이 타당한지 여부(소극)

[판결요지] [1] 다른 사람의 진술을 내용으로 하는 진술이 전문증거인지는 요증사실이 무엇인지에 따라 정해진다. 다른 사람의 진술, 즉 원진술의 내용인 사실이 요증사실인 경우에는 전문증거이지만, 원진술의 존재 자체가 요증사실인 경우에는 본래증거이지 전문증거가 아니다. 어떤 진술 내용의 진실성이 범죄사실에 대

한 직접증거로 사용될 때는 전문증거가 되지만, 그와 같은 진술을 하였다는 것 자체 또는 진술의 진실성과 관계없는 간접사실에 대한 정황증거로 사용될 때는 반드시 전문증거가 되는 것이 아니다.

[2] 그러나 어떠한 내용의 진술을 하였다는 사실 자체에 대한 정황증거로 사용될 것이라는 이유로 진술의 증거능력을 인정한 다음 그 사실을 다시 진술 내용이나 그 진실성을 증명하는 간접사실로 사용하는 경우에 그 진술은 전문증거에 해당한다. 그 진술에 포함된 원진술의 내용인 사실을 증명하는 데 사용되어 원진술의 내용인 사실이 요증사실이 되기 때문이다. 이러한 경우 형사소송법 제311조부터 제316조까지 정한 요건을 충족하지 못한다면 증거능력이 없다(대법원 2019. 8. 29. 선고 2018도13792 전원합의체 판결 등 참조).

[판례해설] 원심은, 증인 양○○의 제1심 법정진술 중 "피해자로부터 '피고인이 추행했다'는 취지의 말을 들었다."는 부분은 '피고인이 피해자를 추행한 사실의 존부'에 대한 증거로 사용되는 경우에는 전문증거에 해당하나 피해자가 양○○에게 위와 같은 진술을 하였다는 것 자체에 대한 증거로 사용되는 경우에는 양○○가 경험한 사실에 관한 진술에 해당하여 전문법칙이 적용되지 않고, 나아가 위 양○○의 진술도 피해자의 진술에 부합한다고 판단하였음. 대법원은, 이 부분 원심판단에는 전문증거에 관한 법리를 오해한 잘못이 있으나 피해자 진술의 신빙성을 인정한 원심 판단에 잘못이 없으므로 판결결과에 영향이 없다고 보아 피고인의 상고를 기각함.

중요

02 [선택형] 대구 대학생 성폭행 사망 사건

형사소송법 제316조 전문진술 · 전문진술을 기재한 조서의 증거능력에 관한 설명으로 옳은 것은? (다툼이 있는 경우 판례에 의함)

① 형사소송법 제312조 제4항은 검사 또는 사법경찰관이 피고인이 아닌 자의 진술을 기재한 조서의 증거능력이 인정되려면 '적법한 절차와 방식에 따라 작성된 것'이어야 한다고 정하고 있다. 여기에서 적법한 절차와 방식에 따라 작성한다는 것은 형사소송법이 피고인 아닌 사람의 진술에 대한 조서 작성 과정에서 지켜야 한다고 정한 여러 절차를 준수하고 조서의 작성 방식에도 어긋나지 않아야 한다는 것을 의미한다.

② 전문진술이나 전문진술을 기재한 조서는 형사소송법 제310조의2에 따라 원칙적으로 증거능력이 없다. 다만 전문진술은 형사소송법 제316조 제2항에 따라 원진술자가 사망, 질병, 외국거주, 소재불명, 그 밖에 이에 준하는 사유로 진술할 수 없고, 그 진술이 특히 신빙할 수 있는 상태 하에서 행하여졌음이

증명된 때에 한하여 예외적으로 증거능력이 있다.

③ 전문진술이 기재된 조서는 형사소송법 제312조 또는 제314조에 따라 증거능력이 인정될 수 있는 경우에 해당하여야 함은 물론 형사소송법 제316조 제2항에 따른 요건을 갖추어야 예외적으로 증거능력이 있다.

④ 형사소송법 제316조 제2항에서 말하는 '그 진술 또는 작성이 특히 신빙할 수 있는 상태 하에서 행하여졌음'이란 진술 내용이나 조서 또는 서류의 작성에 허위가 개입할 여지가 거의 없고, 진술 내용의 신빙성이나 임의성을 담보할 구체적이고 외부적인 정황이 있는 경우를 가리킨다.

중요 ⑤ **형사소송법 제312조 또는 제313조는 참고인이 진술하거나 작성한 진술조서나 진술서에 대하여 피고인 또는 변호인의 반대신문권이 보장되는 등 엄격한 요건이 충족될 경우에 한하여 증거능력을 인정하고 있다.**

중요 ⑥ **형사소송법 제314조는 참고인 소재불명 등의 경우에 직접심리주의 등 기본원칙에 대한 예외를 인정한 것에 대하여 다시 중대한 예외를 인정하여 원진술자 등에 대한 반대신문의 기회조차 없이 증거능력을 부여할 수 있도록 한 것이다.** 따라서 이러한 경우 **참고인의 진술 또는 작성이 '특히 신빙할 수 있는 상태 하에서 행하여졌음에 대한 증명' 은 단지 그러할 개연성이 있다는 정도로는 부족하고 합리적인 의심의 여지를 배제할 정도에 이르러야 한다.** 나아가 이러한 법리는 **원진술자의 소재불명 등을 전제로 하고 있는 형사소송법 제316조 제2항의 경우에도 그대로 적용된다.**

해설 및 정답 ①~⑥ 대법원 2017. 7. 18. 선고 2015도12981, 2015전도218 판결 [성폭력범죄의처벌및피해자보호등에관한법률위반(특수강도강간등) · 부착명령] 〈이른바 대구 대학생 성폭행 사망사건〉

정답 ○

사례문제 84 형사소송법 제316조 제2항 '그 진술 또는 작성이 특히 신빙할 수 있는 상태 하에서 행하여졌음'의 의미

대법원 2017. 7. 18. 선고 2015도12981, 2015전도218 판결

[성폭력범죄의처벌및피해자보호등에관한법률위반(특수강도강간등)·부착명령] 〈이른바 대구 대학생 성폭행 사망사건〉

Q. 형사소송법 제312조 제4항에서 피고인이 아닌 자의 진술조서를 '적법한 절차와 방식에 따라 작성한다'는 것의 의미

Q. 전문진술이나 전문진술을 기재한 조서의 증거능력

Q. 형사소송법 제316조 제2항에서 말하는 '그 진술 또는 작성이 특히 신빙할 수 있는 상태 하에서 행하여졌음'의 의미

Q. 형사소송법 제314조에서 참고인의 진술 또는 작성이 '특히 신빙할 수 있는 상태 하에서 행하여졌음에 대한 증명'의 정도(=합리적인 의심의 여지를 배제할 정도)

Q. 이러한 법리가 원진술자의 소재불명 등을 전제로 하고 있는 형사소송법 제316조 제2항의 경우에도 그대로 적용되는지 여부(적극)

판결요지

가. 전문진술이 기재된 조서는 형사소송법 제312조 또는 제314조에 따라 증거능력이 인정될 수 있는 경우에 해당하여야 함은 물론 형사소송법 제316조 제2항에 따른 요건을 갖추어야 예외적으로 증거능력이 있다. 형사소송법 제316조 제2항에서 말하는 '그 진술 또는 작성이 특히 신빙할 수 있는 상태 하에서 행하여졌음'이란 진술 내용이나 조서 또는 서류의 작성에 허위가 개입할 여지가 거의 없고, 진술 내용의 신빙성이나 임의성을 담보할 구체적이고 외부적인 정황이 있는 경우를 가리킨다.

나. 형사소송법 제312조 또는 제313조는 참고인이 진술하거나 작성한 진술조서나 진술서에 대하여 피고인 또는 변호인의 반대신문권이 보장되는 등 엄격한 요건이 충족될 경우에 한하여 증거능력을 인정하고 있다. 형사소송법 제314조는 참고인 소재불명 경우 직접심리주의 기본원칙에 대한 예외를 인정한 것에 대하여 다시 중대한 예외를 인정하여 원진술자에 대한 반대신문의 기회조차 없이 증거능력을 부여할 수 있도록 한 것이다. 따라서 참고인의 진술 또는 작성이 '특히 신빙할 수 있는 상태 하에서 행하여졌음에 대한 증명'은 단지 그러할 개연성이 있다는 정도로는 부족하고 합리적인 의심의 여지를 배제할 정도에 이르러야 한다. 나아가 원진술자의 소재불명을 전제로 하고 있는 형사소송법 제316조 제2항의 경우에도 그대로 적용된다.

문 41. 형사소송법 제318조 당사자의 동의와 증거능력·증명력에 관한 설명 중 옳은 것은? (다툼이 있는 경우 판례에 의함)

출제예상내용
- 임의제출과 증거능력
- 피고인 증거부동의
- 변호인 증거동의
- 검증조서 중 일부분만 증거동의

사례문제 85 증거동의가 있는 서류·물건의 증거능력을 인정하는 방법

사례문제 86 수표전문법칙 적용 여부

01 [선택형·사례형] 증언 후 검사 소환 진술 번복 사건

증거동의와 증거능력에 관한 설명으로 옳은 것은? (다툼이 있는 경우 판례에 의함)

중요 ① 공판준비 또는 공판기일에서 이미 증언을 마친 증인을 검사가 소환한 후 피고인에게 유리한 그 증언 내용을 추궁하여 이를 일방적으로 번복시키는 방식으로 작성한 진술조서 또는 그 증인을 상대로 위증의 혐의를 조사한 내용을 담은 피의자신문조서는 피고인이 증거로 할 수 있음에 동의하지 아니하는 한 그 증거능력이 없다.

중요 ② 그 후 원진술자인 종전 증인이 다시 법정에 출석하여 증언을 하였다면 그 증언 자체는 유죄의 증거로 할 수 있다.

해설 및 정답 ①~② 대법원 2017. 5. 31. 선고 2017도1660 판결 정답 ○

중요

02 [선택형·사례형] 공판조서 증거능력 판단 사건

피고인은 공소외 1 등에게 필로폰을 매도하였다는 부분은 부인한다고 진술하였다. 피고인은 국선변호인이 공소외 1에 대한 경찰 진술조서 등 관련 증거에 관하여 모두 동의하는 의견을 제시한 것은 효력이 없다고 주장한다. 피고인은 법원이 그 진술조서 등을 증거로 삼아 유죄로 인정한 것은 위법하다고 상고하였다. 증거동의와 증거능력·증명력에 관한 설명으로 옳은 것은? (다툼이 있는 경우 판례에 의함)

① 형사소송법 제318조에 규정된 증거 동의는 소송 주체인 검사와 피고인이 하는 것이다. 변호인은 피고인을 대리하여 증거 동의에 관한 의견을 낼 수 있을 뿐이다.

② 피고인이 변호인과 함께 출석한 공판기일의 공판조서에 검사가 제출한 증거에 대하여 동의한다는 기재가 되어 있다면, 이는 피고인이 증거 동의를 한 것으로 보아야 하고, 그 기재는 절대적인 증명력을 가진다.

③ 공판기일의 공판조서 기재에 의하면 상고이유 주장의 증거에 관하여 동의한 것으로 기재되어 있다. 그리고 피고인 본인이 동의하였거나 변호인이 피고인을 대리하여 동의 의견을 진술하고, 이에 대하여 피고인이 아무런 이의를 하지 아니한 경우, 공판조서 기재는 절대적인 증명력이 있다.

해설 및 정답 ①~③ 대법원 2016. 3. 10. 선고 2015도19139 판결 [마약류관리에 관한법률위반(향정)]

정답 ○

03 [선택형 · 사례형] 디지털 저장매체에 저장된 로그파일 복사본 사건

증거동의와 증거능력에 관한 설명으로 옳은 것은? (다툼이 있는 경우 판례에 의함)

중요 ① 형사소송법 제318조 제1항은 "검사와 피고인이 증거로 할 수 있음을 동의한 서류 또는 물건은 진정한 것으로 인정한 때에는 증거로 할 수 있다."고 규정하고 있을 뿐 진정한 것으로 인정하는 방법을 제한하고 있지 아니하다. 그러므로 증거동의가 있는 서류 또는 물건은 법원이 제반 사정을 참작하여 진정한 것으로 인정하면 증거로 할 수 있다. 그리고 **증거동의의 의사표시는 증거조사가 완료되기 전까지 취소 또는 철회할 수 있다. 그러나 일단 증거조사가 완료된 뒤에는 취소 또는 철회가 인정되지 아니하므로 취소 또는 철회 전에 이미 취득한 증거능력은 상실되지 아니한다.**

중요 ② 공판조서의 기재가 명백한 오기인 경우를 제외하고는 공판기일의 소송절차로서 공판조서에 기재된 것은 조서만으로써 증명하여야 한다. 그 증명력은 공판조서 이외의 자료에 의한 반증이 허용되지 아니하는 절대적인 것이다. 그러므로 **검사가 제출한 증거에 관하여 동의 또는 진정성립 여부 등에 관한 피고인의 의견이 증거목록에 기재된 경우에는 그 증거목록의 기재는 공판조서의 일부로서 명백한 오기가 아닌 이상 절대적인 증명력을 가지게 된다.**

중요 ③ 디지털 저장매체에 저장된 로그파일의 원본이 아니라 그 복사본의 일부 내용을 요약·정리하는 방식으로 새로운 문서파일이 작성된 경우, 그 문서파일 또는 거기에서 출력한 문서를 로그파일 원본의 내용을 증명하는 증거로 사용하기 위하여는 피고인이 이를 증거로 하는 데 동의하지 아니하는 이상 그 문서파일의 기초가 된 로그파일 복사본과 로그파일 원본의 동일성도 인정되어야 한다. 나아가 이때 **새로운 문서파일 또는 거기에서 출력한 문서를 진술증거로 사용하는 경우** 그 기재 내용의 진실성에 관하여는 전문법칙이 적용된다. 그러므로 **형사소송법 제313조 제1항에 따라** 공판준비기일이나 공판기일에서 그 작성자 또는 진술자의 진술에 의하여 성립의 진정함이 증명된 때에 한하여 이를 **증거로 사용할 수 있다.**

해설 및 정답 ①~③ 대법원 2015. 8. 27. 선고 2015도3467 판결 **정답** ○

사례문제 85 증거동의가 있는 서류·물건의 증거능력을 인정하는 방법

대법원 2015. 8. 27. 선고 2015도3467 판결
[정보통신망이용촉진및정보보호등에관한법률위반(정보통신망침해등)]

Q. 증거동의가 있는 서류 또는 물건의 증거능력을 인정하는 방법

Q. 증거동의의 의사표시를 취소·철회할 수 있는 시기(=증거조사 완료 전까지)

Q. 증거에 관한 피고인의 의견이 기재된 증거목록의 증명력

Q. 디지털 저장매체에 저장된 로그파일 복사본의 일부 내용을 요약·정리하는 방식으로 새로운 문서파일이 작성된 경우, 문서파일 또는 거기에서 출력한 문서를 로그파일 원본의 내용을 증명하는 증거로 사용하기 위한 요건

Q. 이때 새로운 문서파일 또는 거기에서 출력한 문서를 진술증거로 사용하는 경우의 증거능력

04 [선택형 · 사례형] 수표 전문법칙 적용 여부 사건

수표 원본이 아닌 전자복사기를 사용하여 복사한 사본이 증거로 제출되고 피고인이 이를 증거로 하는 데 부동의한 경우, 수표와 증거능력에 관한 설명으로 옳은 것은? (다툼이 있는 경우 판례에 의함)

① 피고인이 수표를 발행하였으나 예금부족 또는 거래정지처분으로 지급되지 아니하게 하였다는 부정수표단속법위반의 공소사실을 증명하기 위하여 제출되는 수표는 그 서류의 존재 또는 상태 자체가 증거가 되는 것이어서 증거물인 서면에 해당하고 어떠한 사실을 직접 경험한 사람의 진술에 갈음하는 대체물이 아니다. 그러므로 증거능력은 증거물의 예에 의하여 판단하여야 한다. 이에 대하여는 형사소송법 제310조의2에서 정한 전문법칙이 적용될 여지가 없다.

② 이때 수표 원본이 아니라 전자복사기를 사용하여 복사한 사본이 증거로 제출되었고 피고인이 이를 증거로 하는 데 부동의한 경우 위 수표 사본을 증거로 사용하기 위해서는 수표 원본을 법정에 제출할 수 없거나 제출이 곤란한 사정이 있고 수표 원본이 존재하거나 존재하였으며 증거로 제출된 수표 사본이 이를 정확하게 전사한 것이라는 사실이 증명되어야 한다.

해설 및 정답 ①~② 대법원 2015. 4. 23. 선고 2015도2275 판결 [공문서위조 · 위조공문서행사 · 사기] 〈수표 전문법칙 적용 여부 사건〉 **정답** ○

사례문제 86 수표 전문법칙 적용 여부

대법원 2015. 4. 23. 선고 2015도2275 판결
[공문서위조 · 위조공문서행사 · 부정수표단속법위반 · 사기] 〈수표 전문법칙 적용 여부 사건〉

Q. 수표를 발행한 후 예금부족 등으로 지급되지 아니하게 하였다는 부정수표단속법위반 공소사실을 증명하기 위하여 제출되는 수표에 대하여 형사소송법 제310조의2의 전문법칙이 적용되는지 여부(소극)

Q. 이때 수표 원본이 아닌 전자복사기를 사용하여 복사한 사본이 증거로 제출되고 피고인이 이를 증거로 하는 데 부동의한 경우, 위 수표 사본의 증거능력을 인정하기 위한 요건

문 42. 형사소송법 제318조의2 증명력을 다투기 위한 증거(탄핵증거)에 관한 설명 중 옳은 것은? (다툼이 있는 경우 판례에 의함)

출제예상내용
- 영상녹화물 탄핵증거(-)
- 엄격한 증거능력(-)
- 내용부인 전문증거와 탄핵증거(+)
- 탄핵증거 제출방법

01 [선택형 · 사례형] 참고인 영상녹화물 독립증거 사용부인 사건

형사소송법 제318조의2 증명력을 다투기 위한 증거(탄핵증거)에 관한 설명으로 옳은 것은? (다툼이 있는 경우 판례에 의함)

① 범죄사실의 인정은 합리적인 의심이 없는 정도의 증명에 이르러야 하나(형사소송법 제307조 제2항), 사실인정의 전제로 행하여지는 증거의 취사 선택 및 증거의 증명력은 사실심 법원의 자유판단에 속한다(형사소송법 제308조).

② 2007. 6. 1. 법률 제8496호로 개정되기 전의 형사소송법에는 없던 수사기관에 의한 피의자 아닌 자(참고인) 진술의 영상녹화를 새로 정하면서 그 용도를 참고인에 대한 진술조서의 실질적 진정성립을 증명하거나 참고인의 기억을 환기시키기 위한 것으로 한정하고 있는 현행 형사소송법의 규정 내용을 영상물에 수록된 성범죄 피해자의 진술에 대하여 독립적인 증거능력을 인정하고 있는 성폭력범죄의 처벌 등에 관한 특례법 제30조 제6항 또는 아동·청소년의 성보호에 관한 법률 제26조 제6항의 규정과 대비하여 보면, 수사기관이 참고인을 조사하는 과정에서 형사소송법 제221조 제1항에 따라 작성한 영상녹화물은, 다른 법률에서 달리 규정하고 있는 등의 특별한 사정이 없는 한, 공소사실을 직접 증명할 수 있는 독립적인 증거로 사용될 수는 없다.

해설 및 정답 ①~② 대법원 2014. 7. 10. 선고 2012도5041 판결 [존속살해방조 [인정된 죄명: 폭력행위등처벌에관한법률위반(공동존속감금)] · 자살방조] **정답** ○

[판시사항] 수사기관이 참고인을 조사하는 과정에서 형사소송법 제221조 제1항에 따라 작성한 영상녹화물이 공소사실을 직접 증명할 수 있는 독립적인 증거로 사용될 수 있는지 여부(원칙적 소극)

02 [선택형 · 사례형] 경찰작성 피의자신문조서 탄핵증거 인정 사건

형사소송법 제318조의2 증명력을 다투기 위한 증거(탄핵증거)에 관한 설명으로 옳은 것은? (다툼이 있는 경우 판례에 의함)

① 피의자의 진술을 기재한 서류가 수사기관의 조사과정에서 작성된 것이라면, 그것이 '진술조서'라는 형식을 취하였다고 하더라도 피의자신문조서와 달리 볼 수 없다.

중요 ② 검사가 유죄의 자료로 제출한 **사법경찰리 작성의 피고인에 대한 피의자신문조서는 피고인이 그 내용을 부인하는 이상 증거능력이 없다.** 그러나 그것이 임의로 작성된 것이 아니라고 의심할 만한 사정이 없는 한 **피고인의 법정에서의 진술을 탄핵하기 위한 반대증거로 사용할 수 있다.**

해설 및 정답 ①~② 대법원 2014. 3. 13. 선고 2013도12507 판결 **정답** ○

03 [선택형 · 사례형] 체포 · 구속인접견부 사본 탄핵증거 부인 사건

형사소송법 제318조의2 증명력을 다투기 위한 증거(탄핵증거)에 관한 설명으로 옳은 것은? (다툼이 있는 경우 판례에 의함)

중요 ① 체포·구속인접견부는 유치된 피의자가 죄증을 인멸하거나 도주를 기도하는 등 유치장의 안전과 질서를 위태롭게 하는 것을 방지하기 위한 목적으로 작성되는 서류로 보일 뿐이다. 형사소송법 제315조 제2호·제3호에 규정된 당연히 증거능력이 있는 서류로 볼 수는 없다.

② **탄핵증거는 진술의 증명력을 감쇄하기 위하여 인정되는 것이고 범죄사실 또는 그 간접사실의 인정의 증거로서는 허용되지 않는다.**

③ **검사가 탄핵증거로 신청한 체포·구속인접견부 사본은 피고인의 부인진술을 탄핵한다는 것이다. 그러므로 결국 검사에게 입증책임이 있는 공소사실 자체를 입증하기 위한 것에 불과하다. 그러므로 형사소송법 제318조의2 제1항 소정의 피고인의 진술의 증명력을 다투기 위한 탄핵증거로 볼 수 없다.**

해설 및 정답 ①~③ 대법원 2012. 10. 25. 선고 2011도5459 판결 **정답** ○

문 43. 공범인 공동피고인의 법정자백에 관한 설명 중 옳은 것은? (다툼이 있는 경우 판례에 의함)

출제예상내용
- 공범인 공동피고인 법정진술과 증거능력(+)
- 공범 중 1인 증인으로 신문할 경우 소송절차분리(증인적격 +)

01 [선택형 · 사례형] 살인죄 공동정범 법정 자백 사건

공범자 법정자백에 관한 설명으로 옳은 것은? (다툼이 있는 경우 판례에 의함)

중요 ① 피고인 甲과 乙은 살인죄의 공동정범으로 기소되어 재판을 받고 있다. 甲은 법정에서 범행을 자백하면서 乙과 함께 피해자를 살해하였다고 진술하였다. 그러나 乙은 甲의 부탁을 받아 망을 보았을 뿐이지 甲이 피해자를 살해한 것조차 몰랐다고 범행을 부인하였다. 피고인 甲이 법정에서 한 진술은 피고인 乙의 살인죄에 대하여 증거가 될 수 있다.

중요 ② 공범인 공동피고인의 법정자백은 다른 피고인에 대한 유죄의 증거로 사용할 수 있다. 따라서 피고인 甲이 법정에서 한 진술은 피고인 乙의 살인죄를 인정하는 증거가 된다.

해설 및 정답 ①～② 임동규, 형사소송법, 제15판, 법문사, 2021, 612－613면.
대법원 1992. 7. 28. 선고 92도917 판결[강도상해, 특수강도[인정된 죄명: 특정범죄가중처벌등에관한법률위반(강도)], 공무집행방해, 강도, 특정범죄가중처벌등에관한법률위반(강도, 특수강도강간)] **정답** ○

[판시사항] 공범인 공동피고인의 진술의 증거능력

[판결요지] 형사소송법 제310조의 피고인의 자백에는 공범인 공동피고인의 진술은 포함되지 않으며, 이러한 공동피고인의 진술에 대하여는 피고인의 반대신문권이 보장되어 있어 독립한 증거능력이 있다.

중요 ③ 피고인과 별개의 범죄사실로 기소되어 병합심리중인 공범자 아닌 공동피고인은 피고인의 범죄사실에 관하여 증인의 지위에 있으므로 선서 없이 한 공동피고인의 법정진술은 피고인의 범죄사실에 대한 증거로 사용할 수 없다.

해설 및 정답 임동규, 형사소송법, 제15판, 법문사, 2021, 612－613면. **정답** ○

파워특강 공범인 공동피고인 법정진술 변시기출문제 분석

- **甲 피고인과 공범인 乙 공동피고인에 대한 사법경찰관 작성 피의자신문조서 증거능력**(=형사소송법 제312조 제3항 적용함. 공범인 乙 공동피고인의 법정진술이 있어도 당해 甲 피고인의 내용 인정이 필요함. 부동의시 증거능력 부정, 형사소송법 제314조 적용 되지 않음)
- **甲 피고인과 공범인 乙 공동피고인에 대한 검사 작성 피의자신문조서 증거능력**(=甲 피고인 형사소송법 제312조 제1항 적용, 공범인 乙 공동피고인 피의자신문조서 제312조 제4항 참고인진술조서 적용). 검사 작성 공범·제3자에 대한 피의자신문조서는 당해 피고인 사건에 대하여 진술조서로 취급되어 형사소송법 제312조 제4항을 적용함.
- 공범인 공동피고인은 피고인일 뿐이다. 증인적격 부정. 선서 후 공동피고인 증인적격 인정.
- **공범인 공동피고인이 당해 소송절차에서 위증한 경우 위증죄 불성립**(=피고인일 뿐이다. 변론이 분리되고 증인으로 선서하면 위증죄 성립함)
- 형사소송법 제310조 자백(=공범인 공동피고인 자백은 포함되지 않음)
- 자백보강법칙(형사소송법 제310조)의 자백에는 공판정 자백과 공판외 자백 모두 포함됨
- **甲 피고인 공소사실에 대한 공범인 乙 공동피고인의 법정진술**(=공동피고인도 피고인 신분임, 법정진술 독립된 증거능력 인정+, 보강증거 인정+)⇒공범인 乙 공동피고인 법정진술·공판정 자백(=피고인 신분임. 피고인에게 불리한 증거사용, 독립된 증거능력 인정+, 반대신문권 보장됨+).
- **공범 중 1인(공범인 공동피고인 중 1인) 증인으로 신문할 경우 소송절차 분리함**(=피고인 신분에서 증인 신분으로 지위 전환⇒증인적격 인정+)
- **공범이 아닌 공동피고인(관련 사건으로 함께 재판 받는 甲과 乙 피고인) 법정진술·공판정 자백**(=소송절차에서 증인 적격+, 선서 후 증인신문 증거능력 인정+)
- 항소이유서에 기재된 자백내용(=증거능력+, 보강증거가 있어야 유죄 인정)

문 44. 친고죄와 반의사불벌죄에 관한 설명 중 옳은 것은? (다툼이 있는 경우 판례에 의함)

출제예상내용
- 고소불가분
- 반의사불벌죄 고소불가분 준용(-)
- 친고죄 공범 1인 제1심 선고 후 다른 공범자 고소취소 효력(-)

사례문제 87 반의사불벌죄에서 피해 청소년 처벌불원 의사표시와 법정대리인 동의 여부

01 [선택형 · 사례형] 피해 청소년 처벌불원 의사표시 사건

반의사불벌죄에 관한 설명으로 옳은 것은? (다툼이 있는 경우 판례에 의함)

① 형사소송법상 소송능력이라 함은 소송당사자가 유효하게 소송행위를 할 수 있는 능력, 즉 피고인 또는 피의자가 자기의 소송상의 지위와 이해관계를 이해하고 이에 따라 방어행위를 할 수 있는 의사능력을 의미한다. 의사능력이 있으면 소송능력이 있다는 원칙은 피해자 등 제3자가 소송행위를 하는 경우에도 마찬가지라고 보아야 한다.

중요 ② **반의사불벌죄에 있어서 피해자의 피고인 또는 피의자에 대한 처벌을 희망하지 않는다는 의사표시 또는 처벌을 희망하는 의사표시의 철회는,** 위와 같은 형사소송절차에 있어서의 소송능력에 관한 일반원칙에 따라, **의사능력이 있는 피해자가 단독으로 이를 할 수 있고, 거기에 법정대리인의 동의가 있어야 한다거나 법정대리인에 의해 대리되어야만 한다고 볼 것은 아니다.**

③ 청소년의 성보호에 관한 법률 제16조에 규정된 반의사불벌죄라고 하더라도, 피해자인 청소년에게 의사능력이 있는 이상, 단독으로 피고인 또는 피의자의 처벌을 희망하지 않는다는 의사표시 또는 처벌희망 의사표시의 철회를 할 수 있고, 거기에 법정대리인의 동의가 있어야 하는 것으로 볼 것은 아니다.

중요 ④ **피해자가 제1심 법정에서 피고인들에 대한 처벌희망 의사표시를 철회할 당시 비록 14세 10개월의 어린 나이였다고는 하나, 피해자의 의사표시가 당해 사건 범행의 의미, 본인이 피해를 당한 정황, 자신이 하는 처벌희망 의사표시**

철회의 의미 및 효과 등을 충분히 이해하고 분별할 수 있는 등 의사능력이 있는 상태에서 행해졌다면 법정대리인의 동의가 없었더라도 그 철회의 의사표시는 유효하다. 법원은 피고인들에 대한 공소사실 중 청소년의 성보호에 관한 법률 위반의 점에 대해 공소기각판결을 선고해야 한다.

해설 및 정답 ①~④ 대법원 2009. 11. 19. 선고 2009도6058 판결 **정답** ○

사례문제 87 반의사불벌죄에서 피해 청소년 처벌불원 의사표시와 법정대리인 동의 여부

대법원 2009. 11. 19. 선고 2009도6058 전원합의체 판결

[성폭력범죄의처벌및피해자보호등에관한법률위반(특수강간)[인정된 죄명: 성폭력범죄의처벌및피해자보호등에관한법률위반(13세미만미성년자강간등)]·성폭력범죄의처벌및피해자보호등에관한법률위반(13세미만미성년자강간등)·청소년의성보호에관한법률위반(청소년강간등)]

Q. 청소년의 성보호에 관한 법률 제16조에 규정된 반의사불벌죄에서 피해 청소년이 처벌불원 여부 등의 의사표시를 하는 데에 법정대리인의 동의가 필요한지 여부(소극)

Q. 피해자가 제1심 법정에서 피고인들에 대한 처벌희망 의사표시를 철회할 당시 나이가 14세 10개월이었더라도 그 철회의 의사표시가 의사능력이 있는 상태에서 행해졌다면 법정대리인의 동의가 없었더라도 유효하다는 이유로, 피고인들에 대한 공소사실 중 청소년의 성보호에 관한 법률 위반의 점의 공소를 기각한 원심의 판단을 수긍한 사례.

파워특강 친고죄와 반의사불벌죄 관련 변시기출문제 분석

- **고소불가분과 고소취소불가분 : 반의사불벌죄에 준용 불가(−)**
- 즉시고발은 객관적 고소불가분 적용, 주관적 고소불가분 적용 불가(−)
- 세무공무원 종전 고발 효력 유효함 : 불기소처분 후 다시 기소 가능함(+)
- **친고죄 고소취소 : 제1심 판결 선고 전까지 효력 있음(+), 항소심 공소장변경 친고죄 인정되어도 항소심에 고소취소 효력 없음(−), 항소심은 제1심이 아님(형식적 제1심설, 전원합의체 다수의견)**
- **친고죄 공범 1인 제1심 선고 전 고소 취소는 다른 공범자에게 효력 있음(+)**
- **친고죄 공범 1인 제1심 선고 후 다른 공범자 고소취소 불가, 고소취소 효력 없음**
- 고소취소 후 동일 친고죄로 다시 고소 : 공소기각 판결 선고(+)
- 고소기간 : 고소권자 범인을 안 날부터 기산, 고소권위임 대리인도 동일함
- **반의사불벌죄에서 피해 청소년 처벌불원 의사표시 단독 가능함(+)**

3 형사소송법 기초이론

문 45. 제척 · 기피 · 회피에 관한 설명 중 옳은 것은? (다툼이 있는 경우 판례에 의함)

출제예상내용
- 제척 사유
- 기피 사유
- 회피 사유

01 [선택형] 형사소송법 제17조 제7호 '전심재판' 사건

제척에 관한 설명으로 옳은 것은? (다툼이 있는 경우 판례에 의함)

중요 ① 고발인 갑의 피고인에 대한 고발사실 중 검사가 불기소한 부분에 관하여 한 재정신청사건에 관여하여 이를 기각한 법관들이, 갑의 위 고발사실 중 공소가 제기된 사건의 항소심에서 재판장과 주심판사로 관여한 사안이다. **고발사실의 일부에 대한 재정신청사건에 관여**하여 그 신청을 기각한 것이 그 나머지 부분에 대한 사건에 있어 **형사소송법 제17조 제7호에 정한 '법관이 사건에 관하여 전심재판 또는 그 기초되는 조사, 심리에 관여한 때'에 해당하지 않는다.**

해설 및 정답 대법원 2014. 1. 16. 선고 2013도10316 판결 [공직선거법위반]

정답 ○

② **약식명령**을 한 판사가 그 **정식재판 절차의 항소심판결에 관여함은** 형사소송법 제17조 제7호 소정의 "법관이 사건에 관하여 전심재판 또는 그 기초되는 조사, 심리에 관여한 때"에 해당하여 **제척의 원인이 된다.**

해설 및 정답 대법원 2011. 4. 28. 선고 2011도17 판결 [상해] **정답** ○

③ **통역인** 갑이 피고인들에 대한 특정경제범죄 가중처벌 등에 관한 법률 위반(사기) 사건의 제1심 공판기일에 **증인으로 출석하여 진술**한 다음, 같은 기일에 위 사건의 **피해자로서 자신의 사실혼 배우자인 증인 을의 진술을 통역**한 사안에서, 제척사유 있는 갑이 통역한 을의 증인신문조서는 유죄 인정의 **증거로 사용할 수 없다.**

해설 및 정답 대법원 2011. 4. 14. 선고 2010도13583 판결 [특정경제범죄가중처벌등에관한법률위반(사기) · 사문서위조 · 위조사문서행사 · 사기] **정답** ○

중요 ④ 법원은 국선변호인이 그 제출기간 내에 항소이유서를 제출하지 아니한 데 대하여 **재항고인에게 책임을 돌릴 만한 사유가 특별히 밝혀지지 아니한 이상, 재항고인과 국선변호인이 항소이유서를 제출하지 아니하였다고 하여 곧바로 형사소송법 제361조의4 제1항에 의하여 재항고인의 항소를 기각할 것이 아니다.** 위 국선변호인의 선정을 취소하고 새로운 국선변호인을 선정하여 그에게 소송기록접수통지를 함으로써 재항고인을 위하여 새로운 국선변호인으로 하여금 항소이유서를 제출하도록 하는 조치를 취하여야 한다.

해설 및 정답 대법원 2012. 2. 16. 자 2009모1044 전원합의체 결정 [항소기각결정에대한재항고] **정답** ○

02 [선택형] 기피신청 사건

기피에 관한 설명으로 옳은 것은? (다툼이 있는 경우 판례에 의함)

중요 ① 법관에게 불공평한 재판을 할 염려가 있다고 하여 기피신청이 있는 경우에 형사소송법 제22조에 의하여 **정지될 소송진행은** 그 피고사건의 실체적 재판에의 도달을 목적으로 하는 **본안의 소송절차를 말하고 판결의 선고는 이에 해당되지 않는다.**

해설 및 정답 대법원 1987. 5. 28. 자 87모10 결정 [법관기피신청기각결정에대한재항고] **정답** ○

② 피고사건의 판결선고절차가 시작되어 재판장이 이유의 요지중 상당부분을 설명하는 도중 피고인이 동 **공판에 참여한 법원사무관에 대한 기피신청과 동시에 선고절차의 정지를 요구하는 것은 선고절차의 중단등 소송지연만을 목적으로 한 것으로 부적법한 것이다.**

해설 및 정답 대법원 1985. 7. 23. 자 85모19 결정 [법원사무관기피신청각하결정에대한재항고] **정답** ○

③ 기피신청을 받은 법관이 형사소송법 제22조에 위반하여 본안의 소송절차를 정지하지 않은 채 그대로 소송을 진행하여서 한 소송행위는 그 효력이 없다. 이는 그 후 그 기피신청에 대한 기각결정이 확정되었다고 하더라도 마찬가지이다.

해설 및 정답 대법원 2012. 10. 11. 선고 2012도8544 판결 [마약류관리에관한법률위반(향정)]

정답 ○

중요 ④ 형사소송법 제18조 제1항 제2호의 "불공평한 재판을 할 염려가 있는 때"라 함은 당사자가 불공평한 재판이 될지도 모른다고 추측할 만한 **주관적 사정이 있는 때를 의미하는 것이 아니고** 법관과 사건과의 관계상 불공평한 재판을 할 것이라는 의혹을 갖는 것이 합리적이라고 인정할 만한 **객관적인 사정이 있는 때를 말하는 것이므로,** 재판부가 당사자의 증거신청을 채택하지 아니하였다는 사정만으로는 재판의 공평을 기대하기 어려운 객관적인 사유가 있다 할 수 없다.

해설 및 정답 대법원 1991. 12. 7. 자 91모79 결정 [법관기피신청기각결정에대한재항고]

정답 ○

[판시사항] 재판부가 당사자의 증거신청을 채택하지 아니하였다는 사정만으로 법관기피의 원인이 되는지 여부(소극)

⑤ 소송지연만을 목적으로 한 기피신청은 그 신청 자체가 부적법한 것이므로 그러한 신청에 대하여는 **기피당한 법관에 의하여 구성된 재판부가 스스로 이를 각하할 수 있다.**

해설 및 정답 대법원 1991. 12. 7. 자 91모79 결정 [법관기피신청기각결정에대한재항고]

정답 ○

[판시사항] 소송지연만을 목적으로 한 기피신청을 기피당한 법관에 의하여 구성된 재판부가 스스로 각하할 수 있는지 여부(적극)

03 [선택형] 범죄피해자인 검사의 수사 관여 사건

회피에 관한 설명으로 옳은 것은? (다툼이 있는 경우 판례에 의함)

① 범죄의 피해자인 검사가 그 사건의 수사에 관여하거나, 압수·수색영장의 집행에

참여한 검사가 다시 수사에 관여하였다는 이유만으로 바로 그 수사가 위법하다거나 그에 따른 참고인이나 피의자의 진술에 임의성이 없다고 볼 수는 없다.

해설 및 정답 대법원 2013. 9. 12. 선고 2011도12918 판결 [공무집행방해·폭력행위등처벌에관한법률위반(공동상해)] **정답** ○

② 법관이 당사자의 증거신청을 채택하지 아니하거나 이미 한 증거결정을 취소하더라도 그 사유만으로는 '불공평한 재판을 할 염려가 있는 때'에 해당한다고 보기 어렵다.

해설 및 정답 2016년 제5회 변호사시험 기출문제 21 **정답** ○

대법원 1995. 4. 3. 자 95모10 결정 [법관기피신청기각결정에 대한 재항고]

③ 법관이 스스로 기피의 원인이 있다고 판단한 때에는 소속법원에 서면으로 회피를 신청하여야 한다.

해설 및 정답 2016년 제5회 변호사시험 기출문제 21 **정답** ○

형사소송법 제24조는 회피사유와 회피재판을 규정하고 있다. 주요내용을 보면, **① 법관은 제18조 제1항 제1호·제2호 사유가 있다고 판단되면, 법관은 재판을 회피(回避)한다. ② 법관은 소속법원에 회피신청을 서면으로 한다. ③ 회피재판은 제21조 기피신청재판을 준용한다.**

중요 ④ 기피신청을 기각한 결정에 대하여는 즉시항고를 할 수 있다.

해설 및 정답 2016년 제5회 변호사시험 기출문제 21 **정답** ○

형사소송법 제23조는 기피신청기각결정과 즉시항고를 규정하고 있다. 주요내용을 보면, ① **피고인·검사는 기피신청을 기각한 결정에 대해 즉시항고를 할 수 있다.** ② 제20조 제1항 소송지연목적이 명백한 경우에 대한 기각결정과 제19조 기피신청관할을 위배한 경우에 대한 기각결정에 대한 즉시항고 경우, 재판집행효력은 정지되지 않는다. [신설 95·12·29]

문 46. 접견교통권에 관한 설명 중 옳은 것은? (다툼이 있는 경우 판례에 의함)

출제예상내용
- 접견교통권 주체
- 미결수용자 접견교통권
- 법령에 의한 접견교통권 제한

사례문제 88 변호인과 변호인이 되려는 사람의 접견교통권

중요

01 [선택형 · 사례형 · 기록형] 변호인 접견교통권 침해 사건

노동조합 파업 현장에서 경찰을 지휘하던 지휘관이 체포된 근로자를 접견하게 해 달라고 요구하며 호송차량의 진행을 막은 변호사인 피해자를 공무집행방해죄의 현행범으로 체포한 사안이다. 다음 설명으로 옳은 것은? (다툼이 있는 경우 판례에 의함)

① 법원이 재정신청서를 송부받았음에도 송부받은 날부터 형사소송법 제262조 제1항에서 정한 기간 안에 피의자에게 그 사실을 통지하지 아니한 채 형사소송법 제262조 제2항 제2호에서 정한 공소제기결정을 하였더라도, 그에 따른 공소가 제기되어 본안사건의 절차가 개시된 후에는 다른 특별한 사정이 없는 한 본안사건에서 위와 같은 잘못을 다툴 수 없다.

중요 ② 피해자가 노동조합으로부터 근로자들이 연행될 경우 적절한 조치를 취해 줄 것을 부탁한다는 내용의 공문을 받았고 **체포 현장에서 변호사 신분증을 제시하면서 변호인이 되려는 자로서 접견을 요청하였다면, 형사소송법 제34조에서 정한 접견교통권이 인정된다.**

③ 변호인 또는 변호인이 되려는 자의 접견교통권은 신체구속제도 본래의 목적을 침해하지 아니하는 범위 내에서 행사되어야 한다. 그러나 신체구속을 당한 사람의 헌법상 기본적 권리인 변호인의 조력을 받을 권리의 본질적인 내용이 침해되는 일이 없도록 신중을 기하여야 한다.

④ 사법경찰관인 피고인이 체포 당시 상황을 고려하여 경험칙에 비추어 현저하게 합리성을 잃지 않은 채 판단하면 체포 요건이 충족되지 아니함을 충분히

알 수 있었는데도, 자신의 재량 범위를 벗어난다는 사실을 인식하고 그와 같은 결과를 용인한 채 피해자를 체포하였으므로, **직권남용체포죄와 직권남용권리행사방해죄가 성립한다.**

해설 및 정답 ①~④ 대법원 2017. 3. 9. 선고 2013도16162 판결 **정답** ○

사례문제 88 변호인과 변호인이 되려는 사람의 접견교통권

대법원 2017. 3. 9. 선고 2013도16162 판결
[직권남용권리행사방해 · 직권남용체포]

Q. 법원이 재정신청서를 송부받은 날부터 형사소송법 제262조 제1항에서 정한 기간 안에 피의자에게 그 사실을 통지하지 아니한 채 공소제기결정을 한 경우, 본안사건에서 위와 같은 잘못을 다툴 수 있는지 여부(원칙적 소극)

Q. 변호인이 되려는 의사를 표시한 자가 객관적으로 변호인이 될 가능성이 있는 경우, 신체구속을 당한 피고인 또는 피의자와 접견하지 못하도록 제한할 수 있는지 여부(소극)

Q. 변호인 또는 변호인이 되려는 자의 접견교통권 행사의 한계 및 접견교통권이 한계를 일탈하여 허용될 수 없다고 판단할 때 고려할 사항

Q. 인신구속에 관한 직무를 집행하는 사법경찰관이 체포 당시 상황을 고려하여 경험칙에 비추어 현저하게 합리성을 잃지 않은 채 판단하면 체포 요건이 충족되지 아니함을 알 수 있었는데도, 자신의 재량 범위를 벗어난다는 사실을 인식하고 그와 같은 결과를 용인한 채 사람을 체포하여 권리행사를 방해한 경우, 직권남용체포죄와 직권남용권리행사방해죄가 성립하는지 여부(적극)

판결요지

변호인 또는 변호인이 되려는 자가 구체적인 시간적 · 장소적 상황에 비추어 현실적으로 보장할 수 있는 한계를 벗어나 피고인 또는 피의자를 접견하려고 하는 것은 정당한 접견교통권의 행사에 해당하지 아니하여 허용될 수 없다.

관련법조항 ●● 형법 제123조(직권남용)

다음 각 호에 해당하는 사람은 5년 이하 징역형, 10년 이하 자격정지형 또는 1천만 원 이하 벌금형으로 처벌된다.

1. **직권을 남용하여 다른 사람에게 법률상 의무 없는 일을 하게 한 공무원**
2. **직권을 남용하여 다른 사람 권리행사를 방해한 공무원**

문 47. 변호인참여권 · 변호인에 관한 설명 중 옳은 것은? (다툼이 있는 경우 판례에 의함)

출제예상내용
- 변호인 소송법상 지위
- 변호인 권리의무: 변호인 증거동의
- 변호인 선임
- 필요적 변호사건
- 변호인참여권제한불복방법(준항고)

사례문제 89 새로 선임된 사선변호인에 대한 소송기록접수통지 요부

중요

01 [선택형 · 사례형] 변호인의 피의자신문 참여권 ★★★★★

변호인의 피의자신문 참여권에 관한 설명으로 옳은 것은? (다툼이 있는 경우 판례에 의함)

① 검사가 조사실에서 피의자를 신문할 때 피의자가 신체적으로나 심리적으로 위축되지 않은 상태에서 **자기의 방어권을 충분히 행사할 수 있도록 피의자에게 보호장비를 사용하지 말아야 하는 것이 원칙이고, 다만 도주, 자해, 다른 사람에 대한 위해 등 형집행법 제97조 제1항 각호에 규정된 위험이 분명하고 구체적으로 드러나는 경우에만 예외적으로 보호장비를 사용하여야 한다.**

중요 ② **검사 또는 사법경찰관이 구금된 피의자를 신문할 때 피의자 또는 변호인으로부터 보호장비를 해제해 달라는 요구를 받고도 거부한 조치는 형사소송법 제417조에서 정한 '구금에 관한 처분'에 해당한다**고 보아야 한다.

중요 ③ 검사 또는 사법경찰관이 그러한 특별한 사정 없이, 단지 **변호인이 피의자신문 중에 부당한 신문방법에 대한 이의제기를 하였다는 이유만으로 변호인을 조사실에서 퇴거시키는 조치는 정당한 사유 없이 변호인의 피의자신문 참여권을 제한하는 것으로서 허용될 수 없다.**

해설 및 정답 ①~③ 대법원 2020. 3. 17. 자 2015모2357 결정 [준항고인용결정에 대한재항고] 〈피의자신문절차에서 인정신문 시작 전 피의자 또는 변호인으로부터 피의자에 대한 수갑 해제를 요청받았음에도, 교도관에게 수갑을 해제하여 달라고 요청

하지 않고 오히려 변호인을 퇴실시킨 검사의 처분을 다투는 사건〉 **정답** ○

☞ 2026년 제15회 변호사시험에 반드시 출제된다.

02 [선택형] 변호인 접견교통권 침해 사건

노동조합 파업 현장에서 경찰을 지휘하던 지휘관이 체포된 근로자를 접견하게 해 달라고 요구하며 호송차량의 진행을 막은 변호사인 피해자를 공무집행방해죄의 현행범으로 체포한 사안이다. 다음 설명으로 옳은 것은? (다툼이 있는 경우 판례에 의함)

① 법원이 재정신청서를 송부받았음에도 송부받은 날부터 형사소송법 제262조 제1항에서 정한 기간 안에 피의자에게 그 사실을 통지하지 아니한 채 형사소송법 제262조 제2항 제2호에서 정한 공소제기결정을 하였더라도, 그에 따른 공소가 제기되어 본안사건의 절차가 개시된 후에는 다른 특별한 사정이 없는 한 본안사건에서 위와 같은 잘못을 다툴 수 없다.

중요 ② 피해자가 노동조합으로부터 근로자들이 연행될 경우 적절한 조치를 취해 줄 것을 부탁한다는 내용의 공문을 받았고 **체포 현장에서 변호사 신분증을 제시하면서 변호인이 되려는 자로서 접견을 요청하였다면, 형사소송법 제34조에서 정한 접견교통권이 인정된다.**

③ 변호인 또는 변호인이 되려는 자의 접견교통권은 신체구속제도 본래의 목적을 침해하지 아니하는 범위 내에서 행사되어야 한다. 그러나 신체구속을 당한 사람의 헌법상 기본적 권리인 변호인의 조력을 받을 권리의 본질적인 내용이 침해되는 일이 없도록 신중을 기하여야 한다.

④ 사법경찰관인 피고인이 체포 당시 상황을 고려하여 경험칙에 비추어 현저하게 합리성을 잃지 않은 채 판단하면 체포 요건이 충족되지 아니함을 충분히 알 수 있었는데도, 자신의 재량 범위를 벗어난다는 사실을 인식하고 그와 같은 결과를 용인한 채 피해자를 체포하였으므로, **직권남용체포죄와 직권남용권리행사방해죄가 성립한다.**

해설 및 정답 ①~④ 대법원 2017. 3. 9. 선고 2013도16162 판결 [직권남용권리행사방해 등] (타) 상고기각 **정답** ○

03 [선택형] 사선변호인 방어권

미성년자인 피고인이 제1심판결에 불복하여 항소하였다가 항소취하서를 제출하며 항소이유서를 제출하지 아니하였고, 피고인의 법정대리인 중 어머니가 항소취하에 동의하는 취지의 서면을 제출하였으나 아버지는 항소취하 동의서를 제출하지 아니하였는데, 원심이 국선변호인을 선정하여 소송기록접수통지를 하였음에도 국선변호인이 항소이유서 제출기간 만료일까지 항소이유서를 제출하지 아니하자 피고인의 어머니가 사선변호인을 선임한 사안이다. 다음 설명 중 옳은 것은? (다툼이 있는 경우 판례에 의함)

① 피고인과 국선변호인이 모두 법정기간 내에 항소이유서를 제출하지 아니하였더라도, 국선변호인이 항소이유서를 제출하지 아니한 데 대하여 피고인에게 귀책사유가 있음이 특별히 밝혀지지 않는 한, 항소법원은 종전 국선변호인의 선정을 취소하고 새로운 국선변호인을 선정하여 다시 소송기록접수통지를 함으로써 새로운 변호인에게 그 통지를 받은 때로부터 형사소송법 제361조의3 제1항 기간 내에 피고인을 위하여 항소이유서를 제출하도록 하여야 한다.

② 이러한 법리는 항소법원이 종전 국선변호인의 선정을 취소하고 새로운 국선변호인을 선정하여 소송기록접수통지를 하기 이전에 피고인 스스로 변호인을 선임한 경우 그 사선변호인에 대하여도 마찬가지로 적용되어야 한다.

중요 ③ 국선변호인의 선정을 취소하고 사선변호인에게 다시 소송기록접수통지를 하여 사선변호인으로 하여금 법정기간 내에 항소이유서를 제출할 수 있도록 기회를 주지 아니한 채 곧바로 피고인의 항소를 기각하는 것은 국선변호인의 조력을 받을 권리에 관한 헌법 및 형사소송법의 법리를 오해한 잘못이 있다.

해설 및 정답 ①~③ 대법원 2019. 7. 10. 선고 2019도4221 판결 [아동·청소년의성보호에관한법률위반(강요행위등)·아동·청소년의성보호에관한법률위반(알선영업행위등)]

정답 ○

[판시사항] 피고인과 국선변호인이 모두 법정기간 내에 항소이유서를 제출하지 아니하였으나 국선변호인이 항소이유서를 제출하지 아니한 데 대하여 피고인에게 귀책사유가 없는 경우, 항소법원이 취하여야 할 조치 / 이러한 법리는 항소법원이 종전 국선변호인의 선정을 취소하고 새로운 국선변호인을 선정하여 소송기록접수통지를 하기 이전에 피고인 스스로 선임한 사선변호인에 대하여도 마찬가지로 적용되는지 여부(적극)

04 [선택형] 새로 선임된 사선변호인에 대한 소송기록접수통지 요부 ★★★★★

갑 주식회사 대표이사인 피고인이, 2011. 11.경 갑 회사에 입사하였다가 2016. 3. 11. 퇴직한 근로자 을을 상대로 2011. 12.부터 2015. 4.까지 포괄일급에 포함하여 이미 지급한 퇴직적립금에 대하여 부당이득반환청구 소송을 제기하면서 2015. 5. 1. 자 근로계약서의 일급란 기재 금액을 변조하여 증거자료로 제출한 사안이다. 다음 설명 중 옳은 것은? (다툼이 있는 경우 판례에 의함)

중요 ① 필요적 변호사건에서 항소법원이 국선변호인을 선정하고 피고인과 국선변호인에게 소송기록접수통지를 한 다음 피고인이 사선변호인을 선임함에 따라 국선변호인의 선정을 취소한 경우 항소법원은 사선변호인에게 다시 소송기록접수통지를 할 의무가 없다.

해설 및 정답 대법원 2018. 11. 22. 자 2015도10651 전원합의체 결정 **정답** ○

사례문제 89 새로 선임된 사선변호인에 대한 소송기록접수통지 요부

대법원 2018. 11. 22. 자 2015도10651 전원합의체 결정
[특정경제범죄가중처벌등에관한법률위반(배임)]

Q. 필요적 변호사건에서 항소법원이 국선변호인을 선정하고 항소인인 피고인과 그 변호인에게 소송기록접수통지를 한 다음 피고인이 사선변호인을 선임함에 따라 항소법원이 국선변호인의 선정을 취소한 경우, 새로 선임된 사선변호인에게 다시 같은 통지를 하여야 하는지 여부(소극)

Q. 이때 항소이유서 제출기간의 기산일(=국선변호인 또는 피고인이 소송기록접수통지를 받은 날)

Q. 항소이유서 제출기간 내에 피고인이 책임질 수 없는 사유로 국선변호인이 변경되면 그 국선변호인에게도 소송기록접수통지를 하도록 정한 형사소송규칙 제156조의2 제3항을 새로 선임된 사선변호인의 경우까지 확대적용하거나 유추적용할 수 있는지 여부(소극)

결정요지

가. **[다수의견]** 형사소송법은 항소법원이 항소인인 피고인에게 소송기록접수통지를 하기 전에 변호인의 선임이 있는 때에는 변호인에게도 소송기록접수통지를

하도록 정하고 있다(제361조의2 제2항). **피고인에게 소송기록접수통지를 한 다음에 변호인이 선임된 경우에는 변호인에게 다시 같은 통지를 할 필요가 없다. 이는 필요적 변호사건에서 항소법원이 국선변호인을 선정하고 피고인과 그 변호인에게 소송기록접수통지를 한 다음 피고인이 사선변호인을 선임함에 따라 항소법원이 국선변호인의 선정을 취소한 경우에도 마찬가지이다.** 이러한 경우 **항소이유서 제출기간은 국선변호인 또는 피고인이 소송기록접수통지를 받은 날부터 계산하여야 한다.**

나. 한편 형사소송규칙 제156조의2 제3항은 항소이유서 제출기간 내에 피고인이 책임질 수 없는 사유로 국선변호인이 변경되면 그 국선변호인에게도 소송기록접수통지를 하여야 한다고 정하고 있다. 이 규정을 **새로 선임된 사선변호인 경우까지 확대해서 적용하거나 유추적용할 수는 없다.**

다. 결국 형사소송법이나 그 규칙을 개정하여 명시적인 근거규정을 두지 않는 이상 현행 법규의 해석론으로는 **필요적 변호사건에서 항소법원이 국선변호인을 선정하고 피고인과 국선변호인에게 소송기록접수통지를 한 다음 피고인이 사선변호인을 선임함에 따라 국선변호인의 선정을 취소한 경우 항소법원은 사선변호인에게 다시 소송기록접수통지를 할 의무가 없다**고 보아야 한다.

05 [선택형] 필요적 변호사건

국선변호인제도에 관한 설명 중 옳은 것은? (다툼이 있는 경우 판례에 의함)

중요 ① 필요적 변호사건의 항소심에서 피고인 본인의 항소이유서 제출기간 경과 후 국선변호인을 선정하고 그에게 소송기록접수통지를 하였으나 국선변호인이 법정기간 내에 항소이유서를 제출하지 아니한 경우, 국선변호인이 항소이유서를 제출하지 아니한 데 대하여 피고인에게 책임을 돌릴 만한 사유가 특별히 밝혀지지 아니한 이상, 항소심 법원은 국선변호인의 선정을 취소하고 새로운 국선변호인을 선정하여 그에게 소송기록접수통지를 함으로써 새로운 국선변호인이 항소이유서를 제출하도록 하는 조치를 취하여야 한다.

해설 및 정답 대법원 2012. 2. 16. 자 2009모1044 전원합의체 결정 **정답** ○

4 형사소송법 공판

문 48. 재판에 관한 설명으로 옳은 것은? (다툼이 있는 경우 판례에 의함)

출제예상내용
- 심급제도
- 간이공판절차
- 형사보상청구
- 추징

사례문제 90 형사비용보상을 구하는 사건

중요

01 [선택형] 피고인에 대한 추징판결에 기초하여 신청인들 명의로 등기되어 있는 부동산을 압류한 검사의 처분에 대한 이의신청 사건 ★★★★★

전직 대통령이던 피고인에 대한 추징 판결에 기초하여 신청인들 명의로 등기된 부동산들에 관하여 압류 처분 등이 이루어졌고 이에 신청인들이 재판의 집행에 관한 이의신청을 한 사안이다. 이에 관한 설명 중 옳은 것은? (다툼이 있는 경우 판례에 의함)

① 피고인이 범죄행위를 통하여 취득한 불법수익 등을 철저히 환수할 필요성이 크더라도 추징의 집행 역시 형의 집행이므로 법률에서 정한 절차에 따라야 하고, 피고인이 제3자 명의로 부동산을 은닉하고 있다면 적법한 절차를 통하여 피고인 명의로 그 등기를 회복한 후 추징판결을 집행하여야 한다.

② 별도의 법적 근거가 없는 이상 피고인의 차명재산이라는 이유만으로 제3자 명의로 등기되어 있는 부동산에 관하여 피고인에 대한 추징판결을 곧바로 집행하는 것은 허용되지 않는다.

해설 및 정답 ①~② 대법원 2021. 4. 9. 자 2020모4058 결정 [재판의집행에 관한 이의인용결정에 대한 재항고] (카) 재항고기각 **정답** ○

[판시사항] 피고인의 차명재산이라는 이유만으로 제3자 명의로 등기되어 있는 부동산에 관하여 피고인에 대한 추징판결을 곧바로 집행하는 것이 허용되는지 여부(소극)

[판결요지] [1] 제3자 명의로 등기되어 있는 부동산에 대하여 추징의 집행을 허용하는 것은 강제집행의 일반원칙에 반하는 것이므로 이를 허용하기 위해서는 별도의 법적 근거가 있어야 한다. 2013. 7. 12. 법률 제11883호로 개정된 공무원범

죄에 관한 몰수 특례법(이하 '공무원범죄몰수법'이라 한다) 제9조의2는 "제6조의 추징은 범인 외의 자가 그 정황을 알면서 취득한 불법재산 및 그로부터 유래한 재산에 대하여 그 범인 외의 자를 상대로 집행할 수 있다."라고 규정함으로써 범인 외의 자를 상대로 추징을 집행할 수 있는 법적 근거를 마련하였는바, 이에 해당하지 않는 이상 제3자 명의로 등기되어 있는 부동산에 관하여 추징을 집행할 수는 없다고 보아야 한다.

[2] 한편 제3자 명의로 등기되어 있으나 실질적으로 피고인에게 귀속하는 부동산이 공무원범죄몰수법 제42조에 따라 추징보전명령의 대상이 될 수는 있다. 그러나 추징보전명령은 추징의 집행을 보전할 목적으로 형사정책적으로 도입된 제도로서 반드시 민사집행법상 보전처분과 그 대상이나 요건이 동일하다고 볼 필요가 없는 데 반하여, 추징의 집행은 재판확정 후 국가의 형 집행으로 민사집행법의 집행에 관한 규정을 준용하거나 국세징수법에 따른 국세체납처분의 예에 따라야 한다(형사소송법 제477조)는 점에서 추징의 집행을 추징보전명령과 동일시할 수 없다.

[판결해설] 검사는 위 부동산들은 피고인의 차명재산이므로 피고인에 대한 추징판결을 곧바로 집행할 수 있다고 주장하였으나, 검사의 재항고를 기각함.

중요 **02 [선택형] 형사소송법 제15조에 따라 관할이전의 신청을 한 사건 ★★★★★**

재항고인이 ○○지방법원에 무고 사건으로 공소제기를 당하자 관할법원이 법률상의 이유 또는 특별한 사정으로 재판권을 행할 수 없는 때이거나 기타 사정으로 재판의 공평을 유지하기 어려운 염려가 있는 때에 해당한다는 이유로 형사소송법 제15조에 따라 관할이전의 신청을 하였다. 그러나 원심은 관할이전의 사유에 해당한다고 보기 어렵다는 이유로 이를 기각한 사안이다. 이에 관한 설명 중 옳은 것은? (다툼이 있는 경우 판례에 의함)

① 법원의 관할 또는 판결 전의 소송절차에 관한 결정에 대하여는 특히 즉시항고를 할 수 있는 경우 외에는 항고를 하지 못한다.

② 관할이전의 신청을 기각한 결정에 대하여 즉시항고를 할 수 있다는 규정이 없다. 그러므로 원심결정에 대하여 재항고인이 불복할 수 없다.

해설 및 정답 ①~② 대법원 2021. 4. 2. 자 2020모2561 결정 [관할이전기각결정에 대한 재항고] (차) 재항고 기각 **정답** ○

[판시사항] 관할이전의 신청을 기각한 결정에 대해 불복이 가능한지 여부(소극)

[판결해설] 관할에 관한 결정에 대하여는 특히 즉시항고를 할 수 있다는 경우 외에는 항고를 하지 못하는데(형사소송법 제403조 제1항), 관할이전 신청을 기각한 결정에 대하여 즉시항고를 할 수 있다는 규정이 없으므로 재항고를 기각함.

중요

03 [선택형] 판결문 경정결정 ★★★★★

판결문에 관한 설명 중 옳은 것은? (다툼이 있는 경우 판례에 의함)

① 이미 선고된 판결의 내용을 실질적으로 변경하는 것은 형사소송규칙 제25조 제1항에서 예정하고 있는 경정의 범위를 벗어나는 것으로서 허용되지 않는다.

② 경정결정은 이를 주문에 기재하여야 하고, 판결 이유에만 기재한 경우 경정결정이 이루어졌다고 할 수 없다.

해설 및 정답 ①~② 대법원 2021. 1. 28. 선고 2017도18536 판결 [위증]

정답 ○

[판시사항] [1] 이미 선고된 판결의 내용을 실질적으로 변경하는 판결서 경정이 허용되는지 여부(소극) [2] 판결 주문에 기재하지 아니하고 판결 이유에만 기재한 경정결정의 효력(무효)

[판결요지] 법원은 '재판서에 잘못된 계산이나 기재, 그 밖에 이와 비슷한 잘못이 있음이 분명한 때'에는 경정결정을 통하여 위와 같은 재판서의 잘못을 바로잡을 수 있다(형사소송규칙 제25조 제1항).

중요

04 [선택형] 공직선거법 위반 사건. 증인의 법정 출석을 강제할 수 있는 권한을 법원에 부여한 취지 ★★★★★

공직선거법이 준용하는 「특정범죄신고자 등 보호법」상 범죄신고자가 수사기관에서 진술을 한 후 보복을 당할 우려가 있다는 이유로 제1심 법정에 증인출석을 하지 않은 사건이다. 이에 관한 설명 중 옳은 것은? (다툼이 있는 경우 판례에 의함)

① 다른 증거나 증인의 진술에 비추어 굳이 추가 증거조사를 할 필요가 없다는 등 특별한 사정이 없고, 소재탐지나 구인장 발부가 불가능한 것이 아님에도 불구하고, 불출석한 핵심 증인에 대하여 소재탐지나 구인장 발부 없이 증인채택 결정을 취소하는 것은 법원의 재량을 벗어나는 것으로서 위법하다.

해설 및 정답 대법원 2020. 12. 10. 선고 2020도2623 판결 [공직선거법위반]

정답 ○

[판시사항] [1] 증인이 정당한 사유 없이 법정에 출석하지 아니하거나 소환에 응

하지 아니하는 경우 또는 증인 소환장이 송달되지 아니한 경우, 법원이 증인의 법정 출석을 강제할 수 있는 조치 내용 [2] 이는 '특정범죄신고자 등 보호법'이 직접 적용되거나 준용되는 사건에 대해서도 마찬가지인지 여부(적극)

[판결요지] 사건의 실체를 규명하는 데 가장 직접적이고 핵심적인 증인으로 하여금 공개된 법정에 출석하여 선서 후 증언하도록 하고, 법원은 출석한 증인의 진술을 토대로 형성된 유죄·무죄의 심증에 따라 사건의 실체를 규명하도록 하기 위함이다.

[판결해설] 공직선거법이 준용하는 「특정범죄신고자 등 보호법」상 범죄신고자가 제1심 증인으로 채택된 후 보복을 당할 우려가 있음을 이유로 불출석하더라도 범죄신고자가 핵심 증인에 해당한다고 볼 여지가 있다면, 제1심은 범죄신고자에 대하여 소재탐지촉탁이나 구인장을 발부한 후 그 소재 여부를 확인한 다음 범죄신고자의 수사기관에서의 진술 등에 대한 증거능력을 판단해야 한다는 이유로, 범죄신고자에 대한 소재탐지촉탁이나 구인장 발부 없이 범죄신고자에 대한 증인채택 결정을 취소한 제1심의 절차진행은 위법하고, 이러한 제1심의 위법에 대하여 시정조치를 취하지 않은 원심의 절차진행은 위법하다는 이유로 원심판결을 파기한 사례.

중요

05 [선택형] 형벌에 관한 법률조항에 대하여 위헌결정(=무죄 선고) ★★★★★

피고인이 집회금지장소인 국회 정문 앞 도로 내지 인도에서 개최된 집회에 참가하고, 관할경찰서장의 해산명령에도 불구하고 지체 없이 해산하지 않았다는 공소사실로 집시법 위반죄로 기소된 사안이다. 한편 국회의사당의 경계지점으로부터 100m 이내 장소에서 옥외집회·시위를 금지하고 이를 위반한 행위를 처벌하는 집회 및 시위에 관한 법률 규정에 대한 헌법재판소의 헌법불합치결정이 있었다. 이에 관한 설명 중 옳은 것은? (다툼이 있는 경우 판례에 의함)

① 헌법불합치결정은 형벌에 관한 법률조항에 대한 위헌결정이라 할 것이다. 헌법재판소법 제47조 제3항 본문에 따라 형벌에 관한 법률조항에 대하여 위헌결정이 선고된 경우 그 조항은 소급하여 효력을 상실한다. 그러므로 법원은 당해 조항이 적용되어 공소가 제기된 피고사건에 대하여 형사소송법 제325조 전단에 따라 무죄를 선고하여야 한다.

② 관할경찰서장이 '국회의사당'이 집시법 제11조 제1호에 정해진 시위금지장소라는 이유로 같은 법 제20조 제1항 제1호에 의하여 해산명령을 하고 집회참가자가 이에 따르지 않았다는 내용의 해산명령불응죄(집시법 제24조 제5호,

제20조 제2항)의 경우, 집시법 제20조 제2항, 제1항과 결합하여 헌법불합치 결정으로 소급하여 효력을 상실한 집시법 제11조 제1호를 구성요건으로 하므로 해산명령불응 부분 피고사건 역시 범죄가 되지 아니한 때에 해당한다.

해설 및 정답 ①~② 대법원 2020. 11. 26. 선고 2019도9694 판결 [집시법위반]

정답 ○

[판시사항] [1] 형벌에 관한 법률조항에 대하여 위헌결정이 선고된 경우, 당해 조항이 적용되어 공소가 제기된 피고사건에 대하여 법원이 취할 조치(＝형사소송법 제325조 전단에 따른 무죄의 선고) [2] 관할경찰서장이 국회의사당이 집회 및 시위에 관한 법률상 시위금지장소라는 이유로 해산명령을 하고 집회참가자가 이에 따르지 않았다는 내용의 해산명령불응죄의 경우에도 같은 법리가 적용되는지 여부(적극)
[판결요지] [1] 헌법불합치결정은 형사소송법 제325조 전단에 따라 무죄를 선고하여야 한다(대법원 2020. 5. 28. 선고 2019도8453 판결, 대법원 2020. 6. 4. 선고 2018도17454 판결 등 참조). [2] 헌법불합치결정으로 소급하여 효력을 상실한 집시법 제11조 제1호를 구성요건으로 하므로 해산명령불응 부분 피고사건 역시 범죄가 되지 아니한 때에 해당한다(대법원 2020. 7. 9. 선고 2019도2757 판결 참조).
[판결해설] 국회의사당 경계 지점으로부터 100미터 이내의 장소에서의 집회를 금지한 집시법 제11조 제1호에 대한 헌법불합치 결정에 따라 집회금지장소 집회로 인한 집시법 위반 부분에 대하여 형사소송법 제325조 전단에 따라, 해산명령불응으로 인한 집시법 위반 부분에 대하여 형사소송법 제325조 후단에 따라 각 무죄를 선고한 원심을 수긍하면서, 해산명령불응으로 인한 집시법 위반 부분의 경우 형사소송법 제325조 전단에 따라 무죄를 선고하였어야 함을 지적한 사례.

중요

06 [선택형] 코로나바이러스감염증－19 의심을 이유로 공판기일에 불출석한 것이 정당한 사유에 해당하는지 여부 ★★★★★

피고인은 제1심에서 사기죄로 징역 2년을 선고받았다. 그러나 법정구속되지 않은 상태에서 항소하였다. 선고를 위한 원심 제2회 공판기일 전날에 피해자와 합의를 위하여 기일연기신청을 하였다. 그러나 받아들여지지 않았다. 피고인은 제2회 공판기일인 2020. 5. 19. 코로나바이러스감염증－19 검사를 받을 예정으로 출석하지 못한다는 취지의 불출석 사유서를 제출한 채 출석하지 아니하였다. 그런데 5주 후에 진행된 제3회 공판기일까지 코로나바이러스감염증－19 검사 결과 및 후속조치에 관한 자료를 제출하지 않았다. 제3회 공판기일에 출석하지도 아니하였다. 상고이유서에 첨부하여 제출한 자료에 의하면, 위 검사는 피고인이 스스로 비용을 부담하여 한 것으로 보이고, 그 검사 결과 음성으로 판명되었다. 이에 관한 설명 중 옳은 것은? (다툼이 있는 경우 판례에 의함)

① 피고인이 코로나바이러스감염증-19 우려를 내세우며 공판기일에 출석하지 않은 것은 선고를 늦추기 위한 구실에 불과한 것으로 보일 뿐 정당한 사유를 인정하기 어려워 피고인의 출석 없이 공판기일을 개정하여 피고인의 항소를 기각하는 판결을 선고한 원심 소송절차에 법령위반 등의 위법이 없다.

해설 및 정답 대법원 2020. 10. 29. 선고 2020도9475 판결 [사기] (바) 상고기각

정답 ○

[판시사항] [1] 형사소송법 제365조에 따라 공판기일에 불출석한 책임을 피고인에게 귀속시키기 위한 요건 [2] 피고인이 지정된 공판기일에 코로나바이러스감염증-19 검사를 받을 예정으로 출석하지 못한다는 취지의 불출석 사유서를 제출한 채 출석하지 아니하여 이후 공판기일을 지정하였다가 피고인의 선고기일 연기 신청을 받아들여 다시 변경하였으나 피고인은 위 변경명령을 송달받고도 지정된 공판기일에 출석하지 않은 사안에서, 피고인이 코로나바이러스감염증-19 우려를 내세우며 공판기일에 출석하지 않은 것은 선고를 늦추기 위한 구실에 불과한 것으로 보일 뿐 정당한 사유를 인정하기 어려워 피고인의 출석 없이 공판기일을 개정하여 피고인의 항소를 기각하는 판결을 선고한 원심 소송절차에 법령위반 등의 위법이 없다고 한 사례 [3] 감염을 의심한 만한 사정을 밝히지 않은 채, 코로나바이러스감염증-19 의심을 이유로 공판기일에 불출석한 것이 정당한 사유에 해당하는지 여부(소극)

[판결요지] 항소심에서도 피고인의 출석 없이는 원칙적으로 개정하지 못한다(형사소송법 제370조, 제276조 본문). 다만 피고인이 항소심 공판기일에 출정하지 아니한 때에는 다시 기일을 정하고 피고인이 정당한 사유 없이 다시 정한 기일에도 출정하지 아니한 때에는 피고인의 진술 없이 판결할 수 있다(형사소송법 제365조). 위 규정에 따라 항소심 공판기일에 2회 불출석한 책임을 피고인에게 귀속시키려면 그가 2회에 걸쳐 적법한 소환을 받고도 정당한 사유 없이 공판기일에 출정하지 아니하였어야 한다(대법원 1988. 12. 27. 선고 88도419 판결, 대법원 2008. 6. 26. 선고 2008도2876 판결 등 참조).

[판결해설] 코로나바이러스감염증-19 우려를 내세우며 선고가 예정된 원심 제2회 공판기일에 출석하지 아니한 것은 선고를 늦추기 위한 구실에 불과한 것으로 보일 뿐 정당한 사유를 인정하기 어려워, 2회에 걸쳐 정당한 사유 없이 공판기일에 출정하지 아니하였다고 보아, 피고인의 출석 없이 판결을 선고한 원심 소송절차에 법령위반의 위법이 없다고 상고기각한 사안임.

07 [선택형] 헌법불합치와 법원의 조치

헌법불합치와 법원의 조치에 대한 설명으로 옳은 것은? (다툼이 있는 경우 판례에 의함)

① 헌법재판소는 2018. 6. 28. "집회 및 시위에 관한 법률(2007. 5. 11. 법률 제8424호로 전부 개정된 것) 제11조 제3호, 제23조 제1호 중 제11조 제3호에 관한 부분, 제24조 제5호 중 제20조 제2항 가운데 '제11조 제3호를 위반한 집회 또는 시위'에 관한 부분은 헌법에 합치되지 아니한다.", "위 법률조항들은 2019. 12. 31.을 시한으로 개정될 때까지 계속 적용한다."라는 헌법불합치결정을 선고하였고(2015헌가28, 2016헌가5 전원재판부 결정), 국회는 2019. 12. 31.까지 위 법률조항을 개정하지 않았다. **헌법재판소의 헌법불합치결정은 헌법과 헌법재판소법이 규정하고 있지 않은 변형된 형태이지만 법률조항에 대한 위헌결정에 해당한다.**

② 집시법 제23조 제1호는 집시법 제11조를 위반할 것을 구성요건으로 규정하고 있고, 집시법 제24조 제5호는 집시법 제20조 제2항, 제1항과 결합하여 집시법 제11조를 구성요건으로 삼고 있다. 결국 집시법 제11조 제3호는 집시법 제23조 제1호 또는 집시법 제24조 제5호와 결합하여 형벌에 관한 법률조항을 이루게 되므로, 위 **헌법불합치결정은 형벌에 관한 법률조항에 대한 위헌결정이라 할 것이다.**

중요 ③ **헌법재판소법 제47조 제3항 본문에 따라 형벌에 관한 법률조항에 대하여 위헌결정이 선고된 경우 그 조항은 소급하여 효력을 상실한다. 그러므로 법원은 해당 조항이 적용되어 공소가 제기된 피고사건에 대하여 형사소송법 제325조 전단에 따라 무죄를 선고하여야 한다.**

해설 및 정답 ①~③ 대법원 2020. 5. 28. 선고 2017도8610 판결 [집회및시위에관한법률위반] **정답** ○

[판시사항] [1] 국무총리 공관 인근에서의 옥외집회·시위를 금지·처벌하거나 그러한 옥외집회·시위를 해산명령의 대상으로 삼아 해산명령불응죄로 처벌하는 집회 및 시위에 관한 법률 규정에 대한 **헌법재판소의 헌법불합치결정이 형벌에 관한 법률조항에 대한 위헌결정인지 여부(적극)** [2] **형벌에 관한 법률조항에 대하여 위헌결정이 선고된 경우, 해당 조항이 적용되어 공소가 제기된 피고사건에 대하여 법원이 취할 조치(=무죄의 선고)**

대법원 2020. 6. 4. 선고 2018도17454 [집회및시위에관한법률위반] (아) 상고기각 〈공소제기의 근거가 된 집시법 규정에 대하여 계속적용을 명하는 헌법불합치결정이 이루어진 사안의 처리〉

08 [선택형] 유죄판결 명시 사유

판결에 관한 설명으로 옳은 것은? (다툼이 있는 경우 판례에 의함)

① 형사소송법 제323조 제2항은 '법률상 범죄의 성립을 조각하는 이유 또는 형의 가중, 감면의 이유되는 사실의 진술이 있을 때에는 이에 대한 판단을 명시하여야 한다'고 규정하고 있다. 여기에서 '형의 가중, 감면의 이유되는 사실'이란 형의 필요적 가중, 감면의 이유되는 사실을 말하고 형의 감면이 법원의 재량에 맡겨진 경우, 즉 임의적 감면사유는 이에 해당하지 않는다. 따라서 피해회복에 관한 주장이 있었더라도 이는 작량감경 사유에 해당하여 형의 양정에 영향을 미칠 수 있을지언정 유죄판결에 반드시 명시하여야 하는 것은 아니다.

② 형사소송법 제420조 제5호의 '원판결이 인정한 죄보다 경한 죄를 인정할 경우'란 원판결에서 인정한 죄와는 별개의 경한 죄를 말하고, 원판결에서 인정한 죄 자체에는 변함이 없고 다만 양형상의 자료에 변동을 가져올 사유에 불과한 것은 여기에 해당하지 않는다.

해설 및 정답 ①~② 대법원 2017. 11. 9. 선고 2017도14769 판결 [사기]

정답 ○

09 [선택형] 최종의견 진술기회 없는 변론 종결 사건

변론에 관한 설명으로 옳은 것은? (다툼이 있는 경우 판례에 의함)

① 피고인이나 변호인에게 최종의견 진술의 기회를 주지 아니한 채 변론을 종결하고 판결을 선고하는 경우, 소송절차의 법령위반에 해당한다.

② 형사소송법 제303조는 "재판장은 검사의 의견을 들은 후 피고인과 변호인에게 최종의 의견을 진술할 기회를 주어야 한다."라고 정하고 있으므로, **최종의견 진술의 기회는 피고인과 변호인 모두에게 주어져야 한다.**

③ 최종의견 진술 기회는 피고인과 변호인의 소송법상 권리로서 피고인과 변호인이 사실관계 다툼이나 유리한 양형사유를 주장할 수 있는 마지막 기회이다.

중요 ④ 피고인이나 변호인에게 최종의견 진술의 기회를 주지 아니한 채 변론을 종결하고 판결을 선고하는 것은 소송절차의 법령위반에 해당한다.

해설 및 정답 ①~④ 대법원 2018. 3. 29. 선고 2018도327 판결 [공갈미수 · 사기 · 절도 · 여신전문금융업법위반] **정답** ○

10 [선택형] 형사비용보상을 구하는 사건

형사비용보상청구에 관한 설명으로 옳은 것은? (다툼이 있는 경우 판례에 의함)

① **판결 주문에서 무죄가 선고된 경우뿐만 아니라 판결 이유에서 무죄로 판단된 경우에도 재판에 소요된 비용 가운데 무죄로 판단된 부분의 방어권 행사에 필요하였다고 인정된 부분에 관하여는 보상을 청구할 수 있다.** 다만 법원은 이러한 경우 형사소송법 제194조의2 제2항 제2호를 유추적용하여 재량으로 보상청구의 전부 또는 일부를 기각할 수 있다.

해설 및 정답 대법원 2019. 7. 5. 자 2018모906 결정 **정답** ○

사례문제 90 형사비용보상을 구하는 사건

대법원 2019. 7. 5. 자 2018모906 결정

[형사보상기각결정에대한재항고] 〈형사비용보상을 구하는 사건〉

Q. 형사소송법 제194조의2 제1항에서 규정한 비용보상제도의 취지

Q. 판결 주문에서 무죄가 선고된 경우뿐만 아니라 판결 이유에서 무죄로 판단된 경우에도 재판에 소요된 비용 가운데 무죄로 판단된 부분의 방어권 행사에 필요하였다고 인정된 부분에 관하여 보상을 청구할 수 있는지 여부(적극)

Q. 이때 법원은 형사소송법 제194조의2 제2항 제2호를 유추적용하여 재량으로 보상청구의 전부 또는 일부를 기각할 수 있는지 여부(적극)

결정요지

가. 형사소송법 제194조의2 제1항은 "국가는 무죄판결이 확정된 경우에는 당해 사건의 피고인이었던 자에 대하여 그 재판에 소요된 비용을 보상하여야 한다."

라고 규정하고 있다. 이와 같은 비용보상제도는 국가의 잘못된 형사사법권 행사로 인하여 피고인이 무죄를 선고받기 위하여 부득이 변호사 보수 등을 지출한 경우, 국가로 하여금 피고인에게 그 재판에 소요된 비용을 보상하도록 함으로써 국가의 형사사법작용에 내재한 위험성 때문에 불가피하게 비용을 지출한 비용보상청구권자의 방어권 및 재산권을 보장하려는 데 목적이 있다.

나. 이러한 입법 취지와 규정의 내용 등에 비추어 볼 때 **판결 주문에서 무죄가 선고된 경우뿐만 아니라 판결 이유에서 무죄로 판단된 경우에도 재판에 소요된 비용 가운데 무죄로 판단된 부분의 방어권 행사에 필요하였다고 인정된 부분에 관하여는 보상을 청구할 수 있다고 보아야 한다.** 다만 법원은 이러한 경우 형사소송법 제194조의2 제2항 제2호를 유추적용하여 **재량으로 보상청구의 전부 또는 일부를 기각할 수 있다.**

파워특강 재판 관련 변시기출문제 분석

- 형벌 법률조항이 위헌결정으로 소급하여 효력을 상실한 경우(=무죄선고)
- 면소판결(=피고인 출석 불요, 대리인 출석 가능, 피고인에게 실체판결청구권이 없음, 일반사면만 가능, 상상적 경합 판결확정시 다른 일죄 면소판결)
- 실체판결(=재심판결확정 후 특별사면이 있는 경우 유죄·무죄 판결, 공소제기 없음에도 소환 후 소송계속 중에 검사가 약식명령 청구 제1심 법원 유죄·무죄 실체 판단)
- 판결확정력(=정식재판 기판력 판결선고시 기준, 약식명령은 발령시 기준)
- 소년보호법상 보호처분을 받은 사건과 동일한 사건에 다시 공소가 제기된 경우(=공소기각판결)
- 일사부재리효력(=실체재판 인정, 면소판결 인정, 공소기각과 관할위반의 형식재판은 불인정)
- 상습범 기판력(=상습범으로 기소되어 처단될 것을 요함)
- 폭력행위처벌 등에 관한 법률 제2조 제1항 상습성(=각 호에 열거된 모든 범죄행위를 포괄한 폭력행위 습벽을 의미함)

문 49. 국민참여재판에 관한 설명 중 옳은 것은? (다툼이 있는 경우 판례에 의함)

출제예상내용
- 국민참여재판 절차(=신청주의, 공판준비기일 원칙적 공개, 간이공판절차 규정 적용하지 않음)
- 배심원 역할과 한계(=만 20세 이상 국민, 공판준비기일 배심원 참여하지 아니함)
- 법원의 국민참여재판 배제결정(=배제결정 위반시 중대한 위법에 해당 소송무효)
- 국민참여재판 결정에 대한 항고(=판결전 소송절차로 항고 불가능)

사례문제 91 국민참여재판 배제결정

사례문제 92 국민참여재판으로 진행된 제1심에서 배심원이 만장일치로 한 평결

01 [선택형] 국민참여재판 만장일치 유죄 평결과 제2심 무죄 판단

국민참여재판에 관한 설명으로 옳은 것은? (다툼이 있는 경우 판례에 의함)

중요 ① 피고인이 법원에 국민참여재판을 신청하였는데도 법원이 이에 대한 배제결정도 하지 않은 채 통상의 공판절차로 재판을 진행하였다면, 이러한 공판절차에서 이루어진 소송행위는 무효라고 보아야 한다.

해설 및 정답 2018년 제7회 변호사시험 기출문제 22 **정답** ○

대법원 2011. 9. 8. 선고 2011도7106 판결 [강간치상]

국민참여재판은 신청주의이며, 법원은 반드시 배제결정여부를 판단해야 한다. 이를 위반하는 것은 중대한 위법에 해당한다. 진행된 소송은 무효이다. 제1심부터 다시 시작해야 한다.

중요 ② **국민참여재판에서 심리에 관여한 배심원의 유·무죄의 평결과 의견은 법원을 기속하지 아니한다**(국민의 형사재판 참여에 관한 법률 제46조 제5항).

③ 원심이 국민참여재판으로 진행된 제1심에서 배심원이 만장일치의 의견으로 내린 유죄의 평결을 받아들여 제1심이 유죄를 선고한 부분 중 별지 범죄일람표 순번 1 기재 호별방문 제한 위반 부분과 허위사실공표 부분에 대하여 무

죄로 판단하였다고 하더라도 국민의 형사재판 참여에 관한 법률 제46조에 관한 법리를 오해한 잘못이 없다.

해설 및 정답 ②~③ 대법원 2020. 1. 9. 선고 2019도10140 판결 **정답** ○

02 [선택형] 국민참여재판

국민참여재판에 관한 설명으로 옳은 것은? (다툼이 있는 경우 판례에 의함)

① 법과 그 규칙에서 국민참여재판의 대상으로 정하는 사건은 국민참여재판의 절차에 따라 진행하는 것이 원칙이다. 다만 피고인이 국민참여재판을 원하지 아니하거나 법 제9조 제1항 각 호의 사유가 있어 법원이 배제결정을 하는 경우에는 예외적으로 국민참여재판을 하지 아니한다.

해설 및 정답 대법원 2016. 3. 16. 자 2015모2898 결정 **정답** ○

국민의 형사재판 참여에 관한 법률 제1조 · 제3조 · 제5조 제1항 · 제2항 · 제9조 제1항.
[판결요지] 국민의 형사재판 참여에 관한 법률에 따라 시행되는 국민참여재판은 사법의 민주적 정당성과 신뢰를 높이기 위하여 도입한 제도로서(법 제1조), 누구든지 법으로 정하는 바에 따라 국민참여재판을 받을 권리를 가지므로(법 제3조), 법과 그 규칙에서 국민참여재판의 대상으로 정하는 사건은 국민참여재판의 절차에 따라 진행하는 것이 원칙이다(법 제5조 제1항). 다만, 피고인이 국민참여재판을 원하지 아니하거나 법 제9조 제1항 각 호의 사유가 있어 법원이 배제결정을 하는 경우에는 예외적으로 국민참여재판을 하지 아니한다(법 제5조 제2항).

② 성폭력범죄의 처벌 등에 관한 특례법 제2조의 범죄로 인한 피해자(이하 '성폭력범죄 피해자'라 한다) 또는 법정대리인이 국민참여재판을 원하지 아니하는 경우 법원은 공소제기 후부터 공판준비기일이 종결된 다음 날까지 국민참여재판을 하지 아니하기로 하는 결정을 할 수 있다.

중요 ③ 피해자의 법정대리인은 국민참여재판을 원하지 아니한다는 의사를 명백하게 밝히고 있다. 피해자는 14세의 지적장애인인 점, 심리과정에서 피해자의 인격이나 명예 손상, 사생활에 관한 비밀의 침해, 성적 수치심, 공포감 유발 등 추가적인 피해가 발생할 우려가 있는 점, 그 밖에 국민참여재판의 특성 및 피고사건에서 예상되는 심리 절차와 방법 등에 비추어 피고사건을 국민참여재판으로 진행하는 것이 적절하지 않다는 이유로 피고사건에 대하여 국민참여재판 배제결정을 한 제1심 결정은 정당하다.

해설 및 정답 ②～③ 대법원 2016. 3. 16. 자 2015모2898 결정 **정답** ○

사례문제 91 국민참여재판 배제결정

대법원 2016. 3. 16. 자 2015모2898 결정
[국민참여재판배제결정에대한재항고]

Q. 국민의 형사재판 참여에 관한 법률 제9조 제1항 제3호에서 성폭력범죄의 처벌 등에 관한 특례법 제2조의 범죄로 인한 피해자 또는 법정대리인이 국민참여재판을 원하지 아니하는 경우 법원이 국민참여재판 배제결정을 할 수 있도록 한 취지

Q. 피고인이 국민참여재판을 원하는 사건에서 위 규정을 근거로 국민참여재판 배제결정을 할 때 고려하여야 할 사항

결정요지

가. 성폭력범죄의 처벌 등에 관한 특례법 제2조의 범죄로 인한 피해자(이하 '성폭력범죄 피해자'라 한다) 또는 법정대리인이 국민참여재판을 원하지 아니하는 경우 법원은 공소제기 후부터 공판준비기일이 종결된 다음 날까지 국민참여재판을 하지 아니하기로 하는 결정을 할 수 있다(국민의 형사재판 참여에 관한 법률 제9조 제1항 제3호). 이는 성폭력범죄에 대하여 국민참여재판을 하는 과정에서 성폭력범죄 피해자에게 인격이나 명예 손상, 사생활에 관한 비밀의 침해, 성적 수치심, 공포감 유발 등과 같은 추가적인 피해가 발생할 수 있음을 고려하여 성폭력범죄 피해자나 법정대리인이 국민참여재판을 원하지 아니하는 경우 이를 반영하여 **법원이 재량으로 국민참여재판을 하지 아니하기로 하는 결정을 할 수 있도록 한 것이다.**

나. 피고사건을 국민참여재판으로 진행하는 것이 적절하지 않다는 이유로 피고사건에 대하여 국민참여재판 배제결정을 한 제1심 결정을 그대로 유지하였다. 원심의 결정은 정당하다. 거기에 재판에 영향을 미친 헌법·법률·명령 또는 규칙을 위반한 잘못이 없다.

03 [선택형 · 사례형] 제1심 배심원 만장일치 평결 사건

국민참여재판에 관한 설명으로 옳은 것은? (다툼이 있는 경우 판례에 의함)

중요 ① 제1심 증인이 한 진술의 신빙성 유무에 대한 제1심의 판단을 그대로 유지하는 것이 **현저히 부당하다고 인정되는 등의 예외적인 경우가 아니라면**, 항소심으로서는 제1심 증인이 한 진술의 신빙성 유무에 대한 제1심의 판단이 항소심의 판단과 다르다는 이유를 들어 **제1심의 판단을 함부로 뒤집어서는 아니된다.**

② 공소사실을 뒷받침하는 증인의 진술의 신빙성을 배척한 제1심의 판단을 뒤집는 경우에는, 무죄추정의 원칙 및 형사증명책임의 원칙에 비추어 이를 수긍할 수 없는 충분하고도 납득할 만한 현저한 사정이 나타나는 경우라야 한다.

③ 사법의 민주적 정당성과 신뢰를 높이기 위해 도입된 국민참여재판의 형식으로 진행된 형사공판절차에서, 엄격한 선정절차를 거쳐 양식 있는 시민으로 구성된 배심원이 사실의 인정에 관하여 재판부에 제시하는 집단적 의견은 실질적 직접심리주의 및 공판중심주의하에서 증거의 취사와 사실의 인정에 관한 전권을 가지는 사실심 법관의 판단을 돕기 위한 권고적 효력을 가지는 것이다.

④ 배심원이 증인신문 등 사실심리의 전 과정에 함께 참여한 후 증인이 한 진술의 신빙성 등 증거의 취사와 사실의 인정에 관하여 만장일치의 의견으로 내린 무죄의 평결이 재판부의 심증에 부합하여 그대로 채택된 경우라면, 이러한 절차를 거쳐 이루어진 증거의 취사 및 사실의 인정에 관한 제1심의 판단은 실질적 직접심리주의 및 공판중심주의의 취지와 정신에 비추어 항소심에서의 새로운 증거조사를 통해 그에 명백히 반대되는 충분하고도 납득할 만한 현저한 사정이 나타나지 않는 한 한층 더 존중될 필요가 있다.

중요 ⑤ 국민참여재판으로 진행된 제1심에서 배심원이 만장일치로 한 평결 결과를 받아들여 강도상해의 공소사실을 무죄로 판단하였다. 그러나 **항소심에서는 피해자에 대하여만 증인신문을 추가로 실시한 다음 제1심의 판단을 뒤집어 이를 유죄로 인정한 사안이다.** 항소심 판단에 공판중심주의와 실질적 직접심리주의 원칙의 위반 및 증거재판주의에 관한 법리오해의 위법이 있다.

해설 및 정답 ①~⑤ 대법원 2010. 3. 25. 선고 2009도14065 판결 **정답** ○

사례문제 92 국민참여재판으로 진행된 제1심에서 배심원이 만장일치로 한 평결

대법원 2010. 3. 25. 선고 2009도14065 판결
[강도상해 · 범인도피교사 · 사서명위조 · 위조사서명행사 · 공문서부정행사 · 점유이탈물횡령 · 도로교통법위반(무면허운전)]

Q. 항소심이 제1심 증인이 한 진술의 신빙성에 관한 제1심의 판단을 뒤집을 수 있는지 여부(원칙적 소극)

Q. 국민참여재판에서 배심원이 만장일치의 의견으로 내린 무죄의 평결이 재판부의 심증에 부합하여 그대로 채택된 경우, 증거의 취사 및 사실의 인정에 관한 제1심의 판단을 항소심에서 뒤집을 수 있는지 여부(원칙적 소극)

Q. 국민참여재판으로 진행된 제1심에서 배심원이 만장일치로 한 평결 결과를 받아들여 강도상해의 공소사실을 무죄로 판단하였으나, 항소심에서는 제1심의 판단을 뒤집어 이를 유죄로 인정한 사안에서, 항소심 판단에 공판중심주의와 실질적 직접심리주의 원칙의 위반 및 증거재판주의에 관한 법리오해의 위법이 있다고 한 사례

판결요지

가. 공소사실을 뒷받침하는 증인의 진술의 신빙성을 배척한 제1심의 판단을 뒤집는 경우, 무죄추정 원칙 및 형사증명책임의 원칙에 비추어 이를 수긍할 수 없는 충분하고도 납득할 만한 현저한 사정이 나타나는 경우라야 한다.

나. **배심원이 증인신문 등 사실심리의 전 과정에 함께 참여한 후 증인이 한 진술의 신빙성 등 증거의 취사와 사실 인정에 관하여 만장일치의 의견으로 내린 무죄 평결이 재판부의 심증에 부합하여 그대로 채택된 경우라면, 이러한 절차를 거쳐 이루어진 증거의 취사 및 사실의 인정에 관한 제1심 판단은 실질적 직접심리주의 및 공판중심주의의 취지와 정신에 비추어 항소심에서 새로운 증거조사를 통해 그에 명백히 반대되는 충분하고도 납득할 만한 현저한 사정이 나타나지 않는 한 한층 더 존중될 필요가 있다.**

다. 국민참여재판으로 진행된 제1심에서 배심원이 만장일치로 한 평결 결과를 받아들여 강도상해의 공소사실을 무죄로 판단하였으나, 항소심에서는 피해자에 대하여만 증인신문을 추가로 실시한 다음 제1심의 판단을 뒤집어 이를 유죄로 인정한 사안이다. 항소심 판단에 공판중심주의와 실질적 직접심리주의 원칙의 위반 및 증거재판주의에 관한 법리오해의 위법이 있다.

문 50. 소송기록송달에 관한 설명 중 옳은 것은? (다툼이 있는 경우 판례에 의함)

출제예상내용
- 재감자에 대한 송달을 교도소 등의 장에게 하지 아니한 경우, 송달의 효력(=무효)
- 통지의 방법 및 효력 발생 시기(=통지의 대상자에게 도달한 때)

사례문제 93 재감자에 대한 송달을 교도소 등의 장에게 하지 아니한 경우, 송달의 효력(=무효)

01 [선택형 · 사례형] 변호인 선임 효력과 병합사건, 항소이유서 제출 기간

변호인 선임 효력과 소송기록에 관한 설명으로 옳은 것은? (다툼이 있는 경우 판례에 의함)

① 변호인 선임의 효력은 선임 후 병합된 다른 사건에도 미친다. 그러므로 **항소심에서 변호인이 선임된 후 변호인이 없는 다른 사건이 병합된 경우 형사소송법 제361조의2에 따라 변호인에게 병합된 사건에 관한 소송기록 접수통지를 함으로써 병합된 사건에도 피고인을 위하여 항소이유서를 작성·제출할 수 있게 하여야 한다. 이때 변호인의 항소이유서 제출기간은 변호인이 그 통지를 받은 날부터 계산한다.**

② **항소법원이 소송기록 접수통지를 하여야 하는 변호인에게 소송기록 접수통지를 하지 않음으로써 적법한 항소이유서를 제출할 기회를 주지 않은 채 판결을 선고하는 것은 위법하다.**

해설 및 정답 ①~② 대법원 2019. 10. 31. 선고 2019도11622 판결 **정답** ○

02 [선택형] 형사소송법이 정한 소환장 송달

피고인이 법원 공판기일에 불출석하자, 검사가 피고인과 통화하여 피고인이 변호인으로 선임한 갑 변호사의 사무소로 송달을 원하고 있음을 확인하고 피고인의 주소를 갑 변호사 사무소로 기재한 주소보정서를 법원에 제출하였는데,

그 후 갑 변호사가 사임하고 새로이 을 변호사가 변호인으로 선임된 사안이다. 다음 설명 중 옳은 것은? (다툼이 있는 경우 판례에 의함)

① 법원이 피고인에 대한 공판기일소환장 등을 갑 변호사 사무소로 발송하여 그 사무소 직원이 수령하였더라도 형사소송법이 정한 적법한 방법으로 피고인의 소환이 이루어졌다고 볼 수 없다.

해설 및 정답 대법원 2018. 11. 29. 선고 2018도13377 판결 [사기] **정답** ○

03 [선택형] 재감자에게 소송기록접수통지서를 통지한 사건

송달에 관한 설명으로 옳은 것은? (다툼이 있는 경우 판례에 의함)

① 교도소·구치소 또는 국가경찰관서의 유치장에 체포·구속 또는 유치된 사람에게 할 송달은 교도소·구치소 또는 국가경찰관서의 장에게 하여야 한다.

② 재감자에 대한 송달을 교도소 등의 장에게 하지 아니하였다면 그 송달은 부적법하여 무효이다.

③ 통지는 법령에 다른 정함이 있다는 등의 특별한 사정이 없는 한 서면 이외에 구술·전화·모사전송·전자우편·휴대전화 문자전송 그 밖에 적당한 방법으로도 할 수 있고, 통지의 대상자에게 도달됨으로써 효력이 발생한다.

④ 구치소에 재감 중인 재항고인이 제1심판결에 대하여 항소하였는데, 항소심법원이 구치소로 소송기록접수통지서를 송달하면서 송달받을 사람을 구치소의 장이 아닌 재항고인으로 하였고 구치소 서무계원이 이를 수령한 경우, 송달받을 사람을 재항고인으로 한 송달은 효력이 없고, 달리 재항고인에게 소송기록접수의 통지가 도달하였다는 등의 사정을 발견할 수 없으므로, 소송기록접수의 통지는 효력이 없다.

⑤ 항소심법원이 구치소로 소송기록접수통지서를 송달하면서 송달받을 사람을 구치소의 장이 아닌 재항고인으로 하였고 구치소 서무계원이 이를 수령한 경우 소송기록접수의 통지는 효력이 없다.

해설 및 정답 ①~⑤ 대법원 2017. 9. 22. 자 2017모1680 결정 **정답** ○

사례문제 93 재감자에 대한 송달을 교도소 등의 장에게 하지 아니한 경우, 송달의 효력(=무효)

대법원 2017. 9. 22. 자 2017모1680 결정
[항소기각결정에대한재항고]

Q. 재감자에 대한 송달을 교도소 등의 장에게 하지 아니한 경우, 송달의 효력(=무효)

Q. 통지의 방법 및 효력 발생 시기(=통지의 대상자에게 도달한 때)

Q. 구치소에 재감 중인 재항고인이 제1심판결에 대하여 항소하였는데, 항소심법원이 구치소로 소송기록접수통지서를 송달하면서 송달받을 사람을 구치소의 장이 아닌 재항고인으로 하였고 구치소 서무계원이 이를 수령한 사안에서, 소송기록접수의 통지는 효력이 없다고 한 사례

04 [선택형] 항소이유서 부제출 사건

송달에 관한 설명으로 옳은 것은? (다툼이 있는 경우 판례에 의함)

① 형사소송법 제65조, 민사소송법 제182조에 의하면 교도소·구치소 또는 국가경찰관서의 유치장에 수감된 사람에게 할 송달을 교도소·구치소 또는 국가경찰관서의 장에게 하지 아니하고 수감되기 전의 종전 주·거소에 하였다면 부적법하여 무효이고, 법원이 피고인의 수감 사실을 모른 채 종전 주·거소에 송달하였다고 하여도 마찬가지로 송달의 효력은 발생하지 않는다.

② 송달명의인이 체포 또는 구속된 날 소송기록접수통지서 등의 송달서류가 송달명의인의 종전 주·거소에 송달되었다면 송달의 효력 발생 여부는 체포 또는 구속된 시각과 송달된 시각의 선후에 의하여 결정하되, 선후관계가 명백하지 않다면 송달의 효력은 발생하지 않는 것으로 보아야 한다.

해설 및 정답 ①~② 대법원 2017. 11. 7. 자 2017모2162 결정 **정답** ○

문 51. 상소에 관한 설명 중 옳은 것은? (다툼이 있는 경우 판례에 의함)

출제예상내용
- 항소이유
- 항소기각결정에 대한 재항고
- 구속영장 발부결정에 대한 재항고
- 형사소송절차에서 소송비용의 재판에 대한 불복이 허용되는 경우
- 비상상고

사례문제 94 항소이유서

사례문제 95 항소이유서 부제출을 이유로 항소기각의 결정을 하기 위한 요건

중요

01 [선택형] 형제복지원 비상상고 사건 ★★★★★

검찰총장은 원판결 법원(2차 환송심)이 위헌·무효인 이 사건 훈령(내무부 훈령)을 근거로 삼아 피고인에 대한 공소사실 중 특수감금 부분에 대해 형법 제20조를 적용하여 무죄로 판단한 것이 법령위반에 해당한다고 주장하면서 이 사건 비상상고를 신청하였다. 비상상고에 관한 설명 중 옳은 것은? (다툼이 있는 경우 판례에 의함)

① 형사소송법 제441조는 "검찰총장은 판결이 확정한 후 그 사건의 심판이 법령에 위반한 것을 발견한 때에는 대법원에 비상상고를 할 수 있다."라고 규정하고 있다. 상급심의 파기판결에 의해 효력을 상실한 재판의 법령위반 여부를 다시 심사하는 것은 무익할 뿐만 아니라, 법령의 해석·적용의 통일을 도모하려는 비상상고 제도의 주된 목적과도 부합하지 않는다. 따라서 상급심의 파기판결에 의해 효력을 상실한 재판은 위 조항에 따른 비상상고의 대상이 될 수 없다.

해설 및 정답 대법원 2021. 3. 11. 선고 2019오1 판결 [폭력행위등처벌에관한법률위반(인정된 죄명: 특수감금)] (다) 비상상고기각 **정답** ○

[판시사항] 상급심의 파기판결에 의해 효력을 상실한 재판이 형사소송법 제441조에 따른 비상상고의 대상이 될 수 있는지 여부(소극)

[판결해설] 대법원은 원판결 중 유죄 부분에 대한 피고인의 상고가 위 유죄 부분 중 야간감금행위 부분과 포괄일죄로서 불가분의 관계에 있는 이유무죄 부분에 대하여도 그 효력이 미치므로, 원판결 중 이유무죄 부분은 유죄 부분과 함께 상고

심에 이심되었다가 대법원의 파기판결에 의해 그 효력을 상실하였음을 전제로, 원판결 중 이유무죄 부분을 대상으로 한 이 사건 비상상고는 비상상고의 대상이 될 수 없는 재판에 대해 제기된 것이어서 받아들일 수 없다고 판단하였음.

② 형사소송법이 정한 비상상고이유인 '그 사건의 심판이 법령에 위반한 때'란 확정판결에서 인정한 사실을 변경하지 아니하고 이를 전제로 한 실체법의 적용에 관한 위법 또는 그 사건에서의 절차법상의 위배가 있는 경우를 뜻한다.

③ 법원이 피고인의 특수감금 행위의 위법성이 조각된다고 판단하면서 적용한 법령은 이 사건 훈령이 아니라 정당행위에 관한 형법 제20조나 상급심 재판의 기속력에 관한 법원조직법 제8조이다. 이 사건 훈령의 존재는 그 중 위 형법 제20조를 적용하기로 하면서 그 적용의 전제로 삼은 여러 사실 중 하나일 뿐이므로, 비상상고 신청인이 비상상고이유로 들고 있는 사정은 형법 제20조의 적용에 관한 전제사실을 오인하였다는 것에 해당한다. 그로 말미암아 피고인의 특수감금 행위에 형법 제20조를 적용한 잘못이 있더라도 이는 형법 제20조의 적용에 관한 전제사실을 오인함에 따라 법령위반의 결과를 초래한 경우에 불과하다고 보아, 형사소송법이 정한 비상상고이유가 인정되지 않는다.

해설 및 정답 ②~③ 대법원 2021. 3. 11. 선고 2018오2 판결 [폭력행위등처벌에관한법률위반(변경된 죄명: 특수감금)] (다) 비상상고기각 **정답** ○

[판시사항] [1] 비상상고 제도의 의의와 기능 [2] 형사소송법 제441조에서 정한 비상상고이유인 '그 사건의 심판이 법령에 위반한 때'의 의미 [3] 단순히 법령을 적용하는 과정에서 전제가 되는 사실을 오인함에 따라 법령위반의 결과를 초래한 경우가 여기에 해당하는지 여부(소극)

[판결요지] [1] 비상상고 제도는 이미 확정된 판결에 대하여 법령 적용의 오류를 시정함으로써 법령의 해석·적용의 통일을 도모하려는 데에 그 목적이 있다. 형사소송법이 확정판결을 시정하는 또 다른 절차인 재심과는 달리, 비상상고의 이유를 심판의 법령위반에, 신청권자를 검찰총장에, 관할법원을 대법원에 각각 한정하여 인정하고(제441조), 비상상고 판결의 효력이 일정한 경우를 제외하고는 피고인에게 미치지 않도록 규정한 것도(제447조) 이러한 제도 본래의 의의와 기능을 고려하였기 때문이다. 비상상고 제도의 의의와 기능은 적법한 비상상고이유의 의미가 무엇인지, 그 범위가 어디까지인지를 해석·판단하는 때에도 중요한 지침이 된다.

[2] 단순히 그 법령을 적용하는 과정에서 전제가 되는 사실을 오인함에 따라 법령위반의 결과를 초래한 것과 같은 경우에는 이를 이유로 비상상고를 허용하는 것이 법령의 해석·적용의 통일을 도모한다는 비상상고 제도의 목적에 유용하지

않으므로 '그 사건의 심판이 법령에 위반한 때'에 해당하지 않는다고 해석하여야 한다.

중요

02 [선택형] 항소이유서는 제출기간 ★★★★★

피고인이 제1심 판결에 대해 항소를 제기하여 2020. 7. 27. 원심으로부터 소송기록접수통지서를 송달받고 2020. 8. 18. 항소이유서를 제출하였다. 그런데 원심이 국선변호인을 선정하거나 피고인이 사선변호인을 선임하지 않았다. 정부는 2020. 7.경 국무회의의 심의 · 의결, 대통령의 재가 및 관보 게재를 통해 2020. 8. 17.을 임시공휴일로 지정한 사안이다. 이에 관한 설명 중 옳은 것은? (다툼이 있는 경우 판례에 의함)

① **피고인이 소송기록접수통지를 받은 2020. 7. 27.부터 계산한 항소이유서 제출기간의 말일인 2020. 8. 16.은 일요일이다. 다음 날인 2020. 8. 17. 역시 임시공휴일로서 위 기간에 산입되지 않는다. 그 다음 날인 2020. 8. 18.이 위 기간의 말일이 된다. 그러므로 2020. 8. 18. 제출된 피고인의 항소이유서는 제출기간 내에 적법하게 제출되었다.**

해설 및 정답 대법원 2021. 1. 14. 자 2020모3694 결정 [항소기각결정에 대한 재항고]

정답 ○

[판시사항] [1] 항소이유서 제출기간 및 기간의 말일이 공휴일 또는 토요일에 해당하는 경우, 그 날을 항소이유서 제출기간에 산입하는지 여부(소극) [2] 이때 기간의 말일이 공휴일인지 결정하는 기준 및 '관공서의 공휴일에 관한 규정' 제2조 제11호에서 정한 '기타 정부에서 수시 지정하는 날'인 임시공휴일이 공휴일에 해당하는지 여부(적극)

[판결요지] 형사소송법 제361조의2와 제361조의3 제1항에 의하면, 항소법원이 기록의 송부를 받은 때에는 즉시 항소인과 그 상대방에게 통지하여야 하고, 이 통지 전에 변호인의 선임이 있는 때에는 변호인에게도 통지를 하여야 하며, 항소인 또는 변호인은 이 통지를 받은 날로부터 20일 이내에 항소이유서를 제출하도록 되어 있다. 그리고 같은 법 제66조 제3항에 의하면, 시효와 구속의 기간을 제외하고는 기간의 말일이 공휴일 또는 토요일에 해당하는 날은 항소이유서 제출기간에 산입하지 아니하도록 되어 있다. 이때 기간의 말일이 공휴일인지 여부는 '공휴일'에 관하여 규정하고 있는 '관공서의 공휴일에 관한 규정' 제2조 각호에 해당하는지에 따라 결정되고, 같은 조 제11호가 정한 '기타 정부에서 수시 지정하는 날'인 임시공휴일 역시 공휴일에 해당한다.

[판결해설] 피고인의 항소를 기각한 원심결정에 항소이유서 제출기간에 관한 법리오해의 잘못이 있다고 한 사례.

중요

03 [선택형] 주식회사의 외부감사에 관한 법률 위반 사건 ★★★★★

항소심에서 변호인이 피고인을 신문하겠다는 의사를 표시하였음에도 변호인에게 일체의 피고인신문을 허용하지 않은 사안이다. 재판장의 조치가 소송절차의 법령위반으로서 상고이유에 해당하는지 여부에 관한 설명 중 옳은 것은? (다툼이 있는 경우 판례에 의함)

① 재판장은 변호인이 피고인을 신문하겠다는 의사를 표시한 때에는 피고인을 신문할 수 있도록 조치하여야 한다. 변호인이 피고인을 신문하겠다는 의사를 표시하였음에도 변호인에게 일체의 피고인신문을 허용하지 않은 것은 변호인의 피고인신문권에 관한 본질적 권리를 해하는 것으로서 소송절차의 법령위반에 해당한다.

해설 및 정답 대법원 2020. 12. 24. 선고 2020도10778 판결 [주식회사외부감사법률]

정답 ○

[판시사항] 항소심에서 변호인이 피고인을 신문하겠다는 의사를 표시하였음에도 변호인에게 일체의 피고인신문을 허용하지 않은 재판장의 조치가 소송절차의 법령위반으로서 상고이유에 해당하는지 여부(적극)

[판결요지] 형사소송법 제370조, 제296조의2 제1항 본문은 "검사 또는 변호인은 증거조사 종료 후에 순차로 피고인에게 공소사실 및 정상에 관하여 필요한 사항을 신문할 수 있다."라고 규정하고 있다. 그러므로 변호인의 피고인신문권은 변호인의 소송법상 권리이다. 한편 재판장은 검사 또는 변호인이 항소심에서 피고인신문을 실시하는 경우 제1심의 피고인신문과 중복되거나 항소이유의 당부를 판단하는 데 필요 없다고 인정하는 때에는 그 신문의 전부 또는 일부를 제한할 수 있으나(형사소송규칙 제156조의6 제2항) 변호인의 본질적 권리를 해할 수는 없다(형사소송법 제370조, 제299조 참조).

[판결해설] 원심 변호인이 증거조사 종료 후 재판장에게 피고인신문을 원한다는 의사를 표시하였음에도, 원심 재판장이 피고인신문을 불허한 다음 변론을 종결하고 판결을 선고한 것은 변호인의 피고인신문권에 관한 본질적 권리를 해하는 것으로서 소송절차의 법령위반에 해당한다는 이유로 원심판결을 파기한 사례.

04 [선택형] 상소심에서 판결 이유 기재 방법

피고인과 검사가 제1심 판결에 불복하여 항소하였다. 원심은 판결이유 중 '피고인 허○○의 강제추행죄 성립여부에 관한 판단' 부분에서 '피고인이 피해자의 어깨를 주무르듯이 만져 강제추행한 사실이 인정된다. 그런데도 피고인이 피해자 어깨를 톡톡 쳤다고만 인정한 제1심 판결에는 사실을 오인한 위법이 있다.'고 판단하고, '검사의 성폭력범죄의 처벌 등에 관한 특례법 위반(특수강제추행)의 점에 관한 항소이유에 대한 판단' 부분에서 검사의 이 부분 항소이유를 배척한 다음, 형사소송법 제364조 제6항에 따라 제1심 판결 중 피고인에 대한 부분을 파기하고 다시 판결을 하면서 주문에서 피고인의 항소를 기각한다는 표시를 하지 않은 사안이다. 상소에 대한 설명으로 옳은 것은? (다툼이 있는 경우 판례에 의함)

중요 ① 검사와 피고인 양쪽이 상소를 제기한 경우, 어느 일방의 상소는 이유 없으나 다른 일방의 상소가 이유 있어 원판결을 파기하고 다시 판결하는 때에는 이유 없는 **상소에 대해서는 판결이유 중에서 그 이유가 없다는 점을 적으면 충분하고 주문에서 그 상소를 기각해야 하는 것은 아니다.**

해설 및 정답 대법원 2020. 6. 25. 선고 2019도17995 판결 [성폭력범죄의 처벌 등에 관한 특례법위반(특수강제추행)(인정된 죄명: 강제추행)] **정답** ○

05 [선택형] 항소이유서 사건

항소에 관한 설명으로 옳은 것은? (다툼이 있는 경우 판례에 의함)

중요 ① 검사가 제1심 유죄판결 또는 일부 유죄, 일부 무죄로 판단한 제1심 판결 전부에 대하여 항소하면서, **항소장이나 항소이유서에 단순히 '양형부당'이라는 문구만 기재하였을 뿐 그 구체적인 이유를 기재하지 않았다면, 이는 적법한 항소이유의 기재라고 볼 수 없다.**

해설 및 정답 대법원 2017. 3. 15. 선고 2016도19824 판결 **정답** ○

사례문제 94 항소이유서

대법원 2017. 3. 15. 선고 2016도19824 판결
[폭력행위등처벌에관한법률위반(공동상해)[인정된 죄명: 상해·폭력행위등처벌에관한법률위반(공동폭행)]]

Q. 검사가 제1심 유죄판결 또는 일부 유죄, 일부 무죄로 판단한 제1심판결 전부에 대하여 항소하면서 항소장이나 항소이유서에 단순히 '양형부당'이라는 문구만 기재하였을 뿐 그 구체적인 이유를 기재하지 않은 경우, 항소심이 제1심 판결의 유죄 부분의 형이 너무 가볍다는 이유로 파기하고 그보다 무거운 형을 선고할 수 있는지 여부(소극)

06 [선택형 · 사례형] 송부 받았다는 통지의무위반 사건

재항고인이 집행유예의 취소 청구를 인용한 제1심 결정에 대하여 즉시항고를 하고, 즉시항고장에 항고이유를 적지 않았다. 그런데 원심이 제1심 법원으로부터 소송기록을 송부 받은 당일에 항고를 기각하는 결정을 하면서, 항고를 제기한 재항고인에게 소송기록과 증거물을 송부 받았다는 통지를 하지 않은 사안이다. 이에 관한 설명으로 옳은 것은? (다툼이 있는 경우 판례에 의함)

① 원심은 재항고인에게 항고에 관하여 이유서를 제출하거나 의견을 진술하고 유리한 증거를 제출할 기회를 부여하였다고 할 수 없다. 그러므로 원심결정에 형사소송법 제411조에 관한 법리를 오해한 잘못이 있다.

② 형사소송법 제411조에 의하면, 항고법원은 제1심 법원으로부터 소송기록과 증거물을 받은 날부터 5일 이내에 당사자에게 그 사유를 통지하여야 한다. 그 취지는 당사자에게 항고에 관하여 이유서를 제출하거나 의견을 진술하고 유리한 증거를 제출할 기회를 부여하려는 데 있다.

해설 및 정답 ①~② 대법원 2018. 6. 22. 자 2018모1698 결정 **정답** ○

07 [선택형 · 사례형] 항소기각결정 판단 사건

항소에 관한 설명으로 옳은 것은? (다툼이 있는 경우 판례에 의함)

① 항소이유서 부제출을 이유로 항소기각의 결정을 하기 위해서는 항소인이 적법한 소송기록접수통지서를 받고서도 정당한 이유 없이 20일 이내에 항소이유서를 제출하지 않았어야 한다.

② 피고인의 항소대리권자인 배우자가 피고인을 위하여 항소한 경우에도 소송기록접수통지는 항소인인 피고인에게 하여야 하는데, 피고인이 적법하게 소송기록접수통지서를 받지 못하였다면 항소이유서 제출기간이 지났다는 이유로 항소기각결정을 하는 것은 위법하다.

해설 및 정답 ①~② 대법원 2018. 3. 29. 자 2018모642 결정 **정답** ○

사례문제 95 항소이유서 부제출을 이유로 항소기각의 결정을 하기 위한 요건

대법원 2018. 3. 29. 자 2018모642 결정
[항소기각결정에 대한 재항고]

Q. 항소이유서 부제출을 이유로 항소기각의 결정을 하기 위한 요건

Q. 피고인의 항소대리권자인 배우자가 피고인을 위하여 항소한 경우, 소송기록접수통지를 항소인인 피고인에게 하여야 하는지 여부(적극)

08 [선택형] 구속영장 발부결정에 대한 재항고 사건

항고에 관한 설명으로 옳은 것은? (다툼이 있는 경우 판례에 의함)

① 형사소송법 제72조의 '피고인에 대하여 범죄사실의 요지, 구속의 이유와 변호인을 선임할 수 있음을 말하고 변명할 기회를 준 후가 아니면 구속할 수 없다'는 규정은 피고인을 구속함에 있어서 법관에 의한 사전 청문절차를 규정한 것이다. 법원이 사전에 위 규정에 따른 절차를 거치지 아니한 채 피고인에 대하여 구속영장을 발부하였다면 발부결정은 위법하다.

② 형사소송법 제72조 규정은 피고인의 절차적 권리를 보장하기 위한 규정이다. 그러므로 **이미 변호인을 선정하여 공판절차에서 변명과 증거의 제출을 다하고 그의 변호 아래 판결을 선고받은 경우 등과 같이 위 규정에서 정한 절차적**

권리가 실질적으로 보장되었다고 볼 수 있는 경우에는 이에 해당하는 절차의 전부 또는 일부를 거치지 아니한 채 구속영장을 발부하였더라도 이러한 점만으로 발부결정을 위법하다고 볼 것은 아니다.

③ 사전 청문절차의 흠결에도 불구하고 구속영장 발부를 적법하다고 보는 이유는 공판절차에서 증거의 제출과 조사 및 변론 등을 거치면서 판결이 선고될 수 있을 정도로 범죄사실에 대한 충분한 소명과 공방이 이루어지고 그 과정에서 피고인에게 자신의 범죄사실 및 구속사유에 관하여 변명을 할 기회가 충분히 부여되기 때문이다. **이와 동일시할 수 있을 정도의 사유가 아닌 이상 함부로 청문절차 흠결의 위법이 치유된다고 해석하여서는 아니 된다.**

해설 및 정답 ①~③ 대법원 2016. 6. 14. 자 2015모1032 결정 [구속영장발부결정에대한재항고] 〈구속영장 발부결정에 대한 재항고 사건〉 **정답** ○

[판시사항] [1] 법원이 사전에 형사소송법 제72조에 따른 절차를 거치지 아니한 채 피고인에 대하여 구속영장을 발부한 경우, 발부결정이 위법한지 여부(적극) [2] **위 규정에서 정한 절차적 권리가 실질적으로 보장된 경우, 해당 절차의 전부 또는 일부를 거치지 아니한 채 구속영장을 발부한 것만으로 발부결정이 위법한지 여부(소극)** [3] 사전 청문절차의 흠결에도 불구하고 구속영장 발부가 적법한 경우

09 [선택형] 소송비용 재판 불복 사건

항소에 관한 설명으로 옳은 것은? (다툼이 있는 경우 판례에 의함)

① 소송비용의 재판에 대한 불복은 본안의 재판에 대한 상소의 전부 또는 일부가 이유 있는 경우에 한하여 허용되고, 본안의 상소가 이유 없는 경우에는 허용되지 않는다. 이러한 법리는 형사소송절차에서 소송비용의 재판에 대한 불복이 있는 경우에도 마찬가지로 적용된다.

해설 및 정답 대법원 2016. 5. 24. 선고 2014도6428 판결 **정답** ○

[판시사항] 소송비용의 재판에 대한 불복이 허용되는 경우 및 이러한 법리는 형사소송절차에서 소송비용의 재판에 대한 불복이 있는 경우에도 마찬가지로 적용되는지 여부(적극)

[참조조문] 형사소송법 제191조 제2항, 민사소송법 제391조, 제425조

문 52. 불이익변경원칙에 관한 설명 중 옳은 것은? (다툼이 있는 경우 판례에 의함)

출제예상내용
- 불이익변경금지의 원칙을 적용할 때 형의 경중을 판단하는 기준
- 제1심에서 징역형의 집행유예를 선고한 데 대하여 제2심이 징역형의 형기를 단축하여 실형을 선고하는 경우
- 재심대상사건에서 징역형의 집행유예를 선고하였음에도 재심사건에서 원판결보다 주형을 경하게 하고 집행유예를 없앤 경우
- 약식명령과 정식재판

사례문제 96 제1심에서 부정기형을 선고하였는데 피고인만이 항소하여 불이익변경금지 원칙이 적용되어 항소심이 부정기형보다 중하지 아니한 정기형을 선고해야 하는 사건

중요

01 [선택형] 피고인만 상소한 사건이 항소심에 환송된 경우 ★★★★★

환송 전 원심이 배임 부분과 사기 부분에 대하여 징역 4년을 선고하였다. 이에 대하여 피고인만 상고한 결과 상고심에서 원심판결 중 위 각 부분을 파기하고 그 부분 사건을 항소심에 환송한다는 판결이 선고되었다. 환송 후 원심은 파기환송의 취지에 따라 배임 부분을 무죄로 판단하고 나머지 사기 부분만 유죄로 판단하면서 이에 대하여 환송 전 원심판결과 동일한 징역 4년을 선고하였다. 이에 관한 설명 중 옳은 것은? (다툼이 있는 경우 판례에 의함)

① 피고인만이 상소한 사건에서 상소심이 원심법원이 인정한 범죄사실의 일부를 무죄로 인정하면서도 피고인에 대하여 원심법원과 동일한 형을 선고하였다고 하여 그것이 불이익변경금지 원칙을 위반하였다고 볼 수 없다.

② 피고인만의 상고에 의한 상고심에서 원심판결을 파기하고 사건을 항소심에 환송한 경우 불이익변경금지 원칙은 환송 전 원심판결과의 관계에서도 적용되어 환송 후 원심법원은 파기된 환송 전 원심판결보다 중한 형을 선고할 수 없다.

해설 및 정답 ①~② 대법원 2021. 5. 6. 선고 2021도1282 판결 [사기] **정답** ○

[판시사항] [1] '불이익변경의 금지'에 관한 형사소송법 제368조, 제399조의 취지

[2] 피고인만이 상소한 사건에서 상소심이 원심법원이 인정한 범죄사실의 일부를 무죄로 인정하면서도 피고인에 대하여 원심법원과 동일한 형을 선고한 것이 불이익변경금지 원칙에 위배되는지 여부(소극) [3] 피고인만의 상고에 의한 상고심에서 원심판결을 파기하고 사건을 항소심에 환송한 경우, 불이익변경금지 원칙상 환송 후 원심법원은 파기된 환송 전 원심판결보다 중한 형을 선고할 수 없는지 여부(적극)

중요

02 [선택형] 형사소송법 형종 상향 금지원칙 적용 여부가 문제된 사건 ★★★★★

검사가 약식명령에 대한 정식재판을 청구한 사건이 정식 기소된 사건과 병합되어 심리되었고, 제1심이 정식재판청구 사건의 일부 범죄와 정식 기소된 사건의 범죄에 대하여 징역형을 선택한 사안이다. 이에 관한 설명 중 옳은 것은? (다툼이 있는 경우 판례에 의함)

① 피고인뿐만 아니라 검사가 피고인에 대한 약식명령에 불복하여 정식재판을 청구한 사건에 있어서는 형사소송법 제457조의2에서 정한 '약식명령의 형보다 중한 종류의 형을 선고하지 못한다.'는 형종 상향의 금지 원칙이 적용되지 않는다.

해설 및 정답 대법원 2020. 12. 10. 선고 2020도13700 판결 [의료법위반 · 출입국관리법위반] (사) 상고기각

정답 ○

[판시사항] [1] 피고인뿐만 아니라 검사가 피고인에 대한 약식명령에 불복하여 정식재판을 청구한 사건에서 형종 상향의 금지 원칙이 적용되는지 여부(소극) [2] 개정 형사소송법상 형종 상향의 금지원칙이 검사가 정식재판을 청구한 사건에도 적용되는지 여부(소극)

[판결요지] 피고인은 제1심판결에 대하여 항소하면서 항소이유로 양형부당만을 주장하였음을 알 수 있다. 이러한 경우 원심판결에 법리오해나 사실오인이 있다는 점은 상고이유로 삼을 수 없다(대법원 1995. 2. 3. 선고 94도2134 판결 참조). 피고인뿐만 아니라 검사가 피고인에 대한 약식명령에 불복하여 정식재판을 청구한 사건에 있어서는 형사소송법 제457조의2에서 정한 '약식명령의 형보다 중한 종류의 형을 선고하지 못한다.'는 형종 상향의 금지 원칙이 적용되지 않는다.

[판결해설] 형사소송법 개정 전 정식재판 청구사건에 관한 불이익변경금지 원칙에 관한 종래 대법원 2011. 4. 14. 선고 2010도17636 판결의 법리(검사가 정식재판을 청구한 사건에서는 불이익변경금지의 원칙이 적용되지 않는다는 법리)가, 형사소송법 개정 이후 정식재판 청구사건에 관한 형종 상향의 금지원칙에서도 동일하게 적용됨을 최초로 확인한 사례.

중요

03 [선택형] 제1심에서 부정기형을 선고하였는데 피고인만이 항소하여 불이익변경금지 원칙이 적용되어 항소심이 부정기형보다 중하지 아니한 정기형을 선고해야 하는 사건 ★★★★★

살인죄 및 사체유기죄를 범한 피고인이 제1심 판결 시 소년에 해당하여 징역 장기 15년, 단기 7년의 부정기형을 선고받았다. 피고인만이 항소를 하였다. 그런데 피고인이 항소심에 이르러 성년에 이르러 항소심(원심)이 부정기형을 선고한 제1심 판결을 파기하고 정기형을 선고한 사안이다. 원심은 부정기형의 단기를 정기형과 비교하여 불이익변경금지 원칙 위반여부를 판단해야 한다는 종전 대법원 판례에 따라 피고인에 대하여 7년을 초과하는 형을 선고할 수 없다는 이유로 피고인에 대하여 징역 7년을 선고하였다. 이에 관한 설명 중 옳은 것은? (다툼이 있는 경우 판례에 의함)

중요 ① 부정기형과 실질적으로 동등하다고 평가될 수 있는 정기형으로서 항소심이 선고할 수 있는 정기형의 상한은 부정기형의 장기와 단기의 정중앙에 해당하는 중간형이다. 중간형을 기준으로 삼아 불이익변경금지 원칙 위반 여부를 판단해야 한다. 그렇다면 법원은 징역 11년(=장기 15년+단기 7년/2)까지를 선고할 수 있다.

해설 및 정답 대법원 2020. 10. 22. 선고 2020도4140 전원합의체 판결 **정답** ○

사례문제 96 제1심에서 부정기형을 선고하였는데 피고인만이 항소하여 불이익변경금지 원칙이 적용되어 항소심이 부정기형보다 중하지 아니한 정기형을 선고해야 하는 사건 ★★★★★

대법원 2020. 10. 22. 선고 2020도4140 전원합의체 판결 (타) 파기환송
[살인 · 사체유기 · 아동복지법위반(아동유기 · 방임)]

Q. 제1심 판결 시 소년에 해당하여 부정기형을 선고받은 피고인만이 항소한 항소심에서 피고인이 성년에 이르러 항소심이 제1심판결을 파기하고 정기형을 선고하여야 하는 경우, 항소심은 불이익변경금지 원칙에 따라 제1심에서 선고한 부정기형보다 중한 정기형을 선고할 수 없는데, 이때 항소심이 선고할 수 있는 정기형의 상한을 어떻게 정할 것인지 여부(부정기형의 장기와 단기의 중간)

Q. 피고인이 제1심 판결 선고 시 소년에 해당하여 부정기형을 선고받았고, 피고인만이 항소한 항소심에서 피고인이 성년에 이르러 항소심이 제1심의 부정기형을 정기형으

로 변경해야 할 경우, 불이익변경금지 원칙 위반 여부를 판단하는 기준(=부정기형의 장기와 단기의 중간형)

Q. 제1심이 당시 소년에 해당하는 피고인에 대하여 살인죄 및 사체유기죄를 유죄로 인정하면서 소년법 제60조 제1항 단서에 대한 특칙에 해당하는 특정강력범죄의 처벌에 관한 특례법 제4조 제2항에서 정한 장기와 단기의 최상한인 징역 장기 15년, 단기 7년의 부정기형을 선고하였다. 이에 대하여 피고인만이 항소하였는데, 피고인이 원심 선고 이전에 성년에 도달하자 원심이 직권으로 제1심 판결을 파기하고 정기형을 선고하면서 불이익변경금지 원칙상 제1심이 선고한 부정기형의 단기인 징역 7년을 초과하는 징역형을 선고할 수 없다는 이유로 피고인에게 징역 7년을 선고한 사안이다. 원심이 제1심에서 선고한 부정기형 대신 정기형을 선고함에 있어 불이익변경금지 원칙 위반 여부를 판단하는 기준은 부정기형의 장기와 단기의 중간형, 즉 징역 11년이 되어야 한다는 이유로, 이와 달리 판단한 원심판결에 법리오해의 잘못이 있다고 한 사례.

판결요지

[1] **[다수의견]**

가. 소년법은 인격이 형성되는 과정에 있기에 그 개선가능성이 풍부하고 심신의 발육에 따르는 특수한 정신적 동요상태에 놓여 있는 소년의 특수성을 고려하여 소년의 건전한 성장을 돕기 위해 형사처분에 관한 특별조치로서 제60조 제1항에서 소년에 대하여 부정기형을 선고하도록 정하고 있다. 다만 소년법 제60조 제1항에 정한 '소년'은 소년법 제2조에 정한 19세 미만인 자를 의미하는 것으로 이에 해당하는지는 사실심판결 선고 시를 기준으로 판단하여야 하므로, 제1심에서 부정기형을 선고받은 피고인이 항소심 선고 이전에 19세에 도달하는 경우 정기형이 선고되어야 한다. 이 경우 피고인만이 항소하거나 피고인을 위하여 항소하였다면 형사소송법 제368조가 규정한 불이익변경금지 원칙이 적용되어 항소심은 제1심판결의 부정기형보다 무거운 정기형을 선고할 수 없다.

그런데 부정기형은 장기와 단기라는 폭의 형태를 가지는 양형인 반면 정기형은 점의 형태를 가지는 양형이므로 불이익변경금지 원칙의 적용과 관련하여 양자 사이의 형의 경중을 단순히 비교할 수 없는 특수한 상황이 발생한다. 결국 피고인이 항소심 선고 이전에 19세에 도달하여 부정기형을 정기형으로 변경해야 할 경우 불이익변경금지 원칙에 반하지 않는 정기형을 정하는 것은 부정기형과 실질적으로 동등하다고 평가될 수 있는 정기형이 부정기형의 장기와 단기 사이의 어느 지점에 존재하는지를 특정하는 문제로 귀결된다. 이는 정기형의 상한으로 단순히 부정기형의 장기와 단기 중 어느 하나를 택일적으로 선택하는 문제가 아니라, 단기부터 장기에 이르는 수많은 형 중 어느 정도의 형이 불이익변경금지 원칙 위반 여부를 판단하는 기준으로 설정되어야 하는지를 정하는 '정도'의 문제이다. 따라서 부정기형과 실질적으로 동등하다고 평가될 수 있는 정기형을 정할 때에는 형의 장기와 단기가 존재하는 특수성으로 인해 발생하는 요소들, 즉 부정기형이 정기형으로 변경되는 과정에서 피고인의 상소권 행사가 위축될 우려가 있는지 여부, 소년법이 부정기형 제도를 채택한 목적과 책임주의 원칙이 종합적으로 고려되어야 한다.

이러한 법리를 종합적으로 고려하면, 부정기형과 실질적으로 동등하다고 평가될 수 있는 정기형은 부정기형의 장기와 단기의 정중앙에 해당하는 형(예를 들어 징역 장기 4년, 단기 2년의 부정기형의 경우 징역 3년의 형이다. 이하 '중간형'이라 한다)이라고 봄이 적절하므로, 피고인이 항소심 선고 이전에 19세에 도달하여 제1심에서 선고한 부정기형을 파기하고 정기형을 선고함에 있어 불이익변경금지 원칙 위반 여부를 판단하는 기준은 부정기형의 장기와 단기의 중간형이 되어야 한다.

나. 항소심에서 선고될 수 있는 정기형이 부정기형의 단기보다는 무거운 형이라 하더라도, 그 정기형이 부정기형의 확정으로 인해 피고인이 합리적으로 예상할 수 있는 형 집행기간의 범위 내에 있다면, 피고인은 실질적인 불이익에 대한 우려 없이 합리적인 판단에 따라 상소권을 행사할 수 있다고 봄이 타당하다. 이와 관련하여 부정기형을 선고받은 피고인은 부정기형의 단기가 경과한 때부터 형의 장기가 도래할 때까지 동일한 가능성으로 소년법 제60조 제4항에 따른 검사의 지휘에 의해 그 형의 집행이 종료될 것을 기대할 수 있으므로, 부정기형의 장기와 단기의 중간형은 부정기형을 선고받은 피고인이 합리적으로 예상할 수 있는 형 집행의 기간에 부합한다고 할 수 있다.

다. 결국 부정기형과 실질적으로 동등하다고 평가될 수 있는 정기형을 특정하는 문제는 산술적으로 명확히 논증될 수 있는 문제라기보다는, 그 문제가 마주하게 되는 책임주의 원칙, 불이익변경금지 원칙과 소년법이 부정기형 제도를 채택한 목적을 종합적으로 고려하여 부정기형의 단기부터 장기에 이르는 수많은 형 중 어느 정도의 형이 형사책임의 기본원칙인 책임주의 원칙에 부합하는 적절한 양형재량권의 행사를 과도하게 제한하는 것을 방지함과 동시에 상소권의 행사가 위축되는 것을 방지할 수 있는 적절한 상소심 양형의 기준으로서 상대적인 우월성이 있는지를 평가하는 문제이다. 이는 부정기형의 단기부터 장기 사이에 존재하는 어느 정도의 형이 적절한 기준인지를 정하는 '정도'의 문제이지, 결코 부정기형의 장기 또는 단기 중 어느 하나를 선택하여 이를 정기형의 상한으로 정하는 문제가 아니다. 이러한 관점에서 제반 사정들을 종합하면, 부정기형을 정기형으로 변경할 때 불이익변경금지 원칙의 위반 여부는 부정기형의 장기와 단기의 중간형을 기준으로 삼는 것이 부정기형의 장기 또는 단기를 기준으로 삼는 것보다 상대적으로 우월한 기준으로 평가될 수 있음은 분명하다고 볼 수 있다.

[2] 제1심이 당시 18세로서 소년에 해당하는 피고인에 대하여 살인죄 및 사체유기죄를 유죄로 인정하면서 소년법 제60조 제1항 단서에 대한 특칙에 해당하는 특정강력범죄의 처벌에 관한 특례법 제4조 제2항에서 정한 장기와 단기의 최상한인 징역 장기 15년, 단기 7년의 부정기형을 선고하였고, 이에 대하여 피고인만이 항소하였는데, 피고인이 원심 선고 이전에 19세에 이르러 성년에 도달하자 원심이 직권으로 제1심 판결을 파기하고 정기형을 선고하면서 불이익변경금지 원칙상 제1심이 선고한 부정기형의 단기인 징역 7년을 초과하는 징역형을 선고할 수 없다는 이유로 피고인에게 징역 7년을 선고한 사안이다. 원심이 제1심에서 선고한 징역 장기 15년, 단기 7년의 부정기형 대신 정기형을 선고함에 있어 불이익변경금지 원칙 위반 여부를 판단하는 기준은 부정기형의 장기인 15년과 단기인 7년의 중간형, 즉 징역 11년[=(15+7)/2]이 되어야 한다는 이유로, 이와 달리 제1심에서 선고한 부정기형의 단기인 징역 7년을 기준으로 불이익변경금지 원칙 위반 여부를 판단한 원심판결에 불이익변경금지 원칙에 관한 법리오해의 잘못이 있다고 한 사례.

[3] **[판례해설]** 대법원은 판례를 변경하여 이러한 경우 부정기형과 실질적으로 동등하다고 평가될 수 있는 정기형으로서 항소심이 선고할 수 있는 정기형의 상한은 부정기형의 장기와 단기의 정중앙에 해당하는 중간형이므로 중간형을 기준으로 삼아 불이익변경금지 원칙 위반 여부를 판단해야 하고, 그렇다면 원심은 징역 11년(=장기 15년+단기 7년/2)까지를 선고할 수 있었다는 이유로 원심에 불이익변경금지 원칙에 대한 법리를 오해하여 판결에 영향을 미친 잘못이 있다고 판단하여 원심판결 중 피고인에 대한 부분을 파기하였음.

04 [선택형] 제2심이 제1심 선고 동일형에 수강명령 병과한 사건

피고인이 군인 신분에서 폭행, 모욕, 군인등강제추행, 군용물손괴, 특수폭행으로 기소되어 보통군사법원에서 진행된 제1심에서 징역 2년에 집행유예 3년의 유죄판결을 선고받고 위 판결에 대하여 피고인만이 항소하였는데, 항소심인 고등군사법원은 피고인이 예비역으로 전역하였음을 이유로 군용물손괴 부분을 제외한 나머지 공소사실을 원심으로 이송하면서, 군사법원법에 따라 여전히 신분적 재판권이 인정되는 군용물손괴 부분을 유죄로 인정하여 징역 1년에 집행유예 2년의 유죄판결을 선고하였고, 위 분리된 항소심판결 확정 후 원심이 이송받은 공소사실 전부를 유죄로 인정하여 징역 1년에 집행유예 2년을 선고하면서 40시간의 성폭력 치료강의 수강명령을 병과한 사안이다. 불이익변경원칙에 관한 설명 중 옳은 것은? (다툼이 있는 경우 판례에 의함)

① 원심이 제1심 판결에서 정한 형과 동일한 형을 선고하면서 새로 수강명령 또는 이수명령을 병과하는 것은 전체적·실질적으로 볼 때 피고인에게 불이익하게 변경한 것이므로 허용되지 않는다.

② 제1심 판결과 원심 판결 및 분리된 항소심 판결을 전체적으로 비교하여 보면, 집행을 유예한 징역형의 합산 형기가 동일하다고 하더라도 원심이 새로 수강명령을 병과한 것은 전체적·실질적으로 볼 때 피고인에게 불이익하게 변경한 것이어서 허용되지 않는다.

해설 및 정답 ①～② 대법원 2018. 10. 4. 선고 2016도15961 판결 [군인등강제추행 · 특수폭행 · 폭행 · 모욕]

정답 ○

05 [선택형] 약식명령보다 정식재판에서 중한 형을 선고한 사건

제1심에서 피고인이 벌금 300만 원의 약식명령을 고지받고 정식재판을 청구한 갑 사건과 공소가 제기된 을 사건을 병합 심리 후 위 각 죄가 경합범 관계에 있다는 이유로 하나의 형인 벌금 400만 원을 선고하였는데, 피고인이 항소하여 원심이 위 병합된 갑 · 을 사건과 제1심에서 징역 4년이 선고된 병 사건을 병합하여 징역 3년을 선고한 사안이다. 불이익변경원칙에 관한 설명으로 옳은 것은? (다툼이 있는 경우 판례에 의함)

① 피고인이 약식명령에 대해 정식재판을 청구한 사건과 다른 사건이 병합된 경우, 심리 결과 경합범 관계에 있어 하나의 벌금형으로 처단하면서 약식명령형보다 중한 벌금형을 선고한 것이 불이익변경금지원칙에 어긋나지 않는다.

② 선고된 형이 피고인에게 불이익하게 변경되었는지 판단하는 기준 및 피고인이 상소 또는 정식재판을 청구한 사건과 다른 사건이 병합 심리된 후 경합범으로 처단되는 경우, 병합심판된 선고형이 불이익한 변경에 해당하지 않는다.

③ 제1심이 갑·을 사건을 병합하여 벌금 400만 원을 선고한 것이나 원심이 갑·을 사건과 병 사건을 병합하여 징역 3년을 선고한 것이 불이익변경금지 원칙에 위배되지 않는다.

해설 및 정답 ①~③ 대법원 2016. 5. 12. 선고 2016도2136 판결 **정답** ○

06 [선택형] 재심사건에서 집행유예를 없앤 사건

불이익변경원칙에 관한 설명으로 옳은 것은? (다툼이 있는 경우 판례에 의함)

① 제1심에서 징역형의 집행유예를 선고한 데 대하여 제2심이 그 징역형의 형기를 단축하여 실형을 선고하는 것도 불이익변경금지원칙에 위배된다.

② 재심대상사건에서 징역형의 집행유예를 선고하였음에도 재심사건에서 원판결보다 주형을 경하게 하고, 집행유예를 없앤 경우는 형사소송법 제439조에 의한 불이익변경금지원칙에 위배된다.

해설 및 정답 ①~② 대법원 2016. 3. 24. 선고 2016도1131 판결 **정답** ○

07 [선택형] 상고심 법원에서 신상정보 제출의무를 새로 고지한 사건

불이익변경원칙에 관한 설명으로 옳은 것은? (다툼이 있는 경우 판례에 의함)

① 등록대상자의 신상정보 제출의무는 법원이 별도로 부과하는 것이 아니라 등록대상 성범죄로 유죄판결이 확정되면 성폭력처벌법의 규정에 따라 당연히 발생하는 것이다.

② 유죄판결을 선고하는 법원이 하는 신상정보 제출의무 등의 고지는 등록대상자에게 신상정보 제출의무가 있음을 알려 주는 것에 의미가 있을 뿐이다.

③ 법원이 유죄판결을 선고하면서 고지를 누락한 잘못이 있더라도 그 법원은 적법한 내용으로 다시 신상정보 제출의무를 고지할 수 있다.

④ 상급심 법원도 그 사유로 판결을 파기할 필요 없이 적법한 내용의 신상정보 제출의무 등을 새로 고지함으로써 잘못을 바로잡을 수 있다.

⑤ 상급심 법원에서 이와 같이 신상정보 제출의무 등을 새로 고지하더라도 형을 피고인에게 불리하게 변경하는 경우에 해당되지 아니한다.

해설 및 정답 ①~⑤ 대법원 2014. 12. 24. 선고 2014도13529 판결 [군인등강제추행・추행・폭행]

정답 ○

파워특강 불이익변경원칙 관련 변시기출문제 분석

- **약식명령과 정식재판** : 정식재판 형이 약식명령 형과 같거나 가볍지만, 죄명이나 적용법조가 불이익하게 변경된 경우(=불이익변경원칙 위배 아님-)
- **즉결심판과 정식재판** : 즉결심판에 대하여 피고인만이 정식재판을 청구한 경우(=불이익변경원칙 적용+)
- **징역형에 집행유예를 붙이면서 벌금형을 병과한 경우(=불이익변경원칙 위배+)**
- 형 집형면제판결에 대해 집행유예판결을 선고한 경우(=불이익변경원칙 위배 아님-)
- **환송판결도 불이익변경원칙이 적용됨** : 파기된 환송심 판결보다 중한 형을 선고할 수 없음
- 불이익변경금지의 원칙을 적용할 때 형의 경중을 판단하는 기준 : 부정기형 중 최장기형과 정기형 비교
- 피고인만 항소한 경우, 제1심에서 선고된 추징을 몰수로 변경한 경우(=불이익변경원칙 위배 아님-)
- 벌금형은 감경되었으나 그 환형유치기간이 길어진 경우(=불이익변경원칙 위배 아님-)
- 제1심에서 징역형의 집행유예를 선고한 데 대하여 제2심이 징역형의 형기를 단축하여 실형을 선고하는 경우(=불이익변경원칙 위배+)
- 재심대상사건에서 징역형의 집행유예를 선고하였음에도 **재심사건에서 원판결보다 주형을 경하게 하고 집행유예를 없앤 경우(=불이익변경원칙 위배+)**

문 53. 재심에 관한 설명 중 옳은 것은? (다툼이 있는 경우 판례에 의함)

출제예상내용
- 재심사유
- 재심대상
- 재심절차

사례문제 97 여순사건 당시 군법회의 판결에 대한 재심청구 사건

사례문제 98 형사재판에서 재심이 허용되는 대상 판결

사례문제 99 재심판결을 선고하여 확정된 경우, 종전의 확정판결 효력 상실

사례문제 100 재심판결 확정의 효력 범위

사례문제 101 항소심 법원에 유죄판결에 대한 재심 청구

중요

01 [선택형] 재심개시결정 후 재심심판의 대상 및 범위에 관한 사건 ★★★★★

대통령긴급조치9호위반, 반공법위반의 경합범으로 유죄판결이 확정된 후, 검사가 대통령긴급조치9호위반에 대하여 재심청구를 하여 재심개시결정이 있었는데, 원심이 반공법위반에 대하여도 재심사유가 있다고 보아 심리 후 전부 무죄판결을 선고하여 검사가 상고한 사건이다. 이에 관한 설명 중 옳은 것은? (다툼이 있는 경우 판례에 의함)

① 경합범 관계에 있는 수 개의 범죄사실 중 일부 범죄사실에 대하여 재심청구의 이유가 있어 재심개시결정이 있는 경우, 재심법원이 나머지 범죄사실에 대하여도 재심사유가 있다고 보아 심리 후 무죄판결을 선고할 수 없다.

② 재심의 심판범위에 대한 법리를 오해하여 판결에 영향을 미친 위법이 있다.

해설 및 정답 ①~② 대법원 2021. 7. 8. 선고 2021도2738 선고 [반공법위반] (바) 파기환송 **정답** ○

[판시사항] 경합범 관계에 있는 수 개의 범죄사실 중 일부 범죄사실에 대하여 재심청구의 이유가 있어 재심개시결정이 있는 경우, 재심법원이 나머지 범죄사실에 대하여도 재심사유가 있다고 보아 심리 후 무죄판결을 선고할 수 있는지 여부(소극)

[판결요지] 경합범 관계에 있는 수 개의 범죄사실을 유죄로 인정하여 한 개의 형을 선고한 불가분의 확정판결에서 그 중 일부의 범죄사실에 대하여만 재심청구의

이유가 있는 것으로 인정된 경우에는 형식적으로는 1개의 형이 선고된 판결에 대한 것이어서 그 판결 전부에 대하여 재심개시의 결정을 할 수밖에 없지만, 비상구제수단인 재심제도의 본질상 재심사유가 없는 범죄사실에 대하여는 재심개시결정의 효력이 그 부분을 형식적으로 심판의 대상에 포함시키는데 그치므로 재심법원은 그 부분에 대하여는 이를 다시 심리하여 유죄인정을 파기할 수 없고, 다만 그 부분에 관하여 새로이 양형을 하여야 하므로 양형을 위하여 필요한 범위에 한하여만 심리를 할 수 있을 뿐이다.

중요

02 [선택형] 대통령긴급조치 제9호 위반에 대한 면소판결에 재심을 구하는 사건

재항고인은 대통령긴급조치 제9호로 구속기소되었다가 위 긴급조치 제9호가 해제되어 범죄 후 개폐로 형이 폐지된 경우에 해당한다는 이유로 면소판결을 선고받았고 그 무렵 위 판결이 확정된 사안이다. 이에 관한 설명 중 옳은 것은? (다툼이 있는 경우 판례에 의함)

① 형사재판에서 재심은 형사소송법 제420조, 제421조 제1항의 규정에 의하여 유죄 확정판결 및 유죄판결에 대한 항소 또는 상고를 기각한 확정판결에 대하여만 허용된다. 면소판결은 유죄 확정판결이라 할 수 없으므로 면소판결을 대상으로 한 재심청구는 부적법하다.

해설 및 정답 대법원 2021. 4. 2. 자 2020모2071 결정 [재심결정에 대한 재항고] (차) 파기환송 **정답** ○

[**판시사항**] 면소판결을 대상으로 한 재심청구가 적법한지 여부(소극)

[**판결요지**] 형사재판에서 재심은 형사소송법 제420조, 제421조 제1항의 규정에 의하여 유죄 확정판결 및 유죄판결에 대한 항소 또는 상고를 기각한 확정판결에 대하여만 허용된다. 면소판결은 유죄 확정판결이라 할 수 없으므로 면소판결을 대상으로 한 재심청구는 부적법하다(대법원 2018. 5. 2. 자 2015모3243 결정 참조).

[**판결해설**] 원심은 위헌・무효인 긴급조치 제9호 위반으로 기소되었고 판결선고 전에 위 긴급조치 제9가 해제되어 면소판결을 받아 확정된 경우에는 예외적으로 면소판결을 재심의 대상으로 할 수 있다고 판단하였으나, 위와 같은 원심의 판단은 형사소송법 제420조에 관한 법리를 오해하여 재판에 영향을 미친 잘못이 있다는 이유로 파기환송한 사안임.

중요

03 [선택형] 출판물에 의한 명예훼손 등에 대한 유죄판결에 재심을 구하는 사건

재항고인들이 원심에서 문서송부촉탁신청을 하였는데 원심은 이에 대한 기각결정을 한 후 재항고인들에게 별도의 통지 없이 재항고인들의 즉시항고를 기각한 사안이다. 이에 관한 설명 중 옳은 것은? (다툼이 있는 경우 판례에 의함)

① 재심청구에 대한 재판에서는 형사본안절차와는 달리 소송당사자에게 사실조사신청권이 없으므로 위 기각결정을 통지하지 않더라도 위법하지 않다.

해설 및 정답 대법원 2021. 3. 12. 자 2019모3554 결정 [재심기각결정에대한재항고]

정답 ○

[판시사항] [1] 재심의 청구를 받은 법원은 당사자가 재심청구의 이유에 관하여 한 사실조사신청에 대하여 재판을 하여야 하는지 여부(소극) [2] 이 신청을 배척한 경우에는 당사자에게 이를 고지하여야 하는지 여부(소극) [3] 재심청구에 대한 재판에서 소송당사자에게 사실조사신청권이 있는지 여부(소극)

[판결요지] 재심의 청구를 받은 법원은 필요하다고 인정한 때에는 형사소송법 제431조에 의하여 직권으로 재심청구의 이유에 대한 사실조사를 할 수 있으나, 소송당사자에게 사실조사신청권이 있는 것이 아니다. 그러므로 당사자가 재심청구의 이유에 관한 사실조사신청을 한 경우에도 이는 단지 법원의 직권발동을 촉구하는 의미밖에 없는 것이다. 그러므로 법원은 이 신청에 대하여는 재판을 할 필요가 없다. 설령 법원이 이 신청을 배척하였다고 하여도 당사자에게 이를 고지할 필요가 없다.

[판결해설] 재항고인들의 주장을 배척한 원심결정을 수긍하고 재항고인들의 재항고를 기각함.

04 [선택형] 여순사건 당시 군법회의 판결에 대한 재심청구 사건

'여순사건' 당시 내란 및 국권문란 혐의로 군법회의에 회부되어 사형을 선고받고 그 판결에 따라 사형이 집행된 피고인들의 유족들이 그 후 위 판결(이하 '재심대상판결'이라 한다)에 대해 재심을 청구하여 재심개시결정이 있게 되자 검사가 재항고를 한 사안이다. 다음 설명으로 옳은 것은? (다툼이 있는 경우 판례에 의함)

① 형사소송법 제415조에서 정한 재항고의 절차는 형사소송법에 아무런 규정을 두고 있지 않다. 그러므로 성질상 상고에 관한 규정을 준용하여야 한다.

② 피고인들은 여순사건 당시 진압군이 순천지역을 회복한 후 군경에 의하여 반란군에 가담하거나 협조하였다는 혐의로 체포되어 감금되었다가 내란죄와 국권문란죄로 군법회의에 회부되어 유죄판결을 받았고, 피고인들을 체포·감금한 군경이 법원으로부터 구속영장을 발부받았어야 하는데도 이러한 구속영장 발부 없이 불법 체포·감금하였다고 인정하여 재심대상판결에 형사소송법 제422조, 제420조 제7호의 재심사유가 있다.

해설 및 정답 ①~② 대법원 2019. 3. 21. 자 2015모2229 결정 **정답** ○

사례문제 97 여순사건 당시 군법회의 판결에 대한 재심청구 사건

대법원 2019. 3. 21. 자 2015모2229 전원합의체 결정
[재심인용결정에 대한 재항고]

Q. '여순사건' 당시 내란 및 국권문란 혐의로 군법회의에 회부되어 사형을 선고받고 그 판결에 따라 사형이 집행된 피고인들의 유족들이 그 후 위 판결에 대해 재심을 청구하여 재심개시결정이 있게 되자 검사가 재항고를 한 사안에서, 위 재심대상판결에 형사소송법 제422조, 제420조 제7호의 재심사유가 있다고 본 원심판단이 정당하다고 한 사례.

05 [선택형] 1979년 10월 18일 계엄포고 제1호 사건

재심에 관한 설명으로 옳은 것은? (다툼이 있는 경우 판례에 의함)

① 형벌에 관한 법령이 헌법재판소의 위헌결정으로 소급하여 그 효력을 상실하였거나 법원에서 위헌·무효로 선언된 경우 그 법령을 적용하여 공소가 제기된 피고사건에 대해서는 형사소송법 제325조에 따라 무죄를 선고하여야 한다.

② 재심이 개시된 사건에서 형벌에 관한 법령이 재심판결 당시 폐지되었더라도 그 폐지가 당초부터 헌법에 위배되어 효력이 없는 법령에 대한 것이었다면 형사소송법 제325조 전단에서 규정하는 '범죄로 되지 아니한 때'의 무죄사유에 해당한다.

해설 및 정답 ①~② 대법원 2018. 11. 29. 선고 2016도14781 판결 **정답** ○

06 [선택형 · 사례형] 재심판결 기판력 ★★★★★

재심에 관한 설명으로 옳은 것은? (다툼이 있는 경우 판례에 의함)

① 유죄의 확정판결 등에 대해 재심개시결정이 확정된 후 재심심판절차가 진행 중이라는 것만으로는 확정판결의 존재 내지 효력을 부정할 수 없고, 재심개시결정이 확정되어 법원이 그 사건에 대해 다시 심리를 한 후 재심의 판결을 선고하고 그 재심판결이 확정된 때에 종전의 확정판결이 효력을 상실한다.

② **상습범으로 유죄의 확정판결(이하 앞서 저질러 재심의 대상이 된 범죄를 '선행범죄'라 한다)을 받은 사람이 그 후 동일한 습벽에 의해 범행을 저질렀는데(이하 뒤에 저지른 범죄를 '후행범죄'라 한다) 유죄의 확정판결에 대하여 재심이 개시된 경우, 동일한 습벽에 의한 후행범죄가 재심대상판결에 대한 재심판결 선고 전에 저질러진 범죄라 하더라도 재심판결의 기판력이 후행범죄에 미치지 않는다.**

해설 및 정답 ①~② 대법원 2019. 6. 20. 선고 2018도20698 전원합의체 판결 [특정범죄가중처벌등에관한법률위반(절도) · 여신전문금융업법위반] **정답** ○

07 [선택형 · 사례형] 긴급조치 제9호 위반 재심 사건

피고인이 위헌인 긴급조치 제9호에 의한 영장 없는 체포 · 구금에 따라 긴급조치위반 혐의가 아닌 다른 혐의에 관하여 유죄의 확정판결을 받은 사안이다. 재심에 관한 설명으로 옳은 것은? (다툼이 있는 경우 판례에 의함)

① 수사기관이 영장주의를 배제하는 위헌적 법령에 따라 영장 없는 체포·구금을 한 경우에도 불법체포·감금의 직무범죄가 인정되는 경우에 준하는 것으로 보아 형사소송법 제420조 제7호의 재심사유가 있다.

② 형사재판에서 재심은 형사소송법 제420조, 제421조 제1항의 규정에 의하여 유죄 확정판결 및 유죄판결에 대한 항소 또는 상고를 기각한 확정판결에 대하여만 허용된다. 면소판결은 유죄 확정판결이라 할 수 없으므로 면소판결을 대상으로 한 재심청구는 부적법하다.

③ 수사기관이 영장주의를 배제하는 위헌적 법령에 따라 체포·구금을 한 경우 비록 그것이 형식상 존재하는 당시의 법령에 따른 행위라고 하더라도 그 법령 자체가 위헌이라면 결과적으로 그 수사에 기초한 공소제기에 따른 유죄의 확정판결에는 수사기관이 형법 제124조의 불법체포·감금죄를 범한 경우와 마찬가지의 중대한 하자가 있다고 보아야 한다.

④ 긴급조치 제9호가 위헌인 이상 그에 따른 영장 없는 체포·구금에는 형법 제124조의 불법체포·감금죄를 범한 경우와 마찬가지의 중대한 하자가 있다고 보아 형사소송법 제420조 제7호의 재심사유를 인정한다.

해설 및 정답 ①~④ 대법원 2018. 5. 2. 자 2015모3243 결정 [재심일부인용결정에 대한재항고]

정답 ○

사례문제 98 형사재판에서 재심이 허용되는 대상 판결

대법원 2018. 5. 2. 자 2015모3243 결정
[재심일부인용결정에대한재항고]

Q. 형사재판에서 재심이 허용되는 대상 판결(=유죄 확정판결 및 유죄판결에 대한 항소 또는 상고를 기각한 확정판결) 및 면소판결을 대상으로 한 재심청구가 적법한지 여부(소극)

Q. 수사기관이 영장주의를 배제하는 위헌적 법령에 따라 영장 없는 체포·구금을 한 경우에도 불법체포·감금의 직무범죄가 인정되는 경우에 준하는 것으로 보아 형사소송법 제420조 제7호의 재심사유가 있다고 보아야 하는지 여부(적극)

판결요지

가. 형사재판에서 재심은 형사소송법 제420조, 제421조 제1항의 규정에 의하여 유죄 확정판결 및 유죄판결에 대한 항소 또는 상고를 기각한 확정판결에 대하여만 허용된다. 면소판결은 유죄 확정판결이라 할 수 없으므로 면소판결을 대상으로 한 재심청구는 부적법하다.

나. **수사기관이 영장주의를 배제하는 위헌적 법령에 따라 영장 없는 체포·구금을 한 경우에도 불법체포·감금의 직무범죄가 인정되는 경우에 준하는 것으로 보아 형사소송법 제420조 제7호의 재심사유가 있다고 보아야 한다.** 위와 같이

유추적용을 통하여 영장주의를 배제하는 위헌적 법령에 따라 영장 없는 체포·구금을 당한 국민에게 사법적 구제수단 중의 하나인 재심의 문을 열어놓는 것이 헌법상 재판받을 권리를 보장하는 헌법합치적 해석이다.

08 [선택형] 재심판결 확정 후 효력 판단 사건

피고인이 폭력행위 등 처벌에 관한 법률 위반(집단·흉기등재물손괴등)죄 등으로 징역 8월을 선고받아 판결이 확정되었다. 그런데 그 집행을 종료한 후 3년 내에 상해죄 등을 범하였다는 이유로 제1심과 원심에서 누범으로 가중처벌된 사안이다. 재심에 관한 설명으로 옳은 것은? (다툼이 있는 경우 판례에 의함)

① 유죄의 확정판결에 대하여 재심개시결정이 확정되어 법원이 그 사건에 대하여 다시 심판을 한 후 재심의 판결을 선고하고 그 재심판결이 확정된 때에는 종전의 확정판결은 당연히 효력을 상실한다.

② **피고인이 누범전과인 확정판결에 대해 재심을 청구하여,** 재심개시절차에서 재심대상판결 중 헌법재판소가 위헌결정을 선고하여 효력을 상실한 구 폭력행위 등 처벌에 관한 법률(2014. 12. 30. 법률 제12896호로 개정된 것) 제3조 제1항, 제2조 제1항 제1호, 형법 제366조를 적용한 부분에 헌법재판소법 제47조 제4항의 재심사유가 있다는 이유로 재심대상판결 전부에 대하여 재심개시결정이 이루어졌다. 상해죄 등 범행 이후 진행된 재심심판절차에서 징역 8월을 선고한 재심판결이 확정됨으로써 확정판결은 당연히 효력을 상실하였다. 그러므로 더 이상 상해죄 등 범행이 확정판결에 의한 형의 집행이 끝난 후 3년 내에 이루어진 것이 아니다.

해설 및 정답 ①~② 재심판결로 종전 확정판결 당연 효력 상실 판례. 대법원 2017. 9. 21. 선고 2017도4019 판결 [상해·공용물건손상·업무방해·특수폭행·공무집행방해·재물손괴·방실침입·협박·폭행·모욕] **정답** ○

사례문제 99 재심판결을 선고하여 확정된 경우, 종전 확정판결 효력 상실

대법원 2017. 9. 21. 선고 2017도4019 판결
[상해 · 공용물건손상 · 업무방해 · 특수폭행 · 공무집행방해 · 재물손괴 · 방실침입 · 협박 · 폭행 · 모욕]

Q. 유죄의 확정판결에 대한 재심개시결정이 확정되어 법원이 그 사건에 대하여 다시 심판을 한 후 재심판결을 선고하여 확정된 경우, 종전의 확정판결은 당연히 효력을 상실하는지 여부(적극)

Q. 피고인이 폭력행위등처벌에관한법률위반(집단・흉기등재물손괴등)죄 등으로 징역형을 선고받아 판결이 확정되었는데, 그 집행을 종료한 후 3년 내에 상해죄 등을 범하였다는 이유로 제1심 및 원심에서 누범으로 가중처벌된 사안에서, 피고인이 누범 전과인 확정판결에 대해 재심을 청구하여 재심대상판결 전부에 대하여 재심개시결정이 이루어졌고, 상해죄 등 범행 이후 진행된 재심심판절차에서 징역형을 선고한 재심판결이 확정됨으로써 확정판결은 당연히 효력을 상실하였으므로, 더 이상 상해죄 등 범행이 확정판결에 의한 형의 집행이 끝난 후 3년 내에 이루어진 것이 아니라고 한 사례

09 [선택형 · 사례형] 재심판결 확정의 효력 범위 사건

피고인은 간통죄 및 상해죄로 징역 1년에 집행유예 2년을 선고받았다. 그 판결이 확정된 후 집행유예가 실효되거나 취소됨이 없이 그 유예기간이 경과하였다. 이후 간통죄에 관한 위헌결정에 따라 개시된 이 사건 재심절차에서 제1심은 간통의 점에 대하여는 무죄를, 상해의 점에 대하여는 벌금형을 선고하고, 원심은 피고인의 항소를 기각하였다. 이에 대해 피고인이 상고한 사안이다. 재심에 관한 설명으로 옳은 것은? (다툼이 있는 경우 판례에 의함)

① 경합범 관계에 있는 수 개의 범죄사실을 유죄로 인정하여 1개의 형을 선고한 불가분의 확정판결에서 그중 일부의 범죄사실에 대하여만 재심청구의 이유가 있는 것으로 인정되었다. 그러나 형식적으로는 1개의 형이 선고된 판결에 대한 것이어서 그 판결 전부에 대하여 재심개시의 결정을 한 경우, 재심법원은 재심사유가 없는 범죄에 대하여는 새로이 양형을 하여야 하는 것이다. 그러므로 이를 헌법상 이중처벌금지의 원칙을 위반한 것이라고 할 수 없다. 다만 불이익변경의 금지 원칙이 적용되어 원판결의 형보다 중한 형을 선고하지 못할 뿐이다.

② 형사소송법은 유죄의 확정판결과 항소 또는 상고의 기각판결에 대하여 각 그 선고를 받은 자의 이익을 위하여 재심을 청구할 수 있다고 규정함으로써 피고인에게 이익이 되는 이른바 이익재심만을 허용하고 있다(제420조, 제421조 제1항). 그러한 이익재심의 원칙을 반영하여 제439조에서 "재심에는 원판결의 형보다 중한 형을 선고하지 못한다."라고 규정하고 있다. 그런데 이는 단순히 원판결보다 무거운 형을 선고할 수 없다는 원칙만을 의미하는 것이 아니라 실체적 정의를 실현하기 위하여 재심을 허용하지만 피고인의 법적 안정성을 해치지 않는 범위 내에서 재심이 이루어져야 한다는 취지이다.

③ 재심심판절차는 원판결의 당부를 심사하는 종전 소송절차의 후속절차가 아니라 사건 자체를 처음부터 다시 심판하는 완전히 새로운 소송절차로서 재심판결이 확정되면 원판결은 당연히 효력을 잃는다.

④ 원판결이 선고한 집행유예가 실효 또는 취소됨이 없이 유예기간이 지난 후에 새로운 형을 정한 재심판결이 선고되는 경우에도, 그 유예기간 경과로 인하여 원판결의 형 선고 효력이 상실되는 것은 원판결이 선고한 집행유예 자체의 법률적 효과로서 재심판결이 확정되면 당연히 실효될 원판결 본래의 효력일 뿐이다. 그러므로 이를 형의 집행과 같이 볼 수는 없다. 재심판결의 확정에 따라 원판결이 효력을 잃게 되는 결과 그 집행유예의 법률적 효과까지 없어진다 하더라도 재심판결의 형이 원판결의 형보다 중하지 않다면 불이익변경금지의 원칙이나 이익재심의 원칙에 반한다고 볼 수 없다.

해설 및 정답 ①~④ 대법원 2018. 2. 28. 선고 2015도15782 판결 **정답** ○

사례문제 100 재심판결 확정의 효력 범위

대법원 2018. 2. 28. 선고 2015도15782 판결
[상해]

Q. 경합범 관계에 있는 수 개의 범죄사실을 유죄로 인정하여 1개의 형을 선고한 불가분의 확정판결 중 일부 범죄사실에만 재심청구의 이유가 있으나 판결 전부에 대하여 재심개시결정을 한 경우, 재심법원이 재심사유가 없는 범죄에 대하여 새로이 양형을 하는 것이 헌법상 이중처벌금지 원칙에 반하는지 여부(소극)

Q. 이때 불이익변경금지 원칙이 적용되는지 여부(적극)

Q. 형사소송법 제439조에서 '재심에는 원판결의 형보다 중한 형을 선고하지 못한다'고 규정한 취지

Q. 재심심판절차의 성격 및 재심판결이 확정되면 원판결은 당연히 효력을 잃는지 여부(적극)와 재심판결 확정의 효력 범위

Q. 원판결이 선고한 집행유예가 실효 또는 취소됨이 없이 유예기간이 지난 후에 새로운 형을 정한 재심판결이 선고되고, 재심판결의 확정에 따라 원판결이 효력을 잃게 되는 결과 집행유예의 법률적 효과까지 없어졌으나 재심판결의 형이 원판결의 형보다 중하지 않은 경우, 불이익변경금지 원칙이나 이익재심 원칙에 반하는지 여부(소극)

10 [선택형 · 사례형] 항소심 법원에 유죄판결에 대한 재심 청구 사건

재심에 관한 설명으로 옳은 것은? (다툼이 있는 경우 판례에 의함)

① 소송촉진 등에 관한 특례법 제23조 특례 규정과 소송촉진법 제23조의2 제1항 재심 규정의 내용 및 입법 취지, 헌법 및 형사소송법에서 정한 피고인의 공정한 재판을 받을 권리 및 방어권의 내용, 적법절차를 선언한 헌법 정신, 귀책사유 없이 불출석한 상태에서 제1심과 항소심에서 유죄판결을 받은 피고인의 공정한 재판을 받을 권리를 실질적으로 보호할 필요성 등의 여러 사정들을 종합하여 보면, 특례 규정에 따라 진행된 제1심의 불출석 재판에 대하여 검사만 항소하고 항소심도 불출석 재판으로 진행한 후에 제1심 판결을 파기하고 새로 또는 다시 유죄판결을 선고하여 유죄판결이 확정된 경우에도, 재심 규정을 유추 적용하여 귀책사유 없이 제1심과 항소심의 공판절차에 출석할 수 없었던 피고인은 재심 규정이 정한 기간 내에 항소심 법원에 유죄판결에 대한 재심을 청구할 수 있다.

② 피고인이 재심을 청구하지 않고 상고권회복에 의한 상고를 제기하여 위 사유를 상고이유로 주장한다면, 이는 형사소송법 제383조 제3호에서 상고이유로 정한 원심판결에 '재심청구의 사유가 있는 때'에 해당한다고 볼 수 있으므로 원심판결에 대한 파기사유가 될 수 있다.

③ 위 사유로 파기되는 사건을 환송받아 다시 항소심 절차를 진행하는 원심으로

서는 피고인의 귀책사유 없이 특례 규정에 의하여 제1심이 진행되었다는 파기환송 판결 취지에 따라, 제1심 판결에 형사소송법 제361조의5 제13호의 항소이유에 해당하는 재심 규정에 의한 재심청구의 사유가 있어 직권 파기사유에 해당한다고 보고, 다시 공소장 부본 등을 송달하는 등 새로 소송절차를 진행한 다음 새로운 심리 결과에 따라 다시 판결을 하여야 한다.

해설 및 정답 ①~③ 대법원 2015. 6. 25. 선고 2014도17252 판결 **정답** ○

사례문제 101 항소심 법원에 유죄판결에 대한 재심 청구

대법원 2015. 6. 25. 선고 2014도17252 전원합의체 판결
[폭행·공무집행방해·사기]

Q. 소송촉진 등에 관한 특례법 제23조에 따라 진행된 제1심의 불출석 재판에 대하여 검사만 항소하고 항소심도 불출석 재판으로 진행한 후에 제1심 판결을 파기하고 새로 또는 다시 유죄판결을 선고하여 유죄판결이 확정된 경우, 같은 법 제23조의2 제1항을 유추 적용하여 항소심 법원에 재심을 청구할 수 있는지 여부(적극)

Q. 이때 피고인이 상고권회복에 의한 상고를 제기하여 위 사유를 상고이유로 주장하는 경우, 형사소송법 제383조 제3호에서 상고이유로 정한 원심판결에 '재심청구의 사유가 있는 때'에 해당하는지 여부(적극)

Q. 위 사유로 파기되는 사건을 환송받아 다시 항소심 절차를 진행하는 원심이 취해야 할 조치

11 [선택형] 재심사건 관할

재심에 대한 설명으로 옳은 것은? (다툼이 있는 경우 판례에 의함)

① 군사법원의 판결이 확정된 후 피고인에 대한 재판권이 더 이상 군사법원에 없게 된 경우에 **군사법원의 판결에 대한 재심사건 관할은 원판결을 한 군사법원과 같은 심급의 일반법원에 있다.** '군사법원과 같은 심급의 일반법원'은 법원조직법과 형사소송법에 규정된 추상적 기준에 따라 획일적으로 결정하여야 한다.

해설 및 정답 대법원 2020. 6. 26. 자 2019모3197 결정 [재심기각결정에 대한 재항고] **정답** ○

제3부

실전연습문제 133선

1. 형법 총론
2. 형법 각론
3. 특별 형법
4. 형사소송법 수사
5. 형사소송법 증거
6. 형사소송법 기초이론·공소·공판·재판

실전연습문제 133선 · 답안작성 방법

실전연습문제 133선은 2022년 · 2023년 · 2024년 · 2025년 6월 30일까지 대법원이 선고한 판례를 정선하여 선택형으로 다듬은 문제이다. 형법총론 · 형법각론 · 특별형법에서 70개, 형사소송법 수사 · 증거 · 기초이론 · 공소 · 공판 · 재판에서 63개를 뽑았다. 해설은 선택형 · 사례형 · 기록형을 대비하여 쟁점과 판결요지를 상세하게 실었다. 2026년 제15회 변호사시험 형사법 시험 준비에 큰 도움이 될 것이다. 실전연습문제 133선과 법전협의회 표준판례를 용도에 맞게 정밀하게 정리하면 변시 대비로 충분하다고 생각한다. 시험장에서 익숙한 문장을 접하면 큰 자신감을 얻게 될 것이다. 사실관계와 문제 지문을 여러 번 읽고 필사하고, 판결요지를 명확하게 암송하길 바란다. 2026년 제15회 변호사시험 형사법 시험에서 선택형 · 사례형 · 기록형 포함하여 모의고사보다 총점 30점을 더 높이면 아마도 합격할 것이다. • 仁德

2024년 11월 22일 자 법무부장관의 공고문을 보면,

「2024. 7. 1. 이후」 선고된 판례는 출제범위에서 제외한다.

2026년 1월 시행 제15회 변호사시험 출제범위

2025년 6월 30일까지 선고된 대법원 판례에서 출제된다.
형법 · 형사소송법 · 특별형법 중요한 법리(法理論)는 반복된다.
대법원 전원합의체 판결은 쟁점 다툼이 심하다. 그래서 중요하다.
대법원 전원합의체는 판례변경을 시도한다. 실제 판례변경도 한다.

대법원 전원합의체 판결은 100% 출제된다.

(1) 선택형
(2) 사례형
(3) 기록형
(4) 쟁점 · 법리 · 판결문 정문은 각 3줄씩 간단명료하게 더 쓴다.
(5) 형사법 고득점 답안 특징은 각 쟁점에서 1점을 더 받는다.
(6) 쟁점이 20개 이상이면, 전체 20점이 차이가 난다.
(7) 쟁점 이탈 · 내용 빈약 · 판결요지 누락 · 결론 오류를 조심한다.

대법원 판례공보 중요 판결 공부 방법

(1) 사실관계
(2) 법조문 · 쟁점 · 학설 · 사견
(3) 판결요지
(4) 결론
(5) 답안작성방법
 ① 법조문(法條文)은 강력한 논거이다.
 ② 쟁점(爭點)은 해석 다툼이 있는 문제 지점이다.
 ③ 학설(學說)은 해석방법 대립이다. 유죄 · 무죄 주장이다.
 ④ 사견(私見)은 쟁점 법리에 대한 내 견해이다.
 ⑤ 대법원 판결은 해석방법(解釋方法) 통일이다.

1 형법 총론

01 ★★★★★ **[선택형 · 사례형] 도로교통법 · 유리한 법률 변경 신법 적용 · 동기설 폐지(=법률이념 변경설 폐지) · 전동킥보드 음주운전 사건**

피고인은 도로교통법 위반(음주운전)죄로 4회 처벌받은 전력이 있음에도 2020. 1. 5. 혈중알코올농도 0.209%의 술에 취한 상태로 전동킥보드를 운전하였다. 도로교통법(음주운전)에 관한 설명 중 옳은 것은? (다툼이 있는 경우 판례에 의함)
대법원은 전원합의체 판결을 통하여, 형법 제1조 제2항과 형사소송법 제326조 제4호는 종래의 처벌 자체가 부당하였다거나 또는 과형이 과중하였다는 반성적 고려에서 법령을 변경하였을 경우에만 적용된다고 한 대법원 1963. 1. 31. 선고 62도257 판결 등 종래 대법원 판례 법리(이른바 '동기설')를 변경하여, 범죄의 성립과 처벌에 관하여 규정한 형벌법규 자체 또는 그로부터 수권 내지 위임을 받은 법령의 변경에 따라 범죄를 구성하지 아니하게 되거나 형이 가벼워진 경우에는 반성적 고려에 따라 변경된 것인지 여부를 따지지 않고 원칙적으로 형법 제1조 제2항과 형사소송법 제326조 제4호가 적용된다고 판시하였다.

① 범죄 후 법률이 변경되어 그 행위가 범죄를 구성하지 아니하게 되거나 형이 구법보다 가벼워진 경우에는 신법에 따라야 하고(형법 제1조 제2항), 범죄 후의 법령 개폐로 형이 폐지되었을 때는 판결로써 면소의 선고를 하여야 한다(형사소송법 제326조 제4호). 이러한 형법 제1조 제2항과 형사소송법 제326조 제4호의 규정은 입법자가 법령의 변경 이후에도 종전 법령 위반행위에 대한 형사처벌을 유지한다는 내용의 경과규정을 따로 두지 않는 한 그대로 적용되어야 한다.

② 범죄의 성립과 처벌에 관하여 규정한 형벌법규 자체 또는 그로부터 수권 내지 위임을 받은 법령의 변경에 따라 범죄를 구성하지 아니하게 되거나 형이 가벼워진 경우에는, 종전 법령이 범죄로 정하여 처벌한 것이 부당하였다거나 과형이 과중하였다는 반성적 고려에 따라 변경된 것인지 여부를 따지지 않고 원칙적으로 형법 제1조 제2항과 형사소송법 제326조 제4호가 적용된다.

③ 형벌법규가 대통령령, 총리령, 부령과 같은 법규명령이 아닌 고시 등 행정규칙 · 행정명령, 조례 등(이하 '고시 등 규정'이라고 한다)에 구성요건의 일부를 수권 내지 위임한 경우에도 이러한 고시 등 규정이 위임입법의 한계를 벗어나지 않는 한 형벌법규와 결합하여 법령을 보충하는 기능을 하는 것이므로, 그 변경에 따라 범죄를 구성하지 아니하게 되거나 형이 가벼워졌다면 마찬가

지로 형법 제1조 제2항과 형사소송법 제326조 제4호가 적용된다.

④ 형벌법규 자체 또는 그로부터 수권 내지 위임을 받은 법령이 아닌 다른 법령이 변경된 경우 형법 제1조 제2항과 형사소송법 제326조 제4호를 적용하려면, 해당 형벌법규에 따른 범죄의 성립 및 처벌과 직접적으로 관련된 형사법적 관점의 변화를 주된 근거로 하는 법령의 변경에 해당하여야 하므로, 이와 관련이 없는 법령의 변경으로 인하여 해당 형벌법규의 가벌성에 영향을 미치게 되는 경우에는 형법 제1조 제2항과 형사소송법 제326조 제4호가 적용되지 않는다.

⑤ 법령이 개정 내지 폐지된 경우가 아니라, 스스로 유효기간을 구체적인 일자나 기간으로 특정하여 효력의 상실을 예정하고 있던 법령이 그 유효기간을 경과함으로써 더 이상 효력을 갖지 않게 된 경우도 형법 제1조 제2항과 형사소송법 제326조 제4호에서 말하는 법령의 변경에 해당한다고 볼 수 없다.

⑥ 법률 개정은 구성요건을 규정한 형벌법규 자체의 개정에 따라 형이 가벼워진 경우에 해당하므로 종전 법령이 반성적 고려에 따라 변경된 것인지 여부를 따지지 않고 형법 제1조 제2항을 적용하여야 하고, 따라서 이 부분 공소사실은 원심판결 후 시행된 위 법률 개정을 반영하여 신법인 도로교통법 제156조 제11호로 처벌할 수 있을 뿐이다.

해설 및 정답 ①~⑥ 대법원 2022. 12. 22. 선고 2020도16420 전원합의체 판결 [사기 · 전자금융거래법위반 · 교통사고처리특례법위반(치상) · 도로교통법위반(무면허운전) · 도로교통법위반(음주운전)] (차) 파기환송 〈전동킥보드 음주운전 행위에 대하여 구 도로교통법위반(음주운전)죄로 기소된 사안에서, 재판 진행 중 개정 도로교통법(2020. 6. 9. 법률 제17371호로 개정된 것, 이하 같다)의 시행에 따라 법정형이 종전보다 가벼워진 사안〉 **정답** ○

[판시사항] [1] 범죄의 성립과 처벌에 관하여 규정한 형벌법규 자체 또는 그로부터 수권 내지 위임을 받은 법령의 변경에 따라 범죄를 구성하지 아니하게 되거나 형이 가벼워진 경우, 종전 법령이 범죄로 정하여 처벌한 것이 부당하였다거나 과형이 과중하였다는 반성적 고려에 따라 변경된 것인지를 따지지 않고 원칙적으로 형법 제1조 제2항과 형사소송법 제326조 제4호가 적용되는지 여부(적극) / 이러한 법리는, 형벌법규가 고시 등 행정규칙 · 행정명령, 조례 등에 구성요건의 일부를 수권 내지 위임한 경우에도 그 고시 등 규정이 위임입법의 한계를 벗어나지 않는 한 마찬가지인지 여부(적극) / 해당 형벌법규 자체 또는 그로부터 수권 내

지 위임을 받은 법령이 아닌 다른 법령이 변경된 경우, 형법 제1조 제2항과 형사소송법 제326조 제4호를 적용하기 위한 요건 / 스스로 유효기간을 구체적인 일자나 기간으로 특정하여 효력의 상실을 예정하고 있던 법령이 그 유효기간을 경과함으로써 더 이상 효력을 갖지 않게 된 경우가 형법 제1조 제2항과 형사소송법 제326조 제4호에서 말하는 '법령의 변경'에 해당하는지 여부(소극)

☞ 한시법에서 유효기간 경과(=법령 변경에 해당하지 않음. 동기설 폐지로 볼 수 있음)

[2] 피고인이 도로교통법 위반(음주운전)죄로 처벌받은 전력이 있음에도 술에 취한 상태로 전동킥보드를 운전하였다고 하여 구 도로교통법 위반(음주운전)으로 기소되었는데, 구 도로교통법이 개정되어 원심판결 선고 후에 개정 도로교통법이 시행되면서 제2조 제19호의2 및 제21호의2에서 전동킥보드와 같은 '개인형 이동장치'와 이를 포함하는 '자전거 등'에 관한 정의규정을 신설함에 따라 개인형 이동장치 음주운전 행위는 자동차 등 음주운전 행위를 처벌하는 제148조의2의 적용 대상에서 제외되는 한편 자전거 등 음주운전 행위를 처벌하는 제156조 제11호가 적용되어 법정형이 종전보다 가볍도록 법률이 변경되고 별도의 경과규정은 두지 않은 사안에서, 이러한 법률 개정은 구성요건을 규정한 형벌법규 자체의 개정에 따라 형이 가벼워진 경우에 해당함이 명백하므로, 종전 법령이 반성적 고려에 따라 변경된 것인지를 따지지 않고 형법 제1조 제2항에 따라 신법인 도로교통법 제156조 제11호, 제44조 제1항으로 처벌할 수 있을 뿐이라는 이유로, 행위시법인 구 도로교통법 제148조의2 제1항, 도로교통법 제44조 제1항을 적용하여 공소사실을 유죄로 인정한 원심판결은 더 이상 유지될 수 없다고 한 사례.

[판결요지] [1] [다수의견] 범죄 후 법률이 변경되어 그 행위가 범죄를 구성하지 아니하게 되거나 형이 구법보다 가벼워진 경우에는 신법에 따라야 하고(형법 제1조 제2항), 범죄 후의 법령 개폐로 형이 폐지되었을 때는 판결로써 면소의 선고를 하여야 한다(형사소송법 제326조 제4호). 이러한 형법 제1조 제2항과 형사소송법 제326조 제4호의 규정은 입법자가 법령의 변경 이후에도 종전 법령 위반행위에 대한 형사처벌을 유지한다는 내용의 경과규정을 따로 두지 않는 한 그대로 적용되어야 한다. **· 신법우선원칙(=유리한 신법 적용)**

따라서 범죄의 성립과 처벌에 관하여 규정한 형벌법규 자체 또는 그로부터 수권 내지 위임을 받은 법령의 변경에 따라 범죄를 구성하지 아니하게 되거나 형이 가벼워진 경우에는, 종전 법령이 범죄로 정하여 처벌한 것이 부당하였다거나 과형이 과중하였다는 반성적 고려에 따라 변경된 것인지 여부를 따지지 않고 원칙적으로 형법 제1조 제2항과 형사소송법 제326조 제4호가 적용된다. **· 동기설 폐지(=① 범죄 미구성 또는 형이 가벼워진 경우, 반성적 고려 따른 변경 여부(=동기설)과 상관없이 무조건 신법을 적용하고, 범죄미구성은 면소판결을 선고함)**

형벌법규가 대통령령, 총리령, 부령과 같은 법규명령이 아닌 고시 등 행정규칙·행정명령, 조례 등(이하 '고시 등 규정'이라고 한다)에 구성요건의 일부를 수권 내지 위임한 경우에도 이러한 고시 등 규정이 위임입법의 한계를 벗어나지 않는 한 형벌법규와 결합하여 법령을 보충하는 기능을 하는 것이므로, 그 변경에 따라 범죄를 구성하지 아니하게 되거나 형이 가벼워졌다면 마찬가지로 형법 제1조 제2항과 형사소송법 제326조 제4호가 적용된다. **・위임입법인 경우에도 동기설 폐지(=신법 적용 또는 범죄미구성은 면소판결)**

그러나 해당 형벌법규 자체 또는 그로부터 수권 내지 위임을 받은 법령이 아닌 다른 법령이 변경된 경우 형법 제1조 제2항과 형사소송법 제326조 제4호를 적용하려면, 해당 형벌법규에 따른 범죄의 성립 및 처벌과 직접적으로 관련된 형사법적 관점의 변화를 주된 근거로 하는 법령의 변경에 해당하여야 하므로, **・범죄 성립과 처벌에 직접 관련성 있는 법령 변경(=형법 제1조 제2항과 형사소송법 제326조 제4호 적용함)**

이와 관련이 없는 법령의 변경으로 인하여 해당 형벌법규의 가벌성에 영향을 미치게 되는 경우에는 형법 제1조 제2항과 형사소송법 제326조 제4호가 적용되지 않는다. **・범죄 성립과 처벌에 직접 관련성 없는 법령 변경(=형법 제1조 제2항과 형사소송법 제326조 제4호 적용 불가)**

한편 법령이 개정 내지 폐지된 경우가 아니라, 스스로 유효기간을 구체적인 일자나 기간으로 특정하여 효력의 상실을 예정하고 있던 법령이 그 유효기간을 경과함으로써 더 이상 효력을 갖지 않게 된 경우도 형법 제1조 제2항과 형사소송법 제326조 제4호에서 말하는 법령의 변경에 해당한다고 볼 수 없다. **・동기설 폐지(=범죄 성립과 처벌에 직접 관련성 있는 법령 변경으로 보지 않음. 형법 제1조 제2항과 형사소송법 제326조 제4호 적용에서 제외함. 행위시법에 따라 처벌함)**

☞ [판결해설] 대상판결은 전동킥보드 음주운전 행위에 대하여 구 도로교통법위반(음주운전)죄로 기소된 사안이다. 재판 진행 중 개정 도로교통법(2020. 6. 9. 법률 제17371호로 개정된 것, 이하 같다)의 시행에 따라 법정형이 종전보다 가벼워진 사안이다. 신법을 적용하고, 범죄를 구성하지 않는다면 면소판결을 선고하면 된다.

☞ [판결평석] 그런데 왜 이 사안에서 한시법과 동기설 폐지 법리가 등장하는 지 이해하기 어렵다. 이 사안은 한시법 사안이 아니다. 일반법과 한시법 할 것 없이 「형사법적 변화」라는 법률 변경을 강조하다 보니, 불필요한 설명까지 나온 듯하다.

02 ★★★★★ [선택형・사례형] 범죄 후 법률변경

피고인은 '2020. 10. 9. 음주의 영향으로 정상적인 운전이 곤란한 상태에서 전동킥보드를 운전하여 사람을 상해에 이르게 하였다.'
피고인의 위 범행 이후인 2020. 12. 10. 시행된 개정 도로교통법은 전동킥보드와 같은 '개인형 이동장치'에 관한 규정을 신설하면서, 이를 원동기장치자전거가 포함된 제2조 제21호의 '자동차 등'이 아닌 동조 제21호의2의 '자전거 등'으로 분류하였다. 검사는 피고인을 특정범죄 가중처벌 등에 관한 법률 위반(위험운전치상) 제5조의11 제1항 등의 공소사실로 기소하였다. 이에 관한 설명 중 옳은 것은? (다툼이 있는 경우 판례에 의함)

① 구 특정범죄 가중처벌 등에 관한 법률(2022. 12. 27. 법률 제19104호로 개정되기 전의 것, 이하 '구 특정범죄가중법'이라 한다) 제5조의3 제1항, 제5조의11 제1항은 음주 또는 약물의 영향으로 정상적인 운전이 곤란한 상태에서 도로교통법 제2조에 규정된 자동차 또는 원동기장치자전거를 운전하여 사람을 상해에 이르게 한 사람을 처벌하도록 규정하고 있다.

② 구 도로교통법(2020. 6. 9. 법률 제17371호로 개정되기 전의 것, 이하 '구 도로교통법'이라 한다) 제2조 제19호 (나)목은 '배기량 50시시 미만(전기를 동력으로 하는 경우에는 정격출력 0.59킬로와트 미만)의 원동기를 단 차(자전거 이용 활성화에 관한 법률 제2조 제1호의2에 따른 전기자전거는 제외한다)'를 원동기장치자전거 중 일부로 규정하였고, 전동킥보드는 위 규정에 따라 원동기장치자전거에 해당하였다. 그런데 구 도로교통법이 2020. 6. 9. 법률 제17371호로 개정되어 2020. 12. 10. 개정 도로교통법이 시행되면서 제2조 제19호의2 및 제21호의2에서 전동킥보드와 같은 "개인형 이동장치"와 이를 포함하는 "자전거 등"에 관한 정의규정을 신설하였다. 이에 따라 개인형 이동장치는 개정 도로교통법 제2조 제21호의 "자동차 등"이 아닌 같은 조 제21호의2의 "자전거 등"에 해당하게 되었다.

③ 그러나 개정 도로교통법 제2조 제19호의2는 "개인형 이동장치"란 제19호 (나)목의 원동기장치자전거 중 시속 25킬로미터 이상으로 운행할 경우 전동기가 작동하지 아니하고 차체 중량이 30킬로그램 미만인 것으로서 행정안전부령으로 정하는 것을 말한다고 규정함으로써 그 문언상 원동기장치자전거 내에 개인형 이동장치가 포함되어 있음을 알 수 있다. 또한 개정 도로교통법 제17조 제1항, 제50조 제3항 등 여러 규정을 보더라도 개인형 이동장치가 원동기장치자전거 내에 포함됨을 전제로 이를 위 각 규정의 적용 대상에서 제외하는 방식을 취하고 있고, 개정 도로교통법 제13조의2, 제15조의2 등 기존의 자전거의 통행방법 등에 관한 규정에 개인형 이동장치까지 포함하도록 정하고 있다.

④ 이러한 점을 고려하면 전동킥보드와 같은 개인형 이동장치는 원동기장치자전거와는 다른 별개의 개념이 아니라 원동기장치자전거에 포함되고, 다만 개정 도로교통법은 통행방법 등에 관하여 개인형 이동장치를 자전거에 준하여 규

율하면서 입법기술상의 편의를 위해 이를 "자전거 등"으로 분류하였다고 보는 것이 타당하다.

⑤ 이러한 개정 도로교통법의 문언 · 내용 · 체계에다가 도로교통법 및 특정범죄가중법의 입법 목적과 보호법익, 전동킥보드와 같은 개인형 이동장치에 대한 특정범죄가중법상의 규율 및 처벌의 필요성 등을 고려해 보면, 구 특정범죄가중법 제5조의11 제1항에서의 '원동기장치자전거'에는 전동킥보드와 같은 개인형 이동장치도 포함된다고 판단되고, 비록 개정 도로교통법이 전동킥보드와 같은 개인형 이동장치에 관한 규정을 신설하면서 이를 "자동차 등"이 아닌 "자전거 등"으로 분류하였다고 하여 이를 형법 제1조 제2항의 '범죄 후 법률이 변경되어 그 행위가 범죄를 구성하지 아니하게 된 경우'라고 볼 수는 없다.

해설 및 정답 ①~⑤ 대법원 2023. 6. 29. 선고 2022도13430 판결 [특정범죄가중처벌등에관한법률위반(위험운전치상) · 도로교통법위반(음주운전)] 〈전동킥보드와 같은 개인형 이동장치가 구 「특정범죄 가중처벌 등에 관한 법률」 제5조의11 제1항의 '원동기장치자전거'에 해당하는지 여부가 문제된 사건〉 [공2023하, 1411] **정답** ○

[판시사항] 구 특정범죄 가중처벌 등에 관한 법률 제5조의11 제1항에서의 '원동기장치자전거'에 전동킥보드와 같은 개인형 이동장치가 포함되는지 여부(적극) 및 2020. 6. 9. 법률 제17371호로 개정되어 2020. 12. 10. 시행된 도로교통법이 전동킥보드와 같은 개인형 이동장치에 관한 규정을 신설하면서 이를 '자동차 등'이 아닌 '자전거 등'으로 분류한 것이 형법 제1조 제2항의 '범죄 후 법률이 변경되어 그 행위가 범죄를 구성하지 아니하게 된 경우'에 해당하는지 여부(소극)

03 ★★★★★ [선택형 · 사례형] 범죄 후 법률변경

법무사인 피고인이 개인파산 · 회생사건 관련 법률사무를 위임받아 취급하여 변호사법 제109조 제1호 위반으로 기소되었다. 범행 이후인 2020. 2. 4. 법률 제16911호로 법무사법 제2조 제1항 제6호가 개정되었다. '개인의 파산사건 및 개인회생사건 신청의 대리'가 법무사의 업무로 추가되었다. 검사는 피고인을 변호사법 제109조 제1호 · 구 법무사법(2020. 2. 4. 법률 제16911호로 개정되기 전의 것) 제2조 · 법무사법 제2조 제1항 제6호 변호사법 위반죄로 기소하였다. 이에 관한 설명 중 옳은 것은? (다툼이 있는 경우 판례에 의함)

① 범죄 후 법률이 변경되어 그 행위가 범죄를 구성하지 아니하게 되거나 형이 구법보다 가벼워진 경우에는 신법에 따라야 하고(형법 제1조 제2항), 범죄

후의 법령 개폐로 형이 폐지되었을 때는 판결로써 면소의 선고를 하여야 한다(형사소송법 제326조 제4호).

② 이러한 형법 제1조 제2항과 형사소송법 제326조 제4호의 규정은 입법자가 법령의 변경 이후에도 종전 법령 위반행위에 대한 형사처벌을 유지한다는 내용의 경과규정을 따로 두지 않는 한 그대로 적용되어야 한다.

③ 따라서 범죄의 성립과 처벌에 관하여 규정한 형벌법규 자체 또는 그로부터 수권 내지 위임을 받은 법령의 변경에 따라 범죄를 구성하지 아니하게 되거나 형이 가벼워진 경우에는, 종전 법령이 범죄로 정하여 처벌한 것이 부당하였다거나 과형이 과중하였다는 반성적 고려에 따라 변경된 것인지 여부를 따지지 않고 원칙적으로 형법 제1조 제2항과 형사소송법 제326조 제4호가 적용된다.

④ 그러나 해당 형벌법규 자체 또는 그로부터 수권 내지 위임을 받은 법령이 아닌 다른 법령이 변경된 경우 형법 제1조 제2항과 형사소송법 제326조 제4호를 적용하려면, 해당 형벌법규에 따른 범죄의 성립 및 처벌과 직접적으로 관련된 형사법적 관점의 변화를 주된 근거로 하는 법령의 변경에 해당하여야 하므로, 이와 관련이 없는 법령의 변경으로 인하여 해당 형벌법규의 가벌성에 영향을 미치게 되는 경우에는 형법 제1조 제2항과 형사소송법 제326조 제4호가 적용되지 않는다.

⑤ 즉, 해당 형벌법규 자체 또는 그로부터 수권 내지 위임을 받은 법령이 아닌 다른 법령이 변경된 경우에는 해당 형벌법규에 따른 범죄 성립의 요건과 구조, 형벌법규와 변경된 법령과의 관계, 법령 변경의 내용 · 경위 · 보호목적 · 입법 취지 등을 종합적으로 고려하여, 법령의 변경이 해당 형벌법규에 따른 범죄의 성립 및 처벌과 직접적으로 관련된 형사법적 관점의 변화를 주된 근거로 한다고 해석할 수 있을 때 형법 제1조 제2항과 형사소송법 제326조 제4호를 적용할 수 있다.

해설 및 정답 ①~⑤ 대법원 2023. 2. 23. 선고 2022도4610 판결 [변호사법위반] 〈개인파산사건 및 개인회생사건 신청 대리가 법무사의 업무로 추가된 법무사법 개정이 형법 제1조 제2항 및 형사소송법 제326조 제4호가 적용되는 사안에 해당하는지에 관한 사건〉 [공2023상, 636]

정답 ○

[판시사항] [1] 범죄의 성립과 처벌에 관하여 규정한 형벌법규 자체 또는 그로부터 수권 내지 위임을 받은 법령의 변경에 따라 범죄를 구성하지 아니하게 되거나 형이 가벼워진 경우, 원칙적으로 형법 제1조 제2항과 형사소송법 제326조 제4호가 적용되는지 여부(적극) / 해당 형벌법규 자체 또는 그로부터 수권 내지 위임을 받은 법령이 아닌 다른 법령이 변경된 경우에 형법 제1조 제2항과 형사소송법 제326조 제4호를 적용하려면, 해당 형벌법규에 따른 범죄의 성립 및 처벌과 직접적으로 관련된 형사법적 관점의 변화를 주된 근거로 하는 법령의 변경에 해당하여야 하는지 여부(적극) 및 그러한 법령 변경에 해당하는지 판단하는 기준
[2] 법무사인 피고인이 개인파산·회생사건 관련 법률사무를 위임받아 취급하여 변호사법 제109조 제1호 위반으로 기소되었는데, 범행 이후인 2020. 2. 4. 개정된 법무사법 제2조 제1항 제6호에 의하여 '개인의 파산사건 및 개인회생사건 신청의 대리'가 법무사의 업무로 추가된 사안에서, 위 법무사법 개정은 범죄사실의 해당 형벌법규 자체인 변호사법 제109조 제1호 또는 그로부터 수권 내지 위임을 받은 법령이 아닌 별개의 다른 법령의 개정에 불과하고, 변호사법 제109조 제1호 위반죄의 성립 요건과 구조를 살펴보더라도 법무사법 제2조의 규정이 보충규범으로서 기능하고 있다고 보기 어려운 점 등을 종합하면, 위 법무사법 개정은 형사법적 관점의 변화를 주된 근거로 하는 법령의 변경에 해당하지 않는다고 한 사례.

04 ★★★★★ [선택형 · 사례형] 인과관계와 객관적 귀속

피고인은 제한속도 30km/h인 톨게이트 하이패스 구간을 약 62km/h의 속도로 진행하다가 자동차전용도로 진입을 피하기 위하여 안전지대를 가로질러 운행하였다. 이때 피고인은 피고인의 진행방향 왼쪽에서 오른쪽으로 차로를 변경하던 피해자 운행의 오토바이를 들이받아 피해자에게 상해를 입게 하였다. 검사는 피고인을 교통사고처리특례법위반(치상)죄로 기소하였다. 인과관계에 관한 설명 중 옳은 것은? (다툼이 있는 경우 판례에 의함)

① 차량의 안전지대 횡단은 일반적으로 금지되어 있으므로, 안전지대의 표시에도 불구하고 차량의 안전지대 횡단이 특별히 허용되고 있었던 사정이 인정되지 않는 한 안전지대 옆을 통과하는 차량의 운전자로서는 그 부근을 운행하는 다른 차량이 위 안전지대를 횡단하여 자기차량의 진로 앞에 달려드는 일은 없으리라고 신뢰하는 것이 당연한 것이므로, 안전지대를 횡단하려는 차량을 상당한 거리에서 미리 발견하여 안전지대의 횡단을 예상할 수 있는 특별한 사정이 없는 한, 운전자에게 위 안전지대를 횡단하여 오는 차량이 있을 것을 미리 예상하고 운전할 업무상 주의의무를 기대할 수는 없다.

② 운전자가 제한속도를 지키며 진행하였더라면 피해자를 발견한 후에 충돌을 피할 수 있었다는 등의 사정이 없는 한 피고인이 제한속도를 초과하여 과속으로 진행한 잘못이 있다 하더라도 그러한 잘못과 교통사고의 발생 사이에 상당인과관계가 있다고 볼 수는 없다.

③ 「교통사고처리 특례법」(이하 '교통사고처리법'이라 한다) 제3조 제2항 제3호, 제4조 제1항 제1호의 규정에 의하면, 제한속도를 시속 20km 초과하여 운전한 경우에는 교통사고처리법 제4조 제1항 소정의 보험 또는 공제에 가입한 경우에도 공소를 제기할 수 있다할 것이나, 여기서 제한속도를 시속 20km 초과하여 운전한 경우라 함은 제한속도 위반행위가 교통사고 발생의 직접적인 원인이 된 경우를 말한다.

④ 제한속도 위반행위가 교통사고 발생의 직접적인 원인이 아니라면 교통사고가 제한속도를 위반한 운전 중에 일어났다고 하여 모두 이에 포함되는 것은 아니다.

⑤ 피고인이 제한속도(시속 30km)를 초과한 시속 약 62km로 진행한 업무상 과실이 인정되고, '제한속도 시작지점'부터 제한속도를 준수하며 진행하였더라면 충돌위험 인지 지점에 이르기 전에 미리 오토바이가 주행 차로로 진입하는 것을 발견하고 충돌을 회피할 수 있었을 것이므로 피고인의 과속운전과 이 사건 사고 발생 사이에 상당인과관계가 인정된다.

해설 및 정답 대법원 2025. 6. 12. 선고 2025도1049 판결 [교통사고처리특례법위반(치상)] (아) 파기자판 〈피고인이 톨게이트 하이패스 구간을 과속으로 진행하다가 오토바이를 들이받은 사건〉 **정답** ① ○, ② ○, ③ ○, ④ ○, ⑤ ×

[판시사항] [1] 안전지대 옆을 통과하는 차량 운전자에게 안전지대를 횡단하여 오는 차량을 미리 예상하고 운전할 업무상 주의의무가 있는지 여부(원칙적 소극) 및 제한속도를 초과하여 과속으로 진행한 잘못과 교통사고의 발생 사이에 상당인과관계가 있다고 볼 수 있는지 여부(한정 소극) [2] 보험 또는 공제에 가입되어 있음에도 공소를 제기할 수 있는 '제한속도를 시속 20km 초과하여 운전한 경우'는 제한속도 위반행위가 교통사고 발생의 직접적인 원인이 된 경우를 말하는지 여부(적극)

05 ★★★★★ [선택형 · 사례형] 업무상과실치상죄

작업치료사인 피고인이 지적장애 및 뇌병변 장애가 있고 운동능력 등이 부족한 6세 아동인 피해자에 대하여 신체 감각 및 신체 조절 등을 향상시키기 위하여 하프도넛 치료기구로 치료를 하는 과정에서 피해자가 기구 옆으로 넘어져 상해를 입게 하였다. 이에 관한 설명 중 옳은 것은? (다툼이 있는 경우 판례에 의함)

① 업무상과실치상죄에서 업무상과실이라 함은 당해 업무의 내용과 성질 또는 담당자의 업무상 지위 등에 비추어 요구되는 주의의무를 게을리 함으로써 결과발생을 예견하거나 회피하지 못한 경우를 말한다.

② 「의료기사 등에 관한 법률」에 따라 면허를 받은 작업치료사가 아동에 대한 신체적 · 정신적 기능장애를 회복시키기 위한 작업요법적 치료를 수행하는 과정에서 발생한 사고에서, 작업치료사의 과실을 인정하기 위해서는 그가 결과발생을 예견할 수 있고 또 회피할 수도 있었음에도 이를 하지 못한 점을 인정할 수 있어야 하고, 과실 유무를 판단할 때에는 같은 업무 · 직무에 종사하는 일반적 평균인의 주의 정도를 표준으로 하여 사고 당시에 일반적으로 이루어지는 작업치료의 수준과 환경 및 조건, 작업치료행위의 특수성 등을 고려하여야 한다.

③ 해당 사고에서 작업치료사의 과실과 결과 발생 사이에 인과관계를 인정하기 위해서는 주의의무 위반이 없었더라면 그러한 결과가 발생하지 않았을 것임이 증명되어야 한다.

④ 작업치료사에게 작업치료행위 과정에서 발생한 사고에 대하여 업무상과실치상죄를 인정하기 위해서는, 해당 행위 과정에서 공소사실에 기재된 업무상과실의 존재는 물론 그러한 업무상과실로 인하여 치료대상자에게 상해 등 결과가 발생한 점에 대하여도 엄격한 증거에 따라 합리적 의심의 여지가 없을 정도로 증명이 이루어져야 한다.

⑤ 작업치료행위와 환자에게 발생한 상해 등 결과 사이에 인과관계가 인정되는 경우에도, 검사가 공소사실에서 업무상과실로 평가할 수 있는 행위의 존재 또는 그 업무상과실의 내용을 구체적으로 특정하고 이를 증명하지 못하였다면, 작업치료행위 과정에서 치료대상자에게 상해 등 결과가 발생하였다는 사정만

으로 작업치료사의 업무상과실을 추정하거나 단순한 가능성 · 개연성 등 막연한 사정을 근거로 함부로 이를 인정할 수는 없다.

해설 및 정답 ①~⑤ 대법원 2025. 4. 15. 선고 2024도20371 판결 [업무상과실치상] 〈작업치료사가 장애아동을 치료하면서 발생한 사고에 관하여 업무상과실치상죄가 성립하는지 여부가 문제된 사건〉 [공2025상, 859] **정답** ○

[판시사항][1] 의료기사 등에 관한 법률에 따라 면허를 받은 작업치료사가 아동에 대한 신체적 · 정신적 기능장애를 회복시키기 위한 작업요법적 치료를 수행하는 과정에서 발생한 사고에 대하여 업무상과실치상죄를 인정하기 위한 요건 및 이때 작업치료사의 업무상과실에 대한 증명책임 소재(=검사)와 증명 방법

[2] 작업치료사인 피고인이 뇌병변과 지적장애로 독립적인 보행 및 정상적인 의사소통이 불가능한 장애아동 갑(여, 6세)에 대하여 다른 보조자 없이 일대일로 신체 감각 및 신체 조절 등을 향상시키는 감각통합치료 업무를 수행하는 과정에서 반원형의 도넛 모양인 치료기구 위에서 치료 수업을 받던 갑이 바닥으로 떨어지는 사고로 상해를 입게 하였다는 업무상과실치상의 공소사실로 기소된 사안에서, 제반 사정을 종합할 때 피고인이 사고에 대하여 업무상 주의의무를 위반하였다거나 그로 인하여 사고가 발생하였음이 증명되지 않았다고 한 사례.

06 ★★★★★ **[선택형 · 사례형] 실화죄 · 과실 · 부작위 · 인과관계**

피고인들이 분리수거장 방향으로 담배꽁초를 던져 버리고 현장을 떠난 후 화재가 발생하였다. 검사는 피고인들을 각각 형법 제170조 제1항 실화죄로 기소하였다. 실화죄에 관한 설명으로 옳은 것은? (다툼이 있는 경우 판례에 의함)

① 형법이 금지하고 있는 법익침해의 결과발생을 방지할 법적인 작위의무를 지고 있는 자가 그 의무를 이행함으로써 결과발생을 쉽게 방지할 수 있는데도 결과발생을 용인하고 방관한 채 의무를 이행하지 아니한 것이 범죄의 실행행위로 평가될 만한 것이라면 부작위범으로 처벌할 수 있다.

② 실화죄에 있어서 공동의 과실이 경합되어 화재가 발생한 경우 적어도 각 과실이 화재의 발생에 대하여 하나의 조건이 된 이상은 그 공동적 원인을 제공한 사람들은 각자 실화죄의 책임을 면할 수 없다.

③ 피고인들 각자 본인 및 상대방이 버린 담배꽁초 불씨가 살아 있는지를 확인하고 이를 완전히 제거하는 등 화재를 미리 방지할 주의의무가 있음에도 이를 게을리 한 채 만연히 현장을 떠난 과실이 인정되고 이러한 피고인들 각자

의 과실이 경합하여 위 화재를 일으켰다고 보아, 피고인들 각자의 실화죄 책임을 인정한 원심판결은 타당하다.

④ 원심판단 중 위 화재가 피고인들 중 누구의 행위에 의한 것인지 인정하기에 부족하다는 취지의 부분은 '피고인들 중 누구의 담배꽁초로 인하여 위 화재가 발생하였는지 인정할 증거가 부족하다.'는 의미로 선해할 수 있고, 이는 피고인들의 각 주의의무 위반과 위 화재의 발생 사이에 인과관계가 인정된다는 취지의 부가적 판단이므로, 이와 다른 전제에서 '원인행위가 불명이어서 피고인들은 실화죄의 미수로 불가벌에 해당하거나 적어도 피고인들 중 일방은 실화죄가 인정될 수 없다.'는 취지의 피고인들 주장은 받아들이기 어렵다.

해설 및 정답 ①~④ 대법원 2023. 3. 9. 선고 2022도16120 판결 [실화] 〈담배꽁초를 버린 공동의 과실이 경합되어 공장에 화재가 발생한 경우 각자 실화죄의 책임을 부담하는지 문제된 사안〉 [공2023상, 680] **정답** ○

[판시사항] [1] 형법상 부작위범의 성립 요건 / 실화죄에 있어서 공동의 과실이 경합되어 화재가 발생한 경우, 적어도 각 과실이 화재의 발생에 대하여 하나의 조건이 된 이상 그 공동적 원인을 제공한 사람들은 각자 실화죄의 책임을 지는지 여부(적극)

[2] 피고인들이 분리수거장 방향으로 담배꽁초를 던져 버리고 현장을 떠난 후 화재가 발생하여 각각 실화죄로 기소된 사안에서, 피고인들 각자의 실화죄 책임을 인정한 원심판결을 수긍한 사례.

07 ★★★★★ **[선택형 · 사례형] 업무상과실치사죄 · 인과관계**

피고인은 서울 강서구 ○○병원에 마취통증의학과 전문의로 근무하는 사람이고, 피고인 2는 위 병원의 간호사이다. 마취통증의학과 의사인 피고인은 피해자에 대하여 마취를 시행한 후 간호사에게 환자 감시를 맡긴 뒤 수술실을 이탈하였다. 이후 피해자는 저혈압이 발생하며 혈압 회복과 저하가 반복되었다. 이에 간호사는 피고인을 몇 차례 호출하였다. 그러나 피고인이 피해자의 심정지 발생 후에야 수술실에 복귀하여 심폐소생술 등의 조치를 취하였다. 피해자는 사망하였다. 검사는 피고인을 형법 제268조 업무상과실치사죄, 구 의료법(2016. 12. 20. 법률 제14438호로 개정되기 전의 것, 이하 같다) 제90조, 제21조 제5항 진료기록의 사본 등 미송부로 인한 의료법 위반죄, 구 의료법 제88조, 제22조 제3항, 형법 제30조 진료기록부 허위작성으로 인한 의료법 위반죄로 기소하였다. 이에 관한 설명 중 옳은 것은? (다툼이 있는 경우 판례에 의함)

① 의사에게 의료행위로 인한 업무상과실치사상죄를 인정하기 위해서는, 의료행위 과정에서 공소사실에 기재된 업무상과실의 존재는 물론 그러한 업무상과실로 인하여 환자에게 상해·사망 등 결과가 발생한 점에 대하여도 엄격한 증거에 따라 합리적 의심의 여지가 없을 정도로 증명이 이루어져야 한다.

② 검사는 공소사실에 기재한 업무상과실과 상해·사망 등 결과 발생 사이에 인과관계가 있음을 합리적인 의심의 여지가 없을 정도로 증명하여야 하고, 의사의 업무상과실이 증명되었다는 사정만으로 인과관계가 추정되거나 증명 정도가 경감되는 것은 아니다. 이처럼 형사재판에서는 인과관계 증명에 있어서 '합리적인 의심이 없을 정도'의 증명을 요하므로 그에 관한 판단이 동일 사안의 민사재판과 달라질 수 있다.

③ 피고인이 갑에게 마취가 진행되는 동안 마취간호사도 아니고 마취간호 업무를 시작한 지 2~3개월밖에 안 된 을에게 환자의 감시 업무를 맡긴 채 다른 수술실로 옮겨 다니며 다른 환자들에게 마취시술을 하고, 갑의 활력징후 감시장치 경보음을 들은 을로부터 호출을 받고도 신속히 수술실로 가지 않고 휴식을 취하는 등 마취유지 중 환자감시 및 신속한 대응 업무를 소홀히 한 업무상과실이 있다.

④ 한편 갑은 반복적인 혈압상승제 투여에도 불구하고 알 수 없는 원인으로 계속적으로 혈압 저하 증상을 보이다가 사망하였는데, 검사가 제출한 증거만으로는 피고인이 직접 갑을 관찰하거나 을의 호출을 받고 신속히 수술실에 가서 대응하였다면 구체적으로 어떤 조치를 더 할 수 있는지, 그러한 조치를 취하였다면 갑이 심정지에 이르지 않았을 것인지 알기 어렵고, 갑에게 심정지가 발생하였을 때 피고인이 갑을 직접 관찰하고 있다가 심폐소생술 등의 조치를 하였더라면 갑이 사망하지 않았을 것이라는 점에 대한 증명도 부족하므로, 피고인의 업무상과실로 갑이 사망하게 되었다는 점이 합리적인 의심의 여지가 없을 정도로 증명되었다고 보기 어렵다.

⑤ 피고인의 업무상과실로 인하여 갑이 사망하였다고 보아 피고인에게 업무상과실치사죄를 인정할 수 있다.

해설 및 정답 ①~④ 대법원 2023. 8. 31. 선고 2021도1833 판결 [업무상과실치사 · 의료법위반] 〈의사인 피고인이 간호사에게 환자 감시 업무를 맡기고 수술실을 이탈한 후 피해자인 환자에게 심정지가 발생하여 사망한 사건〉 [공2023하, 1764]

정답 ○, ⑤ ×

[판시사항] [1] 의사에게 의료행위로 인한 업무상과실치사상죄를 인정하기 위한 요건 중 '업무상과실과 상해 · 사망 등 결과 발생 사이에 인과관계가 있음'에 대한 증명책임 소재(=검사) 및 증명 정도(=합리적인 의심의 여지가 없을 정도) / 형사재판에서의 인과관계에 관한 판단이 동일 사안의 민사재판과 달라질 수 있는지 여부(적극)

[2] 마취통증의학과 의사인 피고인이 수술실에서 환자인 피해자 갑(73세)에게 마취시술을 시행한 다음 간호사 을에게 환자의 감시를 맡기고 수술실을 이탈하였는데, 이후 갑에게 저혈압이 발생하고 혈압 회복과 저하가 반복됨에 따라 을이 피고인을 수회 호출하자, 피고인은 수술실에 복귀하여 갑이 심정지 상태임을 확인하고 마취해독제 투여, 심폐소생술 등의 조치를 취하였으나, 갑이 심정지 등으로 사망에 이르게 된 사안에서, 피고인에게 업무상과실치사죄를 인정한 원심판단에 의사의 업무상과실과 피해자의 사망 사이의 인과관계 증명 등에 관한 법리오해의 잘못이 있다고 한 사례.

08 ★★★★★ **[선택형 · 사례형] 미필적 고의 판단방법**

피고인이 휴대폰 대리점 운영자 A로부터 "선불유심을 개통해주면 돈을 주겠다."는 제안을 받고 A로 하여금 피고인 명의 9회선의 선불유심을 개통하게 함으로써, 전기통신사업자가 제공하는 전기통신역무를 타인의 통신용으로 제공하였다는 전기통신사업법 위반으로 기소되었다. 이에 관한 설명 중 옳은 것은? (다툼이 있는 경우 판례에 의함)

① 고의의 일종인 미필적 고의는 중대한 과실과는 달리 범죄사실의 발생 가능성에 대한 인식이 있고 나아가 범죄사실이 발생할 위험을 용인하는 내심의 의사가 있어야 한다.

② 행위자가 범죄사실이 발생할 가능성을 용인하고 있었는지 여부는 행위자의 진술에 의존하지 않고 외부에 나타난 행위의 형태와 행위의 상황 등 구체적인 사정을 기초로 일반인이라면 해당 범죄사실이 발생할 가능성을 어떻게 평가할 것인지를 고려하면서 행위자의 입장에서 그 심리상태를 추인하여야 한다.

해설 및 정답 ①~② 대법원 2025. 4. 24. 선고 2025도265 판결 [전기통신사업법위반] (바) 파기환송 〈피고인이 휴대폰 대리점 운영자로 하여금 피고인 명의 선불유

심을 개통하게 한 것이 전기통신사업법 제30조 위반 행위에 해당하는지 여부가 문제된 사건〉

정답 ○

[판시사항] 전기통신사업법 제30조 본문에서 정한 '타인의 통신용으로 제공'한다는 것의 의미 및 미필적 고의의 판단방법

[판결요지] 전기통신사업법 제30조 본문은 "누구든지 전기통신사업자가 제공하는 전기통신역무를 이용하여 타인의 통신을 매개하거나 이를 타인의 통신용으로 제공하여서는 아니 된다."라고 규정한다. 이는 정당한 권한 없이 다른 전기통신사업자가 제공하는 전기통신역무를 이용하여 자신이 제공받는 역무와 동종 또는 유사한 역무를 제공함으로써 전기통신사업자의 사업에 지장을 초래하거나 통신시장질서를 교란하는 행위를 막기 위한 취지의 조항이다(헌법재판소 2002. 5. 30. 선고 2001헌바5 결정 참조).

여기에서 '타인의 통신을 매개'한다는 것은 전기통신사업자가 제공하는 전기통신역무를 이용하여 다른 사람들 사이의 통신을 연결해 주는 행위를 의미하고, '타인의 통신용으로 제공'한다는 것은 전기통신사업자가 제공하는 전기통신역무를 다른 사람이 통신을 위하여 이용하도록 제공하는 행위를 의미한다(대법원 2021. 7. 29. 선고 2021도3520 판결 등 참조).

고의의 일종인 미필적 고의는 중대한 과실과는 달리 **범죄사실의 발생 가능성에 대한 인식이 있고 나아가 범죄사실이 발생할 위험을 용인하는 내심의 의사**가 있어야 한다. 행위자가 범죄사실이 발생할 가능성을 용인하고 있었는지 여부는 행위자의 진술에 의존하지 않고 외부에 나타난 행위의 형태와 행위의 상황 등 구체적인 사정을 기초로 일반인이라면 해당 범죄사실이 발생할 가능성을 어떻게 평가할 것인지를 고려하면서 **행위자의 입장에서 그 심리상태를 추인**하여야 한다(대법원 2017. 1. 12. 선고 2016도15470 판결 등 참조).

09 ★★★★★ [선택형 · 사례형 · 기록형] 성폭력처벌법 제8조 제1항 특수강간치상죄 · 결과적 가중범 기수

피고인들은 합동하여 향정신성의약품인 졸피뎀 불상량을 넣은 숙취해소 음료를 피해자에게 마시게 한 뒤 항거불능 상태가 된 피해자를 강간하려 하였으나 그 뜻을 이루지 못하고 미수에 그치고 피해자로 하여금 졸피뎀으로 인하여 일시적인 수면 또는 의식불명 상태에 이르게 하는 등의 상해를 입게 하였다는 사실로 성폭력처벌법 제8조 제1항, 구 성폭력처벌법(2020. 3. 24. 법률 제17086호로 개정되기 전의 것) 제15조, 제4조 제1항, 형법 제297조에 정한 특수강간치상죄 등으로 기소되었다. 이에 관한 설명 중 옳은 것은? (다툼이 있는 경우 판례에 의함)

① 대법원은 2008. 4. 24. 선고한 2007도10058 판결에서 「성폭력범죄의 처벌 등에 관한 특례법」(이하 '성폭력처벌법'이라 한다)이 제정되기 이전 「성폭력

범죄의 처벌 및 피해자보호 등에 관한 법률」 제9조에 규정된 특수강간치상죄에 대하여 특수강간이 미수에 그쳤다고 하더라도 그로 인하여 피해자가 상해를 입었으면 특수강간치상죄가 성립한다고 판시하였고, 대법원 2013. 8. 22. 선고 2013도7138 판결에서 현행 성폭력처벌법과 조문 형식 및 내용이 동일한 구 성폭력처벌법(2012. 12. 18. 법률 제11556호로 전부 개정되기 전의 것)의 특수강간치상죄에 대하여도 같은 태도를 취하였다.

② 이러한 판례의 법리(이하 '현재 법리'라 한다)에 따르면, 성폭력처벌법 제4조 제1항에서 정한 특수강간의 죄를 범한 경우뿐만 아니라 특수강간의 실행에 착수하였으나 미수에 그친 경우라고 하더라도, 이로 인하여 피해자가 상해를 입었으면 특수강간치상죄가 성립한다. 후자의 경우 특수강간치상죄의 기수범이 성립할 뿐, 성폭력처벌법 제15조가 다시 적용되어 특수강간치상죄의 미수범이 성립하는 것은 아니다. 성폭력처벌법 제15조에서 정한 제8조 제1항에 대한 미수범 처벌규정은 제8조 제1항에 특수강간치상죄와 함께 규정된 특수강간상해죄의 미수범, 즉 특수강간의 죄를 범하거나 미수에 그친 사람이 상해의 고의를 가지고 피해자에게 상해를 가하려다가 미수에 그친 경우에 적용될 뿐, 제8조 제1항에서 정한 특수강간치상죄에는 적용된다고 볼 수 없기 때문이다.

③ 특수강간치상죄의 미수범 성립을 부정하는 현재 법리는 타당하므로 유지되어야 한다. 그 이유는 다음과 같다. 미수범은 범죄의 실행에 착수하여 행위를 종료하지 못하였거나 결과가 발생하지 아니한 경우를 이른다(형법 제25조 제1항). 범죄의 객관적 구성요건요소 중 일부를 충족하지 못하였다면 기수범으로는 처벌할 수 없으나, 각칙의 해당 죄에서 미수범 처벌규정을 둔 경우 미수범으로 처벌할 수 있다(형법 제29조). 특수강간치상죄를 정한 성폭력처벌법 제8조 제1항은 특수강간죄의 기수범(성폭력처벌법 제4조 제1항)뿐만 아니라 미수범(성폭력처벌법 제15조, 제4조 제1항)도 범행주체로 포함하고 있다. 특수강간미수죄를 범한 사람은 성폭력처벌법 제8조 제1항에서 정한 특수강간치상죄의 구성요건 중 범행주체에 관한 요건을 충족하였으므로, 특수강간의 실행행위가 완료되지 않았더라도 그로 인해 피해자가 상해를 입었다면 특수강간치상죄의 객관적 구성요건요소를 모두 충족하고, 별도로 미수범(성폭력처벌

법 제15조, 제8조 제1항) 성립 여부는 문제될 여지가 없다.

④ 형법과 형사 특별법에 규정되어 있는 결과적 가중범 중 특수강간치상죄와 같이 별도의 미수범 처벌규정을 두고 있는 것은 '형이 무거워지는 요인이 되는 결과가 과실로 생긴 결과적 가중범'과 '고의로 그 결과를 일으킨 결합범'을 하나의 조문에서 규정하고 있는 입법형식에서만 찾아볼 수 있다. 이는 입법자가 결과적 가중범에는 성질상 미수범 규정이 적용될 수 없다는 전제에서 간결하고 효율적으로 조문을 구성한 결과로 볼 수 있을 뿐, 결과적 가중범의 미수범을 인정하기 위한 입법형식이라고 할 수 없다. 따라서 이러한 규정을 들어 결과적 가중범의 미수범을 인정하고 형을 감경할 수 있다고 보는 것은 입법자의 실질적 의사에 반하게 된다. 결과적 가중범은 기본 범죄에 내재된 전형적 위험성이 발현되었다는 점에서 가중처벌의 근거를 찾을 수 있다. 기본 범죄의 실행에 착수한 사람이 실행행위를 완료하지 않았더라도, 이로 인하여 형이 무거워지는 요인이 되는 결과를 발생시켰다면 기본 범죄에 내재된 위험이 현실화되었다는 점에서 이를 결과적 가중범의 기수범으로 처벌하는 것이 책임원칙에 부합하는 당연한 결론이다.

⑤ 특수강간치상죄가 처음 도입된 「성폭력범죄의 처벌 및 피해자보호 등에 관한 법률」은 흉포화·집단화·지능화·저연령화되는 성폭력범죄에 대처하기 위하여 성폭력범죄에 대한 처벌규정을 신설 또는 강화하는 데에 그 제정 목적이 있었다. 위 법률 제정 과정에서 국회에 제출된 3건의 의원 입법안들은 다소 차이가 있기는 하였으나 공통적으로 특수강간치상죄에 대한 미수범 적용을 배제하고 있었다. 이러한 점에 비추어 보면, 입법자는 형법상 강간치상죄와 마찬가지로 특수강간이 기수에 이르렀는지 여부와 관계없이 특수강간의 실행행위로 인하여 피해자에게 상해를 입힌 경우에는 모두 특수강간치상죄의 기수범으로 처벌하고자 하였다고 보는 것이 합리적이다.

⑥ 결과적 가중범의 미수범을 개념상 인정하면서도, 결과적 가중범에 대한 별도의 미수범 처벌규정이 있는 경우에는 그에 따라 미수범으로 처벌하고, 미수범 처벌규정이 없는 경우에는 기본 범죄의 기수 여부와 관계없이 형이 무거워지는 요인이 되는 결과가 생긴 이상 결과적 가중범의 기수범이 성립한다고 보게 되면 처벌의 불균형이 발생할 수 있다. 형법 제301조의 강간치상죄는 법

정형이 무기 또는 5년 이상의 징역으로 정해져 있고, 형법상 강간치상죄의 가중적 구성요건이라 할 수 있는 특수강간치상죄는 법정형이 무기 또는 10년 이상의 징역으로 규정되어 있다. 특수강간이 미수에 그쳤으나 피해자가 이로 인하여 상해를 입게 된 경우 특수강간치상죄의 미수범 개념을 인정하여 형법 제25조 제2항 또는 제26조에 따른 법률상 감경 또는 감면을 하게 된다면, 별도의 미수범 처벌규정을 두고 있지 않은 형법상 강간치상죄의 처단형과 그 하한이 동일해지며, 상한은 오히려 더 낮아져 처단형의 역전 현상이 발생할 뿐 아니라, 중지범에 대하여는 형의 면제를 선택할 수도 있어 처벌의 불균형을 초래할 수 있다. 피고인에게 유리하다는 사정을 들어 이러한 처벌의 불균형을 야기하는 것은 오히려 형사사법의 정의에 반하는 해석이다. 굳이 결과적 가중범의 미수범을 인정하는 것이 필요하다면 입법의 형식을 통하는 것이 정도이다.

⑦ 결과적 가중범의 기본 범죄가 미수에 그쳤으나 형이 무거워지는 요인이 되는 결과가 생긴 경우 이를 결과적 가중범의 미수범으로 인정하면, 결과적 가중범을 규정하고 있는 각칙의 해당 죄에서 미수범을 처벌하는 별도의 규정을 두고 있지 않은 이상, 형법 제29조에 따라 이를 결과적 가중범의 미수범으로 처벌할 수 없고, 기본 범죄의 미수범과 그 결과에 대한 과실범이 각각 성립한다고 보는 것이 논리적이다. 그러나 입법자가 이러한 상황을 의도하고 형법과 형사 특별법의 결과적 가중범 중 일부에 국한하여 미수범 처벌규정을 두었다고 볼 수는 없다.

⑧ 특수강간이 기수에 이른 경우와 미수에 그친 경우 사이의 행위불법에 차이가 있다는 이유로 결과적 가중범인 특수강간치상죄에 대하여 미수범 규정을 적용하여야 한다는 논리를 그대로 관철한다면, 성폭력처벌법 제15조의 미수범 규정이 적용되는 특수강간상해죄에서 특수강간의 미수에 그친 사람이 피해자에게 상해를 가하려다가 미수에 그친 경우에는, 결과불법뿐만 아니라 행위불법에도 차이가 있어 미수범 규정을 이중으로 적용하여야 한다는 기이한 결론에 이를 수 있다.

⑨ 특수강간이 미수에 그쳤으므로 성폭력처벌법 제15조에 따른 특수강간치상죄의 미수범으로 처벌하여야 한다.

⑩ 대법원 전원합의체 판결은, 특수강간치상죄의 미수범 성립을 부정하는 현재 법리를 그대로 유지하면서, 피고인들이 특수강간의 실행에 착수하였으나 미수에 그친 경우라고 하더라도 이로 인하여 피해자가 상해를 입었으면 특수강간치상죄가 성립한다고 판단하였다.

해설 및 정답 ①~⑧, ⑩ 대법원 2025. 3. 20. 선고 2023도10405 전원합의체 판결 [성폭력범죄의처벌등에관한특례법위반(강간등치상)등] (마) 상고기각 〈성폭력범죄의 처벌 등에 관한 특례법 위반(강간등치상)죄의 미수범 인정 여부가 문제된 사건〉

정답 ○, ⑨ ×

[판시사항] **「성폭력범죄의 처벌 등에 관한 특례법」 제8조 제1항에 규정된 특수강간치상죄에 대하여 특수강간의 죄를 범한 경우뿐만 아니라 특수강간의 실행에 착수하였으나 미수에 그친 경우라 하더라도 이로 인하여 피해자가 상해를 입었으면 특수강간치상죄가 성립하는지 여부(적극)**

[판결해설] 대상판결 쟁점은 성폭력처벌법이다. 성폭력범죄의 처벌 등에 관한 특례법 위반(강간등치상)죄의 미수범 인정 여부가 문제된 사건이다. 학설은 특수강간치상죄에서 결과적 가중범 기수설과 미수설이 대립한다. 성폭력처벌법 제8조 제1항 특수강간치상죄에서 특수강간의 실행에 착수하였으나 미수에 그친 경우라도, 피해자가 상해를 입었으면, 특수강간치상죄가 성립한다. 대법원 전원합의체 판결이다.

대법원은, 성폭력처벌법 제4조 제1항에서 정한 특수강간의 죄를 범한 경우뿐만 아니라 특수강간의 실행에 착수하였으나 미수에 그친 경우라고 하더라도, 이로 인하여 피해자가 상해를 입었으면 특수강간치상죄가 성립한다.

후자의 경우 특수강간치상죄의 기수범이 성립할 뿐, 성폭력처벌법 제15조가 다시 적용되어 특수강간치상죄의 미수범이 성립하는 것은 아니다.

성폭력처벌법 제15조에서 정한 제8조 제1항에 대한 미수범 처벌규정은 제8조 제1항에 특수강간치상죄와 함께 규정된 특수강간상해죄의 미수범, 즉 특수강간의 죄를 범하거나 미수에 그친 사람이 상해의 고의를 가지고 피해자에게 상해를 가하려다가 미수에 그친 경우에 적용될 뿐, 제8조 제1항에서 정한 특수강간치상죄에는 적용된다고 볼 수 없기 때문이라고 판단하였다.

이 사안에서 대법원은, 특수강간치상죄의 미수범 성립을 부정하는 현재 법리(대법원 2008. 4. 24. 선고 2007도10058 판결; 대법원 2013. 8. 22. 선고 2013도7138 판결)를 그대로 유지하면서, 피고인들이 특수강간의 실행에 착수하였으나 미수에 그친 경우라고 하더라도 이로 인하여 피해자가 상해를 입었으면 특수강간치상죄가 성립한다고 보아 같은 취지의 원심을 수긍하였다.

반대의견은, 성폭력처벌법 제8조는 기본 범죄가 미수인 경우 결과적 가중범의 성립 및 처벌 가능성을 인정하되, 제15조는 그와 같이 성립한 결과적 가중범을 기수가 아닌 미수로 처벌함으로써 미수 감경을 가능하게 하였다고 해석함이 타당하다고 설명한다.

대상판결은 성폭력처벌법 · 성폭력범죄의 처벌 등에 관한 특례법 위반(강간등치상)죄의 미수범 인정 여부 법리를 명확히 설명한다.

성폭력처벌법 제8조 제1항 특수강간치상죄에서 특수강간의 실행에 착수하였으나 미수에 그친 경우라도, 피해자가 상해를 입었으면, 특수강간치상죄가 성립한다. 대법원 판결은 타당하다.

학설은 특수강간치상죄에서 기본범죄 미수에 대하여 결과적 가중범 기수설과 미수설이 대립한다. 결과적 가중범 기수설이 타당하다. 성범죄자가 행위주체이기 때문이다. 그리고 결과가 발생하였기 때문이다. 문리해석 · 목적해석 · 형사정책해석이다. 대법원 전원합의체 판결은 변호사시험 선택형 · 사례형으로 출제 가능성이 있다. 다수의견과 반대의견을 자세히 분석한다.

10 ★★★★★ **[선택형 · 사례형] 공동정범 성립요건**

한국 도이치증권 주식회사 및 그 직원이 도이치은행 홍콩지점('이 사건 은행')의 시세조종행위에 가담하였다는 자본시장과금융투자업에관한법률위반으로 기소되었다. 공동정범에 관한 설명으로 옳은 것은? (다툼이 있는 경우 판례에 의함)

① 형법 제30조의 공동정범은 2인 이상이 공동하여 죄를 범하는 것으로서, 공동정범이 성립하기 위해서는 주관적 요건인 공동가공의 의사와 객관적 요건인 공동의사에 의한 기능적 행위 지배를 통한 범죄의 실행사실이 필요하다.

② 여기서 공동가공의 의사는 타인의 범행을 인식하면서도 이를 제지하지 아니하고 용인하는 것만으로는 부족하고, 공동의 의사로 특정한 범죄행위를 하기 위하여 일체가 되어 서로 다른 사람의 행위를 이용하여 자기의 의사를 실행에 옮기는 것을 내용으로 하여야 한다.

③ 공동정범으로 인정하려면 범죄 실행의 전 과정을 통하여 각자의 지위와 역할, 공범에 대한 권유내용 등을 구체적으로 검토하고 이를 종합하여 위와 같은 상호이용의 관계가 합리적인 의심을 할 여지가 없을 정도로 증명되어야 하고, 그와 같은 증명이 없다면 설령 피고인에게 유죄의 의심이 간다 하더라도 피고인의 이익으로 판단할 수밖에 없다.

해설 및 정답 ①~③ 대법원 2023. 12. 21. 선고 2018도20415 판결 [자본시장과금융투자업에관한법률위반] (자) 상고기각 〈시세조종행위에 대한 공동정범 인정 여부가 문제된 사건〉

정답 ○

[판시사항] 공동정범의 성립요건

[판결요지] **형법 제30조의 공동정범은 2인 이상이 공동하여 죄를 범하는 것이다.** **·형법 제30조 공동정범 성립요건(=2인 이상⇒공동하여⇒죄를 범함)**

공동정범이 성립하기 위해서는 주관적 요건인 공동가공의 의사와 객관적 요건인 공동의사에 의한 기능적 행위 지배를 통한 범죄의 실행사실이 필요하다. **·공동(=기능적 행위지배와 공동가공의사)**

여기서 공동가공의 의사는 타인의 범행을 인식하면서도 이를 제지하지 아니하고 용인하는 것만으로는 부족하다. 공동의 의사로 특정한 범죄행위를 하기 위하여 **일체**가 되어 서로 다른 사람의 **행위를 이용**하여 자기의 의사를 **실행에 옮기는 것**을 내용으로 하여야 한다. **·공동가공의사(=일체가 되어⇒다른 사람 행위 이용⇒자기 의사 실행 옮김)**

따라서 공동정범으로 인정하려면 **범죄 실행의 전 과정을 통하여 각자의 지위와 역할, 공범에 대한 권유내용 등을 구체적으로 검토**하고 이를 종합하여 위와 같은 상호이용의 관계가 **합리적인 의심을 할 여지가 없을 정도로 증명**되어야 한다. 그와 같은 증명이 없다면 설령 피고인에게 유죄의 **의심이 간다 하더라도 피고인의 이익으로 판단**할 수밖에 없다(대법원 2005. 3. 11. 선고 2002도5112 판결, 대법원 2018. 5. 11. 선고 2017도21033 판결 등 참조). **·범행 전 과정 지위와 역할 그리고 권유 내용(=엄격한 증명)**

11 ★★★★★ [선택형·사례형] 방조범·인과관계·업무방해죄 방조범

철도노조 조합원 2인이 한국철도공사의 순환전보방침에 반대하고자 높이 15m가량의 조명탑 중간 대기 장소에 올라가 이를 점거함으로써 한국철도공사로 하여금 위 조합원들의 안전을 위해 조명탑의 전원을 차단하게 하여 위력으로 한국철도공사의 야간 입환업무를 방해하였다. 피고인들은 위 조합원들의 농성을 지지하고자 조명탑 아래 천막을 설치하고, 지지집회를 개최하고, 음식물 등 물품을 제공하여 위 업무방해범행을 용이하게 함으로써 이를 방조하였다. 검사는 피고인들을 공소사실(업무방해방조)로 기소하였다. 방조범에 관한 설명으로 옳은 것은? (다툼이 있는 경우 판례에 의함)

① 형법 제32조 제1항은 "타인의 범죄를 방조한 자는 종범으로 처벌한다."라고 정하고 있다. 방조란 정범의 구체적인 범행준비나 범행사실을 알고 그 실행행위를 가능·촉진·용이하게 하는 지원행위 또는 정범의 범죄행위가 종료하기 전에 정범에 의한 법익 침해를 강화·증대시키는 행위로서, 정범의 범죄 실현과 밀접한 관련이 있는 행위를 말한다.

② 방조범은 정범에 종속하여 성립하는 범죄이므로 방조행위와 정범의 범죄 실

현 사이에는 인과관계가 필요하다.

③ 방조범이 성립하려면 방조행위가 정범의 범죄 실현과 밀접한 관련이 있고 정범으로 하여금 구체적 위험을 실현시키거나 범죄 결과를 발생시킬 기회를 높이는 등으로 정범의 범죄 실현에 현실적인 기여를 하였다고 평가할 수 있어야 한다.

④ 정범의 범죄 실현과 밀접한 관련이 없는 행위를 도와준 데 지나지 않는 경우에는 방조범이 성립하지 않는다.

⑤ 쟁의행위가 업무방해죄에 해당하는 경우 제3자가 그러한 정을 알면서 쟁의행위의 실행을 용이하게 한 경우에는 업무방해방조죄가 성립할 수 있다. 다만 헌법 제33조 제1항이 규정하고 있는 노동3권을 실질적으로 보장하기 위해서는 근로자나 노동조합이 노동3권을 행사할 때 제3자의 조력을 폭넓게 받을 수 있도록 할 필요가 있고, 나아가 근로자나 노동조합에 조력하는 제3자도 헌법 제21조에 따른 표현의 자유나 헌법 제10조에 내재된 일반적 행동의 자유를 가지고 있으므로, 위법한 쟁의행위에 대한 조력행위가 업무방해방조에 해당하는지 판단할 때는 헌법이 보장하는 위와 같은 기본권이 위축되지 않도록 업무방해방조죄의 성립 범위를 신중하게 판단하여야 한다.

⑥ 대법원 이 사안에서 피고인들이 조명탑 점거농성 개시부터 관여한 것으로는 보이지 않는 점, 회사 인사 방침에 대한 의견을 표현하는 집회의 개최 등은 조합활동에 속하고, 농성자들에게 제공한 음식물 등은 생존을 위해 요구되는 것인 점 등의 사정을 들어 피고인들의 행위가 전체적으로 보아 조명탑 점거에 일부 도움이 된 측면이 있었다고 하더라도, 행위의 태양과 빈도, 경위, 장소적 특성 등에 비추어 농성자들의 업무방해범죄 실현과 밀접한 관련이 있는 행위로 보기 어렵다고 판단하여 방조죄에서 요구하는 인과관계를 부정하였다.

해설 및 정답 ①~⑥ 대법원 2023. 6. 29. 선고 2017도9835 판결 [업무방해방조] (나) 파기환송 〈위법한 쟁의행위에 조력하는 행위가 업무방해방조죄에 해당하는지 문제된 사건〉

정답 ○

[판시사항] [1] **방조범에서 말하는 '방조'의 의미 / 방조범 성립에 필요한 인과관계 / 방조범이 성립하려면 방조행위가 정범의 범죄 실현과 밀접한 관련이 있고 정범의 범죄 실현에 현실적인 기여를 하였다고 평가할 수 있어야 하는지 여부(적**

극) 및 정범의 범죄 실현과 밀접한 관련이 없는 행위를 도와준 데 지나지 않는 경우, 방조범이 성립하는지 여부(소극)
[2] 쟁의행위가 업무방해죄에 해당하는 사정을 알면서 제3자가 쟁의행위의 실행을 용이하게 한 경우, 업무방해방조죄가 성립할 수 있는지 여부(적극) / 위법한 쟁의행위에 대한 조력행위가 업무방해방조죄에 해당하는지 판단할 때 유의하여야 할 사정
[판결요지] [1] 형법 제32조 제1항은 "타인의 범죄를 방조한 자는 종범으로 처벌한다."라고 정하고 있다. **· 형법 제32조 제1항 방조범 성립요건(=타인 범죄 ⇒ 방조 ⇒ 종범으로 처벌)**
방조란 정범의 구체적인 범행준비나 범행사실을 알고 그 실행행위를 가능·촉진·용이하게 하는 지원행위 또는 정범의 범죄행위가 종료하기 전에 정범에 의한 법익 침해를 강화·증대시키는 행위로서, 정범의 범죄 실현과 밀접한 관련이 있는 행위를 말한다. **· 방조(=정범의 범죄 실현과 밀접한 관련이 있는 행위 ⇒ 정범 범죄 알고 그 실행행위를 가능·촉진·용이하게 하는 지원행위 또는 정범 법익 침해를 강화·증대시키는 행위)**
방조범은 정범에 종속하여 성립하는 범죄이므로 방조행위와 정범의 범죄 실현 사이에는 인과관계가 필요하다. 방조범이 성립하려면 방조행위가 정범의 범죄 실현과 밀접한 관련이 있고 정범으로 하여금 **구체적 위험을 실현**시키거나 범죄 결과를 발생시킬 기회를 높이는 등으로 정범의 **범죄 실현에 현실적인 기여**를 하였다고 평가할 수 있어야 한다. 정범의 범죄 실현과 밀접한 관련이 없는 행위를 도와준 데 지나지 않는 경우에는 방조범이 성립하지 않는다. **· 방조범 인과관계(=구체적 위험 실현 또는 범죄 실현 기여)**
[2] 쟁의행위가 업무방해죄에 해당하는 경우 제3자가 그러한 정을 알면서 쟁의행위의 실행을 용이하게 한 경우에는 업무방해방조죄가 성립할 수 있다.
다만 헌법 제33조 제1항이 규정하고 있는 노동3권을 실질적으로 보장하기 위해서는 근로자나 노동조합이 노동3권을 행사할 때 제3자의 조력을 폭넓게 받을 수 있도록 할 필요가 있고, 나아가 근로자나 노동조합에 조력하는 제3자도 **헌법 제21조에 따른 표현의 자유나 헌법 제10조에 내재된 일반적 행동의 자유**를 가지고 있다.
그러므로 위법한 쟁의행위에 대한 조력행위가 업무방해방조에 해당하는지 판단할 때는 헌법이 보장하는 위와 같은 기본권이 위축되지 않도록 **업무방해방조죄의 성립 범위를 신중하게 판단**하여야 한다(대법원 2021. 9. 9. 선고 2017도19025 전원합의체 판결, 대법원 2021. 9. 16. 선고 2015도12632 판결 등 참조).
[참조조문] [1] 형법 제32조 제1항 [2] 헌법 제10조, 제21조, 제33조 제1항, 형법 제32조 제1항, 제314조 제1항

12 ★★★★★ [선택형 · 사례형] 죄수 · 형법 제37조 실체적 경합

피고인은 2022. 6. 20. 필로폰을 투약하였다는 범죄사실로 2023. 2. 14. 「마약류 관리에 관한 법률」 위반(향정)죄로 징역 6개월, 집행유예 1년을 선고받아 2023. 2. 22. 위 판결이 확정되었다(이하 '이 사건 판결'). 그 후 피고인은 수개의 필로폰 수수, 관리, 소지, 매수, 투약 등 공소사실로 공소제기 되었는데, 그중에는 이 사건 판결이 확정되기 전인 2023. 1. 3.에 저지른 필로폰 매수 범행 및 2023. 1. 3. 20:00경부터 2023. 1. 4. 09:00경 사이에 저지른 필로폰 투약 범행도 포함되어 있었다. 이에 관한 설명 중 옳은 것은? (다툼이 있는 경우 판례에 의함)

① 형법 제37조 후단의 경합범에서 '판결이 확정된 죄'라 함은 수개의 독립한 죄 중에서 확정판결이라는 사실 자체가 있었던 어느 죄를 의미한다.

② 그 확정판결이 있은 죄의 형 집행을 종료하였는지 여부 또는 형의 집행유예가 실효되었는지 여부는 묻지 않는다.

③ 집행유예를 선고한 확정판결에 의한 형의 선고가 형법 제65조에 따라 그 효력을 잃었다 하더라도 확정판결을 받은 죄의 존재가 이에 의하여 소멸되지 않는 이상 형법 제37조 후단에서 정한 '판결이 확정된 죄'에 해당한다.

④ 피고인의 각 죄 중 이 사건 판결 확정 전에 범한 2023. 1. 3. 자 필로폰 매수 및 2023. 1. 3. 20:00경부터 2023. 1. 4. 09:00경 사이의 필로폰 투약으로 인한 각 「마약류 관리에 관한 법률」 위반(향정)죄는 이 사건 판결을 받은 죄인 2022. 6. 20. 필로폰 투약으로 인한 「마약류 관리에 관한 법률」 위반(향정)죄와 형법 제37조 후단의 경합범 관계에 있다. 피고인에 대하여 2개의 형이 선고되어야 한다.

⑤ 이 사건 판결에 의한 징역형의 선고가 집행유예기간의 경과로 말미암아 그 효력을 잃은 후인 2024. 5. 22. 피고인에 대한 각 공소사실을 모두 유죄로 인정한 다음, 그 각 죄가 전부 형법 제37조 전단의 경합범 관계에 있음을 전제로 형법 제38조 제1항 제2호를 적용하여 피고인에게 하나의 형을 선고한다.

해설 및 정답 ①~④ 대법원 2025. 5. 15. 선고 2025도470 판결 [마약류관리에관한법률위반(향정)] (바) 파기환송 〈형법 제37조 후단의 경합범 전과 해당 여부가 문제된 사건〉 **정답** ○, ⑤ ×

[판시사항] 징역형의 집행유예를 선고한 판결이 확정된 후 그 선고의 실효 또는

취소됨이 없이 유예기간이 경과하여 형의 선고가 효력을 잃은 경우, 위 확정판결을 받은 죄가 형법 제37조 후단에서 정한 '판결이 확정된 죄'에 해당하는지 여부(적극)

[판결요지] 형법 제37조 후단의 경합범에서 '판결이 확정된 죄'라 함은 수개의 독립한 죄 중에서 확정판결이라는 사실 자체가 있었던 어느 죄를 의미하고, 그 확정판결이 있은 죄의 형 집행을 종료하였는지 여부 또는 형의 집행유예가 실효되었는지 여부는 묻지 않는다고 해석되므로, 집행유예를 선고한 확정판결에 의한 형의 선고가 형법 제65조에 따라 그 효력을 잃었다 하더라도 확정판결을 받은 죄의 존재가 이에 의하여 소멸되지 않는 이상 형법 제37조 후단에서 정한 '판결이 확정된 죄'에 해당한다고 보아야 한다(대법원 1984. 8. 21. 선고 84모1297 판결, 대법원 2016. 11. 24. 선고 2016도12797 판결 등 참조). **· 집행유예를 선고한 확정판결(=형법 제37조 후단에서 정한 '판결이 확정된 죄'에 해당한다).**

13 ★★★★★ [선택형 · 사례형] 죄수 · 법조경합 · 특별관계

군인인 피고인이 업무처리 중 알게 된 대규모 택지 개발에 관한 정보 등을 이용하여 시세차익을 실현할 의도로, 그 정보 등을 배우자와 주변인들에게 알려주고 이를 이용하여 토지를 취득하게 하였다는 이유로, 구 부패방지권익위법 위반, 공무상비밀누설 등으로 기소된 사안이다. 이에 관한 설명 중 옳은 것은? (다툼이 있는 경우 판례에 의함)

① 법조경합의 한 형태인 특별관계란 어느 구성요건이 다른 구성요건의 모든 요소를 포함하는 외에 다른 요소를 구비하여야 성립하는 경우로서, 특별관계에 있어서 특별법의 구성요건을 충족하는 행위는 일반법의 구성요건을 충족하지만 반대로 일반법의 구성요건을 충족하는 행위는 특별법의 구성요건을 충족하지 못한다.

② 법조경합은 1개의 행위가 외관상 수개의 죄의 구성요건에 해당하는 것처럼 보이나 실질적으로 1죄만을 구성하는 경우를 말하며, 실질적으로 1죄인가 또는 수죄인가는 구성요건적 평가와 보호법익의 측면에서 고찰하여 판단하여야 한다.

③ 구 「부패방지 및 국민권익위원회의 설치와 운영에 관한 법률」(2021. 5. 18. 법률 제18191호로 개정되기 전의 것, 이하 '구 부패방지권익위법'이라고 한다) 제7조의2는 '공직자는 업무처리 중 알게 된 비밀을 이용하여 재물 또는 재산상의 이익을 취득하거나 제3자로 하여금 취득하게 하여서는 아니 된다.'

고 규정하고 있고, 같은 법 제86조 제1항은 '공직자가 제7조의2를 위반한 때에는 7년 이하의 징역 또는 7,000만 원 이하의 벌금에 처한다.'고 규정하고 있다. 한편 형법 제127조는 '공무원 또는 공무원이었던 자가 법령에 의한 직무상 비밀을 누설한 때에는 2년 이하의 징역이나 금고 또는 5년 이하의 자격정지에 처한다.'고 규정하고 있다.

④ 위 양 죄(부패방지법 제86조 제1항과 형법 제127조 공무상비밀누설죄)를 비교하면, 전자의 죄는 후자의 죄의 구성요건을 충족하는 외에 추가로 '재물 또는 재산상 이익을 취득하거나 제3자로 하여금 취득'하게 하여야 성립하고, 위 양 죄를 별죄로 보아야 할 만큼 그 보호법익에 차이가 있다고 보기도 어렵다. 즉 위 양 죄는 법조경합의 한 형태인 특별관계에 있으므로, 공직자가 업무처리 중 알게 된 비밀을 이용하여 재물 또는 재산상 이익을 취득하거나 제3자로 하여금 취득하게 한 경우에는 구 부패방지권익위법 제86조 제1항 위반죄만이 성립하고, 별도로 형법상 공무상비밀누설죄가 성립하지 않는다고 할 것이다.

⑤ 군사법원법 제258조, 제146조 제1항은 압수의 대상을 '해당 사건과 관계가 있다고 인정할 수 있는 것에 한정하여 증거물 또는 몰수될 것으로 생각되는 물건'이라고 정하고 있고, 피의자 이외의 자가 소유·소지·보관하는 물건도 필요성이 있는 한 압수의 대상이 될 수 있다. 따라서 압수·수색영장에서 특별히 제한하지 않는 이상 신분적 재판권에 관하여 군사법원법 제2조가 정한 군인, 군무원 등이 아닌 사람이 소유·소지·보관하고 있는 물건도 해당 압수·수색영장의 범죄 혐의사실과의 관련성과 압수할 필요성이 인정되는 경우에는 군사법원법상 압수의 대상이 될 수 있다.

해설 및 정답 ①~⑤ 대법원 2025. 5. 15. 선고 2024도16239 판결 [부패방지및국민권익위원회의설치와운영에관한법률위반등] (차) 상고기각 〈공무원이 업무처리 중 알게 된 택지 개발 정보를 이용하여 지인들로 하여금 토지를 취득하게 하는 등의 행위로 기소된 사건〉 **정답** ○

[판시사항] [1] 공무원인 공직자가 업무처리 중 알게 된 비밀을 이용하여 재물 또는 재산상 이익을 취득하거나 제3자로 하여금 취득하게 한 경우 구성요건이 충족되는 부패방지및국민권익위원회의설치와운영에관한법률위반죄와 공무상비밀누설죄의 죄수 관계(=법조경합 중 특별관계) [2] 신분적 재판권에 관하여 군사법

원법 제2조가 정한 군인, 군무원 등이 아닌 사람이 소유·소지·보관하고 있는 물건도 해당 압수·수색영장의 범죄 혐의사실과의 관련성과 압수할 필요성이 인정되는 경우에는 군사법원법상 압수의 대상이 될 수 있는지 여부(적극)

[판결요지] [1] 법조경합의 한 형태인 특별관계란 어느 구성요건이 다른 구성요건의 모든 요소를 포함하는 외에 다른 요소를 구비하여야 성립하는 경우로서, **·법조경합(=특별관계·구성요건 모든 요소 포함)**

특별관계에 있어서 특별법의 구성요건을 충족하는 행위는 일반법의 구성요건을 충족하지만 반대로 일반법의 구성요건을 충족하는 행위는 특별법의 구성요건을 충족하지 못한다(대법원 2003. 4. 8. 선고 2002도6033 판결 등 참조). **·특별관계(=특별법 구성요건 모두 충족)**

법조경합은 1개의 행위가 외관상 수개의 죄의 구성요건에 해당하는 것처럼 보이나 실질적으로 1죄만을 구성하는 경우를 말하며, 실질적으로 1죄인가 또는 수죄인가는 구성요건적 평가와 보호법익의 측면에서 고찰하여 판단하여야 한다(대법원2004. 1. 15. 선고 2001도1429 판결). **·특별관계(=실질적 1죄)**

구 「부패방지 및 국민권익위원회의 설치와 운영에 관한 법률」(2021. 5. 18. 법률 제18191호로 개정되기 전의 것, 이하 '구 부패방지권익위법'이라고 한다) 제7조의2는 '공직자는 업무처리 중 알게 된 비밀을 이용하여 재물 또는 재산상의 이익을 취득하거나 제3자로 하여금 취득하게 하여서는 아니 된다.'고 규정하고 있고, 같은 법 제86조 제1항은 '공직자가 제7조의2를 위반한 때에는 7년 이하의 징역 또는 7,000만 원 이하의 벌금에 처한다.'고 규정하고 있다. 한편 형법 제127조는 '공무원 또는 공무원이었던 자가 법령에 의한 직무상 비밀을 누설한 때에는 2년 이하의 징역이나 금고 또는 5년 이하의 자격정지에 처한다.'고 규정하고 있다. 위 양 죄를 비교하면, 전자의 죄는 후자의 죄의 구성요건을 충족하는 외에 추가로 '재물 또는 재산상 이익을 취득하거나 제3자로 하여금 취득'하게 하여야 성립하고, 위 양 죄를 별죄로 보아야 할 만큼 그 보호법익에 차이가 있다고 보기도 어렵다. 즉 위 양 죄는 법조경합의 한 형태인 특별관계에 있으므로, 공직자가 업무처리 중 알게 된 비밀을 이용하여 재물 또는 재산상 이익을 취득하거나 제3자로 하여금 취득하게 한 경우에는 구 부패방지권익위법 제86조 제1항 위반죄만이 성립하고, 별도로 형법상 공무상비밀누설죄가성립하지 않는다고 할 것이다. **·부패방지법 제86조 제1항(=형법 제127조 공무상비밀누설죄의 특별관계)**

[2] 군사법원법 제258조, 제146조 제1항은 압수의 대상을 '해당 사건과 관계가 있다고 인정할 수 있는 것에 한정하여 증거물 또는 몰수될 것으로 생각되는 물건'이라고 정하고 있고, 피의자 이외의 자가 소유·소지·보관하는 물건도 필요성이 있는 한 압수의 대상이 될 수 있다. **·군사법원법 제258조, 제146조 제1항 압수대상(=군사법원법 제2조가 정한 군인, 군무원 등이 아닌 사람이 소유·소지·보관하고 있는 물건도 해당함)**

따라서 압수·수색영장에서 특별히 제한하지 않는 이상 신분적 재판권에 관하여 군사법원법 제2조가 정한 군인, 군무원 등이 아닌 사람이 소유·소지·보관하고 있는 물건도 해당 압수・수색영장의 범죄 혐의사실과의 관련성과 압수할 필요성이 인정되는 경우에는 군사법원법상 압수의 대상이 될 수 있다. **・군사법원법상 압수 대상 요건(=①압수·수색영장의 범죄 혐의사실과 관련성・②압수할 필요성이 인정되는 경우)**

14 ★★★★★ [선택형・사례형] 형 집행순서변경지휘

피고인은 2019. 9. 4. 자 특수상해 범행으로 기소되었다. 피고인의 전과와 관련하여 최초 출소예정일은 2016. 7. 22.이었다. 그러나 검사가 형 집행의 순서를 변경하는 지휘(이하 '이 사건 형 집행순서변경지휘')를 하여 벌금형 미납에 따른 노역장유치의 집행을 하고 다시 징역형의 잔여형 집행이 이루어져서 실제로는 2016. 9. 16. 징역형의 집행을 종료하였다. 이에 관한 설명 중 옳은 것은? (다툼이 있는 경우 판례에 의함)

① 형사소송법은 형 집행의 순서에 관하여 제462조 본문에서 '2이상의 형의 집행은 자격상실, 자격정지, 벌금, 과료와 몰수 외에는 무거운 형을 먼저 집행한다.'라고 하여 중한 형 우선집행의 원칙을 선언하면서도 동시에 제462조 단서에서 '단, 검사는 소속 장관의 허가를 얻어 무거운 형의 집행을 정지하고 다른 형의 집행을 할 수 있다.'라고 정하여 형 집행을 지휘하는 주체인 검사가 일정한 절차에 따라 형 집행의 순서를 변경할 수 있는 예외를 인정하고 있다.

② 형 집행사무의 적정한 운영을 위하여 검찰청법 제11조에 따라 법무부령으로 사형과 자유형의 집행에 관한 사무의 방식과 절차를 정하고 있는 「자유형등에 관한 검찰집행사무규칙」은 제39조 제1항에서 '형의 집행순서변경에 의한 노역장유치의 집행지휘'라는 제목 아래 '자유형과 벌금형이 병과 선고되거나 자유형의 집행 중 다른 범죄로 벌금형이 선고된 수형자에 관하여 검사가 노역장유치의 집행을 지휘하는 때에는 소속 검찰청의 장의 허가를 받아 자유형의 집행을 정지하고, 먼저 노역장유치의 집행을 지휘하여야 한다. 다만, 자유형을 먼저 집행하여도 벌금형에 관한 형의 시효가 완성되지 아니할 것이 명백한 때에는 그러하지 아니하다.'라고 하여 형 집행의 순서를 변경하여 자유형에 앞서 벌금형에 대한 노역장유치의 집행을 하기 위한 절차 등을 규정하고 있다.

③ 형 집행의 시작과 종료는 형법 제35조 제1항, 제62조 제1항에서 정한 누범기간이나 집행유예 결격기간의 계산, 형법 제80조에 따른 형의 시효 중단 등

과 직접 관련이 있고, 자유형과 벌금형이 병과되어 선고된 수형자 등의 경우 형법 제72조 제2항에 따라 벌금의 완납 여부가 징역형이나 금고형에 대한 가석방 요건의 충족 여부를 좌우하므로, 형 집행의 순서와 그 변경은 수형자의 이해관계에 중대한 영향을 미치게 된다. 따라서 형사소송법 제462조 단서에 따른 검사의 형 집행의 순서 변경은 수형자의 이익을 위하여 가석방 요건을 조기에 갖추어 주려는 목적이라든지, 자유형의 시효가 장기인 경우 그보다 가벼운 형인 벌금형의 노역장유치를 먼저 집행함으로써 벌금형의 시효를 중단시키려는 목적 등 형 집행의 적정성을 확보하기 위하여 이루어질 수 있다. 다만, 형사소송법 제462조 단서가 검사의 자의적인 형의 집행순서변경이나 그로 인하여 수형자의 이익이 부당하게 침해되는 결과를 허용하는 취지는 아니므로, 검사는 형의 집행순서변경 제도의 목적과 수형자의 기본권 보장의 이념을 염두에 두고 적정한 재량의 범위 내에서 형의 집행순서변경에 관한 권한을 행사하여야 한다. 「자유형등에 관한 검찰집행사무규칙」 제39조 제1항 단서에서 '자유형을 먼저 집행하여도 벌금형에 관한 형의 시효가 완성되지 아니할 것이 명백한 때'에는 자유형에 앞서 벌금형에 대한 노역장유치의 집행을 하기 위한 형의 집행순서변경을 제한하고 있는 것도 그러한 취지이다.

④ 형의 집행순서변경에 관한 검사의 지휘가 재량을 일탈·남용한 것으로서 위법한지 여부는 그 변경지휘가 있었을 당시를 기준으로 변경의 목적·동기·경위, 집행순서변경에 관한 수형자의 요청이나 동의가 있었는지 여부, 순서의 변경이 수형자에게 미칠 영향, 형의 시효진행 상황 등을 종합하여 판단하여야 한다. 이와 달리 형의 집행순서변경 후에 수형자가 새로운 범죄행위를 하였다는 등의 우연한 사정을 이유로 그러한 사정이 발생한 때를 기준으로 사후적인 관점에서 집행순서변경이 수형자에게 미친 영향의 유·불리를 평가하여 집행순서변경에 관한 지휘의 위법성을 판단할 수는 없다.

⑤ 이 사건 형 집행순서변경지휘는 검사의 적정한 재량의 범위 내에서 이루어진 것으로서 적법하다. 따라서 피고인이 실제로 교도소에서 출소한 2016. 9. 16.을 기준으로 누범 및 집행유예결격 여부를 따져야 한다.

⑥ 누범 및 집행유예결격 여부는 최초 출소예정일인 2016. 7. 22.을 기준으로 기산하여야 한다. 따라서 피고인은 누범 및 집행유예결격에 해당하지 않는다.

해설 및 정답 ①~⑤ 대법원 2025. 3. 27. 선고 2021도4355 판결 [특수상해] (나) 파기환송 〈형 집행순서변경에 관한 검사의 지휘로 형 집행 종료일이 늦어짐에 따라 출소 후 범행이 누범 및 집행유예결격에 해당하는지 여부가 문제된 사안〉[공2025상, 792] **정답** ○, ⑥ ×

[판시사항] [1] 형 집행을 지휘하는 주체인 검사가 형의 집행순서변경에 관한 권한을 행사할 수 있는 범위 [2] 형의 집행순서변경에 관한 검사의 지휘가 재량을 일탈·남용한 것으로서 위법한지 여부의 기준 시점(=그 변경지휘가 있었을 당시) 및 판단 기준 / 형의 집행순서변경 후에 수형자가 새로운 범죄행위를 하였다는 등의 우연한 사정을 이유로 그러한 사정이 발생한 때를 기준으로 사후적인 관점에서 집행순서변경이 수형자에게 미친 영향의 유불리를 평가하여 집행순서변경에 관한 지휘의 위법성을 판단할 수 있는지 여부(소극)

15 ★★★★★ **[선택형 · 사례형] 형벌 · 누범**

특정범죄가중법위반(절도)죄, 상습절도죄 등으로 세 번 이상 징역형을 받은 전력이 있는 피고인이 준강도미수죄를 범하여 그 누범 기간에 있는 도중, 다시 야간방실침입절도죄 등을 범하여 특정범죄가중법 제5조의4 제5항 제1호 위반의 공소사실로 기소된 사안이다. 누범에 관한 설명으로 옳은 것은? (다툼이 있는 경우 판례에 의함)

① 「특정범죄 가중처벌 등에 관한 법률」 제5조의4 제5항의 규정 취지는 같은 항 각호에서 정한 죄 가운데 동일한 호에서 정한 죄를 3회 이상 반복 범행하고, 다시 그 반복 범행한 죄와 동일한 호에서 정한 죄를 범하여 누범에 해당하는 경우에는 동일한 호에서 정한 법정형으로 처벌한다는 뜻으로 보아야 한다.

② 「특정범죄 가중처벌 등에 관한 법률」 제5조의4 제5항 제1호 중 '다시 이들 죄를 범하여 누범으로 처벌하는 경우' 부분에서 '이들 죄'라 함은, 앞의 범행과 동일한 범죄일 필요는 없으나, 「특정범죄 가중처벌 등에 관한 법률」 제5조의4 제5항 각호에 열거된 모든 죄가 아니라 앞의 범죄와 동종의 범죄, 즉 형법 제329조 내지 제331조의 죄 또는 그 미수죄를 의미하고, 누범관계에 있는 앞의 범행이 '이들 죄'와 동종의 범죄일 것을 요한다.

해설 및 정답 ①~② 대법원 2024. 1. 25. 선고 2023도14307 판결 [특정범죄가중처벌등에관한법률위반(절도)] (나) 파기환송 〈특정범죄가중법 제5조의4 제5항 중 '다시 이들 죄를 범하여 누범으로 처벌하는 경우'의 의미가 문제된 사건〉 **정답** ○

[판시사항] 특정범죄 가중처벌 등에 관한 법률 제5조의4 제5항의 규정 취지 /

같은 항 제1호 중 '다시 이들 죄를 범하여 누범으로 처벌하는 경우' 부분에서 '이들 죄'의 의미(=형법 제329조 내지 제331조의 죄 또는 그 미수죄) 및 이때 누범관계에 있는 앞의 범행이 '이들 죄'와 동종의 범죄일 것을 요하는지 여부(적극)

[판결요지] 「특정범죄 가중처벌 등에 관한 법률」 제5조의4 제5항의 규정 취지는 같은 항 각호에서 정한 죄 가운데 동일한 호에서 정한 죄를 3회 이상 반복 범행하고, 다시 그 반복 범행한 죄와 동일한 호에서 정한 죄를 범하여 누범에 해당하는 경우에는 동일한 호에서 정한 법정형으로 처벌한다는 뜻으로 보아야 한다.

그러므로 **「특정범죄 가중처벌 등에 관한 법률」 제5조의4 제5항 제1호**(이하 '이 사건 조항'이라고 한다) 중 **'다시 이들 죄를 범하여 누범으로 처벌하는 경우' 부분에서 '이들 죄'라 함은, 앞의 범행과 동일한 범죄일 필요는 없다.**

그러나 「특정범죄 가중처벌 등에 관한 법률」 제5조의4 제5항 각호에 열거된 모든 죄가 아니라 앞의 **범죄와 동종의 범죄, 즉 형법 제329조 내지 제331조의 죄 또는 그 미수죄를 의미하고(대법원 2020. 2. 27. 선고 2019도18891 판결 참조), 누범관계에 있는 앞의 범행이 '이들 죄'와 동종의 범죄일 것을 요한다. ·준강도미수죄(=특가법 무죄⇒형법 제329조 내지 제331조의 죄 또는 그 미수죄에 해당하지 않음⇒그 누범 기간이 아님)**

[참조조문] 특정범죄 가중처벌 등에 관한 법률 제5조의4 제5항 제1호, 형법 제35조, 제329조, 제330조, 제331조, 제342조

16 ★★★★★ [선택형 · 사례형] 몰수 · 범죄수익은닉규제법 제8조 제3항

피고인이, 사기 범행을 목적으로 범죄집단을 조직하고 그 구성원으로 활동하면서 피해자들로부터 금전을 편취하는 범행을 한 피고인의 사위로부터 그 범행에 따른 범죄수익인 현금 28억 4,545만 원(이하 '이 사건 압수물')을 건네받아 이를 피고인의 주거지 등에 보관함으로써 사위와 공모하여 특정범죄를 조장하거나 적법하게 취득한 재산으로 가장할 목적으로 범죄수익을 은닉한 사안이다. 이에 관한 설명 중 옳은 것은? (다툼이 있는 경우 판례에 의함)

① 사기 범행의 실행을 목적으로 한 범죄단체조직 및 활동에 의하여 생긴 재산은 범죄수익은닉규제법 제2조 제1호 가.목, 라.목, 제8조 제1항 제1호에 의하여 몰수할 수 있고, 위 재산이나 여기서 유래한 재산 등이 범죄수익은닉규제법 제3조의 범죄행위에 관계된 범죄수익 등에 해당하는 경우 범죄수익은닉규제법 제8조 제1항 제3호에 의하여도 몰수할 수 있다. 위 재산 등이 범죄단체조직 및 활동에서 비롯된 범죄수익 등에 해당하는 이상, 해당범죄단체의 구체적 활동 내용인 사기 범행의 피해자로부터 취득한 재산에 해당한다 하여 이

를 달리 볼 수 없다.

② 범죄수익은닉규제법 제8조 제3항이 '재산에 관한 죄 등에 해당하는 범죄행위에 의하여 그 피해자로부터 취득한 재산'인 경우에는 범죄수익은닉규제법에 의한 몰수의 대상이 될 수 없다고 규정하고 있더라도, 재산에 관한 죄 외에 범죄단체조직죄, 범죄단체활동죄 등의 별개의 독자적인 법익을 함께 침해한 경우에까지 위 조항이 적용되는 것은 아니기 때문이다.

③ 이 사건 압수물은 범죄수익은닉규제법 제8조 제3항에서 정한 범죄피해재산에 해당하므로 법원은 몰수를 선고할 수 없다.

④ 이 사건 압수물은 피고인의 사위가 사기 범행을 목적으로 한 범죄단체를 조직하여 그 구성원으로 활동하는 범죄로 얻은 재산이자 피고인이 이를 은닉함으로써 범죄수익은닉규제법 제3조의 범죄행위에 관계된 범죄수익 등에 해당하여 범죄수익은닉규제법에 따른 몰수의 대상이 된다.

해설 및 정답 ①~②, ④ 대법원 2025. 6. 26. 선고 2025도6485 판결 [범죄수익은닉의규제및처벌등에관한법률위반] (나) 파기환송 〈사기 범행 목적 범죄단체 조직 및 활동으로 얻은 범죄수익인 현금이 몰수의 대상인지 문제된 사건〉 **정답** ○, ③ ×

[판시사항] 사기 범행의 실행을 목적으로 한 범죄단체조직 및 활동에 의하여 생긴 재산이나 여기서 유래한 재산 등이 「범죄수익은닉의 규제 및 처벌 등에 관한 법률」(이하 '범죄수익은닉규제법') 제3조의 범죄행위에 관계된 범죄수익 등에 해당하는 경우 범죄단체의 구체적 활동 내용인 사기 범행의 피해자로부터 취득한 재산에 해당하더라도 범죄수익은닉규제법 제8조 제1항 제3호에 의하여 몰수할 수 있는지 여부(적극)

17 ★★★★★ **[선택형 · 사례형] 몰수**

피고인은 근무 중이던 은행에서 거액을 횡령하였다는 공소사실로 기소되었다. 그런데 피고인의 전체 횡령금에서 피고인으로부터 압수되어 피해자에게 교부되는 압수물의 가치 상당액을 공제하여 피고인이 실제로 취득한 이익을 추징금으로 산정할 때 압수물의 가치상당액 평가의 기준 시점이 문제된 사안이다. 이에 관한 설명 중 옳은 것은? (다툼이 있는 경우 판례에 의함)

① 몰수는 범죄에 의한 이득을 박탈하는 데 그 취지가 있고, 추징도 이러한 몰수의 취지를 관철하기 위한 것인 점 등에 비추어 볼 때, 몰수할 수 없는 때에

추징하여야 할 가액은 범인이 그 물건을 보유하고 있다가 몰수의 선고를 받았더라면 잃었을 이득상당액을 의미한다고 보아야 하므로, 다른 특별한 사정이 없는 한 그 가액산정은 재판선고 시의 가격을 기준으로 하여야 한다.

② 이러한 법리는 피고인에 대한 추징금 산정을 위한 선결 문제로서 피고인으로부터 압수되어 피해자에게 교부되는 압수물의 가액을 산정함에 있어서도 마찬가지로 보아야 한다.

③ 추징액에서 공제되어야 할 피고인으로부터 압수된 압수물의 가치를 재판선고 시가 아닌 2023. 10. 20. 자 감정보고서에 따라 산정한다.

④ 추징금 산정을 위한 선결 문제로서 피고인으로부터 압수되어 피해자에게 교부되는 압수물의 가액 산정도 재판선고 시의 가격을 기준으로 하여야 한다.

해설 및 정답 ①~②, ④ 대법원 2025. 6. 26. 선고 2025도3420 판결 [특정경제범죄가중처벌등에관한법률위반(횡령)등] (라) 파기환송(일부) 〈횡령금에서 피고인이 실제로 취득하지 않은 이익을 공제하여 추징금을 산정한 사건〉 **정답** ○, ③ ×

[판시사항] 추징금 산정을 위한 선결 문제로서 피고인으로부터 압수되어 피해자에게 교부되는 압수물 가액 산정의 시적 기준(=재판선고 시)

[판결요지] 몰수는 범죄에 의한 이득을 박탈하는 데 그 취지가 있고, 추징도 이러한 몰수의 취지를 관철하기 위한 것인 점 등에 비추어 볼 때, 몰수할 수 없는 때에 추징하여야 할 가액은 범인이 그 물건을 보유하고 있다가 몰수의 선고를 받았더라면 잃었을 이득상당액을 의미-한다고 보아야 하므로, 다른 특별한 사정이 없는 한 그 가액산정은 재판선고 시의 가격을 기준으로 하여야 한다(대법원 2008. 10. 9. 선고 2008도6944 판결, 대법원 2020. 6. 11. 선고 2020도2883 판결 참조). 이러한 법리는 피고인에 대한 추징금 산정을 위한 선결 문제로서 피고인으로부터 압수되어 피해자에게 교부되는 압수물의 가액을 산정함에 있어서도 마찬가지로 보아야 한다.

18 ★★★★★ **[선택형 · 사례형] 몰수**

피고인은 온라인게임에서 설정된 제한 등을 무력화하는 프로그램(이하 '핵프로그램')을 게임이용자들에게 판매하고 이를 구매한 게임이용자들은 이를 실행하여 게임에서 설정된 제한 등을 무력화함으로써 피해자인 게임회사의 정상적인 게임운영업무를 방해하였다는 공소사실 등으로 기소되었다. 이에 관한 설명 중 옳은 것은? (다툼이 있는 경우 판례에 의함)

① "범죄행위에 의하여 생긴 재산"은 중대범죄의 범죄행위에 의하여 새로 만들어진 재산뿐만 아니라 그러한 범죄행위에 의하여 취득한 재산도 포함한다.

② 핵프로그램을 판매하는 피고인과 핵프로그램을 구매하여 이용한 게임이용자가 함께 업무방해죄의 공동정범이 된다면 피고인이 취득한 핵프로그램 판매대금도 업무방해죄에 의하여 취득한 재산으로서 구 범죄수익은닉규제법에 따른 추징 대상이다.

해설 및 정답 ①~② 대법원 2025. 4. 24. 선고 2024도14169 판결 [정보통신망이용촉진및정보보호등에관한법률위반등] (가) 파기환송 〈온라인게임에서 설정된 제한 등을 무력화하는 프로그램을 판매하여 취득한 대금이 추징 대상인지 여부가 문제된 사건〉

정답 ○

[판시사항] 구 범죄수익은닉규제법(2022. 1. 4. 법률 제18672호로 개정되기 전의 것, 이하 '구 범죄수익은닉규제법')에 따라 몰수·추징 대상이 되는 '범죄행위에 의하여 생긴 재산'에 범죄행위에 의하여 취득한 재산이 포함되는지 여부(적극)

[판결요지] [1] 구 범죄수익은닉규제법은 "중대범죄에 해당하는 범죄행위에 의하여 생긴 재산 또는 그 범죄행위의 보수로 얻은 재산"을 범죄수익으로 규정하고 [제2조 제2호 (가)목], 범죄수익을 몰수할 수 없으면 그 가액을 추징할 수 있다고 규정한다(제10조 제1항, 제8조 제1항 제1호).

[2] "범죄행위에 의하여 생긴 재산"은 중대범죄의 범죄행위에 의하여 **새로 만들어진 재산**뿐만 아니라 그러한 범죄행위에 의하여 **취득한 재산도 포함**한다(대법원 2004. 12. 10. 선고 2004도5652 판결 등 참조).

[판결해설] 1. 원심은, 이 부분 공소사실을 유죄로 판단하면서, 피고인이 취득한 핵프로그램 판매대금은 업무방해죄로 생긴 재산에 해당하지 않는다고 보아 구 범죄수익은닉규제법에 따른 추징 대상이 아니라고 판단하였다.

2. 대법원은, 핵프로그램을 판매하는 피고인과 핵프로그램을 구매하여 이용한 게임이용자가 함께 **업무방해죄의 공동정범**이 된다면 **피고인이 취득한 핵프로그램 판매대금도 업무방해죄에 의하여 취득한 재산으로서 구 범죄수익은닉규제법에 따른 추징 대상**이라고 보아, 이와 달리 판단한 원심을 파기·환송하였다.

19 ★★★ [선택형] 부패재산 몰수회복 특례법 제6조 제1항 몰수·추징

피고인이 피해자 회사의 대표이사로서 보관 중이던 회사의 자금 600만 달러를 배우자에게 허위 용역비 명목으로 지급함으로써 횡령하였다. 검사는 「특정경제범죄 가중처벌 등에 관한 법률」 위반(횡령) 등으로 기소하였다. 최종적으로 제1심 재판 진행 중인 2022. 5. 20. 위 600만 달러를 피해자 회사 명의인 이 사건 계좌로 송금한 사안이다. 이에 관한 설명 중 옳은 것은? (다툼이 있는 경우 판례에 의함)

① 몰수 · 추징 제도는 검사가 범죄피해재산을 몰수 혹은 추징한 다음 이를 다시 피해자에게 환부하여 특정 범죄행위로 인하여 피해자가 입은 재산상 피해를 회복시키기 위한 제도이다. 따라서 위 법률조항(「부패재산의 몰수 및 회복에 관한 특례법」 제6조 제1항)에 근거한 검사의 몰수 · 추징은 범죄피해재산을 피해자에게 환부하기 위한 선행 절차이다.

② 형사법상 몰수를 갈음하는 추징은 공소사실에 관하여 형사재판을 받는 피고인에 대한 유죄의 판결에서 선고되는 부수처분으로서 형벌적 성격을 가진다.

③ 추징과 관련된 검사의 이 부분 공소는 피고인의 횡령 범죄로 인한 피해자가 피해자 회사임을 전제로 하고 있다. 그러므로 피고인이 피해자 회사 명의의 이 사건 계좌로 600만 달러를 입금한 이상 특별한 사정이 없는 한 피해자 회사가 입은 재산상 피해는 범죄 이전의 상태로 회복되었다.

해설 및 정답 ①~③ 대법원 2024. 6. 13. 선고 2023도17596 판결 [특정경제범죄가중처벌등에관한법률위반(횡령)등] (자) 파기자판(일부) 〈「부패재산의 몰수 및 회복에 관한 특례법」 제6조 제1항에서 몰수 · 추징의 요건으로 규정한 '범죄피해자가 그 재산에 관하여 범인에 대한 재산반환청구권 또는 손해배상청구권 등을 행사할 수 없는 등 피해회복이 심히 곤란한 경우'에 해당하는지 여부가 문제된 사건〉 **정답** ○

[판시사항] [1] 부패재산의 몰수 및 회복에 관한 특례법 제6조 제1항에서 정한 몰수 · 추징의 요건 및 제도적 취지 / 위 조항에 근거한 검사의 몰수 · 추징은 범죄피해재산을 피해자에게 환부하기 위한 선행 절차인지 여부(적극) [2] 형사법상 몰수를 갈음하는 추징이 형벌적 성격을 가지는지 여부(적극) / 몰수 · 추징의 요건을 정한 부패재산의 몰수 및 회복에 관한 특례법 제6조 제1항을 해석할 때 고려할 사항

[판결요지] [1] 부패재산의 몰수 및 회복에 관한 특례법 제6조 제1항은 몰수 · 추징의 요건으로 '범죄피해자가 그 재산에 관하여 범인에 대한 재산반환청구권 또는 손해배상청구권 등을 행사할 수 없는 등 피해회복이 심히 곤란한 경우'를 들고 있다. 위 법률조항의 문언에서도 알 수 있듯이 위 몰수 · 추징 제도는 검사가 범죄피해재산을 몰수 혹은 추징한 다음 이를 다시 피해자에게 환부하여 특정 범죄행위로 인하여 피해자가 입은 재산상 피해를 회복시키기 위한 제도이다. 따라서 위 법률조항에 근거한 검사의 몰수 · 추징은 범죄피해재산을 피해자에게 환부하기 위한 선행 절차이다.

[2] 형사법상 몰수를 갈음하는 추징은 공소사실에 관하여 형사재판을 받는 피고인에 대한 유죄의 판결에서 선고되는 **부수처분으로서 형벌적 성격**을 가진다. 따라서 몰수 · 추징의 요건을 정한 부패재산의 몰수 및 회복에 관한 특례법 제6조

제1항을 해석함에 있어서도, **형벌법규의 해석은 엄격**하여야 하고, 문언의 가능한 의미를 벗어나 **피고인에게 불리한 방향으로 해석**하는 것은 죄형법정주의의 내용인 **확장해석금지에 따라 허용되지 않는다**는 법리의 취지를 고려할 필요가 있다.

20 ★★★★★ [선택형 · 사례형] 불능미수범 · 수강명령 · 이수명령

피고인에 대하여 '케타민' 투약으로 인한 마약류관리법 위반(향정)죄의 불능미수범이 인정된 경우 마약류관리법상 이수명령을 할 수 있는지가 문제된 사안이다. 이에 관한 설명 중 옳은 것은? (다툼이 있는 경우 판례에 의함)

① 마약류관리법 제40조의2 제1항은 범죄 구성요건이 아니라 같은 조가 규정한 수강명령이나 이수명령의 대상으로서 마약류사범을 독자적으로 정의하고 있고 마약류관리법 제2조 제3호 각 목에 해당하는 어느 향정신성의약품을 투약, 흡연 또는 섭취한다는 고의로 실행에 착수하였으나 대상의 착오로 다른 향정신성의약품을 투약, 흡연 또는 섭취하여 마약류관리법 위반(향정)죄의 불능미수가 성립하는 경우, 그 불능미수범은 마약류의 중독성으로 인한 재범 가능성을 고려한 수강명령이나 이수명령의 필요성 측면에서 향정신성의약품 투약 등으로 인한 마약류관리법 위반(향정)죄의 기수범과 차이가 없다.

② 따라서 마약류관리법 제2조 제3호 나목이 정한 향정신성의약품을 투약, 흡연 또는 섭취한다는 고의로 같은 호 가목이 정한 향정신성의약품을 투약, 흡연 또는 섭취한 사람은 마약류관리법 제40조의2 제1항이 정한 수강명령이나 이수명령의 대상인 마약류사범에 해당한다고 보아야 한다.

해설 및 정답 ①~② 대법원 2025. 5. 29. 선고 2025도2199 판결 [마약류관리에관한법률위반(향정) 등] (타) 상고기각 〈「마약류 관리에 관한 법률」 위반(향정)죄의 불능미수범에 대해 이수명령을 부과할 수 있는지 여부가 문제된 사건〉 **정답** ○

[판시사항] 「마약류 관리에 관한 법률」 제2조 제3호 각 목에 해당하는 어느 향정신성의약품을 투약, 흡연 또는 섭취한다는 고의로 실행에 착수하였으나 대상의 착오로 다른 향정신성의약품을 투약, 흡연 또는 섭취하여 불능미수가 성립하는 경우, 「마약류 관리에 관한 법률」 제40조의2 제1항이 정한 수강명령이나 이수명령 대상인 '마약류사범'에 해당하는지 여부(적극)

2 형법 각론

21 ★★★★★ [선택형 · 사례형] 상해죄 · 위법성 · 위전착 · 책임

피고인이 복싱클럽 관장과 회원인 피해자(17세)의 몸싸움을 지켜보던 중 피해자가 왼손을 주머니에 넣어 휴대용 녹음기를 꺼내어 움켜쥐자 피해자의 왼손 주먹을 강제로 펴게 함으로써 위 관장과 동시에 피해자를 폭행하여 피해자에게 약 4주간의 치료가 필요한 좌 제4수지 중위지골 골절을 가한 사안이다. 상해죄에 관한 설명으로 옳은 것은? (다툼이 있는 경우 판례에 의함)

① 乙과 甲은 외형상 신체적 차이가 크지 않고, 당시 甲은 제압된 상태였더라도 상당한 정도의 물리력을 행사할 수 있는 능력이 있었을 뿐더러 그 직전까지도 乙과 몸싸움을 하는 등 급박한 상황이 계속되고 있었으며, 몸싸움은 일시적 · 우발적으로 발생한 것이라기보다는 甲이 乙에 대한 항의 내지 보복의 감정을 가진 상태에서 계획적 · 의도적으로 다시 찾아옴에 따라 발생하였고, 더구나 코치로서 관장과 회원 사이의 시비를 말리거나 더 커지는 것을 막아야 하는 위치에 있던 피고인의 입장에서, 둘 사이의 몸싸움이 격화되는 과정에서 甲이 왼손을 주머니에 넣어 특정한 물건을 움켜쥔 채 꺼내는 것을 목격하자, 이를 甲이 상대방의 생명 · 신체에 위해를 가하려는 것으로 충분히 오인할 만한 객관적인 정황이 있었다.

② 피고인은 일관하여 '甲이 호신용 작은 칼 같은 흉기를 꺼내는 것으로 오인하여 이를 확인하려고 하였다.'는 취지로 진술하였고, 甲 역시 수사과정에서 '피고인에게 상해의 의도가 있었다기보다는 손에 쥐고 있던 물건이 무엇인지 확인하기 위해서였다고 생각한다.'라고 같은 취지로 진술하였으며, 甲이 가지고 있던 '휴대용 녹음기'와 피고인이 착각하였다고 주장하는 '호신용 작은 칼'은 크기 · 길이 등 외형상 큰 차이가 없어 이를 쥔 상태의 주먹이나 손 모양만으로는 양자를 구별하는 것이 쉽지 않았으므로, 당시 피고인은 甲의 주먹이나 손 모양만으로 그가 움켜쥔 물건이 무엇인지조차 알기 어려웠다.

③ 甲은 당시 왼손으로 휴대용 녹음기를 움켜쥔 상태에서 이를 활용함에 별다른 장애가 없었으므로, 만일 몸싸움을 하느라 신체적으로 뒤엉킨 상황에서 甲이 실제로 위험한 물건을 꺼내어 움켜쥐고 있었다면 그 자체로 乙의 생명 · 신체에 관한 급박한 침해나 위험이 초래될 우려가 매우 높은 상황이었다.

④ 형법 제20조의 사회상규에 의한 정당행위를 인정하기 위한 요건들 중 행위의 '긴급성'과 '보충성'은 다른 실효성 있는 적법한 수단이 없는 경우를 의미하지 '일체의 법률적인 적법한 수단이 존재하지 않을 것'을 의미하지는 않는다는 판례 법리에 비추어, 피고인의 행위는 적어도 주관적으로는 그 정당성에 대한 인식하에 이루어진 것이라고 보기에 충분한 점 등을 종합하면, 피고인이 당시 죄가 되지 않는 것으로 오인한 것에 대해 '정당한 이유'를 부정하여 공소사실을 유죄로 인정한 원심판결에는 위법성조각사유의 전제사실에 관한 착오, 정당한 이유의 존부에 관한 법리오해의 잘못이 있다.

해설 및 정답 ①~④ 대법원 2023. 11. 2. 선고 2023도10768 판결 [상해] (자) 파기환송 〈위법성조각사유 전제사실의 착오에 관한 사건〉 **정답** ○

[판시사항] 갑은 관장 을이 운영하는 복싱클럽에 회원등록을 하였던 자로서 등록을 취소하는 문제로 을로부터 질책을 들은 다음 약 1시간이 지난 후 다시 복싱클럽을 찾아와 을에게 항의하는 과정에서 을이 갑의 멱살을 잡아당기거나 바닥에 넘어뜨린 후 목을 조르는 등 을과 갑이 뒤엉켜 몸싸움을 벌였는데, 코치인 피고인이 이를 지켜보던 중 **갑이 왼손을 주머니에 넣어 불상의 물건을 꺼내 움켜쥐자 갑의 왼손 주먹을 강제로 펴게 함으로써 갑에게 손가락 골절상을 입혔다**는 상해의 공소사실로 기소된 사안이다. **피고인이 당시 죄가 되지 않는 것으로 오인한 것에 대해 '정당한 이유'를 부정하여 공소사실을 유죄로 인정한 원심판결에 위법성조각사유의 전제사실에 관한 착오, 정당한 이유의 존부에 관한 법리오해의 잘못이 있다**고 한 사례.

[판결요지] ① **급박한 상황**이 계속되고 있었으며, 갑이 상대방의 **생명 · 신체에 위해를 가하려는 것으로 충분히 오인할 만한 객관적인 정황**이 있었던 점, ② **움켜쥔 물건이 무엇인지조차 알기 어려웠던 점**, ③ 을의 **생명 · 신체에 관한 급박한 침해나 위험이 초래될 우려가 매우 높은 상황**이었던 점, ④ 형법 제20조의 사회상규에 의한 정당행위를 인정하기 위한 요건들 중 **행위의 '긴급성'과 '보충성'은 다른 실효성 있는 적법한 수단이 없는 경우를 의미하지 '일체의 법률적인 적법한 수단이 존재하지 않을 것'을 의미하지는 않는다**는 판례 법리에 비추어, **피고인의 행위는 적어도 주관적으로는 그 정당성에 대한 인식하에 이루어진 것이라고 보기에 충분한 점** 등을 종합하면, 피고인이 당시 죄가 되지 않는 것으로 오인한 것에 대해 '정당한 이유'를 부정하여 공소사실을 유죄로 인정한 원심판결에는 **위법성조각사유의 전제사실에 관한 착오, 정당한 이유의 존부에 관한 법리오해의 잘못이 있다**고 한 사례.

[참조조문] 형법 제16조, 제20조, 제21조, 제257조 제1항

22 ★★★★★ **[선택형 · 사례형] 위험한 물건을 '휴대하여' 협박하고 상해**

피고인이 위험한 물건인 칼을 휴대하여 사실혼 관계인 피해자를 협박하고 상해를 가하였으며 약 4시간 30분 동안 피해자를 감금하였다. 검사는 피고인을 형법 제258조2 제1항·제257조 제1항 특수상해, 형법 제284조 특수협박 등으로 기소하였다. 이에 관한 설명 중 옳은 것은? (다툼이 있는 경우 판례에 의함)

① 위험한 물건을 '휴대하여'는 범행 현장에서 사용하려는 의도 아래 위험한 물건을 소지하거나 몸에 지니는 경우를 의미한다. 피고인이 범행 현장에서 범행에 사용하려는 의도 아래 위험한 물건을 소지하거나 몸에 지닌 이상 피고인이 이를 실제로 범행에 사용하였을 것까지 요구되지는 않는다.

② 위험한 물건을 휴대하였다고 하기 위하여는, 피고인이 범행 현장에 있는 위험한 물건을 사실상 지배하면서 언제든지 그 물건을 곧바로 범행에 사용할 수 있는 상태에 두면 충분하고, 피고인이 그 물건을 현실적으로 손에 쥐고 있는 등 피고인과 그 물건이 반드시 물리적으로 부착되어 있어야 하는 것은 아니다.

해설 및 정답 ①~② 대법원 2024. 6. 13. 선고 2023도18812 판결 [폭행·특수상해(인정된 죄명: 상해)·특수협박(인정된 죄명: 협박)·감금] (마) 파기환송(일부) 판결 〈피고인이 위험한 물건을 '휴대하여' 피해자를 협박하고 상해를 가하였는지 여부가 문제된 사건〉 **정답** ○

[판시사항] **특수상해죄 및 특수협박죄의 구성요건 중 위험한 물건을 '휴대하여'의 의미** / 이때 범행 현장에서 위험한 물건을 사용하려는 의도가 있었는지 판단하는 기준 및 **위험한 물건을 실제로 범행에 사용하였을 것까지 요구되는지 여부(소극) / 위험한 물건을 휴대하였다고 하기 위하여, 그 물건을 현실적으로 손에 쥐고 있는 등 피고인과 그 물건이 반드시 물리적으로 부착되어 있어야 하는지 여부(소극)**

[판결요지] 형법 제258조의2 제1항, 제257조 제1항, 제284조, 제283조 제1항은 **위험한 물건을 휴대하여 사람의 신체를 상해한 자를 특수상해죄로, 사람을 협박한 자를 특수협박죄로 각 처벌하도록 규정**하고 있다. **·특수상해죄 및 특수협박죄**

여기서 **위험한 물건을 '휴대하여'**는 범행 현장에서 사용하려는 의도 아래 **위험한 물건을 소지하거나 몸에 지니는 경우를 의미**한다. 범행 현장에서 위험한 물건을 사용하려는 의도가 있었는지는 피고인의 범행 동기, 위험한 물건의 휴대 경위 및 사용 방법, 피고인과 피해자와의 인적 관계, 범행 전후의 정황 등 모든 사정을 합리적으로 고려하여 판단하여야 한다. **·위험한 휴대(=소지 또는 몸에 지님)**

피고인이 범행 현장에서 범행에 사용하려는 의도 아래 위험한 물건을 소지하거나 몸에 지닌 이상 피고인이 이를 실제로 범행에 사용하였을 것까지 요구되지는 않는다. 또한 **위험한 물건을 휴대**하였다고 하기 위하여는, 피고인이 범행 현장에 있는 위험한 물건을 **사실상 지배**하면서 언제든지 그 물건을 곧바로 범행에 **사용할 수 있는 상태**에 두면 충분하고, 피고인이 그 물건을 **현실적으로 손에 쥐고 있는 등 피고인과 그 물건이 반드시 물리적으로 부착되어 있어야 하는 것은 아니다.**

· 휴대(=사실상 지배 또는 사용할 수 있는 상태)

23 ★★★★★ [선택형 · 사례형] 강제추행죄 · 추행

한의사인 피고인은 교통사고 치료를 위하여 방문한 환자에게 물리치료를 마친 후 소화불량을 진찰한다는 명목으로 피해자의 가슴을 누르고 치골을 보겠다고 말하면서 피해자의 치골 부위를 손가락으로 세워 누르다가 피해자의 음부를 눌러 추행하였다는 공소사실로 기소되었다. 강제추행죄에 관한 설명 중 옳은 것은? (다툼이 있는 경우 판례에 의함)

① 피고인이 공소사실을 부인하는 성폭력 사건에서 공소사실에 부합하는 직접증거로 사실상 피해자의 진술이 유일한 경우, 그 진술이 합리적인 의심을 배제할 만한 신빙성이 있는지 여부는 진술 내용의 주요한 부분이 일관되고 구체적인지, 진술 내용이 논리와 경험칙에 비추어 합리적이고 진술 자체로 모순되거나 객관적으로 확인된 사실이나 사정과 모순되지는 않는지 또는 허위로 피고인에게 불리한 진술을 할 만한 동기나 이유가 있는지 등을 종합적으로 고려하여 신중하게 판단하여야 한다.

② 추행이라 함은 객관적으로 일반인에게 성적 수치심이나 혐오감을 일으키게 하고 선량한 성적 도덕관념에 반하는 행위로서 피해자의 성적 자유를 침해하는 것을 의미한다. 강제추행죄 성립에 필요한 주관적 구성요건요소는 고의만으로 충분하고, 그 외에 성욕을 자극 · 흥분 · 만족시키려는 동기나 목적까지 있어야 하는 것은 아니다.

③ 환자의 내밀한 신체 부위를 대상으로 하는 진단 및 치료 과정에서 이루어지는 의료인의 신체접촉 행위 등이 추행인지 문제되는 경우가 있다. 일반적으로 의료인의 진료행위는 환자의 질병 또는 고통을 진단 · 완화 · 치료하기 위하여 실시되고 그 과정에서 환부 등 환자의 신체에 대한 접촉이 불가피하게 이루어질 수 있다. 그러한 의료인의 행위를 환자의 성적 자기결정권을 침해한 추행으로 볼 수 있는지 여부는, 우리 사회의 평균적인 일반인의 관점에서 환자

의 성별, 연령, 의사를 비롯하여, 해당 행위에 이른 경위와 과정, 접촉 대상이 된 신체 부위의 위치와 특성, 환자가 호소하는 증상에 대한 진단·치료의 필요성 또는 위급성, 질병 등의 진단이나 증상 완화, 호전 등과 해당 행위의 연관성 또는 밀접성, 행위가 이루어지는 장소의 객관적 상황, 그 행위가 해당 의학 분야에서 객관적·일반적으로 실천되고 있는 진료행위로서 시술 수단과 방법이 상당하였는지, 사전에 환자 또는 그 법정대리인에게 진료의 내용과 내밀한 신체 부위에 대한 접촉의 필요성을 설명하고 동의를 구하였는지 등을 종합적으로 고려하여, 그 행위가 객관적으로 일반인에게 성적수치심이나 혐오감을 일으키는 선량한 성적 도덕관념에 반하는 것으로서 환자의 성적 자유를 침해하는지를 기준으로 신중하고 엄격하게 판단하여야 한다.

④ 피고인이 진료과정에서 피해자의 가슴과 음부 부위를 눌러 추행하였다는 것으로 치골 부위에 대한 진료의 타당성은 공소사실 인정 여부와 무관한 점, 치골과 음부는 명확히 구분되고 치골 부위를 촉진하는 과정에서 반드시 손이 음부에 닿게 된다고 볼 수 없어 피고인의 주장처럼 피해자가 피고인이 치골 부위를 촉진하거나 마사지한 것을 두고 음부를 누른 것으로 잘못 인식하였다고 보기 어려운 점, 여성 환자의 치골 부위는 음부와 근접한 민감한 부위이고 다른 곳을 통해서도 해당 증상을 충분히 진단할 수 있어 남성 의사가 여성 환자를 상대로 직접 치골 부위 촉진을 하는 경우는 매우 드문 것으로 보이는 점, 피고인은 가슴이나 치골 부위를 촉진하면서도 피해자로부터 동의를 구하는 등의 절차를 거치지 않았고, 진료기록부에 진료 내용을 기재하지 않은 점 등을 종합하면, 이 사건 공소사실을 유죄로 판단할 수 있다.

해설 및 정답 ①~④ 대법원 2025. 6. 5. 선고 2022도9676 판결 [강제추행] (다) 상고기각 〈의료인의 진료 과정에서 이루어진 행위가 추행에 해당하는지 문제된 사건〉 **정답** ○

[판시사항] [1] 피고인이 공소사실을 부인하는 성폭력 사건에서 공소사실에 부합하는 직접증거로 사실상 피해자의 진술이 유일한 경우 피해자의 진술이 합리적인 의심을 배제할 만한 신빙성이 있는지 판단하는 방법 [2] 강제추행죄에서 추행의 의미와 주관적 구성요건요소로서의 고의의 내용 [3] 환자의 내밀한 신체 부위를 대상으로 하는 진단 및 치료 과정에서 이루어진 의료인의 행위가 추행에 해당하는지에 대한 판단 기준과 판단 방법

[판결요지] [1] 피고인이 공소사실을 부인하는 성폭력 사건에서 공소사실에 부합

하는 직접증거로 사실상 피해자의 진술이 유일한 경우, 그 진술이 합리적인 의심을 배제할 만한 신빙성이 있는지 여부는 진술 내용의 주요한 부분이 일관되고 구체적인지, 진술 내용이 논리와 경험칙에 비추어 합리적이고 진술 자체로 모순되거나 객관적으로 확인된 사실이나 사정과 모순되지는 않는지 또는 허위로 피고인에게 불리한 진술을 할 만한 동기나 이유가 있는지 등을 종합적으로 고려하여 신중하게 판단하여야 한다(대법원 2022. 8. 19. 선고 2021도3451 판결 등 참조).

· 진술의 신빙성 판단(=구체성 · 합리성 · 모순성 · 동기)

[2] **추행이라 함은 객관적으로 일반인에게 성적 수치심이나 혐오감을 일으키게 하고 선량한 성적 도덕관념에 반하는 행위로서 피해자의 성적 자유를 침해하는 것을 의미한다(대법원 2002. 4. 26. 선고 2001도2417 판결 등 참조). · 추행 개념(=피해자 성적 자유 침해)**

강제추행죄 성립에 필요한 주관적 구성요건요소는 고의만으로 충분하고, 그 외에 성욕을 자극·흥분·만족시키려는 동기나 목적까지 있어야 하는 것은 아니다(대법원 2021. 6. 3. 선고 2019도12110 판결 등 참조). · 주관적 구성요건요소(=고의)

24 ★★★★★ [선택형 · 사례형] 군형법상 추행죄 구성요건

피고인이 함께 복무하던 군인과 소속대 막사 생활관 내에서 키스하고 속옷 안에 손을 집어넣어 성기를 잡고 비비는 행위를 하는 등으로 추행을 하고(이하 '제1행위'), ② 소속대 막사 화장실에서 불침번근무 중인 군인으로부터 구강성교를 해달라는 요구를 받고 입으로 성기를 빨아 사정하게 함으로써 추행을 하였다(이하 '제2행위')는 군형법상 추행으로 기소되었다. 이에 관한 설명 중 옳은 것은? (다툼이 있는 경우 판례에 의함)

① 동성인 군인 사이의 항문성교나 그 밖에 이와 유사한 행위가 사적 공간에서 자발적 의사 합치에 따라 이루어지는 등 군이라는 공동사회의 건전한 생활과 군기를 직접적, 구체적으로 침해한 것으로 보기 어려운 경우에는 현행 군형법 제62조의2 규정에서 정한 추행죄에 해당하지 않는다.

② 동성인 군인 사이의 항문성교나 그 밖에 이와 유사한 행위가 자발적 의사 합치에 따른 것이라 하더라도, 그것이 상명하복의 엄격한 규율과 집단적 공동생활이라는 군조직의 특성을 유지할 필요성이 인정되어 자유로운 성적 자기결정권의 행사를 일부 제한하더라도 이를 기본권의 적법한 제한이라고 새길 수 있을 정도로 군기 및 군율의 확립 · 유지 요청이 비교적 큰 공간이나 상황에서 이루어졌다면, 그러한 행위는 군이라는 공동사회의 건전한 생활과 군기를 직접적 · 구체적으로 침해하는 것으로 현행 규정의 추행죄를 구성할 수 있다.

③ 제1행위는 근무 외 시간에 피고인과 다른 군인의 자유로운 의사를 기초로 한 합의에 따라 이뤄진 것이고, 제2행위는 피고인과 다른 군인의 자유로운 의사를 기초로 한 합의에 따라 독립적이고 폐쇄적인 곳에서 은밀히 이뤄졌고 피고인이 근무 중인 상태도 아니었으며 다른 군인의 불침번 임무수행에 지장을 주었다고 단정하기 어려우므로 군형법상 추행죄를 구성할 수 없다.

해설 및 정답 ①～② 대법원 2025. 4. 24. 선고 2022도15950 판결 [추행] (라) 파기환송 〈영내 생활관에서 또는 불침번 근무 중 동성 군인 간 성적 행위가 군형법상 추행죄를 구성하는지 여부가 문제된 사건〉 **정답** ○, ③ ×

[판시사항] **자발적 의사 합치에 따른 동성인 군인 사이의 항문성교 그 밖에 이와 유사한 행위가 군이라는 공동사회의 건전한 생활과 군기를 직접적·구체적으로 침해하는 경우 군형법상 추행죄를 구성하는지 여부(적극)**

[**판결요지**] '추행'의 사전적 의미는 '더럽고 지저분한 행동, 강간이나 그와 비슷한 짓'이라고 되어 있다. 형법 등 성폭력범죄 처벌규정에서 '추행'을 구성요건으로 정하고 있는 경우가 있는데, **대법원은 추행을 '객관적으로 일반인에게 성적 수치심이나 혐오감을 일으키게 하고 선량한 성적 도덕관념에 반하는 행위로서 피해자의 성적 자유를 침해하는 것'**이라고 하면서 이를 판단할 때 **피해자의 의사**를 고려요소의 하나로 삼고 있다(대법원 2015. 9. 10. 선고 2015도6980 판결 등 참조).

그 밖에 이와 유사한 행위가 **사적 공간에서 자발적 의사 합치**에 따라 이루어지는 등 군이라는 공동사회의 **건전한 생활과 군기를 직접적, 구체적으로 침해한 것으로 보기 어려운 경우**에는 현행 규정에서 정한 **추행죄에 해당하지 않는다**고 봄이 타당하다(대법원 2022. 4. 21. 선고 2019도3047 전원합의체 판결 참조).

군기 및 군율의 확립·유지 요청이 비교적 큰 공간이나 상황에서 이루어졌다면, 그러한 행위는 **군이라는 공동사회의 건전한 생활과 군기를 직접적·구체적으로 침해하는 것으로 현행 규정의 추행죄를 구성할 수 있다**고 보아야 한다.

[판결해설] **제1, 2행위가 동성 군인 사이에 자발적 의사 합치에 따른 것이라고 하더라도 군형법상 추행죄를 구성할 수 있다.**

25 [선택형·사례형] 군형법상 상관명예훼손죄에 대한 위법성조각사유

피고인이 '국방부유해발굴단 감식단장이 유해의 국적에 대해 다른 국적 가능성을 묵살하였다'는 내용의 인터넷 기사 댓글에 '위 기사의 제보자(피해자)는 현재 성희롱 등으로 검찰조사 받고 있다'는 댓글을 게시함으로써 공연히 사실을 적시하여 상관인 피해자의 명예를 훼손하였다. 검사는 피고인을 상관명예훼손으로 기소하였다. 이에 관한 설명 중 옳은 것은? (다툼이 있는 경우 판례에 의함)

① 군형법 제64조 제3항의 사실적시 상관명예훼손죄에 형법 제310조를 유추적용할 수 있다. 피고인이 이 사건 댓글을 게시한 행위는 진실한 사실로서 오로지 공공의 이익에 관한 때에 해당하여 위법성이 조각된다.

② 군형법 제64조 제3항의 상관명예훼손죄는 행위의 상대방이 '상관'이라는 점에서 형법 제307조 제1항의 명예훼손죄와 구별되는 것일 뿐 구성요건적 행위인 명예훼손을 형법상의 개념과 다르게 해석할 이유가 없다.

해설 및 정답 ①~② 대법원 2024. 4. 16. 선고 2023도13333 판결 [상관명예훼손] (아) 상고기각 〈군형법상 상관명예훼손죄에 대한 위법성조각사유가 문제된 사건〉

정답 ○

[판시사항] **군형법 제64조 제3항의 행위에 대해 형법 제307조 제1항의 행위에 대한 위법성조각사유를 규정한 형법 제310조가 유추적용되는지 여부(적극)**

[판결요지] **형법 제307조 제1항의 행위에 대한 위법성조각사유를 규정한 형법 제310조는 군형법 제64조 제3항의 행위에 대해 유추적용된다고 보아야 한다.**

· 피고인에게 유리한 유추적용(=위법성조각사유)

군형법 제64조 제3항의 상관명예훼손죄는 행위의 **상대방이 '상관'이라는 점에서 형법 제307조 제1항의 명예훼손죄와 구별되는 것일 뿐 구성요건적 행위인 명예훼손을 형법상의 개념과 다르게 해석할 이유가 없다.** **· 명예훼손(=일반인과 상관 동일 개념)**

26 ★★★★★ [선택형 · 사례형] 모욕죄 공연성

피고인이 같은 정당에 소속된 상대방에게 카카오톡 메신저로 피해자가 같은 정당 소속 의원과 간담회에 참석한 사진을 보내면서 '거기에 술꾼인 피해자가 송총이랑 가 있네요 ㅋ 거기는 술 안 사주는데. 입 열면 막말과 비속어, 욕설이 난무하는 피해자와 가까이 해서 대장님이 득 될 것은 없다 봅니다.'는 취지의 메시지를 전송한 사안이다. 모욕죄에 관한 설명으로 옳은 것은? (다툼이 있는 경우 판례에 의함)

① 모욕죄의 구성요건인 '공연성'에 관하여도 명예훼손죄의 '공연성'에 관한 법리가 동일하게 적용된다. 그러므로 개별적으로 소수의 사람에게 발언하였더라도 그 상대방이 불특정 또는 다수인에게 해당 내용을 전파할 가능성이 객관적으로 인정되는 경우 공연성을 인정할 수 있다. 그러나 특정한 소수에게만 발언하였다는 점은 공연성이 부정되는 유력한 사정이 될 수 있다. 그러므로 그와 같은 사정하에서의 전파가능성에 관하여는 검사의 엄격한 증명이 필수적이다.

② 구체적인 사안에서 공연성이 인정되는지 여부는 발언을 하게 된 경위와 당시 상황, 발언의 내용 · 방법, 행위자의 의도, 행위자 · 상대방의 태도, 행위자 · 상대방 · 피해자의 관계와 지위 등 행위 당시의 구체적인 사정을 심리한 후 상대방이 불특정 또는 다수인에게 전파할 가능성이 있는지 등을 종합하여 객관적으로 판단하여야 한다.

③ 전파가능성을 이유로 모욕죄의 공연성이 인정될 수 있는 경우에도 범죄구성요건의 주관적 요소로서 미필적 고의는 필수적이다. 그러므로 행위자가 당시에 전파가능성에 대한 인식을 전제로 그 위험을 용인하는 내심의 의사가 존재한다는 사실 및 그에 대한 증명이 있어야 한다. 행위자가 전파가능성을 용인하였는지 여부는 외부에 나타난 행위의 형태 · 상황 등 구체적 사정을 기초로 하여 일반인이라면 전파가능성을 어떻게 평가할 것인가를 고려하면서 행위자의 입장에서 심리상태를 추인하여야 한다. 그러므로 행위자의 고의를 인정함에 있어 신중할 필요가 있다.

④ 한편 발언 후 실제로 전파되었는지 여부는 전파가능성 유무를 판단함에 있어 소극적 사정으로 고려될 수 있다. 특히 발언의 내용 역시 피해자의 외부적 명예나 인격적 가치에 대한 사회적 평가를 저하시키거나 인격을 허물어뜨릴 정도로 모멸감을 주는 혐오스러운 표현이라기보다는 전체적으로 피해자의 입장에서 불쾌함을 느낄 정도의 부정적 · 비판적 의견이나 불편한 감정을 거칠게 나타낸 정도의 표현에 그치는 것으로서, 발언에 담긴 취지가 아니라 그와 같은 조악한 표현 자체를 피해자에게 그대로 옮겨 전파하리라는 사정을 쉽게 예상하기 어려운 경우에는 전파가능성을 인정함에 더욱 신중을 기할 필요가 있다.

⑤ 메시지에 담긴 내용 역시 피해자의 외부적 명예나 인격적 가치에 대한 사회적 평가를 저하시키거나 인격을 허물어뜨릴 정도로 모멸감을 주는 혐오스러운 표현이라기보다는 단지 피해자의 입장에서 불쾌함을 느낄 정도의 부정적 · 비판적 의견이나 불편한 감정을 거칠게 나타낸 정도의 표현에 그치는 것이자, 그러한 개인적 의견과 감정을 공통의 이해관계인으로서 단체의 대표자에게 제보하는 취지의 것으로, 모욕죄의 '모욕'에 해당한다고 단정하기도 어렵다. 이는 전제되는 객관적 사실관계를 토대로, 자신의 판단과 피해자가 취한

태도 등이 합당한가 하는 데 대한 자신의 판단·의견을 밝히고 그 타당성을 강조하는 과정에서 부분적으로 모욕적인 표현이 사용된 것에 불과하다면, 이는 사회상규에 위배되지 않는 행위로서 형법 제20조에 의하여 위법성이 조각된다는 점에서 보더라도 그러하다.

해설 및 정답 ①~⑤ 대법원 2024. 1. 4. 선고 2022도14571 판결 [모욕] (자) 파기환송 〈모욕죄의 구성요건 해당성에 관한 사건〉 **정답** ○

[판시사항] [1] **개별적으로 소수의 사람에게 발언하였더라도 상대방이 불특정 또는 다수인에게 해당 내용을 전파할 가능성이 객관적으로 인정되는 경우, 모욕죄의 구성요건인 '공연성'을 인정할 수 있는지 여부(적극) 및 이때 전파가능성에 관하여는 검사의 엄격한 증명이 필수적인지 여부(적극)** / 구체적인 사안에서 공연성이 인정되는지 판단하는 기준

[2] 전파가능성을 이유로 모욕죄의 공연성이 인정될 수 있는 경우, 주관적 구성요건요소로서 요구되는 고의의 내용 및 고의 유무를 판단하는 방법 / 발언 후 실제로 전파되었는지는 전파가능성 유무를 판단할 때 소극적 사정으로 고려될 수 있는지 여부(적극) / 발언 내용이 전체적으로 피해자의 입장에서 불쾌함을 느낄 정도의 부정적·비판적 의견이나 불편한 감정을 거칠게 나타낸 정도의 표현에 그치는 것으로서, 그와 같은 조악한 표현 자체를 피해자에게 그대로 옮겨 전파하리라는 사정을 쉽게 예상하기 어려운 경우, 전파가능성을 인정할 때 유의할 점

27 ★★★★★ [선택형·사례형] 입찰방해죄·위계에 의한 경매방해죄

피고인이 이 사건 각 부동산이 낙찰되지 않게 하기 위하여 제3자 명의로 매각허가결정을 받았다. 그 후 매각대금을 납부하지 않는 방법으로 위계로써 경매의 공정을 해하였다. 검사는 피고인을 형법 제315조 입찰방해죄로 기소하였다. 입찰방해죄에 관한 설명 중 옳은 것은? (다툼이 있는 경우 판례에 의함)

① 입찰방해죄는 위계 또는 위력 기타의 방법으로 입찰의 공정을 해하는 경우에 성립한다. 여기서 '입찰의 공정을 해하는 행위'란 공정한 자유경쟁을 방해할 염려가 있는 상태를 발생시키는 것이다. 그 행위에는 적정한 가격형성에 부당한 영향을 주는 것뿐 아니라 적법하고 공정한 경쟁방법을 해하거나 공정한 경쟁구도의 형성을 저해하는 행위도 포함된다.

② 피고인이 이 사건 각 부동산을 담보로 투자자를 구하여 대출을 받거나 조합원을 모집하여 분양대금이 충분히 모일 때까지 이 사건 각 부동산이 경매로

타인에게 넘어가는 것을 저지할 의도만 있었을 뿐 처음부터 이 사건 각 부동산을 낙찰받아 경매대금을 납부할 의사는 없었다. 피고인이 위계로써 경매의 공정을 해하였다.

③ 피고인이 민사집행법상 기일입찰 방식의 경매절차에서 경매목적물을 매수할 의사나 능력 없이 오로지 경매목적물이 제3자에게 매각되는 것을 저지하기 위하여 경매절차를 지연할 목적으로 다른 사람의 명의를 이용하여 감정가와 현저하게 차이가 나는 금액으로 입찰하는 행위를 반복함으로써 제3자의 매수를 사실상 봉쇄하여 전체적으로 경매절차를 형해화하는 정도에 이르렀다. 이는 위계로써 경매의 공정을 해한 것으로 볼 수 있다.

해설 및 정답 ①~③ 대법원 2023. 12. 21. 선고 2023도10254 판결 [경매방해] 〈위계에 의한 경매방해죄 성립 여부가 문제된 사건〉 **정답** ○

[판시사항] 입찰방해죄에서 '입찰의 공정을 해하는 행위'의 의미

[판결요지] 입찰방해죄는 위계 또는 위력 기타의 방법으로 입찰의 공정을 해하는 경우에 성립한다. 여기서 '입찰의 공정을 해하는 행위'란 공정한 자유경쟁을 방해할 염려가 있는 상태를 발생시키는 것이다. 그 행위에는 적정한 가격형성에 부당한 영향을 주는 것뿐 아니라 적법하고 공정한 경쟁방법을 해하거나 공정한 경쟁구도의 형성을 저해하는 행위도 포함된다(대법원 2009. 5. 14. 선고 2008도11361 판결, 대법원 2015. 8. 27. 선고 2015도9352 판결 등 참조).

28 ★★★★★ **[선택형 · 사례형] 업무방해죄 · 위계 · 방해**

피고인들이 '2022 대한민국 방위산업전' 전시회장에서 장갑차와 전차 위로 올라가 기타, 바이올린을 연주하고 전쟁 반대 구호를 외치는 등 위력으로써 전시 업무를 방해하였다는 혐의로 기소된 사안이다. 이에 관한 설명 중 옳은 것은? (다툼이 있는 경우 판례에 의함)

① 업무방해죄의 '위력'이란 사람의 자유의사를 제압·혼란하게 할 만한 일체의 세력으로 유형적이든 무형적이든 묻지 아니한다. 또한 위력이 행사되었다고 하기 위해 현실적으로 피해자의 자유의사가 제압되어야만 하는 것은 아니지만, 범인의 위세, 사람 수, 주위의 상황 등에 비추어 피해자의 자유의사를 제압하기 족한 정도가 되어야 한다. 그러한 위력에 해당하는지는 범행의 일시·장소, 범행의 동기, 목적, 인원수, 세력의 태양, 업무의 종류, 피해자의 지위

등 여러 사정을 고려하여 객관적으로 판단하여야 하고, 피해자 등의 의사에 의해 결정되는 것은 아니다.

② 민주주의 국가에서는 여론의 자유로운 형성과 전달을 통하여 의견을 집약하면서 민주적 정치질서를 생성·유지시켜 나가야 한다. 그러므로 표현의 자유는 중요한 헌법상 권리로서 충실하게 보장되어야 한다. 다만 표현의 자유도 다른 법익과의 관계에서 헌법상 한계가 있을 수밖에 없다. 따라서 표현의 자유 보장의 폭과 방법은 다른 법익과의 면밀한 비교와 형량을 통하여 정해야 한다.

③ 정부 또는 국가기관의 정책결정이나 업무수행과 관련된 사항 등 공적 관심사는 국민의 감시와 비판의 대상이 되어야 한다. 이러한 감시와 비판은 표현의 자유가 충분히 보장될 때 제대로 이루어질 수 있다. 그러므로 공적 관심사에 대한 표현의 자유 제한은 사적 영역에 속하는 사항의 경우보다 더욱 신중하게 이루어져야 한다.

④ 특히 이러한 표현행위를 형사적으로 처벌하는 것은 공적 관심사에 대한 민주적 담론의 위축으로 이어질 수도 있다. 따라서 이러한 표현행위가 형법 제314조 제1항의 업무방해죄에서 말하는 위력의 행사에 해당하는지는 표현의 자유의 중요성과 보호범위 및 그 한계, 형벌의 보충성과 최후수단성의 원칙도 함께 음미하여 판단하여야 한다.

⑤ 이 사안에서 피고인들의 행위가 '위력'으로써 이루어졌다거나 그 행위로 인하여 피해자의 전시 업무가 실제 방해되었다거나 방해될 위험이 발생하였다고 보기 어렵다.

⑥ 이 사안에서 피고인들의 행위는 피해자의 전시회 운영에 관한 자유의사를 제압하기에 족한 것으로서 업무방해죄의 위력에 해당하고, 사회상규에 반하지 않는 정당행위에 해당한다고 보기도 어렵다.

해설 및 정답 ①~⑤ 대법원 2025. 4. 15. 선고 2024도16921 [업무방해] (마) 파기환송 〈피고인들이 전쟁 반대의 표현행위를 한 것이 형법 제314조 제1항 업무방해죄의 '위력' 행사에 해당하는지 여부가 문제된 사건〉 [공2025상, 851]

정답 ○, ⑥ ×

[판시사항] [1] 업무방해죄에서 '위력'의 의미 및 위력에 해당하는지 판단하는 기

준 [2] 헌법상 표현의 자유의 보장과 한계 및 정부 또는 국가기관의 정책결정이나 업무수행과 관련된 사항 등 공적 관심사에 대한 표현행위가 형법 제314조 제1항의 업무방해죄에서 말하는 위력의 행사에 해당하는지 판단할 때 고려할 사항

29 ★★★★★ [선택형 · 사례형] 업무방해죄 · 업무 · 위계 · 방해

피고인들이 공모하여 위계로써 ○○농협의 감사인 피해자 공소외 1 · 공소외 2의 ○○농협의 재산과 업무집행상황에 대한 감사, 이사회에 대한 의견 진술 등에 관한 업무를 각각 방해하였다. 검사는 피고인들을 형법 제314조 제1항 업무방해죄로 기소하였다. 업무방해죄에 관한 설명으로 옳은 것은? (다툼이 있는 경우 판례에 의함)

① 업무방해죄의 보호대상이 되는 '업무'라 함은 직업 또는 사회생활상의 지위에 기하여 계속적으로 종사하는 사무나 사업을 말하는 것으로, 이러한 주된 업무와 밀접불가분의 관계에 있는 부수적인 업무도 이에 포함된다.

② 갑 농협의 정관에 따르면 감사는 갑 농협의 재산과 업무집행상황을 감사하는 것을 주된 업무로 하는 점, 이사회의 구성 및 운영 주체는 이사들이고, 개별 이사회에서 이루어지는 심의 · 의결 등 업무는 감사가 그 주체로서 행한 업무에 해당하지 아니하므로, 감사의 특정 이사회 출석 및 의견 진술은 감사의 본래 업무와 밀접불가분의 관계에 있는 부수적인 업무라고 보기 어려운 점, 갑 농협의 조합장을 비롯한 경영진이나 직원들이 이사회에 부의된 안건과 관련하여 이사회에서 하는 보고 또는 설명의 상대방은 이사회의 구성원인 이사들에 한정되는 것으로 볼 수 있을 뿐 이사회 구성원이 아닌 감사 등까지 포함된다고 보기는 어려운 점 등이 있다.

③ 피고인들의 행위는 직접적 · 본질적으로 이사들의 '급여규정 일부 개정안' 심의 · 의결 업무를 방해한 것으로 볼 수 있을 뿐, 이사회에 참석한 감사의 업무를 방해한 것으로 보기는 어렵고, 피고인들의 이사들에 대한 위와 같은 기망적인 행위로 인해 이사회에 출석한 감사가 의견을 진술하는 데에 결과적으로 지장을 초래한 것으로 볼 수 있다 하더라도 그 실질은 이사들의 정상적인 심의 · 의결 업무를 방해하는 행위로 평가 · 포섭될 수 있을 뿐이다.

④ 이사회가 의안 심의 및 결의에 관한 업무와 관련하여 특정 안건의 심의 및 의결 절차의 편의상 이사회 구성원이 아닌 감사 등의 의견을 청취하는 것은

그 실질에 있어 이사회 구성원인 이사들의 의안 심의 및 결의에 관한 계속적 업무 혹은 그와 밀접불가분의 관계에 있는 업무에 해당할 뿐, 피고인들의 행위로 이사회에 출석하여 의견을 진술한 이사회 구성원 아닌 감사의 업무가 방해된 경우에 해당한다고 볼 수 없다.

해설 및 정답 ①~④ 대법원 대법원 2023. 9. 27. 선고 2023도9332 판결 [특정경제범죄가중처벌등에관한법률위반(배임)(인정된 죄명: 업무상배임) · 업무방해] (자) 파기환송 〈피고인들이 농협 이사회에서 허위의 자료를 제출하는 등의 방법으로 안건을 통과시켜 이사회에 출석한 이사 및 감사에 대한 업무방해 등으로 기소된 사건〉

정답 ○

[판시사항] [1] 업무방해죄의 보호대상이 되는 '업무'의 의미 [2] 피고인들이 공모하여 이사회에서 '급여규정 일부 개정안'에 대하여 허위로 설명 또는 보고하거나 개정안과 관련하여 허위의 자료를 작성하여 제시하였는데, 위와 같은 행위로 위계로써 갑 농협 감사의 갑 농협의 재산과 업무집행상황에 대한 감사, 이사회에 대한 의견 진술 등에 관한 업무를 방해하였다는 내용으로 기소된 사안에서, 피고인들의 행위로 이사회에 출석하여 의견을 진술한 이사회 구성원 아닌 감사의 업무가 방해된 경우에 해당하지 않음에도, 이와 달리 본 원심판단에 법리오해의 잘못이 있다고 한 사례.

30 ★★★★★ **[선택형 · 사례형] 업무방해죄 · 업무 · 위계 · 방해**

의료인인 갑의 명의로 의료인이 아닌 을이 개설하여 운영하는 병 병원에서, 피고인이 단독으로 또는 공모하여 11회에 걸쳐 의료인인 공소외 1이 진료를 하는 병원에서 큰 소리를 지르거나, 환자 진료 예약이 있는 공소외 1을 붙잡고 있는 등의 방법으로 위력으로 공소외 1의 진료 업무를 방해하였다. 검사는 피고인을 형법 제414조 제1항 업무방해죄로 기소하였다. 업무방해죄에 관한 설명으로 옳은 것은? (다툼이 있는 경우 판례에 의함)

① 형법상 업무방해죄의 보호대상이 되는 '업무'란 직업 또는 계속적으로 종사하는 사무나 사업을 말하는 것으로서 타인의 위법한 행위에 의한 침해로부터 보호할 가치가 있는 것이면 되고, 그 업무의 기초가 된 계약 또는 행정행위 등이 반드시 적법하여야 하는 것은 아니므로, 법률상 보호할 가치가 있는 업무인지 여부는 그 사무가 사실상 평온하게 이루어져 사회적 활동의 기반이 되고 있느냐에 따라 결정되는 것이고, 그 업무의 개시나 수행과정에 실체상

또는 절차상의 하자가 있다고 하더라도 그 정도가 반사회성을 띠는 데까지 이르지 아니한 이상 업무방해죄의 보호대상이 된다고 보아야 한다.

② 의료인이나 의료법인이 아닌 자가 의료기관을 개설하여 운영하는 행위는 업무방해죄의 보호대상이 되는 업무에 해당하지 않는다. 그러나 무자격자에 의해 개설된 의료기관에 고용된 의료인이 환자를 진료한다고 하여 그 진료행위 또한 당연히 반사회성을 띠는 행위라고 볼 수는 없다. 이때 의료인의 진료 업무가 업무방해죄의 보호대상이 되는 업무인지는 의료기관의 개설·운영 형태, 해당 의료기관에서 이루어지는 진료의 내용과 방식, 피고인의 행위로 인하여 방해되는 업무의 내용 등 사정을 종합적으로 고려하여 판단해야 한다.

③ 피고인의 행위와 당시의 주변 상황 등을 종합하면, 공소사실 전부 또는 그중 일부는 피고인이 갑의 환자에 대한 진료행위를 방해한 것으로 볼 여지가 있으므로, 피고인이 병 병원의 일반적인 운영 외에 갑의 진료행위를 방해한 것인지에 대해 더 세밀하게 심리하여 업무방해죄 성립 여부를 판단하였어야 함에도, 원심이 병 병원의 운영에 관한 업무는 업무방해죄의 보호대상이 되는 업무에 해당하지 않는다고 전제한 다음, 갑의 진료행위도 병 병원의 운영에 관한 업무에 포함되어 별개의 보호가치 있는 업무로 볼 수 없다고 단정하여 공소사실을 무죄로 판단한 것에 업무방해죄의 업무에 관한 법리오해의 잘못이 있다.

해설 및 정답 ①~③ 대법원 2023. 3. 16. 선고 2021도16482 판결 [명예훼손·업무방해·폭행] 〈무자격자가 개설한 의료기관에 고용된 의료인의 진료업무가 업무방해죄의 보호대상이 되는 업무인지 여부가 문제된 사건〉 **정답** ○

[판시사항] 의료인이나 의료법인이 아닌 자가 의료기관을 개설하여 운영하는 행위가 업무방해죄의 보호대상이 되는 업무에 해당하는지 여부(소극) / 무자격자에 의해 개설된 의료기관에 고용된 의료인의 진료 업무가 업무방해죄의 보호대상이 되는 업무인지 판단하는 기준

[판결요지] 의료인이나 의료법인이 아닌 자가 의료기관을 개설하여 운영하는 행위는 업무방해죄의 보호대상이 되는 업무에 해당하지 않는다. 그러나 무자격자에 의해 개설된 의료기관에 고용된 의료인이 환자를 진료한다고 하여 그 진료행위 또한 당연히 반사회성을 띠는 행위라고 볼 수는 없다.

31 ★★★★★ [선택형 · 사례형] 업무방해죄 · 업무 · 위계 · 방해

피고인 A는 지도교수 등이 대작한 박사학위 논문 예비심사용 자료('이 사건 예심자료')를 마치 자신이 작성한 것처럼 발표하여 예비심사에 합격함으로써 X대학원장의 박사학위 논문 예비심사 업무를 방해하였다는 공소사실로 기소되었다. 검사는 피고인 A를 형법 제314조 제1항 업무방해죄로 기소하였다. 업무방해죄에 관한 설명으로 옳은 것은? (다툼이 있는 경우 판례에 의함)

① 형사소송에서는 범죄사실이 있다는 증거를 검사가 제시하여야 한다. 피고인의 변소가 불합리하여 거짓말 같다고 하여도 그것 때문에 피고인을 불리하게 할 수 없다. 범죄사실의 증명은 법관으로 하여금 합리적인 의심의 여지가 없을 정도로 고도의 개연성을 인정할 수 있는 심증을 갖게 하여야 한다. 이러한 정도의 심증을 형성하는 증거가 없다면 설령 피고인에게 유죄의 의심이 간다 하더라도 피고인의 이익으로 판단하여야 한다.

② 형법 제314조 제1항에서 정하는 위계에 의한 업무방해죄에서 '위계'란 행위자가 행위의 목적을 달성하기 위하여 상대방에게 오인 · 착각 또는 부지를 일으키게 하여 이를 이용하는 것을 말한다. 그리고 업무방해죄의 성립에는 업무방해의 결과가 실제로 발생할 것을 요하지 아니하지만 업무방해의 결과를 초래할 위험은 발생하여야 하고, 그 위험의 발생이 위계 또는 위력으로 인한 것인지 신중하게 판단되어야 한다.

③ 학위논문을 작성함에 있어 자료를 분석, 정리하여 논문의 내용을 완성하는 일의 대부분을 타인에게 의존하였다면 그 논문은 타인에 의하여 대작된 것이라고 보아야 할 것이나, 학위청구논문의 작성계획을 밝히는 예비심사 단계에서 제출된 논문 또는 자료의 경우에는 아직 본격적인 연구가 이루어지기 전이고, 연구주제 선정, 목차 구성, 논문작성계획의 수립, 기존 연구성과의 정리 등에 논문지도교수의 폭넓은 지도를 예정하고 있다고 할 것이어서 학위논문과 동일하게 볼 수 없다.

해설 및 정답 ①~③ 대법원 2023. 9. 14. 선고 2021도13708 판결 [업무방해]

정답 ○

[판시사항] [1] 형사소송에서 범죄사실에 대한 증명책임 소재(=검사) 및 피고인에게 유죄를 인정하기 위한 증거의 증명력 정도(=합리적인 의심의 여지가 없을

정도)

[2] 위계에 의한 업무방해죄에서 '위계'의 의미 / 업무방해죄의 성립에 업무방해의 결과가 실제로 발생할 것을 요하는지 여부(소극) 및 업무방해의 결과를 초래할 위험은 발생하여야 하고, 그 위험의 발생이 위계 또는 위력으로 인한 것이어야 하는지 여부(적극)

[3] 학위논문을 작성함에 있어 자료를 분석, 정리하여 논문의 내용을 완성하는 일의 대부분을 타인에게 의존한 경우, 그 논문은 타인에 의하여 대작(대작)된 것으로 보아야 하는지 여부(적극) / 학위청구논문의 작성계획을 밝히는 예비심사 단계에서 제출된 논문 또는 자료의 경우, 학위논문과 동일하게 볼 수 있는지 여부(소극)

32 ★★★★★ [선택형 · 사례형] 업무방해죄 · 업무 · 위력 · 방해

○○○고등학교 교장인 피고인이 2016.경 신입생 입학 사정회의 과정에서 면접위원인 피해자들에게 "참 선생님들이 말을 안 듣네. 중학교는 이 정도면 교장 선생님한테 권한을 줘서 끝내는데. 왜 그러는 거죠?" 등 특정 학생을 합격시키라는 취지로 강압적인 이 사건 발언을 하여 특정 학생의 면접점수를 상향시켜 신입생으로 선발되도록 함으로써 위력으로 면접위원들의 신입생 면접 업무를 방해하였다. 검사는 피고인을 형법 제314조 제1항 업무방해죄로 기소하였다. 업무방해죄에 관한 설명으로 옳은 것은? (다툼이 있는 경우 판례에 의함)

① 형법상 업무방해죄에서 말하는 '위력'은 반드시 유형력의 행사에 국한되지 아니하므로 폭력 · 협박은 물론 사회적 · 경제적 · 정치적 지위와 권세에 의한 압박 등도 이에 포함되지만, 적어도 그러한 위력으로 인하여 피해자의 자유의사를 제압하기에 충분하다고 평가될 정도의 세력에는 이르러야 한다.

② 한편 어떤 행위의 결과 상대방의 업무에 지장이 초래되었더라도 행위자가 상대방의 의사결정에 관여할 수 있는 권한을 가지고 있거나 업무상의 지시를 할 수 있는 지위에 있는 경우에는 그 행위의 내용이나 수단이 사회통념상 허용될 수 없는 등 특별한 사정이 없는 한 위력을 행사한 것이라고 할 수 없다.

③ 업무방해죄의 성립에는 업무방해의 결과가 실제로 발생할 것을 요하지 아니하지만 업무방해의 결과를 초래할 위험은 발생하여야 하고, 그 위험의 발생이 위계 또는 위력으로 인한 것인지 신중하게 판단되어야 한다.

④ 피고인은 학교 교장이자 전형위원회 위원장으로서 사정회의에 참석하여 자신

의 의견을 밝힌 후 계속하여 논의가 길어지자 발언을 한 것인바, 그 발언에 다소 과도한 표현이 사용되었더라도 그것만으로 그 행위의 내용이나 수단이 사회통념상 허용할 수 없는 것이었다거나 피해자들의 자유의사를 제압하기에 충분한 위력을 행사하였다고 단정하기 어렵고, 그로 인하여 피해자들의 신입생 면접 업무가 방해될 위험이 발생하였다고 보기도 어렵다.

해설 및 정답 ①~④ 대법원 2023. 3. 30. 선고 2019도7446 판결 [업무방해] 〈업무방해의 위력 여부가 문제된 사건〉 [공2023상, 784] **정답** ○

[판시사항] [1] 업무방해죄에서 말하는 '위력'의 의미 / 어떤 행위의 결과 상대방의 업무에 지장이 초래되었더라도 행위자가 상대방의 의사결정에 관여할 수 있는 권한을 가지고 있거나 업무상의 지시를 할 수 있는 지위에 있는 경우, 위력을 행사한 것인지 여부(원칙적 소극) / 업무방해죄의 성립에 업무방해의 결과가 실제로 발생할 것을 요하지 아니하지만 업무방해의 결과를 초래할 위험은 발생하여야 하는지 여부(적극)

[2] 갑 고등학교의 교장인 피고인이 신입생 입학 사정회의 과정에서 면접위원인 피해자들에게 "참 선생님들이 말을 안 듣네. 중학교는 이 정도면 교장 선생님한테 권한을 줘서 끝내는데. 왜 그러는 거죠?" 등 특정 학생을 합격시키라는 취지의 발언을 하여 특정 학생의 면접 점수를 상향시켜 신입생으로 선발되도록 함으로써 위력으로 피해자들의 신입생 면접 업무를 방해하였다는 내용으로 기소된 사안에서, 제반 사정을 종합하면, 피고인은 학교 교장이자 학교입학전형위원회 위원장으로서 위 사정회의에 참석하여 자신의 의견을 밝힌 후 계속하여 논의가 길어지자 발언을 한 것인바, 그 발언에 다소 과도한 표현이 사용되었더라도 위력을 행사하였다고 단정하기 어렵고, 그로 인하여 피해자들의 신입생 면접 업무가 방해될 위험이 발생하였다고 보기도 어렵다고 한 사례.

33 ★★★★★ **[선택형 · 사례형] 업무방해죄 · 업무 · 위력 · 방해**

회사가 근로자들의 동의 절차나 협의를 거치지 않고 설치된 공장 내 CCTV를 통하여 시설물 관리 업무를 하였다. 피고인이 그러한 CCTV 카메라에 비닐봉지를 씌워 촬영하지 못하도록 하였다. 검사는 피고인을 형법 제314조 제1항 업무방해죄로 기소하였다. 업무방해죄에 관한 설명으로 옳은 것은? (다툼이 있는 경우 판례에 의함)

① 이 사건 회사는 시설물 보안 및 화재 감시라는 정당한 이익을 위하여 이 사건 CCTV를 설치한 것으로 볼 수 있으므로, 비록 그 설치 과정에서 근로자들의 동의 절차나 노사협의회의 협의를 거치지 아니하였다 하더라도 그 업무가

법률상 보호할 가치가 없다고 평가할 수 없다. 따라서 이 사건 CCTV의 설치 및 운영을 통한 시설물 관리 업무는 업무방해죄의 보호대상에 해당한다. 피고인들의 공소사실 기재 각 행위는 이 사건 CCTV 카메라의 촬영을 불가능하게 하는 물적 상태를 만든 것으로 위력에 해당하고, 시설물 관리 업무를 방해할 위험성도 인정되므로, 구성요건해당성을 인정한 원심판결은 정당하고, 여기에 상고이유 주장과 같은 잘못이 없다.

② 형법 제20조가 정한 '사회상규에 위배되지 아니하는 행위'라 함은 법질서 전체의 정신이나 그 배후에 놓여 있는 사회윤리 내지 사회통념에 비추어 용인될 수 있는 행위를 말한다. 정당행위를 인정하려면, 첫째 행위의 동기나 목적의 정당성, 둘째 행위의 수단이나 방법의 상당성, 셋째 보호이익과 침해이익의 법익균형성, 넷째 긴급성, 다섯째 그 행위 외에 다른 수단이나 방법이 없다는 보충성 등의 요건을 갖추어야 한다. 이때 어떠한 행위가 위 요건들을 충족하는 정당한 행위로서 위법성이 조각되는 것인지는 구체적인 사정 아래서 합목적적, 합리적으로 고찰하여 개별적으로 판단되어야 하므로, 구체적인 사안에서 정당행위로 인정되기 위한 긴급성이나 보충성의 정도는 개별 사안에 따라 다를 수 있다.

③ 한편 어떠한 행위가 범죄구성요건에 해당하지만 정당행위라는 이유로 위법성이 조각된다는 것은 그 행위가 적극적으로 용인, 권장된다는 의미가 아니라 단지 특정한 상황하에서 그 행위가 범죄행위로서 처벌대상이 될 정도의 위법성을 갖추지 못하였다는 것을 의미한다.

④ 이 사건 CCTV 카메라의 촬영을 불가능하게 한 각 행위들은 모두 위력에 의한 업무방해죄의 구성요건에 해당한다. 그중 회사가 CCTV를 작동시키지 않았거나 시험가동만 한 상태에서 촬영을 방해한 행위는 정당행위로 볼 수 없다.

⑤ 그러나 정식으로 CCTV 작동을 시작한 후에는 회사의 정당한 이익 달성이 명백하게 정보주체의 권리보다 우선하는 경우에 해당한다고 보기 어려워 그 촬영을 방해한 행위가 정당행위에 해당할 여지가 있다.

해설 및 정답 ①~⑤ 대법원 2023. 6. 29. 선고 2018도1917 판결 [업무방해]

정답 ○

[판시사항] [1] 형법 제20조에서 정한 '사회상규에 위배되지 아니하는 행위'의 의미 및 정당행위를 인정하기 위한 요건 / 어떠한 행위가 정당행위로서 위법성이 조각되는지 판단하는 기준 및 이때 긴급성이나 보충성의 정도는 개별 사안에 따라 다를 수 있는지 여부(적극)

[2] 어떠한 행위가 '범죄구성요건에 해당하지만 정당행위라는 이유로 위법성이 조각된다는 것'의 의미

[3] 개인정보 보호법 제15조 제1항 제6호의 개인정보처리자의 정당한 이익을 달성하기 위하여 필요한 경우로서 '명백하게 정보주체의 권리보다 우선하는 경우'에 해당하는지 판단하는 기준

34 ★★★★★ **[선택형 · 사례형] 업무방해죄 · 업무 · 위계 · 방해**

다른 사람에게 접근매체를 양도할 의사로 계좌를 개설하면서 금융기관 업무담당자에게 이에 관한 사항을 허위로 답변한 행위가 위계에 의한 업무방해죄로, 범죄에 이용될 것을 알면서 접근매체를 대여 · 보관한 행위 등이 전자금융거래법위반죄로 기소된 사건이다. 피고인은 성명불상자와 공모하여 사실은 법인 명의로 계좌를 개설하여 계좌에 연결된 접근매체를 양도할 의사로 유한회사 태정과 유한회사 루이스를 설립하였다. 다음, 2020. 8. 20. 유한회사 태정 명의의 계좌를 피해자 부산은행, 기업은행, 안락새마을금고에서, 2020. 8. 21. 유한회사 루이스 명의의 계좌를 피해자 부산은행에서 각 개설함에 있어 각 유한회사가 정상적으로 운영되는 것처럼 가장하여 사업자등록증 등 법인 명의 계좌의 개설에 필요한 서류를 피해 금융기관들의 각 담당직원에게 제출하면서 법인 명의 계좌의 개설을 신청하였다. 피고인은 그 과정에서 담당직원으로부터 접근매체를 다른 사람에게 양도하면 처벌받을 수 있다는 등의 안내를 받고 이를 준수할 것처럼 행세하였다. 위와 같은 피고인의 기망에 속은 피해 금융기관들의 각 담당직원은 법인 명의로 계좌를 개설해 주었다. 이로써 피고인은 위계의 방법으로 4회에 걸쳐 피해 금융기관들의 계좌 개설업무를 방해하였다. 검사는 피고인을 형법 제314조 제1항 업무방해죄로 기소하였다. 업무방해죄에 관한 설명으로 옳은 것은? (다툼이 있는 경우 판례에 의함)

① 상대방으로부터 신청을 받아 일정한 자격요건 등을 갖춘 경우에 한하여 그에 대한 수용 여부를 결정하는 업무에 관해서는 신청서에 기재된 사유가 사실과 부합하지 않을 수 있음을 전제로 하여 자격요건 등을 심사 · 판단하는 것이므로, 업무담당자가 사실을 충분히 확인하지 아니한 채 신청인이 제출한 허위 신청사유나 허위 소명자료를 가볍게 믿고 수용하였다면 이는 업무담당자의 불충분한 심사에 기인한 것으로서 신청인의 위계가 업무방해의 위험성을 발생시켰다고 할 수 없어 위계에 의한 업무방해죄를 구성하지 않는다.

② 따라서 계좌개설 신청인이 접근매체를 양도할 의사로 금융기관에 법인 명의 계좌를 개설하면서 예금거래신청서 등에 금융거래의 목적이나 접근매체의 양도의사 유무 등에 관한 사실을 허위로 기재하였으나, 계좌개설 심사업무를 담당하는 금융기관의 업무담당자가 단순히 예금거래신청서 등에 기재된 계좌개설 신청인의 허위 답변만을 그대로 믿고 그 내용의 진실 여부를 확인할 수 있는 증빙자료의 요구 등 추가적인 확인조치 없이 법인 명의의 계좌를 개설해 준 경우 그 계좌개설은 금융기관 업무담당자의 불충분한 심사에 기인한 것이므로, 계좌개설 신청인의 위계가 업무방해의 위험성을 발생시켰다고 할 수 없어 위계에 의한 업무방해죄를 구성하지 않는다고 보아야 한다.

해설 및 정답 ①～② 대법원 2023. 8. 31. 선고 2021도17151 판결 [업무방해 · 전자금융거래법위반][공2023하, 1767] **정답** ○

[판시사항] [1] 계좌개설 신청인이 접근매체를 양도할 의사로 금융기관에 법인 명의 계좌를 개설하면서 예금거래신청서 등에 금융거래의 목적이나 접근매체의 양도의사 유무 등에 관한 사실을 허위로 기재하였으나, 계좌개설 심사업무를 담당하는 금융기관의 업무담당자가 단순히 예금거래신청서 등에 기재된 계좌개설 신청인의 허위 답변만을 그대로 믿고 그 내용의 진실 여부를 확인할 수 있는 증빙자료의 요구 등 추가적인 확인조치 없이 법인 명의의 계좌를 개설해 준 경우, 신청인에게 위계에 의한 업무방해죄가 성립하는지 여부(소극)

35 ★★★★★ **[선택형 · 사례형] 업무방해죄 · 업무 · 위력 · 방해**

강제집행에 대한 방해로 인한 업무방해죄 성립 여부가 문제된 사건이다. 주택재개발정비사업조합 구역 내 건물의 소유자인 피고인들이 위 건물에 대한 건물명도소송 확정판결에 따른 강제집행을 보상액이 적다는 이유로 위력으로 방해함으로써 집행관에게 집행위임을 한 조합의 이주 · 철거업무를 방해하였다. 검사는 피고인들을 형법 제314조 제1항 업무방해죄로 기소하였다. 업무방해죄에 관한 설명으로 옳은 것은? (다툼이 있는 경우 판례에 의함)

① 강제집행은 집행관의 고유의 업무이다. 위임한 조합의 업무가 아니다. 업무방해죄가 성립하지 않는다.

② 집행관은 집행관법 제2조에 따라 재판의 집행 등을 담당하면서 그 직무 행위의 구체적 내용이나 방법 등에 관하여 전문적 판단에 따라 합리적인 재량을

가진 독립된 단독의 사법기관이다. 따라서 채권자의 집행관에 대한 집행위임은 비록 민사집행법 제16조 제3항, 제42조 제1항, 제43조 등에 '위임'으로 규정되어 있더라도 이는 집행개시를 구하는 신청을 의미하는 것이지 일반적인 민법상 위임이라고 볼 수는 없다.

③ 위 강제집행은 특별한 사정이 없는 한 집행위임을 한 조합의 업무가 아닌 집행관의 고유한 직무에 해당하고, 설령 피고인들이 집행관의 강제집행 업무를 방해하였더라도 이를 채권자인 조합의 업무를 직접 방해한 것으로 볼 만한 증거도 부족하므로, 피고인들이 조합의 업무를 방해하였다고 볼 수 없고 피고인들의 행위와 조합의 업무방해 사이에 상당인과관계가 있다고 단정할 수도 없다.

해설 및 정답 ①~③ 대법원 2023. 4. 27. 선고 2020도34 판결 [업무방해][공2023상, 966] **정답** ○

[판시사항] [1] **집행관의 직무 내용 및 성격(=독립된 단독의 사법기관) / 채권자의 집행관에 대한 집행위임의 성격(=집행개시를 구하는 신청) 및 위 집행위임이 민법상 위임에 해당하는지 여부(소극)**

[2] 주택재개발정비사업조합 구역 내 건물의 소유자인 피고인들이 위 건물에 대한 건물명도소송 확정판결에 따른 강제집행을 보상액이 적다는 이유로 위력으로 방해함으로써 집행관에게 집행위임을 한 조합의 이주·철거업무를 방해하였다는 내용으로 기소된 사안에서, 위 강제집행은 특별한 사정이 없는 한 집행위임을 한 조합의 업무가 아닌 집행관의 고유한 직무에 해당하고, 설령 피고인들이 집행관의 강제집행 업무를 방해하였더라도 이를 채권자인 조합의 업무를 직접 방해한 것으로 볼 만한 증거도 부족하므로, 피고인들이 조합의 업무를 방해하였다고 볼 수 없고 피고인들의 행위와 조합의 업무방해 사이에 상당인과관계가 있다고 단정할 수도 없다고 한 사례.

36 ★★★★★ [선택형·사례형] 경매방해죄

피고인이 부동산경매절차에서 허위의 임차권에 기하여 권리신고 및 배당요구를 함으로써 위계의 방법으로 경매의 공정을 해하였다는 경매방해 등으로 기소된 사안이다. 이에 관한 설명 중 옳은 것은? (다툼이 있는 경우 판례에 의함)

① 경매방해죄는 위계 또는 위력 기타의 방법으로 경매의 공정을 해하는 경우에 성립하는 추상적 위험범으로서 결과의 불공정이 현실적으로 나타나는 것을

요하지 아니한다. 여기서 '경매의 공정을 해하는 행위'란 공정한 자유경쟁을 방해할 염려가 있는 상태를 발생시키는 것으로서 가격을 결정하는 데 있어서 뿐 아니라 적법하고 공정한 경쟁방법 자체를 해하는 행위를 포함한다. 법률적으로 경매결과에 영향을 미칠 수 있는 행위뿐 아니라 경매에 참가하려는 자의 의사결정에 사실상 영향을 미칠 수 있는 행위도 '경매의 공정을 해하는 행위'에 해당할 수 있다.

② 따라서 사실심으로서는 이에 해당하는지 여부를 판단하기 위해서 경매 목적물에 대한 객관적 법률관계와 현실적 점유 상태, 경매절차에서 한 권리신고내역, 현황조사보고서나 매각물건명세서의 기재 내용, 경매 전후로 변동되는 법률관계의 내용, 소멸되거나 인수되는 권리의 유무 및 그러한 권리 외관의 존부 등을 종합적으로 살펴 피고인의 행위가 법률적으로 경매결과에 영향을 미치거나 경매에 참가하려는 자의 의사결정에 사실상 영향을 미칠 수 있는 것인지 여부를 충실히 심리하여야 한다.

③ 그럼에도 이에 이르지 않고 경매 목적물에 관한 권리의 객관적 성격과 민사집행법 등 관련 법령이 정한 바에 따른 경매 전후의 권리변동에 관한 법률적인 평가에만 터잡아 곧바로 경매방해죄의 성립을 긍정하거나 부정하는 것은 경매방해죄 인정에 필요한 심리를 다하지 않은 것으로 보아야 한다.

④ 피고인이 신고한 임차권이 현황조사보고서와 매각물건명세서에 포함되었는데, 이는 경매에 참가하려는 자들의 의사결정에 사실상 영향을 줄 수 있는 사정 중의 하나에 해당하므로, 원심으로서는 이 사건 부동산의 경매절차에 나타난 제반사정을 종합적으로 살펴 허위의 임차권을 신고하는 행위가 경매에 참가하려는 자들의 의사결정에 사실상 영향을 미쳤는지를 충실히 심리하여 '공정한 자유경쟁을 방해할 염려가 있는 상태가 발생하였는지'를 판단하였어야 한다.

⑤ 이 사건 부동산에 피고인이 신고한 허위의 임차권보다 선순위인 근저당권이 설정되어 있어 피고인이 신고한 임차권으로는 선순위 근저당권에 대항할 수 없다는 등의 이유로 경매방해죄가 성립하지 않는다.

해설 및 정답 ①~④ 대법원 2025. 1. 9. 선고 2022도3103 판결 [경매방해등] (사) 파기환송 〈부동산경매절차에서 허위의 임차권에 기하여 권리신고 및 배당요구를 한 경우 경매방해죄 성립 여부가 문제된 사건〉 **정답** ○, ⑤ ×

[판시사항] 경매방해죄의 구성요건인 '경매의 공정을 해하는 행위'의 의미와 그 심리방법

37 ★★★★★ [선택형 · 사례형] 주거침입죄 · 침입

호텔관리단 소속 피고인들이 업무시간 중 A건설, B저축은행, C저축은행에 사전 면담약속 · 방문 통지를 한 후 방문하거나 면담요청을 하기 위해 방문하였다가 면담이 무산되어 각 장소를 점거한 사안이다. 검사는 피고인을 폭력행위처벌법위반(공동주거침입)죄로 기소하였다. 주거침입죄에 관한 설명으로 옳은 것은? (다툼이 있는 경우 판례에 의함)

① 주거침입죄는 사실상 주거의 평온을 보호법익으로 한다.

② 주거침입죄의 구성요건적 행위인 침입은 주거침입죄의 보호법익과의 관계에서 해석하여야 하므로, 침입이란 주거의 사실상 평온상태를 해치는 행위 태양으로 주거에 들어가는 것을 의미하고, 침입에 해당하는지는 출입 당시 객관적 · 외형적으로 드러난 행위 태양을 기준으로 판단함이 원칙이다.

③ 사실상의 평온상태를 해치는 행위 태양으로 주거에 들어가는 것이라면 대체로 거주자의 의사에 반하겠지만, 단순히 주거에 들어가는 행위 자체가 거주자의 의사에 반한다는 주관적 사정만으로는 바로 침입에 해당한다고 볼 수 없다.

④ 침입행위에 해당하는지는 거주자의 의사에 반하는지가 아니라 사실상의 평온상태를 해치는 행위 태양인지에 따라 판단되어야 한다.

⑤ 업무시간 중 출입자격 등의 제한 없이 일반적으로 개방되어 있는 장소에 들어간 경우, 관리자의 명시적 출입금지 의사 및 조치가 없었던 이상 그 출입행위가 결과적으로 관리자의 추정적 의사에 반하였다는 사정만으로는 사실상의 평온상태를 해치는 행위 태양으로 출입하였다고 평가할 수 없다.

해설 및 정답 ①~⑤ 대법원 2024. 1. 4. 선고 2022도15955 판결 [폭력행위등처벌에관한법률위반(공동감금) · 폭력행위등처벌에관한법률위반(공동강요) · 업무방해 · 폭력행위등처벌에관한법률위반(공동주거침입) · 폭력행위등처벌에관한법률위반(공동퇴거불응) · 특수공무집행방해 · 특수폭행치상] (자) 파기환송 〈건조물침입죄의 성립 여부에 관한 사건〉

정답 ○

☞ **죄명을 정확히 정리하세요. 사례에서 핵심입니다.**

[판시사항] 주거침입죄의 구성요건적 행위인 '침입'의 의미 및 침입행위에 해당하

는지 판단하는 기준 / **업무시간 중 출입자격 등의 제한 없이 일반적으로 개방되어 있는 장소에 들어간 경우, 관리자의 명시적 출입금지 의사 및 조치가 없었던 이상 그 출입행위가 결과적으로 관리자의 추정적 의사에 반하였다는 사정만으로 이를 주거침입죄에서 규정한 침입행위로 평가할 수 있는지 여부(소극)**

[판결요지] 주거침입죄는 사실상 주거의 평온을 보호법익으로 한다. 주거침입죄의 구성요건적 행위인 침입은 주거침입죄의 보호법익과의 관계에서 해석하여야 한다. 그러므로 침입이란 주거의 사실상 평온상태를 해치는 행위 태양으로 주거에 들어가는 것을 의미하고, 침입에 해당하는지는 출입 당시 객관적·외형적으로 드러난 행위 태양을 기준으로 판단함이 원칙이다. **사실상의 평온상태를 해치는 행위 태양으로 주거에 들어가는 것이라면 대체로 거주자의 의사에 반하겠지만, 단순히 주거에 들어가는 행위 자체가 거주자의 의사에 반한다는 주관적 사정만으로는 바로 침입에 해당한다고 볼 수 없다. 따라서 침입행위에 해당하는지는 거주자의 의사에 반하는지가 아니라 사실상의 평온상태를 해치는 행위 태양인지에 따라 판단되어야 한다**(대법원 2022. 3. 24. 선고 2017도18272 전원합의체 판결, 대법원 2022. 6. 16. 선고 2021도7087 판결 등 참조).

한편, 업무시간 중 출입자격 등의 제한 없이 일반적으로 개방되어 있는 장소에 들어간 경우, 관리자의 명시적 출입금지 의사 및 조치가 없었던 이상 그 출입 행위가 결과적으로 관리자의 추정적 의사에 반하였다는 사정만으로는 사실상의 평온상태를 해치는 행위태양으로 출입하였다고 평가할 수 없다(대법원 2022. 6. 16. 선고 대법원 2021도7087 판결 참조).

대법원 2022. 3. 24. 선고 2017도18272 전원합의체 판결 [주거침입] (사) 상고기각 〈영업주 몰래 카메라를 설치하기 위하여 음식점에 출입한 경우 주거침입죄가 성립하는지가 문제된 사건〉 ★★★★★

[판시사항] [1] 거주자의 승낙을 받아 주거에 들어갔더라도 범죄 등을 목적으로 한 출입이거나 실제 출입 목적을 알았더라면 출입을 승낙하지 않았을 것이라는 사정이 인정되는 경우 주거침입죄의 성립여부에 관한 판단기준 [2] 일반인의 출입이 허용된 음식점에 영업주의 승낙을 받아 통상적인 출입방법으로 들어갔으나 범죄 등을 목적으로 한 출입인 경우, 주거침입죄가 성립하는지 여부(소극)

[판결요지] [1] 주거침입죄는 사실상 주거의 평온을 보호법익으로 한다. 주거침입죄의 구성요건적 행위인 침입은 주거침입죄의 보호법익과의 관계에서 해석하여야 하므로, 침입이란 주거의 사실상 평온상태를 해치는 행위 태양으로 주거에 들어가는 것을 의미하고, 침입에 해당하는지는 출입 당시 객관적·외형적으로 드러난 행위 태양을 기준으로 판단함이 원칙이다. 사실상의 평온상태를 해치는 행위 태양으로 주거에 들어가는 것이라면 대체로 거주자의 의사에 반하겠지만, 단순히 주거에 들어가는 행위 자체가 거주자의 의사에 반한다는 주관적 사정만으로는 바로 침입에 해당한다고 볼 수 없다(대법원 2021. 9. 9. 선고 2020도12630 전원합의체 판결 참조).

거주자의 의사에 반하는지는 사실상의 평온상태를 해치는 행위 태양인지를 평가할 때 고려할 요소 중 하나이지만 주된 평가 요소가 될 수는 없다. 따라서 침입행위에 해당하는지는 거주자의 의사에 반하는지가 아니라 사실상의 평온상태를 해치는 행위 태양인지에 따라 판단되어야 한다.

[2] 일반인의 출입이 허용된 음식점에 영업주의 승낙을 받아 통상적인 출입방법으로 들어갔다면 특별한 사정이 없는 한 주거침입죄에서 규정하는 침입행위에 해당하지 않는다. 설령 행위자가 범죄 등을 목적으로 음식점에 출입하였거나 영업주가 행위자의 실제 출입 목적을 알았더라면 출입을 승낙하지 않았을 것이라는 사정이 인정되더라도 그러한 사정만으로는 출입 당시 객관적·외형적으로 드러난 행위 태양에 비추어 사실상의 평온상태를 해치는 방법으로 음식점에 들어갔다고 평가할 수 없으므로 침입행위에 해당하지 않는다.

[3] 이와 달리 일반인의 출입이 허용된 음식점이더라도 음식점의 방실에 도청용 송신기를 설치할 목적으로 들어간 것은 영업주의 명시적 또는 추정적 의사에 반한다고 보아 주거침입죄가 성립한다고 인정한 대법원 1997. 3. 28. 선고 95도2674 판결을 비롯하여 같은 취지의 대법원 판결들은 이 판결의 견해에 배치되는 범위 안에서 이를 변경하기로 한다.

38 ★★★★★ **[선택형 · 사례형] 야간주거침입절도죄 · 실행 착수 시기**

피고인이 야간에 주점 내부로 침입하여 피해자 소유의 현금을 몰래 가져가 절취하였다는 야간주거침입절도 등으로 기소된 사안이다. 피고인은 주거침입 당시에는 절도의 고의가 없어 야간주거침입절도죄가 성립하지 않는다고 주장한다. 이에 관한 설명 중 옳은 것은? (다툼이 있는 경우 판례에 의함)

① 형법 제330조의 야간주거침입절도죄는 야간에 이루어지는 주거침입행위의 위험성에 주목하여 그러한 행위를 수반한 절도를 가중처벌 한다.

② 야간에 타인의 재물을 절취할 목적으로 사람의 주거에 침입한 경우에는 주거침입 단계에서 이미 야간주거침입절도죄의 실행에 착수한 것이라고 보아야 한다.

③ 야간주거침입절도죄는 주거침입죄와 절도죄의 결합범으로서 시간적으로 주거침입행위가 선행되는 것이므로 그 실행의 착수시점인 주거침입이 이루어질 때 절도의 고의가 있어야 한다. 이 사안에서 야간에 주거침입이 이루어질 때 피고인에게 절도의 고의가 있다.

④ 야간에 주거침입행위가 있은 후 비로소 절도의 고의가 생겼다면 주거침입죄

와 절도죄의 경합범이 될 수 있을지언정 야간주거침입절도죄는 성립하지 않는다.

⑤ 주거침입과 절도가 모두 야간에 이루어진 이상 절도의 고의가 언제 생겼는지를 불문하고 야간주거침입절도죄가 성립한다.

해설 및 정답 ①~④ 대법원 2025. 1. 9. 선고 2022도5573 판결 [야간주거침입절도등] (다) 상고기각 〈야간주거침입절도죄에서 절도의 고의 인정 여부가 문제된 사건〉 **정답** ○, ⑤ ×

[판시사항] 야간주거침입절도죄가 성립하기 위해서는 실행의 착수시점인 야간에 주거침입이 이루어질 때 절도의 고의가 있어야 하는지 여부(적극)

[판결요지] 야간에 주거침입행위가 있은 후 비로소 절도의 고의가 생겼다면 주거침입죄와 절도죄의 경합범이 될 수 있을지언정 야간주거침입절도죄는 성립하지 않는다.

39 ★★★★★ [선택형 · 사례형] 사기죄 · 기망 · 손해발생 · 인과관계

피고인은 회생절차개시결정을 받고, 이후 월 급여 440만 원을 전제로 조사위원으로부터 장래소득을 추정받았다. 그런데 배우자 명의 계좌로 추가수당을 받았음에도 이를 법원에 알리지 않고 회생계획안(수정안)에 반영하거나 월간보고서에 기재하지 않은 채 회생계획인가결정 및 회생절차종결결정을 받아 채무를 면제받았다. 검사는 피고인을 형법 제347조 제1항 사기죄로 기소하였다. 이에 관한 설명 중 옳은 것은? (다툼이 있는 경우 판례에 의함)

① 회생절차의 채무자인 피고인이 자신의 재산 및 수입 상황 등에 관하여 허위의 내용으로 법원을 기망함으로써 채무자에게 유리한 회생계획인가결정을 받는 행위는 사기죄를 구성할 수 있다.

② 회생계획인가결정이 있으면 회생채권자 등의 권리가 회생계획에 따라 변경되어 채무가 면제되거나 채무의 기한이 연장되는 등 피해자의 처분행위에 갈음하는 내용과 효력이 발생하기 때문이다.

③ 다만 회생절차의 특수성을 감안할 때, 회생계획인가결정을 받는 행위로 인한 사기죄가 성립하기 위해서는 재산 및 수입 상황 등에 관한 피고인의 주장이 단순히 사실과 다르다는 것만으로는 부족하고, 그러한 주장이 피고인의 회생계획인가의 요건과 밀접한 관련이 있고 이로 인하여 회생계획인가결정 여부

및 그 내용이 달라질 정도에 이르러야 한다.

④ 피고인의 수입에 관한 허위 진술을 근거로 하여 위와 같은 회생계획인가결정이 이루어진 것인 점, 피고인이 배우자 명의로 수령한 추가수당을 급여액에 포함할 경우 회생채권에 대한 상환가능금액, 면제율, 잔여 채권액, 분할 변제액 등에 관하여 보고서가 달리 작성되었을 것으로 보인다. 사기죄가 성립한다.

⑤ 추가수당을 반영 또는 기재하지 않은 것이 객관적으로 회생계획인가결정과 밀접한 관련이 있다거나 이로 인하여 회생계획인가결정 여부 및 그 내용이 달라질 정도에 이르렀다고 보기는 어려워서 이를 사기죄의 기망행위라고 단정할 수 없을 뿐만 아니라, 그로 인한 손해가 발생하였다거나 편취의 고의 또는 기망행위와 처분행위 사이의 인과관계가 있다고 단정하기도 어렵다.

해설 및 정답 ①~③, ⑤ 대법원 2025. 6. 12. 선고 2024도13139 판결 [사기] (아) 파기환송 〈회생채무자가 재산 및 수입 상황 등에 관하여 허위의 내용으로 법원을 기망하여 회생계획인가결정을 받은 것이 사기죄를 구성할 수 있는지 문제된 사건〉

정답 ○, ④ ×

[판시사항] 회생절차의 채무자인 피고인이 자신의 재산 및 수입 상황 등에 관하여 허위의 내용으로 법원을 기망함으로써 채무자에게 유리한 회생계획인가결정을 받는 행위는 사기죄를 구성할 수 있는지 여부(적극) / 이 경우 사기죄가 성립하기 위하여 재산 및 수입 상황 등에 관한 피고인의 주장이 단순히 사실과 다르다는 것만으로 충분한지 여부(소극) 및 그러한 주장이 피고인의 회생계획인가의 요건과 밀접한 관련이 있고 이로 인하여 회생계획인가결정 여부 및 그 내용이 달라질 정도에 이르러야 하는지 여부(적극)

40 ★★★★★ **[선택형 · 사례형] 사기죄 · 소송사기**

피고인이 가처분사건에서 변호사를 선임한 적이 없는데도 그 가처분사건에 관한 소송비용액확정결정신청을 하면서 실제 지출하지 않은 변호사비용을 기재하여 그 소송비용액 상당액을 편취하려다가 미수에 그쳤다. 검사는 피고인을 형법 제347조 제1항, 제352조, 제25조 사기미수죄로 기소하였다. 이에 관한 설명 중 옳은 것은? (다툼이 있는 경우 판례에 의함)

① 허위 내용으로 법원을 기망하여 자기에게 유리한 소송비용액확정결정을 받는 행위는 사기죄를 구성할 수 있다.

② 소송비용액확정결정을 신청하는 당사자가 소명자료 등을 조작하거나 허위의

소명자료 등을 제출함이 없이 단지 실제 사실과 다른 비용액에 관한 주장만 하는 경우에는 특별한 사정이 없는 한 법원을 기망하였다고 단정하기 어렵다.

해설 및 정답 ①~② 대법원 2024. 6. 27. 선고 2021도2340 판결 [사기미수] (가) 파기환송 〈소송비용액확정결정신청의 소송비용액계산서에 실제 지출하지 않은 변호사비용을 기재한 행위가 소송사기에 해당하는지 여부가 문제된 사건〉 **정답** ○

[**판시사항**] 허위 내용으로 법원을 기망하여 자기에게 유리한 소송비용액확정결정을 받는 행위가 사기죄를 구성할 수 있는지 여부(적극) / 이때 소송비용액확정결정을 신청하는 당사자가 **소명자료 등을 조작하거나 허위의 소명자료 등을 제출함이 없이** 단지 실제 사실과 다른 비용액에 관한 주장만 하는 경우, 사기죄의 성립 여부(원칙적 소극)

[**판결요지**] 소송비용부담의 재판은 소송비용상환의무의 존재를 확정하고 그 지급을 명하는 데 그치고, 구체적인 소송비용의 액수는 민사소송법 제110조 제1항에 의한 소송비용액확정결정을 통하여 확정되며, 소송비용의 상환을 구하는 자는 소송비용액확정결정에 집행문을 부여받아 그 확정된 소송비용액에 관하여 강제집행을 할 수 있다. **허위 내용으로 법원을 기망하여 자기에게 유리한 소송비용액확정결정을 받는 행위는 사기죄를 구성할 수 있다.**

한편 소송비용액확정결정을 신청할 때에는 비용계산서, 그 등본과 비용액을 소명하는 데 필요한 서면을 제출하여야 하므로(민사소송법 제110조 제2항), 당사자가 단순히 실제 사실과 다른 비용액에 관한 주장만 한 경우를 사기죄로 인정하는 것에는 신중하여야 한다. 소송비용 중 당사자 등이 소송 기타 절차를 수행하기 위하여 법원에 납부하는 인지액 및 민사예납금 등 이른바 '재판비용'은 관할법원이 스스로 보존하고 있는 재판서 및 소송기록 등에 의하여 계산할 것이 예정되어 있고, 당사자가 소송 등 수행을 위하여 제3자에게 직접 지출하는 이른바 '당사자비용'은 신청인이 반드시 소명하여야 한다.

그러므로 **소명자료 등을 조작하거나 허위의 소명자료 등을 제출함이 없이 단지 실제 사실과 다른 비용액에 관한 주장만 하는 경우에는 특별한 사정이 없는 한 법원을 기망하였다고 단정하기 어렵기 때문이다.** · 기망(=소명자료 조작 또는 허위소명자료 제출)

41 ★★★★★ **[선택형 · 사례형] 사기죄 · 기망행위**

아파트 시행사업을 하던 피고인들이 투자자인 피해자로부터 약정금 반환을 구하는 소를 제기 당하자, 조정절차에서 합의된 금전의 지급 재원이 될 아파트 시행 사업 양도대금의 지급시기에 관하여 조정 상대방인 피해자를 기망하여 이에 속은 피해자가 조정에 응함으로써 약정금을 감액 받아 채무면제를 받았다는 이유로 사기죄로 기소된 사건이다. 사기죄에 관한 설명으로 옳은 것은? (다툼이 있는 경우 판례에 의함)

① 소송사기는 법원을 속여 자기에게 유리한 판결을 얻음으로써 상대방의 재물 또는 재산상 이익을 취득하는 범죄로서, 이를 쉽사리 유죄로 인정하게 되면 누구든지 자기에게 유리한 주장을 하고 소송을 통하여 권리구제를 받을 수 있는 민사재판제도의 위축을 가져올 수밖에 없다. 이러한 위험성은 당사자 간 합의에 의하여 소송절차를 원만하게 마무리하는 민사조정에서도 마찬가지로 존재한다.

② 피고인이 범행을 인정한 경우 외에는 소송절차나 조정절차에서 행한 주장이 사실과 다름이 객관적으로 명백하고 피고인이 그 주장이 명백히 거짓인 것을 인식하였거나 증거를 조작하려고 하였음이 인정되는 때와 같이 범죄가 성립하는 것이 명백한 경우가 아니면 이를 유죄로 인정하여서는 안 된다.

③ 소송당사자들은 조정절차를 통해 원만한 타협점을 찾는 과정에서 자신에게 유리한 결과를 얻기 위하여 노력하고, 그 과정에서 다소간의 허위나 과장이 섞인 언행을 하는 경우도 있다. 이러한 언행이 일반 거래관행과 신의칙에 비추어 허용될 수 있는 범위 내라면 사기죄에서 말하는 기망행위에 해당한다고 볼 수는 없다.

④ 통상의 조정절차에서는 조정채무 불이행에 대한 제재수단뿐만 아니라 소송비용의 처리 문제나 청구취지에 포함되지 않은 다른 잠재적 분쟁에 관한 합의 내용도 포함될 수 있고, 소송절차를 단축시켜 집행권원을 신속히 확보하기 위한 목적에서 조정이 성립되는 경우도 있다. 소송당사자가 조정에 합의한 것은 이러한 부수적 사정에 따른 이해득실을 모두 고려한 이성적 판단의 결과로 보아야 하고, 변호사 등 소송대리인이 조정절차에 참여하여 조정이 성립한 경우에는 더욱 그러하다.

⑤ 조정에 따른 이행의무를 부담하는 피고가 조정성립 이후 청구원인에 관한 주된 조정채무를 제때 이행하지 않았다는 사정만으로 원고에게 신의칙상 주의의무를 다하지 아니하였다거나 조정성립과 상당인과관계 있는 손해가 발생하였다고 쉽사리 단정하여서는 아니 된다.

해설 및 정답 ①~⑤ 대법원 2024. 1. 25. 선고 2020도10330 판결 [사기] (사) 파기환송 〈조정절차에서 임의이행의사나 능력에 관하여 거짓말하여 민사조정이 성립된 사건〉

정답 ○

[판시사항] 소송사기죄 적용의 엄격성 및 소송사기를 유죄로 인정할 수 있는 경우 / **소송당사자들이 조정절차를 통해 원만한 타협점을 찾는 과정에서 다소간의 허위나 과장이 섞인 언행을 한 경우, 이러한 언행이 사기죄에서 말하는 기망행위에 해당하는지 여부(한정 소극) / 조정에 따른 이행의무를 부담하는 피고가 조정성립 이후 청구원인에 관한 주된 조정채무를 제때 이행하지 않았다는 사정만으로 원고에게 신의칙상 주의의무를 다하지 아니하였다거나 조정성립과 상당인과관계 있는 손해가 발생하였다고 단정할 수 있는지 여부(소극)**

[판결요지] **소송당사자들은 조정절차를 통해 원만한 타협점을 찾는 과정에서 자신에게 유리한 결과를 얻기 위하여 노력하고, 그 과정에서 다소간의 허위나 과장이 섞인 언행을 하는 경우도 있다. 이러한 언행이 일반 거래관행과 신의칙에 비추어 허용될 수 있는 범위 내라면 사기죄에서 말하는 기망행위에 해당한다고 볼 수는 없다.**

따라서 **조정에 따른 이행의무를 부담하는 피고가 조정성립 이후 청구원인에 관한 주된 조정채무를 제때 이행하지 않았다는 사정만으로 원고에게 신의칙상 주의의무를 다하지 아니하였다거나 조정성립과 상당인과관계 있는 손해가 발생하였다고 쉽사리 단정하여서는 아니 된다.**

42 ★★★★★ [선택형 · 사례형] 친족상도례(親族相盜例) · 컴퓨터사용사기죄 피해자(=가맹점 또는 대출금융기관)

피고인은 동거친족인 처제 A의 인적사항, 카드 비밀번호 등을 알고 있던 것을 기화로 신용카드 결제 또는 현금서비스 신청을 하여 재산상 이익을 취득하였다는 컴퓨터등사용사기 등으로 기소된 사안이다. 이에 관한 설명 중 옳은 것은? (다툼이 있는 경우 판례에 의함)

① 헌법재판소의 헌법불합치결정은 헌법과 헌법재판소법이 규정하고 있지 않은 변형된 형태로서 법률조항에 대한 위헌결정에 해당한다.

② 형법 제328조 제1항은 형벌조각사유로서 형의 면제를 규정한 것이기 때문에 이 사건 헌법불합치결정의 소급효를 인정할 경우 오히려 그 조항에 따라 형의 면제가 되었던 사람들에게 형사상의 불이익이 미치게 된다. 따라서 앞서 본 법리에 따라 위 조항은 이 사건 헌법불합치결정이 있는 날부터 효력을 상실한다고 보아야 한다.

③ 형법 제347조의2(컴퓨터등 사용사기)는 컴퓨터 등 정보처리장치에 허위의 정보 또는 부정한 명령을 입력하거나 권한 없이 정보를 입력 · 변경하여 정보

처리를 하게 함으로써 재산상의 이익을 취득하거나 제3자로 하여금 취득하게 하는 행위를 처벌한다. 여기서 '정보처리'는 사기죄에서 피해자의 처분행위에 상응하므로 입력된 허위의 정보 등에 의하여 계산이나 데이터의 처리가 이루어짐으로써 직접적으로 재산처분의 결과를 초래하여야 하고, 행위자나 제3자의 '재산상 이익 취득'은 사람의 처분행위가 개재됨이 없이 컴퓨터 등에 의한 정보처리 과정에서 이루어져야 한다.

④ 가맹점이나 금융기관 등의 인터넷 사이트 또는 휴대전화 어플리케이션 등에 접속하여 타인의 승낙 없이 타인의 인적사항과 타인 명의의 신용카드 번호 및 그 비밀번호 등을 입력하는 방법으로 물품이나 서비스 이용대금 등을 결제하거나 금융기관 등으로부터 신용대출을 받음으로써 재산상 이익을 취득하는 행위는, 컴퓨터 등 정보처리장치에 권한 없이 정보를 입력하여 정보처리를 하게 함으로써 재산상 이익을 취득하는 행위로서 가맹점이나 대출금융기관 등에 대한 컴퓨터등사용사기죄에 해당한다.

⑤ 재판장은 소송관계를 명료하게 하기 위하여 검사, 피고인 또는 변호인에게 사실상과 법률상의 사항에 관하여 석명을 구하거나 증명을 촉구할 수 있다(형사소송규칙 제141조 제1항). 공소사실의 취지가 명료하면 법원이 이에 대하여 석명권을 행사할 필요가 없으나, 공소사실의 기재가 오해를 불러일으키거나 명료하지 못한 경우에는 형사소송규칙 제141조에 따라 검사에 대하여 석명권을 행사하여 그 취지를 명확하게 하여야 한다.

해설 및 정답 ①~⑤ 대법원 2025. 3. 13. 선고 2024도19846 판결 [컴퓨터등사용사기] (사) 파기환송(일부) 〈친족상도례에 의한 형 면제 여부가 문제된 사건〉★★★★★

정답 ○

[판시사항] [1] **친족상도례에 의한 형 면제를 규정한 형법 제328조 제1항에 대한 헌법불합치결정에 소급효가 인정되는지 여부(소극)** [2] **형법 제347조의2에 따른 컴퓨터등사용사기죄에서 '정보처리', '재산상 이익 취득'의 의미 및 인터넷 사이트 등에 접속하여 타인 명의의 신용카드 번호 등을 입력하여 결제를 하거나 대출을 받았다는 컴퓨터등사용사기죄의 피해자(가맹점 또는 대출금융기관 등)** [3] **공소사실의 기재가 오해를 불러일으키거나 명료하지 못한 경우 법원이 검사에 대하여 석명권을 행사하여 취지를 명확하게 하여야 하는지 여부(적극)**

[판결요지] [1] 헌법재판소의 위헌법률심판에 따라 **위헌으로 결정된 법률 또는 법률의 조항은 그 결정이 있는 날부터 효력을 상실**하는 것이 원칙이다(헌법재판

소법 제47조 제2항). **· 위헌 결정(=결정 있는 날부터 효력 상실)**

다만 예외적으로 형벌에 관한 **법률 또는 법률의 조항에 대한 위헌결정은 소급효가 인정**되고(헌법재판소법 제47조 제3항). **· 형벌 법률과 형벌 조항 위헌 결정(=소급효 인정)**

위헌결정의 예외적 소급효가 인정되는 '형벌에 관한 법률 또는 법률의 조항'은 **형사처벌의 직접적인 근거가 되는 실체법**을 의미한다. **· 형벌 법률과 형벌 조항 위헌 결정(=형사처벌 직접 근거 실체법에 대해서 소급효 인정)**

그러나 형벌에 관한 법률 또는 법률의 조항이더라도 처벌되지 않는 사유를 규정한 것이라면 위헌결정의 소급효를 인정할 경우 오히려 그 조항에 따라 형사처벌을 받지 않았던 사람들에게 형사상의 불이익이 미치게 되므로 이와 같은 경우까지 헌법재판소법 제47조 제3항의 적용범위에 포함시키는 것은 법적 안정성과 이미 처벌되지 않는 대상이었던 피고인의 신뢰보호의 이익을 크게 해치게 되어 그 규정 취지에 반한다. **· 형사처벌되지 않았던 사유 위헌 결정(=소급효 불인정)**

따라서 이러한 법률조항에 대한 위헌결정에는 헌법재판소법 제47조 제3항에 따른 소급효가 인정되지 아니하고, 위 법률조항은 같은 법 제47조 제2항에 따라 위헌결정이 있는 날부터 효력을 상실한다(교통사고처리특례법위반죄의 불처벌 특례의 위헌결정에 관한 헌법재판소 1997. 1. 16. 선고 90헌마110 등 전원재판부 결정과 헌법재판소 2009. 2. 26. 선고 2005헌마764 등 전원재판부 결정 및 근로기준법위반죄의 구성요건해당성 배제 사유의 위헌결정에 관한 대법원 2022. 2. 11. 선고 2020도68 판결 등 참조). **· 위헌 결정(=결정 있는 날부터 효력 상실)**

형법(2005. 3. 31. 법률 제7427호로 개정된 것) 제328조 제1항은 "직계혈족, 배우자, 동거친족, 동거가족 또는 그 배우자간의 제323조의 죄는 그 형을 면제한다."라고 규정하고, 형법 제354조는 위 조항을 사기죄 등에 준용하고 있다. **· 친족상도례 위헌 결정 또는 헌법불합치 결정(=결정 있는 날부터 효력 상실)**

그런데 헌법재판소는 2024. 6. 27. '형법(2005. 3. 31. 법률 제7427호로 개정된 것) 제328조 제1항은 헌법에 합치되지 아니한다.'는 헌법불합치결정을 선고하면서, '법원 기타 국가기관 및 지방자치단체는 2025. 12. 31.을 시한으로 입법자가 개정할 때까지 위 법률조항의 적용을 중지하여야 한다'는 적용중지명령을 하였다(헌법재판소 2024. 6. 27. 선고 2020헌마468 등 전원재판부 결정, 이하 '이 사건 헌법불합치결정'이라 한다). 헌법재판소의 헌법불합치결정은 헌법과 헌법재판소법이 규정하고 있지 않은 변형된 형태로서 법률조항에 대한 위헌결정에 해당한다(대법원 2020. 5. 28. 선고 2017도8610). **· 헌법불합치 결정(=법률조항에 대한 위헌결정에 해당함)**

그러나 **형법 제328조 제1항은 형벌조각사유로서 형의 면제를 규정한 것이기 때문에 이 사건 헌법불합치결정의 소급효를 인정할 경우 오히려 그 조항에 따라 형의 면제가 되었던 사람들에게 형사상의 불이익이 미치게 된다. 따라서 앞서 본 법리에 따라 위 조항은 이 사건 헌법불합치결정이 있는 날부터 효력을 상실한다고 보아야 한다.** **· 친족상도례 헌법불합치 결정(=결정 있는 날부터 효력 상실)**

[2] **형법 제347조의2(컴퓨터등 사용사기)는 컴퓨터 등 정보처리장치에 허위의 정보 또는 부정한 명령을 입력하거나 권한 없이 정보를 입력·변경하여 정보처리를 하게 함으로써 재산상의 이익을 취득하거나 제3자로 하여금 취득하게 하는 행위를 처벌한다.** **· 형법 제347조2(컴퓨터사용사기) 구성요건**
여기서 '정보처리'는 사기죄에서 피해자의 처분행위에 상응하므로 입력된 허위의 정보 등에 의하여 계산이나 데이터의 처리가 이루어짐으로써 직접적으로 재산처분의 결과를 초래하여야 하고, 행위자나 제3자의 '재산상 이익 취득'은 사람의 처분행위가 개재됨이 없이 컴퓨터 등에 의한 정보처리 과정에서 이루어져야 한다(대법원 2014. 3. 13. 선고 2013도16099 판결, 대법원 2020. 2. 27. 선고 2019도14960 판결 등 참조). **· 형법 제347조2(컴퓨터사용사기) '정보처리' 해석**
가맹점이나 금융기관 등의 인터넷 사이트 또는 휴대전화 어플리케이션 등에 접속하여 타인의 승낙 없이 타인의 인적사항과 타인 명의의 신용카드 번호 및 그 비밀번호 등을 입력하는 방법으로 물품이나 서비스 이용대금 등을 결제하거나 금융기관 등으로부터 신용대출을 받음으로써 재산상 이익을 취득하는 행위는, 컴퓨터 등 정보처리장치에 권한 없이 정보를 입력하여 정보처리를 하게 함으로써 재산상 이익을 취득하는 행위로서 가맹점이나 대출금융기관 등에 대한 컴퓨터등사용사기죄에 해당한다(대법원 2003. 1. 10. 선고2002도2363 판결, 대법원 2006. 7. 27. 선고 2006도3126 판결, 대법원 2007. 3. 16. 선고2006도6209 판결, 대법원 2012. 6. 28. 선고 2012도4347 판결 등 참조). **· 형법 제347조의2(컴퓨터등 사용사기) 피해자(=가맹점 또는 대출금융기관)**
[3] 재판장은 소송관계를 명료하게 하기 위하여 검사, 피고인 또는 변호인에게 사실상과 법률상의 사항에 관하여 석명을 구하거나 증명을 촉구할 수 있다(형사소송규칙 제141조 제1항). 공소사실의 취지가 명료하면 법원이 이에 대하여 석명권을 행사할 필요가 없으나, 공소사실의 기재가 오해를 불러일으키거나 명료하지 못한 경우에는 형사소송규칙 제141조에 따라 검사에 대하여 석명권을 행사하여 그 취지를 명확하게 하여야 한다(대법원 2017. 6. 15. 선고 2017도3448 판결, 대법원 2023. 12. 28. 선고 2023도14444 판결 등 참조). **· 법원이 검사에게 석명권 행사(=취지의 명료성 확인권)**

43 ★★★★★ [선택형 · 사례형] 업무상횡령죄 · 불법영득의사

사립대학교 총장인 피고인이 대학 교육관 신축공사 관련 소송, 학교 교직원 관련 분쟁 등에 관한 소송비용이나 자문비용을 교비회계에서 지출하였다는 사립학교법위반 및 업무상횡령으로 기소된 사안이다. 이에 관한 설명 중 옳은 것은? (다툼이 있는 경우 판례에 의함)

① 타인으로부터 용도가 엄격히 제한된 자금을 위탁받아 집행하면서 그 제한된

용도 이외의 목적으로 자금을 사용하는 것은 그 사용이 개인적인 목적에서 비롯된 경우는 물론 결과적으로 자금을 위탁한 본인을 위하는 면이 있더라도 그 사용행위 자체로 불법영득의 의사를 실현한 것이 되어 횡령죄가 성립하므로, 사립학교의 교비회계에 속하는 수입을 적법한 교비회계의 세출에 포함되는 용도 즉, 당해 학교교육에 직접 필요한 용도가 아닌 다른 용도에 사용하였다면 그 사용행위 자체로서 불법영득의사를 실현하는 것이 되어 그로 인한 죄책을 면할 수 없다.

② 이 사안에서 **이 사건 소송비는 사립학교법 시행령 제13조 제2항 제2호의 '학교교육에 직접 필요한 시설 · 설비를 위한 경비'이거나 그와 직접 관련된 것으로서 궁극적으로 당해 학교교육의 본래적 기능 훼손을 방지하기 위하여 직접 필요한 경비**에 해당한다고 평가할 수 있으나, 나머지 소송비는 '학교교육에 직접 필요한 경비'라고 평가할 수 없다.

해설 및 정답 ①~② 대법원 2025. 4. 10. 선고 2021도8805 판결 [사립학교법위반 등] (차) 상고기각 〈사립대학교 총장이 소송비용 등을 교비회계에서 지출한 경우 사립학교법위반죄와 업무상횡령죄의 성립 여부가 문제된 사건〉[공2025상, 836]

정답 ○

[판시사항] [1] 사립학교법이 학교법인의 회계를 분리하고 있는 취지 및 특히 '교비회계'의 다른 회계로의 전용을 금지하는 취지 [2] 사립학교법상 소송비용 등 법적 분쟁 비용을 교비회계에서 지출할 수 있는지 판단하는 기준 [3] 사립학교의 교비회계에 속하는 수입을 당해 학교교육에 직접 필요한 용도가 아닌 다른 용도에 사용한 경우, 그 자체로서 횡령죄가 성립하는지 여부(적극)

44 ★★★ [선택형 · 사례형] 횡령죄 · 타인 재물 보관자 · 고의 · 불법영득의사

피고인이 피해자 측으로부터 이 사건 차량을 매수하면서 피고인이 매매대금의 지급에 갈음하여 피고인이 ○○캐피탈에 대한 차량할부금을 납부한 후 피고인 운영의 회사 명의로 이전등록을 하기로 약정하고, 이 사건 차량을 인도받아 사용하던 중 할부대금 및 과태료 등을 납부하지 않았다. 이에 피해자 측이 이 사건 차량의 반환을 요구하였다. 그러나 피고인이 이를 거부하였다. 검사는 피고인을 형법 제355조 제1항 횡령죄로 기소하였다. 횡령죄에 관한 설명으로 옳은 것은? (다툼이 있는 경우 판례에 의함)

① 자동차에 대한 소유권의 득실변경은 등록을 함으로써 그 효력이 생기고 등록

이 없는 한 대외적 관계에서는 물론 당사자의 대내적 관계에서도 소유권을 취득할 수 없는 것이 원칙이지만, 당사자 사이에 소유권을 등록명의자 아닌 자가 보유하기로 약정하였다는 등의 특별한 사정이 있는 경우에는 그 내부관계에 있어서는 등록명의자 아닌 자가 소유권을 보유하게 된다.

해설 및 정답 대법원 2023. 6. 1. 선고 2023도1096 판결 [횡령 · 건조물침입 · 재물손괴 · 사기 · 재물손괴교사] (자) 파기환송 〈자동차 매매계약과 횡령죄의 성부〉

정답 ○

☞ **죄명을 정확히 정리하세요. 선택형 · 사례형에서 자주 출제되는 범죄구성요건입니다.**

[판시사항] [1] 횡령죄를 인정하기 위해서는 횡령의 대상이 된 재물이 '타인의 소유'라는 점이 증명되어야 하는지 여부(적극) / 재물이 당초 피고인에게 보관된 타인의 재산이라도 그 이후 타인이 피고인에게 이를 양도하거나 임의사용을 승낙한 것으로 볼 여지가 있는 경우, 피고인의 반환거부를 횡령죄로 단정할 수 있는지 여부(소극)

[2] 당사자 사이에 자동차의 소유권을 등록명의자 아닌 자가 보유하기로 약정하였다는 등의 특별한 사정이 있는 경우, 그 내부관계에서 소유권을 보유하게 되는 자(=등록명의자 아닌 자)

[판결요지] [1] 횡령죄는 타인의 재물을 보관하는 자가 그 재물을 횡령하는 것을 처벌하는 범죄이다. 그러므로 피고인을 유죄로 인정하기 위해서는 횡령의 대상이 된 재물이 타인의 소유라는 점이 입증되어야 할 것이고, 형사재판에서의 유죄의 인정은 법관으로 하여금 합리적인 의심을 할 여지가 없을 정도의 확신을 가지게 하는 엄격한 증거에 의하여야 한다.

그러므로 그 재물이 당초 피고인에게 보관된 타인의 재산이라고 하더라도 그 이후 타인이 피고인에게 이를 양도하거나 임의사용을 승낙한 것으로 볼 여지가 있는 사정이 재판에 나타난다면 이러한 의문이 해명되지 아니하는 한 피고인을 유죄로 단정할 수는 없다(대법원 2001. 12. 14. 선고 2001도3042 판결 참조).

[2] 자동차에 대한 소유권의 득실변경은 등록을 함으로써 그 효력이 생기고 등록이 없는 한 대외적 관계에서는 물론 당사자의 대내적 관계에서도 소유권을 취득할 수 없는 것이 원칙이지만, 당사자 사이에 소유권을 등록명의자 아닌 자가 보유하기로 약정하였다는 등의 특별한 사정이 있는 경우에는 그 내부관계에 있어서는 등록명의자 아닌 자가 소유권을 보유하게 된다(대법원 2013. 2. 28. 선고 2012도15303 판결, 대법원 2014. 9. 25. 선고 2014도8984 판결 등 참조).

45 ★★★★★ **[선택형 · 사례형] 횡령죄 · 타인 재물**

피고인은 주식명의신탁약정에 따라 피해자 소유의 주식회사 엘피케이 주식을 피고인 등 명의로 주주명부에 등재하여 375,933주 상당의 돈을 피해자를 위해 보관하였다. 그러던 중 이 사건 주식이 중소기업 전용 주식거래 시장인 코넥스(KONEX)에 상장을 앞두고 2013. 10. 1. 피고인 또는 공소외인 명의의 대신증권 계좌에 각 입고되고 증권예탁결제원에 예탁되어 계좌 간 대체 기재의 방식으로 양도가 가능하게 되자, 2013. 11. 25.경부터 2014. 2. 14.경까지 이 사건 주식 중 105,200주를 매도하고 나머지 주식 270,733주를 피고인의 소유라고 주장하면서 반환을 거부하여 피해자 소유인 주식 375,933주(4,022,483,100원 상당)를 횡령하였다. 검사는 피고인을 특정경제범죄가중처벌등에관한법률위반(횡령)죄로 기소하였다. 횡령죄에 관한 설명으로 옳은 것은? (다툼이 있는 경우 판례에 의함)

① 상법상 주식은 자본구성의 단위 또는 주주의 지위(주주권)를 의미하고, 주주권을 표창하는 유가증권인 주권과는 구분된다.

② 주권은 유가증권으로서 재물에 해당되므로 횡령죄의 객체가 될 수 있다.

③ 자본의 구성단위 또는 주주권을 의미하는 주식은 재물이 아니므로 횡령죄의 객체가 될 수 없다.

④ 예탁결제원에 예탁되어 계좌 간 대체 기재의 방식에 의하여 양도되는 주권은 유가증권으로서 재물에 해당되므로 횡령죄의 객체가 될 수 있다.

⑤ 주권이 발행되지 않은 상태에서 주권불소지 제도, 일괄예탁 제도 등에 근거하여 예탁결제원에 예탁된 것으로 취급되어 계좌 간 대체 기재의 방식에 의하여 양도되는 주식은 재물이 아니므로 횡령죄의 객체가 될 수 없다.

해설 및 정답 ①~⑤ 대법원 2023. 6. 1. 선고 2020도2884 판결 [특정경제범죄가중처벌등에관한법률위반(횡령)[예비적 죄명: 특정경제범죄가중처벌등에관한법률위반(배임)]] (타) 파기환송 〈주권이 발행되지 않은 채 일괄예탁제도 등에 의하여 예탁된 것으로 취급되는 주식이 횡령죄의 재물에 해당하는지 문제된 사건〉 **정답** ○

[판시사항] 예탁결제원에 예탁되어 계좌 간 대체 기재의 방식으로 양도되는 주권이 횡령죄의 객체가 될 수 있는지 여부(적극) / 주권이 발행되지 않은 상태에서 주권불소지 제도, 일괄예탁 제도 등에 근거하여 예탁결제원에 예탁된 것으로 취급되어 계좌 간 대체 기재의 방식으로 양도되는 주식이 횡령죄의 객체가 될 수 있는지 여부(소극)

[판결요지] 상법상 주식은 자본구성의 단위 또는 주주의 지위(주주권)를 의미하

고, 주주권을 표창하는 유가증권인 주권과는 구분된다. **주권은 유가증권으로서 재물에 해당되므로 횡령죄의 객체가 될 수 있으나, 자본의 구성단위 또는 주주권을 의미하는 주식은 재물이 아니므로 횡령죄의 객체가 될 수 없다.** 따라서 예탁결제원에 예탁되어 계좌 간 대체 기재의 방식에 의하여 양도되는 주권은 유가증권으로서 재물에 해당되므로 횡령죄의 객체가 될 수 있으나, 주권이 발행되지 않은 상태에서 주권불소지 제도, 일괄예탁 제도 등에 근거하여 예탁결제원에 예탁된 것으로 취급되어 계좌 간 대체 기재의 방식에 의하여 양도되는 주식은 재물이 아니므로 횡령죄의 객체가 될 수 없다.

46 ★★★★★ [선택형 · 사례형] 업무상배임죄 객체 '재산상 이익'

피고인은 피해 회사에 재직 중 업무상 임무에 위배하여 피해 회사의 영업상 주요한 자산인 ㉮ 필러 원재료 A의 시험성적서, ㉯ A를 주된 원재료로 하여 제조된 필러 B에 대한 동물이식 실험 결과보고서, ㉰ A에 관한 Ordersheet(이하 통틀어 '이 사건 각 자료')를 반출하여 재산상 이익을 취득하고 피해 회사에 재산상 손해를 가하였다는 업무상배임으로 기소되었다. 이에 관한 설명 중 옳은 것은? (다툼이 있는 경우 판례에 의함)

① 회사 직원이 경쟁업체 또는 스스로의 이익을 위하여 이용할 의사로 무단으로 자료를 반출한 행위가 업무상배임죄에 해당하기 위하여는, 그 자료가 반드시 영업비밀에 해당할 필요까지는 없다고 하겠지만 적어도 그 자료가 불특정 다수인에게 공개되어 있지 않아 보유자를 통하지 아니하고는 이를 통상 입수할 수 없고, 그 보유자가 자료의 취득이나 개발을 위해 상당한 시간, 노력 및 비용을 들인 것으로서 그 자료의 사용을 통해 경쟁상의 이익을 얻을 수 있는 정도의 영업상 주요한 자산에는 해당하여야 한다.

② 이 사건 각 자료에 기재된 정보는 보유자인 피해 회사를 통하지 않고서도 통상 입수할 수 있고, 보유자인 피해 회사가 이 사건 각 자료의 정보를 사용하여 경쟁상의 이익을 얻을 수 있다고 보기도 어려우므로, 이 사건 각 자료는 피해 회사의 영업상 주요한 자산에 해당한다고 할 수 없다.

③ 피해 회사에서 제작하는 필러의 주된 원재료가 다양한 가교 덱스트란(cross-linked dextran) 화합물 중 하나인 A임을 알 수 있는 이 사건 각 자료는 피해 회사의 영업상 주요한 자산이라고 볼 수 있고, 피고인이 피해 회사를 퇴사하면서 이 사건 각 자료를 반환하거나 폐기하지 아니한 채 반출한 이상 이는

임무 위배행위에 해당하며 그에 대한 고의도 있었다.

해설 및 정답 ①~② 대법원 2025. 4. 24. 선고 2024도19305 판결 [업무상배임] (바) 파기환송 〈피고인이 소속 회사에서 퇴사하면서 반출한 자료가 회사의 영업상 주요한 자산인지 여부가 문제된 사건〉 **정답** ○, ③ ×

[판시사항] 회사 직원이 무단으로 자료를 반출하는 행위를 업무상배임죄로 의율하기 위해서는 해당 자료가 '영업상 주요한 자산'에 해당하여야 하는지 여부(적극)
[판결요지] 회사 직원이 경쟁업체 또는 스스로의 이익을 위하여 이용할 의사로 무단으로 자료를 반출한 행위가 업무상배임죄에 해당하기 위하여는, 그 자료가 반드시 영업비밀에 해당할 필요까지는 없다고 하겠지만 적어도 그 자료가 불특정 다수인에게 공개되어 있지 않아 보유자를 통하지 아니하고는 이를 **통상 입수할 수 없고**, 그 보유자가 자료의 취득이나 개발을 위해 상당한 시간, 노력 및 비용을 들인 것으로서 그 자료의 사용을 통해 경쟁상의 이익을 얻을 수 있는 정도의 **영업상 주요한 자산에는 해당하여야** 한다(대법원 2011. 6. 30. 선고 2009도3915 판결, 대법원 2022. 6. 30. 선고 2018도4794 판결 등 참조).

47 ★★★★★ **[선택형 · 사례형] 사기죄 · 기망행위**

피고인이 정상적으로 대출금을 반환할 의사나 능력이 없음에도 비대면 자동심사 방식의 대출을 신청하여 카드회사를 기망하였다는 사기죄로 기소되었다. 이에 관한 설명 중 옳은 것은? (다툼이 있는 경우 판례에 의함)

① 형법 제347조 사기죄의 성립요건인 기망행위는 사람으로 하여금 착오를 일으키게 하는 것을 말한다. 따라서 사람에 대한 기망행위를 수반하지 않는 경우 사기죄로 처벌할 수 없다.

② 피고인의 행위가 카드회사에 대한 기망행위임을 전제로 피고인에게 사기죄가 성립한다.

③ 비대면 자동심사 방식의 대출 과정에서 카드회사의 직원이 대출신청을 확인하거나 대출금을 송금하는 등으로 개입하였다고 인정할 만한 사정이 없으므로, 피고인의 행위는 사람에 대한 기망행위를 수반하지 않아서 사기죄에 해당하지 않는다.

해설 및 정답 ①, ③ 대법원 2025. 3. 27. 선고 2024도18441 판결 [사기] (마) 파기환송 〈카드론 대출에서 사기죄의 기망행위 성립 여부가 문제된 사건〉

정답 ○, ② ×

[판시사항] [1] 사기죄의 성립요건인 '기망행위'의 의미 / 사람에 대한 기망행위를 수반하지 않는 경우, 사기죄로 처벌할 수 있는지 여부(소극) [2] **피고인이 정상적으로 대출금을 반환할 의사나 능력이 없음에도 휴대전화에 설치된 카드회사의 애플리케이션을 통해 카드론 대출을 신청하여 대출금을 자신의 계좌로 송금받는 방법으로 총 2회에 걸쳐 카드회사들을 기망하여 카드회사들로부터 대출금을 편취하였다는 공소사실로 기소된 사안에서, 피고인의 행위는 사람에 대한 기망행위를 수반하지 않아 사기죄에 해당하지 않는다**고 한 사례.

[판결요지] [1] 형법 제347조 사기죄의 성립요건인 기망행위는 사람으로 하여금 착오를 일으키게 하는 것을 말한다. 따라서 사람에 대한 기망행위를 수반하지 않는 경우 사기죄로 처벌할 수 없다.

[2] 피고인이 정상적으로 대출금을 반환할 의사나 능력이 없음에도 휴대전화에 설치된 카드회사의 애플리케이션을 통해 카드론 대출을 신청하여 대출금을 자신의 계좌로 송금받는 방법으로 총 2회에 걸쳐 카드회사들을 기망하여 카드회사들로부터 합계 34,500,000원을 편취하였다는 공소사실로 기소된 사안에서, 피고인이 카드회사들로부터 카드론 대출을 받기 위하여 휴대전화에 설치된 카드회사들의 애플리케이션을 이용하여 자금용도, 보유자산, 연소득정보, 부채정보, 연소득 대비 고정 지출, 신용점수 등을 입력한 데 따라 대출이 전산상 자동적으로 처리되어 송금받을 계좌로 대출금이 송금되었고, 대출신청을 처리하는 일련의 과정에 카드회사들의 직원이 대출신청을 확인하거나 대출금을 송금하는 등으로 개입하였다고 인정할 만한 사정이 없으므로, 피고인이 대출을 받는 과정에서 카드회사들의 직원 등 사람을 기망하였다고 볼 수 없는 점에 비추어, 피고인의 행위는 사람에 대한 기망행위를 수반하지 않아 사기죄에 해당하지 않는다는 이유로, 이와 달리 보아 공소사실을 유죄로 인정한 원심의 판단에 사기죄에서 기망행위에 관한 법리오해의 위법이 있다고 한 사례.

48 ★★★★★ [선택형 · 사례형] 손괴죄 '효용을 해함'

환경운동가들이 석탄화력발전소 건설에 문제를 제기하기 위하여 글씨 모양 조형물에 녹색 수성스프레이를 분사한 행위가 재물손괴에 해당하는지 여부가 문제된 사건이다. 환경활동가인 피고인들이 A 회사의 베트남 석탄화력발전소 건설에 문제를 제기하기 위하여 회사명 조형물(이하 '이 사건 조형물')에 수성스프레이를 분사하여 이를 손괴하였다. 검사는 피고인을 형법 제366조 재물손괴 등으로 기소하였다. 손괴죄에 관한 설명 중 옳은 것은? (다툼이 있는 경우 판례에 의함)

① 형법 제366조의 재물손괴죄는 타인의 재물을 손괴 또는 은닉하거나 기타의 방법으로 효용을 해하는 경우에 성립한다. 여기에서 재물의 효용을 해한다고

함은 사실상으로나 감정상으로 재물을 본래의 사용 목적에 제공할 수 없는 상태로 만드는 것을 말하고, 일시적으로 이용할 수 없는 상태로 만드는 것도 포함한다.

② 이 사건 조형물 이용자들이 느끼는 불쾌감과 저항감 등을 종합하여 보면, 피고인들이 이 사건 조형물을 본래의 사용 목적에 제공할 수 없는 상태 또는 일시적으로 이용할 수 없는 상태로 만들어 그 효용을 해하였다고 보기 어렵다.

③ 이 사건 조형물을 받치는 대리석 부분에 일부 스프레이가 잔존하였고, 상당한 시간과 노력을 들었음에도 잔존물이 제거되지 않아 피해자 측이 상당한 비용을 들여 이를 교체하는 등 피고인들이 이 사건 조형물을 손괴한 사실이 인정된다.

해설 및 정답 ①~② 대법원 2024. 5. 30. 선고 2023도5885 판결 [집회및시위에관한법률위반등 등] (타) 파기환송 〈환경운동가들이 석탄화력발전소 건설에 문제를 제기하기 위하여 글씨 모양 조형물에 녹색 수성스프레이를 분사한 행위가 재물손괴에 해당하는지 여부가 문제된 사건〉 **정답** ○, ③ ×

[판시사항] 구조물 등에 낙서를 하는 행위가 재물의 효용을 해하는 것인지에 대한 판단기준

[판결요지] 형법 제366조의 재물손괴죄는 타인의 재물을 손괴 또는 은닉하거나 기타의 방법으로 효용을 해하는 경우에 성립한다. 여기에서 **재물의 효용을 해한다**고 함은 사실상으로나 감정상으로 재물을 본래의 사용 목적에 제공할 수 없는 상태로 만드는 것을 말하고, **일시적으로 이용할 수 없는 상태로 만드는 것도 포함**한다(대법원 2007. 6. 28. 선고 2007도2590 판결, 대법원 2017. 12. 13. 선고 2017도10474 판결 등 참조).

구조물 등에 낙서를 하는 행위가 구조물 등의 효용을 해하는 것인지는, 해당 구조물 등의 용도와 기능, 낙서 행위가 구조물 등의 본래 사용 목적이나 기능에 미치는 영향, 구조물 등의 미관을 해치는 정도, 구조물 등의 이용자들이 느끼는 불쾌감과 저항감, **원상회복의 난이도와 거기에 드는 비용**, 낙서 행위의 목적과 시간적 계속성, 행위 당시의 상황 등 제반 사정을 종합하여 사회통념에 따라 판단하여야 한다(위 대법원 2007도2590 판결, 대법원 2020. 3. 27. 선고 2017도20455 판결 등 참조).

[2] **피고인들이 이 사건 조형물을 본래의 사용 목적에 제공할 수 없는 상태 또는 일시적으로 이용할 수 없는 상태로 만들어 그 효용을 해하였다고 보기 어렵다.**

[4] 유죄로 인정된 나머지 부분과 형법 제37조 전단의 경합범 관계에 있어 하나의 형이 선고되었으므로 결국 원심판결은 전부 파기되어야 한다.

49 ★★★★★ **[선택형 · 사례형] 특수손괴죄 · 타인 소유 재물**

피고인은 피해자 갑이 을로부터 매수한 토지의 경계 부분에 매수 전 자신이 식재하였던 수목 5그루를 전기톱을 이용하여 절단하였다. 검사는 피고인을 형법 제369조 제1항 특수재물손괴죄로 기소하였다. 특수손괴죄에 관한 설명으로 옳은 것은? (다툼이 있는 경우 판례에 의함)

① 민법 제256조에서 부동산에의 부합의 예외사유로 규정한 '권원'은 지상권, 전세권, 임차권 등과 같이 타인의 부동산에 자기의 동산을 부속시켜서 그 부동산을 이용할 수 있는 권리를 뜻한다.

② 타인 소유의 토지에 수목을 식재할 당시 토지의 소유권자로부터 그에 관한 명시적 또는 묵시적 승낙 · 동의 · 허락 등을 받았다면, 이는 민법 제256조에서 부동산에의 부합의 예외사유로 정한 '권원'에 해당한다고 볼 수 있다. 그러므로 해당 수목은 토지에 부합하지 않고 식재한 자에게 그 소유권이 귀속된다.

③ 피고인이 수목을 식재할 당시 토지의 전 소유자 을로부터 명시적 또는 묵시적으로 승낙 · 동의를 받았거나 적어도 토지 중 수목이 식재된 부분에 관하여는 무상으로 사용할 것을 허락받았을 가능성을 배제하기 어렵다. 이는 민법 제256조에서 부동산에의 부합의 예외사유로 정한 '권원'에 해당한다고 볼 수 있어 수목은 토지에 부합하는 것이 아니라 이를 식재한 피고인에게 소유권이 귀속된다.

④ 비록 갑이 토지를 매수할 당시 을로부터 지장물까지 함께 매수하였다는 취지로도 증언하였으나 이를 뒷받침할 만한 증거가 없고, 설령 토지 및 지장물을 함께 매수하였더라도 수목이 식재될 당시부터 토지에 부합하지 않았다면 그 매매목적물에 수목이 당연히 포함된다고 단정할 수도 없다.

해설 및 정답 ①~④ 대법원 2023. 11. 16. 선고 2023도11885 판결 [특수재물손괴][공2024상, 78] **정답** ○

[판시사항] [1] 민법 제256조에서 부동산에의 부합의 예외사유로 규정한 '권원'의 의미 / 타인 소유의 토지에 수목을 식재할 당시 토지 소유권자로부터 그에 관한 명시적 또는 묵시적 승낙 · 동의 · 허락 등을 받은 경우, 수목의 소유권이 귀속되는 자(=수목을 식재한 자)

[2] 피고인은 피해자 갑이 을로부터 매수한 토지의 경계 부분에 매수 전 자신이

식재하였던 수목 5그루를 전기톱을 이용하여 절단하였다고 하여 특수재물손괴의 공소사실로 기소된 사안에서, 제반 사정에 비추어 피고인이 수목을 식재할 당시 토지의 전 소유자 을로부터 명시적 또는 묵시적으로 승낙·동의를 받았거나 적어도 토지 중 수목이 식재된 부분에 관하여는 무상으로 사용할 것을 허락받았을 가능성을 배제하기 어렵고, 이는 민법 제256조에서 부동산에의 부합의 예외사유로 정한 '권원'에 해당한다고 볼 수 있어 수목은 토지에 부합하지 않고 이를 식재한 피고인에게 소유권이 귀속된다는 등의 이유로, 이와 달리 보아 공소사실을 유죄로 인정한 원심판결에 법리오해의 잘못이 있다고 한 사례.

50 ★★★★★ [선택형 · 사례형] 허위공문서작성죄와 허위작성공문서행사

사법경찰관인 피고인이 검사로부터 '피해자들로부터 교통사고경위에 대해 구체적인 진술을 청취하여 운전자 도주 여부에 대해 재수사할 것'을 요청받았다. 그럼에도 재수사 결과서의 재수사 결과란에 피해자들로부터 진술을 청취하지 않고도 진술을 듣고 그 진술내용을 적은 것처럼 기재하고 자신의 독자적인 의견이나 추측에 불과한 것을 마치 피해자들로부터 직접 들은 진술인 것처럼 기재하였다. 검사는 피고인에게 형법 제227조 허위공문서작성죄와 형법 제229조 허위작성공문서행사죄로 기소하였다. 이에 관한 설명 중 옳은 것은? (다툼이 있는 경우 판례에 의함)

① 문서에 관한 죄의 보호법익은 문서의 증명력과 문서에 들어 있는 의사표시의 안정·신용으로, 일정한 법률관계 또는 거래상 중요한 사실에 관한 관계를 표시함으로써 증거가 될 만한 가치가 있는 문서를 대상으로 한다. 그중 공무소 또는 공무원이 직무에 관하여 진실에 반하는 허위 내용의 문서를 작성할 경우 허위공문서작성죄가 성립하고, 이는 공문서에 특별한 증명력과 신용력이 인정되기 때문에 성립의 진정뿐만 아니라 내용의 진실까지 보호하기 위함이다.

② 허위공문서작성죄에서 허위란 표시된 내용과 진실이 부합하지 아니하여 그 문서에 대한 공공의 신용을 위태롭게 하는 경우를 말하고, 허위공문서작성죄는 허위공문서를 작성하면서 그 내용이 허위라는 사실을 인식하면 성립한다.

③ 재수사 결과서의 작성 경위나 구성형태에 비추어 재수사 결과란의 기재는 피고인이 재수사 요청 취지에 따라 피해자들로부터 구체적인 진술을 듣고 진술내용을 적었음을 의미하는데 피고인은 피해자들로부터 진술을 청취하지 않았고, 특히 피고인은 피해자들이 진술한 바 없는 내용으로 자신의 독자적인 의견이나 추측에 불과한 것을 마치 피해자들로부터 직접 들은 진술인 것처럼

기재하였으므로, 피해자들 진술로 기재된 내용 중 일부가 결과적으로 사실과 부합하는지, 재수사 요청을 받은 사법경찰관이 검사에 의하여 지목된 참고인이나 피의자 등에 대한 재조사 여부와 재조사 방식 등에 대해 재량을 가지는지 등과 무관하게 피고인의 행위는 허위공문서작성죄를 구성한다.

④ 피고인이 피해자들의 진술에 신빙성이 부족하다는 이유에서 자신의 판단에 따라 기재하는 내용이 객관적인 사실에 부합할 것이라고 생각하였다 하여 범의를 부정할 수 없다.

해설 및 정답 ①~④ 대법원 2023. 3. 30. 선고 2022도6886 판결 [허위공문서작성 · 허위작성공문서행사] 〈사법경찰관이 재수사 결과서에 허위 내용을 기재한 것이 허위공문서작성죄에 해당하는지 여부가 문제된 사건〉 [공2023상, 793] **정답** ○

[판시사항] [1] 문서에 관한 죄의 보호법익과 대상 / 공무소 또는 공무원이 직무에 관하여 진실에 반하는 허위 내용의 문서를 작성할 경우, 허위공문서작성죄가 성립하는지 여부(적극) / 허위공문서작성죄에서 '허위'의 의미 및 허위에 대한 인식 정도

[2] 사법경찰관인 피고인이 검사로부터 '교통사고 피해자들로부터 사고 경위에 대해 구체적인 진술을 청취하여 운전자 갑의 도주 여부에 대해 재수사할 것'을 요청받고, 재수사 결과서의 '재수사 결과'란에 피해자들로부터 진술을 청취하지 않았음에도 진술을 듣고 그 진술내용을 적은 것처럼 기재함으로써 허위공문서를 작성하였다는 내용으로 기소된 사안에서, 피해자들 진술로 기재된 내용 중 일부가 결과적으로 사실과 부합하는지, 재수사 요청을 받은 사법경찰관이 검사에 의하여 지목된 참고인이나 피의자 등에 대한 재조사 여부와 재조사 방식 등에 대해 재량을 가지는지 등과 무관하게 피고인의 행위는 허위공문서작성죄를 구성하고, 그에 관한 범의도 인정된다고 한 사례.

[참조조문] [1] 형법 제13조, 제227조 [2] 형법 제13조, 제227조, 제229조, 형사소송법 제245조의8

51 ★★★★★ **[선택형 · 사례형] 도주죄 · 법률에 의하여 체포 또는 구금된 자**

선고기일에 법정 구속되어 대기실에 인치된 피고인이 도주한 경우 도주죄 성립 여부가 쟁점이 된 사건이다. 법정 구속되어 구속 피고인 대기실에 있던 피고인이 도주하려고 하였으나 법정 내에서 검거되었다. 검사는 피고인을 형법 제145조 제1항 도주죄로 기소하였다. 도주죄에 관한 설명으로 옳은 것은? (다툼이 있는 경우 판례에 의함)

① 법원이 선고기일에 피고인에 대하여 실형을 선고하면서 구속영장을 발부하는

경우 검사가 법정에 재정하여 법원으로부터 구속영장을 전달받아 집행을 지휘하고, 그에 따라 피고인이 피고인 대기실로 인치되었다면 다른 특별한 사정이 없는 한 피고인은 형법 제145조 제1항의 '법률에 의하여 체포 또는 구금된 자'에 해당한다.

② 형사소송법은 재판의 집행 일반에 관하여 재판의 성질상 법원 또는 법관이 지휘할 경우를 제외하면 재판을 한 법원에 대응한 검찰청 검사가 지휘한다고 정하면서(제460조 제1항), 구속영장(제81조 제1항 본문, 제209조), 체포영장(제81조 제1항 본문, 제200조의6), 압수·수색·검증영장(제115조 제1항 본문, 제219조)의 집행 등에 관하여도 검사의 지휘에 의하여 집행한다고 규정하고 있다. 따라서 검사가 법정에서 법원으로부터 구속영장을 전달받아 교도관 등으로 하여금 피고인을 인치하도록 하였다면 집행절차가 적법하게 개시되었다고 볼 수 있다.

③ 구속영장의 집행을 통하여 최종적으로 피고인에 대한 신병을 인계받아 구금을 담당하는 교도관이 법정에서 곧바로 피고인에 대한 신병을 확보하였다면 구속의 목적이 적법하게 달성된 것으로 볼 수 있다.

④ 구속영장 발부, 구속영장 집행, 구금 등 모든 과정이 공개된 법정 및 법관의 면전에서 이루어졌다면 특별한 사정이 없는 한, 피고인의 방어권이나 절차적 권리 및 신체의 자유가 침해될 만한 위법이 있다고 평가하기 어렵다.

⑤ 법원이 2018. 5. 3. 서울남부지방법원 2017고합383 강간미수 등 사건의 선고기일에 피고인에 대한 구속영장을 발부하였고 당시 법정에 재정하고 있던 검사가 구속영장을 전달받아 적법하게 집행지휘를 한 사실, 그 직후 피고인이 구속 피고인 대기실에 인치되어 교도관이 피고인에 대한 신병을 확보한 사실 등을 알 수 있다. 사정이 이와 같다면 피고인에 대한 구속영장은 적법하게 집행된 것으로 볼 수 있으므로 피고인은 '법률에 의하여 체포 또는 구금된 자'에 해당한다.

해설 및 정답 ①~⑤ 대법원 2023. 12. 28. 선고 2020도12586 판결 [도주미수][공2024상, 319] **정답** ○

[판시사항] 법원이 선고기일에 피고인에 대하여 실형을 선고하면서 구속영장을 발부하는 경우, 검사가 법정에 재정하여 법원으로부터 구속영장을 전달받아 집행

을 지휘하고, 그에 따라 피고인 대기실로 인치된 피고인이 도주죄의 주체인 '법률에 의하여 체포 또는 구금된 자'에 해당하는지 여부(원칙적 적극)

[판결요지] [1] 법원이 선고기일에 피고인에 대하여 실형을 선고하면서 구속영장을 발부하는 경우 검사가 법정에 재정하여 법원으로부터 구속영장을 전달받아 집행을 지휘하고, 그에 따라 피고인이 피고인 대기실로 인치되었다면 다른 특별한 사정이 없는 한 피고인은 형법 제145조 제1항의 '법률에 의하여 체포 또는 구금된 자'에 해당한다.

52 ★★★★★ [선택형 · 사례형] 무고죄 · 객관적 진실에 반하는 허위사실

피고인이 피무고자를 상대로 고소한 내용이 무고에 해당하는지 여부가 문제된 사건이다. '피무고자가 2001. 12.경 논술지도를 빙자하여 당시 고등학교 2학년인 피고인을 강간하여 상해를 입히는 등 그 무렵부터 2017. 8.경까지 피고인을 상습으로 강간하였다. 피고인의 의사에 반하여 피고인의 나체나 성관계 모습을 촬영하였다. 피고인으로부터 거액을 갈취하였다.' 피고인은 위 내용으로 피무고자를 허위 고소하였다. 검사는 피고인을 형법 제156조 무고죄로 기소하였다. 무고죄에 관한 설명으로 옳은 것은? (다툼이 있는 경우 판례에 의함)

① 무고죄는 타인으로 하여금 형사처분이나 징계처분을 받게 할 목적으로 신고한 사실이 객관적인 진실에 반하는 허위사실인 경우에 성립하는 범죄이다. 그러므로 신고한 사실이 객관적 진실에 반하는 허위사실이라는 요건은 적극적 증명이 있어야 한다. 신고사실의 진실성을 인정할 수 없다는 소극적 증명만으로 곧 그 신고사실이 객관적 진실에 반하는 허위의 사실이라 단정하여 무고죄의 성립을 인정할 수는 없다.

② 신고내용 중 일부 객관적 진실에 반하는 내용이 포함되어 있다고 하더라도 그것이 범죄의 성부에 영향을 미치는 중요한 부분이 아니고 단지 신고사실의 정황을 과장하는 데 불과하다면 무고죄는 성립하지 않는다.

③ 객관적 사실관계를 그대로 신고한 이상 그러한 사실관계를 토대로 한 나름대로의 주관적 법률평가를 잘못하고 이를 신고하였다고 하여 그 사실만 가지고 허위의 사실을 신고한 것에 해당한다고 할 수는 없다.

④ 피해자임을 주장하는 사람이 성폭행 등의 피해를 입었다고 신고한 사실에 대하여 증거불충분 등을 이유로 불기소처분되거나 무죄판결이 선고된 경우, 반대로 이러한 신고내용이 객관적 사실에 반하여 무고죄가 성립하는지를 판단

할 때에도 마찬가지로 고려되어야 한다.

⑤ 피고인과 피무고자 사이에 애초에 형성된 관계, 피고인이 피무고자와 최초에 성관계를 가지게 된 경위와 내용, 이후 피무고자와 사이에 유지된 관계의 내용, 피고인이 피무고자와 헤어지기로 한 다음 피고인의 사진이나 동영상 유출과 같은 협박 등 피무고자가 보인 태도, 피고인이 피무고자 사이에서 오랜 기간 처해있었던 특별한 사정과 이에 대한 피고인의 구체적이고 일관된 진술 등에 비추어 볼 때, 피고인의 고소사실이 객관적 진실에 반하는 허위사실이라는 점에 대한 적극적 증명이 이루어졌다고 보기 어렵다.

⑥ 피고인이 작성한 일기, 이메일이나 피무고자 사이에 주고받은 문자메시지, 촬영된 사진이나 동영상 등을 근거로, 피고인과 피무고자가 연인관계이고 피고인과 피무고자의 성관계 등은 모두 합의에 의한 것이면 무고죄가 성립한다.

해설 및 정답 ①~⑤ 대법원 2024. 5. 30. 선고 2021도2656 판결 [무고] (사) 파기환송 〈피고인이 피무고자를 상대로 고소한 내용이 무고에 해당하는지 여부가 문제된 사건〉 **정답** ○, ⑥ ×

[판시사항] [1] 무고죄의 성립요건 / 신고사실의 진실성을 인정할 수 없다는 소극적 증명만으로 그 신고사실을 허위의 사실이라 단정하여 무고죄의 성립을 인정할 수 있는지 여부(소극) / 신고내용 중 일부 객관적 진실에 반하는 내용이 포함되어 있으나 단지 신고사실의 정황을 과장하는 데 불과한 경우, 무고죄가 성립하는지 여부(소극) / 객관적 사실관계를 그대로 신고하였으나 그러한 사실관계를 토대로 한 나름대로의 주관적 법률평가를 잘못하고 이를 신고한 경우, 그 사실만 가지고 허위의 사실을 신고한 것에 해당하는지 여부(소극)

[2] 성폭행 등의 피해자가 하는 진술의 증명력을 판단할 때 고려할 사항 / 피해자임을 주장하는 사람이 성폭행 등의 피해를 입었다고 신고한 사실에 대하여 증거불충분 등을 이유로 불기소처분되거나 무죄판결이 선고된 경우, 반대로 이러한 신고내용이 객관적 사실에 반하여 무고죄가 성립하는지를 판단할 때 고려할 사항

[판결요지] [1] 무고죄는 타인으로 하여금 형사처분이나 징계처분을 받게 할 목적으로 신고한 사실이 **객관적인 진실에 반하는 허위사실**인 경우에 성립하는 범죄이다. 그러므로 신고한 사실이 객관적 진실에 반하는 허위사실이라는 요건은 **적극적 증명**이 있어야 하고 신고사실의 진실성을 인정할 수 없다는 소극적 증명만으로 곧 그 신고사실이 객관적 진실에 반하는 허위의 사실이라 단정하여 무고죄의 성립을 인정할 수는 없다(대법원 1984. 1. 24. 선고 83도1401 판결 등 참조).

· 무고죄(=객관적인 진실에 반하는 허위사실 ⇒ 적극적 증명)

신고내용 중 일부 객관적 진실에 반하는 내용이 포함되어 있다고 하더라도 그것이

범죄의 성부에 영향을 미치는 중요한 부분이 아니고 단지 **신고사실의 정황을 과장**하는 데 불과하다면 무고죄는 성립하지 않는다. **·무고죄 불성립(=신고사실 정황을 과장)** 또한 객관적 사실관계를 그대로 신고한 이상 그러한 사실관계를 토대로 한 나름대로의 **주관적 법률평가를 잘못**하고 이를 신고하였다고 하여 그 사실만 가지고 **허위의 사실을 신고한 것에 해당한다고 할 수는 없다**(대법원 2015. 10. 15. 선고 2014도13516 판결, 대법원 2020. 8. 27. 선고 2020도1842 판결 등 참조). **·무고죄 불성립(=주관적 법률평가를 잘못하여 신고함⇒허위사실 신고에 해당하지 않음)**

[2] 성폭행이나 성희롱 사건의 피해자가 피해사실을 알리고 문제를 삼는 과정에서 오히려 피해자가 부정적인 여론이나 불이익한 처우 및 신분 노출의 피해 등을 입기도 하여 온 점 등에 비추어 보면, **성폭행 피해자의 대처 양상**은 피해자의 성정이나 가해자와의 관계 및 구체적인 상황에 따라 다르게 나타날 수밖에 없다. **·성폭행 피해자 대처 양상(=가해자와 관계 및 구체적인 상황에 따라 다르게 나타남)**

따라서 개별적, 구체적인 사건에서 성폭행 등의 피해자가 처하여 있는 특별한 사정을 충분히 고려하지 않은 채 피해자 진술의 증명력을 가볍게 배척하는 것은 정의와 형평의 이념에 입각하여 논리와 경험의 법칙에 따른 증거판단이라고 볼 수 없다(대법원 2018. 4. 12. 선고 2017두74702 판결, 대법원 2018. 10. 25. 선고 2018도7709 판결 등 참조). **·성폭행 피해자 특별 상황 고려(=피해자 진술의 증명력 판단 신중성)**

위와 같은 법리는, 피해자임을 주장하는 사람이 성폭행 등의 피해를 입었다고 신고한 사실에 대하여 증거불충분 등을 이유로 불기소처분되거나 무죄판결이 선고된 경우 반대로 이러한 **신고내용이 객관적 사실에 반하여 무고죄가 성립하는지를 판단할 때에도 마찬가지로 고려**되어야 한다. **·성폭행 피해자 대처 양상(=신고내용이 객관적 사실에 반하여 무고죄 성립 판단에서도 마찬가지로 고려함)**

따라서 개별적, 구체적인 사건에서 피해자임을 주장하는 사람이 처하였던 특별한 사정을 충분히 고려하지 아니한 채 진정한 피해자라면 마땅히 이렇게 하였을 것이라는 기준을 내세워 성폭행 등의 피해를 입었다는 점 및 신고에 이르게 된 경위 등에 관한 변소를 쉽게 배척하여서는 아니 된다(대법원 2019. 7. 11. 선고 2018도2614 판결 등 참조).

53 ★★★★★ [선택형·사례형] 무고죄·형사처분 또는 징계처분을 받게 할 목적으로 허위의 사실을 신고한 행위

피고인이 피무고자로 하여금 형사처벌을 받게 할 목적으로 '피고인이 피무고자의 왼손에 상처를 입히는 등 물리력을 행사한 적이 없음에도, 피무고자는 피고인으로 하여금 징계처분을 받게 할 목적으로 허위 자료를 첨부하여 경찰인재개발원에 신고를 함으로써 피고인을 무고하였다.'라는 내용의 허위의 사실을 신고함으로써 무고죄를 범하였다고 기소된 사안이다. 이에 관한 설명 중 옳은 것은? (다툼이 있는 경우 판례에 의함)

① 타인으로 하여금 형사처분 또는 징계처분을 받게 할 목적으로 허위의 사실을 신고한 행위가 무고죄를 구성하기 위하여는 '신고된 사실' 자체가 형사처분 또는 징계처분의 원인이 될 수 있어야 한다. 만약 허위의 사실을 신고하였다 하더라도 그 사실 자체가 형사범죄 또는 징계사유로 구성되지 아니한다면 무고죄는 성립하지 아니한다. 여기서 '징계처분'이란 공법상의 감독관계에서 질서유지를 위하여 과하는 신분적 제재를 말한다.

② 사립학교 교원에 대한 학교법인 등의 징계처분에 대하여 무고죄의 성립을 부정한다. 따라서 가령 허위의 사실을 신고하였다고 하더라도 신고된 사실이 사법적 법률행위의 성격을 가진 징계처분의 원인에 불과하다면, 그 사실 자체는 무고죄의 성립에 있어서 징계사유로 구성되지 아니하므로 무고죄는 성립하지 아니한다.

③ **경찰인재개발원에 소속된 무기계약근로자에 대한 인사권의 행사로서 이루어지는 징계는 공법상 감독관계에서 질서유지를 위한 신분적 제재가 아닌 사법적 법률행위의 성격을 가지므로 위 징계처분은 형법 제156조의 징계처분에 포함될 수 없다.**

④ **'피무고자가 피고인을 징계해 달라며 경찰인재개발원에 허위의 사실을 신고하였다.'는 내용으로 피고인이 신고한 사실은 그 자체로 피무고자에게 무고죄를 구성하지 않는다. 비록 신고한 사실 자체가 허위라고 하더라도 피고인에게 무고죄가 성립하지 않는다.**

해설 및 정답 ①~④ 대법원 2025. 5. 15. 선고 2025도1084 판결 [무고등] (사) 상고기각 〈무고죄에서 '신고된 사실' 자체가 형사처분의 원인이 될 수 있는지가 문제된 사건〉

정답 ○

[판시사항] 신고자가 허위의 사실을 신고하였더라도 신고된 사실이 사법적 법률행위의 성격을 가진 징계처분의 원인에 불과한 경우, 무고죄가 성립하는지 여부(소극)

[판결요지] 타인으로 하여금 형사처분 또는 징계처분을 받게 할 목적으로 허위의 사실을 신고한 행위가 무고죄를 구성하기 위하여는 '신고된 사실' 자체가 형사처분 또는 징계처분의 원인이 될 수 있어야 한다. 만약 허위의 사실을 신고하였다 하더라도 그 사실 자체가 형사범죄 또는 징계사유로 구성되지 아니한다면 무고죄는 성립하지 아니한다(대법원 1992.10. 13. 선고 92도1799 판결, 2002. 11. 8. 선고 2002도3738 판결 등 참조). 여기서 '징계처분'이란 공법상의 감독관계에서 질서유

지를 위하여 과하는 신분적 제재를 말한다(사립학교 교원에 대한 학교법인 등의 징계처분에 대하여 무고죄의 성립을 부정한 대법원 2014. 7. 24. 선고 2014도6377 판결 등 참고). 따라서 가령 허위의 사실을 신고하였다고 하더라도 신고된 사실이 사법적 법률행위의 성격을 가진 징계처분의 원인에 불과하다면, 그 사실 자체는 무고죄의 성립에 있어서 징계사유로 구성되지 아니하므로 무고죄는 성립하지 아니한다. **· 무고죄 불성립(=신고된 사실이 사법적 법률행위 성격).**

☞ 형사처분 또는 징계처분을 받게 할 목적(=초관 주관적 구성요건 요소)

54 ★★★★★ **[선택형 · 사례형] 공무상비밀누설죄 · 법령에 의한 직무상 비밀**

경찰관인 피고인이 경찰서 청문감사관으로 재직하던 중 피고인의 아들에 대한 사기 사건이 해당 경찰서로 이송되자 직원으로부터 사건 기록을 건네받아 검사의 수사지휘서 등을 확인한 다음 아들에게 '구속 이야기가 없어 구속될 일은 없을 것이다. 걱정하지 말라'는 취지로 이야기하여 형법 제127조 공무상비밀누설 등으로 기소되었다. 공무상비밀누설에 관한 설명 중 옳은 것은? (다툼이 있는 경우 판례에 의함)

① 형법 제127조는 공무원 또는 공무원이었던 자가 법령에 의한 직무상 비밀을 누설하는 행위를 구성요건으로 하고 있다. 여기에서 '법령에 의한 직무상 비밀'이란 법령에 의하여 비밀로 규정되었거나 비밀로 분류 명시된 사항에 한정되지 않고 정치 · 군사 · 외교 · 경제 · 사회적 필요에 따라 비밀로 된 사항은 물론 정부나 공무소 또는 국민이 객관적 · 일반적인 입장에서 외부에 알려지지 않는 것에 상당한 이익이 있는 사항도 포함하지만, 실질적으로 그것을 비밀로서 보호할 가치가 있다고 인정할 수 있어야 한다.

② 공무상비밀누설죄는 비밀 그 자체를 보호하는 것이 아니라 공무원의 비밀엄수의무 침해에 의하여 위험하게 되는 이익, 즉 비밀 누설에 의하여 위협받는 국가의 기능을 보호하기 위한 것이다.

③ 검사가 수사의 대상, 방법 등에 관하여 사법경찰관리에게 지휘한 내용을 기재한 수사지휘서는 당시까지 진행된 수사의 내용뿐만 아니라 향후 수사의 진행방향까지 가늠할 수 있게 하는 수사기관의 내부문서이다. 수사기관이 특정 사건에 대하여 내사 또는 수사를 진행하고 있는 상태에서, 현재 수사기관이 어떤 자료를 확보하였고 해당 사건이나 피의자의 죄책, 신병처리에 관하여 어떤 의견을 가지고 있는지 등의 정보를 알 수 있는 수사지휘서의 내용이 외부에

알려질 경우 수사기관의 증거 수집 등 범죄수사 기능에 장애가 생길 위험이 있고, 그 내용이 누설된 경로에 따라서는 사건관계인과의 유착 의혹 등으로 수사의 공정성과 신뢰성이 훼손됨으로써 수사의 궁극적인 목적인 적정한 형벌권 실현에 지장이 생길 우려도 있다. 그러므로 수사지휘서의 기재 내용과 이에 관계된 수사상황은 해당 사건에 대한 종국적인 결정을 하기 전까지 외부에 누설되어서는 안 될 수사기관 내부의 비밀에 해당한다.

④ **검사의 수사지휘서에 피고인의 신병처리에 관한 내용이 없으므로 피고인이 수사지휘서의 기재 내용이나 이에 관계된 수사상황을 누설하였다고 볼 수 없다.**

⑤ **'검사가 신병처리에 관하여는 수사지휘를 하지 않았다는 사실'은 수사지휘서의 내용과 무관하다고 할 수 없고, 이러한 수사지휘서의 내용이 외부에 알려질 경우 수사기관의 범죄수사 기능에 장애를 초래할 위험이 있으며, 피고인의 행위는 그 자체로 수사의 공정성과 신뢰성을 훼손함으로써 적정한 형벌권 실현에 지장이 생길 우려가 있다는 등의 이유로 공무상비밀누설죄가 성립된다.**

해설 및 정답 ①~③, ⑤ 대법원 2025. 6. 26. 선고 2024도8067 판결 [직권남용권리행사방해등] (다) 파기환송 〈공무상비밀누설죄에서 법령에 의한 직무상 비밀에 해당하는지 문제된 사건〉 **정답** ○, ④ ×

[판시사항] 공무상비밀누설죄에서 '법령에 의한 직무상 비밀'의 의미와 범위 / 검사가 수사의 대상, 방법 등에 관하여 사법경찰관리에게 지휘한 내용을 기재한 수사지휘서의 기재 내용이 수사기관 내부의 비밀에 해당하는지 여부(적극)

[판결요지] 검사가 수사의 대상, 방법 등에 관하여 사법경찰관리에게 지휘한 내용을 기재한 수사지휘서는 당시까지 진행된 수사의 내용뿐만 아니라 향후 수사의 진행방향까지 가늠할 수 있게 하는 수사기관의 내부문서이다. 수사기관이 특정 사건에 대하여 내사 또는 수사를 진행하고 있는 상태에서, 현재 수사기관이 어떤 자료를 확보하였고 해당 사건이나 피의자의 죄책, 신병처리에 관하여 어떤 의견을 가지고 있는지 등의 정보를 알 수 있는 수사지휘서의 내용이 외부에 알려질 경우 수사기관의 증거 수집 등 범죄수사 기능에 장애가 생길 위험이 있고, 그 내용이 누설된 경로에 따라서는 사건관계인과의 유착 의혹 등으로 수사의 공정성과 신뢰성이 훼손됨으로써 수사의 궁극적인 목적인 적정한 형벌권 실현에 지장이 생길 우려도 있다. 그러므로 수사지휘서의 기재 내용과 이에 관계된 수사상황은 해당 사건에 대한 종국적인 결정을 하기 전까지 외부에 누설되어서는 안 될 수사기관 내부의 비밀에 해당한다(대법원 2007. 6. 14. 선고 2004도5561 판결, 대법원 2018. 2. 13. 선고2014도11441 판결 등 참조).

3 특별 형법

55 ★★★★★ [선택형 · 사례형] 도로교통법 · 교통사고처리 특례법

피고인은 백색실선을 침범하여 1차로에서 2차로로 진로를 변경한 업무상 과실로, 2차로를 따라 진행하던 개인택시가 추돌을 피하기 위해 갑자기 정지하였다. 이로 인하여 택시 승객인 피해자가 약 2주간의 치료가 필요한 상해를 입었다. 검사는 교통사고처리법 제3조 제2항 단서 제1회 위반(치상)죄로 기소하였다. 이에 관한 설명 중 옳은 것은? (다툼이 있는 경우 판례에 의함)

① 진로변경을 금지하는 안전표지인 백색실선은 교통사고처리 특례법 제3조 제2항 단서 제1호에서 정하고 있는 '통행금지를 내용으로 하는 안전표지'에 해당하지 않으므로, 이를 침범하여 교통사고를 일으킨 운전자에 대하여는 교통사고처리법 제3조 제2항 본문의 반의사불벌죄 규정 및 제4조 제1항의 종합보험 가입특례 규정이 적용된다고 보아야 한다.

② 백색실선을 단서 제1호에서 규정하는 '통행금지를 내용으로 하는 안전표지'로 볼 경우, 전용차로제가 시행되는 시간대는 물론 전용차로제가 시행되지 않는 시간대에도 일반 차량의 운전자가 청색실선을 넘어 진로를 변경하는 과정에서 교통사고가 발생하면 처벌특례의 적용을 받을 수 없는 문제가 있다.

③ 이와 달리 도로교통법 제14조 제5항에 따라 통행하고 있는 차의 진로변경을 금지하는 안전표지인 백색실선이 단서 제1호에서 규정하는 '통행금지를 내용으로 하는 안전표지'에 해당한다고 판단한 대법원 2004. 4. 28. 선고 2004도1196 판결 등은 이 판결의 견해에 배치되는 범위 내에서 변경하기로 한다.

해설 및 정답 ①~③ 대법원 2024. 6. 20. 선고 2022도12175 전원합의체 판결 [교통사고처리특례법위반(치상)] 〈백색실선 침범이 교통사고처리 특례법 제3조 제2항 단서 제1호의 처벌특례 배제사유인 '통행금지를 내용으로 하는 안전표지 위반'에 해당하는지 여부가 문제된 사건〉 [공2024하, 1147] **정답** ○

[판시사항] 진로변경을 금지하는 안전표지인 백색실선이 교통사고처리 특례법 제3조 제2항 단서 제1호에서 정하고 있는 '통행금지를 내용으로 하는 안전표지'에 해당하여 이를 침범하여 교통사고를 일으킨 운전자에 대하여 위 조항 본문의 반의사불벌죄 규정 및 제4조 제1항의 종합보험 가입특례 규정의 적용이 배제되는지 여부(소극)

[판결요지] 진로변경을 금지하는 안전표지인 백색실선은 교통사고처리 특례법(이하 '교통사고처리법'이라 한다) 제3조 제2항 단서 제1호(이하 '단서 제1호'라 한

다)에서 정하고 있는 '통행금지를 내용으로 하는 안전표지'에 해당하지 않으므로, 이를 침범하여 교통사고를 일으킨 운전자에 대하여는 교통사고처리법 제3조 제2항 본문의 반의사불벌죄 규정 및 제4조 제1항의 종합보험 가입특례 규정(이하 위 각 규정을 합하여 '처벌특례'라 한다)이 적용된다고 보아야 한다. 구체적인 이유는 다음과 같다.

① 단서 제1호는 '안전표지' 위반의 경우 '통행금지 또는 일시정지'를 내용으로 하는 안전표지를 위반하는 경우로 그 적용 범위를 한정하고 있다. 그런데 도로교통법 시행규칙 제8조 제2항 [별표 6] Ⅱ. 개별기준 제5호 중 일련번호 506(진로변경제한선 표시)에 따르면 백색실선은 교차로 또는 횡단보도 등 차의 진로변경을 금지하는 도로구간에 설치하여 통행하고 있는 차의 진로변경을 제한하는 것을 표시하는 안전표지이다.

② 도로교통법 제6조 제1항은 '도로에서의 위험을 방지하고 교통의 안전과 원활한 소통을 확보하기 위하여 필요하다고 인정한 때'에는 '구간을 정하여 통행을 금지하거나 제한'할 수 있도록 규정하는 한편, 통행금지 또는 제한을 위반한 행위를 같은 법 제156조 제2호에 따라 처벌하고 있다. 반면 도로교통법 제14조 제5항 본문은 '안전표지가 설치되어 특별히 진로변경이 금지된 곳에서는 차마의 진로를 변경하여서는 아니 된다.'고 규정하는 한편, 진로변경금지나 제한을 위반한 행위를 같은 법 제156조 제1호에 따라 처벌하고 있다. 도로교통법 제156조가 제1호와 제2호의 위반 행위에 대하여 동일한 형을 정하고 있기는 하나, 도로교통법은 통행금지와 진로변경금지를 구분하여 규율하면서 처벌 체계를 달리하고 있으므로, 통행금지와 진로변경금지에 관하여 서로 다른 금지규범을 규정한 것으로 보아야 한다. 따라서 진로변경금지 위반을 통행금지 위반으로 보아 단서 제1호에 해당한다고 보는 것은 문언의 객관적인 의미를 벗어나 피고인에게 불리한 해석을 하는 것이다.

③ 단서 제1호가 규율하는 것은 크게 신호위반, 통행금지를 내용으로 하는 안전표지 지시위반, 일시정지를 내용으로 하는 안전표지 지시위반의 세 가지이다. 진로변경제한선과 같이 해당 표지에 위반하여 진로를 변경하는 것 자체는 금지되어 있으나, 진로를 변경한 이후 해당 방향으로의 계속 진행이 가능한 경우 그 위반행위를 '통행방법제한'을 위반한 것으로 볼 수는 있어도, 법문언에서 말하는 '통행금지위반'으로 볼 수는 없다.

④ 교통사고처리법 제정 당시부터 현재까지 단서 제1호의 문언은 거의 변동이 없다. 그런데 교통사고처리법 제정 당시 시행되고 있던 구 도로교통법 시행규칙(1982. 6. 21. 내무부령 제376호로 개정되기 전의 것)은 노면표시의 하나로 진로변경제한선을 규정하고 있지 않았다. 그렇다면 입법자는 교통사고처리법을 제정하면서 진로변경을 금지하는 백색실선을 단서 제1호의 '통행금지를 내용으로 하는 안전표지'로 고려하지 않았다고 보는 것이 합리적이다.

⑤ 진로변경을 금지하는 안전표지인 백색실선이 설치된 교량이나 터널에서 백색실선을 넘어 앞지르기를 하는 경우에는 별도의 처벌특례 배제사유가 규정되어 있

으므로(교통사고처리법 제3조 제2항 단서 제4호), 백색실선을 '통행금지를 내용으로 하는 안전표지'로 보지 않는다고 하여 중대 교통사고의 발생 위험이 크게 증가한다고 보기는 어렵다.
⑥ 청색실선으로 전용차로가 구분되어 있는 경우, 전용차로 표시에 관한 도로교통법 시행규칙 제8조 제2항 [별표 6] Ⅱ. 개별기준 제5호 중 일련번호 504에 따르면, 전용차로제가 시행되지 않는 시간대에는 전용차로와 일반차로를 구분하는 청색실선을 위 제5호 중 일련번호 503의 차선표시로 보게 되므로 이 시간대에는 백색실선과 동일한 의미를 가진다. 그런데 백색실선을 단서 제1호에서 규정하는 '통행금지를 내용으로 하는 안전표지'로 볼 경우, 전용차로제가 시행되는 시간대는 물론 전용차로제가 시행되지 않는 시간대에도 일반 차량의 운전자가 청색실선을 넘어 진로를 변경하는 과정에서 교통사고가 발생하면 처벌특례의 적용을 받을 수 없는 문제가 있다.
[참조조문] 교통사고처리 특례법 제3조 제2항, 제4조 제1항, 도로교통법 제6조 제1항, 제14조 제5항, 제156조 제1호, 제2호, 도로교통법 시행규칙 제8조 제2항 [별표 6]

56 ★★★★★ [선택형 · 사례형] 도로교통법 제44조 음주운전죄

피고인이 화물차를 운전하다가 사고를 낸 후 현장을 이탈하여 소주 1병을 마셨다. 이후 이루어진 음주측정에서 혈중알코올농도가 0.169%로 측정되었다. 그런데 약 두 달 후 경찰이 피고인에게 정상적인 상태에서 소주 1병을 마시도록 한 뒤 음주측정을 실시하여 혈중알코올농도가 0.115%로 측정되었다. 피고인이 0.054%의 술에 취한 상태로 화물차를 운전하였다. 검사는 피고인을 도로교통법 제44조 음주운전죄로 기소하였다. 이에 관한 설명 중 옳은 것은? (다툼이 있는 경우 판례에 의함)

① 음주하고 운전한 직후에 운전자의 혈액이나 호흡 등 표본을 검사하여 혈중알코올농도를 측정할 수 있는 경우가 아니라면 이른바 위드마크(Widmark) 공식을 사용하여 수학적 방법에 따른 계산결과로 운전 당시의 혈중알코올농도를 추정할 수 있다.

② 운전 시부터 일정한 시간이 경과한 후에 음주측정기 또는 혈액채취 등에 의하여 측정한 혈중알코올농도는 운전 시가 아닌 측정 시의 수치에 지나지 아니하므로 운전 시의 혈중알코올농도를 구하기 위하여는 여기에 운전 시부터 측정 시까지의 알코올분해량을 더하는 방식이 사용된다.

③ 일반적으로 범죄구성요건 사실의 존부를 알아내기 위하여 위와 같은 과학공

식 등의 경험칙을 이용하는 경우에는 그 법칙 적용의 전제가 되는 개별적이고 구체적인 사실에 관하여 엄격한 증명을 요한다고 할 것이다.

④ 시간의 경과에 의한 알코올의 분해소멸에 관해서는 평소의 음주정도, 체질, 음주속도, 음주 후 신체활동의 정도 등이 시간당 알코올분해량에 영향을 미칠 수 있으므로, 특별한 사정이 없는 한 해당 운전자의 시간당 알코올분해량이 평균인과 같다고 쉽게 단정할 것이 아니라 증거에 의하여 명확히 밝혀야 하고, 증명을 위하여 필요하다면 전문적인 학식이나 경험이 있는 사람들의 도움 등을 받아야 하며, 만일 공식을 적용할 때 불확실한 점이 남아 있고 그것이 피고인에게 불이익하게 작용한다면 그 계산결과는 합리적인 의심을 품게 하지 않을 정도의 증명력이 있다고 할 수 없다.

⑤ 그러나 시간당 알코올분해량에 관하여 알려져 있는 신빙성 있는 통계자료 중 피고인에게 가장 유리한 것을 대입하여 위드마크 공식을 적용하여 운전 시의 혈중알코올농도를 계산하는 것은 피고인에게 실질적인 불이익을 줄 우려가 없으므로 그 계산결과는 유죄의 인정자료로 사용할 수 있다고 하여야 한다.

해설 및 정답 ①~⑤ 대법원 2023. 12. 28. 선고 2020도6417 판결 [도로교통법위반(음주운전)][공2024상, 316] **정답** ○

[판시사항] 위드마크(Widmark) 공식을 적용하여 수학적 방법에 따른 계산결과로 운전 당시의 혈중알코올농도를 추정할 때 사용되는 방식 및 이때 그 적용의 전제가 되는 개별적이고 구체적인 사실에 관하여 엄격한 증명을 요하는지 여부(적극) / 해당 운전자의 시간당 알코올분해량을 계산할 때 고려할 사항 / 시간당 알코올분해량에 관하여 알려져 있는 신빙성 있는 통계자료 중 피고인에게 가장 유리한 것을 대입하여 위드마크 공식을 적용하여 운전 당시의 혈중알코올농도를 추정한 계산결과를 유죄의 인정자료로 사용할 수 있는지 여부(적극)

57 [선택형 · 사례형] 업무상과실치상죄 · 교통사고처리법 특례 규정

건설기계 운전자인 피고인이 작업수행 과정에서 후방주시의무 등을 게을리한 채 건설기계를 이동시키던 중 피해자를 들이받아 피해자가 상해를 입자 업무상과실치상으로 기소된 사안이다. 이에 관한 설명 중 옳은 것은? (다툼이 있는 경우 판례에 의함)

① 교통사고처리법의 '차의 교통'은 차량을 운전하는 행위 및 그와 동일하게 평

가할 수 있을 정도로 밀접하게 관련된 행위를 말하고, 차량을 운전하는 행위 등에 해당하는 이상 그 목적, 동기, 경위, 장소 등을 불문한다.

② 건설기계 운전자가 건설기계의 이동을 위해서 건설기계를 운전하는 행위 또는 그와 동일하게 평가할 수 있을 정도로 밀접하게 관련된 행위로 업무상과실치상 또는 중과실치상 등의 죄를 범하였다면, 여기에는 교통사고처리법 제3조 제2항 본문, 제4조 제1항 본문의 특례 규정이 적용된다. 건설기계의 이동을 위한 운전행위 등이 작업수행 과정에서 이루어졌거나 작업수행에 수반하여 이루어진 경우라도 마찬가지이다.

③ 피고인이 '차'인 굴착기를 운전하여 후진하다가 피해자에게 상해를 입게 한 것인 이상 교통사고처리법 제4조 제1항 본문의 특례 규정이 적용된다. 법원은 공소기각판결을 선고한다.

해설 및 정답 ①~③ 대법원 2025. 3. 13. 선고 2024도15542 판결 [업무상과실치상] (가) 상고기각 〈작업수행에 수반하여 건설기계를 이동시키던 중 피해자가 상해를 입은 사건〉 **정답** ○

[판시사항] 건설기계 운전자가 건설기계를 운전하는 등의 행위로 업무상과실치상 등의 죄를 범한 경우 「교통사고처리 특례법」(이하 '교통사고처리법') 제3조 제2항 본문, 제4조 제1항 본문의 특례 규정이 적용되는지 여부(적극)

58 [선택형 · 사례형] 폭력행위처벌법 제2조 제2항 제1호 공동폭행죄

고등학생인 피고인 A, B, C가 피해자를 아파트 놀이터로 불러내어 그중 A가 피해자를 폭행하였다. B는 이를 휴대전화로 촬영하였다. C는 옆에서 싸움 과정을 지켜보았다. 피고인 3은 '싸워서라도 돈을 받아내라', 피고인 2는 '무조건 고개를 낮추고 싸워', '영상으로 찍을 거니까 너가 이겨야 돼'라는 등의 말을 피고인 1에게 하였고, 범행 당일 피고인들 모두 피해자와의 싸움 현장에 나가 피고인 1이 직접 피해자를 폭행하자, 피고인 2는 그 모습을 휴대전화기로 촬영하고, 피고인 3은 이를 옆에서 지켜보았다. 검사는 피고인 A, B, C를 폭력행위처벌법 제2조 제2항 제1호 위반(공동폭행)죄로 기소하였다. 폭력행위처벌법 제2조 제2항 제1호 공동폭행죄에 관한 설명 중 옳지 않는 것은? (다툼이 있는 경우 판례에 의함)

① 폭력행위 등 처벌에 관한 법률 제2조 제2항 제1호의 '2명 이상이 공동하여 폭행의 죄를 범한 때'란 수인 사이에 공범관계가 존재하고, 수인이 동일 장소

에서 동일 기회에 상호 다른 자의 범행을 인식하고 이를 이용하여 폭행의 범행을 한 경우임을 요한다.

② 폭행 실행범과의 공모사실이 인정되더라도 그와 공동하여 범행에 가담하였거나 범행장소에 있었다고 인정되지 아니하는 경우에는 공동하여 죄를 범한 때에 해당하지 않고, 여러 사람이 공동하여 범행을 공모하였다면 그중 2인 이상이 범행장소에서 실제 범죄의 실행에 이르렀어야 나머지 공모자에게도 공모공동정범이 성립할 수 있을 뿐이다.

③ 피고인들 상호 간에 공동으로 피해자를 폭행하자는 공동가공의 의사로 공범관계의 성립에 이르렀다고 볼 수 없을 뿐만 아니라, 피고인 3, 피고인 2는 이 사건 현장에서 피고인 1의 폭행을 인식하고 이를 이용하여 피해자의 신체에 대한 유형력을 행사하는 폭행의 실행행위에 가담한 것이 아니라 단지 피고인 1이 피해자를 폭행하는 모습을 지켜보거나 이를 동영상으로 촬영하였다는 것에 불과하다. 따라서 피고인 1의 단독범행에 의한 폭행과 피고인 3, 피고인 2의 폭행 교사 또는 방조로 인한 죄책 유무는 별론으로 하고, 피고인들에게 2명 이상이 공동하여 피해자를 폭행한 경우 성립하는 폭력행위처벌법 위반(공동폭행)죄의 죄책을 물을 수는 없다.

해설 및 정답 ①~③ 대법원 2023. 8. 31. 선고 2023도6355 판결 [폭력행위등처벌에관한법률위반(공동폭행) · 정보통신망이용촉진및정보보호등에관한법률위반(명예훼손) · 공갈미수] 〈피고인들 중 1인이 피해자를 폭행하고 나머지는 이를 휴대전화로 촬영하거나 지켜본 것이 공동폭행에 해당하는지 문제된 사건〉 [공2023하, 1782] ★★★★

정답 ○

[판시사항] 폭력행위 등 처벌에 관한 법률 제2조 제2항 제1호의 '2명 이상이 공동하여 폭행의 죄를 범한 때'의 의미 / 폭행 실행범과 공모한 사실은 인정되나 그와 공동하여 범행에 가담하였거나 범행장소에 있었다고 인정되지 않는 경우, 위 조항의 '공동하여 죄를 범한 때'에 해당하는지 여부(소극) 및 여러 사람이 공동하여 범행을 공모한 경우, 공모자에게도 공모공동정범이 성립하기 위해서는 그 중 2인 이상이 범행장소에서 실제 범죄의 실행에 이르러야 하는지 여부(적극)

59 ★★★★ [선택형 · 사례형] 성폭력처벌법 제5조 제2항(친족관계 강제추행)

피고인이 4촌 친족인 피해자를 침대에 쓰러뜨려 반항하지 못하게 한 후 피해자의 가슴을 만지는 등 강제로 추행하였다. 폭행 · 협박 선행형의 강제추행죄에서 '폭행 또는 협박'의 의미가 쟁점이 된 사건이다. · 요약

피고인은 2014. 8. 15. 19:23경 피고인의 주거지 방안에서 4촌 친족관계인 피해자(여, 15세)에게 "내 것 좀 만져줄 수 있느냐?"며 피해자의 왼손을 잡아 피고인의 성기 쪽으로 끌어당겼으나 피해자가 이를 거부하며 일어나 집에 가겠다고 하자, "한 번만 안아줄 수 있느냐?"며 피해자를 양팔로 끌어안은 다음 피해자를 침대에 쓰러뜨려 피해자 위에 올라타 반항하지 못하게 한 후, 피해자에게 "가슴을 만져도 되느냐?"며 피고인의 오른손을 피해자의 상의 티셔츠 속으로 집어넣어 속옷을 걷어 올려 왼쪽 가슴을 약 30초 동안 만지고 피해자를 끌어안고 자세를 바꾸어 피해자가 피고인의 몸에 수차례 닿게 하였으며, "이러면 안 된다. 이러면 큰일 난다."며 팔을 풀어 줄 것을 요구하고 방문을 나가려는 피해자를 뒤따라가 약 1분 동안 끌어안아 피해자를 강제로 추행하였다. 검사는 피고인을 성폭력범죄의 처벌 등에 관한 특례법 제5조 제2항, 제4항 위반죄(주위적 공소사실), 형법 제298조 강제추행죄로 기소하였다. 성폭력법 강제추행죄에 관한 설명으로 옳은 것은? (다툼이 있는 경우 판례에 의함)

① 피고인의 행위는 갑의 항거를 곤란하게 할 정도의 폭행 또는 협박에 해당하지 않는다. 성폭력범죄의 처벌 등에 관한 특례법(이하 '성폭력처벌법'이라 한다) 제5조 제2항(친족관계 강제추행) 위반 공소사실은 무죄이다.

② 형법 및 성폭력범죄의 처벌 등에 관한 특례법은 강제추행죄의 구성요건으로 '폭행 또는 협박'을 규정하고 있다. 대법원은 강제추행죄의 '폭행 또는 협박'의 의미에 관하여 이를 두 가지 유형으로 나누어, 폭행행위 자체가 곧바로 추행에 해당하는 경우(이른바 기습추행형)에는 상대방의 의사를 억압할 정도의 것임을 요하지 않고 상대방의 의사에 반하는 유형력의 행사가 있는 이상 그 힘의 대소강약을 불문한다고 판시하는 한편, 폭행 또는 협박이 추행보다 시간적으로 앞서 그 수단으로 행해진 경우(이른바 폭행 · 협박 선행형)에는 상대방의 항거를 곤란하게 하는 정도의 폭행 또는 협박이 요구된다고 판시하여 왔다(이하 폭행 · 협박 선행형 관련 판례 법리를 '종래의 판례 법리'라 한다).

③ 강제추행죄의 범죄구성요건과 보호법익, 종래의 판례 법리의 문제점, 성폭력범죄에 대한 사회적 인식, 판례 법리와 재판 실무의 변화에 따라 해석 기준을 명확히 할 필요성 등에 비추어 강제추행죄의 '폭행 또는 협박'의 의미는 다시

정의될 필요가 있다. 강제추행죄의 '폭행 또는 협박'은 상대방의 항거를 곤란하게 할 정도로 강력할 것이 요구되지 아니하고, 상대방의 신체에 대하여 불법한 유형력을 행사(폭행)하거나 일반적으로 보아 상대방으로 하여금 공포심을 일으킬 수 있는 정도의 해악을 고지(협박)하는 것이라고 보아야 한다.

④ 강제추행죄는 상대방의 신체에 대해 불법한 유형력을 행사하거나 상대방으로 하여금 공포심을 일으킬 수 있는 정도의 해악을 고지하여 상대방을 추행한 경우에 성립한다. 어떠한 행위가 강제추행죄의 '폭행 또는 협박'에 해당하는지 여부는 행위의 목적과 의도, 구체적인 행위태양과 내용, 행위의 경위와 행위 당시의 정황, 행위자와 상대방과의 관계, 그 행위가 상대방에게 주는 고통의 유무와 정도 등을 종합하여 판단하여야 한다.

⑤ 당시 피고인은 방안에서 갑의 숙제를 도와주던 중 갑의 왼손을 잡아 자신의 성기 쪽으로 끌어당겼고, 이를 거부하고 자리를 이탈하려는 갑의 의사에 반하여 갑을 끌어안은 다음 침대로 넘어져 갑의 위에 올라탄 후 갑의 가슴을 만졌으며, 방문을 나가려는 갑을 뒤따라가 끌어안았는바, 이러한 피고인의 행위는 갑의 신체에 대하여 불법한 유형력을 행사하여 갑을 강제추행한 것에 해당한다고 볼 여지가 충분하다.

해설 및 정답 ②~⑤ 대법원 2023. 9. 21. 선고 2018도13877 전원합의체 판결 [성폭력범죄의처벌등에관한특례법위반(친족관계에의한강제추행)[인정된죄명: 아동·청소년의성보호에관한법률위반(위계등추행)]] 〈폭행·협박 선행형의 강제추행죄에서 '폭행 또는 협박'의 의미〉 [공2023하, 1942] ★★★★★ **정답** ○, ① ×

[판시사항] [1] 강제추행죄의 '폭행 또는 협박'의 의미에 관한 종래 대법원의 입장 및 변경 필요성 / 강제추행죄의 '폭행 또는 협박'은 상대방의 신체에 대하여 불법한 유형력을 행사(폭행)하거나 일반적으로 보아 상대방으로 하여금 공포심을 일으킬 수 있는 정도의 해악을 고지(협박)하는 것이라고 보아야 하는지 여부(적극) 및 어떠한 행위가 이에 해당하는지 판단하는 기준

[2] 피고인이 자신의 주거지 방안에서 4촌 친족관계인 피해자 갑(여, 15세)의 학교 과제를 도와주던 중 갑을 양팔로 끌어안은 다음 침대에 쓰러뜨린 후 갑의 가슴을 만지는 등 강제로 추행하였다는 성폭력범죄의 처벌 등에 관한 특례법 위반(친족관계에의한강제추행)의 주위적 공소사실로 기소된 사안에서, 당시 피고인의 행위는 갑의 신체에 대하여 불법한 유형력을 행사하여 갑을 강제추행한 것에 해당한다고 볼 여지가 충분하다는 이유로, 이와 달리 피고인의 행위가 갑의 항거를 곤란하게 할 정도의 폭행 또는 협박에 해당하지 않는다고 보아 위 공소사실을 무

죄로 판단한 원심의 조치에 법리오해 등의 잘못이 있다고 한 사례.

[판결요지] [1] [다수의견] (가) 형법 및 성폭력범죄의 처벌 등에 관한 특례법(이하 '성폭력처벌법'이라 한다)은 강제추행죄의 구성요건으로 '폭행 또는 협박'을 규정하고 있는데, 대법원은 강제추행죄의 '폭행 또는 협박'의 의미에 관하여 이를 두 가지 유형으로 나누어, 폭행행위 자체가 곧바로 추행에 해당하는 경우(이른바 기습추행형)에는 상대방의 의사를 억압할 정도의 것임을 요하지 않고 상대방의 의사에 반하는 유형력의 행사가 있는 이상 그 힘의 대소강약을 불문한다고 판시하는 한편, 폭행 또는 협박이 추행보다 시간적으로 앞서 그 수단으로 행해진 경우(이른바 폭행·협박 선행형)에는 상대방의 항거를 곤란하게 하는 정도의 폭행 또는 협박이 요구된다고 판시하여 왔다(이하 폭행·협박 선행형 관련 판례 법리를 '종래의 판례 법리'라 한다).

(나) 강제추행죄의 범죄구성요건과 보호법익, 종래의 판례 법리의 문제점, 성폭력범죄에 대한 사회적 인식, 판례 법리와 재판 실무의 변화에 따라 해석 기준을 명확히 할 필요성 등에 비추어 강제추행죄의 '폭행 또는 협박'의 의미는 다시 정의될 필요가 있다. 강제추행죄의 '폭행 또는 협박'은 상대방의 항거를 곤란하게 할 정도로 강력할 것이 요구되지 아니하고, 상대방의 신체에 대하여 불법한 유형력을 행사(폭행)하거나 일반적으로 보아 상대방으로 하여금 공포심을 일으킬 수 있는 정도의 해악을 고지(협박)하는 것이라고 보아야 한다.

60 ★★★★★ **[선택형 · 사례형] 성폭력처벌법 제14조의2 개정**

2024년 10월 16일 성폭력범죄의 처벌 등에 관한 특례법 제14조의2 개정이 개정되었다. 이 개정 법률은 공포한 날로부터 바로 시행되고 있다. 성폭력범죄의 처벌 등에 관한 특례법 제14조의2(허위영상물 등의 반포등)에 관한 설명 중 옳지 않는 것은?

① 사람의 얼굴 · 신체 또는 음성을 대상으로 한 촬영물 · 영상물 또는 음성물(이하 이 조에서 "영상물등"이라 한다)을 영상물등의 대상자의 의사에 반하여 성적 욕망 또는 수치심을 유발할 수 있는 형태로 편집 · 합성 또는 가공(이하 이 조에서 "편집등"이라 한다) 한 자는 7년 이하의 징역 또는 5천만 원 이하의 벌금에 처한다.

② 제1항에 따른 편집물 · 합성물 · 가공물(이하 이 조에서 "편집물등"이라 한다) 또는 복제물(복제물의 복제물을 포함한다. 이하 이 조에서 같다)을 반포등을 한 자 또는 제1항의 편집등을 할 당시에는 영상물등의 대상자의 의사에 반하지 아니한 경우에도 사후에 그 편집물등 또는 복제물을 영상물등의 대상자의

의사에 반하여 반포등을 한 자는 7년 이하의 징역 또는 5천만 원 이하의 벌금에 처한다.

③ 영리를 목적으로 영상물등의 대상자의 의사에 반하여 정보통신망을 이용하여 제2항의 죄를 범한 자는 3년 이상의 유기징역에 처한다.

④ 제1항 또는 제2항의 편집물등 또는 복제물을 소지 · 구입 · 저장 또는 시청한 자는 3년 이하의 징역 또는 3천만 원 이하의 벌금에 처한다.

⑤ 상습으로 제1항부터 제3항까지의 죄를 범한 때에는 그 죄에 정한 형의 2분의 1까지 가중한다.

해설 및 정답 ①～⑤ 성폭력범죄의 처벌 등에 관한 특례법 제14조의2(허위영상물 등의 반포등) **정답** ○

[개정이유와 주요 내용] 허위영상물의 편집 · 반포 등의 법정형을 불법촬영물의 반포 등의 법정형과 같도록 상향하고, 허위영상물 등을 소지 · 구입 · 저장 또는 시청한 자는 3년 이하의 징역 또는 3천만 원 이하의 벌금에 처하도록 처벌 규정을 신설하였다. 편집물 등을 이용하여 사람을 협박한 자에 대해서도 1년 이상의 유기징역에 처하도록 처벌 규정을 마련하였다.

성폭력범죄의 처벌 등에 관한 특례법 제14조의2는 법정형을 '5년'에서 '7년'으로 대폭 높였다. 분노 입법이다. 편집물 또는 복제물을 소지 · 구입 · 저장 또는 시청한 사람도 3년 이하 징역 또는 3천만 원 이하 벌금형으로 처벌된다. 성인과 청소년 모두에게 적용된다. 부산 강서 사건이 촉발한 입법 개정이다. 제목 · 법률문장 · 법정형 · 피해자 보호 등 개선점이 있다.

성폭력범죄의 처벌 등에 관한 특례법 제14조의2(허위영상물 등의 반포등) ★★★★★

① 사람의 얼굴 · 신체 또는 음성을 대상으로 한 **촬영물 · 영상물 또는 음성물**(이하 이 조에서 "영상물등"이라 한다)을 영상물등의 대상자의 의사에 반하여 **성적 욕망 또는 수치심을 유발할 수 있는 형태로 편집 · 합성 또는 가공**(이하 이 조에서 "편집등"이라 한다)한 자는 7년 이하의 징역 또는 5천만 원 이하의 벌금에 처한다. <개정 2024. 10. 16.>

② 제1항에 따른 편집물 · 합성물 · 가공물(이하 이 조에서 "편집물등"이라 한다) 또는 복제물(복제물의 복제물을 포함한다. 이하 이 조에서 같다)을 **반포**등을 한 자 또는 제1항의 편집등을 할 당시에는 영상물등의 대상자의 의사에 반하지 아니한 경우에도 **사후에** 그 편집물등 또는 복제물을 영상물등의 **대상자의 의사에 반하여 반포**등을 한 자는 7년 이하의 징역 또는 5천만 원 이하의 벌금에 처한다. <개정 2024. 10. 16.>

③ **영리를 목적**으로 영상물등의 대상자의 의사에 반하여 정보통신망을 이용하여 제2항의 죄를 범한 자는 **3년 이상의 유기징역**에 처한다. <개정 2024. 10. 16.>

④ 제1항 또는 제2항의 편집물등 또는 복제물을 **소지 · 구입 · 저장 또는 시청**한 자는 3년 이하의 징역 또는 3천만 원 이하의 벌금에 처한다. <신설 2024. 10. 16.>

⑤ **상습**으로 제1항부터 제3항까지의 죄를 범한 때에는 그 죄에 정한 형의 2분의 1까지 가중한다. <신설 2020. 5. 19., 2024. 10. 16.>

[본조신설 2020. 3. 24.]

61 ★★★★★ [선택형 · 사례형] 성폭력처벌법 제14조3 제1항 촬영물 이용협박

피고인은 성명불상 여성의 음부를 촬영한 사진을 피해자에게 보여주면서 마치 피해자의 신체를 촬영한 사진인 것처럼 말하고 이를 다른 사람들에게 유포할 것처럼 행세하여 피해자를 협박하였다. 검사는 피고인을 성폭력처벌법 제14조의3 제1항 위반(촬영물등이용협박)죄로 기소하였다. 이에 관한 설명 중 옳은 것은? (다툼이 있는 경우 판례에 의함)

① 구 「성폭력범죄의 처벌 등에 관한 특례법」(2023. 7. 11. 법률 제19517호로 개정되기 전의 것, 이하 '구 성폭력처벌법'이라 한다) 제14조의3 제1항은 성적 욕망 또는 수치심을 유발할 수 있는 촬영물 또는 복제물(복제물의 복제물을 포함한다, 이하 '촬영물 등'이라 한다)을 이용하여 사람을 협박한 자를 형법상의 협박죄보다 가중 처벌하고 있다.

② 여기서 '촬영물 등을 이용하여'는 '촬영물 등'을 인식하고 이를 방편 또는 수단으로 삼아 협박행위에 나아가는 것을 의미하므로, 실제로 촬영, 제작, 복제 등의 방법으로 만들어진 바 있는 '촬영물 등'을 방편 또는 수단으로 삼아 유포 가능성 등 공포심을 일으킬 수 있을 정도의 해악을 고지한 이상 구 성폭력처벌법 제14조의3 제1항의 죄는 성립할 수 있다.

③ 그러나 '촬영물 등'이 피해자를 대상으로 한 것이 아니라면 '촬영물 등'을 이용한 것이라고 보기 어려우므로, 그 죄는 성립하지 않는다.

④ 성폭력처벌법 제14조의3 제1항에서 규정하고 있는 '성적 욕망 또는 수치심을 유발할 수 있는 촬영물 또는 복제물'이란 촬영대상자인 피해자의 성적 자기결정권을 침해할 우려가 있는 경우, 즉 실제 생성된 촬영물 등이 피해자의 신체를 촬영 대상으로 삼았거나 피해자로 오인할 수 있는 형태로 편집 · 가공한

편집물 등으로 제한되고, 협박의 상대방과 전혀 관련성이 없는 다른 사람의 사진을 마치 피해자의 사진처럼 오인케 하는 방법으로 협박하는 경우까지 이에 해당하지는 않는다.

해설 및 정답 ①~④ 대법원 2025. 6. 12. 선고 2024도14039 판결 [성폭력범죄의처벌등에관한특례법위반(촬영물등이용협박)등] (자) 상고기각 〈'촬영물 등'이 피해자를 대상으로 한 것이 아닌 경우에도 「성폭력범죄의 처벌 등에 관한 특례법」 위반(촬영물등이용협박)죄가 성립하는지 문제된 사건〉 **정답** ○

[판시사항] '촬영물 등'이 피해자를 대상으로 한 것이 아닌 경우 구 「성폭력범죄의 처벌 등에 관한 특례법」(2023. 7. 11. 법률 제19517호로 개정되기 전의 것) 제14조의3 제1항에 따라 '촬영물 등'을 이용하여 협박한 것으로 볼 수 있는지 여부(소극)

62 **★★★★★ [선택형 · 사례형] 성폭력처벌법 제14조 제1항 및 제4항 카메라등이용 · 촬영 · 반포**

피고인은 피해자와 영상통화를 하는 과정에서 휴대전화의 녹화기능을 이용하여 피해자가 샤워를 하고 옷 입는 모습을 녹화 · 저장 · 소지하였다. 검사는 피고인을 성폭력처벌법 위반(카메라등이용 · 촬영 · 반포등) 등으로 기소하였다. 성폭력처벌법에 관한 설명 중 옳은 것은? (다툼이 있는 경우 판례에 의함)

① 성폭력처벌법 제14조 제1항은 "카메라나 그 밖에 이와 유사한 기능을 갖춘 기계장치를 이용하여 성적 욕망 또는 수치심을 유발할 수 있는 사람의 신체를 촬영대상자의 의사에 반하여 촬영한 자는 7년 이하의 징역 또는 5천만 원 이하의 벌금에 처한다."라고 규정하고 있다. 위 조항이 촬영의 대상을 '사람의 신체'로 규정하고 있으므로, 사람의 신체 그 자체를 직접 촬영하는 행위만이 위 조항에서 규정하고 있는 '사람의 신체를 촬영한 행위'에 해당한다.

② 성폭력처벌법 제14조 제4항(이하 '이 사건 조항'이라 한다)은 "제1항 또는 제2항의 촬영물 또는 복제물(이하 '촬영물 등'이라 한다)을 소지 · 구입 · 저장 또는 시청(이하 '소지 등'이라 한다)한 자는 3년 이하의 징역 또는 3천만 원 이하의 벌금에 처한다."라고 규정하여 소지 등의 대상을 '제1항 또는 제2항의 촬영물 등'으로 한정하고 있다.

③ 성폭력처벌법 제14조 제1항은 "카메라나 그 밖에 이와 유사한 기능을 갖춘 기계장치를 이용하여 성적 욕망 또는 수치심을 유발할 수 있는 사람의 신체를 촬영대상자의 의사에 반하여 촬영"하는 행위를 처벌하고, 같은 조 제2항 전단은 "제1항에 따른 촬영물 등을 반포·판매·임대·제공 또는 공공연하게 전시·상영(이하 '반포 등'이라 한다)"하는 행위를, 같은 항 후단은 "촬영 당시에는 촬영대상자의 의사에 반하지 아니한 경우에도 사후에 그 촬영물 등을 촬영대상자의 의사에 반하여 반포 등"을 하는 행위를 각 처벌하고 있다.

④ 성폭력처벌법 제14조 제2항 전단과 후단의 문언, 입법 취지와 목적, 규율 체계 등에 비추어 보면, 휴대전화의 영상통화기능을 이용하여 통화하는 일방 당사자가 자신의 신체를 직접 휴대전화 카메라에 비춰 생성한 영상정보를 상대방에게 전송한 경우 그 영상정보는 촬영 당시 촬영대상자가 자발적 의사로 자신의 신체를 직접 촬영한 것으로서 성폭력처벌법 제14조 제2항 전단에서 정한 '제1항에 따른 촬영물(촬영대상자의 의사에 반하는 것)'에는 해당하지 않지만, 같은 항 후단에서 정한 '촬영대상자의 의사에 반하지 아니한 경우(자신의 신체를 직접 촬영한 경우를 포함)의 촬영물'에는 해당할 수 있다. 영상통화의 상대방이 이와 같이 전송된 영상정보를 휴대전화의 녹화기능을 이용하여 녹화·저장한 동영상은 성폭력처벌법 제14조 제2항 후단에서 정한 촬영물의 '복제물'에 해당한다.

⑤ 한편 이 사건 조항이 포함된 성폭력처벌법 제14조의 문언과 형식, 입법 취지와 보호법익, 입법 연혁, 관련 규정의 체계적 해석 등을 종합하면, 이 사건 조항은 불법인 성적 촬영물 등에 대한 접근이나 수요를 규제하기 위하여 그 촬영물 등의 촬영 또는 반포 등 행위 이후의 소지 등 행위를 처벌하는 규정이다. 따라서 이 사건 조항이 정하고 있는 '제1항 또는 제2항의 촬영물 등'은 '제1항 또는 제2항에 따라 처벌대상이 되는 촬영 또는 반포 등 행위가 전제된 촬영물 등'을 의미하고, 위 행위가 전제되지 않은 촬영물 등까지를 의미한다고 보기 어렵다.

⑥ **사람의 신체 그 자체를 직접 촬영한 것이 아닌 통화영상을 녹화한 행위는 성폭력처벌법 제14조 제1항에서 규정한 '촬영'에 해당하지 않고, 피고인이 피해자와 영상통화를 하는 과정에서 휴대전화의 녹화기능을 이용하여 피해자가**

샤워를 하고 옷 입는 모습을 녹화·저장한 다음 '반포 등 행위 없이' 그대로 소지한 경우 그 동영상은 성폭력처벌법 제14조 제1항 또는 제2항에 따라 촬영 또는 반포 등이 이루어진 촬영물 등에 해당하지 않는다.

해설 및 정답 ①~⑥ 대법원 2025. 6. 5. 선고 2024도16133 판결 [성폭력범죄의처벌등에관한특례법위반(카메라등이용촬영 · 반포등)등] (다) 상고기각 〈휴대전화의 영상통화기능을 이용하여 전송된 영상정보를 휴대전화의 녹화기능을 이용하여 녹화 · 저장 · 소지한 행위가 「성폭력범죄의 처벌 등에 관한 특례법」 제14조 제1항 및 제4항 위반에 해당하는지 문제된 사건〉 ★★★★★ **정답** ○

[판시사항] [1] 「성폭력범죄의 처벌 등에 관한 특례법」(이하 '성폭력처벌법') 제14조 제1항에서 규정한 '사람의 신체를 촬영한 행위'에 사람의 신체 그 자체를 직접 촬영하는 행위만 해당하는지 여부(적극)

[2] **휴대전화의 영상통화기능을 이용하여 통화하는 일방 당사자가 자신의 신체를 직접 휴대전화 카메라에 비춰 생성한 영상정보를 전송하여 그 상대방이 해당 영상정보를 녹화 · 저장한 동영상이 성폭력처벌법 제14조 제2항 후단에서 정한 촬영물의 '복제물'에 해당하는지 여부(적극) 및 성폭력처벌법 제14조 제4항에서 규정한 '제1항 또는 제2항의 촬영물 등'이 '제1항 또는 제2항에 따라 처벌대상이 되는 촬영 또는 반포 등 행위가 전제된 촬영물 등'을 의미하는지 여부(적극)**

63 ★★★★★ [선택형 · 사례형] 성폭력처벌법 제14조3 제1항 촬영물 이용

피고인이 피해자에게 피해자의 음부 사진을 피해자의 남편에게 제공할 듯한 태도를 보이는 발언을 하여 피해자를 협박하였다는 성폭력처벌법 위반(촬영물등이용협박)으로 기소된 사안이다. 피고인이 협박 당시에는 이미 사진을 삭제하여 현존하지 않았다고 주장한 사안이다. 이 사안의 법리 쟁점은 피고인이 실제로 만들어진 바 있는 촬영물 등을 방편 또는 수단으로 삼아 해악을 고지한 경우 해당 촬영물 등을 소지하고 있지 않더라도 「성폭력범죄의 처벌 등에 관한 특례법」 제14조의3 제1항의 죄가 성립할 수 있는지 여부이다. 이에 관한 설명으로 옳은 것은? (다툼이 있는 경우 판례에 의함)

① 성폭력범죄의 처벌 등에 관한 특례법(이하 '성폭력처벌법'이라 한다) 제14조의3 제1항은 성적 욕망 또는 수치심을 유발할 수 있는 촬영물 또는 복제물(복제물의 복제물을 포함한다, 이하 '촬영물 등'이라 한다)을 이용하여 사람을 협박한 자를 형법상의 협박죄보다 가중 처벌하는 규정을 두고 있다.

② 여기서 '촬영물 등을 이용하여'는 '촬영물 등'을 인식하고 이를 방편 또는 수단으로 삼아 협박행위에 나아가는 것을 의미한다.

③ 협박죄에 있어서의 협박이라 함은 '사람으로 하여금 공포심을 일으킬 수 있을 정도의 해악의 고지'라 할 것이고, 해악을 고지하는 방법에는 제한이 없어 언어 또는 문서에 의하는 경우는 물론 태도나 거동에 의하는 경우도 협박에 해당한다.

④ 실제로 촬영, 제작, 복제 등의 방법으로 만들어진 바 있는 촬영물 등을 방편 또는 수단으로 삼아 유포가능성 등 공포심을 일으킬 수 있을 정도의 해악을 고지한 이상 성폭력처벌법 제14조의3 제1항의 죄는 성립할 수 있고, 반드시 행위자가 촬영물 등을 피해자에게 직접 제시하는 방법으로 협박해야 한다거나 협박 당시 해당 촬영물 등을 소지하고 있거나 유포할 수 있는 상태일 필요는 없다.

⑤ 촬영물 등이 실제로 만들어지면 족하고, 반드시 촬영물 등을 피해자에게 제시하는 방법으로 협박하거나 협박 당시 촬영물 등을 피고인이 소지하고 있거나 유포할 수 있는 상태일 필요는 없다.

해설 및 정답 ①~⑤ 대법원 2024. 5. 30. 선고 2023도17896 판결 [성폭력범죄의처벌등에관한특례법위반(촬영물등이용협박) · 협박] 〈「성폭력범죄의 처벌 등에 관한 특례법」 제14조의3 제1항의 '촬영물 등을 이용하여'의 의미가 문제된 사건〉 [공2024하, 1066]

정답 ○

[판시사항] 성폭력범죄의 처벌 등에 관한 특례법 제14조의3 제1항에서 정한 '촬영물 또는 복제물(복제물의 복제물을 포함한다)을 이용하여'의 의미 / 협박죄에서 협박의 의미 및 태도나 거동에 의하여 해악을 고지하는 경우도 협박에 해당하는지 여부(적극) / 실제로 촬영, 제작, 복제 등의 방법으로 만들어진 바 있는 촬영물 등을 방편 또는 수단으로 삼아 유포가능성 등 공포심을 일으킬 수 있을 정도의 해악을 고지한 경우, 성폭력범죄의 처벌 등에 관한 특례법 제14조의3 제1항의 죄가 성립하는지 여부(적극) 및 이때 반드시 행위자가 촬영물 등을 피해자에게 직접 제시하는 방법으로 협박해야 한다거나 협박 당시 해당 촬영물 등을 소지하고 있거나 유포할 수 있는 상태여야 하는지 여부(소극)

[참조조문] 성폭력범죄의 처벌 등에 관한 특례법 제14조의3 제1항, 형법 제283조 제1항

64 ★★★★★ [선택형 · 사례형] 성폭력처벌법 제14조 제1항 및 제4항 카메라등이용 · 촬영 · 반포

피고인이 지인 2명에게 각각 피고인이 운영하거나 지인이 운영하는 마사지숍 혹은 커피숍에서 피해자와의 성관계 동영상을 휴대전화로 시청할 수 있도록 한 행위가 촬영물을 공공연하게 상영한 것이라는 이유로 성폭력처벌법위반(카메라 등 이용 촬영 · 반포 등)으로 기소된 사안이다. 성폭력처벌법에 관한 설명 중 옳은 것은? (다툼이 있는 경우 판례에 의함)

① 성폭력처벌법은 제14조 제1항에서 '카메라나 그 밖에 이와 유사한 기능을 갖춘 기계장치를 이용하여 성적 욕망 또는 수치심을 유발할 수 있는 사람의 신체를 촬영대상자의 의사에 반하여 촬영'하는 행위를 처벌하면서, 같은 조 제2항에서 '제1항에 따른 촬영물 또는 복제물을 반포 · 판매 · 임대 · 제공 또는 공공연하게 전시 · 상영한 자' 및 '제1항의 촬영이 촬영 당시에는 촬영대상자의 의사에 반하지 아니한 경우에도 사후에 그 촬영물 또는 복제물을 촬영대상자의 의사에 반하여 반포 · 판매 · 임대 · 제공 또는 공공연하게 전시 · 상영한 자'를 7년 이하의 징역 또는 5천만 원 이하의 벌금에 처하도록 규정하고 있다.

② 성폭력처벌법은 제14조 제2항의 입법 취지는 성적 욕망 또는 수치심을 유발할 수 있는 타인의 신체를 그 의사에 반하여 촬영한 촬영물 또는 복제물(이하 '촬영물 등'이라 한다)이 인터넷 등 정보통신망을 통하여 급속도로 광범위하게 유포됨으로써 피해자에게 엄청난 피해와 고통을 초래하는 사회적 문제를 감안하여, 죄책이나 비난 가능성이 촬영행위 못지않게 크다고 할 수 있는 촬영물 등의 시중 유포 행위를 한 자에 대해서도 촬영자와 동일하게 처벌하기 위한 것이다.

③ 성폭력처벌법은 제14조 제2항은 피해자의 성적 자기결정권 및 일반적 인격권 보호, 사회의 건전한 성풍속 확립을 그 보호법익으로 하며, 구체적으로 인격체인 피해자의 성적 자유, 함부로 촬영당하지 아니할 자유, 그 의사에 반하여 촬영물 등이 유포되지 않을 자유를 보호하기 위한 것이다. 또한 여기에서 '성적 자유'는 자기 의사에 반하여 성적 대상화가 되지 않을 자유를 의미한다.

④ 성폭력처벌법은 제14조 제2항은 유포 행위의 유형으로 반포 · 판매 · 임대 ·

제공 또는 공공연하게 전시 · 상영하는 것을 열거하고 있는데, 그중 전시 · 상영은 '공공연하게' 이루어질 것을 요구한다. 이와 같이 전시·상영에서 공연성을 행위 태양으로 요구하는 것은 촬영물 등의 교부를 전제로 하는 반포 · 판매 · 임대 · 제공에서 그 행위를 통하여 불특정 또는 다수인이 촬영물 등을 인식하거나 시청할 가능성을 가지게 되는 것과 균형을 맞추기 위함이다. 따라서 '공공연하게' 촬영물 등을 상영하였다고 하려면 '불특정 또는 다수인'이 촬영물 등을 시청할 수 있는 상태에 이르러야 한다. 이때 '다수인'인지 여부는 단순히 인원수만을 기준으로 판단할 것이 아니라 이 사건 조항의 입법취지와 보호법익, 반포 · 판매 · 임대 · 제공 등 같은 조항의 다른 행위 태양에 대한 처벌 가능성과 범위와의 균형 등을 충분히 고려하면서, 행위자와 시청 주체의 관계, 행위자의 상영 의도와 경위, 상영 방법과 수단, 상영 공간과 시간 등을 아울러 참작하여, 행위자의 상영이 단순히 제한된 범위 내에서의 사적(私的) 또는 은밀한 상영을 넘어서는 정도에 이르렀는지를 기준으로 사회통념에 따라 합리적으로 판단하여야 한다.

⑤ 이 사안에서 피고인의 행위는 불특정인에 대한 상영으로 볼 수 없고, 단순히 제한된 범위 내에서의 사적 또는 은밀한 상영을 넘어서는 정도에 이르렀다고 보기 어려운 점 등을 고려하여, 피고인의 행위가 성폭력처벌법 제14조 제2항의 '공공연하게 상영'한 것에 해당한다고 보기 어렵다.

해설 및 정답 ①~⑤ 대법원 2025. 4. 15. 선고 2024도18718 [마약류관리에관한법률위반(향정)등] (마) 파기환송 〈피고인이 두 사람에게 각각 피고인의 휴대전화로 피해자와의 성관계 동영상을 재생하여 시청하게 한 것이 「성폭력범죄의 처벌 등에 관한 특례법」(이하 '성폭력처벌법') 제14조 제2항의 '공공연하게 상영'한 경우에 해당하는지 여부가 문제된 사건〉 [공2025상, 855] **정답** ○

[판시사항] [1] 성폭력범죄의 처벌 등에 관한 특례법 제14조 제2항의 입법 취지 / 위 조항의 보호법익 및 그중 '성적 자유'의 의미 [2] 성폭력범죄의 처벌 등에 관한 특례법 제14조 제2항에서 요구하는 '공공연하게' 촬영물 등을 상영했다고 하려면 '불특정 또는 다수인'이 촬영물 등을 시청할 수 있는 상태에 이르러야 하는지 여부(적극) 및 이때 '다수인'인지 판단하는 방법

65 ★★★★★ [선택형 · 사례형] 「아동 · 청소년의 성보호에 관한 법률」 위반(성착취물제작 · 배포등) (성착취물소지등)

(1) 텔레그램 채널 관련 「아동 · 청소년의 성보호에 관한 법률」 위반(성착취물제작 · 배포등) 부분 요지
피고인은 텔레그램 대화방의 운영자로 활동하면서 아동 · 청소년이 성교행위를 하거나 가슴 내지 음부를 드러내고 있는 영상 등 총 113개의 사진 또는 영상이 저장되어 있는 텔레그램 채널인의 링크를 위 대화방에 게시하였다. 이로써 피고인은 아동 · 청소년 성착취물을 배포하였다.
(2) 청소년성보호법 위반(성착취물소지등) 부분 요지
피고인은 총 7개의 텔레그램 채널 및 대화방에 순차로 접속하여 그곳에 게시된 아동 · 청소년성착취물 사진 또는 영상을 확인한 다음 언제든지 접근할 수 있도록 대화방 등 참여 상태를 유지하거나, 피고인이 개설한 텔레그램 채널인 ○○에 각 접속하여 아동 · 청소년성착취물 영상을 게시한 다음 언제든지 접근할 수 있도록 접속 상태를 유지하는 방법으로 총 500개의 아동 · 청소년성착취물을 소지하였다.
검사는 피고인을 아동 · 청소년의 성보호에 관한 법률」 제11조 제3항의 아동 · 청소년성착취물 '배포' 및 같은 조 제5항의 아동 · 청소년성착취물 '소지'로 기소하였다. 이에 관한 설명 중 옳지 않는 것은? (다툼이 있는 경우 판례에 의함)

① 피고인이 아동 · 청소년성착취물이 게시된 텔레그램 대화방을 운영하는 사람으로서 위 대화방의 다수 회원들로 하여금 피고인이 게시한 다른 성착취물 텔레그램 채널 '링크'를 통하여 그 채널에 저장된 아동 · 청소년성착취물을 별다른 제한 없이 접할 수 있게 한 사안이다. 피고인의 이러한 행위는 전체적으로 보아 아동 · 청소년성착취물을 '배포'한 것으로 평가할 수 있다.

② 피고인이 아동 · 청소년성착취물이 게시된 7개 채널 및 대화방에 '접속'하였지만, 그곳에 게시된 아동 · 청소년성착취물을 자신의 텔레그램 채널 등에 전달하거나 자신의 저장매체에 다운로드 하는 등 실제로 지배할 수 있는 상태로 나아가지는 않았고 달리 그러한 지배를 인정할 만한 특별한 사정이 없는 사안이다. 아동 · 청소년성착취물을 '소지'한 것으로 평가할 수는 없다.

③ 링크의 게시를 포함한 일련의 행위가 불특정 또는 다수인에게 다른 웹사이트 등을 단순히 소개 · 연결하는 정도를 넘어 링크를 이용하여 별다른 제한 없이 아동 · 청소년성착취물에 바로 접할 수 있는 상태를 실제로 조성한다면, 이는 아동 · 청소년성착취물을 직접 '배포'하거나 '공연히 전시'한 것과 실질적으로

다를 바 없다고 평가할 수 있으므로, 위와 같은 행위는 전체적으로 보아 아동 · 청소년성착취물을 배포하거나 공연히 전시한다는 구성요건을 충족한다.

④ 아동 · 청소년의 성보호에 관한 법률 제11조 제5항은 "아동 · 청소년성착취물을 구입하거나 아동 · 청소년성착취물임을 알면서 이를 소지 · 시청한 자는 1년 이상의 징역에 처한다."라고 규정하고 있다. 여기서 '소지'란 아동 · 청소년성착취물을 자기가 지배할 수 있는 상태에 두고 지배관계를 지속시키는 행위를 말한다.

⑤ 아동 · 청소년성착취물 파일을 구입하여 시청할 수 있는 상태 또는 접근할 수 있는 상태만으로 곧바로 이를 소지로 보는 것은 소지에 대한 문언 해석의 한계를 넘어서는 것이어서 허용될 수 없으므로, 피고인이 자신이 지배하지 않는 서버 등에 저장된 아동 · 청소년성착취물에 접근하였지만 위 성착취물을 다운로드하는 등 실제로 지배할 수 있는 상태로 나아가지는 않았다면 특별한 사정이 없는 한 아동 · 청소년성착취물을 '소지'한 것으로 평가하기는 어렵다.

해설 및 정답 ①~⑤ 대법원 2023. 10. 12. 선고 2023도5757 판결 [성폭력범죄의처벌등에관한특례법위반(카메라등이용촬영 · 반포등) · 아동 · 청소년의성보호에관한법률위반(성착취물제작 · 배포등) · 아동 · 청소년의성보호에관한법률위반(성착취물소지등) · 정보통신망이용촉진및정보보호등에관한법률위반 · (음란물유포)] 〈「아동 · 청소년의 성보호에 관한 법률」 제11조 제3항의 아동 · 청소년성착취물 '배포' 및 같은 조 제5항의 아동 · 청소년성착취물 '소지' 여부가 문제된 사건〉 [공2023하, 2040]

정답 ○

[판시사항] [1] 아동 · 청소년의 성보호에 관한 법률 제11조 제3항에서 정한 아동 · 청소년성착취물의 '배포' 및 '공연히 전시'하는 행위의 의미 / 자신의 웹사이트에 아동 · 청소년성착취물이 저장된 다른 웹사이트로 연결되는 링크를 게시하여 불특정 또는 다수인이 링크를 이용하여 별다른 제한 없이 아동 · 청소년성착취물에 바로 접할 수 있는 상태를 실제로 조성한 경우, 위 조항에서 정한 아동 · 청소년성착취물을 배포하거나 공연히 전시한다는 구성요건을 충족하는지 여부(적극)
[2] 아동 · 청소년의 성보호에 관한 법률 제11조 제5항에서 정한 아동 · 청소년성착취물 '소지'의 의미 및 피고인이 자신이 지배하지 않는 서버 등에 저장된 아동 · 청소년성착취물에 접근하였으나 위 성착취물을 다운로드하는 등 실제로 지배할 수 있는 상태로 나아가지는 않은 경우, 이를 아동 · 청소년성착취물을 '소지'한 것으로 평가할 수 있는지 여부(원칙적 소극)

66 ★★★★★ [선택형 · 사례형] 정보통신망법 · 명예훼손죄 · 비방 목적

피고인 1은 양육비채권자의 제보를 받아 양육비 미지급자의 신상정보를 공개하는 사이트 운영에 관계된 사람, 피고인 2는 위 사이트에 전 배우자를 제보한 사람임. 피고인 1은 위 사이트에 피고인 2의 전 배우자를 비롯하여 피해자 5명의 이름, 거주지, 직장명, 얼굴 등을 공개하는 글이 올라가게 하고, 피고인 2는 피고인 1과 공모하여 전 배우자의 신상을 공개하는 글이 올라가게 하고, 인스타그램에 그 링크 주소를 첨부하고 '미친년'이라는 표현 등을 덧붙인 글을 게시하였다. 검사는 피고인들을 정보통신망 이용촉진 및 정보보호 등에 관한 법률 제70조 제1항 위반(명예훼손)죄로 기소하였다. 정보통신법 명예훼손죄에 관한 설명으로 옳은 것은? (다툼이 있는 경우 판례에 의함)

① 정보통신망 이용촉진 및 정보보호 등에 관한 법률 제70조 제1항은 "사람을 비방할 목적으로 정보통신망을 통하여 공공연하게 사실을 드러내어 다른 사람의 명예를 훼손한 자는 3년 이하의 징역 또는 3천만 원 이하의 벌금에 처한다."라고 정한다. 이 규정에 따른 범죄가 성립하려면 피고인이 공공연하게 드러낸 사실이 다른 사람의 사회적 평가를 떨어트릴 만한 것임을 인식해야 할 뿐만 아니라 사람을 비방할 목적이 있어야 한다. 비방할 목적이 있는지는 피고인이 드러낸 사실이 사회적 평가를 떨어트릴 만한 것인지와 별개의 구성요건으로서, 드러낸 사실이 사회적 평가를 떨어트리는 것이라고 해서 비방할 목적이 당연히 인정되는 것은 아니다. 그리고 이 규정에서 정한 모든 구성요건에 대한 증명책임은 검사에게 있다.

② '사람을 비방할 목적'이란 가해의 의사 내지 목적을 요하는 것으로, 사람을 비방할 목적이 있는지 여부는 해당 적시 사실의 내용과 성질, 해당 사실의 공표가 이루어진 상대방의 범위, 표현의 방법 등 표현 자체에 관한 제반 사정을 감안함과 동시에 표현에 의하여 훼손되거나 훼손될 수 있는 명예의 침해 정도 등을 비교 · 형량하여 판단되어야 한다.

③ 비방할 목적이란 공공의 이익을 위한 것과는 행위자의 주관적 의도의 방향에서 서로 상반되는 관계에 있으므로, 적시한 사실이 공공의 이익에 관한 것인 경우에는 특별한 사정이 없는 한 비방할 목적은 부인된다. 여기에서 '적시한 사실이 공공의 이익에 관한 경우'란 적시된 사실이 객관적으로 볼 때 공공의 이익에 관한 것으로서 행위자도 주관적으로 공공의 이익을 위하여 그 사실을

적시한 것이어야 하는데, 공공의 이익에 관한 것에는 널리 국가·사회 기타 일반 다수인의 이익에 관한 것뿐만 아니라 특정한 사회집단이나 그 구성원 전체의 관심과 이익에 관한 것도 포함하는 것이다.

④ 나아가 적시된 사실이 이러한 공공의 이익에 관한 것인지 여부는 해당 명예훼손적 표현으로 인한 피해자가 공무원 내지 공적 인물과 같은 공인인지 아니면 사인에 불과한지, 표현이 객관적으로 국민이 알아야 할 공공성·사회성을 갖춘 공적 관심 사안에 관한 것으로 사회의 여론형성 내지 공개토론에 기여하는 것인지 아니면 순수한 사적인 영역에 속하는 것인지, 피해자가 명예훼손적 표현의 위험을 자초한 것인지, 그리고 표현에 의하여 훼손되는 명예의 성격과 침해의 정도, 표현의 방법과 동기 등 제반 사정을 고려하여 판단하여야 한다. 행위자의 주요한 동기 내지 목적이 공공의 이익을 위한 것이라면 부수적으로 다른 사익적 목적이나 동기가 내포되어 있더라도 비방할 목적이 있다고 보기는 어렵다.

⑤ 공개된 신상정보인 얼굴 사진, 구체적인 직장명, 전화번호는 그 특성상 공개 시 양육비채무자가 입게 되는 피해의 정도가 매우 큰 반면, 피고인들에게 양육비 미지급으로 인한 사회적 문제를 공론화하기 위한 목적이 있었더라도 얼굴 사진 등의 공개는 위와 같은 공익적인 목적과 직접적인 관련성이 있다고 보기 어렵고, 얼굴 사진 등을 공개하여 양육비를 즉시 지급하도록 강제할 필요성이나 급박한 사정도 엿보이지 않는 점 등 제반 사정을 종합하면, 피고인들에게 신상정보가 공개된 피해자들을 비방할 목적이 인정된다.

해설 및 정답 ①~⑤ 대법원 2024. 1. 4. 선고 2022도699 판결 [정보통신망이용촉진및정보보호등에관한법률위반(명예훼손)] **정답** ○

[판시사항] [1] 정보통신망 이용촉진 및 정보보호 등에 관한 법률 제70조 제1항 명예훼손죄의 구성요건 중 비방할 목적이 있는지와 드러낸 사실이 사회적 평가를 떨어트릴 만한 것인지가 별개의 구성요건인지 여부(적극) 및 드러낸 사실이 사회적 평가를 떨어트리는 것이면 비방할 목적이 당연히 인정되는지 여부(소극) / 위 규정에서 정한 모든 구성요건에 대한 증명책임의 소재(=검사)

[2] '사람을 비방할 목적'의 의미와 판단 기준 / '비방할 목적'과 '공공의 이익'을 위한 것과의 관계 및 적시된 사실이 공공의 이익에 관한 것인지 판단하는 기준 / 행위자의 주요한 동기 내지 목적인 공공의 이익에 부수적으로 다른 사익적 목적이나 동기가 내포되어 있는 경우, 비방할 목적의 유무(소극)

[3] 피고인 갑은 양육비채권자의 제보를 받아 양육비 미지급자의 신상정보를 공개하는 인터넷 사이트 'Bad Fathers'의 운영에 관계된 사람이고, 피고인 을은 위 사이트에 자신의 전 배우자 병을 제보한 사람인데, 피고인들은 각자 또는 공모하여 위 사이트에 병을 비롯한 피해자 5명의 이름, 얼굴 사진, 거주지, 직장명 등 신상정보를 공개하는 글이 게시되게 하고, 피고인 을은 자신의 인스타그램에 위 사이트 게시 글의 링크 주소를 첨부하고 병에 대하여 '미친년'이라는 표현 등을 덧붙인 글을 게시함으로써 피해자들을 비방할 목적으로 사실을 적시하였다는 정보통신망 이용촉진 및 정보보호 등에 관한 법률 위반(명예훼손)의 공소사실로 기소된 사안에서, 제반 사정을 종합하면, 피고인들에게 피해자들을 '비방할 목적'이 인정된다는 이유로, 같은 취지에서 위 공소사실을 모두 유죄로 판단한 원심판결이 정당하다고 한 사례.

[참조조문] [1] 정보통신망 이용촉진 및 정보보호 등에 관한 법률 제70조 제1항, 형사소송법 제308조 [2] 정보통신망 이용촉진 및 정보보호 등에 관한 법률 제70조 제1항 [3] 정보통신망 이용촉진 및 정보보호 등에 관한 법률 제70조 제1항, 형법 제30조, 양육비 이행확보 및 지원에 관한 법률 제21조의5

67 ★★★★ [선택형 · 사례형] 정보통신망법 제44조7 제1항 제3호 반복 행위

대표이사인 피고인이 근무태도 등을 이유로 피해자에게 해고의 의사표시를 하자 피해자가 반발한 상황에서, 피고인의 피해자에 대한 카카오 톡 메시지 7회 발송 및 전화통화 2회가 '공포심이나 불안감을 유발하는 문언 등을 반복적으로 상대방에게 도달하게 하는 행위'를 하였다. 검사는 피고인을 정보통신망법 제74조 제1항 제3호, 제44조의7 제1항 제3호 위반죄로 기소하였다. 이에 관한 설명 중 옳은 것은? (다툼이 있는 경우 판례에 의함)

① 정보통신망 이용촉진 및 정보보호 등에 관한 법률 제74조 제1항 제3호, 제44조의7 제1항 제3호는 정보통신망을 통하여 공포심이나 불안감을 유발하는 부호 · 문언 · 음향 · 화상 또는 영상을 반복적으로 상대방에게 도달하게 하는 행위를 처벌한다.

② 여기서 '공포심이나 불안감을 유발하는 문언을 반복적으로 상대방에게 도달하게 하는 행위'에 해당하는지는 상대방에게 보낸 문언의 내용과 그 표현 방법 및 함축된 의미, 피고인과 상대방 사이의 관계, 문언을 보낸 경위, 횟수 및 그 전후의 사정, 상대방이 처한 상황 등을 종합적으로 고려해서 판단하여야 한다.

③ 나아가 이 범죄는 구성요건상 위 조항에서 정한 정보통신망을 이용하여 상대

방의 불안감 등을 조성하는 일정 행위의 반복을 필수적인 요건으로 삼고 있을 뿐만 아니라 그 입법 취지에 비추어 보더라도 정보통신망을 이용한 일련의 불안감 조성행위가 이에 해당한다고 하기 위해서는 각 행위 상호 간에 일시·장소의 근접, 방법의 유사성, 기회의 동일, 범의의 계속 등 밀접한 관계가 있어 전체적으로 상대방의 불안감 등을 조성하기 위한 일련의 반복적인 행위로 평가할 수 있는 경우여야만 하고, 그와 같이 평가될 수 없는 일회성 내지 비연속적인 단발성 행위가 여러 번 이루어진 것에 불과한 경우에는 각 행위의 구체적 내용 및 정도에 따라 협박죄나 경범죄처벌법상 불안감 조성행위 등 별개의 범죄로 처벌할 수 있음은 별론으로 하더라도 위 법 위반죄로 처벌할 수 없다.

④ 7개의 카카오 톡 메시지는 내용 및 시간적 간격에 비추어 약 3시간 동안 총 3개의 메시지를 발송한 것에 불과하여 정보통신망법 제44조의7 제1항 제3호에서 정한 일련의 반복적 행위에 해당한다고 단정할 수 없다. 전체적인 내용은 해고의 의사표시를 명확히 고지한 것에 불과하다. 피고인과 피해자 사이에 현안이 된 해고 방식의 고용관계 종료를 둘러싼 법적 분쟁 혹은 이에 관한 협의 과정의 급박하고 격앙된 형태 내지 전개라고 볼 수 있을 뿐이다. 피해자의 불안감 등을 조성하기 위한 일련의 반복적인 행위라고 평가하기는 어렵다.

⑤ 피고인의 행위는 전체적으로 일회성 내지 비연속적인 단발성 행위가 수차 이루어진 것으로 볼 여지가 있을 뿐 정보통신망을 이용하여 상대방의 불안감 등을 조성하는 일련의 행위를 반복한 경우에 해당한다고 단정할 수 없다.

해설 및 정답 ①~⑤ 대법원 2023. 9. 14. 선고 2023도5814 판결 [정보통신망이용촉진및정보보호등에관한법률위반 · 폭행] 〈'공포심이나 불안감을 유발하는 문언 등을 반복적으로 상대방에게 도달하게 하는 행위' 해당 여부에 관한 사건〉 [공2023하, 1824]

정답 ○

[판시사항] [1] 정보통신망 이용촉진 및 정보보호 등에 관한 법률 제74조 제1항 제3호, 제44조의7 제1항 제3호에서 정한 '공포심이나 불안감을 유발하는 문언을 반복적으로 상대방에게 도달하게 하는 행위'에 해당하는지 판단하는 방법 / 정보통신망을 이용한 일련의 불안감 조성행위가 정보통신망 이용촉진 및 정보보호 등에 관한 법률 제74조 제1항 제3호 위반죄에 해당하기 위한 요건

[2] 회사의 대표이사인 피고인이 피해자에게 해고를 통보하자 피해자가 반발한 상황에서, 피고인이 휴대전화를 사용하여 피해자에게 메시지를 7회 전송하고 전

화를 2회 걸어 정보통신망을 통하여 공포심이나 불안감을 유발하는 문언·음향을 반복적으로 피해자에게 도달하도록 하였다는 내용으로 기소된 사안에서, 피고인의 행위는 전체적으로 일회성 내지 비연속적인 단발성 행위가 수차 이루어진 것으로 볼 여지가 있을 뿐 정보통신망을 이용하여 상대방의 불안감 등을 조성하는 일련의 행위를 반복한 경우에 해당한다고 단정할 수 없다고 한 사례.

68 ★★★★★ **[선택형 · 사례형] 특정범죄가중처벌법 · 뇌물죄**

피고인 1은 시장정비사업조합의 조합장으로서 피고인 2와 공모하여, 조합장이 담당할 직무에 관하여 청탁을 받고 뇌물을 수수하였다는 등의 공소사실로 기소되었다. 이에 관한 설명 중 옳은 것은? (다툼이 있는 경우 판례에 의함)

① 도시정비법 제134조는 '조합임원은 형법 제129조부터 제132조까지의 규정을 적용할 때에는 공무원으로 본다'고 규정하여 조합의 임원을 형법상 뇌물죄 적용에 있어서 공무원으로 의제하고 있다.

② 시장정비사업조합의 임원에 대하여는 구 전통시장법 제4조 제1항에 따라 도시정비법 제134조가 준용된다고 보는 것이 타당하고, 구 전통시장법 제4조 제1항이 명확성의 원칙에 위배되는 조항이라거나 위 조항에 따라 도시정비법 제134조를 준용하는 것이 죄형법정주의에 반하는 확장해석이나 유추해석이라고 볼 수 없다.

해설 및 정답 ①~② 대법원 2025. 4. 24. 선고 2024도16766 판결 [특정범죄가중처벌등에관한법률위반(뇌물)등] (가) 상고기각 〈시장정비사업조합의 임원을 뇌물죄에서의 '공무원'으로 볼 수 있는지 여부가 문제된 사건〉 **정답** ○

[판시사항] 시장정비사업조합의 임원에 대하여 구 「전통시장 및 상점가 육성을 위한 특별법」(2023. 3. 28. 법률 제19319호로 개정되기 전의 것) 제4조 제1항에 따라 「도시 및 주거환경정비법」 제134조가 준용되어 뇌물죄 적용에서 공무원으로 볼 수 있는지 여부(적극)

69 ★★★★★ [선택형 · 사례형] 특정범죄가중처벌법 제5조4 제6항의 죄

특정범죄가중법위반(절도)죄로 2회, 상습절도죄로 1회 실형을 선고받은 전력이 있는 피고인이 재차 특정범죄가중법위반(절도)죄로 실형을 선고받아 그 형의 집행을 종료한 후 8회에 걸쳐 상습적으로 재물을 절취하거나 절취하려다 미수에 그쳤다는 범행을 하여 특정범죄가중법 제5조의4 제6항의 죄로 기소되었다. 이에 관한 설명 중 옳은 것은? (다툼이 있는 경우 판례에 의함)

① 특정범죄가중법 제5조의4 제6항은 “상습적으로 형법 제329조부터 제331조까지의 죄나 그 미수죄 또는 제2항의 죄로 두 번 이상 실형을 선고받고 그 집행이 끝나거나 면제된 후 3년 이내에 다시 상습적으로 형법 제329조부터 제331조까지의 죄나 그 미수죄 또는 제2항의 죄를 범한 경우에는 3년 이상 25년 이하의 징역에 처한다.”라고 규정하고 있다. 이는 상습적으로 형법 제329조 내지 제331조까지의 죄나 그 미수죄를 범하고 그 죄의 상습범 또는 특정범죄 가중처벌 등에 관한 법률 제5조의4 제2항의 죄로 기소되어 실형을 선고받아 그 집행이 끝나거나 면제된 후 3년 이내에 다시 상습적으로 형법 제329조부터 제331조까지의 죄나 그 미수죄 또는 특정범죄가중법 제5조의4 제2항의 죄를 범한 경우에 가중처벌하는 규정이다. 따라서 상습범이 아닌 형법 제329조부터 제331조까지의 죄나 그 미수죄 등 기본 구성요건의 범죄로 처벌받은 데 그친 경우에는 그 범죄가 상습성의 발현에 의한 것이었다고 해도 특정범죄가중법 제5조의4 제6항이 적용되지 않는다.

② 상습절도죄나 특정범죄가중법 제5조의4 제2항의 죄로 처벌받지 않은 경우에도 상습성의 발현에 의한 것이면 특정범죄가중법 제5조의4 제6항을 적용할 수 있다.

③ 특정범죄가중법 제5조의4 제6항의 죄에 해당하기 위해서는 해당 누범전과가 상습성의 발현에 의한 범죄면 족하고 반드시 상습절도죄의 죄명으로 처벌받았을 것까지 요하지는 않는데, 피고인의 누범전과가 절도 상습성의 발현에 의한 것이라는 증거가 없으므로 위 조항을 적용할 수 없다.

④ 상습절도죄나 특정범죄가중법 제5조의4 제2항의 죄로 처벌받지 않은 경우에도 상습성의 발현에 의한 것이면 특정범죄가중법 제5조의4 제6항을 적용할

수 없다.

⑤ 피고인의 누범전과는 상습적으로 형법 제329조부터 제331조까지의 죄나 그 미수죄를 범한 것 또는 특정범죄가중법 제5조의4 제2항의 죄로 처벌받은 것이 아니므로 특정범죄가중법 제5조의4 제6항을 적용하지 않는다.

해설 및 정답 ①, ④, ⑤ 대법원 2025. 3. 27. 선고 2024도20290 판결 [강도치상 · 특정범죄가중처벌등에관한법률위반(절도)] 〈「특정범죄 가중처벌 등에 관한 법률」(이하 '특정범죄가중법') 제5조의4 제6항에서 정한 '상습적으로 절도죄 등으로 실형을 선고받고'의 의미가 문제된 사건〉 [공2025상, 800] **정답** ○, ②~③ ×

[판시사항] 특정범죄 가중처벌 등에 관한 법률 제5조의4 제6항에서 정한 '상습적으로 형법 제329조부터 제331조까지의 죄나 그 미수죄로 실형을 선고받고'의 의미 / 상습범이 아닌 형법 제329조부터 제331조까지의 죄나 그 미수죄 등 기본 구성요건의 범죄로 처벌받은 데 그쳤으나 그 범죄가 상습성의 발현에 의한 것인 경우, 특정범죄 가중처벌 등에 관한 법률 제5조의4 제6항이 적용되는지 여부(소극)

70 ★★★★★ [선택형 · 사례형] 특정경제범죄법 · 수재

새마을금고중앙회 회장이었던 피고인 1이 재직 중 직무에 관하여 ① 새마을금고중앙회 상근이사와 자산운용사 대표로부터 변호사비 5,000만 원을 대납받거나 이를 요구 · 약속하고, ② 계열회사 대표이사로 선임된 피고인 5로부터 시가 합계 800만 원 상당의 황금도장 2개(이하 '이 사건 황금도장')를 수수하였다는 등의 특정경제범죄법위반(수재등)으로 기소된 사안이다. 이에 관한 설명 중 옳은 것은? (다툼이 있는 경우 판례에 의함)

① 특정경제범죄법 제5조 제1항의 특정경제범죄법 위반(수재등)죄는 금융회사 등의 임직원이 그 직무에 관하여 금품이나 그 밖의 이익을 수수할 때에 적용되는 것으로서, 이와 별도로 특정경제범죄법 제5조 제2항에서 금융회사 등의 임직원이 그 직무에 관하여 부정한 청탁을 받고 제3자에게 금품이나 그 밖의 이익을 공여하게 한 때에 특정경제범죄법 위반(수재등)죄로 처벌하도록 규정하고 있는 점에 비추어 보면, 금융회사 등의 임직원이 직접 금품이나 그 밖의 이익을 받지 아니하고 공여자로 하여금 다른 사람에게 금품이나 그 밖의 이익을 공여하도록 한 경우에는 그 다른 사람이 금융회사 등의 임직원의 사자 또는 대리인으로서 금품이나 그 밖의 이익을 받은 경우나 그 밖에 예컨대 평

소 금융회사 등의 임직원이 그 다른 사람의 생활비 등을 부담하고 있었다거나 혹은 그 다른 사람에 대하여 채무를 부담하고 있었다는 등의 사정이 있어서 그 다른 사람이 금품이나 그 밖의 이익을 받음으로써 금융회사 등의 임직원이 그만큼 지출을 면하게 되는 경우 등 사회통념상 그 다른 사람이 금품이나 그 밖의 이익을 받은 것을 금융회사 등의 임직원이 직접 받은 것과 같이 평가할 수 있는 관계가 있는 경우에 한하여 특정경제범죄법 제5조 제1항의 특정경제범죄법 위반(수재등)죄가 성립한다.

② 특정경제범죄법 제5조 제2항은 부정한 청탁을 받고 그와 같은 행위를 한 경우에 한하여 특정경제범죄법 제5조 제1항 위반죄와 같은 형으로 처벌하며, 만일 부정한 청탁을 받은 일이 없다면 이를 처벌하지 아니한다는 취지이다. 특정경제범죄법 제5조 제1항, 제2항은 범행의 유형으로 수수뿐만 아니라 요구·약속을 같이 규정하고 있다. 요구 또는 약속은 수수의 전 단계를 이루는 행위이므로, 사회통념상 다른 사람이 금품이나 그 밖의 이익을 받는 것을 금융회사 등의 임직원이 직접 받는 것과 같이 볼 수 없는 경우에는 이를 요구하거나 약속하는 행위도 금융회사 등 임직원이 직접 받을 것을 요구·약속한 것과 같이 볼 수는 없다.

③ 형사소송법 제215조 제1항은 "검사는 범죄수사에 필요한 때에는 피의자가 죄를 범하였다고 의심할 만한 정황이 있고 해당 사건과 관계가 있다고 인정할 수 있는 것에 한정하여 지방법원판사에게 청구하여 발부받은 영장에 의하여 압수, 수색 또는 검증을 할 수 있다."라고 규정한다. 여기서 '해당 사건과 관계가 있다고 인정할 수 있는 것'은 압수수색영장의 범죄혐의사실과 관련되고 이를 증명할 수 있는 최소한의 가치가 있는 것으로서 압수수색영장의 범죄혐의사실과 객관적 관련성이 인정되고 압수수색영장 대상자와 피의자 사이에 인적 관련성이 있는 경우를 의미한다. 그중 혐의사실과의 객관적 관련성은 압수수색영장에 기재된 혐의사실 자체 또는 그와 기본적 사실관계가 동일한 범행과 직접 관련되어 있는 경우는 물론 범행 동기와 경위, 범행 수단과 방법, 범행 시간과 장소 등을 증명하기 위한 간접증거나 정황증거 등으로 사용될 수 있는 경우에도 인정될 수 있다. 이러한 객관적 관련성은 압수수색영장 범죄혐의사실의 내용과 수사의 대상, 수사 경위 등을 종합하여 구체적·개별

적 연관관계가 있는 경우에만 인정된다고 보아야 하고, 혐의사실과 단순히 동종 또는 유사 범행에 관한 것이라는 사유만으로 객관적 관련성이 있다고 할 것은 아니다.

④ 객관적 관련성을 인정할 수 있는 구체적 · 개별적 연관관계가 있는 경우인지 여부는, 관련성을 요구하는 이유가 혐의사실과 완전히 무관한 별개의 범죄에 관한 증거가 압수됨으로써 헌법이 정한 적법절차의 원칙과 영장주의가 잠탈되고 궁극적으로 국민의 기본권이 침해되는 결과를 방지하기 위한 것임을 염두에 두고, 범죄의 속성, 압수수색영장에 기재된 혐의사실의 내용, 증거의 특징, 수사의 경위, 수사기관의 인식, 추가 수사의 개연성, 압수 · 수색의 필요성, 압수 · 수색을 허용할 경우 침해될 수 있는 기본권 내지 무관정보에 대한 이익 등을 종합적으로 고려하여, 적법절차의 원칙과 실체적 진실 규명의 조화를 도모하고 이를 통하여 형사사법정의를 실현하려는 헌법과 형사소송법의 궁극적 취지가 몰각되지 않도록 신중히 판단하여야 한다.

⑤ 형사소송법 제308조의2에 따라 적법한 절차에 따르지 아니하고 수집한 증거는 증거로 할 수 없다. 수사기관이 헌법과 형사소송법이 정한 절차에 따르지 아니하고 수집한 증거는 물론, 이를 기초로 하여 획득한 2차적 증거 역시 유죄 인정의 증거로 삼을 수 없는 것이 원칙이다. 다만 수사기관의 절차 위반행위가 적법절차의 실질적인 내용을 침해하는 경우에 해당하지 아니하고, 오히려 그 증거의 증거능력을 배제하는 것이 헌법과 형사소송법이 형사소송에 관한 절차조항을 마련하여 적법절차의 원칙과 실체적 진실 규명의 조화를 도모하고, 이를 통하여 형사 사법 정의를 실현하려고 한 취지에 반하는 결과를 초래하는 것으로 평가되는 예외적인 경우라면, 법원은 그 증거를 유죄 인정의 증거로 사용할 수 있다.

⑥ 이 사안의 경우 ① 피고인 1이 추가 선임료 지급채무를 부담한 바 없으므로, 공여자로 하여금 법률자문료 5,000만 원을 지급하도록 요구하거나 약속하였다고 하더라도 그로 인한 금품 등의 이익은 어디까지나 제3자인 변호사에게 귀속되는 것일 뿐이고, 구체적으로 채무나 비용 지출을 면하지 않은 이상 사회통념상 피고인 1이 직접 받을 것을 요구·약속한 것과 같다고 보기는 어렵고, ② 이 사건 황금도장 등은 1차 압수수색영장 범죄혐의사실 자체 또는 그

와 기본적 사실관계가 동일한 범행과 직접 관련되어 있지 않고, 그 범죄혐의 사실의 증명에 기여할 수 있는 정황증거 내지 간접증거에 해당한다고 보기도 어려워서 영장주의와 적법절차 원칙을 위반하여 취득한 것이고, 2차 압수수색 영장을 발부받아 이 사건 황금도장을 형식적으로 반환하는 외관을 만든 후 다시 압수하였다고 하여 그 위법성이 치유되지 않는다.

해설 및 정답 ①~⑥ 대법원 2025. 4. 10. 선고 2024도15789 판결 [특정경제범죄가중처벌등에관한법률위반(수재등)·특정경제범죄가중처벌등에관한법률위반(증재등)·특정경제범죄가중처벌등에관한법률위반(수재등)방조] 〈금융회사등의 임직원이 변호사비를 대납받거나 황금도장을 수수하는 등으로 직무에 관하여 금품이나 그 밖의 이익을 수수·요구·약속하였는지 여부가 문제된 사건〉 [공2025상, 841]

정답 ○

[판시사항] [1] 금융회사 등의 임직원이 직접 금품이나 그 밖의 이익을 받지 아니하고 공여자로 하여금 다른 사람에게 금품이나 그 밖의 이익을 공여하도록 한 경우, 특정경제범죄 가중처벌 등에 관한 법률 제5조 제1항 위반(수재등)죄가 성립하기 위한 요건 / 이는 금품이나 그 밖의 이익을 요구하거나 약속하는 행위의 경우에도 마찬가지인지 여부(적극)

[2] 형사소송법 제215조 제1항에 따라 영장에 의하여 압수·수색·검증을 할 수 있는 요건인 '해당 사건과 관계가 있다고 인정할 수 있는 것'의 의미 및 이때 압수수색영장의 범죄혐의사실과 객관적 관련성이 인정되는 범위 / 객관적 관련성을 인정할 수 있는 구체적·개별적 연관관계가 있는 경우인지 판단하는 기준 / 수사기관이 헌법과 형사소송법이 정한 절차에 따르지 않고 수집한 증거와 이를 기초로 획득한 2차적 증거를 유죄 인정의 증거로 삼을 수 있는지 여부(원칙적 소극) 및 법원이 위 증거를 유죄 인정의 증거로 사용할 수 있는 예외적인 경우

[판결요지] [2] 객관적 관련성을 인정할 수 있는 구체적·개별적 연관관계가 있는 경우인지 여부는, 관련성을 요구하는 이유가 혐의사실과 완전히 무관한 별개의 범죄에 관한 증거가 압수됨으로써 헌법이 정한 적법절차의 원칙과 영장주의가 잠탈되고 궁극적으로 국민의 기본권이 침해되는 결과를 방지하기 위한 것임을 염두에 두고, 범죄의 속성, 압수수색영장에 기재된 혐의사실의 내용, 증거의 특징, 수사의 경위, 수사기관의 인식, 추가 수사의 개연성, 압수·수색의 필요성, 압수·수색을 허용할 경우 침해될 수 있는 기본권 내지 무관정보에 대한 이익 등을 종합적으로 고려하여, 적법절차의 원칙과 실체적 진실 규명의 조화를 도모하고 이를 통하여 형사 사법 정의를 실현하려는 헌법과 형사소송법의 궁극적 취지가 몰각되지 않도록 신중히 판단하여야 한다.

4 형사소송법 수사

71 ★★★★★ **[선택형 · 사례형] 구속 전 피의자심문절차의 적법성**

긴급체포 후 구속영장이 청구된 피의자에 대하여 구속 전 피의자심문절차를 진행하면서 당일 심문을 종결하지 않고 속행하였고, 새로운 심문기일을 지정한 뒤 그 기일에 심문을 종결하고 구속영장을 발부하였다. 피고인이 이후 재판절차에서 구속 전 피의자심문절차의 적법성을 다툰 사안이다. 이에 관한 설명 중 옳은 것은? (다툼이 있는 경우 판례에 의함)

① 별다른 사유 없이 심문절차가 지연됨으로써 구속영장이 발부되지 않은 상태로 피의자의 신체의 자유가 장기간 제한되어 실질적으로 불법구금에 해당한다고 볼 정도에 이른 것이 아니라면, 단지 심문기일을 속행하였다는 사정만으로는 구속영장의 적법성과 효력에 어떠한 영향을 미친다고 볼 수 없다.

② 이 사안에서 체포된 피고인에 대한 심문을 당일 종결하지 않고 속행한 조치는 특별한 사정이 없는 한 바람직하다고 할 수는 없지만, 그 다음날 심문이 종결되어 구속영장이 발부되었고 그 구속영장의 집행으로 구속이 이루어졌다면 이를 적법절차에 반하는 위법한 구금이라고 할 수는 없다.

해설 및 정답 ①~② 대법원 2025. 3. 13. 선고 2022도9819 판결 [마약류관리에관한법률위반(향정)] (라) 상고기각 〈구속 전 피의자심문절차에서 심문기일 속행 가부가 문제된 사건〉 **정답** ○

☞ 구속 전 피의자심문절차는 시사문제이다. 법조문을 완벽하게 필사하고 암송한다.

[판시사항] 구속 전 피의자심문절차에서 심문기일을 속행하는 것이 바람직한지 여부(원칙적 소극) / 별다른 사유 없이 심문절차가 지연됨으로써 구속영장이 발부되지 않은 상태로 피의자의 신체의 자유가 장기간 제한되어 실질적으로 불법구금에 해당한다고 볼 정도에 이른 것이 아닌 경우, 단지 심문기일을 속행하였다는 사정만으로 구속영장의 적법성과 효력에 영향을 미치는지 여부(소극)

[판결요지] [1] 대한민국헌법(이하 '헌법'이라 한다) 제12조는 국민의 신체의 자유와 관련하여 제1항에서 "모든 국민은 신체의 자유를 가진다. **누구든지 법률에 의하지 아니하고는 체포 · 구속 · 압수 · 수색 또는 심문을 받지 아니한다.**"라고 정하고, 제3항 본문에서 "**체포 · 구속 · 압수 또는 수색을 할 때에는 적법한 절차에 따라 검사의 신청에 의하여 법관이 발부한 영장을 제시하여야 한다.**"라고 정하며, 제5항에서 "**누구든지 체포 또는 구속의 이유와 변호인의 조력을 받을 권리가 있음을 고지받지 아니하고는 체포 또는 구속을 당하지 아니한다. 체포 또는 구속을 당한 자의 가족 등 법률이 정하는 자에게는 그 이유와 일시 · 장소가 지체 없이 통지되어야 한다.**"라고 정함으로써 적법절차와 영장주의의 원칙을 선언하고 있다.

· 헌법 제12조 제1항 · 제3항 · 제5항

[2] 이에 따라 형사소송법(이하 '법'이라 한다)과 형사소송규칙(이하 '규칙'이라 한다)은 **피의자에 대한 구속영장의 청구와 발부절차**에 관하여 다음과 같이 규정하고 있다. **· 피의자에 대한 구속영장의 청구와 발부절차**

① **영장에 의해 체포한 피의자를 구속하고자 할 때에는 체포한 때부터 48시간 이내에 법 제201조의 규정에 의하여 구속영장을 청구하여야 하고, 그 기간 내에 구속영장을 청구하지 아니하는 때에는 피의자를 즉시 석방하여야 한다**(법 제200조의2 제5항). 위 규정은 **검사 또는 사법경찰관리가 현행범인을 체포하거나 현행범인을 인도받은 경우에 준용**되고(법 제213조의2), 같은 취지의 규정이 **긴급체포한 피의자를 구속하고자 하는 경우에 관하여도 존재한다**(법 제200조의4 제1항, 제2항). **· 48시간**

② 체포된 피의자에 대하여 구속영장을 청구받은 판사는 지체 없이 피의자를 심문하여야 하는데, **특별한 사정이 없는 한 구속영장이 청구된 날의 다음 날까지 심문하여야 한다**(법 제201조의2 제1항). 체포된 피의자 외의 피의자에 대하여 구속영장을 청구받은 판사는 구인을 위한 구속영장을 발부하여 피의자를 구인한 후 심문하여야 한다(법 제201조의2 제2항 본문). 이때 **구인한 피의자를 법원에 인치한 경우에 구금할 필요가 없다고 인정한 때에는 그 인치한 때로부터 24시간 내에 석방하여야 하고**(법 제209조, 제71조), **구인한 피의자를 유치할 필요가 있어 교도소 · 구치소 또는 경찰서 유치장에 유치하는 경우에 유치기간은 인치한 때로부터 24시간을 초과할 수 없다**(법 제201조의2 제10항, 제71조의2). **· 24시간**

③ 판사는 체포된 피의자에 대하여 구속영장을 청구받은 경우에는 즉시, 체포된 피의자 외의 피의자에 대하여는 피의자가 **구인영장에 의하여 인치된 후 즉시 검사, 피의자 및 변호인에게 심문기일과 장소를 통지하여야 한다**(법 제201조의2 제3항). 체포된 피의자 외의 피의자에 대한 심문기일은 심문기일의 통지 및 그 출석에 소요되는 시간 등을 고려하여 피의자가 법원에 인치된 때로부터 가능한 한 빠른 일시로 지정하여야 하고(규칙 제96조의12 제2항), 심문기일의 통지는 **서면 이외에 구술 · 전화 · 모사전송 · 전자우편 · 휴대전화 문자전송 그 밖에 적당한 방법으로 신속하게 하여야 한다**(규칙 제96조의12 제3항). **· 통지(=서면 · 구술 · 전화 · 모사전송 · 전자우편 · 휴대전화문자)**

④ **구속영장청구를 받은 판사는 신속히 구속영장의 발부 여부를 결정하여야 한다**(법 제201조 제3항). **· 결정**

⑤ 심문을 진행하는 판사는 구속 여부를 판단하기 위하여 필요한 사항에 관하여 신속하고 간결하게 심문하여야 한다(규칙 제96조의16 제2항). 판사는 구속 여부의 판단을 위하여 필요하다고 인정하는 때에는 피해자 그 밖의 제3자를 심문할 수 있는데 피해자 그 밖의 제3자가 심문장소에 출석한 때에 한한다(규칙 제96조의16 제5항).

[3] 위와 같은 헌법이 정한 적법절차와 영장주의 원칙, 형사소송법령이 정한 피의자에 대한 구속영장의 청구 및 발부절차에 관한 규정을 종합하면, 구속영장이

청구되는 경우 구속영장 발부 여부의 결정은 최대한 신속하게 이루어져야 하고, 구속영장 발부 여부를 결정하기 위한 피의자심문절차는 구속 여부를 판단하는 데 필요한 사항에 한하여 신속하고 간결하게 이루어져야 한다. 따라서 특별한 사정이 없는 한 구속 전 피의자심문절차에서 심문기일을 속행하는 것은 바람직하지 않다. 구속영장을 청구받은 판사가 피의자심문을 진행하면서 심문기일을 자유롭게 속행한다면 신속히 구속영장의 발부 여부를 결정하도록 정하고 있는 형사소송 법령의 규정과 취지에 부합하지 않을 뿐만 아니라, 피의자의 구속 여부가 장기간 유동적인 상태에 놓여 헌법과 형사소송법령이 적법절차 및 영장주의의 원칙을 통하여 보호하고자 하는 신체의 자유에 관한 기본권이 부당하게 제한될 우려가 있기 때문이다. **· 피의자심문절차(=신속 · 간결)**

그런데 구속 전 피의자심문을 요체로 하는 구속영장실질심사제도는 검사로부터 구속영장을 청구받은 판사가 구속 여부를 결정하기 전에 피의자를 대면하여 직접 심문함으로써 구속 사유를 더욱 신중히 판단하기 위하여 마련된 제도이다. 판사가 피의자를 심문하는 과정에서 심문기일을 속행하는 것은 그와 같은 직접 심문을 더욱 충실히 하기 위한 소송지휘권의 일환일 수 있고 그 과정에서 피의자에게 의견진술의 기회를 추가적으로 보장하는 의미도 있음을 부정할 수 없다. **· 심문기일 속행 제한**

따라서 별다른 사유 없이 심문절차가 지연됨으로써 구속영장이 발부되지 않은 상태로 피의자의 신체의 자유가 장기간 제한되어 실질적으로 불법구금에 해당한다고 볼 정도에 이른 것이 아니라면, 단지 심문기일을 속행하였다는 사정만으로는 구속영장의 적법성과 효력에 어떠한 영향을 미친다고 볼 수 없다. **· 불법구금 정도가 아니면, 심문기일 속행도 적법하며 효력이 있다.**

72 ★★★ [선택형 · 사례형] 압수 · 수색영장 '범죄혐의 관련성' 판단방법

군인인 피고인이 퇴역 후에도 군사기밀 문건(이하 '이 사건 문건')을 자택에 계속 보관하던 중, 제3자에 대한 별건 군사기밀보호법위반 사건의 압수수색 과정에서 이 사건 문건이 압수된 후 비인가자의 군사기밀점유로 인한 군사기밀보호법위반으로 기소된 사안이다. 이에 관한 설명 중 옳은 것은? (다툼이 있는 경우 판례에 의함)

① 최초 압수 · 수색영장의 혐의사실과 압수된 이 사건 문건 사이의 관련성이 인정되지 아니하여 증거로 쓸 수 없고, 위 문건에 대하여 새로 압수 · 수색영장을 발부받았다 하더라도 마찬가지이며, 검사가 제출한 나머지 증거들은 위 문건으로부터 파생된 2차 증거로서 증거로 사용할 수 없다.

② 이 사건 문건은 최초 압수 · 수색영장의 혐의사실에 관한 간접, 정황증거가 될 수 있고 자백의 진실성을 담보할 보강증거로서의 가치를 가지고 있으며, 새로

영장을 발부받아 행해진 압수 절차가 위법하다고 할 수 없어서 결국 이 사건 문건을 증거로 쓸 수 있다.

해설 및 정답 ①~② 대법원 2025. 2. 27. 선고 2021도8284 판결 [군사기밀보호법 위반] (라) 파기환송 〈군검사에 의한 압수·수색영장 집행으로 압수한 문서의 증거능력 인정 여부가 문제된 사건〉 **정답** ① ×, ② ○

[판시사항] 구 군사법원법 제258조에 따라 군검사의 수사상 압수·수색에 준용되는 군사법원법 제146조 제1항, 제149조 제1항에서 '사건과 관계가 있다.'는 것의 의미 / 이때 **압수·수색영장에 기재된 혐의사실과 객관적 관련성이 인정되는 범위와 인정 기준 및 피의자 또는 피고인과의 인적 관련성이 인정되는 범위**

[판결요지] 구 군사법원법(2020. 6. 9. 법률 제17367호로 개정되기 전의 것, 이하 같다) 제254조 제1항은 "군검사는 범죄수사에 필요할 때에는 군검사의 청구로 관할 보통군사법원 군판사가 발부한 영장에 따라 압수·수색 또는 검증을 할 수 있다."라고 규정하고 있다. 그런데 구 군사법원법 제258조에 따라 군검사의 수사상 압수·수색에 준용되는 군사법원법 제146조 제1항 및 제149조 제1항은, 군사법원은 필요한 때에는 피고사건과 관계가 있다고 인정할 수 있는 것에 한정하여 증거물 또는 몰수될 것으로 생각되는 물건을 압수하거나(제146조 제1항), 피고인의 신체, 물건 또는 주거나 그 밖의 장소를 수색할 수 있다(제149조 제1항)고 규정하고 있으므로, 구 군사법원법이 적용되는 군검사의 수사상 압수·수색 또한 관련성의 제한을 받는다.

군사법원법 제146조 제1항, 제149조 제1항이 규정하고 있는 **'사건과 관계가 있다.'**는 것은 압수·수색영장에 기재한 혐의사실과 관련되고 이를 증명할 수 있는 최소한의 가치가 있는 것으로서 **압수·수색영장의 혐의사실과 객관적, 인적 관련성이 인정되는 것을 말한다.** **·혐의사실과 객관적, 인적 관련성**

혐의사실과의 객관적 관련성은 압수·수색영장에 기재된 혐의사실 자체 또는 그와 기본적 사실관계가 동일한 범행과 직접 관련되어 있는 경우를 의미하지만,

·혐의사실 자체 또는 그와 기본적 사실관계가 동일한 범행과 직접 관련성

범행 동기와 경위, 범행 수단과 방법, 범행 시간과 장소 등을 증명하기 위한 **간접, 정황증거나 자백의 보강증거로 사용될 수 있는 경우에도 인정할 수 있다.**

·간접, 정황증거나 자백의 보강증거로 사용될 수 있는 경우에도 인정

객관적 관련성은 압수·수색영장에 기재된 혐의사실의 내용과 수사의 대상, 수사 경위 등을 종합하여 **구체적·개별적 연관관계가 있는 경우에만 인정할 수 있고,** 혐의사실과 단순히 동종 또는 유사 범행이라는 사유만으로 객관적 관련성이 있다고 볼 수는 없다. **·구체적·개별적 연관관계 인정**

그리고 **피의자 또는 피고인과의 인적 관련성은 압수·수색영장에 기재된 대상자의 공동정범이나 교사범 등 공범이나 간접정범은 물론 필요적 공범 등에 대한 사건에 대해서도 인정할 수 있다**(대법원 2023. 6. 1. 선고 2018도18866 판결 참조). **·공동정범·교사범·공범·간접정범·필요적 공범 등에 대한 사건에 대해서도 인정**

73 ★★★★★ **[선택형 · 사례형] 적법절차 · 디지털 증거매체 증거능력**

「성폭력범죄의 처벌 등에 관한 특례법」(이하 '성폭력처벌법') 위반(카메라등이용촬영물소지등) 혐의를 포착하여 발부받은 압수수색영장(이하 '이 사건 압수영장')으로 피고인의 컴퓨터를 압수수색하여, 본건 혐의사실과 관련된 불법촬영물 파일 외에 피고인의 「아동 · 청소년의 성보호에 관한 법률」(이하 '청소년성보호법') 위반(성착취물소지등)에 관한 증거물(이하 '이 사건 각 전자정보')도 압수한 뒤, 본건과 별건에 대하여 모두 공소가 제기되었다.
이 사건 압수영장의 압수수색의 사유 중 '범죄사실 부분'에 '피고인이 2021. 5. 21. 불상지에 설치된 인터넷 컴퓨터에서 토렌트 프로그램 등을 통해 불법촬영물을 다운받아 소지하고, 그 무렵 다운받은 파일을 토렌트 프로그램 등을 통해 공개함으로써 유포하였다'는 내용이, '압수수색을 필요로 하는 사유'에 '아동성착취물 등 본건 혐의 관련 전자정보에 대한 압수가 필요하다'는 내용이, '압수할 물건'에 '디지털 증거매체에 저장한 전자정보 중 불법촬영물 및 아동성착취물 범죄혐의와 관련된 것'이라는 내용이 기재되어 있었다. 이에 관한 설명 중 옳은 것은? (다툼이 있는 경우 판례에 의함)

① 전자정보 또는 전자정보저장매체에 대한 압수수색에서 혐의사실과 관련된 전자정보인지 여부를 판단할 때는 혐의사실의 내용과 성격, 압수수색의 과정 등을 토대로 구체적 · 개별적 연관관계를 살펴볼 필요가 있다.

② 특히 카메라의 기능과 전자정보저장매체의 기능을 함께 갖춘 스마트폰 등을 이용한 불법촬영 등의 범죄와 같이, 범죄의 속성상 해당 범행의 상습성이 의심되거나 성적 기호 또는 경향성의 발현에 따른 일련의 범행의 일환으로 이루어진 것으로 의심되고 범행의 직접 증거가 스마트폰 또는 해당매체 안에 이미지파일이나 동영상 파일의 형태로 남아 있을 개연성이 있는 경우에는, 그 안에 저장된 같은 유형의 전자정보에서 그와 관련한 유력한 간접증거나 정황증거가 발견될 가능성이 높다는 점에서, 이러한 간접증거나 정황증거는 혐의사실과 구체적 · 개별적 연관관계를 인정할 수 있다.

③ 이처럼 범죄의 대상이 된 피해자의 인격권을 현저히 침해하는 성격의 전자정보를 담고 있는 촬영물은 범죄행위로 인하여 생겼거나 취득한 것으로서 몰수의 대상이기도 하므로, 휴대전화에서 해당 전자정보를 신속히 압수수색하여 촬영물의 유통가능성을 적시에 차단함으로써 피해자를 보호해야 할 필요성이 크다. 반면 이와 같은 경우에는 간접증거나 정황증거이면서 몰수의 대상이자 압수수색의 대상인 전자정보의 유형이 이미지파일 또는 동영상 파일 등으로

비교적 명확하게 특정될 수 있으므로, 그와 무관한 사적전자정보 전반의 압수수색으로 이어질 가능성은 높지 않다.

④ 이러한 법리는 스마트폰을 이용한 불법촬영 등 범죄에서뿐만 아니라, 압수수색의 혐의사실이 디지털 성범죄(예컨대 청소년성보호법 제25조의2 제1항)인 경우, 그 혐의사실과 같거나 근접한 시기에 또는 시간적 단절 없이 행하는 동종 유형이나 유사한 수법의 디지털 성범죄와 관련된 전자정보 또는 다른 목적과 수단 관계에 있는(예컨대 아동·청소년성착취물을 제작하기 위한 성착취목적대화 등) 디지털 성범죄와 관련된 전자정보에도 적용될 수 있다.

⑤ 성폭력처벌법 위반(카메라등이용촬영물소지등)은 청소년성보호법 위반(성착취물소지등)과 입법목적 및 구성요건이 다른 별개의 범죄이고, 위 각 범죄의 영상물을 다운로드한 일시 사이에 약 1년 4개월 정도의 시간적 간격이 있으며, 다운로드에 사용한 프로그램이 상이하여 위 각 범죄 사이에 기본적 사실관계의 동일성을 인정할 수 없다는 점을 근거로, 이 사건 각 전자정보가 이 사건 압수영장의 혐의사실과 객관적으로 관련되어 있다고 보기 어렵고, 결국 이 사건 각 전자정보는 위법수집증거로서 증거능력이 없다.

⑥ 각 범죄는 인터넷에서 유포되는 불법적인 성적 영상물(내밀한 신체가 노출되거나 성관계를 하는 모습 등이 촬영된 것)을 다운로드 받는 것으로 유사한 특성을 가지고 있다. 이 사건 압수영장의 기재 내용을 고려하면 추가 여죄수사의 가능성이 있었다고 볼 수 있다. 계속범으로 그 범행기간이 수개월 동안 겹치고, 인터넷에서 불법적인 성적 영상물을 다운로드하여 하드디스크에 보관하는 것으로 범행방법이 동일하다. 모두 성적 영상물을 탐닉하는 피고인의 성적 기호 또는 경향성의 발현에 따른 것으로 볼 수 있다. 그러므로 이 사건 압수영장 기재 혐의사실과 그 집행으로 취득한 이 사건 각 전자정보 사이의 관련성을 인정할 수 있어 수사기관이 이 사건 각 전자정보를 압수한 것은 적법하다.

해설 및 정답 ①~④, ⑥ 대법원 2025. 6. 12. 선고 2023도11395 판결 [아동·청소년의성보호에관한법률위반(성착취물소지등)등] (사) 파기환송 〈디지털 성범죄에서 압수수색의 혐의사실과의 객관적 관련성 인정 여부가 문제된 사건〉 ★★★★★

정답 ○, ⑤ ×

[판시사항] 전자정보 또는 전자정보저장매체에 대한 압수수색에서 압수영장 기재 혐의사실과 객관적 관련성이 인정되는 전자정보의 범위

[판결요지] 스마트폰을 이용한 불법촬영 등 범죄에서뿐만 아니라, 압수수색의 혐의사실이 디지털 성범죄(예컨대 청소년성보호법 제25조의2 제1항)인 경우, 그 혐의사실과 같거나 근접한 시기에 또는 시간적 단절 없이 행하는 동종 유형이나 유사한 수법의 디지털 성범죄와 관련된 전자정보 또는 다른 목적과 수단 관계에 있는(예컨대 아동·청소년성착취물을 제작하기 위한 성착취목적대화 등) 디지털 성범죄와 관련된 전자정보에도 적용될 수 있다.

74 ★★★★★ **[선택형 · 사례형] 적법절차 · 정보저장매체 임의제출과 소유자 본범 참여권 · 증거은닉범이 본범으로부터 은닉을 교사받고 소지 · 보관 중이던 본범의 정보저장매체를 임의제출하는 경우 본범의 참여권 인정 여부가 문제된 사건**

피고인은 허위의 인턴활동 확인서를 작성한 후 A의 아들 대학원 입시에 첨부자료로 제출하도록 함으로써 A 등과 공모하여 대학원 입학담당자들의 입학사정 업무를 방해한 공소사실로 기소되었다. 이 사안의 쟁점은 증거은닉범 B가 본범 A로부터 은닉을 교사받고 소지 · 보관 중이던 A 등의 정보저장매체를 임의제출하는 경우 증거은닉범행의 피의자이면서 임의제출자인 B에게만 참여의 기회를 부여하고 A 등에게 참여의 기회를 부여하지 않은 것이 위법한지 여부이다. 이에 관한 설명 중 옳은 것은? (다툼이 있는 경우 판례에 의함)

1. 수사기관은 2019. 8. 27.경 공소외 1, 공소외 2의 자녀 입시 · 학사 비리 혐의, 사모펀드 투자 비리 혐의, ○○학원 비리 혐의 등과 관련된 △△대학교, □□ 사무실, ○○학원 등에 대한 압수 · 수색을 기점으로 각종 의혹에 대한 수사를 본격화하였다.
2. 공소외 1은 압수 · 수색 등 수사에 대비하여 혐의사실과 관련된 전자정보가 저장된 컴퓨터 등을 은닉하고자, 2019. 8. 31.경 공소외 3에게 서재에 있던 컴퓨터에서 떼어낸 정보저장매체 2개 중 1개(HDD 1개), 아들 공소외 4의 컴퓨터에서 떼어낸 정보저장매체 2개(HDD 1개, SSD 1개) 등 공소외 1, 공소외 2, 공소외 4(이하 '공소외 1 등'이라 한다)이 주거지에서 사용하던 3개의 정보저장매체(이하 '이 사건 하드디스크'라 한다)를 건네주면서 "수사가 끝날 때까지 숨겨놓으라."라는 취지로 지시하였다. 공소외 3은 이 사건 하드디스크를 서울 양천구 소재 상가 지하 1층 헬스장 개인 보관함 등에 숨겨두었다.
3. 이 사건 하드디스크에는 공소외 1이 은닉하고자 했던 증거들, 즉 자녀들의 대학 · 대학원 입시에 활용한 인턴십 확인서 및 공소외 4, 피고인 등 관련자들의 문자메시지 등이 저장되어 있었다.
4. 수사기관은 2019. 9. 10.경 공소외 3을 증거은닉혐의 피의자로 입건하였다. 공소외 3은 2019. 9. 11. 수사기관에 이 사건 하드디스크를 임의제출하였다.

5. 수사기관은 이 사건 하드디스크 임의제출 및 그에 저장된 전자정보에 관한 탐색 · 복제 · 출력 과정에서 공소외 3과 그 변호인에게 참여 의사를 확인하고 참여 기회를 부여하는 등 참여권을 보장하였는데 공소외 3측은 탐색 · 복제 · 출력 과정에 참여하지 않겠다는 의사를 밝혔다. 수사기관은 공소외 1 등에게는 위와 같은 참여 의사를 확인하거나 참여 기회를 부여하지 않았다.

① 압수의 대상이 되는 전자정보와 그렇지 않은 전자정보가 혼재된 정보저장매체나 그 복제본을 임의제출받은 수사기관이 그 정보저장매체 등을 수사기관 사무실 등으로 옮겨 이를 탐색 · 복제 · 출력하는 경우, 그와 같은 일련의 과정에서 형사소송법 제219조, 제121조에서 규정하는 압수 · 수색영장의 집행을 받는 당사자나 그 변호인에게 참여의 기회를 보장하고 압수된 전자정보의 파일 명세가 특정된 압수목록을 작성 · 교부하여야 하며, 범죄혐의사실과 무관한 전자정보의 임의적인 복제 등을 막기 위한 적절한 조치를 취하는 등 영장주의 원칙과 적법절차를 준수하여야 한다. 만약 그러한 조치가 취해지지 않았다면 피압수자 측이 참여하지 않겠다는 의사를 명시적으로 표시하였거나 임의제출의 취지와 경과 또는 그 절차 위반행위가 이루어진 과정의 성질과 내용 등에 비추어 피압수자 측에 절차 참여를 보장한 취지가 실질적으로 침해되었다고 볼 수 없을 정도에 해당한다는 등의 특별한 사정이 없는 이상 압수 · 수색이 적법하다고 평가할 수 없고, 비록 수사기관이 정보저장매체 또는 복제본에서 범죄혐의사실과 관련된 전자정보만을 복제 · 출력하였다고 하더라도 달리 볼 것은 아니다.

② 피해자 등 제3자가 피의자의 소유 · 관리에 속하는 정보저장매체를 임의제출한 경우에는 실질적 피압수자인 피의자가 수사기관으로 하여금 그 전자정보 전부를 무제한 탐색하는 데 동의한 것으로 보기 어려울 뿐만 아니라 피의자 스스로 임의제출한 경우 피의자의 참여권 등이 보장되어야 하는 것과 견주어 보더라도 특별한 사정이 없는 한 피의자에게 참여권을 보장하고 압수한 전자정보 목록을 교부하는 등 피의자의 절차적 권리를 보장하기 위한 적절한 조치가 이루어져야 한다.

③ 이와 같이 정보저장매체를 임의제출한 피압수자에 더하여 임의제출자 아닌 피의자에게도 참여권이 보장되어야 하는 '피의자의 소유 · 관리에 속하는 정보

저장매체'란, 피의자가 압수 · 수색 당시 또는 이와 시간적으로 근접한 시기까지 해당 정보저장매체를 현실적으로 지배 · 관리하면서 그 정보저장매체 내 전자정보 전반에 관한 전속적인 관리처분권을 보유 · 행사하고, 달리 이를 자신의 의사에 따라 제3자에게 양도하거나 포기하지 아니한 경우로서, 피의자를 그 정보저장매체에 저장된 전자정보 전반에 대한 실질적인 압수 · 수색 당사자로 평가할 수 있는 경우를 말하는 것이다.

④ 이에 해당하는지 여부는 민사법상 권리의 귀속에 따른 법률적 · 사후적 판단이 아니라 압수 · 수색 당시 외형적 · 객관적으로 인식 가능한 사실상의 상태를 기준으로 판단하여야 한다. 이러한 정보저장매체의 외형적 · 객관적 지배 · 관리 등 상태와 별도로 단지 피의자나 그 밖의 제3자가 과거 그 정보저장매체의 이용 내지 개별 전자정보의 생성 · 이용 등에 관여한 사실이 있다거나 그 과정에서 생성된 전자정보에 의해 식별되는 정보주체에 해당한다는 사정만으로 그들을 실질적으로 압수 · 수색을 받는 당사자로 취급하여야 하는 것은 아니다.

⑤ 증거은닉범행의 피의자로서 하드디스크를 임의제출한 을에 더하여 임의제출자가 아닌 갑 등에게도 참여권이 보장되어야 한다고 볼 수 없다.

해설 및 정답 ①~⑤ 대법원 2023. 9. 18. 선고 2022도7453 전원합의체 판결 [업무방해] 〈증거은닉범이 본범으로부터 은닉을 교사받고 소지 · 보관 중이던 본범의 정보저장매체를 임의제출하는 경우 본범의 참여권 인정 여부가 문제된 사건〉 [공2023하, 1835]

정답 ○

[판시사항] [1] 정보저장매체를 임의제출한 피압수자에 더하여 임의제출자 아닌 피의자에게도 참여권이 보장되어야 하는 '피의자의 소유 · 관리에 속하는 정보저장매체'의 의미 및 이에 해당하는지 판단하는 기준 / 피의자나 그 밖의 제3자가 과거 그 정보저장매체의 이용 내지 개별 전자정보의 생성 · 이용 등에 관여한 사실이 있다거나 그 과정에서 생성된 전자정보에 의해 식별되는 정보주체에 해당한다는 사정만으로 그들을 실질적 피압수자로 취급하여야 하는지 여부(소극)

[2] 피고인이 허위의 인턴십 확인서를 작성한 후 갑의 자녀 대학원 입시에 활용하도록 하는 방법으로 갑 등과 공모하여 대학원 입학담당자들의 입학사정업무를 방해하였다는 공소사실과 관련하여, 갑 등이 주거지에서 사용하던 컴퓨터 내 정보저장매체(하드디스크)에 인턴십 확인서 등 증거들이 저장되어 있고, 갑은 자신 등의 혐의에 대한 수사가 본격화되자 을에게 지시하여 하드디스크를 은닉하였는데, 이후 수사기관이 을을 증거은닉혐의 피의자로 입건하자 을이 이를 임의제출

하였고, 수사기관은 하드디스크 임의제출 및 그에 저장된 전자정보에 관한 탐색·복제·출력 과정에서 을 측에 참여권을 보장한 반면 갑 등에게는 참여 기회를 부여하지 않아 그 증거능력이 문제 된 사안에서, 증거은닉범행의 피의자로서 하드디스크를 임의제출한 을에 더하여 임의제출자가 아닌 갑 등에게도 참여권이 보장되어야 한다고 볼 수 없다고 한 사례.

[판결요지] [1] [다수의견] (가) 정보저장매체 내의 전자정보가 가지는 중요성은 헌법과 형사소송법이 구현하고자 하는 적법절차, 영장주의, 비례의 원칙과 함께 사생활의 비밀과 자유, 정보에 대한 자기결정권 등의 관점에서 유래된다.

압수의 대상이 되는 전자정보와 그렇지 않은 전자정보가 혼재된 정보저장매체나 그 복제본을 임의제출받은 수사기관이 그 정보저장매체 등을 수사기관 사무실 등으로 옮겨 이를 탐색·복제·출력하는 경우, 그와 같은 일련의 과정에서 형사소송법 제219조, 제121조에서 규정하는 압수·수색영장의 집행을 받는 당사자(이하 '피압수자'라 한다)나 그 변호인에게 참여의 기회를 보장하고 압수된 전자정보의 파일 명세가 특정된 압수목록을 작성·교부하여야 하며, 범죄혐의사실과 무관한 전자정보의 임의적인 복제 등을 막기 위한 적절한 조치를 취하는 등 영장주의 원칙과 적법절차를 준수하여야 한다. 만약 그러한 조치가 취해지지 않았다면 피압수자 측이 참여하지 않겠다는 의사를 명시적으로 표시하였거나 임의제출의 취지와 경과 또는 그 절차 위반행위가 이루어진 과정의 성질과 내용 등에 비추어 피압수자 측에 절차 참여를 보장한 취지가 실질적으로 침해되었다고 볼 수 없을 정도에 해당한다는 등의 특별한 사정이 없는 이상 압수·수색이 적법하다고 평가할 수 없고, 비록 수사기관이 정보저장매체 또는 복제본에서 범죄혐의사실과 관련된 전자정보만을 복제·출력하였다고 하더라도 달리 볼 것은 아니다.

피해자 등 제3자가 피의자의 소유·관리에 속하는 정보저장매체를 임의제출한 경우에는 실질적 피압수자인 피의자가 수사기관으로 하여금 그 전자정보 전부를 무제한 탐색하는 데 동의한 것으로 보기 어려울 뿐만 아니라 피의자 스스로 임의제출한 경우 피의자의 참여권 등이 보장되어야 하는 것과 견주어 보더라도 특별한 사정이 없는 한 피의자에게 참여권을 보장하고 압수한 전자정보 목록을 교부하는 등 피의자의 절차적 권리를 보장하기 위한 적절한 조치가 이루어져야 한다.

(나) 이와 같이 정보저장매체를 임의제출한 피압수자에 더하여 임의제출자 아닌 피의자에게도 참여권이 보장되어야 하는 '피의자의 소유·관리에 속하는 정보저장매체'란, 피의자가 압수·수색 당시 또는 이와 시간적으로 근접한 시기까지 해당 정보저장매체를 현실적으로 지배·관리하면서 그 정보저장매체 내 전자정보 전반에 관한 전속적인 관리처분권을 보유·행사하고, 달리 이를 자신의 의사에 따라 제3자에게 양도하거나 포기하지 아니한 경우로서, 피의자를 그 정보저장매체에 저장된 전자정보 전반에 대한 실질적인 압수·수색 당사자로 평가할 수 있는 경우를 말하는 것이다. 이에 해당하는지 여부는 민사법상 권리의 귀속에 따른 법률적·사후적 판단이 아니라 압수·수색 당시 외형적·객관적으로 인식 가능한 사실상의 상태를 기준으로 판단하여야 한다. 이러한 정보저장매체의 외형적·

객관적 지배·관리 등 상태와 별도로 단지 피의자나 그 밖의 제3자가 과거 그 정보저장매체의 이용 내지 개별 전자정보의 생성·이용 등에 관여한 사실이 있다거나 그 과정에서 생성된 전자정보에 의해 식별되는 정보주체에 해당한다는 사정만으로 그들을 실질적으로 압수·수색을 받는 당사자로 취급하여야 하는 것은 아니다.

75 ★★★★★ **[선택형 · 사례형] 적법절차 · 압수목록 작성 · 교부 의무**

피준항고인이 2020. 7. 1. 발부된 압수 · 수색영장에 따라 2020. 7. 3. 압수 · 수색을 실시하면서 준항고인 소유의 물품 박스 약 9,000개를 압수한 다음 2020. 9. 7. 상세 압수목록을 교부한 사건이다. 이에 관한 설명 중 옳은 것은? (다툼이 있는 경우 판례에 의함)

① 수사기관은 압수를 한 경우 압수경위를 기재한 압수조서와 압수물의 특징을 구체적으로 기재한 압수목록을 작성하고, 압수목록은 압수물의 소유자 · 소지자 · 보관자 기타 이에 준하는 사람에게 교부하여야 한다. 압수조서에는 작성 연월일과 함께 품종, 외형상의 특징과 수량을 기재하여야 하고, 그 내용은 객관적 사실에 부합하여야 하므로, 압수목록 역시 압수물의 특징을 객관적 사실에 맞게 구체적으로 기재하여야 하는데, 압수방법 · 장소 · 대상자별로 명확히 구분한 후 압수물의 품종 · 종류 · 명칭 · 수량 · 외형상 특징 등을 최대한 구체적이고 정확하게 특정하여 기재하여야 한다.

② 이는 수사기관의 압수 처분에 대한 사후적 통제수단임과 동시에 피압수자 등이 압수물에 대한 환부 · 가환부 청구를 하거나 부당한 압수처분에 대한 준항고를 하는 등 권리행사절차를 밟는 데 가장 기초적인 자료가 되므로, 이러한 권리행사에 지장이 없도록 압수 직후 현장에서 바로 작성하여 교부하는 것이 원칙이다.

③ 한편 임의제출에 따른 압수의 경우에도 압수물에 대한 수사기관의 점유 취득이 제출자의 의사에 따라 이루어진다는 점에서만 차이가 있을 뿐 범죄혐의를 전제로 한 수사 목적이나 압수의 효력은 영장에 의한 압수의 경우와 동일하므로, 헌법상 기본권에 관한 수사기관의 부당한 침해로부터 신속하게 권리를 구제받을 수 있도록 수사기관은 영장에 의한 압수와 마찬가지로 객관적 · 구체적인 압수목록을 신속하게 작성 · 교부할 의무를 부담한다.

④ 다만 적법하게 발부된 영장의 기재는 그 집행의 적법성 판단의 우선적인 기준이 되어야 하므로, 예외적으로 압수물의 수량 · 종류 · 특성 기타의 사정상 압수 직후 현장에서 압수목록을 작성 · 교부하지 않을 수 있다는 취지가 영장에 명시되어 있고, 이와 같은 특수한 사정이 실제로 존재하는 경우에는 압수영장을 집행한 후 일정한 기간이 경과하고서 압수목록을 작성 · 교부할 수도 있으나, 압수목록 작성 · 교부 시기의 예외에 관한 영장의 기재는 피의자 · 피압수자 등의 압수 처분에 대한 권리구제절차 또는 불복절차가 형해화되지 않도록 그 취지에 맞게 엄격히 해석되어야 하고, 나아가 예외적 적용의 전제가 되는 특수한 사정의 존재 여부는 수사기관이 이를 증명하여야 하며, 그 기간 역시 필요 최소한에 그쳐야 한다.

⑤ 또한 영장에 의한 압수 및 그 대상물에 대한 확인조치가 끝나면 그것으로 압수절차는 종료되고, 압수물과 혐의사실과의 관련성 여부에 관한 평가 및 그에 필요한 추가 수사는 압수절차 종료 이후의 사정에 불과하므로 이를 이유로 압수 직후 이루어져야 하는 압수목록 작성 · 교부의무를 해태 · 거부할 수는 없다.

해설 및 정답 ①～⑤ 대법원 2024. 1. 5. 자 2021모385 결정 [압수처분에대한준항고기각결정에대한재항고] 〈압수목록의 작성 · 교부 의무에 관한 사건〉 **정답** ○

[판시사항] 압수목록의 작성 · 교부 시기(＝원칙적으로 압수 직후) 및 작성 방법 / 이는 임의제출에 따른 압수의 경우에도 마찬가지인지 여부(적극) / 압수목록 작성 · 교부 시기의 예외를 인정하기 위한 요건 / 압수물과 혐의사실과의 관련성 여부에 관한 평가 및 그에 필요한 추가 수사를 이유로 압수목록 작성 · 교부의무를 해태 · 거부할 수 있는지 여부(소극)

76 ★★★★★ **[선택형 · 사례형] 적법절차 · 정보저장매체 유류물과 영장 없는 압수**

피고인이 불법촬영 혐의에 관하여 이루어진 주거지 등에 관한 압수수색 직전에 주거지 밖으로 저장매체(SSD 카드, 이하 '이 사건 저장매체')를 집어던졌고, 이를 유류물로 영장 없이 압수한 수사기관이 위 저장매체 및 압수수색영장에 의하여 압수한 다른 저장매체의 탐색 과정에서 별건(아동 · 청소년 음란물 제작 등) 혐의의 증거를 발견하여 피고인을 별건 혐의로만 기소한 사안이다. 이에 관한 설명 중 옳은 것은? (다툼이 있는 경우 판례에 의함)

① 형사소송법 제215조 제1항은 '범죄수사에 필요한 때에는 피의자가 죄를 범하였다고 의심할 만한 정황이 있고 해당 사건과 관계가 있다고 인정할 수 있는 것에 한정하여 지방법원판사에게 청구하여 발부받은 영장에 의하여 압수, 수색 또는 검증을 할 수 있다.'고 규정하고 있다.

② 그러나 유류물 압수의 근거인 형사소송법 제218조는 유류물을 압수하는 경우에 사전, 사후에 영장을 받을 것을 요구하지 않는다. 유류물 압수와 같은 조문에 규정된 임의제출물 압수의 경우, 제출자가 제출 · 압수의 대상을 개별적으로 지정하거나 그 범위를 한정할 수 있으나, 유류물 압수는 그와 같은 제출자의 존재를 생각하기도 어렵다. 따라서 유류물 압수 · 수색에 대해서는 원칙적으로 영장에 의한 압수 · 수색 · 검증에 관하여 적용되는 형사소송법 제215조 제1항이나 임의제출물 압수에 관하여 적용되는 형사소송법 제219조에 의하여 준용되는 제106조 제1항, 제3항, 제4항에 따른 관련성의 제한이 적용된다고 보기 어렵다.

③ 정보저장매체에 대한 압수 · 수색에 있어, 압수 · 수색 당시 또는 이와 시간적으로 근접한 시기까지 정보저장매체를 현실적으로 지배 · 관리하면서 그 정보저장매체 내 전자정보 전반에 관한 전속적인 관리처분권을 보유 · 행사하고, 달리 이를 자신의 의사에 따라 제3자에게 양도하거나 포기하지 아니한 경우에는, 그 지배 · 관리자인 피의자를 정보저장매체에 저장된 전자정보 전반에 대한 실질적인 압수 · 수색 당사자로 평가할 수 있다.

④ 그러나 유류물 압수는 수사기관이 소유권이나 관리처분권이 처음부터 존재하지 않거나, 존재하였지만 적법하게 포기된 물건, 또는 그와 같은 외관을 가진 물건 등의 점유를 수사상 필요에 따라 취득하는 수사방법을 말한다. 따라서 유류물 압수에 있어서는 정보저장매체의 현실적 지배 · 관리 혹은 이에 담겨있는 전자정보 전반에 관한 전속적인 관리처분권을 인정하기 어렵다. 정보저장매체를 소지하고 있던 사람이 이를 분실한 경우와 같이 그 권리를 포기하였다고 단정하기 어려운 경우에도, 수사기관이 그러한 사정을 알거나 충분히 알 수 있었음에도 이를 유류물로서 영장 없이 압수하였다는 등의 특별한 사정이 없는 한, 영장에 의한 압수나 임의제출물 압수와 같이 수사기관의 압수 당시 참여권 행사의 주체가 되는 피압수자가 존재한다고 평가할 수는 없다.

⑤ 따라서 범죄수사를 위해 정보저장매체의 압수가 필요하고, 정보저장매체를 소지하던 사람이 그에 관한 권리를 포기하였거나 포기한 것으로 인식할 수 있는 경우에는, 수사기관이 형사소송법 제218조에 따라 피의자 기타 사람이 유류한 정보저장매체를 영장 없이 압수할 때 해당 사건과 관계가 있다고 인정할 수 있는 것에 압수의 대상이나 범위가 한정된다거나, 참여권자의 참여가 필수적이라고 볼 수는 없다.

해설 및 정답 ①~⑤ 대법원 2024. 7. 25. 선고 2021도1181 판결 [아동 · 청소년의성보호에관한법률위반(음란물제작 · 배포등) · 성폭력범죄의처벌등에관한특례법위반(카메라등이용촬영)] 〈피고인이 주거지 밖으로 집어던진 저장매체를 수사기관이 유류물로 영장 없이 압수한 사건〉 **정답** ○

[판시사항] 범죄수사를 위해 정보저장매체의 압수가 필요하고, 정보저장매체를 소지하던 사람이 그에 관한 권리를 포기하였거나 포기한 것으로 인식할 수 있는 경우, 수사기관이 형사소송법 제218조에 따라 피의자 기타 사람이 유류한 정보저장매체를 영장 없이 압수할 때 해당 사건과 관계가 있다고 인정할 수 있는 것에 압수의 대상이나 범위가 한정되는지 여부(소극) 및 이때 참여권자의 참여가 필수적인지 여부(소극)

77 ★★★★★ [선택형 · 사례형] 적법절차 · 압수수색영장 미기재 휴대전화 압수수색

경찰은 재항고인에 대하여 「기부금품의 모집 및 사용에 관한 법률」 위반 혐의로 수사하였다. 수사 중 법원으로부터 '압수할 물건'을 '정보처리장치(컴퓨터, 노트북, 태블릿 등) 및 정보저장매체(USB, 외장하드 등)에 저장되어 있는 전자정보'로 기재한 압수수색영장을 발부받았다. 그 이후 그 압수수색영장에 의하여 재항고인 소유의 이 사건 휴대전화를 압수하였다. 그런데 재항고인의 변호인은 이 사건 휴대전화 압수수색의 취소를 구하는 준항고를 제기하였다. 이에 관한 설명 중 옳은 것은? (다툼이 있는 경우 판례에 의함)

① 헌법과 형사소송법이 구현하고자 하는 적법절차와 영장주의의 정신에 비추어 볼 때, 법관이 압수 · 수색영장을 발부하면서 '압수할 물건'을 특정하기 위하여 기재한 문언은 엄격하게 해석해야 하고, 함부로 피압수자 등에게 불리한 내용으로 확장해석 또는 유추해석을 하는 것은 허용될 수 없다.

② 휴대전화는 정보처리장치나 정보저장매체의 특성을 가지고 있기는 하나, 기본

적으로 통신매체의 특성을 가지고 있어 컴퓨터, 노트북 등 정보처리장치나 USB, 외장하드 등 정보저장매체와는 명확히 구별되는 특성을 가지고 있다. 휴대전화, 특히 스마트폰에는 전화 · 문자메시지 · SNS 등 통신, 개인 일정, 인터넷 검색기록, 전화번호, 위치정보 등 통신의 비밀이나 사생활에 관한 방대하고 광범위한 정보가 집적되어 있다. 이와 같이 휴대전화에 저장된 전자정보는 컴퓨터나 USB 등에 저장된 전자정보와는 그 분량이나 내용, 성격 면에서 현저한 차이가 있으므로, 휴대전화에 대한 압수 · 수색으로 얻을 수 있는 전자정보의 범위와 그로 인한 기본권 침해의 정도도 크게 다르다.

③ 따라서 압수 · 수색영장에 기재된 '압수할 물건'에 휴대전화에 저장된 전자정보가 포함되어 있지 않다면, 특별한 사정이 없는 한 그 영장으로 휴대전화에 저장된 전자정보를 압수할 수는 없다고 보아야 한다.

해설 및 정답 ①~③ 대법원 2024. 9. 25. 자 2024모2020 결정 [수사기관의압수에관한처분취소 · 변경기각결정에대한재항고] 〈압수수색영장에 명시적으로 기재되어 있지 않은 휴대전화에 대한 압수수색의 적법 여부가 문제된 사건〉 ★★★★★

정답 ○

[판시사항] 법관이 압수 · 수색영장을 발부하면서 '압수할 물건'을 특정하기 위하여 기재한 문언은 엄격하게 해석해야 하는지 여부(적극) / 압수 · 수색영장에 기재된 '압수할 물건'에 휴대전화에 저장된 전자정보가 포함되어 있지 않은 경우, 그 영장으로 휴대전화에 저장된 전자정보를 압수할 수 있는지 여부(원칙적 소극)

[결정요지] 헌법과 형사소송법이 구현하고자 하는 적법절차와 영장주의의 정신에 비추어 볼 때, 법관이 압수 · 수색영장을 발부하면서 '압수할 물건'을 특정하기 위하여 기재한 문언은 엄격하게 해석해야 하고, 함부로 피압수자 등에게 불리한 내용으로 확장해석 또는 유추해석을 하는 것은 허용될 수 없다. **· 엄격해석**

휴대전화는 정보처리장치나 정보저장매체의 특성을 가지고 있기는 하나, 기본적으로 통신매체의 특성을 가지고 있어 컴퓨터, 노트북 등 정보처리장치나 USB, 외장하드 등 정보저장매체와는 명확히 구별되는 특성을 가지고 있다. 휴대전화, 특히 스마트폰에는 전화 · 문자메시지 · SNS 등 통신, 개인 일정, 인터넷 검색기록, 전화번호, 위치정보 등 통신의 비밀이나 사생활에 관한 방대하고 광범위한 정보가 집적되어 있다. **· 휴대전화 통신 비밀과 사생활 정보 집적**

이와 같이 휴대전화에 저장된 전자정보는 컴퓨터나 USB 등에 저장된 전자정보와는 그 분량이나 내용, 성격 면에서 현저한 차이가 있으므로, 휴대전화에 대한 압수 · 수색으로 얻을 수 있는 전자정보의 범위와 그로 인한 기본권 침해의 정도도 크게 다르다. 따라서 압수 · 수색영장에 기재된 '압수할 물건'에 휴대전화에 저장된 전자정보가 포함되어 있지 않다면, 특별한 사정이 없는 한 그 영장으로 휴대전화에 저장된 전자정보를 압수할 수는 없다고 보아야 한다. **· 압수 · 수색영장 미기재 물건(=전자정보) 압수 불가.**

[참고문헌] **하태영, 2025 낭독 형사소송법판례, 법문사, 2025, 61-64면.**

[시험출제] **2025년 법전협의회 제2차 모의고사 형사법 사례형 제2문**

78 ★★★★★ [선택형 · 사례형] 적법절차 · 압수영장을 발부받지 못한 경우 압수물 증거능력

피고인이 성명불상자가 지정한 중국 소재 은행 계좌로 금전을 송금하여 무등록 외국환 업무를 하였다는 외국환거래법 위반 등으로 기소된 사안이다. 이에 관한 설명 중 옳은 것은? (다툼이 있는 경우 판례에 의함)

① 형사소송법 제216조 제3항은 "범행 중 또는 범행 직후의 범죄 장소에서 긴급을 요하여 법원판사의 영장을 받을 수 없는 때에는 영장 없이 압수, 수색 또는 검증을 할 수 있다. 이 경우에는 사후에 지체 없이 영장을 받아야 한다."라고 규정하고 있다.

② 이 규정에 따라 압수수색영장을 청구하였다가 영장을 발부받지 못한 때에는 수사기관은 압수한 물건을 즉시 반환하여야 하고, 즉시 반환하지 아니한 압수물은 유죄의 증거로 사용할 수 없으며, 헌법과 형사소송법이 선언한 영장주의의 중요성에 비추어 볼 때 피고인이나 변호인이 이를 증거로 함에 동의하였다고 하더라도 달리 볼 것은 아니다.

③ 여기서 압수한 물건을 즉시 반환한다는 것은 수사기관이 압수한 물건을 곧바로 반환하는 것이 현저히 곤란하다는 등의 특별한 사정이 없는 한 영장을 청구하였다가 기각되는 바로 그때에 압수물을 돌려주기 위한 절차에 착수하여 그 절차를 지연하거나 불필요하게 수사기관의 점유를 계속하는 등으로 지체함이 없이 적극적으로 압수 이전의 상태로 회복시켜 주는 것을 의미한다.

④ 수사기관이 적법절차를 지키지 않고 휴대전화를 압수하고 이에 대한 사후 압수영장이 기각되었음에도 즉시 반환하지 아니하다가 그 사이에 압수영장을 발부받아 휴대전화를 형식적으로 반환한 외관을 만든 후 다시 압수하는 것은 적법절차의 원칙이나 영장주의를 잠탈하는 것으로 허용할 수 없다. 그러므로 휴대전화 압수의 위법성이 압수영장 집행으로 희석 · 단절되었다고 할 수 없

다고 보아, 휴대전화 및 위 증거들은 위법하게 수집된 증거이거나 이를 기초로 획득한 2차 증거로서 증거능력이 부정된다.

해설 및 정답 ①~④ 대법원 2024. 10. 8. 선고 2024도10062 판결 [공갈·사기·외국환거래법위반] 〈형사소송법 제216조 제3항에 의한 압수 후 청구한 압수영장이 기각되었는데 압수물이 아직 반환되지 않은 상태에서 다시 압수영장을 청구하여 압수영장을 발부받은 다음 압수물을 피압수자에게 반환함과 동시에 다시 압수한 경우 그 압수물의 증거능력이 문제된 사건〉 **정답** ○

[판시사항] 범행 중 또는 범행 직후의 범죄 장소에서 영장 없이 압수한 물건에 대하여 압수수색영장을 청구하였다가 영장을 발부받지 못한 경우, 수사기관은 압수한 물건을 즉시 반환하여야 하는지 여부(적극) 및 즉시 반환하지 아니한 압수물의 증거능력 유무(소극) / 이때 압수한 물건을 즉시 반환한다는 것의 의미

79 ★★★★★ **[선택형·사례형] 적법절차·압수·수색절차에서 참여자 참여능력**

피고인이 「마약류관리에 관한 법률」 위반(대마) 등으로 기소된 사안이다. 수사기관이 피의자의 주거지에 대해서 압수·수색을 하면서 '전체지능 57, 사회성숙연령 11세' 수준으로 성년후견개시심판을 받아 압수·수색절차의 의미를 이해할 수 있는 최소한의 능력(이하 '참여능력')이 없거나 부족하다고 보이는 피의자의 딸 A만 참여시켰고, 그 과정에서 이 사건 대마 등 마약 관련 증거물을 발견하여 이를 압수한 사안이다. 이에 관한 설명 중 옳은 것은? (다툼이 있는 경우 판례에 의함)

① 형사소송법 제123조 제2항, 제3항, 제219조에서 정한 바에 따라 압수·수색영장의 집행에 참여하는 주거주 등 또는 이웃 등은 최소한 압수·수색절차의 의미를 이해할 수 있는 정도의 능력(이하 '참여능력'이라고 한다)을 갖추고 있어야 한다.

② 형사소송법 제123조 제2항과 제3항은 주거주, 간수자 또는 이에 준하는 사람(이하 '주거주 등'이라고 한다)이나 이웃 사람 또는 지방공공단체의 직원(이하 '이웃 등'이라고 한다)의 참여에 관하여 그 참여 없이 압수·수색영장을 집행할 수 있는 예외를 인정하지 않고 있다.

③ 형사소송법 제123조 제2항에서 정한 타인의 주거, 간수자 있는 가옥, 건조물, 항공기 또는 선박·차량 안에 대한 압수·수색영장의 집행이 주거주 등이나

이웃 등의 참여 없이 이루어진 경우 특별한 사정이 없는 한 그러한 압수·수색영장의 집행은 위법하다고 보아야 한다.

④ 형사소송법이 제121조, 제122조, 제219조에서 '당사자의 참여권'이라는 표제 아래 검사, 피의자, 변호인의 참여권을 규정하면서도 제123조에서 '책임자의 참여'라는 표제로 주거주 등이나 이웃 등의 필요적 참여를 별도로 정하고 있고, '당사자의 참여권'과 '책임자의 참여'는 그 취지나 목적, 보호법익이 동일하지 않기 때문이다. 따라서 피의자가 주거주 등인 주거지 등에서 압수·수색영장을 집행하는 경우 피의자에게 최소한 압수·수색절차의 의미를 이해할 수 있는 정도의 능력(이하 '참여능력'이라고 한다)이 없다면 그 피의자만 참여하는 것으로는 부족하고, 수사기관은 형사소송법 제123조 제3항에 따라 참여능력이 있는 이웃 등을 함께 참여시켜야 한다. 이때 참여능력이 없는 피의자만이 참여하였다면 그 압수·수색은 형사소송법 제123조 제2항, 제3항을 위반한 것으로 원칙적으로 위법하다.

⑤ A는 이 사건 압수·수색 당시 형사소송법 제123조 제2항에서 정한 주거주 등으로서 참여능력이 없거나 부족하였던 것으로 볼 여지가 있다. A는 이 사건 압수·수색 직전에 재물손괴 등으로 현행범 체포되어 경찰조사를 받은 사실이 있다. 이를 계기로 수사기관이 A의 정신과 치료 내역이나 현행범체포 당시의 사정 등을 파악하고 있었던 만큼, 수사기관으로서는 A가 참여능력이 없거나 부족하다는 점을 인식하고 있었거나 충분히 인식할 수 있었다고 보인다. 그럼에도 수사기관은 이 사건 압수·수색 당시 A만 참여시켰다. 형사소송법 제123조 제3항에 따라 이웃 등을 참여시키는 등의 조치를 취하지 않았다. 그러므로 이 사건 압수·수색이 위법하다고 볼 소지가 크다.

해설 및 정답 ①~⑤ 대법원 2024. 10. 8. 선고 2020도11223 판결 [마약류관리에관한법률위반(대마)] 〈주거지 등 압수·수색에서 참여능력 요부가 문제된 사건〉

정답 ○

[판시사항] [1] 참여권에 관한 규정을 비롯하여 형사소송법이 정한 압수·수색절차에 관한 구체적 규정들은 헌법 원칙인 적법절차와 영장주의를 구현하는 관점에 따라 해석·실현되어야 하는지 여부(적극)

[2] 형사소송법 제123조 제2항, 제3항, 제219조가 주거지 등에서 압수·수색영장을 집행할 때 주거주 등이나 이웃 등을 참여하도록 한 취지 / 형사소송법 제123

조 제2항, 제3항, 제219조에서 정한 바에 따라 압수·수색영장의 집행에 참여하는 주거주 등 또는 이웃 등은 참여능력을 갖추고 있어야 하는지 여부(적극)
[3] 형사소송법 제123조 제2항에서 정한 주거지 등에 대한 압수·수색영장의 집행이 주거주 등이나 이웃 등의 참여 없이 이루어진 경우, 압수·수색영장 집행의 적법 여부(원칙적 소극) 및 주거주 등 또는 이웃 등이 참여하였으나 그 참여자에게 참여능력이 없거나 부족한 경우에도 마찬가지인지 여부(적극)
[4] 형사소송법 제123조 제2항, 제3항에 따라 압수·수색영장의 집행에 참여하는 주거주 등이나 이웃 등에게 의사소통이나 의사표현에 어려움을 겪는 장애가 있을 경우, 수사기관은 그러한 장애가 있는 참여자에 대하여 장애인차별금지 및 권리구제 등에 관한 법률 제26조 제6항의 취지에 맞는 적법한 조치를 취하여야 하는지 여부(적극) / 피의자가 주거주 등인 주거지 등에서 압수·수색영장을 집행할 때 피의자에게 참여능력이 없는 경우, 수사기관은 참여능력이 있는 이웃 등을 함께 참여시켜야 하는지 여부(적극) 및 이때 참여능력이 없는 피의자만 참여한 압수·수색의 적법 여부(원칙적 소극)
[5] 형사소송법 제123조 제2항, 제3항, 제219조에 따라 압수·수색절차에 참여한 참여자와 관련하여 해당 절차의 적법요건이 갖추어졌는지 판단하는 기준
[판결요지] [5] 형사소송법 제123조 제2항, 제3항, 제219조에 따라 압수·수색절차에 참여한 참여자와 관련하여 해당 절차의 적법요건이 갖추어졌는지는, 수사기관이 인식하였거나 인식할 수 있었던 사정 등을 포함하여 압수·수색 당시를 기준으로 외형적으로 인식 가능한 사실상의 상태를 살펴 판단하여야 한다. 압수·수색 당시 수사기관이 인식할 수 없었던 참여자의 내부적, 주관적 사정이나 참여자의 객관적 능력에 관한 법률적·사후적인 판단은 고려대상이 아니다.

80 ★★★★★ **[선택형·사례형] 적법절차·제3자 관리 복제 전자정보 임의제출과 원본 관리처분권자의 참여권**

피고인이, 청소년인 피해자와의 성교 장면이나 피해자의 신체 부위를 사진과 동영상으로 촬영하여 아동·청소년이용음란물을 제작하고, 위와 같은 음란물 및 수치심을 유발할 수 있는 피해자들의 신체 부위를 동의 없이 촬영한 사진과 동영상을 소지하였다는 등의 「아동·청소년의 성보호에 관한 법률」 위반(음란물제작·배포등) 등으로 기소된 사안이다. 피해자들은 피고인 소유·관리의 정보저장매체(이하 'USB')에 저장되어 있던 전자정보를 피해자들 소유·관리의 정보저장매체(이하 '제1, 2, 3 USB')에 복제한 다음 그 복제된 전자정보가 저장된 피해자들 소유·관리의 정보저장매체를 임의제출하였다. 이에 관한 설명 중 옳은 것은? (다툼이 있는 경우 판례에 의함)

① 피해자들이 임의제출한 제1, 2, 3 USB 및 그 저장 전자정보의 실질적 피압수자는 피고인인데 임의제출 과정에서 피고인의 참여권이 보장되지 않아 위

법수집증거에 해당하고, 이에 기초하여 획득한 증거도 2차적 증거로서 증거능력이 없다.

② 원본 전자정보 임의제출이 충분히 가능함에도 오직 원본 전자정보 관리처분권자의 참여를 배제할 목적으로 원본 전자정보 대신 복제 전자정보를 임의제출하는 경우 등과 같이 복제 전자정보를 임의제출하는 사람에게만 참여의 기회를 부여하는 것이 현저히 부당하다는 등의 특별한 사정이 없는 한 그 정보의 동일성을 들어 복제 전자정보 임의제출자 외에 원본 전자정보 관리처분권자를 실질적 피압수자로 평가하고 그에게 참여권을 인정해야 하는 것은 아니라고 보아야 한다.

③ 임의제출(압수)의 직접적 대상인 당해 정보저장매체의 현실적 지배관리 상태와 그로부터 외형적·객관적으로 추단되는 저장 전자정보에 대한 관리처분권 유무를 통하여 판단하여야 한다.

해설 및 정답 ②~③ 대법원 2024. 12. 24. 선고 2023도3626 판결 [아동·청소년의성보호에관한법률위반(음란물제작·배포등)·아동·청소년의성보호에관한법률위반(성착취물소지등)·성폭력범죄의처벌등에관한특례법위반(카메라등이용촬영·반포등)·성폭력범죄의처벌등에관한특례법위반(카메라등이용촬영물소지등)] 〈전자정보가 제3자 소유·관리의 정보저장매체에 복제되어 임의제출되는 경우 원본 전자정보 관리처분권자의 참여권이 문제된 사건〉 **정답** ○, ① ×

[판시사항] [1] 전자정보가 제3자 소유·관리의 정보저장매체에 그 내용이 동일하게 복제되어 임의제출되는 경우, 복제 전자정보 임의제출자 외에 원본 전자정보 관리처분자를 실질적 피압수자로 보고 그에게 참여권을 인정해야 하는지 여부(원칙적 소극)

[2] 아동·청소년이용음란물 및 성적 욕망 또는 수치심을 유발할 수 있는 피해자들의 신체 부위를 피해자들의 동의 없이 촬영한 사진과 동영상을 소지하였다는 공소사실로 기소된 피고인 소유의 USB에 저장된 사진과 동영상 등 전자정보 중 일부를 피해자들이 임의로 선별, 복제한 다음 그 복제 전자정보를 피해자들이 소유·관리하는 USB들에 저장하여 경찰에 임의제출한 사안에서, 피해자들이 제출한 위 전자정보 등이 위법수집증거에 해당하고 이에 기초하여 획득한 증거도 2차적 증거로서 증거능력이 없다고 보아 공소사실을 무죄로 본 원심판단에 법리오해의 잘못이 있다고 한 사례.

81 ★★★★★ [선택형 · 사례형] 적법절차 · 친권자 통한 미성년자 자녀 사용 휴대전화 압수절차와 참여권

경찰은 A를 피의자로 하여 발부받은 압수 · 수색 · 검증영장(이하 '이 사건 영장')을 A에게 제시하고, A는 딸인 피고인들(각 16세)로부터 피고인들이 사용하거나 보관 중인 그 소유 휴대전화 4대(이하 통틀어 '이 사건 휴대전화')를 인도받아 경찰에 제출하였는데, 이 사건 영장의 '압수할 물건'란에는 '참고인인 피고인들이 실제 사용 · 보관 중인 휴대전화'가 기재되어 있었다. 경찰은 A를 이 사건 휴대전화의 피압수자인 소지자 · 제출자로 보아 압수조서를 작성하고, A는 참여인으로서 위 압수조서에 서명하였으며, 경찰은 A에게 이 사건 휴대전화 반출 후의 탐색 · 복제 · 출력 등 과정 등에 참여할 수 있다는 취지로 고지하면서 전자정보 확인서를 작성하였고, A는 피압수사(제출자)의 지위에서 '참여하지 않겠다'는 뜻을 위 확인서에 표시하고 서명하였으나, 경찰은 피고인들에게 이 사건 영장에 기초한 일련의 압수 · 수색의 과정에서 이 사건 영장을 제시하거나 참여의 기회를 보장하지는 않았다. 이에 관한 설명 중 옳은 것은? (다툼이 있는 경우 판례에 의함)

① 헌법 제12조 제3항 본문은 "체포 · 구속 · 압수 또는 수색을 할 때에는 적법한 절차에 따라 검사의 신청에 의하여 법관이 발부한 영장을 제시하여야 한다."라고 규정하고, 구 형사소송법(2022. 2. 3. 법률 제18799호로 개정되기 전의 것, 이하 같다) 제219조, 제118조는 '수사기관이 압수 · 수색영장을 집행할 때에는 처분을 받는 자에게 반드시 압수 · 수색영장을 제시하여야 한다.'는 취지로 규정하고 있다. 이와 같이 압수 · 수색영장은 현장에서 처분을 받는 자가 여러 명일 경우에는 그들 모두에게 개별적으로 영장을 제시해야 하는 것이 원칙이고, 수사기관이 압수 · 수색에 착수하면서 그 장소의 관리책임자에게 영장을 제시했더라도, 물건을 소지하고 있는 다른 사람으로부터 이를 압수하고자 하는 때에는 그 사람에게 따로 영장을 제시해야 한다.

② 압수 · 수색이 정보저장매체에 대하여 이루어질 때 그 범위를 정하여 출력 또는 복제하는 방법이 불가능하거나 압수의 목적을 달성하기에 현저히 곤란한 예외적인 사정이 인정되어 전자정보가 담긴 저장매체 또는 복제본을 수사기관 사무실 등으로 옮겨 이를 복제 · 탐색 · 출력하는 경우에도, 그와 같은 일련의 과정에서 구 형사소송법 제219조, 제121조에서 규정하는 압수 · 수색영장의 집행을 받는 당사자(이하 '피압수자'라 한다)나 그 변호인에게 참여의 기회를 보장하고 혐의사실과 무관한 전자정보의 임의적인 복제 등을 막기 위한

적절한 조치를 취하는 등 영장주의 원칙과 적법절차를 준수하여야 한다.

③ 만약 그러한 조치가 취해지지 않았다면 피압수자 측이 참여하지 아니한다는 의사를 명시적으로 표시하였거나 절차 위반행위가 이루어진 과정의 성질과 내용 등에 비추어 피압수자 측에 절차 참여를 보장한 취지가 실질적으로 침해되었다고 볼 수 없을 정도에 해당한다는 등의 특별한 사정이 없는 이상 압수·수색이 적법하다고 평가할 수 없다.

④ 이와 같은 수사기관의 압수·수색절차 과정에서 처분을 받는 자가 미성년자인 경우, 의사능력이 있는 한 미성년자에게 영장이 반드시 제시되어야 하고, 그 친권자에 대한 영장제시로 이를 갈음할 수 없다.

⑤ 또한 의사능력이 있는 미성년자나 그 변호인에게 압수·수색영장 집행 절차에 참여할 기회가 보장되어야 하고, 그 친권자에게 참여의 기회가 보장되었다는 이유만으로 압수·수색이 적법하게 되는 것은 아니다.

⑥ 형사소송법이 헌법 제12조에서 선언한 적법절차와 영장주의 원칙을 이어받아 압수·수색절차에서 실체적 진실 규명과 개인의 권리보호 이념을 조화롭게 실현할 수 있도록 마련한 구체적 기준의 규범력은 확고히 유지되어야 한다. 수사기관의 지시·요청에 따라 사인(私人)이 자기 외의 제3자가 지배·관리하는 물건을 취거하여 수사기관에 전달하는 등으로 수사기관이 직접 하였다면 강제처분인 압수·수색에 해당하는 행위를 한 경우, 이러한 사인의 행위가 오로지 자기의 이익이나 목적 추구를 위해 이루어진 것이라거나 수사기관이 해당 물건의 실제 점유자가 제3자임을 미처 인식·예견하지 못하였다는 등의 특별한 사정이 없는 이상, 수사기관이 사인을 이용하여 강제처분을 하였다고 보아, 형사소송법에서 규정하는 영장의 제시, 참여권의 보장 등 절차의 준수를 요구하는 것이 헌법과 형사소송법이 구현하고자 하는 적법절차와 영장주의의 정신에 부합한다.

⑦ 형사소송법 제308조의2에 따라 적법한 절차에 따르지 아니하고 수집한 증거는 증거로 할 수 없다. 수사기관이 헌법과 형사소송법이 정한 절차에 따르지 아니하고 수집한 증거는 물론, 이를 기초로 하여 획득한 2차적 증거 역시 유죄 인정의 증거로 삼을 수 없는 것이 원칙이다. 다만 수사기관의 절차 위반행

위가 적법절차의 실질적인 내용을 침해하는 경우에 해당하지 아니하고, 오히려 그 증거의 증거능력을 배제하는 것이 헌법과 형사소송법이 형사소송에 관한 절차조항을 마련하여 적법절차의 원칙과 실체적 진실 규명의 조화를 도모하고, 이를 통하여 형사 사법 정의를 실현하려고 한 취지에 반하는 결과를 초래하는 것으로 평가되는 예외적인 경우라면, 법원은 그 증거를 유죄 인정의 증거로 사용할 수 있다.

해설 및 정답 ①~⑤, ⑦ 대법원 2024. 12. 24. 선고 2022도2071 판결 [업무방해] (자) 상고기각 〈경찰이 친권자를 통하여 미성년인 자녀가 사용 · 관리하는 휴대전화를 압수한 절차의 위법 여부가 문제된 사건〉 **정답** ○, ⑥ ×

[판시사항] [1] 수사기관의 압수・수색절차 과정에서 처분을 받는 자가 의사능력 있는 미성년자인 경우, 반드시 미성년자에게 영장이 제시되어야 하는지 여부(적극) 및 친권자에 대한 영장제시로 이를 갈음할 수 있는지 여부(소극) / 의사능력 있는 미성년자나 변호인 대신 친권자에게 압수・수색영장 집행 절차에 참여할 기회를 보장하였다는 이유만으로 압수・수색이 적법하게 되는지 여부(소극)

[2] 수사기관의 지시・요청에 따라 사인(私人)이 자기 외의 제3자가 지배・관리하는 물건을 취거하여 수사기관에 전달하는 등으로 압수・수색에 해당하는 행위를 한 경우, 형사소송법에서 규정하는 영장의 제시, 참여권의 보장 등 절차의 준수가 요구되는지 여부(원칙적 적극)

[3] 수사기관이 적법한 절차에 따르지 아니하고 수집한 증거 및 이를 기초로 하여 획득한 2차적 증거를 법원이 유죄 인정의 증거로 사용할 수 있는 예외적인 경우

82 ★★★★★ **[선택형 · 사례형] 적법절차 · 제3자를 임의로 참여하게 한 압수 · 수색영장 집행**

사법경찰관은 압수수색영장에 기하여 준항고인이 운영하는 치과병원을 수색하면서 생명보험협회 소속 치과위생사 1명을 참여케 하였다. 그런데 치과위생사는 약 6명의 경찰관들과 함께 병원에 진입하여 압수수색 전 과정에 참여하였다. 사법경찰관은 그 수색을 통하여 병원에 보관되어 있던 유체물과 전자정보를 압수하였다(이하 '이 사건 압수처분'). 준항고인은 이 사건 압수처분에 대하여 준항고를 제기하였다. 이에 관한 설명 중 옳은 것은? (다툼이 있는 경우 판례에 의함)

① 압수 · 수색영장은 검사의 지휘에 의하여 사법경찰관리가 집행하고(형사소송법 제115조 제1항), 그 집행을 위하여 잠금장치를 열거나 개봉 기타 필요한 처분을 할 수 있으며(형사소송법 제120조 제1항), 타인의 출입을 금지할 수

있다(형사소송법 제119조 제1항).

② 한편 검사, 피고인 또는 변호인(이하 '참여권자'라 한다)은 압수 · 수색영장 집행에 참여할 수 있고(형사소송법 제121조), 그 집행에 앞서 참여권자가 참여하지 아니한다는 의사를 명시한 때 또는 급속을 요하는 때 이외에는 미리 집행의 일시와 장소를 참여권자에게 통지하여야 한다(형사소송법 제122조).

③ 공무소, 군사용 항공기 또는 선박 · 차량 안에서 압수 · 수색영장을 집행하려면 그 책임자에게 참여할 것을 통지하여야 하고, 타인의 주거, 간수자 있는 가옥, 건조물(건조물), 항공기 또는 선박 · 차량 안에서 압수 · 수색영장을 집행할 때에는 주거주(주거주), 간수자 또는 이에 준하는 사람을 참여하게 하여야 하며, 이들을 참여하게 하지 못할 때에는 이웃 사람 또는 지방공공단체의 직원을 참여하게 하여야 한다(형사소송법 제123조).

④ 그리고 여자의 신체에 대하여 수색할 때에는 성년의 여자를 참여하게 하여야 한다(형사소송법 제124조). 형사소송법은 수소법원의 압수 · 수색 · 검증에 관한 위와 같은 규정을 수사기관이 행하는 압수 · 수색 · 검증에 준용하고 있다(형사소송법 제219조).

⑤ 형사소송법 제199조 제1항 단서는 "강제처분은 이 법률에 특별한 규정이 있는 경우에 한하며, 필요한 최소한도의 범위 안에서만 하여야 한다."라고 규정하여 강제처분 법정주의를 취하고 있으므로, 형사소송법에 근거하지 아니한 수사기관의 강제처분은 허용될 수 없다. 압수 · 수색은 주거의 자유나 사생활의 비밀과 자유를 중대하게 제한하는 강제처분이다.

⑥ 따라서 수사기관은 강제채혈, 강제채뇨 등과 같이 강제처분이 법률상 의료인 아닌 자가 수행할 수 없는 의료행위를 수반하는 경우, 잠금장치 해제, 전자정보의 복호화나 중량 압수물의 운반과 같이 단순한 기술적, 사실적 보조가 필요한 경우, 압수 · 수색 후 환부 대상이 될 도품의 특정을 위하여 필요한 경우 등 제한적 범위 내에서 압수 · 수색영장의 집행기관인 사법경찰관리의 엄격한 감시 · 감독하에 제3자의 집행 조력이 정당화될 수 있는 예외적인 경우가 아닌 이상 압수 · 수색 현장에 형사소송법상 참여권자나 참여할 수 있도록 규정된 사람 이외의 사람을 참여시킬 수는 없고, 참여가 허용된 사람 이외의 제3

자를 임의로 참여케 하여 압수·수색영장을 집행하거나 영장 없이 압수·수색을 한 것은 위법하다.

⑦ 사법경찰관이 이 사건 압수처분 당시 형사소송법이 규정한 압수·수색 참여권자 또는 압수·수색에 참여할 수 있도록 규정된 사람 이외의 제3자인 이 사건 치과위생사를 약 3시간 동안 압수·수색 전 과정에 참여케 한 행위는 강제처분에 있어 헌법과 형사소송법이 정한 절차에 따르지 아니한 것으로 위법하고, 헌법 제12조에서 정한 적법절차 원칙과 헌법 제16조, 제17조에서 규정하고 있는 기본권인 주거의 자유와 사생활의 비밀과 자유의 중요성에 비추어 그 위반의 정도 역시 무겁다고 판단되므로, 결국 이 사건 압수처분은 취소되어야 한다.

해설 및 정답 ①～⑦ 대법원 2024. 12. 16. 자 2020모3326 결정 [수사기관압수처분에대한재항고] 〈경찰공무원 외에 생명보험협회 소속 치과위생사가 집행에 참여한 압수수색의 적법 여부가 문제된 사건〉 **정답** ○

[판시사항] 수사기관이 압수·수색 현장에 형사소송법상 참여권자나 참여할 수 있도록 규정된 사람 이외의 사람을 참여시킬 수 있는지 여부(원칙적 소극) 및 참여가 허용된 사람 이외의 제3자를 임의로 참여케 하여 압수·수색영장을 집행하거나 영장 없이 압수·수색을 한 경우의 위법 여부(적극)

83 ★★★★★ **[선택형·사례형] 적법절차·수사기관이 취득한 복제본에 대한 추가 압수수색의 적법 여부**

경찰이 피해자 甲에 대한 범죄 혐의사실로 발부된 제1영장에 따라 2022. 6. 24. 피고인의 휴대전화 및 전자정보에 관한 집행을 완료('1차 압수·수색')한 후 2022. 7. 27. 그 복제본이 저장되어 있던 경찰관의 컴퓨터에서 피해자 乙에 대한 범죄 혐의사실에 관한 증거를 압수('2차 압수·수색')하였다가, 검사의 보완수사요구에 따라 제2영장을 발부받아 2022. 9. 10. 다시 경찰관의 컴퓨터에서 피해자 乙, 丙에 대한 범죄 혐의사실에 관한 증거를 압수('3차 압수·수색')한 사안이다. 이에 관한 설명 중 옳은 것은? (다툼이 있는 경우 판례에 의함)

① 형사소송법 제215조에 따른 압수·수색영장은 수사기관의 압수·수색에 대한 허가장으로서 거기에 기재되는 유효기간은 집행에 착수할 수 있는 종기를 의미하는 것이므로, 수사기관이 압수·수색영장을 제시하고 집행에 착수하여

압수 · 수색을 실시하고 그 집행을 종료하였다면 이미 그 영장은 목적을 달성하여 효력이 상실되는 것이고, 동일한 장소 또는 목적물에 대하여 다시 압수 · 수색할 필요가 있는 경우라면 그 필요성을 소명하여 법원으로부터 새로운 압수 · 수색영장을 발부받아야 하는 것이지, 앞서 발부받은 압수 · 수색영장의 유효기간이 남아 있다고 하여 이를 제시하고 다시 압수 · 수색을 할 수 없다.

② 수사기관은 하드카피나 이미징 등(이하 '복제본'이라 한다)에 담긴 전자정보를 탐색하여 혐의사실과 관련된 정보(이하 '유관정보'라 한다)를 선별하여 출력하거나 다른 저장매체에 저장하는 등으로 압수를 완료하면 혐의사실과 관련 없는 전자정보(이하 '무관정보'라 한다)를 삭제 · 폐기하여야 한다. 수사기관이 새로운 범죄 혐의의 수사를 위하여 무관정보가 남아 있는 복제본을 열람하는 것은 압수 · 수색영장으로 압수되지 않은 전자정보를 영장 없이 수색하는 것과 다르지 않다. 따라서 복제본은 더 이상 수사기관의 탐색, 복제 또는 출력 대상이 될 수 없으며, 수사기관은 새로운 범죄 혐의의 수사를 위하여 필요한 경우에도 기존 압수 · 수색 과정에서 출력하거나 복제한 유관정보의 결과물을 열람할 수 있을 뿐이다.

③ 수사기관이 압수 또는 수색을 할 때에는 처분을 받는 사람에게 반드시 적법한 절차에 따라 법관이 발부한 영장을 사전에 제시하여야 하고, 처분을 받는 자가 피의자인 경우에는 영장 사본을 교부하여야 하며(헌법 제12조 제3항 본문, 형사소송법 제219조 및 제118조), 피의자 · 피압수자 또는 변호인(이하 '피의자 등'이라 한다)은 압수 · 수색영장의 집행에 참여할 권리가 있으므로(형사소송법 제219조, 제121조) 수사기관이 압수 · 수색영장을 집행할 때에도 원칙적으로는 피의자 등에게 미리 집행의 일시와 장소를 통지하여야 하고(형사소송법 제219조, 제122조), 수사기관은 압수영장을 집행한 직후에 압수목록을 곧바로 작성하여 압수한 물건의 소유자 · 소지자 · 보관자 기타 이에 준하는 사람에게 교부하여야 한다(형사소송법 제219조, 제129조).

④ 헌법과 형사소송법이 정한 절차와 관련 규정, 그 입법 취지 등을 충실히 구현하기 위하여, 수사기관은 압수 · 수색영장의 집행기관으로서 피압수자로 하여금 법관이 발부한 영장에 의한 압수 · 수색이라는 강제처분이 이루어진다는 사실을 확인할 수 있도록 형사소송법이 압수 · 수색영장에 필요적으로 기재하

도록 정한 사항이나 그와 일체를 이루는 내용까지 구체적으로 충분히 인식할 수 있는 방법으로 압수·수색영장을 제시하고 피의자에게는 그 사본까지 교부하여야 하며, 증거인멸의 가능성이 최소화됨을 전제로 영장 집행 과정에 대한 참여권이 충실히 보장될 수 있도록 사전에 피의자 등에 대하여 집행 일시와 장소를 통지하여야 함은 물론 피의자 등의 참여권이 형해화되지 않도록 그 통지의무의 예외로 규정된 '피의자 등이 참여하지 아니한다는 의사를 명시한 때 또는 급속을 요하는 때'라는 사유를 엄격하게 해석하여야 한다.

해설 및 정답 ①~④ 대법원 2023. 10. 18. 선고 2023도8752 판결 [아동·청소년의성보호에관한법률위반(위계등유사성행위)·아동·청소년의성보호에관한법률위반(성매수등)·아동·청소년의성보호에관한법률위반(성착취물제작·배포등)·성폭력범죄의처벌등에관한특례법위반(카메라등이용촬영·반포등)·미성년자의제강간·미성년자의제유사강간·아동복지법위반(아동에대한음행강요·매개·성희롱등)·성매매알선등행위의처벌에관한법률위반(성매매)] 〈수사기관이 취득한 복제본에 대한 추가 압수수색의 적법 여부〉 **정답** ○

[판시사항] [1] 수사기관이 압수·수색영장을 제시하고 집행에 착수하여 압수·수색을 실시하고 집행을 종료한 후 그 영장의 유효기간 내에 동일한 장소 또는 목적물에 대하여 다시 압수·수색할 필요가 있는 경우, 종전의 압수·수색영장을 제시하고 다시 압수·수색을 할 수 있는지 여부(소극)
[2] 수사기관이 하드카피나 이미징 등(복제본)에 담긴 전자정보를 탐색하여 혐의사실과 관련된 정보(유관정보)를 선별하여 출력하거나 다른 저장매체에 저장하는 등으로 압수를 완료한 경우, 혐의사실과 관련 없는 전자정보(무관정보)를 삭제·폐기하여야 하는지 여부(적극) / 수사기관이 새로운 범죄 혐의의 수사를 위하여 무관정보가 남아 있는 복제본을 탐색, 복제 또는 출력할 수 있는지 여부(소극) 및 이때 수사기관이 열람할 수 있는 범위(=기존 압수·수색 과정에서 출력하거나 복제한 유관정보의 결과물)
[3] 헌법과 형사소송법이 정한 압수·수색절차의 내용 및 관련 규정 / 수사기관이 압수·수색영장의 집행기관으로서 준수하여야 할 적법절차의 내용
[판결요지] [2] 수사기관은 하드카피나 이미징 등(이하 '복제본'이라 한다)에 담긴 전자정보를 탐색하여 혐의사실과 관련된 정보(이하 '유관정보'라 한다)를 선별하여 출력하거나 다른 저장매체에 저장하는 등으로 압수를 완료하면 혐의사실과 관련 없는 전자정보(이하 '무관정보'라 한다)를 삭제·폐기하여야 한다. 따라서 복제본은 더 이상 수사기관의 탐색, 복제 또는 출력 대상이 될 수 없으며, 수사기관은 새로운 범죄 혐의의 수사를 위하여 필요한 경우에도 기존 압수·수색 과정에서 출력하거나 복제한 유관정보의 결과물을 열람할 수 있을 뿐이다.

84 ★★★★★ [선택형 · 사례형] 적법절차 · 압수조서 미작성, 전자정보 상세목록 미교부, 참여권 보장대상 등이 문제된 사건

피고인이 2018. 6.경 샌디스크 엘엘씨가 상표등록을 한 'SanDisk'와 동일한 문양의 가짜 상표가 부착되어 있는 메모리카드 12,000개를 중국 불상자에게 인도하기 위하여 소지하였다는 상표법 위반으로 기소되었다. 피고인은 2018. 6.경 파주시 (주소 생략)에 있는 피고인이 운영하는 '○○상사' 사무실에서, 샌디스크 엘엘씨가 반도체메모리장치 등을 지정상품으로 하여 등록번호 (생략)호로 상표등록을 한 'SanDisk'와 동일한 문양의 가짜 상표가 부착되어 있는 메모리카드 12,000개 정품 가액 약 4억 8,000만 원 상당(이하 '이 사건 메모리카드'라 한다)을 일명 리샤웨이로부터 교부받아 '△△△△국제운송'이라는 상호의 업체를 통해 중국에 있는 불상자에게 인도하기 위하여 소지하였다. 이로써 피고인은 타인의 등록상표가 표시된 지정상품과 유사한 상품을 인도하기 위하여 소지하는 방법으로 샌디스크 엘엘씨의 상표권을 침해하였다. 검사는 피고인을 상표법 제108조 제1항 제4호, 제230조 위반죄로 기소하였다. 이에 관한 설명 중 옳은 것은? (다툼이 있는 경우 판례에 의함)

① 압수의 대상이 되는 전자정보와 그렇지 않은 전자정보가 혼재된 정보저장매체나 그 복제본을 임의제출받은 수사기관이 정보저장매체 등을 수사기관 사무실 등으로 옮겨 이를 탐색 · 복제 · 출력하는 경우, 그와 같은 일련의 과정에서 형사소송법 제219조, 제121조에서 규정하는 피압수 · 수색 당사자(이하 '피압수자'라 한다) 나 변호인에게 참여의 기회를 보장하고 압수된 전자정보의 파일 명세가 특정된 압수목록을 작성 · 교부하여야 하며 범죄혐의사실과 무관한 전자정보의 임의적인 복제 등을 막기 위한 적절한 조치를 취하는 등 영장주의 원칙과 적법절차를 준수하여야 한다.

② 만약 그러한 조치가 취해지지 않았다면 피압수자 측이 참여하지 아니한다는 의사를 명시적으로 표시하였거나 임의제출의 취지와 경과 또는 그 절차 위반행위가 이루어진 과정의 성질과 내용 등에 비추어 피압수자 측에 절차 참여를 보장한 취지가 실질적으로 침해되었다고 볼 수 없을 정도에 해당한다는 등의 특별한 사정이 없는 이상 압수 · 수색이 적법하다고 평가할 수 없다.

③ 휴대전화에 저장된 전자정보의 증거능력에 관하여 ① 특별사법경찰관은 휴대전화의 압수 과정에서 압수조서 및 전자정보 상세목록을 작성 · 교부하지는 않았지만, 그에 갈음하여 압수의 취지가 상세히 기재된 수사보고의 일종인 조

사보고를 작성하였는바, 적법절차의 실질적인 내용을 침해하였다고 보기는 어렵다. ② 구 「특별사법경찰관리 집무규칙(2021. 1. 1. 법무부령 제995호로 폐지되기 전의 것)」 제4조는 내부적 보고의무 규정에 불과하다. 그러므로 특별사법경찰관리가 위 보고의무를 이행하지 않았다고 하여 적법절차의 실질적인 내용을 침해하는 경우에 해당하지 않는다. 증거능력이 인정된다.

④ 메모리카드의 증거능력에 관하여 ① 피고인은 유체물인 이 사건 메모리카드 압수 당시 메모리카드를 소지하고 있지 않았고, 당초 자신은 아무런 관련이 없다고 진술하였다. ② 특별사법경찰관은 메모리카드 보관자인 세관측에 이 사건 영장을 제시하면서 메모리카드를 압수하였고, 압수조서를 작성하였다. 세관측에 압수목록을 교부한 점을 감안하면 피고인은 압수 집행과정에서 절차 참여를 보장받아야 하는 사람에 해당한다고 단정할 수 없거나, 압수 집행과정에서 피고인에 대한 절차 참여를 보장한 취지가 실질적으로 침해되었다고 보기 어렵다. 증거능력이 인정된다.

⑤ 이 사건 메모리카드에 대한 압수조서, 압수목록은 증거능력이 없다. 이 사건 휴대전화에 대한 압수는 위법하고, 그 위법의 정도도 무거워 이를 탐색하여 얻은 카카오톡 및 문자메시지 등은 증거능력이 없다. 이 사건 휴대전화에서 추출된 전자정보가 위법하게 수집된 증거로서 증거능력이 인정되지 않는 이상 그에 터 잡아 수집한 2차적 증거인 피고인에 대한 경찰 및 검사 작성 피의자신문조서도 증거수집의 위법과 인과관계가 희석 또는 단절되었다고 볼 수 없다. 이 사건 휴대전화 및 메모리카드에 관한 증거들의 증거능력을 부정하고 무죄를 선고하여야 한다.

해설 및 정답 ①~④ 대법원 2023. 6. 1. 선고 2020도12157 판결 [상표법위반] 〈압수조서 미작성, 전자정보 상세목록 미교부, 참여권 보장대상 등이 문제된 사건〉

정답 ○, ⑤ ×

[판시사항] [1] 압수의 대상이 되는 전자정보와 그렇지 않은 전자정보가 혼재된 정보저장매체나 복제본을 임의제출받은 수사기관이 정보저장매체 등을 수사기관 사무실 등으로 옮겨 탐색·복제·출력하는 일련의 과정에서, 범죄혐의사실과 무관한 전자정보의 임의적인 복제 등을 막기 위한 적절한 조치를 취하지 않은 경우, 압수·수색의 적법 여부(원칙적 소극)

[2] 피고인이 대표로 있는 회사가 수하인으로 기재된 위조품 메모리카드가 세관

휴대품검사관에 의해 적발되어 피고인이 타인의 등록상표가 표시된 지정상품과 유사한 상품을 인도하기 위하여 소지하였다는 이유로 상표법 위반으로 기소되었는데, 세관 소속 특별사법경찰관이 관할 법원 판사가 피고인을 피의자로 하여 상표법 위반을 혐의사실로 발부한 위 메모리카드 및 피고인의 휴대전화 등에 대한 사전 압수·수색영장에 의해 세관 유치품보관창고에서 유치창고 담당자를 피압수자로 하여 위 메모리카드를 압수하였고, 피고인이 대표로 있는 회사 소재지 관할 지방검찰청 검사장에 대하여 별도의 보고절차를 밟지 않고 위 회사에 대한 압수·수색을 실시하여 피고인의 휴대전화를 압수한 다음 문자메시지 등을 탐색·복원·출력한 사안에서, 위 휴대전화 및 메모리카드에 관한 증거들의 증거능력을 부정한 원심판결에 법리오해 등의 잘못이 있다고 한 사례.

85 ★★★★★ [선택형 · 사례형] 적법절차 · 압수조서 미작성, 전자정보 상세목록 미교부, 임의제출의 임의성, 관련성이 문제된 사건

피고인은 2018. 9. 21.부터 2019. 1. 13.경까지 총 8회에 걸쳐 이 사건 휴대전화를 이용하여 잠이 든 피해자 3명의 음부 부위 등을 그 의사에 반하여 촬영하였다는 공소사실로 성폭법 위반(카메라등이용촬영)으로 기소되었다. 이에 관한 설명 중 옳은 것은? (다툼이 있는 경우 판례에 의함)

① 형사소송법 제106조, 제218조, 제219조, 형사소송규칙 제62조, 제109조, 구 (경찰청) 범죄수사규칙(2021. 1. 8. 경찰청 훈령 제1001호로 개정되기 전의 것, 이하 '구 범죄수사규칙'이라 한다) 제119조 등 관련 규정들에 의하면, 사법경찰관이 임의제출된 증거물을 압수한 경우 압수경위 등을 구체적으로 기재한 압수조서를 작성하도록 하고 있다. 이는 사법경찰관으로 하여금 압수절차의 경위를 기록하도록 함으로써 사후적으로 압수절차의 적법성을 심사·통제하기 위한 것이다. 구 범죄수사규칙 제119조 제3항에 따라 피의자신문조서 등에 압수의 취지를 기재하여 압수조서를 갈음할 수 있도록 하더라도, 압수절차의 적법성 심사·통제 기능에 차이가 없다.

② 임의로 제출된 물건을 압수하는 경우, 그 제출에 임의성이 있다는 점에 관하여는 검사가 합리적 의심을 배제할 수 있을 정도로 증명하여야 하고, 임의로 제출된 것이라고 볼 수 없는 경우에는 증거능력을 인정할 수 없다.

③ 수사기관이 전자정보를 담은 매체를 피의자로부터 임의제출 받아 압수하면서 거기에 담긴 정보 중 무엇을 제출하는지 명확히 확인하지 않은 경우, 임의제

출의 동기가 된 범죄혐의사실과 관련되고 이를 증명할 수 있는 최소한의 가치가 있는 정보여야 압수의 대상이 되는데, 범행 동기와 경위, 수단과 방법, 시간과 장소 등에 관한 간접증거나 정황증거로 사용될 수 있는 정보도 그에 포함될 수 있다.

④ 한편 카메라의 기능과 정보저장매체의 기능을 함께 갖춘 휴대전화기인 스마트폰을 이용한 불법촬영 범죄와 같이 범죄의 속성상 해당 범행의 상습성이 의심되거나 성적 기호 내지 경향성의 발현에 따른 일련의 범행의 일환으로 이루어진 것으로 의심되고, 범행의 직접증거가 스마트폰 안에 이미지 파일이나 동영상 파일의 형태로 남아 있을 개연성이 있는 경우에는 그 안에 저장되어 있는 같은 유형의 전자정보에서 그와 관련한 유력한 간접증거나 정황증거가 발견될 가능성이 높다는 점에서 이러한 간접증거나 정황증거는 범죄혐의 사실과 구체적 · 개별적 연관관계를 인정할 수 있다.

⑤ 이 사건 휴대전화 내 동영상의 증거능력에 관하여 ① 구 범죄수사규칙 제119조 제3항에 따라 피의자신문조서 등에 압수의 취지를 기재하여 압수조서를 갈음할 수 있도록 하더라도, 압수절차의 적법성 심사 · 통제 기능에 차이가 없으므로 이러한 사정만으로 압수절차가 위법하다고 볼 수 없다. ② 이 사건 동영상의 압수 당시 실질적으로 피고인에게 해당 전자정보 압수목록이 교부된 것과 다름이 없다고 볼 수 있어 절차상 권리가 실질적으로 침해되었다고 보기 어렵다. ③ 피고인이 사법경찰관에게 이 사건 동영상을 제출한 경위, 이 사건 공판의 진행 경과 및 검사의 임의성에 대한 증명 정도에 비추어 이 사건 동영상 제출의 임의성 여부를 보다 면밀히 살펴보았어야 한다. ④ 이 사건 동영상은 임의제출에 따른 압수의 동기가 된 범죄혐의사실과 구체적 · 개별적 연관관계가 있는 전자정보로서 관련성이 인정되므로 증거능력이 있다.

해설 및 정답 ①~⑤ 대법원 2023. 6. 1. 선고 2020도2550 판결 [성폭력범죄의처벌등에관한특례법위반(카메라등이용촬영)] 〈압수조서 미작성, 전자정보 상세목록 미교부, 임의제출의 임의성, 관련성이 문제된 사건〉 **정답** ○

[판시사항] [1] 사법경찰관이 임의제출된 증거물을 압수한 경우 압수경위 등을 구체적으로 기재한 압수조서를 작성하도록 한 형사소송법 등 관련 규정의 취지 / 구 (경찰청) 범죄수사규칙 제119조 제3항에 따라 피의자신문조서 등에 압수의 취지를 기재하여 압수조서를 갈음할 수 있도록 한 경우, 이러한 관련 규정의 취지

에 반하는지 여부(소극)
[2] 임의로 제출된 물건을 압수하는 경우, 제출에 임의성이 있다는 점에 관한 증명책임 소재(=검사)와 증명 정도 및 임의로 제출된 것이라고 볼 수 없는 경우 증거능력 유무(소극)
[3] 수사기관이 전자정보를 담은 매체를 피의자로부터 임의제출받아 압수하면서 거기에 담긴 정보 중 무엇을 제출하는지 명확히 확인하지 않은 경우, 압수의 대상이 되는 정보의 범위 / 카메라의 기능과 정보저장매체의 기능을 함께 갖춘 휴대전화기를 이용한 불법촬영 범죄의 경우, 그 안에 저장되어 있는 같은 유형의 전자정보에서 발견되는 간접증거나 정황증거는 범죄혐의사실과 구체적·개별적 연관관계가 인정될 수 있는지 여부(적극)

86 ★★★★★ [선택형·사례형] 적법절차·선행 사건 전자정보를 공범 수사용으로 새로이 탐색·출력

현역 군인인 피고인이 방산업체 관계자의 부탁을 받고 군사기밀과 군사상 기밀을 누설하였다는 군사기밀보호법 위반 및 군형법상 군기누설 혐의로 기소되었다.
원심법원은 피고인에게 무죄를 선고하였다. 수사기관이 피고인에 대한 수사를 위하여 유죄판결이 이미 확정된 A(누설 상대방)에 대한 수사 당시 전자정보 압수수색 과정에서 생성한 이미징 사본을 탐색, 출력한 행위는 위법하다. 이를 바탕으로 수집한 전자정보 등 2차적 증거는 위법수집증거에 해당하여 유죄의 증거로 사용할 수 없다. 위법수집증거 배제법칙의 예외에 해당한다고 보기도 어렵다. 군검사가 상고하였다. 이에 관한 설명 중 옳은 것은? (다툼이 있는 경우 판례에 의함)

① 수사기관은 하드카피나 이미징 등(이하 '복제본'이라 한다)에 담긴 전자정보를 탐색하여 혐의사실과 관련된 정보(이하 '유관정보'라 한다)를 선별하여 출력하거나 다른 저장매체에 저장하는 등으로 압수를 완료하면 혐의사실과 관련 없는 전자정보(이하 '무관정보'라 한다)를 삭제·폐기하여야 한다.

② 수사기관이 새로운 범죄 혐의의 수사를 위하여 무관정보가 남아 있는 복제본을 열람하는 것은 압수·수색영장으로 압수되지 않은 전자정보를 영장 없이 수색하는 것과 다르지 않다.

③ 따라서 복제본은 더 이상 수사기관의 탐색, 복제 또는 출력 대상이 될 수 없으며, 수사기관은 새로운 범죄 혐의의 수사를 위하여 필요한 경우에도 기존 압수·수색 과정에서 출력하거나 복제한 유관정보의 결과물을 열람할 수 있을 뿐이다.

④ 기무사는 1차 탐색 당시 제1영장 기재 혐의사실과 관련된 정보와 무관정보가 뒤섞여 있는 이미징 사본을 탐색의 대상으로 삼았다. 무관정보는 제1영장으로 적법하게 압수되었다고 보기 어렵다. 그러므로 참여권 보장 여부와 관계없이 이미징 사본의 내용을 탐색하거나 출력한 행위는 위법하다. 따라서 이를 바탕으로 수집한 전자정보 등 2차적 증거는 위법수집증거에 해당하여 유죄의 증거로 사용할 수 없다.

⑤ 공소외 1이 선행사건 수사 당시 이미징 사본에 관한 소유권을 포기하였다거나, 제2영장을 발부받았다는 등 군검사가 상고이유로 주장하는 사유만으로 위법수집증거라도 유죄의 증거로 사용할 수 있는 예외적인 경우에 해당한다고 보기 어렵다.

⑥ 대법원은 전자정보 압수수색 과정에서 생성되는 하드카피나 이미징 형태의 복제본은 무관정보를 포함하고 있어 압수 완료시 삭제 · 폐기의 대상이 될 뿐 새로운 범죄 혐의 수사를 위한 수사기관의 추가적인 탐색, 출력의 대상이 될 수 없다는 법리를 선언하고, 이에 따라 수사기관의 탐색, 출력행위의 위법성 및 이를 통하여 수집한 2차적 증거의 증거능력에 관한 원심의 판단을 수긍하여 상고를 기각하였다.

해설 및 정답 ①~⑥ 대법원 2023. 6. 1. 선고 2018도19782 판결 [군사기밀보호법 위반 · 군기누설] 〈선행 사건의 전자정보 압수 · 수색 과정에서 생성한 이미징 사본을 선행 사건의 판결 확정 이후 그 공범에 대한 범죄혐의의 수사를 위해 새로 탐색 · 출력한 것이 위법한지 여부가 문제된 사건〉 **정답** ○

[판시사항] [1] 수사기관의 전자정보에 대한 압수 · 수색이 저장매체 자체를 직접 반출하거나 저장매체에 들어 있는 전자파일 전부를 하드카피나 이미징 등 형태로 수사기관 사무실 등 외부에 반출하는 방식으로 허용되는 예외적인 경우

[2] 수사기관이 하드카피나 이미징 등 형태(복제본)에 담긴 전자정보를 탐색하여 혐의사실과 관련된 정보를 선별하여 출력하거나 다른 저장매체에 저장하는 등으로 압수를 완료한 경우, 혐의사실과 관련 없는 전자정보(무관정보)를 삭제 · 폐기하여야 하는지 여부(적극) 및 수사기관이 새로운 범죄 혐의의 수사를 위하여 무관정보가 남아 있는 복제본을 탐색, 복제 또는 출력할 수 있는지 여부(소극)

[판결요지] [1] **범죄 혐의 관련성 · 반출 압수 · 수색은 예외적으로 허용 · 혐의 없는 전자정보 신속한 폐기처분 · 무관정보로 새로운 범죄 혐의 수사 금지 · 복제본에서 탐색 · 복사 · 출력 금지 · 열람만 허용**

[3] **적법절차 위반은 참여권 보장과 관련이 없다 · 위법수집증거 증거능력 부정 ·**

위법수집증거 예외 금지. 원심법원은 압수 절차나 압수물의 증거능력, 위법수집 증거에 관한 법리를 오해하는 등의 잘못이 없다. **· 상고기각**

87 ★★★★★ [선택형 · 사례형] 적법절차 · 압수한 증거물을 공범의 별건 범죄사실에 증거로 사용

현역 군인인 피고인이 방산업체 관계자의 부탁을 받고 군사기밀 사항을 메모지에 옮겨 적은 후 이를 전달하여 누설한 행위와 관련하여 군사기밀보호법 위반죄(예비적 죄명 군형법상 군기누설죄)로 기소되었다. 이에 관한 설명 중 옳은 것은? (다툼이 있는 경우 판례에 의함)

① 헌법 제12조의 영장주의와 형사소송법 제199조 제1항 단서의 강제처분 법정주의는 수사기관의 증거수집뿐만 아니라 강제처분을 통하여 획득한 증거의 사용까지 아우르는 형사절차의 기본원칙이다. 따라서 수사기관은 영장 발부의 사유로 된 범죄 혐의사실과 관계가 없는 증거를 압수할 수 없고, 별도의 영장을 발부받지 아니하고서는 압수물 또는 압수한 정보를 그 압수의 근거가 된 압수 · 수색영장 혐의사실과 관계가 없는 범죄의 유죄 증거로 사용할 수 없다.

② 형사소송법 제215조 제1항은 "검사는 범죄수사에 필요한 때에는 피의자가 죄를 범하였다고 의심할 만한 정황이 있고 해당 사건과 관계가 있다고 인정할 수 있는 것에 한정하여 지방법원판사에게 청구하여 발부받은 영장에 의하여 압수 · 수색 또는 검증을 할 수 있다."라고 규정한다. 여기에서 '해당 사건과 관계가 있다'는 것은 압수 · 수색영장에 기재한 혐의사실과 관련되고 이를 증명할 수 있는 최소한의 가치가 있는 것으로서 압수 · 수색영장의 혐의사실과 사이에 객관적, 인적 관련성이 인정되는 것을 말한다.

③ 혐의사실과의 객관적 관련성은 압수 · 수색영장에 기재된 혐의사실 자체 또는 그와 기본적 사실관계가 동일한 범행과 직접 관련되어 있는 경우를 의미하지만, 범행 동기와 경위, 범행 수단과 방법, 범행 시간과 장소 등을 증명하기 위한 간접증거나 정황증거 등으로 사용될 수 있는 경우에도 인정할 수 있다.

④ 이때 객관적 관련성은 압수 · 수색영장에 기재된 혐의사실의 내용과 수사의 대상, 수사 경위 등을 종합하여 구체적 · 개별적 연관관계가 있는 경우에만 인정할 수 있고, 혐의사실과 단순히 동종 또는 유사 범행이라는 사유만으로 객

관적 관련성이 있다고 볼 수는 없다.

⑤ 그리고 피의자 또는 피고인과의 인적 관련성은 압수 · 수색영장에 기재된 대상자의 공동정범이나 교사범 등 공범이나 간접정범은 물론 필요적 공범 등에 대한 사건에 대해서도 인정할 수 있다.

⑥ 이 사건 영장에 기하여 압수한 메모지 2장은 위법수집증거로서 그 압수절차 위반 행위가 위법수집증거 배제법칙의 예외를 인정할 수 있는 경우에 해당하지 아니하고, 위 메모지에 기초하여 수집된 다른 증거 역시 위법수집증거에 터 잡아 획득한 2차적 증거로서 위 압수절차와 2차적 증거수집 사이에 인과관계가 희석 또는 단절된다고 보기 어려우므로 모두 위법수집증거에 해당한다.

⑦ 원심법원은 피고인에게 무죄를 선고하였다. 서울남부지방법원 판사가 2015. 9. 15. 발부한 압수 · 수색 · 검증영장(이하 '이 사건 영장'이라 한다)에 기하여 압수한 압수물은 이 사건 영장 기재 혐의사실과 무관한 별개의 증거를 압수한 것으로 위법수집증거에 해당한다고 판단하였다. 이 사건에 증거로 제출된 위 메모지가 누설 상대방의 다른 군사기밀 탐지·수집 혐의에 관하여 발부된 압수수색영장으로 압수한 것인데, 영장 혐의사실과 사이에 관련성이 인정되지 아니하여 위법수집증거에 해당하고, 군검사가 제출한 그 밖의 증거는 위법수집증거에 기초하여 획득한 2차 증거로서 최초 증거수집단계에서의 위법과 인과관계가 희석되거나 단절된다고 보기 어렵다. 검사가 상고하였다.

⑧ 대법원은 상고를 기각한다. 압수수색영장 기재 혐의사실과의 관련성에 관한 종전 법리를 재확인하고, 관련성에 의한 제한은 증거수집뿐만 아니라 압수된 증거의 사용에도 적용된다는 법리를 선언하면서, 이러한 법리에 따라 메모지 및 그 파생증거의 증거능력을 부정한 원심의 판단을 수긍하여 군검사의 상고를 기각하였다.

해설 및 정답 ①~⑧ 대법원 2023. 6. 1. 선고 2018도18866 판결 [군사기밀보호법 위반(예비적 죄명: 군기누설)] 〈군사기밀보호법 위반 혐의에 관한 압수수색영장으로 압수한 증거물을 그 군사기밀보호법 위반죄 공범의 별건 범죄사실에 관한 증거로 사용한 사건〉 **정답** ○

[판시사항] [1] 수사기관이 영장 발부의 사유로 된 범죄 혐의사실과 관계가 없는 증거를 압수할 수 있는지 여부(소극) 및 별도의 영장을 발부받지 아니하고 압수

물 또는 압수한 정보를 그 압수의 근거가 된 압수·수색영장 혐의사실과 관계가 없는 범죄의 유죄 증거로 사용할 수 있는지 여부(소극)
[2] 영장에 의한 압수·수색을 규정한 형사소송법 제215조 제1항에서 '해당 사건과 관계가 있다'는 것의 의미 / 이때 압수·수색영장에 기재된 혐의사실과의 객관적 관련성이 인정되는 범위와 판단 기준 및 피의자 또는 피고인과의 인적 관련성이 인정되는 범위

88 ★★★★★ [선택형 · 사례형] 음란합성사진 파일의 음화 해당 여부 및 휴대전화 전자정보의 증거능력이 문제된 사건

피고인이 성명불상자에게 지인의 얼굴과 나체사진이 합성된 음란한 사진(음란합성사진) 파일 제작을 의뢰하고(음화제조교사), 지하철 등지에서 여고생들을 불법촬영(성폭력처벌법 위반) 등을 한 사안이다. 이에 관한 설명 중 옳은 것은? (다툼이 있는 경우 판례에 의함)

① 형법 제243조(음화반포등)는 음란한 문서, 도화, 필름 기타 물건을 반포, 판매 또는 임대하거나 공연히 전시 또는 상영한 자에 대한 처벌 규정으로서 컴퓨터 프로그램파일은 위 규정에서 규정하고 있는 문서, 도화, 필름 기타 물건에 해당한다고 할 수 없다. 이는 형법 제243조의 행위에 공할 목적으로 음란한 물건을 제조, 소지, 수입 또는 수출한 자를 처벌하는 규정인 형법 제244조(음화제조등)의 '음란한 물건'의 해석에도 그대로 적용된다.

② 피해자 등 제3자가 피의자의 소유·관리에 속하는 정보저장매체를 임의제출한 경우에는 실질적 피압수자인 피의자가 수사기관으로 하여금 그 전자정보 전부를 무제한 탐색하는 데 동의한 것으로 보기 어려울 뿐만 아니라 피의자 스스로 임의제출한 경우 피의자의 참여권 등이 보장되어야 하는 것과 견주어 보더라도 특별한 사정이 없는 한 피의자에게 참여권을 보장하고 압수한 전자정보 목록을 교부하는 등 피의자의 절차적 권리를 보장하기 위한 적절한 조치가 이루어져야 한다.

③ 이와 같이 정보저장매체를 임의제출한 피압수자에 더하여 임의제출자 아닌 피의자에게도 참여권이 보장되어야 하는 '피의자의 소유·관리에 속하는 정보저장매체'란, 피의자가 압수·수색 당시 또는 이와 시간적으로 근접한 시기까지 해당 정보저장매체를 현실적으로 지배·관리하면서 그 정보저장매체 내

전자정보 전반에 관한 전속적인 관리처분권을 보유·행사하고, 달리 이를 자신의 의사에 따라 제3자에게 양도하거나 포기하지 아니한 경우로서, 피의자를 그 정보저장매체에 저장된 전자정보 전반에 대한 실질적인 압수·수색 당사자로 평가할 수 있는 경우를 말하는 것이다. 이에 해당하는지 여부는 민사법상 권리의 귀속에 따른 법률적·사후적 판단이 아니라 압수·수색 당시 외형적·객관적으로 인식 가능한 사실상의 상태를 기준으로 판단하여야 한다.

④ 형사소송법 제308조의2(군사법원법 제359조의2)는 "적법한 절차에 따르지 아니하고 수집한 증거는 증거로 할 수 없다."라고 규정하고 있는바, 수사기관이 헌법과 형사소송법이 정한 절차에 따르지 아니하고 수집한 증거는 물론, 이를 기초로 하여 획득한 2차적 증거 역시 유죄 인정의 증거로 삼을 수 없는 것이 원칙이다. 법원이 2차적 증거의 증거능력 인정 여부를 최종적으로 판단할 때에는 먼저 절차에 따르지 아니한 1차적 증거수집과 관련된 모든 사정들, 즉 절차 조항의 취지와 그 위반의 내용 및 정도, 구체적인 위반 경위와 회피 가능성, 절차 조항이 보호하고자 하는 권리 또는 법익의 성질과 침해 정도 및 피고인과의 관련성, 절차 위반행위와 증거수집 사이의 인과관계 등 관련성의 정도, 수사기관의 인식과 의도 등을 살펴야 한다. 나아가 1차적 증거를 기초로 하여 다시 2차적 증거를 수집하는 과정에서 추가로 발생한 모든 사정들까지 구체적인 사안에 따라 주로 인과관계 희석 또는 단절 여부를 중심으로 전체적·종합적으로 고려하여야 한다.

⑤ 임의제출된 정보저장매체에서 압수의 대상이 되는 전자정보의 범위를 초과하여 수사기관 임의로 전자정보를 탐색·복제·출력하는 것은 원칙적으로 위법한 압수·수색에 해당하므로 허용될 수 없다. 만약 전자정보에 대한 압수·수색이 종료되기 전에 범죄혐의사실과 관련된 전자정보를 적법하게 탐색하는 과정에서 별도의 범죄혐의와 관련된 전자정보를 우연히 발견한 경우라면, 수사기관은 더 이상의 추가 탐색을 중단하고 법원으로부터 별도의 범죄혐의에 대한 압수·수색영장을 발부받은 경우에 한하여 그러한 정보에 대하여도 적법하게 압수·수색을 할 수 있다.

⑥ 음란합성사진 파일은 형법 제244조의 '음란한 물건'에 해당한다고 볼 수 없다.

⑦ 피해자가 임의제출한 이 사건 휴대전화 내 전자정보의 탐색 등 과정에서 실

질적 피압수자인 피고인의 참여권이 보장되지 않았다. 전자정보 압수목록이 교부되지 않은 위법이 있다.

⑧ 이후 군검사가 이 사건 휴대전화를 피해자 측에 환부한 후 다시 압수수색 영장을 발부받아 압수하였더라도 선행 절차위법 사이에 인과관계가 희석된다고 볼 수 없다.

⑨ 음화제조교사 부분 혐의사실과 관련성이 없는 성폭력처벌법 위반 불법촬영 사진을 발견하였음에도 추가 탐색을 중단하지 않은 위법이 있다. 이 사건 휴대전화에서 탐색·복원·출력된 전자정보 및 그에 따른 2차적 증거의 증거능력이 부정된다.

해설 및 정답 ①~⑨ 대법원 2023. 12. 14. 선고 2020도1669 판결 [정보통신망이용촉진및정보보호등에관한법률위반(명예훼손), 성폭력범죄의처벌등에관한특례법위반(카메라등이용촬영), 음화제조교사] 〈음란합성사진 파일의 음화 해당 여부 및 휴대전화 전자정보의 증거능력이 문제된 사건〉 ★★★★★ **정답** ○

[판시사항] [1] 컴퓨터 프로그램파일이 형법 제243조(음화반포등)에서 규정한 '문서, 도화, 필름 기타 물건'에 해당하는지 여부(소극) / 이는 형법 제244조(음화제조등)의 '음란한 물건'의 해석에도 그대로 적용되는지 여부(적극)

[2] 피해자 등 제3자가 피의자의 소유·관리에 속하는 정보저장매체를 임의제출한 경우, 실질적 피압수자인 피의자에게 참여권을 보장하고 압수한 전자정보 목록을 교부하는 등 피의자의 절차적 권리를 보장하기 위한 적절한 조치가 이루어져야 하는지 여부(원칙적 적극) / 이때 정보저장매체를 임의제출한 피압수자에 더하여 임의제출자 아닌 피의자에게도 참여권이 보장되어야 하는 '피의자의 소유·관리에 속하는 정보저장매체'의 의미 및 이에 해당하는지 판단하는 기준

[3] 수사기관이 헌법과 형사소송법에서 정한 절차에 따르지 아니하고 수집한 증거 및 이를 기초로 하여 획득한 2차적 증거의 증거능력 유무(원칙적 소극) / 법원이 2차적 증거의 증거능력 인정 여부를 최종적으로 판단할 때 고려하여야 할 사정

[4] 임의제출된 정보저장매체에서 압수 대상이 되는 전자정보의 범위를 초과하여 수사기관 임의로 전자정보를 탐색·복제·출력하는 것이 허용되는지 여부(원칙적 소극) / 전자정보에 대한 압수·수색이 종료되기 전에 범죄혐의사실과 관련된 전자정보를 적법하게 탐색하는 과정에서 별도의 범죄혐의와 관련된 전자정보를 우연히 발견한 경우, 수사기관이 그러한 정보에 대하여 적법하게 압수·수색을 할 수 있는 요건

[참고문헌] 하태영, 2024 낭독 형사소송법판례, 법문사, 2024, 92-99면.

[시험출제] 2025년 법전협의회 제2차 모의고사 형사법 선택형 문 38.

[참고문헌] 하태영, 2025 낭독 형법판례, 법문사, 2025, 255-259면.
[출제예상] 성폭력범죄의 처벌 등에 관한 특례법 제14조의2(허위영상물 등의 반포등) 개정 2024년 10월 16일. 딥페이크 처벌법(공포한 날부터 바로 시행).

89 ★★★★★ **[선택형 · 사례형] 적법절차 · 임의제출 증거물 · 사법경찰관 압수조서 작성 · 형사소송법 취지**

피고인은 2018. 6. 말경부터 2018. 7. 초순경까지 피고인의 휴대전화를 이용하여 SNS메신저 프로그램에 접속하여 여자친구인 피해자와 서로 합의하에 촬영해 두었던 성관계 동영상 6개, 유방, 알몸 등의 사진 27장을 공소외 1에게 전송함으로써 피해자의 동의하에 촬영한 촬영물(이하 '이 사건 촬영물'이라 한다)을 피해자의 의사에 반하여 제공하였다. 이에 관한 설명 중 옳은 것은? (다툼이 있는 경우 판례에 의함)

① 형사소송법 제106조, 제218조, 제219조, 형사소송규칙 제62조, 제109조, 구 범죄수사규칙 제119조 등 관련 규정들에 의하면, 사법경찰관이 임의제출된 증거물을 압수한 경우 압수경위 등을 구체적으로 기재한 압수조서를 작성하도록 하고 있다. 이는 사법경찰관으로 하여금 압수절차의 경위를 기록하도록 함으로써 사후적으로 압수절차의 적법성을 심사 · 통제하기 위한 것이다.

② 구 범죄수사규칙 제119조 제3항에 따라 피의자신문조서 등에 압수의 취지를 기재하여 압수조서를 갈음할 수 있도록 하더라도, 압수절차의 적법성 심사 · 통제 기능에 차이가 없다.

③ 임의로 제출된 물건을 압수하는 경우, 그 제출에 임의성이 있다는 점에 관하여는 검사가 합리적 의심을 배제할 수 있을 정도로 증명하여야 하고, 임의로 제출된 것이라고 볼 수 없는 경우에는 증거능력을 인정할 수 없다.

해설 및 정답 ①~③ 대법원 2023. 6. 1. 선고 2020도2480 판결 [성폭력범죄의처벌등에관한특례법위반(카메라등이용촬영)] 〈사법경찰관이 임의제출된 증거물을 압수한 경우, 압수경위를 구체적으로 기재한 압수조서를 작성하도록 한 형사소송법 등 관련 규정 취지〉 **정답** ○

[판시사항] [1] 사법경찰관이 임의제출된 증거물을 압수한 경우 압수경위 등을 구체적으로 기재한 압수조서를 작성하도록 한 형사소송법 등 관련 규정의 취지 / 구 (경찰청) 범죄수사규칙 제119조 제3항에 따라 피의자신문조서 등에 압수의 취지를 기재하여 압수조서를 갈음할 수 있도록 한 것이 이러한 관련 규정의 취지에

반하는지 여부(소극) [2] 임의로 제출된 물건을 압수하는 경우, 제출에 임의성이 있다는 점에 관한 증명책임 소재(=검사)와 증명 정도(=합리적 의심을 배제할 수 있을 정도) 및 임의로 제출된 것이라고 볼 수 없는 경우 압수물의 증거능력 유무(소극)

[판결요지] [1] **사법경찰관이 피의자신문조서에 압수의 취지를 기재하여 압수조서를 갈음한 조치가 위법한지 여부**

형사소송법 제106조, 제218조, 제219조, 형사소송규칙 제62조, 제109조, 구 범죄수사규칙 제119조 등 관련 규정들에 의하면, 사법경찰관이 임의제출된 증거물을 압수한 경우 압수경위 등을 구체적으로 기재한 압수조서를 작성하도록 하고 있다. 이는 사법경찰관으로 하여금 압수절차의 경위를 기록하도록 함으로써 사후적으로 압수절차의 적법성을 심사·통제하기 위한 것이다. 구 범죄수사규칙 제119조 제3항에 따라 피의자신문조서 등에 압수의 취지를 기재하여 압수조서를 갈음할 수 있도록 하더라도, 압수절차의 적법성 심사·통제 기능에 차이가 없으므로, 위와 같은 사정만으로 이 사건 휴대전화에 관한 압수가 형사소송법이 정한 압수절차를 지키지 않은 것이어서 위법하다는 취지의 원심판단에는 압수절차의 적법성에 관한 법리를 오해하여 판결에 영향을 미친 잘못이 있다.

[2] 이 사건 **휴대전화 제출의 임의성 인정 여부**

(1) 임의로 제출된 물건을 압수하는 경우, 그 제출에 임의성이 있다는 점에 관하여는 검사가 합리적 의심을 배제할 수 있을 정도로 증명하여야 하고, 임의로 제출된 것이라고 볼 수 없는 경우에는 증거능력을 인정할 수 없다(대법원 2016. 3. 10. 선고 2013도11233 판결 참조).

(2) 위와 같은 사실관계를 앞서 본 법리에 비추어 살펴본다. 피고인이 사법경찰관에게 이 사건 휴대전화를 제출한 경위, 이 사건 공판의 진행 경과 및 검사의 임의성에 대한 증명 정도가 위와 같다면, 원심으로서는 피고인이 수사기관에서 이 사건 휴대전화를 제출한 구체적인 경위, 검사가 제출한 압수증명, 임의제출서, 전자정보 확인서 등의 작성 경위, 피고인의 공판정에서의 태도 등을 고려하여 이 사건 휴대전화 제출의 임의성 여부를 보다 면밀히 살펴보았어야 한다. 그럼에도 원심은 그 판시와 같은 이유만으로 이 사건 휴대전화 임의제출의 임의성에 대한 증명이 부족하다고 판단하였으니, 이러한 원심의 판단에는 이유불비 내지 임의제출의 임의성에 관한 법리를 오해하고 필요한 심리를 다하지 아니하여 판결에 영향을 미친 잘못이 있다.

90 ★★★★★ [선택형 · 사례형] 휴대전화에 저장된 전자정보의 증거능력에 관한 판단과 자백진술 외 보강증거의 존부에 관한 판단

피고인은 2017. 9. 1. 20:30경 서울 은평구 (주소 생략)에 있는 지하철 ○○역 계단에서 성명을 알 수 없는 피해자(여, 나이불상)가 짧은 청바지를 입고 올라가고 있는 것을 발견하고 피고인이 소지하고 있던 카메라 기능을 갖춘 휴대폰의 동영상 촬영 버튼을 누른 후 피해자의 허벅지와 엉덩이 부분을 몰래 촬영한 것을 비롯하여 그 무렵부터 2018. 5. 25. 18:53경까지 원심 판시 별지 범죄일람표 기재와 같이 총 26회에 걸쳐 피해자들의 엉덩이 등을 몰래 촬영하였다. 이로써 피고인은 카메라 기능을 갖춘 휴대폰을 이용하여 성적 욕망 또는 수치심을 유발할 수 있는 피해자들의 신체를 그 의사에 반하여 촬영하였다. 이에 관한 설명 중 옳은 것은? (다툼이 있는 경우 판례에 의함)

① 압수의 대상이 되는 전자정보와 그렇지 않은 전자정보가 혼재된 정보저장매체나 그 복제본을 압수·수색한 수사기관이 정보저장매체 등을 수사기관 사무실 등으로 옮겨 이를 탐색·복제·출력하는 경우, 그와 같은 일련의 과정에서 형사소송법 제219조, 제121조에서 규정하는 피압수·수색 당사자(이하 '피압수자'라 한다)나 변호인에게 참여의 기회를 보장하고 압수된 전자정보의 파일 명세가 특정된 압수목록을 작성·교부하여야 하며 범죄혐의사실과 무관한 전자정보의 임의적인 복제 등을 막기 위한 적절한 조치를 취하는 등 영장주의 원칙과 적법절차를 준수하여야 한다.

② 만약 그러한 조치가 취해지지 않았다면 피압수자 측이 참여하지 아니한다는 의사를 명시적으로 표시하였거나 절차 위반행위가 이루어진 과정의 성질과 내용 등에 비추어 피압수자 측에 절차 참여를 보장한 취지가 실질적으로 침해되었다고 볼 수 없을 정도에 해당한다는 등의 특별한 사정이 없는 이상 압수·수색이 적법하다고 평가할 수 없고, 비록 수사기관이 정보저장매체 또는 복제본에서 범죄혐의사실과 관련된 전자정보만을 복제·출력하였다 하더라도 달리 볼 것은 아니다.

③ 따라서 수사기관이 피압수자 측에 참여의 기회를 보장하거나 압수한 전자정보 목록을 교부하지 않는 등 영장주의 원칙과 적법절차를 준수하지 않은 위법한 압수·수색 과정을 통하여 취득한 증거는 위법수집증거에 해당하고, 사후에 법원으로부터 영장이 발부되었다거나 피고인이나 변호인이 이를 증거로

함에 동의하였다고 하여 위법성이 치유되는 것도 아니다.

④ 자백에 대한 보강증거는 자백사실이 가공적인 것이 아니고 진실한 것이라고 담보할 수 있는 정도이면 족한 것이지 범죄사실의 전부나 중요부분의 전부에 일일이 보강증거를 필요로 하는 것이 아니다.

⑤ 임의제출된 이 사건 휴대전화에서 탐색된 전자정보를 복제한 시디 및 출력한 사진(검사는 이를 증거로 제출하였다)은 경찰이 피압수자인 피고인에게 참여의 기회를 부여하지 않은 상태에서 임의로 탐색·복제·출력한 전자정보로서, 피고인에게 압수한 전자정보 목록을 교부했다거나 피고인이 그 과정에 참여하지 않을 의사였다고 보기 어려우므로, 이는 위법하게 수집된 증거로서 증거능력이 없다.

해설 및 정답 ①~⑤ 대법원 2022. 11. 17. 선고 2019도11967 판결 [성폭력범죄의처벌등에관한특례법위반(카메라등이용촬영)] **정답** ○

[판시사항] [1] 압수의 대상이 되는 전자정보와 그렇지 않은 전자정보가 혼재된 정보저장매체나 그 복제본을 압수·수색한 수사기관이 정보저장매체 등을 수사기관 사무실 등으로 옮겨 탐색·복제·출력하는 일련의 과정에서 피압수자 측에 참여의 기회를 보장하는 등의 적절한 조치를 취하지 않은 경우, 압수·수색의 적법 여부(원칙적 소극) / 이러한 위법한 압수·수색 과정을 통하여 취득한 증거는 위법수집증거에 해당하는지 여부(적극) 및 사후에 법원으로부터 영장이 발부되었거나 피고인이나 변호인이 이를 증거로 함에 동의하면 그 위법성이 치유되는지 여부(소극) [2] 자백에 대한 보강증거의 정도

[판결요지] [1] 수사기관이 피압수자 측에 참여의 기회를 보장하거나 압수한 전자정보 목록을 교부하지 않는 등 영장주의 원칙과 적법절차를 준수하지 않은 위법한 압수·수색 과정을 통하여 취득한 증거는 위법수집증거에 해당하고, 사후에 법원으로부터 영장이 발부되었다거나 피고인이나 변호인이 이를 증거로 함에 동의하였다고 하여 위법성이 치유되는 것도 아니다(위 대법원 2016도348 전원합의체 판결, 대법원 2022. 7. 28. 선고 2022도2960 판결 참조).

[2] 자백에 대한 보강증거는 자백사실이 가공적인 것이 아니고 진실한 것이라고 담보할 수 있는 정도이면 족한 것이지 범죄사실의 전부나 중요부분의 전부에 일일이 보강증거를 필요로 하는 것이 아니다(대법원 1994. 9. 30. 선고 94도1146 판결 참조).

5 형사소송법 증거

91 ★★★★★ [선택형 · 사례형] 위법수집증거배제법칙

수사기관이 피고인의 동의를 얻어 피고인의 휴대전화 전자정보를 탐색하고, 그 과정에서 피해자와의 성관계 영상 등을 확인한 후, 압수 · 수색영장을 발부받아 피고인의 휴대전화에 저장된 동영상, 사진 등 전자정보를 압수하였는데, 그 과정에서 피고인의 변호인에게 위 압수 · 수색 절차에 관한 사전통지를 하지 않아 위 전자정보의 증거능력이 문제된 사안이다. 이에 관한 설명 중 옳은 것은? (다툼이 있는 경우 판례에 의함)

① 수사기관이 압수 · 수색영장을 집행할 때에는 피압수자 또는 변호인은 그 집행에 참여할 수 있다(형사소송법 제219조, 제121조). 저장매체에 대한 압수 · 수색 과정에서 범위를 정하여 출력 · 복제하는 방법이 불가능하거나 압수의 목적을 달성하기에 현저히 곤란한 예외적인 사정이 인정되어, 전자정보가 담긴 저장매체, 하드카피나 이미징(imaging) 등 형태(이하 '복제본'이라 한다)를 수사기관 사무실 등으로 옮겨 복제 · 탐색 · 출력하는 경우에도, 피압수자나 변호인에게 참여 기회를 보장하고 혐의사실과 무관한 전자정보의 임의적인 복제 등을 막기 위한 적절한 조치를 취하는 등 영장주의 원칙과 적법절차를 준수하여야 한다.

② 만일 그러한 조치를 취하지 않았다면, 피압수자 측이 위와 같은 절차나 과정에 참여하지 않는다는 의사를 명시적으로 표시하였거나, 절차 위반행위가 이루어진 과정의 성질과 내용 등에 비추어 피압수자에게 절차 참여를 보장한 취지가 실질적으로 침해되었다고 볼 수 없을 정도에 해당한다는 등의 특별한 사정이 없는 이상, 압수 · 수색이 적법하다고 할 수 없다. 이는 수사기관이 저장매체 또는 복제본에서 혐의사실과 관련된 전자정보만을 복제 · 출력한 경우에도 마찬가지이다.

③ 형사소송법 제219조, 제121조가 규정한 변호인의 참여권은 피압수자의 보호를 위하여 변호인에게 주어진 고유권이다. 따라서 설령, 피압수자에게 집행의 일시와 장소를 통지하고, 피압수자가 스스로 수사기관에 압수 · 수색영장의 집행에 참여할 의사를 명시하거나 또는 집행에 참여하지 않는다는 의사를 명시하였다고 하더라도, 특별한 사정이 없는 한 그 변호인에게는 형사소송법 제219조, 제122조에 따라 미리 집행의 일시와 장소를 통지하는 등으로 압수 ·

수색영장의 집행에 참여할 기회를 별도로 보장하여야 한다.

④ 형사소송법 제308조의2는 '적법한 절차에 따르지 아니하고 수집한 증거는 증거로 할 수 없다'고 정하고 있다. 이는 위법한 압수 · 수색을 비롯한 수사과정의 위법행위를 억제하고 재발을 방지함으로써 국민의 기본적 인권 보장이라는 헌법 이념을 실현하고자 위법수집증거 배제 원칙을 명시한 것이다. 헌법 제12조는 기본적 인권을 보장하기 위하여 압수 · 수색에 관한 적법절차와 영장주의 원칙을 선언하고 있고, 형사소송법은 이를 이어받아 실체적 진실 규명과 개인의 권리보호 이념을 조화롭게 실현할 수 있도록 압수 · 수색절차에 관한 구체적 기준을 마련하고 있다. 이러한 헌법과 형사소송법의 규범력을 확고하게 유지하고 수사과정의 위법행위를 억제할 필요가 있으므로, 적법한 절차에 따르지 않고 수집한 증거는 물론 이를 기초로 하여 획득한 2차적 증거 또한 기본적 인권 보장을 위해 마련된 적법한 절차에 따르지 않고 확보한 것으로서 원칙적으로 유죄 인정의 증거로 삼을 수 없다고 보아야 한다.

⑤ 법률에 정해진 절차에 따르지 않고 수집한 증거라는 이유만을 내세워 획일적으로 증거능력을 부정하는 것은 헌법과 형사소송법의 목적에 맞지 않는다. 실체적 진실 규명을 통한 정당한 형벌권의 실현도 헌법과 형사소송법이 형사소송 절차를 통하여 달성하려는 중요한 목표이자 이념이기 때문이다. 수사기관의 절차 위반행위가 적법절차의 실질적인 내용을 침해하는 경우에 해당하지 않고, 오히려 증거능력을 배제하는 것이 헌법과 형사소송법이 형사소송에 관한 절차 조항을 마련하여 적법절차의 원칙과 실체적 진실 규명의 조화를 도모하고 이를 통하여 형사 사법 정의를 실현하려 한 취지에 반하는 결과를 초래하는 것으로 평가되는 예외적인 경우라면, 법원은 그 증거를 유죄 인정의 증거로 사용할 수 있다고 보아야 한다.

⑥ 이에 해당하는지는 수사기관의 증거 수집 과정에서 이루어진 절차 위반행위와 관련된 모든 사정, 즉 절차 조항의 취지, 위반 내용과 정도, 구체적인 위반 경위와 회피가능성, 절차 조항이 보호하고자 하는 권리나 법익의 성질과 침해 정도, 이러한 권리나 법익과 피고인 사이의 관련성, 절차 위반행위와 증거 수집 사이의 관련성, 수사기관의 인식과 의도 등을 전체적·종합적으로 고찰하여 판단해야 한다.

⑦ 이러한 법리는 적법한 절차에 따르지 않고 수집한 증거를 기초로 하여 획득한 2차적 증거에 대해서도 마찬가지로 적용되므로, 절차에 따르지 않은 증거 수집과 2차적 증거 수집 사이 인과관계의 희석이나 단절 여부를 중심으로 2차적 증거 수집과 관련된 모든 사정을 전체적 · 종합적으로 고려하여 예외적인 경우에는 유죄 인정의 증거로 사용할 수 있다.

⑧ 이 사안에서 수사기관은 위와 같은 탐색 · 복제에 앞서 피고인의 변호인에게 그 집행의 일시와 장소를 통지하는 등으로 절차에 참여할 기회를 제공하였어야 하고 그와 같은 조치를 취하지 않은 것은 압수절차를 위반하였다. 그러나 피고인이 실제 탐색 · 복제 절차에 참여하는 등 제반 사정에 비추어 보면 예외적으로 그와 같이 수집된 증거와 2차적 증거 모두 증거능력이 있는 경우에 해당하여 증거능력을 인정된다.

⑨ 이 사안에서 피고인의 변호인에게 미리 집행의 일시와 장소를 통지하지 않은 채 압수 · 수색영장을 집행하여 휴대전화 전자정보를 압수하였더라도 피고인에게 참여권을 보장하였으므로 압수 · 수색은 적법하고, 설령 변호인에게 별도로 참여권을 보장하였어야 압수 · 수색이 적법하다고 보더라도 그 절차 위반의 정도가 무겁다고 볼 수 없으므로 해당 전자정보의 증거능력을 인정할 수 있다.

해설 및 정답 ①~⑧ 대법원 2025. 4. 24. 선고 2024도19106 판결 [준강제추행 등] (라) 상고기각 〈피압수자인 피의자의 변호인에게 휴대전화 전자정보 압수 · 수색 과정에 참여할 기회를 제공하지 않은 경우 휴대전화 전자정보의 증거능력 인정 여부가 문제된 사건〉 ★★★★★ **정답** ○, ⑨ ×

[판시사항] **[1] 피압수자에게 집행의 일시와 장소를 통지하고, 피압수자가 스스로 수사기관에 압수·수색영장의 집행에 참여할 의사를 명시하거나 또는 집행에 참여하지 않는다는 의사를 명시하였다고 하더라도, 변호인에게 압수·수색영장의 집행에 참여할 기회를 별도로 보장하여야 하는지 여부(원칙적 적극) [2] 위법수집증거 및 이를 기초로 하여 획득한 2차적 증거의 증거능력을 예외적으로 인정할 수 있는 경우와 판단 기준**

[판결요지] 수사기관이 압수 · 수색영장을 집행할 때에는 피압수자 또는 변호인은 그 집행에 참여할 수 있다(형사소송법 제219조, 제121조). **· 참여권 보장**
저장매체에 대한 압수 · 수색 과정에서 범위를 정하여 출력 · 복제하는 방법이 불가능하거나 압수의 목적을 달성하기에 현저히 곤란한 예외적인 사정이 인정되어, 전자정보가 담긴 저장매체, 하드카피나 이미징(imaging) 등 형태(이하 '복제본'이

라 한다)를 수사기관 **사무실 등으로 옮겨 복제 · 탐색 · 출력하는 경우**에도, **피압수자나 변호인에게 참여 기회를 보장**하고 **혐의사실과 무관한 전자정보의 임의적인 복제** 등을 막기 위한 **적절한 조치**를 취하는 등 영장주의 원칙과 적법절차를 준수하여야 한다. **· 영장주의 원칙과 적법절차(=참여권 보장과 혐의사실 무관정보 임의복제 금지)**

만일 그러한 조치를 취하지 않았다면, 피압수자 측이 위와 같은 절차나 과정에 참여하지 않는다는 의사를 명시적으로 표시하였거나, 절차 위반행위가 이루어진 과정의 성질과 내용 등에 비추어 피압수자에게 절차 참여를 보장한 취지가 **실질적으로 침해되었다고 볼 수 없을 정도에 해당한다는 등의 특별한 사정이 없는 이상, 압수 · 수색이 적법하다고 할 수 없다. 이는 수사기관이 저장매체 또는 복제본에서 혐의사실과 관련된 전자정보만을 복제 · 출력한 경우에도 마찬가지이다**(대법원 2015. 7. 16. 자 2011모1839 전원합의체 결정, 대법원 2017. 9. 21. 선고 2015도12400 판결 등 참조). **· 실질적 침해(=위법)**

한편 형사소송법 제219조, 제121조가 규정한 **변호인의 참여권**은 피압수자의 보호를 위하여 **변호인에게 주어진 고유권**이다. 따라서 설령, 피압수자에게 집행의 일시와 장소를 통지하고, 피압수자가 스스로 수사기관에 압수 · 수색영장의 집행에 참여할 의사를 명시하거나 또는 집행에 참여하지 않는다는 의사를 명시하였다고 하더라도, 특별한 사정이 없는 한 그 변호인에게는 형사소송법 제219조, 제122조에 따라 미리 집행의 일시와 장소를 통지하는 등으로 압수 · 수색영장의 집행에 참여할 기회를 별도로 보장하여야 한다(대법원 2020. 11. 26. 선고 2020도10729 판결 참조). **· 참여권 보장(=변호인 고유권)**

[2] 형사소송법 제308조의2는 '적법한 절차에 따르지 아니하고 수집한 증거는 증거로 할 수 없다'고 정하고 있다. 이는 위법한 압수 · 수색을 비롯한 수사과정의 위법행위를 억제하고 재발을 방지함으로써 국민의 기본적 인권 보장이라는 헌법 이념을 실현하고자 위법수집증거 배제 원칙을 명시한 것이다(대법원 2013. 3. 14. 선고 2010도2094 판결, 대법원 2019. 7. 11. 선고 2018도20504 판결 등 참조). **· 형사소송법 제308조2**

헌법 제12조는 기본적 인권을 보장하기 위하여 압수 · 수색에 관한 적법절차와 영장주의 원칙을 선언하고 있고, 형사소송법은 이를 이어받아 실체적 진실 규명과 개인의 권리보호 이념을 조화롭게 실현할 수 있도록 압수 · 수색절차에 관한 구체적 기준을 마련하고 있다. 이러한 헌법과 형사소송법의 규범력을 확고하게 유지하고 수사과정의 위법행위를 억제할 필요가 있으므로, 적법한 절차에 따르지 않고 수집한 증거는 물론 이를 기초로 하여 획득한 2차적 증거 또한 기본적 인권 보장을 위해 마련된 적법한 절차에 따르지 않고 확보한 것으로서 원칙적으로 유죄 인정의 증거로 삼을 수 없다고 보아야 한다. **· 압수·수색에 관한 적법절차와 영장주의 원칙 선언**

그러나 법률에 정해진 절차에 따르지 않고 수집한 증거라는 이유만을 내세워 획일적으로 증거능력을 부정하는 것은 헌법과 형사소송법의 목적에 맞지 않는다.

실체적 진실 규명을 통한 정당한 형벌권의 실현도 헌법과 형사소송법이 형사소송절차를 통하여 달성하려는 중요한 목표이자 이념이기 때문이다. **· 사법정의론**
수사기관의 절차 위반행위가 적법절차의 실질적인 내용을 침해하는 경우에 해당하지 않고, 오히려 증거능력을 배제하는 것이 헌법과 형사소송법이 형사소송에 관한 절차 조항을 마련하여 적법절차의 원칙과 실체적 진실 규명의 조화를 도모하고 이를 통하여 형사 사법 정의를 실현하려 한 취지에 반하는 결과를 초래하는 것으로 평가되는 예외적인 경우라면, 법원은 그 증거를 유죄 인정의 증거로 사용할 수 있다고 보아야 한다. **· 이익형량이론**
이에 해당하는지는 수사기관의 증거 수집 과정에서 이루어진 절차 위반행위와 관련된 모든 사정, 즉 절차 조항의 취지, 위반 내용과 정도, 구체적인 위반 경위와 회피가능성, 절차 조항이 보호하고자 하는 권리나 법익의 성질과 침해 정도, 이러한 권리나 법익과 피고인 사이의 관련성, 절차 위반행위와 증거 수집 사이의 관련성, 수사기관의 인식과 의도 등을 전체적·종합적으로 고찰하여 판단해야 한다. **· 전체 종합 판단**
이러한 법리는 적법한 절차에 따르지 않고 수집한 증거를 기초로 하여 획득한 2차적 증거에 대해서도 마찬가지로 적용되므로, 절차에 따르지 않은 증거 수집과 2차적 증거 수집 사이 인과관계의 희석이나 단절 여부를 중심으로 2차적 증거 수집과 관련된 모든 사정을 전체적·종합적으로 고려하여 예외적인 경우에는 유죄 인정의 증거로 사용할 수 있다(대법원 2007. 11. 15. 선고 2007도3061 전원합의체 판결, 대법원 2015. 1. 22. 선고 2014도10978 전원합의체 판결, 대법원 2019. 7. 11. 선고 2018도20504 판결 등 참조). **· 1차 증거 수집과 2차적 증거 수집 사이 인과관계의 희석이나 단절 전체 종합 판단(=이익형량이론)**
[판결해설] 대상판결은 위법수집증거 · 변호인에게 휴대전화 전자정보 압수·수색 과정에 참여할 기회를 제공하지 않은 경우 휴대전화 전자정보 증거능력 · 피압수자인 피의자의 변호인에게 휴대전화 전자정보 압수·수색과정에 참여할 기회를 제공하지 않은 경우 휴대전화 전자정보의 증거능력 인정 여부에 대한 법리를 명확히 설명한다.
대법원은, 수사기관은 위와 같은 **탐색·복제에 앞서 피고인의 변호인에게 그 집행의 일시와 장소를 통지하는 등으로 절차에 참여할 기회를 제공하였어야 하고 그와 같은 조치를 취하지 않은 것은 압수절차를 위반한 것**이어서 이 부분 원심의 판단은 법리를 오해한 것이나, 피고인이 실제 탐색·복제 절차에 참여하는 등 제반 사정에 비추어 보면 **예외적으로 그와 같이 수집된 증거와 2차적 증거 모두 증거능력이 있는 경우에 해당하여 증거능력을 인정**한 원심의 결론은 수긍하여 상고를 기각하였다.
변호사시험 선택형·사례형으로 출제 가능성이 있다. 법영역이론(=적법절차이론)과 이익형량이론(=사법정의이론)이다. 원칙은 적법절차이론이고, 예외가 이익형량이론이다.

92 ★★★★★ [선택형 · 사례형] 위법수집증거배제법칙

피고인이 합성대마 매수자인 A(이하 '공범')의 부탁에 따라 합성대마를 수거한 후 건네주어 합성대마 매수자와 공모하여 합성대마를 매수하였다는 「마약류관리에 관한 법률」 위반(향정)으로 기소된 사안이다. 공범은 그 이후 택시에서 휴대전화를 분실하였다. 택시기사가 이를 경찰에 습득물로 제출하였다. 그런데 경찰관은 휴대전화 소유자의 인적사항을 파악하기 위해 저장되어 있던 정보를 확인하던 중 필로폰 구매 정황으로 의심되는 텔레그램 대화내역 등을 목격하고 이를 다른 경찰관에게 인계하였다. 이를 인계받은 경찰관은 공소사실과 관련된 피고인과 공범 사이의 이 사건 카카오톡 대화내역 등을 발견하고 이를 복제 · 출력하거나 사진으로 촬영하였다(공범에게 참여의 기회를 보장한 바 없음). 경찰관은 위 전자정보로 피고인의 인적사항을 파악하여 수사를 진행하고, 피고인에 대한 피의자신문 과정에서 이 사건 카카오톡 대화내역 등 전자정보의 출력물 내지 촬영물을 제시하였다. 이후 검사는 피고인을 이 사건으로 기소하였다. 피고인은 제1심에서 "공소사실 기재 행위는 인정하나, 검사 제출 증거는 위법수집증거이므로 무죄가 선고되어야 한다."는 취지로 주장하였다. 관련사건으로 기소된 공범도 해당 사건 1심에서 동일한 취지로 주장하였다. 이에 관한 설명 중 옳은 것은? (다툼이 있는 경우 판례에 의함)

① 헌법과 형사소송법이 정한 절차에 따르지 아니하고 수집된 증거는 물론, 이를 기초로 하여 획득한 2차적 증거 역시 유죄 인정의 증거로 삼을 수 없는 것이 원칙이다.

② 수사기관의 절차 위반행위가 적법절차의 실질적인 내용을 침해하는 경우에 해당하지 않고, 오히려 그 증거의 증거능력을 배제하는 것이 헌법과 형사소송법이 형사소송에 관한 절차조항을 마련하여 적법절차의 원칙과 실체적 진실 규명의 조화를 도모하고, 이를 통하여 형사 사법 정의를 실현하려고 한 취지에 반하는 결과를 초래하는 것으로 평가되는 예외적인 경우에 한하여 유죄 인정의 증거로 사용될 수 있다.

③ 따라서 2차적 증거의 경우에도, 절차에 따르지 아니한 1차적 증거수집과 관련된 모든 사정들, 즉 절차 조항의 취지와 그 위반의 내용 및 정도, 구체적인 위반 경위와 회피가능성, 절차 조항이 보호하고자 하는 권리 또는 법익의 성질과 침해 정도 및 피고인과의 관련성, 절차 위반행위와 증거수집 사이의 인과관계 등 관련성의 정도, 수사기관의 인식과 의도 등은 물론, 나아가 1차적 증거를 기초로 하여 다시 2차적 증거를 수집하는 과정에서 추가로 발생한 모

든 사정들까지 전체적 · 종합적으로 고려하여 인과관계가 희석 또는 단절되었다고 평가되는 예외적인 경우에 한하여 유죄 인정의 증거로 사용될 수 있다.

④ 구체적 사안이 위와 같은 예외적인 경우에 해당하는지를 판단함에 있어서 적법한 절차를 따르지 않고 수집된 증거나 이를 기초로 획득된 2차적 증거를 유죄의 증거로 삼을 수 없다는 원칙이 훼손되지 않도록 유념하여야 하고, 그러한 예외적인 경우에 해당한다고 볼 만한 구체적이고 특별한 사정이 존재한다는 점은 검사가 증명하여야 한다.

⑤ 나아가, 이러한 법리는 2차적 증거가 피고인의 법정진술인 경우에도 그대로 적용된다. 따라서 2차적 증거인 피고인의 법정진술을 유죄 인정의 증거로 사용할 수 있는지 역시 위와 같은 법리에 의하여 판단하여야 하는데, 특히 수사기관이 위법하게 수집한 1차적 증거가 수사개시의 단서가 되었거나 사실상 유일한 증거 내지 핵심증거이고 위법의 정도 역시 상당할뿐더러, 피고인이 수사기관에서 1차적 증거를 제시받거나 1차적 증거의 내용을 전제로 신문받은 바가 있다면, 특별한 사정이 없는 이상 법정진술도 1차적 증거를 직접 제시받고 한 것과 다름없거나 적어도 1차적 증거의 존재를 전제로 한 것으로 볼 수 있으므로, 이는 절차 위반행위와의 인과관계의 희석 또는 단절을 인정하기 어려운 정황에 속한다. 이러한 경우더라도, 피고인의 법정진술이 다른 독립된 증거에서 기인하는 등 1차적 증거와 무관하게 이루어졌다고 평가된다면 인과관계의 희석 또는 단절을 인정할 수 있으나, 그러한 특별한 사정이 존재한다는 점은 검사가 증명하여야 한다.

⑥ 이 사안에서 피고인의 법정진술 및 공범의 관련사건 법정진술은 위법하게 수집된 이 사건 카카오톡 대화내역 등 전자정보에 기초한 2차적 증거들로, 절차 위반행위와의 인과관계의 희석 또는 단절을 인정할 특별한 사정이 존재하지 않으므로 증거능력이 부정되어야 한다.

⑦ 이 사건 카카오톡 대화내역 등 전자정보는 영장주의를 위반하고 참여권을 보장하지 않은 채 위법하게 수집되었다. 따라서 그 증거능력은 부정된다. 그러나 피고인의 1심 법정진술과 공범의 관련사건 1심 법정진술은 절차 위반행위와의 인과관계가 희석 또는 단절되어 증거능력이 인정된다.

해설 및 정답 ①~⑥ 대법원 2025. 1. 9. 선고 2024도12689 판결 [마약류관리에관한법률위반(향정)] (나) 파기환송 〈2차적 증거인 피고인 법정진술의 증거능력이 문제된 사건〉 **정답** ○ ⑦ ×

[판시사항] 헌법과 형사소송법이 정한 절차에 따르지 아니하고 수집된 증거나 이를 기초로 획득된 2차적 증거를 유죄 인정의 증거로 사용할 수 있는 예외적인 경우 및 이에 해당하는지 판단할 때 고려해야 할 사항과 그러한 예외적인 경우에 해당한다고 볼 만한 구체적이고 특별한 사정이 존재한다는 점에 대한 **증명책임 소재(=검사)** / 수사기관이 위법하게 수집한 1차적 증거가 수사개시의 단서가 되었거나 사실상 유일한 증거 내지 핵심증거이고 위법의 정도 역시 상당할뿐더러, 피고인이 수사기관에서 1차적 증거를 제시받거나 1차적 증거의 내용을 전제로 신문받은 바가 있는 경우, **2차적 증거인 피고인의 법정진술을 유죄의 증거로 사용할 수 있는지 여부(원칙적 소극) 및 이때 피고인의 법정진술을 유죄의 증거로 사용할 수 있는 예외적인 경우와 그러한 특별한 사정이 존재한다는 점에 대한 증명책임 소재(=검사)**

[판결요지] 헌법과 형사소송법이 정한 절차에 따르지 아니하고 수집된 증거는 물론, 이를 기초로 하여 획득한 2차적 증거 역시 유죄 인정의 증거로 삼을 수 없는 것이 원칙이다. **· 적법절차(=헌법과 형사소송법이 정한 절차)**

수사기관의 절차 위반행위가 적법절차의 실질적인 내용을 침해하는 경우에 해당하지 않고, 오히려 그 증거의 증거능력을 배제하는 것이 헌법과 형사소송법이 형사소송에 관한 절차조항을 마련하여 적법절차의 원칙과 실체적 진실 규명의 조화를 도모하고, 이를 통하여 형사 사법 정의를 실현하려고 한 취지에 반하는 결과를 초래하는 것으로 평가되는 예외적인 경우에 한하여 유죄 인정의 증거로 사용될 수 있다. **· 적법절차 실질적 내용 침해(=헌법과 형사소송법이 정한 절차 위반)**

따라서 2차적 증거의 경우에도, 절차에 따르지 아니한 1차적 증거수집과 관련된 모든 사정들, 즉 절차 조항의 취지와 그 위반의 내용 및 정도, 구체적인 위반 경위와 회피가능성, 절차 조항이 보호하고자 하는 권리 또는 법익의 성질과 침해 정도 및 피고인과의 관련성, 절차 위반행위와 증거수집 사이의 인과관계 등 관련성의 정도, 수사기관의 인식과 의도 등은 물론, 나아가 1차적 증거를 기초로 하여 다시 2차적 증거를 수집하는 과정에서 추가로 발생한 모든 사정들까지 전체적·종합적으로 고려하여 인과관계가 희석 또는 단절되었다고 평가되는 예외적인 경우에 한하여 유죄 인정의 증거로 사용될 수 있다(대법원 2007. 11. 15. 선고 2007도3061 전원합의체 판결, 대법원 2009. 3. 12. 선고 2008도11437 판결, 대법원 2024. 4. 16. 선고 2020도3050 판결 등 참조). **· 1차 증거 수집과 2차적 증거 수집 사이 인과관계의 희석이나 단절 전체 종합 판단(=이익형량이론)**

구체적 사안이 위와 같은 예외적인 경우에 해당하는지를 판단함에 있어서 적법한 절차를 따르지 않고 수집된 증거나 이를 기초로 획득된 2차적 증거를 유죄의 증거로 삼을 수 없다는 원칙이 훼손되지 않도록 유념하여야 하고, 그러한 예외적인 경우에 해당한다고 볼 만한 구체적이고 특별한 사정이 존재한다는 점은 검사가 증명하여야 한다(대법원 2009. 3. 12. 선고 2008도763 판결, 대법원 2017. 9. 21. 선고 2015도12400 판결 등 참조). **· 검사 증명(=적법절차 준수 사항)**

나아가 이러한 법리는 2차적 증거가 피고인의 법정진술인 경우에도 그대로 적용된다. 따라서 2차적 증거인 피고인의 법정진술을 유죄 인정의 증거로 사용할 수 있는지 역시 위와 같은 법리에 의하여 판단하여야 하는데, 특히 수사기관이 위법하게 수집한 1차적 증거가 수사개시의 단서가 되었거나 사실상 유일한 증거 내지 핵심증거이고 위법의 정도 역시 상당할뿐더러, 피고인이 수사기관에서 1차적 증거를 제시받거나 1차적 증거의 내용을 전제로 신문받은 바가 있다면, 특별한 사정이 없는 이상 법정진술도 1차적 증거를 직접 제시받고 한 것과 다름없거나 적어도 1차적 증거의 존재를 전제로 한 것으로 볼 수 있으므로, 이는 절차 위반행위와의 인과관계의 희석 또는 단절을 인정하기 어려운 정황에 속한다. **· 피고인 법정진술(=동일한 법리 적용)**

이러한 경우더라도, 피고인의 법정진술이 다른 독립된 증거에서 기인하는 등 1차적 증거와 무관하게 이루어졌다고 평가된다면 인과관계의 희석 또는 단절을 인정할 수 있으나, 그러한 특별한 사정이 존재한다는 점은 검사가 증명하여야 한다. **· 인과관계의 희석이나 단절 증명(=검사)**

[**판결해설**] 대상판결은 위법수집증거 · 2차적 증거인 피고인 법정진술의 증거능력 법리를 명확히 설명한다. 위법수집증거를 기초로 획득한 2차적 증거가 피고인의 법정진술인 경우 원칙적으로 증거능력이 부정되는지 여부(적극) 및 2차적 증거인 피고인의 법정진술에 대하여 인과관계 희석 · 단절을 인정하기 어려운 정황을 판단한다. 대법원 판결은 타당하다. 변호사시험 선택형 · 사례형으로 출제 가능성이 있다.

93 ★★★★★ [선택형 · 사례형] 수사기관이 우연히 발견한 무관정보의 증거능력

검찰수사서기관인 피고인이 수사를 지연시켜 달라는 내용의 부정청탁을 받고 그에 따라 직무를 수행하고 수사기관 내부의 비밀을 누설하였다는 혐의로 수사를 받게 되었다. 그런데 수사기관이 별건 압수 · 수색 과정에서 압수한 휴대전화에 저장된 전자정보를 탐색하던 중 우연히 이 사건 범죄사실 혐의와 관련된 전자정보(이하 '이 사건 녹음파일 등')를 발견하였다. 그런데도 이후 약 3개월 동안 대검찰청 통합디지털증거관리시스템(D-NET, 이하 '대검찰청 서버')에 그대로 저장된 채로 계속 보관하면서 영장 없이 이를 탐색 · 복제 · 출력하여 증거를 수집한 사안이다. 이에 관한 설명 중 옳은 것은? (다툼이 있는 경우 판례에 의함)

1. 전자정보에 대한 압수 · 수색 과정에서 별도의 범죄혐의와 관련된 전자정보를 우연히 발견한 경우 수사기관이 적법하게 압수 · 수색하기 위한 요건
2. 위법수집증거 배제법칙의 예외 및 2차적 증거의 증거능력 인정 여부

① 전자정보에 대한 압수·수색에 있어 저장매체 자체를 외부로 반출하거나 하드카피·이미징 등의 형태로 복제본(이하 '복제본'이라 한다)을 만들어 외부에서 그 저장매체나 복제본에 대하여 압수·수색이 허용되는 예외적인 경우에도 혐의사실과 관련된 전자정보(이하 '유관정보'라 한다) 이외에 이와 무관한 전자정보(이하 '무관정보'라 한다)를 탐색·복제·출력하는 것은 원칙적으로 위법한 압수·수색에 해당하므로 허용될 수 없다.

② 그러나 전자정보에 대한 압수·수색이 종료되기 전에 유관정보를 적법하게 탐색하는 과정에서 무관정보를 우연히 발견한 경우라면, 수사기관으로서는 더 이상의 추가 탐색을 중단하고 법원으로부터 별도의 범죄혐의에 대한 압수·수색영장을 발부받은 경우에 한하여 그러한 정보에 대하여도 적법하게 압수·수색을 할 수 있다.

③ 수사기관이 유관정보를 선별하여 압수한 후에도 무관정보를 삭제·폐기·반환하지 않은 채 그대로 보관하고 있다면 무관정보 부분에 대하여는 압수의 대상이 되는 전자정보의 범위를 넘어서는 전자정보를 영장 없이 압수·수색하여 취득한 것이어서 위법하고, 사후에 법원으로부터 압수·수색영장이 발부되었다거나 피고인이나 변호인이 이를 증거로 함에 동의하였다고 하여 그 위법성이 치유된다고 볼 수 없다.

④ 수사기관이 새로운 범죄혐의의 수사를 위하여 무관정보가 남아 있는 복제본을 열람하는 것은 압수·수색영장으로 압수되지 않은 전자정보를 영장 없이 수색하는 것과 다르지 않다. 따라서 복제본은 더 이상 수사기관의 탐색, 복제 또는 출력 대상이 될 수 없으며, 수사기관은 새로운 범죄혐의의 수사를 위하여 필요한 경우에도 기존 압수·수색 과정에서 출력하거나 복제한 유관정보의 결과물을 열람할 수 있을 뿐이다. 사후에 법원으로부터 복제본을 대상으로 압수·수색영장을 발부받아 집행하였다고 하더라도, 이는 압수·수색절차가 종료됨에 따라 당연히 삭제·폐기되었어야 할 전자정보를 대상으로 한 것으로 위법하다.

⑤ 휴대전화에 저장된 이 사건 녹음파일 등은 적법한 압수·수색절차에 요구되는 관련 규정을 준수하지 아니함으로써 영장주의 및 적법절차 원칙을 위반하여 위법하게 수집된 증거에 해당하고, 나아가 위법수집증거인 이 사건 녹음파

일 등을 기초로 수집된 증거들 역시 위법수집증거에 터 잡아 획득한 2차적 증거로서 위 압수절차와 2차적 증거수집 사이에 인과관계가 희석 또는 단절되었다고 볼 수 없으므로 증거능력을 인정할 수 없다.

⑥ 이 사안에서 영장 집행의 경위와 사건의 특수성 등에 비추어 수사기관이 의도적으로 영장주의의 취지를 회피하려고 시도하였다고 보기 어려운 점, 피고인의 일부 법정진술은 공개된 법정에서 진술거부권을 고지받고 변호인의 충분한 조력을 받은 상태에서 자발적으로 이루어진 것인 점, 새로운 영장의 집행 당시 참여권 등 관련 절차를 준수하였던 점 등의 사정들이 존재한다면, 새로운 영장이 집행된 이후에 수집된 증거들은 절차에 따르지 아니한 1차적 증거수집과 인과관계가 희석 또는 단절되었다고 판단되므로 증거능력이 인정된다.

해설 및 정답 ①~⑤ 대법원 2024. 4. 16. 선고 2020도3050 판결 [부정청탁및금품등수수의금지에관한법률위반등] (타) 파기환송 〈수사기관이 전자정보에 대한 압수·수색 과정에서 우연히 발견한 무관정보의 증거능력이 문제된 사건〉 ★★★★★

정답 ○, ⑥ ×

[판시사항] [1] 전자정보에 대한 압수·수색이 종료되기 전에 혐의사실과 관련된 전자정보(유관정보)를 적법하게 탐색하는 과정에서 이와 무관한 전자정보(무관정보)를 우연히 발견한 경우, 수사기관이 그러한 정보에 대하여도 압수·수색을 할 수 있는지 여부(한정 적극) / **수사기관이 유관정보를 선별하여 압수한 후에도 무관정보를 삭제·폐기·반환하지 않은 채 그대로 보관하고 있는 경우, 무관정보 부분에 대한 압수가 위법한지 여부(적극) 및 사후에 법원으로부터 압수·수색영장이 발부되었거나 피고인 등이 이를 증거로 함에 동의한 경우, 위법성이 치유되는지 여부(소극)** / 수사기관이 새로운 범죄혐의의 수사를 위하여 기존 압수·수색 과정에서 취득한 무관정보가 남아 있는 하드카피·이미징 등 형태의 복제본을 탐색, 복제 또는 출력할 수 있는지 여부(소극) 및 사후에 법원으로부터 복제본을 대상으로 압수·수색영장을 발부받아 집행했더라도 위법한지 여부(적극)
[2] 수사기관이 헌법과 형사소송법이 정한 절차에 따르지 않고 수집한 증거와 이를 기초로 획득한 2차적 증거를 유죄 인정의 증거로 삼을 수 있는지 여부(원칙적 소극) 및 법원이 위 증거를 유죄 인정의 증거로 사용할 수 있는 예외적인 경우 / 법원이 2차적 증거의 증거능력 인정 여부를 최종적으로 판단할 때 고려해야 할 사항

[판결요지] [1] 전자정보에 대한 압수·수색에 있어 저장매체 자체를 외부로 반출하거나 하드카피·이미징 등의 형태로 복제본(이하 '복제본'이라 한다)을 만들어 외부에서 그 저장매체나 복제본에 대하여 압수·수색이 허용되는 예외적인 경우에도 혐의사실과 관련된 전자정보(이하 '유관정보'라 한다) 이외에 이와 무관한

전자정보(이하 '무관정보'라 한다)를 탐색·복제·출력하는 것은 원칙적으로 위법한 압수·수색에 해당하므로 허용될 수 없다. **·무관한 전자정보(=탐색·복제·출력 원칙적으로 위법한 압수·수색. 허용 금지)**

그러나 **전자정보에 대한 압수·수색이 종료되기 전에 유관정보를 적법하게 탐색하는 과정에서 무관정보를 우연히 발견한 경우라면, 수사기관으로서는 더 이상의 추가 탐색을 중단하고 법원으로부터 별도의 범죄혐의에 대한 압수·수색영장을 발부받은 경우에 한하여 그러한 정보에 대하여도 적법하게 압수·수색을 할 수 있다.** **·무관정보를 우연히 발견(=수사기관 추가 탐색 중단⇒압수·수색영장 발부 받고⇒그 정보 적법하게 압수·수색)**

수사기관이 유관정보를 선별하여 압수한 후에도 무관정보를 삭제·폐기·반환하지 않은 채 그대로 보관하고 있다면 무관정보 부분에 대하여는 압수의 대상이 되는 전자정보의 범위를 넘어서는 전자정보를 영장 없이 압수·수색하여 취득한 것이어서 위법하고, 사후에 법원으로부터 압수·수색영장이 발부되었다거나 피고인이나 변호인이 이를 증거로 함에 동의하였다고 하여 그 위법성이 치유된다고 볼 수 없다. **·수사기관이 유관정보를 선별하여 압수한 후에도 무관정보를 삭제·폐기·반환함**

수사기관이 새로운 범죄혐의의 수사를 위하여 무관정보가 남아 있는 복제본을 열람하는 것은 압수·수색영장으로 압수되지 않은 전자정보를 영장 없이 수색하는 것과 다르지 않다. 따라서 복제본은 더 이상 수사기관의 탐색, 복제 또는 출력 대상이 될 수 없으며, 수사기관은 새로운 범죄혐의의 수사를 위하여 필요한 경우에도 기존 압수·수색 과정에서 출력하거나 복제한 유관정보의 결과물을 열람할 수 있을 뿐이다. 사후에 법원으로부터 복제본을 대상으로 압수·수색영장을 발부받아 집행하였다고 하더라도, 이는 압수·수색절차가 종료됨에 따라 당연히 삭제·폐기되었어야 할 전자정보를 대상으로 한 것으로 위법하다. **·수사기관 위법수사(=새로운 범죄혐의 수사 목적으로 무관정보가 남아 있는 복제본 열람하는 행위 금지⇒사후에 법원으로부터 복제본 대상 압수·수색영장을 발부받아 집행해도 마찬가지)**

[2] 형사소송법 제308조의2에 따라 적법한 절차에 따르지 아니하고 수집한 증거는 증거로 할 수 없다. 수사기관이 헌법과 형사소송법이 정한 절차에 따르지 아니하고 수집한 증거는 물론, 이를 기초로 하여 획득한 2차적 증거 역시 유죄 인정의 증거로 삼을 수 없는 것이 원칙이다. **·법영역이론(=형사소송법 제308조의2 적법한 절차로 증거 수집함)**

다만 수사기관의 절차 위반행위가 적법절차의 실질적인 내용을 침해하는 경우에 해당하지 아니하고, **·법영역이론(=적법절차 실질적 내용 침해⇒증거능력 부인)**

오히려 그 증거의 증거능력을 배제하는 것이 헌법과 형사소송법이 형사소송에 관한 절차조항을 마련하여 적법절차의 원칙과 실체적 진실 규명의 조화를 도모하고, 이를 통하여 형사 사법 정의를 실현하려고 한 취지에 반하는 결과를 초래하는 것으로 평가되는 예외적인 경우라면, 법원은 그 증거를 유죄 인정의 증거로 사용할 수 있다. **·이익형량이론론(=사법정의이론⇒예외적 증거능력 인정)**

법원이 2차적 증거의 증거능력 인정 여부를 최종적으로 판단할 때에는 먼저 절차에 따르지 아니한 1차적 증거수집과 관련된 모든 사정들, 즉 절차 조항의 취지와 위반의 내용 및 정도, 구체적인 위반 경위와 회피가능성, 절차 조항이 보호하고자 하는 권리 또는 법익의 성질과 침해 정도 및 피고인과의 관련성, 절차 위반행위와 증거수집 사이의 인과관계 등 관련성의 정도, 수사기관의 인식과 의도 등을 살피는 것은 물론, 나아가 **1차적 증거를 기초로 하여 다시 2차적 증거를 수집하는 과정에서 추가로 발생한 모든 사정들까지 구체적인 사안에 따라 주로 인과관계 희석 또는 단절 여부를 중심으로 전체적·종합적으로 고려해야 한다.**

· 인과관계 희석론과 단절론(=제1차 증거 기초 제2차 증거 수집 ⇒ 전체 종합 판단으로 증거능력 인정)

94 ★★★★★ [선택형·사례형] 녹음파일 사본과 녹취록 증거능력

피고인들이 피해자를 기망하여 현금을 교부받아 편취하고, 피고인 1이 피해자에게 빌려준 돈을 현금으로 변제받았음에도 이를 변제받지 못한 것처럼 피해자를 무고하였다는 사실로 기소된 사안이다. 이에 관한 설명 중 옳은 것은? (다툼이 있는 경우 판례에 의함)

① 사인(私人)이 복사한 녹음파일 사본을 증거로 제출한 경우 그 복사 과정에서 편집되는 등 인위적 개작 없이 원본 내용을 그대로 복사한 사본이라는 점은 해쉬(Hash)값 비교 등 원본과 사본의 직접 비교를 통해 증명하는 것이 원칙이다. 다만, 원본 제출이 불가능하거나 곤란하여 원본과 사본을 직접 비교할 수 없는 때에는 법원이 녹음파일 생성과 전달 및 보관 등의 절차에 관여한 사람의 증언이나 진술, 녹음파일에 대한 검증·감정 결과, 수사 및 공판 심리의 경과 등 제반 사정을 종합하여 사본의 원본 동일성 증명 여부를 판단할 수 있다.

② 피해자와 피고인들의 진술 및 감정결과를 종합하면 이 사건 녹음파일 사본 중 적어도 일부는 원본 동일성이 인정되어서 증거능력이 있다고 볼 여지가 많다.

③ 이 사건에서 피해자가 기망행위 및 현금 수령 사실에 관한 자료로 수사기관에 제출한 CD에 저장된 녹음파일들(이하 '이 사건 녹음파일 사본')의 원본이 현존하지 아니하여 원본파일이 복사 과정에서 편집되는 등 인위적 개작 없이 원본의 내용 그대로 복사되었다는 점을 확인할 수 없다. 그러므로 이 사건 녹음파일 사본 및 이에 관한 녹취록의 증거능력이 인정되지 않는다.

해설 및 정답 ①, ③ 대법원 2025. 2. 27. 선고 2022도1864 판결 [사기·무고] (다) 파기환송 〈사인이 제출한 녹음파일 사본의 증거능력 인정 여부가 문제된 사건〉

정답 ○, ② ×

[판시사항] 대화 내용을 녹음한 파일의 증거능력을 인정하기 위한 요건 / 사인(私人)이 복사한 녹음파일 사본을 증거로 제출한 경우, 복사 과정에서 편집되는 등 인위적 개작 없이 원본 내용을 그대로 복사한 사본이라는 점을 증명하는 방법

[판결요지] 대화 내용을 녹음한 파일은 그 성질상 작성자나 진술자의 서명 또는 날인이 없을 뿐만 아니라 녹음자의 의도나 특정한 기술에 의하여 내용이 편집·조작될 위험성이 있음을 고려하여, 대화 내용을 직접 녹음한 원본이거나 혹은 원본으로부터 복사한 사본일 경우에는 복사 과정에서 편집되는 등 인위적 개작 없이 원본 내용 그대로 복사된 사본임이 증명되어야 하고, 그러한 증명이 없는 경우에는 쉽게 증거능력을 인정할 수 없다. **·증거능력(=인위적 개작 없는 원본 복사 증명)**

사인(私人)이 복사한 녹음파일 사본을 증거로 제출한 경우 그 복사 과정에서 편집되는 등 인위적 개작 없이 원본 내용을 그대로 복사한 사본이라는 점은 해쉬(Hash)값 비교 등 원본과 사본의 직접 비교를 통해 증명하는 것이 원칙이다. 다만, 원본 제출이 불가능하거나 곤란하여 원본과 사본을 직접 비교할 수 없는 때에는 법원이 녹음파일 생성과 전달 및 보관 등의 절차에 관여한 사람의 증언이나 진술, 녹음파일에 대한 검증·감정 결과, 수사 및 공판 심리의 경과 등 제반 사정을 종합하여 사본의 원본 동일성 증명 여부를 판단할 수 있다(대법원 2012. 9. 13. 선고 2012도7461 판결, 대법원 2015. 1. 22. 선고 2014도10978 전원합의체 판결 등 참조).

95 ★★★★★ **[선택형·사례형] 형사소송법 제312조 제3항 증거능력**

공소사실의 요지는, '피고인이 2019. 7. 29. 21:20경 및 2019. 7. 30. 21:30경 휴대전화로 피해자의 신체를 각각 촬영하였다.'는 것이다.

압수조서의 압수경위란 및 수사기관에 제출된 변호인 의견서에도 피고인이 피의사실을 전부 자백하였다는 취지로 기재되어 있다. 그런데 피고인이 공판과정에서 일관되게 쟁점 공소사실을 부인하면서 경찰에서 작성된 피의자신문조서의 내용을 부인한 사안이다. 이에 관한 설명 중 옳은 것은? (다툼이 있는 경우 판례에 의함)

1. 압수조서의 압수경위 란에 기재된 피의자였던 피고인 진술의 증거능력 인정요건
2. 수사기관에 제출된 변호인의견서에 기재된 피고인 진술을 유죄의 증거로 사용할 수 없는 경우

① 구 형사소송법(2020. 2. 4. 법률 제16924호로 개정되기 전의 것) 제312조 제3항에 의하면, 검사 이외의 수사기관이 작성한 피의자신문조서는 그 피의자

였던 피고인 또는 변호인이 그 내용을 인정할 때에 한하여 증거로 할 수 있다.

② 피의자의 진술을 기재한 서류 내지 문서가 수사기관의 수사과정에서 작성된 것이라면 그 서류나 문서의 형식과 관계없이 피의자신문조서와 달리 볼 이유가 없으므로, 수사기관이 작성한 압수조서에 기재된 피의자였던 피고인의 자백 진술 부분은 피고인 또는 변호인이 내용을 부인하는 이상 증거능력이 없다.

③ 한편 위 규정에서 '그 내용을 인정할 때'란 피의자신문조서의 기재 내용이 진술 내용대로 기재되어 있다는 의미가 아니고 그와 같이 진술한 내용이 실제 사실과 부합한다는 것을 의미하므로, 피고인이 공소사실을 부인하는 경우 수사기관이 작성한 피의자신문조서 중 공소사실을 인정하는 취지의 진술 부분은 그 내용을 인정하지 않았다고 보아야 한다.

④ 수사기관에 제출된 변호인의견서, 즉 변호인이 피의사건의 실체나 절차에 관하여 자신의 의견 등을 기재한 서면에 피의자가 당해사건 수사기관에 한 진술이 인용되어 있는 경우가 있다. 변호인의견서에 기재된 이러한 내용의 진술은 수사기관의 수사과정에서 작성된 '피의자의 진술이 기재된 신문조서나 진술서 등'으로부터 독립하여 증거능력을 가질 수 없는 성격의 것이고, '피의자의 진술이 기재된 신문조서나 진술서 등'의 증거능력을 인정하지 않는 경우에 변호인의견서에 기재된 동일한 내용의 피의자 진술 부분을 유죄의 증거로 사용할 수 있다면 피의자였던 피고인에게 불의의 타격이 될 뿐만 아니라 피의자 등의 보호를 목적으로 하는 변호인의 지위나 변호인 제도의 취지에도 반하게 된다.

⑤ 피고인이 피의자였을 때 수사기관에 한 진술이 기재된 조서나 수사과정에서 작성된 진술서 등의 증거능력을 인정할 수 없다면 수사기관에 제출된 변호인의견서에 기재된 같은 취지의 피의자 진술 부분도 유죄의 증거로 사용할 수 없다.

해설 및 정답 ①~⑤ 대법원 2024. 5. 30. 선고 2020도16796 판결 [성폭력범죄의처벌등에관한특례법위반(성적목적다중이용장소침입) · 성폭력범죄의처벌등에관한특례법위반(카메라등이용촬영)] 〈피고인이 피의자였을 때 한 자백의 증거능력이 문제된 사건〉 [공2024하, 1050] **정답** ○

[판시사항] [1] 수사기관이 작성한 압수조서에 기재된 피의자였던 피고인의 자백

진술 부분에 대해 피고인 또는 변호인이 그 내용을 부인하는 경우, 구 형사소송법 제312조 제3항에 의한 증거능력 유무(소극) / 위 규정에서 정한 '그 내용을 인정할 때'의 의미 / 피고인이 공소사실을 부인하는 경우, 수사기관이 작성한 피의자신문조서 중 공소사실을 인정하는 취지의 진술 부분은 그 내용을 인정하지 않았다고 보아야 하는지 여부(적극)

[2] 수사기관에 제출된 변호인의견서에 피의자가 당해사건 수사기관에 한 진술이 인용되어 있는 경우, 그 진술이 수사기관의 수사과정에서 작성된 '피의자의 진술이 기재된 신문조서나 진술서 등'으로부터 독립하여 증거능력을 가지는지 여부(소극) / 피고인이 피의자였을 때 수사기관에 한 진술이 기재된 조서나 수사과정에서 작성된 진술서 등의 증거능력을 인정할 수 없는 경우, 수사기관에 제출된 변호인의견서에 기재된 같은 취지의 피의자 진술 부분을 유죄의 증거로 사용할 수 있는지 여부(소극)

96 ★★★★★ [선택형 · 사례형] 위법수집증거배제법칙 · 압수한 휴대전화 새로운 메시지와 위장 수사

1. 경찰은 2019. 3. 5. 피의자가 甲으로, 혐의사실이 대마 광고 및 대마 매매로, 압수할 물건이 '피의자가 소지, 소유, 보관하고 있는 휴대전화에 저장된 마약류 취급 관련 자료 등'으로, 유효기간이 '2019. 3. 31.'로 된 압수 · 수색 · 검증영장(이하 '이 사건 영장')을 발부받아, 2019. 3. 7. 그에 기해 甲으로부터 휴대전화 3대 등을 압수하였다.
2. 경찰은 2019. 4. 8. 甲의 휴대전화 메신저에서 대마 구입 희망의사를 밝히는 피고인의 메시지(이하 '이 사건 메시지')를 확인한 후, 甲 행세를 하면서 위 메신저로 메시지를 주고받는 방법으로 위장수사를 진행하여, 2019. 4. 10. 피고인을 현행범으로 체포하고 그 휴대전화를 비롯한 소지품 등을 영장 없이 압수한 다음 2019. 4. 12. 사후 압수 · 수색 · 검증영장을 발부받았다. 이에 관한 설명 중 옳은 것은? (다툼이 있는 경우 판례에 의함)

① 형사소송법 제215조에 의한 압수 · 수색영장은 수사기관의 압수 · 수색에 대한 허가장이다. 거기에 기재되는 유효기간은 집행에 착수할 수 있는 종기를 의미한다.

② 수사기관이 압수 · 수색영장을 제시하고 집행에 착수하여 압수 · 수색을 실시하고 그 집행을 종료하였다면 이미 그 영장은 목적을 달성하여 효력이 상실한다.

③ 동일한 장소 또는 목적물에 대하여 다시 압수 · 수색할 필요가 있는 경우라면

그 필요성을 소명하여 법원으로부터 새로운 압수 · 수색영장을 발부받아야 한다. 앞서 발부받은 압수 · 수색영장의 유효기간이 남아 있다고 하여 이를 제시하고 다시 압수 · 수색을 할 수는 없다.

④ 피고인이 이 사건 메시지를 보낸 시점까지 경찰이 이 사건 영장 집행을 계속하고 있었다고 볼 만한 자료가 없다. 그러므로 경찰의 이 사건 메시지 등의 정보 취득은 영장 집행 종료 후의 위법한 재집행이다. 그 외에 경찰이 甲의 휴대전화 메신저 계정을 이용할 정당한 접근권한도 없다. 그러므로 이 사건 메시지 등을 기초로 피고인을 현행범으로 체포하면서 수집한 증거는 위법수집증거로서 증거능력이 없다.

⑤ 경찰이 위법하게 취득한 이 사건 메시지 등을 기초로 피고인을 현행범으로 체포한 이상, 피고인에 대한 현행범 체포와 그에 따른 피고인 소지품 등의 압수는 위법하다. 그러므로 법원으로부터 사후 압수 · 수색 · 검증영장을 발부받았더라도 피고인을 현행범으로 체포하면서 수집한 증거는 위법하게 수집한 증거로서 증거능력이 없다.

해설 및 정답 ①~⑤ 대법원 2023. 3. 16. 선고 2020도5336 판결 [마약류불법거래방지에관한특례법위반] (아) 상고기각 〈압수한 휴대전화의 메신저 계정을 이용하여 새롭게 수신된 메시지를 확인한 후 그 메신저를 이용하여 위장수사를 함으로써 취득한 증거가 위법수집증거인지 여부가 문제된 사건〉 ★★★★★ **정답** ○

[판시사항] 수사기관이 압수 · 수색영장을 제시하고 집행에 착수하여 압수 · 수색을 실시하고 집행을 종료한 경우, 그 영장의 효력이 상실되는지 여부(적극) / 이때 동일한 장소 또는 목적물에 대하여 다시 압수 · 수색할 필요가 있는 경우, 종전 압수 · 수색영장의 유효기간이 남아 있음을 이유로 이를 제시하고 다시 압수 · 수색을 할 수 있는지 여부(소극)

[판결요지] [1] 형사소송법 제215조에 의한 압수 · 수색영장은 수사기관의 압수 · 수색에 대한 허가장으로서 **· 압수 · 수색 허가장**

거기에 기재되는 유효기간은 집행에 착수할 수 있는 종기를 의미하는 것일 뿐이므로, 수사기관이 압수 · 수색영장을 제시하고 집행에 착수하여 압수 · 수색을 실시하고 그 집행을 종료하였다면 이미 그 영장은 목적을 달성하여 효력이 상실되는 것이고, **· 압수 · 수색영장 효력**

동일한 장소 또는 목적물에 대하여 다시 압수 · 수색할 필요가 있는 경우라면 그 필요성을 소명하여 법원으로부터 새로운 압수 · 수색영장을 발부받아야 하는 것이지, 앞서 발부받은 압수 · 수색영장의 유효기간이 남아 있다고 하여 이를 제시하고 다시 압수·수색을 할 수는 없다(대법원 1999. 12. 1. 자 99모161 결정 참조). **·압수·수색영장 유효기간(=1회용)**

[2] 경찰이 위법하게 취득한 이 사건 메시지 등을 기초로 피고인을 현행범으로 체포한 이상, 피고인에 대한 현행범 체포와 그에 따른 피고인 소지품 등의 압수는 위법하다. **·위법한 현행범체포·위법수집증거**

그러므로 법원으로부터 사후 압수·수색·검증영장을 발부받았더라도 피고인을 현행범으로 체포하면서 수집한 증거는 위법하게 수집한 증거로서 증거능력이 없다. **·증거능력 부정**

97 ★★★★★ [선택형·사례형] 통신비밀보호법 제3조·제16조 '청취'의 의미

피고인은 2020. 2. 배우자와 함께 거주하는 아파트 거실에 녹음기능이 있는 영상정보처리기기(이른바 '홈캠')를 설치하였고, 2020. 5. 1. 13:00경 위 거실에서 배우자와 그 부모 및 동생이 대화하는 내용이 위 기기에 자동 녹음되었다. 이에 대하여 피고인은 "공개되지 아니한 타인간 대화를 청취하고 그 내용을 누설"하여 통신비밀보호법 제16조, 제3조를 위반한 것으로 기소된 사안이다. 이에 관한 설명 중 옳은 것은? (다툼이 있는 경우 판례에 의함)

① 통신비밀보호법 제3조 제1항은 누구든지 이 법과 형사소송법 또는 군사법원법의 규정에 의하지 아니하고는 우편물의 검열·전기통신의 감청 또는 공개되지 않은 타인 간의 대화를 녹음 또는 청취하지 못한다고 규정하고 있고, 같은 법 제16조 제1항은 이를 위반하는 행위를 처벌하도록 규정하고 있다. 여기서 '청취'는 타인 간의 대화가 이루어지고 있는 상황에서 실시간으로 그 대화의 내용을 엿듣는 행위를 의미하고, 대화가 이미 종료된 상태에서 그 대화의 녹음물을 재생하여 듣는 행위는 '청취'에 포함되지 않는다.

해설 및 정답 대법원 2024. 2. 29. 선고 2023도8603 판결 [통신비밀보호법위반]
〈종료된 대화의 녹음물을 재생하여 듣는 것이 통신비밀보호법상 '청취'에 해당하는지 여부가 문제된 사건〉 **정답** ○

[판시사항] 통신비밀보호법에서 정하는 '청취'의 의미 및 대화가 이미 종료된 상태에서 그 대화의 녹음물을 재생하여 듣는 행위가 '청취'에 포함되는지 여부(소극)

[판결요지] 통신비밀보호법 제3조 제1항은 누구든지 이 법과 형사소송법 또는 군사법원법의 규정에 의하지 아니하고는 우편물의 검열·전기통신의 감청 또는 공개되지 않은 타인 간의 대화를 녹음 또는 청취하지 못한다고 규정하고 있고, 같은 법 제16조 제1항은 이를 위반하는 행위를 처벌하도록 규정하고 있다. 여기서

'청취'는 타인 간의 대화가 이루어지고 있는 상황에서 실시간으로 그 대화의 내용을 엿듣는 행위를 의미하고, 대화가 이미 종료된 상태에서 그 대화의 녹음물을 재생하여 듣는 행위는 '청취'에 포함되지 않는다.

98 ★★★★★ [선택형 · 사례형] 위법수집증거배제법칙

피해아동의 담임교사인 피고인이 피해아동에게 수업시간 중 교실에서 "학교 안 다니다 온 애 같아."라고 말하는 등 정서적 학대행위를 하였다는 이유로 기소되었다. 그런데 피해아동의 부모가 피해아동의 가방에 녹음기를 넣어 수업시간 중 교실에서 피고인이 한 발언을 몰래 녹음한 녹음파일, 녹취록 등의 증거능력이 문제된 사안이다. 이에 관한 설명 중 옳은 것은? (다툼이 있는 경우 판례에 의함)

① 통신비밀보호법 제14조 제1항이 공개되지 않은 타인 간의 대화를 녹음 또는 청취하지 못하도록 한 것은, 대화에 원래부터 참여하지 않는 제3자가 일반 공중이 알 수 있도록 공개되지 않은 타인 간의 발언을 녹음하거나 전자장치 또는 기계적 수단을 이용하여 청취해서는 안 된다는 취지이다. 여기서 '공개되지 않았다.'는 것은 반드시 비밀과 동일한 의미는 아니고 일반 공중에게 공개되지 않았다는 의미이며, 구체적으로 공개된 것인지는 발언자의 의사와 기대, 대화의 내용과 목적, 상대방의 수, 장소의 성격과 규모, 출입의 통제 정도, 청중의 자격 제한 등 객관적인 상황을 종합적으로 고려하여 판단해야 한다.

② 초등학교 담임교사가 교실에서 수업시간 중 한 발언은 통상적으로 교실 내 학생들만을 대상으로 하는 것으로서 교실 내 학생들에게만 공개된 것일 뿐, 일반 공중이나 불특정 다수에게 공개된 것이 아니므로, 대화자 내지 청취자가 다수였다는 사정만으로 '공개된 대화'로 평가할 수는 없어, 피해아동의 부모가 몰래 녹음한 피고인의 수업시간 중 발언은 '공개되지 않은 대화'에 해당하는 점, 피해아동의 부모는 피고인의 수업시간 중 발언의 상대방에 해당하지 않으므로, 위 발언은 '타인 간의 대화'에 해당하는 점을 종합하면, 피해아동의 부모가 피해아동의 가방에 녹음기를 넣어 수업시간 중 교실에서 피고인이 한 발언을 녹음한 녹음파일, 녹취록 등은 통신비밀보호법 제14조 제1항을 위반하여 공개되지 아니한 타인 간의 대화를 녹음한 것이므로 통신비밀보호법 제14조 제2항 및 제4조에 따라 증거능력이 부정된다.

해설 및 정답 ①~② 대법원 2024. 1. 11. 선고 2020도1538 판결 [아동학대범죄의 처벌등에관한특례법위반(아동복지시설종사자등의아동학대가중처벌)] 〈피해아동의 부모가 초등학교 담임교사의 수업시간 중 발언을 몰래 녹음한 파일의 증거능력이 문제된 사건〉 **정답** ○

[판시사항] [1] 통신비밀보호법 제14조 제1항에서 공개되지 않은 타인 간의 대화를 녹음 또는 청취하지 못하도록 한 취지 / 여기서 '공개되지 않았다.'의 의미 및 이를 판단하는 방법

[2] 피해아동의 담임교사인 피고인이 피해아동에게 수회에 걸쳐 아동의 정신건강 및 발달에 해를 끼치는 정서적 학대행위를 하였다는 이유로 아동학대범죄의 처벌 등에 관한 특례법 위반(아동복지시설종사자등의아동학대가중처벌)으로 기소된 사안에서, 피해아동의 부모가 피해아동의 가방에 녹음기를 넣어 수업시간 중 교실에서 피고인이 한 발언을 녹음한 녹음파일, 녹취록 등은 공개되지 아니한 타인 간의 대화를 녹음한 것이므로 통신비밀보호법 제14조 제2항 및 제4조에 따라 증거능력이 부정된다고 한 사례.

99 ★★★★★ **[선택형 · 사례형] 위법수집증거배제법칙**

피고인이 돈을 받고 영업으로 성매매를 알선하였다는 「성매매알선 등 행위의 처벌에 관한 법률」 위반(성매매알선등)으로 기소된 사안이다. 경찰관이 피고인이 운영하는 성매매업소에 손님으로 가장하고 출입하여 피고인 등과의 대화 내용을 녹음한 내용이 문제된 사안이다. 이에 관한 설명 중 옳은 것은? (다툼이 있는 경우 판례에 의함)

① 수사기관이 적법한 절차와 방법에 따라 범죄를 수사하면서 현재 그 범행이 행하여지고 있거나 행하여진 직후이고, 증거보전의 필요성 및 긴급성이 있으며, 일반적으로 허용되는 상당한 방법으로 범행현장에서 현행범인 등 관련자들과 수사기관의 대화를 녹음한 경우라면, 위 녹음이 영장 없이 이루어졌다 하여 위법하다고 단정할 수 없다. 이는 설령 그 녹음이 행하여지고 있는 사실을 현장에 있던 대화상대방, 즉 현행범인 등 관련자들이 인식하지 못하고 있었더라도, 통신비밀보호법 제3조 제1항이 금지하는 공개되지 아니한 타인 간의 대화를 녹음한 경우에 해당하지 않는 이상 마찬가지이다. 다만 수사기관이 일반적으로 허용되는 상당한 방법으로 녹음하였는지는 수사기관이 녹음장소에 통상적인 방법으로 출입하였는지, 녹음의 내용이 대화의 비밀 내지 사생활의 비밀과 자유 등에 대한 보호가 합리적으로 기대되는 영역에 속하는지 등

을 종합적으로 고려하여 신중하게 판단하여야 한다.

② 피의자의 진술을 녹취 내지 기재한 서류 또는 문서가 수사기관에서의 조사과정에서 작성된 것이라면, 그것이 '진술조서, 진술서, 자술서'라는 형식을 취하였다고 하더라도 피의자신문조서와 달리 볼 수 없고, 한편 형사소송법이 보장하는 피의자의 진술거부권은 헌법이 보장하는 형사상 자기에 불리한 진술을 강요당하지 않는 자기부죄거부의 권리에 터 잡은 것이므로 수사기관이 피의자를 신문함에 있어서 피의자에게 미리 진술거부권을 고지하지 않은 때에는 그 피의자의 진술은 위법하게 수집된 증거로서 진술의 임의성이 인정되는 경우라도 증거능력이 부인되어야 한다.

③ 피의자에 대한 진술거부권의 고지는 피의자의 진술거부권을 실효적으로 보장하여 진술이 강요되는 것을 막기 위하여 인정되는 것인데, 이러한 진술거부권 고지에 관한 형사소송법의 규정 내용 및 진술거부권 고지가 갖는 실질적인 의미를 고려하면, 수사기관에 의한 진술거부권 고지의 대상이 되는 피의자의 지위는 수사기관이 조사대상자에 대하여 범죄의 혐의가 있다고 보아 실질적으로 수사를 개시하는 행위를 한 때에 인정되는 것으로 봄이 타당하다. 따라서 이러한 피의자의 지위에 있지 아니한 자에 대하여는 진술거부권이 고지되지 아니하였다 하더라도 그 진술의 증거능력을 부정할 것은 아니다.

④ 손님으로 가장한 경찰관이 대화당사자로서 성매매업소를 운영하는 피고인 등과의 대화 내용을 녹음한 것은 통신비밀보호법 제3조 제1항이 금지하는 공개되지 아니한 타인간의 대화를 녹음한 경우에 해당하지 않는다. 경찰관이 불특정 다수가 출입할 수 있는 성매매업소에 통상적인 방법으로 들어가 적법한 방법으로 수사를 하는 과정에서 성매매알선 범행이 행하여진 시점에 위 범행의 증거를 보전하기 위하여 범행 상황을 녹음한 것이다. 그러므로 설령 대화상대방인 피고인 등이 인식하지 못한 사이에 영장 없이 녹음하였다고 하더라도 이를 위법하다고 볼 수 없다.

⑤ 경찰관이 피고인 등과의 대화 내용을 비밀녹음한 것은 피고인 등의 기본권을 침해하고, 대화비밀을 침해하는 등으로 위법하므로 그 녹음은 위법수집증거로서 증거능력이 없다.

해설 및 정답 ①~④ 대법원 2024. 5. 30. 선고 2020도9370 판결 [성매매알선등행위의처벌에관한법률위반(성매매알선등)] 〈수사기관의 영장 없는 범행현장 대화 녹음 등의 증거능력이 문제된 사건〉 **정답** ○, ⑤ ×

[판시사항] [1] 수사기관이 적법한 절차와 방법에 따라 범죄를 수사하면서 현재 그 범행이 행하여지고 있거나 행하여진 직후이고, 증거보전의 필요성 및 긴급성이 있으며, 일반적으로 허용되는 상당한 방법으로 범행현장에서 현행범인 등 관련자들과 수사기관의 대화를 녹음한 경우, 위 녹음이 영장 없이 이루어졌다는 이유로 위법하다고 단정할 수 있는지 여부(소극) / 이는 그 녹음이 행하여지고 있는 사실을 현장에 있던 대화상대방, 즉 현행범인 등 관련자들이 인식하지 못하고 있었더라도 마찬가지인지 여부(한정 적극) / 이때 수사기관이 일반적으로 허용되는 상당한 방법으로 녹음하였는지 판단하는 기준

[2] 수사기관에서의 조사 과정에서 피의자의 진술을 녹취 내지 기재한 '진술조서, 진술서, 자술서'를 피의자신문조서와 달리 볼 수 있는지 여부(소극) / 수사기관이 피의자를 신문하면서 피의자에게 미리 진술거부권을 고지하지 않은 경우, 피의자 진술의 증거능력 유무(소극) / 진술거부권 고지의 대상이 되는 피의자의 지위가 인정되는 시기 및 피의자의 지위에 있지 아니한 자에게 진술거부권이 고지되지 아니한 경우, 그 진술의 증거능력 유무(적극)

100 ★★★★★ **[선택형 · 사례형] 위법수집증거배제법칙**

검찰수사서기관인 피고인이 수사를 지연시켜 달라는 내용의 부정청탁을 받고 그에 따라 직무를 수행하고 수사기관 내부의 비밀을 누설하였다는 혐의로 수사를 받게 되었다. 그런데 수사기관이 별건 압수 · 수색 과정에서 압수한 휴대전화에 저장된 전자정보를 탐색하던 중 우연히 이 사건 범죄사실 혐의와 관련된 전자정보(이하 '이 사건 녹음파일 등')를 발견하였다. 그런데도 이후 약 3개월 동안 대검찰청 통합디지털증거관리시스템(D-NET, 이하 '대검찰청 서버')에 그대로 저장된 채로 계속 보관하면서 영장 없이 이를 탐색 · 복제 · 출력하여 증거를 수집한 사안이다. 이에 관한 설명 중 옳은 것은? (다툼이 있는 경우 판례에 의함)

① 전자정보에 대한 압수 · 수색에 있어 저장매체 자체를 외부로 반출하거나 하드카피 · 이미징 등의 형태로 복제본(이하 '복제본'이라 한다)을 만들어 외부에서 그 저장매체나 복제본에 대하여 압수 · 수색이 허용되는 예외적인 경우에도 혐의사실과 관련된 전자정보(이하 '유관정보'라 한다) 이외에 이와 무관한 전자정보(이하 '무관정보'라 한다)를 탐색 · 복제 · 출력하는 것은 원칙적으로 위법한 압수 · 수색에 해당하므로 허용될 수 없다. 그러나 전자정보에 대한

압수·수색이 종료되기 전에 유관정보를 적법하게 탐색하는 과정에서 무관정보를 우연히 발견한 경우라면, 수사기관으로서는 더 이상의 추가 탐색을 중단하고 법원으로부터 별도의 범죄혐의에 대한 압수·수색영장을 발부받은 경우에 한하여 그러한 정보에 대하여도 적법하게 압수·수색을 할 수 있다.

② 수사기관이 유관정보를 선별하여 압수한 후에도 무관정보를 삭제·폐기·반환하지 않은 채 그대로 보관하고 있다면 무관정보 부분에 대하여는 압수의 대상이 되는 전자정보의 범위를 넘어서는 전자정보를 영장 없이 압수·수색하여 취득한 것이어서 위법하고, 사후에 법원으로부터 압수·수색영장이 발부되었다거나 피고인이나 변호인이 이를 증거로 함에 동의하였다고 하여 그 위법성이 치유된다고 볼 수 없다. 수사기관이 새로운 범죄혐의의 수사를 위하여 무관정보가 남아 있는 복제본을 열람하는 것은 압수·수색영장으로 압수되지 않은 전자정보를 영장 없이 수색하는 것과 다르지 않다. 따라서 복제본은 더 이상 수사기관의 탐색, 복제 또는 출력 대상이 될 수 없으며, 수사기관은 새로운 범죄혐의의 수사를 위하여 필요한 경우에도 기존 압수·수색 과정에서 출력하거나 복제한 유관정보의 결과물을 열람할 수 있을 뿐이다. 사후에 법원으로부터 복제본을 대상으로 압수·수색영장을 발부받아 집행하였다고 하더라도, 이는 압수·수색절차가 종료됨에 따라 당연히 삭제·폐기되었어야 할 전자정보를 대상으로 한 것으로 위법하다.

③ 이 사건에서 수사기관이 무관정보를 우연히 발견하였는데도 더 이상의 추가 탐색을 중단하고 법원으로부터 압수·수색영장을 발부받았다고 평가할 수 없다. 휴대전화에 저장된 이 사건 녹음파일 등은 적법한 압수·수색절차에 요구되는 관련 규정을 준수하지 아니함으로써 영장주의 및 적법절차 원칙을 위반하여 위법하게 수집된 증거에 해당한다. 나아가 위법수집증거인 이 사건 녹음파일 등을 기초로 수집된 증거들 역시 위법수집증거에 터 잡아 획득한 2차적 증거로서 위 압수절차와 2차적 증거수집 사이에 인과관계가 희석 또는 단절되었다고 볼 수 없으므로 증거능력을 인정할 수 없다.

④ 영장 집행의 경위와 사건의 특수성 등에 비추어 수사기관이 의도적으로 영장주의의 취지를 회피하려고 시도하였다고 보기 어려운 점, 피고인의 일부 법정진술은 공개된 법정에서 진술거부권을 고지받고 변호인의 충분한 조력을 받

은 상태에서 자발적으로 이루어진 것인 점, 새로운 영장의 집행 당시 참여권 등 관련 절차를 준수하였던 점 등의 사정들을 들어, 새로운 영장이 집행된 이후에 수집된 증거들은 절차에 따르지 아니한 1차적 증거수집과 인과관계가 희석 또는 단절되었다고 판단되므로 증거능력이 인정된다.

해설 및 정답 ①~④ 대법원 2024. 4. 16. 선고 2020도3050 판결 [부정청탁및금품등수수의금지에관한법률위반 · 공무상비밀누설] 〈수사기관이 전자정보에 대한 압수 · 수색 과정에서 우연히 발견한 무관정보의 증거능력이 문제된 사건〉 **정답** ○

[**판시사항**] [1] 전자정보에 대한 압수·수색이 종료되기 전에 혐의사실과 관련된 전자정보(유관정보)를 적법하게 탐색하는 과정에서 이와 무관한 전자정보(무관정보)를 우연히 발견한 경우, 수사기관이 그러한 정보에 대하여도 압수·수색을 할 수 있는지 여부(한정 적극) / 수사기관이 유관정보를 선별하여 압수한 후에도 무관정보를 삭제·폐기·반환하지 않은 채 그대로 보관하고 있는 경우, 무관정보 부분에 대한 압수가 위법한지 여부(적극) 및 사후에 법원으로부터 압수·수색영장이 발부되었거나 피고인 등이 이를 증거로 함에 동의한 경우, 위법성이 치유되는지 여부(소극) / 수사기관이 새로운 범죄혐의의 수사를 위하여 기존 압수·수색 과정에서 취득한 무관정보가 남아 있는 하드카피·이미징 등 형태의 복제본을 탐색, 복제 또는 출력할 수 있는지 여부(소극) 및 사후에 법원으로부터 복제본을 대상으로 압수·수색영장을 발부받아 집행했더라도 위법한지 여부(적극)
[2] 수사기관이 헌법과 형사소송법이 정한 절차에 따르지 않고 수집한 증거와 이를 기초로 획득한 2차적 증거를 유죄 인정의 증거로 삼을 수 있는지 여부(원칙적 소극) 및 법원이 위 증거를 유죄 인정의 증거로 사용할 수 있는 예외적인 경우 / 법원이 2차적 증거의 증거능력 인정 여부를 최종적으로 판단할 때 고려해야 할 사항

101 ★★★★★ **[선택형 · 사례형] 위법수집증거배제법칙**

피고인의 배우자가 피고인 모르게 피고인의 휴대전화에 자동녹음 애플리케이션을 실행해 두어 자동으로 녹음된 피고인과 배우자 사이의 전화통화 녹음파일을 증거로 사용할 수 있는지 여부가 문제된 사안이다. 쟁점은 사인이 수집한 사생활 영역 관련 증거의 증거능력을 판단하는 기준이다. 이에 관한 설명 중 옳은 것은? (다툼이 있는 경우 판례에 의함)

공소외인이 피고인 1의 동의 없이 피고인 1의 휴대전화를 조작하여 피고인 1의 전화통화 내용을 모두 녹음하였다. 그 전화통화 녹음파일이 피고인 1의 휴대전화에 저장되었다. 수사기관이 피고인 1의 휴대전화를 적법하게 압수하여 분석하던 중 우연히 이를 발견하여 압수하였다.

이 사건 형사소추의 대상이 된 행위는, 피고인들이 수산업협동조합장 선거에서 금품을 살포하여 선거인을 매수하는 등의 방법으로 「공공단체등 위탁선거에 관한 법률」을 위반하였다는 것으로 이른바 '돈 선거'를 조장하는 중대범죄에 해당한다. 선거범죄는 대체로 계획적 · 조직적인 공모 아래 은밀하게 이루어진다. 그러므로 피고인들의 공모관계를 비롯한 구체적 범행 내용 등을 밝혀 줄 수 있는 객관적 증거인 위 전화통화 녹음파일을 증거로 사용해야 할 필요성이 높다.

① 국민의 인간으로서의 존엄과 가치를 보장하는 것은 국가기관의 기본적인 의무이고 이는 형사절차에서도 당연히 구현되어야 하지만, 국민의 사생활 영역에 관계된 모든 증거의 제출이 곧바로 금지되는 것으로 볼 수는 없다.

② 형사절차에서 증거로 사용할 수 있는지는 개별적인 사안에서 효과적인 형사소추와 형사절차상 진실발견이라는 공익과 개인의 인격적 이익 등의 보호이익을 비교형량하여 허용 여부를 결정하여야 한다.

③ 이때 법원이 비교형량을 할 때에는 사생활 내지 인격적 이익을 보호하여야 할 필요성 여부 및 정도, 증거수집 과정에서 사생활 내지 인격적 이익을 침해하게 된 경위와 침해의 내용 및 정도, 형사소추의 대상이 되는 범죄의 경중 및 성격, 피고인의 증거동의 여부 등을 전체적 · 종합적으로 고려하여야 한다. 증거수집 절차가 개인의 사생활 내지 인격적 이익을 중대하게 침해하여 사회통념상 허용되는 한도를 벗어난 것이라면, 단지 형사소추에 필요한 증거라는 사정만을 들어 곧바로 형사소송에서 진실발견이라는 공익이 개인의 인격적 이익 등 보호이익보다 우월한 것으로 섣불리 단정해서는 아니 된다. 그러나 그러한 한도를 벗어난 것이 아니라면 형사절차에서 증거로 사용할 수 있다.

④ 피고인의 배우자가 피고인의 동의 없이 피고인의 휴대전화를 조작하여 통화내용을 녹음하였으므로 피고인의 사생활 내지 인격적 이익을 침해하였다고 볼 여지는 있다. 그러나 ① 피고인의 배우자가 전화통화의 일방 당사자로서 피고인과 직접 대화를 나누면서 피고인의 발언 내용을 직접 청취하였다. 그러므로 전화통화 내용을 몰래 녹음하였다고 하여 피고인의 사생활의 비밀, 통신의 비밀, 대화의 비밀 등이 침해되었다고 평가하기는 어렵다. 피고인의 배우자가 녹음파일 등을 제3자에게 유출한 바 없다. 그러므로 음성권 등 인격적 이익의 침해 정도도 비교적 경미하다고 보아야 한다. ② 피고인의 배우자

가 범행에 관한 증거로 사용하겠다는 의도나 계획 아래 전화통화를 녹음한 것이 아니다. 수사기관 역시 위 전화통화의 녹음에 어떠한 관여도 하지 않은 채 적법하게 압수한 휴대전화를 분석하던 중 우연히 이를 발견하였을 뿐이다. ③ 반면 이 사건 형사소추의 대상이 된 행위는 수산업협동조합장 선거에서 금품을 살포하여 선거인을 매수하는 등 이른바 '돈 선거'를 조장하였다는 것이다.

⑤ 선거범죄는 대체로 계획적 · 조직적인 공모 아래 은밀하게 이루어진다. 그러므로 구체적 범행 내용 등을 밝혀 줄 수 있는 객관적 증거인 전화통화 녹음파일을 증거로 사용해야 할 필요성이 높다. 이 점 등을 종합하면, 전화통화 녹음파일을 증거로 사용할 수 있다.

해설 및 정답 ①~⑤ 대법원 2023. 12. 14. 선고 2021도2299 판결 [공공단체등위탁선거에관한법률위반] 〈사인이 몰래 녹음한 피고인과 사이의 전화통화 녹음파일의 증거능력이 문제된 사건〉 **정답** ○

[판시사항] 사인이 수집한 사생활 영역 관련 증거의 증거능력을 판단하는 기준

102 ★★★★★ [선택형 · 사례형] 형사소송법 제312조 제1항 · 제3항 '내용을 인정한 때'의 의미와 공범에 대한 피의자신문조서 증거능력

피고인이 필로폰을 투약하고, A로부터 현금을 건네받은 후 A에게 필로폰을 교부하여 매도하였다는 「마약류관리에 관한 법률」 위반(향정)으로 기소되었다. 피고인과 대향범으로서 공범관계에 있는 A에 대한 검사 또는 사법경찰관 작성 피의자신문조서의 증거능력이 문제된 사안이다. 이에 관한 설명 중 옳은 것은? (다툼이 있는 경우 판례에 의함)

① 2020. 2. 4. 법률 제16924호로 개정되어 2022. 1. 1.부터 시행된 형사소송법 제312조 제1항은 검사가 작성한 피의자신문조서의 증거능력에 대하여 "적법한 절차와 방식에 따라 작성된 것으로서 공판준비, 공판기일에 그 피의자였던 피고인 또는 변호인이 그 내용을 인정할 때에 한정하여 증거로 할 수 있다."라고 규정하였다. 여기서 '그 내용을 인정할 때'라 함은 피의자신문조서의 기재 내용이 진술 내용대로 기재되어 있다는 의미가 아니고 그와 같이 진술한 내용이 실제 사실과 부합한다는 것을 의미한다.

② 형사소송법 제312조 제1항에서 정한 '검사가 작성한 피의자신문조서'란 당해

피고인에 대한 피의자신문조서만이 아니라 당해 피고인과 공범관계에 있는 다른 피고인이나 피의자에 대하여 검사가 작성한 피의자신문조서도 포함되고, 여기서 말하는 '공범'에는 형법 총칙의 공범 이외에도 서로 대향된 행위의 존재를 필요로 할 뿐 각자의 구성요건을 실현하고 별도의 형벌 규정에 따라 처벌되는 강학상 필요적 공범 또는 대향범까지 포함한다. 따라서 피고인이 자신과 공범관계에 있는 다른 피고인이나 피의자에 대하여 검사가 작성한 피의자신문조서의 내용을 부인하는 경우에는 형사소송법 제312조 제1항에 따라 유죄의 증거로 쓸 수 없다.

③ 형사소송법 제312조 제3항은 "검사 이외의 수사기관이 작성한 피의자신문조서는 적법한 절차와 방식에 따라 작성된 것으로서 공판준비 또는 공판기일에 그 피의자였던 피고인 또는 변호인이 그 내용을 인정할 때에 한하여 증거로 할 수 있다."라고 규정하고 있다. 위 규정은 검사 이외의 수사기관이 작성한 당해 피고인에 대한 피의자신문조서를 유죄의 증거로 하는 경우뿐만 아니라, 검사 이외의 수사기관이 작성한 당해 피고인과 공범관계에 있는 다른 피고인이나 피의자에 대한 피의자신문조서를 당해 피고인에 대한 유죄의 증거로 채택할 경우에도 적용된다.

④ 여기서 말하는 '공범'에는 형법 총칙의 공범 이외에도, 서로 대향된 행위의 존재를 필요로 할 뿐 각자의 구성요건을 실현하고 별도의 형벌 규정에 따라 처벌되는 강학상 필요적 공범 내지 대향범도 포함된다. 그리고 위 규정에서 '그 내용을 인정할 때'라 함은 피의자신문조서의 기재 내용이 진술 내용대로 기재되어 있다는 의미가 아니고 그와 같이 진술한 내용이 실제 사실과 부합한다는 것을 의미한다.

⑤ 피고인과 변호인이 위 각 피의자신문조서에 관하여 내용 부인 취지에서 '증거로 사용함에 동의하지 않는다'는 의견을 밝혔다. 그러므로 공범인 A에 대한 각 피의자신문조서는 형사소송법 제312조 제1항, 제3항에 따라 유죄의 증거로 쓸 수 없다.

⑥ 형사소송법 제312조 제1항 및 제3에서 정한 '검사 또는 검사 이외의 수사기관이 작성한 피의자신문조서'는 당해 피고인에 대한 피의자신문조서만을 의미한다. 공범에 대한 피의자신문조서는 각 형사소송법 제312조 제4항에 따라

그 증거능력 유무를 판단하여야 한다. A에 대한 경찰 및 검찰 피의자신문조서는 형사소송법 제312조 제4항의 요건을 모두 갖추어 그 증거능력이 인정된다.

해설 및 정답 ①~⑤ 대법원 2024. 8. 29. 선고 2024도8200 판결 [마약류관리에관한법률위반(향정)] 〈공범에 대한 검사 또는 검사 이외의 수사기관 작성 피의자신문조서의 증거능력이 문제된 사건〉 **정답** ○, ⑥ ×

[판시사항] [1] 검사가 작성한 피의자신문조서의 증거능력 제한에 관한 형사소송법 제312조 제1항에서 '그 내용을 인정할 때'의 의미 / 위 규정에서 정한 '검사가 작성한 피의자신문조서'에 당해 피고인과 공범관계에 있는 다른 피고인이나 피의자에 대한 것도 포함되는지 여부(적극) 및 이때 '공범'의 범위 / 피고인이 자신과 공범관계에 있는 다른 피고인이나 피의자에 대하여 검사가 작성한 피의자신문조서의 내용을 부인하는 경우, 그 조서를 유죄의 증거로 쓸 수 있는지 여부(소극)
[2] 검사 이외의 수사기관이 작성한 피의자신문조서의 증거능력 제한에 관한 형사소송법 제312조 제3항이 검사 이외의 수사기관이 작성한 당해 피고인과 공범관계에 있는 다른 피고인이나 피의자에 대한 피의자신문조서를 당해 피고인에 대한 유죄의 증거로 채택할 경우에도 적용되는지 여부(적극) 및 이때 '공범'의 범위 / 위 규정에서 '그 내용을 인정할 때'의 의미

[판결요지] [1] 2020. 2. 4. 법률 제16924호로 개정되어 2022. 1. 1.부터 시행된 형사소송법 제312조 제1항은 검사가 작성한 피의자신문조서의 증거능력에 대하여 "적법한 절차와 방식에 따라 작성된 것으로서 공판준비, 공판기일에 그 피의자였던 피고인 또는 변호인이 그 내용을 인정할 때에 한정하여 증거로 할 수 있다."라고 규정하였다. **· 형사소송법 제312조 제1항 내용 인정 증거 사용**
여기서 '그 내용을 인정할 때'라 함은 피의자신문조서의 기재 내용이 진술 내용대로 기재되어 있다는 의미가 아니고 그와 같이 진술한 내용이 실제 사실과 부합한다는 것을 의미한다. **· 내용 인정(=사실부합설)**
그리고 형사소송법 제312조 제1항에서 정한 '검사가 작성한 피의자신문조서'란 당해 피고인에 대한 피의자신문조서만이 아니라 당해 피고인과 공범관계에 있는 다른 피고인이나 피의자에 대하여 검사가 작성한 피의자신문조서도 포함되고, 여기서 말하는 '공범'에는 형법 총칙의 공범 이외에도 서로 대향된 행위의 존재를 필요로 할 뿐 각자의 구성요건을 실현하고 별도의 형벌 규정에 따라 처벌되는 강학상 필요적 공범 또는 대향범까지 포함한다. **· 필요적 공범/대향범**
따라서 피고인이 자신과 공범관계에 있는 다른 피고인이나 피의자에 대하여 검사가 작성한 피의자신문조서의 내용을 부인하는 경우에는 형사소송법 제312조 제1항에 따라 유죄의 증거로 쓸 수 없다(대법원 2023. 6. 1. 선고 2023도3741 판결 참조). **· 검사작성 피의자신문조서 내용 부인(=형사소송법 제312조 제1항 유죄 증거 사용 불가)**
[2] 형사소송법 제312조 제3항은 "검사 이외의 수사기관이 작성한 피의자신문조

서는 적법한 절차와 방식에 따라 작성된 것으로서 공판준비 또는 공판기일에 그 피의자였던 피고인 또는 변호인이 그 내용을 인정할 때에 한하여 증거로 할 수 있다."라고 규정하고 있다. **· 형사소송법 제312조 제3항 내용 인정 증거 사용**

위 규정은 검사 이외의 수사기관이 작성한 당해 피고인에 대한 피의자신문조서를 유죄의 증거로 하는 경우뿐만 아니라, 검사 이외의 수사기관이 작성한 당해 피고인과 공범관계에 있는 다른 피고인이나 피의자에 대한 피의자신문조서를 당해 피고인에 대한 유죄의 증거로 채택할 경우에도 적용되는바(대법원 2009. 10. 15. 선고 2009도1889 판결 등 참조), **· 공범 포함**

여기서 말하는 '공범'에는 형법 총칙의 공범 이외에도, 서로 대향된 행위의 존재를 필요로 할 뿐 각자의 구성요건을 실현하고 별도의 형벌 규정에 따라 처벌되는 강학상 필요적 공범 내지 대향범도 포함된다(대법원 2007. 10. 25. 선고 2007도6129 판결, 대법원 2020. 6. 11. 선고 2016도9367 판결 등 참조). **· 필요적 공범 또는 대향범 포함**

그리고 위 규정에서 '그 내용을 인정할 때'라 함은 피의자신문조서의 기재 내용이 진술 내용대로 기재되어 있다는 의미가 아니고 그와 같이 진술한 내용이 실제 사실과 부합한다는 것을 의미한다(대법원 2010. 6. 24. 선고 2010도5040 판결 등 참조). **· 내용 인정(=사실부합설)**

103 ★★★★★ [선택형 · 사례형] 형사소송법 제313조 제1항 '전 2조의 규정 이외에 피고인의 진술을 기재한 서류'와 형사조정조서 '피의자의 주장'란에 기재된 진술의 증거능력

피고인이 「성폭력범죄의 처벌 등에 관한 특례법」 위반(강간등치상)으로 기소된 사안으로, 형사조정조서의 '피의자의 주장'란에 기재된 진술의 증거능력이 문제된 사안이다. 이에 관한 설명 중 옳은 것은? (다툼이 있는 경우 판례에 의함)

① 헌법 제12조 제1항이 규정한 적법절차의 원칙과 헌법 제27조에 의하여 보장된 공정한 재판을 받을 권리를 구현하기 위하여 형사소송법은 공판중심주의와 구두변론주의 및 직접심리주의를 기본원칙으로 하고 있다. 따라서 형사소송법이 수사기관에서 작성된 조서 등 서면증거에 대하여 일정한 요건을 충족하는 경우에 증거능력을 인정하는 것은 실체적 진실발견의 이념과 소송경제의 요청을 고려하여 예외적으로 허용하는 것일 뿐이므로 증거능력 인정 요건에 관한 규정은 엄격하게 해석 · 적용하여야 한다.

② 형사소송법은 제310조의2에서 원칙적으로 전문증거의 증거능력을 인정하지 않고, 제311조부터 제316조까지 정한 요건을 충족하는 경우에만 예외적으로

증거능력을 인정한다.

③ 형사소송법 제311조는 법원 또는 법관의 조서의 증거능력에 관하여 규정하고, 제312조 제1항 내지 제3항은 검사 또는 검사 이외의 수사기관이 작성한 피의자신문조서의 증거능력에 관하여 규정한다. 형사소송법 제312조 제4항은 검사 또는 사법경찰관이 피고인이 아닌 자의 진술을 기재한 조서에 대하여 적법한 절차와 방식에 따라 작성된 것으로서 실질적 진정성립이 증명되고 반대신문이 보장되며 진술이 특히 신빙할 수 있는 상태하에서 행하여졌음이 증명된 때에 한하여 증거능력을 인정한다.

④ 형사소송법 제312조 제5항은 피고인 또는 피고인이 아닌 자의 진술서가 수사과정에서 작성된 경우 같은 조 제1항 내지 제4항을 준용한다.

⑤ 형사소송법 제313조 제1항은 '전 2조의 규정 이외에 피고인 또는 피고인이 아닌 자가 작성한 진술서나 그 진술을 기재한 서류'로서 그 작성자 또는 진술자의 자필이거나 그 서명 또는 날인이 있는 것에 대하여 그 진정성립이 증명되면 증거능력을 인정한다. 수사과정에서 작성된 서류의 증거능력에 관하여 형사소송법 제313조 제1항보다 더욱 엄격한 요건을 규정한 형사소송법 제312조의 취지에 비추어 보면, 형사소송법 제313조 제1항이 규정하는 서류는 수사과정 외에서 작성된 서류를 의미한다.

⑥ 이러한 헌법과 형사소송법의 규정 및 전문증거의 증거능력 인정에 관한 해석 원칙에 비추어 보면, 피고인의 진술을 기재한 서류가 비록 수사기관이 아닌 자에 의하여 작성되었다고 하더라도, 수사가 시작된 이후 수사기관의 관여나 영향 아래 작성된 경우로서 서류를 작성한 자의 신분이나 지위, 서류를 작성한 경위와 목적, 작성 시기와 장소 및 진술을 받는 방식 등에 비추어 실질적으로 고찰할 때 그 서류가 수사과정 외에서 작성된 것이라고 보기 어렵다면, 이를 형사소송법 제313조 제1항의 '전 2조의 규정 이외에 피고인의 진술을 기재한 서류'에 해당한다고 할 수 없다.

⑦ 나아가 전문증거의 증거능력은 이를 인정하는 법적 근거가 있는 때에만 예외적으로 인정된다는 원칙 및 피고인 또는 피고인이 아닌 자의 진술서가 수사과정에서 작성된 경우 그 증거능력에 관하여 형사소송법 제313조 제1항보다

더욱 엄격한 요건을 규정한 형사소송법 제312조의 취지 등에 비추어 보면, 수사기관이 아닌 자가 수사과정에서 작성한 피고인의 진술을 기재한 서류의 증거능력도 엄격하게 제한할 필요가 있다.

⑧ 이 사건 형사조정조서 중 '피의자의 주장'란에 피고인의 진술을 기재한 부분은 비록 수사기관이 아닌 자에 의하여 작성되었다고 하더라도 수사가 시작된 이후 수사기관의 관여나 영향 아래 작성된 경우로서 실질적으로 고찰할 때 수사과정 외에서 작성된 것이라고 볼 수 없으므로 형사소송법 제313조 제1항에 따라 증거능력을 인정할 수 없고, 이는 수사기관이 작성한 '피의자신문조서'나 '피고인이 아닌 자의 진술을 기재한 조서'가 아니고, '피고인 또는 피고인이 아닌 자가 작성한 진술서'라 보기도 어려우므로 형사소송법 제312조에 의하여 증거능력을 인정할 수도 없다.

⑨ 피고인의 진술이 기재된 형사조정조서에 대하여 형사소송법 제313조에서 규정하는 진술기재서에 해당된다. 그러므로 형사소송법 제313조 제1항 요건을 충족하면 증거능력을 인정하고 공소사실에 대한 유죄의 증거로 삼을 수 있다.

해설 및 정답 ①~⑧ 대법원 2024. 11. 14. 선고 2024도11314 판결 [성폭력범죄의처벌등에관한특례법위반(강간등치상)] 〈형사조정조서의 증거능력이 문제된 사건〉 ★★★★★

정답 ○, ⑨ ×

[판시사항] 형사소송법 제313조 제1항에 의하여 증거능력이 인정되는 '전 2조의 규정 이외에 피고인 또는 피고인이 아닌 자가 작성한 진술서나 그 진술을 기재한 서류'의 의미(=수사과정 외에서 작성된 서류) / 피고인의 진술을 기재한 서류가 수사기관이 아닌 자에 의하여 작성되었으나, 수사가 시작된 이후 수사기관의 관여나 영향 아래 작성된 것으로서 실질적으로 고찰할 때 그 서류가 수사과정 외에서 작성된 것이라고 보기 어려운 경우, 형사소송법 제313조 제1항의 '전 2조의 규정 이외에 피고인의 진술을 기재한 서류'에 해당하는지 여부(소극) / 수사기관이 아닌 자가 수사과정에서 작성한 피고인의 진술을 기재한 서류의 증거능력을 인정할 때 엄격한 제한 필요성

[판결요지] 헌법 제12조 제1항이 규정한 적법절차의 원칙과 헌법 제27조에 의하여 보장된 공정한 재판을 받을 권리를 구현하기 위하여 형사소송법은 공판중심주의와 구두변론주의 및 직접심리주의를 기본원칙으로 하고 있다. **· 공판중심주의**
따라서 형사소송법이 수사기관에서 작성된 조서 등 서면증거에 대하여 일정한 요건을 충족하는 경우에 증거능력을 인정하는 것은 실체적 진실발견의 이념과 소송경제의 요청을 고려하여 예외적으로 허용하는 것일 뿐이므로 증거능력 인정 요건

에 관한 규정은 엄격하게 해석·적용하여야 한다. **·서면증거 엄격해석**

형사소송법은 제310조의2에서 원칙적으로 전문증거의 증거능력을 인정하지 않고, 제311조부터 제316조까지 정한 요건을 충족하는 경우에만 예외적으로 증거능력을 인정한다(대법원 2019. 8. 29. 선고 2018도13792 전원합의체 판결 참조). **·전문증거(=형사소송법 제311조부터 제316조까지 정한 요건 충족한 경우 인정)**

형사소송법 제311조는 법원 또는 법관의 조서의 증거능력에 관하여 규정하고, 제312조 제1항 내지 제3항은 검사 또는 검사 이외의 수사기관이 작성한 피의자신문조서의 증거능력에 관하여 규정한다. **·피의자신문조서**

형사소송법 제312조 제4항은 검사 또는 사법경찰관이 피고인이 아닌 자의 진술을 기재한 조서에 대하여 적법한 절차와 방식에 따라 작성된 것으로서 실질적 진정성립이 증명되고 반대신문이 보장되며 진술이 특히 신빙할 수 있는 상태하에서 행하여졌음이 증명된 때에 한하여 증거능력을 인정한다. **·참고인진술조서**

형사소송법 제312조 제5항은 피고인 또는 피고인이 아닌 자의 진술서가 수사과정에서 작성된 경우 같은 조 제1항 내지 제4항을 준용한다. **·진술서**

형사소송법 제313조 제1항은 '전 2조의 규정 이외에 피고인 또는 피고인이 아닌 자가 작성한 진술서나 그 진술을 기재한 서류'로서 그 작성자 또는 진술자의 자필이거나 그 서명 또는 날인이 있는 것에 대하여 그 진정성립이 증명되면 증거능력을 인정한다. **·형사소송법 제313조 제1항(=제311조와 제312조 이외 진술서와 진술기재서류) 진정성립이 증명 증거능력 인정**

수사과정에서 작성된 서류의 증거능력에 관하여 형사소송법 제313조 제1항보다 더욱 엄격한 요건을 규정한 형사소송법 제312조의 취지에 비추어 보면, 형사소송법 제313조 제1항이 규정하는 서류는 수사과정 외에서 작성된 서류를 의미한다. **·수사과정 이외 작성 서류**

이러한 헌법과 형사소송법의 규정 및 전문증거의 증거능력 인정에 관한 해석 원칙에 비추어 보면, 피고인의 진술을 기재한 서류가 비록 수사기관이 아닌 자에 의하여 작성되었다고 하더라도, 수사가 시작된 이후 수사기관의 관여나 영향 아래 작성된 경우로서 서류를 작성한 자의 신분이나 지위, 서류를 작성한 경위와 목적, 작성 시기와 장소 및 진술을 받는 방식 등에 비추어 실질적으로 고찰할 때 그 서류가 수사과정 외에서 작성된 것이라고 보기 어렵다면, 이를 형사소송법 제313조 제1항의 '전 2조의 규정 이외에 피고인의 진술을 기재한 서류'에 해당한다고 할 수 없다(대법원 2024. 3. 28. 선고 2023도15133, 2023전도163, 164 판결 참조). **·수사과정 외에서 작성된 피고인인 진술 서류(=수사기관 관여 영향 아래 작성)**

나아가 전문증거의 증거능력은 이를 인정하는 법적 근거가 있는 때에만 예외적으로 인정된다는 원칙 및 피고인 또는 피고인이 아닌 자의 진술서가 수사과정에서 작성된 경우 그 증거능력에 관하여 형사소송법 제313조 제1항보다 더욱 엄격한 요건을 규정한 형사소송법 제312조의 취지 등에 비추어 보면, 수사기관이 아닌 자가 수사과정에서 작성한 피고인의 진술을 기재한 서류의 증거능력도 엄격하게 제한할 필요가 있다. **·수사과정 작성 서류 판단(=엄격 제한)**

104 ★★★★★ [선택형 · 사례형] 형사소송법 제314조의 '특히 신빙할 수 있는 상태'의미와 증명정도

피고인들이 망인과 합동하여 2006. 11.경 피해자(여, 당시 14세)의 심신상실 또는 항거불능 상태를 이용하여 간음하였다는 「성폭력범죄의 처벌 및 피해자보호 등에 관한 법률」 위반(특수준강간)으로 기소된 사안이다. 망인이 사건 발생 14년여 후 2021. 3. 31.경 자살하기 직전 작성한 유서가 발견되어 증거로 제출되었고, 유서에 갑이 자신의 범행을 참회하는 듯한 내용이 포함되어 있어 그 증거능력이 다투어진 사안이다. 이에 관한 설명 중 옳은 것은? (다툼이 있는 경우 판례에 의함)

① 형사소송법 제314조에서 '그 진술 또는 작성이 특히 신빙할 수 있는 상태하에서 행하여졌음'이란 그 진술 내용이나 조서 또는 서류의 작성에 허위가 개입할 여지가 거의 없고, 그 진술 내지 작성 내용의 신빙성이나 임의성을 담보할 구체적이고 외부적인 정황이 있는 경우를 가리킨다.

② 형사소송법은 수사기관에서 작성된 조서 등 서면증거에 대하여 일정한 요건 아래 증거능력을 인정하는데, 이는 실체적 진실발견의 이념과 소송경제의 요청을 고려하여 예외적으로 허용하는 것이므로, 그 증거능력 인정 요건에 관한 규정은 엄격하게 해석 · 적용하여야 한다.

③ 형사소송법 제312조, 제313조는 진술조서 등에 대하여 피고인 또는 변호인의 반대신문권이 보장되는 등 엄격한 요건이 충족될 경우에 한하여 증거능력을 인정할 수 있도록 함으로써 직접심리주의 등 기본원칙에 대한 예외를 정하고 있는데, 형사소송법 제314조는 원진술자 또는 작성자가 사망 · 질병 · 외국거주 · 소재불명 등의 사유로 공판준비 또는 공판기일에 출석하여 진술할 수 없는 경우에 그 진술이 특히 신빙할 수 있는 상태하에서 행하여졌다는 점이 증명되면 원진술자 등에 대한 반대신문의 기회조차도 없이 증거능력을 부여할 수 있도록 함으로써 보다 중대한 예외를 인정한 것이므로, 그 요건을 더욱 엄격하게 해석 · 적용하여야 한다. 따라서 형사소송법 제314조에서 '특히 신빙할 수 있는 상태하에서 행하여졌음에 대한 증명'은 단지 그러할 개연성이 있다는 정도로는 부족하고, 합리적 의심의 여지를 배제할 정도, 즉 법정에서의 반대신문 등을 통한 검증을 굳이 거치지 않더라도 진술의 신빙성을 충분히 담보할 수 있어 실질적 직접심리주의와 전문법칙에 대한 예외로 평가할

수 있는 정도에 이르러야 한다.

④ 유서의 내용이 법정에서의 반대신문 등을 통한 검증을 굳이 거치지 않아도 될 정도로 신빙성이 충분히 담보된다고 평가할 수 없어 유서의 증거능력을 인정할 수 없다.

⑤ 유서가'특히 신빙할 수 있는 상태'에서 작성되었다고 보아 형사소송법 제314조에 따라 증거능력을 인정하고 이를 유죄의 증거로 삼아 이 사건 공소사실을 유죄로 판단할 수 있다.

해설 및 정답 ①~④ 대법원 2024. 4. 12. 선고 2023도13406 판결 [성폭력범죄의처벌및피해자보호등에관한법률위반(특수준강간)] 〈유서의 증거능력과 관련하여 형사소송법 제314조의 '특히 신빙할 수 있는 상태' 존재 여부가 문제된 사건〉

정답 ○, ⑤ ×

[판시사항] [1] 형사소송법 제314조에서 정한 '그 진술 또는 작성이 특히 신빙할 수 있는 상태하에서 행하여졌음'의 의미 및 '특히 신빙할 수 있는 상태하에서 행하여졌음에 대한 증명'의 정도(=합리적 의심의 여지를 배제할 정도)

[2] 피고인들이 망인 갑과 합동하여 피해자 을(여, 당시 14세)의 심신상실 또는 항거불능 상태를 이용하여 을을 간음하였다는 성폭력범죄의 처벌 및 피해자보호 등에 관한 법률 위반(특수준강간)의 공소사실과 관련하여, 갑이 사건 발생 14년여 후 자살하기 직전 작성한 유서가 발견되어 증거로 제출되었고, 유서에 갑이 자신의 범행을 참회하는 듯한 내용이 포함되어 있어 그 증거능력이 다투어진 사안에서, 제반 사정을 종합할 때, 유서가 신빙할 수 있는 상태에서 작성되었을 개연성이 있다고 평가할 여지는 있으나, 유서의 내용이 법정에서의 반대신문 등을 통한 검증을 굳이 거치지 않아도 될 정도로 신빙성이 충분히 담보된다고 평가할 수 없어 유서의 증거능력을 인정할 수 없다고 한 사례.

[판결요지] [1] 형사소송법 제314조에서 '그 진술 또는 작성이 특히 신빙할 수 있는 상태하에서 행하여졌음'이란 그 진술 내용이나 조서 또는 서류의 작성에 허위가 개입할 여지가 거의 없고, 그 진술 내지 작성 내용의 신빙성이나 임의성을 담보할 구체적이고 외부적인 정황이 있는 경우를 가리킨다(대법원 2006. 9. 28. 선고 2006도3922 판결 등 참조). **· 특신상태(=特信狀態. ① 진술 내용·조서·서류 작성에 허위 개입 거의 없음. ② 그 진술·내용에 대해 신빙성·임의성을 담보할 구체적·외부적인 정황이 존재함)**

형사소송법은 수사기관에서 작성된 조서 등 서면증거에 대하여 일정한 요건 아래 증거능력을 인정하는데, **· 전문증거 증거능력**

이는 실체적 진실발견의 이념과 소송경제의 요청을 고려하여 예외적으로 허용하는 것이므로, **· 전문증거 증거능력(=예외적 허용)**

그 증거능력 인정 요건에 관한 규정은 엄격하게 해석 · 적용하여야 한다. **· 엄격해**

석(=실체진실발견 · 소송경제 요청)

형사소송법 제312조, 제313조는 진술조서 등에 대하여 피고인 또는 변호인의 반대신문권이 보장되는 등 엄격한 요건이 충족될 경우에 한하여 증거능력을 인정할 수 있도록 함으로써 직접심리주의 등 기본원칙에 대한 예외를 정하고 있는데,

· 진술조서 증거능력(=반대신문권 보장 · 엄격요건 충족 · 직접심리주의 예외 인정)

형사소송법 제314조는 원진술자 또는 작성자가 사망 · 질병 · 외국거주 · 소재불명 등의 사유로 공판준비 또는 공판기일에 출석하여 진술할 수 없는 경우에 그 진술이 특히 신빙할 수 있는 상태하에서 행하여졌다는 점이 증명되면 원진술자 등에 대한 반대신문의 기회조차도 없이 증거능력을 부여할 수 있도록 함으로써 보다 중대한 예외를 인정한 것이므로, 그 요건을 더욱 엄격하게 해석 · 적용하여야 한다. **· 예외(엄격해석)**

따라서 형사소송법 제314조에서 '특히 신빙할 수 있는 상태하에서 행하여졌음에 대한 증명'은 단지 그러할 개연성이 있다는 정도로는 부족하고, 합리적 의심의 여지를 배제할 정도, **· 합리적 의심 배제 정도로 증명**

즉 법정에서의 반대신문 등을 통한 검증을 굳이 거치지 않더라도 진술의 신빙성을 충분히 담보할 수 있어 실질적 직접심리주의와 전문법칙에 대한 예외로 평가할 수 있는 정도에 이르러야 한다(대법원 2011. 11. 10. 선고 2010도12 판결, 대법원 2014. 2. 21. 선고 2013도12652 판결, 대법원 2022. 3. 17. 선고 2016도17054 판결 등 참조). **· 진술 신빙성 충분한 담보(=법정 반대신문 검증 없어도 될 정도)**

[2] 피고인들이 망인 갑과 합동하여 피해자 을(여, 당시 14세)의 심신상실 또는 항거불능 상태를 이용하여 을을 간음하였다는 성폭력범죄의 처벌 및 피해자보호 등에 관한 법률 위반(특수준강간)의 공소사실과 관련하여, 갑이 사건 발생 14년여 후 자살하기 직전 작성한 유서가 발견되어 증거로 제출되었고, 유서에 갑이 자신의 범행을 참회하는 듯한 내용이 포함되어 있어 그 증거능력이 다투어진 사안에서, 유서에서 갑이 피고인들을 무고할 만한 뚜렷한 동기나 이유가 발견되지 않았고, 피고인들 스스로도 당시 갑 및 을과 함께 술을 마셨던 사실은 인정하고 있는 점, 을은 수사기관에서 당시 만취 상태에서 귀가하였는데 속옷에 피가 묻어 있었고 사타구니 부근이 아팠으며 산부인과에서 진료를 받고 사후피임약 등을 처방받았다고 진술한 점 등에 비추어 유서가 신빙할 수 있는 상태에서 작성되었을 개연성이 있다고 평가할 여지는 있으나, 유서는 작성 동기가 명확하지 아니하고, 수사기관에서 작성 경위, 구체적 의미 등이 상세하게 밝혀진 바가 없으며, 사건 발생일로부터 무려 14년 이상 경과된 후 작성된 점, 유서의 주요 내용이 구체적이거나 세부적이지 않고, 다른 증거에 의하여 충분히 뒷받침되지도 아니하며, 오히려 일부 내용은 을의 진술 등과 명백히 배치되기도 하는 점, 갑에 대한 반대신문이 가능하였다면 그 과정에서 구체적, 세부적 진술이 현출됨으로써 기억의 오류, 과장, 왜곡, 거짓 진술 등이 드러났을 가능성을 배제하기 어려운 점 등 제반 사정을 종합하면, 유서의 내용이 법정에서의 반대신문 등을 통한 검증을 굳이 거치지 않아도 될 정도로 신빙성이 충분히 담보된다고 평가할 수 없어 유서의 증거

능력을 인정할 수 없다는 이유로, 이와 달리 보아 유서의 증거능력을 인정하고 이를 주요 증거로 삼아 피고인들에게 유죄를 선고한 원심판결에 형사소송법 제314조의 '특히 신빙할 수 있는 상태'에 관한 법리오해의 잘못이 있다고 한 사례.

· 진술 신빙성 충분한 담보 결여(=법정 반대신문 검증이 필요할 정도의 사례)

105 ★★★★★ [선택형 · 사례형] 공범인 공동피고인과 증인적격 · 소송절차 분리 상태 후 법정 증언과 위증죄

공범인 공동피고인의 지위에 있는 피고인들이 소송절차가 분리된 상태에서 증언거부권을 고지 받았음에도 증인으로서 선서한 뒤 자기의 범죄사실에 관한 검사의 질문에 대하여 증언거부권을 행사하지 않고 진술을 한 사안이다. 이에 관한 설명 중 옳은 것은? (다툼이 있는 경우 판례에 의함)

① 헌법 제12조 제2항은 '모든 국민은 형사상 자기에게 불리한 진술을 강요당하지 아니한다.'고 규정하고 있고, 형사소송법 제283조의2 제1항도 "피고인은 진술하지 아니하거나 개개의 질문에 대하여 진술을 거부할 수 있다."라고 규정하고 있으므로, 공범인 공동피고인은 당해 소송절차에서는 피고인의 지위에 있어 다른 공동피고인에 대한 공소사실에 관하여 증인이 될 수 없으나, 소송절차가 분리되어 피고인의 지위에서 벗어나게 되면 다른 공동피고인에 대한 공소사실에 관하여 증인이 될 수 있다.

② 한편 형사소송법 제148조는 피고인의 자기부죄거부특권을 보장하기 위하여 자기가 유죄판결을 받을 사실이 드러날 염려가 있는 증언을 거부할 수 있는 권리를 인정하고 있고, 그와 같은 증언거부권 보장을 위하여 형사소송법 제160조는 재판장이 신문 전에 증언거부권을 고지하여야 한다고 규정하고 있으므로, 소송절차가 분리된 공범인 공동피고인에 대하여 증인적격을 인정하고 그 자신의 범죄사실에 대하여 신문한다 하더라도 피고인으로서의 진술거부권 내지 자기부죄거부특권을 침해한다고 할 수 없다.

③ 따라서 증인신문절차에서 형사소송법 제160조에 따라 증언거부권이 고지되었음에도 불구하고 위와 같이 증인적격이 인정되는 피고인이 자기의 범죄사실에 대하여 증언거부권을 행사하지 아니한 채 허위로 진술하였다면 위증죄가 성립된다고 할 것이다.

④ 피고인들이 증언거부권을 고지 받았음에도 증언거부권을 행사하지 아니한 채 허위의 진술을 하였다면, 자신의 범죄사실에 대하여 증인으로서 신문을 받았더라도 피고인으로서의 진술거부권 내지 자기부죄거부특권 등이 침해되었다고 할 수 없어 위증죄가 성립한다.

⑤ 소송절차가 분리된 공범인 공동피고인은 다른 공범인 공동피고인에 대한 공소사실에 관하여 증인이 될 수 있으나, 증인이 되더라도 자신의 범죄사실에 관련한 질문에 대하여는 피고인의 지위는 여전히 계속되고 그러한 지위는 증인의 지위보다 우선적이므로 피고인이 자신의 방어권 범위 내에서 허위 진술을 하였더라도 위증죄로 처벌할 수 없다.

해설 및 정답 ①~④ 대법원 대법원 2024. 2. 29. 선고 2023도7528 판결 [위증] 〈공범인 공동피고인에 대한 위증죄가 성립하는지 여부가 문제된 사건〉

정답 ○, ⑤ ×

[판시사항] [1] 공범인 공동피고인이 소송절차의 분리로 피고인의 지위에서 벗어난 경우, 다른 공동피고인에 대한 공소사실에 관하여 증인이 될 수 있는지 여부(적극) [2] 소송절차가 분리된 공범인 공동피고인이 증언거부권을 고지받았음에도 자기의 범죄사실에 대하여 증언거부권을 행사하지 아니한 채 허위로 진술한 경우, 위증죄가 성립하는지 여부(적극)

[판결요지] 헌법 제12조 제2항은 '모든 국민은 형사상 자기에게 불리한 진술을 강요당하지 아니한다.'고 규정하고 있고, 형사소송법 제283조의2 제1항도 "피고인은 진술하지 아니하거나 개개의 질문에 대하여 진술을 거부할 수 있다."라고 규정하고 있으므로, **· 헌법 제12조 제2항·형사소송법 제283조2 진술거부권**

공범인 공동피고인은 당해 소송절차에서는 피고인의 지위에 있어 다른 공동피고인에 대한 공소사실에 관하여 증인이 될 수 없으나, 소송절차가 분리되어 피고인의 지위에서 벗어나게 되면 다른 공동피고인에 대한 공소사실에 관하여 증인이 될 수 있다(대법원 2008. 6. 26. 선고 2008도3300 판결 등 참조). **· 소송절차 분리**

한편 형사소송법 제148조는 피고인의 자기부죄거부특권을 보장하기 위하여 자기가 유죄판결을 받을 사실이 드러날 염려가 있는 증언을 거부할 수 있는 권리를 인정하고 있고, **· 형사소송법 제148조 증언거부권**

그와 같은 증언거부권 보장을 위하여 형사소송법 제160조는 재판장이 신문 전에 증언거부권을 고지하여야 한다고 규정하고 있으므로, **· 형사소송법 제160조 증언거부권 고지 의무**

소송절차가 분리된 공범인 공동피고인에 대하여 증인적격을 인정하고 그 자신의 범죄사실에 대하여 신문한다 하더라도 피고인으로서의 진술거부권 내지 자기부죄거부특권을 침해한다고 할 수 없다. **· 피고인에서 증인으로 지위 이동(=증인적격)**

따라서 증인신문절차에서 형사소송법 제160조에 따라 증언거부권이 고지되었음에도 불구하고 위와 같이 증인적격이 인정되는 피고인이 자기의 범죄사실에 대하여 증언거부권을 행사하지 아니한 채 허위로 진술하였다면 위증죄가 성립된다고 할 것이다(대법원 2012. 10. 11. 선고 2012도6848, 2012전도143 판결 참조). **· 증인적격자 위증(=위증죄 성립)**

106 ★★★★★ [선택형 · 사례형] 증거사용 · 공판과정에서 피해자가 제출한 탄원서를 유죄 증거로 사용 불가

피고인이 피해자를 강간하려다가 피해자에게 약 2주간의 치료가 필요한 상해를 가하였다. 검사는 피고인을 형법 제297조, 제300조, 제301조 강간상해죄로 기소하였다. 피해자는 제1심 및 원심에서의 재판 절차 진행 중 수회에 걸쳐 탄원서 등 피해자의 의견을 기재한 서류를 제출하였다. 이에 관한 설명 중 옳은 것은? (다툼이 있는 경우 판례에 의함)

① 법원은 피해자 등의 신청이 있는 때에 그 피해자 등을 증인으로 신문하여야 하고(형사소송법 제294조의2 제1항), 피해자 등을 신문하는 경우 피해의 정도 및 결과, 피고인의 처벌에 관한 의견, 그 밖에 당해 사건에 관한 의견을 진술할 기회를 주어야 한다(형사소송법 제294조의2 제2항).

② 나아가 법원은 필요하다고 인정하는 경우 직권으로 또는 피해자 등의 신청에 따라 피해자 등을 공판기일에 출석하게 하여 형사소송법 제294조의2 제2항에 정한 사항으로서 범죄사실의 인정에 해당하지 않는 사항에 관하여 증인신문에 의하지 아니하고 의견을 진술하거나 의견진술에 갈음하여 의견을 기재한 서면을 제출하게 할 수 있다(형사소송규칙 제134조의10 제1항 및 제134조의11 제1항). 다만 위 각 조항에 따른 진술과 서면은 범죄사실의 인정을 위한 증거로 할 수 없다(형사소송규칙 제134조의12).

③ 위 탄원서 등은 결국 피해자가 형사소송규칙 제134조의10 제1항에 규정된 의견진술에 갈음하여 제출한 서면에 해당하여 범죄사실의 인정을 위한 증거로 할 수 없다.

④ 피해자가 공판과정에서 제출한 탄원서를 유죄의 증거로 사용한 것에는 잘못이 있으나, 증거능력이 인정되는 나머지 적법하게 채택된 증거들에 의하더라도 이 사건 공소사실을 유죄로 인정하기에 충분하므로, 위와 같은 원심의 잘

못은 판결에 영향이 없다.

⑤ 피고인의 사실오인 내지 법리오해 주장에 관하여 판단하면서, 피해자 진술의 신빙성이 인정되는 사정의 하나로서 피해자가 공판과정에서 제출한 탄원서의 일부 기재 내용을 적시하여 이 사건 공소사실을 유죄로 판단할 수 있다.

해설 및 정답 ①~④ 대법원 2024. 3. 12. 선고 2023도11371 판결 [상해(인정된 죄명: 강간상해)] 〈공판과정에서 피해자가 제출한 탄원서를 유죄의 증거로 사용할 수 있는지 여부가 문제된 사건〉 **정답** ○, ⑤ ×

[판시사항] [1] 법원이 피해자 등을 공판기일에 출석하게 하여 형사소송법 제294조의2 제2항에 정한 사항으로서 범죄사실의 인정에 해당하지 않는 사항에 관하여 증인신문에 의하지 아니하고 의견을 진술하거나 의견진술에 갈음하여 의견을 기재한 서면을 제출하게 한 경우, 위 진술과 서면을 유죄의 증거로 할 수 있는지 여부(소극)

[2] 피고인이 피해자를 강간하려다가 피해자에게 상해를 가하였다는 강간상해의 공소사실이 제1심 및 원심에서 유죄로 인정되었고, 피해자는 제1심 및 원심에서의 재판 절차 진행 중 수회에 걸쳐 탄원서 등 피해자의 의견을 기재한 서류를 제출하였는데, 원심이 피고인의 사실오인 내지 법리오해 주장에 관하여 판단하면서, 피해자가 한 진술의 신빙성이 인정되는 사정의 하나로 피해자가 제출한 탄원서의 일부 기재 내용을 적시하여 공소사실을 유죄로 판단한 사안에서, 위 탄원서 등은 피해자가 형사소송규칙 제134조의10 제1항에 규정된 의견진술에 갈음하여 제출한 서면에 해당하여 유죄의 증거로 할 수 없다고 한 사례.

[판결요지] 법원 공판정에서 피해자를 증인으로 신문함·증인신문 없는 의견진술·서면(=증거사용 금지)·증거사용금지(=의견진술 제출 탄원서)

원심판단에는 피해자의 의견을 기재한 서면의 증거능력에 관한 법리를 오해하여 범죄사실의 인정을 위한 증거로 할 수 없는 탄원서를 유죄의 증거로 사용한 잘못이 있으나, 위와 같은 원심의 잘못은 판결 결과에 영향이 없다고 한 사례.

107 ★★★★★ [선택형·사례형] 증거방법과 증거조사·선서 없이 인터넷 화상장치로 진술을 청취한 진술 녹음파일과 녹취서의 증거능력

대학교수인 피고인이 A 등 명의를 빌려 허위의 조교인사제청서를 대학에 제출하는 방법으로 조교 장학금을 편취하였다. 검사는 피고인을 형법 제347조 제1항 사기죄로 기소하였다. 법원이 해외에 체류 중인 사람에 대하여 선서 없이 인터넷 화상장치로 진술을 청취한 경우 그 진술 녹음파일과 녹취서의 증거능력이 문제된 사건이다. 이에 관한 설명 중 옳은 것은? (다툼이 있는 경우 판례에 의함)

① 헌법은 제12조 제1항 후문에서 적법절차원칙을 천명하고, 제27조에서 '법률에 의한 재판을 받을 권리'를 보장하고 있다. 형사소송법은 이를 실질적으로 구현하기 위하여, 피고사건에 대한 실체 심리는 공개된 법정에서 검사와 피고인 양 당사자의 공격·방어활동에 의하여 행해져야 한다는 당사자주의와 공판중심주의 원칙 및 공소사실의 인정은 법관의 면전에서 직접 조사한 증거만을 재판의 기초로 해야 한다는 직접심리주의와 증거재판주의 원칙을 기본원칙으로 채택하고 있다.

② 형사소송법은 증인 등 인증(인증), 증거서류와 증거물 및 그 밖의 증거를 구분한 다음 각각의 증거방법에 대한 증거조사 방식을 개별적·구체적으로 규정하여 위와 같은 헌법적 형사소송의 이념을 구체화하고 있다. 특히 형사소송법 제1편 제12장 및 형사소송규칙 제1편 제12장에서 증인에 대한 증거조사를 '신문'의 방식으로 하면서 소환방법과 법정에 불출석할 경우의 제재와 조치, 출석한 증인에 대한 선서와 위증의 벌의 경고, 증언거부권 고지 및 신문의 구체적인 방식 등에 대하여 엄격한 절차 규정을 두는 한편, 법정 외 신문(제165조), 비디오 등 중계장치 등에 의한 증인신문(제165조의2) 규정에서 정한 사유 등이 있는 때에만 예외적으로 증인이 직접 법정에 출석하지 않고 증언할 수 있도록 정하였다. 이는 사건의 실체를 규명하는 데 가장 직접적이고 핵심적인 증인으로 하여금 원칙적으로 공개된 법정에 출석하여 법관 앞에서 선서한 후 정해진 절차에 따른 신문의 방식으로 증언하도록 하여 재판의 공정성과 증언의 확실성·진실성을 담보하고, 법관은 그러한 증인의 진술을 토대로 형성된 유무죄의 심증에 따라 사건의 실체를 규명하도록 하기 위함이다.

③ 그러므로 범죄사실의 인정을 위한 증거조사는 특별한 사정이 없는 한 공개된 법정에서 법률이 그 증거방법에 따라 정한 방식으로 하여야 하고, 이를 토대로 형성된 심증에 따라 공소가 제기된 범죄사실이 합리적인 의심이 없는 정도로 증명되었는지를 판단하여야 한다. 형사소송법에서 정한 절차와 방식에 따른 증인신문절차를 거치지 아니한 채 증인에 대하여 선서 없이 법관이 임의의 방법으로 청취한 진술과 그 진술의 형식적 변형에 불과한 증거(녹음파일 등)는 적법한 증거조사 절차를 거치지 않은 증거로서 증거능력이 없다. 따라서 사실인정의 자료로 삼을 수도 없고, 피고인이나 변호인이 그러한 절차

진행에 동의하였다거나 사후에 그와 같은 증거조사 결과에 대하여 이의를 제기하지 아니하고 그 녹음파일 등을 증거로 함에 동의하였더라도 그 위법성이 치유되지 않는다.

④ 형사소송법이 정한 증거방법(증인)에 대한 적법한 증거조사라고 볼 수 없다. 그러므로 그러한 진술청취 결과물인 이 사건 각 증거는 증거능력이 없어 사실인정의 자료로 삼을 수 없다. 이는 피고인과 변호인이 그와 같은 절차 진행에 동의하였거나 사후에 그와 같은 증거조사 결과에 이의를 제기하지 아니하고 이 사건 각 증거를 증거로 함에 동의하였다 하더라도 마찬가지이다.

⑤ A가 해외 체류 중이어서 법정 출석에 따른 증인신문이 어렵다는 이유로 선서 등 절차 없이 인터넷 화상장치를 통해 A의 진술을 청취하는 방법으로 증거조사를 한 다음 같은 기일에 검사로부터 A의 진술이 담긴 녹음파일, 녹취서 등본(이하 '이 사건 각 증거')을 제출받는 우회적인 방식을 취하였다. 이 사건 각 증거를 사실인정의 자료로 삼아 A 명의로 신청된 장학금 편취 관련 일부 공소사실을 유죄로 판단할 수 있다.

해설 및 정답 ①~④ 대법원 2024. 9. 12. 선고 2020도14843 판결 [사기] 〈법원이 해외에 체류 중인 사람에 대하여 선서 없이 인터넷 화상장치로 진술을 청취한 경우 그 진술 녹음파일과 녹취서의 증거능력이 문제된 사건〉 **정답** ○, ⑤ ×

[판시사항] 형사소송법이 증인 등 인증(인증), 증거서류와 증거물 및 그 밖의 증거를 구분한 다음 각각의 증거방법에 대한 증거조사 방식을 개별적·구체적으로 규정하고, 특히 증인에 대한 증거조사를 '신문'의 방식으로 하면서 엄격한 절차 규정을 둔 취지 / 형사소송법에서 정한 절차와 방식에 따른 증인신문절차를 거치지 아니한 채 증인에 대하여 선서 없이 법관이 임의의 방법으로 청취한 진술과 그 진술의 형식적 변형에 불과한 증거(녹음파일 등)의 증거능력 유무(소극) 및 이는 피고인이나 변호인이 그러한 절차 진행에 동의하였거나 사후에 그와 같은 증거조사 결과에 대하여 이의를 제기하지 아니하고 그 녹음파일 등을 증거로 함에 동의하였더라도 마찬가지인지 여부(적극)

[판결요지] 헌법은 제12조 제1항 후문에서 적법절차원칙을 천명하고, 제27조에서 '법률에 의한 재판을 받을 권리'를 보장하고 있다. 형사소송법은 이를 실질적으로 구현하기 위하여, 피고사건에 대한 실체 심리는 공개된 법정에서 검사와 피고인 양 당사자의 공격·방어활동에 의하여 행해져야 한다는 당사자주의와 공판중심주의의 원칙 및 공소사실의 인정은 법관의 면전에서 직접 조사한 증거만을 재판의 기초로 해야 한다는 직접심리주의와 증거재판주의 원칙을 기본원칙으로 채택하고 있다(대법원 2019. 11. 28. 선고 2013도6825 판결 등 참조). **·형사절차법정주의·**

당사자주의·공판중심주의·직접심리주의·증거재판주의

형사소송법은 증인 등 인증(인증), 증거서류와 증거물 및 그 밖의 증거를 구분한 다음 각각의 증거방법에 대한 증거조사 방식을 개별적·구체적으로 규정하여 위와 같은 헌법적 형사소송의 이념을 구체화하고 있다. **·헌법적 형사소송이념·각각 증거방법에 대한 증거조사 방식/개별적·구체적으로 규정**

특히 형사소송법 제1편 제12장 및 형사소송규칙 제1편 제12장에서 증인에 대한 증거조사를 '신문'의 방식으로 하면서 소환방법과 법정에 불출석할 경우의 제재와 조치, 출석한 증인에 대한 선서와 위증의 벌의 경고, 증언거부권 고지 및 신문의 구체적인 방식 등에 대하여 엄격한 절차 규정을 두는 한편, 법정 외 신문(제165조), 비디오 등 중계장치 등에 의한 증인신문(제165조의2) 규정에서 정한 사유 등이 있는 때에만 예외적으로 증인이 직접 법정에 출석하지 않고 증언할 수 있도록 정하였다. **·비디오 중계장치 증인신문 예외적 인정**

이는 사건의 실체를 규명하는 데 가장 직접적이고 핵심적인 증인으로 하여금 원칙적으로 공개된 법정에 출석하여 법관 앞에서 선서한 후 정해진 절차에 따른 신문의 방식으로 증언하도록 하여 재판의 공정성과 증언의 확실성·진실성을 담보하고, 법관은 그러한 증인의 진술을 토대로 형성된 유무죄의 심증에 따라 사건의 실체를 규명하도록 하기 위함이다. 그러므로 범죄사실의 인정을 위한 증거조사는 특별한 사정이 없는 한 공개된 법정에서 법률이 그 증거방법에 따라 정한 방식으로 하여야 하고, 이를 토대로 형성된 심증에 따라 공소가 제기된 범죄사실이 합리적인 의심이 없는 정도로 증명되었는지를 판단하여야 한다(대법원 2011. 11. 10. 선고 2011도11115 판결 등 참조). **·증거조사**

형사소송법에서 정한 절차와 방식에 따른 증인신문절차를 거치지 아니한 채 증인에 대하여 선서 없이 법관이 임의의 방법으로 청취한 진술과 그 진술의 형식적 변형에 불과한 증거(녹음파일 등)는 적법한 증거조사 절차를 거치지 않은 증거로서 증거능력이 없다. **·증인 선서 없는 법관의 임의 청취와 진술 녹음파일(=증거능력 부정)**

따라서 사실인정의 자료로 삼을 수도 없고, 피고인이나 변호인이 그러한 절차 진행에 동의하였다거나 사후에 그와 같은 증거조사 결과에 대하여 이의를 제기하지 아니하고 그 녹음파일 등을 증거로 함에 동의하였더라도 그 위법성이 치유되지 않는다. **·위법수집증거(=증거 동의 있어도 위법성 부정)**

108 ★★★★★ [선택형·사례형] 증거능력·형사소송법 제312조 제1항 '내용을 인정한 때' 의미·검사 작성 피의자신문조서 증거능력

피고인은 공소외인과 함께 필로폰을 투약하였다. 2021. 3. 29.경 공소외인에게 필로폰을 판매하거나 교부한 사실은 없다. 공소외인은 수사기관 진술 당시 필로폰 중독 상태로 정신적으로 피폐해 있었다. 공소외인은 법정에서 피고인으로부터 필로폰을 매수한 사실이 없다고 증언하였다. 이에 관한 설명 중 옳은 것은? (다툼이 있는 경우 판례에 의함)

① 2020. 2. 4. 법률 제16924호로 개정되어 2022. 1. 1.부터 시행된 형사소송법 제312조 제1항은 검사가 작성한 피의자신문조서의 증거능력에 대하여 '적법한 절차와 방식에 따라 작성된 것으로서 공판준비, 공판기일에 그 피의자였던 피고인 또는 변호인이 그 내용을 인정할 때에 한정하여 증거로 할 수 있다.'고 규정하였다. 여기서 '그 내용을 인정할 때'라 함은 피의자신문조서의 기재 내용이 진술 내용대로 기재되어 있다는 의미가 아니고 그와 같이 진술한 내용이 실제 사실과 부합한다는 것을 의미한다.

② 형사소송법 제312조 제1항에서 정한 '검사가 작성한 피의자신문조서'란 당해 피고인에 대한 피의자신문조서만이 아니라 당해 피고인과 공범관계에 있는 다른 피고인이나 피의자에 대하여 검사가 작성한 피의자신문조서도 포함되고, 여기서 말하는 '공범'에는 형법 총칙의 공범 이외에도 서로 대향된 행위의 존재를 필요로 할 뿐 각자의 구성요건을 실현하고 별도의 형벌 규정에 따라 처벌되는 강학상 필요적 공범 또는 대향범까지 포함한다.

③ 따라서 피고인이 자신과 공범관계에 있는 다른 피고인이나 피의자에 대하여 검사가 작성한 피의자신문조서의 내용을 부인하는 경우에는 형사소송법 제312조 제1항에 따라 유죄의 증거로 쓸 수 없다.

④ 피고인과 변호인이 필로폰 매도 범행과 관련하여 필로폰을 매수한 '김○○에 대한 검찰 피의자신문조서 사본'에 대해 내용 부인 취지에서 증거로 사용함에 동의하지 않는다는 의견을 밝혔음에도, 원심은 이를 증거로 하여 유죄 판단을 할 수 있다.

해설 및 정답 ①~③ 대법원 2023. 6. 1. 선고 2023도3741 판결 [마약류관리에관한법률위반(향정), 마약류관리에관한법률위반(대마), 특정범죄가중처벌등에관한법률위반(도주치상), 도로교통법위반(사고후미조치), 범인도피교사] 〈형사소송법 제312조 제1항 해석〉 ☞ **죄명 관찰** **정답** ○, ④ ×

[판시사항] 2020. 2. 4. 법률 제16924호로 개정되어 2022. 1. 1.부터 시행된 형사소송법 제312조 제1항에서 '그 내용을 인정할 때'의 의미 / 형사소송법 제312조 제1항에서 정한 '검사가 작성한 피의자신문조서'에 당해 피고인과 공범관계에 있는 다른 피고인이나 피의자에 대하여 검사가 작성한 피의자신문조서도 포함되는지 여부(적극) 및 여기서 말하는 '공범'에는 강학상 필요적 공범 또는 대향범까지 포함하는지 여부(적극) / 피고인이 자신과 공범관계에 있는 다른 피고인이나 피

의자에 대하여 검사가 작성한 피의자신문조서의 내용을 부인하는 경우, 형사소송법 제312조 제1항에 따라 유죄의 증거로 쓸 수 있는지 여부(소극)

[판결요지] 2020. 2. 4. 법률 제16924호로 개정되어 2022. 1. 1.부터 시행된 형사소송법 제312조 제1항은 검사가 작성한 피의자신문조서의 증거능력에 대하여 '적법한 절차와 방식에 따라 작성된 것으로서 공판준비, 공판기일에 그 피의자였던 피고인 또는 변호인이 그 내용을 인정할 때에 한정하여 증거로 할 수 있다.'고 규정하였다. **· 2022년 1월 1일 시행 개정 형사소송법 제312조 제1항**

여기서 '그 내용을 인정할 때'라 함은 피의자신문조서의 기재 내용이 진술 내용대로 기재되어 있다는 의미가 아니고 그와 같이 진술한 내용이 실제 사실과 부합한다는 것을 의미한다(대법원 2023. 4. 27. 선고 2023도2102 판결 참조). **· 내용이 실제 사실과 부합**

형사소송법 제312조 제1항에서 정한 '검사가 작성한 피의자신문조서'란 당해 피고인에 대한 피의자신문조서만이 아니라 당해 피고인과 공범관계에 있는 다른 피고인이나 피의자에 대하여 검사가 작성한 피의자신문조서도 포함되고, **· 피고인과 공범 동일**

여기서 말하는 '공범'에는 형법 총칙의 공범 이외에도 서로 대향된 행위의 존재를 필요로 할 뿐 각자의 구성요건을 실현하고 별도의 형벌 규정에 따라 처벌되는 강학상 필요적 공범 또는 대향범까지 포함한다. **· 공범 범위(=형법 총칙 공범·필요적 공범·대향범 포함)**

따라서 피고인이 자신과 공범관계에 있는 다른 피고인이나 피의자에 대하여 검사가 작성한 피의자신문조서의 내용을 부인하는 경우에는 형사소송법 제312조 제1항에 따라 유죄의 증거로 쓸 수 없다. **· 피고인 내용 부인(=검사작성 피신조서 증거능력 사용 금지. 공범도 포함)**

[판결해설] 피의자신문조서 적용범위

1. **공범**

   형사소송법 제312조 제1항과 제3항은 피의자였던 피고인에 대하여는 물론 공범에 대한 관계에서도 적용된다.

   피고인 甲이 공판정에서 공범 乙에 대한 수사기관 작성의 피의자신문조서의 내용을 부인하면, 乙이 법정에서 그 조서의 내용을 인정하더라도, 그 조서를 피고인 甲의 공소사실에 대한 증거로 사용할 수 없다.

   공범 乙의 진술만으로 수사기관이 乙에 대해 작성한 피의자신문조서를 피고인 甲에 대한 증거로 사용할 수 없기 때문이다.

   또한 乙이 법정에서 수사과정에서 피의자신문조서에 기재된 것과 같은 내용으로 진술하였다는 취지로 증언하였다고 하더라도, 증언 역시 이를 유죄 인정의 증거로 쓸 수 없다(임동규, 형사소송법, 제17판, 법문사, 2023, 540면).

2. **공범 범위**

   형사소송법 제312조 제1항과 제3항은 형법 총칙의 공범·필요적 공범·대향범 관계에 있는 자들 사이에서도 적용된다. 또한 양벌규정과 별개 사건에서도 피고인 甲이 내용을 부인하면 그 조서는 증거능력이 없다.

109 ★★★★★ [선택형 · 사례형] 증거능력 · 조사자 증언과 형사소송법 제316조 제1항 특신상태 존재

피고인이 2021. 8. 4. 23:00경 김해시 ○○동 소재 △△공원 내 벤치에서 불상량의 필로폰을 커피에 타서 마시는 등의 방법으로 투약하였다는 것이다. 검사는 피고인을 마약류관리에관한법률위반(향정)죄로 기소하였다. 조사자 증언에서 형사소송법 제316조 제1항 특신상태 존재 여부가 문제된 사건이다. 이에 관한 설명 중 옳은 것은? (다툼이 있는 경우 판례에 의함)

① 형사소송법은 검사, 사법경찰관 등 수사기관이 작성한 피의자신문조서는 그 피의자였던 피고인 또는 변호인이 공판준비 또는 공판기일에 내용을 인정하지 아니하면 증거능력을 부정하면서도(제312조 제1항, 제3항), 검사, 사법경찰관 등 공소제기 전에 피고인을 피의자로 조사하였거나 그 조사에 참여하였던 자, 즉 조사자의 공판준비 또는 공판기일에서의 진술이 피고인의 수사기관 진술을 내용으로 하는 것인 때에는 그 진술이 '특히 신빙할 수 있는 상태하에서 행하여졌음이 증명된 때'에 한하여 이를 증거로 할 수 있다고 규정하고 있다(제316조 제1항).

② 여기서 '그 진술이 특히 신빙할 수 있는 상태하에서 행하여졌음'이란 그 진술을 하였다는 것에 허위 개입의 여지가 거의 없고, 그 진술내용의 신빙성이나 임의성을 담보할 구체적이고 외부적인 정황이 있음을 의미한다.

③ 이러한 특신상태는 증거능력의 요건에 해당하므로 검사가 그 존재에 대하여 구체적으로 주장 · 증명하여야 하는데, 피고인의 수사기관 진술이 '특히 신빙할 수 있는 상태하에서 행하여졌음에 대한 증명'은 단지 그러할 개연성이 있다는 정도로는 부족하고 합리적인 의심의 여지를 배제할 정도에 이르러야 한다.

④ 피고인이나 변호인이 그 내용을 인정하지 않더라도 검사, 사법경찰관 등 조사자의 법정증언을 통하여 피고인의 수사기관 진술내용이 법정에 현출되는 것을 허용하는 것은, 형사소송법 제312조 제1항, 제3항이 피고인의 수사기관 진술은 신용성의 정황적 보장이 부족하다고 보아 피고인이나 변호인이 그 내용을 인정하지 않는 이상 피의자신문조서의 증거능력을 인정하지 않음으로써

그 진술내용이 법정에 현출되지 않도록 규정하고 있는 것에 대하여 중대한 예외를 인정하는 것이어서, 이를 폭넓게 허용하는 경우 형사소송법 제312조 제1항, 제3항의 입법 취지와 기능이 크게 손상될 수 있기 때문이다.

⑤ 피고인이 경찰 조사 당시 변호인의 동석 없이 진술하였다. 피고인의 진술 중 범인만이 알 수 있는 내용에 관한 자발적, 구체적 진술로 평가될 수 있는 부분이 존재하지 않는다. 오히려 피고인은 임의동행 직후 경찰관이 소변의 임의제출을 종용하자 필로폰 투약 사실을 인정하였다. 이후 경찰관이 발신 기지국 위치를 통하여 확인된 사실을 기초로 진술 번복을 유도하자 그에 따라 공소사실 기재와 같은 필로폰 투약 범행을 인정한 것으로 보인다. 피고인이 조사 당시 그 진술 내용을 신빙하기 어려운 상태에 있었다고 의심되는 정황이 존재한다. 이러한 점에 비추어 보면, 피고인을 경찰에서 조사하였던 경찰관의 제1심 증언은 증거능력이 인정된다고 보기 어렵다.

⑥ 경찰관 공소외인의 제1심 법정에서 증언이 증거능력이 있다. 이를 전제로 위 증언과 피고인의 모발감정결과 등에 의하면, 피고인이 공소사실과 같이 필로폰을 투약하였음을 충분히 인정할 수 있다.

해설 및 정답 ①~⑤ 대법원 2023. 10. 26. 선고 2023도7301 판결 [마약류관리에관한법률위반(향정)] 〈조사자 증언에서 형사소송법 제316조 제1항 특신상태 존재 여부가 문제된 사건〉 **정답** ○, ⑥ ×

[판시사항] 형사소송법 제316조 제1항에서 정한 '피고인의 수사기관 진술이 특히 신빙할 수 있는 상태하에서 행하여졌음'의 의미 / 이러한 특신상태의 존재에 대한 주장·증명 책임의 소재(=검사) 및 피고인의 수사기관 진술이 '특히 신빙할 수 있는 상태하에서 행하여졌음'에 대한 증명 정도(=합리적인 의심의 여지를 배제할 정도)

[판결요지] 형사소송법은 검사, 사법경찰관 등 수사기관이 작성한 피의자신문조서는 그 피의자였던 피고인 또는 변호인이 공판준비 또는 공판기일에 내용을 인정하지 아니하면 증거능력을 부정하면서도(제312조 제1항, 제3항), **· 공판중심주의**

검사, 사법경찰관 등 공소제기 전에 피고인을 피의자로 조사하였거나 그 조사에 참여하였던 자, 즉 조사자의 공판준비 또는 공판기일에서의 진술이 피고인의 수사기관 진술을 내용으로 하는 것인 때에는 그 진술이 '특히 신빙할 수 있는 상태하에서 행하여졌음이 증명된 때'에 한하여 이를 증거로 할 수 있다고 규정하고 있다(제316조 제1항). **· 특신상태 존재·직접심리주의**

여기서 '그 진술이 특히 신빙할 수 있는 상태하에서 행하여졌음'이란 그 진술을 하였다는 것에 허위 개입의 여지가 거의 없고, 그 진술 내용의 신빙성信憑性(=믿어서 근거·증거로 삼을 수 있을 정도·성질)이나 임의성任意性을 담보擔保(=맡아 보증)할 구체적이고 외부적인 정황이 있음을 의미한다(대법원 2015. 12. 10. 선고 2015도16105 판결 등 참조). **·증거능력 인정(=허위 개입 없음+조사자 진술 내용 신빙성+자율성+구체성·외부 정황 존재해야 함)**

이러한 특신상태는 증거능력의 요건에 해당하므로 검사가 그 존재에 대하여 구체적으로 주장·증명하여야 하는데(대법원 2001. 9. 4. 선고 2000도1743 등 판결), **·검사 증명**

피고인의 수사기관 진술이 '특히 신빙할 수 있는 상태하에서 행하여졌음에 대한 증명'은 단지 그러할 개연성이 있다는 정도로는 부족하고 합리적인合理(=양측 주장을 종합하여 이치를 판단하여) 의심의 여지를 배제할 정도에 이르러야 한다. **·합리적 의심 배제 정도**

피고인이나 변호인이 그 내용을 인정하지 않더라도 검사, 사법경찰관 등 조사자의 법정증언을 통하여 피고인의 수사기관 진술내용이 법정에 현출되는 것을 허용하는 것은, 형사소송법 제312조 제1항, 제3항이 피고인의 수사기관 진술은 신용성의 정황적 보장이 부족하다고 보아 피고인이나 변호인이 그 내용을 인정하지 않는 이상 피의자신문조서의 증거능력을 인정하지 않음으로써 그 진술내용이 법정에 현출되지 않도록 규정하고 있는 것에 대하여 중대한 예외를 인정하는 것이어서, 이를 폭넓게 허용하는 경우 형사소송법 제312조 제1항, 제3항의 입법 취지와 기능이 크게 손상될 수 있기 때문이다. **·형사소송법 제312조 예외 조항·특례 조항(=엄격한 제한 해석 요구)**

[참조조문] ☞ **법문장을 읽기 쉽게 다듬었다.**

형사소송법 제316조(전문진술) ★★★★★

① 법원은 공판준비·공판기일에서 다음 각 호에 모두 해당하는 경우 **피고인이 아닌 사람**(피고인을 공소제기 전에 피의자로 조사하였거나 또는 그 조사에 참여하였던 사람을 포함한다. 이하 이 조에서 같다) **진술을 증거로 사용할 수 있다.**

1. **피고인 진술**을 내용으로 하는 경우
2. 피고인 진술이 **특별히 신빙**할 수 있는 상태에서 이루어진 것이 증명된 경우

[개정 2007.6.1] [[시행일 2008.1.1]]

② 공판준비·공판기일에서 다음 각 호 사유를 모두 충족한 경우 피고인 아닌 사람 진술을 증거로 사용할 수 있다.

1. 피고인 아닌 **제3자 진술을 그 내용으로 하는 경우**
2. 원진술자가 사망·질병·외국거주·소재불명·이에 준하는 그밖에 사유로 공판준비·공판기일에서 **원진술자 진술이 불가능한 경우**
3. 그 진술이 **특별히 신빙**할 수 있는 상태에서 이루어진 것이 증명된 경우

[개정 95.12.29, 2007.6.1] [[시행일 2008.1.1.]]

[전문개정 61.9.1]

[출처] 일부개정 2024.10.16 [법률 제20460호, 시행 2025.1.17.] 법무부

☞ 사례 답안 작성 방법

(1) 법리 – 형사소송법 제316조 제1항 또는 제2항 요건을 명확하게 설명하세요.

(2) 판례 – 판결요지를 정확히 설명하세요.

(3) 결론 – 사안 해결을 명쾌하게 설명하세요.

[판결해설] 전문진술

1. 전문진술과 전문법칙

공판준비 또는 공판기일에서 진술은 증거능력이 있다. 형사소송법 제310조2 규정이다. 형사소송법 제316조는 전문법칙 예외를 인정하여 전문진술도 일정한 경우 증거능력을 인정한다.

2. 피고인 아닌 사람 전문진술

형사소송법 제316조 제1항은 전문법칙 예외 규정이다. 다만 특신상태를 요건으로 한다. 피고인은 당해 피고인이다. 진술 범위는 피고인 지위·수사·수사 전 진술로 제한이 없다.

3. 피고인 아닌 타인 진술을 내용하는 진술

형사소송법 제316조 제2항은 필요성과 신용성의 정황적 보장이 있어야 증거능력이 인정된다. 원진술자 진술에 대한 특신상태이다. 피고인 아닌 타인은 제3자·공범자·공동피고인이다. 원진술자가 법정에 출석하여 부인하면 증거능력이 없다.

4. 조사자 증언

조사자는 검사·사법경찰관·사법경찰관리·검찰청수사관이다. 조사자가 피의자 진술을 증언 형태로 법정에 현출한다. 선서·위증죄·반대신문을 받는다.

5. 피고인 전문진술

피고인이 공판준비 또는 공판기일의 진술이 피고인 아닌 자의 진술을 내용을 하는 경우, 명문 규정이 없다. 형사소송법 제316조 제2항을 유추적용한다.

6. 재전문증거

재전문증거는 이중전문증거이다. 서류증거와 진술증거이다. 재전문진술도 개개 요건을 갖추면 증거로 사용할 수 있다. 전문진술이 기재된 조서는 형사소송법 제312조·제314조·제316조 요건을 갖추면 증거능력이 인정되어 증거로 사용할 수 있다(임동규, 형사소송법, 제17판, 법문사, 2023, 565–570면).

110 ★★★★★ [선택형·사례형] 위법수집증거배제법칙·나이트클럽에서 영장 없이 촬영한 촬영물 증거능력

나이트클럽(이하 '클럽'이라 한다)의 운영자 피고인 갑, 연예부장 피고인 을, 남성무용수 피고인 병이 공모하여 클럽 내에서 성행위를 묘사하는 공연을 하는 등 음란행위 영업을 하여 풍속영업의 규제에 관한 법률 위반으로 기소되었다. 당시 경찰관들이 클럽에 출입하여 피고인 병의 공연을 촬영한 영상물 및 이를 캡처한 영상사진이 증거로 제출된 사안이다. 이에 관한 설명 중 옳은 것은? (다툼이 있는 경우 판례에 의함)

① 수사기관이 범죄를 수사하면서 현재 범행이 행하여지고 있거나 행하여진 직후이고, 증거보전의 필요성 및 긴급성이 있으며, 일반적으로 허용되는 상당한 방법으로 촬영한 경우라면 위 촬영이 영장 없이 이루어졌다 하여 이를 위법하다고 할 수 없다.

② 다만 촬영으로 인하여 초상권, 사생활의 비밀과 자유, 주거의 자유 등이 침해될 수 있으므로 수사기관이 일반적으로 허용되는 상당한 방법으로 촬영하였는지 여부는 수사기관이 촬영장소에 통상적인 방법으로 출입하였는지 또 촬영장소와 대상이 사생활의 비밀과 자유 등에 대한 보호가 합리적으로 기대되는 영역에 속하는지 등을 종합적으로 고려하여 신중하게 판단하여야 한다.

③ 경찰관들이 피고인들에 대한 혐의가 포착된 상태에서 나이트클럽 내의 음란행위 영업에 관한 증거를 보전하기 위한 필요에 의하여 불특정 다수에게 공개된 장소인 나이트클럽에 통상적인 방법으로 출입하여 손님들에게 공개된 모습을 촬영한 것은 영장 없이 이루어졌다고 하여 위법하다고 볼 수 없다.

④ 경찰관들이 이 사건 나이트클럽에 손님으로 가장하고 출입하여 피고인 1의 공연을 촬영한 행위는 강제수사에 해당한다. 그럼에도 사전 또는 사후에 영장을 발부받은 사실이 없다. 그러므로 그 촬영물이 수록된 CD 및 그 촬영물을 캡처한 영상사진은 위법수집증거로서 증거능력이 없다.

해설 및 정답 ①~③ 대법원 2023. 4. 27. 선고 2018도8161 판결 [풍속영업의규제에관한법률위반] 〈영장 없이 촬영된 촬영물 등의 증거능력이 문제된 사건〉

정답 ○, ④ ×

[판시사항] [1] 수사기관이 범죄를 수사하면서 현재 범행이 행하여지고 있거나 행하여진 직후이고, 증거보전의 필요성 및 긴급성이 있으며, 일반적으로 허용되는 상당한 방법으로 촬영한 경우, 위 촬영이 영장 없이 이루어졌더라도 적법한지 여부(적극) / 이때 수사기관이 일반적으로 허용되는 상당한 방법으로 촬영하였는지 판단하는 기준

[2] 나이트클럽의 운영자 피고인 갑, 연예부장 피고인 을, 남성무용수 피고인 병이 공모하여 클럽 내에서 성행위를 묘사하는 공연을 하는 등 음란행위 영업을 하여 풍속영업의 규제에 관한 법률 위반으로 기소되었는데, 당시 경찰관들이 클럽에 출입하여 피고인 병의 공연을 촬영한 영상물 및 이를 캡처한 영상사진이 증거로 제출된 사안에서, 위 촬영물은 경찰관들이 피고인들에 대한 범죄 혐의가 포착된 상태에서 클럽 내에서의 음란행위 영업에 관한 증거를 보전하기 위하여, 불특

정 다수에게 공개된 장소인 클럽에 통상적인 방법으로 출입하여 손님들에게 공개된 모습을 촬영한 것이므로, 영장 없이 촬영이 이루어졌더라도 위 촬영물과 이를 캡처한 영상사진은 증거능력이 인정된다고 한 사례.

[판결요지] [1] 수사기관이 범죄를 수사하면서 현재 범행이 행하여지고 있거나 행하여진 직후이고, 증거보전의 필요성 및 긴급성이 있으며, 일반적으로 허용되는 상당한 방법으로 촬영한 경우라면 위 촬영이 영장 없이 이루어졌다 하여 이를 위법하다고 할 수 없다(대법원 1999. 9. 3. 선고 99도2317 판결 등 참조). **· 증거보전 필요성과 증거보전 긴급성**

다만 촬영으로 인하여 초상권, 사생활의 비밀과 자유, 주거의 자유 등이 침해될 수 있으므로 수사기관이 일반적으로 허용되는 상당한 방법으로 촬영하였는지 여부는 수사기관이 촬영장소에 통상적인 방법으로 출입하였는지 또 촬영장소와 대상이 사생활의 비밀과 자유 등에 대한 보호가 합리적으로 기대되는 영역에 속하는지 등을 종합적으로 고려하여 신중하게 판단하여야 한다(대법원 2023. 4. 27. 선고 2018도8161 판결 참조). **· 출입방법 · 촬영장소 · 촬영대상 종합 신중 판단**

대법원 2023. 7. 13. 선고 2019도7891 판결 [식품위생법위반] 〈수사기관이 영장 없이 음식점에 출입하여 위법행위를 확인하고 촬영한 촬영물의 증거능력이 문제된 사건〉

[판시사항] [1] 수사기관이 영장 없이 음식점에 출입하여 위법행위를 확인하는 것이 위법한지 여부(한정 소극) [2] 수사기관의 영장 없는 범행장면 촬영이 위법한지 여부를 판단하는 기준

[판결요지] [1] 수사기관이 범죄를 수사하면서 불특정 다수의 출입이 가능한 장소에 통상적인 방법으로 출입하여 아무런 물리력이나 강제력을 행사하지 않고 통상적인 방법으로 위법행위를 확인하는 것은 특별한 사정이 없는 한 임의수사의 한 방법으로서 허용된다. 그러므로 영장 없이 이루어졌다고 하여 위법하다고 할 수 없다. **· 불특정 다수 출입장소와 임의수사**

[2] 또한 수사기관이 범죄를 수사하면서 현재 범행이 행하여지고 있거나 또는 행하여진 직후이고, 증거보전 필요성과 증거보전 긴급성이 있으며, 일반적으로 허용되는 상당한 방법으로 촬영한 경우라면 위 촬영이 영장 없이 이루어졌다 하여 이를 위법하다고 할 수 없다(대법원 1999. 9. 3. 선고 99도2317 판결 등 참조). **· 증거보전 필요성과 증거보전 긴급성**

다만, 촬영으로 초상권 · 사생활 비밀과 사생활 자유 · 주거 자유 등이 침해될 수 있다. 그러므로 수사기관이 일반적으로 허용되는 상당한 방법으로 촬영하였는지 여부는 수사기관이 촬영장소에 통상적인 방법으로 출입하였는지 또한 촬영장소 · 촬영대상이 사생활 비밀과 사생활 자유 등에 대한 보호가 합리적으로 기대되는 영역에 속하는지 등을 종합적으로 고려하여 신중하게 판단하여야 한다(대법원 2023. 4. 27. 선고 2018도8161 판결 참조). **· 출입방법 · 촬영장소 · 촬영대상 종합 신중 판단**

대법원 2023. 7. 13. 선고 2021도10763 판결 [식품위생법위반] 〈특별사법경찰관리가 증표 등을 제시하지 않은 채 영업소에 출입하여 영장 없이 촬영한 촬영물 증거능력이 문제된 사건〉

[공소사실 요지] 일반음식점 영업자인 피고인이 이 사건 업소에서 음향시설을 갖추고 손님들이 춤을 추는 것을 허용하여 영업의 종류에 따른 준수사항을 위반하였다는 이유로 식품위생법위반죄로 기소된 사안이다. 일반음식점에서 영장 없이 촬영한 촬영물 증거능력이다. 특별사법경찰관리가 증표 등을 제시하지 않은 채 영업소에 출입하여 영장 없이 촬영한 촬영물 등의 증거능력이 문제된 사건이다.

[판시사항] 식품위생법 제22조 제3항에 따라 '권한을 표시하는 증표 및 조사기간 등이 기재된 서류를 제시하여야 하는 경우'는 같은 법 제22조 제1항 제2호에 따라 영업소에 출입하여 식품 등 또는 영업시설 등에 대하여 검사하거나, 식품 등의 무상 수거, 장부 또는 서류를 열람하는 등의 행정조사를 하려는 경우에 한정되는지 여부(적극) / 구 형사소송법 제197조, 구 사법경찰관리의 직무를 수행할 자와 그 직무범위에 관한 법률 제5조 제8호에 근거하여 특별사법경찰관리로 지명된 공무원이 범죄수사를 위하여 음식점 등 영업소에 출입하여 증거수집 등 수사를 하는 경우에도 식품위생법 제22조 제3항에서 정한 절차를 준수하여야 하는지 여부(소극)

[판결요지] 특별사법경찰관이 영장 없이 음식점 내부 촬영 위법 여부 수사기관이 범죄를 수사하면서 현재 범행이 행하여지고 있거나 행하여진 직후이고, 증거보전의 필요성 및 긴급성이 있으며, 일반적으로 허용되는 상당한 방법으로 촬영한 경우라면 위 촬영이 영장 없이 이루어졌다 하여 이를 위법하다고 할 수 없다(대법원 1999. 9. 3. 선고 99도2317 판결 등 참조). **· 증거보전 필요성과 증거보전 긴급성** 다만 촬영으로 인하여 초상권, 사생활의 비밀과 자유, 주거의 자유 등이 침해될 수 있다. 수사기관이 일반적으로 허용되는 상당한 방법으로 촬영하였는지 여부는 수사기관이 촬영장소에 통상적인 방법으로 출입하였는지 또 촬영장소와 대상이 사생활의 비밀과 자유 등에 대한 보호가 합리적으로 기대되는 영역에 속하는지 등을 종합적으로 고려하여 신중하게 판단하여야 한다(대법원 2023. 4. 27. 선고 2018도8161 판결 참조). **· 출입방법 · 촬영장소 · 촬영대상 판단**

6 형사소송법 기초이론·공소·공판·재판

111 ★★★★★ [선택형 · 사례형] 변호인 · 형사소송법 제33조 제1항 제1호가 정한 필요적 국선변호인 선정사유인 '구속'의 의미

피고인이 이 사건과는 별개의 형사사건에서 발부된 구속영장과 확정된 유죄판결의 집행으로 계속 구금된 상태에서 국선변호인이 선정되지 않은 채 변호인 없이 제1심 및 원심의 공판절차가 진행되어 징역 3개월의 유죄판결이 선고된 사안이다. 피고인이 상고하였다. 이에 관한 설명 중 옳은 것은? (다툼이 있는 경우 판례에 의함)

1. 형사소송법 제33조 제1항 제1호에서 필요적 국선변호인 선정사유 중 하나로 정한 '피고인이 구속된 때'가 피고인이 해당 형사사건에서 구속되어 재판을 받고 있는 경우에 한정되는가.
2. 피고인이 별건으로 구속영장이 발부되어 집행되거나 다른 형사사건에서 유죄판결이 확정되어 그 판결의 집행으로 구금 상태에 있는 경우도 포괄하는가.

① 형사소송법 제33조 제1항 제1호는 피고인에게 변호인이 없는 때에 법원이 직권으로 변호인을 선정하여야 할 사유중 하나로 '피고인이 구속된 때'를 정하고 있다.

② 대법원은 그동안 형사소송법 제33조 제1항 제1호의 '피고인이 구속된 때'란, 원래 구속제도가 형사소송의 진행과 형벌의 집행을 확보하기 위하여 법이 정한 요건과 절차 아래 피고인의 신병을 확보하는 제도라는 점 등에 비추어 볼 때 피고인이 해당 형사사건에서 구속되어 재판을 받는 경우를 의미하고, 피고인이 해당 형사사건이 아닌 별개의 사건, 즉 별건으로 구속되어 있거나 다른 형사사건에서 유죄로 확정되어 수형 중인 경우는 이에 해당하지 않는다고 판시하여 왔다(이하 '종래의 판례 법리'라고 한다).

③ 형사소송법 제33조 제1항 제1호의 문언, 위 법률조항의 입법 과정에서 고려된 '신체의 자유', '변호인의 조력을 받을 권리', '공정한 재판을 받을 권리' 등 헌법상 기본권 규정의 취지와 정신 및 입법 목적 그리고 피고인이 처한 입장 등을 종합하여 보면, 형사소송법 제33조 제1항 제1호의 '피고인이 구속된 때'란 피고인이 해당 형사사건에서 구속되어 재판을 받고 있는 경우에 한정된다고 볼 수 없고, 피고인이 별건으로 구속영장이 발부되어 집행되거나 다른 형사사건에서 유죄판결이 확정되어 그 판결의 집행으로 구금 상태에 있는 경우 또한 포괄하고 있다고 보아야 한다.

④ 변호인의 조력을 받을 권리를 통한 방어권의 보장은 사건의 병합이나 분리 여부와 무관하게 형사재판을 받는 피고인의 입장 및 관점에서 실현되어야 한다.

⑤ 대법원은 국선변호인을 선정하지 않은 채 변호인 없이 피고인만 출석한 상태에서 공판기일을 진행하여 판결을 선고한 원심의 조치에는 소송절차가 형사소송법을 위반하여 판결에 영향을 미친 잘못이 있다고 보아 원심을 파기·환송하여야 한다.

해설 및 정답 ①~⑤ 대법원 2024. 5. 23. 선고 2021도6357 전원합의체 판결 [상해] 〈형사소송법 제33조 제1항 제1호가 정한 필요적 국선변호인 선정사유인 '구속'의 의미〉 [공2024하, 945] **정답** ○

[판시사항] 형사소송법 제33조 제1항 제1호에서 필요적 국선변호인 선정사유 중 하나로 정한 '피고인이 구속된 때'가 피고인이 해당 형사사건에서 구속되어 재판을 받고 있는 경우에 한정되는지 여부(소극) 및 피고인이 별건으로 구속영장이 발부되어 집행되거나 다른 형사사건에서 유죄판결이 확정되어 그 판결의 집행으로 구금 상태에 있는 경우도 포괄하는지 여부(적극)

[판결요지][다수의견] 형사소송법 제33조 제1항 제1호는 피고인에게 변호인이 없는 때에 법원이 직권으로 변호인을 선정하여야 할 사유(이하 '필요적 국선변호인 선정사유'라고 한다) 중 하나로 '피고인이 구속된 때'를 정하고 있다.

대법원은 그동안 형사소송법 제33조 제1항 제1호의 '피고인이 구속된 때'란, 원래 구속제도가 형사소송의 진행과 형벌의 집행을 확보하기 위하여 법이 정한 요건과 절차 아래 피고인의 신병을 확보하는 제도라는 점 등에 비추어 볼 때 피고인이 해당 형사사건에서 구속되어 재판을 받는 경우를 의미하고, 피고인이 해당 형사사건이 아닌 별개의 사건, 즉 별건으로 구속되어 있거나 다른 형사사건에서 유죄로 확정되어 수형 중인 경우는 이에 해당하지 않는다고 판시하여 왔다(이하 '종래의 판례 법리'라고 한다).

형사소송법 제33조 제1항 제1호의 문언, 위 법률조항의 입법 과정에서 고려된 '신체의 자유', '변호인의 조력을 받을 권리', '공정한 재판을 받을 권리' 등 헌법상 기본권 규정의 취지와 정신 및 입법 목적 그리고 피고인이 처한 입장 등을 종합하여 보면, 형사소송법 제33조 제1항 제1호의 '피고인이 구속된 때'란 피고인이 해당 형사사건에서 구속되어 재판을 받고 있는 경우에 한정된다고 볼 수 없고, 피고인이 별건으로 구속영장이 발부되어 집행되거나 다른 형사사건에서 유죄판결이 확정되어 그 판결의 집행으로 구금 상태에 있는 경우 또한 포괄하고 있다고 보아야 한다.

112 ★★★★★ [선택형 · 사례형] 변호인 · 국선변호인의 선정 없이 공판심리가 이루어져 피고인의 방어권이 침해되었는지 여부가 문제된 사건

피고인은 구속상태에서 공소제기되어 제1심에서 사선변호인을 선임하여 공소사실을 다투었다. 제1심이 무죄판결을 선고하자, 검사가 사실오인 등을 이유로 항소를 제기한 사안이다.

(1) 원심법원은 2023. 12. 13. 및 2024. 1. 17. 변호인이 선임되지 않은 피고인에 대하여 국선변호인을 선정하지 않은 채 제1회 및 제2회 공판기일을 진행하고 변론을 종결하였고, 2024. 2. 7. 검사의 주장을 받아들여 공소외 2의 수사기관 및 제1심 진술은 신빙성이 있고 자백의 진실성을 담보할 보강증거도 있다는 등의 이유로 제1심판결을 파기하고 피고인을 징역 1년 2개월에 처하는 판결을 선고하였다.

(2) 피고인은 2024. 2. 7. 원심판결에 대하여 상고하였고, 2024. 3. 12. 국선변호인 선정을 청구하면서 자신이 「국민기초생활 보장법」에 따른 '생계급여 일반수급자', '의료급여 수급자', '주거급여 수급자'에 해당한다는 내용의 수급자 증명서를 제출하였으며, 대법원은 2024. 3. 14. 국선변호인 선정결정을 하였다. 이에 관한 설명 중 옳은 것은? (다툼이 있는 경우 판례에 의함)

① 형사소송법 제33조는 헌법 제12조에 의하여 피고인에게 보장된 변호인의 조력을 받을 권리가 공판심리절차에서 효과적으로 실현될 수 있도록 일정한 경우에 직권 또는 피고인의 청구에 의한 법원의 국선변호인 선정의무를 규정하는 한편(제1항, 제2항), 피고인의 나이 · 지능 및 교육 정도 등을 참작하여 권리보호를 위하여 필요하다고 인정되면 피고인의 명시적 의사에 반하지 아니하는 범위에서 법원이 국선변호인을 선정하여야 한다고 규정하고 있다(제3항).

② 공소제기된 범죄의 내용과 보호법익, 피고인의 직업이나 경제력, 범죄 전력, 예상되는 주형과 부수처분의 종류, 약물중독 등으로 인한 심신미약 정도, 마약 투약으로 수사 받던 피고인이 중요한 수사협조를 하여 특별감경 양형요소로 반영될 개연성이 높은 경우 등 피고인에게 유리한 양형요소를 주장할 필요성이 있다면 피고인의 권리보호를 위하여서는 피고인의 명시적 의사에 반하지 아니하는 범위에서 국선변호인을 선정하여 방어권을 보장해 줄 필요가 있다고 할 것이다.

③ 항소심에서 양형이 피고인에게 불리하게 변경되는 경우뿐 아니라, 제1심법원이 피고인에 대하여 무죄를 선고하였으나 검사가 항소한 사안에서 항소법원이 변호인이 선임되지 않은 피고인에 대하여 검사의 항소를 받아들여 유죄를

선고하는 경우에는 공판심리단계에서부터 국선변호인의 선정을 더욱 적극적으로 고려하여야 한다. 그리하여 국선변호인이 피고인을 위하여 유죄 증명을 위한 검사의 주장과 증거 제출에 대응하는 데에서 나아가, 제1심의 무죄판결에서는 판단된 바 없는 양형에 관한 주장과 그에 관한 자료를 제출하도록 함으로써 피고인의 권리를 보호할 필요성은 충분하다고 할 것이다.

④ 헌법상 변호인의 조력을 받을 권리 및 형사소송법상 국선변호인 제도의 취지와 형사소송법 제33조 제3항 및 항소심에서의 국선변호인 선정과 관련한 판례의 취지에 비추어 보면, 법원으로서는 피고인의 나이·지능 및 교육 정도, 건강상태, 다투는 내용에 관하여 피고인 홀로 방어권 행사가 가능한 수준과 정도, 피고인의 재판을 도와줄 가족이 있는지 여부 등을 충분히 살펴 권리보호를 위하여 필요하다고 인정되면 형사소송법 제33조 제3항의 규정을 적용하여 피고인의 명시적 의사에 반하지 아니하는 범위에서 국선변호인을 선정하여 방어권을 보장해 줄 필요가 있다. 그런데도 국선변호인의 선정 없이 공판심리가 이루어져 피고인의 방어권이 침해됨으로써 판결에 영향을 미쳤다고 인정되는 경우에는 형사소송법 제33조 제3항을 위반한 위법이 있다고 보아야 한다.

해설 및 정답 ①~④ 대법원 2024. 7. 11. 선고 2024도4202 판결 [마약류관리에관한법률위반(향정)] 〈국선변호인의 선정 없이 공판심리가 이루어져 피고인의 방어권이 침해되었는지 여부가 문제된 사건〉 **정답** ○

[판시사항] [1] 형사소송법 제33조에서 규정한 국선변호인 제도의 취지와 내용
[2] 약물중독 등으로 인한 심신미약 정도, 마약 투약으로 수사받던 피고인이 중요한 수사협조를 하여 특별감경 양형요소로 반영될 개연성이 높은 경우 등 피고인에게 유리한 양형요소를 주장할 필요성이 있는 경우, 피고인의 권리보호를 위하여 국선변호인을 선정하여 방어권을 보장해 줄 필요가 있는지 여부(적극)
[3] 제1심법원이 피고인에 대하여 무죄를 선고하였으나 검사가 항소한 사안에서 항소법원이 변호인이 선임되지 않은 피고인에 대하여 검사의 항소를 받아들여 유죄를 선고하는 경우, 피고인의 권리보호를 위하여 공판심리단계에서부터 국선변호인의 선정을 더욱 적극적으로 고려하여야 하는지 여부(적극)
[4] 형사소송법 제33조 제3항을 적용하여 국선변호인을 선정하여 방어권을 보장해 줄 필요가 있는지 판단할 때 고려하여야 할 사정 / 이때 국선변호인을 선정할 필요가 있음에도 국선변호인의 선정 없이 공판심리가 이루어져 피고인의 방어권이 침해됨으로써 판결에 영향을 미친 경우, 형사소송법 제33조 제3항을 위반한

것인지 여부(적극)

113 ★★★★★ [선택형 · 사례형] 판결선고기일로 지정되지 않았던 일자에 판결선고절차를 진행한 경우 법령위반 및 방어권 · 변호권 침해 여부

피고인은 피해자들을 기망하여 재물을 편취하였다. 검사는 피고인을 형법 제347조 제1항 사기죄로 기소되었다. 원심법원은 변론종결시 고지되었던 선고기일을 피고인과 변호인에게 사전에 통지하는 절차를 거치지 않은 채 변경하여 피고인에게 불리한 판결을 선고하였다. 피고인이 상고하였다. 이에 관한 설명 중 옳은 것은? (다툼이 있는 경우 판례에 의함)

① 판결선고기일로 지정되지 않았던 일자에 판결선고절차를 진행하는 것은 공판기일의 지정에 관한 법령을 위반하여 판결에 영향을 미친 잘못이 있다.

② 설령 재판장이 피고인이 재정한 상태에서 선고를 하겠다고 고지함으로써 선고기일이 변경된 것으로 보더라도, 양형자료 제출 기회는 방어권 행사의 일환으로 보호될 필요가 있다.

③ 형사소송법 제383조에 의하면 10년 미만의 형이 선고된 사건에서는 양형이 부당하다는 주장은 적법한 상고이유가 될 수 없다. 그러므로 피고인에게는 원심판결의 선고기일이 양형에 관한 방어권을 행사할 수 있는 마지막 시점으로서 의미가 있다.

④ 변론종결시 고지되었던 선고기일을 피고인과 변호인에게 사전에 통지하는 절차를 거치지 않은 채 급박하게 변경하여 판결을 선고함으로써 피고인의 방어권과 이에 관한 변호인의 변호권을 침해하여 판결에 영향을 미친 잘못이 있다.

⑤ 공판기일의 지정 및 변경 절차에 관한 규정이 준수되지 않은 채로 공판기일의 진행이 이루어진 경우에도 그로 인하여 피고인의 방어권, 변호인의 변호권이 본질적으로 침해되지 않았다고 볼 만한 특별한 사정이 있다면 판결에 영향을 미친 법령 위반이라고 할 수 없다.

해설 및 정답 ①~⑤ 대법원 2023. 7. 13. 선고 2023도4371 판결 [사기 · 횡령] 〈판결선고기일로 지정되지 않았던 일자에 판결선고절차를 진행한 경우 법령 위반 및 방어권 · 변호권 침해 여부〉 **정답** ○

[판시사항] [1] 공판기일의 지정 및 변경에 관한 절차규정을 준수하지 않은 채로

공판기일 진행이 이루어졌으나 피고인의 방어권, 변호인의 변호권이 본질적으로 침해되지 않았다고 볼 만한 특별한 사정이 있는 경우, 판결에 영향을 미친 법령 위반에 해당하는지 여부(소극)

[2] 동일한 피해자에 대하여 단일한 범의와 동일한 방법으로 수회에 걸쳐 기망행위를 하여 금원을 편취한 경우, 사기죄의 죄수(=포괄일죄)

[3] 포괄일죄의 중간에 별종의 범죄에 대한 확정판결이 끼어 있는 경우, 포괄적 범죄가 둘로 나뉘는지 여부(소극) 및 이때 그 법률적 취급(=확정판결 후의 범죄)

[판결요지] 형사소송법은 공판기일의 지정 및 변경 절차에 관하여 다음과 같이 규정한다. 판결의 선고는 변론을 종결한 기일에 하여야 하나, 특별한 사정이 있는 때에는 따로 선고기일을 지정할 수 있다(제318조의4 제1항). 재판장은 공판기일을 정하거나 변경할 수 있는데(제267조, 제270조), 공판기일에는 피고인을 소환하여야 하고, 검사, 변호인에게 공판기일을 통지하여야 한다(제267조 제2항, 제3항). 다만 이와 같은 규정이 준수되지 않은 채로 공판기일의 진행이 이루어진 경우에도 그로 인하여 피고인의 방어권, 변호인의 변호권이 본질적으로 침해되지 않았다고 볼 만한 특별한 사정이 있다면 판결에 영향을 미친 법령 위반이라고 할 수 없다(대법원 2009. 6. 11. 선고 2009도1830 판결 등 참조).

114 ★★★★★ [선택형 · 사례형] 성년후견인이 의사무능력인 피해자를 대리하여 처벌불원의사를 결정할 수 있는지 여부

피고인이 자전거를 운행하던 중 전방주시의무를 게을리한 과실로 전방에서 보행 중이던 피해자를 들이받아 피해자에게 뇌손상 등의 중상해를 입게 한 사안이다. 쟁점은 성년후견인이 의사무능력인 피해자를 대리하여 반의사불벌죄의 처벌불원의사를 결정하거나 처벌희망의사를 철회할 수 있는지 여부이다. 이에 관한 설명 중 옳은 것은? (다툼이 있는 경우 판례에 의함)

1. 사실관계

피고인은 2018. 11. 19. 자전거를 운행하던 중 전방주시의무를 게을리하여 진행한 과실로 전방에서 보행하고 있던 피해자 공소외 1(남, 69세)을 보지 못하고 자전거 앞바퀴 부분으로 피해자를 들이받아 넘어지게 하였다. 결국 피고인은 업무상 과실로 피해자에게 열린 두 개(頭蓋) 내 상처가 없는 미만성 뇌손상 등의 중상해를 입게 하였다.

2. 성년후견인의 처벌불원 의사표시

(1) 피해자는 위 사고로 의식불명이 되었고 치료를 받던 중인 2019. 6. 14.경 담당 의사로부터 의사표현이 불가능한 식물인간 상태라는 취지의 진단을 받았다. 피해자는 제1심 변론종결일 무렵인 2020. 9. 21.경까지도 의식을 회복하지 못하였다.

(2) 피해자에 대하여 2019. 6. 20. 수원가정법원 2019느단50598 심판으로 성년후견이 개시되면서 성년후견인으로 피해자의 법률상 배우자인 공소외 2가 선임

되었다. 위 법원은 성년후견인의 법정대리권의 범위에 '소송행위'를 포함시키고 그 대리권 행사에 법원의 허가를 받도록 정하였다.

(3) 공소외 2는 피고인 측으로부터 합의금을 수령한 후 제1심판결 선고 전인 2020. 11. 10. 제1심법원에 "피해자는 4,000만 원을 지급받고 피고인의 형사 처벌을 원하지 않는다."라는 내용의 서면을 제출하였다.

① 반의사불벌죄에서 성년후견인은 명문의 규정이 없는 한 의사무능력자인 피해자를 대리하여 피고인 또는 피의자에 대하여 처벌을 희망하지 않는다는 의사를 결정하거나 처벌을 희망하는 의사표시를 철회하는 행위를 할 수 없다. 이는 성년후견인의 법정대리권 범위에 통상적인 소송행위가 포함되어 있거나 성년후견개시심판에서 정하는 바에 따라 성년후견인이 소송행위를 할 때 가정법원의 허가를 얻었더라도 마찬가지이다.

② 교통사고처리 특례법 제3조 제2항에 따르면, 차의 운전자가 교통사고로 인하여 범한 형법 제268조의 업무상과실치상죄는 '피해자의 명시적인 의사'에 반하여 공소를 제기할 수 없도록 규정하므로, 문언상 그 처벌 여부가 '피해자'의 '명시적'인 의사에 달려 있음이 명백하다. 따라서 제3자가 피해자를 대신하여 처벌불원의사를 형성하거나 결정할 수 있다고 해석하는 것은 법의 문언에 반한다.

③ 교통사고처리 특례법은 물론 형법 · 형사소송법에도 반의사불벌죄에서 피해자의 처벌불원의사에 관하여 대리가 가능하다거나 법정대리인의 대리권에 피해자의 처벌불원 의사표시가 포함된다는 규정을 두고 있지 않다. 따라서 반의사불벌죄의 처벌불원의사는 원칙적으로 대리가 허용되지 않는다고 보아야 한다.

④ 형사사법의 목적과 보호적 기능, 국가소추주의 내지 국가형벌독점주의에 대한 예외로서 반의사불벌죄의 지위 등을 감안하면, 반의사불벌죄에서 피고인 또는 피의자에 대하여 처벌을 원하지 않거나 처벌희망의 의사표시를 철회하는 의사결정 그 자체는 특별한 규정이 없는 한 피해자 본인이 하여야 한다.

⑤ 형사소송법은 친고죄의 고소 및 고소취소와 반의사불벌죄의 처벌불원의사를 달리 규정하였으므로, 반의사불벌죄의 처벌불원의사는 친고죄의 고소 또는 고소취소와 동일하게 취급할 수 없다.

해설 및 정답 ①~⑤ 대법원 2023. 7. 17. 선고 2021도11126 전원합의체 판결 [교통사고처리특례법위반(치상)] 〈성년후견인이 의사무능력인 피해자를 대리하여 처벌불원의사를 결정할 수 있는지 여부〉 [공2023하, 1598] **정답** ○

[판시사항] [1] 반의사불벌죄에서 성년후견인이 명문의 규정 없이 의사무능력자인 피해자를 대리하여 피고인 또는 피의자에 대하여 처벌을 희망하지 않는다는 의사를 결정하거나 처벌을 희망하는 의사표시를 철회하는 행위를 할 수 있는지 여부(소극) / 이는 성년후견인의 법정대리권 범위에 통상적인 소송행위가 포함되어 있거나 성년후견개시심판에서 정하는 바에 따라 성년후견인이 소송행위를 할 때 가정법원의 허가를 얻더라도 마찬가지인지 여부(적극)

[2] 피고인이 자전거를 운행하던 중 전방주시의무를 게을리하여 보행자인 피해자 갑을 들이받아 중상해를 입게 하였다는 교통사고처리 특례법 위반(치상)의 공소사실로 기소되었고, 위 사고로 의식불명이 된 갑에 대하여 성년후견이 개시되어 성년후견인으로 갑의 법률상 배우자 을이 선임되었는데, 을이 피고인 측으로부터 합의금을 수령한 후 제1심 판결선고 전에 갑을 대리하여 처벌불원의사를 표시한 사안에서, 위 특례법 제3조 제2항에서 차의 운전자가 교통사고로 인하여 범한 업무상과실치상죄는 '피해자의 명시적인 의사'에 반하여 공소를 제기할 수 없도록 규정하여 문언상 그 처벌 여부가 '피해자'의 '명시적'인 의사에 달려 있음이 명백하므로, 을이 갑을 대신하여 처벌불원의사를 형성하거나 결정할 수 있다고 해석하는 것은 법의 문언에 반한다고 한 사례.

[판결요지] [1] [다수의견] 반의사불벌죄에서 성년후견인은 명문의 규정이 없는 한 의사무능력자인 피해자를 대리하여 피고인 또는 피의자에 대하여 처벌을 희망하지 않는다는 의사를 결정하거나 처벌을 희망하는 의사표시를 철회하는 행위를 할 수 없다. 이는 성년후견인의 법정대리권 범위에 통상적인 소송행위가 포함되어 있거나 성년후견개시심판에서 정하는 바에 따라 성년후견인이 소송행위를 할 때 가정법원의 허가를 얻었더라도 마찬가지이다.

115 ★★★★★ **[선택형 · 사례형] 공소시효**

피고인 회사의 사용인이 업무에 관하여 거짓으로 재무제표를 작성 · 공시하였다는 구 「주식회사의 외부감사에 관한 법률」(2017. 10. 31. 법률 제15022호 「주식회사 등의 외부감사에 관한 법률」로 전부개정되기 전) 위반 등으로 기소되면서 사업주인 피고인 회사도 양벌규정에 따라 기소되었다. 이에 관한 설명 중 옳은 것은? (다툼이 있는 경우 판례에 의함)

① 형사소송법은 제248조 제1항에서 "공소의 효력은 검사가 피고인으로 지정한 자에게만 미친다."고 규정하고, 제253조에서 "시효는 공소의 제기로 진행이

정지되고 공소기각 또는 관할위반의 재판이 확정된 때로부터 진행한다(제1항). 공범의 1인에 대한 전항의 시효정지는 다른 공범자에게 대하여 효력이 미치고 당해 사건의 재판이 확정된 때로부터 진행한다(제2항)."고 규정하고 있다.

② 이와 같이 형사소송법은 공범 사이의 처벌에 형평을 기하기 위하여 공범 중 1인에 대한 공소의 제기로 다른 공범자에 대하여도 공소시효가 정지되도록 규정하면서, 위 공범의 개념이나 유형에 관하여는 따로 언급이 없다. 따라서 형사소송법 제253조 제2항의 공범을 해석할 때에는 공범 사이의 처벌의 형평이라는 위 조항의 입법취지, 국가형벌권의 적정한 실현이라는 형사소송법의 기본이념, 국가형벌권 행사의 대상을 규정한 형법 등 실체법과의 체계적 조화 등의 관점을 종합적으로 고려하여야 한다. 특히 위 조항이 공소제기 효력의 인적 범위를 확장하는 예외를 마련하여 놓은 것이므로 원칙적으로 엄격하게 해석하여야 하고 피고인에게 불리한 방향으로 지나치게 확장해석하거나 유추해석해서는 아니 된다.

③ 양벌규정은 법인의 대표자나 법인 또는 개인의 대리인, 사용인, 그 밖의 종업원 등 행위자가 법규위반행위를 저지른 경우, 일정한 요건 아래 이를 행위자가 아닌 법인 또는 개인이 직접 법규 위반행위를 저지른 것으로 평가하여 행위자와 같이 처벌하는 조항이다. 이때의 '행위자가 아닌 법인 또는 개인'은 국가형벌권 행사의 대상으로서 구성요건에서 정한 위반행위의 방지를 위한 주의와 감독의 해태 등을 근거로 별도의 형벌규정에 따라 법인 또는 개인의 직접책임 내지 자기책임에 기초하여 처벌되는 것이므로, 양벌규정에서의 사업주와 행위자의 관계는 2인 이상이 가공하여 공동의 구성요건을 실현하는 공범관계에 있는 자와 동일하게 볼 수 없다.

④ 따라서 이러한 양벌규정의 제도적 취지와 법적성격, 사업주·행위자 관계와 공범 관계의 차이, 형법 등 실체법과의 체계적 조화의 관점, 죄형법정주의의 정신 등에 비추어 보면 형사소송법 제253조 제2항의 '공범'에는 양벌규정에서 사업주와 행위자 관계에 있는 사람은 포함되지 않는다고 해석하여야 한다.

⑤ 공소사실 기재 범행의 행위자가 피고인 회사의 사용인으로서 같은 범죄사실로 기소되었으나 사업주인 피고인 회사를 형사소송법 제253조 제2항에서 정

한 '공범'으로 볼 수 없으므로, 사용인에 대한 공소제기만으로 피고인 회사에 대한 공소시효의 진행이 정지되지 않아서 결국 공소시효가 완성되었다.

해설 및 정답 ①~④ 대법원 2025. 5. 1. 2024도15290 판결 [특정범죄가중처벌등에관한법률위반(횡령)등] (나) 상고기각 〈양벌규정에서 사업주와 행위자의 관계가 공범에 해당하여 공소시효 정지에 관한 형사소송법 제253조 제2항이 적용되는지 여부가 문제된 사건〉 **정답** ○, ⑤ ×

[판시사항] 형사소송법 제253조 제2항에서 정한 '공범'에 양벌규정에서 사업주와 행위자 관계에 있는 사람이 포함되는지 여부(소극)

[판결요지] 공소시효 효력범위·공범 처벌 형평·엄격해석·양벌규정(=법인 또는 개인이 직접 법규위반행위)·형벌(=법인 또는 개인의 직접책임 내지 자기책임)·양벌규정(=공동정범 법리와 다름)·형사소송법 제253조 제2항 '공범'(=양벌규정에서 사업주와 행위자 관계에 있는 사람은 포함되지 않는다.)

116 ★★★★★ [선택형 · 사례형] 공소시효 · '범인이 형사처분을 면할 목적으로 국외에 있는 경우'의 의미

피고인이 해외금융계좌정보의 신고의무자로서 신고기한 내에 50억 원을 초과하는 해외금융계좌정보를 납세지 관할 세무서장에게 신고하지 않았다. 검사는 피고인을 「국제조세조정에 관한 법률」 위반죄로 기소하였다. 공소시효 완성을 얼마 남겨두지 않은 2022. 4. 22. 홍콩으로 출국하여 체류 중이던 피고인은 이 사건 위반행위가 문제 된다는 사실을 인식하였음에도 특별한 사정 없이 곧바로 귀국하지 아니하였고, 이 사건 위반행위로 인한 범죄의 공소시효 기산일인 2017. 7. 1.부터 공소시효기간인 5년이 도과한 2022. 7. 28. 귀국하였다. 이에 관한 설명 중 옳은 것은? (다툼이 있는 경우 판례에 의함)

① 범인이 형사처분을 면할 목적으로 국외에 있는 경우'는 범인이 국내에서 범죄를 저지르고 형사처분을 면할 목적으로 국외로 도피한 경우에 한정되지 아니하고, 범인이 국외에서 범죄를 저지르고 형사처분을 면할 목적으로 국외에서 체류를 계속하는 경우도 포함된다.

② 이때 '형사처분을 면할 목적'은 그것이 국외 체류의 유일한 목적으로 되는 것에 한정되지 않고 범인이 가지는 여러 국외 체류 목적 중에 포함되어 있으면 충분하다.

③ 범인이 국외에 있는 것이 형사처분을 면하기 위한 하나의 방편이었다면 '형사

처분을 면할 목적'이 있었다고 볼 수 있고, '형사처분을 면할 목적'과 양립할 수 없는 범인의 주관적 의사가 명백히 드러나는 객관적 사정이 존재하지 않는 한 국외 체류기간 동안 '형사처분을 면할 목적'은 계속 유지된다.

④ 이 사건에서 피고인은 늦어도 서울지방국세청 소속 세무공무원이 피고인의 세무대리인을 통하여 피고인을 상대로 이 사건 위반행위에 대한 문답조사를 실시하고 그 세무대리인이 이 사건 위반행위에 대한 20억 원의 과태료부과 사전통지를 받은 2022. 6. 7.부터 피고인이 국내로 입국한 2022. 7. 28.의 전날인 2022. 7. 27.까지 형사처분을 면할 목적으로 국외에 체류한 것으로 봄이 상당하므로 위 기간 동안 공소시효가 정지되었다.

⑤ 공소시효 기간은 법정형을 기준으로 한다. 법정형이 2개 이상일 경우 중한 형을 기준으로 한다. 교사범과 종범은 정범의 형을 기준으로 한다. 범죄 후 법률 개정으로 법정형이 가벼운 경운 가벼운 법정형을 기준으로 한다. 수개의 공소사실이 예비적·택일적으로 기재된 경우 개별적 시효기간을 기준으로 한다. 상상적 경합범은 각 죄에 맞는 시효기간을 기준으로 한다.

⑥ 공소장변경은 최초 공소 제기 시점을 기준으로 시작한다. 변경된 공소사실에 대한 법정형이 최초 공소제기 시점에서 계산하여 공소시효기간이 완성된 경우 면소판결을 선고한다. 법원이 공소장변경 없이 직권으로 다른 사실을 인정할 경우 그 사실에 대한 법정형을 기준으로 판단한다. 포괄일죄는 최종 범죄행위가 종료된 때부터 진행한다. 공범의 경우 최종행위가 종료한 때부터 공범 전체에 대한 시효기간을 계산한다.

해설 및 정답 ①~⑥ 대법원 2024. 7. 31. 선고 2024도8683 판결 [국제조세조정에관한법률위반] (사) 상고기각 〈피고인이 국외에 체류한 기간의 공소시효 정지 여부가 문제된 사건〉 **정답** ○

[판시사항] 공소시효의 정지에 관한 형사소송법 제253조 제3항의 입법 취지 / 위 규정에서 정한 '범인이 형사처분을 면할 목적으로 국외에 있는 경우'의 의미 및 이때 '형사처분을 면할 목적'이 인정되는 경우

[판결요지] 형사소송법 제253조 제3항은 "범인이 형사처분을 면할 목적으로 국외에 있는 경우 그 기간 동안 공소시효는 정지된다."라고 규정하고 있다. 위 규정의 입법 취지는 범인이 우리나라의 사법권이 실질적으로 미치지 못하는 국외에 체류한 것이 도피 수단으로 이용된 경우에 그 체류기간 동안은 공소시효가 진행되는

것을 저지하여 범인을 처벌할 수 있도록 함으로써 형벌권을 적정하게 실현하고자 하는 데 있다. 따라서 위 규정이 정한 '범인이 형사처분을 면할 목적으로 국외에 있는 경우'는 범인이 국내에서 범죄를 저지르고 형사처분을 면할 목적으로 국외로 도피한 경우에 한정되지 아니하고, 범인이 국외에서 범죄를 저지르고 형사처분을 면할 목적으로 국외에서 체류를 계속하는 경우도 포함된다.

이때 **'형사처분을 면할 목적'은 그것이 국외 체류의 유일한 목적으로 되는 것에 한정되지 않고 범인이 가지는 여러 국외 체류 목적 중에 포함되어 있으면 충분하다. 범인이 국외에 있는 것이 형사처분을 면하기 위한 하나의 방편이었다면 '형사처분을 면할 목적'이 있었다고 볼 수 있고, '형사처분을 면할 목적'과 양립할 수 없는 범인의 주관적 의사가 명백히 드러나는 객관적 사정이 존재하지 않는 한 국외 체류기간 동안 '형사처분을 면할 목적'은 계속 유지된다**고 볼 것이다(대법원 2015. 6. 24. 선고 2015도5916 판결 참조).

117 ★★★★★ [선택형 · 사례형] 공소장변경

피고인이 2019. 6. 17.경부터 2020. 1. 6.경까지 사기의 공소사실로 제1심에서 유죄판결을 선고받은 후 원심에서 검사가 2020. 2. 24.경부터 2020. 4. 3.경까지 사기의 공소사실을 추가하는 것을 내용으로 공소장변경허가신청을 한 사안이다. 이에 관한 설명 중 옳은 것은? (다툼이 있는 경우 판례에 의함)

① 형사소송법 제298조 제1항은 "검사는 법원의 허가를 얻어 공소장에 기재한 공소사실 또는 적용법조의 추가 · 철회 또는 변경을 할 수 있다. 이 경우에 법원은 공소사실의 동일성을 해하지 아니하는 한도에서 허가하여야 한다."라고 규정하고 있으므로, 검사의 공소장변경허가신청이 공소사실의 동일성의 범위 안에 있는 것이면 법원은 이를 허가하여야 한다.

② 사기죄에 있어서 동일한 피해자에 대하여 수회에 걸쳐 기망행위를 하여 금원을 편취한 경우, 그 범의가 단일하고 범행 방법이 동일하다면 사기죄의 포괄일죄만이 성립한다.

③ 포괄일죄에서는 공소장변경을 통한 종전 공소사실의 철회 및 새로운 공소사실의 추가가 가능한 점에 비추어 공소장변경허가 여부를 결정할 때는 포괄일죄를 구성하는 개개 공소사실별로 종전 것과의 동일성 여부를 따지기보다는 변경된 공소사실이 전체적으로 포괄일죄의 범주 내에 있는지 여부, 즉 단일하고 계속된 범의하에 동종의 범행을 반복하여 행하고 피해법익도 동일한 경우

에 해당한다고 볼 수 있는지에 초점을 맞추어야 한다.

④ 이 사안의 경우 기존 공소사실과 검사가 공소장변경허가신청을 통하여 추가하고자 한 공소사실은 피고인이 동일한 피해자를 상대로 인접한 일시에 유사한 기망행위로 금원을 편취한 것이어서 단일하고 계속된 범의의 발현으로 볼 수 있다. 또한 피해법익도 동일하며 범행 방법의 동일성이 인정되는 등으로 포괄일죄의 관계에 있다고 보기에 충분하여 공소장변경허가신청을 허가해야 한다.

⑤ 포괄일죄에서는 공소장변경을 통한 종전 공소사실의 철회 및 새로운 공소사실의 추가가 가능한 점에 비추어 공소장변경허가 여부를 결정할 때는 포괄일죄를 구성하는 개개 공소사실별로 종전 것과의 동일성 여부를 따져야 하며, 변경된 공소사실이 전체적으로 포괄일죄의 범주 내에 있는지 여부, 즉 단일하고 계속된 범의하에 동종의 범행을 반복하여 행하고 피해법익도 동일한 경우에 해당한다고 볼 수 있는지에 초점을 맞추어서는 안 된다.

해설 및 정답 ①~④ 대법원 2025. 4. 15. 선고 2025도903 [사기] (마) 파기환송 〈검사의 공소장변경허가신청을 불허한 원심의 조치가 적법한지 여부가 문제된 사건〉 [공2025상, 864] **정답** ○, ⑤ ×

[판시사항][1] 검사의 공소장변경허가신청이 공소사실의 동일성의 범위 안에 있는 경우, 법원은 이를 허가하여야 하는지 여부(적극) [2] 동일한 피해자에 대하여 수회에 걸쳐 기망행위를 하여 금원을 편취하였는데 범의가 단일하고 범행 방법이 동일한 경우, 사기죄의 죄수(=포괄일죄) / 포괄일죄에서 공소장변경허가 여부를 결정하는 기준 [3] 피고인이 2019. 6. 17.경부터 2020. 1. 6.경까지 3회에 걸쳐 피해자를 기망하여 피해자로부터 합계 1억 2,000만 원을 편취하였다는 사기의 공소사실로 제1심에서 유죄판결을 선고받고 쌍방이 항소하였는데, 그 후 원심에서 검사가 위 공소사실에 피고인이 2020. 2. 24.경부터 2020. 4. 3.경까지 3회에 걸쳐 피해자를 기망하여 피해자로부터 합계 8,000만 원을 편취하였다는 사기의 공소사실을 추가하는 내용의 공소장변경허가신청을 한 사안에서, 검사의 공소장변경허가신청을 불허한 원심의 조치에 포괄일죄 및 공소장변경에 관한 법리오해의 위법이 있다고 한 사례.

[판결요지]검사의 공소장변경허가신청이 공소사실의 동일성의 범위 안에 있는 것이면 법원은 이를 허가하여야 한다.

종전 공소사실과 검사가 공소장변경허가신청을 통하여 추가하고자 한 공소사실은 피고인이 동일한 피해자를 상대로 인접한 일시에 유사한 기망행위로 금원을 편취한 것이어서, 단일하고 계속된 범의의 발현으로 볼 수 있고 피해법익도 동일하며

범행 방법의 동일성이 인정되는 등 포괄하여 1죄에 해당한다고 보기에 충분하다는 이유로, 이와 달리 보아 검사의 공소장변경허가신청을 불허한 원심의 조치에 포괄일죄 및 공소장변경에 관한 법리오해의 위법이 있다고 한 사례.

118 ★★★★★ [선택형 · 사례형] 공소장변경 · 항소심에서 공소장변경으로 항소심의 심판대상이 제1심과 실질적으로 달라졌다고 평가되지 않는 경우 항소심 조치

피고인은 특정경제범죄가중처벌등에관한법률위반(사기) 등으로 기소되었다. 제1심은 피고인에 대하여 무죄를 선고하였다. 항소심에서 기망행위 관련 공소사실을 교환적으로 변경하는 내용의 공소장변경이 이루어진 사안이다. 이에 관한 설명 중 옳은 것은? (다툼이 있는 경우 판례에 의함)

① 검사가 항소심에 이르러 법원의 허가를 얻어 공소사실의 동일성을 해하지 아니하는 한도에서 공소장변경을 하였고, 이로 인하여 공소사실이 변경되거나 심판의 대상이 제1심과 달라진 경우에는 항소심은 제1심판결을 파기하고 변경된 공소사실에 대하여 새로이 심리하여 판단하여야 한다.

② 그러나 항소심에서의 공소장변경이 피고인 또는 변호인의 주장 내용과 취지, 소송절차의 진행경과 등에 비추어 단순한 오기를 정정하거나 기존 공소사실의 내용을 보충하거나 상세하게 설명하는 정도에 불과하여 항소심의 심판대상이 제1심과 실질적으로 달라졌다고 평가되지 않는다면 공소장변경 절차를 거쳤다는 이유로 반드시 제1심판결을 직권으로 파기할 필요는 없다.

③ 이 사안에서 ① 변경 전 · 후 공소사실의 기본적 사실관계가 동일하고, ② 변경된 공소사실은 제1심에서부터 주장되어 온 기존 공소사실의 기망행위의 내용 등을 보충하거나 상세하게 설명하는 정도에 불과하여 피고인의 방어권 행사에 실질적인 불이익을 초래할 염려도 생기지 않아서 항소심의 심판대상이 제1심과 실질적으로 달라지지 않았다. 그렇다면 법원은 공소장변경에도 불구하고 제1심판결을 직권으로 파기하지 않고, 검사의 항소이유를 판단하여 검사의 항소를 기각할 수 있다.

해설 및 정답 ①~③ 대법원 2025. 3. 13. 선고 2024도2200 판결 [특정경제범죄가중처벌등에관한법률위반(사기)등] (아) 상고기각 〈항소심에서 공소장변경이 이루어진

경우 항소심의 조치가 문제된 사건〉 **정답** ○

[판시사항] 항소심에서 공소장변경으로 항소심의 심판대상이 제1심과 실질적으로 달라졌다고 평가되지 않는 경우에도 제1심판결을 직권으로 파기하여야 하는지 여부(소극)

[판결요지]검사가 **항소심**에 이르러 **법원의 허가**를 얻어 **공소사실의 동일성**을 해하지 아니하는 한도에서 **공소장변경**을 하였고, 이로 인하여 공소사실이 변경되거나 심판의 대상이 제1심과 달라진 경우에는 **항소심은 제1심판결을 파기**하고 **변경된 공소사실에 대하여 새로이 심리하여 판단**하여야 한다(대법원 2017. 12. 22. 선고 2017도14879 판결 등 참조). **· 공소장변경(=공소사실 변경 또는 심판 대상 변경. 항소심 가능)**

그러나 **항소심에서의 공소장변경**이 피고인 또는 변호인의 주장 내용과 취지, 소송절차의 진행경과 등에 비추어 단순한 오기를 정정하거나 기존 공소사실의 내용을 보충하거나 상세하게 설명하는 정도에 불과하여 항소심의 심판대상이 제1심과 실질적으로 달라졌다고 평가되지 않는다면 공소장변경 절차를 거쳤다는 이유로 반드시 제1심판결을 직권으로 파기할 필요는 없다. **· 항소심 공소장 변경(=실질적 평가 동일한 경우, 제1심 직권파기 불필요)**

119 ★★★★★ [선택형 · 사례형] 공소장변경 · 공소장변경허가신청 그 허용 가부 판단기준

피고인이 '업무상 군사기밀을 취급하였던 자로서, 그 업무상 알게 되었거나 점유한 이 사건 군사기밀을 타인에게 누설하였다'는 군사기밀보호법 제13조 제1항 위반의 공소사실(제1 공소사실)로 기소된 사안이다.
제1심 법원은 제1 공소사실을 '적법한 절차에 의하지 아니한 방법으로 군사기밀을 탐지하거나 수집하고, 이를 타인에게 누설하였다'는 군사기밀보호법 제11조 및 제12조 제1항 위반의 공소사실(제2 공소사실)로 교환적으로 변경하는 검사의 공소장변경허가신청을 허가한 후 제2 공소사실에 대해 유죄를 선고하였고, 이에 대하여 군검사는 형이 너무 가볍다는 이유로 항소하였다.
군검사는 원심 제1회 공판기일에 다시 제1 공소사실을 주위적 공소사실로 추가하고 제2 공소사실을 예비적 공소사실로 변경하는 공소장변경허가신청을 하였고, 피고인의 변호인이 공소권 남용 주장을 하였으나, 원심은 검사의 공소장변경허가신청을 허가한 후(이하 '이 사건 공소장변경') 제1 공소사실을 유죄로 인정하였다. 피고인이 상고하였다. 이에 관한 설명 중 옳은 것은? (다툼이 있는 경우 판례에 의함)

① 이 사건에서 제1심에서 제1 공소사실을 제2 공소사실로 교환적 변경한 후 원심에서 다시 제1 공소사실을 주위적 공소사실로 추가하였다고 하더라도, 기본적 사실관계가 동일한 제1, 2 공소사실의 기초를 이루는 주된 사실관계는

제1심에서부터 원심에 이르기까지 심리대상에 계속 포함되어 있었다.

② 공소장변경 이후 피고인이 제1 공소사실에 관하여 방어하기 위해 제출한 모든 증거가 채택되었고, 방어권 행사의 기회도 보장되었던 것으로 보이는 점, 피고인이 제1 공소사실에 관하여 항소심 단계에서야 이루어진 공소장변경으로 방어 내용, 시간, 비용, 노력 등에서 현격히 차이나는 어려움을 겪었다거나, 제1심에서 제1 공소사실이 계속 유지되었더라면 제출할 수 있었던 유력한 증거가 항소심에서 전격적으로 이루어진 공소장변경 시점에서는 이미 상당한 기간의 경과로 산일되어 제출이 불가능해진 것 등과 같은 시기적 측면에서의 방어 곤란을 겪었다는 등의 사정을 찾기 어려운 점을 종합하면, 공소장변경이 허용될 수 없는 특별한 사정이 있는 경우라고 보기 어렵다.

해설 및 정답 ①~② 대법원 2024. 12. 12. 선고 2020도11949 판결 [군사기밀보호법위반] 〈원심의 공소장변경신청 허가 결정과 관련하여 공소장변경이 허용될 수 없는 특별한 사정이 있는지 여부가 문제된 사건〉 **정답** ○

[판시사항] [1] 군사법원법 제355조 공소장변경제도의 취지 / 공소사실의 동일성이 인정되는 범위 내에서 특정 공소사실을 철회하였다가 다시 추가하는 등과 같은 공소장변경이 얼마든지 허용되는지 여부(소극) / 공소장변경이 원칙적으로 허용될 수 없는 특별한 사정이 있는지 판단할 때 고려할 사항 및 이때 특별한 사정이 있더라도 공소장변경이 허용되는 예외가 인정되는지 판단하는 기준

[2] 피고인이 군사기밀 보호법 제13조 제1항 위반의 제1 공소사실로 기소되었는데, 군검사가 제1 공소사실을 같은 법 제11조, 제12조 제1항 위반의 제2 공소사실로 교환적으로 변경하는 공소장변경허가신청을 하여 제1심법원이 이를 허가한 후 제2 공소사실에 관하여 유죄를 인정하였고, 이에 항소한 군검사가 원심법원에서 다시 제1 공소사실을 주위적 공소사실로 추가하고 제2 공소사실을 예비적 공소사실로 변경하는 공소장변경허가신청을 하자 원심법원이 이를 허가한 후 제1 공소사실을 유죄로 인정한 사안에서, 공소장변경이 허용될 수 없는 특별한 사정이 있는 경우라고 보기 어렵다고 한 사례.

[판결요지] [1] 군사법원법 제355조의 공소장변경제도는 당사자주의적 견지에서 공소사실의 동일성이 인정되는 범위 내라 할지라도 공소장변경 절차에 의하여 심판의 대상을 명확히 한정하지 아니하면 심판대상이 되지 아니하는 것으로 함으로써 피고인이 예상하지 아니한 처벌을 받는 불이익을 방지하려는 것으로 형벌권의 적정한 실현과 소송경제를 도모하는 한편 피고인의 방어권을 실질적으로 보장하는 데에 그 제도적 가치가 있다. 한편 동적·발전적인 성격의 형사소송절차에서 처음 공소제기된 사실관계가 소송 진행에 따라 다르게 나타나는 등의 사정이 있을 수 있으므로 공소사실의 동일성이 인정되는 범위 내에서 특정 공소사실을 철

회하였다가 다시 추가하는 등과 같은 공소장변경도 불가능한 것은 아니다. 그러나 헌법 제13조 제1항 후문 '거듭처벌금지의 원칙'의 정신에 비추어 소송절차에서 불안정한 지위에 놓이게 될 수 있는 피고인의 인권과 법적 안정성 보장의 관점에서 그러한 공소장변경이 얼마든지 허용된다고 볼 수는 없다. 따라서 공소장변경이 소송절차에서 피고인의 지위를 과도하게 불안정하게 하고, 피고인의 방어권을 본질적으로 침해하는 것과 같은 특별한 사정이 있는 경우 그러한 공소장변경은 원칙적으로 허용될 수 없다. 이때 그러한 특별한 사정이 있는지는 검사의 공소장변경허가신청의 실질적 의도와 시기, 특히 검사가 공소장변경허가신청 기회가 충분히 있는데도 불구하고 장기간 권한행사를 하지 않다가 피고인의 방어가 성공한 단계 이후에 전격적으로 공소장변경허가신청을 한 것인지 여부, 공소장변경허가신청의 횟수, 경과 및 공소사실의 철회·추가·변경 등 유형, 특히 검사의 신청이 특정 공소사실에 대하여 현실적 심판대상에서 제외하였다가 다시 이를 번복하는 취지인지 여부, 기존 공소사실과 변경하려는 공소사실에 대한 방어 내용의 차이, 공소장변경허가신청을 전후로 이루어진 피고인의 방어권 행사 내용과 과정 등 심리의 경과에 비추어 공소장변경으로 그 이전에 해 온 피고인의 방어활동이 무위로 돌아가는지 여부 및 변경하려는 공소사실에 대한 피고인의 실질적이고도 충분한 방어가 가능한지 여부 등 제반 사정들을 종합적으로 고려하여 판단하여야 한다. 다만 위와 같은 특별한 사정이 있더라도 공소장변경 없이는 적정절차에 의한 신속한 실체적 진실의 발견이라는 형사소송의 목적에 비추어 현저히 정의와 형평에 반하는 결과를 초래하는 경우에는 예외적으로 그러한 공소장변경도 허용될 여지가 있으나, 그러한 예외가 인정되는지도 피고인의 법적 안정성 보장과 공소장변경제도의 가치 등을 고려하여 매우 엄격하고 신중하게 판단해야 한다.

120 ★★★★★ [선택형 · 사례형] 「특정경제범죄 가중처벌 등에 관한 법률」 위반(횡령)과 배임수재의 공소사실 동일성 인정 여부가 문제된 사건

A 회사의 대표이사인 피고인 1은 B 회사 측으로부터 A 회사와 B 회사 등 사이에 체결된 토지 매매계약의 매매대금을 지급받아 이를 횡령하였다는 「특정경제범죄 가중처벌 등에 관한 법률」 위반(횡령)으로 기소되고, 피고인 1, 2, 3은 위와 같이 횡령한 범죄수익을 은닉하거나 그 취득에 관한 사실을 가장하였다는 「범죄수익은닉의 규제 및 처벌 등에 관한 법률」(이하 '범죄수익은닉규제법')위반으로 기소된 사안이다. 이에 관한 설명 중 옳은 것은? (다툼이 있는 경우 판례에 의함)

① 검사는 법원의 허가를 얻어 공소장에 기재한 공소사실 또는 적용법조의 추가, 철회 또는 변경을 할 수 있고, 이 경우에 법원은 공소사실의 동일성을 해하지 아니하는 한도에서 허가하여야 한다(형사소송법 제298조 제1항).

② 공소사실의 동일성은 그 사실의 기초가 되는 사회적 사실관계가 기본적인 점에서 동일하면 그대로 유지되며, 이러한 기본적 사실관계의 동일성을 판단할 때에는 그 사실의 동일성이 갖는 기능을 염두에 두고 피고인의 행위와 그 사회적인 사실관계를 기본으로 하되 규범적 요소도 아울러 고려하여야 한다.

③ 이 사건에서 두 공소사실은 모두 피고인 1이 동일한 토지를 이용하여 동일한 일시, 장소에서 동일한 방법으로 금원을 수령하는 일련의 행위에 관한 것으로서 그 기본적인 사실관계는 동일하다. 또한 검사가 예비적으로 추가하여 변경하려는 공소사실은 위 금원이 피고인 1에게 부정한 청탁과 관련하여 지급된 금원임을 전제로 하는 것이어서 서로 양립할 수 없는 밀접한 관계에 있으므로, 규범적으로 보아도 공소사실의 동일성이 인정된다.

해설 및 정답 ①～③ 대법원 2024. 12. 12. 선고 2020도3273 판결 [특정경제범죄가중처벌등에관한법률위반(횡령)・범죄수익은닉의규제및처벌등에관한법률위반] 〈「특정경제범죄 가중처벌 등에 관한 법률」 위반(횡령)과 배임수재의 공소사실 동일성 인정 여부가 문제된 사건〉 **정답** ○

[판시사항] A 회사의 대표이사인 피고인 1이 B 회사 측으로부터 A 회사와 B 회사 등 사이에 체결된 토지 매매계약의 매매대금을 지급받아 이를 횡령하였다는 「특정경제범죄 가중처벌 등에 관한 법률」 위반(횡령)과 피고인 1이 B 회사 측으로부터 A 회사 소유 토지를 양도해 달라는 부정한 청탁을 받고 개인적인 대가 명목으로 위 금원을 교부받았다는 배임수재 공소사실의 동일성이 인정되는지 여부(적극)

[판결요지] [1] 검사는 법원의 허가를 얻어 공소장에 기재한 공소사실 또는 적용법조의 추가, 철회 또는 변경을 할 수 있고, 이 경우에 법원은 공소사실의 동일성을 해하지 아니하는 한도에서 허가하여야 한다(형사소송법 제298조 제1항). **・공소장변경**

공소사실의 동일성은 그 사실의 기초가 되는 사회적 사실관계가 기본적인 점에서 동일하면 그대로 유지되며, **・공소사실 동일성**

이러한 기본적 사실관계의 동일성을 판단할 때에는 그 사실의 동일성이 갖는 기능을 염두에 두고 피고인의 행위와 그 사회적인 사실관계를 기본으로 하되 규범적 요소도 아울러 고려하여야 한다(대법원 1994. 3. 22. 선고 93도2080 전원합의체 판결, 대법원 2013. 9. 12. 선고 2012도14097 판결 등 참조). **・기본(=피고인 행위와 그 사회적 사실관계)+함께 고려(=규범 요소)**

[2] 두 공소사실은 비록 행위 태양이나 피해법익 등을 일부 달리하는 측면이 있기는 하지만, 전체적으로는 모두 피고인 1이 동일한 토지를 이용하여 공소외 2 회사측으로부터 동일한 일시, 장소에서 동일한 방법으로 금원을 수령하는 일련의

행위에 관한 것으로서 그 기본적인 사실관계는 동일하다고 볼 수 있다. **· 기본 사실관계 동일**
또한 당초의 공소사실은 공소외 2 회사 측이 피고인 1에게 교부한 금원이 공소외 1 회사에 지급한 매매대금임을 전제로 하는 것인 반면, 검사가 예비적으로 추가하여 변경하려는 공소사실은 위 금원이 피고인 1에게 부정한 청탁과 관련하여 지급된 금원임을 전제로 하는 것이어서 서로 양립할 수 없는 밀접한 관계에 있으므로, 규범적으로 보아도 공소사실의 동일성이 인정된다. **· 규범 요소 동일**

121 ★★★★★ [선택형 · 사례형] 불이익변경원칙

피고인은 「스토킹범죄의 처벌 등에 관한 법률」을 위반하였다는 공소사실로 기소되었다. 그런데 제1심은 피고인에게 공소사실을 모두 유죄로 인정하면서 징역 6월, 집행유예 2년, 40시간의 스토킹범죄 재범예방강의 수강명령을 선고하였다. 이에 대해 피고인만이 항소하였다. 이에 관한 설명 중 옳은 것은? (다툼이 있는 경우 판례에 의함)

① 형사소송법 제368조, 제399조는 피고인이 상소하거나 피고인을 위하여 상소한 사건에 대하여는 원심판결의 형보다 중한 형을 선고하지 못한다고 규정하여 이른바 불이익변경금지 원칙을 설명하고 있다.

② 피고인만이 항소한 항소심에서 공소장변경에 의하여 공소사실이 추가·철회·변경된 경우에도 형의 불이익변경은 허용되지 아니 한다.

③ 항소심은 검사의 공소장변경신청을 허가하였음을 이유로 직권으로 제1심판결을 파기하고 변경된 공소사실을 모두 유죄로 인정하면서, 피고인에 대하여 제1심과 동일한 징역 6월, 집행유예 2년, 40시간의 스토킹범죄 재범예방강의 수강명령을 선고함과 동시에 새로 보호관찰을 명할 수 있다.

④ 피고인만이 항소한 항소심에서 공소장변경에 의하여 공소사실이 추가 철회 · 변경된 경우에도 형의 불이익변경은 허용되지 아니함에도 불구하고, 제1심과 동일한 형을 선고하면서 보호관찰을 새로 명한 원심의 조치에는 불이익변경금지 원칙에 관한 법리를 오해하여 판결에 영향을 미친 잘못이 있다.

해설 및 정답 ①~②, ④ 대법원 2025. 6. 12. 선고 2025도3487 판결 [스토킹범죄의처벌등에관한법률위반] (타) 파기환송 〈제1심에서 「스토킹범죄의 처벌 등에 관한 법률」 위반으로 유죄판결을 받은 피고인만 항소를 하였는데, 원심에서 공소사실을 추가하는 공소장변경이 이루어지자 원심이 제1심과 동일한 형을 선고하면서 새로

보호관찰을 명한 사건〉 **정답** ○, ③ ×

[판시사항] 피고인만이 항소한 항소심에서 공소장변경에 의하여 공소사실이 추가된 경우 형의 불이익변경이 허용되는지 여부(소극)

[판결요지]형사소송법 제368조, 제399조는 피고인이 상소하거나 피고인을 위하여 상소한 사건에 대하여는 원심판결의 형보다 중한 형을 선고하지 못한다고 규정하여 이른바 불이익변경금지 원칙을 설명하고 있는바, 피고인만이 항소한 항소심에서 공소장변경에 의하여 공소사실이 추가·철회·변경된 경우에도 형의 불이익변경은 허용되지 아니한다(대법원 1980. 3. 25. 선고 79도2105 판결, 대법원 2021. 4. 15. 선고 2021도1140 판결 등 참조).

122 ★★★★★ **[선택형 · 사례형] 재심 · 재심판결에 관한 기판력의 범위, 재심판결을 확정판결로 하여 후단 경합범이 성립할 수 있는지 문제된 사건**

피고인이 상습으로 절도죄 등을 범하였다고 기소되었는데, 공소사실 범행 이전에 저지른 상습절도 등과 관련하여 유죄의 확정판결을 받았다가 헌법재판소의 위헌결정에 따라 재심심판절차가 진행된 결과 재심판결이 확정된 사안이다. 원심이 확정된 재심판결의 기판력이 이 사건 공소사실에 미치지 않는다는 이유로 유죄판결을 선고하고, 확정된 재심판결 전과와 이 사건 공소사실 범죄가 형법 제37조 후단 경합범 관계에 있지 않다는 전제에서 형법 제39조 제1항에 따른 감경을 하지 않은 것에 대하여, 위와 같은 원심판결은 정당하고 관련 법리를 오해한 위법이 없다고 판단하여 피고인의 상고를 기각한 사례이다. 이에 관한 설명 중 옳은 것은? (다툼이 있는 경우 판례에 의함)

① 재심 개시 여부를 심리하는 절차의 성질과 그 판단 범위, 재심개시결정의 효력 등에 비추어 보면, 유죄의 확정판결 등에 대해 재심개시결정이 확정된 후 재심심판절차가 진행 중이라는 것만으로는 확정판결의 존재 내지 효력을 부정할 수 없고, 재심개시결정이 확정되어 법원이 그 사건에 대해 다시 심리를 한 후 재심의 판결을 선고하고 그 재심판결이 확정된 때에 종전의 확정판결이 효력을 상실한다.

② 재심의 취지와 특성, 형사소송법의 이익재심 원칙과 재심심판절차에 관한 특칙 등에 비추어 보면, 재심심판절차에서는 특별한 사정이 없는 한 검사가 재심대상사건과 별개의 공소사실을 추가하는 내용으로 공소장을 변경하는 것은 허용되지 않고, 재심대상사건에 일반 절차로 진행 중인 별개의 형사사건을 병합하여 심리하는 것도 허용되지 않는다.

③ 상습범으로 유죄의 확정판결을 받은 사람이 그 후 동일한 습벽에 의해 범행을 저질렀는데 유죄의 확정판결에 대하여 재심이 개시된 경우, 동일한 습벽에 의한 후행범죄가 재심대상판결에 대한 재심판결 선고 전에 저지른 범죄라 하더라도 재심판결의 기판력이 후행범죄에 미치지 않는다.

④ 재심심판절차에서 선행범죄, 즉 재심대상판결의 공소사실에 후행범죄를 추가하는 내용으로 공소장을 변경하거나 추가로 공소를 제기한 후 이를 재심대상사건에 병합하여 심리하는 것이 허용되지 않으므로 재심심판절차에서는 후행범죄에 대하여 사실심리를 할 가능성이 없다. 또한 재심심판절차에서 재심개시결정의 확정만으로는 재심대상판결의 효력이 상실되지 않으므로 재심대상판결은 확정판결로서 유효하게 존재하고 있고, 따라서 재심대상판결을 전후하여 범한 선행범죄와 후행범죄의 일죄성은 재심대상판결에 의하여 분단되어 동일성이 없는 별개의 상습범이 된다. 그러므로 선행범죄에 대한 공소제기의 효력은 후행범죄에 미치지 않고 선행범죄에 대한 재심판결의 기판력은 후행범죄에 미치지 않는다.

⑤ 만약 재심판결의 기판력이 재심판결의 선고 전에 선행범죄와 동일한 습벽에 의해 저질러진 모든 범죄에 미친다고 하면, 선행범죄에 대한 재심대상판결의 선고 이후 재심판결 선고시까지 저지른 범죄는 동시에 심리할 가능성이 없었음에도 모두 처벌할 수 없다는 결론에 이르게 되는데, 이는 처벌의 공백을 초래하고 형평에 반한다.

⑦ 유죄의 확정판결을 받은 사람이 그 후 별개의 후행범죄를 저질렀는데 유죄의 확정판결에 대하여 재심이 개시된 경우, 후행범죄가 그 재심대상판결에 대한 재심판결 확정 전에 범하여졌다 하더라도 아직 판결을 받지 아니한 후행범죄와 재심판결이 확정된 선행범죄 사이에는 후단 경합범이 성립하지 않는다.

⑧ 재심판결이 후행범죄 사건에 대한 판결보다 먼저 확정된 경우에 후행범죄에 대해 재심판결을 근거로 후단 경합범이 성립한다고 하려면 재심심판법원이 후행범죄를 동시에 판결할 수 있었어야 한다. 그러나 아직 판결을 받지 아니한 후행범죄는 재심심판절차에서 재심대상이 된 선행범죄와 함께 심리하여 동시에 판결할 수 없었으므로 후행범죄와 재심판결이 확정된 선행범죄 사이에는 후단 경합범이 성립하지 않고, 동시에 판결할 경우와 형평을 고려하여

그 형을 감경 또는 면제할 수 없다.

⑨ 재심판결이 후행범죄에 대한 판결보다 먼저 확정되는 경우에는 재심판결을 근거로 형식적으로 후행범죄를 판결확정 전에 범한 범죄로 보아 후단 경합범이 성립한다고 하면, 선행범죄에 대한 재심판결과 후행범죄에 대한 판결 중 어떤 판결이 먼저 확정되느냐는 우연한 사정에 따라 후단 경합범 성립이 좌우되는 형평에 반하는 결과가 발생한다.

⑩ 확정된 이 사건 제1재심판결의 기판력은 제1재심판결 범행과 포괄일죄(상습범) 관계인 범행으로서 제1재심판결 선고 전에 범한 2016. 10. 3. 자 각 절도 범죄에 미치므로 면소판결이 선고되어야 한다.

⑪ 확정된 이 사건 제2재심판결 범죄와 이 사건 공소사실 범죄는 후단 경합범의 관계이므로 형법 제39조 제1항이 적용되어야 한다.

⑫ 재심절차는 특별소송절차이기는 하지만, 특별소송으로서의 성격은 재심개시결정이 확정되기 전까지 뚜렷하게 드러나는 반면 재심개시결정이 확정되어 다시 심판하는 단계와 재심판결의 효력에서는 일반 절차와 다르지 않다.

⑬ 재심개시결정이 확정된 후 재심심판절차에서도 일반 절차의 해당 심급에서 허용되는 소송행위를 할 수 있다고 보는 이상, 재심사건에 다른 사건의 공소사실을 추가하는 공소장변경이나 다른 일반 사건을 병합하여 함께 심판하는 것도 허용된다. 형사소송법은 재심의 청구는 원판결의 법원이 관할한다고 규정하고 있을 뿐(형사소송법 제423조) 공소장변경이나 병합심리를 금지하는 명문의 규정을 두고 있지 않기 때문이다.

⑭ 선행하는 상습범죄에 대하여 재심대상판결을 받은 사람이 그 후 동일한 상습성에 기하여 후행범죄를 저질렀는데, 재심대상판결에 대하여 재심개시결정이 확정되고 양 사건이 병합심리되지 아니한 채 재심판결이 먼저 선고되어 확정되었다면 그 기판력은 후행범죄 사건에 미친다고 보아야 한다.

⑮ 재심대상판결을 받은 사람이 그 후 별개의 후행범죄를 저질렀는데 재심대상판결에 대하여 재심개시결정이 확정되고 재심판결이 먼저 선고되어 확정된 경우 재심심판절차에서 후행범죄 사건을 함께 심리하여 판결할 수 있었다면, 아직 판결을 받지 아니한 후행범죄와 이미 확정된 재심판결의 선행범죄 사이

에는 후단 경합범이 성립한다.

해설 및 정답 ①~⑨ 대법원 2019. 6. 20. 선고 2018도20698 전원합의체 판결 [특정범죄가중처벌등에관한법률위반(절도)등] (카) 상고기각 〈재심판결에 관한 기판력의 범위, 재심판결을 확정판결로 하여 후단 경합범이 성립할 수 있는지 문제된 사건〉 ★★★★★

정답 ○, ⑩~⑮ ×

[판시사항] 상습범('선행범죄')으로 유죄의 확정판결을 받은 사람이 그 후 동일한 습벽에 의해 범행을 저질렀는데('후행범죄') 유죄의 확정판결에 대하여 재심이 개시된 경우, 동일한 습벽에 의한 후행범죄가 재심대상판결에 대한 재심판결 선고 전에 저지른 범죄라면 재심판결의 기판력이 후행범죄에 미치는지 여부(소극), 2. 유죄의 확정판결을 받은 사람이 그 후 별개의 후행범죄를 저질렀는데 유죄의 확정판결에 대하여 재심이 개시된 경우, 후행범죄가 그 재심대상판결에 대한 재심판결 확정 전에 범하여졌다면 아직 판결을 받지 아니한 후행범죄와 재심판결이 확정된 선행범죄 사이에 후단 경합범이 성립하는지 여부(소극)

[판결요지] [1] 재심 개시 여부를 심리하는 절차의 성질과 그 판단 범위, 재심개시결정의 효력 등에 비추어 보면, 유죄의 확정판결 등에 대해 재심개시결정이 확정된 후 재심심판절차가 진행 중이라는 것만으로는 확정판결의 존재 내지 효력을 부정할 수 없고, 재심개시결정이 확정되어 법원이 그 사건에 대해 다시 심리를 한 후 재심의 판결을 선고하고 그 재심판결이 확정된 때에 종전의 확정판결이 효력을 상실한다(대법원 2017. 9. 21. 선고 2017도4019 판결, 대법원 2005. 9. 28. 자 2004모453 결정 등 참조).

재심의 취지와 특성, 형사소송법의 이익재심 원칙과 재심심판절차에 관한 특칙 등에 비추어 보면, 재심심판절차에서는 특별한 사정이 없는 한 검사가 재심대상사건과 별개의 공소사실을 추가하는 내용으로 공소장을 변경하는 것은 허용되지 않고, 재심대상사건에 일반 절차로 진행 중인 별개의 형사사건을 병합하여 심리하는 것도 허용되지 않는다.

[2] 상습범으로 유죄의 확정판결을 받은 사람이 그 후 동일한 습벽에 의해 범행을 저질렀는데 유죄의 확정판결에 대하여 재심이 개시된 경우, 동일한 습벽에 의한 후행범죄가 재심대상판결에 대한 재심판결 선고 전에 저지른 범죄라 하더라도 재심판결의 기판력이 후행범죄에 미치지 않는다. **· 재심판결 기판력(=후행범죄 영향이 없음)**

재심심판절차에서 선행범죄, 즉 재심대상판결의 공소사실에 후행범죄를 추가하는 내용으로 공소장을 변경하거나 추가로 공소를 제기한 후 이를 재심대상사건에 병합하여 심리하는 것이 허용되지 않으므로 재심심판절차에서는 후행범죄에 대하여 사실심리를 할 가능성이 없다. **· 공소장변경 불가능(=후행범죄 사실심리 불가능)**

또한 재심심판절차에서 재심개시결정의 확정만으로는 재심대상판결의 효력이 상실되지 않으므로 재심대상판결은 확정판결로서 유효하게 존재하고 있고, 따라서 재심대상판결을 전후하여 범한 선행범죄와 후행범죄의 일죄성은 재심대상판결에 의하여 분단되어 동일성이 없는 별개의 상습범이 된다. **• 동일성이 없는 별개의 상습범** 그러므로 선행범죄에 대한 공소제기의 효력은 후행범죄에 미치지 않고 선행범죄에 대한 재심판결의 기판력은 후행범죄에 미치지 않는다. **• 선행범죄 재심판결 기판력(=후행범죄 영향 없음)**

만약 재심판결의 기판력이 재심판결의 선고 전에 선행범죄와 동일한 습벽에 의해 저질러진 모든 범죄에 미친다고 하면, 선행범죄에 대한 재심대상판결의 선고 이후 재심판결 선고시까지 저지른 범죄는 동시에 심리할 가능성이 없었음에도 모두 처벌할 수 없다는 결론에 이르게 되는데, 이는 처벌의 공백을 초래하고 형평에 반한다. **• 동시 심리 가능성 없음**

[3] 유죄의 확정판결을 받은 사람이 그 후 별개의 후행범죄를 저질렀는데 유죄의 확정판결에 대하여 재심이 개시된 경우, 후행범죄가 그 재심대상판결에 대한 재심판결 확정 전에 범하여졌다 하더라도 아직 판결을 받지 아니한 후행범죄와 재심판결이 확정된 선행범죄 사이에는 후단 경합범이 성립하지 않는다. **• 형법 제37조 후단 경합범 불성립(=선행범죄와 후행범죄)**

재심판결이 후행범죄 사건에 대한 판결보다 먼저 확정된 경우에 후행범죄에 대해 재심판결을 근거로 후단 경합범이 성립한다고 하려면 재심심판법원이 후행범죄를 동시에 판결할 수 있었어야 한다. 그러나 아직 판결을 받지 아니한 후행범죄는 재심심판절차에서 재심대상이 된 선행범죄와 함께 심리하여 동시에 판결할 수 없었으므로 후행범죄와 재심판결이 확정된 선행범죄 사이에는 후단 경합범이 성립하지 않고, 동시에 판결할 경우와 형평을 고려하여 그 형을 감경 또는 면제할 수 없다. **• 형법 제37조 후단 경합범 불성립(=재심대상 선행범죄와 후행범죄 동시 판결 불가능 사건/감경 또는 면제 불가능)**

재심판결이 후행범죄에 대한 판결보다 먼저 확정되는 경우에는 재심판결을 근거로 형식적으로 후행범죄를 판결확정 전에 범한 범죄로 보아 후단 경합범이 성립한다고 하면, 선행범죄에 대한 재심판결과 후행범죄에 대한 판결 중 어떤 판결이 먼저 확정되느냐는 우연한 사정에 따라 후단 경합범 성립이 좌우되는 형평에 반하는 결과가 발생한다.

123 ★★★★★ [선택형 · 사례형] 소송서류 · 형사재판확정기록 열람 · 등사 제한사유

준항고인은 '준항고인이 피해자가 성관계하는 장면을 몰래 촬영한 사진과 성적 모욕감을 주는 문구가 담긴 전단지를 피해자가 근무하는 회사 차고지 주차차량들 앞 유리창에 꽂아 반포하였다'는 범죄사실로 유죄판결이 확정되었다. 피해자는 이로 인해 심한 정신적 충격과 고통을 겪고 사회생활에도 지장을 받는 등 상당한 피해를 입었다. 준항고인은 위 사건에서 충분한 방어 기회를 부여받았다. 준항고인은 위 판결 확정 후 재판확정사건에서 이미 배척된 주장을 반복하며 총 4회에 걸쳐 재심청구를 하였다가 모두 재심청구기각결정을 받았다. 그밖에 피해자를 무고, 위증, 명예훼손 등 혐의로 여러 차례 고소하였다. 준항고인은 위 사건에서 증거로 제출되어 조사된 각 서류에 대하여 검찰청에 열람·등사신청을 하였다. 그러나 검사가 그 신청을 거부하자, 준항고를 제기하였다. 이에 관한 설명 중 옳은 것은? (다툼이 있는 경우 판례에 의함)

① 형사재판확정기록에 관해서는 형사소송법 제59조의2에서 정한 바에 따라 열람·등사신청이 허용되고 이에 관한 검사의 거부나 제한 처분 등에 대한 불복은 준항고 방식에 의한다.

② 공개가 일부 허용될 필요가 있다고 보더라도 각 소송서류 등 가운데 공개가 가능한 부분과 공개를 제한할 부분이 혼합되어 있는 경우에는 그 분리 가능 여부에 따라 공개 범위 등을 정하여야 하며, 열람 또는 등사 중 합리적이고 적정한 공개 방법 등을 고려하여 그 처분의 취소 여부와 취소 범위를 결정하여야 한다.

해설 및 정답 ①~② 대법원 2024. 11. 8. 자 2024모2182 결정 [재판확정기록열람등사거부처분취소·변경일부인용결정에대한재항고] 〈형사재판확정기록에 대한 열람·등사 신청 시 형사소송법 제59조의2 제2항 본문 제3호에서 정한 열람·등사 제한사유에 해당하는지 여부가 문제된 사건〉 **정답** ○

[판시사항] 형사소송법 제59조의2의 취지 / 형사소송법 제59조의2 제2항 본문에서 정한 공개제한사유 중 제3호 사유인 '소송기록의 공개로 인하여 사건관계인의 명예나 사생활의 비밀 또는 생명·신체의 안전이나 생활의 평온을 현저히 해할 우려가 있는 경우'에 해당하는지 판단하는 방법 및 형사재판확정 사건의 범죄가 개인의 인격권, 사생활의 비밀, 생명·신체의 안전, 생활의 평온 그 자체를 보호법익으로 하거나 이와 밀접한 관련이 있는 성폭력범죄, 스토킹범죄, 보복범죄 등인 경우, 재판기록의 공개에 있어 유의할 사항 / 형사소송법 제59조의2 제2항 단서에서 '열람 또는 등사에 관하여 정당한 사유가 있다고 인정되는 경우'의 의미 및 구체적인 사안이 이에 해당하는지 판단하는 방법 / 형사재판확정기록의 열람·등사신청에 관한 검사의 거부나 제한 처분 등에 대한 불복 방법(=준항고) 및 이러한 불복절차에서 법원의 심리방법

[결정요지] 형사재판확정기록에 관해서는 형사소송법 제59조의2에서 정한 바에 따라 열람·등사신청이 허용되고 이에 관한 검사의 거부나 제한 처분 등에 대한 불복은 준항고 방식에 의한다. 따라서 준항고를 준용하는 불복절차에서 법원은 의견제출 기회 부여, 석명, 심문 등을 통해 신청인 및 검사 양측에 공개제한사유가 있는지와 공개제한사유가 있더라도 그 예외에 해당하는 정당한 사유가 있는지를 구체적으로 소명하게 하거나 검사로부터 해당 소송기록을 제출받아 그 내용을

확인하는 등의 방법으로 소송기록의 열람·등사 제한사유 존부 내지 제한예외 해당 여부에 관한 판단에 필요한 제반 사정들을 소송서류 등별로 충실하게 심리한 다음, 이를 바탕으로 해당 소송기록의 열람 또는 등사를 거부하거나 제한한 검사의 처분의 위법 여부 및 당부를 판단하여야 하고, 공개가 일부 허용될 필요가 있다고 보더라도 **각 소송서류 등 가운데 공개가 가능한 부분과 공개를 제한할 부분이 혼합되어 있는 경우에는 그 분리 가능 여부에 따라 공개 범위 등을 정하여야 하며, 열람 또는 등사 중 합리적이고 적정한 공개 방법 등을 고려하여 그 처분의 취소 여부와 취소 범위를 결정하여야 한다.**

124 ★★★★★ [선택형 · 사례형] 불출석 재판 · 형사소송법 제277조 경미사건과 피고인 불출석 재판

피고인은 피해자의 주택 현관 앞에 놓여 있던 장식용 조약돌을 가지고 가 절취하였다. 검사는 피고인을 형법 제329조 절도죄로 기소하였다. 원심은, 피고인이 제1회 공판기일에 피고인소환장을 송달받고도 출석하지 아니하자 형사소송법 제370조, 제277조 제1호에 의해 피고인의 출석 없이 개정하여 증거조사 등 심리를 마친 다음 변론을 종결하고, 그 다음 기일에 피고인의 항소를 기각하여 벌금 10만 원을 선고한 제1심을 유지하였다. 피고인이 상고하였다. 이에 관한 설명 중 옳은 것은? (다툼이 있는 경우 판례에 의함)

① 항소심에서도 피고인의 출석 없이는 원칙적으로 개정하지 못한다(형사소송법 제370조, 제276조 본문).

② 피고인이 항소심 공판기일에 출정하지 않은 때에는 다시 기일을 정하여야 하고 피고인이 정당한 사유 없이 다시 정한 기일에도 출정하지 않은 때에는 피고인의 진술 없이 판결할 수 있다(형사소송법 제365조).

③ 다만 법정형이 '다액 500만 원 이하의 벌금 또는 과료'에 해당하여 중형선고의 가능성이 없는 사건에서는 항소심에서도 피고인의 출석 없이 개정할 수 있다(형사소송법 제370조, 제277조 제1호).

④ 이 사건 공소사실에 대하여 적용되는 형법 제329조의 법정형은 '6년 이하의 징역 또는 1천만 원 이하의 벌금'이므로 이 사건은 형사소송법 제370조, 제277조 제1호에 따라 항소심에서 불출석 재판이 허용되는 사건에 해당하지 않는다.

해설 및 정답 ①~④ 대법원 2024. 9. 13. 선고 2024도8185 판결 [절도] 〈항소심에서 형사소송법 제370조, 제277조 제1호를 이유로 피고인의 출석 없이 공판기일을 진행한 사건〉 **정답** ○

[판시사항] 피고인의 출석 없이 개정할 수 있는 경우 중 하나인 형사소송법 제277조 제1호에서 정한 '다액 500만 원 이하의 벌금 또는 과료에 해당하는 사건'의 의미

[판결요지] 항소심에서도 피고인의 출석 없이는 원칙적으로 개정하지 못한다(형사소송법 제370조, 제276조 본문). 피고인이 항소심 공판기일에 출정하지 않은 때에는 다시 기일을 정하여야 하고 피고인이 정당한 사유 없이 다시 정한 기일에도 출정하지 않은 때에는 피고인의 진술 없이 판결할 수 있다(형사소송법 제365조). 다만 법정형이 '다액 500만 원 이하의 벌금 또는 과료'에 해당하여 중형선고의 가능성이 없는 사건에서는 항소심에서도 피고인의 출석 없이 개정할 수 있다(형사소송법 제370조, 제277조 제1호).

이 사건 공소사실에 대하여 적용되는 형법 제329조의 법정형은 '6년 이하의 징역 또는 1천만 원 이하의 벌금'이므로 이 사건은 형사소송법 제370조, 제277조 제1호에 따라 항소심에서 불출석 재판이 허용되는 사건에 해당하지 않는다. **· 법령위반(=법정형 상한이 500만 원 이하 벌금 또는 과료에 해당하는 사건)**

그럼에도 원심은 형사소송법 제370조, 제277조 제1호를 이유로 피고인의 출석 없이 제1회 공판기일을 개정하여 증거조사 등 심리를 마친 다음 변론을 종결하였는바, 이러한 원심의 조치에는 소송절차가 형사소송법을 위반하여 판결에 영향을 미친 잘못이 있다.

125 ★★★★★ [선택형 · 사례형] 국민참여재판 · 배심원 전원일치 무죄평결과 항소심 증거조사 범위

피고인이 피해자로부터 투자금을 편취하였다는 「특정경제범죄 가중처벌 등에 관한 법률」 위반(사기)로 기소되었다. 국민참여재판으로 진행된 제1심에서 배심원 전원일치 무죄평결이 채택되어 무죄가 선고되었다. 이에 관한 설명 중 옳은 것은? (다툼이 있는 경우 판례에 의함)

① 배심원이 증인신문 등 사실심리의 전 과정에 함께 참여한 후 증인이 한 진술의 신빙성 등 증거의 취사와 사실의 인정에 관하여 만장일치의 의견으로 내린 무죄의 평결이 재판부의 심증에 부합하여 그대로 채택된 경우라면, 이러한 절차를 거쳐 이루어진 증거의 취사 및 사실의 인정에 관한 제1심의 판단은 우리 형사소송법이 채택하고 있는 실질적 직접심리주의 및 공판중심주의의

취지와 정신에 비추어 항소심에서의 새로운 증거조사를 통해 그에 명백히 반대되는 충분하고도 납득할 만한 현저한 사정이 나타나지 않는 한 함부로 뒤집어서는 안 될 것이고 한층 더 존중될 필요가 있다.

② 제1심법원에서 증거로 할 수 있었던 증거는 항소법원에서도 증거로 할 수 있다(형사소송법 제364조 제3항). 즉, 제1심법원에서 증거능력이 있었던 증거는 항소심에서도 증거능력이 그대로 유지되어 재판의 기초가 될 수 있고 다시 증거조사를 할 필요가 없으며, 항소심 재판장이 증거조사절차에 들어가기에 앞서 제1심의 증거관계와 증거조사결과의 요지를 고지하면 된다(형사소송규칙 제156조의5 제1항).

③ 국민참여재판으로 진행된 제1심 법원에서 배심원이 만장일치의 의견으로 내린 무죄의 평결이 재판부의 심증에 부합하여 무죄판결이 선고된 이상, 그 항소심인 원심으로서는 추가적이거나 새로운 증거조사가 필요한 경우에 해당하는지를 더욱 신중하게 판단할 필요가 있다.

④ 무죄판결에 대한 항소심에서의 추가적이거나 새로운 증거조사는 형사소송법과 형사소송규칙 등에서 정한 바에 따라 증거조사의 필요성이 분명하게 인정되는 예외적인 경우에 한정하여 실시하는 것이 바람직하다.

해설 및 정답 ①～④ 대법원 2024. 7. 25. 선고 2020도7802 판결 [특정경제범죄가중처벌등에관한법률위반(사기)] 〈국민참여재판으로 진행된 제1심에서 배심원 전원일치 무죄평결이 채택되어 무죄가 선고된 후 항소심에서의 증거조사범위가 문제된 사건〉★★★★★ **정답** ○

[판시사항] 배심원이 참여하는 형사재판, 즉 국민참여재판을 거쳐 제1심법원이 배심원의 만장일치 무죄평결을 받아들여 피고인에 대하여 무죄판결을 선고한 경우, '증거의 취사 및 사실의 인정'에 관한 제1심법원의 판단은 한층 더 존중될 필요가 있는지 여부(적극) 및 이때 제1심법원의 무죄판결에 대한 항소심에서의 추가적이거나 새로운 증거조사의 범위

[판결요지] 배심원이 참여하는 형사재판, 즉 국민참여재판을 거쳐 제1심법원이 배심원의 만장일치 무죄평결을 받아들여 피고인에 대하여 무죄판결을 선고한 경우, 국민참여재판을 도입한 입법 취지, 실질적 직접심리주의의 의미와 정신 등에 비추어 '증거의 취사 및 사실의 인정'에 관한 제1심법원의 판단은 한층 더 존중될 필요가 있고 그런 면에서 제1심법원의 무죄판결에 대한 항소심에서의 추가적이거나 새로운 증거조사는 형사소송법과 형사소송규칙 등에서 정한 바에 따라 신중하게 이루어져야 한다. **· 국민참여재판 배심원 만장일치 무죄평결**

구체적 이유는 다음과 같다.

(1) **권고적 효력·국민참여재판 배심원 만장일치 무죄평결 존중(=실질적 직접심리주의·공판중심주의)·직접심리주의**

(2) **항소심에서 증거능력 유지·항소심 증거조사 중 증인신문 부득이 한 경우만 인정·필요 최소한 원칙·항소심 증인신문 '예외 사유'임·특별한 사정(=증인 불출석·제대로 증언 할 수 없었던 경우)**

(3) **예외적 허용·항소심은 제1심 법원 판단 존중(=파기 신중설)**

126 ★★★★★ [선택형 · 사례형] 공소제기 요건과 절차의 적법성 · 도로교통법 위반 약식명령과 정식재판

피고인은 2022. 4. 25. 16:35경 서울 서초구 (주소 생략) (빌딩명 생략) 앞 도로를 편도 5차로 중 2차로로 진행하다가 3차로로 진로를 변경하면서 진로변경방법을 위반하였다.
피고인 차량과 피해자 차량 사이에 발생한 교통사고를 조사한 경찰은 ① 피고인의 진로변경방법 위반(도로교통법 제19조 제3항)을 이유로 범칙금 3만 원 통고처분을 하였고, ② 위 법규위반 및 인적피해 발생을 이유로 면허벌점 20점 부과하였으며, ③ 피해자에게 상해를 입힌 점에 관하여는 피고인 차량이 종합보험에 가입되어 있어 공소권이 없다는 이유로 불입건 결정을 하였다. 피고인은 범칙금을 납부하였다가 이후 면허벌점 20점을 받는 것이 부당하다고 생각한다면서 납부한 범칙금을 회수하였다. 경찰은 피고인의 범칙금 미납을 이유로 즉결심판을 청구하였다. 그러나 법원이 즉결심판청구를 기각하였다. 이후 사건을 송치 받은 검사는 피고인에 대하여 도로교통법 위반으로 이 사건 약식명령을 청구하였다. 피고인이 정식재판을 청구하였다. 이에 관한 설명 중 옳은 것은? (다툼이 있는 경우 판례에 의함)

① 피고인은 진로변경방법 위반의 범칙행위로 교통사고를 일으켰으나 종합보험 가입으로 벌을 받지 아니하게 되었으므로 도로교통법 제162조 제2항 제2호 단서에 따라 통고처분의 대상인 '범칙자'에 해당하고, 통고처분에 따라 범칙금을 납부하면 범칙행위에 대하여 다시 처벌받지 않게 되는데, 피고인이 면허벌점 부과가 부당하다는 이유로 이미 납부한 범칙금을 회수한 후 범칙금을 납부하지 않아 도로교통법과 즉결심판에 관한 절차법에 따라 후속절차가 진행되어 공소제기에 이르렀으므로, 위 공소제기 절차는 관련 법령이 정한 요건과 절차에 따라 이루어진 것으로서, 거기에 교통사고처리 특례법의 취지에 반하는 위법이 있다고 보기 어렵다.

② 법원은 피고인에게 형사소송법 제327조 제2호에 따라 공소기각판결을 선고하여 한다. 검사가 피고인의 위와 같은 진로변경방법 위반으로 교통사고를 일으켰는데도 피고인 차량이 종합보험에 가입되어 있어 교통사고와 관련하여서는 아무런 기소를 하지 아니하고, 위 교통사고의 원인이 된 진로변경방법 위반으로 인한 도로교통법 위반에 대하여만 기소한 것은, 가벼운 과실로 인한 교통사고의 경우에는 일정한 조건 하에 형사책임을 묻지 않겠다는 「교통사고처리 특례법」의 취지에 반하여 그에 흡수되는 '과실'에 해당하는 행위만 따로 분리하여 기소하는 것이어서 공소제기 절차가 법률에 위반되어 무효인 경우에 해당한다.

해설 및 정답 대법원 2024. 10. 31. 선고 2024도8903 판결 [도로교통법위반] 〈진로변경방법 위반으로 인한 도로교통법 위반에 관한 공소제기절차가 법률에 위반되는지 여부가 문제된 사건〉 **정답** ① ○, ② ×

[판시사항] [1] 자동차운전면허대장상 벌점의 배점만으로 그 무효확인 또는 취소를 구하는 소송의 대상이 되는 행정처분인지 여부(소극) 및 도로교통법 시행규칙 [별표 28]에 정한 사유가 있는 경우, 당해 사고 또는 위반으로 인한 벌점이 삭제될 수 있는지 여부(적극)

[2] 피고인이 승용차를 운전하며 진로를 변경하다 갑이 운전하는 승용차와 충돌하여 갑에게 상해를 입히자 이를 조사한 경찰은 피고인에게 진로변경방법 위반을 이유로 범칙금 통고처분과 함께 면허벌점을 부과하였고, 피고인의 차량이 종합보험에 가입되어 있어 교통사고처리 특례법 위반(치상) 혐의에 관하여 불입건 결정을 하였는데, 피고인이 범칙금을 납부하였다가 면허벌점을 받는 것이 부당하다는 이유로 돌려받자, 경찰은 피고인의 범칙금 미납을 이유로 즉결심판을 청구하였으나 법원이 기각하였고, 이후 사건을 송치받은 검사가 도로교통법 위반으로 약식기소를 한 사안에서, 위 공소제기 절차는 관련 법령이 정한 요건과 절차에 따라 이루어진 것으로 교통사고처리 특례법의 취지에 반하는 위법이 있다고 보기 어렵다는 이유로, 이와 달리 본 원심판단에 법리오해의 잘못이 있다고 한 사례.

[판결요지] [1] 자동차운전면허대장상 벌점의 배점은 도로교통법규 위반행위를 단속하는 기관이 도로교통법 시행규칙 [별표 28]에서 정하는 바에 의하여 도로교통법규 위반의 경중, 피해의 정도 등에 따라 배정하는 점수를 말하는 것으로 자동차운전면허의 취소, 정지처분의 기초자료로 제공하기 위한 것이고 그 배점 자체만으로는 아직 국민에 대하여 구체적으로 어떤 권리를 제한하거나 의무를 명하는 등 법률적 규제를 하는 효과를 발생하는 요건을 갖춘 것이 아니어서 그 무효확인 또는 취소를 구하는 소송의 대상이 되는 행정처분이라고 할 수 없지만, 교통사고나 법규위반에 대하여 법원의 판결로 무죄확정된 경우 등 위 시행규칙 [별

표 28]에 정한 사유가 있으면 당해 사고 또는 위반으로 인한 벌점이 삭제될 수 있다.

127 ★★★★★ [선택형 · 사례형] 형사소송법 제329조 공소취소 후 재기소 제한 해석 원칙 · '공소취소 후 발견한 다른 중요한 증거'의 의미

피고인은 선행사건에서 이 사건 공소사실과 동일한 공소사실로 기소되었다가 공소장일본주의 위반 여부가 문제되어 검사가 공소를 취소함으로써 피고인에 대한 공소기각결정이 확정되었는데, 이후 검사가 추가 증거를 수집하여 다시 동일한 내용의 이 사건 공소를 제기한 사안이다. 이에 관한 설명 중 옳은 것은? (다툼이 있는 경우 판례에 의함)

① 공소취소 후 재기소는 헌법 제13조 제1항 후문 '거듭처벌금지의 원칙'의 정신에 따라 불안정한 지위에 놓이게 될 수 있는 피고인의 인권과 법적 안정성을 보장한다는 관점에서 엄격하게 해석해야 한다.

② 따라서 '다른 중요한 증거를 발견한 경우'란 공소취소 전에 가지고 있던 증거 이외의 증거로서 공소취소 전의 증거만으로서는 증거불충분으로 무죄가 선고될 가능성이 있으나 새로 발견된 증거를 추가하면 충분히 유죄의 확신을 가지게 될 정도의 증거가 있는 경우를 말하고(대법원 1977. 12. 27. 선고 77도1308 판결, 대법원 2004. 12. 24. 선고 2004도4957 판결 등 참조), 공소취소 전에 충분히 수집 또는 조사하여 제출할 수 있었던 증거들은 새로 발견된 증거에 해당한다고 보기 어렵다.

해설 및 정답 ①~② 대법원 2024. 8. 29. 선고 2020도16827 판결 [특정경제범죄가중처벌등에관한법률위반(사기) · 사기] 〈공소취소 후 재기소 제한규정인 형사소송법 제329조의 적용 범위 및 그 조항에서 정한 '공소취소 후 발견한 다른 중요한 증거'의 의미가 문제된 사건〉 **정답** ○

[판시사항] '공소취소 후 재기소'의 제한 규정인 형사소송법 제329조의 해석 원칙 / 공소취소 후 재기소의 요건으로서 '다른 중요한 증거를 발견한 경우'의 의미 및 공소취소 전에 충분히 수집 또는 조사하여 제출할 수 있었던 증거들이 이에 해당하는지 여부(소극)

[판결요지] 형사소송법 제329조는 "공소취소에 의한 공소기각의 결정이 확정된 때에는 공소취소 후 그 범죄사실에 대한 다른 중요한 증거를 발견한 경우에 한하여 다시 공소를 제기할 수 있다."라고 규정하고 있다. 공소취소 후 재기소는 헌법 제13조 제1항 후문 '거듭처벌금지의 원칙'의 정신에 따라 불안정한 지위에 놓이게

될 수 있는 피고인의 인권과 법적 안정성을 보장한다는 관점에서 엄격하게 해석해야 한다.

따라서 **'다른 중요한 증거를 발견한 경우'란 공소취소 전에 가지고 있던 증거 이외의 증거로서 공소취소 전의 증거만으로서는 증거불충분으로 무죄가 선고될 가능성이 있으나 새로 발견된 증거를 추가하면 충분히 유죄의 확신을 가지게 될 정도의 증거가 있는 경우를 말하고(대법원 1977. 12. 27. 선고 77도1308 판결, 대법원 2004. 12. 24. 선고 2004도4957 판결 등 참조), 공소취소 전에 충분히 수집 또는 조사하여 제출할 수 있었던 증거들은 새로 발견된 증거에 해당한다고 보기 어렵다.**

128 ★★★★★ [선택형 · 사례형] 준항고 · 수사기관 압수물 환부에 관한 형사소송법 제417조 준항고 제기기간과 요건

수사기관은 피고인으로부터 물건을 압수하여 피해자에게 가환부하였다. 피고인은 압수물에 대한 몰수의 선고가 포함되지 않은 유죄판결이 선고된 후 압수물 가환부처분에 대하여 이 사건 준항고를 제기하였고, 이후 유죄판결이 확정되었다. 이에 관한 설명 중 옳은 것은? (다툼이 있는 경우 판례에 의함)

① 수사기관의 압수물의 환부에 관한 형사소송법 제417조의 준항고는 검사 또는 사법경찰관이 수사 단계에서 압수물의 환부에 관하여 처분을 할 권한을 가지고 있을 경우에 그 처분에 관하여 제기할 수 있는 불복절차이다.

② 공소제기 이전의 수사 단계에서는 압수물 환부 · 가환부에 관한 처분권한이 수사기관에 있으나 공소제기 이후의 단계에서는 위 권한이 수소법원에 있으므로 검사의 압수물에 대한 처분에 관하여 형사소송법 제417조의 준항고로 다툴 수 없다.

③ 또한 형사소송법 제332조에 따라 압수물에 대한 몰수의 선고가 포함되지 않은 판결이 확정된 때에는 압수가 해제된 것으로 간주되므로 이 경우 검사에게는 압수물 환부에 대한 처분을 할 권한이 없다.

④ 형사소송법 제417조의 준항고에 관하여 같은 법 제419조는 같은 법 제409조의 보통항고의 효력에 관한 규정을 준용하고 있다. 따라서 형사소송법 제417조의 준항고는 항고의 실익이 있는 한 제기기간에 아무런 제한이 없다.

⑤ 대법원은 이 사안에서 압수물에 대한 몰수의 선고가 포함되지 않은 판결이

선고된 이후에 준항고가 제기되었고 위 판결이 확정된 점에 비추어 준항고를 기각한 원심을 수긍할 수 있다고 보아 재항고를 기각하였다.

해설 및 정답 ①~⑤ 대법원 2024. 3. 12. 자 2022모2352 결정 [수사기관의압수물(가)환부에관한처분취소 · 변경기각결정에대한재항고] 〈수사기관이 피고인으로부터 압수한 물건을 피해자에게 가환부하자 피고인이 준항고를 제기한 사건〉 **정답** ○

[판시사항] [1] 수사기관의 압수물 환부에 관한 형사소송법 제417조 준항고의 요건 및 공소제기 이후의 단계에서 검사의 압수물에 대한 처분에 관하여 준항고로 다툴 수 있는지 여부(소극) / 압수물에 대한 몰수의 선고가 포함되지 않은 판결이 확정되어 압수가 해제된 것으로 간주된 경우, 검사에게 압수물 환부에 대한 처분을 할 권한이 있는지 여부(소극) [2] 형사소송법 제417조 준항고의 제기기간

129 ★★★★★ **[선택형 · 사례형] 재항고 · 증인 불출석 과태료 부과결정에 대한 취소**

법의학자인 재항고인은 피고인에 대한 「아동학대범죄의 처벌 등에 관한 특례법」 위반(아동학대치사) 사건의 수사과정에서 경찰로부터 피해자에게 발생한 골절 경위 등에 관한 감정을 위촉받고 전문가로서의 판단을 기재한 감정서를 회보하였다. 제1심은 위 피고사건에서 재항고인에게 증인으로 출석하라는 고지를 하였다. 그러나 재항고인이 불출석하자 재항고인에게 과태료 500만 원을 부과하였다. 이에 관한 설명 중 옳은 것은? (다툼이 있는 경우 판례에 의함)

① 감정에 관하여는 형사소송법의 증인에 관한 규정이 준용되나, 감정인이 소환에 응하지 않더라도 구인할 수는 없다(형사소송법 제177조).

② 감정인이라 하더라도 특별한 지식에 의하여 알게 된 과거의 사실에 관하여 진술하여야 하는 경우에는 증인의 지위에 해당하는 감정증인으로서 증인신문절차에 따라 신문하여야 하나(형사소송법 제179조), 감정인이 감정을 하여 감정서(형사소송법 제171조 제1항)를 제출한 경우에 그 기재된 의견에 관한 설명을 추가로 듣는 절차(형사소송법 제171조 제4항) 등은 감정인이 과거의 사실을 진술하는 지위에 있지 않은 이상 증인신문이 아니라 형사소송법 제1편 제13장의 감정에 관한 규정에 따라 소환하여 진행하는 감정인신문으로 하여야 한다.

③ 따라서 경험한 과거의 사실을 진술할 지위에 있지 않음이 명백한 감정인을

법원이 증인 또는 감정증인으로 소환한 경우, 감정인이 소환장을 송달받고 출석하지 않았더라도 그 불출석에 대한 제재로서 형사소송법 제151조 제1항에 따른 과태료를 부과할 수는 없다.

해설 및 정답 ①~③ 대법원 2024. 10. 31. 자 2023모358 결정 [과태료일부인용결정에대한재항고] 〈수사기관에 의하여 감정을 위촉받은 사람이 증인으로 소환되었으나 불출석하여 과태료를 부과 받은 뒤 과태료 부과결정에 대한 취소를 구하는 사건〉

정답 ○

[판시사항] 형사소송법이 증인의 법정 출석을 강제할 수 있는 권한을 법원에 부여한 취지 / 감정인의 자격 및 경험한 과거의 사실을 진술할 지위에 있지 않음이 명백한 감정인을 법원이 증인 또는 감정증인으로 소환한 경우, 감정인이 소환장을 송달받고 출석하지 않았더라도 불출석에 대한 제재로서 형사소송법 제151조 제1항에 따른 과태료를 부과할 수 있는지 여부(소극) / 이러한 법리는 형사소송법 제221조 제2항에 따라 수사기관에 의하여 감정을 위촉받은 사람이 감정의 결과로 감정서를 제출한 경우, 그에 관한 법정에서의 진술이 그가 경험한 과거의 사실에 관한 것이 아니라 오로지 감정인으로서의 학식과 경험에 의하여 얻은 일정한 원리 또는 판단을 진술하는 것임이 명백한 때에도 마찬가지인지 여부(적극) 및 이때 그를 증인 또는 감정증인으로 소환하여 신문하는 것이 관련 형사소송법의 취지에 부합하는지 여부(소극)

130 ★★★★★ **[선택형 · 사례형] 비상구제절차 재심 · 형사소송법 제420조 제5호 및 제7호 재심사유**

부녀 사이인 피고인들이 공모하여 청산염이 희석된 막걸리를 피해자들이 마시도록 함으로써 피해자들을 살해하거나 미수에 그쳤다는 살인 등의 공소사실로 기소되어 재심대상사건에서 유죄판결을 받아 그 판결이 확정되었다. 피고인들은 재심대상사건에 대하여 형사소송법 제420조 제5호 및 제7호 등을 재심사유로 주장하면서 재심을 청구하였다. 이에 관한 설명 중 옳은 것은? (다툼이 있는 경우 판례에 의함)

① 직권남용권리행사방해죄는 공무원이 일반적 직무권한에 속하는 사항에 관하여 직권을 행사하는 모습으로 실질적, 구체적으로 위법 · 부당한 행위를 한 경우에 성립한다.

② '직권의 남용' 판단의 대상이 검사의 수사권 행사라면, 수사는 수사의 목적을 달성할 필요가 있는 경우에 한하여 상당하다고 인정되는 방법에 의하여 이루어져야 한다는 수사원칙과 공익의 대표자로서 실체적 진실에 입각한 국가 형

벌권의 실현을 위하여 공소를 제기하고 그 과정에서 피고인의 정당한 이익을 옹호하여야 한다는 검사의 의무도 함께 고려되어야 한다.

③ 이 사안에서 형사소송법 제420조 제7호 재심사유에 관하여, 검사가 피고인 1에 대한 3회 피의자신문 과정에서 자신의 의도대로 진술을 이끌어내기 위하여 피고인 1에게 검사의 생각을 주입하며 유도신문을 하는 등 진술의 임의성을 보장하지 못하고 사회통념상 현저히 합리성을 잃은 신문방법을 사용함으로써 위법하게 수사권을 남용하였다고 판단하여 재심사유를 인정하였다.

④ 형사소송법 제420조 제5호 재심사유에 관하여, 화물차 CCTV 경찰증거가 피고인들의 무죄를 인정할 새롭고 명백한 증거에 해당한다고 판단하여 재심사유를 인정하였다.

해설 및 정답 ①~④ 대법원 2024. 9. 19. 자 2024모179 결정 [재심개시결정에대한재항고] (라) 재항고기각 〈형사소송법 제420조 제5호 및 제7호의 재심사유의 존부가 문제된 사건〉 **정답** ○

[판시사항] 직권남용권리행사방해죄에서 '직권의 남용'에 해당하는지 판단하는 방법 및 이때 그 판단의 대상이 검사의 수사권 행사인 경우 함께 고려할 사항

[결정요지] 직권남용권리행사방해죄는 공무원이 일반적 직무권한에 속하는 사항에 관하여 직권을 행사하는 모습으로 실질적, 구체적으로 위법·부당한 행위를 한 경우에 성립한다. 이때 '직권의 남용'에 해당하는지 여부는, 구체적인 공무원의 직무행위가 본래 법령에서 그 직권을 부여한 목적에 따라 이루어졌는지, 직무행위가 행해진 상황에서 볼 때 필요성·상당성이 있는 행위인지, 직권행사가 허용되는 법령상의 요건을 충족했는지 등을 종합하여 판단하여야 한다(대법원 2020. 1. 30. 선고 2018도2236 전원합의체 판결 등). 그 판단의 대상이 검사의 수사권 행사라면, 수사는 수사의 목적을 달성할 필요가 있는 경우에 한하여 상당하다고 인정되는 방법에 의하여 이루어져야 한다는 수사원칙(대법원 2007. 11. 30. 선고 2005다40907 판결 참조)과 공익의 대표자로서 실체적 진실에 입각한 국가 형벌권의 실현을 위하여 공소를 제기하고 그 과정에서 피고인의 정당한 이익을 옹호하여야 한다는 검사의 의무(대법원 2022. 9. 16. 선고 2022다236781 판결 참조)도 함께 고려되어야 한다.

원심은 판시와 같은 이유를 들어, 검사가 피고인 1에 대한 3회 피의자신문 과정에서 자신의 의도대로 진술을 이끌어내기 위하여 피고인 1에게 검사의 생각을 주입하며 유도신문을 하는 등 진술의 임의성을 보장하지 못하고 사회통념상 현저히 합리성을 잃은 신문방법을 사용함으로써 위법하게 수사권을 남용하였다고 판단하였다.

131 ★★★★★ [선택형 · 사례형] 비상구제절차 재심 · 성범죄를 피하기 위하여 타인의 혀를 물어 끊은 사실로 중상해죄로 구속 기소되어 유죄판결을 받고 그 판결이 확정된 후 형사소송법 제420조 제7호 등을 이유로 재심을 청구한 사건

재항고인(당시 19세)은 1964년 생면부지인 A가 재항고인을 넘어뜨리고 강제로 입을 맞추려고 하면서 혀를 재항고인의 입속으로 넣자 A의 혀를 물어 끊었는데, 이를 이유로 중상해죄로 구속기소되어 유죄판결을 받고 그 무렵 판결이 확정되었다. 재항고인은 수사기관에서의 불법 구금에 의한 형사소송법 제420조 제7호의 재심사유[원판결, 전심판결 또는 그 판결의 기초가 된 조사에 관여한 법관, 공소의 제기 또는 그 공소의 기초가 된 수사에 관여한 검사나 사법경찰관이 그 직무에 관한 죄를 지은 것이 확정판결에 의하여 증명된 때] 등을 주장하면서 재심을 청구하였다. 이에 관한 설명 중 옳은 것은? (다툼이 있는 경우 판례에 의함)

① 불법 구금에 관한 재항고인의 일관된 진술 내용은 충분히 신빙성이 있고, 그 진술에 부합하는 직 · 간접의 증거들 즉, 재심대상 판결문, 당시의 신문기사, 재소자인명부, 형사사건부, 집행원부 등에 의하여 알 수 있는 일련의 수사 및 재판 과정에서의 사정들이 제시된 반면, 그 진술과 모순되거나 진술내용을 탄핵할 수 있는 다른 객관적인 증거가 없으므로, 재항고인은 검찰에 처음 소환된 1964. 7. 초순경부터 구속영장이 발부되어 집행된 것으로 보이는 1964. 9. 1.까지의 기간 동안 불법으로 체포 · 감금된 상태에서 조사를 받았다고 볼 여지가 충분하다.

② 이와 같은 검사의 행위는 형법 제124조의 직권남용에 의한 체포 · 감금죄를 구성하며, 위 죄에 대하여는 공소시효가 완성되어 유죄판결을 얻을 수 없는 사실상 · 법률상 장애가 있는 경우로서 형사소송법 제422조의 '확정판결을 얻을 수 없는 때'에 해당하므로, 원심으로서는 재항고인의 진술의 신빙성을 깨뜨릴 충분하고도 납득할 만한 반대되는 증거나 사정이 존재하는지에 관한 사실조사를 하였어야 한다.

③ 형법 제124조의 직권남용에 의한 체포 · 감금죄는 법정형이 7년 이하의 징역과 10년 이하의 자격정지로서 그 공소시효는 5년이다[구 형사소송법(2007. 12. 21. 법률 제8730호로 개정되기 전의 것) 제249조 제1항 제4호, 부칙(2007. 12. 21.) 제3조]. 위 죄에 대하여는 공소시효가 이미 완성되어 유죄판결을 얻을 수 없는 사실상 · 법률상의 장애가 있는 경우로서 형사소송법 제

422조의 '확정판결을 얻을 수 없는 때'에 해당한다(대법원 2010. 10. 29. 자 2008재도11 전원합의체 결정 등 참조).

해설 및 정답 ①~③ 대법원 2024. 12. 18. 자 2021모2650 결정 [재심기각결정에 대한재항고] 〈성범죄를 피하기 위하여 타인의 혀를 물어 끊은 사실로 중상해죄로 구속 기소되어 유죄판결을 받고 그 판결이 확정된 후 형사소송법 제420조 제7호 등을 이유로 재심을 청구한 사건〉 ★★★★★ **정답** ○

[판시사항] [1] 형사재판에서 재심의 의의 / 형사소송법 제420조 제7호에서 '원판결 등에 관여한 법관, 공소의 제기 또는 그 공소의 기초된 수사에 관여한 검사나 사법경찰관이 그 직무에 관한 죄를 범한 것이 확정판결에 의하여 증명된 때'를 재심사유로 규정한 취지

[2] 형사소송법 제422조에서 정한 '그 사실을 증명하여'의 의미 및 이때의 증명은 '확정판결을 대신하는 증명'인지 여부(적극) / '확정판결을 대신하는 증명'이 있는지를 판단할 때 유념할 점 및 고려할 사항

[3] 재심청구인이 형사소송법 제420조 제7호에서 규정한 범죄의 피해자로서 하는 진술 자체가 재심이유인 '직무에 관한 죄'의 존재를 뒷받침하는 핵심적 증거로 제출되었음에도 그 범죄의 공소시효가 이미 완성하여 확정판결로 증명할 수 없는 상태에서, 재심청구인의 범죄 피해에 관한 진술에 충분한 신빙성이 있고 그 진술만으로 법이 정한 재심사유가 있다고 인정하기에 충분하다는 정도에 이를 경우, 재심청구가 이유 있다고 인정하여 재심의 심판을 받을 기회를 보장하여야 하는지 여부(원칙적 적극) 및 이때 재심청구를 받은 법원이 취할 조치

[결정요지] [1] 형사재판에서 재심은 유죄의 확정판결에 중대한 하자가 있는 경우 피고인의 이익을 위하여 잘못을 바로잡고자 마련한 비상구제절차이다. **· 비상구제절차 재심(=유죄 확정판결 중대하자 · 피고인 이익 · 실체진실발견)**

형사소송법 제420조 제7호는 "원판결, 전심판결 또는 그 판결의 기초된 조사에 관여한 법관, 공소의 제기 또는 그 공소의 기초된 수사에 관여한 검사나 사법경찰관이 그 직무에 관한 죄를 범한 것이 확정판결에 의하여 증명된 때"를 재심사유로 규정하고 있다. **· 형사소송법 제420조 제7호 법관 · 검사 · 사법경찰관 직무범죄 확정판결로 증명된 때**

이는 그러한 직무범죄가 확정됨으로써 원판결 등에 사실오인의 잘못이 있다는 점이 현저하게 추측된다는 이유에서 이를 재심사유로 하여 제1심 혹은 상소심의 공판절차에 따라 다시 심리하여 재판을 하도록 한 것이다. **· 재심사유로 다시 공판심리**

[2] 형사소송법 제422조는 "전 2조의 규정에 의하여 확정판결로써 범죄가 증명됨을 재심청구의 이유로 할 경우에 그 확정판결을 얻을 수 없는 때에는 그 사실을 증명하여 재심의 청구를 할 수 있다."라고 규정하고 있다. 여기서 '그 사실을 증명하여'란 확정판결을 얻을 수 없다는 사실과 형사소송법 제420조와 제421조가 재심이유로 규정한 범죄행위 등이 행하여졌다는 사실을 각 증명하여야 한다는 의

미이고, 이때의 증명은 '확정판결을 대신하는 증명'이다. '확정판결을 대신하는 증명'이 있는지를 판단할 때는, 재심은 확정판결의 중대한 오류를 시정하고 일반적인 형사재판절차에서 형사소송원칙에 따른 권리를 제대로 보장받지 못한 억울한 피고인을 구제하여 인권을 옹호하기 위한 제도라는 점, 확정판결을 얻을 수 없는 이유가 매우 다양한 점 등을 유념하고 구체적인 사건에서 비상구제절차인 재심제도의 목적과 이념, 형사소송법 제420조 제7호의 취지 등을 두루 고려하여 신중하게 판단하여야 한다.

[3] 재심청구인이 형사소송법 제420조 제7호에서 규정한 범죄의 피해자로서 하는 진술 그 자체가 재심이유인 '직무에 관한 죄'의 존재를 뒷받침하는 핵심적 증거로 제출되었음에도 그 범죄의 공소시효가 이미 완성하여 확정판결로 증명할 수 없는 경우가 있다. 이때 재심청구인의 범죄 피해에 관한 진술 내용이 논리와 경험칙에 비추어 합리적이고, 진술 자체로 모순되거나 객관적으로 확인된 사실이나 사정과 모순되지 않으며, 재심청구인이 허위로 진술할 뚜렷한 동기나 이유를 찾을 수 없는 등 그 진술에 충분한 신빙성이 있을 뿐만 아니라, 그 진술에 부합하는 직접 · 간접의 증거들이 상당수 제시된 반면, 그 진술과 모순되거나 진술 내용을 탄핵할 수 있는 다른 객관적인 증거가 없어 그 진술만으로 법이 정한 재심사유가 있다고 인정하기에 충분하다는 정도에 이를 경우에는 원칙적으로 재심청구가 이유 있다고 인정하여 재심의 심판을 받을 기회를 보장하여야 한다.

재심의 청구를 받은 법원은 재심청구의 이유가 있는지 판단하는 데에 필요한 경우에는 사실을 조사할 수 있고(형사소송법 제37조 제3항), 이때 공판절차에 적용되는 엄격한 증거조사 방식을 따라야만 하는 것은 아니다. 사실조사가 필요한지 여부의 판단은 법원의 재량이지만, 재심청구인의 진술 그 자체가 재심이유의 존재를 뒷받침하는 핵심적 증거로서 신빙성이 있고 그 진술의 내용 자체나 전체적인 취지에 부합하는 직접 · 간접의 증거들이 상당수 제시된 경우에는, 그 신빙성을 깨뜨릴 충분하고도 납득할 만한 반대되는 증거나 사정이 존재하는지에 관한 별다른 사실조사도 없이 만연히 '재심청구인의 진술' 외에 다른 객관적 증거가 없다는 이유로 재심청구를 기각하는 것은 타당하지 않다.

[4] 형법 제124조의 직권남용에 의한 체포 · 감금죄는 법정형이 7년 이하의 징역과 10년 이하의 자격정지로서 그 공소시효는 5년이다[구 형사소송법(2007. 12. 21. 법률 제8730호로 개정되기 전의 것) 제249조 제1항 제4호, 부칙(2007. 12. 21.) 제3조]. 위 죄에 대하여는 공소시효가 이미 완성되어 유죄판결을 얻을 수 없는 사실상 · 법률상의 장애가 있는 경우로서 형사소송법 제422조의 '확정판결을 얻을 수 없는 때'에 해당한다(대법원 2010. 10. 29. 자 2008재도11 전원합의체 결정 등 참조). **· 형법 제124조 직권남용 체포 · 감금죄 구성 · 구 형사소송법 제249조 제1항 제4호 공소시효 5년 완성 · 형사소송법 제422조 확정판결을 얻을 수 없는 때에 모두 해당함**

132 ★★★★★ [선택형 · 사례형] 형사보상청구권 · 형사소송법 제194조2 제2항 제1호 무죄판결과 비용보상 절차

청구인은 '자신은 2021. 8. 20. 자신의 이전 형사사건 및 고소사건에 관여하여 허위 · 부실수사를 하고 사건을 은폐한 검사 3명, 경찰관 3명과 위 공무원들의 행위를 인지하고도 묵인한 피해자에 관한 사실을 적시하여 비방하는 글을 인터넷 사이트에 게시하여 그들의 명예를 훼손하는 범죄를 저질렀다'는 취지로 경찰에 자수하였다. 이후 수사과정에서 청구인의 게시글에 언급된 사람들 중 피해자만 청구인에 대한 처벌희망 의사를 표시하였고, 검찰의 약식명령청구에 따라 법원은 '청구인은 2021. 8. 20. 비방할 목적으로 정보통신망에 글을 게시함으로써 공공연하게 거짓의 사실을 드러내어 피해자의 명예를 훼손하였다'는 범죄사실로 벌금 100만 원의 약식명령을 발령하였다. 이에 관한 설명 중 옳은 것은? (다툼이 있는 경우 판례에 의함)

① 형사소송법 제194조의2 제2항 제1호에 따라 법원이 비용보상청구의 전부 또는 일부를 기각하기 위해서는 피고인이었던 사람이 단순히 거짓 자백을 하거나 다른 유죄의 증거를 만드는 것만으로는 부족하고 그에게 '수사 또는 재판을 그르칠 목적'이 있어야 한다.

② 여기서 '수사 또는 재판을 그르칠 목적'은 헌법 제28조가 보장하는 형사보상청구권을 제한하는 예외적인 사유임을 감안할 때 신중하게 인정하여야 하고, 형사보상청구권을 제한하고자 하는 측에서 이를 입증하여야 한다.

③ 게시글의 공개 여부 및 범위를 설정할 권한이 청구인에게 있는 점, 청구인의 자수로 시작된 위 사건의 전체적인 경과, 청구인의 항소이유서 기재 내용 등을 종합하여 보면, 청구인이 수사 또는 심판을 그르칠 목적으로 거짓 자백을 하거나 다른 유죄의 증거를 만들어 기소된 것으로 인정될 여지가 크다.

④ 그러므로 원심으로서는 청구인의 이 사건 비용보상청구 사실을 검사에게 알려주고 그 의견을 듣는 등으로 이 사건 청구가 형사소송법 제194조의2 제2항 제1호에 해당하는지 및 이 사건 청구의 전부 또는 일부를 기각할 것인지를 심리 · 판단하였어야 한다.

해설 및 정답 ①~④ 대법원 2024. 9. 10. 자 2023모1766 결정 [비용보상청구일부인용결정에대한재항고] 〈형사소송법 제194조의2 제2항 제1호에서 정한 무죄판결 확정 후 비용보상의 소극적 요건 해당 여부 및 비용보상의 절차규정 준수 여부가 문제된 사건〉

정답 ○

[판시사항] 피고인이었던 사람에 대하여 무죄판결이 확정되었으나 그 사람이 수사 또는 재판을 그르칠 목적으로 거짓 자백을 하거나 다른 유죄의 증거를 만들어 기소된 것으로 인정된 경우, 그 재판에 소요된 비용의 보상청구에 대하여 법원은 검사와 청구인의 의견을 들은 후 결정하여야 하는지 여부(적극) / 이때 비용보상청구의 전부 또는 일부를 기각하기 위한 요건 중 '수사 또는 재판을 그르칠 목적'을 인정할 때 유의할 점 및 그에 대한 증명책임 소재(＝형사보상청구권을 제한하고자 하는 측)

133 ★★★★★ [선택형 · 사례형] 포괄일죄 범행 중 일부에 대한 확정판결의 효력이 미치는 범위가 문제된 사건

피고인이 인스타그램을 통하여 다수의 피해자에게 성적수치심을 유발하는 글을 도달하게 하고, 비방할 목적으로 허위 내용의 글을 작성하여 게시함으로써 명예를 훼손하고, 모욕을 하였다. 검사는 피고인을 성폭력범죄의처벌등에관한특례법위반(통신매체이용음란) · 정보통신망이용촉진및정보보호등에관한법률위반(명예훼손) · 모욕죄로 기소하였다. 피고인은 2019. 1. 9. 서울서부지방법원에서 정보통신망이용촉진및정보보호등에관한법률위반(명예훼손)으로 징역 5월을 선고받고 2019. 10. 5. 그 판결이 확정되었다. 이에 관한 설명 중 옳은 것은? (다툼이 있는 경우 판례에 의함)

① 포괄일죄 관계인 범행의 일부에 대하여 판결이 확정된 경우에는 사실심 판결선고 시를 기준으로, 약식명령이 확정된 경우에는 약식명령 발령 시를 기준으로, 그 이전에 이루어진 범행에 대하여는 확정판결의 기판력이 미친다.

② 또한 상상적 경합범 중 1죄에 대한 확정판결의 기판력은 다른 죄에 대하여도 미친다.

③ 따라서 포괄일죄 관계인 범행의 일부에 대하여 판결이 확정되거나 약식명령이 확정되었는데 그 사실심 판결선고 시 또는 약식명령 발령 시를 기준으로 그 이전에 이루어진 범행이 포괄일죄의 일부에 해당할 뿐만 아니라 그와 상상적 경합관계에 있는 다른 죄에도 해당하는 경우에는 확정된 판결 내지 약식명령의 기판력은 위와 같이 상상적 경합관계에 있는 다른 죄에 대하여도 미친다.

해설 및 정답 ①～③ 대법원 2023. 6. 29. 선고 2020도3705 판결 [성폭력범죄의처벌등에관한특례법위반(통신매체이용음란) · 정보통신망이용촉진및정보보호등에관한법률위반(명예훼손) · 모욕 · 협박] 〈포괄일죄 범행 중 일부에 대한 확정판결의 효력이

미치는 범위가 문제된 사건〉 **정답** ○

[판시사항] 포괄일죄 관계인 범행의 일부에 대하여 판결이 확정되거나 약식명령이 확정되었는데 그 사실심 판결선고 시 또는 약식명령 발령 시를 기준으로 그 이전에 이루어진 범행이 포괄일죄의 일부에 해당할 뿐만 아니라 그와 상상적 경합관계에 있는 다른 죄에도 해당하는 경우, 확정된 판결 내지 약식명령의 기판력이 위와 같이 상상적 경합관계에 있는 다른 죄에 대하여도 미치는지 여부(적극)

[판결요지] 포괄일죄 관계인 범행의 일부에 대하여 판결이 확정된 경우에는 사실심 판결선고 시를 기준으로, 약식명령이 확정된 경우에는 약식명령 발령 시를 기준으로, 그 이전에 이루어진 범행에 대하여는 확정판결의 기판력이 미친다(대법원 1994. 8. 9. 선고 94도1318 판결, 대법원 2009. 2. 26. 선고 2009도39 판결 등 참조). **또한 상상적 경합범 중 1죄에 대한 확정판결의 기판력은 다른 죄에 대하여도 미친다**(대법원 2007. 2. 23. 선고 2005도10233 판결 등 참조).

따라서 포괄일죄 관계인 범행의 일부에 대하여 판결이 확정되거나 약식명령이 확정되었는데 그 사실심 판결선고 시 또는 약식명령 발령 시를 기준으로 그 이전에 이루어진 범행이 포괄일죄의 일부에 해당할 뿐만 아니라 그와 상상적 경합관계에 있는 다른 죄에도 해당하는 경우에는 확정된 판결 내지 약식명령의 기판력은 위와 같이 상상적 경합관계에 있는 다른 죄에 대하여도 미친다(대법원 2006. 11. 23. 선고 2006도6273 판결 참조).

원심은 판시와 같은 이유로 이 사건 공소사실 중 원심 판시 별지 범죄일람표1 순번 1 내지 7 기재 「성폭력범죄의 처벌 등에 관한 특례법」 위반(통신매체이용음란) 부분, 원심 판시 별지 범죄일람표2 순번 2 내지 8 기재 「정보통신망 이용촉진 및 정보보호 등에 관한 법률」 위반(명예훼손) 부분, 원심 판시 별지 범죄일람표3 순번 1 내지 4 기재 모욕 부분에 대하여 형사소송법 제326조 제1호의 '확정판결이 있는 때'에 해당한다고 보아 주문 또는 이유에서 면소로 판단하였다. 원심 판결 이유를 관련 법리와 기록에 비추어 살펴보면, 원심의 판단에 필요한 심리를 다하지 않은 채 논리와 경험의 법칙을 위반하여 자유심증주의의 한계를 벗어나거나 상상적 경합관계에 관한 법리를 오해한 잘못이 없다.

[포괄일죄] 포괄일죄包括一罪는 동종범죄를 말한다. 동종범죄 확정판결은 영업범·집합범을 말한다. 일정 기간 같은 장소에서 계속하여 반복된 행위로 범죄를 한다. 포괄일죄 일부에 대하여 약식명력이 확정된 경우, **약식명령 발령시를 기준으로 그 이전의 범죄에 면소판결을 선고한다. 그 이후 범행에 대해서만 1개의 범죄로 처벌한다. 확정판결은 선고시, 약식명령은 발령일, 그 다음 날부터 별개의 범죄이다.** 설령 동일성이 인정되는 범죄사실에 대해 유죄 확정판결이 있는 경우, 추가로 발견된 확정판결 이후 범죄사실은 공소제기된 범죄사실과 분단되어 동일성이 없는 별개의 범죄이다. 검사는 공소장변경절차로 추가할 수 없다. 별개 독립된 범죄로 기소해야 한다(이주원, 형사소송법, 제6판, 박영사, 2024, 340－343면).

저자소개

1962년 부산에서 태어났다. 독일 유학 후 28년 동안 대학·대학원에서 형법·형사소송법·특별형법·생명윤리와 의료형법을 강의하고 있다. 1996년 9월 3일 《피고인에게 불리한 판례변경과 적극적 일반예방》으로 독일 할레대학교(Halle Universität) 법과대학에서 법학박사학위(Dr. jur)를 받았고, 1997년 3월 경남대학교 법학과에서 교수 생활을 시작했다.

국외·국내 대표 저서는 《Belastende Rechtsprechungsänderungen und die positive Generalprävention》(Carl Heymanns Verlag KG, 2000), 《독일통일 현장 12년》(경남대학교 출판부, 2004), 《형사철학과 형사정책》(법문사, 2007), 《형법각칙 개정 연구 – 환경범죄》(형사정책연구원, 2008), 《하마의 下品 1·2》(법문사, 2009·2016), 《의료법》(행인출판사, 2021), 《생명윤리법》(행인출판사, 2018), 《공수처법》(행인출판사, 2021), 《사회상규》(법문사, 2018), 《형법조문강화》(법문사, 2019), 《형사법종합연습 변시기출문제분석·형사법사례연습 변시기출문제분석》(법문사, 2023), 《죄형법정원칙과 법원 1》(공저, 박영사, 2023), 《2025 낭독 형법판례》(법문사, 2025), 《2025 낭독 형사소송법판례》(법문사, 2025), 《밤은 깊었다》(법문사, 2024)가 있다. 특히 《형사철학과 형사정책》은 2008년 문화체육관광부 우수학술 도서로 선정되었다. 2014년 한국비교형사법학회 학술상을 수상하였다. 논문제목은 《해적재판 국제비교》이다.

2006년 3월 제1학기부터 현재 모교인 동아대학교 법학전문대학원(로스쿨)교수로 근무하고 있으며, 국회 제12기 입법지원단 위원·법무부 인권강사로 활동하고 있다. 한국비교형사법학회 회장·영남형사판례연구회 회장·법무부 형사소송법개정특별분과위원회 위원·남북법령연구특별분과위원회 위원으로 활동하였으며, 법무부 변호사시험 문제은행 출제위원·행정고시 출제위원·채점위원(형법)·입법고시 출제위원·채점위원(형사소송법)·5급 승진시험 출제위원·7급 국가시험 출제위원·형사법연구 편집위원·형사법신동향 편집위원을 역임하였다.

약한 자에게 용기와 희망을 주는 세상보기로 사회와 소통하고 있다. 국제신문·경남도민일보 칼럼진으로 활동하였다. 2019년 1월부터 2020년 12월까지 국제신문 《생활과 법률》칼럼을 썼다. 시사칼럼 200여 편이 있다. 《밤이 깔렸다》로 2022년 제8회 이병주국제문학상 연구상을 수상하였다.

형사법 실전연습 – 최근 대법원 판례 분석

2018년 10월 30일 초판 발행
2025년 9월 1일 제5판 발행

저 자 하 태 영
발행인 배 효 선

발행처 도서출판 法 文 社

주 소 10881 경기도 파주시 회동길 37-29
등 록 1957년 12월 12일/제2-76호(윤)
전 화 (031)955-6500~6 FAX (031)955-6525
E-mail (영업) bms@bobmunsa.co.kr
(편집) edit66@bobmunsa.co.kr
홈페이지 http://www.bobmunsa.co.kr
조 판 법 문 사 전 산 실

정가 40,000원 ISBN 978-89-18-91626-2